Gréard (Octave)

459

LA LÉGISLATION
DE
L'INSTRUCTION PRIMAIRE
EN FRANCE
DEPUIS 1789 JUSQU'A NOS JOURS

RECUEIL

DES

LOIS, DÉCRETS, ORDONNANCES, ARRÊTÉS, RÈGLEMENTS, DÉCISIONS, AVIS, PROJETS DE LOIS,

AVEC UNE INTRODUCTION HISTORIQUE ET UNE TABLE ANALYTIQUE

Par M. GRÉARD
VICE-RECTEUR DE L'ACADÉMIE DE PARIS
MEMBRE DE L'INSTITUT.

DEUXIÈME ÉDITION

TOME III
De 1848 à 1863

PARIS
TYPOGRAPHIE DELALAIN FRÈRES
IMPRIMEURS DE L'UNIVERSITÉ
1 et 3, rue de la Sorbonne.

LA LÉGISLATION

DE

L'INSTRUCTION PRIMAIRE

EN FRANCE.

LA LÉGISLATION
DE
L'INSTRUCTION PRIMAIRE
EN FRANCE
DEPUIS 1789 JUSQU'A NOS JOURS

RECUEIL

DES

LOIS, DÉCRETS, ORDONNANCES, ARRÊTÉS, RÈGLEMENTS,
DÉCISIONS, AVIS, PROJETS DE LOIS,

AVEC UNE INTRODUCTION HISTORIQUE ET UNE TABLE ANALYTIQUE

Par M. GRÉARD
VICE-RECTEUR DE L'ACADÉMIE DE PARIS
MEMBRE DE L'INSTITUT.

DEUXIÈME ÉDITION

TOME III
De 1848 à 1863

PARIS
TYPOGRAPHIE DELALAIN FRÈRES
IMPRIMEURS DE L'UNIVERSITÉ
1 et 3, rue de la Sorbonne.

LA LÉGISLATION

DE L'INSTRUCTION PRIMAIRE EN FRANCE

DEPUIS 1789 JUSQU'A NOS JOURS.

TOME III.

Avis relatif à un legs fait à une fabrique pour l'entretien d'une École communale appartenant à une congrégation religieuse. 18 janvier 1848.

18 Janvier 1848.

Le Conseil, etc.,

Vu le testament, en date du 17 décembre 1839, par lequel Mlle Meissonnier a légué à la fabrique de l'église succursale de Saint-Léger-de-Peyre (Lozère) une rente annuelle de 30 francs pour l'entretien dans cette commune d'une institutrice primaire appartenant à une congrégation religieuse;

Vu l'acte extrajudiciaire notifié à Jean Meissonnier, héritier général et universel de la testatrice;

Vu le mémoire par lequel ledit Meissonnier s'oppose à l'acceptation de la libéralité en question, par le motif qu'elle n'a pas été l'expression de la volonté libre et spontanée de sa tante; que l'intention de celle-ci était de la révoquer, et que d'ailleurs la rente de 30 francs ferait plus qu'absorber ce qu'il a pu recueillir dans la succession;

Vu le certificat de M. le Maire de Saint-Léger-de-Peyre, constatant que le sieur Meissonnier est père de dix enfants;

Vu l'avis de M. le sous-préfet de Marvejols, tendant au rejet de la demande du conseil de fabrique et du Conseil municipal de Saint-Léger-de-Peyre;

Vu l'avis de Mgr l'évêque du diocèse de Mende, en date du 25 mai 1847;

Vu l'article 910 du Code civil et les ordonnances royales des 2 avril 1817 et 14 janvier 1831;

Vu l'avis de M. le Recteur de l'Académie de Nîmes, en date du du 31 décembre 1847;

Considérant que les motifs allégués contre l'acceptation ne sont nullement établis, et que le faible préjudice causé à l'opposant ne saurait entrer en comparaison avec le bien fait à la commune par la volonté de la testatrice,

Est d'avis qu'il y a lieu de solliciter une ordonnance royale ayant pour objet d'autoriser l'acceptation du legs d'une rente de 30 francs fait à la fabrique de l'église succursale de Saint-Léger-de-Peyre (Lozère) par la demoiselle Meissonnier.

---

21 janvier 1848.

Avis relatif à l'acceptation d'un legs pour l'établissement d'une École à Montesquieu-Volvestre.

21 Janvier 1848.

Le Conseil, etc.,

Vu l'avis en date du 14 mai 1843, portant qu'il y a lieu de solliciter une ordonnance royale ayant pour objet d'autoriser l'acceptation du legs d'une maison fait aux Frères des Écoles chrétiennes par M. Descat pour l'établissement d'une École de cet institut à Montesquieu-Volvestre (Haute-Garonne), sous la condition que l'établissement de l'École devra être réalisé le 1er janvier 1850, et que les intérêts de la somme léguée seront capitalisés jusqu'à l'époque du payement des legs;

Vu la lettre en date du 6 décembre 1847, par laquelle M. le Garde des Sceaux transmet un avis du Conseil d'État proposant des modifications aux dispositions relatives aux legs intéressant les Frères des Écoles chrétiennes,

Est d'avis qu'il y a lieu d'accueillir la proposition du Conseil d'État et de rédiger en conséquence le projet d'ordonnance de la manière suivante[1].

Le maire de Montesquieu-Volvestre, au nom de la ville, et le bureau de bienfaisance de la même ville sont autorisés à accepter,

1 Cet avis était fondé sur la jurisprudence établie par le Conseil d'État. — Voir cette jurisprudence aux *Documents annexes*.

chacun en ce qui le concerne, et aux clauses, charges et conditions énoncées dans le testament précité en date du 15 novembre 1842, le legs d'une maison avec ses dépendances, sise à Montesquieu-Volvestre, et estimée à 12500 francs, ledit legs fait par le sieur Descat pour, aux termes dudit testament, être affecté à l'établissement, dans la ville de Montesquieu-Volvestre, d'une École de frères des Écoles chrétiennes, ou si cette destination ne pouvait avoir lieu, au service des pauvres de la ville.

Le supérieur général de l'institut des Frères des Écoles chrétiennes, au nom de cet institut, est autorisé à accepter le bénéfice de la disposition précitée, sous la condition que l'établissement des frères de Montesquieu-Volvestre sera réalisé le 1er janvier 1850.

Jusqu'à cette époque, les sommes provenant du revenu de l'immeuble précité seront capitalisées pour être employées, le cas échéant, dans l'intérêt de ladite École[1].

Projet de loi sur le Conseil de l'Université, présenté par M. de Salvandy, Ministre de l'Instruction publique, à la Chambre des Pairs[2]. 25 janvier 1848.

25 Janvier 1848.

LOUIS-PHILIPPE, etc.,

Nous avons ordonné et ordonnons que le projet de loi dont la teneur suit soit présenté, en notre nom, à la Chambre des Pairs, par notre Ministre secrétaire d'État, Grand-Maître de l'Université de France, que nous chargeons d'en exposer les motifs et d'en soutenir la discussion.

1. Un conseiller déclare ne point partager l'avis du Conseil dans l'affaire du legs fait aux Frères des Écoles chrétiennes par M. Descat, à la charge d'établir une École dans ladite ville : avis tendant à ce que le maire de Montesquieu-Volvestre soit substitué comme légataire direct et immédiat aux Frères des Écoles chrétiennes pour l'acceptation dudit legs. Il lui paraît résulter d'une pareille substitution qu'une grave atteinte serait portée au droit certain que les frères, dûment autorisés depuis 1808, ont d'accepter immédiatement et de posséder à titre de propriétaires les dons et legs qui leur sont faits, et que, par suite de cette première violation du droit de propriété desdits frères, il n'y aurait pas de raison pour que d'autres villes, imitant ce précédent, ne voulussent être de même substituées aux frères dans les cas analogues à celui dont il s'agit. Le conseiller estime, en conséquence, que les frères doivent être les premiers autorisés à accepter le legs à eux fait par M. Descat, sauf à autoriser aussi le maire de la commune à accepter subsidiairement ledit legs dans l'intérêt de la ville.

2. Le projet fut renvoyé à une Commission composée de MM. FLOURENS, PERSIL, BOULLET, LAPLAGNE-BARRIS, baron DE BARANTE, VINCENS SAINT-LAURENT, duc DE BROGLIE.

Les événements du mois de février suivant en arrêtèrent l'examen, de même que celui du projet déposé le 31 janvier 1847 (voir Tome II, pages 546 et 569), qui devait venir en discussion le 24 février 1848.

TITRE Ier.

De la composition du Conseil royal de l'Université.

ARTICLE 1er. — Le Conseil royal de l'Université est composé :

1° De conseillers titulaires ;

2° De conseillers ordinaires.

ART. 2. — Le Ministre de l'Instruction publique préside le Conseil.

Le chancelier de l'Université préside le Conseil en l'absence du Ministre. Il préside les différentes sections lorsqu'il juge convenable d'y prendre séance. Un conseiller est désigné pour présider en l'absence du chancelier.

Un secrétaire général, ayant rang de conseiller titulaire, est attaché au Conseil.

ART. 3. — Le chancelier prépare et règle l'ordre du jour du Conseil, sous l'autorité du Ministre. Nulle affaire ne peut être mise en discussion si elle n'a été mise ou si elle n'est mise à l'ordre du jour par le Ministre ou le chancelier.

Le secrétaire général distribue les affaires entre les sections et fait les convocations, sous l'autorité du chancelier.

§ 1. *Conseillers titulaires.*

ART. 4. — Il y a douze conseillers titulaires, non compris le chancelier.

ART. 5. — A l'avenir, les fonctions de conseiller titulaire seront incompatibles avec toute autre fonction publique que celle de membre du Conseil d'État en service extraordinaire, de directeur de l'École normale supérieure, de Vice-Recteur de l'Académie de Paris. Les conseillers titulaires peuvent être chargés de toute autre délégation émanée du chef de l'Université. Ils peuvent également continuer à professer.

ART. 6. — Les conseillers titulaires ne peuvent être révoqués qu'en vertu d'une ordonnance individuelle, délibérée en Conseil des Ministres et contresignée par le Ministre secrétaire d'État au département de l'Instruction publique.

ART. 7. — Les conseillers titulaires sont nommés par le Roi.

Le tableau des conseillers titulaires est arrêté par ordonnance royale au commencement de chaque année.

ART. 8. — A l'avenir, nul ne pourra être nommé conseiller titulaire, s'il n'est ou n'a été conseiller ordinaire, et si, en outre, il n'a exercé pendant trois ans au moins les fonctions d'Inspecteur général, de Recteur, d'Inspecteur supérieur de l'instruction primaire, de doyen de Faculté, ou pendant dix ans celles de professeur dans l'enseignement supérieur ou de proviseur de Collège royal.

Les nominations ont lieu de manière à ce qu'il y ait toujours deux anciens Inspecteurs généraux et deux anciens Recteurs parmi les conseillers titulaires.

§ 2. *Conseillers ordinaires.*

ART. 9. — Il y a douze conseillers ordinaires, non compris le secrétaire général.

Peuvent être nommés conseillers ordinaires les Inspecteurs généraux, Recteurs, Inspecteurs supérieurs de l'Instruction primaire, doyens et professeurs des Facultés, proviseurs de Collèges royaux, professeurs des établissements publics qui dépendent du Ministère de l'Instruction publique et qui appartiennent à l'enseignement supérieur.

ART. 10. — Le Ministre peut appeler à l'assemblée du Conseil, avec voix consultative pour toute délibération spéciale et déterminée, non disciplinaire et non contentieuse, tout membre de l'Université.

ART. 11. — Peuvent être nommés conseillers honoraires de l'Université les anciens Ministres de l'Instruction publique, les anciens conseillers titulaires, les Inspecteurs généraux qui ont siégé au Conseil, les Recteurs, Inspecteurs, supérieurs, doyens, professeurs ou proviseurs, qui sont appelés à l'éméritat et qui siègent ou ont siégé au Conseil.

Nul ne peut être revêtu du titre de conseiller honoraire s'il n'a fait partie du Conseil.

TITRE II.

Des fonctions du Conseil.

ART. 12. — Le Conseil peut être appelé à donner son avis sur les projets de loi ou d'ordonnance, et en général sur toutes les questions qui lui sont soumises par le Ministre.

Il est nécessairement appelé à donner son avis sur tous les arrêtés portant règlement pour les établissements et les services de l'Université.

Il délibère sur les affaires de toute nature qui lui sont renvoyées par des dispositions législatives ou réglementaires.

TITRE III.

Des formes de procéder.

§ 1. *Affaires administratives.*

ART. 13. — Pour l'expédition des affaires, le Conseil royal est divisé en diverses sections correspondantes aux diverses branches du service.

Chaque section est présidée par un conseiller titulaire; chaque section a un vice-président.

Les arrêtés déterminent, parmi les affaires qui doivent être délibérées en Conseil royal, quelles sont celles qui ne seront soumises qu'à l'examen des sections, et qui peuvent ne pas être portées à l'assemblée du Conseil.

ART. 14. — Les délibérations du Conseil sont prises en assemblée générale et à la majorité des voix.

L'assemblée générale est composée du Ministre et de tous les membres du Conseil.

ART. 15. — En cas de partage, la voix du président est prépondérante.

ART. 16. — Le Conseil ne peut délibérer si, non compris le président, la moitié au moins du Conseil n'assiste à la séance.

ART. 17. — Les ordonnances rendues et les arrêtés pris après délibération de l'assemblée générale mentionnent que le Conseil royal a été entendu.

Les arrêtés, pris après délibération d'une ou de plusieurs sections, indiquent les sections qui ont été entendues.

§ 2. *Affaires disciplinaires et contentieuses.*

ART. 18. — Une section spéciale est chargée de diriger l'instruction écrite et de préparer le rapport de toutes les affaires disciplinaires et contentieuses dont elle est saisie par le Ministre.

La section du contentieux est présidée par le chancelier de l'Université. Elle a un vice-président.

Elle est composée de cinq conseillers au moins, le chancelier compris.

ART. 19. — Le rapport des affaires est fait à la section et à l'assemblée générale par celui des membres de la section qui a été désigné à cet effet par le président.

ART. 20. — Un conseiller est désigné chaque année par le Ministre, pour remplir les fonctions de commissaire du Roi dans les affaires disciplinaires.

Il assiste à la séance de la section du contentieux.

ART. 21. — Le rapport est fait au Conseil en assemblée générale.

En matière de discipline, les intéressés peuvent être admis à présenter, par eux-mêmes ou par un membre de l'Université agréé du Ministre, des explications ou des observations orales.

Dans les affaires disciplinaires, le conseiller commissaire du Roi donne ses conclusions.

ART. 22. — Les conseillers ne peuvent participer aux délibérations, s'ils sont les supérieurs directs de ceux contre lesquels la réclamation est élevée, s'ils sont intervenus à un titre quelconque dans les faits qui ont motivé la plainte contre le membre de l'Université déféré au Conseil. Le Conseil statue sur les causes d'abstention.

ART. 23. — Le Conseil ne peut délibérer, si la moitié au moins de ses membres, non compris le Ministre, ne sont présents.

ART. 24. — La délibération du Conseil est transcrite sur le procès-verbal des délibérations, lequel fait mention des membres présents ayant délibéré.

La décision ou le jugement qui interviennent sont signés par le Ministre.

ART. 25. — Le procès-verbal des délibérations du Conseil et la décision ou le jugement intervenus mentionnent l'accomplissement des dispositions des articles 19, 20, 21, 22, 23 et 24 de la présente loi.

Dans les cas où ces dispositions n'ont pas été observées, la décision peut être l'objet, seulement sur ce chef, d'un recours devant le Roi en son Conseil d'État.

ART. 26. — Si la décision qui intervient en matière contentieuse n'est pas conforme à la délibération du Conseil, il y a lieu au recours devant le Roi en son Conseil d'État.

Il y a lieu au pourvoi devant le Roi en son Conseil d'État, en matière disciplinaire, si la peine prononcée est celle de la radiation.

Le recours ou le pourvoi doit être signifié au chef-lieu de l'Académie, soit par les réclamants et les inculpés, soit en leur nom, dans les huit jours de la notification du jugement ou de la décision.

ART. 27. — Toutes dispositions des lois, ordonnances et règlements antérieurs qui seraient contraires à la présente loi sont abrogées.

Règlement additionnel au règlement du 7 mars 1837 sur les institutions de demoiselles du département de la Seine. 1er février 1848.

1er Février 1848.

Nous, Ministre secrétaire d'État au département de l'Instruction publique, Grand-Maître de l'Université de France,

Vu l'ordonnance royale du 31 octobre 1821;

Vu le règlement du 7 mars 1837 sur les institutions et pensions de demoiselles du département de la Seine;

Vu les lettres de M. le Préfet du département de la Seine, en date des 18 juillet, 25 août et 23 décembre 1847,

Avons arrêté et arrêtons ce qui suit :

Le règlement additionnel proposé par M. le Préfet de la Seine, le 23 décembre 1847, est et demeure approuvé dans la forme suivante :

Article 1er. — Les examens des aspirantes aux diplômes de maîtresses d'études, de pension et d'institution dans le département de la Seine seront à l'avenir l'objet de quatre sessions annuelles fixées aux époques suivantes : la 1re, le 3 janvier; la 2e, le 1er avril; la 3e, le 1er juillet; la 4e, le 15 octobre.

Les examens de chaque session se continueront sans interruption jusqu'à ce que toutes les aspirantes inscrites pour les trois diplômes aient été successivement appelées devant le jury.

Art. 2. — L'inscription des aspirantes aura lieu directement à la préfecture de la Seine, quinze jours avant chaque session, et la liste sera définitivement close trois jours avant l'ouverture des examens.

Il devra être justifié par chaque aspirante au moment de l'inscription :

1° D'un extrait de son acte de naissance;

2° D'un extrait de l'acte de la célébration de son mariage, si elle est mariée;

3° D'un extrait de l'acte de décès de son mari, si elle est veuve;

4° D'un certificat délivré, sur l'attestation de trois témoins, par le maire du lieu ou de chacun des lieux où elle aura résidé pendant les trois dernières années; ledit certificat constatant que, par sa conduite et par ses qualités morales, elle est apte à se livrer à l'enseignement.

Art. 3. — La durée des épreuves à subir par chaque aspirante est fixée comme il suit :

Dictée et compositions, une heure;

Pour le premier examen, un quart d'heure pour chacune des facultés;

Pour le deuxième examen, vingt minutes pour chacune des facultés;

Pour le troisième examen, vingt-cinq minutes pour chacune des facultés.

ART. 4. — Les aspirantes parvenues à l'âge de vingt ans pourront passer, dans la même session, les deux examens conférant les deux diplômes de maîtresse d'études et de maîtresse de pension.

Les personnes âgées de vingt-cinq ans pourront passer également, dans la même session, les trois examens conférant les diplômes de maîtresse d'études, de maîtresse de pension et de maîtresse d'institution.

Cette disposition ne déroge en rien à celles du règlement du 7 mars, relativement à l'âge fixé pour l'exercice.

ART. 5. — Le jury, présidé par un des membres du Conseil municipal, se compose de deux vice-présidents, membres de l'Université, et de huit examinateurs.

La présence de cinq des personnes ci-dessus désignées sera indispensable pour la validité des examens.

Il sera, en outre, adjoint au jury six dames assistantes, qui siégeront à tour de rôle, mais qui ne participeront ni aux examens ni aux délibérations de la Commission.

Les dames assistantes seront chargées de tenir le registre sur lequel sera porté le résultat des examens d'après les procès-verbaux rédigés et signés par le président.

ART. 6. — Les dispositions qui précèdent recevront leur exécution à compter du 1er avril prochain.

Dispositions transitoires.

ART. 7. — Il sera préparé, pour chacune des parties de l'enseignement, des programmes contenant un certain nombre de questions qui seront tirées au sort par les aspirantes. Cette dernière mesure ne sera mise en vigueur que lorsque lesdits programmes auront été approuvés par l'autorité supérieure.

ART. 8. — Les dispositions des règlements antérieurs auxquels il n'est pas dérogé continueront à avoir leur plein et entier effet.

Avis relatif à la création d'une deuxième École dans une commune. 18 février 1848.

18 Février 1848.

Le Conseil, etc.,

Vu les pièces relatives au projet d'établissement, dans la commune de Saint-Front (Haute-Loire), d'une seconde École publique qui serait affectée spécialement aux enfants du culte protestant;

Vu les avis favorables de l'Inspecteur primaire de la Haute-Loire, du Préfet de ce département et du Recteur de Clermont,

Est d'avis qu'il y a lieu d'autoriser la commune de Saint-Front à établir au hameau d'Abriès une deuxième École publique en faveur des enfants protestants.

Avis relatif à la reconnaissance d'un établissement congréganiste. 18 février 1848.

18 Février 1848.

Le Conseil, etc.,

Vu la demande en reconnaissance légale formée par la congrégation des sœurs de Saint-Vincent-de-Paul, pour un établissement qu'elle a fondé à L..... (Charente-Inférieure);

Vu la délibération du Conseil municipal de L....., en date du 3 janvier 1847;

Vu le procès-verbal d'enquête en date du 4 janvier;

Vu les avis de M. l'archevêque de Paris et de M. l'évêque de la Rochelle;

Vu également les avis du Préfet de la Charente-Inférieure, de l'Inspecteur primaire de ce département, du Comité local de L..... et du Comité d'arrondissement;

Vu le rapport de M. le Recteur de Poitiers, en date du 11 décembre 1847;

Vu la loi du 24 mai 1825 sur les congrégations religieuses de femmes; ensemble l'ordonnance du 23 juin 1836, sur les Écoles primaires de filles,

Est d'avis qu'il n'y a pas motif pour l'Université de s'opposer à ce qu'une ordonnance royale intervienne pour reconnaître l'établissement fondé à Lemussac (Charente-Inférieure) par la congrégation de Saint-Vincent-de-Paul, dont le siège est à Paris; à la condition toutefois que ledit établissement se conformera aux statuts de la congrégation dont il dépend et aux lois et règlements concernant l'instruction primaire.

18 février 1848.

Avis relatif à la création d'une École protestante[1].

18 Février 1848.

Le Conseil, etc.,

Vu la demande en création d'une École publique protestante faite par le consistoire de l'Église réformée de Mazamet (Tarn) pour la commune d'Anglès;

Vu la délibération prise à ce sujet par le Conseil municipal d'Anglès, lequel refuse de voter les fonds nécessaires;

Vu les avis de M. le Préfet du Tarn et de M. le Recteur de Toulouse,

Estime :

Qu'il n'y a pas lieu d'autoriser la création d'une École protestante à Anglès (Tarn).

1. Un conseiller expose qu'il n'a pu partager l'avis du Conseil en ce qui concerne la demande formée par le consistoire de Mazamet et tendant à obtenir que l'École privée protestante établie dans la commune d'Anglès (Tarn) soit érigée en École communale. Le Conseil a délibéré un avis contraire à cette demande. Le soussigné estime qu'elle méritait un accueil favorable par application du paragraphe 2 de l'article 9 de la loi du 28 juin 1833, les circonstances locales lui semblant permettre de réclamer même une École communale distincte en faveur des enfants protestants.

La population d'Anglès atteint 3 000 âmes; les familles protestantes y sont assez nombreuses ou assez riches en enfants pour fournir à l'École de leur culte 55 élèves de l'un et l'autre sexe. Elles sont décidées à ne pas envoyer leurs enfants aux Écoles catholiques, et elles prouvent cette résolution par les sacrifices annuels qu'elles s'imposent pour entretenir une École privée à leurs frais et dépens, en même temps qu'elles contribuent pour leur quote-part à défrayer les deux Écoles communales du culte catholique.

Cet état de choses fait évanouir la considération la plus puissante en pareille matière, celle de l'avantage social qu'il y aurait à ce que les enfants de communion différente fussent élevés ensemble et sur les mêmes bancs. A Anglès, la séparation existe, et tout annonce qu'elle continuera avec cette circonstance irritante que la minorité qui participe aux charges de l'instruction publique ne participe pas aux bénéfices de cette même instruction.

Sans doute, il dépendrait des familles protestantes de faire cesser une situation aussi pénible, en envoyant leurs enfants aux Écoles catholiques; mais il y a là, pour les familles, un intérêt religieux, un devoir de conscience qu'elles ne sauraient être contraintes de sacrifier ou de négliger. C'est leur honneur de tenir à ce devoir de conscience, de mettre cet intérêt religieux au-dessus de tout autre intérêt; et elles persisteront d'autant plus dans leur résolution à cet égard, que toutes les autorités locales partagent et soutiennent leur vœu pour une École spéciale.

Le consistoire général de l'Église réformée de Mazamet en a fait la demande expresse (lettre du 7 mai 1847 au Sous-Préfet de Castres).

Le Conseil municipal, tout en se refusant à voter les fonds pour la création d'une troisième École publique, a déclaré qu'il y avait lieu de créer ladite École primaire publique, protestant qu'il en reconnaissait l'utilité, l'opportunité (délibération du 14 juillet).

Le Comité local a de même et à l'unanimité reconnu l'utilité et l'opportunité de cette création (avis du 16 juillet).

Le Comité d'arrondissement de Castres, que présidait le Sous-Préfet et que com-

Avis relatif à la présentation d'un candidat par un Comité d'arrondissement. 18 février 1848.

18 Février 1848.

Le Conseil, etc.,

Vu la délibération par laquelle le Comité d'arrondissement de Libourne (Gironde) a nommé d'office instituteur à Gensac le sieur Pesseu, frère de la société de Marie;

Vu le rapport de M. le Recteur de Bordeaux, en date du 16 novembre 1847, duquel il résulte que ladite nomination a été faite sans la présentation du Conseil municipal, lequel est unanime pour la repousser, et qu'elle est une cause de désunion dans une commune composée de catholiques et de protestants,

Est d'avis qu'il y a lieu d'annuler la délibération du Comité d'ar-

posaient, entre autres membres, le curé d'Anglès et le conseiller communal faisant fonctions de maire, a dit formellement que la création d'une École communale protestante à Anglès était un besoin réel pour cette commune (avis du 7 août).

L'Inspecteur des Écoles, considérant que le nombre des enfants protestants est certainement plus que suffisant pour qu'une École protestante soit nécessaire dans la commune d'Anglès, a partagé entièrement l'avis du Sous-Préfet (lettre de M. Muller-Viern au Préfet).

Le Préfet, après avoir, le 10 septembre, écrit une première lettre où il exposait que, si l'École était autorisée, les dépenses tomberaient en entier à la charge du département, et s'être borné à prier le Ministre d'*examiner* la demande du consistoire, a, depuis, exprimé le vif désir que Son Excellence accueille favorablement cette même demande. Il a rappelé les avis concordants du Comité local, du Comité d'arrondissement, du Conseil municipal, du Sous-Préfet, et, voulant lever toute difficulté au sujet des dépenses de la nouvelle École, *j'autoriserai*, a-t-il dit, *sur les fonds départementaux les dépenses d'entretien* (lettre du 3 novembre).

Enfin le Recteur, consulté par M. le Ministre, a répondu en ces termes exprès : La création d'une École communale protestante est un besoin pour la commune d'Anglès; quant au traitement de l'instituteur, il ne lui voyait d'autres ressources que celles des enfants qui pourraient fréquenter son École; mais il ajoutait que ces ressources-là seraient *assez considérables*, et il concluait ainsi : « La demande du consistoire de Mazamet me paraît devoir être favorablement accueillie. » (Rapport du 8 novembre.)

En présence de ces déclarations unanimes, expresses, motivées, de toutes les autorités du Tarn, autorités communales, départementales, universitaires, le conseiller ne peut mieux faire que de reproduire les paroles si sages, si impartiales et en même temps si généreuses de la mémorable circulaire du 12 novembre 1835 : « Il ne faut pas multiplier inutilement les Écoles des différents cultes lorsqu'elles ne sont pas hautement réclamées par le vœu des différentes parties de la population; mais il faut aussi veiller à ce qu'elles ne soient pas injustement refusées, là où elles sont nécessaires. Si l'augmentation de la dépense était la seule raison alléguée contre l'institution d'Écoles distinctes, les Recteurs auraient soin d'en informer le Ministre, qui s'empressera toujours, pour lever cet obstacle, de prendre toutes les mesures qui seront en son pouvoir en venant au secours des communes. »

Le conseiller n'ajoutera qu'un seul mot : la générosité du Ministre n'est pas même invoquée pour la commune d'Anglès; le Préfet autorisera sur les fonds départementaux la dépense d'entretien de l'École primaire protestante.

rondissement de Libourne, et de mettre le Conseil municipal de Gensac en mesure de présenter un candidat.

---

6 mars 1848. **Circulaire du Ministre provisoire de l'Instruction publique, relative à la participation active que les instituteurs primaires doivent prendre aux élections générales.**

6 Mars 1848.

Monsieur le Recteur, il n'est aucune partie de l'instruction primaire qui ait été plus négligée, sous les précédents Gouvernements, que la formation des enfants comme citoyens. Cela devait être; mais c'est une négligence dont il est à craindre, si nous n'y prenons garde, que nous ne supportions aujourd'hui le dommage.

Il ne faut pas nous le dissimuler, beaucoup de citoyens, surtout dans nos campagnes, ne sont pas suffisamment instruits de leurs droits, et par conséquent de leurs devoirs. Ils ne savent pas quels sont les bienfaits que le peuple doit attendre de l'État républicain, et par conséquent combien peu il leur est permis d'être indifférents au choix des hommes qui, dans quelques jours, vont revêtir le caractère auguste de mandataires de la nation. Ils commettraient un mensonge politique si leurs représentants ne les représentaient pas véritablement.

Je manquerais à mes devoirs, Monsieur le Recteur, si je ne me préoccupais des moyens de remédier aussi promptement que possible à ce grave défaut. J'espère y réussir, avec votre concours. Le principe à faire prévaloir pour assurer une représentation véritable est bien simple; et, dans ce moment, nous n'avons à nous proposer autre chose que son triomphe.

La plus grande erreur contre laquelle il faille prémunir les populations de nos campagnes, c'est que, pour être représentant, il soit nécessaire d'avoir de l'éducation ou de la fortune. Quant à l'éducation, il est manifeste qu'un brave paysan, avec du bon sens et de l'expérience, représentera infiniment mieux à l'Assemblée les intérêts de sa condition qu'un citoyen riche et lettré, étranger à la vie des champs ou aveuglé par des intérêts différents de ceux de la masse des paysans. Quant à la fortune, l'indemnité qui sera allouée à tous les membres de l'Assemblée suffira aux plus pauvres.

Il ne faut pas oublier que, dans une grande Assemblée comme celle qui va se réunir, la majeure partie des membres remplit le rôle de jurés. Elle juge, par oui ou par non, si ce que l'élite des membres propose est bon ou mauvais. Elle n'a besoin que d'honnêteté et de bon sens : elle n'invente pas.

Voilà le principe fondamental du droit républicain, en ce qui concerne la représentation nationale, et il est si simple qu'il sort naturellement de l'esprit de tout le monde. Mais ce qu'il faut faire comprendre à tout le monde, c'est qu'il est criminel de l'outrager. C'est une leçon qu'on ne peut faire qu'en touchant à la théorie des droits du citoyen.

C'est à quoi je veux utiliser dès à présent, avec votre concours, Monsieur le Recteur, le corps des instituteurs primaires. Excitez autour de vous les esprits capables d'une telle tâche à composer, en vue de vos instituteurs, de courts manuels, par demandes et par réponses, sur les droits et les devoirs du citoyen. Veillez à ce que ces livres parviennent aux instituteurs de votre ressort, et qu'ils deviennent entre leurs mains le texte de leçons profitables. C'est ce qui va se faire à Paris sous mes yeux; imitez-le.

C'est à nous, Monsieur le Recteur, à réparer dans la mesure de nos forces le tort que cette lacune dans l'enseignement primaire menace de causer aujourd'hui à la France. C'est l'instruction publique qui en a la responsabilité; c'est à elle à corriger aujourd'hui par son énergie la faute commise dans le passé.

Que nos 36 000 instituteurs primaires se lèvent donc à mon appel pour se faire immédiatement les réparateurs de l'instruction publique devant la population des campagnes. Puisse ma voix les toucher jusque dans nos derniers villages! Je les prie de contribuer pour leur part à fonder la République. Il ne s'agit pas, comme au temps de nos pères, de la défendre contre le danger de la frontière; il faut la défendre contre l'ignorance et le mensonge, et c'est à eux qu'appartient cette tâche.

Des hommes nouveaux, voilà ce que réclame la France. Une révolution ne doit pas seulement renouveler les institutions, il faut qu'elle renouvelle les hommes. On change d'outil quand on change d'ouvrage. C'est un principe capital de politique, et il ne sera pas difficile non plus à vos instituteurs de le justifier et de le faire comprendre.

Mais pourquoi nos instituteurs primaires ne se présenteraient-ils pas, non seulement pour enseigner ce principe, mais pour prendre place eux-mêmes parmi ces hommes nouveaux? Il en est, je n'en doute pas, qui en sont dignes : qu'une ambition généreuse s'allume en eux; qu'ils oublient l'obscurité de leur condition; elle était des plus humbles sous la monarchie; elle devient, sous la République, des plus honorables et des plus respectées. La libéralité des lois républicaines ouvre à ceux qui auront su agir assez puissamment sur l'esprit de leurs cantons la plus belle carrière à laquelle puissent aspirer les grands cœurs.

Qu'ils viennent parmi nous, au nom de ces populations rurales dans le sein desquelles ils sont nés, dont ils savent les souffrances, dont ils ne partagent que trop la misère. Qu'ils expriment au sein de la législature les besoins, les vœux, les espérances de cet élément de la nation si capital et si longtemps délaissé. Plus ils seront partis de bas, plus ils auront de grandeur, puisque leur valeur morale sera la même que celle de la masse qu'ils résument.

Tel est, Monsieur le Recteur, le service nouveau que, dans ce temps révolutionnaire, je réclame du zèle de MM. les instituteurs primaires. En attendant qu'ils puissent enseigner aux enfants avec le calme nécessaire les droits élémentaires du citoyen, il faut qu'en toute hâte ils en instruisent les adultes. C'est une tâche qui n'est pas au-dessus de leurs forces, et vous les y aiderez

Recevez, etc.

Signé : CARNOT.

Avis relatif à l'acceptation d'un legs fait à une congrégation. 10 mars 1848.

10 Mars 1848.

Le Conseil, etc.,

Vu deux avis du Conseil d'État en date des 4 août 1837 et 29 octobre de la même année, relatifs : le premier à un projet d'ordonnance tendant à autoriser la supérieure de la congrégation de Saint-Charles, établie à Lyon, à accepter le legs qui a été fait à cette congrégation par la demoiselle Marguerite de Lahorie, les deux avis du Conseil d'État ayant pour objet de supprimer l'intervention du Recteur dans l'acceptation des legs, en s'appuyant sur la jurisprudence du Conseil royal de l'Instruction publique, consacrée par sa délibération en date du 2 avril 1839, qui a reconnu aux Frères des Écoles chrétiennes le droit d'accepter par eux-mêmes des legs et donations;

Sur la question de savoir si cette jurisprudence, qui ne stipule que pour les Frères et qui a été confirmée par l'avis du Conseil de l'Université du 7 décembre 1847, est applicable aux deux espèces actuelles;

Attendu, en ce qui touche le legs fait à la congrégation de Saint-Charles de Lyon, qu'il est convenable de renfermer l'avis du Conseil dans les limites de la jurisprudence indiquée dans la délibération du 2 avril 1839; que, d'après les principes posés en cet avis, il n'y a pas lieu à l'intervention des Recteurs dans l'acceptation des libéralités faites en faveur d'établissements d'instruction primaire dirigés par les Frères des Écoles chrétiennes, régulièrement autorisés; qu'il y a lieu, en conséquence et par application des mêmes principes, quant aux legs faits à la congrégation des sœurs de Saint-Charles, à se conformer aux règles posées dans l'ordonnance d'autorisation, qui n'exige pas l'intervention de l'Université dans l'acceptation des legs faits à la congrégation dont il s'agit;

En ce qui touche le legs fait aux deux salles d'asile de Dijon, attendu que, si la surveillance au point de vue des mœurs et de l'instruction appartient à l'Université, la propriété des legs faits à une salle d'asile ne saurait être dévolue à l'administration universitaire, laquelle, par conséquent, n'a aucune qualité pour intervenir dans l'acceptation des donations et legs de cette espèce,

Est d'avis, sur le premier point :

Qu'il n'y a pas lieu de faire intervenir M. le Recteur de l'Académie de Lyon dans l'acceptation du legs fait à la congrégation des sœurs de Saint-Charles établie à Lyon;

Sur le second point :

Qu'il n'y a pas lieu non plus à intervention du Recteur dans l'acceptation du legs fait aux deux salles d'asile de Dijon par M. Fauneau de Lahorie;

Faisant toutefois réserve, sur l'un et l'autre point, comme sur toute autre demande du même genre, de l'avis préalable du Conseil de l'Université.

Décret relatif au cumul des traitements d'activité et des pensions de retraite. 13 mars 1848.

13 Mars 1848.

Le Gouvernement provisoire,

Vu les lois du 25 mars 1817[1] et du 15 mai 1818[2], qui interdisent de cumuler une pension avec un traitement d'activité en tant que l'un et l'autre dépassent la somme de 700 francs et sont payés tous deux sur les fonds de l'État;

Considérant qu'il y a lieu, dans l'intérêt des caisses de retraite, d'appliquer cette mesure à un cumul quelconque,

Décrète :

Nul ne pourra désormais jouir simultanément d'un traitement d'activité et d'une pension de retraite, servis l'un et l'autre soit par les fonds de l'État ou des communes, soit par les fonds de retenue.

Le cumul continuera à avoir lieu, dans tous les cas, jusqu'à concurrence de 700 francs.

Avis relatif à l'autorisation d'annexer un pensionnat à une École gratuite. 7 avril 1848.

7 Avril 1848.

Le Conseil, etc.,

Vu la demande de Mme Peysselon, sœur de la congrégation de Saint-Charles, à l'effet d'obtenir l'autorisation d'annexer un pensionnat primaire à l'École particulière de jeunes filles qu'elle tient à Saint-Dizier-d'Azergues (Rhône);

Après avoir pris connaissance des statuts des Sœurs hospitalières de Saint-Charles de Lyon, autorisées par décret impérial du 22 octobre 1810;

Considérant qu'aux termes de ces statuts les sœurs de Saint-Charles sont tenues expressément de donner l'instruction gratuite, et cela sans distinction ni réserve possibles,

1. Voici un extrait de cette loi :

« ART. 27. — Nul ne pourra cumuler deux pensions, ni une pension avec un traitement d'activité, de retraite ou de réforme. Le pensionnaire aura le choix de la pension ou du traitement le plus élevé.

« Néanmoins les pensions de retraite pour services militaires pourront être cumulées avec un traitement civil d'activité. »

2. Voir l'extrait de cette loi, Tome Ier, page 266.

Est d'avis qu'il n'y a pas lieu d'accorder à Mme Peysselon l'autorisation qu'elle sollicite[1].

1. Un conseiller saisit cette occasion d'exprimer sa conviction intime, que tenir une École d'externes où les enfants pauvres sont instruits gratuitement, et tenir, avec autorisation spéciale, un pensionnat où les enfants aisés sont élevés et instruits aux frais de leurs parents, sont deux services publics également importants pour le bonheur des familles et pour le repos de la société; que ces deux services sont parfaitement compatibles dans l'instruction primaire comme dans l'instruction secondaire; que cette compatibilité est surtout évidente et incontestable lorsque l'établissement où se trouvent l'École et le pensionnat est sous la direction d'une association religieuse et charitable, telles que celles qui ont été autorisées, soit par les lettres patentes de septembre 1724 et par le décret du 17 mars 1808, soit par les ordonnances du 29 février 1816, du 23 juin 1820 et autres semblables, puisque, grâce au régime de ces associations, il y a toute facilité pour assurer constamment les deux services, sans que l'un souffre de l'attention, du temps et des soins donnés à l'autre.

Une puissante raison motive encore et justifie, ce semble, cette opinion du soussigné. Il lui est démontré par maints exemples, que très souvent la tenue d'un pensionnat accessible aux familles riches a été pour les associations et communautés le moyen de procurer aux enfants des familles pauvres le bienfait d'une instruction gratuite. Sans les légitimes bénéfices qui résultaient du pensionnat, elles auraient été dans l'impossibilité de faire cette bonne œuvre.

En vain objecte-t-on à ces simples raisonnements que, aux termes de leurs statuts, certaines communautés sont obligées de donner l'instruction *gratuitement*, sans distinction de riches et de pauvres; d'où l'on conclut qu'elles doivent donner l'instruction *gratuite* même aux enfants des familles riches, et qu'ainsi elles ne peuvent être autorisées à tenir des pensionnats où l'instruction est payée. La réponse est facile. Et d'abord n'y a-t-il pas quelque chose de singulier à prétendre, nous laïques, nous hommes du monde, interpréter les statuts d'une communauté religieuse mieux que la communauté elle-même, quand il s'agit d'une obligation qui intéresse la conscience? La communauté qui croit que ses statuts lui permettent de tenir en conscience et une École d'externes pour les pauvres et un pensionnat pour les riches, n'a-t-elle pas pour elle cette maxime générale, que tout ce qui n'est pas défendu est permis? N'est-il pas manifeste que l'obligation d'instruire gratuitement a pour objet unique de donner l'instruction à ceux qui sont hors d'état de la payer? N'est-ce pas le vœu de la raison, de l'humanité, de la justice? N'est-ce pas le cri du bon sens Ne faudrait-il pas une disposition bien expresse, bien supérieure, pour imposer la gratuité de l'enseignement aux familles riches qui, sans cela, auraient honte d'accepter cette aumône aux dépens ou de l'État, ou de la commune, ou de l'association charitable? On insiste, et l'on dit qu'il est des statuts dans lesquels on a soin d'exprimer si l'on donnerait l'instruction gratuitement aux pauvres et, dans ce cas, on veut bien permettre à ces communautés de tenir des pensionnats. Mais, selon le soussigné, se décider par une semblable argumentation, c'est attacher aux statuts une interprétation par trop judaïque et beaucoup trop peu libérale. C'est forcer la valeur d'une expression surabondante. C'est, en cas d'abandon de cette expression superflue, sacrifier à une vaine forme les intérêts les plus respectables.

Le soussigné est d'avis, en conséquence, qu'il y avait lieu d'accorder l'autorisation de tenir un pensionnat primaire aux sœurs de la congrégation de Saint-Charles, qui demandaient cette autorisation comme institutrices, l'une à Saint-Étienne (Loire), l'autre à Saint-Dizier-d'Azergues (Rhône).

Avis relatif à l'autorisation d'annexer un pensionnat à une École gratuite. 7 avril 1848.

7 Avril 1848.

Le Conseil, etc.,

Vu la demande de Mme Faure, sœur de la congrégation de Saint-Charles, institutrice à Saint-Étienne (Loire), à l'effet d'obtenir l'autorisation d'annexer un pensionnat primaire à son École;

Attendu qu'aux termes de leurs statuts, autorisés par décret impérial du 22 octobre 1810, les sœurs hospitalières de Saint-Charles de Lyon sont tenues de donner l'instruction gratuitement, et cela sans distinction ni réserve possibles,

Est d'avis qu'il n'y a pas lieu d'accorder à Mme Faure l'autorisation qu'elle sollicite[1].

Rapport du Président de la haute Commission des études scientifiques et littéraires au Ministre de l'Instruction publique, sur la création d'un diplôme à délivrer aux enfants sortant des Écoles primaires. 21 avril 1848.

21 Avril 1848.

Monsieur le Ministre, la haute Commission des études scientifiques et littéraires a fait de l'instruction primaire le premier objet de ses délibérations, et ses séances quotidiennes y sont encore aujourd'hui consacrées. Mais autant il est facile d'innover lorsque le changement pour se réaliser ne demande, comme dans la création de l'École d'administration, que le concours d'un petit nombre d'hommes d'élite, autant il est difficile de le faire lorsque le changement nécessite, comme ici, l'élévation d'un personnel de près de 40 000 fonctionnaires laissés trop longtemps en souffrance. Il est manifeste que rien de digne de la République française, tant à l'égard des instituteurs qu'à l'égard des élèves, ne peut s'accomplir pour l'instruction primaire, à moins de sommes considérables, et l'Assemblée qui va se réunir ne les refusera pas.

Toutefois, la haute Commission, s'associant pleinement, Monsieur le Ministre, à la juste impatience que vous lui avez témoignée, vous soumet, par mon organe, une proposition qu'elle croit de nature à vous satisfaire, ne fût-ce qu'à titre d'indice précurseur. Cette proposition consiste à inviter la ville de Paris, qui s'est toujours distinguée d'une manière si éminente par sa sollicitude pour l'instruction primaire, à joindre ses efforts aux vôtres pour une manifestation éclatante en faveur des enfants élevés dans ses Écoles. Un tel exemple, inspiré par le républicanisme le plus pur, ne saurait manquer d'exciter dans tous les départements une émulation que le même mode d'encouragement pourrait soutenir.

On doit s'attendre à ce qu'une des premières mesures adoptées par l'Assemblée, dans le règlement de l'instruction nationale, soit d'exiger de tous les enfants de la République indistinctement la justification de l'accomplissement de leur cours d'enseignement primaire. Un diplôme, délivré au nom du Gou-

1. Voir la note de la page 16.

vernement, attestera, sans doute, que les jeunes gens se sont acquittés de cette première obligation que l'ordre républicain leur impose. Que, dès cette année, un tel diplôme, puisque rien ne s'y oppose, soit donc accordé dans toutes les Écoles primaires de la ville de Paris à tous les élèves qui l'auront mérité.

Dans l'époque de l'année où nous sommes, cette mesure viendrait à propos. Le cours des classes dans les institutions primaires de Paris est continuel, de sorte qu'il n'y existe point, à proprement parler, de fin d'année, sinon à cette époque où le jour de la première communion qui s'approche donne à une multitude d'enfants le signal de quitter la période de l'École pour entrer dans celle de l'apprentissage. C'est à cet essaim d'enfants que s'adresserait le diplôme dont il s'agit, et ils l'emporteraient avec eux dans l'apprentissage, joignant ainsi le souvenir de cette émancipation solennelle de l'instruction primaire à celui de leur première communion.

Mais ce n'est pas assez, Monsieur le Ministre, et nous vous proposons que, parmi les mille enfants qui auront été reconnus les plus distingués par suite des examens ordonnés à cet effet dans toutes les Écoles publiques, il soit réparti, au nom de l'État et de la ville, d'après les rangs déterminés par un concours, un certain nombre de bourses d'apprentissage, d'Écoles primaires supérieures, d'Écoles des arts et métiers, de fermes modèles, de Lycées. Au lieu de la bourse, et j'aurais à cœur, Monsieur le Ministre, que la langue pût me fournir pour cet objet un nom plus digne, les enfants dont les familles seraient en position de leur faire donner le genre d'éducation correspondant à leur rang dans le concours, recevraient de la République une médaille, symbole de leur égalité avec les autres vainqueurs.

L'ouverture de ce concours pourrait devenir l'occasion d'une première fête des Écoles primaires au Champ de Mars. On y réunirait aux élèves de ces Écoles ceux des asiles, espoir des concours prochains, et même ceux des Lycées qui appellent dès à présent à eux, dans les Écoles inférieures, tous les plus dignes. Chaque École, précédée de sa bannière, viendrait vous présenter, Monsieur le Ministre, ceux qui, dans son sein, auraient mérité le diplôme, et les mille concurrents, après avoir reçu de vos mains, non point une couronne, symbole d'une vanité que la République condamne, mais un rameau fleuri du printemps, préluderaient à leur dispute intellectuelle par un banquet de frères.

Si le projet que j'ai l'honneur de vous soumettre obtenait votre suffrage, la haute Commission vous prierait de déléguer, pour présider à l'ordonnance de cette fête, l'un de ses membres, notre illustre Béranger. Un jour, et ce jour, nous en avons la ferme confiance, n'est pas loin, la République mettra à votre disposition les ressources nécessaires pour que les enfants des plus pauvres villages soient admis, avec toute la libéralité désirable, à partager les bienfaits d'une institution si républicaine. Mais, en attendant, Monsieur le Ministre, que la ville de Paris, qui a tant fait pour ses Écoles, ait encore la gloire de donner ce nouvel exemple au monde, agréez, Monsieur le Ministre, mon salut respectueux et fraternel.

Le président de la haute Commission des études scientifiques et littéraires,
Signé : JEAN REYNAUD.

Approuvé le rapport :

Le Ministre de l'Instruction publique et des Cultes,
Signé : CARNOT.

Rapport du Président de la haute Commission des études scientifiques et littéraires au Ministre de l'Instruction publique, sur la transformation des salles d'asile en Écoles maternelles et l'extension à donner à ces établissements. 25 avril 1848.

25 Avril 1848.

Monsieur le Ministre, la haute Commission a été profondément touchée de la sollicitude qui vous a porté à recommander à son attention les salles d'asile. Elle n'ignore pas que c'est au sein de ces modestes institutions que se prépare l'éducation du pays et que se déposent les germes les plus essentiels peut-être de l'avenir. Aussi abonde-t-elle pleinement dans l'espoir de voir la main bienfaisante de la République s'y étendre.

Elle ne se dissimule pourtant pas la profonde différence qui doit séparer ce genre d'institutions de celui des Écoles primaires. La charge de l'État, en ce qui concerne l'instruction publique, doit aller sans cesse en augmentant, tandis qu'à l'égard des salles d'asile, dans l'opinion de la haute Commission, qui est heureuse, Monsieur le Ministre, de s'y trouver d'accord avec vous, la charge de l'État devrait tendre au contraire à aller sans cesse en se restreignant. Il faut que toutes les mères, conformément au vœu de la nature, qui est aussi celui de la plus sage politique, soient mises finalement en telle position que rien ne les empêche plus de vaquer aux soins de cette éducation de la tendre enfance, qui est leur premier devoir comme leur premier bonheur, et dont aucun fonctionnaire de l'État ne saurait s'acquitter aussi bien qu'elles.

Mais en attendant que la République ait pu corriger les inconvénients si nombreux que le régime du passé a implantés jusque dans nos mœurs, et dont souffre aujourd'hui tout le peuple de France, il faut bien s'appliquer à ce qui n'a que le caractère de remède avec le même zèle qu'à ce qui est revêtu d'un caractère organique définitif. C'est à ce point de vue que la haute Commission a voulu étudier les asiles. Elle les regarde comme destinés à faciliter l'éducation des enfants des travailleurs et à concourir ainsi à l'avènement de l'époque où, toutes les familles ayant conquis les lumières et la liberté pratique qu'il leur faut, la première enfance ne pourra s'écouler nulle part plus heureusement qu'au foyer domestique.

Nous souhaiterions, Monsieur le Ministre, qu'on pût considérer les salles d'asile comme le domicile de la meilleure des mères qui, rassemblant autour de ses enfants ceux des familles du voisinage, s'appliquerait à les développer sans fatigue tous ensemble, sous le triple rapport du cœur, de l'intelligence et du physique, tout en les excitant à s'égayer. Aussi, renonçant bien volontiers à ce nom de *Salles d'asile*, qui semble rappeler des idées de misère et d'aumône, la haute Commission vous recommande-t-elle unanimement ce nom si doux d'*École maternelle*, où se peint si bien l'esprit nouveau, et que vous aviez vous-même, Monsieur le Ministre, relevé avec satisfaction dans une lettre de Mlle Marie Carpantier. C'est sous ce nom qu'elle aurait à cœur de voir l'institution se perfectionner, se généraliser et se répandre jusqu'à nouvel ordre, sous votre autorité, dans toute l'étendue de la République.

C'est assez vous dire, Monsieur le Ministre, que la haute Commission vous adresse toutes les assurances de son zèle à vous seconder dans une entreprise aussi utile que le perfectionnement de ces petites Écoles, et particulièrement dans tout ce qui concernera l'École spéciale de perfectionnement que vous vous proposez d'instituer à Paris. Elle insiste expressément pour que les cours d'instruction proprement dits y soient réduits aux plus faibles proportions, et qu'une École maternelle modèle, accompagnée des exercices et des explications convenables, en soit tout le fondement. C'est dans cette institution que l'on mettrait en essai les méthodes de récréation les plus avantageuses pour le développement comme pour le plaisir des enfants, et que les aspirantes et directrices de toute la France pourraient venir s'initier aux pratiques maternelles que l'expérience de l'École modèle aurait décidé votre ministère à sanctionner.

Agréez, etc.

Le président de la haute Commission des études scientifiques et littéraires,
Signé : JEAN REYNAUD.

Approuvé ce rapport :
Signé : CARNOT.

---

27 avril 1848.

Décret du Gouvernement provisoire, relatif à l'instruction primaire dans les colonies et possessions françaises.

27 Avril 1848.

Le Gouvernement provisoire,

Considérant que la préparation de la jeunesse à la vie morale, civile et politique est un des premiers devoirs que la société ait à remplir vis-à-vis d'elle-même ;

Que plus il y a d'hommes éclairés dans une nation, plus la loi et la justice sont respectées ;

Que la société doit l'éducation gratuite à tous ses membres,

Décrète :

ARTICLE 1er. — Aux colonies, où l'esclavage est aboli par décret de ce jour[1], il sera fondé, dans chaque commune, une École élémentaire gratuite pour les filles, et une École élémentaire gratuite pour les garçons.

ART. 2. — Ces Écoles, placées sur des points choisis de manière à faciliter la réunion des enfants, seront multipliées autant que l'exigeront les besoins de la population.

ART. 3. — Nul ne peut se soustraire au devoir d'envoyer à l'École son enfant, fille ou garçon, au-dessus de six ans et au-dessous de dix ans, à moins qu'il ne le fasse instruire sous le toit paternel.

1. « L'esclavage sera entièrement aboli dans toutes les colonies et possessions françaises, deux mois après la promulgation du présent décret dans chacune d'elles. » (Art. 1er du décret du 27 *avril* 1848.)

ART. 4. — Tout père, mère ou tuteur qui, sans raison légitime et après trois avertissements donnés par le maire de la commune, aura négligé d'envoyer ses enfants à l'École, sera passible d'un à quinze jours de prison.

ART. 5. — Les absences de l'enfant à l'École sont constatées par l'instituteur dans un rapport hebdomadaire qu'il adresse au maire de la commune; le juge de paix prononce sur le vu des pièces et après avoir entendu le délinquant.

ART. 6. — Les classes ne pourront durer moins de six heures par jour.

ART. 7. — Le Gouvernement fera faire, pour les Écoles des colonies, des livres élémentaires où l'on mettra en relief les avantages et la noblesse des travaux de l'agriculture.

ART. 8. — Les salles des Écoles pourront être mises à la disposition des personnes qui seront agréées par l'autorité, pour la tenue de classes du soir et du dimanche, à l'usage des adultes des deux sexes.

ART. 9. — L'établissement des Écoles publiques n'exclut pas les Écoles particulières qui seraient ouvertes conformément aux lois existantes.

ART. 10. — Une École normale des arts et métiers sera établie dans chaque colonie.

Un Lycée destiné à porter dans les Antilles l'enseignement secondaire sera fondé à la Guadeloupe sans préjudice des Collèges communaux qui pourront être établis ailleurs.

ART. 11. — Une institution de degré supérieur sera établie à la Martinique pour les jeunes filles.

ART. 12. — Le Ministre de la Marine et des Colonies est chargé de l'exécution du présent décret.

Fait à Paris, en Conseil de Gouvernement, le 27 avril 1848.

Les Membres du Gouvernement provisoire,

DUPONT (de l'Eure), ARAGO, LAMARTINE, LOUIS BLANC, CRÉMIEUX, LEDRU-ROLLIN, GARNIER-PAGÈS, ALBERT, MARIE, ARMAND MARRAST, FLOCON.

Le Secrétaire général du Gouvernement provisoire,

PAGNERRE.

28 avril 1848. **Arrêté substituant les Écoles maternelles aux salles d'asile, et portant création d'une École maternelle normale à Paris.**

28 Avril 1848.

Le Ministre de l'Instruction publique
Arrête :

ARTICLE 1er. — Les salles d'asile, improprement qualifiées établissements charitables par l'ordonnance du 22 décembre 1837, sont des établissements d'instruction publique. Ces établissements porteront désormais le nom d'*Écoles maternelles*.

ART. 2. — Il est institué près l'Académie de Paris une École maternelle normale, pour l'instruction des fonctionnaires des Écoles maternelles, en remplacement de la maison provisoire établie à Paris, rue Neuve-Saint-Paul.

ART. 3. — Cette École recevra des élèves âgées de vingt ans au moins, et de quarante ans au plus.

ART. 4. — Il s'y fera tous les ans des cours d'études, chacun de quatre mois, y compris les examens.

ART. 5. — Ces études auront pour objet de compléter l'instruction élémentaire des élèves, et principalement de leur apprendre à diriger les Écoles maternelles dans l'esprit de la République.

ART. 6. — Dans ce but, une École maternelle sera annexée à l'École normale, et les élèves seront admises à s'y exercer sous la surveillance de la directrice. Les élèves compléteront leur éducation en assistant aux exercices de l'École maternelle modèle de Paris.

ART. 7. — Les fonctionnaires de l'École maternelle normale seront :

1° Une directrice des études, chargée spécialement des exercices relatifs à la direction des Écoles maternelles ;

2° Une maîtresse d'instruction scolaire ;

3° Une maîtresse de musique ;

4° Une maîtresse de dessin ;

5° Une économe.

ART. 8. — Il sera admis à l'École maternelle normale des pensionnaires, suivant les conditions qui seront ultérieurement déterminées.

ART. 9. — Un programme spécial déterminera le règlement de l'École.

Avis relatif à l'acceptation d'un legs. 12 mai 1848.

12 Mai 1848.

Le Conseil, etc.,

Vu le testament olographe en date du 6 décembre et le codicille également olographe en date du 20 mars, par lesquels la dame Bossinet, veuve du sieur Laboureys-Château-Favier, a institué pour son légataire universel le frère Philippe, supérieur général de l'institut des Frères des Écoles chrétiennes, à la charge d'acquitter divers legs indiqués auxdits testament et codicille;

Ces legs particuliers représentant dans leur ensemble une valeur de 14 800 francs, et la fortune totale de Mme veuve Laboureys-Château-Favier, en biens meubles et immeubles, s'élevant, au moment de son décès, à 38 100 francs, il en résulte que le montant du legs universel est d'environ 23 300 francs;

Vu toutes les pièces à l'appui;

Vu une première délibération du Conseil exprimant le désir que des renseignements soient demandés au supérieur général de l'institut des Frères des Écoles chrétiennes sur deux points : 1° sur la destination qui serait donnée par les frères à la somme provenant dudit legs; 2° sur l'affectation qu'aurait reçue une donation faite aux frères en 1823 par les époux Laboureys-Château-Favier, donation montant à 40 000 francs environ;

Vu une lettre en date du 14 février de M. le supérieur général de l'institut des Frères des Écoles chrétiennes, en réponse aux éclaircissements qui lui ont été demandés,

Estime que les renseignements fournis n'étant point satisfaisants, et que les doutes élevés au sujet des dispositions faites par Mme veuve Laboureys-Château-Favier n'étant point complètement éclaircis, il n'y a pas lieu de donner un avis favorable à l'acceptation du legs.

Avis relatif à l'autorisation d'annexer un pensionnat à une École gratuite. 19 mai 1848.

19 Mai 1848.

Le Conseil, etc.,

Vu la délibération du Conseil, en date du 8 février dernier, portant qu'il y a lieu d'accorder l'autorisation de recevoir des pensionnaires à deux sœurs de la congrégation de Saint-Joseph, la dame Porte, sœur Saint-Michel, institutrice à Montaud (Loire), et la dame Testenoire-Desfuts, sœur Augustine, institutrice à Saint-Étienne (Loire);

Vu de nouveau les pièces de ces deux affaires, notamment les statuts de la congrégation de Saint-Joseph, aux termes desquels les membres de la congrégation doivent enseigner gratuitement;

Ayant déclaré dans la séance du 27 avril dernier, relativement à un avis du Conseil d'État tendant à refuser l'autorisation de tenir pensionnat à tout membre d'une congrégation obligée par ses statuts de donner l'instruction gratuite, que cet avis était conforme à la jurisprudence du Conseil et devait servir de règle dans toutes les affaires de ce genre,

Estime qu'il y a lieu de rectifier, conformément à cette déclaration, l'erreur contenue dans la délibération précitée du 8 février, et de refuser, en conséquence, l'autorisation de recevoir des pensionnaires aux dames membres de la congrégation de Saint-Joseph qui sont dénommées dans ladite délibération[1].

1. Un conseiller expose ainsi qu'il suit les motifs de son opinion personnelle, différente de l'avis adopté par le Conseil relativement aux demandes en autorisation de recevoir des pensionnaires, formées par les sœurs de la congrégation de Saint-Joseph et par les sœurs de l'Instruction chrétienne.

Il reconnaît que, d'après la législation existante, aucun pensionnat, même primaire, ne peut être régulièrement établi sans avoir obtenu du Conseil une autorisation formelle; autorisation que le Conseil est maître d'accorder ou de refuser, soit à des individus, soit à des membres de congrégation religieuse ou d'association charitable.

Mais plus que jamais il persiste à penser que l'obligation d'*enseigner gratuitement*, insérée dans les statuts d'une association quelconque, ne saurait être une raison suffisante pour refuser l'autorisation de tenir un pensionnat; qu'évidemment, et par la nature des choses et par les plus simples et les plus clairs raisonnements, le bienfait de l'instruction gratuite ne doit s'entendre que de l'instruction donnée aux enfants pauvres dans les classes d'externes, et n'a aucun rapport avec l'instruction et l'éducation que des enfants, appartenant aux familles en état d'en payer les frais, reçoivent dans des pensionnats plus ou moins dispendieux; qu'ainsi l'ont toujours compris toutes les associations et congrégations vouées à l'instruction de la jeunesse et capables apparemment de connaître le sens et la portée des statuts qui les régissent; qu'ainsi l'ont entendu les autorités locales qui apprécient tout le bien résultant de ces établissements pour les villes où ils sont en possession de la confiance publique, et ne manquent pas d'appuyer de leurs témoignages et de leurs vœux les demandes présentées par les sœurs, comme cela est arrivé pour les sœurs de l'Instruction chrétienne et de Saint-Joseph; vœux et témoignages d'autant plus frappants que les Comités et les autres autorités universitaires ont partagé les sentiments et les désirs des autorités civiles.

Le soussigné, à l'appui des observations précédentes sur un point si important pour la bonne éducation de la jeunesse, des femmes surtout, croit devoir faire remarquer que, plusieurs fois déjà, il a été question de proclamer l'instruction publique généralement *gratuite et à tous les degrés*. Mais dans ce système on ne sera pas tenté sans doute de conclure que désormais tout pensionnat primaire ou secondaire devrait être déclaré illégal et impossible.

Le soussigné est d'avis, par toutes ces déclarations, qu'il y a lieu d'accorder aux sœurs de Saint-Joseph et de l'Instruction chrétienne l'autorisation de recevoir des pensionnaires.

Arrêté qui fait rentrer l'Instruction publique en Algérie dans les attributions du Ministère de l'Instruction publique. 30 mai 1848.

30 Mai 1848.

Au nom du Peuple français,
La Commission du Pouvoir exécutif,
Sur la proposition du Ministre de la Guerre,
Arrête :

. . . .

L'instruction publique, en Algérie, rentre dans les attributions du Ministère de l'Instruction publique.

Les Ministres de l'Instruction publique et de la Guerre sont chargés, chacun en ce qui le concerne, de l'exécution du présent arrêté.

Avis relatif à l'acceptation d'une donation. 2 juin 1848.

2 Juin 1848.

Le Conseil, etc.,

Vu les pièces concernant l'association des Frères de la Doctrine chrétienne du diocèse de Nancy, notamment :

1° L'ordonnance du 17 juillet 1822, qui autorise l'association *destinée à fournir des maîtres aux Écoles primaires dans les départements de la Meurthe, de la Meuse et des Vosges*, et qui investit le Conseil de l'Université du droit de recevoir tous legs et donations qui seraient faits en faveur de l'association et de ses Écoles;

2° La lettre du Préfet de la Meurthe, en date du 24 avril 1838; les lettres écrites par le Recteur de Nancy, les 5 avril 1838, 19 juin 1838, 8 juillet et 18 août 1843, 26 avril et 23 octobre 1843, constatant que l'association dont il s'agit n'a jamais rendu de services dans les trois départements auxquels elle devait fournir des instituteurs, et qu'elle s'est toujours affranchie des obligations qui lui étaient imposées par l'article 1er de l'ordonnance constitutive du 17 juillet 1822;

3° Le rapport des Inspecteurs généraux, en date du 3 juillet 1845, sur les Frères de la Doctrine chrétienne du diocèse de Nancy, alors établis à Sion-Vaudemont, et sur les frères de cette congrégation exerçant les fonctions d'instituteurs primaires dans le département du Jura;

4° La lettre écrite le 30 avril 1847, dans laquelle l'abbé Baillard, ancien supérieur général, avoue au Préfet de Nancy que l'association est inutile dans les départements de la Meurthe, de la Meuse et des Vosges, et que les frères ne sont appelés dans aucune commune de ces départements;

5° Les avis du Conseil de l'Université, en date du 25 juin 1839 et du 8 novembre de la même année;

6° L'acte authentique par lequel M. Joseph Fréchard, prêtre, demeurant à Vézelise, fait donation entre vifs à la congrégation des Frères de la Doctrine chrétienne du diocèse de Nancy, dits Frères de Sion-Vaudemont, d'une maison située à Vézelise et estimée à 15 000 francs;

7° L'acceptation *provisoire* de l'abbé Gridel, nouveau supérieur général de la congrégation, en date du 4 février 1848;

8° La lettre du Recteur de l'Académie de Nancy, en date du 2 février 1848 et celle du Préfet de la Meurthe en date du 10 du même mois, par lesquelles ces deux fonctionnaires donnent un avis favorable à l'acceptation;

Spécialement l'article 3 de l'ordonnance du 2 avril 1817,

Considérant d'une part que, depuis son origine jusqu'à présent, l'association des Frères de la Doctrine chrétienne du diocèse de Nancy n'a jamais rempli les obligations qui lui étaient imposées par l'article 1er de l'ordonnance du 17 juillet 1822; qu'entre autres preuves, elle ne possède aujourd'hui qu'une seule École dans le département de la Meurthe, et n'en possède aucune dans les deux départements de la Meuse et des Vosges;

Considérant, d'autre part, que l'association ne s'est point renfermée dans la circonscription qui lui était assignée par l'article 1er de l'ordonnance précitée, nonobstant les injonctions qui lui ont été fréquemment adressées par l'autorité universitaire,

Est d'avis qu'il n'y a pas lieu d'autoriser l'association des Frères de la Doctrine chrétienne du diocèse de Nancy, dits Frères de Sion-Vaudemont, à accepter la donation qui a été faite par M. Joseph Fréchard d'une maison sise à Vézelise (Meurthe) et estimée 15 000 francs.

Circulaire du Ministre de l'Instruction publique, relative à l'exigence du brevet de capacité pour les institutrices appartenant aux congrégations religieuses[1]. 5 juin 1848.

5 Juin 1848.

Monsieur le Recteur, l'ordonnance en date du 23 juin 1836, qui règle tout ce qui concerne l'instruction primaire des filles, porte, article 13 :

« Les institutrices appartenant à une congrégation religieuse, dont les sta-« tuts approuvés renfermeraient l'obligation de se livrer à l'éducation de l'en-« fance, pourront être autorisées par le Recteur, sur le vu de leur lettre d'obé-« dience, et sur l'indication, par la supérieure, de la commune où les sœurs « seraient appelées. »

Cette exception à la règle commune ne peut être maintenue en présence du principe d'égalité proclamé par le Gouvernement républicain. Elle n'est, d'ailleurs, motivée par aucune considération d'utilité publique, et elle a été, de tout temps, la source d'abus, contre lesquels s'élèvent les réclamations les plus légitimes.

C'est de l'éducation des filles que dépend, en grande partie, le bonheur des familles. C'est à la mère qu'est réservée la sainte mission d'élever l'enfance, de façonner son esprit et son cœur, et de lui assurer ainsi le bienfait de cette éducation première dont la puissante et salutaire influence ne se perd jamais.

Il est donc essentiel, indispensable, de ne confier la direction des écoles de filles qu'à des institutrices dont la capacité et la moralité aient été publiquement constatées par des examens témoignant de leur aptitude à remplir la difficile mission qu'elles sollicitent.

Un certain nombre d'institutrices religieuses avaient déjà senti depuis quelques années la nécessité de se soumettre d'elles-mêmes à la loi commune. En subissant ainsi, de leur plein gré, les examens imposés aux institutrices laïques, elles avaient voulu donner au public une garantie réelle de leur savoir. Je ne doute pas que cet exemple ne soit généralement suivi.

Vous voudrez donc bien, Monsieur le Recteur, n'accorder désormais l'autorisation d'ouvrir des Écoles primaires de filles qu'à des institutrices munies du brevet de capacité, régulièrement obtenu, après examen, devant les Commissions instituées à cet effet.

Il en sera de même pour les surveillantes religieuses des Écoles maternelles, qui, conformément aux prescriptions de l'article 12 de l'ordonnance du 22 décembre 1837, n'étaient tenues jusqu'à présent que de produire leur lettre d'obédience. Elles ne pourront dorénavant être autorisées à exercer qu'après avoir obtenu le certificat d'aptitude exigé des surveillantes laïques.

Recevez, etc.

Signé : CARNOT.

1. Voir ci-après, page 54, la circulaire du 6 *novembre* 1848 sur le même objet.

8 juin 1848.

Arrêté portant institution de lectures publiques du soir, à Paris.

8 Juin 1848.

Le Ministre de l'Instruction publique et des Cultes arrête :

ARTICLE 1er. — Il est institué, sous les auspices du Ministère de l'Instruction publique et des Cultes, des lectures publiques du soir, destinées à populariser la connaissance des chefs-d'œuvre de notre littérature nationale.

ART. 2. — Ces lectures dureront une heure. Elles auront lieu deux fois par semaine dans différents locaux situés, autant que possible, au sein des quartiers les plus populeux de Paris.

ART. 3. — Des cartes d'entrée seront délivrées dans chaque mairie des douze arrondissements de Paris aux citoyens qui désireront assister à ces lectures. Ces cartes pourront servir indistinctement pour toutes les salles de séance ouvertes dans les différents quartiers de Paris.

ART. 4. — Sont nommés lecteurs, à cet effet :

M. Stanislas David, homme de lettres;

M. Jacques, professeur de philosophie au lycée Descartes;

M. Feugère, professeur de rhétorique au même lycée;

M. Girard, professeur de rhétorique au lycée Bonaparte;

M. Riaux, professeur de philosophie au lycée Charlemagne;

M. Émile Souvestre, homme de lettres.

ART. 5. — Un programme uniforme sera réglé, par les soins du Ministre de l'Instruction publique, de manière à passer en revue les principaux titres de nos écrivains à l'admiration de l'Europe et de la postérité.

---

8 juin 1848.

Circulaire du Ministre de l'Instruction publique aux professeurs chargés des lectures publiques du soir, à Paris, relative au programme de ces lectures.

8 Juin 1848.

Monsieur, en vous envoyant ci-joint le programme des lectures du soir, je crois devoir vous rappeler sommairement dans quelle intention ces lectures ont été instituées, et dans quelles limites vous aurez à vous renfermer pour répondre à l'esprit de cette institution populaire, et remplir les vues du Gouvernement dans l'accomplissement des fonctions que vous avez bien voulu accepter avec un dévouement si empressé.

Ces lectures, vous le savez, sont particulièrement destinées à initier le peuple à la connaissance des chefs-d'œuvre de notre littérature nationale. Il ne s'agit point de faire, à cet effet, un cours de littérature, ni une rhétorique française, ni des leçons d'esthétique, mais simplement une série de lectures. Une lecture bien faite porte son commentaire avec soi. Bien lire est un mérite infiniment rare, et la part est assez belle de qui peut y atteindre.

Vous devez donc, en général, vous abstenir de faire *de la critique*. La critique, dans le sens du blâme, n'est pas l'objet de l'institution; dans le sens de la louange, elle serait fade, et le sens intellectuel de l'auditoire la rend superflue. Mais il sera bon que la lecture d'un ouvrage soit précédée de détails biographiques sur l'auteur, d'une appréciation générale de son talent et de son influence, d'une indication des sources où l'on pourrait puiser des renseignements plus complets sur l'homme et sur l'époque. Elle devra être aussi, au besoin, accompagnée d'explications et d'éclaircissements nécessaires à l'intelligence du texte. En un mot, il faut que les auditeurs remportent de la séance, outre la conscience et la satisfaction d'avoir été instruits, le désir et les moyens de s'instruire eux-mêmes davantage. Votre tâche est résumée tout entière dans ce mot d'Horace: « *Et prodesse volunt et delectare.* » C'est surtout par le charme de la lecture que vous en obtiendrez le fruit.

Sans vouloir vous assujettir à suivre tel ou tel ordre dans les différentes parties du programme, je vous ferai remarquer cependant que l'ordre n'y est pas indifférent. Il importe que vous vous traciez un plan en vue d'un progrès régulier. Il y a des auteurs dont les beautés seront senties tout de suite de l'auditoire le moins préparé, par exemple Molière, et, dans Molière encore, certaines pièces seront goûtées bien plutôt que d'autres. Je ne parle pas des pièces de second ordre; mais à coup sûr *Tartufe* est plus accessible que le *Misanthrope* à une intelligence non exercée. La prose colorée, le style doucement ému de Bernardin de Saint-Pierre seront compris du peuple avant la prose majestueuse et le style austère de Bossuet; mais la première est un acheminement à la seconde. Les articles de Voltaire sur le goût, le style, la langue française, viendraient bien moins utilement dans les premières séances, qu'après une sorte d'éducation expérimentale acquise dans la fréquentation de Racine, de Corneille, de Molière et de La Fontaine.

D'autre part, il ne sera pas sans utilité de rechercher tantôt l'avantage de l'analogie, tantôt l'avantage du contraste.

Peut-être conviendrait-il, pour éviter la fatigue de l'auditoire, à l'aide de la variété, et pour captiver et soutenir son intérêt, de consacrer la première demi-heure de chaque séance à la prose, et la seconde à la poésie.

Pour ce qui concerne les ouvrages historiques, il est bien entendu que vous n'aurez pas à lire des volumes entiers, et que vous devrez vous borner à des extraits, qui seront choisis de manière à former un épisode complet.

Tels sont, Monsieur, les différents points sur lesquels j'appelle principalement votre attention. Je laisse, d'ailleurs, toutes ces convenances délicates à votre appréciation et à votre sagacité. Ce sera votre mérite de distribuer la nourriture intellectuelle de telle sorte qu'elle soit le plus profitable possible. Votre mission, si modeste au premier coup d'œil, s'agrandit et s'élève, lorsque l'on considère l'importance des résultats que vous pouvez obtenir. Je ne doute pas que le succès ne réponde à votre zèle, et que vous ne méritiez, par vos efforts désintéressés, la reconnaissance de l'administration et celle de vos concitoyens[1].

Recevez, etc.

Signé : CARNOT.

1. Ces instructions furent rappelées aux professeurs par une circulaire en date du 8 *novembre* suivant, à laquelle était joint un exemplaire du programme.

Programme des lectures du soir annexé à la circulaire du Ministre.

PROSE.

Bossuet : *Discours sur l'Histoire universelle : les Époques* (par extraits).
Fénelon : *Télémaque* (extraits). — *Fables.* — *Aristonoüs.* — *Dialogues des Morts.*
Saint-Évremond : *Considérations sur les Romains.*
La Bruyère : *Les Caractères*..... (*De l'Homme.* — *De la Mode.*)
Molière : Tout le théâtre, moins *Georges Dandin* et *Amphitryon.*
Lesage : *Turcaret.* — *Gil Blas* (par extraits).
Sévigné : Choix de Lettres.
J. J. Rousseau : Correspondance (morceaux choisis). — *Les Rêveries.*
Voltaire : *Essai sur les Mœurs* (par extraits). — *Siècle de Louis XIV.* — *Histoire de Pierre le Grand.* — *Histoire de Charles XII.* — Correspondance. — Articles du *Dictionnaire philosophique* : *Goût, Style, Langue française.*
Diderot : *Les Deux Amis de Bourbonne.*
Mirabeau : Choix de rapports et opinions.
J. J. Barthélemy : *Voyage d'Anacharsis* (par extraits).
Marmontel : *Nouveaux Contes moraux.*
Florian : *Précis sur les Maures.* — *Estelle.* — *Galatée.*
Buffon : Morceaux choisis.
Sedaine : *Le Philosophe sans le savoir.*
Bernardin de Saint-Pierre : *Mes rapports avec Jean-Jacques.* — *La pierre d'Abraham.* — *Études, Harmonies de la Nature* (par extraits). — *La Chaumière indienne.* — *Paul et Virginie.* — *Le café de Surate.* — *Voyage à l'Ile-de-France* (par extraits).
P. L. Courier : Lettres choisies. — Fragments.
Chateaubriand : *Génie du Christianisme.* — *Les Martyrs.* — *Itinéraire de Paris à Jérusalem.* — *Études historiques* (par extraits).
Picard : *La petite Ville.* — *Les Ricochets.*
Noël et Delaplace : *Leçons françaises de Littérature.*
Histoire des voyages : Extraits.

POÉSIE.

Corneille : *Cinna.* — *Polyeucte.* — *Horace.* — *Le Cid.*
Molière.
Racine : *Iphigénie.* — *Andromaque.* — *Phèdre.* — *Britannicus.* — *Esther.* — *Athalie.*
Boileau : *Épîtres.* — *Satires.* — *Le Lutrin.*
La Fontaine : *Fables.*
Destouches : *Le Philosophe marié.* — *Le Glorieux.*
Regnard : *Le Joueur.* — *Le Légataire universel.*
Voltaire : *Zaïre.* — *Mérope.* — *Rome sauvée.* — *Alzire.* — *Tancrède.* — Choix de poésies légères.
Gilbert : *Le dix-huitième Siècle.* — *Le Jugement dernier.* — *Mon Apologie.*
Florian : *Fables.*
Gresset : *Vert-Vert.* — *Le Méchant.*
Ducis : *Othello.* — *Hamlet.* — *Macbeth.* — Choix de poésies.
M. J. Chénier : *Fénelon.* — Choix de poésies.

Collin d'Harleville : *Le Vieux Célibataire.* — *Les Châteaux en Espagne.* — *M. de Crac.*
Andrieux : *Les Étourdis.* — *Contes : Le Meunier Sans-Souci.* — *Le Doyen de Badajoz.* — *Une Promenade de Fénelon.* — *Le Sénat de Capoue.*
Lemercier : *Agamemnon.*
C. Delavigne : Théâtre. — *Messéniennes.* — Choix de poésies.
Étienne : *Les deux Gendres.*
Noël et Delaplace : *Leçons françaises de Littérature.*

HISTOIRE.

Barante : *Histoire des Ducs de Bourgogne.*
Guizot : *Histoire de la civilisation en France.*
Lamartine : *Les Girondins* (extraits).
Michelet : *Histoire romaine.* — *Histoire de France.*
Mignet : *Histoire de la Révolution française.*
P. de Ségur : *Histoire de la Grande Armée.*
Aug. Thierry : *Lettres sur l'Histoire de France.* — *Conquête de l'Angleterre.* — *Récits des Temps mérovingiens.*
Thiers : *Histoire de la Révolution.* — *Histoire du Consulat et de l'Empire.*
Vaulabelle : *Histoire des deux Restaurations.*
Villemain : *Essai sur l'Histoire du polythéisme.* — *Notice sur les PP. des Églises grecque et latine* (dans les *Mélanges littéraires*).

Avis relatif à une reconnaissance légale et à une autorisation d'acquérir. 16 juin 1848.

16 Juin 1848.

Le Conseil, etc.,

Vu la double demande formée par la congrégation hospitalière des sœurs d'Ernemont, à l'effet d'obtenir : 1° la reconnaissance légale d'une succursale qu'elle a fondée à Elbeuf (Seine-Inférieure), et qui dépend de la communauté déjà établie dans cette ville avec École de filles et pensionnat ; 2° l'autorisation d'acquérir définitivement l'immeuble affecté à cette succursale ;

Vu les statuts qui régissent la congrégation d'Ernemont et qui lui prescrivent la gratuité de l'enseignement ;

Vu la délibération du Conseil municipal d'Elbeuf, ensemble le procès-verbal d'enquête ;

Vu l'avis motivé du Préfet de la Seine-Inférieure, en date du 15 juin 1847 ;

Vu le rapport de M. le Recteur de Rouen, en date du 17 juillet suivant ;

Vu l'ordonnance du 2 avril 1817 sur les legs et donations ;

Vu la loi du 24 mai 1825 sur les congrégations religieuses de femmes, ensemble l'ordonnance du 23 juin 1836 sur les Écoles élémentaires de filles,

Est d'avis qu'il n'y a pas motif pour l'Université de s'opposer à ce que l'État 1° reconnaisse la création d'un nouvel établissement à Elbeuf par la congrégation d'Ernemont, avec la faculté de tenir école aux termes et dans les limites des statuts de la congrégation, qui, en lui prescrivant la gratuité de l'enseignement, s'opposent à l'autorisation de tenir pensionnat;

2° Autorise ladite congrégation à acquérir définitivement l'immeuble dont il s'agit[1].

1. Un conseiller, usant du droit qui appartient à tout membre du Conseil, aux termes de l'article 84 du décret du 17 mars 1808, consigne ainsi qu'il suit son opinion personnelle en ce qui concerne la demande formée par les sœurs d'Ernemont et tendant à obtenir : 1° la reconnaissance légale d'une communauté de leur ordre établie à Elbeuf (Seine-Inférieure), avec École de filles et pensionnat; 2° l'autorisation d'acquérir un nouveau terrain.

L'article 1er des statuts des sœurs d'Ernemont, dont la maison-mère est à Rouen, porte que l'objet de leur institut est l'*instruction chrétienne et gratuite des pauvres filles* dans les villes et dans les campagnes, et le soulagement des malades indigents.

Le Conseil municipal d'Elbeuf, l'archevêque de Rouen, le Préfet de la Seine-Inférieure, le Recteur de l'Académie, dans divers avis et rapports, en date des 24 mai, 11 et 15 juin et 10 juillet 1847, ont exprimé des avis favorables, motivés sur ce que les dames d'Ernemont rendent les plus grands services à toute la population, tant pour l'instruction qu'elles propagent dans tous les rangs de la société que pour l'éducation religieuse et morale dont elles répandent les bienfaits dans les classes qui en ont le plus besoin; et ont ajouté que tout accroissement d'un établissement aussi éminemment utile ne pouvait que profiter au pays.

Des renseignements joints aux pièces il résulte que la ville d'Elbeuf, dont la population dépasse 10 000 habitants, possède quatre Écoles primaires de filles; que deux de ces Écoles, tenues par des institutrices laïques, sont fréquentées par 150 élèves, et que les deux autres, dirigées par des institutrices religieuses, comptent 500 élèves.

Dans ces circonstances, le soussigné, considérant que l'Université doit protection et appui à toutes les maisons d'éducation qui savent se concilier la confiance des familles; que toutes les autorités locales, civiles et religieuses, sont favorables à la demande des sœurs d'Ernemont; que, si les statuts de la congrégation prescrivent l'*instruction gratuite*, ils disent expressément que cette prescription est faite en faveur des *pauvres filles;* qu'on ne peut conclure de ces expressions un empêchement à l'instruction payée des filles riches; que, pour motiver une pareille prohibition, il faudrait une défense formelle, puisque autrement la communauté a droit d'invoquer la règle générale qui déclare permis tout ce qui n'est pas défendu et ne nuit pas à autrui;

Considérant que les sœurs d'Ernemont accomplissent leurs statuts en ce qui regarde l'enseignement, lorsqu'elles sont fidèles à donner l'instruction gratuite aux pauvres filles; que la tenue d'un pensionnat ayant lieu en même temps et dans l'enceinte des mêmes bâtiments, bien loin de préjudicier à leurs devoirs envers les pauvres externes, est pour elles, au contraire, un moyen de se mettre en état d'assurer et d'étendre le bienfait de leur instruction gratuite;

Par tous ces motifs, estime qu'il y a lieu d'accueillir dans son intégralité la demande formée par les sœurs d'Ernemont établies à Elbeuf.

Projet de décret sur l'enseignement primaire présenté par M. Carnot, Ministre de l'Instruction publique, à l'Assemblée nationale[1]. 30 juin 1848.

30 Juin 1848.

1° Exposé des motifs du projet de décret.

Citoyens représentants, la différence entre la République et la monarchie ne doit se témoigner nulle part plus profondément, dans le domaine de l'instruction publique, qu'en ce qui touche les Écoles primaires. Puisque la libre volonté des citoyens doit désormais imprimer au pays sa direction, c'est de la bonne préparation de cette volonté que dépendront à l'avenir le salut et le bonheur de la France.

Le but de l'instruction primaire est ainsi nettement déterminé. Il ne s'agit plus seulement de mettre les enfants en mesure de recevoir les notions de la lecture, de l'écriture et de la grammaire; le devoir de l'État est de veiller à ce que tous soient élevés de manière à devenir véritablement dignes de ce grand nom de citoyen qui les attend. L'enseignement primaire doit, par conséquent, renfermer tout ce qui est nécessaire au développement de l'homme et du citoyen, tel que les conditions actuelles de la civilisation française permettent de le concevoir. En même temps qu'il faut introduire dans cet enseignement une plus grande somme de connaissances, il faut aussi le faire concourir plus directement à l'éducation morale, et particulièrement à la consécration du grand principe de la fraternité que nous avons inscrit sur nos drapeaux et qu'il est indispensable de faire pénétrer et vivre partout dans les cœurs pour qu'il soit véritablement immortel. C'est là, Citoyens, que l'enseignement primaire vient se joindre à l'enseignement religieux, qui n'est pas du ressort des Écoles, mais auquel nous faisons un appel sincère, à quelque culte qu'il

1. Le dépôt du projet, aux termes mêmes de la déclaration du Ministre, avait été retardé par les événements.

Il fut renvoyé, le 30 juin, non pas au Comité de l'Instruction publique, comme le demandait le Ministre, mais dans tous les bureaux, sur la proposition de M. Denjoy. « Ce projet, dit-il, devant être la base de tout l'enseignement public, il est trop « important pour le renfermer dans un seul Comité. »

Une Commission spéciale fut nommée le 5 juillet 1848 par les bureaux pour en faire l'étude. Elle était composée de MM. WOLOWSKI, TH. DUFOUR, GAVARRET, LAGARDE, JULES SIMON, *secrétaire*, BOULAY (de la Meurthe), SALMON, GERMAIN SARRUT, D'ARAGON, CONTY, SAUVAIRE-BARTHÉLEMY, BARTHÉLEMY SAINT-HILAIRE, *président*, DE CHARENÇAY, ROUHER et LANDRIN. M. d'Aragon, décédé le 12 septembre, ne fut pas remplacé.

Elle fut dissoute le 4 janvier 1849.

Son rapport était prêt. Il fut inséré à titre de « document législatif » dans le *Moniteur* (21 avril 1849) et dans le *Journal général de l'Instruction publique* (12, 16 et 19 mai 1849).

Voir ci-après, à la date du 15 décembre 1848, les propositions signées du Président, M. Barthélemy Saint-Hilaire, auxquelles ce rapport aboutissait.

se rapporte, parce qu'il n'y a point de base plus solide et plus générale à l'amour des hommes que celle qui se déduit de l'amour de Dieu.

L'établissement de la République, en donnant à l'enseignement primaire cette tendance nouvelle, commandait aussi, comme conséquences naturelles, deux mesures importantes, qui sont de rendre cet enseignement gratuit et obligatoire. Nous le voulons obligatoire, parce qu'aucun citoyen ne saurait être dispensé, sans dommage pour l'intérêt public, d'une culture intellectuelle, reconnue nécessaire au bon exercice de sa participation personnelle à la souveraineté. Nous le voulons gratuit, par là même que nous le rendrons obligatoire, et parce que sur les bancs des Écoles de la République il ne doit pas exister de distinctions entre les enfants des riches et ceux des pauvres.

Nous vous demandons de proclamer la liberté de l'enseignement, c'est-à-dire le droit de tout citoyen de communiquer aux autres ce qu'il sait et le droit du père de famille de faire élever ses enfants par l'instituteur qui lui convient. Nous considérons la déclaration de ce droit comme une des applications légitimes et sincères de la parole de liberté que notre République a jetée au monde avec enthousiasme. Nous avons laissé de côté la condition du certificat de moralité, ne reconnaissant d'autres arbitres compétents sur un point si délicat que les pères eux-mêmes, et n'admettant d'autre cause d'indignité qu'une condamnation judiciaire; de sorte qu'en définitive, nous avons restreint les obligations de l'instituteur à la seule justification, devant un jury équitable, de son aptitude à enseigner ce qui est nécessaire au développement de la jeunesse.

Nous avons renfermé dans ces limites générales l'exercice de l'autorité, convaincus que son caractère bienfaisant et tutélaire sera d'autant plus apprécié qu'il sera moins exposé à paraître suspect d'arbitraire et de partialité. Il nous a même semblé que ce ne serait pas un des moindres moyens de relever les Écoles publiques que de laisser un plein essor aux Écoles privées, à condition que dans cette carrière d'émulation il ne manquât aux premières aucune chance favorable. C'est ce qui sera suffisamment assuré dès que les fonctions d'instituteur auront reçu, par un rapport plus étroit avec l'autorité centrale, un juste accroissement de dignité et d'indépendance; et c'est pourquoi nous vous demandons de consacrer la nomination par le Ministre, ainsi que la rétribution par l'État, de ces maîtres si utiles, que la République ne saurait évidemment refuser de traiter d'une manière analogue aux autres fonctionnaires de l'instruction publique.

En un mot, Citoyens, l'idée d'après laquelle nous nous sommes dirigés a été l'union continuelle du principe de l'autorité avec celui de la liberté. Ainsi, dans l'École publique, sans que l'action de l'autorité soit affaiblie, la part de la liberté locale se trouve garantie par le choix de l'instituteur confié aux représentants de l'arrondissement et de la commune, et la part de l'instituteur l'est également par la juridiction régulière à laquelle il se trouve soumis. Dans l'École privée, la liberté est plus grande encore, puisque l'État ne s'y réserve plus qu'un droit général de surveillance. Enfin, dans la famille, nous avons pensé que, si le principe de l'obligation commandait l'intervention de l'autorité, ce ne devait être qu'avec une réserve extrême et dans le cas seulement où l'administration serait appelée par le cri public à veiller sur le sort d'un enfant laissé par ses parents dans une ignorance absolue. En résumé, comme il apparaîtra, nous l'espérons, par la lecture des articles, c'est dans cette conciliation entre deux principes également respectables que consiste tout l'esprit de la loi que nous avons l'honneur de vous soumettre.

Plus cette loi était importante, plus j'ai dû apporter de soins à sa préparation. Elle est le résultat d'un travail qui a sérieusement occupé la haute Commission des études scientifiques et littéraires que j'ai réunie près de moi, dès mon arrivée au Ministère, et que je me suis appliqué à composer de membres choisis dans les diverses branches de l'administration et de l'instruction publique et privée.

Il me reste, Citoyens représentants, à vous entretenir de la dépense. J'en ai fait dresser l'évaluation, et j'espère que la somme, toute considérable qu'elle est, ne vous paraîtra pas en disproportion avec le service qu'il s'agit d'assurer. Vous remarquerez d'ailleurs que cette organisation, quelque désirable qu'en dût être la réalisation prochaine, ne pourra pas être immédiatement complétée. Ce ne sera donc que partiellement, et dans les proportions que l'Assemblée demeurera toujours libre de déterminer, que les allocations seront portées dans les budgets successifs.

Résumé du projet de budget pour l'instruction primaire.

Traitement fixe des instituteurs.	31 688 000 francs.
— des institutrices.	11 256 000 —
Indemnité des instituteurs.	1 216 900 —
— des institutrices.	810 550 —
— des maîtresses de couture.	2 281 000 —
Inspection des divers degrés.	2 125 000 —
Instituteurs adjoints et institutrices adjointes.	173 800 —
Frais divers.	564 000. —
Total.	50 115 250 francs[1].

2° Projet de décret.

Au nom du Peuple français,

Le Président du Conseil des Ministres, chargé du Pouvoir exécutif,

Arrête :

Le Ministre de l'Instruction publique et des Cultes est autorisé à présenter à l'Assemblée nationale le projet de décret dont la teneur suit, à en exposer les motifs, et à en soutenir la discussion.

TITRE Ier.

Dispositions générales.

ARTICLE 1er. — L'enseignement primaire comprend :

1° La lecture, l'écriture, les éléments de la langue française, les éléments du calcul, le système métrique, la mesure des grandeurs, des notions élémen-

1. Ces chiffres ne sont pas rigoureux. Le total inscrit au projet même de M. Carnot n'est que de 47 420 350 francs, avec le détail ci-dessus. Le chiffre de 47 360 950 est indiqué dans d'autres documents. Dans son rapport du 15 décembre 1848, M. Barthélemy Saint-Hilaire évalue la dépense à 50 millions.

taires sur les phénomènes de la nature et les faits principaux de l'agriculture et de l'industrie; le dessin linéaire, le chant, des notions élémentaires sur l'histoire et la géographie de la France;

2° La connaissance des devoirs et des droits de l'homme et du citoyen; le développement des sentiments de liberté, d'égalité, de fraternité;

3° Les préceptes élémentaires de l'hygiène, et les exercices utiles au développement physique.

L'enseignement religieux est donné par les ministres des différents cultes.

ART. 2. — L'enseignement primaire est obligatoire pour les enfants des deux sexes.

ART. 3. — Il est donné dans les Écoles publiques, dans les Écoles privées et dans l'intérieur des familles.

ART. 4. — Les Écoles primaires publiques sont celles où l'enseignement est donné par l'État.

ART. 5. — Les Écoles privées sont celles qui sont établies librement par les particuliers.

ART. 6. — Dans les Écoles publiques, l'enseignement est gratuit.

TITRE II.

De la condition des instituteurs et institutrices.

ART. 7. — Dans toute École publique, l'instituteur est nommé par le Ministre de l'Instruction publique, sur la présentation du Conseil municipal.

Le Conseil municipal choisit le candidat qu'il présente sur une liste de trois candidats désignés par le Comité central.

Si les formalités ci-dessus n'ont pas été accomplies dans le délai d'un mois, le Ministre nomme d'office sur l'avis du Recteur.

ART. 8. — Nul ne peut être nommé instituteur, s'il n'est âgé de dix-neuf ans accomplis, et pourvu d'un certificat d'aptitude.

ART. 9. — Il y a quatre classes d'instituteurs.

La promotion d'une classe à l'autre peut avoir lieu sans que l'instituteur change d'École. Elle est arrêtée par le Ministre, en considération du mérite et de l'ancienneté, sur le rapport du Recteur.

Dans chaque département, sur 100 instituteurs :

10 sont de 1re classe.
20 — 2e —
30 — 3e —
40 — 4e —

ART. 10. — Le traitement de l'instituteur est payé par l'État.

Il est ainsi réglé :

4e classe.	600 francs.
3e classe.	800 —
2e classe.	1 000 —
1re classe.	1 200 —

Dans les communes au-dessus de 5 000 âmes, l'instituteur reçoit, en outre, une indemnité basée sur le chiffre de la population, dans les proportions ci-après :

de 5 000 à 10 000 âmes,	200	francs.
de 10 000 à 20 000 —	400	—
de 20 000 à 40 000 —	800	—
de 40 000 à 60 000 —	1 200	—
de 60 000 et au-dessus,	1 800	—

ART. 11. — L'instituteur a droit à une pension de retraite, calculée sur le traitement, dans les mêmes conditions que les autres fonctionnaires de l'Instruction publique.

ART. 12. — Tout citoyen nommé instituteur ou instituteur adjoint est dispensé du service militaire, s'il contracte l'engagement de se vouer à l'instruction primaire pendant dix ans.

ART. 12 *bis*. — Nul instituteur ne peut exercer d'autres fonctions, sans l'autorisation du Recteur.

ART. 13. — L'instituteur ne peut être suspendu ou révoqué que dans les cas et aux conditions indiquées ci-après.

ART. 14. — L'instituteur adjoint est nommé directement par le Ministre.

Il doit remplir les conditions d'âge et d'aptitude mentionnées dans l'article 8.

Il a droit au traitement d'instituteur de 4e classe.

ART. 15. — Les articles 7, 8, 9, 11, 13 et 14 sont applicables aux institutrices et institutrices adjointes.

Les traitements, pour les institutrices, sont fixés ainsi qu'il suit :

4e classe.	500	francs.
3e classe.	700	—
2e classe.	800	—
1re classe.	1 000	—

L'indemnité allouée à l'institutrice dans les communes au-dessus de 5 000 âmes est égale aux deux tiers de celle qui est accordée à l'instituteur.

TITRE III.

Des Écoles primaires.

CHAPITRE Ier. — *Des Écoles primaires publiques.*

ART. 16. — Il y a, dans toute commune dont la population excède 300 âmes, au moins une École primaire publique.

Toute École de plus de cent cinquante élèves peut être divisée ou recevoir un ou plusieurs instituteurs adjoints ou institutrices adjointes.

Le Ministre en décide sur le rapport du Comité central.

ART. 17. — Dans les communes où l'École des garçons n'est pas séparée de l'École des filles, les travaux spéciaux aux filles se font sous la direction d'une maîtresse désignée et révocable par le Comité central. Il est alloué à cette maîtresse une indemnité annuelle de 100 francs.

ART. 18. — Les communes doivent fournir et entretenir, tant pour la tenue des Écoles que pour le logement des instituteurs ou institutrices, des locaux conformes aux règlements de salubrité, arrêtés par l'autorité publique.

Un préau et un jardin sont joints à chaque École.

ART. 19. — Les communes dont la population n'excède pas 300 âmes peuvent être autorisées par M. le Ministre de l'Instruction publique à se réunir à une ou plusieurs communes voisines pour entretenir une École.

En cas de contestation sur celle des communes où l'École doit être placée, le Préfet décide, sur l'avis du Comité central.

ART. 20. — Le matériel des Écoles, le chauffage, l'éclairage, les livres et les fournitures scolaires sont à la charge des communes et mises au nombre de leurs dépenses obligatoires.

CHAPITRE II. — *Des Écoles primaires privées.*

ART. 21. — Toute personne, pourvue du certificat d'aptitude, qui veut diriger une École primaire privée, en fait la déclaration au Recteur de l'Académie et au maire de la commune, qui accusent réception dans les huit jours. L'École ne peut être ouverte qu'un mois après la déclaration faite à la mairie.

Cette déclaration doit contenir les nom, prénoms, âge de la personne qui veut ouvrir l'École, l'indication des professions qu'elle a exercées depuis dix années et des localités où elle a résidé dans le même intervalle.

Elle demeure affichée, pendant trois mois, à la mairie de la commune.

ART. 22. — Aucune École privée ne peut réunir des enfants des deux sexes.

ART. 23. — Toute École privée qui aura été ouverte sans la déclaration préalable prescrite par l'article 21, ou à la suite d'une déclaration fausse, sera immédiatement fermée et ne pourra être ouverte de nouveau sans l'autorisation expresse du Recteur.

Il en sera de même de toute École privée dont l'entrée aura été refusée à un Inspecteur de l'instruction publique, à un membre ou à un délégué des Comités.

Toute École où les règlements de salubrité, arrêtés par l'autorité publique, ne seront pas observés pourra être fermée.

ART. 24. — Toute personne tenant une École privée pourra être, sur la demande du Recteur ou du Comité central, traduite, pour cause d'inconduite ou d'immoralité, devant le tribunal civil de l'arrondissement et interdite de l'exercice de l'enseignement à temps ou à toujours.

L'appel devra être interjeté dans le délai de dix jours, à compter de la notification du jugement; il ne sera pas suspensif.

ART. 25. — Nul ne peut tenir École, s'il a été condamné à des peines afflictives ou infamantes; s'il a été condamné pour vol, escroquerie, banqueroute, abus de confiance ou attentat aux mœurs, ou s'il a été privé par jugement de tout ou partie des droits civils, civiques ou de famille.

Nul ne peut, sans l'autorisation du Ministre, tenir école dans la commune où il a été révoqué comme instituteur d'une École publique.

TITRE IV.

De l'obligation.

ART. 26. — Tout père, dont l'enfant âgé de dix ans accomplis est signalé par a notoriété publique comme ne fréquentant aucune École et ne recevant pas l'instruction primaire, est tenu, sur l'avertissement du maire, de le présenter à la Commission d'examen scolaire.

ART. 27. — Si l'enfant n'est pas présenté, ou s'il est constaté qu'il ne fréquente aucune École et ne reçoit aucune instruction, le père pourra être cité, à la requête de la Commission d'examen, devant le juge de paix et condamné à la réprimande. Le jugement sera affiché à la mairie pendant un mois.

ART. 28. — Si la Commission d'examen constate, l'année suivante, qu'il n'a pas été tenu compte de la réprimande, le père sera cité devant le tribunal civil de l'arrondissement et pourra être condamné à une amende de 20 francs à 500 francs et à la suspension de ses droits électoraux, pendant un temps qui ne pourra être inférieur à un an ni excéder cinq ans.

La peine cessera de droit lorsque la Commission aura constaté que l'enfant a reçu l'instruction primaire.

ART. 29. — Les mêmes dispositions sont applicables aux tuteurs.

TITRE V.

Des autorités préposées à l'Instruction primaire.

ART. 30. — La surveillance des Écoles est exercée :

1° Par un Comité communal ;

2° Par un Comité central placé au chef-lieu d'arrondissement ;

3° Par un Conseil de perfectionnement placé au chef-lieu du département ;

4° Par les Inspecteurs de l'instruction primaire.

CHAPITRE Ier. — *Du Comité et du Conseil de perfectionnement.*

ART. 31. — Le Comité communal est composé du maire de la commune où l'École est située, président de droit du Comité, et de quatre membres au moins ou douze au plus. Le nombre des membres est déterminé par le Préfet.

Ces membres sont élus, moitié par le Conseil municipal ou les Conseils municipaux des communes réunies, moitié par le Comité central.

L'instituteur ne peut faire partie du Comité communal.

ART. 31 *bis*. — Le Comité est renouvelé en même temps que le Conseil municipal de la commune.

Il se réunit au moins une fois par mois.

Le Comité s'adjoint, pour les affaires relatives à l'enseignement des filles, une ou plusieurs déléguées qui, pour ces affaires, assistent aux séances avec voix délibérative.

ART. 31 *ter*. — Le Comité communal veille à la bonne tenue et à la salubrité des Écoles publiques, et fait connaître au Comité central leur état et leurs besoins.

Il surveille les Écoles privées.

Il tient la liste des enfants de la commune en âge de recevoir l'instruction primaire.

ART. 32. — Le Comité central est composé du Préfet ou du Sous-Préfet, présidents de droit, et de dix membres nommés, moitié par le Conseil général du département, moitié par le Ministre de l'Instruction publique.

Le Comité est renouvelé en même temps que le Conseil général.

Le Comité nomme dans chaque canton au moins un délégué permanent et désigne un médecin chargé de la surveillance sanitaire des Écoles du canton. Il peut aussi, pour des missions spéciales, nommer des délégués ou déléguées. Tout délégué a droit d'assister aux séances avec voix délibérative pour les affaires concernant sa mission.

ART. 33. — Le Comité central concourt à la nomination des instituteurs et institutrices, conformément à l'article 7.

Il prend part à leur jugement selon le mode indiqué ci-après.

Il surveille les Écoles de l'arrondissement et adresse, chaque année, un rapport sur les Écoles au Conseil de perfectionnement.

ART. 34. — Le Conseil de perfectionnement est composé du Préfet, président, de deux membres du Conseil général désignés par ce Conseil, de l'Inspecteur supérieur délégué par le Recteur, des Inspecteurs d'arrondissement, du directeur de l'École normale, d'un délégué de chaque Comité central.

Le Conseil de perfectionnement se réunit tous les ans sur la convocation du Préfet.

ART. 35. — Le Conseil de perfectionnement délibère sur les moyens de perfectionner l'enseignement primaire dans le département.

Il adresse, chaque année, au Ministre et au Conseil général du département, des rapports détaillés sur l'état des Écoles de son ressort.

CHAPITRE II. — *Des Inspecteurs de l'Instruction primaire.*

ART. 36. — Il y a, dans chaque arrondissement, au moins un Inspecteur primaire nommé par le Ministre.

Les Inspecteurs primaires d'arrondissement sont de trois classes.

Sur 10 inspecteurs,

2 sont de 1re classe,
3 — 2e —
5 — 3e —

Leur traitement est ainsi réglé :

3e classe.	1 500 francs.
2e —	1 800 —
1re —	2 000 —

Il leur est accordé, dans les villes au-dessus de 40 000 âmes, une indemnité ainsi réglée :

40 000 à 60 000.	500 francs.
60 000 et au-dessus.	1 000 —
Paris.	1 500 —

Il leur est alloué, en outre, des frais de tournée. Ils ont droit à la retraite.

Les Inspecteurs de 3e classe sont exclusivement choisis par le Ministre parmi les instituteurs de 1re classe, les divers fonctionnaires de l'Instruction publique, ayant au moins cinq années de service, les citoyens ayant appartenu, pendant cinq ans au moins, à un Comité central comme membres ou comme délégués, les instituteurs privés ayant dix ans d'exercice.

Les Inspecteurs des deux autres classes sont choisis parmi les inspecteurs de la classe immédiatement supérieure.

ART. 37. — Les Inspecteurs d'arrondissement doivent visiter, deux fois par an au moins, toutes les Écoles de leur ressort.

Ils ont droit d'assister à tous les Comités, et ces Comités peuvent être convoqués extraordinairement sur leur demande.

ART. 38. — Il y a, dans chaque Académie, au moins un Inspecteur supérieur de l'instruction primaire.

Les Inspecteurs supérieurs sont assimilés aux Inspecteurs d'Académie.

Le Ministre les choisit exclusivement parmi les Inspecteurs d'arrondissement et les directeurs d'École normale.

Ils sont chargés de l'inspection supérieure de l'instruction primaire, dans le ressort de l'Académie.

ART. 39. — Il y a, près le Ministre de l'Instruction publique, quatre Inspecteurs généraux de l'instruction primaire.

Ils sont assimilés aux Inspecteurs généraux de l'instruction publique.

Ils sont choisis, moitié au moins, parmi les Inspecteurs supérieurs de l'instruction primaire.

Chaque département sera visité, tous les ans, par un Inspecteur général au moins.

Les Inspecteurs généraux sont chargés de faire un rapport annuel au Ministre sur l'état de l'instruction primaire dans la République. Ils lui signalent les enfants dignes d'être adoptés par l'État.

CHAPITRE III. — *Des Commissions d'examen.*

ART. 40. — Une ou plusieurs Commissions sont instituées dans chaque département pour examiner les aspirants au certificat d'aptitude exigé par l'article 8.

Ces Commissions sont composées du Recteur ou d'un Inspecteur supérieur de l'instruction primaire désigné par lui, président, et de huit membres nommés pour trois ans, moitié par le Ministre de l'Instruction publique, moitié par le Conseil général du département.

Les examens ont lieu publiquement et à des époques déterminées par le Ministre de l'Instruction publique.

Pour l'examen des aspirantes, la Commission s'adjoint deux examinatrices qui ont voix délibérative.

Les aspirants ou aspirantes peuvent choisir la Commission devant laquelle ils se présentent.

ART. 41. — Une Commission d'examen scolaire se réunit tous les ans dans chaque commune. Elle est composée du maire, président; des membres du Comité communal, du délégué cantonal et de l'Inspecteur de l'instruction primaire de l'arrondissement ou d'un examinateur spécial désigné par le Recteur.

Cette Commission est chargée de délivrer à tous les enfants qui en sont jugés dignes les certificats d'instruction primaire.

TITRE VI.

Des peines et des récompenses.

ART. 42. — Les peines des instituteurs sont :

1° La réprimande simple;

2° La réprimande avec privation d'une partie du traitement;

3° La révocation.

L'instituteur, après trois ans d'exercice, n'est passible de ces peines que dans les cas et avec les formes qui suivent.

ART. 43. — En cas de faute grave ou de négligence habituelle, l'instituteur peut être cité devant le Comité central, soit d'office, soit sur la plainte d'un Inspecteur ou du Comité communal.

Le Comité central, après avoir instruit l'affaire, peut le condamner à la réprimande ou le renvoyer devant le Conseil académique, s'il est d'avis qu'une peine plus grave doit être appliquée.

L'instituteur condamné à la réprimande avec privation d'une partie du traitement ou à la révocation a toujours droit de se pourvoir, dans le délai d'un mois, devant le Ministre, qui prononce en dernier ressort, en Conseil de l'instruction publique. Le pourvoi n'est pas suspensif.

ART. 44. — L'instituteur, pendant les trois premières années d'exercice, et l'instituteur adjoint sont révocables par le Ministre, sur la plainte du Comité central ou celle du Recteur.

ART. 45. — Les récompenses des instituteurs sont :

1° La promotion à une classe ou à un emploi supérieurs ;

2° Les distinctions honorifiques décernées par le Ministre, sur le rapport du Conseil de perfectionnement.

ART. 46. — Les mêmes dispositions sont applicables aux institutrices et institutrices adjointes.

TITRE VII.

Mesures transitoires.

ART. 47. — Le Ministre de l'Instruction publique, dans le délai de trois mois, présentera à l'Assemblée ou déterminera par des règlements, dans la limite de ses attributions, toutes les mesures transitoires nécessaires à l'exécution de la présente loi.

---

7 juillet 1848. **Décret ouvrant des crédits extraordinaires destinés à augmenter le traitement des instituteurs primaires et à secourir les institutrices communales[1].**

7 Juillet 1848.

L'Assemblée nationale a adopté le décret dont la teneur suit :

ARTICLE 1er. — Il est ouvert au Ministre de l'Instruction publique un crédit extraordinaire de neuf cent quatre-vingt-quinze mille

1. Le crédit avait été demandé, à la séance du 3 juin précédent, dans les termes suivants :

Exposé des motifs et projet de décret relatifs à l'amélioration provisoire de la condition des instituteurs primaires, présentés, au nom de la Commission exécutive, par M. Carnot, Ministre de l'Instruction publique et des Cultes.

Citoyens représentants, aucune classe de fonctionnaires n'est plus digne de votre sollicitude que celle des instituteurs primaires. Le régime républicain pouvait seul les élever au degré de considération qui leur est dû, parce que c'est lui seul qui donne la dernière sanction à leur service. La grandeur du peuple fait celle de ses éducateurs.

Une loi générale vous sera prochainement présentée pour perfectionner et ratta-

francs (995 000 fr.), destiné à augmenter, pour le second semestre 1848, le traitement des instituteurs primaires dont le traitement fixe et éventuel, aux termes de la loi du 28 juin 1833, demeure inférieur à six cents francs[1].

Il est ouvert au Ministre de l'Instruction publique un crédit extraordinaire de cent cinq mille francs (105 000 fr.), destiné à secourir, dans le courant de 1848, les institutrices communales dont les traitements fixe et éventuel demeurent inférieurs à quatre cents francs.

cher à l'État par des liens plus étroits ce corps essentiel. Les instituteurs y trouveront toutes les satisfactions qu'ils réclament. Dès à présent, le caractère de l'Assemblée nationale leur garantit suffisamment non seulement l'amélioration matérielle de leur existence, mais, ce qui compte bien plus à leurs yeux, la juste augmentation de leur considération et de leur indépendance.

Nous venons toutefois, Citoyens représentants, vous demander un acte immédiat d'équité et de convenance en faveur d'un grand nombre de ces fonctionnaires réduits à une condition qui ne saurait être tolérée. Ce n'est pas seulement en leur nom que nous vous adressons cette demande; c'est au nom de la République, qui, en relevant le peuple, doit naturellement relever aussi ses instituteurs, et ne peut, par conséquent, consentir à ce qu'une multitude d'entre eux vive dans un état si peu digne, que la monarchie elle-même n'aurait pas dû y souscrire. Si les circonstances présentes ne nous permettent pas de solliciter en faveur de tous une amélioration proportionnée à la noblesse de leur service, du moins ne balançons-nous pas à vous proposer de corriger immédiatement ce qui pourrait sembler désormais un scandale public.

La loi de 1833 a porté le traitement fixe des instituteurs primaires à un minimum annuel de 200 francs. Pour un grand nombre, cette somme infime ne s'est point accrue par la rétribution mensuelle des élèves autant que l'eussent voulu la justice et même l'humanité. On en compte plus de 3 000 dont le traitement annuel n'atteint pas 300 francs, et 23 000 pour lesquels ce traitement demeure au-dessous de 600 francs. C'est un désordre qui ne peut sans inconvénients se prolonger plus longtemps.

Nous n'eussions point balancé à solliciter de vous, pour un motif à la fois si juste et si politique, un crédit mieux proportionné au mal qu'il s'agit de corriger, si, dans un temps où la nation tout entière est surchargée, le corps des instituteurs ne devait céder volontiers quelque chose de ses légitimes exigences et donner l'exemple du sacrifice dans la même mesure que toutes les autres classes de fonctionnaires. Nous n'avons voulu considérer en ce moment que des situations intolérables. C'est à y introduire d'urgence les remèdes strictement nécessaires que sera consacré le million que nous demandons. Les documents recueillis par la précédente administration nous donnent lieu de penser qu'avec cette somme il nous sera possible de compenser les inégalités, de manière à élever les traitements les plus faibles à un niveau qui, pour le second semestre de 1848, ne sera pas de beaucoup inférieur à un taux annuel de 600 francs, et nous espérons, Citoyens représentants, que vous trouverez dans une telle mesure une compensation convenable entre des ressources qu'il importe de ménager et des nécessités dont il n'importe pas moins à la République de tenir compte.

1. Consulter, sur la question des traitements des instituteurs, les *circulaires* des 3 *novembre* 1848 et 5 *juillet* 1849. (*Circulaires et Instructions officielles, etc.*, Tome III, pages 424 et 449.)

16 août 1848.

Arrêté concernant l'instruction publique en Algérie.

16 Août 1848.

Le Président du Conseil, chargé du pouvoir exécutif,

Vu l'arrêté de la Commission du pouvoir exécutif, en date du 30 mai dernier, portant que l'administration de l'instruction publique en Algérie sera remise au Ministère de l'Instruction publique,

Arrête :

Article 1er. — La direction de l'instruction dans les Écoles françaises et israélites sera du ressort exclusif du Ministre de l'Instruction publique.

Le service de l'Instruction publique pour les Écoles des indigènes musulmans reste placé dans les attributions du Ministre de la Guerre.

Art. 2. — La législation relative à l'administration de l'instruction publique en Algérie est celle qui régit la métropole, sauf les modifications qui seront reconnues nécessaires, et qui sont arrêtées de concert entre le Ministre de l'Instruction publique et celui de la Guerre, chargé de l'administration générale du pays.

Art. 3. — Le chef du service de l'instruction publique, en Algérie, correspondra directement et exclusivement avec le Ministre de l'Instruction publique, pour tout ce qui concerne les Écoles françaises et juives, en territoire civil et mixte.

Art. 4. — Le chef de l'instruction publique correspondra directement avec tous les chefs des Écoles françaises et israélites.

Art. 5. — Le Ministre de l'Instruction publique nommera à tous les emplois dans les Écoles françaises et juives.

Dans les territoires mixtes, les nominations seront concertées avec le Ministre de la Guerre.

Art. 6. — En territoire civil, les directeurs des affaires civiles exerceront, en matière d'instruction publique, toutes les attributions déférées en France aux Préfets.

Ces fonctionnaires correspondent directement, pour les détails du service, avec le Ministre de l'Instruction publique.

Art. 7. — Les dépenses de l'instruction publique en Algérie, imputables sur les fonds généraux de l'État, seront réglées exclusivement par le Ministre de l'Instruction publique.

Le même Ministre réglera également les dépenses de l'instruction publique, mises par les lois et ordonnances à la charge des communes et départements, en se concertant au préalable avec le Ministre de la Guerre.

Art. 8. — Les bourses fondées aux frais de l'État, dans le Lycée d'Alger, seront la récompense de services rendus en Algérie, préférablement à tous autres.

La désignation des élèves boursiers appartiendra, pour les deux tiers, au Ministre de la Guerre, qui devra se conformer, à cet égard, aux règlements sur l'admission des élèves boursiers dans les lycées de la métropole[1].

Circulaire du Ministre de l'Instruction publique, relative à l'objet des conférences d'instituteurs. 1er sept. 1848.

1er Septembre 1848.

Monsieur le Recteur, je suis informé que dans quelques départements on s'est occupé, dans les conférences d'instituteurs, de sujets étrangers à l'enseignement, notamment de questions politiques, telles que l'examen et la critique des actes du Gouvernement.

Je ne saurais vous rappeler d'une manière trop expresse, Monsieur le Recteur, la nécessité de veiller à ce que ces conférences, qui ont pour but de faciliter aux instituteurs les moyens de s'éclairer entre eux sur les matières de l'enseignement, sur le choix des méthodes et sur l'application des principes de la pédagogie, ne soient pas détournées de cette destination spéciale par des digressions toujours fâcheuses, n'eussent-elles que l'inconvénient de prendre la place de discussions utiles aux progrès de l'éducation publique.

Sans doute, les hommes qui consacrent leur vie à l'instruction du peuple ont le droit, comme les autres citoyens, de s'assembler, conformément à la loi, pour porter leurs vues, pour diriger l'activité de leur patriotisme vers tout ce qui intéresse la liberté et la grandeur du pays. A Dieu ne plaise que l'on songe, et moi moins que personne assurément, à les déshériter, par une exception injurieuse, de cette noble prérogative que la République assure à tous ses enfants. Mais, d'un autre côté, ils ne doivent pas oublier que, comme instituteurs, il est de leur devoir, dans les réunions particulières qui ont pour objet la mis-

1. Une Commission fut chargée le 20 janvier 1849, par le Ministre de l'Instruction publique et des Cultes, de proposer les moyens de propager promptement, en Algérie, la langue arabe parmi les Européens, et la langue française parmi les indigènes. — Elle était présidée par M. le général Bedeau, représentant du peuple, et composée de MM. Ferdinand Barrot, représentant du peuple; De Saulcy, membre de l'Institut; Caussin de Perceval, professeur au Collège de France; Germain, directeur des affaires de l'Algérie au Ministère de la Guerre; Artaud, Inspecteur général de l'Université; Lepescheux, Inspecteur de l'Académie d'Alger; Perron, ancien directeur de l'École de médecine du Caire; Lesieur, chef de la 1re division au Ministère de l'Instruction publique. M. Ferdinand Barrot fut désigné à l'unanimité comme rapporteur. Le travail qu'il présenta au Ministre porte la date du 7 mars 1849.

sion spéciale dont ils sont chargés, de respecter les règles auxquelles est soumis le corps enseignant, et de se conformer aux statuts administratifs émanés des autorités compétentes. Si ces principes venaient à être méconnus, s'il était possible que les conférences devinssent des assemblées, une sorte de clubs politiques, elles dévieraient complètement de leur but, et ce serait désormais une institution frappée d'impuissance et de stérilité.

Vous penserez comme moi, Monsieur le Recteur, qu'il faut prévenir de si regrettables abus. Je vous prie donc d'adresser de sages et paternels conseils aux instituteurs de votre ressort. Je ne doute pas, connaissant le bon esprit qui anime la plupart d'entre eux, qu'ils ne tiennent compte de vos observations. Vous aurez à leur rappeler que, suivant l'arrêté du 10 février 1837, qui subsiste toujours, et qui ne pourrait être modifié qu'en Conseil de l'Université sur la proposition des Comités d'instruction primaire, les présidents des conférences doivent toujours être désignés par le Recteur de l'Académie; que la police de l'assemblée leur appartient exclusivement, et que personne ne peut y prendre la parole qu'avec leur autorisation et sous leur responsabilité. Vous ferez observer que toute conférence à laquelle manqueraient ces bases essentielles ne serait pas considérée comme légalement constituée.

Je vous recommande de surveiller avec le plus grand soin l'exécution de ces dispositions[1].

Recevez, etc.

Signé : VAULABELLE.

---

8 sept. 1848.

Avis relatif à l'acceptation d'une donation.

8 Septembre 1848.

Le Conseil, etc.,

Vu l'acte public du 9 novembre 1847, passé à Villemur (Haute-Garonne), aux termes duquel M. l'abbé Dieuzet, curé de cette commune, a fait donation d'une maison et dépendances à ladite commune de Villemur pour servir à l'établissement d'une École tenue par les Frères de la Doctrine chrétienne ;

Vu deux délibérations prises par le Conseil municipal de Villemur, les 9 mai et 10 novembre 1847, pour l'acceptation de cette libéralité ;

Vu les délibérations antérieures des 18 août 1844, 9 mars 1845 et 7 novembre 1846, relatives aux ressources dont la commune peut disposer pour l'entretien de trois frères directeurs de l'École projetée;

Vu le rapport de M. le Recteur de Toulouse du 5 juin 1848;

Considérant que l'entretien de trois frères à Villemur coûterait

1. Par circulaire du 16 *avril* 1849, M. de Falloux, Ministre de l'Instruction publique, a rappelé ces instructions.

1 800 francs par an; que le revenu de la donation ne présente qu'une valeur de 250 francs; que l'imposition extraordinaire votée par le Conseil municipal s'élève à 980 francs seulement, et que le surplus devrait être fourni par les fonds de l'État;

Que la subvention de l'État se trouverait hors de proportion avec celles qu'il accorde ordinairement et dont le chiffre est nécessairement très limité, afin de satisfaire à tous les besoins;

Considérant, en outre, que la moitié de la somme de 1 800 francs, nécessaire à l'entretien de l'École chrétienne, serait suffisante pour le traitement d'un instituteur laïque,

Est d'avis, par ces divers motifs, qu'il n'y a pas lieu d'autoriser l'acceptation de la donation faite à la commune de Villemur (Haute-Garonne) par M. l'abbé Dieuzet.

Avis relatif à la reconnaissance légale d'un établissement congréganiste et à l'acceptation d'une donation. 22 sept. 1848.

22 Septembre 1848.

Le Conseil, etc.,

Vu la demande formée par la congrégation enseignante des sœurs de la Providence de Rouen, à l'effet d'obtenir : 1° la reconnaissance légale d'un établissement de son ordre à Fécamp; 2° l'autorisation d'accepter deux immeubles qui lui ont été donnés par M. Dubec, à la charge d'entretenir à perpétuité, dans l'église de Saint-Étienne, à Fécamp, des sœurs chargées d'enseigner gratuitement les jeunes filles pauvres de cette paroisse;

Vu les statuts de ladite congrégation;

Vu l'acte notarié du 18 février 1847, contenant la donation faite par M. Dubec aux sœurs de Rouen, ensemble le certificat de vie du donateur;

Vu l'avis du Conseil municipal de Fécamp, ensemble le procès-verbal d'enquête *de commodo vel incommodo*;

Vu également les avis de l'archevêque de Rouen et du Préfet de la Seine-Inférieure;

Vu le rapport de M. le Recteur de Rouen, en date du 25 juillet dernier;

Vu l'ordonnance du 2 avril 1817 sur les dons et legs;

Attendu que la congrégation enseignante des sœurs de la Providence a été légalement reconnue et régulièrement autorisée, et que ses statuts l'obligent à fournir gratuitement l'enseignement élémentaire aux enfants pauvres du sexe féminin;

Attendu que la ville de Fécamp doit retirer un grand avantage de l'établissement de cette congrégation, et que la donation du sieur Dubec a pour objet de la consolider;

Attendu que cet avantage municipal et la considération des services rendus par la congrégation de Rouen peuvent faire oublier l'établissement irrégulier et illégal de cette congrégation à Fécamp, antérieurement à l'autorisation sollicitée aujourd'hui pour la première fois en présence d'une donation dont l'acceptation est nécessaire à la congrégation,

Est d'avis qu'il y a lieu :

1° D'autoriser l'établissement à Fécamp des sœurs de la Providence de Rouen, à la charge par elles de se renfermer dans les statuts de la congrégation;

2° D'autoriser également l'acceptation de la donation faite par le sieur Dubec, soit par la congrégation, soit par le maire de Fécamp, dans l'intérêt de la ville[1].

---

22 sept. 1848.

Avis relatif à l'acceptation d'une donation.

22 Septembre 1848.

Le Conseil, etc.,

Vu le testament olographe en date du 17 janvier 1846, par lequel le sieur Doloz a légué à la commune de Rainaut (Jura) la somme

1. Un conseiller émet une opinion contraire au vote de la majorité du Conseil dans la donation faite par le sieur Dubec à la congrégation des sœurs de Rouen, établie à Fécamp, se fondant sur les deux raisons suivantes :

1° Les sœurs de Rouen n'avaient pas obtenu l'autorisation de s'établir à Fécamp; elles n'y étaient établies que d'une manière illégale, quand la donation du sieur Dubec leur a été faite, et elles n'ont commencé à demander l'autorisation que quand elles en ont eu besoin pour accepter la donation. Le conseiller ne veut pas autoriser une violation de la loi que les sœurs ont à se reprocher en votant pour la donation qui leur est faite.

2° La donation est faite au détriment d'un héritier direct, d'un fils. Le conseiller, avant que l'on votât sur le fond, aurait désiré qu'une instruction préalable fût faite par les autorités locales, pour établir si le fils n'était pas lésé trop fortement par la donation et si la donation était convenable au point de vue moral. Le conseiller insiste d'autant plus sur ce dernier point, que depuis fort longtemps les donations faites aux congrégations religieuses le sont au détriment non d'héritiers directs, de fils, mais seulement de parents ordinairement fort éloignés.

Un autre membre s'associe à cette seconde observation, sur laquelle il aurait désiré que le Conseil délibérât.

de 8 000 francs, à charge de rétribuer une *institutrice religieuse*, qui tiendrait pendant l'hiver une École de filles, et pendant l'été une salle d'asile;

Vu l'acte de décès du testateur, en date du 25 février 1846;

Vu le consentement donné à la délivrance du legs dont il s'agit par la veuve du testataire, la légataire universelle;

Vu l'avis de M. le Préfet du Jura;

Vu la délibération du Conseil municipal de Rainaut, sur l'acceptation du legs;

Vu le rapport de M. le Recteur de Besançon, en date du 25 août dernier;

Vu l'ordonnance du 2 avril 1817,

Est d'avis qu'il y a lieu d'autoriser l'acceptation du legs dont il s'agit, à la condition que l'*institutrice religieuse* appartiendra à une congrégation dûment reconnue.

Avis relatif à l'acceptation d'une donation. 22 sept. 1848.

22 Septembre 1848.

Le Conseil, etc.,

Vu le testament olographe du 13 janvier 1842, par lequel la demoiselle Julie Coquet de Guéneville a légué : 1° à la commune de Saint-Hymer (Calvados) une rente perpétuelle de 180 francs; 2° à la commune de Clarbec (même département) une rente de 50 francs, sous la condition que les *arrérages de ces rentes serviront à subventionner une ou plusieurs religieuses de la Providence, qui instruiront les jeunes filles pauvres desdites communes*;

Vu l'acte de décès de la testatrice du 10 mars 1845;

Vu la délibération des Conseils municipaux de Saint-Hymer et de Clarbec, relative aux legs dont il s'agit;

Vu les avis de M. l'évêque de Bayeux et de M. le Préfet du Calvados;

Vu le rapport de M. le Recteur de Caen, en date du 29 juillet dernier;

Vu l'ordonnance du 2 avril 1817;

Vu l'acceptation provisoire de la communauté des sœurs de la Providence de Lisieux,

Est d'avis qu'il y a lieu d'autoriser les communes de Clarbec et de Saint-Hymer (Calvados), et la congrégation des sœurs de la Providence de Lisieux, à accepter, chacune en ce qui la concerne, les legs dont il s'agit.

29 sept. 1848.

Avis relatif à l'autorisation d'annexer un pensionnat à une École gratuite.

29 Septembre 1848.

Le Conseil, etc.,

Vu la nouvelle demande formée par Mme Peysselon, dite sœur Saint-Polycarpe, supérieure des religieuses de la communauté de Saint-Charles, à l'effet d'être autorisée à joindre un pensionnat primaire à l'École des jeunes filles qu'elle dirige à D...... (Rhône);

Vu la délibération du Conseil en date du 7 avril dernier, ainsi conçue : « Après avoir pris connaissance des statuts des sœurs « hospitalières de Saint-Charles à Lyon, autorisées par décret « impérial du 22 octobre 1810 ;

« Considérant qu'aux termes de ces statuts les sœurs de Saint-« Charles sont tenues expressément de donner l'instruction gra-« tuite, et cela sans distinction ni réserve possibles,

« Est d'avis qu'il n'y a pas lieu d'accorder à Mme Peysselon l'au-« torisation qu'elle sollicite »,

Maintient la décision précitée du 7 avril 1848.

---

7 octobre 1848.

Avis relatif à l'autorisation d'annexer une classe de latin à une École communale.

7 Octobre 1848.

Le Conseil, etc.,

Vu la demande formée par M. Chevalier, directeur de l'École primaire supérieure établie à Moulins, à l'effet d'obtenir l'autorisation de joindre à son établissement une classe pour les enfants qui commencent l'étude du latin;

Attendu que, bien que l'impétrant remplisse les conditions exigées des aspirants au titre de maître de pension, il ne peut cumuler ce titre avec celui d'instituteur communal dont il est pourvu, ces deux fonctions ayant toujours été reconnues incompatibles,

Est d'avis qu'il n'y a pas lieu d'accueillir la demande de M. Chevalier.

Avis relatif à l'autorisation d'annexer un pensionnat à une École gratuite. 13 octobre 1848.

13 Octobre 1848.

Le Conseil, etc.,

Vu la demande formée par Mme Molard, sœur de la congrégation de Saint-Joseph, de Lyon, à l'effet d'obtenir l'autorisation de joindre un pensionnat primaire à l'École qu'elle dirige à N ....., ensemble les pièces à l'appui ;

Vu la lettre de M. le Recteur de l'Académie de Lyon, en date du 10 juin 1848 ;

Vu l'article 1er des statuts des sœurs de Saint-Joseph, ainsi conçu : « Les sœurs de la congrégation de Saint-Joseph, de Lyon, ont pour « fin le service des malades et des infirmes, soit dans les hôpitaux, « soit à domicile; *l'instruction gratuite des pauvres*, et générale- « ment toutes les œuvres de charité et de miséricorde »,

Est d'avis qu'il n'y a pas lieu d'accorder aux sœurs de Saint-Joseph l'autorisation de recevoir des pensionnaires[1].

1. Un conseiller, usant de la faculté accordée à tout membre du Conseil par l'article 84 du décret du 17 mars 1808, expose ainsi qu'il suit les motifs de son opinion personnelle, différente de l'avis du Conseil :

Le 31 décembre 1847, les sœurs de Saint-Joseph, dirigeant l'École communale de N......, cédant aux sollicitations d'un grand nombre de pères de famille qui les conjuraient de recevoir dans leur établissement, à titre de pensionnaires, des jeunes filles hors d'état de franchir, pendant la mauvaise saison, les chemins qu'elles avaient à parcourir pour se rendre à l'École, ont demandé l'autorisation de tenir, en effet, ce pensionnat. C'était le seul moyen d'empêcher que ces enfants ne demeurassent privées d'instruction durant une partie considérable de l'année.

Le Comité local, reconnaissant la justesse des observations présentées par les sœurs, compatissant à ce défaut d'instruction pour un certain nombre d'enfants de la commune, après s'être assuré des bonnes dispositions du local, a donné un avis favorable à l'établissement d'un pensionnat (délibération du 13 juin 1848).

Sur les deux avis suivants, le Comité d'arrondissement, touché de ce que cet établissement était désiré par tous les habitants de la localité, a donné de même un avis favorable.

Le 10 juin, M. le Recteur a fait son rapport sur la demande des sœurs de Saint-Joseph; il a déclaré d'abord que l'accomplissement des conditions exigées jusqu'à ce jour semblait devoir suffire pour faire obtenir l'autorisation demandée; mais il a joint à ces premières paroles diverses observations qu'il a terminées en disant que, malgré quelques précédents contraires, il lui paraissait juste de refuser cette autorisation aux sœurs de Saint-Joseph, puisque le Conseil l'avait refusée aux sœurs de Saint-Charles.

Le rapport de M. le Recteur donne lieu à une observation très importante; on y lit : *que le Ministre lui a renvoyé avec autorisation des demandes analogues formées par les sœurs de Saint-Joseph;* mais on y lit en même temps cette grande, très grande assertion : « Je sais que précédemment les sœurs de Saint-Joseph, dans l'extrait de leurs statuts, n'ont pas compris la condition de gratuité qui a motivé le refus fait aux sœurs de Saint-Charles. »

Si les sœurs de Saint-Joseph avaient omis à dessein cette condition de gratuité, ce ne serait pas de la prudence, ce serait une dissimulation coupable.

Mais le Conseil a eu sous les yeux le texte des statuts approuvés par une ordon-

13 octobre 1848.

Avis relatif à la demande d'une subvention pour les cours d'adultes faits par des congréganistes.

13 Octobre 1848.

Le Conseil, etc.,

Vu la demande, en date du 15 juin 1848, formée par Mgr l'évêque de Limoges, à l'effet d'obtenir pour les cours d'adultes de la ville de Limoges un secours de 1700 francs, laquelle somme serait ainsi divisée : 1200 francs aux frères chargés des cours, 500 francs pour achat de livres à donner en prix;

Vu la lettre d'avis de M. le Préfet de la Haute-Vienne, en date du 9 septembre dernier;

Attendu que des secours peuvent être accordés et ont été, en effet, accordés pour premier établissement, et, dans quelques circonstances exceptionnelles, pour achat de livres, prix, etc., mais que l'État ne peut prendre à sa charge le traitement régulier et permanent d'instituteurs communaux;

Attendu, d'ailleurs, que treize frères sont employés dans la journée aux Écoles primaires et peuvent suffire aux Écoles d'adultes,

Est d'avis qu'il n'y a pas lieu d'accorder la subvention demandée pour les cours d'adultes de la ville de Limoges.

nance du 2 mars 1828, et l'article 1er de ces statuts est conçu en ces termes : « Les sœurs de la congrégation de Saint-Joseph de Lyon ont pour fin le service des malades et des infirmes, soit dans les hôpitaux, soit à domicile, l'instruction gratuite des pauvres et généralement toutes les œuvres de charité et de miséricorde. »

La condition de gratuité n'a donc pas été ignorée du Conseil; c'est en toute connaissance de cause qu'il a précédemment accordé les diverses autorisations mentionnées dans le rapport de M. le Recteur.

Le conseiller rappelle donc avec confiance ces précédentes autorisations émanées du Conseil de l'instruction publique. Il persiste à penser que l'obligation de donner l'instruction publique aux ouvriers ne fait point obstacle à ce qu'un pensionnat soit ouvert comme asile à des enfants que leur dissémination dans les hameaux lointains empêche de se rendre journellement à l'école et prive conséquemment de toute instruction; il croit que l'Université, que l'État doivent seconder à cet égard la bonne volonté des sœurs de Saint-Joseph et suivre, comme ces bonnes sœurs, l'impulsion de la charité chrétienne (expression de la pétition du 31 décembre 1847).

Par toutes ces considérations, le conseiller estime qu'il y a lieu d'accorder l'autorisation demandée.

Avis relatif à l'autorisation de créer une École.

13 octobre 1848.

13 Octobre 1848.

Le Conseil, etc.,

Après avoir entendu les avis des sections réunies de l'administration et de la police des Écoles et du contentieux;

Vu la demande formée par la congrégation enseignante et hospitalière des sœurs de la Providence de Séez, tendant à obtenir l'autorisation : 1° de former un établissement avec École primaire de filles à Radon (Orne, arrondissement d'Alençon); 2° d'accepter la donation d'une rente annuelle et perpétuelle de 400 francs, faite par Mlle Louvel, à la condition d'entretenir à Radon deux sœurs chargées d'instruire gratuitement les jeunes filles pauvres de cette commune et de celle de Forges, et de soigner les malades des deux localités;

Vu les statuts de ladite congrégation;

Vu le testament olographe du 10 décembre 1842 et le codicille à la suite, en date du 29 février 1844, par lequel Mlle Philippine-Joséphine-Marie-Élisabeth Leroyer de Changé, décédée à Alençon le 21 septembre 1844, a légué à Saint-Jean-de-Louvel, dit Joseph, employé à l'hospice d'Alençon, une ferme nommée les Nyex, située à Radon, à la charge de payer pour le traitement des deux sœurs de la Charité d'Évron, ou, au refus de cette communauté, de deux sœurs de la Providence de Séez, chargées d'instruire gratuitement les enfants pauvres de Radon et de Forges, et de donner des soins aux malades de ces deux communes, une rente annuelle et perpétuelle de 300 francs, qui devra s'accroître de 100 francs au décès de la demoiselle Louvel, à la condition que cette dernière somme sera consacrée à l'entretien d'une petite pharmacie;

Vu une convention arrêtée le 14 août 1845, entre le curé exécuteur en cette partie des volontés de Mlle Leroyer de Changé et les maires de Forges et de Radon, d'autre part, à l'effet de réduire à 250 francs la rente annuelle payable actuellement par Mlle Leroyer, et à 50 francs celle de 100 francs qu'elle était tenue de servir au décès de la demoiselle Louvel sa sœur, sous la condition qu'il ne sera placé qu'une sœur au lieu de deux dans la commune de Radon, et qu'il n'y sera pas établi de pharmacie;

Vu l'adhésion donnée à cet arrangement le 24 juillet 1846 par le sieur de Mouton de Chabrillan, unique héritier de la demoiselle Leroyer de Changé;

Vu la délibération des Conseils municipaux de Forges et de Radon;

Vu les avis de l'évêque de Séez et du Préfet de l'Orne;

Vu le rapport de M. le Recteur de Caen, en date des 22 août et 5 septembre 1848,

Est d'avis qu'il y a lieu d'autoriser : 1° l'établissement d'une École primaire de filles à Radon; 2° l'acceptation d'une rente annuelle de 300 francs pour l'entretien d'une sœur de la congrégation de Séez.

La commune de Forges enverra à cette École de filles le tiers des élèves gratuites; celle de Radon, les deux autres tiers.

---

4 nov. 1848.

Extrait de la Constitution de la République française.

4 Novembre 1848.

. . . .

ARTICLE 9. — L'enseignement est libre.

La liberté d'enseignement s'exerce selon les conditions de capacité et de moralité déterminées par les lois, et sous la surveillance de l'État.

Cette surveillance s'étend à tous les établissements d'éducation et d'enseignement, sans aucune exception.

. . . .

ART. 13. — . . . .

La société favorise et encourage le développement du travail par l'enseignement primaire gratuit, l'éducation professionnelle . . . .

---

6 nov. 1848.

Circulaire du Ministre de l'Instruction publique, relative à l'exigence du brevet de capacité pour les institutrices appartenant aux congrégations religieuses.

6 Novembre 1848.

Monsieur le Recteur, par une circulaire en date du 5 juin dernier, vous avez été invité à ne délivrer désormais les autorisations nécessaires pour ouvrir des Écoles primaires de filles qu'aux personnes munies de certificats de capacité, et à ne plus user de la faculté, qui vous était accordée par l'article 13 de l'ordonnance du 23 juin 1836, d'autoriser les membres de congrégations religieuses sur la présentation d'une lettre d'obédience délivrée par la supérieure de la communauté.

Cette circulaire, conforme à l'un des grands principes sur lesquels la République s'est fondée en France, n'a pas besoin d'être justifiée; elle a fait disparaître une exception à la règle commune, qui n'était motivée par aucune considération d'utilité publique; et, loin de nuire pour l'avenir aux congrégations religieuses de femmes, elle leur rendra un véritable service en les contraignant de fortifier leur enseignement, qui, dans un très grand nombre de localités, est trop souvent insuffisant. Ainsi se relèveront dans l'opinion publique une foule de petites Écoles destinées particulièrement à l'instruction des jeunes filles de familles pauvres.

Mais, Monsieur le Recteur, en prenant cette mesure, mon prédécesseur n'a pas eu l'intention d'y donner un effet rétroactif, et, dans toutes les circonstances où quelques difficultés d'exécution se sont rencontrées, il s'est empressé d'adresser les instructions propres à concilier l'intérêt public avec le respect des droits acquis.

Afin d'éviter toute difficulté nouvelle, je crois devoir rappeler ici comment l'administration a jusqu'à ce jour entendu l'exécution de la circulaire du 5 juin et vous dire comment je l'entends moi-même.

Lorsque la loi du 28 juin 1833, qui réorganisa l'instruction primaire en France, exigea de tout candidat aux fonctions de l'enseignement un brevet de capacité, délivré, après examen public, par une Commission spéciale, les frères des Écoles chrétiennes et les autres membres des communautés religieuses, régulièrement reconnues, jouissaient du privilège, qui a continué d'être toléré en faveur des religieuses. Ce privilège a cessé immédiatement, en ce sens que nul n'a pu entrer dans la carrière de l'enseignement sans avoir rempli toutes les conditions prescrites par la loi; mais tous ceux que la loi a trouvés en fonctions ont été considérés comme y ayant satisfait. Il n'y avait aucune raison pour traiter moins favorablement les institutrices religieuses : aussi mon prédécesseur n'a-t-il pas hésité à déclarer que toutes celles qui avaient été régulièrement autorisées par MM. les Recteurs, sur le vu d'une lettre d'obédience, ne seraient point tenues de se pourvoir d'un brevet de capacité, et que MM. les Recteurs pourraient leur délivrer de nouvelles autorisations, lorsque les nécessités du service ou les ordres de leurs supérieurs les forceraient d'aller s'établir dans une autre commune. Il a considéré, avec raison, que ces religieuses étaient, avant le 5 juin, dans une position régulière, et qu'on ne pouvait, sans donner à la règle nouvelle un effet rétroactif, leur imposer des obligations auxquelles elles n'avaient pas dû se préparer.

Il existe dans un assez grand nombre de communes des institutrices religieuses qui, soit par oubli, soit volontairement, ont négligé de se pourvoir de l'autorisation rectorale exigée par les articles 4 et 13 de l'ordonnance du 23 juin 1836. On pourrait, sans doute, considérer ces religieuses comme n'ayant aucun droit acquis et les contraindre à se pourvoir de brevets de capacité. Cette rigueur pourrait avoir de déplorables résultats : elle amènerait la suppression d'une foule de petites Écoles qui reçoivent gratuitement un grand nombre de jeunes filles pauvres, et les intérêts que la circulaire du 5 juin a pour but de protéger se trouveraient ainsi les premiers atteints. D'un autre côté, il y a lieu de remarquer que la circulaire du 5 juin est venue surprendre les communautés religieuses au milieu de leurs travaux, et que les novices qui allaient recevoir leurs lettres d'obédience ne s'étaient point préparées à subir des examens publics. L'exécution immédiate de la circulaire du 5 juin aurait encore ici un effet rétroactif, qui réagirait d'une manière regrettable sur les Écoles, en ce sens que les communautés religieuses seraient pendant quelque temps encore hors d'état de pourvoir au remplacement des membres de leur communauté que l'âge ou les infirmités éloignent forcément de la direction des Écoles.

Par toutes ces considérations, dont vous êtes plus que personne en état d'apprécier l'importance, j'ai décidé : 1° que vous considérerez comme équivalente à un brevet de capacité toute lettre d'obédience *régulièrement délivrée par une communauté religieuse avant le 5 juin* 1848, et qu'en conséquence vous pourrez continuer de donner l'autorisation d'exercer à toutes les religieuses qui en seront pourvues; 2° qu'un délai de six mois est accordé, à partir du 1er décembre prochain, à toutes les religieuses qui ne sont pas régulièrement autorisées, pour se pourvoir de cette autorisation, laquelle leur sera délivrée par MM. les Recteurs, soit sur la présentation d'un brevet de capacité, soit sur le vu d'une lettre d'obédience antérieure au 5 juin 1848; 3° qu'à partir du 1er juin 1849, aucune École de filles ne sera tolérée si la religieuse qui la dirige n'est régulièrement pourvue de l'autorisation prescrite par l'ordonnance du 22 juin 1836, et qu'il sera procédé à l'égard des contrevenants conformément aux dispositions de la loi du 28 juin 1833.

Veuillez, Monsieur le Recteur, donner à ces nouvelles dispositions toute la publicité nécessaire, et adresser à MM. les Inspecteurs de l'instruction primaire les instructions propres à en assurer partout l'exécution.

J'ai lieu d'espérer que les communautés religieuses verront dans les mesures dont elles sont l'objet une preuve suffisante de l'intérêt qu'elles inspirent au Gouvernement, et qu'elles s'empresseront de se conformer à la règle générale.

Recevez, etc.

Signé : A. FRESLON.

---

10 nov. 1848.

Avis relatif à l'autorisation d'annexer un pensionnat à une École gratuite.

10 Novembre 1848.

Le Conseil, etc.,

Vu la nouvelle demande, en date du 27 septembre 1848, formée par Mme Bailly (sœur Sainte-Julienne), de la congrégation de l'Instruction chrétienne de Troyes, institutrice à Châtillon (Côte-d'Or), à l'effet d'être autorisée à recevoir des pensionnaires, laquelle demande est transmise par Mme la supérieure de ladite congrégation;

Vu la délibération du Conseil, en date du 7 février 1848;

Vu de nouveau l'article 1er des statuts de ladite congrégation, ainsi conçu : « Les sœurs doivent enseigner gratuitement, etc. »;

Attendu que Mme la supérieure générale se fonde, dans sa réclamation, sur ce que les institutrices de son association ont toujours été autorisées à tenir des pensionnats, et que celui de Châtillon existe depuis vingt-cinq ans, mais sans autorisation officielle,

Est d'avis que, en droit, le Conseil devrait refuser, mais que, en fait et dans l'état, il convient d'écrire à M. le Recteur qu'il y a lieu de regarder le pensionnat comme autorisé, attendu les vingt-cinq ans d'exercice.

Arrêté du Préfet de la Seine, relatif à la création de 5 000 bourses communales dans les Écoles élémentaires privées de la ville de Paris. 20 nov. 1848.

20 Novembre 1848.

Le représentant du peuple, Préfet de la Seine, président du Comité central d'instruction primaire de la ville de Paris,

Vu la délibération prise par ledit Comité le 19 octobre dernier et ainsi conçue :

« Le Comité central,

« Considérant que, en raison des circonstances actuelles, un cinquième environ des enfants qui fréquentaient les Écoles privées ne peuvent continuer de payer le prix d'écolage dans ces établissements ;

« Considérant que ces enfants ne peuvent, faute de places, être admis dans les Écoles communales ;

« Considérant qu'il y aurait dommage pour la chose publique à laisser sans culture intellectuelle, pendant un temps plus ou moins long, un si grand nombre de jeunes citoyens ;

« Considérant que la manière de venir en aide à la pauvreté des citoyens la plus conforme au principe républicain consiste à les sauvegarder de l'ignorance, qui les rendrait moins aptes à l'accomplissement de leurs devoirs et à l'exercice de leurs droits ;

« Considérant que c'est un devoir de la ville de Paris envers elle-même et envers la République de pourvoir, dans la mesure de ses ressources municipales, à l'instruction du plus grand nombre possible de ses enfants indigents ;

« Considérant que, pour donner aux autorités compétentes le temps de fonder et distribuer convenablement entre les douze arrondissements de Paris les nouvelles Écoles communales dont le besoin sera régulièrement constaté, et pour subvenir à la détresse momentanée des Écoles élémentaires privées de garçons et de filles de la ville de Paris, il y a lieu de créer provisoirement, aux frais de la ville, dans un certain nombre de ces Écoles, des bourses municipales en faveur des enfants pour lesquels leurs parents ne peuvent momentanément continuer d'acquitter le prix d'écolage,

« Délibère :

« Article 1er. — Il y a lieu pour la ville de Paris de suppléer provisoirement à l'insuffisance actuelle de ses Écoles primaires élémentaires communales de garçons et de filles âgés de six à treize ans.

« ART. 2. — Le citoyen Préfet de la Seine est invité à soumettre, dans le plus bref délai possible, à la Commission municipale de Paris, la proposition de voter le crédit nécessaire pour assurer pendant six mois consécutifs, à partir du 1er décembre prochain, le service de 5 000 bourses gratuites (dont 2 500 pour les garçons et 2 500 pour les filles) dans un certain nombre d'Écoles primaires élémentaires privées sous les conditions suivantes :

« Que le nombre de bourses à créer dans chaque École privée sera déterminé par le Comité central, le Comité local ou spécial consulté, et que ces bourses seront mises à la disposition du maire de l'arrondissement où sera située l'École subventionnée, pour être par lui distribuées au moyen de billets d'admission, comme cela se pratique pour les Écoles communales proprement dites ;

« Qu'il ne sera établi aucune distinction entre les élèves boursiers communaux et les autres enfants admis dans les Écoles subventionnées, ni sous le rapport du local, ni sous le rapport des matières, méthodes, procédés et moyens d'enseignement et fournitures scolaires, ni sous le rapport de la discipline, des récompenses et des punitions..... » ;

Vu la délibération de la Commission municipale de Paris, en date du 17 de ce mois, et approbative de celle du Comité central qui précède,

Arrête :

Les instituteurs et institutrices primaires élémentaires privés, en exercice à Paris, qui désireraient faire admettre leur établissement parmi les *Écoles subventionnées* de la ville de Paris, sont invités à se présenter, à partir du 24 de ce mois, à leur mairie respective, où il leur sera remis un exemplaire imprimé de la demande qu'ils auront à former à cet effet.

1er déc. 1848. **Circulaire du Ministre de l'Instruction publique, relative à l'établissement de bibliothèques communales.**

1er Décembre 1848.

Monsieur le Préfet, le Gouvernement républicain place au premier rang de ses devoirs le soin de procurer, par la propagation des lumières, le bien-être et le bonheur du peuple. Le développement de l'instruction primaire est sans doute un des meilleurs moyens d'atteindre ce résultat ; mais l'enseignement de l'École, considéré jadis comme un luxe, aujourd'hui comme un besoin, ne doit plus être envisagé désormais que comme une excellente préparation. En effet, pourquoi l'instruction serait-elle un privilège, puisque l'intelligence n'en est pas un? Il faut donc qu'au sortir de ces cours, où il a puisé les premiers éléments, l'enfant des communes rurales trouve à sa portée des livres d'instruction pratique et professionnelle, dont l'étude libre forme le complément indispensable de l'enseignement de l'École primaire.

Ces motifs me font vivement désirer qu'il soit établi dans chaque commune rurale une bibliothèque composée de livres appropriés aux besoins de ses habitants. L'homme d'État, le savant, le lettré, l'artiste, ont tous leur bibliothèque : pourquoi l'agriculteur et l'ouvrier n'auraient-ils pas aussi la leur? J'y voudrais voir figurer en première ligne de bons écrits sur les nouvelles institutions que la France vient de se donner, sur les droits et les devoirs des citoyens, sur la législation usuelle, sur l'administration départementale et communale, sur la culture de la terre, l'élève du bétail, l'horticulture et l'arboriculture, sur les notions de physique, de chimie et d'histoire naturelle applicables aux usages de la vie, aux arts, à l'industrie et au commerce, sur l'arithmétique, l'arpentage et les autres parties des sciences mathématiques dont la connaissance importe le plus aux habitants des campagnes, sur l'hygiène et l'économie domestique. A ces divers traités d'utilité pratique se joindraient des livres de lecture proprement dite, des ouvrages sur la religion et la morale, une histoire et une description détaillée de notre patrie et des pays avec lesquels nous sommes en relation, une histoire des progrès de la civilisation, la biographie des hommes qui ont le plus honoré l'humanité; enfin, pour faire à l'imagination sa part légitime, j'y mettrais une collection de chefs-d'œuvre en prose et en vers de notre littérature.

Dès le lendemain de la Révolution du 24 février, un de mes prédécesseurs avait chargé officiellement M. Paulin, autrefois membre de l'Université, aujourd'hui éditeur à Paris, de préparer un projet relatif à l'organisation des bibliothèques communales. Ce projet a reçu mon approbation; mais il exige de la part des départements et de l'État des allocations qui, du moins en ce qui concerne l'État, ne pourraient être réalisées immédiatement. Cependant l'utilité, la nécessité des bibliothèques communales est partout appréciée; les Conseils municipaux, les principaux habitants d'un grand nombre de communes, ont manifesté le désir que cet important projet reçût le plus tôt possible un commencement d'exécution. Pour satisfaire aux vœux exprimés de toutes parts, M. Paulin m'a offert de fournir immédiatement le premier noyau de leur bibliothèque aux communes qui, prenant l'avance sur l'État et sur le département, voteraient quelques fonds pour cet objet.

En conséquence, Monsieur le Préfet, je vous prie d'examiner s'il ne vous serait pas possible de provoquer de la part des Conseils municipaux le vote d'une allocation de deux à trois cents francs pour l'achat d'une bibliothèque communale. Il est bien entendu que cette somme ne doit pas être fournie en une seule année; les communes pourront diviser la dépense en deux, trois et même quatre annuités, et, tous les ans, elles recevront un nombre de volumes proportionnel aux sommes réalisées.

Les communes pauvres ne doivent pas, pour cela, se voir privées d'un avantage que leur situation même leur rend peut-être plus particulièrement nécessaire. Le Conseil général, lorsqu'il se réunira pour dresser le budget de 1849, trouverait sans doute moyen de leur venir en aide. D'ailleurs, je suis persuadé qu'en beaucoup d'endroits la générosité des citoyens suppléera à l'insuffisance des ressources municipales et viendra, par une contribution volontaire, faciliter aux communes l'acquisition de leur bibliothèque. La plus minime offrande, si elle était faite par un grand nombre de personnes, pourrait déjà couvrir une bonne partie des frais. MM. les maires et les conseillers municipaux, sur votre invitation, voudront bien se charger de recueillir les dons de cette nature.

Tous les ouvrages composant le fonds des bibliothèques communales seront examinés par le Ministre de l'Instruction publique; les volumes, solidement reliés, seront envoyés francs de port à la préfecture ou à la sous-préfecture, où, sur l'avis qu'il en recevra, le maire devra les faire retirer.

Vous comprendrez, Monsieur le Préfet, toute l'importance que j'attache au prompt établissement des bibliothèques communales. MM. les Sous-Préfets, les Maires et les Inspecteurs des Écoles primaires, dont je vous prie de réclamer d'une manière toute spéciale le concours dans cette circonstance, mettront, je n'en doute pas, un zèle égal au vôtre à seconder mes vues. Dès que vous aurez obtenu un résultat, veuillez me le faire connaître dans un rapport détaillé.

Agréez, etc.

Signé : A. FRESLON.

1er déc. 1848. **Circulaire du Ministre de l'Instruction publique, relative aux moyens de conserver le souvenir des citoyens illustres ou utiles.**

1er Décembre 1848.

Monsieur le Préfet, la République, plus que tout autre Gouvernement, doit se préoccuper du soin de développer l'émulation du mérite personnel et des vertus publiques et privées. C'est pour elle un intérêt d'avenir, autant qu'un devoir de reconnaissance, de consacrer, par la religion du souvenir, la mémoire des grands citoyens et de perpétuer au delà de leur mort les bienfaits de leur vie. La France, dans aucun temps, n'a manqué à ce devoir de proposer à l'admiration universelle les noms de ses glorieux enfants; mais, d'abord, elle ne peut recueillir tous les noms qui mériteraient de l'être à des titres plus ou moins élevés; ensuite, au sein de la grande patrie, de la patrie commune, chacun de nous possède comme une seconde patrie; c'est l'arrondissement où nous sommes nés, où nous habitons, où sont fixés nos biens, nos familles, tous nos plus chers intérêts, nos souvenirs les plus tendres et les plus respectables.

C'est là, c'est dans notre province, qu'il importe surtout de rassembler, sous les yeux de leurs concitoyens, les noms et les exemples des hommes qui ont le plus illustré leur pays natal, afin que cette illustration retienne leurs descendants comme autour d'un généreux foyer, où les âmes s'éclairent et s'échauffent à la fois.

Ce projet, tout patriotique, a déjà été mis à exécution dans l'arrondissement de Montargis, par les soins du maire et du Conseil municipal, sur la proposition de M. de Cormenin.

La principale salle de l'Hôtel de Ville, la salle qui sert aux élections, aux mariages, aux fêtes, aux distributions de prix, a été appropriée à la destination de ce prytanée local.

Des panneaux, disposés comme vous le verrez sur le plan lithographique ci-joint, contiennent les noms des hommes célèbres, tracés en lettres d'or et surmontés d'une colonne étoilée.

Entre les palmes de ces panneaux sont inscrits des noms plus modestes; en sorte que le souvenir des bonnes actions, traits de courage populaire, de dévouement, de désintéressement, se trouve associé au souvenir des mérites plus éclatants, mais non plus recommandables, des guerriers, des savants, des lettrés, des artistes et des hommes d'État.

Mais ce n'est encore là qu'un monument matériel; la pensée qui en avait inspiré la fondation a reçu un complément d'une nature plus durable : c'est une notice biographique où l'on a résumé brièvement la vie et les œuvres des personnages dont les noms brillent sur les panneaux de cette salle d'honneur.

Cette notice est distribuée à tous les maîtres de pension et instituteurs primaires de l'arrondissement, pour qu'ils en donnent lecture dans les classes.

Si le même travail existait pour chaque arrondissement, y compris celui du chef-lieu départemental, la collection de ces notices composerait assurément la galerie la plus vaste et la plus curieuse de toutes les gloires de la France.

On rattacherait ainsi le présent au passé par la tradition des exemples mémorables; on exciterait une généreuse émulation parmi les générations nouvelles, jalouses d'égaler ou de surpasser les générations écoulées, et l'on verrait bientôt les pères léguer à leurs enfants, comme le plus beau titre de noblesse, l'honneur d'un nom inscrit sur ces tables glorieuses.

C'est, Monsieur le Préfet, la réalisation de ce plan, jusqu'ici borné à une seule ville, qu'il s'agirait d'étendre à toutes les cités importantes de la France.

Je vous prie de vous concerter, à ce sujet, avec MM. les maires, directeurs de Colléges, présidents des Académies littéraires ou sociétés savantes de votre ville, soit pour la recherche préalable des illustrations de l'arrondissement, soit pour la somme que vous auriez à recueillir par souscription, soit pour la salle de l'Hôtel de ville qui vous paraîtrait le mieux à même de recevoir les peintures, bustes et figurations dont le plan que je vous envoie vous indique le modèle, soit enfin pour la rédaction d'une notice biographique, semblable, à peu près, à la notice ci-jointe.

Dès que vous aurez disposé l'exécution, d'ailleurs facile, de ce projet, je vous prie de me répondre, et je vous ferai parvenir, s'il y a lieu, une nouvelle instruction.

Agréez, etc.

Signé : A. FRESLON.

Circulaire du Ministre de l'Instruction publique, relative à l'institution de lectures publiques du soir dans les départements. 1er déc. 1848.

1er Décembre 1848.

Monsieur le Préfet, le Ministère de l'Instruction publique et des Cultes a institué à Paris, après la Révolution de Février, des lectures publiques du soir, ayant pour objet de faire connaître à la population ouvrière les chefs-d'œuvre de notre littérature.

Cette institution a obtenu un succès qui s'accroît chaque jour tellement, que le nombre des lectures, qui n'était d'abord que de cinq, va être prochainement porté à douze.

Il serait important que des lectures du même genre fussent faites dans les principales villes des départements. Ce serait un puissant auxiliaire à l'enseignement de nos Écoles pour vulgariser et propager l'étude de la langue française.

Dans toute ville un peu considérable, il existe, soit une Faculté des Lettres, soit un Lycée, soit un Collège, où l'on trouvera tout disposé un local pour les lectures. Les fonctionnaires de l'instruction publique voudront sans doute, dans les départements comme à Paris, avoir l'honneur de remplir cette mission patriotique. Vous trouverez donc aisément et des lecteurs et des locaux. Vous vous concerterez avec l'autorité universitaire et avec l'autorité municipale pour le choix des personnes et des salles, ainsi que pour les frais accessoires que pourront entraîner les lectures, tels que chauffage, éclairage, surveillance des salles, impression des cartes d'admission. Je ne doute pas que vous ne trouviez partout un concours empressé et actif.

L'instruction et le programme que je vous adresse ci-joint[1] vous feront complètement connaître quelle doit être la tendance des lectures et dans quel cercle elles doivent se renfermer. Je n'ai pas besoin d'ajouter qu'il vous appartiendra de veiller à ce que les séances de lectures ne perdent jamais leur caractère propre, et qu'il ne puisse s'y introduire aucune controverse, aucune discussion, soit littéraire, soit politique.

Le public sera admis sans autre formalité que la présentation de cartes qui seront délivrées par la mairie. On aura soin de demander à tous ceux qui solliciteront une carte leur nom, leur domicile et leur profession. Ces divers renseignements seront consignés sur des tableaux, que vous m'adresserez tous les trois mois. Chaque carte portera le nom et l'adresse du destinataire. Les femmes ne seront point exclues des séances, et un citoyen pourra s'y présenter en compagnie de sa famille avec une seule carte.

Les lecteurs devront tenir note des morceaux qu'ils auront lus, et m'en donner connaissance chaque mois, et par votre intermédiaire, en y joignant une note sur les résultats des lectures.

Je vous prie de m'adresser très prochainement un rapport sur les mesures que vous aurez arrêtées pour l'institution des lectures. Vous m'indiquerez avec soin quels sont les citoyens qui s'offrent à remplir cette mission, et vous me donnerez des renseignements précis sur leur caractère et leur aptitude éprouvée ou présumée.

Recevez, etc.

Signé : A. FRESLON.

1. Voir, pages 28 à 31, l'instruction et le programme.

Proposition de loi sur l'enseignement primaire.

15 déc. 1848.

15 Décembre 1848.

1° Rapport présenté par M. Barthélemy Saint-Hilaire au nom de la Commission[1] nommée par les bureaux de l'Assemblée nationale le 5 juillet 1848, et dissoute le 4 janvier 1849 à la suite du retrait du projet de loi de M. Carnot sur l'enseignement primaire.

Citoyens représentants, la Commission nommée par vos bureaux, le 5 juillet 1848, pour examiner le projet de loi de M. Carnot sur l'enseignement primaire, a été dissoute le 4 janvier suivant, parce que le Gouvernement a retiré le projet qu'elle devait étudier.

Elle était, après six mois, sur le point de vous présenter le résultat de ses travaux. Déjà le projet amendé qu'elle devait vous soumettre était imprimé; le rapporteur qu'elle avait choisi n'avait plus qu'à rédiger l'exposé des motifs préparé par de longues discussions. Aujourd'hui, bien que cette Commission n'existe plus, elle croit devoir à la confiance que vous aviez placée en elle, elle croit se devoir à elle-même, de ne pas laisser son œuvre imparfaite et stérile : elle l'achève autant qu'il dépend d'elle, en vous adressant ce travail qui peut vous intéresser, à la fois et comme accomplissement d'une de vos résolutions, et comme document utile. Il ne serait pas bon que des études aussi profondes et aussi sérieuses fussent perdues, non pas seulement pour ceux qui les ont faites, mais aussi pour ceux qui, plus tard, ayant à traiter le même sujet, pourront profiter des recherches consciencieuses de leurs prédécesseurs.

Il est à peine besoin de le dire, la République n'a pas d'intérêt plus cher ni plus grave que celui de l'instruction primaire. La société, quelle que soit la forme de son Gouvernement, doit toujours attacher la plus haute importance à ce que tous ses membres soient instruits et moraux. Ce n'est qu'à la condition des lumières répandues dans toutes les classes, que la liberté, l'ordre et la puissance peuvent être, pour les nations, durables et solides. Mais s'il est au monde un Gouvernement qui doive ressentir pour le développement général des intelligences la plus active sollicitude, c'est le Gouvernement qui se fonde, comme le nôtre, sur le suffrage universel. Les institutions politiques, quelque généreuses, quelque équitables qu'elles soient, sont à peu près vaines, si ceux qui les possèdent ne sont pas capables d'en bien user. Les législateurs doivent se l'avouer : ils n'ont fait que la moindre partie de leur œuvre tant qu'ils n'ont pas su en confier le maintien, avec l'avenir de la société même, à des esprits éclairés qui la comprennent et à des cœurs dévoués qui l'aiment et la respectent. De cruelles expériences nous l'ont trop appris : l'anarchie avec tous ses désastres

1. Cette Commission était composée de MM. Wolowski, Th. Dufour, Gavarret, Lagarde, Jules Simon, *secrétaire*, Boulay (de la Meurthe), Salmon, Germain Sarrut, d'Aragon, Conti, Sauvaire-Barthélemy, Barthélemy Saint-Hilaire, *président*, de Charençay, Rouher et Landrin.

Voir ci-dessus, page 33, la note en renvoi au projet de loi déposé par M. Carnot le 30 juin 1848.

Ce rapport était rédigé dès le 15 décembre 1848; il porte la date du 8 avril 1849; mais il ne parut au *Moniteur* que le 21 avril suivant.

ne sera vaincue sans retour dans notre pays, que quand elle ne pourra plus demander de soldats à l'ignorance, plus factieuse encore que la misère.

Pour atteindre un si grand résultat, la République n'épargnerait, nous le savons bien, aucun sacrifice, quelque considérable qu'il fût. Mais, nous sommes heureux de vous le dire, le projet que nous soumettons à vos méditations ne demandera point à l'État des dépenses exorbitantes. Bien plus, il ne vous proposera même point de grandes innovations, sauf une seule qui, d'ailleurs, aura pour garantie l'exemple de plusieurs nations voisines. Grâce aux progrès de la liberté, qui n'ont pas cessé un seul jour dans notre pays, malgré les entraves de Gouvernements trop peu bienveillants et trop peu sages, il a été fait beaucoup pour l'instruction populaire. La Révolution de Juillet avait produit la loi de 1833, dont nous nous plaisons à reconnaître hautement les immenses bienfaits. L'esprit en était bon, les résultats en ont été heureux, quoiqu'ils doivent aujourd'hui nous paraître insuffisants. La République veut faire bien davantage pour ses enfants et pour les instituteurs qui les lui élèvent. Mais, au fond, elle ne fera que développer ce qui est; et son nouvel édifice sera d'autant plus fort qu'il s'appuiera sur des fondements anciens et déjà éprouvés.

Pour notre part, nous nous sommes gardés de répudier l'expérience des quinze dernières années. Nous pouvons avoir la juste prétention de faire mieux que nos devanciers en nous aidant de leurs travaux; nous n'avons pas la témérité de quitter une route qui les a si bien conduits, et nous avons voulu y marcher sur leurs traces, tout en les dépassant.

De plus, à côté de la loi de 1833, avant elle comme après elle, des actes administratifs de tout genre, décrets, ordonnances, arrêtés, décisions, avaient essayé de porter l'ordre et la discipline dans diverses branches de l'instruction primaire, qu'avait fait naître la charité sociale et que la loi n'a pas encore régularisées. Ainsi les salles d'asile, auxquelles se rattachent les noms modestes et glorieux de Louise Scheppler, de Mme de Pastoret et de M. Cochin; les Écoles des filles, primaires, supérieures et normales, les Écoles d'apprentis, les classes d'adultes, les ouvroirs, les Écoles même des hospices, etc., établissements qui tous méritent la sérieuse attention du législateur, ont été compris dans notre projet. Nous y avons fait entrer aussi l'utile usage des conférences entre les instituteurs, afin de leur donner à la fois plus d'importance et plus de fixité. En un mot, nous avons voulu faire une sorte de code de l'instruction primaire, et nous avons systématiquement réuni et coordonné en un seul corps de loi toutes les dispositions réglementaires et tous les faits que l'expérience avait sanctionnés.

C'est peut-être là ce qu'aura de plus nouveau ce projet, et ce qu'il peut avoir de plus utile, si nous avons réussi comme nous le désirons.

Mais, avant de vous entretenir, Citoyens représentants, de tous ces détails, il est trois questions générales et préliminaires que nous devons discuter ici, et dont quelques-unes ont demandé à votre Commission de nombreuses et graves discussions : c'est la liberté de l'enseignement, la gratuité et l'obligation.

De la liberté d'enseignement dans l'instruction primaire.

Votre Commission n'a point eu de peine à donner à la liberté d'enseignement toutes les franchises qu'elle peut légitimement réclamer dans l'instruction primaire. Vous vous le rappelez, c'est surtout pour l'instruction secondaire que s'étaient élevées, dans ces dernières années, des luttes qui ne sont pas même encore complètement apaisées, mais dont l'ardeur serait désormais sans objet, aujourd'hui que la Constitution a de nouveau tranché solennellement le débat. Quant à l'instruction primaire, et à son humble domaine, que les partis ne se disputent point avec autant d'ambition, la loi de 1833 avait pu déjà consacrer la liberté d'enseignement et lui faire une large part. Nous avons pu l'accroître encore, sans enlever à l'État et à la société les garanties qu'il importe avant tout d'exiger de quiconque prétend à la délicate mission de former l'âme et l'intelligence des enfants.

Conformément au projet de loi présenté en 1847, nous n'avons demandé qu'un certificat de capacité aux instituteurs privés. Il avait été démontré par l'expérience que le certificat de moralité imposé par l'article 4 de la loi de 1833 était, dans la plupart des cas, une formalité illusoire, ou bien une source de vexations individuelles. Le projet de loi de M. Carnot abolit le certificat de moralité, comme le faisait celui de 1847. Votre Commission, d'accord avec ces deux autorités, qui puisent leur force dans leur diversité même, est entrée dans cette voie. Ce n'est pas d'ailleurs qu'elle pense que « l'État doive s'en rapporter uniquement au discernement des pères de famille, et qu'une condamnation judiciaire soit à ses yeux le seul motif d'indignité ». Mais elle a cru pouvoir substituer à une garantie impuissante de plus solides garanties; et elle aurait manqué à son premier devoir si, en supprimant les précautions incomplètes de la loi de 1833, elle n'en avait pas proposé à votre approbation de beaucoup plus efficaces.

Les voici :

D'abord, nul ne pourra ouvrir une École privée s'il n'est âgé de dix-neuf ans; il en faudra vingt-cinq pour ouvrir un pensionnat primaire.

Un mois avant l'ouverture de l'École, il faudra faire une déclaration officielle à la mairie de la commune, au secrétariat du Comité d'arrondissement et au parquet du Procureur de la République. Cette déclaration, qui contiendra, outre les indications ordinaires, l'indication des résidences antérieures du postulant, devra rester tout un mois affichée à la mairie. Ainsi la surveillance des autorités municipales, des autorités scolaires et des autorités judiciaires elles-mêmes sera provoquée; et il sera difficile que des candidats indignes de la confiance des familles échappent à tant d'investigations régulières, sans parler des investigations spontanées, et non moins actives, des citoyens eux-mêmes qui, peut-être, y sont encore plus directement intéressés. L'opposition pourra être élevée au nom de la morale publique soit d'office, soit par les autorités scolaires de tout ordre, soit par des tiers. Mais, pour donner ici toute sécurité à la liberté, nous n'avons pas voulu nous en remettre à un tribunal spécial qui, peut-être, eût éveillé de justes ombrages. L'opposition sera jugée, selon le droit commun, par le tribunal civil de l'arrondissement, prononçant en chambre du conseil après que le déclarant aura été entendu; si le déclarant croit avoir à se plaindre du jugement, il pourra porter la question devant la Cour d'appel. L'infraction à la formalité de la déclaration sera frappée des peines qu'avait déjà fixées la loi de 1833, et que nous n'avons point aggravées.

Ainsi, le certificat de moralité, remplacé par des formalités plus efficaces n'existera plus. Nous ne l'avons conservé que pour les élèves des Écoles normales qui veulent se consacrer à l'instruction publique, et pour les instituteurs privés qui veulent aussi tenter cette carrière. Mais même alors, si l'instituteur privé qui prétend devenir instituteur public rencontre quelques difficultés peu équitables de la part des autorités municipales, nous avons permis au Comité d'arrondissement d'agir seul, et de délivrer le certificat injustement refusé.

Nous ajoutons que, sauf quelques modifications, nous avons conservé contre l'inconduite et l'immoralité le système de répression qu'avait adopté la loi de 1833. Bien qu'il ne soit pas assez gradué, il n'a rien de trop rigoureux, et chaque fois qu'il a été nécessaire d'y recourir, il a pu être très utilement appliqué.

Une fois la déclaration admise, l'instituteur privé est indépendant dans son École : il n'est plus soumis qu'à la surveillance obligée des autorités scolaires. C'est l'état actuel des choses; c'est l'état de choses consacré de nouveau par l'article 9 de la Constitution qui dispose que « la liberté d'enseignement s'exerce sous la surveillance de l'État, et que cette surveillance s'étend à tous les établissements d'enseignement et d'éducation, sans aucune exception ». Cette vigilance inquiète, quoique toujours bienveillante, est une nécessité sociale. Les Gouvernements qui l'oublient méconnaissent leurs devoirs les plus évidents, et préparent à la société les plus redoutables dangers.

Le projet de loi de 1847 avait apporté quelques restrictions à l'emploi des livres dans les Écoles privées. Certainement, ces restrictions sont indispensables, et nous les adoptons en principe. Mais, si nous permettons au Comité d'arrondissement de défendre certains livres, nous limitons cette faculté. L'interdiction ne pourra être prononcée que contre les livres qui compromettraient les bonnes mœurs ou l'ordre public. Ainsi le choix des méthodes et des ouvrages employés dans l'École restera complètement libre; et la loi ne défendra que ce qui pourrait provoquer le désordre dans un avenir plus ou moins prochain.

Pour terminer ce qui regarde les garanties morales de l'enseignement, nous dirons quelques mots d'une disposition que nous avons empruntée au projet de 1847, et qui a plus d'importance qu'on ne serait d'abord porté à le croire : c'est celle qui concerne les désignations des Écoles. Le charlatanisme ou la vanité en ont trop souvent abusé au détriment des familles et des enfants. Nulle École ne pourra prendre d'autres désignations que celles qui lui sont imposées par la loi : École communale ou privée, du degré élémentaire ou supérieur, pour les garçons ou pour les filles; salle d'asile, etc., etc. Quant aux instituteurs eux-mêmes, nous leur laissons la faculté de désigner leurs titres personnels; et nous ne voyons pas d'inconvénient à ce qu'en les rappelant, s'ils le jugent bon, ils revendiquent leurs droits légitimes à la confiance des particuliers et de l'État.

Reste le certificat de capacité exigé par la Constitution, exigé avant elle par la loi de 1833, et dont personne n'a demandé qu'on affranchît les candidats. Tout ce qu'on peut demander, c'est que la Commission d'examen soit impartiale autant qu'éclairée. Il faut, d'une part, que l'État soit assuré que les fonctions d'instituteur ne seront remises qu'à des mains capables; et, d'autre part, il faut que les candidats ne soient pas moins assurés de la haute indépendance de leurs juges. La loi de 1833 attribuait la nomination de tous les membres des Commissions d'examen au Ministre de l'Instruction publique, sous l'autorité duquel les brevets doivent être délivrés. Nous n'avons point laissé tant de puissance au Ministre; et voici comment, pour satisfaire à tous les intérêts, ceux de l'État et ceux des citoyens, nous avons composé les Commissions d'examen :

Le Recteur de l'Académie, ou un délégué de son choix pris parmi les fonctionnaires supérieurs de l'Instruction publique, en est le président;

En sont membres de droit un curé ou un chanoine du département désigné par l'évêque, ou un ministre de tout autre culte professé par le candidat, l'Inspecteur de l'instruction primaire, ou, en cas d'empêchement, le plus ancien des sous-inspecteurs;

Enfin six autres membres sont nommés, moitié par le Conseil général, moitié par le Ministre de l'Instruction publique.

Ce système, que nous avons adopté pour la composition des Commissions d'examen, est à peu près celui du projet de M. Carnot, sauf ce qui concerne les ministres de la religion.

Il y aura, comme par le passé, une Commission d'examen dans chaque département, et, pour pouvoir se présenter devant elle, il faudra qu'on ait résidé dans le département tout au moins depuis six mois.

Nous croyons qu'une Commission ainsi composée ne peut alarmer aucun intérêt, et qu'avec elle toutes les prétentions légitimes pourraient être satisfaites. L'État, la religion, les familles ont leurs représentants dans ce tribunal; et les jugements qu'il rendra peuvent être sans appel, parce qu'ils seront toujours équitables. Les examens resteront publics. Nous n'avons point cependant admis la publicité illimitée qu'a fondée l'article 25 de la loi de 1833. Il y a quelques restrictions nécessaires qu'a indiquées l'expérience et que nous vous proposons. Les jeunes filles qui aspirent aux brevets d'institutrices sont souvent gênées par la curiosité d'un public nombreux et inconnu. L'embarras est plus grand encore pour celles qui sont engagées dans les ordres religieux. Nous avons cru devoir ménager ces délicates et naturelles susceptibilités. Pour l'examen des aspirantes, la Commission n'admettra que les autorités municipales et scolaires, les institutrices et les autres aspirantes avec leurs parents. Cette publicité restreinte sera suffisante pour que le jugement ne paraisse point rendu à huis clos, et elle respectera des convenances que la loi même doit éviter de froisser.

Enfin, nous n'avons pas voulu, avec le projet de 1847 et celui de M. Carnot, que la profession d'instituteur dût être incompatible avec toute profession commerciale. Nous convenons que la dignité de l'instituteur pourrait gagner à cette interdiction, et que ses fonctions seraient mieux remplies et plus fécondes s'il y consacrait exclusivement toutes ses forces et toutes ses espérances. Mais nous nous sommes gardés d'imposer des entraves à la liberté, bien qu'elles pussent lui être certainement profitables. L'État les impose aux instituteurs qui le servent, en retour de la rémunération qu'il leur assure; mais il ne doit pas les imposer aux instituteurs privés qui, sous ce rapport, ne sont justiciables que des familles.

Ainsi, vous le voyez, Citoyens représentants, la liberté a reçu de nous toutes les immunités qu'elle peut revendiquer aux termes mêmes du pacte constitutionnel. Les garanties que nous avons cru devoir prendre pour constater la moralité et la capacité des aspirants n'ont rien de gênant par elles-mêmes. Elles sont puissantes sans être excessives. Ceux qui se croient dignes du sacerdoce de l'enseignement primaire n'ont point à les craindre, et ceux qui ne pourraient les supporter ne méritent pas la protection de la loi.

De la gratuité.

Votre Commission a repoussé la gratuité absolue telle que l'admettait M. Carnot. Elle s'en est tenue au système actuel en l'améliorant. Ce système est, comme vous le savez, une sorte de semi-gratuité qui cherche à satisfaire tous les justes besoins, qui donne au pauvre ce qu'il ne peut payer, et qui fait contribuer le riche dans une équitable proportion.

Mais les partisans de la gratuité absolue veulent davantage : l'État, suivant eux, doit donner à tous une instruction qui est peut-être plus encore dans son intérêt propre que dans l'intérêt des citoyens qui la reçoivent. La paix publique et la prospérité nationale sont à ce prix; l'ignorance ne peut enfanter que désordre et misère. L'État a donc le droit d'imposer l'instruction; mais il doit payer le maître qu'il impose. D'ailleurs, dans les classes pauvres, le travail de l'enfant est un capital dont on prive la famille en le forçant de fréquenter l'École communale; c'est assez de cet impôt prélevé sur la détresse des citoyens indigents; il ne faut pas leur demander, en outre, une rétribution scolaire pour une instruction qui leur nuit dans le présent, bien que, plus tard, elle doive être féconde et pour leurs enfants et pour la société. L'unité nationale, déjà si puissante, gagnera de nouvelles forces dans cette généralité et cette uniformité de l'enseignement primaire. L'État, par la gratuité qu'il donnera, pourra faire une utile concurrence à la gratuité des congrégations religieuses. Il n'a pas à craindre d'étouffer la liberté d'enseignement; car les classes aisées de la société ne fréquenteront point les Écoles gratuites; elles tiendront à conserver leurs Écoles spéciales, qu'elles payeront, et où l'esprit d'innovation trouvera toujours à s'exercer au grand profit du perfectionnement et du progrès des études. Quant à la dépense qu'exigerait la gratuité absolue, soit de l'État tout seul, soit de l'État associé aux départements et aux communes, on reconnaît qu'elle est énorme, surtout dans la situation actuelle de nos finances. Mais, d'abord, cette dépense doit rémunérer des services d'un tel ordre, qu'il n'y a point à hésiter à en proclamer hautement la justice et la nécessité; et, de plus, on peut provisoirement poser le principe, sauf à l'appliquer plus tard, quand le permettront les ressources du Trésor public.

A ces arguments en faveur de la gratuité absolue, on répondait par des objections non moins fortes.

Oui, si la gratuité absolue était juste, elle serait nécessaire; et, quelque coûteuse qu'elle fût, l'État devrait la placer parmi ses dépenses les plus urgentes et les plus obligatoires. Mais l'État ne doit point l'instruction aux citoyens. L'instruction de l'enfance est le devoir sacré de la famille. C'est à elle d'élever les générations nouvelles, même au prix des plus pénibles sacrifices. Ce sont ces sacrifices mêmes qui rendent plus étroits les liens d'affection et de reconnaissance, qui sont la vie sainte de la famille et son indestructible garantie. L'État, en se substituant aux parents, commettrait une déplorable usurpation, qui tournerait bientôt contre lui en ébranlant ses plus solides fondements. Loin de chercher à étendre la gratuité, l'État doit, au contraire, tout faire pour la restreindre, non pas en la refusant à ceux qui ne peuvent s'en passer, mais en accroissant par les moyens généraux dont il dispose l'aisance qui permet de n'y point recourir.

S'il est un fait constant, c'est qu'on tient fort peu à ce qu'on reçoit de la munificence publique. On prend l'aumône, parce qu'on en a besoin : on ne l'aime ni ne l'estime. On tient, au contraire, beaucoup à ce qu'on paye; on pourrait en citer mille exemples. Il n'est pas nécessaire, sans doute, que la rétribution soit considérable; mais, quelque faible qu'elle soit, on la voudra mettre à profit, et l'on sentira mieux le prix des choses qu'elle rémunère. La gratuité absolue irait, selon toute apparence, contre le but même qu'on se propose. Loin de contribuer à propager l'instruction, elle lui nuirait. Aujourd'hui, les familles indigentes à qui on l'accorde sont celles qui mettent le plus de négligence à l'employer. Elles n'envoient pas leurs enfants à l'École qui ne leur coûte rien. Il faut prendre garde, en outre, que cette indifférence qu'on éveillerait dans les familles ne gagne bientôt, et à plus forte raison, les communes elles-mêmes. Elles surveilleront moins bien des Écoles défrayées par l'État et non par elles. La gratuité serait nuisible encore à l'enseignement sous un autre rapport qui n'est pas moins grave. Il est évident qu'elle détruirait presque entièrement les Écoles libres. Celles de l'État seraient bientôt les seules, parce que la concurrence ne serait point possible contre lui. Dès lors il perdrait l'utile émulation que provoquent des Écoles rivales. L'État ne peut risquer d'expériences en éducation, moins encore que dans toute autre branche de l'administration publique. Les progrès que font ses Écoles doivent être le plus souvent empruntés aux Écoles privées. Il ne faut donc pas que l'État porte une atteinte même indirecte aux établissements particuliers, qui doivent lui être doublement respectables, et comme les émanations de la liberté, et comme des rivalités utiles. Il faut ajouter que la gratuité, qu'on invoque bien à tort au nom du grand principe de l'égalité, creuserait plus profondément dans la société les distinctions fâcheuses de la richesse et de la pauvreté. Il y aurait infailliblement à côté des Écoles gratuites pour les pauvres des Écoles payantes pour les familles aisées; et la nation se trouverait, au berceau même des générations qui grandissent, déjà divisée en deux camps.

L'objection la plus grave contre la gratuité, ce n'est pas même l'excessive dépense qu'elle causerait à l'État, et qui s'élèverait au moins à 50 millions, même en acceptant l'évaluation évidemment trop faible du projet de M. Carnot; c'est surtout son évidente iniquité. On peut soutenir, au nom des principes les plus nobles et les plus sages, que l'État doit donner gratuitement l'instruction à qui ne peut pas la payer. Mais la donner, sans aucune rémunération, à qui peut en supporter les frais, c'est une munificence injustifiable, que l'État ne doit pas offrir, que les citoyens ne peuvent accepter. De quoi s'agit-il en fait? Uniquement d'instruire sans rétribution 1 500 000 enfants environ, dont les familles sont hors d'état de s'imposer cette charge. Il importe à la nation que ces enfants ne restent pas dans l'ignorance, et la nation se substitue généreusement aux familles qui ne peuvent remplir leur devoir.

Les partisans de la gratuité se rappelaient aussi que la Constituante de 1789; la Convention et la Chambre des Représentants en 1815 avaient promis l'enseignement gratuit. Cet engagement, bien que peut-être il eût été pris un peu légèrement, avait sans doute contribué à fortifier leurs convictions. Ils le retrouvaient encore dans l'article 13 de la Constitution, ou du moins ils croyaient l'y retrouver. Mais la majorité de votre Commission n'a pas compris cet article autrement que dans le sens restreint qui vient d'être indiqué. Sans doute la Constitution promet l'enseignement gratuit; mais elle ne le promet qu'aux citoyens peu aisés.

Voilà, Citoyens représentants, tout ce qu'a voulu faire aussi votre Commission. Seulement, comme il importe que les bienfaits, même ceux de l'État, soient offerts avec une certaine délicatesse qui les rendent à la fois plus précieux et plus faciles, la loi n'exigera plus qu'on dresse, comme autrefois, la liste des citoyens indigents à qui la gratuité serait acquise. Nous vous proposons, au contraire, de faire dresser celle des citoyens qui pourront payer la rétribution scolaire pour leurs enfants reçus dans l'École communale. Quant aux autres familles, par cela même qu'elles ne figureraient point sur ce tableau, leurs enfants seraient instruits gratuitement et sans autre formalité. En outre, nous avons laissé aux communes la faculté de rendre gratuite l'instruction primaire de tous les degrés, toutes les fois qu'avec leurs seules ressources elles peuvent satisfaire aux prescriptions de la loi, sans avoir besoin de recourir aux subventions du département.

Enfin, on a soutenu, en faveur de la gratuité, qu'elle devait être une conséquence de l'obligation que l'État comptait imposer à toutes les familles. Ce dernier argument ne nous a point paru avoir la force qu'on lui attribue. L'État peut exiger que tous les enfants soient instruits; il peut décerner des peines contre les parents négligents; il n'est pas tenu pour cela de payer lui-même l'instruction qu'il commande. Il y a mille injonctions de la loi qui sont onéreuses pour les citoyens. L'obligation en sera une nouvelle, et, nous l'espérons, une des plus bienfaisantes et des plus sages.

De l'obligation.

L'obligation est une grave innovation, sans doute; mais cette innovation a pour elle tant de motifs sérieux, les exemples qui nous la recommandent sont si décisifs, et les conséquences en seront si fécondes, le principe en est si juste, et l'application si facile, que nous n'avons point hésité à vous la proposer, et que vous n'hésiterez pas davantage à l'accueillir. Déjà, en 1833, l'illustre rapporteur de la Chambre des Pairs la réclamait avec énergie, et il en démontrait l'utilité. M. Carnot a eu le courage de la mettre dans son projet de loi; nous l'en félicitons hautement; et nous n'avons fait que l'imiter et le suivre.

Il faut bien comprendre ce qu'est l'obligation que nous imposerons aux familles. Certes, nous ne voulons pas qu'elles soient toutes contraintes d'envoyer leurs enfants à l'École de la commune; nous voulons seulement qu'elles justifient que leurs enfants sont instruits, quels que soient d'ailleurs les moyens employés pour atteindre ce but : l'École publique gratuite ou payante, l'École privée, le précepteur, la famille, peu importe; ce qu'il faut obtenir à tout prix, c'est qu'aucun enfant ne reste dans l'ignorance, quelle que soit la misère ou la fortune de ses parents.

Il n'y a qu'une seule objection contre l'obligation. Elle porte, dit-on, atteinte à la liberté des pères de famille. Mais il faut bien s'entendre : la liberté des pères de famille ne peut consister à nuire à leurs enfants; et le mal le plus grand qu'ils puissent leur faire, tout le monde en convient, n'est-ce pas de leur ravir les lumières de l'intelligence? Déjà la loi dispose en faveur des mineurs contre le désordre ou l'incurie des parents. En principe, nous croyons que la loi serait mille fois plus autorisée à défendre le patrimoine moral, sans lequel tous les autres sont à peu près sans valeur. La loi, qui garantit les biens matériels, doit, à plus forte raison, garantir, si elle le peut, les biens de l'esprit, tout autrement précieux et utiles.

Tout ceci est évident, et, au fond, l'objection n'est pas sérieuse. Mais l'application de ce principe incontestable peut rencontrer des obstacles, uniquement parce qu'elle n'a jamais été tentée. C'est donc un essai que nous vous proposons. Vous avez pour vous le droit, l'intérêt de l'État, l'intérêt des citoyens. Ce serait beaucoup déjà pour vous encourager; mais l'expérience des pays voisins les plus éclairés vous encourage bien plus encore. La Prusse, la Saxe, la Hollande, appliquent depuis plusieurs siècles l'obligation; et elles en obtiennent de faciles et excellents résultats. On ne peut pas dire que ce sont là des États despotiques. On se tromperait, si l'on pensait que chez nous la liberté ne supportera pas aussi tranquillement ces justes devoirs et ces entraves. Nous croyons que c'est là une erreur qu'une pratique intelligente et ferme aura bientôt dissipée.

Il n'y aurait de danger à cette équitable innovation que si la pénalité décrétée par la loi contre les parents négligents n'était pas en rapport avec le délit. Trop faible, elle rendrait la loi impuissante; trop sévère, elle la rendrait odieuse. La pénalité que nous vous proposons est bien simple : l'avertissement d'abord, puis la réprimande publique; et, si ces premières peines prononcées par la Commission scolaire et le juge de paix ne suffisent pas, le tribunal civil de l'arrondissement sera saisi; et il pourra prononcer la privation des secours du bureau de bienfaisance, l'interdiction des droits civiques et même une amende.

L'obligation qu'on appliquerait dès que l'enfant aurait dix ans atteindrait les familles jusqu'à ce qu'il eût atteint l'âge de quatorze. Elle ne concernerait, d'ailleurs, que les Écoles primaires élémentaires; elle ne s'étendrait ni aux salles d'asile ni aux Écoles supérieures.

Vous approuverez, Citoyens représentants, les répressions dont nous vous proposons d'appuyer les injonctions de la loi. Ces répressions sont, au premier degré, toutes morales, et elles ne deviennent un peu sévères que quand l'infraction devient elle-même plus blâmable en se prolongeant. La gratuité, dans les limites où nous l'avons admise, prévenant la résistance des familles les plus pauvres, la rendra bien rare; et nous avons le ferme espoir que, dans la plupart des cas, l'intervention de l'autorité scolaire et du juge de paix sera suffisante. Quand le tribunal civil devra faire aussi concourir la sienne, c'est que les coupables ne mériteront plus d'indulgence après les bienveillants et nombreux conseils qu'ils auront reçus.

Voilà, Citoyens représentants, ce que nous avons cru devoir faire pour assurer tout à la fois la liberté d'enseignement promise par la Constitution, la gratuité, dans la mesure où elle est équitable et nécessaire, et enfin l'obligation, que la République se fait un devoir d'imposer aux familles, comme les familles doivent s'en faire un de s'y soumettre avec docilité.

Maintenant, nous pouvons en venir aux détails de la loi que nous vous soumettons.

Elle se divise en sept titres principaux :

1° Les salles d'asile;

2° Les Écoles d'instruction primaire, élémentaires, supérieures, normales, pour les garçons et pour les filles;

3° Les Écoles privées;

4° L'obligation;

5° La surveillance;

6° Les retraites;

7° Les dépenses de l'instruction primaire.

Nous allons successivement parcourir tous ces sujets, et justifier en détail les propositions que nous vous ferons pour chacun d'eux.

TITRE Ier.

Des salles d'asile.

Après une disposition générale, où nous avons énuméré les établissements d'instruction primaire de tout ordre dont la surveillance est confiée à l'État, nous avons traité des salles d'asile, premier degré, suivant nous, de l'instruction primaire. Nous n'avions point à statuer sur les crèches, qui sont plutôt une institution de charité. La loi ne devra s'en occuper que si elles prennent plus tard des développements que, pour notre part, nous ne leur souhaitons pas, en ce que ces développements ne seraient guère que le symptôme douloureux d'un redoublement de misère et d'un relâchement nouveau dans les liens de la famille.

Nous avons laissé aux salles d'asile le nom qu'on leur donne ordinairement, et qui rappelle quelque chose de l'inviolabilité morale qu'on doit si soigneusement conserver à l'enfance. Nous n'avons pas voulu adopter le nom équivoque par lequel on les a désignées quelquefois. Les salles d'asile, avec les heureux progrès qu'elles ont faits de toutes parts, sont de véritables écoles, où l'enfance apprend déjà beaucoup, quoique sous une discipline beaucoup plus douce et presque maternelle. La loi de 1833 les omettait; mais la circulaire ministérielle qui accompagnait et expliquait cette loi en parlait déjà, et les considérait comme des Écoles les plus élémentaires de toutes. C'est là leur vrai caractère; ce ne sont pas des établissements charitables, ainsi que les qualifie l'ordonnance de 1837. Les asiles recevront les enfants de deux à sept ans. Aujourd'hui il est assez généralement passé en usage que les enfants qui fréquentent les asiles en sortent vers six ans pour entrer à l'École. Nous avons cru qu'en accordant une année de plus, les enfants de six à sept ans les mieux doués pourraient être très utilement associés comme moniteurs à la tenue de l'asile.

Après avoir adopté ce principe essentiel sur la destination des asiles, nous avons été naturellement amenés à faire un programme pour ces petites Écoles. L'enseignement qu'on y donne, ayant pour but de préparer celui des Écoles primaires, comprendra les premiers éléments de l'instruction morale et religieuse, de la lecture, de l'écriture et du calcul. Le chant y sera pour les petits enfants un amusement plutôt qu'une étude; et il sera de plus, comme dans des Écoles plus sérieuses, une excellente annexe des exercices corporels.

Les résultats produits par les salles d'asile, partout où l'on a pu en établir, sont excellents. Les enfants qui en sortent sont les plus dociles et les plus intelligents dans les Écoles primaires. Il n'est pas même rare de voir les heureuses habitudes qu'elles leur donnent réagir jusque sur les parents. La famille, par une imitation toute spontanée, prend aussi quelque chose de l'ordre et de la propreté que l'enfant rapporte de la salle d'asile. Il est donc utile, à ces divers égards, de propager, de favoriser une institution si bienfaisante et si féconde. Toute commune ayant plus de 2 000 âmes de population agglomérée sera tenue d'entretenir une salle d'asile au moins. Les communes moins populeuses pourront en avoir, si leurs ressources le leur permettent; et, dans le cas où elles mettraient à remplir ce devoir facile pour elles une négligence blâmable, le Préfet pourra le leur imposer, après avoir pris l'avis du Conseil municipal, du Conseil général et des Comités scolaires. Le Ministre même de l'Instruction publique provoquera ces désirables progrès; et c'est lui qui, selon toute apparence, exercera le plus activement l'initiative que nous lui remettons.

Nous avons confié la direction des salles d'asile aux femmes exclusivement. Les hommes, certainement, peuvent y être fort utiles, et nous ne leur interdisons pas absolument d'y prendre une part secondaire dans le cas où leur femme serait placée à la tête de l'asile. Mais là où il s'agit aussi de donner des soins à la première enfance, c'est à des mains de femmes, et surtout à des mains maternelles, qu'il faut laisser cette tendre et minutieuse vigilance. Les directrices des salles d'asile pourront être âgées de vingt et un ans si elles sont mariées; elles devront en avoir vingt-quatre si elles ne le sont pas; les adjointes devront avoir dix-huit ans, et nous avons même abaissé pour elles la limite à seize ans quand elles sont parentes des directrices. Il n'y a pas de mal d'ailleurs que les petits enfants trouvent dans la sous-maîtresse qui les soigne le plus directement cette vivacité et cet enjouement de la première jeunesse qui la rapprochent de leur âge et en font encore une sorte de compagne.

Les directrices et adjointes seront nommées par le Comité d'arrondissement;

le Conseil municipal les lui présentera, et le Comité local sera consulté sur le choix des candidats.

Dans les communes au-dessus de 600 âmes, nous avons cru devoir demander aux aspirantes les deux certificats de moralité et de capacité délivrés dans les mêmes formes que pour l'instruction primaire. Dans les autres communes, le Comité d'arrondissement pourra dispenser du brevet de capacité, sauf l'approbation du Recteur : dans les petites communes, en effet, il est toujours facile de trouver des femmes dévouées et intelligentes, qui sont en état de tenir fort bien un asile ou plutôt une garderie d'enfants; il serait souvent fort embarrassant d'y trouver et d'y rétribuer convenablement une femme pourvue d'un diplôme. Nous n'avons pas voulu que la loi, qui doit favoriser l'établissement des asiles, leur crée des obstacles inutiles, et tel est notre motif pour vous proposer une exception dont vous approuverez le principe.

Nous avons omis à dessein de fixer le traitement des directrices et adjointes; les communes traiteront elles-mêmes, et nous nous en rapportons à leur bienveillante générosité.

Le système de surveillance adopté par nous est à peu près celui qu'avait fondé l'ordonnance du 24 décembre 1837. Nous remettons ce soin essentiel d'abord aux autorités scolaires de tout ordre; mais, en outre, toute salle d'asile sera placée sous la surveillance immédiate et journalière d'une dame inspectrice résidant dans la localité. Les dames inspectrices nommées par le Comité d'arrondissement, sur l'avis du Comité local, pourront se faire seconder par des délégués de leur choix. En divisant ainsi ce fatigant service, on le rendra plus facile et plus exact. Notre intention formelle est que la salle d'asile soit visitée chaque jour par des yeux vigilants, et nous sommes assurés que, dans chaque localité, la charité des personnes les plus aisées se disputera cet honorable devoir et cette assiduité.

Dans un dernier article sur les salles d'asile, nous avons préparé le recrutement régulier de directrices habiles, en décrétant un asile-modèle dans chaque département, soit au chef-lieu, soit dans toute autre commune. On y ferait des cours normaux pour l'instruction spéciale des directrices et des adjointes. Nous croyons ce moyen le plus convenable de tous, non pas seulement parce qu'il serait le moins dispendieux, mais encore parce qu'il éviterait à des femmes et à des jeunes filles de lointains déplacements, qu'elles ne pourraient subir qu'avec des inconvénients assez graves.

Telles sont, Citoyens représentants, les dispositions peu nombreuses que nous avons cru devoir consacrer aux salles d'asile. Ces dispositions règlent les points les plus essentiels : sanction légale des asiles, propagation, direction et surveillance. Quant aux détails, nous les laissons tels que les ont réglés les actes administratifs fort sages et dès longtemps appliqués.

TITRE II.

Des Écoles d'instruction primaire.

§ 1. *Programme de l'instruction primaire pour les garçons.*

Nous avons admis, pour l'instruction primaire, les deux degrés, élémentaire et supérieur, qu'avait si judicieusement consacrés la loi de 1833, et que le temps a sanctionnés. Cette distinction nous paraît de la plus haute importance; et nous n'avons pas cru, avec le projet de M. Carnot, qu'il fallût la détruire.

Sans doute, les Écoles supérieures ne sont pas tout ce qu'elles devraient être; mais c'est peut-être de toutes les Écoles celles qui exigent le plus d'encouragements. Elles sont destinées à prolonger la première éducation, qu'en général on abandonne trop tôt; elles offrent aux familles une instruction moyenne, ni trop élevée ni trop basse, qu'il faut favoriser par tous les moyens, parce qu'elle peut être infiniment utile. Entre l'École primaire et le Collège communal, l'École supérieure occupe une place qu'elle seule peut remplir. Elle assure aux classes un peu aisées les développements et les lumières qui leur conviennent. Elle satisfait de légitimes besoins sans rien donner à la vanité.

Dans le programme des Écoles primaires, votre Commission a rétabli à l'unanimité, et sans discussion, l'instruction morale et religieuse. La République aurait tort, en ce délicat sujet, d'entrer dans une voie nouvelle que peuvent conseiller sans doute de graves motifs, mais qui, au fond, n'est pas la bonne. Dans les pays mêmes où, par un respect scrupuleux pour la liberté de conscience, on a posé des limites à l'enseignement religieux, cette interdiction ne porte que sur les points du dogme controversés par les sectes; c'est ainsi qu'en Hollande, tout en proscrivant l'enseignement d'opinions particulières, on impose cependant à toutes les Écoles un enseignement chrétien dont les principes sont acceptés par toutes les églises, sans distinction.

A l'instruction morale et religieuse nous avons ajouté l'instruction civique. Cette innovation n'a rien qui doive vous surprendre. Nous croyons que les Gouvernements précédents auraient bien fait de l'admettre. La République, qui se fonde sur le suffrage universel, doit faire à ses Écoles un impérieux devoir de cette partie de leurs études. Il est facile de faire comprendre aux enfants ces premières notions, qui les doivent initier à la pratique intelligente de leurs devoirs et de leurs droits sociaux. Dans l'organisation même de la commune où ils vivent, ils trouvent une foule de faits qui n'ont pas échappé à leur observation, toute légère qu'elle est, et qu'il serait excellent de leur expliquer. Nous savons qu'on peut élever contre cet enseignement des objections suggérées par la prudence. Nous ne voulons pas dire qu'il soit sans dangers; mais nous disons qu'il est mille fois préférable que cet enseignement se fasse au nom de l'État et soit surveillé par lui, plutôt que de le laisser faire au nom de ces doctrines désorganisatrices qui sont d'autant plus redoutables qu'elles se cachent. La société française repose sur des bases assez équitables et assez solides pour n'avoir pas à craindre de les montrer aux regards de tous les citoyens.

Nous avons laissé dans le programme des Écoles primaires des garçons tout ce qu'il contenait déjà depuis 1833. Nous y avons admis quelques développements nouveaux que la pratique a consacrés, et qui, pour la plupart, sont dès aujourd'hui des faits consommés. Ce sont, d'abord, le dessin linéaire et le chant, réservés par la loi de 1833 aux Écoles supérieures. Le projet de 1847 voulait déjà les placer dans le programme de l'instruction élémentaire, parce qu'en effet ils se sont progressivement introduits dans presque toutes les Écoles de cet ordre. Nous en pouvons dire à peu près autant des notions élémentaires d'agriculture et d'hygiène, qui sont déjà très généralement répandues dans les Écoles, et qui peuvent évidemment recevoir les plus utiles applications.

Enfin, nous avons compris dans le programme les exercices gymnastiques. Ces exercices, tels qu'ils sont établis dans bien des Écoles, n'exigent aucune machine, ni aucune dépense. Ils n'ont pour objet que de régler les mouvements et les jeux, de développer l'adresse et la force, de donner plus de vigueur à la santé, et par suite plus d'aptitude à l'intelligence. Ils sont, à ces divers points de vue, d'une très grande utilité. La physiologie les recommande : ils ont produit des résultats excellents dans nos Lycées. Il n'y a pas de raison pour que nos Écoles primaires en soient privées. Il faut que le corps ait aussi sa culture régulière, comme l'esprit a la sienne.

Nous aurions voulu même ajouter aux exercices gymnastiques des exercices militaires. Nous nous sommes abstenus de mettre le mot dans la loi; mais nous croyons la pensée très juste et très aisément praticable. Il est une foule d'évolutions qu'on peut apprendre aux enfants sous forme de jeux très amusants pour eux, et qui prépareraient aux régiments de notre armée des hommes plus d'à moitié tout instruits. Plusieurs pays, et particulièrement la Suisse, mettent à profit cette pratique prévoyante qui ne coûte rien à l'État, et que nous recommandons à toute l'attention de nos instituteurs, bien que nous ne la leur ayons pas prescrite dans la loi.

La rédaction du programme des Écoles élémentaires, Citoyens représentants, a demandé à votre Commission de longues discussions. Ce programme doit être varié, pour que l'intelligence des enfants, et même celle des maîtres, sollicitées et soutenues par la diversité des sujets, acquièrent des forces nouvelles : il ne faut pas qu'il soit trop étendu, puisque cette instruction est élémentaire, et que, de plus, nous l'avons rendue obligatoire.

Nous nous sommes efforcés de satisfaire à ces deux conditions dans une juste mesure. La limite est, en ceci, assez délicate à bien saisir; et c'est surtout par l'expérience que nous avons voulu nous laisser guider. Ce que nous demandons aux Écoles primaires n'est guère que ce qu'on y fait dès à présent, sans les prescriptions de la loi; et peut-être, d'ailleurs, faut-il demander un peu plus qu'il ne faut pour obtenir plus sûrement ce qu'il convient.

L'enseignement supérieur n'est que le perfectionnement et le complément de l'instruction élémentaire. Ce sont les mêmes matières approfondies davantage et plus complètement étudiées.

Nous avons réservé, d'ailleurs, comme l'avait fait la loi de 1833, pour les deux degrés de l'instruction primaire, tous les développements qui, suivant les ressources et les besoins des localités, pourront être jugés convenables. Il est évident que, selon les travaux spéciaux à la commune agricole, manufacturière, commerçante, avec toutes les nuances que peut prendre l'industrie locale, l'instruction primaire devra se plier à quelques additions utiles. Ce seront les Comités scolaires qui seront juges de ces changements. D'une manière générale, la loi n'a pu recommander, pour le degré élémentaire, que l'étude de l'histoire et de la géographie de la France; et, pour le degré supérieur, l'étude d'une langue vivante.

§ 2. *Nomination et traitement des instituteurs publics.*

Avec la loi de 1833, nous laissons la nomination des instituteurs de toutes classes au Comité d'arrondissement. Nous n'avons pas voulu, avec le projet de M. Carnot, le transporter au Ministre, qui sera seulement chargé de l'institution, comme à présent. L'autorité du Ministre est trop éloignée pour être suffisamment clairvoyante; et la politique, avec ses exigences inévitables, peut exercer sur elle de fâcheuses influences. De plus, comme dans notre système, le traitement de l'instituteur n'est pas uniquement payé par l'État, il est équitable que les localités interviennent dans le choix des hommes qu'elles rétribuent presque à elles seules. Le Conseil municipal présentera donc, sur l'avis du Comité local, cinq candidats qui seront pris dans certaines catégories. La première comprendra tous les instituteurs de dix-neuf ans au moins, munis du certificat de moralité et du brevet de capacité. Le Comité d'arrondissement autorisera provisoirement l'un des candidats; mais il ne pourra le nommer à titre définitif qu'après trois ans d'exercice et d'épreuve. Les instituteurs qui auront fourni ces garanties générales pourront entrer dans la sixième classe. Ceux de la cinquième ne pourront être pris que parmi ceux de la sixième qui auront exercé deux ans, et qui, de plus, auront été portés, soit d'office, soit sur leur demande, au tableau d'avancement dressé par le Comité d'arrondissement. Ceux de la quatrième classe pourront être pris, avec quelques conditions spéciales d'exercice, dans la sixième et dans la cinquième. Enfin, ceux des trois premières classes pourront être tous ceux de la quatrième et des classes suivantes. Nous avons encore voulu que l'instruction primaire pût se recruter parmi les professeurs adjoints des Écoles supérieures, parmi les instituteurs privés et parmi les instituteurs adjoints qui compteront trois ans d'exercice. Après ce temps, ils pourront être considérés comme instituteurs de quatrième classe, s'ils ont su s'acquérir l'approbation du Comité d'arrondissement.

Vous voyez, Citoyens représentants, que le noviciat sera pénible et long. Nous n'avons pas cru devoir l'abréger. Il faut, au début de la carrière, donner les plus solides garanties de bonne conduite et de courageuse vocation. La Commission d'examen d'abord, le choix du Comité d'arrondissement ensuite, éclairé de toutes les lumières qu'il peut réunir, et des épreuves multipliées, assureront à la société et à la République des instituteurs capables de les servir utilement.

Voici maintenant les principes que nous avons suivis pour la distinction des six classes d'instituteurs et de leurs traitements divers. Cette question était pour nous assez difficile, et elle se complique du moment qu'on veut, comme nous le désirons, supprimer le casuel tel qu'il existe aujourd'hui. C'est la population qui nous a guidés. Elle représente assez fidèlement deux éléments essentiels dans cette question : le nombre même des élèves et l'aisance générale de la commune. La sixième classe comprendra les communes au-dessous de 500 âmes; la cinquième les communes de 500 à 1 000 âmes; la quatrième de 1 000 à 2 000; la troisième de 2 000 à 5 000; la seconde de 5 000 à 15 000; et la première de 15 000 et au-dessus, Paris étant d'ailleurs toujours excepté, et devant être soumis à des règlements spéciaux.

Les traitements de chacune des classes seraient respectivement de 600 francs, de 800, de 1 000, de 1 200, de 1 400 et de 1 600. Ce traitement initial pourrait s'accroître tous les cinq ans d'un dixième, si l'instituteur est porté au tableau d'avancement dressé par le Comité d'arrondissement, sur le rapport de l'Inspecteur et sur l'avis du Comité local et du Conseil municipal. Cette augmentation successive ne pourrait dépasser quatre dixièmes. Le traitement serait donc progressivement accru de la moitié à peu près au bout de vingt ans, et par simple droit d'ancienneté, pourvu que les autorités scolaires n'élevassent aucune objection et que la conduite de l'instituteur eût été irréprochable. Il est bien entendu que la reconnaissance et la justice des communes pourront toujours améliorer la situation de l'instituteur qui les sert. Nous fixons ici un traitement légal; les communes l'accroîtront par des indemnités variables.

Nous appelons votre attention spéciale sur ce système combiné des classes et des traitements, Citoyens représentants. Il permettra tout à la fois et l'avancement sur place, qui pourra satisfaire les modestes désirs de l'instituteur en soutenant son émulation, et l'avancement par déplacement pour ceux qui se sentiront une ambition plus grande, justifiée par un talent plus distingué.

Nous avons conféré aux fonctionnaires de l'instruction primaire l'immunité que leur accordait la loi de 1833. Tout instituteur, instituteur adjoint, instituteur aspirant, directeur, professeur ou élève d'une École normale, sera dispensé du service militaire, s'il contracte l'engagement de servir dix ans dans l'enseignement public. On avait voulu laisser le soin de sanctionner cette dispense à la loi spéciale de recrutement. Mais la majorité de votre Commission a pensé qu'elle devait inscrire formellement cette disposition dans la loi sur l'instruction primaire. Cette disposition est ici à sa vraie place, et c'est parce que nous aurons établi cette franchise, en l'appuyant sur les justes motifs qui la réclament, que, plus tard, la loi du recrutement devra nous l'emprunter en la justifiant par notre propre décision.

Nous avions laissé aux instituteurs privés la liberté de joindre à leur grave profession des professions moins relevées, qui pouvaient être pour eux la source de quelques profits trop souvent nécessaires. Nous n'avons pas eu cette indulgence pour les instituteurs de l'État. L'exercice de leurs devoirs est déclaré incompatible avec toute profession commerciale, et nous avons même étendu cette interdiction jusqu'à la femme de l'instituteur. Ce n'est pas que nous veuillions interdire à l'instituteur toute autre fonction que les siennes. Il en est quelques-unes qu'il peut honorablement remplir auprès des municipalités ou auprès des paroisses; mais celles-là même, du moment qu'elles seront rétribuées, il ne pourra les accepter qu'avec l'autorisation du Comité d'arrondissement.

L'instituteur ne pourra pas non plus chercher des profits irréguliers en attirant dans son École les enfants des communes voisines. S'il est utile, par suite de la configuration des lieux, que les enfants d'une commune aillent à l'École d'une commune étrangère, ce sera le Comité d'arrondissement qui en décidera seul, après avoir consulté les Comités et les Conseils des communes intéressées.

§ 3. *De l'instruction primaire pour les filles.*

Nous n'avons pas hésité, Citoyens représentants, à comprendre dans notre projet de loi les Écoles de filles. Déjà le projet présenté en 1833 contenait un titre spécial pour ces Écoles. Ce titre avait disparu dans la discussion, parce que le Gouvernement n'avait point à cette époque recueilli tous les renseignements nécessaires pour justifier les mesures qu'il proposait. Mais le rapporteur nommé par la Chambre des Pairs avait signalé hautement cette regrettable lacune, et il avait montré combien il était facile d'y suppléer. Depuis lors, on a beaucoup fait pour l'éducation des filles; et nous croyons qu'on peut aujourd'hui très utilement transporter dans la loi ce qui, jusqu'à présent, était resté en dehors de son atteinte. Les faits qu'elle doit régler sont nombreux, importants, parfaitement étudiés. Il n'y aurait point de motifs pour les négliger; il y a des motifs impérieux pour ne pas retarder la solution légale de cette question.

Nous avons admis, pour les filles comme pour les garçons, les deux degrés d'instruction, élémentaire et supérieur, n'apportant au programme que les changements évidemment réclamés par la différence même des sexes. Nous avons fait, pour propager les Écoles de filles, quelque chose d'analogue à ce que nous avons fait pour les salles d'asile. Toute commune au-dessus de 800 âmes de population agglomérée sera tenue d'avoir une École de filles au moins, et les autorités administratives pourront obliger les communes moins populeuses à en entretenir une, toutes les fois que leurs ressources constatées par une notoriété en quelque sorte officielle le leur permettront.

D'ailleurs, tout ce qui concerne les institutrices, leurs examens, les classes diverses, leur nomination, leur retraite, la surveillance, sera réglé sur les mêmes dispositions qui ont été adoptées pour les instituteurs. La situation est toute pareille, et le projet de 1833, que nous avons suivi encore en ce point, se bornait, dans son titre V, à décréter une assimilation qu'indique la nature même des choses, et que vous approuverez, nous n'en doutons pas.

Dans les communes où l'École des filles n'est pas séparée de celle des garçons, les travaux spéciaux se feront, comme le propose le projet de M. Carnot, sous la conduite d'une maîtresse nommée par le Comité d'arrondissement et rétribuée par la commune.

Le traitement des institutrices sera en général les deux tiers de celui de l'instituteur, avec les mêmes chances d'amélioration.

§ 4. *Dispositions communes aux Écoles des deux sexes.*

Nous pensons que les Écoles soit de garçons, soit de filles, ne doivent jamais renfermer plus de 100 enfants sous la conduite d'une seule personne. Quand ce nombre est dépassé, il faut nécessairement venir au secours de l'instituteur et pourvoir aux exigences de la discipline, en lui adjoignant d'indispensables auxiliaires. C'est le Comité d'arrondissement qui en décidera, après s'être entendu préalablement avec le Comité local et le Conseil municipal.

Nous avons admis, comme le faisait aussi la loi de 1833, que plusieurs communes pourraient se réunir pour entretenir une École de l'un ou l'autre sexe; mais il faudra que les communes, qui chercheront dans cette union les ressources que ne leur laisse pas leur isolement, aient chacune moins de 250 âmes de population agglomérée. C'est le Préfet qui désignera, sur l'avis du Comité d'arrondissement, celle des localités qui sera préférée pour l'établissement de l'École.

§ 5. *Des Écoles primaires supérieures.*

Nous avons admis, avec l'article 10 de la loi de 1833, que les chefs-lieux de département et les communes dont la population excède 6 000 âmes devraient avoir une École supérieure de garçons. Les villes de cette importance sont au nombre de quatre cents à peu près; mais, comme notre intention est que tous les arrondissements possèdent au moins une École de cet ordre, nous avons autorisé le Ministre de l'Instruction publique à désigner d'office la commune qui recevra l'École. Le Ministre devra consulter d'ailleurs le Conseil général, le Conseil municipal et le Comité d'arrondissement.

Le but que nous nous proposons d'atteindre n'est pas fort éloigné, et les Écoles supérieures sont au nombre de trois cent vingt-sept, tandis que celui des arrondissements est de trois cent soixante-trois. Comme nous l'avons dit plus haut, il importe de propager cet enseignement si convenable pour les classes de moyenne aisance qui aspirent à s'éclairer, sans sortir cependant de la sphère modeste de leurs professions habituelles. C'est la Constitution de l'An III qui a parlé pour la première fois des Écoles primaires supérieures. Elle voulait par son article 297 qu'on en établît une pour deux départements. Les progrès naturels des lumières ont décuplé à peu près ce nombre qu'espérait la Convention, et pour l'augmenter encore nous n'avons presque rien à faire.

Il y aura dans toute École supérieure un directeur et au moins un professeur adjoint. Ils seront l'un ou l'autre spécialement attachés à l'établissement. Mais, comme ils ne pourraient à eux seuls suffire à la diversité des leçons, ils pourront se faire seconder par des professeurs appelés du dehors, qui tiendront à l'École par un titre moins étroit, et qui pourront être le plus ordinairement empruntés au Collège communal ou au Collège national.

Les directeurs et professeurs adjoints se recruteront parmi les instituteurs des quatre premières classes. Ce sera le Conseil municipal qui, s'éclairant de l'avis du Comité local, les présentera à la nomination du Comité d'arrondissement, lequel choisira parmi les cinq candidats de la commune. Les directeurs et professeurs adjoints seront institués par le Ministre de l'Instruction publique, comme doivent l'être tous les fonctionnaires de l'instruction primaire.

Pour conserver une juste hiérarchie, nous avons pensé que, dans aucun cas, le traitement du directeur de l'École supérieure ne devait être au-dessous du traitement de l'instituteur de la commune. Les deux traitements seront au moins égaux, sans que jamais celui du directeur puisse être au-dessous de 1 200 francs. Les communes, d'ailleurs, pourront toujours accorder une indemnité supplémentaire, dont elles seules détermineront la quotité. Le traitement des adjoints sera des deux tiers de celui de l'instituteur public. Les dispositions qui assurent aux instituteurs un accroissement de traitement proportionnel à leurs années de service et une retraite s'appliquent également aux directeurs des Écoles supérieures et aux professeurs adjoints.

Les élèves des Écoles supérieures devront être âgés de douze ans au moins et ne pourront pas l'être de plus de dix-sept. Si des exceptions étaient jugées nécessaires, pour quelques cas très particuliers, ce serait le Comité local qui en serait juge. Il importe que, dans les diverses Écoles, les âges des enfants ne soient pas trop différents. Les leçons et la discipline sont plus aisées et plus fécondes quand elles sont à peu près pareilles.

Il est bien entendu, d'ailleurs, qu'avant d'entrer à l'École supérieure, l'enfant devra prouver qu'il a complètement reçu l'instruction élémentaire. Nous nous en remettons pour les détails de ses examens au Comité d'arrondissement, qui en réglera les conditions. La seule que nous ayons fixée dans la loi, c'est que les enfants admis à l'examen seront de l'arrondissement où ils se présentent et ne viendront pas des arrondissements voisins. Le Comité d'arrondissement sera également chargé de fixer dans quelle proportion on admettra les élèves à titre gratuit.

Voilà pour ce qui concerne les Écoles supérieures de garçons. Quant aux Écoles supérieures de filles, nous les croyons aussi fort utiles; mais nous n'avons pas voulu les imposer aux communes. Elles sont libres d'en établir, si leurs ressources le leur permettent, et elles n'auront qu'à obtenir l'autorisation du Comité d'arrondissement. L'organisation de ces Écoles serait d'ailleurs, par analogie, tout à fait pareille à l'organisation des Écoles de l'autre sexe.

A l'enseignement supérieur se rapportent des établissements moins réguliers que ceux que nous venons d'énumérer, mais qui peuvent être encore fort utiles et que la loi doit favoriser. Ce sont d'abord les classes d'adultes qui sont déjà au nombre de 7 000 environ. Le Comité d'arrondissement pourra en provoquer et en autoriser la fondation, si la commune est assez riche et assez peuplée pour supporter cette charge nouvelle. Ce serait aussi ce Comité qui déterminerait le règlement intérieur de ces classes, dont les études peuvent varier beaucoup, suivant les besoins et les usages des localités. Les élèves n'y pourraient pas avoir moins de quinze ans. Au-dessous de cet âge, les élèves appartiennent encore à l'enfance; et ce ne serait pas sans dangers qu'ils entreraient en rapport avec des hommes faits.

Aux classes adultes on doit joindre les Écoles d'apprentis qui peuvent être si utilement ouvertes dans les pays de manufactures et de grandes usines, et les ouvroirs, qui rendront les mêmes services pour les filles.

Nous nous en rapportons également au Comité d'arrondissement pour l'autorisation et le régime de ces divers établissements d'instruction.

Restent enfin deux espèces d'Écoles que nous avons cru pouvoir comprendre dans le chapitre de l'instruction supérieure, afin de ne pas multiplier les divisions, mais qui sont en dehors cependant des deux degrés d'instruction primaire. Ce sont les Écoles établies dans les hospices ou maisons d'orphelins, et les Écoles de prison. Il ne faut pas que les enfants qui sont recueillis dans les hospices soient plus négligés que les autres; et l'on ne doit pas ajouter à la rigueur du sort qui les frappe la rigueur nouvelle d'un injuste oubli. Nous avons voulu que les instituteurs auxquels ces enfants seront confiés soient pourvus, comme les autres, d'un certificat de moralité et d'un brevet de capacité. La tenue intérieure de ces Écoles, qui sont soumises aussi à la surveillance générale des autorités scolaires, sera réglée par le Conseil administratif de l'hospice.

Quant aux Écoles de prison, livrées aujourd'hui presque entièrement à l'arbitraire, bien que la charité y ait aussi pénétré avec ses bienfaits habituels, nous désirons qu'un règlement d'administration publique vienne en fixer le régime d'une manière à la fois uniforme et plus complète.

§ 6. *Des Écoles normales primaires.*

La loi de 1833 avait décidé que chaque département serait obligé d'entretenir une École normale primaire. Mais elle avait permis que plusieurs départements se réunissent pour avoir une École normale en commun. Il est résulté de cette faculté laissée par la loi qu'après quinze ans et plus il n'existe aujourd'hui que 76 Écoles normales au lieu de 86. Nous voulons que chaque département ait son École normale. Nous avons donc retranché de notre loi la modification qu'avait admise celle de 1833. Seulement, pour faciliter la transition de l'état actuel à l'état que nous désirons, et qui sera très prochainement obtenu sans aucun doute, nous avons permis au Gouvernement d'autoriser les exceptions. Il sera juge de leur convenance, à la place du département, qui est lui-même trop intéressé dans la question pour être très impartial. Les rares départements qui manquent encore d'Écoles normales ne tarderont pas à en posséder, si l'administration les y provoque avec quelque fermeté et quelque persévérance.

Les Écoles normales primaires seront gratuites. Les élèves qui s'y présentent après concours, et qui prennent, en y entrant, l'engagement de servir pendant dix ans dans l'instruction primaire, sont déjà, en quelque sorte, des fonctionnaires publics, et la gratuité qui leur est accordée est une rémunération anticipée. C'est le principe qu'a voulu établir l'Assemblée nationale pour l'École normale supérieure, pour l'École polytechnique, pour l'École militaire de Saint-Cyr. Il nous semble qu'il est tout au moins aussi applicable aux Écoles normales primaires, qui déjà sont gratuites pour la moitié de leurs élèves. Ils n'y pourront être reçus que de seize à dix-huit ans; et leur nombre sera limité pour chaque département par le Ministre de l'Instruction publique, qui prendra l'avis du Conseil général. La durée des cours ne sera pas moins de trois ans. Il faut des études aussi longues pour que le jeune maître soit suffisamment formé, et il importe que la durée du noviciat, aujourd'hui très variable, soit désormais partout uniforme.

Si les départements ont des ressources suffisantes, ils pourront établir des Écoles normales de filles; mais nous ne leur en faisons pas une stricte obligation.

Il y aurait encore pour les Écoles normales une foule de détails à régler en ce qui concerne le personnel et l'enseignement. Nous nous en remettons sur ce point, tout important qu'il est, au Conseil de l'instruction publique. Les actes administratifs qui concernent ces Écoles sont déjà nombreux et importants; il s'agit de les coordonner; et les principes déposés dans la loi suffiront pour guider les mains qui seront ultérieurement chargées de ce soin. Il convient qu'il ne soit pas plus longtemps négligé. L'instruction primaire ne peut vivre et se développer que grâce aux maîtres qu'on formera pour elle. Dans l'état actuel des choses, les Écoles normales fournissent à peu près 1 000 candidats chaque année. Il est de la plus haute importance de les rendre parfaitement dignes, par leur moralité et par leurs lumières, de toute la confiance des familles. Les bases mêmes de la société sont aujourd'hui mises en question; ils pourraient contribuer très heureusement à les raffermir, en répandant parmi les classes pauvres les vraies doctrines sur lesquelles l'ordre social s'appuie. L'administration a fait, dès longtemps, de sérieuses études sur l'organisation des Écoles normales primaires. Elle pourra, sans retard, utiliser ces travaux; et notre projet de loi n'aura fait qu'en hâter l'application. La prospérité de l'instruction primaire dépend uniquement de l'excellence des instituteurs : ce sont surtout les Écoles normales qui les préparent, et si l'enseignement qu'on y donne n'y était pas parfaitement sain, l'avenir même de la société pourrait en être compromis.

§ 7. *Des cours de perfectionnement et des conférences pour les instituteurs.*

Nous ne voulons pas que l'instituteur, même après être sorti de l'École normale, soit abandonné complètement à lui-même. Son éducation, pour être terminée, n'est pas complète; et, sans parler des progrès que la pratique de sa profession lui assure, nous croyons qu'il en est d'autres que la continuation de ses études doit lui assurer également. Il pourra donc être ouvert tout exprès pour eux des cours de perfectionnement dans les Écoles normales. Ils pourraient suivre ces cours spéciaux soit à leurs heures de loisir, s'ils résident dans la commune même où est établie l'École normale, soit pendant les vacances annuelles, s'ils habitent une autre commune. Le Ministre de l'Instruction publique réglera tout ce qui concerne ces cours spéciaux, comme il devra régler le régime des Écoles normales.

A côté de ces cours réguliers et en quelque sorte officiels, il en est d'autres qui, dans les grandes villes surtout, peuvent être faits par des hommes désintéressés et tout à fait indépendants de l'administration, en faveur des instituteurs. Il en existe déjà plusieurs de ce genre, qui sont fort utiles, et l'imitation en serait très désirable. Il faut encourager, au nom de la loi, la bonne volonté de citoyens généreux qui mettent gratuitement leur science au service du public. Il suffira, pour que ces cours soient établis, de l'autorisation du Recteur, qui prendra l'avis du Comité local et du Comité d'arrondissement.

Ces divers cours, normaux et libres, peuvent déjà contribuer beaucoup à perfectionner les instituteurs. Mais il est un autre moyen, plus efficace encore, que la loi peut leur imposer, et dont l'usage est dès aujourd'hui très répandu. Nous voulons parler des conférences que les instituteurs tiennent entre eux, pour s'occuper de toutes les questions qui intéressent l'instruction primaire en général, et particulièrement l'instruction primaire dans leur département. Ces conférences sont aujourd'hui toutes facultatives; par suite, elles sont assez irrégulières. Nous vous proposons de leur donner une régularité qui les rendra bien plus utiles encore. Elles auront lieu à des époques périodiques, sous la surveillance du Comité d'arrondissement et du Recteur. C'est le Comité qui en nommerait le président. Un règlement du Conseil de l'instruction publique fixerait le régime et la tenue de ces conférences.

Quand on connaît les heureux résultats qu'ont déjà produits ces relations maintenant trop rares entre les instituteurs, on peut en espérer d'excellents, si ces relations sont fréquentes et presque continuelles. Elles développeront entre les instituteurs une heureuse rivalité, et elles leur inspireront un esprit de corps qui ne peut que tourner au profit commun.

§ 8. *Du matériel et des livres des Écoles primaires.*

C'est aux communes de fournir et d'entretenir les locaux convenables pour la tenue de l'École et l'habitation de l'instituteur. Dès à présent, les communes se chargent de cette dépense presque en entier. Mais, sans leur imposer des sacrifices plus considérables, on peut leur demander, toutes les fois qu'elles font des constructions nouvelles, de les élever conformément aux plans arrêtés par l'autorité publique. On ne doit pas abandonner complètement à l'arbitraire des communes la disposition des locaux, ni leur étendue, ni leur forme. La destination des Écoles étant partout la même, elles peuvent avoir partout les mêmes dispositions à peu près. Selon le nombre des élèves, la dimension peut être fixée à l'avance, au grand profit de la santé des enfants et de la facilité de la discipline. L'autorité supérieure peut être juge de toutes ces conditions générales mieux que qui que ce soit, et le Ministre de l'Instruction publique sera chargé de faire dresser un certain nombre de plans d'Écoles qui seront ensuite uniformément appliqués partout.

Quant à nous, nous avons décidé seulement qu'à chaque École seraient joints, autant que possible, des préaux et un jardin. Les préaux serviront aux jeux des enfants; le jardin pourra servir à leur instruction, en même temps qu'il sera utile à l'instituteur. Dans la plupart des pays de l'Allemagne, le jardin est une annexe obligée de l'École. Nous ne sommes pas allés jusqu'à l'imposer impérieusement à la commune; mais il serait fort à désirer que toutes les communes, sans exception, se crussent tenues à en faire les frais.

Nous avons mis complètement à leur charge le matériel, le chauffage et l'éclairage des Écoles. Nous y avons même ajouté les fournitures scolaires et les livres donnés aux enfants qui seront reçus gratuitement. Pour les autres enfants, les frais des livres et des fournitures seront recouvrés à titre d'abonnement dans les mêmes formes que la rétribution annuelle.

Quant au choix des livres employés dans les Écoles, nous avons cru devoir poser quelques règles. La loi de 1833 n'avait rien prescrit à cet égard; l'expérience avait prouvé que cette lacune était regrettable, et déjà le projet de 1847 essayait de la combler. Nous pensons, pour notre part, que les instituteurs publics ne peuvent employer dans leurs Écoles que les livres qui auront été choisis par le Comité d'arrondissement sur l'avis du Comité local. Le Comité d'arrondissement ne pourra lui-même faire ce choix que parmi les livres qui ont été autorisés par le Ministre de l'Instruction publique. Il est certain qu'en ceci, autant qu'en quoi que ce soit, la surveillance de l'État est indispensable. Des livres mal faits pouvant vicier l'instruction primaire et la perdre pour de longues années, il est du devoir de l'État de prévenir ce mal, d'autant plus redoutable qu'il est d'abord latent. Les conséquences peuvent être tardives; mais elles sont inévitables; et, quand elles se produisent, il est presque impossible de les combatre. Le livre est l'auxiliaire le plus puissant du maître. L'État, s'il était parfaitement prévoyant, appliquerait toute l'énergie des moyens dont il dispose à faire produire pour nos Écoles des livres excellents dans leur simplicité. Quelques bons manuels de ce genre seraient un incalculable service rendu à l'esprit national. Ce serait là une œuvre patriotique et généreuse, que ne dédaigneraient point d'entreprendre les plus hautes intelligences du pays.

Il est bien entendu qu'en ce qui concerne l'enseignement religieux, les livres seraient toujours pris parmi ceux qu'aurait approuvés, soit l'évêque diocésain, soit le consistoire.

Une règle utile que nous avons cru devoir indiquer dans la loi, c'est que, dans chaque École, les livres seront toujours uniformes. C'est un moyen de rendre l'enseignement plus facile ainsi que l'inspection. Nous avons voulu, en outre, que, dans les communes où il y a plusieurs Écoles, l'uniformité des livres s'étendît à toutes les Écoles sans exception. Il n'est pas bon que, dans la même localité, les mêmes matières soient enseignées de manières différentes. Rien ne justifie ces fâcheuses diversités, qui peuvent n'être pas sans inconvénients pour les enfants et même pour les maîtres.

Enfin nous avons aussi réglé ce qui concerne les livres donnés en prix. Ils ont une importance particulière, en ce qu'ils sont ceux qu'on conserve davantage, et que l'on continue de lire plus longtemps, s'ils sont bons. Ils forment d'ailleurs un commencement de bibliothèque pour les enfants qui les ont conquis; et la prévoyance de l'État fait bien de suivre même au delà de l'École les intelligences distinguées qui lui promettent pour plus tard d'utiles citoyens. La liste des livres qui peuvent être donnés en prix sera dressée par le Comité d'arrondissement, et les autorités municipales et scolaires pourront choisir sur cette liste.

Nous aurions voulu vous entretenir aussi de la création de bibliothèques communales; mais ce sujet, que nous n'avons pu comprendre dans la loi, exigerait plus de développements que nous ne pouvons lui en donner ici. Nous le recommandons à l'attention particulière de l'administration, qui fera bien de préparer les éléments d'un travail spécial. Des bibliothèques bien composées pourraient être dans chaque commune un auxiliaire excellent de l'instruction primaire à tous les degrés.

Vous nous excuserez, Citoyens représentants, d'être entrés dans ces détails; mais il s'agit ici de former les esprits et les cœurs de quelques millions d'enfants; la loi ne saurait prendre des soins trop délicats ni trop minutieux. L'avenir des générations qui nous suivront, l'avenir même de la société, en dépendent.

TITRE III.

Des instituteurs privés.

En parlant plus haut de la liberté d'enseignement, nous avons dit à quelles conditions on pourrait ouvrir une École, et quelle pénalité frapperait ceux qui ne les auraient pas remplies. Nous avons en outre admis, avec la loi de 1833, que l'instituteur privé pourrait être traduit devant le tribunal civil de l'arrondissement pour cause d'inconduite et d'immoralité. Mais la loi de 1833 ne permettait de prononcer contre lui que l'interdiction, soit temporaire, soit définitive. Cette disposition nous a paru trop étroite. Le tribunal pourra se montrer moins sévère, et prononcer, avant l'interdiction, selon la gravité des cas, l'admonition et la réprimande.

La réunion des sexes dans les Écoles privées sera soumise aux mêmes conditions que dans les Écoles publiques. En principe, il faut s'efforcer de séparer complètement les enfants de sexe différent, et partout où le permettent les ressources de la commune, il faut deux Écoles distinctes. Là où les ressources sont insuffisantes, il est possible de prendre pour les Écoles et même pour les préaux des dispositions qui, sans dépenses considérables, isolent à peu près aussi complètement les enfants. Le Ministre de l'Instruction publique devra faire, sur cet objet important, un règlement général, qui sera également applicable et aux Écoles communales et aux Écoles privées.

TITRE IV.

De l'obligation.

Vous savez déjà, Citoyens représentants, par quels motifs et dans quelles limites nous avons cru devoir imposer aux familles l'obligation de faire instruire leurs enfants. Voici les moyens d'exécution assez simples que nous vous proposons. Ils sont empruntés en partie au projet de M. Carnot.

Le Comité local transmettrait chaque année au Comité d'arrondissement la liste des enfants qui reçoivent l'instruction primaire et la liste de ceux qui ne la reçoivent point, ni dans l'École, ni dans la famille. Cette double liste serait dressée uniformément dans toute la France au mois de septembre, époque habituelle des vacances.

Tout père, dont l'enfant âgé de dix ans accomplis serait signalé comme ne recevant pas l'instruction primaire ou la recevant d'une manière irrégulière, serait tenu, sur l'invitation du maire, de présenter l'enfant à l'examen d'une Commission scolaire. Cette Commission serait composée de trois membres : d'abord, un membre du Comité local élu par ses collègues; puis le sous-inspecteur des Écoles primaires, ou un délégué spécial nommé par le Recteur, et un délégué nommé par le Comité d'arrondissement.

Si l'enfant n'est pas présenté, ou si la Commission constate qu'il ne reçoit aucune instruction régulière, le père sera mandé devant la Commission scolaire. Elle se bornera, pour la première fois, à lui adresser un avertissement, dont mention sera faite au procès-verbal de la séance.

Si, après trois mois, le père n'a pas tenu compte de cette première admonition toute bienveillante, il sera cité devant le juge de paix, qui lui infligera la peine de la réprimande. Ce jugement pourra recevoir une publicité de nature à rendre la peine plus grave; et, suivant les cas, il resterait affiché à la porte de la mairie pendant un temps plus ou moins long, qui pourrait être de tout un mois.

Si la négligence continue, et que six mois plus tard la Commission scolaire constate que le contrevenant n'a point obtempéré aux recommandations mêmes du juge de paix, le père sera cité devant le tribunal civil de l'arrondissement, qui statuera selon la loi et selon sa prudence. Les châtiments qu'il prononcera cessent de droit dès qu'il est reconnu que l'enfant a reçu l'instruction primaire.

La veuve, les tuteurs et curateurs des enfants sont soumis à leur égard aux mêmes obligations que le père lui-même. L'État ne renoncera à sa vigilance que quand l'enfant aura l'âge de quatorze ans, à moins que l'enfant, avant cet âge, n'ait obtenu de la Commission scolaire un certificat d'études.

TITRE V.

De la surveillance de l'instruction primaire.

La surveillance de l'État n'est pas chose nouvelle pour l'instruction primaire. La loi de 1833 l'avait organisée dans quelques-uns de ses détails; et nous n'avons eu qu'à développer le système qu'elle a fondé pour nous conformer au vœu de la Constitution. L'État a ses représentants dans les Comités locaux et dans les Comités d'arrondissement. Il a ses agents directs qui sont les sous-inspecteurs, les Inspecteurs de département, les Inspecteurs généraux, et enfin le Ministre de l'Instruction publique. Il n'est pas possible que des abus graves échappent longtemps à tant de contrôles vigilants; et voici les précautions de détail que la pratique nous a indiquées et qui peuvent être utilement ajoutées à toutes celles qui existent déjà.

§ 1er. *Du Comité local.*

Le Comité local créé par la loi de 1833 est indispensable Mais, comme c'est lui qui est chargé de donner à l'enseignement primaire l'unité et l'impulsion, nous avons ajouté que, dans les grandes communes qui, parfois, sont divisées en plusieurs cantons, il n'y aura qu'un seul Comité central pour réunir et diriger les travaux relatifs à toutes les Écoles. Pour Paris, nous avons sanctionné par un article spécial de la loi les règlements adoptés et passés en usage.

Nous avons admis dans le Comité local le maire et le curé ou ministre d'un culte légalement professé, comme membres de droit. Le nombre des autres membres sera déterminé, suivant les localités, par le Comité d'arrondissement, et ils seront nommés moitié par le Comité, moitié par le Conseil municipal. Si le nombre des membres de droit était pair, ce qui arrivera presque toujours, le Comité d'arrondissement nommerait la moitié, plus un, des membres élus, afin que le Comité local fût toujours en nombre impair. L'instituteur de la commune ne pourra faire partie du Comité qui doit le surveiller. Le Comité ne pourra délibérer qu'à la majorité absolue de ses membres, afin d'éviter des négligences aujourd'hui trop fréquentes. Il pourra d'ailleurs choisir son secrétaire hors de son sein; ce secrétaire sera réélu chaque année; mais il peut être indéfiniment rééligible.

Nous avons exigé que les Comités locaux adressassent des rapports, tous les six mois au moins, aux Comités d'arrondissement; ce sera le moyen tout à la fois et de stimuler le zèle du Comité local et de tenir constamment le Comité supérieur au courant des besoins de la commune; mais nous avons permis au Comité local, comme la loi de 1833 le permet au Comité d'arrondissement, de s'adjoindre, toutes les fois qu'il le trouvera utile, des délégués de l'un ou l'autre sexe qui assisteront aux séances, avec voix délibérative sur les affaires dont ils feront rapport. Il est bon que, dans la commune, toutes les personnes éclairées et généreuses puissent être directement intéressées à la surveillance de l'École, et des délégations habilement réparties pourront donner tout ensemble et plus de facilité et plus d'activité aux travaux du Comité local.

Nous lui avons laissé la surveillance des Écoles privées, comme par le passé; mais, pour ne point alarmer une liberté trop ombrageuse, nous avons restreint cette surveillance à trois objets seulement : les bonnes mœurs, la salubrité et l'ordre public.

Nous n'en dirons pas davantage sur le Comité local; toutes les autres attributions que nous lui avons données sont empruntées textuellement à la loi de 1833.

§ 2. *Du Comité d'arrondissement.*

Nous avons fait des changements un peu plus considérables au Comité d'arrondissement.

D'abord, avec la loi de 1833, nous avons voulu, pour montrer toute l'importance qui s'y attache, que son président de droit fût, suivant les localités, le Préfet ou le Sous-Préfet. En sont membres avec lui : le maire, le juge de paix et le curé du chef-lieu, un proviseur, principal de Collège, directeur d'École normale primaire, professeur, régent, chef d'institution ou de pension, en activité ou en retraite, désigné par le Ministre, un instituteur élu par tous les instituteurs de l'arrondissement, les représentants du peuple élus dans le département et résidant dans la circonscription, les membres du Conseil général ayant la même résidence, le Procureur de la République, enfin trois citoyens de l'arrondissement désignés par le Comité lui-même. L'Inspecteur de l'instruction primaire fera partie également du Comité d'arrondissement; mais il n'aura que voix consultative.

Vous le voyez, Citoyens représentants, cette composition du Comité supérieur a pour but de faire concourir à la prospérité de l'instruction primaire les personnages les plus considérables et les plus éclairés de l'arrondissement. Quelque imposante que soit leur réunion, nous avons permis à l'Inspecteur, ou même au sous-inspecteur de les faire convoquer extraordinairement par l'intermédiaire du président ou du vice-président. La loi de 1833 ne laissait cette faculté qu'à un délégué du Ministre. Nous avons cru qu'il fallait un peu l'étendre, parce qu'il peut se présenter des questions qui exigent une solution immédiate; et les juges naturels de l'urgence sont ceux-là même qui sont le plus à la portée de la sentir et de la révéler.

Parmi les attributions nouvelles que nous donnons au Comité d'arrondissement, il aura celle de fixer l'époque et la durée des vacances, après avoir pris l'avis du Comité local. Il publiera aussi le rapport qu'il adressera chaque année au Ministre sur l'état des Écoles. L'ensemble de ces rapports, si l'administration centrale veille à ce qu'ils soient exactement produits, fournira les renseignements les plus complets et les plus précieux sur la situation générale de l'instruction primaire dans toute la France.

Au nombre des délégués que s'adjoindra le Comité d'arrondissement nous lui recommandons de toujours comprendre un médecin, qui sera chargé de la partie sanitaire de la surveillance.

Enfin, nous avons cru devoir insérer dans la loi la formule même du serment que le Comité d'arrondissement fera prêter aux instituteurs, lorsqu'il les installera. Il serait à désirer que cette petite cérémonie se fît toujours avec quelque solennité. L'instituteur et les familles y sont intéressés. C'est un acte fort grave que de recevoir et de confier une si noble mission. Les enfants mêmes pourraient profiter à ce spectacle, par les saines émotions qu'ils en rapporteraient, malgré la légèreté de leur âge.

§ 3. *Des Inspecteurs et Sous-Inspecteurs.*

Notre projet de loi sera le premier où soient compris les Inspecteurs de l'instruction primaire. Tout utiles, tout indispensables qu'ils sont, la loi de 1833 les avait omis. Mais bientôt il avait fallu combler cette lacune ; et, à partir de 1835, plusieurs ordonnances ont été rendues pour organiser et développer ce service essentiel.

Nous avons emprunté à ces ordonnances une partie des dispositions nouvelles, et voici le système très simple que nous vous proposons :

Il y aurait un Inspecteur par département, ayant sous ses ordres un sous-inspecteur dans chacun des arrondissements. Aujourd'hui les Inspecteurs et sous-inspecteurs ont tout un département dans leurs attributions, et ils sont en général au nombre de deux ou trois. Ils ne suffisent pas à la surveillance qui leur est confiée. Nous croyons qu'un arrondissement, qui comprend en moyenne 100 communes, doit avoir un sous-inspecteur spécial. L'Inspecteur du département ferait fonctions de sous-inspecteur pour l'arrondissement du chef-lieu, en même temps qu'il réunirait tous les travaux des sous-inspecteurs placés sous ses ordres.

Les Inspecteurs seront divisés en deux classes : 30 de première classe, et 85 de seconde. Le département de la Seine serait soumis à un règlement spécial. Les sous-inspecteurs seront divisés en trois classes : 60 dans la première, 80 dans la seconde, et 137 dans la troisième.

Les traitements des sous-inspecteurs seront de 1 500, 1 800 et 2 100 francs ; ceux des Inspecteurs seront de 2 400 et 2 700 francs. Les Inspecteurs et sous-inspecteurs auront en outre des frais de tournée. Les arrondissements et les départements pourront ajouter à ces traitements des indemnités dont ils détermineront la quotité.

Nous avons cru devoir rendre le noviciat assez sévère. C'est une fonction très délicate que celle d'Inspecteur. Elle exige dans celui qui l'exerce une grande expérience, et, de plus, des qualités morales démontrées par de longues épreuves.

Nul ne pourra être Inspecteur, ni même sous-inspecteur de première classe, s'il n'a été pendant deux ans sous-inspecteur de troisième classe, et deux autres années sous-inspecteur de seconde. Nous n'avons fait qu'une exception en faveur des directeurs des Écoles normales. Ils pourront être nommés Inspecteurs sans avoir passé par les divers degrés de la sous-inspection.

Les sous-inspecteurs seront nommés, comme les Inspecteurs, par le Ministre de l'Instruction publique, et ils seront choisis parmi les instituteurs des quatre premières classes, munis du brevet supérieur, et les professeurs des Écoles normales primaires. A côté de ces deux premières catégories de candidats qui semblent tout naturellement indiquées, nous en avons admis deux autres où il est bon que se recrute aussi l'instruction primaire. Ce sont les divers fonctionnaires de l'instruction publique ayant cinq années d'exercice, et les instituteurs privés ayant exercé dix ans et portés au tableau d'aptitude par le Comité d'arrondissement. Ces adjonctions rattacheront à l'instruction primaire les diverses branches de l'instruction publique qui se développent auprès d'elle et même en concurrence avec elle, soit pour la défendre, soit pour la stimuler.

Nous ne voudrions pas cependant que ces utiles adjonctions dépassassent une juste limite. Trop nombreuses, elles décourageraient les instituteurs qui n'auraient plus pour les soutenir dans leurs pénibles travaux la perspective d'une carrière qui doit être ouverte surtout pour eux. Nous avons donc décidé que les deux tiers des places d'Inspecteurs et de sous-inspecteurs seraient toujours attribués à des instituteurs publics. L'autre tiers serait réparti entre les candidats des autres catégories. Il est bon que toutes ces catégories très diverses fournissent simultanément au recrutement de l'inspection. Les instituteurs apporteront les fruits d'une longue pratique et les traditions dont l'enseignement public ne peut jamais se passer; les autres candidats apporteront l'esprit d'innovation, stimulé par l'habitude de méthodes particulières et même d'études supérieures.

Les Inspecteurs et sous-inspecteurs sont de droit membres de tous les Comités scolaires. Seulement nous ne leur donnons que voix consultative. S'ils pouvaient délibérer et voter, ils pourraient avoir une influence exagérée sur des discussions que, dans la plupart des cas, eux seuls auront soulevées. Nous avons cru devoir prendre dans la loi même quelques dispositions propres à régler dans les Écoles l'action des Inspecteurs. Ainsi que leur nom l'indique suffisamment, les Inspecteurs doivent se borner aux fonctions de la surveillance. Ils n'ont point à donner d'ordres dans les établissements qu'ils visitent; ils ont uniquement à faire des rapports officiels sur tous les sujets qui leur semblent réclamer une attention particulière. Leurs conseils pourront être toujours fort utiles aux instituteurs; mais ces conseils ne doivent jamais prendre la forme d'injonctions impérieuses.

Au-dessus des Inspecteurs spéciaux à chaque département, nous avons placé deux Inspecteurs généraux, dont l'action s'étendra sur toutes les Écoles primaires de la République. Ces deux Inspecteurs généraux, placés auprès du Ministre, seront complètement assimilés aux autres Inspecteurs généraux de l'instruction publique. Outre leurs tournées habituelles, ils seront plus particulièrement chargés de réunir tous les éléments du rapport que le Ministre publiera chaque année sur l'ensemble de l'instruction primaire, et qu'il devra régulièrement soumettre à l'Assemblée nationale.

Ils auront également à préparer et à provoquer les règlements généraux sur l'instruction primaire que le Ministre sera chargé d'arrêter en Conseil. Nous avons cru devoir fixer également les attributions des diverses autorités, en ce qui concerne le droit de faire des règlements sur les détails de l'enseignement. Nous reconnaissons qu'il faut laisser en ceci une certaine latitude aux autorités locales; mais nous voulons aussi qu'elles se renferment dans des limites qui sont nécessaires à l'uniformité de l'instruction nationale. Les Comités d'arrondissement, quand ils feront des règlements spéciaux, ne pourront que développer les règlements généraux du Ministre. Nous n'interdisons pas cette faculté même aux Comités locaux qui, dans certains cas exceptionnels, doivent pouvoir satisfaire, par des mesures spéciales, les besoins d'industries particulières ou des habitudes dès longtemps contractées. Mais les mesures que pourront adopter les Comités locaux devront être soumises préalablement à l'approbation du Comité d'arrondissement. Celles mêmes qu'adoptera le Comité d'arrondissement seront soumises à l'approbation du Ministre, et seront exécutoires après les deux mois, si le Ministre n'y fait pas opposition dans l'intervalle. Grâce à ces contrôles de divers degrés, la discipline, dans tous ses détails, pourra être bientôt la même dans toutes les Écoles de la République; et les exceptions, quand elles seront indispensables, ne seront pas du moins arbitraires.

§ 4. *Des Commissions d'examen.*

Après ce que nous avons dit en traitant de la liberté, il nous reste seulement à dire ici que la même Commission, chargée d'examiner les aspirants et les aspirantes, sera chargée également de faire les examens d'entrée et de sortie des élèves de l'École normale primaire. C'est ce qu'a voulu la loi de 1833 ; nous l'approuvons sur ce point comme sur tant d'autres.

§ 5. *De la pénalité et des récompenses.*

Nous avons fait, pour la graduation des peines disciplinaires qui pourront frapper les instituteurs publics, ce que nous avons fait déjà pour les instituteurs privés. Nous avons admis plus de degrés que n'en admettait la loi de 1833. Elle prononçait la réprimande, la suspension et la révocation. Ce n'était pas préparer peut-être dans l'échelle des peines des nuances suffisamment équitables. Nous avons établi, pour notre part, que l'instituteur mandé devant le Comité d'arrondissement pourrait d'abord y recevoir, pour les fautes légères, un avertissement dont il ne resterait pas même trace au procès-verbal. Pour une faute plus grave, il pourrait être réprimandé, et mention serait faite au procès-verbal ; c'est la réprimande simple. Au troisième degré de culpabilité, à la réprimande on joindrait une privation temporaire de tout ou partie du traitement. Pour un délit plus blâmable encore, on prononcerait la suspension, dont la durée n'excéderait, dans aucun cas, deux mois, et qui entraînerait la privation de traitement en tout ou en partie. La suspension, bien qu'elle porte atteinte à l'autorité morale de l'instituteur, nous a paru indispensable. Enfin, pour les délits irrémissibles, la révocation serait prononcée contre l'instituteur.

Nous avons encore ajouté à la loi de 1833 que l'instituteur pourrait être poursuivi sur la plainte de l'Inspecteur ou du sous-inspecteur.

L'instituteur suspendu ou révoqué aura huit jours pour en appeler du Comité d'arrondissement au Conseil académique. Nous avons même admis, en adoptant en partie la loi de 1833, qu'il y aurait, dans le cas de révocation, un troisième degré de juridiction. Du Conseil académique, l'instituteur pourrait en appeler au Ministre devant le Conseil national de l'instruction publique, sans que d'ailleurs l'appel et le pourvoi pussent jamais être suspensifs. De son côté, le Ministre, s'il juge la peine insuffisante, peut interjeter appel devant le Conseil académique. Mais il devra le faire dans le délai d'un mois. Nous avons cru devoir fixer la limite avec précision, afin d'empêcher des lenteurs qui ne feraient qu'aggraver bien inutilement la position de l'inculpé.

Nous n'avons pas voulu admettre, avec le projet de 1847, que l'instituteur révoqué ne pût exercer comme instituteur privé dans la commune. La révocation peut être, dans plus d'un cas, une mesure nécessaire, sans qu'elle soit de nature à déconsidérer l'instituteur. On peut, par exemple, avoir commis une faute grave contre les convenances de la hiérarchie, et n'avoir point démérité de la confiance des familles. Des défauts de caractère peuvent exiger une répression sévère, sans toucher en rien à l'honneur et à la probité. Ce sera, dans ces cas assez fréquents, aux familles de juger. Elles peuvent encore se fier à celui dont l'État ne doit plus accepter les services ; et nous n'avons pas voulu enlever à l'instituteur qui se serait oublié quelques instants le moyen de se racheter et de rétablir sa fortune.

Pour toutes les fautes qui ne seraient plus disciplinaires, nous avons renvoyé le coupable devant la juridiction commune. L'instituteur public sera poursuivi comme l'instituteur privé, par le tribunal civil de l'arrondissement, pour cause d'inconduite et d'immoralité. L'interdiction des fonctions d'instituteur sera prononcée contre lui, temporaire ou perpétuelle, selon la gravité des cas.

A côté de ces peines décernées contre les instituteurs, nous avons tenu à mentionner dans la loi les récompenses qui les attendent. L'usage en a établi de diverses sortes; nous n'avons pas cru devoir les énumérer; mais nous avons chargé le Ministre de l'Instruction publique de faire sur cet objet un règlement général qui, comprenant depuis la mention honorable jusqu'à la croix d'honneur, pourra redoubler encore le zèle des instituteurs par les plus nobles excitations.

Enfin, nous avons voulu que tout ce qui concerne les pénalités et les récompenses des instituteurs fût également applicable aux institutrices, et nous avons fait de ce vœu une disposition expresse de la loi.

TITRE VI.

Des retraites.

Pour assurer l'avenir des instituteurs et leur ménager un repos honorable à la fin de leur carrière, nous n'avons pas cru que le système de la loi de 1833 fût suffisant. A la caisse d'épargne nous avons substitué, avec le projet de 1847 (art. 22), une caisse de retraites.

Vous voyez, Citoyens représentants, quelle est la profonde différence de l'une et de l'autre. La caisse d'épargne, formée par une retenue annuelle d'un vingtième sur le traitement des instituteurs, reçoit et garde ces retenues successives; elles les remet, quand le temps est venu, aux instituteurs qui les ont fournies. C'est donc, au terme de leurs services, un petit capital qu'on leur rend, proportionnel aux divers traitements qu'ils ont touchés, et variable comme ces traitements. Il n'y a point de quotité fixe pour cette somme rendue aux instituteurs quand ils se retirent à un âge plus ou moins avancé; et souvent cette somme peut être insuffisante pour soutenir leurs vieux jours. Dans ce système il n'y a point non plus de solidarité entre les divers membres de l'instruction primaire. Les retenues sont individuelles et restent individuelles; elles profitent exclusivement, quelles qu'elles soient, à celui qui les a supportées.

Avec la caisse des retraites, au contraire, on établit une solidarité commune entre tous ceux qui contribuent à la former. Ce n'est qu'à certaines conditions qu'ils doivent plus tard toucher une pension; ceux qui ne les remplissent pas n'ont rien à prétendre, et le droit qu'ils n'ont plus profite à ceux qui peuvent les remplir. Ce système a en outre cet avantage, qu'après un certain nombre d'années de service fixé par la loi, les ayants droit reçoivent une pension annuelle et viagère qui est, avec les traitements antérieurs, dans une proportion fixe. Les traitements sont suffisants pour subvenir aux besoins des instituteurs pendant qu'ils servent; la pension qui y répond est suffisante aussi pour que l'instituteur puisse vivre quand il se retire, si ce n'est dans l'aisance, au moins avec quelque sécurité.

Le système de la caisse des retraites a donc de très grands avantages sur le système de la caisse d'épargne.

Il ne faut pas craindre, d'ailleurs, qu'en l'adoptant, l'État puisse être engagé plus tard à subventionner une caisse qui ne pourrait servir complètement les intérêts qu'elle doit satisfaire. Il est vrai que cette intervention, onéreuse pour l'État, lui a été souvent imposée dans d'autres branches de l'administration publique; les budgets l'attestent chaque année. Mais, pour les retraites des instituteurs, nous avons prévenu ce grave inconvénient de faire peser sur le Trésor national des charges imprévues et gênantes. Il est constaté que le prélèvement habituel de 5 pour 100 n'est pas suffisant : les faits sont là pour le prouver. En calculant les chances ordinaires de la mortalité sur lesquelles doivent se fonder régulièrement les tontines, on trouve qu'un prélèvement de 10 pour 100, au lieu de 5, fournirait amplement aux éventualités qu'il doit desservir.

C'est là le motif tout-puissant qui nous a décidés à porter à 10 pour 100 le taux de la retenue. Élevée à cette quotité, la retenue, selon toute apparence, produira chaque année un excédent qui appartient, comme le reste, aux instituteurs, et qui recevra un emploi dont nous parlerons plus tard.

Après trente années de service et à cinquante-cinq ans d'âge, tout membre de l'instruction primaire pourra demander une pension de retraite. Elle sera égale à la moitié du traitement moyen dont il a joui pendant les cinq dernières années. Comme on aura compris dans le prélèvement les dixièmes obtenus par le droit d'ancienneté, on les comprendra aussi dans le calcul de la pension. Ainsi, la pension de retraite la plus faible sera de 420 francs au moins, quand l'instituteur aura su, par sa bonne conduite, mériter d'être placé au tableau d'aptitude.

S'il est juste qu'après de longues années de labeur, les services rendus à l'État soient rémunérés par lui, il ne l'est pas moins aussi que, même avant la limite fixée par la loi, l'État récompense et soulage les infirmités de ses honorables serviteurs. Après dix années, les instituteurs atteints d'infirmités graves, contractées dans l'exercice de leurs fonctions, pourront obtenir une pension égale au sixième de leur traitement; et, pour chaque année de service au-dessus de dix ans, la pension s'augmenterait d'un centième.

Vous savez, d'ailleurs, qu'en général, la bienveillance prévoyante de l'État va même plus loin encore. Elle s'étend de ceux qui ont mérité une pension aux veuves et aux enfants qu'ils laissent. Nous n'avons pas privé les instituteurs de cette généreuse protection. Les veuves toucheront une pension qui sera le tiers de celle de leur mari. Les orphelins qui resteraient dénués de l'appui de leur père et de leur mère pourraient obtenir des pensions de secours jusqu'à ce qu'ils eussent atteint l'âge de seize ans. Ces secours, pour tous les orphelins réunis, ne s'élèveront jamais au-dessus de la moitié de la pension que leur père aurait touchée.

La pension serait liquidée dans les formes adoptées pour les membres de l'Université, après que le Ministre de l'Instruction publique aurait prononcé la mise à la retraite.

Tels sont, Citoyens représentants, les seuls principes que nous ayons cru devoir consacrer dans la loi. Ils suffiront pour établir le droit nouveau des instituteurs. Il est cependant encore une foule de dispositions très importantes qu'il ne faut point abandonner au hasard et à une jurisprudence arbitraire. Nous avons chargé l'administration publique de les fixer d'une manière précise par un règlement qui déterminera l'organisation et la surveillance de la caisse des retraites de l'instruction primaire. Les seuls principes que nous veuillions indiquer ici, pour qu'ils soient reproduits dans ce règlement, seraient les suivants :

Il serait rendu compte chaque année à l'Assemblée nationale de la situation de la caisse, dans les mêmes formes que pour les dépenses de l'instruction primaire.

L'Assemblée nationale prononcerait seule sur l'emploi qu'il conviendrait de faire des excédents, quand la caisse en obtiendra.

La surveillance serait organisée de telle sorte, que, dans le sein de la Commission qui en serait chargée, les instituteurs, l'administration et l'Assemblée nationale pussent être représentés.

Ces principes bien simples serviraient de base au règlement à intervenir.

Enfin, Citoyens représentants, nous vous proposons, en ce qui concerne les retraites, une dernière disposition. Les services rendus à l'État dans toute autre partie de l'administration pourront compter aux instituteurs pour leurs droits à la retraite, pourvu qu'ils servent encore vingt ans dans l'enseignement. Et réciproquement, le temps d'exercice passé dans l'instruction primaire comptera aux instituteurs qui prendraient une autre carrière publique, pourvu qu'ils aient servi dix ans au moins dans l'instruction primaire. Au fond, c'est toujours l'État qu'ils servent; et l'État ne doit jamais méconnaître les services honorables qui lui ont été rendus, quelles qu'en soient l'origine et la forme.

TITRE VII.

Des dépenses de l'instruction primaire.

Après avoir traité de toutes les parties de l'instruction primaire, il nous reste, Citoyens représentants, à vous exposer les voies et moyens destinés à couvrir la part de dépense dont l'État sera chargé. C'est le point le plus difficile de la nouvelle loi.

Ici encore nous avons cru devoir suivre le système inauguré par la loi de 1833, et pratiqué si heureusement depuis quinze ans. Il faut que les familles, les communes, les départements et l'État concourent simultanément, et dans des proportions fixées par la loi, à l'entretien et au développement de l'instruction primaire. C'est un intérêt fort complexe qui touche la société dans toutes ses parties et sous toutes ses formes. A côté de l'intérêt général, représenté par l'État, se trouve l'intérêt particulier représenté par les familles, et jusqu'à un certain point par les communes que forment directement les familles réunies. Il ne serait pas juste que toutes ces forces cessassent leur action, et qu'une seule, celle de l'État, fût substituée à toutes les autres.

Nous avons cru devoir énumérer, dans un article spécial, les ressources diverses sur lesquelles pourra compter l'instruction primaire : d'abord les fondations, legs et donations, dont la générosité des particuliers accroît chaque année l'importance; puis la rétribution scolaire annuelle payée par les familles aisées; en troisième lieu, les ressources ordinaires de la commune. Si ces premiers moyens ne suffisent pas, on devra recourir aux produits des trois centimes additionnels qu'a autorisés pour les communes l'article 13 de la loi de 1833. Après ces trois centimes communaux, les départements devront, comme maintenant, s'imposer à leur tour deux centimes additionnels, et ce ne sera qu'après avoir épuisé tous ces moyens qu'on aura recours à l'État, qui comblera le vide qu'ils pourraient encore avoir laissé.

Voilà le système de 1833 dans toute sa simplicité; voici ce que nous avons cru devoir y ajouter pour le rendre plus complet et plus énergique.

Nous avons transporté des Conseils municipaux au Conseil général le soin de fixer le taux de la rétribution scolaire annuelle; et nous avons décidé que, dans aucun cas, ce taux ne pourrait être au-dessous d'un minimum de 6 francs. Le Conseil général prononcera sur la proposition du Comité d'arrondissement. Le Préfet et même le Ministre de l'Instruction publique pourront toujours se pourvoir devant le Conseil d'État, toutes les fois que le chiffre fixé par le Conseil général leur paraîtrait abusif.

La rétribution sera perçue, comme elle l'est actuellement, par douzième, de mois en mois; elle le sera d'avance. Les dégrèvements seront demandés avec les formalités ordinaires. Mais nous avons limité les cas où ils seraient accordés : ils ne pourront l'être que pour décès ou maladie de l'enfant dûment justifié, pour changement de domicile, pour envoi de l'enfant dans une autre École, et enfin pour certificat d'études délivré par la Commission scolaire. Il faudra également l'avis de cette même Commission pour que le dégrèvement soit accordé, si l'instruction vient à être donnée à l'enfant dans le sein de la famille.

Chaque année, le Conseil municipal arrêtera la liste des parents qui pourront acquitter la rétribution scolaire pour ceux de leurs enfants qui fréquenteront l'École publique. Cette liste, revisée par le Conseil cantonal, sera définitivement arrêtée par le Préfet en Conseil de préfecture; et c'est d'après les indications qu'elle contiendra que le rôle sera recouvrable.

Ces dispositions ne concernent que les Écoles primaires. Nous avons cru devoir les changer en quelques points pour les salles d'asile. Comme les salles d'asile ne peuvent être suivies aussi régulièrement que les Écoles, à cause de l'âge même des enfants qui les fréquentent, nous avons voulu soumettre la rétribution à des conditions moins rigoureuses. D'abord elle sera mensuelle au lieu d'être annuelle, c'est-à-dire qu'elle ne sera exigible que pour le mois commencé, au lieu de l'être pour l'année entière, sauf les cas de dégrèvement prévus par la loi. De plus, la rétribution des asiles sera fixée, sur la proposition du Conseil municipal et sur l'avis du Comité d'arrondissement, par le Préfet, sauf le recours devant le Conseil d'État.

Nous n'avons pas voulu, avec la loi de 1833, que le receveur municipal fût privé de remises sur le recouvrement des rétributions scolaires. Nous croyons que cette disposition de la loi, toute libérale qu'elle paraît, a été nuisible aux intérêts de l'instruction primaire. Les receveurs municipaux n'ont pas mis tout le zèle désirable à recouvrer des sommes qui ne devaient rien leur produire, malgré la règle ordinaire qui leur accorde un bénéfice proportionnel sur toutes celles qu'ils font rentrer. Aujourd'hui que l'État et les communes vont faire plus de sacrifices que jamais pour l'instruction primaire, il faut qu'aucune ressource ne soit perdue; et il sera utile d'intéresser les receveurs, comme on le fait habituellement, à l'activité des recouvrements qui leur sont confiés. Il importe que l'État ne fournisse ses ressources propres que quand toutes les autres auront été totalement épuisées.

C'est aussi pour prévenir l'emploi abusif des fonds généraux de l'État, dans le cas où il ne serait pas absolument nécessaire d'y recourir, que nous avons décidé que les dépenses des salles d'asile et des Écoles d'adultes ne figureraient au budget communal qu'après les dépenses des Écoles primaires. Ce sont ces Écoles qu'il faut, avant toutes les autres, créer et entretenir. C'est pour les communes le premier et le plus impérieux devoir : elles ne doivent jamais l'oublier. Voilà pourquoi nous faisons passer après les Écoles les salles d'asile, que la loi ne rend pas obligatoires. L'État ne devra donc, dans aucun cas, entretenir à lui seul les salles d'asile ni les classes d'adultes. Il les encouragera, il les soutiendra par des subventions; mais il ne fera rien pour elles si les communes n'ont pas pris l'initiative.

L'instruction primaire, telle qu'elle serait organisée si notre projet de loi était accepté, coûterait 50 millions à peu près.

Quelle serait la part de l'État?

Sa part dans la dépense doit être proportionnelle à l'intérêt qu'il a lui-même dans cette grande question. Il est évident que les familles d'abord et plus que tout le monde, les communes ensuite, et les départements après elles, doivent y contribuer avant lui.

Sur une population de 36 millions d'âmes, le nombre des enfants de 6 à 14 ans est de 5 500 000 à peu près. Un million fréquente les Écoles privées; nous n'avons point à nous en occuper. Sur les 4 500 000 qui restent, 1 500 000 seraient instruits gratuitement, ainsi que nous l'avons dit. Les 3 autres millions payant en moyenne 7 francs par an, ce serait 21 millions que donneraient les familles.

Les communes, qui fournissent actuellement 12 millions à peu près, élèveraient leur contingent à 15 millions, en épuisant leurs trois centimes additionnels.

Les départements, qui ne fournissent que 5 millions pour 1849, pourraient fournir 1 ou 2 millions de plus, en épuisant également les deux centimes qu'autorise la loi de 1833.

Voilà déjà plus de 40 millions. L'État compléterait les 50 millions; c'est-à-dire qu'au lieu de donner aux Écoles primaires 5 millions, comme il se le propose pour 1849, il leur en donnerait 10 et doublerait par là son allocation.

Ainsi le sacrifice nouveau que nous vous demandons, Citoyens représentants, se résume en une somme de 5 millions. Nous ne voulons pas insister de nouveau sur les considérations toutes-puissantes qui doivent déterminer votre vote. Il est trop évident que les intérêts qui sont engagés dans le développement de l'instruction primaire sont d'un tel ordre, que les satisfaire ce n'est pas seulement accomplir un devoir sacré, c'est encore préparer la plus certaine et la plus féconde de toutes les économies. Sans rêver une perfection impossible, nul doute que les progrès successifs de l'intelligence dans la masse des citoyens amènera de bienfaisantes et grandes réductions dans les dépenses que l'ignorance rend aujourd'hui nécessaires. Les chapitres de nos budgets qui représentent les frais d'une répression rigoureuse et indispensable en disparaîtront, à mesure même que les esprits s'éclaireront. Ce que vous donnez à l'instruction primaire, sagement dirigée et généreusement dotée, vous l'enlevez, soyez-en sûrs, aux dépens des Cours d'assises, des prisons et des bagnes. Malgré ce qu'en peuvent dire des observateurs superficiels et peu bienveillants, l'homme s'améliore par la culture de son intelligence; la raison profite toujours aux lumières de l'esprit, et le cœur ne se déprave point au contact de la science.

TITRE VIII.

Dispositions transitoires.

Les dispositions transitoires que nous vous proposons sont fort simples, et il sera très facile de passer de l'état actuel des choses à l'état nouveau que notre loi devrait inaugurer.

Ces dispositions portent sur les trois points suivants:

Nous avons accordé un délai de cinq ans aux institutrices pourvues de lettres d'obédience et âgées de moins de trente ans, pour qu'elles puissent se pourvoir d'un brevet de capacité. Quant à celles qui sont âgées de plus de trente ans, comme elles seraient moins bien placées à cause de cette circonstance même, pour compléter leurs études, nous ne changeons rien à leur position, et les lettres d'obédience continueraient à leur suffire. C'est d'ailleurs, ainsi que vous pourrez le remarquer, Citoyens représentants, la seule disposition que présente notre projet de loi à l'égard des congrégations religieuses. Pour tout le reste, nous les laissons soumises au droit commun.

En second lieu, nous avons dû régler le sort des instituteurs actuellement en fonctions pour ce qui concerne les pensions de retraite. Les instituteurs âgés de moins de trente-cinq ans pourront être admis au bénéfice de la pension de retraite substituée à la caisse d'épargne, à la condition qu'ils verseront au profit de la caisse des retraites une somme égale à celle qui aurait dû être prélevée sur leur traitement pendant dix ans. En conséquence, les fonds déposés par ces instituteurs à la caisse d'épargne seraient immédiatement transmis à la Caisse des dépôts et consignations pour le compte de la caisse des retraites. Un règlement d'administration publique interviendrait, dans l'année, pour déterminer la forme et toutes les conditions des versements complémentaires. Grâce à ces versements, l'instituteur entré déjà dès longtemps dans la carrière verrait son avenir assuré aussi bien que le jeune homme qui y entrerait sous les auspices de la nouvelle loi.

Il est d'ailleurs bien entendu que l'option serait facultative. Ceux des instituteurs au-dessous de trente-cinq ans qui préféreraient le régime de la caisse d'épargne pourraient continuer à y placer leurs économies. Quant à ceux qui ont plus de trente-cinq ans, la caisse d'épargne serait maintenue en leur faveur, parce qu'ils ne pourraient pas remplir les conditions posées par la loi pour l'admission à la retraite à l'âge de cinquante-cinq ans.

Nous avons voulu, d'ailleurs, aller au-devant de toutes les objections, et préparer un soulagement assuré à toutes les infortunes, en décidant qu'un crédit temporaire serait ouvert au Ministre de l'Instruction publique, pour qu'il pût accorder des secours aux instituteurs qui, forcés par l'âge ou les infirmités de quitter l'enseignement, seraient dénués de tout autre moyen d'existence.

Un troisième point restait à régler. La nouvelle loi, en améliorant le sort du plus grand nombre des instituteurs, pourrait, en même temps, rendre moins bon le sort de quelques-uns. Ce serait une injustice vraiment douloureuse; elle irait directement contre nos intentions. Il est certain cependant que, d'après la classification proposée par nous, il est une foule de communes où, sous le régime de la loi de 1833, l'instituteur touche une rétribution plus élevée que celle que nous lui promettons. Verra-t-il donc son traitement réduit? Nous le regretterions vivement, et voilà pourquoi nous avons disposé qu'en aucun cas les émoluments actuellement touchés par les instituteurs ne seraient diminués pour eux, quand bien même ils seraient supérieurs au taux fixé par la loi nouvelle. Cette loi ne serait appliquée définitivement qu'à leurs successeurs, qui sauraient, en entrant dans la carrière de l'instruction, les conditions qui leur sont faites.

Résumé.

Après ces longs détails, Citoyens représentants, nous n'avons plus qu'à résumer la pensée générale de notre loi, et à vous dire, en peu de mots, ce que nous avons surtout voulu faire.

Nous avons voulu que l'instruction primaire, dans toutes ses parties diverses, salles d'asile, Écoles de tout ordre, classes d'adultes, etc., restât communale.

Nous aurions redouté de lui enlever ce caractère essentiel, en la remettant tout entière aux mains de l'État. Entre l'instruction primaire et l'instruction secondaire, il y a cette grande différence, que la première doit rester aussi près que possible des familles, tandis que l'autre peut en être éloignée sans danger et même avec un grand avantage ; il faut que la commune, qui n'est que la réunion des familles dans une même localité, porte comme elles une sollicitude maternelle à tous les enfants qu'elle compte dans son sein. Il faut qu'elle veille sans cesse sur eux, et qu'elle fasse, pour les instruire, de continuels sacrifices. C'est à ce prix seulement qu'elle les aimera, et qu'elle saura préparer à l'État de bons citoyens. Nous sommes tellement convaincus de ces principes que nous n'eussions pas hésité à laisser l'instruction primaire aux communes exclusivement, si nous avions espéré trouver en elles toutes les lumières désirables. Dans l'état actuel des choses, des garanties purement communales ne seraient pas assez complètes ni assez puissantes. Nous avons dû conserver le système adopté par la loi de 1833, et c'est au chef-lieu d'arrondissement que nous avons constitué la principale autorité scolaire.

Les attributions que nous avons accordées au Comité d'arrondissement sont considérables : elles sont aujourd'hui nécessaires, parce qu'on ne peut point les transporter à des autorités dont la circonscription serait plus étroite. Mais, on peut le dire avec pleine assurance, les progrès de l'instruction primaire se mesureront à l'accroissement même qu'on pourra donner successivement aux attributions des Comités locaux. Quand les lumières plus généralement répandues descendront dans les communes, l'État pourra sans inconvénient, et même avec un grand profit, diminuer la puissance des Comités d'arrondissement, et augmenter celle des localités. Mais, dans les conditions où nous sommes encore placés, ce serait une imprudence qui pourrait compromettre tout l'avenir, que de demander aux chefs-lieux de canton ce que peuvent à peine fournir les chefs-lieux d'arrondissement. Certes, nous eussions désiré pouvoir constituer des Comités cantonaux ; ils eussent été plus rapprochés des Écoles que ne le sont les Comités d'arrondissement. Leur vigilance eût été plus facile et plus complète. Mais nous n'avons pas cru pouvoir généraliser une mesure qui n'a pour elle que l'exemple de quelques localités, où elle a d'ailleurs très heureusement réussi. En 1816, on avait tenté d'organiser des Comités cantonaux dans le pays entier : cet essai échoua, non pas tant à cause du système lui-même que par suite de l'état où était alors l'instruction primaire. Nous ne devions pas renouveler officiellement cet essai ; mais, avec la loi de 1833, nous avons laissé au Ministre la faculté de créer plusieurs Comités dans un même arrondissement. Ces Comités intermédiaires jouiraient des mêmes prérogatives que les Comités supérieurs. Nous ne pensons pas qu'en général ils puissent être d'abord plus de deux par sous-préfecture ; et nous avons même restreint la faculté accordée au Ministre, en décidant que la formation de ces Comités spéciaux devrait toujours être déterminée par des circonstances exceptionnelles et toutes locales.

Ainsi, jusqu'à nouvel ordre, l'instruction primaire restera communale dans la mesure où elle l'est aujourd'hui.

C'était pour nous un motif de plus de donner à l'inspection une organisation très forte. Si les droits de la commune sont respectables, ceux de l'État ne le sont pas moins ; et la surveillance que la Constitution lui impose ne peut être exercée convenablement que par le concours d'agents nombreux et actifs. Voilà pourquoi nous avons voulu qu'indépendamment des Comités et des autorités scolaires de tout ordre, il y eût un Inspecteur par arrondissement. C'est à peine assez, puisque, même avec cette combinaison, chaque Inspecteur n'aura pas moins de cent Écoles à surveiller. Au-dessus des Inspecteurs particuliers veilleront les Inspecteurs généraux, le Recteur et le Ministre. Au-dessus du Ministre même veillera l'Assemblée législative, à laquelle sera soumis chaque année un rapport détaillé sur l'état général de l'instruction primaire dans toute la République. Il est impossible, Citoyens représentants, qu'avec tous ces moyens d'action, qui s'étendent de la plus humble commune jusqu'à la représentation nationale elle-même, nous manquions notre but, si nous savons le poursuivre avec énergie. Ce but, c'est l'instruction du peuple, gage assuré, quand elle sera tout ce qu'elle doit être, de l'ordre public, du travail, de la prospérité, du bonheur commun. Mais l'enseignement, nous le savons, ne peut porter ses admirables fruits qu'à une condition : c'est que les mains qui le distribueront seront elles-mêmes dignes de le distribuer. Les instituteurs à qui la loi nouvelle ouvre une carrière qui est assez lucrative dès le début, et qui n'a de limite que le talent même de ceux qui la parcourent, devront se pénétrer de plus en plus de la sainteté de leur mission. C'est sur eux que repose en grande partie l'avenir du pays. Dans une nation où règne le suffrage universel, ceux qui sont chargés d'instruire le peuple sont responsables de ses destinées. Ils seraient bien coupables si, à la place des saines doctrines qu'ils lui doivent, ils lui donnaient ces doctrines perverses qui peuvent corrompre et perdre la société. Ce serait un crime s'ils en infectaient les générations confiées à leurs soins. Mais ces doctrines, si malheureusement elles ont rencontré quelques prosélytes parmi les instituteurs, ne prévaudront pas. Nous en avons pour garants et la surveillance de l'État et le bon sens des instituteurs eux-mêmes. La juste munificence de la République les mettra, nous en sommes sûrs, à l'abri de toutes les séductions que la misère accueille et qu'elle provoque. Ils se diront que leurs fonctions, quelque modestes qu'elles soient en apparence, sont les plus honorables et les plus graves de toutes : car elles sont comme une délégation de la paternité que les familles abdiquent en partie pour la leur remettre. Ils ne céderont pas à ces excitations aveugles qui ont parfois essayé d'éveiller en eux une déraisonnable ambition. Leur ambition unique doit être de former à la patrie des citoyens imbus dès leur enfance des vrais principes sur lesquels reposent l'ordre social et la paix publique. Ce devoir délicat et difficile, s'il est bien accompli, peut suffire aux plus nobles âmes et aux esprits les plus éclairés. Il faut que les instituteurs apprennent à l'aimer; qu'ils apprennent à s'en contenter, en en sentant toute la grandeur. Leur rôle, s'ils le comprennent bien, est tout tracé et parfaitement clair. Les matières qu'ils doivent enseigner sont déterminées par un programme officiel. L'esprit qui doit animer leur enseignement est l'esprit même des lois nationales. Tout ce qui sort du cercle de ces lois, tout ce qui leur est contraire, est interdit. C'est une sorte de consigne que l'instituteur doit fidèlement remplir. Il ne doit suivre, il ne doit connaître qu'elle; car c'est au nom de l'État qu'il enseigne; c'est la règle commune à laquelle sont soumis les professeurs de nos Lycées, tous les membres de l'enseignement public, on pourrait presque dire tous les fonctionnaires de l'État. L'instituteur, à qui on l'impose également, n'est pas placé dans une position exceptionnelle. En dehors de l'École, ses opinions, dans les limites des convenances, restent libres, comme celles de tout autre citoyen; dans l'École, elles ne le sont pas; il doit les soumettre loyalement aux limites que lui trace la société et qui résultent du contrat même passé entre elle et lui. Que si sa conscience n'accepte point ces conditions, toutes sages qu'elles sont, il ne lui reste qu'à quitter une carrière pour laquelle il n'est point fait, et qu'il ne devait point embrasser.

Tels sont, Citoyens représentants, les principes dont les instituteurs doivent toujours être profondément pénétrés; tels sont les principes que l'État doit toujours fermement défendre. Ils ont été rarement méconnus, quoi qu'on en puisse dire; et la loi que nous vous proposons nous semble assez généreuse, assez complète, pour ramener au devoir les instituteurs qui s'en seraient écartés, et pour y retenir ceux qui seraient tentés d'abuser de la confiance placée en eux. L'État est sûr du succès, s'il sait joindre à la fermeté, qui réprime, la vigilance, qui épargne la répression même, parce qu'elle a su prévenir les fautes en les prévoyant.

2° Proposition de loi.

TITRE Ier.

Dispositions générales.

ARTICLE 1er. — Les établissements d'instruction primaire de tout ordre, publics ou privés, dont la surveillance est confiée à l'État, sont :

1° Les établissements d'éducation pour le premier âge, appelés salles d'asile;

2° Les Écoles d'instruction primaire, élémentaire et supérieure;

3° Les Écoles normales primaires;

4° Les Écoles d'apprentis, les ouvroirs, les classes d'adultes et les Écoles des hospices et des prisons.

Des salles d'asile.

ART. 2. — Les salles d'asile sont destinées à recevoir les enfants de deux à sept ans au plus.

ART. 3. — Les enseignements donnés dans les salles d'asile ont pour but de préparer ceux des Écoles primaires.

Ils comprendront les premiers principes de l'instruction morale et religieuse, de la lecture, de l'écriture, du calcul, le chant et les exercices corporels.

ART. 4. — Les salles d'asile sont publiques ou privées.

ART. 5. — Toute commune au-dessus de 2 000 âmes de population agglomérée sera tenue d'avoir une salle d'asile au moins.

Les Préfets pourront désigner, parmi les communes au-dessous de 2 000 âmes de population agglomérée, celles qui seront tenues d'ouvrir des asiles. Ils prendront préalablement l'avis du Conseil municipal, du Comité local, du Comité d'arrondissement et du Conseil général, selon qu'il faudra recourir aux fonds de la commune et à ceux du département.

Le Ministre de l'Instruction publique pourra faire les mêmes désignations en prenant en outre l'avis du Préfet, s'il faut recourir aux fonds de l'État.

Toute commune au-dessous de 2 000 âmes de population agglomérée pourra établir des salles d'asile, si elle les entretient de ses propres ressources.

Dans le cas où il serait nécessaire de recourir aux fonds du département, indépendamment de ceux de la commune, le Préfet n'autorisera l'établissement de l'asile qu'après en avoir référé au Conseil général.

ART. 6. — Les directrices de salles d'asile doivent être âgées de vingt et un ans au moins si elles sont mariées, et de vingt-quatre si elles ne le sont pas. Les adjointes doivent être âgées de dix-huit ans au moins, sauf les cas d'exception en faveur des filles, sœurs et nièces des directrices, lesquelles pourront être employées dès l'âge de seize ans.

Les directrices et adjointes sont nommées par le Comité d'arrondissement, sur la présentation du Conseil municipal et l'avis du Comité local.

ART. 7. — Dans les communes au-dessous de 600 âmes de population agglomérée, les directrices et les adjointes devront être munies d'un certificat de moralité et d'un brevet de capacité dans les formes prescrites par les articles 56, 76 et 77 de la présente loi.

Dans les autres communes, l'autorisation du Comité d'arrondissement pourra, sauf l'approbation du Recteur, dispenser du brevet de capacité.

ART. 8. — Toute salle d'asile est placée sous la surveillance immédiate et journalière d'une dame inspectrice résidant dans la localité et sous la surveillance générale de toutes les autorités préposées à l'instruction primaire.

Les dames inspectrices sont nommées par le Comité d'arrondissement, sur l'avis du Comité local ; elles peuvent se faire seconder par des dames déléguées de leur choix.

ART. 9. — Dans chaque département, il y aura un asile-modèle, dans lequel pourront être faits un ou plusieurs cours normaux pour l'instruction des directrices et adjointes de salles d'asile.

TITRE II.

Des Écoles d'instruction primaire.

§ 1er. *Programmes de l'instruction primaire pour les garçons.*

ART. 10. — L'instruction primaire est, pour les deux sexes, élémentaire ou supérieure.

ART. 11. — L'instruction élémentaire pour les garçons comprend nécessairement l'instruction morale, religieuse et civique, la lecture, l'écriture, les éléments de la langue française, les éléments du calcul, le système légal des poids et mesures, le dessin linéaire, les notions élémentaires d'hygiène, de chant et les exercices gymnastiques.

Selon les besoins et les ressources des localités, l'instruction primaire élémentaire pourra recevoir les développements qui seront jugés convenables, et comprendra notamment des notions sur l'histoire et la géographie de la France.

ART. 12. — L'instruction primaire supérieure comprend nécessairement, outre l'instruction morale, religieuse et civique :

La lecture perfectionnée ;

L'écriture perfectionnée ;

Les développements de la grammaire et les règles de la composition usuelle ;

L'arithmétique et les règles de la comptabilité usuelle et des notions sur la tenue des livres ;

Le dessin linéaire appliqué à l'industrie, et notamment le dessin d'ornement et des machines ;

Les éléments de la géométrie élémentaire et ses applications, notamment l'arpentage ;

Des notions des sciences physiques et d'histoire naturelle applicables à l'agriculture, à l'industrie, à l'hygiène et aux usages de la vie ;

Les éléments de l'histoire et de la géographie ;

L'histoire et la géographie de la France ;

Le chant;

La gymnastique.

Selon les ressources et les besoins des localités, l'instruction primaire supérieure pourra recevoir les développements qui seront jugés convenables et comprendra notamment l'étude d'une langue vivante.

ART. 13. — L'enseignement du dogme est exclusivement réservé aux ministres des différents cultes, et il est donné en dehors des heures d'école.

Le vœu des pères de famille sera toujours consulté et suivi, en ce qui concerne la participation de leurs enfants aux services religieux et à l'enseignement dogmatique.

Dans le cas où les circonstances locales l'exigeraient, le Ministre de l'Instruction publique pourra, sur l'avis du Conseil municipal, autoriser, à titre d'Écoles communales, des Écoles plus particulièrement affectées à l'un des cultes reconnus par l'État.

ART. 14. — L'enseignement primaire est donné dans toutes les Écoles publiques et dans l'intérieur des familles.

ART. 15. — Les Écoles primaires publiques sont celles qu'entretiennent, en tout ou en partie, les communes, les départements ou l'État.

§ 2. *Nomination et traitement des instituteurs publics.*

ART. 16. — Lorsqu'il y aura lieu de pourvoir à un emploi d'instituteur public de 6e classe, le Conseil municipal, sur l'avis du Comité local, présentera cinq candidats parmi tous les instituteurs munis du certificat de moralité et du brevet de capacité et âgés de dix-neuf ans au moins.

Le Comité d'arrondissement autorisera provisoirement un des cinq candidats. La nomination définitive n'aura lieu qu'après trois ans d'exercice.

Les candidats aux places de 5e classe devront être choisis parmi les instituteurs de la 6e classe qui, après deux ans d'exercice, auront été, d'office ou sur leur demande, déclarés par le Comité d'arrondissement aptes à passer dans la 5e.

Les candidats aux places de 4e classe devront être choisis parmi les instituteurs de 5e classe qui auront un an d'exercice et qui seront, en outre, portés au tableau d'aptitude, ou parmi les instituteurs de 6e classe en exercice depuis trois ans, et qui, depuis un an au moins, auront été déclarés aptes à passer à la 4e.

Les candidats aux places des trois premières classes seront pris indistinctement parmi tous les instituteurs de la 4e et des classes suivantes.

Le Ministre de l'Instruction publique, après avoir vérifié la régularité de la nomination, institue les candidats nommés par le Comité d'arrondissement.

ART. 17. — Les traitements des six classes d'instituteurs sont fixés ainsi qu'il suit :

6e	classe,	commune	de 500 âmes et au-dessous.	600 francs.
5e	—	—	500 à 1 000 âmes. . . .	800 —
4e	—	—	1 000 à 2 000 —	1 000 —
3e	—	—	2 000 à 5 000 —	1 200 —
2e	—	—	5 000 à 15 000 —	1 400 —
1re	—	—	15 000 âmes et au-dessus. .	1 600 —

Des règlements spéciaux fixeront le traitement des instituteurs dans la ville de Paris.

Le traitement de l'instituteur adjoint sera la moitié de celui de l'instituteur, sans pouvoir être jamais au-dessous de 400 francs.

ART. 18. — Le traitement des instituteurs de toutes classes, nommés à titre définitif, pourra s'accroître d'un dixième après chaque période de cinq ans au moins, sans que cette augmentation totale puisse dépasser les quatre dixièmes du traitement de la classe.

Le tableau d'avancement sera dressé par le Comité d'arrondissement, sur le rapport de l'Inspecteur et sur l'avis du Comité local et du Conseil municipal.

Les dixièmes attribués à un instituteur cesseront de lui appartenir quand il passera dans une classe supérieure, et alors il ne touchera que le traitement de cette classe.

Les communes pourront toujours ajouter au traitement des instituteurs des indemnités dont elles détermineront la quotité.

ART. 19. — Les professeurs adjoints des Écoles primaires supérieures, les instituteurs privés et les instituteurs adjoints pourront, après trois ans d'exercice au moins, être admis dans la 4e classe, pourvu qu'ils aient été portés successivement au tableau d'aptitude pour la 5e et la 4e classe, dans les formes réglées par l'article 16.

ART. 20. — Si, dans le délai d'un mois, le Conseil municipal, dûment mis en demeure, n'a pas fait de présentation, ou si, après avoir fait des présentations irrégulières, il ne les rectifie pas, le Comité d'arrondissement nomme directement, sous les conditions indiquées plus haut, à toute place vacante d'instituteur.

En cas de conflit, le Ministre de l'Instruction publique prononcera, dans le délai de deux mois, sur la régularité de la présentation faite par le Conseil municipal et nommera d'office, s'il y a lieu.

ART. 21. — Les instituteurs adjoints seront nommés par le Comité d'arrondissement, qui prendra l'avis préalable de l'instituteur.

Les instituteurs adjoints devront être âgés de dix-huit ans au moins, et être munis d'un certificat de moralité et d'un brevet de capacité.

Dans les communes au-dessous de 200 âmes qui ne pourraient acquitter la moitié d'un traitement d'instituteur, les Comités d'arrondissement pourront nommer les aspirants instituteurs, sédentaires ou ambulants, dont le traitement sera de 400 francs au moins. Dans ce cas, l'autorisation du Ministre de l'Instruction publique sera toujours nécessaire.

Un règlement d'administration fixera les conditions où devront être placées les communes pour avoir des aspirants, et déterminera le régime des Écoles qui leur seront confiées.

Les aspirants instituteurs devront remplir toutes les obligations imposées aux instituteurs.

Ils seront nommés et institués dans les mêmes formes.

ART. 22. — Tout instituteur, instituteur adjoint, aspirant instituteur ou élève d'une École normale primaire, est dispensé du service militaire, s'il contracte l'engagement de servir dans l'instruction primaire publique pendant dix ans.

Cette disposition peut être également applicable aux directeurs et professeurs adjoints des Écoles normales.

ART. 23. — L'exercice de la profession d'instituteur public est incompatible avec l'exercice de toute profession commerciale. Cette interdiction s'étend jusqu'à la femme de l'instituteur.

L'instituteur ne pourra exercer aucune autre fonction salariée, sans l'autorisation du Comité d'arrondissement, qui prendra l'avis du Comité local.

Cette fonction ne devra jamais l'éloigner de son École pendant les heures assignées aux leçons par le règlement.

Nul instituteur public ne pourra recevoir dans son École les enfants d'une commune autre que celle où il exerce, s'il n'y est autorisé par le Comité d'arrondissement sur l'avis des Comités et des Conseils des deux communes.

§ 3. *De l'instruction primaire pour les filles.*

ART. 24. — L'instruction élémentaire pour les filles comprend nécessairement l'instruction morale et religieuse, la lecture, l'écriture, les éléments de la langue française, les éléments du calcul, le système légal des poids et mesures, le dessin linéaire, les notions élémentaires d'hygiène, les travaux à l'aiguille, le chant et les exercices gymnastiques.

ART. 25. — L'instruction supérieure pour les filles comprend nécessairement, outre l'instruction morale et religieuse :

La lecture perfectionnée;

L'écriture perfectionnée;

Les développements de la grammaire et les règles de la composition usuelle;

L'arithmétique et les règles de la comptabilité usuelle et des notions sur la tenue des livres;

Le dessin linéaire et le dessin d'ornement;

Des notions des sciences physiques et d'histoire naturelle applicables aux usages de la vie et à l'économie domestique;

Les éléments de l'histoire et de la géographie;

L'histoire et la géographie de la France;

Les travaux à l'aiguille perfectionnés;

Le chant;

La gymnastique.

Le dernier paragraphe de l'article 11 et le dernier paragraphe de l'article 12, relatifs à l'instruction élémentaire et à l'instruction supérieure des garçons, seront applicables également à l'instruction des filles.

ART. 26. — Toute commune au-dessus de 800 âmes de population agglomérée sera tenue d'avoir une École de filles au moins.

Les dispositions de l'article 5 de la présente loi seront d'ailleurs applicables aux Écoles des filles en ce qui concerne les droits des communes, des Préfets et du Ministre de l'Instruction publique.

ART. 27. — Le traitement des institutrices est fixé aux deux tiers de celui des instituteurs, toutes les autres dispositions relatives à la nomination, aux classes et à la retraite des instituteurs et instituteurs adjoints étant également applicables aux institutrices et institutrices adjointes.

Dans les communes où l'École de garçons n'est pas séparée de l'École des filles, les travaux spéciaux aux filles se feront sous la direction d'une maîtresse désignée par le Comité d'arrondissement et révocable par lui. Il est alloué à cette maîtresse une indemnité que fixera la commune.

§ 4. *Dispositions communes aux Écoles élémentaires des deux sexes.*

ART. 28. — Toute École de plus de 100 élèves doit être divisée et recevoir un ou plusieurs instituteurs adjoints ou institutrices adjointes.

Le Comité d'arrondissement en décidera sur l'avis du Comité local et du Conseil municipal.

ART. 29. — Les communes au-dessous de 250 âmes de population agglomérée pourront se réunir pour entretenir une École primaire. En cas de contestations concernant celle des communes où l'École doit être placée, le Préfet décide sur l'avis du Comité d'arrondissement.

§ 5. *Écoles primaires supérieures.*

ART. 30. — Les communes chefs-lieux de département et celles dont la population excède 6 000 âmes devront avoir une École primaire supérieure de garçons.

Dans les arrondissements qui n'auront pas d'École primaire supérieure, le Ministre de l'Instruction publique pourra, sur l'avis du Conseil général, du Conseil municipal et du Comité d'arrondissement, désigner la commune qui devra recevoir une École de cet ordre.

ART. 31. — L'enseignement sera donné dans les Écoles supérieures par un directeur et par un professeur adjoint au moins, lesquels seront spécialement attachés à l'établissement et pourvus d'un brevet du degré supérieur.

Ils pourront être secondés par des professeurs appelés du dehors.

ART. 32. — Les directeurs et les professeurs adjoints des Écoles primaires supérieures seront nommés et institués d'après les formes réglées par l'article 16, et choisis parmi les instituteurs des quatre premières classes.

ART. 33. — Le traitement du directeur de l'École supérieure sera égal à celui de l'instituteur de la localité, sans d'ailleurs pouvoir jamais être au-dessous de 1 200 francs; il sera acquitté par les mêmes moyens, et les communes y ajouteront une indemnité qui sera déterminée par elles.

Le traitement des professeurs adjoints sera des deux tiers du traitement fixe de l'instituteur.

ART. 34. — Les dispositions relatives à l'augmentation du traitement des instituteurs et à leurs pensions de retraite sont applicables aux directeurs et professeurs adjoints des Écoles supérieures.

ART. 35. — Les élèves des Écoles supérieures seront âgés de douze à dix-sept ans. Les exceptions à cette règle générale devront être jugées par le Comité local.

Tout élève, avant d'entrer à l'École supérieure, devra subir un examen constatant qu'il possède complètement l'instruction élémentaire. Le concours, auquel pourront être admis tous les enfants de l'arrondissement, sera réglé par le Comité d'arrondissement.

Le nombre des élèves admis gratuitement dans les Écoles supérieures ne pourra dépasser une certaine proportion limitée par le Comité d'arrondissement.

ART. 36. — Les communes pourront établir, avec l'autorisation du Comité d'arrondissement, des Écoles supérieures de filles. Ces Écoles seront d'ailleurs soumises, par analogie, aux mêmes dispositions que les Écoles supérieures de garçons.

ART. 37. — Le Comité d'arrondissement pourra provoquer et autoriser l'établissement de classes d'adultes. Il pourra en déterminer le règlement suivant les besoins et les usages des localités. Les élèves de ces classes ne seront jamais âgés de moins de quinze ans.

Le Comité pourra également autoriser des classes d'apprentis et d'enfants employés dans les manufactures et les ouvroirs pour les filles.

ART. 38. — Les instituteurs employés dans les Écoles d'hospices ou maisons d'orphelins devront être munis du brevet de capacité et du certificat de moralité; ces Écoles seront d'ailleurs réglées par le conseil administratif de l'hospice et soumises à la surveillance des autorités scolaires.

Le régime des Écoles de prisons sera déterminé par un règlement d'administration publique.

§ 6. *Écoles normales primaires.*

ART. 39. — Tout département sera tenu d'entretenir une École normale primaire de garçons, sauf exception autorisée par le Ministre de l'Instruction publique.

ART. 40. — Les Écoles normales primaires seront gratuites. Les élèves y sont reçus, après concours, de seize à dix-huit ans, et leur nombre est limité par le Ministre de l'Instruction publique, sur l'avis du Conseil général. La durée des cours y sera de trois années.

Dans le cas où la condition fixée par l'article 22 ne serait pas remplie, il y aurait lieu à restituer les dépenses faites à l'École normale pour l'entretien de l'élève durant son séjour.

ART. 41. — Les départements pourront entretenir des Écoles normales de filles.

ART. 42. — Un règlement du Conseil national de l'instruction publique déterminera tout ce qui concerne le personnel et l'enseignement des Écoles normales.

§ 7. *Des cours de perfectionnement et des conférences pour les instituteurs.*

ART. 43. — Des cours de perfectionnement pourront être faits dans les Écoles normales pour les instituteurs.

Le Ministre de l'Instruction publique réglera tout ce qui concerne ces cours spéciaux.

Les autres cours qui pourront être faits en faveur des instituteurs, hors des École normales, devront être autorisés par le Recteur de l'Académie, sur l'avis du Comité d'arrondissement et du Comité local.

Art. 44. — Des conférences entre les instituteurs et instituteurs adjoints, directeurs et professeurs adjoints des Écoles supérieures, auront lieu à des époques périodiques, sous la surveillance du Comité d'arrondissement et du Recteur.

Le président sera nommé par le Comité.

Un règlement du Conseil national de l'instruction publique fixera le régime et la tenue de ces conférences, auxquelles tous les instituteurs devront régulièrement assister.

§ 8. *Du matériel et des livres des Écoles primaires.*

ART. 45. — Les communes doivent fournir et entretenir, tant pour la tenue des Écoles municipales de tout genre que pour le logement des instituteurs ou institutrices, des locaux conformes aux règlements arrêtés par le Ministre de l'Instruction publique.

Des préaux et un jardin seront joints, autant que possible, à chaque École.

ART. 46. — Le matériel, le chauffage et l'éclairage des Écoles sont à la charge des communes et sont au nombre de leurs dépenses obligatoires.

La commune recouvrera, dans les mêmes formes que la rétribution annuelle, et à titre d'abonnement, le prix des livres et des fournitures scolaires employées dans les Écoles élémentaires par les enfants qui pourront les payer. Les frais des autres livres et des autres fournitures seront acquittés par les communes.

ART. 47. — Les instituteurs publics ne pourront employer dans leurs Écoles, parmi les livres autorisés par le Ministre de l'Instruction publique, que ceux qui auront été choisis par le Comité d'arrondissement, sur l'avis du Comité local.

En ce qui concerne l'enseignement religieux, les livres employés seront pris parmi ceux qui sont approuvés, soit par l'évêque diocésain, soit par le consistoire.

Les livres employés dans chaque École et, s'il y a lieu, dans la commune, seront toujours uniformes.

La liste des livres donnés en prix sera dressée par le Comité d'arrondissement, et ces livres seront choisis sur cette liste par les autorités municipales et scolaires de chaque commune.

TITRE III.

Des instituteurs privés.

ART. 48. — Tout individu, âgé de dix-neuf ans au moins, pourvu d'un brevet de capacité, qui veut ouvrir une École privée, doit en faire la déclaration à la mairie de la commune où il se propose d'exercer, au secrétariat du Comité d'arrondissement et au parquet du Procureur de la République.

Cette déclaration doit contenir les nom, prénoms et âge du déclarant, avec l'indication de ses professions et résidences antérieures et l'indication du local que l'École doit occuper.

Elle reste affichée à la mairie, et l'École ne peut être ouverte qu'un mois après.

L'opposition ne peut être élevée soit d'office, soit par les autorités scolaires, soit par des tiers, que dans l'intérêt de la morale publique. Elle est jugée par le tribunal civil en chambre du conseil, après que le déclarant aura été entendu et sauf recours à la Cour d'appel.

La déclaration relative au local sera jugée dans les mêmes formes, sous le rapport de la convenance et de la salubrité.

ART. 49. — Sont incapables de tenir école :

1° Les condamnés à des peines afflictives ou infamantes;

2° Les condamnés pour vol, escroquerie, banqueroute, abus de confiance ou délits contre la probité et les mœurs, et les individus qui auront été privés par jugement de tout ou partie des droits civils, civiques ou de famille;

3° Les individus interdits en vertu de l'article 51.

ART. 50. — Quiconque aura ouvert une École primaire en contravention à l'article 49, ou sans avoir régulièrement satisfait aux conditions de l'article 48, sera poursuivi devant le tribunal correctionnel du lieu du délit et condamné à une amende de 50 francs à 200 francs. L'École sera fermée.

En cas de récidive, le délinquant sera condamné à un emprisonnement de quinze à trente jours et à une amende de 100 francs à 400 francs.

ART. 51. — Tout instituteur privé, sur la demande du Comité local ou du Comité d'arrondissement, ou sur la poursuite d'office du ministère public, pourra être traduit, pour cause d'inconduite et d'immoralité, devant le tribunal civil de l'arrondissement, qui peut seul prononcer contre lui l'admonition, la réprimande ou l'interdiction temporaire ou perpétuelle, sauf recours au tribunal d'appel.

ART. 52. — La réunion des sexes dans les Écoles privées sera soumise aux mêmes conditions que fixera, pour les Écoles publiques, un règlement du Ministre de l'Instruction publique.

ART. 53. — Les instituteurs privés pourront employer dans leurs établissements tous les ouvrages dont l'usage ne sera pas contraire à l'ordre public ni aux bonnes mœurs. Toute contravention à cette disposition sera punie comme il sera dit dans l'article 78.

ART. 54. — Les instituteurs et chefs d'établissements d'instruction publique de tout ordre ne peuvent donner à leurs Écoles d'autres désignations que celles d'Écoles communales ou privées du degré élémentaire ou supérieur.

La première infraction à cette disposition pourra être punie de l'admonition, de la réprimande ou d'une amende de 25 francs à 100 francs. En cas de récidive, l'amende pourra être de 50 francs à 500 francs. Le jugement sera affiché et inséré dans les journaux. Le tribunal pourra, dans les cas très graves, prononcer la suspension temporaire de l'établissement.

ART. 55. — Les instituteurs publics pourront être autorisés par le Comité d'arrondissement, sur l'avis du Comité local et du Conseil municipal, à ouvrir des pensionnats primaires.

Les instituteurs privés qui voudront ouvrir des établissements du même ordre ne seront tenus qu'à la déclaration spécifiée dans l'article 48.

Nul ne pourra être directeur d'un pensionnat primaire s'il n'est âgé de vingt-cinq ans au moins.

ART. 56. — Le certificat de moralité exigé par l'article 16 sera délivré aux élèves sortant de l'École normale par le directeur de l'École, et approuvé par le Comité d'arrondissement. Dans tous les cas, ce certificat sera délivré, sur l'attestation de trois conseillers municipaux et avec l'approbation du Comité d'arrondissement, par le maire de la commune ou de chacune des communes où l'impétrant aura résidé depuis trois ans.

En cas de refus de la part de l'autorité municipale, le certificat pourra être délivré par le Comité d'arrondissement agissant seul.

ART. 57. — Les institutrices privées sont soumises à toutes les obligations qui sont imposées par les articles précédents aux instituteurs du même ordre.

TITRE IV.

De l'obligation.

ART. 58. — Chaque année, au mois de septembre, il sera dressé, par les soins du Comité local et transmis au Comité d'arrondissement, une double expédition de la liste des enfants qui, dans la commune, reçoivent l'instruction primaire et de ceux qui ne la reçoivent point, ni dans une École, ni dans la famille.

Tout père, dont l'enfant âgé de dix ans accomplis est signalé comme ne recevant pas régulièrement l'instruction primaire, est tenu, sur l'invitation du maire, de le présenter à la Commission scolaire, composée d'un membre du Comité local, élu par ses collègues, du sous-inspecteur des Écoles primaires, ou d'un commissaire spécial délégué par le Recteur et d'un délégué du Comité d'arrondissement.

Tout enfant devra suivre régulièrement l'École primaire jusqu'à l'âge de quatorze ans, à moins qu'il n'ait obtenu de la Commission scolaire le certificat d'études, lequel ne pourra être délivré qu'aux enfants de douze ans et au-dessus.

La veuve, les tuteurs ou curateurs sont soumis, en ce qui concerne les enfants, aux mêmes obligations que le père.

ART. 59. — Si l'enfant n'est pas présenté ou s'il est constaté qu'il ne reçoit aucune instruction régulière, le père pourra être appelé devant la Commission scolaire, qui lui adressera un avertissement dont il sera fait mention au procès-verbal de la séance.

Si la Commission scolaire constate, trois mois plus tard, qu'il n'a pas été tenu compte de l'avertissement, le père sera cité devant le juge de paix et condamné à la réprimande. Le jugement pourra être affiché à la mairie pendant un temps qui n'excédera point un mois.

Si la même négligence est constatée six mois après, le père pourra être appelé sans frais devant le tribunal civil de l'arrondissement et condamné soit à l'interdiction des droits civiques de un an à cinq ans, soit à une amende de 10 à 100 francs, ou à la privation des avantages communaux et des secours des bureaux de bienfaisance en tout ou en partie.

La peine cessera de droit lorsque la Commission aura reconnu que l'enfant a reçu l'instruction primaire.

TITRE V.

De la surveillance de l'instruction primaire.

§ 1er. *Du Comité local.*

ART. 60. — Il y aura, dans toutes les communes, un Comité local chargé de la surveillance régulière des Écoles.

Dans les grandes communes divisées en plusieurs cantons, il y aura toujours un seul Comité pour surveiller toutes les Écoles.

A Paris, il y aura un Comité local par arrondissement; le juge de paix en fera partie de droit, et un Comité central fera fonctions de Comité d'arrondissement.

ART. 61. — Le Comité local sera composé du maire de la commune ou du plus âgé des maires en cas de réunion de communes, président de droit, des maires des communes réunies, du plus ancien des ministres de chacun des cultes légalement professés dans la commune, et d'un nombre de membres que déterminera le Comité d'arrondissement. Ces derniers membres seront élus, moitié par le Conseil municipal, moitié par le Comité d'arrondissement, ou moitié plus un toutes les fois que les membres de droit seraient en nombre pair.

L'instituteur ne peut faire partie du Comité local.

Le Comité local aura un secrétaire, réélu chaque année, et qui pourra être pris hors de son sein.

Le Comité ne pourra délibérer qu'à la majorité absolue de ses membres.

ART. 62. — Le Comité local est renouvelé tous les trois ans.

Il se réunit au moins une fois par mois et adresse au Comité d'arrondissement des rapports de six mois en six mois au moins.

Le Comité local peut s'adjoindre un ou plusieurs délégués de l'un ou l'autre sexe, qui ont droit d'assister aux séances avec voix délibérative sur l'affaire dont ils font rapport.

ART. 63. — Le Comité local veille à la bonne tenue et à la salubrité des Écoles publiques; il fait connaître au Comité d'arrondissement leur état et leurs besoins.

Il surveille les Écoles privées dans l'intérêt des bonnes mœurs, de la salubrité et de l'ordre public.

Sur le rapport du Comité d'arrondissement, le Ministre de l'Instruction publique pourra dissoudre le Comité local et le remplacer par un Comité spécial dont il nommera tous les membres.

§ 2. *Du Comité d'arrondissement.*

ART. 64. — Il sera formé dans chaque arrondissement un Comité chargé spécialement de surveiller et d'encourager l'instruction primaire.

Le Ministre de l'Instruction publique pourra, mais seulement dans les cas où l'exigeraient les circonstances locales, établir dans l'arrondissement plusieurs Comités, dont il déterminera la circonscription.

ART. 65. — Le Comité d'arrondissement est composé du Préfet ou Sous-Préfet, président de droit;

Du maire du chef-lieu;

Du juge de paix;

Du curé;

D'un ministre de chacun des autres cultes reconnus par la loi, qui sera désigné par son consistoire:

D'un proviseur, principal de Collège, directeur d'École normale primaire, professeur, régent, chef d'institution ou de pension, en activité ou en retraite, désigné par le Ministre de l'Instruction publique;

D'un instituteur du degré élémentaire ou supérieur, élu par les instituteurs de l'arrondissement;

Des représentants du peuple élus dans le département et résidant dans la circonscription;

Des membres du Conseil général ayant la même résidence;

Du Procureur de la République;

De trois citoyens de l'arrondissement, désignés par le Comité lui-même;

De l'Inspecteur ou sous-inspecteur de l'instruction primaire dans l'arrondissement, lequel aura voix consultative.

Le Comité choisit tous les ans son vice-président et son secrétaire, qui pourra être pris hors de son sein. Dans ce dernier cas, le secrétaire devient membre du Comité par sa nomination.

ART. 66. — Les Comités d'arrondissement s'assembleront au moins une fois par mois. Ils pourront être convoqués extraordinairement sur la demande de l'Inspecteur ou du sous-inspecteur de l'instruction primaire, des Inspecteurs supérieurs et du Recteur, lesquels auront droit d'y être entendus.

Les Comités d'arrondissement ne pourront délibérer s'il n'y a au moins sept membres présents. L'instituteur opinera le premier.

Les fonctions de tous les membres élus des Comités d'arrondissement dureront trois ans. Ils seront indéfiniment rééligibles.

ART. 67. — Les Comités d'arrondissement pourront choisir un ou plusieurs délégués des deux sexes, parmi lesquels il devra toujours y avoir un médecin chargé de la surveillance sanitaire des Écoles. Les délégués auront voix délibérative pour l'affaire dont ils font rapport.

ART. 68. — Outre le droit de nomination conféré par l'article 16, le Comité d'arrondissement exerce le pouvoir disciplinaire à l'égard des directeurs et professeurs adjoints des Écoles supérieures, des instituteurs communaux, institutrices communales, directrices de salles d'asile, etc.

Il inspecte ou fait inspecter par des délégués toutes les Écoles primaires de son ressort.

Il publie chaque année un rapport sur ces Écoles et l'adresse au Ministre de l'Instruction publique; il fixe l'époque et la durée des vacances, sur l'avis du Comité local.

Il donne son avis sur les secours à accorder aux instituteurs et aux communes, sur les constructions de maisons d'écoles, sur les encouragements de tout ordre et sur ce qui intéresse à un titre quelconque l'instruction primaire.

Il provoque les réformes et les améliorations qu'il juge nécessaires.

Il procède ou fait procéder par ses délégués à l'installation solennelle des instituteurs et reçoit leur serment ainsi conçu :

« En présence de Dieu et devant les habitants de la commune d.........., je « jure de consacrer à la mission sainte que me confie la République toutes mes « forces et tout mon dévouement, et d'élever les enfants, dont l'éducation m'est « remise, dans le respect profond de tous les devoirs et de toutes les lois « morales et politiques qui font l'homme de bien et le bon citoyen. »

§ 3. *Des Inspecteurs et Sous-Inspecteurs.*

Art. 69. — Il y a dans chaque arrondissement un sous-inspecteur de l'instruction primaire, et dans chaque chef-lieu de département un Inspecteur faisant fonctions de sous-inspecteur pour l'arrondissement du chef-lieu.

Les sous-inspecteurs sont divisés en trois classes : ils sont au nombre de 60 pour la première, de 80 pour la seconde et de 137 pour la troisième.

Les Inspecteurs sont divisés en deux classes : ils sont au nombre de 30 pour la première et de 55 pour la seconde.

L'inspection dans le département de la Seine sera organisée par un règlement spécial.

Art. 70. — Nul ne peut être Inspecteur de l'une des deux classes ou sous-inspecteur de la première, s'il n'a été pendant deux ans sous-inspecteur de troisième classe et pendant deux ans sous-inspecteur de la seconde.

Sont exceptés les directeurs d'Écoles normales, qui pourront être nommés Inspecteurs sans avoir passé par la sous-inspection.

Art. 71. — Le traitement des sous-inspecteurs sera de 1 500 francs pour la troisième classe, de 1 800 francs pour la seconde et de 2 100 francs pour la première.

Le traitement des Inspecteurs sera de 2 400 francs pour la seconde classe et de 2 700 francs pour la première.

Il est alloué, en outre, des frais de tournée aux Inspecteurs et aux sous-inspecteurs.

Les arrondissements et les départements ajouteront à ces traitements une indemnité dont ils fixeront la quotité.

Art. 72. — Les sous-inspecteurs seront choisis parmi les instituteurs des quatre premières classes munis du brevet supérieur, les professeurs des Écoles normales primaires, les divers fonctionnaires de l'instruction publique ayant cinq années d'exercice, et les instituteurs privés qui ont exercé pendant dix ans et qui sont portés au tableau d'aptitude mentionné à l'article 16.

Les deux tiers des nominations seront attribués aux instituteurs publics;

l'autre tiers pourra être réservé aux autres personnes dénommées dans les paragraphes précédents.

Les Inspecteurs et sous-inspecteurs seront nommés par le Ministre de l'Instruction publique.

ART. 73. — Les Inspecteurs et sous-inspecteurs sont membres de tous les Comités avec voix consultative. Ils doivent se borner dans les Écoles aux fonctions de la surveillance qui leur est confiée. Ils n'ont point à donner d'ordres dans les Écoles, sur lesquelles ils font des rapports officiels.

ART. 74. — Il y a près le Ministre de l'Instruction publique deux Inspecteurs généraux de l'instruction primaire, assimilés aux autres Inspecteurs généraux de l'instruction publique.

Le Ministre adressera chaque année à l'Assemblée nationale un rapport dressé par leurs soins, sur l'état de l'instruction primaire dans toute la République.

ART. 75. — Les règlements généraux sur l'instruction primaire seront arrêtés par le Ministre de l'Instruction publique en Conseil.

Des règlements spéciaux, destinés à développer les règlements généraux arrêtés par le Ministre, pourront être faits par les Comités d'arrondissement. Les Comités locaux pourront prescrire aussi, dans des cas exceptionnels, des mesures réglementaires qui ne seront que l'application des autres règlements aux besoins de diverses localités et qui devront être approuvés par le Comité d'arrondissement.

Les règlements faits par les Comités d'arrondissement seront soumis à l'approbation du Ministre de l'Instruction publique. Ils seront exécutoires après un délai de deux mois, si le Ministre n'y a point fait opposition.

§ 4. *Des Commissions d'examen.*

ART. 76. — Il y a dans chaque département une Commission chargée d'examiner les aspirants et les aspirantes au brevet de capacité.

Elle sera chargée également de faire les examens d'entrée et de sortie des élèves de l'École normale primaire.

Elle est composée du Recteur ou d'un délégué choisi par lui parmi les fonctionnaires supérieurs de l'instruction publique, président, d'un curé ou chanoine du département, désigné par l'évêque, ou bien d'un ministre de tout autre culte professé par le candidat, de l'Inspecteur du département, et en cas d'empêchement, du plus ancien des sous-inspecteurs et de six membres nommés, moitié par le Ministre de l'Instruction publique, moitié par le Conseil général.

La Commission d'examen ne pourra délibérer qu'autant que cinq membres au moins seront présents.

Les brevets seront délivrés sous l'autorité du Ministre.

ART. 77. — Les examens ont lieu publiquement et à des époques déterminées par le Ministre de l'Instruction publique.

Pour les examens des aspirantes, la Commission s'adjoindra deux examinatrices, qui auront voix délibérative. Dans ce dernier cas, la Commission n'admettra à l'examen que les autorités municipales et scolaires, les institutrices et les aspirantes avec leurs parents.

Les aspirants et aspirantes ne pourront se présenter que devant la Commission d'examen d'un département où ils résideront depuis six mois au moins.

§ 5. *De la pénalité et des récompenses.*

ART. 78. — En cas de fautes graves, de négligence habituelle et de contravention aux articles 23 et 44, l'instituteur peut être cité devant le Comité d'arrondissement, soit d'office, soit sur la plainte d'un Inspecteur ou sous-inspecteur, ou du Comité local.

Les peines qui pourront être infligées aux instituteurs publics sont :

1° L'avertissement prononcé sans mention au procès-verbal ;

2° La réprimande simple avec mention au procès-verbal ;

3° La réprimande avec privation temporaire de tout ou partie du traitement ;

4° La suspension, dont la durée ne pourra pas être de plus de deux mois, avec ou sans privation de tout ou partie du traitement ;

5° La révocation.

Toutes les peines seront prononcées par le Comité d'arrondissement.

En cas d'urgence, le maire peut, sur la plainte du Comité local, suspendre provisoirement l'instituteur, sauf à rendre compte immédiatement de cette mesure au Comité d'arrondissement.

ART. 79. — Tout instituteur communal, suspendu ou révoqué de ses fonctions, peut, dans le délai de huit jours, appeler du jugement du Comité d'arrondissement devant le Conseil académique, en dernier ressort devant le Conseil national de l'instruction publique dans les cas de révocation.

Le Ministre de l'Instruction publique peut, dans le délai d'un mois, interjeter appel devant le Conseil académique.

ART. 80. — Le jugement sera contradictoire, et le pourvoi devra être fait dans les huit jours qui suivront la notification du jugement par défaut. L'opposition pourra être produite soit au bas de la signification même, soit par acte séparé.

ART. 81. — L'article 51, relatif aux instituteurs privés, est également applicable aux instituteurs publics.

ART. 82. — Il y aura pour les instituteurs des récompenses honorifiques, qui seront déterminées par un règlement du Ministre de l'Instruction publique en Conseil.

ART. 83. — Les articles 78 et suivants, relatifs aux instituteurs et adjoints, sont également applicables aux institutrices et adjointes.

TITRE VI.

Des retraites.

ART. 84. — Il est fait, sur les traitements et les dixièmes de tous les membres de l'instruction publique, une retenue de 10 pour 100 pour former une caisse de retraite.

ART. 85. — Tout membre de l'instruction primaire publique, âgé de cinquante-cinq ans et comptant au moins trente années de service pendant lesquelles la retenue du dixième a été exercée sur son traitement et versée à la caisse des retraites, a droit à une pension égale à la moitié du traitement moyen, y compris les dixièmes dont il a joui pendant ses cinq dernières années de service.

ART. 86. — Les membres de l'instruction primaire publique, atteints par des infirmités graves contractées dans l'exercice de leurs fonctions, peuvent obtenir une pension égale au sixième de leur traitement, lorsqu'ils ont au moins dix années de service. Cette pension s'accroît d'un centième dudit traitement pour chaque année de service au-dessus de dix ans.

ART. 87. — Les veuves des instituteurs de tout ordre décédés en activité de service ou en possession d'une pension de retraite, pourront obtenir une pension égale au tiers de celle à laquelle avait droit leur mari, ou dont il jouissait, pourvu que le mariage ait été contracté depuis plus de cinq ans. Cette pension cesse de droit en cas d'un nouveau mariage.

Les orphelins sans mère, laissés par les instituteurs de tout ordre, pourront obtenir des pensions de secours jusqu'à ce qu'ils aient obtenu l'âge de seize ans. Ces secours ne pourront jamais excéder, pour tous les orphelins ensemble, la moitié de la pension à laquelle leur père avait droit ou dont il jouissait.

ART. 88. — L'admission à la retraite est prononcée par le Ministre de l'Instruction publique, et la pension est liquidée dans les formes adoptées pour les membres de l'Université. Un règlement d'administration publique déterminera l'organisation et la surveillance de la caisse des retraites de l'instruction primaire.

ART. 89. — Le temps d'exercice dans l'instruction primaire compte aux instituteurs de tout ordre pour établir ultérieurement leurs droits à la retraite dans un autre service public, pourvu qu'ils aient servi pendant dix ans au moins dans l'enseignement, et obtenu un *exeat* régulier avec un certificat de bons services donné par M. le Ministre de l'Instruction publique.

Réciproquement, les services rendus dans toute autre branche de l'administration publique, où seront établies des pensions de retraite, pourront compter aux instituteurs pour leur retraite, pourvu qu'ils servent encore pendant vingt ans au moins dans l'instruction primaire.

TITRE VII.

Des dépenses de l'instruction primaire.

ART. 90. — Les dépenses afférentes à l'instruction primaire et résultant des dispositions de la présente loi seront acquittées au moyen de fondations, legs et donations, de la rétribution scolaire annuelle, des revenus ordinaires de chaque commune, des trois centimes additionnels votés par les communes dans les formes prescrites par l'article 13 de la loi du 28 juin 1833, des deux centimes additionnels votés par les départements, et des subventions de l'État.

ART. 91. — La rétribution annuelle, tant pour les Écoles primaires que pour les classes d'adultes, sera fixée par le Conseil général du département, sur la proposition du Comité d'arrondissement, sauf le recours du Préfet ou du Ministre de l'Instruction publique par-devant le Conseil d'État.

Le minimum de la rétribution scolaire est fixé à 6 francs par an.

Cette rétribution sera perçue d'avance et par douzième chaque mois.

Les dégrèvements seront demandés avec les formalités ordinaires et accordés pour décès ou maladie de l'enfant dûment justifiés, pour changement de domicile, envoi de l'enfant dans une autre École, soit publique, soit privée, et pour certificat d'études délivré par la Commission scolaire.

Les demandes en dégrèvement pour l'instruction donnée dans le sein de la famille ne seront admises que sur l'avis de la même Commission.

ART. 92. — Chaque année, la liste des parents qui pourront acquitter la rétribution scolaire pour ceux de leurs enfants qui recevront l'instruction primaire, sera dressée par le Conseil municipal, et elle sera, sur l'avis du Conseil cantonal, arrêtée par le Préfet en Conseil de préfecture.

ART. 93. — La rétribution mensuelle pour les asiles sera fixée, sur la proposition du Conseil municipal et l'avis du Comité d'arrondissement, par le Préfet, sauf recours au Conseil d'État.

La liste des parents qui pourront acquitter la rétribution des asiles sera fixée chaque mois par le Conseil municipal, sauf l'approbation du Préfet.

ART. 94. — La rétribution scolaire annuelle et la rétribution mensuelle des asiles seront perçues par le receveur municipal avec les remises ordinaires.

ART. 95. — Les dépenses des asiles et des Écoles d'adultes ne figureront au budget communal qu'après les dépenses des Écoles primaires élémentaires et supérieures.

Dans aucun cas, l'État n'entretiendra ni les asiles ni les classes d'adultes; mais il pourra les encourager et les soutenir par des subventions.

La liste des parents qui pourront acquitter la rétribution des classes d'adultes sera dressée dans la même forme que la liste relative aux asiles.

ART. 96. — Dans toute commune dont les ressources sont suffisantes pour satisfaire aux prescriptions de la présente loi, sans subvention du département ou de l'État, le Conseil municipal peut rendre gratuite l'instruction primaire de tous les degrés.

TITRE VIII.

Dispositions transitoires.

ART. 97. — Un délai de cinq ans est accordé aux institutrices pourvues de lettres d'obédience et âgées de moins de trente ans, pour obtenir le brevet de capacité spécifié dans l'article 76.

Les lettres d'obédience équivaudront au brevet pour celles qui sont âgées de plus de trente ans.

ART. 98. — Les instituteurs communaux en fonctions au moment de la promulgation de la présente loi, et qui étaient âgés de moins de trente-cinq ans lorsque la retenue du dixième a été exercée sur leur traitement, pourront être admis à jouir du bénéfice de la pension de retraite quand ils rempliront les conditions d'âge déterminées dans l'article 85.

En conséquence, les fonds appartenant à ces instituteurs, qui se trouvent à la Caisse d'épargne et de prévoyance, seront immédiatement versés à la Caisse des Dépôts et Consignations pour le compte de la Caisse des retraites.

ART. 99. — Les instituteurs communaux auxquels sont applicables les dispositions de l'article précédent devront, en sus de la retenue prescrite par l'article 84, compléter par des versements, dont la forme et les conditions seront déterminées dans l'année par un règlement d'administration publique, une somme égale à celle qui aurait dû être prélevée pendant dix ans sur leur traitement, y compris les intérêts cumulés de cette somme.

ART. 100. — La Caisse d'épargne et de prévoyance, établie par l'article 15 de la loi du 28 juin 1833, est maintenue pour les instituteurs communaux qui, au moment de la promulgation de la présente loi, étaient âgés de plus de trente-cinq ans, ou ceux qui, moins âgés, n'auront pas accepté le bénéfice de l'article précédent.

Un crédit sera temporairement ouvert au Ministre de l'Instruction publique pour accorder des secours à ceux de ces instituteurs qui, forcés par l'âge ou les infirmités de quitter l'enseignement, seront dénués de moyens d'existence.

ART. 101. — En aucun cas, les émoluments touchés par les instituteurs publics actuellement en fonctions ne pourront être diminués, quand bien même ils seraient supérieurs au taux fixé par la présente loi.

---

15 déc. 1848.

Avis relatif à l'autorisation d'annexer un pensionnat à une École gratuite.

15 Décembre 1848.

Le Conseil, etc.,

Vu la demande formée par Mme Dauvergne, sœur de Saint-Gildas, institutrice aux Châtelais (Maine-et-Loire), à l'effet d'annexer un pensionnat primaire à son École ;

Vu les pièces jointes à sa demande ;

Vu les statuts de la congrégation à laquelle appartient l'impétrante;

Attendu que l'article 1er de ces statuts impose aux membres de la congrégation l'obligation *d'enseigner gratuitement*,

Est d'avis qu'il n'y a pas lieu d'accorder à la dame Dauvergne l'autorisation qu'elle sollicite[1].

1. Deux demandes ont été formées par Mlle Grivaud et Mme Dauvergne, sœurs de Saint-Gildas-des-Bois, dites sœurs de l'Instruction chrétienne, à l'effet d'obtenir l'autorisation de joindre des pensionnats primaires aux Écoles qu'elles dirigent, l'une dans la commune de Montoir (Loire-Inférieure), l'autre dans la commune des Châtelais (Maine-et-Loire).

Les Comités locaux, les Comités d'arrondissement, les Inspecteurs des Écoles donnent des avis favorables et déclarent les institutrices dignes à tous égards d'obtenir les autorisations demandées; les locaux offrent toute garantie nécessaire.

Les enfants feraient de plus rapides progrès dans l'instruction, étant continuellement sous les yeux de leurs maîtresses; plusieurs de ces enfants viennent des communes voisines, et, dans la mauvaise saison surtout, il leur est très pénible, pour ne pas dire impossible, de voyager soir et matin; leur santé se conserverait beaucoup mieux dans un pensionnat.

Le Recteur est d'avis que l'autorisation soit accordée.

Et quant à l'interprétation des statuts desdites sœurs de Saint-Gildas, lesquels *ont pour fin le service des pauvres et l'instruction gratuite des enfants*, il résulte d'une réponse formelle de Mme la supérieure qu'à la vérité *leurs statuts leur imposent l'obligation de donner l'instruction gratuite aux pauvres, mais qu'elles peuvent, comme les autres institutrices, recevoir des rétributions mensuelles lorsque les enfants ne sont pas pauvres.*

Dans ces circonstances, un membre, considérant que l'Université doit essentiellement avoir à cœur la bonne éducation et l'instruction, à la fois plus rapide et plus solide des enfants; qu'elle doit particulièrement favoriser l'extension de ce double bienfait en faveur des enfants qui en demeureraient privés, s'ils n'avaient pas la ressource des pensionnats, estime qu'il y a lieu d'accorder auxdites sœurs de Saint-Gildas les autorisations qu'elles demandent.

S.

Avis relatif à l'autorisation d'annexer un pensionnat à une École gratuite. 15 déc. 1848.

15 Décembre 1848.

Le Conseil, etc.,

Vu la demande en autorisation de pensionnat formée par la demoiselle Grivaud, sœur de l'Instruction chrétienne de Saint-Gildas, institutrice primaire à Montoir (Loire-Inférieure);

Vu les statuts des sœurs de la congrégation de Saint-Gildas, lesquels imposent *l'enseignement gratuit* aux membres de la congrégation,

Est d'avis qu'il n'y a pas lieu d'autoriser la demoiselle Grivaud à tenir pensionnat[1].

Rapport et Arrêté portant création d'une Commission chargée de préparer une loi sur l'instruction primaire. 3 janvier 1849.

3 Janvier 1849.

1° Rapport au Président de la République.

Monsieur le Président,

Vous êtes profondément préoccupé des devoirs étendus et nombreux que l'assentiment populaire vient de vous imposer, et personne plus que moi n'a hâte de s'associer à leur accomplissement. Permettez-moi donc, pour premier usage des fonctions que vous m'avez fait l'honneur de me confier, d'appeler votre attention spéciale sur les questions qui concernent mon département.

L'exercice du suffrage universel est indissolublement lié à l'application d'un vaste système d'éducation populaire. L'enfant qui, touchant à peine à la jeunesse, entrera en participation directe de la souveraineté nationale, ne saurait envisager, ni trop sérieusement, ni trop tôt, la responsabilité que tout droit implique; le Gouvernement, de son côté, ne saurait apporter trop de soin à l'élaboration des lois qui intéressent à un degré quelconque l'enseignement. Par un admirable rapprochement, notre langue dit indifféremment instruire ou élever. C'est presque le même mot : il faut que ce soit la même chose. Il faut que désormais l'éducation hausse tous les niveaux : celui des intelligences et celui des âmes; il faut qu'elle perfectionne ainsi le premier instrument du travail, du bien-être matériel, des progrès politiques, et qu'en même temps elle ne laisse pas manquer un seul hameau, un seul enfant, des notions éternellement vraies de la religion et de la morale.

L'un de mes prédécesseurs, M. Carnot, a saisi, le 30 juin dernier, l'Assemblée nationale d'un nouveau plan d'institutions primaires; mais ce projet de loi a

1. Voir la note 1, page 114.

soulevé les plus graves objections. Il est à la fois trop vaste et trop restreint; au point de vue financier, il dépasse de beaucoup les ressources actuelles du Trésor; au point de vue des principes sociaux, il substitue arbitrairement l'État au père de famille, et la centralisation purement administrative à l'autorité de la commune. D'autre part, il ne semble pas avoir trouvé le lien qui tend à s'établir entre toutes les sollicitudes que la société doit à ses enfants et ne coordonne pas suffisamment entre elles la salle d'asile, les classes d'adultes et les *œuvres* de jeunes apprentis. Il serait déplorable de transformer en Écoles ces différentes institutions nées du sentiment impérissable de la charité. Cependant, il est impossible aussi de promulguer une bonne loi d'assistance publique, de protéger les jeunes générations ouvrières contre les excès mêmes de l'industrie, sans rencontrer aussi la question de l'enseignement primaire, et sans reconnaître l'impérieuse nécessité de coordonner pour une même solution les divers éléments de ce redoutable problème.

Je viens donc confier à une Commission, qui devra immédiatement entrer en fonctions, la préparation d'un nouveau projet de loi. La composition même de cette Commission vous prouvera, Monsieur le Président, et attestera devant l'opinion publique, l'impatience consciencieuse qu'éprouve le Gouvernement d'arriver le plus promptement, le plus sûrement possible, à des résultats efficaces. Aucune lumière ne peut manquer à ses discussions, aucune garantie ne manque à son indépendance.

Cette Commission devra profiter d'abord des importants travaux de l'Assemblée; elle pourra puiser aussi dans les pays voisins toutes les notions qu'elle jugera nécessaire de recueillir. Elle devra s'appliquer surtout à rechercher les moyens pratiques d'enseignement et de surveillance, les méthodes déjà éprouvées et par conséquent immédiatement réalisables. Ce n'est pas fermer le champ de l'avenir que de s'appliquer d'abord à féconder celui du présent.

Une somme convenable sera mise à la disposition de la Commission pour toute enquête ou mission qu'elle ordonnerait, soit à l'intérieur, soit à l'étranger.

Veuillez agréer, etc.

Signé : DE FALLOUX.

2° Arrêté.

Le Ministre de l'Instruction publique et des Cultes

Arrête :

ARTICLE 1er. — Il est institué près le Ministère de l'Instruction publique et des Cultes une Commission chargée de préparer une loi sur l'instruction primaire[1].

1. M. de Falloux, Ministre de l'Instruction publique le 20 décembre 1848, retira, le 4 janvier 1849, le projet de loi présenté en juillet 1848 par M. Carnot.

Il avait institué la veille une Commission chargée de préparer un autre projet de loi sur l'enseignement primaire. C'est celle dont la composition est rappelée ci-dessus.

Le même jour, 3 janvier, il nommait également une Commission pour la préparation d'un projet de loi sur l'enseignement secondaire. Elle était composée, sous sa présidence, de MM. COUSIN, SAINT-MARC GIRARDIN, DUBOIS, DUPANLOUP, JANVIER, LAURENTIE, BELLAGUET, THIERS, FRESLON, DE MONTALEMBERT, CORNE, DE CORCELLES, FRESNEAU et FRANÇOIS HOUSSET.

Les deux Commissions décidèrent de se réunir en une seule pour préparer une loi commune aux deux enseignements primaire et secondaire.

Le 5 janvier, sur la proposition de M. Pascal Duprat, l'Assemblée nationale

ART. 2. — Cette Commission est composée ainsi qu'il suit : MM. le Ministre de l'Instruction publique et des Cultes, *président*; Poulain de Bossay, conseiller ordinaire de l'Université; Cuvier, pasteur; Michel, collaborateur du *Père Girard*; Armand de Melun, président de la Société d'Économie charitable; Henri de Riancey, membre de la Société d'Économie charitable; Cochin, membre de la Société des Amis de l'enfance; Buchez, l'abbé Sibour, Roux-Lavergne, de Montreuil, Peupin, représentants; Alexis Chevalier, *secrétaire*.

Circulaire du Ministre de l'Instruction publique, annulant la circulaire du 5 juin 1848 relative à l'exigence d'un brevet de capacité pour les membres de congrégations religieuses de femmes vouées à l'instruction primaire. 25 janvier 1849.

25 Janvier 1849.

Monsieur le Recteur, la circulaire du 5 juin dernier relative aux congrégations religieuses de femmes vouées à l'enseignement public a excité, vous ne l'ignorez pas, les plus vives réclamations; la circulaire du 6 novembre 1848 a eu pour but de satisfaire à celles de ces réclamations qui étaient fondées, et d'accorder de nouveaux délais pour l'exécution rigoureuse de quelques dispositions auxquelles les congrégations n'étaient pas suffisamment préparées. Ces mesures soulèvent elles-mêmes des difficultés, que je ne pourrai résoudre successivement que par des décisions partielles, dont le moindre inconvénient serait de constituer provisoirement une nouvelle législation, au moment même où la liberté de l'enseignement va être définitivement réglée par une loi. Il m'a paru préférable de revenir purement et simplement à l'exécution de l'ordonnance du 23 juin 1836, laquelle n'a été abolie par aucune autre ordonnance ou arrêté du pouvoir exécutif. Veuillez donc considérer la circulaire du 6 novembre et celle-ci comme l'abrogation expresse de celle du 5 juin.

Recevez, etc.

Signé : DE FALLOUX.

nomma, de son côté, une Commission chargée, concurremment avec la Commission ministérielle, de préparer un projet de loi sur l'enseignement primaire. Elle était composée, sous la présidence de M. VAULABELLE, de MM. PAYER, GERMAIN SARRUT, CARNOT, BOURBEAU, BARTHÉLEMY SAINT-HILAIRE, SALMON, TH. DUFOUR, GUICHARD, LAGARDE, EDGAR QUINET, LIOUVILLE, JULES DE LASTEYRIE, général PONCELET; — M. JULES SIMON, *secrétaire*.

La Commission parlementaire présenta son projet au bout d'un mois, le 5 février (voir page 118). Mais l'Assemblée, ayant décidé de se dissoudre, ne retint qu'un petit nombre de projets à l'ordre du jour des travaux qu'elle se proposait d'examiner avant sa séparation. Malgré les efforts de M. Boubée et de M. Jules Simon, l'inscription du projet de loi primaire fut repoussée par 458 voix contre 307.

La Commission ministérielle tint séance pendant trois mois, sous la vice-présidence de M. Thiers; son étude aboutit au projet d'où est sortie la loi du 15 mars 1850. Voir *les Débats de la Commission de* 1849, *Discussion parlementaire et Loi de* 1850 (Paris, bureaux du *Correspondant*, 1879), publiés par H. de Lacombe, conformément à un vœu de Mgr Dupanloup, qui avait conservé les procès-verbaux officiels.

5 février 1849. **Projet de loi présenté à l'Assemblée nationale par M. Jules Simon, au nom de la Commission parlementaire[1] chargée de préparer une loi organique sur l'enseignement.**

5 Février 1849.

1° Rapport fait par M. Jules Simon au nom de la Commission parlementaire.

Citoyens représentants, l'Assemblée nationale, pour assurer et féconder l'avenir après avoir pourvu aux nécessités présentes, a mis la loi sur l'enseignement au nombre des lois organiques.

Quoique votre Commission n'eût plus devant elle, à l'époque où vous l'avez nommée, que quelques semaines, elle n'a pas reculé devant l'immensité de la tâche; et pour accomplir sans témérité, dans de telles conditions, le devoir que vous lui aviez imposé, son premier soin a été de le restreindre. Nous avons pris pour texte de notre travail la Constitution, et nous nous sommes bornés à faire passer ses prescriptions dans la pratique par un petit nombre d'articles que nous venons vous soumettre. Nous croyons que, si vous adoptez notre projet, vous aurez fondé en France la liberté d'enseignement. Il restera beaucoup à faire à nos successeurs pour développer les principes que nous allons poser, pour régénérer l'enseignement à tous ses degrés, et pour le mettre en harmonie avec les nouveaux besoins de la société; mais nous aurons ouvert et tracé la voie.

Permettez-moi d'abord, Messieurs, de remettre sous vos yeux l'article 9 de la Constitution.

Il est ainsi conçu :

« L'enseignement est libre.

« La liberté d'enseignement s'exerce selon les conditions de capacité et de moralité déterminées par les lois, et sous la surveillance de l'État.

« Cette surveillance s'étend à tous les établissements d'éducation et d'enseignement, sans aucune exception. »

Il faut rapprocher de cet article ces mots de l'article 13 :

« La société favorise et encourage le développement du travail par l'enseignement primaire gratuit » ;

Et ceux-ci, du paragraphe 8 du préambule :

« La République doit mettre à la portée de chacun l'instruction indispensable à tous les hommes. »

Nous avions, comme vous le voyez, Messieurs, en vertu de la Constitution, trois choses à faire :

Établir la liberté d'enseignement;

Fortifier et étendre la surveillance de l'État;

Mettre l'éducation primaire à la portée de tous les citoyens.

La liberté d'enseignement est devenue, pendant ces dernières années, une arme de parti. Il ne faut pas que cela nous trompe. Il ne s'agit pas ici d'un intérêt de parti, mais d'un intérêt social. Tous les partis sont également intéressés à ce que la liberté d'enseignement soit fondée; à ce qu'elle soit organisée, c'est-

1. Voir la note 1, page 116.

à-dire réglée. L'Université est une grande et admirable institution; mais elle ne peut subsister, sans des modifications profondes, en dehors du vaste ensemble pour lequel le génie de Napoléon l'avait créée. Napoléon réorganisait dans notre pays l'autorité, l'unité; il ne faisait pas à la liberté la place à laquelle elle avait droit, et qu'elle a enfin reconquise.

Ce qui existe aujourd'hui en France sous le nom d'Université, c'est, malgré des modifications nombreuses et importantes, l'Université impériale. Nous la caractériserons d'un seul mot : elle a le monopole de l'enseignement; et, quoiqu'elle en use avec une modération évidente, il suffit qu'elle le possède pour qu'il n'y ait à côté d'elle que de la tolérance, et pas de liberté.

Quand on dit que les pères de famille sont dépouillés de leur autorité par suite de ce monopole, que le droit des minorités est violé, la liberté de conscience supprimée, on oublie évidemment que toute la France est couverte d'établissements libres rivaux de l'Université; mais, si on a tort contre les faits, on a raison contre la loi; car, suivant la loi telle qu'elle existe aujourd'hui, il dépendrait de l'Université de ne plus accorder d'autorisation, de supprimer toute concurrence, et de mettre les pères de famille dans l'alternative, ou de ne pas donner d'éducation à leurs enfants, ou de les faire élever par elle.

En vain en appellerait-on à l'excellence de l'enseignement universitaire. C'est l'argument de tous les despotismes, qui ne peut prévaloir contre le droit. C'est, d'ailleurs, une promesse bien téméraire en face des éventualités de l'avenir. Les chefs actuels de l'Université ne peuvent répondre pour leurs successeurs.

Il était donc à la fois juste et nécessaire d'écrire la liberté d'enseignement à côté de toutes les libertés que la Constitution garantit. C'est le plus sacré de tous les droits, car il y a une sorte d'impiété à ne donner à l'homme la liberté de ses actions qu'après avoir dompté et asservi son intelligence.

Voilà, Messieurs, dans quel esprit la liberté d'enseignement doit être acceptée par toutes les opinions. La proclamation de cette liberté d'enseignement, si longtemps réclamée, presque toujours dénaturée dans son principe et dans ses caractères par ses défenseurs les plus ardents, n'est une victoire pour aucun parti. Elle n'est pour personne une défaite. Votre Commission ne s'associe à aucune des accusations dont l'Université a été l'objet. En délivrant l'Université de l'exercice d'une autorité qui n'a jamais été pour elle qu'un fardeau, nous avons le ferme espoir qu'elle n'en sera que plus puissante pour le bien et plus respectée.

Parmi les défenseurs de la liberté d'enseignement, il en est pour qui la liberté n'existe qu'à la condition d'être absolue. Ils oublient que la règle, qui limite la liberté, est en même temps ce qui la fait vivre. Cette liberté absolue, en matière d'enseignement, est une prime offerte à l'intrigue. C'est un moyen assuré, pour toute corporation puissante qui voudra faire servir l'éducation à sa fortune, d'écraser toute concurrence, et de créer, au nom de la liberté, le plus odieux des monopoles. C'est, en moins de dix années, la désorganisation morale et intellectuelle d'un pays par l'anarchie des idées et des doctrines. L'État qui renonce à surveiller l'enseignement abdique tous ses droits, et jusqu'au droit de vivre; car il laisse s'établir dans son sein une puissance mille fois plus forte que la sienne, et contre laquelle aucune loi répressive ne prévaudra jamais. En s'isolant ainsi dans le gouvernement des intérêts matériels, il ne perd pas seulement sa puissance, il perd sa moralité. Au lieu d'être la raison publique éclairée et armée pour le bien de tous, il devient quelque chose d'oppressif et de tyrannique, une force que l'on subit sans la comprendre et sans l'aimer, une association entre les intérêts, d'où sont exclus les principes. Il y a une exagération coupable à soutenir que les droits de la famille sont détruits parce que l'État intervient pour les protéger et les garantir. Reproche-t-on à l'État, comme une tyrannie, les soins qu'il prend de la santé du corps, en soumettant à des règles déterminées l'exercice de la médecine? Lui reproche-t-on de protéger le patrimoine du fils jusque dans la main de son père? Les intérêts de l'intelligence sont-ils moins sacrés que ceux-là? Et quand même l'État se reposerait sur la famille du soin d'élever des hommes, n'est-ce pas à lui qu'il appartient de former des citoyens?

Laissons donc aux États athées, aux gouvernements de force brutale, cette liberté illimitée; et, comme nous fondons notre République sur des idées, n'abdiquons pas pour elle la direction des intelligences.

D'ailleurs, à ceux qui rêveraient la liberté illimitée d'enseignement, la Constitution a répondu, puisqu'elle prononce que cette liberté s'exerce selon les conditions de capacité et de moralité déterminées par les lois, et sous la surveillance de l'État.

C'est pour répondre à cette double prescription de la Constitution, Messieurs, que nous avons placé à côté du Ministre une autorité suprême, chargée tout à la fois de représenter les droits de l'État et de garantir ceux de la liberté.

Les considérations qui précèdent vous expliquent déjà le sens de cette création. En parcourant les divers articles de notre projet, nous vous ferons voir, Messieurs, l'utilité de ce nouveau Conseil, et la profonde unité de cette conception, sous une complication apparente. Nous vous dirons seulement ici pourquoi nous ne voulons qu'un Conseil au lieu de deux, et pourquoi nous composons ce Conseil d'éléments divers, au lieu d'attribuer à la même section la direction des Écoles de l'État, et la surveillance des Écoles privées.

Dans l'état actuel, il n'y a qu'un Conseil de l'instruction publique, divisé, comme dans le projet, en plusieurs sections; mais cette division n'est aujourd'hui qu'un ordre de travail. Les membres des diverses sections ont la même origine, la même aptitude à faire partie d'une section ou d'une autre; le Ministre les répartit comme il l'entend entre les diverses sections; toutes les sections se réunissent pour juger les affaires importantes. Ainsi cette division n'a rien d'essentiel, et n'ôte rien à l'unité du Conseil d'instruction publique.

Une telle organisation, Messieurs, était excellente sous le régime auquel la Constitution vient de mettre fin. Tant que la liberté d'enseignement n'a pas existé, tout professeur était justiciable de l'Université, soumis à son autorité et à sa direction. Aujourd'hui il n'en saurait plus être ainsi. S'il est nécessaire de placer auprès du Ministre un corps consultatif pour le remplacer dans quelques-unes de ses attributions relatives aux Écoles privées, pour le seconder dans quelques autres, on ne saurait, sans violer l'esprit de la Constitution, composer ce corps de membres de l'Université. C'est là, sans doute, une vérité d'évidence, et que l'on nous dispensera de démontrer. Nous avions donc à choisir entre trois alternatives: ou composer par moitié ce Conseil unique d'universitaires et de membres étrangers à l'Université, ou créer à côté de lui un Conseil permanent de l'enseignement privé, ou le compléter, comme nous l'avons fait, dans certains cas déterminés, par l'adjonction de membres non universitaires.

Le premier parti paraît plus simple que la combinaison à laquelle nous nous sommes arrêtés, et il l'est moins. Il évite une certaine complication extérieure; mais, au fond, il complique tout: élection des conseillers, administration de l'Université, protection et surveillance de l'enseignement libre. Quel serait le nombre des conseillers universitaires et celui des conseillers étrangers à l'Université? Il semble qu'il faudrait, pour l'équité, que la moitié seulement des conseillers appartînt à l'enseignement de l'État; mais alors, quelle profonde injustice envers l'Université? Quoi! la plus haute magistrature universitaire, objet légitime de l'ambition des professeurs les plus éminents, partagée par moitié entre ces fonctionnaires éprouvés par tant de concours, d'emplois, de missions, et ces nouveaux venus que la faveur du Ministre place d'emblée au plus haut degré de la hiérarchie? Quoi! pour exonérer l'enseignement privé d'une autorité, en définitive tutélaire, on mettra l'Université, c'est-à-dire l'enseignement de l'État, dans une situation où jamais un corps constitué ne fut réduit! Il y a, qu'on le remarque, une immense différence entre l'action exercée par le Ministre et par le Conseil sur l'enseignement libre, et celle qu'ils exercent en commun sur l'enseignement privé. Le Ministre et le Conseil font surveiller l'enseignement privé; ils ne le dirigent pas; ils ne nomment pas les professeurs privés; ils ne les destituent pas, ils ne leur prescrivent pas les matières de leur enseignement ni le choix de leurs méthodes; ils n'ont pas même sur eux l'autorité disciplinaire. Et c'est en vue d'une juridiction si restreinte qu'on prendrait dans l'enseignement privé la moitié des chefs de l'Université! qu'on mettrait l'Université à la merci de l'incapacité ou de l'ignorance de ces nouveaux venus! J'admets que les choix fussent toujours excellents : il y a une chose qui ne se remplace pas, c'est l'expérience. Elle est nécessaire dans toute administration, et dans l'administration de l'Instruction publique mille fois plus que dans toute autre. Or, c'est précisément l'expérience que le Conseil représente auprès du Ministre. Il est la tradition constante de l'Université, sa perpétuité, son unité. Composer le Conseil d'éléments hétérogènes, c'est blesser profondément l'Université, la traiter avec injustice, vicier l'institution du Conseil, et, par suite, toute l'institution universitaire.

Nous nous sommes demandé ensuite, Messieurs, s'il ne serait pas possible d'établir deux Conseils, l'un de l'Université, l'autre de l'enseignement privé. Mais, en y réfléchissant, nous avons vu dans une telle organisation la ruine assurée de l'enseignement national. Les objections abondent contre ce nouveau Conseil. Ce serait d'abord un Conseil de fonctionnaires fort peu occupés, qu'il faudrait rétribuer largement. Ce Conseil s'efforcerait d'attirer à lui de nouvelles attributions, et chacun de ses empiétements serait fatal à la liberté qu'il s'agit de garantir. Trop souvent les défenseurs de la liberté d'enseignement ne songent qu'à se débarrasser de l'autorité universitaire; mais il faut craindre de remplacer cette autorité par une autre, qui serait peut-être moins paternelle, et qui aurait pour effet immédiat de créer un État dans l'État. En un mot, avec les deux Conseils, nous aurions deux Universités : l'une régulière, constituée, respectable par ses traditions, et placée à tous ses degrés dans la main de l'État; l'autre novatrice, sans règle, sans tradition, sans autre unité que l'unité factice que lui donnerait le Conseil, animée contre l'enseignement de l'État d'un esprit de rivalité : tous les inconvénients d'une corporation sans les avantages de la discipline. Et que deviendrait, dans ce conflit organisé par la loi entre l'État et des rivaux de l'État, que deviendrait la grande cause, la cause nationale de l'unité de l'enseignement? Je ne crains pas, pour l'unité de l'enseignement, des Écoles isolées, qui lutteront à leurs risques et périls, et ne balanceront jamais la grande et légitime influence des Écoles de l'État. Que l'enseignement de l'État soit un enseignement normal, plein de force, de maturité et de grandeur; il n'y aura de salut pour les écoles rivales qu'à la condition de l'imiter. Mais alors il ne faut pas créer auprès du Ministre un Conseil qui reçoive et encourage les plaintes, excite les hostilités, et perpétue la guerre que nous voulons éteindre. Quel spectacle pour le pays qu'un arrêté du Conseil universitaire contrôlé le lendemain par une décision du Conseil d'enseignement privé ? qu'une guerre d'ordonnances entre l'État et un corps constitué dans l'État contre l'État lui-même ? N'y eût-il qu'un livre défendu dans l'Université, et recommandé dans les Écoles libres par leur Conseil spécial, cela seul serait un scandale et un danger.

Et quel serait, entre ces deux Conseils opposés d'origine, de but et probablement d'esprit, la position du Ministre de l'Instruction publique ? Ne pourrait-il pas arriver que le Ministre de l'Instruction publique, ordinairement étranger à l'Université, fût de cœur dévoué aux doctrines et à la propagande du Conseil d'enseignement privé ? Voilà l'Université livrée à ses ennemis. Dans l'intérêt de l'État, je l'aimerais mieux détruite. Si, au contraire, les opinions et les vues du Ministre l'attachent de préférence au Conseil universitaire, ce sera une pauvre protection pour l'enseignement privé qu'un Conseil mal vu, sans antécédents considérables dans la carrière de l'instruction, et qui n'a pas derrière lui un corps pour le soutenir.

Au lieu de cela, que faisons-nous ? Nous laissons à l'Université son Conseil universitaire, permanent, rétribué, chargé de diriger, sous l'autorité du Ministre, tout l'enseignement de l'État. Une fois par an, nous ouvrons les portes de ce Conseil, et nous y faisons entrer des savants, des industriels, qui viennent, dans une courte session, discuter, avec le Conseil universitaire, les programmes d'examen et d'études. Le Conseil devient alors le Conseil de perfectionnement : c'est l'élément de progrès pour l'Université. A une autre époque de l'année, nous appelons auprès du Conseil de l'Université des membres de l'enseignement privé, des magistrats, des fonctionnaires d'un rang éminent. Là se règlent en quelques jours (car, Messieurs, quelques jours suffiront, ne vous y trompez pas, et alors pourquoi grever le budget des dépenses, pourquoi créer de nouveaux fonctionnaires, de nouveaux rouages administratifs ?) ; là, dans une session de quelques jours, se règlent les affaires relatives à l'enseignement privé. Cette autorité, Messieurs, est une autorité tutélaire, et non répressive ; elle est là pour émettre des avis, pour exprimer et régulariser les vœux de l'enseignement privé, pour nommer quelques jurys, et voilà tout. L'enseignement privé n'aura pas à dire qu'il n'a fait que changer de maîtres. Nous lui avons ôté des maîtres, cela est vrai, et nous lui donnons à la place des protecteurs.

Cette troisième section, Messieurs, cette section temporaire du Conseil, se compose de trois éléments. Nous y appelons d'abord les douze membres qui composent la première section, c'est-à-dire le Conseil universitaire. Leur présence est rassurante pour l'État ; ils représentent tout à la fois, dans cette troisième section, la pensée de l'État et la tradition de l'enseignement. Nous avons voulu néanmoins qu'ils fussent en minorité, pour que leur influence ne soit due qu'à leurs lumières. Nous plaçons à côté d'eux douze membres désignés par le Ministre parmi les membres de l'enseignement privé.

Nous aurions voulu, Messieurs, éviter cette désignation ministérielle, et recourir à l'élection. Nous avons vainement essayé tous les systèmes électifs ; pas un n'était praticable avec un corps électoral si divers, si dispersé ; c'est la nécessité qui nous a forcés de nous en tenir au choix du Ministre. Enfin, à côté des douze membres universitaires et des douze membres de l'enseignement privé, nous plaçons six fonctionnaires choisis parmi les plus éminents de l'État, et dont la haute impartialité ne peut être révoquée en doute par personne. Tel est le patronage sous lequel nous plaçons les intérêts de l'enseignement privé, qui sont, avec les intérêts de l'Université, ce que l'État a de plus précieux et de plus cher. Nous donnons cette sauvegarde à la liberté de conscience, au droit des minorités, au droit des pères de famille. L'État, par ses propres Écoles, et par la protection qu'il accorde aux Écoles privées, n'a qu'un but, un seul : élever les nouvelles générations dans la pratique de la vertu et l'amour de la patrie.

La tâche de votre Commission, Messieurs, était, après l'organisation de cette autorité tutélaire, de régler les conditions de capacité et de moralité, et de constituer la surveillance, de manière à garantir complètement l'intérêt public, et à ne demander à la liberté que les sacrifices nécessaires.

La première condition de la liberté était d'abolir complètement l'autorisation préalable. A l'avenir, aucune autorisation ne sera nécessaire pour ouvrir une École, ou pour entrer, comme professeur, dans une École privée. Il suffira d'avoir prouvé sa moralité et sa capacité, suivant des règles invariables. Nous avons cherché, par la manière même dont ces règles sont conçues, à rendre impossible tout soupçon d'arbitraire et de partialité.

En aucun temps, les certificats de moralité n'ont été délivrés par l'Université. L'autorité municipale avait paru seule compétente à cet égard. Le certificat devait porter, à peine de nullité, la signature du maire et celle de trois conseillers municipaux. Votre Commission a pensé, Messieurs, que ni le droit des réclamants, ni l'intérêt de la morale publique, n'étaient suffisamment garantis par ces dispositions. Ne peut-on pas supposer en effet que, par esprit de parti, ou par quelque motif d'animosité particulière, un Conseil municipal refusera, sans raison légitime, de délivrer un certificat de moralité ? Quelque invraisemblable que soit cette hypothèse, la liberté est jalouse, et la loi doit s'attacher à proscrire jusqu'à la possibilité d'une injustice. D'un autre côté, ces sortes de certificats se délivrent le plus souvent avec une facilité coupable. On hésite toujours avant de prononcer un refus qui brise une carrière et détruit tout un avenir. Les relations de parenté ou de voisinage, les sollicitations étouffent le sentiment du devoir. Il suffit qu'un candidat n'ait jamais eu de démêlé avec la justice : on le croit suffisamment honnête, parce qu'il n'a jamais été criminel.

Nous vous proposons, Messieurs, de supprimer purement et simplement les certificats, et de les remplacer par les dispositions suivantes : Tout candidat qui voudra ouvrir une École en fera, un mois à l'avance, la déclaration au maire de la commune, au parquet du tribunal de l'arrondissement et au Recteur de l'Académie.

Le maire, le Procureur de la République, ou le Recteur, pourront, dans le délai d'un mois, faire opposition devant le tribunal de l'arrondissement, qui jugera contradictoirement dans la chambre du conseil.

Ici se montre déjà, Messieurs, le caractère de la loi que nous vous proposons. Autant que cela nous a été possible, nous n'avons conservé à l'autorité administrative que le droit de surveiller, et nous avons transporté toutes les décisions à l'autorité judiciaire. Nous donnons ainsi à la liberté d'enseignement la même garantie qu'à la liberté individuelle. L'obligation d'une triple déclaration est sévère, mais nous ne pouvions pas faire moins dans l'intérêt des familles. Le maire doit être prévenu, comme l'autorité la plus immédiate ; le Procureur de la République, parce que le candidat peut avoir des antécédents judiciaires antérieurs à son entrée dans la commune ; le Recteur de l'Académie, parce qu'il est le juge le plus compétent des conditions morales qu'un instituteur doit remplir. Nous avons exigé les mêmes formalités du directeur de l'École et des maîtres qu'il emploie pour l'enseignement et la surveillance. Il est très vrai que l'intérêt bien entendu du chef de l'École est de n'employer que des professeurs irréprochables; mais il nous a paru qu'il était bon de le protéger lui-même contre les erreurs qu'il pourrait commettre, et de protéger les familles contre la spéculation et l'avarice. Seulement, pour ne pas rendre l'entrée de la carrière trop difficile, nous croyons qu'on peut permettre aux maîtres qui ne dirigent pas eux-mêmes une École d'entrer immédiatement en fonctions, le jour où leurs déclarations sont faites, et de ne renouveler ces déclarations que quand ils se transportent d'un département dans un autre.

Cette obligation, qui se résout en définitive en un jugement équitable devant la justice ordinaire du pays, n'a rien en soi de pénible et d'humiliant. Elle doit relever, aux yeux de l'instituteur lui-même, la fonction de l'enseignement, en lui montrant l'importance que la société y attache. A l'avenir, le fait seul d'appartenir à l'enseignement sera la preuve sans réplique d'une moralité au-dessus de tout soupçon.

La preuve de la capacité présentait des difficultés plus graves et surtout plus complexes. Nous n'avons rien changé aux dispositions aujourd'hui en vigueur pour l'instruction primaire. Pour l'instruction secondaire, la première solution qui se présente c'est de recourir aux grades de l'Université. Il paraît évident que quiconque est pourvu du diplôme exigé par l'Université des professeurs qu'elle emploie a l'aptitude nécessaire pour enseigner dans une École libre. Nous nous sommes demandé si nous serions à cet égard aussi exigeants pour les professeurs privés que pour les professeurs de l'État. L'Université se contente pour un petit nombre de fonctions du grade de bachelier; mais elle n'emploie dans les fonctions de quelque importance que des licenciés, des agrégés, ou même des docteurs. Le grade de bachelier ès lettres ne suppose pas de connaissances et d'aptitudes spéciales; exigé à l'entrée d'un grand nombre de carrières, il n'atteste que ce degré de culture intellectuelle sans lequel on est entièrement étranger aux lettres. Malgré ces objections, dont nous ne nous dissimulons pas l'importance, votre Commission a pensé que l'on ne devrait rien demander aux chefs d'établissement et aux instituteurs privés au delà du diplôme de bachelier ès lettres. Établir plusieurs degrés parmi les institutions, interdire à celle-ci tel genre d'études parce que l'homme qui la dirige n'a qu'un diplôme d'un ordre inférieur, cela ne nous a pas paru compatible avec la liberté d'enseignement. Il faudrait, si l'on entrait dans cette voie, remettre en vigueur une foule de règlements qui doivent disparaître, rendre la surveillance active et minutieuse, peut-être même rétablir les certificats d'étude, qui rendraient toute liberté illusoire.

D'ailleurs, la preuve de capacité exigée par la Constitution n'est pas une preuve de capacité spéciale. Il suffit que l'on prouve que l'on est un homme instruit, que l'on a reçu une bonne éducation; cela met les familles à l'abri d'un charlatanisme grossier. L'État ne doit que cela et ne peut que cela. Nul doute que les grades universitaires ne soient avidement recherchés par les professeurs de l'enseignement libre; la loi n'exigera que le grade de bachelier; mais le doctorat ne sera pas au-dessus de l'ambition des maîtres qui voudront donner de l'éclat à leur établissement.

Nous croyons sincèrement, Messieurs, que, si nous nous en étions tenus là, nous n'aurions blessé en rien les intérêts de l'enseignement privé, et que le jury qui délivre les grades offre toutes les garanties d'impartialité désirables. Cependant nous avons voulu ôter tout prétexte même à l'esprit de parti. Nous n'avons pas voulu qu'on pût dire que l'Université restait juge de la capacité de ses rivaux. Il nous eût été facile de faire voir à quoi se réduit cette prétendue rivalité. Mais nous avons cru qu'on pouvait sans inconvénient remplacer le grade par une preuve de capacité fournie devant un jury étranger à l'Université, et nous avons, par une disposition expresse, donné le choix aux instituteurs privés entre ce nouveau mode d'examen et le grade universitaire.

Tous les ans, une Commission nommée, pour le ressort de chaque Académie, par la troisième section du Conseil d'instruction nationale, autorité évidemment impartiale, examinera les candidats aux fonctions d'instituteurs privés et de chefs d'institution non pourvus du diplôme de bachelier. Cette Commission pourra être choisie en totalité en dehors des membres de l'Université. Elle sera composée de docteurs, de membres de l'Institut et de membres correspondants de l'Institut. Aucun programme ne lui sera imposé. La liberté trouvera sa garantie dans l'autorité qui désigne ces juges, et l'État dans le grade ou le titre dont ils sont revêtus. Des règlements d'administration publique détermineront l'époque et les formalités de ces examens. Ils seront nécessairement publics; il sera bon de leur imprimer quelque solennité, et d'exiger que les procès-verbaux contenant le détail des questions et des réponses soient conservés aux archives de l'Académie.

Nous trouvons dans ces examens spéciaux, outre un intérêt de justice et d'impartialité, le moyen d'ouvrir la carrière de l'enseignement à certains hommes éminents, dont la capacité toute spéciale ne se plierait pas aux épreuves du baccalauréat. L'Université est inflexible à cet égard pour ses propres services ; elle doit l'être. Elle a comme une armée de fonctionnaires engagés dans la hiérarchie, et dont elle doit protéger l'avancement, en exigeant pour chaque fonction des conditions uniformes et régulières. Mais ne peut-il pas arriver, n'arrive-t-il pas chaque jour, qu'après avoir occupé son âge mûr à d'autres travaux, on veuille se livrer à l'enseignement quand les leçons du Collège sont presque oubliées, souvent d'autant plus oubliées, que l'esprit a fait plus de progrès dans des études spéciales ? N'y a-t-il pas plus d'un mathématicien éminent, qui serait reçu d'emblée à l'Académie des sciences, et que la version latine imposée aux bacheliers arrêterait à l'entrée de la carrière ? Et n'est-ce pas l'intérêt évident de l'enseignement privé, et par conséquent celui de l'État, à qui tout profite dans ce genre, d'aplanir toutes les difficultés devant un pareil maître ? Nous avons même été plus loin. Il pourra se présenter quelques cas extrêmement rares où le créateur d'une science nouvelle, ou d'une branche nouvelle de la science, voudra fonder une École spéciale, sans se soumettre à la formalité des grades. Nous avons voulu que le Ministre pût, sur la demande de la section de perfectionnement du Conseil d'instruction nationale, instituer un jury spécial pour juger de la capacité du candidat et de l'importance de l'enseignement nouveau. Ainsi, par cette faculté donnée au Ministre, aucune innovation heureuse ne sera étouffée sous l'inflexibilité de la règle ; et en même temps, par la difficulté d'obtenir la demande de la section et l'autorisation du Ministre, nous réduirons à un petit nombre ces cas exceptionnels. Des spécialités si déterminées doivent toujours être l'exception. En général, une École doit avoir pour but de former, non des ingénieurs et des géomètres, mais des hommes et des citoyens.

Voilà, Messieurs, quelles conditions de moralité et de capacité il faudra remplir, selon le projet, pour entrer dans la carrière de l'enseignement privé. Nous n'imposons d'ailleurs aux professeurs aucune méthode, aucun enseignement, aucun livre. Une fois leur École ouverte, ils en sont les maîtres absolus. Nous ne leur demandons que de respecter les lois et la morale. Quels seront, à cet égard, les moyens de surveillance et de répression ?

Notre première pensée, Messieurs, nous le disons sans détour, a été de constituer l'inspection des établissements privés en dehors de l'Université. Ici encore nous obéissions à ce désir d'impartialité complète qui a présidé à toutes nos délibérations. Mais les difficultés nous ont paru insurmontables. En effet, la raison, la Constitution, tout exige que l'inspection soit sérieuse. Si elle n'est pas faite par l'Université, à qui la confier ? Aux maires, aux conseillers municipaux, aux conseillers de département ? Mais, Messieurs, ces nouvelles attributions que nous voudrions leur conférer, comment seraient-elles remplies ? La plupart de ces autorités ont droit d'inspection sur les Écoles primaires; ce droit est souvent exercé, il l'est avec fruit; il ne l'est pas partout, tant s'en faut. Et cependant, quelle différence entre l'École primaire et l'institution secondaire privée ! La première est en quelque sorte la propriété de la commune; c'est pour le maire une obligation étroite de s'en occuper : une École bien dirigée, florissante, honore son administration; l'enseignement qui s'y donne est à la portée de tous les esprits; il se surveille aisément; tout le monde est ou se croit propre à exercer cette surveillance. En est-il de même d'une École secondaire, dont l'enseignement embrasse peut-être toutes les matières exigées pour le baccalauréat ? d'une École privée, qui peut avoir des rivaux dans la ville même, qui peut redouter la partialité des autorités locales ? Nous avons beau restreindre l'inspection à ce qui concerne le respect de la morale et des lois, inspecter n'en est pas moins un art et un art très difficile. La violation des lois ne s'étale jamais au grand jour dans une École; il faut quelquefois, pour aller la saisir dans les livres employés, dans les règlements, dans les usages de la maison, dans la transmission orale de l'enseignement, une habitude, une pénétration consommée. A part quelques établissements essentiellement communaux, la surveillance locale, la surveillance gratuite n'est qu'un leurre. C'est une porte ouverte à l'esprit de coterie, aux rivalités, aux taquineries, au despotisme ignorant et étroit. Même pour les Écoles primaires, malgré l'action de l'autorité municipale, des Comités locaux, de leurs délégués, il a fallu recourir à un corps spécial d'Inspecteurs ; et je le dis bien haut avec tous les hommes compétents, c'est aux Inspecteurs salariés que sont dus tous les progrès de l'instruction primaire depuis dix ans.

Ce que nous disons des autorités électives s'applique aux agents directs du Gouvernement, aux Préfets, aux magistrats de l'ordre judiciaire. On met les Préfets de tous les Conseils d'administration; cela honore les Conseils; mais les Préfets n'y siègent pas. C'est quelque chose qu'un département à administrer; le même homme ne peut pas administrer un département ou assister aux audiences d'un tribunal, et faire le métier d'un Inspecteur d'Académie. On peut être fort habile comme Préfet ou comme juge, et très peu capable d'apprécier les tendances d'un cours de philosophie ou d'histoire. En un mot, cette délégation du droit d'inspection aux autorités locales nous a paru équivalente à la suppression même de l'inspection. On peut, si l'on veut, ouvrir les Écoles à toutes les autorités que nous avons nommées; mais il faut que l'État y soit représenté plus directement, pour que la prescription contenue dans l'article 9 de la Constitution soit satisfaite.

Nous nous sommes demandé s'il ne serait pas possible de créer des Inspecteurs spéciaux pour les Écoles privées, comme il y en a pour les Écoles de l'État. Mais la Commission a été unanime pour rejeter cette solution, après l'avoir mûrement examinée.

D'abord il s'agirait, pour créer ce nouveau corps de fonctionnaires, d'ouvrir un crédit considérable au Ministre de l'Instruction publique. Cette considération a son importance, aujourd'hui surtout, et il ne serait permis de la négliger que dans le cas d'une nécessité impérieuse. Indépendamment de la dépense, votre Commission repousse l'idée de créer des fonctions nouvelles. Qui ne voit d'ailleurs que l'enseignement privé, dès qu'il a des Inspecteurs spéciaux, change de caractère, et que le Ministre se trouve immédiatement à la tête de deux Universités rivales ? Ce danger est le plus grand. Il ne va à rien moins qu'à éterniser, en les régularisant, en les organisant, les fatales querelles que notre loi a pour but de détruire. Enfin, sous prétexte de favoriser la liberté, il la tue ; car ces Inspecteurs voudront se rendre importants et nécessaires, et ils seront par conséquent tracassiers et impérieux.

Il ne restait plus, pour dernière alternative, que de faire surveiller par les mêmes Inspecteurs les Écoles privées et les Écoles de l'État. Il n'est pas facile d'opposer à cette solution des inconvénients réels, et les avantages en sont évidents, incontestables. Ce corps unique adresse au Ministre et aux trois sections du Conseil des rapports réguliers, qui les tiennent au courant de la situation et des besoins de l'enseignement dans toute la France : il porte avec lui, pour ainsi dire, par son expérience, par ses relations constantes avec tous les membres du corps enseignant et l'autorité centrale, l'unité de l'enseignement national ; il sert de lien, par son autorité toute morale, par ses leçons, par ses conseils, à toutes ces Écoles diverses par leur origine et leur but ; il rend la surveillance plus équitable, en lui donnant partout le même caractère. A cela qu'opposerait-on ? Ce seul fait : que l'Université examine, surveille les rivaux de l'Université. Nous avons répondu péremptoirement à cette objection en déclarant, par un article spécial, que le Ministre pourrait choisir les Inspecteurs d'Académie soit dans l'enseignement privé, soit dans les Écoles de l'État. Ainsi, en supposant l'inconvénient réel, nous le faisons supporter à l'Université comme à l'enseignement libre. Nous ne craignons pas d'ouvrir les Écoles de l'État à ces anciens rivaux. Nous souhaiterions qu'elles fussent ouvertes à toute heure à quiconque voudrait s'assurer du zèle des professeurs, de la sagesse de leur enseignement. Une École ne doit avoir rien à dissimuler. Le meilleur Inspecteur est celui, quelle que soit son origine, pour lequel aucune École ne saurait avoir de secrets.

Ajoutons d'ailleurs que la mission de l'Inspecteur ne s'étend pas au delà de l'inspection même. Il n'a que le droit de voir les faits et de faire son rapport à l'autorité compétente. C'est un témoin officiel, rien de plus. Il ne peut rien décider, rien prendre sur lui. S'il donne des conseils, c'est parce qu'on les lui demande. Il n'y a donc rien à redouter de sa partialité, car s'il accuse sans motif, l'accusation reste sans effet ou ne retombe que sur lui.

Il y aura, Messieurs, de grandes différences entre l'inspection à laquelle seront soumises les Écoles de l'État, et celle que nous imposons aux Écoles privées. Dans les Écoles de l'État tout est soumis à la surveillance de l'Inspecteur ; son rapport constate tous les mérites et tous les défauts de chaque professeur ; il est adressé directement au Ministre ; les notes qu'il contient restent au dossier de chaque fonctionnaire, et influent sur son avancement. Mais dans les Écoles privées il n'y a pas lieu, pour l'Inspecteur, de se préoccuper des méthodes, puisqu'elles sont libres, ni du mérite des professeurs, puisque leur carrière ne dépend pas de lui, ni des matières enseignées, puisqu'aucun programme n'est prescrit, ni du matériel, puisqu'il appartient en propre au chef d'institution. L'Inspecteur constate seulement que la morale et les lois sont respectées, que la santé des élèves est l'objet de soins convenables. S'il y a délit, l'Inspecteur n'est chargé que de le découvrir, et non de le réprimer.

C'est la justice ordinaire du pays qui prononce. Ainsi, nulle intervention de l'autorité administrative. Les instituteurs privés n'ont au-dessus d'eux nulle autorité disciplinaire, et ne sont justiciables que des tribunaux.

Il est pourtant un point, un seul, qui nous a paru nécessiter l'intervention d'une autorité scolaire; c'est quand l'Inspecteur voit faire usage dans les classes de livres qui lui paraissent dangereux. En appeler directement à la justice des tribunaux ne suffirait pas peut-être; car il y a tel livre dont les mauvaises tendances ne peuvent être aperçues que par un homme du métier. Nous ne pouvions pas songer à établir dans les Écoles libres la même discipline que dans les Écoles universitaires, qui n'emploient que des livres examinés d'avance par la première section du Conseil; mais, à défaut d'action préventive, nous avons cru devoir constituer fortement la répression. Chaque fois qu'un livre pernicieux est signalé au Ministre, il le fait examiner par la première et la troisième section du Conseil, et prononce ensuite, s'il y a lieu, une interdiction que nous avons sanctionnée par des peines sévères. Il va sans dire que ces peines ne sont appliquées que par les tribunaux.

Telles sont, Messieurs, les principales mesures que nous avons prises pour réaliser enfin la liberté d'enseignement, si longtemps demandée, si souvent promise. Si les dispositions de notre projet sont acceptées, l'instituteur libre ne dépendra plus que des lois et de la justice ordinaire de son pays. Il aura auprès du Ministre un Conseil tutélaire, impartial; il prouvera sa capacité, à défaut de l'humble grade de bachelier, devant une Commission dont l'Université peut être entièrement exclue. Nous avons poussé la sollicitude jusqu'à le protéger contre la partialité, à peine vraisemblable, des Conseils municipaux, en remplaçant le certificat de moralité par des formalités qui ne laissent pas de ressources à la malveillance; aucune trace de l'autorisation ne subsiste; dans l'École, liberté entière; pas de règlements universitaires, pas de livres prescrits, nul autre frein qu'une inspection soigneusement limitée à l'hygiène et à la morale publique; enfin, pour toute juridiction celle qui pèse également sur toutes les classes de citoyens, la juridiction du tribunal de l'arrondissement. Nous croyons qu'on ne saurait contester l'évidente libéralité de ces dispositions. Aller plus loin, ce serait violer la Constitution, désarmer complètement l'État, et demander, sous le nom de liberté, une véritable anarchie.

Mais, Messieurs, ce n'est pas tout que de donner aux Écoles la liberté; il faut leur donner l'égalité. Dans l'état actuel de la société, ce n'est pas seulement pour s'instruire qu'on entre dans un Collège; c'est pour obtenir un diplôme, et pour arriver ainsi à se faire une carrière. Or, il faut à présent, pour obtenir le diplôme de bachelier, produire avant l'examen un certificat d'études. Ce certificat doit établir que le candidat a étudié pendant un an la rhétorique et pendant un an la philosophie, soit dans la maison paternelle, soit dans un Collège de l'État, soit enfin dans ce qu'on appelle une institution de plein exercice, c'est-à-dire dans une institution privée à laquelle l'Université a concédé le droit de conférer ces certificats. Voilà encore une entrave que nous n'avons pas cru pouvoir laisser. Nous abolissons le certificat d'études. Le jury d'examen n'aura plus à s'enquérir de l'origine du candidat; il délivrera le diplôme à tous ceux qui en seront dignes.

Cette question du certificat d'études a trop d'importance, elle a été l'objet de trop de controverses pour ne pas nous arrêter un moment.

Trois raisons principales avaient porté l'Université à exiger le certificat d'études. D'abord elle restait ainsi maîtresse de l'enseignement privé, puisqu'elle ne délivrait le plein exercice que selon la volonté du Conseil et du

Ministre. Il y avait là un moyen assuré de prépondérance pour les Écoles de l'État, et une protection efficace contre les Écoles fondées près de nos frontières par les congrégations que nos lois ont proscrites. L'Université trouvait aussi dans cette attestation de deux années consacrées à l'étude une ressource contre l'insuffisance des examens. Un examen, même le mieux fait, renferme toujours beaucoup d'éléments d'erreur. Le succès ne prouve pas toujours la capacité, ni l'échec l'ignorance. On a beau tourner et retourner un candidat, le temps manque presque toujours pour une appréciation complète, et surtout quand il s'agit, comme dans le baccalauréat ès lettres, de parcourir un programme très étendu, ou plutôt, disons-le, trop étendu ; car il vaut mieux restreindre et approfondir, que tout effleurer sans rien connaître. Enfin les petits séminaires étaient une troisième raison déterminante pour exiger les certificats d'études. Dans l'origine, on leur accordait une large subvention, qui maintenant a disparu du budget. Encore aujourd'hui, ils jouissent de nombreuses immunités; ils sont fermés à l'inspection de l'Université et entièrement soustraits à ses règlements; l'évêque nomme et révoque les professeurs comme il lui plaît, et les choisit où il veut sans aucune condition de capacité ou de grade. En revanche, ils n'ont pas le plein exercice, de telle sorte qu'on peut sortir instruit des petits séminaires, mais on n'en peut pas sortir bachelier.

Notre loi, Messieurs, ne laisse pas subsister les immunités; il était juste qu'elle détruisît les entraves. Les petits séminaires rentrent dans le droit commun; qu'ils y rentrent pour tout. Leurs professeurs feront preuve de moralité et de capacité; ils seront soumis à l'inspection, mais leurs élèves pourront se présenter partout s'ils sont capables. La République n'interdit qu'aux ignorants et aux indignes le droit d'enseigner; et elle ne connaît pas les corporations; elle ne les connaît ni pour les gêner, ni pour les protéger; elle ne voit devant elle que des professeurs. L'insuffisance des examens actuels est une chose notoire; ce n'est pas la faute des programmes, c'est bien moins encore celle des jurys. Cela tient à la nature même des examens. Nous y apporterons quelque remède, sans nous flatter d'avoir réussi à rendre les examinateurs infaillibles. Personne n'y parviendra jamais; et cependant le meilleur moyen de savoir ce que sait et ce que vaut un candidat sera toujours de l'examiner. Nous avons donc aboli, Messieurs, le certificat d'études; et par là nous supprimons en même temps toutes ces fraudes qu'on se permettait si légèrement, et qui avaient le double inconvénient d'être une violation de la loi, et d'accoutumer les jeunes gens à regarder cette violation comme indifférente.

Votre Commission n'ignorait pas, Messieurs, que les prétentions de certains partisans de la liberté d'enseignement s'étendent beaucoup plus loin, et qu'ils voudraient délivrer eux-mêmes les grades. Mais ici, Messieurs, elle a été unanime pour repousser une innovation que l'équité ne demande pas, et qui du même coup détruirait l'unité de l'enseignement national et l'autorité de l'État. Elle vous propose purement et simplement de conserver aux Facultés le droit de délivrer les grades universitaires.

La première raison que je ferai valoir à l'appui de cette détermination, Messieurs, c'est l'extrême difficulté de constituer des jurys d'examen en dehors des jurys actuels. Nous avons pu créer des Commissions spéciales pour constater la capacité des instituteurs; mais là, de quoi s'agit-il? D'une mission temporaire, d'une exception; et nous avons la ferme conviction qu'au bout de quelques années, l'intervention même de ces Commissions ne sera plus réclamée, et que les instituteurs libres s'empresseront, dans leur propre intérêt, de prendre les grades universitaires. Ici, au contraire, il s'agit d'examens très nombreux, qui doivent se faire de trois mois en trois mois au chef-lieu de chaque Académie, qui portent sur des matières très variées et très spéciales, qui ouvrent toutes les carrières libérales, et non pas seulement la carrière de l'enseignement privé. Si ces grades peuvent être donnés tantôt par les professeurs de l'État, tantôt par les professeurs de l'enseignement privé, évidemment ils ne représenteront plus un même niveau scientifique et intellectuel. Telle Commission sera plus exigeante, et telle autre plus facile. Il y aura, si je puis le dire, bachelier et bachelier, ou plutôt il n'y aura plus de bachelier du tout, et les grades, ne représentant plus rien de fixe, ne représenteront absolument rien. Que signifieront alors, Messieurs, je vous le demande, les règlements qui exigent que l'on soit bachelier pour telle fonction, licencié ou docteur pour telle autre? Quand les règles admettent une telle diversité, il vaut mieux ne plus faire de règles.

Un danger bien plus grand, Messieurs, c'est la destruction de toute unité dans l'enseignement national. Il ne faut pas marchander la liberté; elle est bonne par elle-même; elle doit couler à pleins bords et de notre Constitution et de nos lois organiques; mais la liberté, vous le savez, a son péril : elle tend à détruire l'unité. C'est à la loi d'y pourvoir. Si l'unité d'esprit, de méthode, de programmes même, ne subsiste plus que dans l'enseignement de l'État; si, à côté de lui, les Écoles libres peuvent innover en tout, ayons au moins un point fixe, auquel tout le monde soit forcé de revenir, et que ce soit l'uniformité des examens. Il n'y a pas un homme du métier qui ne sache qu'un même examen à subir fait plus pour l'unité de l'enseignement que l'autorité la plus puissante et les règlements les mieux combinés. C'est parce que nous comptions sur l'examen, que nous avons pu faire ailleurs tant de concessions. C'est par l'examen seul que l'État conserve une influence véritablement intellectuelle. Tout le reste, hygiène, légalité, moralité, n'est au fond que de la police. Ce serait une bien déplorable erreur que d'abandonner cet élément de force qui naît de l'unité de l'éducation. Notre pays doit ce qu'il est à cette éducation commune, qui nous relie tous, à notre insu, dans un ensemble d'idées, de sentiments et de connaissances; c'est là que nous puisons cette aptitude presque universelle, nécessaire dans tout état social, et dans le nôtre surtout, si fécond en fortunes diverses; c'est par l'unité de l'enseignement, que l'unité morale, que l'ordre intellectuel se soutiennent. Assez d'intérêts nous divisent; assez de croyances disparaissent; ne touchons point à ce patrimoine de belles connaissances, que nous avons reçues de nos pères, et qui sont encore un lien entre les hommes, quand tous les autres liens sont brisés.

On se méprend beaucoup, Messieurs, quand on réclame pour les minorités le droit de délivrer des diplômes d'aptitude. De quelle aptitude s'agit-il donc? n'est-ce pas l'État qu'il s'agit de servir? n'est-ce pas lui qui est juge des conditions auxquelles il accorde sa confiance? n'y a-t-il pas une exagération évidente à venir contester à l'État le droit d'examiner lui-même ses propres agents?

Encore si les jurys chargés de conférer les grades pouvaient être soupçonnés de partialité; mais il n'en est rien. On s'obstine à considérer l'État comme faisant concurrence à l'industrie privée : cela est absurde d'abord; car l'État, c'est l'intérêt général représenté par les agents de la volonté générale; tout ce qui profite aux particuliers profite à l'État : il lui importe que les générations nouvelles soient élevées dans de bons principes; mais qu'elles soient élevées ainsi dans ses propres Collèges ou dans les établissements particuliers, cela ne lui importe en rien. L'Université, qu'on se figure sans cesse comme une corporation jalouse, n'est pas même connue dans ses éléments constitutifs par ceux qui l'attaquent. Ils regardent toujours les professeurs de Faculté comme d'anciens professeurs des Collèges universitaires. Cela, sans doute, peut se rencontrer, comme il peut se rencontrer aussi que pas un seul professeur de Faculté n'ait enseigné dans un Collège de l'État. Le grade de professeur de Faculté n'est pas conféré à volonté par le Ministre; il est donné à l'élection et au concours. Et que faut-il pour concourir? Une seule chose : être docteur. Que l'on soutienne maintenant qu'en fait, le plus grand nombre des professeurs de Faculté sort de l'enseignement des Lycées; je le veux : mais quelle en est la cause? Le petit nombre de savants ou de professeurs de l'enseignement privé qui songent à s'ouvrir la carrière de l'enseignement supérieur. Il faudrait être bien hardi pour soutenir que, quand la liberté d'enseignement aura couvert la France de Collèges libres, il continuera d'en être ainsi. Il est très vrai qu'en entrant dans une Faculté on entre dans l'Université : s'ensuit-il qu'on épouse aussitôt les intérêts des Collèges universitaires? Cela n'est pas même sérieux. Indépendamment de tout esprit de corps, par son origine, le professeur de Faculté est inamovible; il a tous les caractères de capacité et d'impartialité que l'on peut demander à un juge. Enfin, en mettant toutes choses au pire, en supposant une partialité criminelle, sans explication, sans motifs, cette partialité, à l'avenir, avec la suppression des certificats d'étude, ne trouverait plus à s'exercer. Le juge ne saura plus de quel Collège est sorti le candidat. Il ne lui demandera que son acte de naissance et rien de plus. Ceux qui veulent ôter à l'État le droit exclusif de conférer les grades n'ont pas même de prétexte à alléguer.

La suppression des certificats d'études nous a obligés à introduire quelques réformes dans le mode des examens. Il importe, en effet, de les rendre plus sévères que jamais, et c'est encore une raison de plus pour ne les confier qu'aux Facultés. Les dispositions relatives aux roulements des juges et aux compositions que nous rendons anonymes, ont pour but de soustraire les examinateurs aux sollicitations. Ces usages se pratiquent aujourd'hui dans la plupart des concours, et notamment dans les concours de l'Institut et dans ceux des Collèges. Nous avons rendu publiques les épreuves écrites; c'est-à-dire que les compositions des candidats seront, après l'examen, à la disposition du public, qui pourra s'assurer par ses propres yeux de l'équité du jury. Enfin, dans un intérêt de dignité facile à comprendre, nous proposons d'abolir les droits proportionnels, qui semblaient intéresser les professeurs à multiplier les examens, et par conséquent à les abréger. Aucune de ces réformes n'indique de notre part un sentiment de défiance contre les Facultés : nous les protégeons contre la possibilité du soupçon; nous n'avions pas à les protéger contre elles-mêmes.

Il ne nous était pas possible, Messieurs, de constituer la liberté d'enseignement sans toucher à l'organisation intérieure de l'Université. Tout le monde est d'accord pour conserver l'Université, et par conséquent pour la mettre en état, par une organisation plus forte, de lutter contre les rivaux que notre loi même va lui susciter. L'Université d'ailleurs, tout le monde le sait, ne repose que sur un décret impérial, et sur une série d'arrêtés et de règlements que chaque Ministre s'attribue le droit de modifier à sa guise. Il est impossible de laisser plus longtemps soumise à l'arbitraire ministériel cette partie si importante de l'éducation nationale. Si le Ministre de l'Instruction publique dirigeait à son gré l'Université, si elle devait par conséquent subir toutes les alternatives de la politique, comment servirait-elle aux études de règle et de modèle? Ce serait déjà quelque chose d'utile et de puissant que de donner force de loi aux règlements qui existent; car ce serait mettre l'éducation nationale sous la protection de la législature de notre pays ; mais nous avons pensé qu'il n'y avait pas seulement à consolider, qu'il y avait aussi à réformer. Tout a marché depuis l'établissement de l'Université en 1808. Il faut une éducation différente pour une société profondément modifiée. Que de souffles ont passé depuis quarante ans sur l'institution impériale! L'organisation universitaire, si simple dans son origine, n'est plus aujourd'hui à beaucoup d'égards qu'un ensemble d'idées incohérentes. Les abus y ont pénétré de toutes parts; et, la malveillance des partis aidant, on ne juge plus l'Université que par ses abus; on oublie tout le bien qu'elle a fait, et tout le bien qu'elle ne cesse de faire.

Nous le dirons franchement : nous souhaitons que l'Université, dépouillée de toute autorité sur les Écoles rivales, conserve une influence prépondérante sur les études; mais il faut qu'elle la doive à la supériorité de son enseignement, qu'elle ne craigne pas d'en finir avec des préjugés surannés, qu'elle accueille résolument les idées et les méthodes nouvelles, qu'elle élève des Écoles spéciales, des Écoles industrielles, à côté de ces chaires illustres où l'enseignement théorique de la science se distribue avec tant d'éclat. Quand l'Université, avec toutes les forces dont elle dispose, se mettra elle-même à la tête du mouvement, elle laissera tout le monde derrière elle.

Mais, c'est ici, Messieurs, que votre Commission est obligée de vous rappeler dans quelles conditions elle s'est trouvée. Renouveler de fond en comble l'enseignement national, c'est une œuvre qu'elle aurait résolument abordée, si elle avait eu du temps devant elle. Déjà une Commission de l'Assemblée, chargée d'élaborer une loi sur l'enseignement primaire, a travaillé six mois sans relâche, pour une seule des trois branches dont l'Université se compose. Cette Commission avait pour se guider un projet ministériel. Elle avait derrière elle la loi de 1833, loi récente, pleine d'unité et de force. Ici le champ s'ouvrait sans guide et sans ressources devant votre Commission. Enseignement supérieur, enseignement secondaire, enseignement primaire, tout était à renouveler. Six mois n'auraient pas suffi pour une telle tâche. Fallait-il donc se croiser les bras?

Nous n'en avons pas jugé ainsi. Nous croyons qu'il y a des entreprises si longues et si difficiles qu'elles n'aboutiraient jamais, si l'on n'avait le courage d'ébaucher l'œuvre qu'on ne peut accomplir. Nous avons donc refoulé nos vœux et nos espérances; et, nous bornant à écrire dans la loi ce qui peut être immédiatement réalisé, nous vous présentons quelques articles, qui paraîtront sans grandeur à des esprits prévenus, et que nous croyons, nous, propres à assurer le présent et à féconder l'avenir.

Nous nous sommes d'abord préoccupés, Messieurs, de la réorganisation du Conseil de l'Université. Vous avez vu pour quels motifs nous l'avons divisé en trois sections distinctes; mais il nous reste maintenant à vous expliquer le caractère et la fonction propre de la première et de la seconde section, plus exclusivement destinées à influer sur les Écoles de l'État.

Notre première section, qui est au fond le Conseil proprement dit, puisqu'elle fait nécessairement partie des deux autres sections, et qu'elle est seule permanente, représente à peu près l'ancien Conseil royal de l'instruction publique. Nous avons régularisé et amplifié quelques-unes de ses attributions disciplinaires et administratives; nous avons, au contraire, restreint son autorité sur le développement et le progrès des études.

Ainsi, jusqu'à présent, ce que l'on appelle le contentieux universitaire, la direction du matériel des Écoles et la discipline, avait formé le fond des attributions du Conseil. Le droit d'influer sur les nominations, et par conséquent la direction du personnel, avaient été tour à tour donnés et retirés au Conseil de l'Université, selon le bon plaisir des Ministres. Nous avons cru que la loi devait attribuer au Conseil une influence directe sur la carrière des professeurs. L'arbitraire ministériel aura toujours assez de latitude pour s'exercer. Un peu de sécurité, un peu de dignité pour les professeurs, résulteront de cette consécration d'un pouvoir qui reste purement consultatif en tout ce qui ne touche pas à la juridiction disciplinaire. Il vaut mieux dépendre d'un Conseil composé d'hommes éminents et compétents, que de la volonté arbitraire d'un Ministre ou de ses bureaux.

Nous proposons d'élever à douze le nombre des conseillers, qui n'est aujourd'hui que de dix. Ce n'est pas une aggravation de charges pour le budget. L'allocation actuelle de 100 000 francs suffira certainement, grâce à la loi sur le cumul. Nous prenons ces conseillers dans l'Université, et cela est juste. Plus l'on réfléchira sur leurs attributions, plus on se convaincra qu'ils doivent connaître à fond l'esprit, les règlements et le personnel de l'Université; il n'y a pour cela qu'un moyen, c'est d'y avoir vécu.

Douze places éminentes pour un corps si nombreux, et qui doit compter dans son sein tant d'hommes illustres, ce n'est pas trop. On ne peut pas d'ailleurs nous objecter qu'un corps qui se gouverne lui-même tombe dans la routine; nous avons d'avance répondu à cette objection en créant le Conseil de perfectionnement. L'adjonction de deux nouveaux membres se justifie d'elle-même, par l'accroissement que doit prendre, dans un avenir heureusement prochain, l'éducation primaire. Il est plus que temps que cette branche capitale de l'enseignement public soit directement représentée auprès du Ministre. Par la création des deux conseillers spécialement affectés à l'instruction primaire, nous espérons attirer les esprits d'élite vers ce grand objet, l'éducation du peuple, qui doit être la première préoccupation d'une société démocratique. Il ne faut pas croire, Messieurs, que le bien se fasse naturellement et comme de soi-même. La création des Inspecteurs primaires a marqué une ère nouvelle dans l'éducation publique; deux Inspecteurs supérieurs ont été un progrès; deux conseillers pour l'instruction primaire achèveront, nous en sommes convaincus, de rendre toutes les améliorations possibles. S'il faut l'avouer, nous avons songé en même temps à prévenir les tentatives de réaction qui pourraient se produire. Nous ne voulons pas supposer qu'un temps doive jamais venir où l'ignorance soit systématiquement imposée au peuple pour le rendre plus aisément gouvernable. Mais le plus sûr moyen de ne pas perdre les conquêtes de la liberté, c'est de leur donner des garanties.

Les membres titulaires du Conseil de l'Université sont, à l'heure qu'il est, nommés à vie. Fallait-il leur laisser ou leur ôter cette prérogative? Les deux opinions ont eu leurs défenseurs dans la Commission.

Ceux qui tenaient pour l'état actuel ont allégué qu'en beaucoup de cas, les membres du Conseil sont de véritables juges. On donne l'inamovibilité aux juges correctionnels qui ne prononcent que l'emprisonnement ou l'amende : comment ne pas la donner à des juges qui peuvent ruiner toute une carrière, et qui disposent très réellement de la considération et de l'honneur de leurs justiciables? Placé auprès d'un Ministre, chef responsable, mais éphémère, de l'Université, le Conseil représente la science, l'expérience, la tradition. S'il se renouvelle lui-même fréquemment, il n'a plus, pour ainsi dire, de raison d'être. Chargé tout à la fois de récompenser et de punir, il faut qu'il connaisse les professeurs dès leur entrée dans l'enseignement, qu'il les suive dans toute leur carrière, qu'il tienne compte de leurs succès et de leurs fautes, que chaque membre de l'Université sente une confiance absolue pour cette autorité paternelle et tutélaire, et ne songe même pas à gagner par des sollicitations et des flatteries un avancement qu'il ne peut devoir qu'à son mérite et à ses services.

Mais si la permanence des mêmes conseillers dans la première section a son importance, il faut avouer qu'elle a ses dangers. Un conseiller parvenu au sommet de la hiérarchie, tranquille désormais sur son avenir, peut s'endormir sur ses devoirs; il peut avoir des favoris; il peut être partial pour ceux qui partagent ses doctrines, exclure de l'enseignement les doctrines rivales, et fonder, au profit d'une École ou d'une secte, le plus odieux monopole. Comment, d'ailleurs, constituer un Conseil perpétuel et immobile à la tête de l'enseignement, quand tout est emporté dans un mouvement si rapide? Cela est-il sage? cela est-il même possible? Plus nous augmentons l'autorité du Conseil, plus il est nécessaire qu'un moment vienne où l'opinion publique reprenne ses droits. Ces raisons ont prévalu. Mais, pour tout accorder, nous vous proposons de ne renouveler le Conseil par tiers que tous les trois ans. Ainsi les conseillers seront maintenus en haleine par la possibilité d'une destitution, et l'enseignement public sera mis à l'abri des révolutions trop fréquentes.

Du moment que les conseillers n'étaient pas nommés à vie, il était difficile de leur interdire le professorat. Nous leur ôtons, sans hésiter, le droit de cumuler le titre de membre du Conseil avec d'autres fonctions administratives, parce que, dans l'administration, on n'occupe une place que par commission essentiellement révocable. Mais le titulaire d'une chaire, nommé au concours ou à l'élection, et qui ne peut être révoqué que par jugement, ira-t-il échanger une pareille situation contre l'honneur de siéger quelques années dans le Conseil de l'Université? Nous devons désirer dans le Conseil la présence des hommes les plus éminents; mais si, pour les y appeler, il faut les enlever à leurs chaires, les amis les plus décidés de l'Université hésiteront.

Quel inconvénient d'ailleurs peut-on trouver à ce que l'Université, c'est-à-dire le corps des professeurs de l'État, soit administrée par des professeurs? Tout cet état-major qui la gouverne aujourd'hui grève inutilement son humble budget, et serait avantageusement remplacé, sous tous les rapports, par une délégation temporaire de l'autorité du Ministre à des professeurs. Les Facultés ne sont pas administrées autrement. Le directeur de l'École normale a presque toujours été en même temps l'un des professeurs de l'École, et il y a gagné en autorité morale et en influence véritable. La plupart des congrégations enseignantes et des Universités étrangères suivent cette méthode. Il est vrai qu'elles n'ont pas, comme nous, devant les yeux, l'exemple d'une formidable hiérarchie administrative. Elles ont moitié moins de bureaux et moitié moins d'administrateurs : reste à savoir si elles sont moins bien administrées.

Un mot seulement sur le mode de nomination des conseillers. Nous n'avons pas voulu la livrer à l'arbitraire du Ministre. Le Ministre, cela n'est que trop évident, sera le plus souvent étranger à l'Université, à ses besoins, à ses habitudes. Ce sera un homme politique, et, comme tel, il aura des amis ou des ennemis à satisfaire. Nous ne nous payons pas de ce mot de responsabilité; on ne met pas un Ministre en accusation pour une nomination mal faite. Nous lui conservons pourtant le droit de nommer, mais sur une double présentation : l'une sera faite par le Conseil même, assisté des Inspecteurs généraux; voilà pour la tradition de l'enseignement, pour la connaissance intime des besoins et des personnes; l'autre, par la classe compétente de l'Institut; voilà pour la science.

La lecture seule des articles de notre projet relatifs à la section de perfectionnement suffit pour expliquer le but que nous nous sommes proposé en la créant. Quel est le défaut de l'Université? disons-le sans détour : c'est la routine. Nous ne lui en faisons pas un reproche. Tout corps qui s'administre et se recrute lui-même directement tombe, avec le temps, dans l'idolâtrie de lui-même. Comme on n'arrive aux premières fonctions qu'après toute une vie laborieuse, on y apporte malgré soi l'horreur des innovations, et une admiration bien naturelle pour une organisation à laquelle on doit honneur et profit. Il serait insensé de substituer un mouvement désordonné à cette immobilité excessive ; mais puisque nous avons sauvé l'autorité, l'expérience, les traditions, en confiant l'administration de l'Université à un Conseil universitaire, nous avons cru préparer l'avenir sans rien compromettre, en appelant chaque année dans le Conseil, auprès du Ministre, des représentants de la science, de l'industrie, de la politique, étrangers à l'Université, mais plus au fait que les universitaires des besoins de la société, et, pour ainsi dire, de ce mouvement humain auquel il faut être tout à fait mêlé pour l'apprécier comme il doit l'être. Nous empruntons à l'École polytechnique cette grande institution du Conseil de perfectionnement. C'est un élément de vie et de progrès que nous déposons dans l'Université. La pensée d'avoir contribué à fonder ce Conseil nous consolera des limites étroites dans lesquelles nous avons dû renfermer notre œuvre. Nous n'aurons pas réalisé le progrès, mais nous aurons créé la force qui doit un jour le réaliser. Nous mettons en même temps l'Université à l'abri des réformes étourdies. Quand on saura bien qu'elle n'est plus condamnée à l'immobilité, on ne sentira plus le besoin de la réformer subitement de fond en comble.

Nous n'avons apporté dans l'inspection que des changements relatifs à la liberté d'enseignement, et dont je vous ai déjà rendu compte. Quelques attributions nouvelles, conférées par notre projet aux Inspecteurs généraux, auront pour effet d'accroître l'importance et la dignité de leurs fonctions. Nous ne changeons rien non plus à l'organisation actuelle des Académies. Il nous a paru nécessaire de proposer qu'à l'avenir la loi seule pourrait en augmenter ou en diminuer le nombre. Le droit qui appartient aujourd'hui au Ministre, et dont il a été fait usage récemment par une administration à la fois ferme et éclairée, pourrait devenir, dans des circonstances données, un instrument de désorganisation. La composition des Conseils académiques a reçu aussi quelques modifications indispensables. Ils étaient jusqu'ici composés de dix membres, sans compter le Recteur et les Inspecteurs. Nous avons élevé ce nombre à quinze. Il s'agit de fonctions gratuites qui, dans certains cas, peuvent être difficiles à remplir, et qui souvent ne l'étaient avec assiduité que par les membres du Conseil pris dans l'Université elle-même. Nous avons cru qu'il n'y avait pas lieu de laisser au Ministre la désignation des conseillers d'Académie. Il désigne et révoque à son gré le Recteur et les Inspecteurs, qui sont ses agents spéciaux, les représentants directs de son autorité. Le Conseil est un jury disciplinaire; nous le rendons électif pour lui donner, par cela même, plus de force et d'autorité. La présence d'un corps élu auprès du Recteur de l'Académie le mettra en contact direct avec l'opinion. Des difficultés matérielles ne nous ont pas permis d'étendre à tous les professeurs du ressort le droit d'élire et d'être élus : il a bien fallu accorder cette prérogative à ceux qui résident au chef-lieu. Elle sera chère aux membres de l'Université, qui se feront ainsi représenter directement auprès de leur chef immédiat. Nous espérons aussi que le droit d'élire des conseillers d'Académie, conféré au Conseil général, accoutumera ce Conseil à s'intéresser aux affaires de l'Académie, et contribuera peu à peu à faire pénétrer dans les esprits cette vérité, que le premier de tous les intérêts est l'intérêt de l'éducation nationale.

Il suffit de parcourir la liste des membres-nés que nous faisons entrer dans le Conseil, pour se rendre compte de nos motifs. Lorsqu'il n'y a pas de Faculté de droit, nous faisons élire un conseiller par l'ordre des avocats, la magistrature étant déjà représentée par le Procureur général. Nous ne pouvions faire élire directement le médecin par ses collègues, parce qu'il n'y a pas d'assemblée des médecins; mais il y aura toujours un médecin dans le Conseil, pour y représenter une branche importante des connaissances humaines, et pour veiller avec plus d'aptitude et d'autorité à tout ce qui concerne la salubrité des Écoles et la santé des élèves.

L'organisation du corps enseignant proprement dit appelait de grandes réformes. Nous nous sommes bornés aux plus nécessaires. Je ne saurais trop le répéter : ce qu'il faut renouveler surtout, ce sont les études. Là est le salut. Mais, précisément pour que ces réformes soient possibles, pour que le Conseil de perfectionnement ne soit pas arrêté par des questions de personnes, par des difficultés matérielles, il faut régulariser et consolider la situation des maîtres. Ce que nous faisons, très imparfaitement sans doute, par deux ou trois articles qui devront être complétés plus tard, mais qui déjà remédieront à quelques abus, et rendront nécessaires et infaillibles des améliorations plus radicales.

Tout le monde sait que l'enseignement public se divise en trois branches : l'enseignement supérieur, l'enseignement secondaire et l'enseignement primaire.

Toutes les positions dans l'enseignement supérieur sont données à l'élection ou au concours. A cet égard, nous nous bornons à consacrer ce qui existe. La disposition que nous ajoutons, le droit conféré au Ministre de mettre d'office à la retraite, sur l'avis de la première section du Conseil, même les titulaires nommés à l'élection ou au concours, ne blesse en réalité ni l'intérêt des titulaires, ni celui de la science, et a pour but de mettre fin à l'abus des suppléances trop prolongées. Il est évident que cette mise à la retraite ne sera jamais prononcée contre des hommes éminents, à moins que l'épuisement de leurs forces ne leur rende le repos nécessaire. Quant à ceux qui ne gardent de leurs fonctions que le traitement et le titre, que pourrait-on alléguer pour les conserver? qu'un nom célèbre, écrit sur l'affiche des cours, fait honneur à la Faculté? Si ce n'est que cela, qui empêche de conserver ce nom glorieux dans la liste des professeurs? ou même d'appeler les membres émérites aux délibérations intérieures de la Faculté, ou aux examens pour les grades élevés? Mais il n'est pas juste, il n'est pas raisonnable qu'une chaire soit, pendant vingt ans, pendant trente ans, occupée par un suppléant, au mépris des règlements sur le concours, et malgré le vœu formel de la loi, qui a voulu donner au professeur, dans sa chaire, plus de sécurité, plus de dignité. Si le suppléant est incapable, l'intérêt public est blessé; s'il est capable, un homme de talent se trouve victime d'une mauvaise institution, sans profit même pour le professeur titulaire. Avec l'article que nous proposons, tout rentre dans l'ordre, et le droit d'être suppléé se trouve renfermé dans les limites convenables.

Il était impossible de rendre les professeurs de l'enseignement secondaire inamovibles, comme le sont les professeurs des Facultés. Ils n'obtiennent pas leurs chaires au concours, et l'intérêt du service est qu'ils puissent être en certains cas révoqués. Cependant, Messieurs, ici comme dans toutes les carrières où l'avancement est régulier, la révocation doit être soumise à des conditions qui mettent à l'abri de l'arbitraire et du caprice des positions acquises quelquefois à force de travaux et de sacrifices. Il n'est pas même exact de dire que les professeurs des Collèges ne sont pas soumis au concours; ils ne concourent pas, cela est vrai, pour une chaire déterminée; mais le grade d'agrégé, sans lequel on ne peut être définitivement pourvu d'une chaire, s'acquiert lui-même par le concours.

Il y a donc là des droits spéciaux qui doivent être garantis. Hâtons-nous de dire qu'ils le sont complètement par les règlements actuels de l'Université, que nous vous proposons de convertir en articles de loi. Par ces articles, le Ministre restera maître de changer la résidence des professeurs selon les exigences du service ou de la discipline; mais quand il s'agira d'une destitution ou d'une suspension, ou même quand le changement de destination entraînera autre chose qu'une perte matérielle et fera reculer le professeur dans la hiérarchie, un jugement du Conseil académique devra intervenir. Le professeur condamné pourra en appeler à la première section du Conseil jugeant disciplinairement, et même au Conseil d'État pour les cas de révocation absolue. Ce dernier point n'est que l'application un peu étendue de l'article de la Constitution relatif à la révocation des fonctionnaires électifs. Vous remarquerez, au surplus, Messieurs, qu'en n'accordant ces privilèges qu'aux professeurs pourvus d'un titre définitif, nous donnons toute latitude nécessaire à la libre action du pouvoir central. C'est la première fois que se trouvera consacré d'une façon régulière l'usage introduit dans l'Université d'essayer, pour ainsi dire, les professeurs pendant une ou deux années avant de les instituer définitivement.

Il ne vous aura pas échappé, Messieurs, que nous n'avons fait dans cet article aucune distinction entre les professeurs des Lycées et les professeurs des Collèges communaux. Nous ne nous dissimulons pas que le concours d'agrégation exigé pour les Lycées, et non pour les Collèges communaux, établit entre ces deux sortes d'établissements des différences profondes, et que c'est surtout à cause du concours que la position des professeurs des Lycées a été jusqu'ici entourée de garanties que nous consacrons. Mais les avantages matériels attachés à l'agrégation suffiront toujours pour la rendre souhaitable, et nous n'avons pas cru que la position des professeurs de Collèges communaux fût moins digne d'intérêt que celle de leurs collègues; qu'il y eût une nécessité moins urgente à les garantir contre l'injustice ou l'erreur de leurs chefs, et à leur donner au moins une possession d'état assurée, puisqu'il ne dépend pas de nous de rendre leur situation matérielle plus digne du rang qu'ils occupent et des services qu'ils rendent à la société.

Mais, Messieurs, nous n'aurions fait que bien peu si nous nous étions bornés à garantir aux professeurs des Collèges leur position, c'est-à-dire pour la plupart d'entre eux, leur misère. Nous avons voulu que l'avancement même eût lieu selon des formes protectrices. Nulle part l'arbitraire n'est plus odieux que dans l'Université, où il est facile de constater, pour ainsi dire à chaque heure, le mérite et le talent. Nous savons que le Ministre doit rester libre, puisqu'il est responsable; mais nous savons aussi qu'il est entouré de sollicitations, et qu'il est nécessairement étranger, par la nature même des choses, au personnel de son département. Qu'en résulte-t-il aujourd'hui? Que le personnel de l'Université est gouverné par les bureaux, c'est-à-dire par un pouvoir occulte, irresponsable, incompétent. C'est à ces conseillers secrets que nous substituons les conseillers naturels, légitimes, avouables, du Ministre. Nous proposons que la première section du Conseil soit consultée sur toutes les nominations qui n'ont lieu ni par élection, ni par concours. La présentation sera faite en commun par les membres de la première section du Conseil et les Inspecteurs généraux réunis. Les membres du Conseil, Messieurs, vous le savez, seront toujours les représentants les plus éminents de chaque branche d'étude; tous les membres de l'Université, à quelque science qu'ils appartiennent, trouveront là les juges les plus compétents. Les Inspecteurs généraux, sans cesse en rapport avec l'Université tout entière, éclairés d'ailleurs par les notes des Recteurs, qui devront toujours être consultées, apporteront dans cette présentation leur connaissance actuelle, approfondie, du personnel. Ainsi l'Université sera vraiment une carrière. On n'y avancera plus par la faveur, par la protection, mais par le mérite et par le travail.

Nous ne pouvions pas, Messieurs, entrer dans le détail de l'avancement hiérarchique. C'est aux lois du budget qu'il appartient de mettre les traitements en harmonie avec la dignité et l'importance des fonctions. C'est par des règlements intérieurs que les catégories d'admission aux divers emplois doivent être déterminées. Nous avons eu soin (il n'y a pas de petites choses, Messieurs, quand il s'agit de réparer une injustice) d'employer le mot de professeurs en parlant des régents de Colléges communaux. Nous croyons que ces titres surannés de régents et de maîtres élémentaires doivent disparaître, comme consacrant des distinctions injurieuses entre des fonctionnaires de même ordre, et qui rendent des services également considérables. Nous n'avons pas osé introduire dans la loi, en faveur des professeurs de Colléges communaux, des maîtres élémentaires et des maîtres d'études, une dérogation aux règlements qui attribuent exclusivement certaines fonctions aux agrégés.

Nous n'avons pas voulu entrer dans cette voie qui eût exigé un remaniement complet de l'organisation universitaire. Nous sommes d'ailleurs profondément persuadés que l'agrégation doit être maintenue avec tous les avantages qui y sont attachés; c'est la force de l'Université et son avenir. Mais n'est-il pas possible, à certaines conditions, d'ouvrir les rangs des fonctions supérieures aux professeurs non agrégés? N'y a-t-il pas des services assez recommandables, assez éclatants pour forcer toutes les portes? Dans l'armée, malgré les Écoles spéciales, des places sont réservées aux sous-officiers. Cela est moins nécessaire dans l'Université, je l'avoue; car, ce qu'il faut surtout pour concourir, c'est de la capacité, et la même capacité précisément que pour enseigner. Mais n'oublions pas qu'il y a des professeurs trop pauvres pour pouvoir faire les frais du concours, et qu'il vient un âge où l'on peut enseigner avec autorité, et où l'on ne peut plus concourir avec dignité.

Nous aurions aussi voulu, Messieurs, qu'il nous fût permis de changer complètement la situation des maîtres d'études. Il n'y a pas dans l'Université de fonctions plus importantes, il n'y en a pas de plus ingrates. Tant qu'on n'aura pas trouvé le moyen de rendre ces fonctions moins pénibles, et de mettre ceux qui les remplissent au niveau des professeurs, l'enseignement restera incomplet et l'éducation défectueuse. Votre Commission, profondément pénétrée de cette vérité, que les maîtres d'études remplacent directement les pères de famille, qu'on doit à l'avenir se montrer plus exigeant à l'égard de ceux qui aspirent à cette importante fonction, et en même temps plus juste envers ceux qui la remplissent avec intelligence et dignité, m'a chargé d'exprimer en son nom l'espérance que, dans un avenir prochain, des rapports plus intimes s'établiraient entre les maîtres d'études et les professeurs, qu'un certain nombre de fonctions leur deviendraient communes, et que les maîtres d'études concourraient directement avec leurs collègues pour des emplois d'un ordre élevé dans l'administration des Colléges et des Académies. Forcée de renoncer à poser elle-même les bases de cette organisation nouvelle, elle a du moins donné aux maîtres d'études, pour l'avancement, et pour la stabilité des positions acquises, les mêmes garanties qu'aux professeurs.

Restait l'enseignement primaire, qui devait être, selon nous, l'un des principaux objets des préoccupations de l'Assemblée constituante, et dont nous ne pouvons parler qu'en passant, plutôt pour ne pas l'omettre, que pour proposer à l'Assemblée quelque mesure qui nous satisfasse. La première Commission d'enseignement, celle que l'Assemblée avait nommée pour examiner le projet de M. Carnot sur l'Instruction primaire, avait consacré six mois entiers de travaux persévérants à chercher les moyens de rendre plus universelle et plus complète l'éducation du peuple. Une loi composée de plus de cent articles était toute faite; elle allait être distribuée, lorsque le projet fut retiré. Il nous sera permis de dire que la Commission de l'Assemblée nationale avait fait beaucoup pour améliorer le sort des instituteurs.

Nous espérons encore que son projet ne sera pas entièrement perdu, et qu'il en restera au moins quelques traces dans les archives de la législature. Il nous a été impossible d'introduire dans notre loi même les parties fondamentales de cette loi projetée sur l'instruction primaire. Ce que nous avons fait, c'est ce que commandait impérieusement le sentiment du devoir, ce qu'il n'était pas permis de différer un instant, sous peine de manquer à la justice, à l'humanité et à l'esprit de nos institutions démocratiques. Nous proposons de porter à 600 francs le minimum du traitement des instituteurs, et à 400 francs celui des institutrices. Ce n'est pas même du pain assuré. C'est tout ce que permet, pour aujourd'hui, la pénurie de nos finances. Nous faisons aussi passer dans la loi le principe de la retraite accordée aux instituteurs. Il ne nous est pas permis de taire que M. de Salvandy avait déjà, sous la monarchie, proclamé la nécessité d'assurer les vieux jours de ceux qui apprennent à lire à nos enfants. La République ne voudra pas que l'instituteur, incapable de continuer ses nobles et pénibles fonctions, vienne mendier à la porte de l'École communale. On nous saura gré d'avoir interdit aux instituteurs publics de recevoir eux-mêmes, directement, la rétribution scolaire. A l'avenir, cette rétribution sera perçue par le caissier municipal, et l'instituteur recevra directement son traitement de la commune. Il ne convient pas que les familles ne voient dans l'instituteur que leur salarié, puisque l'État voit en lui un magistrat.

Voilà, Messieurs, tout ce que nous avons fait pour les professeurs de l'enseignement supérieur, de l'enseignement secondaire et de l'enseignement primaire. Si peu que ce soit, nous vous demandons de le confirmer par vos votes. Il sera digne de la première Assemblée républicaine d'avoir manifesté sa profonde sympathie pour ceux qui éclairent les intelligences. La République, le suffrage universel seraient un odieux contresens, si nous ne donnions pas au peuple les lumières qui le rendent digne et capable de la liberté.

Je dois vous rendre compte, à présent, Messieurs, de ce que nous avons fait « pour favoriser et encourager le développement du travail par l'enseignement primaire gratuit », et pour « mettre à la portée de chacun l'instruction indispensable à tous les hommes ».

Nous ne parlerions pas aussi modestement que nous le faisons de notre loi, Messieurs, si nous avions réussi à réaliser complètement ce vœu de la Constitution. Il y aurait là de quoi honorer à jamais une Assemblée. Mais il faut nous tenir compte de nos finances obérées. Nous nous bornons ici à poser des principes : nous espérons que l'avenir les fécondera.

Les deux questions que nous avions à examiner, Messieurs, étaient la gratuité et l'obligation.

Les défenseurs de la gratuité absolue demandaient si l'instruction primaire n'est pas indispensable à tous les hommes; si le droit de voter aux élections n'entraîne pas le droit d'être éclairé sur ses devoirs de citoyen; si la République n'est pas obligée à donner aux citoyens l'éducation élémentaire gratuite, comme elle leur donne protection pour leur vie, pour leurs biens et pour leurs consciences. L'État, par les instituteurs publics, enseigne au dernier des citoyens à lire et à comprendre la Constitution : est-ce là un bien qui se puisse vendre? Comme il y a, dans chaque village, une église où la religion prodigue à tous ses consolations et ses lumières, il y a, à côté d'elle, une École où l'État fait enseigner gratuitement, à chaque citoyen, ses droits, ses devoirs.

Se peut-il que, dans un État démocratique, qui écrit sur son drapeau le mot d'égalité, le mot de fraternité, l'enfant du pauvre vienne s'asseoir humilié sur les bancs de l'école, à côté de l'enfant du riche, qui, ayant payé les leçons du maître, a le droit d'exiger des soins que le pauvre accepte comme une aumône? Quoi! l'Assemblée nationale, qui a décrété la gratuité absolue de l'École polytechnique, de l'École normale, de l'École militaire, de l'École de marine, reculera devant la gratuité des Écoles primaires! Elle refusera le nécessaire après avoir donné le superflu! La République sera moins généreuse que les congrégations enseignantes, ou que l'ancienne monarchie française qui ouvrait partout des Écoles gratuites! Elle abusera des mots jusqu'à chercher une conséquence des théories communistes, dans ce qui n'est au fond que la fraternité la mieux entendue!

La majorité de la Commission repoussait au contraire la gratuité absolue des Écoles primaires, et ne se croyait pas liée par l'article 13 de la Constitution.

Son premier argument, argument décisif et qui dispense de tous les autres, était celui-ci : la gratuité de l'enseignement primaire est une énorme dépense que notre budget ne saurait supporter. Il ne s'agit pas en ce moment de demander tout ce qui est utile, ni même tout ce qui est juste; on ne doit, il ne faut demander que ce qui est possible. Or, pas possible d'aggraver les charges de l'État. Toute dépense nouvelle qu'on impose au budget est un acheminement vers la banqueroute.

Il ne faut pas répondre qu'il n'y a là qu'un déplacement de dépenses, et que la même somme qui serait payée indirectement par les contribuables, se paye directement aujourd'hui par les pères de famille. Il ne faut pas dire cela; car tout le monde voit bien que la dépense à faire excéderait la recette actuelle. Et, d'ailleurs, ce ne sont pas les capitaux qui manquent, c'est la circulation des capitaux qui est arrêtée. Il y a donc une différence essentielle entre ce que l'on demanderait à la richesse par l'établissement d'un impôt, et ce que l'on peut en attendre de sacrifices volontaires.

S'il y a une recette qui s'opère facilement, contre laquelle il ne s'élève pas de réclamations, c'est celle-là. Pourquoi la supprimer au moment même où nous sommes obligés de créer de nouveaux impôts? C'est, dit-on, parce qu'un principe ne doit fléchir devant aucune difficulté. Mais quel principe?

Est-ce le principe que l'État ne peut vendre l'éducation? mais il vend l'éducation secondaire et supérieure; ou le principe qu'il ne peut vendre l'éducation indispensable à tous les hommes? Mais où prend-on ce principe? qui le démontre? Il n'y a de vrai que ceci : c'est que l'éducation est due à qui ne peut la payer. Mais votre majorité s'est refusée à comprendre que l'État fût obligé d'offrir gratis aux riches l'éducation qu'ils peuvent et qu'ils veulent même payer.

Quel serait le résultat de cette gratuité? c'est que, la dépense des Écoles devenant une dépense commune, le pauvre y contribuerait pour sa part. L'obole du pauvre diminuerait d'autant le sacrifice imposé au riche. N'est-il pas plus équitable, et par conséquent plus fraternel, de ne pas augmenter encore le fardeau de celui qui n'a rien, et de prendre au riche un argent qu'il ne regrette pas de donner pour un tel motif?

On fait sonner bien haut le principe de l'égalité. Tous les enfants, dit-on, doivent entrer au même titre dans l'École. Ils y entreront au même titre; ils seront égaux, parfaitement égaux, comme le sont devant Dieu et devant la loi deux citoyens égaux en mérite, entre lesquels Dieu n'a mis d'autre différence qu'un peu de richesse ou de misère. C'est le principe même de l'égalité, c'est la démocratie bien entendue qui exige que l'École ne soit pas nécessairement gratuite; car si elle l'était, vous n'auriez plus sur les mêmes bancs l'enfant du riche et l'enfant du pauvre. Il y aurait, à côté de l'École gratuite, une École payante, à laquelle la vanité des pères de famille ferait une clientèle. Vous ôteriez à nos mœurs ce qui tend le plus efficacement à opérer la fusion entre toutes les classes de citoyens : la camaraderie sur les bancs de l'école.

Si vous obligez le père de famille à déclarer sa pauvreté, pour obtenir l'éducation gratuite de son fils, c'est, dit-on, l'obliger à une humiliation. Votre Commission n'admet pas cela. La misère d'un enfant est toujours digne de sympathie, puisqu'il la subit sans la mériter. Quoi! nous serons une démocratie et nous avouerons hautement que l'indigence est par elle-même une chose honteuse! Si nous avons de tels préjugés, c'est que la démocratie que nous mettons dans nos lois est encore bien loin de nos mœurs.

Enfin, Messieurs, votre Commission a craint aussi d'ôter aux pères de famille l'occasion et ce que j'appellerais presque le droit de s'imposer un sacrifice pour l'éducation de leurs enfants. On a beaucoup parlé, dans ces derniers temps, de la famille; on s'est donné beaucoup de peine pour la défendre. Il n'en était pas besoin; car elle n'était pas menacée, et ne pouvait pas l'être. La famille n'est pas une institution sociale, que puisse menacer une révolution : c'est la nature même; il n'y a pas de théorie, il n'y a pas de passions qui puissent l'ébranler. Mais si nous voulons fortifier encore ce sentiment sacré de la famille, qui ne pourrait périr dans le cœur de l'homme sans entraîner dans sa ruine tous les sentiments honnêtes, et qui n'y peut vivre sans devenir comme un ardent foyer où s'allument toutes les vertus, encourageons, consacrons le principe du sacrifice. Le travail qu'on s'impose pour donner à son enfant du pain ou de l'éducation est un travail béni, qui ne fatigue pas.

Nous ne venons donc pas vous proposer, Messieurs, d'établir que l'enseignement primaire sera gratuit pour tout le monde, mais seulement que l'État donnera l'enseignement primaire gratuit à ceux qui ne peuvent le payer. Nous croyons que l'article 13 de la Constitution ne nous oblige à rien de plus. Nous proposons d'ajouter que la commune pourra, sur ses ressources, établir la gratuité absolue, parce qu'il nous a semblé qu'on ne devait assigner d'autres limites que celles du possible aux sacrifices à faire par les communes en matière d'éducation politique. Ce n'est là d'ailleurs que la reproduction de l'article 5 de la loi sur l'Instruction primaire présentée par le Gouvernement à la Chambre des Députés en 1847.

La dernière disposition que nous vous proposons, Messieurs, consiste à écrire dans la loi le principe de l'obligation. Nous avouons sincèrement qu'il est difficile à réaliser. Nous n'avons pas cru qu'il nous fût possible, au moment où l'Assemblée va se séparer, de faire autre chose que de poser le principe. Cette proclamation d'un principe, jusqu'ici nouveau dans nos mœurs, ne sera pas sans influence sur l'avenir de l'éducation nationale.

Ce principe a des adversaires. On le défigure pour le mieux combattre. On suppose qu'en rendant l'éducation primaire obligatoire, nous voulons forcer tous les enfants à fréquenter l'École communale. Il n'en est rien. La famille, l'École privée peuvent évidemment, comme par le passé, donner l'instruction primaire. Tout se résout par un examen, qui se fera, si l'on veut, par l'autorité communale, ou, pour avoir un juge moins partial et plus compétent, par un délégué du Comité supérieur; en tous cas, par un pouvoir électif et local. Il n'y a là, à coup sûr, rien d'oppressif, rien qui dépasse les droits de l'État comme gardien de la morale publique, rien que n'explique et ne justifie au besoin l'établissement du suffrage universel. A qui donc se fera sentir cette loi de l'obligation? Qu'on y songe : ceux-là seuls qui, pouvant faire instruire leurs enfants et les arracher à l'ignorance, les condamneront à dépendre de tout le monde pour la défense de leurs intérêts et l'exercice de leurs droits. Est-ce de cette liberté qu'on se montre si jaloux? Et depuis quand ôte-t-on quelque chose à la puissance paternelle en protégeant les fils contre l'incurie ou l'ignorance ou l'incapacité du père? La loi est faite précisément pour contraindre tout le monde à remplir son devoir. On a bien écrit dans le Code civil[1] l'obligation pour le père de nourrir son fils, et pour le fils de nourrir son père. On a bien donné au fils mineur[2] hypothèque légale sur tous les immeubles du tuteur, même lorsque le tuteur est son père. Y a-t-il donc moins de nécessité de protéger les intérêts moraux et intellectuels? Vous intervenez dans la famille pour empêcher le père de compromettre la fortune de son fils, et vous n'interviendriez pas pour l'empêcher de condamner son fils à une éternelle et invincible ignorance! Vous n'interviendriez pas pour protéger la société elle-même, blessée dans ses intérêts, menacée dans sa sécurité par cette coupable indifférence du père de famille! La moitié des États de l'Europe a consacré ce principe de l'enseignement obligatoire qui nous semble si nouveau. L'obligation de l'enseignement primaire remonte en Prusse à 1769. Ou plutôt, c'est la réglementation de l'obligation qui remonte à 1769; car l'obligation existait déjà avant cette époque. On ne comprendrait pas que, dans le seul pays du monde où tous les citoyens jouissent de leurs droits politiques, il fût permis d'être ignorant. L'éducation primaire obligatoire est la conséquence du suffrage universel. Que, dans un avenir prochain, il n'y ait plus, en France, une commune qui n'ait sa maison d'école! Qu'il n'y ait plus un citoyen qui ne puisse écrire lui-même son bulletin avant de le jeter dans l'urne! Il n'y a de révolution sainte que celle qui se justifie en répandant la lumière en même temps que la liberté.

Telles sont, Messieurs, les dispositions principales que nous avons l'honneur de vous proposer.

Votre Commission m'a ordonné d'ajouter que, dans sa pensée, la mesure qui prescrit aux professeurs des petits séminaires, et en général aux instituteurs privés, de se munir d'un brevet de capacité ou d'un grade, ne pouvait devenir exécutoire qu'après un délai convenable, dont l'administration restera juge.

Je ne terminerai pas ce rapport sans vous rappeler, Messieurs, que, nommée en avril 1848 pour fonder et régulariser la République, pour faire passer dans nos lois et dans nos mœurs les principes proclamés depuis cinquante ans par le parti libéral et démocratique, l'Assemblée se doit à elle-même de laisser sa trace dans l'enseignement du peuple.

Vous auriez été infidèles à votre mandat, vous auriez en quelque sorte déna-

1. Article 203.
2. Article 2121.

turé toutes nos révolutions, si vous n'aviez songé à établir l'ordre qu'entre les intérêts et les pouvoirs, si vous n'aviez rien fait pour l'intelligence.

La subordination des intérêts de la pensée à ce que l'on a justement appelé les intérêts matériels a été, pendant vingt ans, le profond malheur de notre société telle qu'on l'avait faite. Ce sera l'honneur de l'Assemblée nationale d'avoir répondu à ce long athéisme de la loi par la proclamation des principes sans lesquels la liberté n'est qu'un mensonge ou un péril.

2° Projet de loi.

TITRE Ier.

De l'Instruction nationale.

ARTICLE 1er. — L'Instruction nationale est placée sous la protection et la surveillance de l'État.

Elle se divise en instruction publique, donnée par l'État sous la direction de l'Université;

Et en instruction privée, donnée, soit dans la famille, soit dans les établissements particuliers.

ART. 2. — Il y a auprès du Ministre de l'Instruction nationale un Conseil divisé en trois sections, qui prennent le titre de : *Section de l'enseignement public; Section de perfectionnement; Section de l'enseignement privé.*

Le Ministre préside le Conseil; il peut aussi présider chacune des sections.

ART. 3. — La section *de l'enseignement public* est composée de 12 membres pris dans l'Université, savoir :

3 membres pour les sciences physiques, mathématiques et naturelles;

4 pour les lettres;

1 pour la philosophie;

1 pour le droit;

1 pour la médecine;

Et 2 pour l'instruction primaire.

ART. 4. — Les membres de la première section du Conseil sont nommés par le Ministre de l'Instruction nationale, pour chaque place vacante, sur une double liste de candidats qui sont présentés, savoir :

Un candidat par les membres de la première section réunis aux Inspecteurs généraux;

Et un candidat par l'Académie des Sciences pour chacune des places affectées aux sciences mathématiques, physiques et naturelles, et à la médecine;

. Par l'Académie française et l'Académie des Inscriptions et Belles-Lettres réunies, pour chacune des places affectées aux lettres;

Par l'Académie des Sciences morales et politiques et l'Académie des Inscriptions et Belles-Lettres réunies, pour chacune des places affectées à la philosophie et au droit;

Enfin par l'Académie française et l'Académie des Sciences morales et politiques réunies, pour chacune des places affectées à l'instruction primaire.

ART. 5. — Le titre de membres de la première section du Conseil de l'Instruction nationale est compatible avec les fonctions actives de l'enseignement, et ne peut se cumuler avec aucune fonction administrative.

Les membres de cette section sont nommés pour neuf ans et renouvelés tous les trois ans par tiers; ils sont indéfiniment rééligibles et reçoivent seuls un traitement de l'État.

ART. 6. — La première section du Conseil d'Instruction nationale dirige seule, sous l'autorité du Ministre, les Écoles de l'État.

Elle dresse, de concert avec les Inspecteurs généraux, qui ont alors voix délibérative, une liste de présentation pour toutes les fonctions qui ne se donnent ni à l'élection ni au concours.

Elle conserve, comme tribunal disciplinaire et administratif, toutes les attributions conférées au Conseil de l'Université par les lois antérieures; néanmoins ses décisions, en cas de destitution prononcée contre des fonctionnaires nommés à l'élection ou au concours, peuvent être déférées au Conseil d'État.

ART. 7. — La section *de perfectionnement* se compose :

Des douze membres de la première section du Conseil;

D'un membre de chacune des classes de l'Institut, élu par elle dans son sein;

De deux membres désignés par les Conseils supérieurs de l'agriculture, de l'industrie et du commerce;

De trois membres désignés par le Conseil de perfectionnement de l'École polytechnique;

D'un membre de chacune des cinq Facultés de Paris, élu par elle dans son sein;

D'un membre pour les Facultés de théologie protestante, nommé par le consistoire;

D'un professeur du Collège de France, élu par le Collège;

D'un membre pour l'instruction primaire, désigné par les Inspecteurs généraux;

De deux membres désignés par la troisième section du Conseil;

De deux membres désignés par les proviseurs de Paris, réunis aux fonctionnaires et professeurs de l'École normale;

De quatre membres élus par l'Assemblée nationale dans son sein.

ART. 8. — La section de perfectionnement se réunit en session au moins une fois par an.

Elle émet son avis et fait des propositions sur les modifications à introduire dans les Écoles de l'État, et dans les programmes d'études, d'examens et de concours.

ART. 9. — La section *de l'enseignement privé* se compose de trente membres, savoir :

Les douze membres de la première section;

Douze membres choisis par le Ministre dans l'enseignement privé;

L'archevêque de Paris;

Le président du consistoire protestant;

Le premier président de la Cour de cassation;

Le premier président de la Cour d'appel;

Le Préfet de la Seine;

Et l'un des vice-présidents du Conseil d'État désigné par ce Conseil.

ART. 10. — Cette section se réunit en session au moins deux fois par an, sur la convocation du Ministre; elle délibère sur toutes les affaires relativement à l'enseignement privé, ainsi que sur les matières qui lui sont déférées par la présente loi.

TITRE II.

De l'inspection.

ART. 11. — L'inspection de tous les établissements d'instruction nationale est exercée :

1° Par des Inspecteurs généraux nommés par le Ministre parmi les professeurs de Faculté, les Recteurs et Inspecteurs d'Académie ;

2° Par les Recteurs d'Académie ;

3° Par des Inspecteurs d'Académie choisis par le Ministre, soit parmi les fonctionnaires et professeurs des Écoles de l'État, soit parmi les fonctionnaires et professeurs des Écoles privées, aux conditions qui seront déterminées par la loi ;

4° Par des Inspecteurs de l'instruction primaire.

ART. 12. — L'inspection de l'instruction nationale s'étend à toutes les Écoles publiques et privées sans aucune exception.

Pour les premières, elle s'exercera suivant les règlements délibérés par la première section du Conseil ; pour les secondes, elle ne portera que sur la constitutionnalité et la moralité de l'enseignement, et sur l'hygiène.

TITRE III.

De l'administration académique.

ART. 13. — L'Université, pour la direction, la surveillance et la juridiction de l'enseignement public, se divise en Académies, dont le nombre ne peut être augmenté ni diminué que par une loi.

Les Académies sont administrées par un Recteur et un Conseil académique.

Le Conseil académique est composé :

1° Du Recteur, président ; des Inspecteurs de l'Académie, et de l'Inspecteur des Écoles primaires ;

2° Du Préfet du chef-lieu de l'Académie, de l'évêque, ou, si l'évêque ne réside pas au chef-lieu de l'Académie, du plus ancien des curés cantonaux du chef-lieu, du maire du chef-lieu, du Procureur général, ou, s'il n'y a pas de Cour d'appel, du Procureur de la République ;

3° D'un membre de chaque Faculté, élu par elle dans son sein ; de deux membres élus par l'assemblée des proviseur, censeur et professeurs du Lycée du chef-lieu de l'Académie, et choisis parmi eux.

Le Conseil général du département où l'Académie est établie élira le nombre de conseillers nécessaire pour que le Conseil académique soit composé de quinze membres.

Lorsqu'il n'y aura pas au chef-lieu d'Académie de Faculté de médecine ou d'École de médecine, le Conseil général désignera au moins un médecin parmi les membres qu'il sera chargé d'élire.

Lorsqu'il n'y aura pas de Faculté de droit, l'ordre des avocats élira un membre dans son sein.

ART. 14. — Les attributions actuelles des Conseils académiques sont maintenues dans tout ce qui n'est pas contraire à la présente loi.

TITRE IV.

Des grades.

. . . .

TITRE V.

Des garanties des membres de l'Université.

ART. 16. — Les professeurs de Faculté continueront d'être nommés selon les formes actuellement en vigueur.

Ils pourront, sur l'avis conforme de la première section du Conseil, être mis d'office dans la position de retraite aux mêmes conditions d'âge et d'années de service que les autres membres de l'Université.

Les professeurs des Lycées et des Collèges communaux et les maîtres d'étude pourront toujours recevoir du Ministre une destination nouvelle; mais, lorsqu'ils occuperont leur emploi en vertu d'une nomination définitive, le Ministre ne pourra ni les mettre en disponibilité, ni les suspendre, ni les faire descendre à un degré inférieur qu'après jugement du Conseil académique, sauf appel à la section de l'enseignement public. Cette disposition n'est pas applicable aux fonctionnaires de l'administration.

TITRE VI.

Des établissements privés d'enseignement secondaire.

. . . .

TITRE VII.

Des livres employés dans l'enseignement.

ART. 21. — La première section du Conseil a seule le droit d'autoriser, de prescrire ou d'interdire l'usage de certains livres pour les Écoles de l'État.

Aucun examen préalable ne peut être exigé pour les livres employés dans les Écoles privées.

Toutefois, les livres dénoncés au Ministre sont déférés par lui à la première et à la troisième section du Conseil réunies.

Les deux sections réunies font leur rapport au Ministre.

Sur ce rapport, le Ministre peut interdire l'emploi du livre dans les Écoles privées. Les infractions à cette défense seront punies des peines portées à l'article précédent.

TITRE VIII.

De l'enseignement primaire.

ART. 22. — L'enseignement primaire élémentaire est gratuit pour tous les enfants dont les parents sont hors d'état de le payer.

Il est obligatoire dans les limites et sous la sanction qui seront établies par la loi.

ART. 23. — Les instituteurs et institutrices reçoivent un traitement unique, qui ne peut être au-dessous de 600 francs pour les instituteurs, et de 400 francs pour les institutrices. Il est pourvu à ce traitement : 1° à l'aide de la rétribution scolaire, qui sera perçue par le receveur municipal ; 2° à l'aide des ressources de la commune, du département et de l'État. Il sera pourvu aux retraites par une retenue sur les traitements.

La commune, sur ses ressources, pourra établir la gratuité absolue de ses Écoles primaires.

Une loi spéciale réglera l'application des dispositions du présent article.

Dispositions transitoires.

Les membres titulaires du Conseil actuel de l'Université font de droit partie de la première section du Conseil.

Immédiatement après que cette section aura été complétée dans la forme indiquée par la présente loi, un tirage au sort réglera l'ordre du renouvellement triennal.

Avis relatif à une demande de recours en grâce formée par un instituteur. 2 mars 1849.

2 Mars 1849.

Le Conseil, etc.,

Vu la lettre en date du 22 décembre 1848, par laquelle le sieur Leprêtre, instituteur communal à Tourny (Eure), adresse à M. le Président de la République un pourvoi en grâce contre la décision du Comité supérieur des Andelys, en date du 19 février 1848, qui l'a frappé d'un mois de suspension, avec privation de traitement ;

Vu la lettre de M. le Préfet de l'Eure, en date du 3 janvier 1849 ;

Considérant que, si, en principe, le droit de grâce paraît établi par la Constitution d'une manière générale et sans distinction, toutefois il y a lieu de n'en faire l'application qu'aux condamnations qui ont un véritable caractère pénal et qui, comme telles, sont prononcées par des juridictions statuant en audience publique ;

Que les peines disciplinaires émanées des Comités d'instruction primaire et, en général, celles émanées des diverses autorités de discipline en matière universitaire, n'ont pas ce caractère ; que ce sont plutôt des mesures intérieures d'ordre et de hiérarchie, ayant pour but de maintenir les fonctionnaires dans l'observation exacte de tous leurs devoirs, et de garantir l'instruction publique de préjudices que la violation ou la négligence de ces devoirs pourrait y apporter ; qu'elles participent ainsi de la nature des actes d'administration,

Est d'avis que le recours en grâce du sieur Leprêtre contre la décision rendue, le 19 février 1848, par le Comité d'instruction primaire des Andelys, n'est pas recevable.

---

14 mars 1849. **Instruction du Ministre de l'Instruction publique à tous les chefs d'établissements universitaires qui reçoivent des pensionnaires, relative aux précautions hygiéniques à prendre dans le cas d'invasion de maladies épidémiques[1].**

14 Mars 1849.

En voyant reparaître dans plusieurs contrées de l'Europe et se rapprocher progressivement de nos frontières la maladie épidémique qui, en 1832, fit irruption en France et pourrait s'y montrer de nouveau, le Ministre de l'Instruction publique croit de son devoir de faire connaître à tous les chefs d'établissements universitaires qui reçoivent des pensionnaires les précautions hygiéniques qu'ils auraient à prendre dans le cas où ces prévisions viendraient à se réaliser.

Pour réduire ces craintes à leur juste valeur, il suffira sans doute de signaler un fait que la médecine a depuis longtemps constaté, et qui a trouvé une sanction remarquable dans l'épidémie cholérique de Paris[2] : c'est que les maladies épidémiques qui règnent dans les villes n'envahissent pas ordinairement les Colléges qui y sont établis : l'isolement de ces établissements, la vie plus simple et plus égale qu'on y mène, l'âge différent des sujets, peuvent expliquer cette heureuse immunité. Toutefois, malgré l'espoir légitime que le passé doit inspirer pour l'avenir, la prudence exige qu'au moment de l'invasion d'une épidémie, et mieux encore dans la prévision d'une semblable éventualité, on cherche par tous les moyens que la raison et l'expérience peuvent suggérer, soit à préserver les établissements universitaires, soit à atténuer l'intensité du mal dans ceux de nos établissements où il viendrait à pénétrer.

Pour atteindre ce double but, les chefs d'établissements devront veiller plus activement encore que dans les temps ordinaires à ce que le renouvellement de l'air soit partout aussi complet et aussi répété que la destination des lieux et la saison le permettront, et à ce que la propreté la plus grande soit maintenue sans cesse dans toutes les parties intérieures et extérieures des maisons qu'ils dirigent, dans les dortoirs, dans les classes, dans les quartiers, dans les réfectoires, dans les infirmeries surtout, mais aussi dans les cours destinées aux récréations, dans les latrines, dans les ruisseaux, les égouts, les tuyaux et cuvettes qui servent à l'écoulement des liquides de tout genre, partout enfin où passent ou séjournent des matières susceptibles de se décomposer et de fournir des émanations malsaines ou fétides.

1. Ces instructions ont été rédigées, sur l'invitation de M. le Ministre de l'Instruction publique, par MM. Orfila, conseiller titulaire de l'Université, professeur à la Faculté de médecine de Paris; Chomel, conseiller ordinaire de l'Université, professeur à la Faculté de médecine de Paris; Adelon, professeur à la Faculté de médecine de Paris; Serres, professeur au Muséum. (*Note de l'Instruction.*)

2. Au rapport de M. le Vice-Recteur, aucun élève interne n'a succombé pendant l'épidémie de 1832 dans les Lycées et Colléges de Paris. (*Note de l'Instruction.*)

Indépendamment de ces soins généraux qui s'appliqueraient à toutes les parties des établissements universitaires, les dortoirs, les classes, les quartiers, les infirmeries, dont les dispositions ne seraient pas entièrement conformes aux règles de l'hygiène, devront être améliorés, autant que les circonstances le permettront.

Les *dortoirs* qui seraient imparfaitement aérés, qui n'auraient des croisées que d'un seul côté, ou qui manqueraient d'ouvertures terminales, qui n'auraient pas l'étendue et la hauteur que réclamerait le nombre des élèves qui y sont réunis, devront être assainis, en attendant des changements plus définitifs, au moyen de lampes ventilateurs[1], qui, en renouvelant incessamment l'air pendant la nuit, préviennent ou atténuent sa viciation. Les chefs d'établissements, en visitant ces dortoirs à diverses heures, et particulièrement à celles qui précèdent le lever des élèves, jugeraient par eux-mêmes de l'état de l'air et de la nécessité d'établir et de multiplier les moyens d'assainissement.

La surveillance nocturne des dortoirs, établie par les règlements et exercée avec une scrupuleuse exactitude dans tous les établissements universitaires, sous le double rapport de la santé et de la discipline, devra devenir plus active encore s'il était possible, dans le cas d'invasion de maladies épidémiques, et plus particulièrement de maladies cholériques. Un simple dérangement d'entrailles peut être alors le début d'une maladie très sérieuse, surtout si en descendant de son lit l'enfant était frappé par le froid. Toutes précautions seront donc prises, dans cette éventualité, pour que les élèves qui éprouveraient ce genre d'indisposition soient mis à l'abri de tout refroidissement; et si, nonobstant ces précautions, le dérangement d'entrailles offrait quelque intensité, ou s'il était accompagné de froid général ou partiel, ou de quelque autre symptôme inaccoutumé, on devrait immédiatement, à quelque heure de la nuit que ce fût, faire appeler le médecin de la maison.

Dans les établissements où quelques *classes* ou *quartiers* n'auraient pas une grandeur suffisante relativement au nombre des élèves, dans ceux où le renouvellement de l'air ne pourrait avoir lieu que d'un seul côté, et plus particulièrement encore dans ceux où la même salle sert à la fois de classe pour les leçons des professeurs, de quartier pour les études et de lieu de récréation dans les jours pluvieux, il conviendra de remplacer les poêles ordinaires par des poêles-ventilateurs, ou d'adapter aux poêles existants des moyens de ventilation pour remédier à la viciation de l'air.

Les *infirmeries*, appelant spécialement l'attention des chefs d'établissement, doivent être suffisamment spacieuses et élevées, percées de croisées des deux côtés, et, si elles ne l'étaient que d'un seul, avoir des ouvertures aux deux extrémités. Toutes doivent avoir comme dépendances un réfectoire, une salle de bains et des latrines inodores. Elles doivent être divisées en deux parties, *grande* et *petite* infirmerie : la seconde est réservée pour les maladies contagieuses, et pour toutes celles qui seraient assez graves pour faire craindre une issue funeste, ou qui seraient accompagnées de symptômes qui rendraient leur voisinage incommode ou dangereux pour les autres malades. Les infirmeries qui ne présenteraient pas ces conditions devront être, autant que les circonstances le permettront et le plus prochainement possible, disposées conformément à ces principes.

Dans les infirmeries, aussi bien que dans les classes et dans les quartiers, la

1. Ces lampes existent dans quelques-uns des dortoirs du Lycée Monge. (*Note de l'Instruction.*) [Actuellement Lycée Saint-Louis.]

température devra être maintenue, pendant les saisons froides, entre 10 et 11° Réaumur, ou 13 et 15° centigrades, et réglée d'après un thermomètre, qui restera constamment dans chacune de ces pièces. Une température plus basse serait insuffisante; une chaleur plus élevée énerverait les enfants et rendrait plus dangereuse, chez eux, l'impression du froid extérieur, au moment où ils sortiraient de lieux trop fortement chauffés.

Les *latrines* présentent aujourd'hui, dans toutes les institutions publiques et privées, de mauvaises conditions : elles sont à la fois repoussantes par leur *malpropreté* et leur *odeur;* elles sont, en même temps, *insalubres*, à raison des courants d'air qui les traversent, et qui frappent les enfants dans l'état d'immobilité et de nudité; elles peuvent devenir la cause occasionnelle de nombreuses maladies, et présenter, dans une épidémie cholérique, des dangers bien autrement sérieux, soit en déterminant une diarrhée, qui dispose éminemment au choléra, soit en transformant une diarrhée déjà existante, et dont on aurait pu facilement arrêter le cours, en un choléra souvent mortel.

En conséquence, et nonobstant les obstacles qui se rattachent aux difficultés du temps actuel, les latrines devront être l'objet de modifications immédiates, sous les trois rapports indiqués. On remédiera à la fétidité en jetant dans les fosses, en proportion convenable et aussi souvent qu'il sera nécessaire, l'un des agents chimiques préparés dans ce but, tels que le protochlorure de manganèse (résidu de la préparation du chlore) ou le sulfate de protoxyde de fer (couperose verte), ou mieux encore en établissant un ventilateur, qui emporte au-dessus des maisons les émanations qui se dégagent des matières fécales. On remédiera à l'*insalubrité*, en établissant devant les latrines ainsi désinfectées un corridor fermé de toutes parts et ayant vue au travers d'une cloison vitrée sur les compartiments, dont la surveillance sera facile. Quant à la *propreté*, on parviendra certainement à la maintenir, quoique avec difficulté : les chefs, il faut le reconnaître, auront besoin de toute leur fermeté pour lutter contre la force d'anciennes habitudes, que la malpropreté habituelle des lieux d'aisances rendait pour ainsi dire excusable, mais dont on devra triompher quand les anciennes dispositions de ces lieux auront disparu. On obtiendra certainement ce résultat important en tenant les latrines nouvelles parfaitement propres et sèches, en remplaçant les sièges en pierres par d'autres en bois, en s'abstenant de tout lavage, et en plaçant à une hauteur déterminée une planche qui empêchera les élèves de monter sur ces sièges, où ils ne pourront plus se placer autrement que dans la position assise.

Quant aux *urinoirs* communs, ils seront désormais enduits en laque sur leurs parois et présenteront un peu au-dessous du sol une cuvette fermée par une petite grille et aboutissant au bas, par un conduit, à un puisard ou à un réservoir; des urinoirs de ce genre sont établis aujourd'hui en très grand nombre à Paris dans les angles rentrants des maisons.

Le *régime alimentaire* est généralement bon dans les établissements universitaires; toutefois, en présence des éventualités actuelles, il devra être immédiatement l'objet de quelques modifications importantes. Il se composera presque exclusivement de potages variés, de viandes rôties ou grillées, ou cuites dans leur jus ou bouillies; on renoncera aux sauces relevées, aux assaisonnements de haut goût et aux épices, ainsi qu'aux pâtisseries, à la charcuterie, et particulièrement aux boudins, saucisses, hachis divers, aux viandes lourdes, comme les rognons et le foie. On devra même, dans les lieux où l'épidémie se montrerait, interdire pendant toute sa durée les crudités, les salades, les fruits, ceux surtout dont la maturité n'est pas toujours complète, ni la qualité toujours bonne, et dont les enfants font souvent abus. La quantité trop grande des aliments les plus sains et les mieux préparés pourrait avoir les mêmes suites que leur mauvaise qualité; aussi les chefs d'établissement devront-ils exercer à ce sujet encore une surveillance particulière et la recommander aux parents vis-à-vis des élèves, dans les jours de sortie.

La durée du *sommeil* est suffisante pour les temps ordinaires; mais, dans le cas où une maladie épidémique viendrait à sévir, et surtout si elle sévissait dans une saison froide, on devrait immédiatement augmenter d'une demi-heure le temps du sommeil; en conséquence, le lever aurait lieu à six heures dans les première et seconde divisions, à six heures et demie dans celle des élèves les plus jeunes.

L'impression du froid, au sortir du lit, surtout quand le sommeil est subitement interrompu, peut avoir des conséquences sérieuses dans les temps d'épidémie. L'élève qui aura dormi une demi-heure de plus sera moins impressionnable au froid extérieur. Il serait même à désirer que l'on fît, en hiver, pour ces temps d'exception, un peu de feu le soir, et surtout le matin, dans les dortoirs des plus jeunes enfants. Partout enfin où les dortoirs sont *carrelés*, on devra, comme on le fait depuis longtemps dans beaucoup d'établissements, mettre entre chaque lit un petit paillasson ou tapis, sur lequel l'élève place ses pieds au moment du coucher et du lever.

Les médecins ont souvent exprimé le vœu que la durée des *récréations* fût plus longue qu'elle ne l'est d'après les règlements actuels. En attendant que cette question, qui intéresse à la fois, à un haut degré, la santé des élèves et la force des études, soit de nouveau examinée et définitivement jugée pour les temps ordinaires, elle doit l'être dès aujourd'hui pour le temps exceptionnel d'une maladie épidémique. En conséquence, le cas échéant, la durée des récréations, qui, déduction faite du temps passé au réfectoire, n'est guère que de deux heures et demie, devrait être augmentée d'une heure, savoir : *une demi-heure* entre la classe qui finit à dix heures et l'étude qui commencera à dix heures et demie, et une *demi-heure* qui sera ajoutée à la récréation qui précède le sommeil. Le souper aura lieu à sept heures et demie, au lieu d'avoir lieu à huit heures.

Dans un but analogue, les chefs d'établissement devront tenir strictement dès à présent, et à plus forte raison en cas d'épidémie, à ce que le temps accordé aux élèves pour les récréations soit consacré en totalité à des *jeux actifs*. Ils institueront soit des exercices gymnastiques, soit des marches réglées, qui, sans être prolongées, surtout dans les jours de congé, jusqu'à déterminer une fatigue, qui aurait aussi ses dangers, deviendraient obligatoires pour ceux des élèves qui, d'eux-mêmes, ne se livreraient pas à quelque exercice plus léger et de leur choix. Ils ne permettront pas que des leçons particulières, autres que celles de danse ou d'escrime, soient données pendant les récréations, et n'ouvriront pas les parloirs aux parents pendant celles qui suivent les deux repas principaux, et qui doivent plus spécialement encore être employées à courir ou tout au moins à marcher.

Autant que la bonne discipline le permettra, on devra également éviter de faire faire les *pensums* et d'imposer l'immobilité, comme punition, dans ces deux récréations. La sollicitude de l'Université doit s'étendre à tout ce qui touche à l'éducation des enfants qui lui sont confiés : elle s'applique, dans l'intérêt de leur avenir, à accroître leurs forces physiques, comme à bien diriger leurs cœurs et à développer leur intelligence.

Dans quelques établissements, les *cours* destinées aux récréations sont entourées d'*auvents*, qui, dans les jours de pluie, ont le double avantage d'établir entre les diverses parties d'une même maison des communications abritées et d'offrir aux élèves, dans les intervalles du travail, un espace bien aéré, où ils peuvent se livrer à quelques-uns des jeux qui constituent une part essentielle de l'hygiène des Colléges. Partout où ces abris n'existent pas encore, il serait bien désirable qu'ils fussent immédiatement établis, autant du moins que les dispositions locales le permettront.

Ces auvents, construits en planches légères et convenablement inclinées, appuyées d'un côté sur les bâtiments existants, de l'autre sur des poteaux suffisamment espacés, devront avoir, en longueur et en largeur, une étendue proportionnée au nombre d'élèves qui y seront réunis. Ces abris sont indispensables pour les établissements ou les divisions dans lesquelles une salle unique sert de classe et de quartier.

Les *vêtements* des élèves devront aussi, dans quelques-uns de leurs détails, appeler la sollicitude des chefs : non seulement il conviendra, comme cela se pratique dans la plupart de nos établissements, de faire changer de vêtements les élèves qui rentrent *mouillés* à la suite des promenades et des sorties; mais encore il sera désormais établi en règle générale et permanente, même en dehors des épidémies, que les chaussures des élèves, bas et souliers, soient changés tous les jours, en tous temps et en toutes saisons. Les souliers le sont déjà dans plusieurs établissements; mais cette précaution est insuffisante, si les bas que l'enfant va mettre ont encore, comme il arrive trop souvent, l'humidité de la veille.

Enfin, dans les lieux où l'épidémie viendrait à se développer, il conviendrait, dans le but de préserver les enfants des chances fâcheuses du refroidissement, de leur faire porter sur la peau un costume entier de laine, gilet, caleçon et bas. Cette précaution serait particulièrement indispensable pour les sujets délicats ou sujets à la diarrhée. Sur une simple demande des professeurs, et en présence d'éventualités sérieuses, les parents des élèves s'empresseraient, on ne doit pas en douter, de pourvoir à ce supplément de trousseau.

Nous *terminerons* en indiquant une dernière mesure, qui serait acceptée par les parents comme une preuve encore de la sollicitude de l'Université pour les élèves qui lui appartiennent. Elle consisterait à suspendre généralement les sorties des élèves et les promenades communes dans les villes où une épidémie se montrerait, et tant que les établissements universitaires placés dans ces localités en resteraient exempts. Cette mesure serait maintenue jusqu'à ce que l'épidémie eût complètement disparu, ou tout au moins jusqu'à ce qu'il ne restât aucun doute sur le caractère non transmissible de la maladie régnante.

Les chefs des établissements universitaires communiqueront aux médecins qui y sont attachés la présente instruction, afin d'obtenir leur concours dans l'exécution des mesures qu'elle prescrit.

Signé : DE FALLOUX.

Règlement pour les examens des aspirantes aux diplômes de maîtresse d'étude, de maîtresse de pension et de maîtresse d'institution du département de la Seine. 13 avril 1849.

13 Avril 1849.

Le Ministre de l'Instruction publique et des Cultes,

Vu la délibération du Conseil de l'Université en date de ce jour;

Vu l'ordonnance du 31 octobre 1821, sur les maisons d'éducation de filles en général;

Vu le règlement du 7 mars 1837, sur les institutions et pensions de demoiselles du département de la Seine;

Vu les arrêtés ministériels des 1er février et 21 mars 1848[1], concernant les examens des aspirantes à l'enseignement ou à la direction des mêmes établissements;

Vu les lettres de M. le Préfet de la Seine, en date des 9 septembre 1848 et 10 janvier 1849, proposant des modifications auxdits arrêtés,

Arrête :

Les arrêtés réglementaires des 1er février et 21 mars 1848[1] sont modifiés ainsi qu'il suit :

Article 1er. — A l'avenir, il n'y aura que trois sessions annuelles pour les examens des aspirantes aux diplômes de maîtresse d'études, de maîtresse de pension et de maîtresse d'institution de demoiselles dans le département de la Seine. Ces trois sessions sont fixées aux époques suivantes : 1er février, 1er juin, 15 octobre.

Art. 2. — Le jury d'examen sera composé ainsi qu'il suit :

Un membre du Conseil municipal, président, désigné par le Préfet;

Deux vice-présidents, désignés par le Ministre, à tour de rôle, parmi les Inspecteurs de l'Académie de Paris;

Un ministre de chacun des cultes reconnus par l'État, nommé par le Ministre, sur la présentation de l'archevêque ou du consistoire, et chargé spécialement de l'examen sur l'instruction religieuse;

Dix examinateurs, nommés par le Ministre, sur la présentation du Préfet, choisis principalement dans l'instruction secondaire, et dont la majorité devra se composer de membres de l'Université.

Art. 3. — Tous les membres du jury prendront part aux examens dans l'ordre fixé par le président.

Art. 4. — Six dames adjointes, nommées par le Ministre, sur la

1. L'arrêté du 21 *mars* 1848 ne faisait que reproduire le texte de l'arrêté du 1er *février* précédent.

présentation du Préfet et choisies parmi les inspectrices de l'instruction secondaire et de l'instruction primaire, assisteront aux examens avec voix délibérative, et seront chargées spécialement d'examiner les aspirantes sur les travaux d'aiguille.

ART. 5. — La présence de cinq des personnes désignées aux articles 2 et 4 sera nécessaire pour la validité des examens.

ART. 6. — Il est expressément défendu aux membres du jury d'examen et aux dames adjointes de préparer des candidats sous peine d'exclusion du jury.

ART. 7. — Le président désignera celui des membres du jury qui devra être chargé des fonctions de secrétaire.

ART. 8. — A la fin de chaque session, le président et les vice-présidents qui auront pris part aux travaux de la session se réuniront pour rédiger un rapport sur les examens, et proposer les améliorations qu'ils jugeraient utiles. Ce rapport sera adressé au Ministre de l'Instruction publique par le Préfet, avec ses observations.

ART. 9. — Le programme des examens, tel qu'il a été proposé par M. le Préfet, est approuvé et arrêté ainsi qu'il suit :

Premier examen. — Brevet d'aptitude au diplôme de sous-maîtresse.

1° LECTURE EN FRANÇAIS ET EN LATIN.

2° ÉCRITURE.

3° GRAMMAIRE FRANÇAISE.	Dictées sur les difficultés de la langue française. — Rédaction sur un sujet donné. — Principes de la grammaire. — Analyse grammaticale et logique.
4° ARITHMÉTIQUE. (Théorie et pratique.)	Numération décimale. — Les quatre opérations fondamentales sur les nombres entiers, sur les fractions ordinaires et sur les fractions décimales. — Système métrique. — Proportions. — Règles de trois, d'intérêt simple, d'escompte, de société et d'alliage.
5° HISTOIRE SAINTE.	Ancien Testament. — Histoire des Hébreux dans leurs rapports avec les peuples étrangers. — Géographie de la Terre sainte et des pays voisins. — Nouveau Testament et histoire de l'Église jusqu'à Clovis.

TRAVAUX D'AIGUILLE.

Deuxième examen. — Diplôme de maîtresse de pension.

Le deuxième examen comprend, indépendamment des facultés ci-dessus énoncées :

1° HISTOIRE DE FRANCE jusqu'en 1815.	Rédaction sur un sujet tiré de l'histoire de France.

2° Cosmographie.	Définitions des cercles de la sphère, mouvements apparents des étoiles, du soleil, de la lune. — Mouvements réels de la terre et de la lune. — Phénomènes résultant de ces mouvements. — Notions sur la mesure du temps et sur le calendrier. — Généralités sur les planètes et sur les étoiles.	
3° Géographie moderne	Physique; Politique.	
4° Éléments de physique.	Notions élémentaires sur les propriétés générales des corps, sur l'acoustique, la chaleur, l'électricité, le magnétisme et la lumière,	Envisagées au point de vue de leurs applications usuelles et de la météorologie.
5° Éléments d'histoire naturelle.	Notions générales de zoologie, de botanique, de minéralogie et de géologie,	Considérées dans leurs rapports avec les principaux usages de la vie, et l'application des phénomènes les plus remarquables.

Troisième examen. — Diplôme de maîtresse d'institution.

Au troisième examen, indépendamment des connaissances exigées pour le premier et le second, l'aspirante sera interrogée sur les objets suivants :

1° Histoire générale et Géographie correspondante.

2° Littérature. . .	Éléments de logique. Éléments de rhétorique. Connaissance des principales époques littéraires. Composition sur un sujet donné.

Art. 10. — Le présent arrêté sera mis à exécution à partir du 1er juin prochain.

Art. 11. — Les dispositions des arrêtés antérieurs, auxquelles il n'est pas dérogé, continueront à avoir leur plein et entier effet.

Arrêté fixant le règlement de l'École normale de directrices de salles d'asile établie à Paris.

13 avril 1849.

13 Avril 1849.

Le Ministre de l'Instruction publique et des Cultes,

Vu la délibération du Conseil de l'Université en date de ce jour,

Arrête, ainsi qu'il suit, le règlement de l'École normale de directrices de salles d'asile établie à Paris :

TITRE Ier.

Objet de l'École et enseignement.

ARTICLE 1er. — L'École normale, créée par arrêté du Ministre de l'Instruction publique, en date du 28 avril 1848, a pour but de former des surveillantes de salles d'asile selon l'esprit et la méthode de ces institutions.

ART. 2. — L'enseignement se divise en exercices pratiques et en leçons théoriques.

ART. 3. — Les exercices pratiques auront pour objet de familiariser les élèves surveillantes avec les procédés suivis dans les salles d'asile et tels qu'ils sont pratiqués dans les salles d'asile les mieux dirigées. Ces exercices auront lieu dans un asile spécial dit *École pratique*, annexé à l'École normale et destiné à recevoir des enfants de l'un et de l'autre sexe, dont le nombre sera fixé par la Commission de surveillance.

ART. 4. — Les leçons théoriques auront pour objet :

1° L'instruction morale et religieuse;

2° L'exposé des procédés qui doivent être suivis dans les salles d'asile;

3° L'enseignement des notions scolaires applicables aux salles d'asile;

4° Le chant élémentaire;

5° Les éléments du dessin linéaire applicables aux objets les plus usuels;

6° La connaissance des dispositions réglementaires qui concernent les salles d'asile.

ART. 5. — Un programme spécial, qui sera soumis au Conseil de l'Université, déterminera les matières et les limites de chaque partie du cours.

ART. 6. — La durée de chaque cours est fixée à quatre mois, y compris le temps des examens. Il y aura deux cours par an. L'ouverture de ces cours sera calculée de manière que les époques des examens de sortie coïncident avec les époques de réunion de la Commission d'examen.

TITRE II.

Admission.

ART. 7. — Il sera admis à l'École normale des élèves pensionnaires et des élèves externes âgées de quarante ans au plus et de vingt-quatre ans au moins, sauf le cas d'exception prévu par l'article 7 de l'ordonnance du 22 décembre 1837.

Le nombre des élèves surveillantes, tant externes que pensionnaires, est fixé à trente au plus.

Art. 8. — Les cours sont gratuits; seulement, pour les élèves pensionnaires, le prix de la pension est fixé à 60 francs par mois.

Art. 9. — Il sera accordé tous les ans, par le Ministre de l'Instruction publique, un certain nombre de bourses pour les aspirantes qui auront été jugées dignes de cette faveur par la Commission de surveillance établie ci-dessous.

Art. 10. — Pour être admises à l'École normale, les aspirantes devront présenter les pièces suivantes :

1° L'acte de naissance;

2° L'acte de mariage et l'autorisation du mari, si elles sont mariées;

3° L'acte du décès du mari, si elles sont veuves;

4° Un certificat de moralité, délivré par le maire de la commune, et, à Paris, de l'arrondissement, ou par le maire de chacune des communes ou de chacun des arrondissements que l'aspirante aura habités dans le cours des trois dernières années. Le dernier certificat ne pourra avoir plus d'un mois de date.

Le certificat de moralité sera délivré suivant les formes prescrites par l'article 4 de la loi du 28 juin 1833;

5° Un certificat de vaccine.

Art. 11. — Les aspirantes devront, en outre, subir, devant la Commission d'examen établie pour les salles d'asile, un examen préalable constatant que leur éducation première et leurs connaissances acquises leur permettent de suivre les cours de l'École normale.

Un programme particulier déterminera les matières de cet examen.

Art. 12. — Les surveillantes et adjointes déjà en fonctions, et pourvues du certificat d'aptitude, pourront être admises à suivre les cours de l'École normale sans être obligées de subir l'examen d'admission.

Titre III.

Administration et surveillance.

Art. 13. — La Commission de surveillance, instituée par l'arrêté ministériel du 7 septembre 1848, est spécialement chargée de la surveillance de l'École normale pour tout ce qui regarde l'administration, l'enseignement et la discipline.

ART. 14. — La directrice assiste aux séances de la Commission avec voix délibérative, hors le cas où il s'agirait de statuer sur des questions intéressant sa personne ou sa gestion.

ART. 15. — La Commission propose les mesures qu'elle juge utiles pour le bien de l'École, elle donne son avis sur tout ce qui a rapport à l'admission des aspirantes ou à l'exclusion des élèves.

ART. 16. — Elle dresse chaque année le budget de l'École, et contrôle la comptabilité générale de l'établissement.

ART. 17. — Elle fait, au moins deux fois pendant la durée de chaque cours, la visite de l'École, examine les élèves et tient note de leur degré d'instruction.

ART. 18. — A la fin de chaque cours, la directrice adresse à la Commission de surveillance un rapport détaillé sur tout ce qui concerne l'enseignement et la discipline. Un double de ce rapport est transmis au Ministre par le président de la Commission, avec les observations que celle-ci a jugé à propos d'y joindre.

1er mai 1849.

Avis relatif à un pourvoi contre la révocation.

1er Mai 1849.

Le Conseil, etc.,

Vu la délibération en date du 24 janvier 1849, par laquelle le Comité supérieur de l'arrondissement d'Ancenis a prononcé la peine de la suspension pour un mois, avec privation de traitement, contre le sieur Évelin, instituteur public de la commune de Belligné (Loire-Inférieure), pour fait de négligence;

Vu le pourvoi en date du 10 février 1849, formé par ledit instituteur contre ladite révocation, et la lettre de M. le Recteur de l'Académie de Rennes en date du 15 du même mois;

Attendu que les Comités d'arrondissement sont investis, par l'article 23 de la loi du 28 juin 1833, du droit de prononcer sans appel la peine de la réprimande et celle de la suspension, avec ou sans privation de traitement,

Est d'avis qu'il n'y a pas lieu de s'occuper du pourvoi du sieur Évelin.

Avis relatif aux Écoles mixtes pour le culte.

1er mai 1849.

1er Mai 1849.

Le Conseil, etc.,

Vu la lettre en date du 13 février 1849, par laquelle M. le Recteur de l'Académie de Douai soumet à M. le Ministre les deux questions suivantes :

1° « Le sieur Letournaux, instituteur privé à Vieux-Condé, et pro-« fessant la religion protestante, peut-il recevoir dans son École des « élèves des deux sexes, catholiques et protestants, bien qu'il existe « dans ladite ville de Vieux-Condé une École communale et deux « Écoles privées de filles? »

2° « Le sieur Georges Bronner, pourvu du brevet élémentaire et « appartenant également à la religion protestante, peut-il ouvrir une « École destinée aux garçons et aux filles, bien que la ville de Dun-« kerque possède aussi plusieurs Écoles communales, soit pour les « garçons, soit pour les filles? »

Considérant que l'article 12 de l'ordonnance du 23 juin 1836, ayant pour but d'assurer la séparation des garçons et des filles dans les Écoles primaires, doit être combiné dans son exécution avec la réserve faite par l'article 2 de la loi du 28 juin 1833, en faveur de la liberté des cultes, surtout quand il s'agit d'Écoles privées,

Est d'avis, sur les deux questions, que le sieur Letournaux, instituteur privé protestant à Vieux-Condé, et le sieur Bronner, instituteur privé protestant à Dunkerque, soient autorisés à recevoir dans leurs Écoles les garçons et les filles appartenant à la religion protestante, à condition que les prescriptions contenues dans l'article 3 de l'arrêté du 1er mars 1842 seront strictement exécutées.

Avis relatif aux subventions à accorder aux cours d'adultes.

18 mai 1849.

18 Mai 1849.

Le Conseil, etc.,

Vu la lettre en date du 14 mars 1849, par laquelle M. le maire du XIe arrondissement sollicite une subvention sur les fonds de l'État pour contribuer aux frais des cours publics gratuits ouverts en faveur des ouvriers dans cet arrondissement;

Vu la lettre de M. le Vice-Recteur de l'Académie de Paris, en date du 12 avril 1849;

Attendu que le Conseil n'a point été consulté sur l'institution de ces cours et que les programmes ne lui ont pas été soumis;

Attendu, en outre, que le rapport de l'Inspecteur primaire ne fait pas connaître d'une manière assez précise leur utilité et leur direction,

Ajourne jusqu'à plus ample informé.

---

8 juin 1849.

Avis relatif à l'autorisation pour les congrégations d'exercer en dehors des départements pour lesquels elles ont été autorisées.

8 Juin 1849.

Le Conseil, etc.,

Vu le vœu exprimé par M. l'évêque de Saint-Flour, à l'effet d'obtenir que la communauté des frères du Saint-Viateur soit autorisée à fonder dans ce diocèse des établissements de son ordre;

Vu l'ordonnance du 10 juin 1830, constitutive de l'institut du Saint-Viateur;

Attendu que cette ordonnance a circonscrit le territoire de la congrégation aux départements de l'Ain, de la Loire et du Rhône,

Estime que, jusqu'à ce que l'ordonnance du 10 juin 1830 ait été réformée en Conseil d'État, il est impossible d'accorder aux frères du Saint-Viateur l'autorisation d'exercer en dehors des départements indiqués dans cette ordonnance.

---

15 juin 1849.

Avis relatif au mode de correspondance des sous-inspecteurs primaires en Algérie.

15 Juin 1849.

Le Conseil, etc.,

Vu la lettre en date du 26 avril 1849, par laquelle M. le Recteur de l'Académie d'Alger demande que, contrairement aux dispositions de l'article 3 de l'ordonnance du 13 novembre 1837, les sous-inspecteurs de son Académie correspondent directement avec lui et avec le Préfet de leur département;

Attendu que l'article 3 de l'ordonnance précitée ne parle que des rapports que les sous-inspecteurs doivent adresser, soit pendant, soit après leurs tournées, et qu'il ne contient aucune prescription pour toute la correspondance ordinaire,

Est d'avis qu'il y a lieu d'arrêter ce qui suit :

En Algérie, les sous-inspecteurs adresseront leurs rapports de tournée et leurs rapports annuels à l'Inspecteur primaire, qui les transmettra, avec ses observations, au Recteur ou au Préfet, suivant la nature des affaires, et, pour tout le reste, chaque sous-inspecteur correspondra directement avec le Préfet de son département.

Avis relatif aux brevets obtenus avant la loi de 1833.

15 juin 1849.

15 Juin 1849.

Le Conseil, etc.,

Vu la lettre en date du 8 mai 1849, dans laquelle M. le Recteur de l'Académie de..... pose la question suivante : « Le sieur...... peut-il obtenir que son brevet d'instituteur, délivré antérieurement à la loi de 1833, soit échangé contre un brevet ordinaire? »

Vu la loi du 28 juin 1833;

Vu l'ordonnance du 18 avril 1831;

Vu l'article 10 de l'ordonnance du 21 avril 1828;

Attendu que tout brevet de capacité obtenu avant la loi du 28 juin 1833, même un brevet du 3e degré, est admissible comme titre suffisant pour exercer la profession d'instituteur primaire, soit communal, soit privé;

Attendu qu'antérieurement à l'ordonnance du 18 avril 1831, le sieur......, qui appartenait à l'institut des frères des Écoles chrétiennes, a obtenu, sur le vu d'une lettre d'obédience, un brevet du 2e degré délivré par le Recteur de l'Académie de......,

Est d'avis :

1° Qu'il n'y a pas lieu d'échanger contre un brevet ordinaire le brevet obtenu par le sieur...... le 14 décembre 1830;

2° Qu'en vertu de ce brevet, le sieur...... peut continuer à exercer les fonctions d'instituteur primaire élémentaire, soit communal, soit privé.

---

18 juin 1849.

Projet de loi sur l'Instruction publique, présenté à l'Assemblée nationale par M. de Falloux, Ministre de l'Instruction publique.

18 Juin 1849.

1° Exposé des motifs.

Messieurs, le projet que j'ai l'honneur de soumettre à vos délibérations a été élaboré dans le sein d'une Commission[1] où tous les intérêts, ceux de la famille et ceux de l'État, ceux de l'Église et ceux de l'Université, comptaient d'éminents représentants. C'est fort d'un tel appui que j'espérais paraître devant vous; c'est le travail même de son rapporteur[2], dont le nom seul était une autorité, que j'espérais apporter à cette tribune. D'impérieuses circonstances en ont décidé autrement; j'ai dû y suppléer à la hâte. Je me suis confié à votre indulgence; je me suis reposé aussi sur l'étude que chacun de vous a faite d'une question si vivement, si longuement controversée. On ne cherchait autrefois ce terrain que pour s'y combattre. On ne s'y rencontre plus aujourd'hui que pour se concerter dans un intérêt commun, supérieur à tous les préjugés personnels. Permettez-moi donc d'aborder ce sujet sans autre préoccupation que le sujet lui-même, et pardonnez-moi d'avoir préféré la promptitude de l'œuvre à l'ambition du langage.

A voir tous les Gouvernements qui se succèdent porter la main sur l'enseignement public, il semble que tous se soient flattés d'improviser une société à leur image. La liberté d'enseignement, consacrée enfin par notre Constitution, doit mettre un terme à ces illusions et à ces tentatives. On n'élève pas l'homme pour telle ou telle forme de Gouvernement, mais pour lui-même, pour le développement et la dignité de sa propre nature, pour le développement et le progrès de la société à laquelle il appartient. Les Gouvernements y doivent intervenir puissamment, sans doute, mais d'accord avec les lois éternelles de la conscience et de la civilisation.

La famille, pas plus que l'individu, ne doit se mettre en révolte contre l'État; mais l'État ne peut pas, ne doit pas se substituer arbitrairement à la famille.

Toutefois, et en ne considérant que l'intérêt de la liberté, notre premier devoir était de constituer d'abord l'autorité chargée de surveiller les établissements privés, de diriger les établissements publics. C'est le titre premier de notre projet de loi.

TITRE Ier.

Des autorités préposées à l'enseignement.

Au sommet de la hiérarchie, nous avons conservé, à côté du Ministre, un Conseil supérieur de l'Instruction publique. Ce Conseil a pour double mission

1. Cette Commission était composée de MM. THIERS, *président;* COUSIN, SAINT-MARC GIRARDIN, DUBOIS, l'abbé DUPANLOUP, PEUPIN, JANVIER, LAURENTIE, BELLAGUET, FRESLON, DE MONTALEMBERT, DE CORCELLES, FRESNEAU, POULAIN DE BOSSAY, CUVIER, MICHEL, ARMAND DE MELUN, HENRI DE RIANCEY, COCHIN, l'abbé SIBOUR, ROUX-LAVERGNE, DE MONTREUIL; HOUSSET et ALEXIS CHEVALIER, *secrétaires*. (Voir la note des pages 116 et 117.)

2. M. de Corcelles, membre de l'Assemblée législative, qui était à ce moment en mission diplomatique.

d'assurer l'indépendance constitutionnelle de l'enseignement libre, et de maintenir l'enseignement de l'État en harmonie avec les traditions de l'esprit national qui ont fait, siècle par siècle, la grandeur et l'unité de la France. Cette double mission avait suggéré à la Commission la pensée d'un double Conseil; elle y a promptement renoncé par la crainte de constituer à perpétuité des conflits qu'un seul Conseil, équitablement pondéré, réussira sans doute à prévenir.

La discussion s'est donc reportée avec ardeur sur la composition du Conseil supérieur lui-même. On s'est arrêté à la combinaison suivante :

Vingt-quatre membres ainsi désignés :

Huit membres choisis par le Ministre parmi les anciens membres du Conseil de l'Université, les Inspecteurs généraux, les Recteurs et les professeurs de Facultés,

Trois archevêques ou évêques nommés par leurs collègues,

Un ministre protestant nommé par les présidents des consistoires,

Trois magistrats de la Cour de cassation nommés par leurs collègues,

Trois conseillers d'État nommés par le Ministre,

Trois membres de l'Institut nommés par les cinq classes réunies,

Trois membres choisis par le Ministre parmi les membres de l'enseignement libre.

Tous les membres du Conseil ont des droits égaux; cependant, comme le Conseil doit remplir deux sortes de fonctions, comme il doit tout ensemble surveiller les établissements privés, et intervenir d'une manière active dans la direction des établissements de l'État, et que cette dernière fonction est incessante, nous vous proposons de le diviser en deux Sections, l'une permanente, l'autre venant régulièrement compléter la première. Nous vous proposons en même temps de faire entrer dans la Section permanente les huit membres appartenant à l'Université.

Les séances générales auront lieu tous les trois mois et pourront, à la demande du Ministre, être convoquées extraordinairement. Tous les membres du Conseil seraient choisis pour six ans, à l'exception des membres de la Section permanente, qui seraient nommés à vie. Nous avons cru devoir accorder cette prérogative à des hommes vieillis dans la pratique de l'enseignement, et qui sont comme les magistrats de l'instruction publique. Mais, en même temps, nous n'avons pas voulu que cette inamovibilité fût absolue. Les membres à vie du Conseil pourront être révoqués par le Président de la République, en Conseil des Ministres, sur la proposition du Ministre de l'Instruction publique.

Le Conseil supérieur, malgré les hautes prérogatives dont il est revêtu, n'exercerait qu'une faible influence sur la direction des études, si son action n'était soutenue par celle d'autres Conseils inférieurs en autorité, mais plus à portée des populations. Nous avons créé un Conseil analogue au chef-lieu de chaque département. Cette innovation, l'une des plus importantes du présent projet de loi, doit vous être présentée dans ses considérations générales.

Lorsque Napoléon créa l'Université, il institua un nombre d'Académies égal à celui des Cours d'appel, et qui correspondait à peu près à l'ancienne division des provinces. Il plaça à la tête de chacune des Académies un Recteur, et le fit assister par deux Inspecteurs. Cette organisation avait cela de défectueux, que certaines circonscriptions étant beaucoup plus vastes que d'autres, le Recteur qui en était chargé ne pouvait suffire à l'étendue de sa tâche. L'arrêté de 1848 qui a diminué le nombre des Académies, n'a pas affaibli cet inconvénient. L'autorité d'un Conseil académique et d'un Recteur, dont la juridiction comprend quatre, cinq et six départements à la fois, peut-elle être suffisante? Quand on veut organiser une surveillance sérieuse, énergique, efficace, peut-on accepter cette organisation, ce contrôle impossible ou dérisoire? Nous ne l'avons pas pensé. En même temps que nous étions convaincus des conditions anormales dans lesquelles sont condamnés à se mouvoir les Recteurs actuels, nous étions frappés de la vie politique, de la sagesse à la fois libérale et préservatrice qui se révèlent au centre de nos départements. Qu'on y songe, le département, création vigoureuse de 89, a profondément pris place dans la vie publique de la France. Les autorités les plus considérables de tous les ordres y sont réunies. Il est le point juste où chacune de ces autorités agit d'assez près pour être éclairée, d'assez haut pour être obéie. Nous n'avons donc pas craint de témoigner confiance aux départements. Il est temps aussi de décharger le pouvoir central des innombrables attributions sous le poids desquelles il fléchit, et de rendre aux pouvoirs locaux des droits dont ils peuvent et sauront mieux user : de pareilles concessions ne mutilent pas le pouvoir, elles le fortifient.

Mais quel nom donner à la nouvelle institution? Celui de Comité départemental ou celui de Conseil académique? La première dénomination offrait l'avantage d'être plus sincèrement conforme à la pensée qui avait inspiré la Commission, et de mieux marquer la place qu'elle avait entendu faire aux forces vives du département.

D'un autre côté, en repoussant le titre de Conseil académique que l'usage universitaire a consacré, on éveillait de respectables susceptibilités. On semblait prolonger contre les mots des hostilités que l'on déclarait terminées contre les choses. Ces considérations diverses ont conduit à adopter par transaction le titre de Conseil académique de département.

Ce Conseil académique départemental est composé de onze membres ainsi qu'il suit :

L'Inspecteur de l'Académie,

Le Préfet,

L'évêque ou son délégué,

Un ecclésiastique désigné par l'évêque,

Un ministre des cultes protestants, dans les départements où il existe une église consistoriale;

Un membre délégué de la Cour d'appel, et, à défaut de Cour d'appel, un membre désigné par le tribunal de première instance;

Quatre membres du Conseil général désignés par leurs collègues.

Nous avons à dessein commis une omission dans cette nomenclature, afin d'insister sur un point, objet d'un débat approfondi. Le Préfet et l'évêque ne devaient-ils pas avoir à côté d'eux un membre supérieur de la hiérarchie universitaire? Ce membre ne devait-il pas de droit être le Recteur? Mais il n'existe que vingt Recteurs pour quatre-vingt-six départements. Envoyer de simples délégués des Recteurs, n'était-ce pas détruire cet équilibre des compétences que nous nous sommes toujours efforcés de maintenir avec une si rigoureuse précision? Porter à 86 le nombre des Recteurs, n'était-ce pas détruire l'institution même du rectorat et paralyser son action sous prétexte de l'étendre? Ce dernier point de vue a été vivement soutenu par les représentants de l'Université. Cependant ils ont fini par préférer l'institution de nouveaux Recteurs à celle de simples délégués des Recteurs actuellement existants, et il a été reconnu qu'un Recteur par département ne pouvait se plaindre de la situation qui lui serait faite à côté des autres autorités soit religieuses, soit civiles, soit militaires; qu'enfin, son expérience étant incontestable dans les matières soumises à la délibération du Conseil, la présidence lui en serait dévolue.

L'inspection devait ensuite compléter l'ensemble des autorités préposées à l'enseignement. Indépendamment des autorités locales dont nous parlerons dans le titre consacré à l'instruction primaire, nous confions l'inspection à des Inspecteurs généraux et à des Inspecteurs d'Académie, ainsi que cela se pratique aujourd'hui; mais, fidèles à la pensée d'impartialité qui nous a constamment guidés, nous avons voulu que les Inspecteurs généraux fussent choisis également dans les rangs de l'enseignement public et dans ceux de l'enseignement privé.

L'autorité une fois instituée, nous abordons maintenant les conditions de la liberté, dans l'enseignement primaire d'abord, dans l'enseignement secondaire ensuite.

TITRE II.

De l'enseignement primaire.

L'enseignement primaire est, dans tous les pays, un des intérêts les plus considérables auxquels le législateur ait à pourvoir. Nulle part on n'en peut méconnaître l'importance; mais dans un pays de suffrage universel, on peut le regarder comme le pronostic de l'avenir de la nation.

Jamais donc il n'avait été plus nécessaire de se demander quel est l'état de l'enseignement primaire en France, quels sont les principes qui le constituent, quels sont les hommes qui le transmettent. La Commission s'est livrée à cette enquête avec persévérance. Taire le mal, c'est s'en rendre complice; le dire à des législateurs calmes et impartiaux, c'est déjà commencer à le réparer. La loi du 28 juin 1833, presque tout le monde en convient aujourd'hui, n'a pas produit le résultat que ses auteurs en attendaient. Comme il arrive trop souvent aux intentions généreuses, on a compromis de bons effets en voulant les précipiter. Durant quelques années, les comptes rendus officiels n'ont constaté que d'heureux efforts et de rapides progrès. Le nombre des Écoles s'est promptement élevé de 28 379 à 63 028; le nombre des enfants, d'un million à 3 787 797. Les crédits inscrits au budget de l'État sont montés de 300 000 francs à 3 millions. Napoléon n'avait laissé qu'une École normale; trente ont été créées de 1830 à 1832, et il en existe 78 aujourd'hui. Jamais on n'a vu les chiffres présenter, à ceux qui s'en contentent, un ensemble plus satisfaisant. Mais bientôt ces chiffres n'ont pas suffi à la raison publique. On s'est demandé, avec une inquiétude croissante, s'il n'eût pas mieux valu n'ouvrir d'Écoles qu'avec la certitude de n'avoir pas plus tard à les fermer; créer moins d'autorités et les armer de pouvoirs plus efficaces. Il ne faut cependant pas exagérer ce blâme, comme naguère on exagérait l'apologie. Non. Dans un très grand nombre de communes, les instituteurs ont dignement rempli l'attente du pays. Il doit une reconnaissance profonde à ces hommes pleins d'abnégation, à ces bienfaiteurs obscurs, préparant, soit dans nos campagnes, soit dans nos villes, les générations honnêtes qui font précisément aujourd'hui notre sécurité.

Mais, en regard de ces perspectives rassurantes, que de contrastes! Combien d'instituteurs ont semblé se liguer pour former au sein de la société même un ordre de mécontents ou d'adversaires! Je pourrais, m'autorisant de faits trop nombreux, répéter le cri d'alarme; je me borne à constater le mal; j'ajoute que le mal n'aura été que passager, si une loi juste et ferme porte le remède là où ce mal est signalé et reconnu.

La loi actuelle prend la loi de 1833 pour point de départ, mais elle en corrige les dispositions que la Commission a jugées vicieuses. J'ai conservé avec bonheur et respect ce que l'expérience permettait de conserver : j'ai réformé sans timidité lorsque l'intérêt de la société en péril me faisait évidemment violence. Deux excellentes pensées avaient inspiré les auteurs de la loi de 1833. Ils avaient voulu intéresser le plus grand nombre possible de citoyens à cette belle œuvre de l'instruction primaire. Ils espéraient trouver dans le dévouement des individus assez de ressources pour épargner à l'État la création et la dépense d'une nouvelle tribu de fonctionnaires. Ces deux espérances ont été déçues : les Comités locaux n'ont compris qu'imparfaitement la grandeur de leur mission. Dès 1835, il fallut créer des Inspecteurs; dès 1837, des sous-inspecteurs. Nous avons remédié à ce premier abus; nous avons voulu, je le répète, placer la surveillance plus près et le contrôle plus haut; nous avons confié au maire et au curé ou pasteur la responsabilité de l'École qu'ils ont sans cesse sous les yeux; nous avons remis au chef-lieu de département où se trouvent en présence le Recteur, l'évêque et le Préfet, la responsabilité de ces surveillants eux-mêmes; puis, enfin, nous avons laissé au Ministre le choix d'un Inspecteur spécial par département.

Les Comités d'arrondissement avaient, mieux que les Comités locaux, compris et rempli leur devoir. Nous nous flattons de retrouver encore leurs services sous la forme nouvelle et mieux appropriée, selon nous, de délégués cantonaux.

Un autre moyen d'améliorer l'institution était d'améliorer aussi le sort de l'instituteur lui-même. On ne met pas impunément aux prises l'indigence et l'orgueil. Un Gouvernement ne doit tendre de pareils pièges à personne : l'individu y succombe d'abord, la société y périrait bientôt après. Montrons-nous inflexibles envers les torts, mais après avoir apaisé les souffrances. Tout récemment encore la moyenne annuelle pour 27 000 instituteurs était, malgré les promesses réitérées, de 454 francs[1]. Point d'avancement hiérarchique, point de retraite, bien que le principe en eût été posé dans l'ordonnance du 14 février 1830. Un décret récent de l'Assemblée Constituante élève le minimum du traitement total à 550 francs. Nous vous proposons de le porter, en y comprenant la rétribution municipale et la rétribution scolaire, à 600 francs. Nous introduisons aussi dans la loi le principe des retenues, pour assurer un fonds de retraite.

On peut sans doute préférer d'autres combinaisons : un système de classes qui établit une hiérarchie régulière, un système d'indemnités qui tient mieux compte de la population de l'École ou de la différence du prix des subsistances dans chaque département. Ces combinaisons ont leurs avantages. Mais, dans l'état actuel des finances, nous avons voulu adopter la mesure la plus simple, demander le moins possible de sacrifices à l'État, et laisser d'ailleurs aux villes, dont les crédits sont variables, aux familles, dont la rétribution n'est pas partout la même, le soin de rétablir des proportions qui sont effectivement désirables. Nous n'avons pas voulu non plus élever seulement le traitement fixe, parce que c'était donner à tous, sans distinguer entre ceux dont le traitement était déjà suffisant, et exiger, pour une rétribution moins juste, des sommes plus considérables.

1. Ce chiffre est emprunté à l'exposé des motifs du projet du 5 mai 1846. Les rapports des Conseils généraux portent à croire que la moyenne est supérieure. Toutefois, elle est bien insuffisante, puisque la presque unanimité de ces Conseils en réclame l'augmentation. (*Note de l'Exposé des motifs.*)

Nous avons autorisé, en certains cas, le Conseil académique à introduire et à favoriser dans nos Écoles l'enseignement pratique de l'agriculture.

Quant au certificat de moralité, tantôt délivré par complaisance, tantôt refusé par caprice, témoignage équivoque, garantie douteuse du passé, plus douteuse encore de l'avenir, nous l'avons remplacé par l'appréciation du Conseil académique, ou par l'épreuve certaine d'un stage rendu facile.

Il est enfin un vice de la loi de 1833 sur lequel presque tous les esprits éclairés semblent d'accord aujourd'hui. C'est l'inamovibilité de l'instituteur primaire. Nous n'avons pas hésité à modifier profondément cette condition, tout en maintenant de légitimes garanties contre l'arbitraire.

Fallait-il ensuite donner le droit de nommer l'instituteur au pouvoir chargé de le révoquer? Fallait-il le confier au Recteur ou aux Conseils municipaux? Ce point a longtemps partagé la Commission. La vie de l'instituteur ne sera-t-elle pas plus douce dans la commune, s'il est nommé par elle, que s'il lui est imposé? N'aura-t-il pas ainsi lui-même, de son propre mouvement, plus de déférence pour les autorités locales? Nous l'avons espéré et nous attribuons conséquemment le choix aux Conseils municipaux. C'est conserver en outre à l'enseignement primaire son caractère communal, que tous les projets qui se sont succédé ont maintenu, c'est respecter dans le père de famille le droit d'intervenir pour le choix de celui qui le remplace auprès de ses enfants.

La liste des candidats sera préparée avec soin par le Conseil académique départemental pour éclairer la préférence de la commune, pour certifier la moralité des individus, pour tenir compte de leurs antécédents et de leurs titres, enfin, pour prévenir les intrigues et les démarches qui compromettraient d'avance le caractère de l'instituteur. Cette liste est remplacée pour les corporations religieuses par la présentation de leurs supérieurs, que la reconnaissance officielle de l'État met à l'abri de toute objection.

Une question non moins grave se pose ensuite : comment ceux qui formeront les générations de la France seront-ils formés eux-mêmes? Quelle est la valeur morale des Écoles normales primaires? Les instituteurs ne sont pas tous élevés dans les Écoles normales. Toutefois, sur dix-sept cents places, environ, vacantes chaque année, ces Écoles ne fournissent pas moins de sept cent cinquante à huit cents sujets, et ces sujets, qui devraient servir de modèle, servent en ce moment de point de mire aux critiques les plus sévères. Des voix sérieuses, impartiales, politiques, se sont élevées pour demander la suppression absolue des Écoles normales primaires. On n'a pas refusé de sincères hommages à un grand nombre de directeurs de ces établissements, fonctionnaires éminents et dévoués; on a rendu justice à beaucoup d'instituteurs sortis de leurs mains; mais l'institution a été attaquée en elle-même comme essentiellement vicieuse. On a dit que des jeunes gens au-dessous de vingt ans ne devaient point passer dans une fermentation commune leurs plus difficiles années; qu'ils ne pouvaient voir de près les villes que la plupart n'habiteront pas, toucher à toutes les connaissances et n'en approfondir aucune, sans prendre un sentiment exagéré de leur situation, une trompeuse idée de leurs devoirs; qu'ils ne se voyaient pas décorés de titres superficiellement acquis, sans en garder une ambition inquiète, et qu'il était d'une souveraine imprudence de ramener à la vie des champs des esprits qu'on avait préparés d'avance à la prendre en dégoût ou en haine.

Ces objections sont graves. Cependant nous avons cru que l'épreuve pouvait être continuée moyennant le contrepoids du stage fortement organisé : qu'en tous cas, ce stage devait avoir produit ses recrues avant qu'on se privât des ressources de l'École normale. Surtout nous avons voulu laisser les Conseils généraux juges des besoins ou des périls de chaque département; nous avons éveillé leur vigilance et armé leur sévérité. Qu'il en soit pour nous de l'enseignement comme de la liberté : que l'abus ne nous rende jamais ingrats pour le bienfait!

On s'étonnera peut-être qu'aucun article du projet ne soit relatif à l'enseignement des filles, aussi important, assurément, que celui des garçons; car, on l'a dit justement, instruire une femme, c'est créer une école dans la famille. Mais il nous a semblé préférable, comme au législateur de 1833, de conserver à cet enseignement un régime spécial. Ces Écoles ont produit presque partout des résultats complètement satisfaisants. Il faut donc se garder de toucher à ce dont on n'a qu'à se louer, et un règlement suffira pour introduire dans le régime de ces Écoles le petit nombre d'améliorations réclamées pour les mettre en harmonie avec le projet actuel.

Après avoir analysé les mesures principales du nouveau projet de loi, nous pouvons maintenant les résumer en un seul point de vue général. L'instruction est demeurée trop isolée de l'éducation, l'éducation est demeurée trop isolée de la religion.

« Prétendre », a dit l'un des rapporteurs de la Commission[1], « plier un enfant au joug de la discipline et de l'obéissance, créer en lui un principe « d'énergie qui le fasse résister à ses passions, accepter volontairement la loi « du travail et du devoir, contracter les habitudes de l'ordre et de la régularité, et ne pas demander cette force à la religion, c'est tenter une œuvre « impossible. » Ces paroles, qui ont ému et guidé la Commission, doivent être répétées devant l'Assemblée nationale.

Le temps n'est plus, grâce à Dieu, où l'on faisait à la religion l'insulte de croire que, complice de l'ignorance, elle servait d'instrument docile à tous les Gouvernements. Nous voulons que la religion ne soit imposée à personne, mais enseignée à tous. Les amis de l'ordre et les amis de la liberté l'invoquent également. Assignons-lui donc franchement sa place : sachons dire qu'en elle aussi nous cherchons le secret de la liberté, de l'égalité et de la fraternité véritablement pratiques.

Mais, pour que la religion communique à l'éducation sa puissance, il faut que tout y concoure à la fois, et l'enseignement et le maître. C'est le but que nous avons tâché d'atteindre, autant qu'on peut le faire par des mesures législatives, en confiant au curé ou au pasteur la surveillance morale de l'École primaire.

L'enseignement, ainsi constitué, sera-t-il gratuit et obligatoire? La question, posée de bonne foi, est facile à résoudre. Il ne faut pas s'abuser. Rendre l'enseignement primaire entièrement gratuit, ce n'est pas faire que personne ne le paye, c'est faire, au contraire, qu'il soit payé par tout le monde, c'est-à-dire par l'impôt, charge énorme, que le projet du 30 juin 1848 évaluait à 47 millions; c'est de plus affranchir les parents et les enfants d'un indispensable lien les uns vis-à-vis des autres.

Les prescriptions de notre Constitution actuelle avaient été devancées par le régime financier de la loi de 1833, qui impose les charges précisément dans l'ordre des devoirs respectifs, d'abord à la famille, ou au concours volontaire des particuliers, puis à la commune, puis au département, enfin à l'État. Ces principes sont excellents, il suffira de les développer. Nos efforts y tendront en commun.

1. M. Michel.

L'enseignement obligatoire n'est pas, comme on le croit trop généralement, une innovation moderne. Cette idée est, comme beaucoup d'autres de ce temps-ci, plutôt renouvelée que nouvelle. Les États généraux de 1580 voulurent l'imposer en France. Une contrainte de cette nature, opposée à nos mœurs, ne put jamais s'y introduire. Elle n'est pas praticable, elle ne serait point salutaire. Quelle partie de l'enseignement d'ailleurs rendra-t-on obligatoire? Demandez-vous beaucoup? Vous imposez une rigueur excessive. Demandez-vous peu? Vous abaissez le niveau de l'enseignement général : vous révoltez les instincts les plus vivaces du cœur humain contre ce que vous prétendez servir; vous alarmez la parcimonie trop naturelle du pauvre par vos amendes; vous blessez l'esprit d'indépendance par vos pénalités? Le meilleur, l'unique moyen d'universaliser l'enseignement, c'est de le rendre universellement accessible, applicable. Aujourd'hui, et au sein même de Paris, ce sont les Écoles qui manquent aux élèves, et non les élèves aux Écoles. Fondez et dotez, encouragez les sacrifices, les émulations; renversez les entraves, récompensez les services, et vous aurez en peu d'années mieux que l'enseignement obligatoire : vous aurez l'enseignement avidement recherché et béni.

TITRE III.

Enseignement secondaire.

Nous arrivons maintenant à l'enseignement secondaire. Aucun degré de l'enseignement ne peut se passer de liberté; mais l'enseignement secondaire moins qu'aucun autre. Le plus humble, comme le plus élevé, a beaucoup à gagner au développement d'une concurrence sérieuse. La nature des choses veut cependant que l'action de cette concurrence ne puisse se faire sentir partout avec la même efficacité. L'enseignement primaire, si modeste, si pénible, n'offre ni aux esprits, ni aux intérêts, ces excitations puissantes qui provoquent et multiplient les vocations. L'influence qu'il exerce sur la société est immense, mais presque latente. La liberté d'un enseignement pareil ne sera jamais que la liberté du dévouement. Telle n'est point la condition de l'enseignement secondaire. Par sa nature même, par la variété et l'étendue des connaissances qu'il embrasse, il s'adresse forcément à la portion la plus aisée de la société; il assure aux maîtres qui s'y livrent une carrière souvent brillante. D'un autre côté, par l'importance, par la durée des cours, il constitue une éducation complète; il n'abandonne l'enfant qu'après l'avoir fait homme, et l'avoir placé sur la pente des grandes vérités ou des grandes erreurs. Ce n'est donc pas seulement ici l'activité individuelle, la concurrence privée, qu'il s'agit d'introduire, comme nous le faisons dans les autres branches de l'activité humaine; c'est, avant tout, la conscience responsable des familles qui a besoin de voir rendre libre un enseignement intimement lié à des affections sacrées, à d'inviolables droits.

Notre Constitution attache deux conditions à l'exercice du droit d'enseigner : la capacité et la moralité.

La moralité ne peut faire l'objet d'aucun doute, quant à la nature même des qualités requises. Tout le monde comprend ce qu'exigent, en fait de probité, de régularité de conduite, les hautes et délicates fonctions de l'éducation publique. La difficulté ne consiste pas à se rendre compte de ce qui est exigible, mais à le constater. La morale n'a que des lois; la moralité a des nuances. On peut n'avoir encouru aucune condamnation judiciaire, conserver l'intégrité de ses droits civils et politiques, et n'en avoir pas moins perdu cette considération, ce respect de l'opinion desquels dépend l'ascendant du maître sur les élèves. Et cependant comment juger arbitrairement la vie, la réputation, le caractère d'un individu, sans rétablir en réalité le régime de l'autorisation préalable? De nombreuses combinaisons ont été proposées à ce sujet aux Chambres législatives. On a essayé de faire délivrer par les maires des certificats de moralité ordinaires, puis des certificats spéciaux. Ensuite on a substitué des jurys d'arrondissement à l'autorité municipale. Ces divers modes d'attestation réunissent les inconvénients de l'autorisation préalable, et n'en présentent pas les avantages. Les dispositions que nous vous soumettons s'efforcent d'atténuer les inconvénients inhérents à toute mesure préventive, sans prétendre y avoir complètement réussi. Nous vous proposons d'admettre aux fonctions de l'enseignement quiconque aura passé plusieurs années dans un établissement public ou privé d'instruction secondaire. Après cette épreuve, la présomption de la moralité du candidat est établie. Pendant cinq ans, il a été placé sous les yeux, sous la surveillance de l'autorité, soumis à l'inspection comme le chef même dont il dépendait et dont il engageait la responsabilité. On sait d'où il vient, depuis combien d'années il se destine à l'enseignement. Sa persévérance seule est une garantie, car elle prouve qu'il ne se jette pas dans cette noble carrière, comme il arrive trop souvent, par le caprice des circonstances ou par les accidents d'une vie aventureuse. Quand ces gages ont été donnés à la société, ils peuvent tenir lieu de la formalité presque toujours illusoire du certificat de moralité. Il suffit de laisser au pouvoir un simple droit d'opposition concurremment aux autorités académiques, administratives et judiciaires. Ce droit s'exerce devant le Conseil académique départemental, dont la composition nouvelle est de nature à rassurer toutes les inquiétudes.

Enfin, l'opposition admise, un dernier recours reste à celui qui se croit victime d'une décision inique. Il peut en appeler au Conseil supérieur de l'Instruction publique. Nous n'avons pas trouvé un meilleur moyen de sauvegarder la liberté, en conservant à la société les garanties qui lui sont nécessaires. Le candidat tient son droit de la Constitution et de la loi. Il n'est soumis à aucune autorisation discrétionnaire. Sans doute, si sa vie n'est pas irréprochable, si sa réputation n'est pas intacte, s'il est en procès, pour ainsi dire, avec l'opinion, il a une épreuve à traverser, un jugement à subir. Mais qui pourrait se plaindre d'une pareille condition ? La liberté demeure entière, puisque la loi soustrait à toute contestation une vie que rien n'accuse. La société, de son côté, n'abdique pas ses prérogatives, puisqu'elle conserve le droit d'interdiction envers tous ceux contre lesquels s'élève une réclamation fondée.

Quant à la capacité, seconde condition imposée par la Constitution et par le bon sens public, nous avons encore eu à lutter, non contre des divergences de pensées, mais contre des difficultés d'exécution.

D'excellents juges, et particulièrement les auteurs de la plupart des projets de lois soumis aux précédentes Assemblées législatives, ont paru croire que la capacité requise pouvait s'apprécier ici par le grade universitaire, et qu'elle serait d'autant mieux établie que le grade exigé des candidats serait plus élevé. Nous n'avons pu nous soumettre sans réserve à ces traditions. Les grades représentent assez fidèlement ce qu'on est en droit d'attendre du professorat, mais non ce qu'il importe d'exiger des chefs d'établissement ou des préposés à la surveillance. Dans les derniers cas, non seulement les grades élevés, celui de licencié ès lettres ou le double diplôme de bachelier ès lettres et de bachelier ès sciences, ne nous semblent pas l'élément unique d'appréciation, mais ils ne nous paraissent même pas l'élément principal. Ils n'attestent que l'étendue et la variété des connaissances, et non la vocation. Le savoir ne suppose pas nécessairement la rectitude de l'esprit, la fermeté, la discrétion, le sens pratique essentiel à quiconque veut élever et diriger la jeunesse. Ce dernier genre d'aptitude se développe bien moins par l'étude solitaire des sciences et des lettres que par le contact journalier et intime avec de jeunes et ombrageuses intelligences. La bienveillance du cœur, l'aménité des mœurs, la promptitude, la sûreté du coup d'œil ne peuvent se reconnaître par examen et se constater par diplôme : cependant ne sont-ce pas les premières qualités du chef d'institution et de ses collaborateurs directs? Ces motifs nous ont déterminés à exiger des candidats le simple grade de bachelier ès lettres, qui, par lui-même, ne témoigne pas sans doute d'une instruction bien solide, mais qui, s'ajoutant à cinq années de stage, offre une précaution suffisante, et permet de se montrer plus exigeant sur les garanties morales.

Des préventions opiniâtres existant, en outre, chez quelques personnes contre les grades, nous proposons de laisser au candidat la faculté de substituer au titre de bachelier un brevet de capacité spécial, lequel brevet alors, ne pouvant en aucun cas conduire aux grades universitaires, serait délivré par un jury de sept membres nommé, tous les ans, par le Ministre de l'Instruction publique, sur la proposition du Conseil académique départemental. Le programme de l'examen serait arrêté par le Conseil de l'Instruction publique. Néanmoins, le candidat pourra être interrogé plus spécialement sur la partie de l'instruction secondaire constituant l'objet spécial de l'enseignement qu'il se propose de donner.

Toutefois si, à nos yeux, les grades ne sont pas absolument indispensables au chef qui dirige et gouverne, il convient de les demander à ceux qui enseignent sous sa direction. Nous n'aurions donc pas hésité à insérer dans le projet une disposition formelle en ce sens, si l'application n'en avait paru incompatible avec les principes généraux de la liberté et de la concurrence. Soumettre tous les maîtres de tous les établissements aux mêmes conditions, c'est un joug intolérable. L'État même, à cette heure-ci, ne le fait pas peser sur ses propres maisons.

Varier les conditions selon les établissements, c'est se condamner d'avance à une série de mesures vexatoires qui conduisent à l'absurde ou à l'impossible. Il valait mieux s'en rapporter loyalement aux effets naturels de l'émulation, un peu à l'intérêt des chefs d'établissement, beaucoup à la sagacité des pères de famille.

Cette confiance, nous l'éprouvons sincèrement; cependant nous ne voulons pas qu'elle soit aveugle; nous ne voulons pas qu'on nous accuse même d'indifférence pour ce qu'on est convenu d'appeler le niveau des études. Le Ministre se réserve donc le droit d'accorder des distinctions spéciales, telles que le titre honorifique d'établissements de plein exercice, aux maisons qui réuniront un certain nombre de professeurs gradués.

Nous voulons davantage encore : un article de la loi reconnaît aux communes le droit de subventionner des établissements d'instruction secondaire; mais ce droit ne pourra s'exercer qu'en faveur des établissements dans lesquels, soit le directeur, soit les maîtres, seront pourvus de grades élevés.

La partie du projet qui concerne les établissements libres se termine par des dispositions relatives aux délits et à la pénalité. Ces dispositions sont très simples, et renouvelées, en grande partie, des lois antérieures; aussi ne croyons-nous pas devoir y arrêter d'avance l'attention de l'Assemblée.

Quelques personnes attendent de la présente loi la constitution de ce qu'on nomme l'enseignement professionnel. La Commission s'en est occupée. Promptement elle a reconnu que ce devait être là un fruit naturel de la liberté, et non l'objet d'une codification spéciale. Il est à présumer, en effet, que l'enseignement industriel et professionnel prendra sa part de l'élan général, et il ne faut pas songer à gêner son libre essor avant même de l'avoir vu se produire.

Les salles d'asile avaient aussi vivement excité la sollicitude de la Commission, et j'avais moi-même, en l'instituant, provoqué son zèle. Mais nous avons reconnu que la solution de cette question se liait intimement à toutes les questions de la prévoyance publique, et nous avons dû ajourner quelque temps encore la part que nous ne manquerons pas de réclamer plus tard.

Je ne me dissimule pas non plus que d'importantes réformes sont manifestement indiquées pour les établissements de l'État; mais ces questions, notamment en ce qui touche les maîtres d'étude, la préférence à donner au système de l'externat ou du pensionnat, seront plus promptement et plus sûrement tranchées par la rivalité des établissements nouveaux que par la voie législative. Le Ministre de l'Instruction publique ne peut cependant pas se considérer comme dégagé de ses devoirs à ce sujet, et il y pourvoira, dans la sphère de ses attributions administratives, avec persévérance et activité.

Enfin, Messieurs, je ne pourrais me flatter de vous soumettre un projet de loi complet, que si je vous le présentais étendu à l'enseignement supérieur aussi bien qu'à l'enseignement primaire et à l'enseignement secondaire. Mais le temps m'ayant manqué, j'ai cru devoir procéder d'urgence. J'appellerai, du reste, sous très peu de jours, l'avis d'une Commission spéciale sur l'enseignement et le régime des Facultés.

Quelque inachevée que soit cette œuvre, Messieurs, veuillez la prendre énergiquement à cœur.

Vous venez de recevoir du pays un glorieux mandat; le rôle que vous assignait d'avance l'article 9 de la Constitution n'est pas moins fait pour tenter votre patriotisme. Vous avez beaucoup à réparer, beaucoup à fonder, mais sans secousses, sans ruine, sans violence, par l'accomplissement d'une grande promesse, par l'application d'un grand principe! Les sophismes ne redoutent que cette épreuve, la vérité n'attend que ce signal : la pacification des intelligences, la sécurité de l'avenir n'existent plus qu'à ce prix. Les vieilles animosités essayeront de ranimer de vieilles querelles; elles seront déjouées. Soyez sincères, soyez hardis dans cette voie, et vous assurerez à l'ordre social la plus féconde, en même temps que la plus pacifique de ses victoires.

2° Projet de loi.

Au nom du Peuple français,

Le Président de la République

Arrête :

Le Ministre de l'Instruction publique et des Cultes est chargé de présenter à l'Assemblée nationale le projet de loi dont la teneur suit, d'en exposer les motifs et d'en soutenir la discussion.

TITRE Ier.

Des autorités préposées à l'enseignement.

CHAPITRE Ier. — *Du Conseil supérieur de l'Instruction publique.*

ARTICLE 1er. — Le Conseil supérieur de l'Instruction publique sera composé ainsi qu'il suit :

Huit membres choisis parmi les anciens membres du Conseil de l'Université, les Inspecteurs généraux, les Recteurs et les professeurs des Facultés. Ces huit membres formeront une Section permanente ;

Trois archevêques ou évêques nommés par leurs collègues ;

Un ministre du culte évangélique nommé par les présidents des consistoires ;

Trois magistrats de la Cour de cassation nommés par leurs collègues ;

Trois conseillers d'État nommés par le Ministre ;

Trois membres de l'Institut nommés par les cinq classes réunies ;

Trois membres choisis par le Ministre parmi les membres de l'enseignement libre.

ART. 2. — Les membres de la Section permanente sont nommés à vie.

Ils peuvent néanmoins être révoqués par le Président de la République, en Conseil des Ministres, sur la proposition du Ministre de l'Instruction publique.

Ils reçoivent seuls un traitement.

ART. 3. — Les autres membres du Conseil sont nommés pour six ans.

Ils sont indéfiniment rééligibles.

ART. 4. — Le Conseil supérieur tient au moins quatre sessions par an.

Le Ministre peut le convoquer en session extraordinaire toutes les fois qu'il le jugera convenable.

ART. 5. — Le Ministre statue en Conseil supérieur :

Sur les règlements relatifs aux programmes d'études et d'examens, à l'administration des Écoles de l'État, et à la surveillance des Écoles libres ;

Sur l'admission des livres qui pourront être introduits dans les établissements de l'État, et sur l'interdiction de ceux qui devront être défendus dans les établissements libres ;

Sur la création des Facultés, Lycées et Collèges, sur les fondations faites en faveur des Écoles et sur les secours et encouragements à leur accorder ;

Sur les affaires contentieuses relatives à l'obtention des grades, aux concours ouverts devant les Facultés, à l'ouverture des établissements libres, et sur toutes les questions qui concernent les droits des maîtres particuliers et l'exercice de la liberté d'enseigner ;

Sur les affaires disciplinaires dont la connaissance sera attribuée au Conseil supérieur par un règlement d'administration publique.

Il délibère, en outre, sur l'état de l'enseignement, sur les abus qui pourraient s'introduire dans les Écoles, sur les moyens d'y remédier, et sur toutes les questions qui lui seront soumises par le Ministre de l'Instruction publique.

ART. 6. — La Section permanente prépare tous les règlements dont le Conseil n'aura pas confié la rédaction à une Commission spéciale.

Elle assiste le Ministre dans l'examen des questions relatives à la discipline du corps enseignant, aux droits et à l'avancement de ses membres, sauf l'exception prévue en l'article 17.

Elle juge les affaires qui se rapportent à la police, à la comptabilité et à l'administration des Écoles de l'État, et présente au Conseil, au moins une fois par an, un rapport sommaire sur l'état de l'enseignement et de la discipline dans ces Écoles.

CHAPITRE II. — *De l'administration académique.*

ART. 7. — Il sera établi une Académie au chef-lieu de chaque département.

ART. 8. — Chaque Académie est administrée par un Recteur assisté d'un ou plusieurs Inspecteurs, et par un Conseil académique de département.

ART. 9. — Le Conseil académique est composé ainsi qu'il suit :

Le Recteur, président;

L'Inspecteur de l'Académie;

Le Préfet;

L'évêque ou son délégué;

Un ecclésiastique désigné par l'évêque;

Un ministre des cultes évangéliques dans les départements où il existe une église consistoriale;

Un membre délégué de la Cour d'appel, ou, à défaut de Cour d'appel, un membre du tribunal de première instance désigné par le tribunal,

Quatre membres du Conseil général désignés par leurs collègues.

ART. 10. — Le Conseil académique adresse chaque année au Conseil général du département et au Ministre un rapport sur l'état de l'enseignement.

ART. 11. — Il délibère :

Sur l'état général des Écoles de tous les degrés;

Sur les réformes à introduire dans l'enseignement, la discipline et l'administration économique des Écoles de l'État;

Sur les affaires contentieuses relatives, soit aux Écoles de l'État, soit aux membres des corps enseignants;

Sur les délits qui ont pu être commis par lesdits membres;

Sur les comptes des Lycées et des Colléges du département.

ART. 12. — Le Conseil académique soumet à l'approbation du Ministre les règlements intérieurs des Écoles publiques.

Il fixe le taux de la rétribution scolaire, sur l'avis des Conseils municipaux et des délégués cantonaux, établis comme il sera dit ci-après.

Il dresse chaque année la liste sur laquelle les Conseils municipaux choisissent les instituteurs. Il s'assure de la moralité et des antécédents de ceux qu'il inscrit et qui remplissent d'ailleurs les conditions exigées.

Il autorise ceux des instituteurs primaires qui auront subi un examen spécial à cet effet à introduire l'enseignement pratique de l'agriculture dans leurs Écoles.

Il propose au Ministre les instituteurs qui doivent être récompensés, et décerne en son nom les récompenses accordées.

ART. 13. — Il détermine, d'après les circonstances locales, les cas où les communes doivent établir des Écoles séparées pour les enfants des divers sexes, ou pour les enfants appartenant aux différents cultes légalement reconnus.

ART. 14. — Le Conseil académique de département donne son avis sur toutes les demandes de secours et encouragements.

ART. 15. — Les rapports des Conseils académiques seront envoyés par les Recteurs au Ministre, et communiqués par lui au Conseil supérieur, qui délibérera, soit pour remédier aux abus dénoncés, soit pour juger les délits et contraventions.

CHAPITRE III. — *De l'inspection.*

ART. 16. — L'inspection de tous les établissements d'instruction publique est exercée :

1° Par les Inspecteurs généraux;

2° Par les Inspecteurs d'Académie;

3° Par les Inspecteurs de l'instruction primaire;

4° Par les délégués des Conseils académiques de département, par le maire et le curé ou pasteur de la commune, en ce qui concerne l'enseignement primaire.

ART. 17. — Les Inspecteurs d'Académie seront choisis par le Ministre parmi les professeurs de Faculté, les proviseurs de Lycées, les principaux de Collèges de première classe, les chefs d'institution libre et les professeurs des diverses catégories d'établissements, sous la condition, commune à tous, du grade de licencié et de dix ans d'exercice, indépendamment du stage.

Les Inspecteurs généraux seront choisis par le Ministre, soit dans les catégories ci-dessus indiquées, soit parmi les Recteurs et Inspecteurs d'Académie.

Un tiers des Inspecteurs généraux sera nécessairement pris parmi les membres appartenant ou ayant appartenu à l'enseignement libre.

ART. 18. — L'inspection de l'enseignement primaire est spécialement confiée à quatre Inspecteurs généraux, dont deux, au moins, doivent appartenir à l'enseignement primaire public ou libre.

Il y a en outre dans chaque Académie un ou plusieurs Inspecteurs de l'instruction primaire nommés par le Ministre.

Un règlement déterminera la présentation, le traitement, les frais de tournée, l'avancement et les attributions des Inspecteurs de l'instruction primaire.

ART. 19. — L'inspection des établissements de l'État s'exercera conformément aux règlements délibérés par le Conseil supérieur.

Celle des établissements libres ne pourra porter que sur la moralité, le respect de la Constitution et des lois, et l'hygiène.

ART. 20. — Tout chef d'établissement secondaire qui refuserait de se soumettre à la surveillance de l'État pourra être traduit devant le tribunal correctionnel de l'arrondissement, et condamné à une amende de 100 à 1 000 francs.

En cas de récidive, l'amende sera de 500 francs à 3 000 francs, et l'établissement pourra être fermé.

Le procès-verbal des Inspecteurs constatant le refus du chef d'établissement fera foi jusqu'à inscription de faux.

TITRE II.

De l'enseignement primaire.

CHAPITRE Ier. — *Dispositions générales.*

ART. 21. — L'enseignement primaire se divise en deux degrés.

Le premier degré comprend l'instruction morale et religieuse, la lecture, l'écriture, le calcul et le système légal des poids et mesures.

Le second degré complète ces connaissances et y ajoute :

Les éléments de la langue française;

L'arithmétique appliquée aux opérations pratiques;

Des notions sur l'histoire de France et la géographie;
Des instructions élémentaires sur l'agriculture, l'industrie et l'hygiène;
L'arpentage, le dessin linéaire;
Le chant et la gymnastique.

ART. 22. — La loi reconnaît deux espèces d'Écoles :

1° Les Écoles fondées et entretenues en tout ou en partie par les communes, les départements ou l'État, et qui prennent le nom d'*Écoles publiques;*

2° Les Écoles fondées et entretenues par des particuliers ou des associations, et qui prennent le nom d'*Écoles libres*.

ART. 23. — L'enseignement primaire est donné gratuitement à tous les enfants dont les familles sont hors d'état de le payer.

CHAPITRE II. — *Des instituteurs.*

SECTION Ire. — Des conditions d'exercice de la profession d'instituteur public ou libre.

ART. 24. — Tout individu âgé de vingt et un ans accomplis peut exercer la profession d'instituteur public ou libre dans toute la France, s'il est muni d'un brevet de capacité.

Néanmoins, le brevet de capacité pourra être suppléé, pour l'enseignement du premier degré, par un certificat de stage dont il sera parlé ci-après.

ART. 25. — Les condamnés à des peines afflictives ou infamantes, les condamnés pour vol, escroquerie, banqueroute, abus de confiance, adultère, attentat aux mœurs et délits politiques, les individus privés par jugement de tout ou partie des droits mentionnés à l'article 42 du Code pénal, ceux qui ont été interdits en vertu des articles 29 et 34 de la présente loi, sont incapables de tenir une École publique ou libre, ou d'y être employés.

ART. 26. — Quiconque aura ouvert ou dirigé une École en contravention aux articles 24 et 25 sera poursuivi devant le tribunal correctionnel du lieu du délit, et condamné à une amende de 50 à 200 francs.

L'École sera fermée.

En cas de récidive, le délinquant sera condamné à un emprisonnement de quinze à trente jours et à une amende de 100 à 400 francs.

SECTION II. — Des conditions spéciales aux instituteurs libres.

ART. 27. — Tout instituteur qui veut ouvrir une École libre doit préalablement déclarer son intention au maire de la commune où il veut s'établir, lui indiquer le local et lui donner l'indication des lieux où il a résidé et des professions qu'il a exercées pendant les dix années précédentes.

Cette déclaration doit être en outre adressée par le postulant au Recteur de l'Académie et au Procureur de la République.

Elle demeurera affichée, par les soins du maire, à la porte de la mairie pendant un mois.

ART. 28. — Le Recteur, soit d'office, soit sur la plainte d'une des autorités scolaires ou du Procureur de la République, peut faire opposition à l'ouverture de l'École, dans l'intérêt des mœurs publiques, dans le mois qui suit la déclaration.

Cette opposition est jugée contradictoirement par le Conseil académique du département, dans le plus bref délai et sans appel.

Si le maire refuse d'approuver le local, il est statué à cet égard par le Préfet en Conseil de préfecture.

A défaut d'aucune opposition, l'École peut être ouverte à l'expiration du mois, sans autre formalité.

ART. 29. — Tout instituteur libre, sur la plainte d'une des autorités scolaires, ou du ministère public, pourra être traduit, pour cause de faute grave dans l'exercice de ses fonctions, d'inconduite ou d'immoralité, devant le Conseil académique du département, et être interdit de l'exercice de sa profession dans la commune où il exerce.

Le Conseil académique peut même le frapper d'une interdiction absolue, sauf appel devant le Conseil supérieur de l'instruction publique.

Cet appel devra être interjeté dans le délai de dix jours, à compter de la notification de la décision, et ne sera pas suspensif.

SECTION III. — Des instituteurs communaux.

ART. 30. — Les instituteurs communaux sont nommés par le Conseil municipal de chaque commune, et choisis, soit sur une liste dressée par le Conseil académique du département, pour les instituteurs laïques, soit sur la présentation qui est faite par les supérieurs des associations religieuses vouées à l'enseignement et reconnues par l'État, pour les instituteurs appartenant à ces associations.

Si le Conseil municipal avait fait un choix non conforme à la loi, ou n'en avait fait aucun, il serait pourvu à la nomination, après le délai d'un mois, par le Conseil académique du département.

L'institution est donnée par le Recteur au nom du Ministre de l'Instruction publique.

ART. 31. — Les instituteurs adjoints, les jeunes gens qui se préparent à l'enseignement primaire public dans les établissements autorisés à cet effet, les membres ou novices des associations religieuses consacrées à l'enseignement et reconnues par l'État, sont dispensés du service militaire, s'ils ont, avant l'époque déterminée pour le tirage, contracté devant le Recteur l'engagement de se vouer, pendant dix ans, à l'enseignement primaire public.

ART. 32. — Il est interdit aux instituteurs communaux d'exercer aucune profession commerciale ou industrielle.

ART. 33. — Tout instituteur communal convaincu de négligence dans ses fonctions est mandé devant la réunion des délégués cantonaux dont il sera parlé ci-après, qui peut lui donner un simple avis ou le réprimander, et même le traduire, s'il y a lieu, devant le Conseil académique du département.

En cas d'urgence, l'instituteur peut être suspendu de ses fonctions par le maire, à charge de rendre compte, dans les deux jours, au délégué cantonal, qui annule la suspension ou la maintient jusqu'à décision de l'autorité supérieure.

ART. 34. — En cas de négligence habituelle ou de faute grave, et sur la plainte d'une des autorités locales ou scolaires, ou d'office, le Recteur peut révoquer l'instituteur, sauf appel, dans le délai de dix jours, devant le Conseil académique du département.

Le Conseil académique peut, d'office, dans les mêmes cas, révoquer l'instituteur et sans appel.

L'instituteur révoqué est incapable d'exercer la profession d'instituteur, soit public, soit libre, dans la même commune.

Le Conseil académique peut frapper l'instituteur communal d'une interdiction absolue, mais sauf appel devant le Conseil supérieur de l'Instruction publique dans le délai de dix jours, à partir de la notification de la décision. Cet appel n'est pas suspensif.

ART. 35. — Le Conseil académique détermine les Écoles auxquelles, d'après le nombre des élèves, il doit être attaché un ou plusieurs instituteurs adjoints.

Ces instituteurs peuvent n'être âgés que de dix-huit ans, et n'avoir pas encore de brevet de capacité ou de certificat de stage.

Ils sont nommés et révocables par l'instituteur avec l'agrément du délégué cantonal. Le Conseil académique fixe leur traitement, sur l'avis du Conseil municipal.

ART. 36. — Tout département pourvoit au recrutement des instituteurs communaux en entretenant des élèves-maîtres dans les établissements d'instruction primaire désignés par le Conseil académique, ou créés à cet effet par le département, sur l'avis de ce Conseil.

Le programme de l'enseignement, les conditions d'entrée et de sortie, le personnel et tout ce qui concerne ces établissements seront déterminés par des règlements.

CHAPITRE III. — *Des Écoles communales.*

ART. 37. — Toute commune doit entretenir une ou plusieurs Écoles, où est donné au moins l'enseignement primaire du premier degré.

Le Conseil académique du département peut autoriser une commune à se réunir à une ou plusieurs communes voisines pour l'entretien d'une École.

Toute commune a la faculté d'entretenir une École entièrement gratuite.

Le Conseil académique peut dispenser une commune d'avoir une École publique, à condition de pourvoir à l'éducation gratuite, dans une École libre, de tous les enfants dont les familles sont hors d'état d'y subvenir.

ART. 38. — Toute commune doit fournir à l'instituteur un local convenable, tant pour son habitation que pour la tenue des classes, et un traitement.

ART. 39. — Le traitement des instituteurs communaux se compose : 1° d'un traitement fixe ou rétribution municipale qui ne peut être inférieur à 200 francs; 2° du produit de la rétribution scolaire; 3° d'un supplément accordé à tous ceux dont le traitement fixe, joint au produit de la rétribution scolaire, n'atteint pas 600 francs.

ART. 40. — A défaut de fondations, dons ou legs, le Conseil municipal délibère sur les moyens de pourvoir aux dépenses de l'enseignement primaire dans la commune.

En cas d'insuffisance des revenus ordinaires, il est pourvu à ces dépenses au moyen d'une imposition spéciale votée par le Conseil municipal, ou, à défaut du vote de ce Conseil, établie par arrêté du Pouvoir exécutif. Cette imposition, qui devra être autorisée chaque année par la loi de finances, ne pourra excéder trois centimes additionnels au principal des quatre contributions directes.

Lorsque des communes, soit par elles-mêmes, soit en se réunissant à d'autres, n'auront pu subvenir de la manière qui vient d'être indiquée, aux dépenses de l'École communale, il y sera pourvu sur les ressources ordinaires du département, ou, en cas d'insuffisance, au moyen d'une imposition spéciale votée par le Conseil général, ou, à défaut du vote de ce Conseil, établie par arrêté. Cette imposition, autorisée chaque année par la loi de finances, ne devra pas excéder deux centimes additionnels au principal des quatre contributions directes.

Si les ressources communales et départementales ne suffisent pas, le Ministre de l'Instruction publique accordera une subvention sur le crédit qui sera porté annuellement pour l'enseignement primaire au budget de l'État.

Chaque année, un rapport annexé au projet de budget détaillera l'emploi des fonds alloués pour l'année précédente.

ART. 41. — La rétribution scolaire sera perçue dans la même forme que les contributions publiques directes, sera exempte des droits de timbre, et donnera droit aux mêmes remises que les autres recouvrements.

Il est interdit à l'instituteur communal de percevoir lui-même cette rétribution, sous quelque forme que ce soit.

CHAPITRE IV. — *Des délégués cantonaux et des autres autorités spécialement préposées à l'enseignement primaire.*

ART. 42. — Le Conseil académique du département désigne plusieurs délégués résidant dans chaque canton, pour surveiller les Écoles publiques et libres du canton, et détermine les Écoles particulièrement soumises à la surveillance de chacun.

Les délégués sont nommés pour trois ans et rééligibles. Chaque délégué est en relation, tant avec le Conseil académique, auquel il doit adresser ses rapports, qu'avec les autorités locales, pour tout ce qui regarde l'état et les besoins de l'enseignement primaire dans la circonscription.

Il peut, lorsqu'il n'est pas membre du Conseil académique, assister à ses séances avec voix consultative.

Les délégués se réunissent au moins une fois tous les trois mois au chef-lieu de canton, sous la présidence du juge de paix, pour convenir des avis à transmettre aux Conseils académiques, ou pour mander devant eux les instituteurs, comme il est dit à l'article 33.

ART. 43. — Les autorités locales préposées immédiatement à l'enseignement primaire sont, pour chaque École, le maire et le curé ou pasteur de la commune.

Dans les communes de population mixte, un ministre de chacun des cultes aura toujours l'entrée de l'École pour veiller à l'éducation religieuse des enfants de son culte.

Lorsque des Écoles séparées existeront, les enfants d'un culte ne devront pas être admis dans l'École d'un autre culte, sauf le vœu formellement exprimé par les parents.

Le maire, le curé ou pasteur peuvent s'entendre avec les délégués cantonaux pour leur surveillance locale dans les villes qui sont à la fois chefs-lieux de canton et d'arrondissement.

ART. 44. — Le maire est spécialement chargé de veiller à la salubrité et au régime disciplinaire des Écoles.

Il dresse chaque année la liste des enfants qui doivent être admis gratuitement dans les Écoles publiques. Cette liste est arrêtée par le Conseil municipal.

ART. 45. — Le curé ou pasteur est spécialement chargé de surveiller l'enseignement religieux et la direction morale de l'École.

ART. 46. — Le Conseil académique propose à la nomination du Ministre une Commission d'examen chargée de juger publiquement, et à des époques déterminées par le Recteur, l'aptitude de tous les aspirants au brevet de capacité qui se présentent devant elle.

Cette Commission se compose de sept membres et choisit son président.

L'Inspecteur des Écoles du département, un ministre de chacun des cultes professés dans le département et deux fonctionnaires de l'instruction publique en font nécessairement partie.

ART. 47. — Le Conseil académique délivrera des certificats de stage aux personnes qui justifieront avoir été employées, pendant trois ans au moins, dans les Écoles publiques ou libres autorisées à recevoir des stagiaires.

CHAPITRE V. — *Institutions complémentaires.*

SECTION Ire. — Des pensionnats primaires.

ART. 48. — Toute personne âgée de vingt-cinq ans, ayant au moins cinq années d'exercice comme instituteur, ou deux années comme maître dans un pensionnat primaire, et munie d'un brevet de capacité, peut ouvrir un pensionnat primaire, après avoir déclaré son intention au Recteur de l'Académie et au maire de la commune.

Le programme de l'enseignement et le plan du local doivent être adressés au maire et au Recteur.

Le Conseil académique prescrira, dans l'intérêt de la moralité et de la santé des élèves, toutes les mesures qui seront indiquées dans un règlement d'administration.

Les pensionnats sont soumis aux articles 24, 25, 26, 27 et 28 de la loi, et à la surveillance des autorités qu'elle institue.

SECTION II. — Des Écoles d'adultes et d'apprentis.

ART. 49. — Le Conseil académique veillera à la propagation des Écoles de premier et de deuxième degré pour les adultes au-dessus de dix-huit ans;

Et des Écoles pour les apprentis au-dessus de douze ans.

Il désignera les instituteurs chargés de les diriger.

Il ne pourra être reçu dans ces Écoles d'élèves des deux sexes.

ART. 50. — Nul instituteur libre ne peut ouvrir une École d'adultes ou d'apprentis sans en prévenir les autorités, conformément aux articles 27 et 28.

ART. 51. — Il est mis chaque année à la disposition du Ministre de l'Instruction publique une somme suffisante pour encourager les auteurs de livres ou de méthodes utiles à l'instruction primaire, et à la fondation d'institutions telles que :

Les Écoles du dimanche,

Les Écoles dans les ateliers et les manufactures,

Les classes dans les hôpitaux,

Les cours publics ouverts avec l'autorisation des autorités compétentes,

Les bibliothèques de livres utiles,

Et autres institutions dont les statuts auront été soumis à l'examen de l'autorité.

CHAPITRE VI. — *Mesures transitoires.*

ART. 52. — Le Ministre, sur le rapport des Recteurs, déterminera, par un règlement, à quelle classe appartiendront les Inspecteurs et instituteurs actuellement en exercice.

ART. 53. — Les Comités actuels continueront provisoirement leurs fonctions jusqu'à la constitution des autorités instituées par la présente loi.

ART. 54. — Une caisse de retraite et une caisse de secours seront substituées par un règlement, dans le plus bref délai, aux caisses d'épargne des instituteurs.

ART. 55. — Un règlement sera fait pour l'application du titre II de la présente loi à la ville de Paris et à l'Algérie.

TITRE III.

De l'instruction secondaire.

. . . .

ART. 72. — Sont abrogées toutes les dispositions des lois, décrets ou ordonnances relatifs aux établissements d'instruction publique contraires aux dispositions de la présente loi.

Arrêté relatif à la formation d'une Commission pour l'établissement d'une caisse de retraite des instituteurs.

29 juin 1849.

29 Juin 1849.

Le Ministre de l'Instruction publique et des Cultes

Arrête :

Une Commission est chargée de préparer un projet de règlement pour l'établissement d'une caisse de retraite et de secours en faveur des instituteurs primaires publics.

Sont nommés membres de cette Commission :

MM.

Rendu, trésorier de l'Université, président;

Bourdon, ancien Inspecteur général et conseiller honoraire de l'Université;

De Gombert, maître des comptes;

Musnier de Pleignes, conseiller référendaire à la Cour des comptes;

Beuvain d'Altenheym, Inspecteur de l'instruction primaire du département de la Seine;

Goubaux, directeur de l'École municipale Chaptal;

Chalamet, président de la Société des instituteurs et institutrices du département de la Seine;

Gustave Pillet, chef de division au Ministère de l'Instruction publique et des Cultes.

---

6 juillet 1849.

Avis relatif aux vacances accordées par les instituteurs.

6 Juillet 1849.

Le Conseil, etc.,

Vu le rapport du Préfet de la Corse, en date du 25 avril dernier, par lequel ce fonctionnaire, après avoir signalé comme un abus funeste au service de l'instruction primaire l'habitude prise par les instituteurs de ce département de donner à leurs élèves, sans autorisation, des congés de plusieurs jours, propose de faire subir aux instituteurs coupables de ces abus une retenue proportionnelle sur leur traitement,

Est d'avis qu'il n'y a pas lieu d'adopter la mesure proposée par M. le Préfet de la Corse, mais qu'il convient de rappeler les instituteurs à l'accomplissement de leurs devoirs et de provoquer la réprimande, la suspension ou la révocation de ceux qui persévéreraient dans leur négligence.

---

6 juillet 1849.

Avis relatif à l'enseignement de l'histoire dans les Écoles normales primaires.

6 Juillet 1849.

Le Conseil, etc.,

Vu la délibération de la Commission de surveillance de l'École normale primaire de la Meuse, en date du 21 février 1849, relative à des dispositions nouvelles pour l'enseignement de ladite École;

Vu les observations de M. le Recteur de l'Académie de Nancy, contenues dans la lettre du 27 février;

Considérant que des changements généraux ne seront utilement introduits dans l'enseignement des Écoles normales primaires qu'après un examen approfondi; que néanmoins, dans la situation où se trouvent actuellement les Écoles normales, et jusqu'à ce que le législateur se soit prononcé, la protection et la bienveillance des autorités départementales et communales deviennent la principale condition d'existence de ces établissements,

Est d'avis que, exceptionnellement et sans engager l'avenir, il y a lieu d'adopter les modifications proposées et de décider en conséquence :

1° Que le programme d'histoire de l'École normale primaire de la Meuse n'embrassera plus désormais l'histoire du moyen âge et l'histoire moderne que dans les points où ces deux histoires ont des rapports avec l'histoire de France;

2° Que l'enseignement de l'histoire nationale s'arrêtera à l'année 1789, comme par le passé;

3° Que le programme des examens de capacité ne sera pas changé, aucun rapport n'existant entre ce programme et les études adoptées pour les Écoles normales primaires;

4° Que l'épreuve du dessin et la composition de style cesseront d'être rangées au nombre des épreuves à l'aide desquelles les Commissions éliminent une partie des concurrents; que ces épreuves et l'exclusion des candidats ne devront avoir lieu que dans les limites de la loi de 1833[1].

1. Dans le cours de la discussion à laquelle a donné lieu le *rapport sur les modifications à introduire dans le programme d'enseignement de l'École normale primaire du département de la Meuse,* il a été proposé de ne pas étendre au delà de l'année 1789 l'enseignement de l'histoire de France, et le Conseil a été d'avis qu'en effet cette extension ne devait pas être autorisée.

Je professe, a dit un membre, depuis longues années une opinion contraire, et je saisis cette occasion de la consigner au procès-verbal de la séance du Conseil.

La disposition qui arrête à l'année 1789 l'enseignement de l'histoire de France me paraît pleine d'illusion et de dangers. Je la combattrais alors même qu'il serait possible, dans l'état actuel de la société, d'arriver, à force de dissimulation et de silence, à ce que les jeunes hommes destinés à être, dans peu d'années, électeurs et éligibles, sortissent des Écoles sans avoir aucune connaissance des grands événements survenus depuis 60 ans. Je combats à plus forte raison cette même disposition, lorsqu'il est certain que, bon gré mal gré, dès l'âge le plus tendre et dans tout le cours de leur éducation, sur tous les points de la France, par tous les moyens imaginables, par les journaux de toutes couleurs, par les conversations de tous les instants, les jeunes Français sont et seront entretenus de ces faits prodigieux, de ces immenses bouleversements, de ces sciences des anciennes institutions, de ces innombrables essais de réforme, de ces mille rêves plus ou moins désastreux qui tourmentent, troublent ou menacent incessamment tout notre ordre social.

Laisser nos jeunes élèves errer sur ce vaste océan d'opinions humaines, sans boussole et sans guide, les exposer à ne recevoir sur les principes qui doivent les diriger et sur les devoirs qu'ils ont à remplir, sur les droits qu'ils auront à exercer, que de fausses et funestes impressions, ne pas venir au secours de leur inexpérience et de leur faiblesse, par un bon enseignement tel que l'Université peut et doit le leur donner, me semble, je l'avoue et le proclame, une souveraine imprudence, un déni de justice et de lumière. Le remède à tous les maux qui sont nés et naîtront infailliblement de l'ignorance ou de la fausse science en pareille matière, est un enseignement sagement distribué, au nom et sous la surveillance de l'État, dans toutes les Écoles secondaires ou primaires, et pour le moins dans toutes les Écoles publiques.

A mon avis donc, l'enseignement de l'histoire de France doit comprendre, dans une juste mesure, tout le temps de nos révolutions successives, jusques et y compris la promulgation de la Constitution qui régit la République.

13 juillet 1849.

Avis relatif à l'âge des examens pour les brevets de sous-maîtresses.

13 Juillet 1849.

Le Conseil, etc.,

Vu la lettre en date du 5 mai 1849, par laquelle M. le Préfet du Loiret propose, sur la demande de la Commission d'examen, la modification du règlement du 26 décembre 1843[1], concernant les pensions de demoiselles pour le département du Loiret,

Considérant :

1° Que l'âge des sous-maîtresses ne leur permet pas toujours d'avoir acquis les connaissances exigées des maîtresses de pension;

2° Qu'en exigeant des sous-maîtresses toutes les connaissances exigées des maîtresses de pension, on expose les sous-maîtresses à n'acquérir que des connaissances superficielles sur les matières contenues dans le nouveau programme présenté par M. le Préfet du département du Loiret;

3° Qu'il ne paraît pas équitable d'exiger des sous-maîtresses toutes les connaissances exigées des maîtresses de pension;

4° Que les notions qui se trouvent suffisantes pour les sous-maîtresses du département de la Seine semblent devoir suffire pour celles du département du Loiret, avec les considérations introduites en 1843;

Est d'avis qu'il y a lieu de maintenir le règlement approuvé pour le département du Loiret, le 26 décembre 1843.

---

13 juillet 1849.

Avis relatif à la prolongation du temps d'études dans les Écoles normales.

13 Juillet 1849.

Le Conseil, etc.,

Vu la délibération en date du 5 mai 1849, par laquelle la Commission de surveillance de l'École normale primaire de Laon demande que le cours d'études soit prolongé dans cette École de deux à trois ans;

Vu l'avis favorable de M. le Recteur de l'Académie de Reims, à la date du 21 mai 1849;

1. Ce règlement est la reproduction de celui qui a été adopté pour le département de la Seine à la date du 7 *mars* 1837 (Tome II, page 306).

Considérant qu'aux termes de la décision du Conseil de l'Université, en date du 25 avril 1843, les Conseils généraux de département doivent exprimer un vœu formel pour la prolongation du temps d'études dans les Écoles normales primaires; que dans l'avis motivé de la Commission de surveillance, il n'est question que d'un rapport adressé au Conseil général en date du 14 juillet 1848, et d'un rapport également de la Commission d'utilité publique présenté audit Conseil général dans sa séance du 28 novembre 1848, mais non pas d'une décision et d'un vœu formel du Conseil général;

Que divers renseignements sont, de plus, nécessaires au Conseil de l'Université, avant qu'il prenne une résolution sur la proposition de M. le Recteur et de la Commission de surveillance,

Est d'avis :

1° Que M. le Recteur provoque un vœu formel du Conseil général du département de l'Aisne, pour qu'une troisième année d'études soit établie à l'École normale primaire de Laon;

2° Que M. le Recteur adresse au Conseil un programme contenant l'énoncé des études affectées à chacune des trois années d'enseignement.

Avis relatif à une demande de reconnaissance présentée par une congrégation. 20 juillet 1849.

20 Juillet 1849.

Le Conseil, etc.,

Vu la demande formée par le supérieur de la congrégation des frères de Notre-Dame-de-Bon-Secours, à l'effet d'obtenir la reconnaissance légale de son institut pour toute l'étendue de l'Algérie;

Vu les avis de Mgr l'évêque d'Alger, de M. le Ministre de la Guerre et de M. le Recteur de l'Académie;

Considérant que la reconnaissance légale ne peut être faite que par une loi;

Mais qu'il a été souvent décidé que, dans le cas où une commune n'a point d'instituteur régulier, et jusqu'à ce qu'elle ait pu s'en pourvoir, des autorisations à l'effet de tenir école peuvent être accordées à des personnes jugées capables par le Recteur,

Est d'avis qu'il n'y a pas lieu, en l'état, de présenter un projet de loi à l'effet de reconnaître ladite congrégation, mais que des autorisations individuelles peuvent être accordées provisoirement aux membres de la congrégation[1].

1. En ce qui concerne cette reconnaissance, voir, aux *Documents annexes*, l'opinion exprimée par un membre du Conseil.

20 juillet 1849.

Avis relatif à la demande faite par une congrégation religieuse d'annexer un pensionnat à une École.

20 Juillet 1849.

Le Conseil, etc.,

Vu la demande formée par Mlle Brétandeau, sœur de la congrégation de Saint-Gildas, institutrice primaire à La Chapelle-sur-Erdre (Loire-Inférieure), à l'effet d'être autorisée à annexer un pensionnat primaire à son École, ensemble les pièces à l'appui;

Considérant que les statuts de la congrégation stipulent la gratuité de l'enseignement, et que, par conséquent, lesdites sœurs ne peuvent pas être autorisées à tenir un pensionnat primaire à titre onéreux jusqu'à ce que la réforme des statuts ait été faite par ordonnance rendue en Conseil d'État,

Est d'avis qu'il n'y a pas lieu d'accorder l'autorisation demandée.

---

11 août 1849.

Circulaire du Ministre de l'Instruction publique, relative à la résidence des sous-inspecteurs de l'instruction primaire. [Extrait.]

11 Août 1849.

Monsieur le Recteur, les décisions prises à diverses époques ont fixé la résidence des sous-inspecteurs de l'instruction primaire tantôt au chef-lieu du département, tantôt au chef-lieu d'arrondissement. Aucune règle précise et uniforme n'a encore été posée à cet effet. Il est indispensable, pour la direction du service et pour la bonne administration, que cette question soit définitivement résolue.

. . . .

Je crois devoir vous rappeler qu'au moment de la création des emplois de sous-inspecteurs, il a été établi que ces fonctionnaires résideraient avec l'Inspecteur au chef-lieu du département. Le principe dont il s'agit a cela d'utile, que tous les agents de l'inspection se trouvent réunis dans la ville qu'habite le Préfet, et qu'ils sont placés ainsi sous sa surveillance immédiate, non moins que sous celle de l'autorité académique, lorsque cette ville est le siège d'une Académie. Ce principe offre, en outre, plusieurs avantages, tels que l'unité dans la direction du service de l'inspection, la possibilité de procéder en commun aux travaux d'écriture, états de situation, états nominatifs, caisse d'épargne, la célérité dans la marche des affaires, toute correspondance étant naturellement supprimée par suite des communications verbales entre les fonctionnaires de l'inspection. Il assure ainsi, d'ailleurs, que tous les établissements d'instruction primaire sont visités successivement par chacun des agents, ce qui permet de comparer leurs rapports respectifs et d'en contrôler l'exactitude.

En regard de ces considérations, il faut placer celles qui recommandent le système opposé, celui de la résidence des sous-inspecteurs aux chefs-lieux d'arrondissement, système qui a été généralement préféré dans les derniers temps, comme plus favorable à l'établissement projeté d'une sous-inspection dans chacun de ces chefs-lieux. Il a paru que la surveillance du sous-inspecteur, concentrée sur un seul ou deux arrondissements exclusivement, peut être plus sérieuse, plus efficace, le fonctionnaire appelé à inspecter souvent les mêmes Écoles devant les mieux connaître et souvent exercer ainsi une plus grande influence sur les progrès de l'enseignement. Ces motifs sont très appréciés par les Comités d'instruction primaire et MM. les Sous-Préfets, qui trouvent un grand avantage à avoir MM. les sous-inspecteurs en quelque sorte à leur disposition.

Dans l'impossibilité où l'on se trouve aujourd'hui d'attacher à chaque arrondissement de sous-préfecture un sous-inspecteur qui puisse correspondre directement avec les autorités académiques et administratives, ce qui lèverait toute difficulté, il est indispensable de choisir, entre l'un et l'autre principe, celui de la résidence au chef-lieu du département et celui de la résidence au chef-lieu d'arrondissement : c'est sur cette alternative que je désire connaître votre opinion personnelle. Je vous prie d'examiner la question et de m'adresser vos observations dans le plus bref délai possible. . . . .

Signé : De Falloux.

Avis relatif à la nomination des instituteurs.

31 août 1849.

31 Août 1849.

Le Conseil, etc.,

Vu les pièces relatives à une contestation qui s'est élevée entre l'administration locale de la commune d'Avessac (Loire-Inférieure) et le Comité supérieur de l'arrondissement de Savenay, au sujet de la nomination d'un instituteur dans cette commune;

Vu notamment la délibération en date du 23 juillet dernier, par laquelle le Comité supérieur de Savenay a décidé :

1° Que le sieur Delanoë, frère Lamennais, candidat présenté par le Conseil municipal et le Comité local, et institué par le Ministre, ne sera pas installé;

2° Que le Conseil municipal sera mis en demeure de présenter un autre candidat, et que, faute par lui de le faire, le Comité nommera d'office un autre instituteur;

Vu l'article 22 de la loi du 28 juin 1833, ainsi conçu : « Le Comité « d'arrondissement nomme les instituteurs communaux sur la pré- « sentation du Conseil municipal, procède à leur installation, et « reçoit leur serment »;

Sans s'arrêter à la question de savoir par quelle autorité, au refus du Comité supérieur, doit être installé l'instituteur,

Estime :

Que le Comité supérieur n'ayant pas épuisé le droit que lui confère la loi, il y a lieu de le mettre en demeure, préalablement à toute autre mesure, de nommer d'office un instituteur s'il persiste à refuser le candidat du Conseil municipal.

---

7 sept. 1849.

Avis relatif à la demande de reconnaissance formée par des congrégations.

7 Septembre 1849.

Le Conseil, etc.,

Vu les demandes formées par les quatre congrégations enseignantes désignées ci-après :

Savoir :

1° Les frères de Marie de l'Instruction chrétienne de Saint-Chamond (Loire);

2° Les frères de la Sainte-Famille de Belley (Ain);

3° Les frères instituteurs de Rodez;

4° Les frères de Notre-Dame-de-Bon-Secours,

Aux fins d'obtenir du pouvoir exécutif leur reconnaissance comme établissement d'utilité publique, à titre d'association charitable pour l'instruction primaire;

Vu la note qui, par ordre de M. le Ministre, a été rédigée pour le Conseil de l'Université, renvoyée aux sections réunies du contentieux et de l'administration, et annexée aux pièces du dossier, par laquelle note le Conseil est invité à faire connaître son avis sur la suite à donner à ces demandes de reconnaissance et sur la question de droit qu'elles soulèvent;

Vu les édits ou déclarations du 21 novembre 1629, du 27 juin 1659, de juin 1671, du 9 juillet 1738, du 1er juin 1739 et d'août 1749;

Vu les lois du 13 février 1790 et du 18 août 1792;

Vu les décrets du 4 messidor An XII et l'ordonnance du 29 février 1846, qui sont spécialement invoqués en faveur des pétitionnaires;

Vu les lois du 2 janvier 1817 et du 24 mai 1825, ensemble l'exposé des motifs de cette dernière loi, présenté par le Garde des Sceaux à la Chambre des Pairs;

Ouï le rapport fait au Conseil, au nom des sections réunies du contentieux et de l'administration;

Attendu que, d'après l'ancien droit public de la France, l'intervention de l'État a toujours été nécessaire pour autoriser l'établissement des congrégations ou associations religieuses, et que le consentement du pouvoir souverain est encore aujourd'hui exigé pour conférer à ces congrégations ou associations une existence légale et la capacité civile;

Attendu que ces principes ont été sanctionnés par le Concordat, ainsi que l'ont reconnu et déclaré plusieurs avis du Conseil d'État;

Attendu que, si le décret du 4 messidor An XII, tout en renouvelant les prohibitions portées par les lois anciennes et par les lois de 1790 et 1792, accorde au pouvoir exécutif la faculté d'autoriser certaines congrégations religieuses, cette disposition, qui introduit au bénéfice de l'autorité administrative une extension de pouvoir formellement contraire aux lois précitées, ne saurait être invoquée ni appliquée depuis la loi du 2 janvier 1817 qui a limité aux établissements ecclésiastiques reconnus par la loi le droit de posséder et de recevoir des donations ou legs; d'où il suit que, aujourd'hui comme autrefois, les congrégations religieuses d'hommes, quelles que soient les conditions de leur existence, ne peuvent être établies ni obtenir la capacité civile qu'en vertu d'un acte spécial du pouvoir législatif; que telles ont été notamment les conclusions d'un avis du Conseil d'État du 4 mai 1817, et que tel est aussi l'esprit dans lequel est rédigée l'ordonnance du 2 avril de la même année, portant règlement pour l'exécution de la loi du 2 janvier;

Attendu que ce droit a été solennellement confirmé en 1824 par le rejet d'un projet de loi présenté par le Gouvernement à la Chambre des Pairs, et qui avait pour objet de conférer le droit d'acquérir et de posséder aux communautés religieuses autorisées par des ordonnances rendues en la forme de règlements d'administration publique;

Attendu que ces maximes constantes du droit public français ont reçu une sanction définitive par la loi du 24 mai 1825, laquelle, quoique ne s'appliquant qu'aux congrégations de femmes, établit néanmoins de nouveau et plus fortement les principes ci-dessus exposés, ainsi que le déclarait le Garde des Sceaux en ces termes : « La présentation même du projet consacre la nécessité d'une loi « pour autoriser les congrégations d'hommes, si le Gouvernement « avait l'intention d'en établir; » et le président du Conseil : « Par « cette déclaration il ne s'agit ici que de congrégations de femmes; « si jamais on venait à désirer l'établissement de congrégations « d'hommes, une loi nouvelle serait nécessaire et les Chambres « seraient appelées à la discuter »;

Attendu que, s'il est vrai que sous l'Empire et sous la Restauration, avant comme après la loi de 1817, quelques établissements religieux avaient été formés avec des autorisations plus ou moins régulières, ces actes consommés ne sauraient avoir aucune influence sur la décision à prendre aujourd'hui en présence d'une législation positive qui doit être respectée et qui est fondée sur des raisons d'État de premier ordre;

Attendu que, s'il est vrai que l'ordonnance du 29 février 1816, continuant les errements du décret du 4 messidor An XII, attribuait au pouvoir exécutif le droit d'autoriser certaines associations religieuses d'hommes sous le titre d'associations charitables, cette attribution, en supposant qu'elle ne fût pas excessive, a été formellement retirée au pouvoir exécutif par les lois souveraines de 1817 et de 1825;

Attendu que si, malgré ces lois, le fait de semblables autorisations s'est produit quelquefois de 1828 à 1830, il ne s'est plus renouvelé depuis cette dernière époque; qu'en effet ces autorisations étaient évidemment en dehors de la loi, puisque, ne pouvant conférer directement la capacité civile aux congrégations ainsi autorisées, elles employaient un moyen détourné pour arriver au même but en appelant la capacité légale du Conseil de l'Université à couvrir, dans les acceptations de donations et legs, l'incapacité avérée des congrégations reconnues par voie de simple ordonnance (voir l'ordonnance du 23 juin 1830 et autres); et que si, depuis 1830, soit au Conseil d'État, soit au Conseil de l'Instruction publique, notamment en 1849, on s'est montré facile pour admettre et régulariser les faits accomplis, il a été bien entendu qu'on n'y reviendrait plus;

Attendu que vainement on excipe des autorisations données à certaines associations laïques pour l'instruction primaire, lesquelles ont été reconnues comme établissements d'utilité publique par simple voie d'ordonnance; qu'en effet, un établissement d'utilité publique n'est régulièrement institué que lorsque les formes, spécialement exigées en raison de la nature de chaque établissement et de la qualité des personnes, ont été observées et que les postulants formant, à la différence des autres associations, des congrégations religieuses, ils ne peuvent ni violer ni scinder leur qualité, et qu'à ce titre d'association religieuse, titre produit et patent, ils tombent sous l'application des lois spéciales qui régissent la personne morale de ces congrégations ou associations; qu'il n'est donc pas permis de faire abstraction du caractère religieux des congrégations et d'éluder ainsi l'action des lois qui les gouvernent pour ne les considérer que comme des établissements ordinaires d'utilité publique, sans renverser complètement le droit établi;

Attendu que vainement on excipe pour les postulantes de l'article de la Constitution de 1848, relatif au droit d'association volontaire; que leur droit de se réunir et de s'associer n'est pas et n'a jamais été contesté; mais que, lorsqu'ils veulent s'élever au-dessus du droit commun des associations privées et obtenir le privilège de former une personne civile, une société religieuse reconnue comme capable d'acquérir, de posséder, de s'obliger et d'ester en jugement, c'est-à-dire un corps ayant une existence légale et publique, ils doivent se soumettre aux lois particulières qui régissent cet ordre de personnes civiles et d'associations;

Attendu qu'en une matière aussi grave, la forme engage les principes eux-mêmes, et qu'il est du devoir du Conseil d'éclairer M. le Ministre et le Gouvernement sur les dangers et sur l'illégalité des reconnaissances d'associations religieuses en simple forme de règlement d'utilité publique, sans examiner, et encore moins sans contester les services qu'ont pu et que pourraient rendre les postulants à l'enseignement primaire, principalement les frères de Marie, les frères de Rodez et les frères de Bon-Secours,

Est d'avis :

1° Qu'il n'y a pas lieu de donner suite, par la voie de règlement d'utilité publique, à la demande d'autorisation présentée par les congrégations dénommées;

2° Qu'au pouvoir législatif seul appartient le droit d'accorder, par des lois spéciales, la reconnaissance nécessaire pour conférer la capacité civile à chacune de ces congrégations.

Arrêté relatif à l'organisation du service de l'inspection primaire en Algérie. 5 octobre 1849.

5 Octobre 1849.

Le Président du Conseil des Ministres, chargé du pouvoir exécutif,

Arrête :

Article 1er. — Il est attaché à l'Académie d'Alger un Inspecteur et deux sous-inspecteurs de l'instruction primaire.

Les traitements de ces fonctionnaires sont fixés ainsi qu'il suit :

Inspecteur.	4 000 francs.
Sous-inspecteurs	3 000 —

---

6 octobre 1849. **Projet de loi sur l'Instruction publique présenté à l'Assemblée législative par M. Beugnot, au nom de la Commission chargée d'examiner le projet de loi déposé le 18 juin 1849.**

6 Octobre 1849.

1° Rapport de M. Beugnot.

Messieurs, le principe de la liberté de l'enseignement, inscrit dans nos lois en 1830, a fait naître, chaque fois qu'il s'est agi de le mettre en application, d'ardentes controverses, qui, en divisant les esprits, ont troublé le législateur lui-même, et paralysé ses efforts pour remplir l'engagement solennel qu'il avait contracté. La juste délimitation entre les droits de l'État et ceux des citoyens fut l'écueil contre lequel vinrent successivement se briser les meilleures intentions et les volontés les plus éclairées.

Nous nous garderons de réchauffer un débat désormais sans objet. La nouvelle Constitution, allant plus loin que la Charte de 1830, a défini les droits de l'État. Nous devons nous incliner devant sa décision, et présenter à l'Assemblée, non pas notre avis sur des points de doctrine, source inépuisable de contestations, mais les moyens qui nous ont paru, après une étude attentive, les plus propres à réaliser avec fidélité les promesses de la loi fondamentale.

Tous les projets de loi sur la liberté de l'enseignement, présentés aux anciennes Chambres législatives, étaient annoncés comme des actes de pacification, comme d'équitables transactions entre les droits nouvellement créés et mis en présence les uns des autres. Mais, à cette époque, la nécessité d'une conciliation n'était pas aperçue, et chaque opinion, se croyant appelée à la possession d'une société paisible et puissante, aimait mieux courir les chances d'une lutte prolongée qu'abandonner aucune de ses espérances.

Cette lutte ne fut certainement pas sans éclat ni sans profit pour la solution d'une des plus hautes questions morales et politiques qui puissent être soumises aux méditations du législateur. Chacun apporta dans ce grand et mémorable débat, auquel la nation ne cessa de prendre un intérêt qui l'honore, le tribut de ses lumières et de son expérience; mais chacun aussi conservait ses idées absolues, ses prétentions exclusives, et l'espoir d'une transaction équitable, où les intérêts et les droits légitimes de l'État et des familles auraient été reconnus et assurés, s'éloignait chaque jour davantage.

La conciliation si longtemps et si vivement poursuivie est devenue possible aujourd'hui. Les événements dont la France a été le théâtre dans ces derniers temps ont plus contribué à éclairer et à calmer, sur ce point, les esprits, à modérer les désirs, à rapprocher les personnes, que les plus savantes discussions n'auraient pu le faire.

1. Cette Commission était composée de MM. SALMON (Meuse), COQUEREL, BAZE, DE MELUN (Ille-et-Vilaine), DE L'ESPINAY, SAUVAIRE-BARTHÉLEMY, DEFOUGERAIS, BARTHÉLEMY SAINT-HILAIRE, DE MONTALEMBERT, ROUHER, THIERS, BEUGNOT, FRESNEAU, JANVIER, PARISIS.

Le projet fut renvoyé (7 *novembre*) au Conseil d'État. (Voir ci-après, à la date du 17 *décembre* 1849, le projet délibéré par cette haute assemblée.)

Il revint (17 *décembre*) à la Commission, dans laquelle M. Rouher était remplacé par M. Montigny. M. Beugnot présenta un rapport supplémentaire à l'Assemblée législative. (Voir ci-après, à la date du 31 *décembre* 1849.)

Lorsque la société tout entière, avec sa religion, ses mœurs, ses plus précieux intérêts, ses saintes et éternelles lois, est devenue tout à coup l'objet d'attaques aussi audacieuses que multipliées; quand les notions élémentaires de la vérité, de la justice et du droit, sans lesquelles aucune association humaine ne saurait exister un seul jour, ont eu besoin d'être expliquées et défendues; quand un désordre moral dont nul ne pressentait la profondeur s'est révélé au milieu de nous, alors tous les hommes sages, tous les amis sincères de la patrie, ont compris qu'il ne s'agissait plus de savoir par qui et dans quelle mesure précise le bien se ferait, mais qu'il fallait recueillir toutes les forces morales du pays, s'unir intimement les uns aux autres pour combattre et terrasser l'ennemi commun, qui, victorieux, ne ferait grâce à personne.

Ce retour des consciences et des esprits, naguère divisés, vers un sentiment de paix et de concorde, donne au législateur une liberté d'action dont il n'avait pas encore joui, et diminue les difficultés de sa tâche.

Dans une grave et vive discussion, lorsqu'aucun des deux partis ne croit à la solution prochaine du débat, chacun s'attache plus à soutenir l'honneur des principes qu'à régler ses vœux sur ce qu'il lui est possible d'obtenir, et les prétentions n'ont plus de bornes; mais quand tout annonce que le moment de clore la controverse et de passer de la théorie à l'application est venu, alors les esprits les plus absolus consentent à tenir compte des faits et à ne plus nourrir des espérances irréalisables.

Si le législateur a retrouvé sa liberté, ce ne sera pas pour en abuser; il doit chercher, sans préoccupation de système ni de parti, sans engouement comme sans crainte de l'innovation, et guidé par l'unique pensée d'assurer le bonheur des générations futures, à fonder sur les deux seules bases qui puissent être adoptées, la morale et la religion, un plan d'éducation publique approprié aux besoins, aux intérêts et au génie de notre nation, qui devienne le premier élément de sa stabilité et de sa grandeur.

Cette liberté d'action ne sera pas non plus la faculté de ne tenir aucun compte des lois et des institutions existantes, et de chercher la perfection à travers les nuages de l'idéal ou les ruines.

L'État distribue l'enseignement par des agents qu'il prépare à cet effet et qu'il dirige. Rechercher si, dans le principe, il a eu tort ou raison de s'emparer de cette haute fonction et si des particuliers ou des associations ne la rempliraient pas plus avantageusement, serait une étude sans profit, puisqu'un fait, qui a quarante ans de date, tranche la question; mais ce que la réflexion et l'expérience de tous les temps attestent, c'est qu'une corporation exclusivement et officiellement chargée de donner l'instruction se trouve, par sa nature même, privée du sentiment d'émulation qui communique aux institutions comme aux individus le besoin de faire mieux, de se perfectionner continuellement soi-même, et qui inspirait au génie le plus vaste et le plus puissant qui ait dirigé le gouvernement de l'ancienne France, à Richelieu, cette pensée : « Si les Universités « enseignaient seules, il serait à craindre qu'elles ne revinssent avec le temps « à l'ancien orgueil qu'elles ont eu autrefois, qui pourrait être à l'avenir aussi « préjudiciable qu'il a été par le passé. »

Notre nation s'est formée sous l'empire de la concurrence en matière d'enseignement. Nous lui restituons cet élément de progrès, qui profitera même à l'institution dont il va restreindre les privilèges.

L'Université moderne a été l'objet d'apologies et de reproches outrés. Mais, si son enseignement ne s'est pas toujours maintenu à l'abri de critiques sérieuses, il ne faut en accuser ni les hommes ni les méthodes, mais le privilège dont elle jouissait et à l'ombre duquel son ardeur s'est égarée. Dépourvue des lumières que la concurrence lui aurait fournies, elle a demandé des inspirations à l'esprit de système et des leçons à l'étranger, et ces deux guides trompeurs ont trahi plus d'une fois son amour du bien public et de la science. Parmi les effets salutaires de la liberté, il faut placer l'amélioration de l'enseignement public. Puisse cette vérité réconcilier avec elle ceux qui ne l'envisagent pas sans préventions ou sans inquiétude!

Si nous ne considérions la concurrence que comme un moyen de perfectionner l'éducation, nous l'envisagerions, il faut le dire, sous son aspect le moins élevé. Le droit naturel et préexistant de la famille, ce droit que les lois reconnaissent, mais qu'elles ne créent pas, et qui survit dans la conscience publique, quand elles lui refusent leur sanction, ce droit exige que le choix des familles puisse s'exercer, non seulement sur les personnes, mais sur les méthodes et les doctrines, sans rencontrer d'autres limites que celles qui sont posées par la morale et le respect des lois. Fonder la concurrence, c'est donc consacrer un droit impérissable et assurer les progrès de l'enseignement. Comment repousser un principe à la fois si juste et si utile?

Qui exercera cette concurrence? Nous répondons : Tous les citoyens, tous ceux qui se croiront appelés à remplir la noble et difficile fonction d'instituteur de la jeunesse, et qui auront donné des gages publics de moralité et de savoir. Nous n'essayerons pas de créer des incapacités, d'introduire des exceptions, là où notre Constitution a proclamé le droit commun.

Sous la garantie de cette rivalité et de la surveillance du Gouvernement, nous entrerons en possession d'un système d'instruction publique auquel la simple consécration de droits sacrés et reconnus par la Constitution aura fourni les éléments d'un perfectionnement réel et continu.

La libre concurrence n'enlèvera pas à l'enseignement le caractère national qu'il doit conserver. L'enseignement, s'il est donné par un seul, fût-ce même par l'État, peut s'égarer dans des voies choisies arbitrairement où nul n'aurait le droit de l'arrêter. Il sera uniforme, mais ne sera pas nécessairement national, ou, en d'autres termes, conforme au caractère, à l'esprit, au vœu de la nation, sur lesquels l'État ou ses agents peuvent se méprendre. Au moyen de la liberté, quand chaque citoyen jouira de la faculté de distribuer l'enseignement, si telle est sa vocation, cet enseignement, varié dans sa nature, reproduira les dispositions particulières qui, réunies, composent le caractère national, et la concurrence saura bien empêcher que cette reproduction de l'esprit public ne flotte au gré de l'opinion dominante. L'éducation est une, elle doit être nationale, mais plusieurs la conduiront plus sûrement qu'un seul vers ce but.

La première condition d'une concurrence sincère est l'égalité parfaite entre les concurrents; or, peut-on fonder sérieusement l'égalité quand l'État se réserve de donner lui-même, avec profusion, l'enseignement dans des établissements nombreux qu'il soutient par tous les moyens dont il dispose.

Si la liberté est accordée avec sincérité, cette objection perdra de sa force.

Aujourd'hui, sous l'empire du droit exclusif de l'État en matière d'enseignement, l'Université repose sur cette idée fondamentale, que l'instruction et l'éducation publiques appartiennent à l'État. L'Université est donc, si l'on veut, l'État enseignant. Nul ne peut lui disputer cette prérogative, puisque nul ne peut enseigner hors de son sein ou sans son autorisation. Lorsque la liberté régnera, quand la concurrence contre les Écoles du Gouvernement sera légale et encouragée, l'État, gardien des droits et des intérêts communs, ne pourra plus s'identifier avec ces Écoles. S'il continue d'entretenir des établissements d'instruction publique, ce sera pour soutenir et non pour écraser la concurrence, et afin de contribuer selon ses vues à l'amélioration générale de l'enseignement, mais il ne défendra pas les droits de ses propres établissements avec plus de chaleur qu'il ne défendrait ceux des établissements libres ; car il doit aux uns et aux autres un égal intérêt, puisqu'il a changé sa fonction d'instituteur unique de la nation contre celle de surveillant et de protecteur de quiconque entreprend, au nom de la loi, de distribuer à la jeunesse le bienfait de l'instruction.

Si les faits extérieurs restent les mêmes, le droit est changé, et il ne dépendra que de la liberté de transformer ce droit en fait, par ses efforts, ses succès et les services qu'elle saura rendre. A elle de mériter les faveurs qu'elle envie.

Les rapports nouveaux entre les Écoles publiques et les Écoles libres ne s'établiront pas, nous le reconnaissons, sans quelque difficulté. Les idées et les habitudes anciennes conserveront une partie de leur autorité, et il faut s'attendre qu'elles susciteront chez les uns des regrets, chez les autres de la défiance.

Pour éloigner tout sujet de conflit, on a proposé de séparer complètement l'Université des Écoles libres, de faire à ces dernières une existence à part, entièrement isolée, et d'instituer pour les surveiller et les protéger des autorités spéciales, qui n'auraient aucun rapport avec les Écoles de l'État.

L'idée d'un rapprochement sincère est, dit-on, purement chimérique et ne saurait résister à la plus simple épreuve. Ne voyez-vous pas que la lutte entre le clergé et l'Université, dont vous vous flattez d'étouffer le principe à l'aide d'une loi, est la conséquence de cette vieille opposition entre le pouvoir spirituel et le pouvoir temporel, contre laquelle sont venus échouer, l'histoire l'atteste, les vœux, les efforts et les lois des Gouvernements les plus habiles et les plus puissants? Vous ne ferez pas dans des temps tels que ceux-ci ce que d'autres, qui ne vous cédaient en rien, n'ont pu faire dans des jours meilleurs, et puisque la Constitution vous prescrit d'organiser la liberté d'enseigner, et que, de l'aveu commun, rien n'est plus simple et plus aisé que d'assigner à cette liberté un domaine séparé, ne vous épuisez pas en tentatives inutiles pour opérer une conciliation qui n'existera jamais que dans la loi.

Votre Commission n'a pas cru devoir se rendre à ces objections dirigées contre le principe même du projet de loi. Voici ses motifs :

Il ne faut pas se méprendre sur la nature de l'obligation qui nous est imposée. Nous devons régler, de la manière la plus utile à la société et la plus équitable pour les individus, un droit nouveau, commun à tous les citoyens, laïques ou ecclésiastiques, et non reprendre, où les siècles passés l'ont laissé, le débat entre le sceptre et la tiare.

Les discussions qui s'élevèrent, il y a quelques années, au sujet de la liberté de l'enseignement et des droits de l'État en cette matière, n'auraient plus aujourd'hui la même vivacité, ni un égal retentissement, parce que les temps ont changé et que les deux anciens rivaux comprennent que leurs lumières, leur zèle, leur dévouement doivent être mis au service, non plus de leurs vues ou de leurs prétentions particulières, mais de la société exposée au plus grand péril qu'elle pût courir. Si l'on examine avec réflexion la disposition des esprits, en ne tenant aucun compte des violentes protestations de quelques hommes qui, ayant vécu et grandi dans la lutte, placent tout leur espoir dans sa perpétuité, on reconnaîtra que le désir d'une honorable conciliation est au fond de tous les cœurs, et que nous devons profiter de cet heureux apaisement, non pour enchaîner l'une à l'autre, mais pour rapprocher, dans une mesure prudemment calculée, deux forces qui, par des voies différentes, tendent au même but.

Le système de la séparation séduit au premier abord par sa simplicité et la facilité de son exécution; mais ces avantages, les seuls qu'il possède, à quel prix sont-ils obtenus? à la condition d'organiser légalement l'antagonisme ou la discorde.

Le législateur qui, voulant régler de la manière la plus juste et la plus sage l'instruction publique chez une grande nation, placerait ses espérances, non pas dans le concours et dans l'union de toutes les bonnes intentions et de toutes les lumières, mais dans la lutte persistante et régulièrement établie des volontés rivales, serait aveugle ou insensé; car, au lieu de chercher à calmer les passions, comme il en a le devoir, il leur assurerait un aliment durable.

Qui donc se refuserait de prendre part à cet acte de conciliation si loyalement offert? Ce ne sont pas les hommes dans le cœur desquels vivent les principes religieux; car ceux-là savent qu'il leur est ordonné de faire le bien dans tous les temps, par tous les moyens, et qu'un jour il leur serait demandé compte d'une occasion qu'ils auraient laissée échapper et d'un découragement dont les plus formidables obstacles ne suffiraient pas pour les absoudre.

Gardons-nous de toute illusion. Comme la lutte ne pourrait pas se prolonger toujours et qu'il faudrait qu'en définitive un des deux adversaires succombât, celui qui succomberait serait la liberté, si peu comprise, si mal aimée par notre nation, et de tardifs regrets ne la feraient pas renaître.

Ne sacrifions donc pas au désir d'éviter ou de tourner quelques difficultés d'exécution, beaucoup moins grandes qu'on ne le pense, le succès d'une sage pensée.

Lorsque la liberté aura été établie et qu'une situation nouvelle, sans analogie avec le passé, aura été faite au corps enseignant; lorsque les Écoles libres ne pourront même plus craindre de voir renaître sous une forme déguisée le régime du monopole condamné par la Constitution, elles prendront confiance en elles-mêmes et dans la liberté; elles s'accoutumeront à ne plus redouter ce qui ne sera plus redoutable, et fidèles à leur vocation, elles ne verront dans leurs anciens adversaires que d'utiles coopérateurs auxquels elles devront de bons avis et de bons exemples.

Votre Commission donne donc son approbation à l'idée fondamentale du projet de loi. Elle croit que quelques points de contact habilement ménagés entre les Écoles de l'État et les institutions libres, au lieu de raviver d'anciennes animosités, feront évanouir des préventions déjà sensiblement affaiblies, et que l'éducation nationale confiée à cette rivalité bienveillante et féconde formera, pour des jours plus calmes que les nôtres, des générations sages et fortes, qui continueront avec gloire l'œuvre de civilisation assignée par la Providence à notre pays.

Le désir d'opérer ce rapprochement avec prudence, sans alarmer aucune conviction ni aucun intérêt légitime, rend, comme nous l'avons reconnu, la tâche du législateur plus compliquée et plus délicate, car s'il est aisé de séparer, il l'est peu de concilier, et lorsqu'il s'agit de faire à chacun sa juste part d'influence dans une action commune, on doit s'attendre, non pas à ne satisfaire personne, mais à ne pas satisfaire les prétentions extrêmes, celles qui parlent le plus haut et entraînent le plus facilement les esprits incertains. Cet inconvénient est attaché à tout projet de transaction, et nous n'avons certes pas la pensée que celui dont nous examinons en ce moment le caractère puisse échapper à la loi commune. Mais nous ne devons pas nous préoccuper de savoir si ce projet répondra aux désirs, aux espérances, aux illusions de chacun, ce qui n'est pas possible; nous devons nous borner à rechercher quels sont, quant à la liberté de l'enseignement, les vrais devoirs du législateur et si le projet de loi s'y est conformé.

Le premier devoir du législateur, lorsqu'il établit et régularise un droit public, est d'avoir foi dans ce droit et de croire à son avenir. S'il conserve des doutes, s'il craint intérieurement de s'abandonner à la liberté, il cherchera à ressaisir dans l'application ce qu'il aura concédé dans la théorie, et son œuvre, incomplète et pleine de contradictions, attestera l'incertitude de sa volonté.

Prétendre tout prévoir, tout réglementer, afin de conserver sous le régime nouveau l'unité rigoureuse qui existait sous le régime ancien; ne pas tenir compte des faits existants, des aptitudes constatées par elles-mêmes, du zèle et du dévouement des individus et des associations, non plus que des avantages résultant d'une combinaison de moyens divers qui tendent au même but; porter partout le niveau de prescriptions uniformes et inflexibles, au risque de violenter de bonnes et sages coutumes, ce serait méconnaître une maxime qui n'est jamais plus vraie que quand elle s'applique à l'établissement d'un droit nouveau, et en particulier à celui dont nous nous occupons, à savoir, qu'on ne doit pas faire par la loi ce qu'on peut faire par les mœurs.

La France renouvelle avec une grande facilité ses institutions et ses lois, et, malgré ces fréquents changements, elle s'est accoutumée à croire que l'impulsion et la direction doivent en toutes choses venir de la puissance publique, que, par une contradiction étrange, elle s'applique sans cesse à affaiblir. Ce qui peut être vrai pour les intérêts matériels ne l'est assurément pas pour les intérêts moraux; et si, lorsqu'il entreprend de rédiger une loi sur la liberté de l'enseignement, le législateur s'entoure de défiances et refuse de se confier à la vertu, à la charité, à l'amour du bien public qui vivent encore dans le cœur de tant de bons citoyens; s'il pense que ses décrets et ses règlements administratifs pourront faire naître ou remplacer le seul sentiment qui rende digne d'élever et de former la jeunesse, c'est-à-dire le dévouement, la loi qu'il rendra ne sera point une loi de justice et de liberté, et elle passera rapidement comme ces lois éphémères que la méfiance inspire et que la conscience publique repousse.

Les principes généraux qui ont dirigé votre Commission dans l'examen du projet de loi présenté par M. le Ministre de l'Instruction publique à l'Assemblée législative, le 18 juin dernier, ayant été exposés, nous pouvons maintenant vous rendre compte, sans craindre d'entrer dans quelques détails, des résultats de cet examen. Mais il importe avant tout de rappeler le texte et le sens de la loi souveraine, restés constamment présents à notre esprit pendant le cours de nos délibérations.

L'article 9 de la Constitution est ainsi conçu :

« L'enseignement est libre. — La liberté de l'enseignement s'exerce selon les « conditions de capacité et de moralité déterminées par les lois, et sous la sur- « veillance de l'État. Cette surveillance s'étend à tous les établissements d'édu- « cation et d'enseignement, sans aucune exception. »

On le voit, le législateur proclame avant tout le droit des familles : *l'enseignement est libre!* Tel est le principe souverain en cette matière, auquel tout doit remonter et se rattacher. Mais ce droit, pas plus qu'aucun autre, ne peut être absolu ; et, lors même que la Constitution ne l'aurait pas déclaré, nous nous empresserions de reconnaître que la société doit se garantir contre l'abus possible de ce droit comme de tout autre; de là les conditions de moralité et de capacité imposées aux citoyens qui veulent exercer les fonctions d'instituteur : de là, aussi, le droit général de surveillance attribué à l'État sur tous les établissements d'éducation et d'enseignement.

Si, en cherchant à déterminer avec équité le caractère des preuves de moralité et d'aptitude que les citoyens devront fournir, ou à régler le droit de surveillance dont l'État est pourvu, des doutes, des difficultés venaient à surgir, ces doutes, ces difficultés devraient être résolus dans le sens le plus favorable à la liberté; car, nous ne craignons pas de le répéter, la liberté est le principe dominant en cette partie de notre droit public.

Mais il ne faut pas oublier qu'elle a été établie d'abord en faveur des familles, afin qu'elles puissent, usant d'un droit sacré, faire élever leurs enfants selon le vœu de leur cœur et de leur conscience, et ensuite en faveur des citoyens, qui ont le droit de mettre leurs lumières, leur expérience, leur dévouement au service des familles.

Le projet de loi se compose de trois parties distinctes et facilement divisibles, quoiqu'elles se rattachent les unes aux autres par des liens étroits :

1° Autorités préposées à l'enseignement;

2° Enseignement primaire;

3° Enseignement secondaire.

Sous le précédent Gouvernement, ces matières furent l'objet de propositions de lois séparées. Nous approuvons M. le Ministre actuel de les avoir réunies en un seul projet de loi soumis à une seule discussion. Par ce moyen, l'Assemblée suivra dans toutes ses conséquences l'application du principe proclamé par la Constitution. Si, comme nous le pensons, les circonstances sont propices à une bonne et sincère solution de la question, nous devons l'aborder et la résoudre tout entière, sans alléger notre tâche aux dépens de l'avenir.

Ce motif nous fait regretter que le chapitre II du titre III, qui ne contient sur les établissements publics d'instruction secondaire que des dispositions de peu d'importance, n'ait pas été remplacé par un titre spécial sur l'enseignement supérieur. La question eût été embrassée dans son aspect le plus étendu.

L'ordre dans lequel les diverses dispositions du projet de loi sont distribuées nous paraissant simple et logique, nous nous y conformerons, en présentant les résultats de l'examen auquel votre Commission s'est livrée.

Titre Ier.

Des autorités préposées à l'enseignement.

Chapitre Ier. — *Du Conseil supérieur de l'Instruction publique.*

Le Ministre de l'Instruction publique exerce les droits réservés à l'État sur l'enseignement public ou privé. Il doit jouir, dans l'accomplissement de ses devoirs, d'une pleine liberté; car il est responsable devant l'Assemblée législative de chacun de ses actes. La loi ne pourrait donc restreindre son pouvoir ou en entraver l'action sans violer les principes constitutionnels; mais il lui est permis d'imposer au Ministre l'obligation de prendre, avant de se décider dans toutes les questions graves, l'avis d'un Conseil dont elle aurait à l'avance déterminé la composition, de manière à entourer le Ministre des lumières les plus pures de l'expérience et à prévenir toute erreur de sa part. C'est ce que le projet de loi se propose de faire.

Le Conseil de l'Université, créé par le décret du 17 mars 1808 et modifié dans son organisation et dans ses attributions par diverses ordonnances rendues sous la Restauration, ne peut servir aujourd'hui de modèle; car cette institution était la conséquence déduite avec infiniment d'habileté et de rigueur du principe exclusif adopté à cette époque et que la Constitution a détruit. Le Conseil supérieur ne sera pas le Conseil de l'Université, chargé accessoirement de surveiller au nom de l'État les Écoles libres, puisque l'Université ne doit plus être qu'une institution entretenue par le Gouvernement pour stimuler la concurrence et lui faire produire tous ses fruits; il ne sera pas davantage l'organe des intérêts et le défenseur des droits de l'État; car ces intérêts et ces droits auront pour tuteur naturel le Ministre. Si l'on veut donner une idée précise et juste de cette institution, appropriée au principe de la liberté, il faut dire qu'elle représentera les droits et les intérêts de la société tout entière, et que son influence devra être aussi sage et aussi impartiale qu'elle sera puissante et vénérée.

La composition de ce Conseil présentait de sérieuses difficultés. Le projet de loi les a heureusement résolues.

Le nombre de ses membres sera de vingt-six, parmi lesquels quinze étrangers à la profession de l'enseignement et sur la désignation desquels le Gouvernement n'exercera aucune influence, apporteront dans les délibérations le tribut d'un amour éprouvé du bien public et d'un attachement naturel au droit des familles. Les onze autres éclaireront ces délibérations par des lumières acquises dans la pratique de l'éducation et de l'instruction de la jeunesse. En combinant ensemble ces deux éléments qui se fondront si vite en un seul, la loi montre que son intention est de remettre à la société elle-même, représentée par ce qu'elle a de plus sage et de plus éclairé, la direction suprême de l'enseignement.

La première catégorie serait ainsi composée :

1° *Trois archevêques ou évêques nommés par leurs collègues.*

Qui s'étonnerait que l'épiscopat français soit appelé à veiller, par l'intermédiaire des trois délégués qu'il possédera dans le sein du Conseil, sur la direction religieuse et morale de l'éducation publique? Arbitres souverains sur toutes les matières qui toucheront de près ou de loin à des vérités dont ils sont les gardiens naturels, les évêques trouveraient dans cette fonction spéciale le principe d'une haute influence sur les délibérations du Conseil, si le caractère qui brille en eux et leur sagesse ne devaient pas la leur faire promptement acquérir.

On a demandé si, en faisant nommer par leurs collègues les trois prélats, nous n'abrogions pas implicitement l'article 4 de la loi organique du Concordat qui interdit toute assemblée délibérante du clergé sans la permission expresse du Gouvernement.

Nous n'avons pas l'intention de soulever, à propos de la liberté d'enseignement, une question qui se rapporte à un autre ordre d'idées et de droits, celle de savoir si le clergé catholique doit jouir, sous l'empire de nos nouvelles institutions, de la faculté de se réunir pour délibérer sur le maintien de ses dogmes et l'amélioration de sa discipline. Dans la pensée du Gouvernement et de la Commission, les archevêques et les évêques procéderaient, par lettres adressées au Ministre de l'Instruction publique, à la nomination de leurs trois délégués.

2° *Un pasteur de l'une des deux Églises protestantes, nommé par les présidents des consistoires.*

3° *Un membre du consistoire central des Israélites, nommé par ses collègues.*

Le projet de loi ne donne au culte hébraïque aucun représentant dans le sein du Conseil supérieur, ni dans les Conseils académiques. L'égalité des cultes devant la loi et la nécessité de veiller plus particulièrement sur le droit des minorités nous commande de réparer cette omission.

4° *Trois magistrats de la Cour de cassation nommés par leurs collègues.*

5° *Trois conseillers d'État nommés par leurs collègues.*

Le projet du Gouvernement attribue au Ministre le choix des trois conseillers d'État; il convient de le remettre au Conseil d'État lui-même, qui, associé, pour ainsi dire, par la Constitution, au pouvoir législatif, doit jouir de la prérogative accordée aux différents corps dont il vient d'être parlé. Nous cherchons à entourer le Ministre d'avis libres et dégagés de toute complaisance ; or on pourrait suspecter l'indépendance de ceux qu'émettraient des membres désignés par le Ministre.

6° *Trois membres de l'Institut nommés en assemblée générale de l'Institut.*

La seconde catégorie serait formée des onze membres suivants :

7° *Huit membres choisis par le Président de la République, en Conseil des Ministres, parmi les anciens Conseillers de l'Université, les Inspecteurs généraux, les Recteurs et les professeurs des Facultés. Ces huit membres formeront une Section permanente.*

Cette catégorie, dont nous expliquerons ailleurs la double attribution, est destinée à porter dans le sein du Conseil la connaissance des lois, des usages et des personnes, en matière d'instruction publique, sans laquelle les délibérations de ce Conseil manqueraient souvent d'une base réelle et solide. Si l'on prétendait que la Section permanente perpétuera, sous le régime nouveau, les traditions du régime ancien, et qu'elle ne sera en définitive que le Conseil de l'Université déguisé et tout aussi puissant qu'au temps passé, nous répondrions qu'un tiers des Inspecteurs généraux et une partie des Recteurs devant appartenir ou avoir appartenu à l'enseignement libre, il s'ensuit que des membres de cet enseignement entreront dans la Section permanente. C'est pour leur y réserver quelques places que nous n'avons pas réduit le nombre des membres de cette Section.

8° Enfin, *trois membres choisis par le Ministre parmi les membres de l'enseignement libre.*

D'après ce qui vient d'être dit au sujet des Recteurs et des Inspecteurs généraux, on comprend que ces trois membres ne seront pas les seuls représentants de l'enseignement libre devant le Conseil.

Telle est la composition du Conseil supérieur, auquel appartiendra le soin de diriger dans les voies du progrès véritable l'éducation nationale, de veiller attentivement à la défense de tous ses intérêts, et d'exercer sur elle, au nom de la société, une surveillance active et éclairée. La religion, les familles, l'Université et les Écoles libres sont représentées dans une proportion équitable. Il est à présumer que l'esprit de critique s'épuisera en savants calculs pour démontrer que la répartition des voix dans le Conseil fera pencher quelquefois la balance de tel ou tel côté au détriment de la justice. Convaincus que les hommes éminents ou distingués appelés à siéger au sein de ce Conseil ne se trouveront pas longtemps en rapport les uns avec les autres, sans qu'une seule et même pensée ne les inspire, nous ne nous arrêterons pas à ces combinaisons d'une arithmétique arbitraire, auxquelles chaque opinion pourrait également s'abandonner, et nous porterons notre attention sur un objet qui en est plus digne, sur les attributions du Conseil supérieur.

Ici, on le sait, le législateur n'est pas libre. Le principe de la responsabilité ministérielle domine sa volonté; mais l'exemple d'une institution analogue à celle que nous voulons créer montre qu'il est possible, en respectant ce principe constitutionnel, d'attribuer au Conseil supérieur une influence efficace, et même de lui donner, en fait, la direction suprême de l'enseignement.

D'après les règles de notre droit public, un Conseil ne peut gouverner ni administrer : sa participation au pouvoir doit rester purement consultative; mais s'il acquiert, par l'effet de sa composition et de la gravité de ses délibérations, une grande autorité morale, il exercera sur les principaux actes du Ministre, près duquel il sera placé, une action constante et décisive. Ses simples avis deviendront des règles dont la raison conseillera au Ministre de ne point s'écarter. C'est sur de tels principes qu'a été constitué le Conseil d'État et qu'on vous propose de constituer le Conseil supérieur de l'instruction publique.

Il ne viendrait pas à l'esprit d'un Ministre de rejeter un avis du Conseil d'État en matière contentieuse, quoiqu'il en ait assurément le droit. Nous voulons que le Conseil supérieur soit aussi puissant et aussi respecté.

Ce Conseil pourra être consulté par le Ministre dans certains cas, devra l'être dans certains autres, et possédera en outre une juridiction propre pour le jugement des affaires contentieuses et disciplinaires. Tel sera le cercle de ses attributions.

Le Ministre pourra, s'il le juge à propos, prendre l'avis du Conseil sur les projets de lois ou de décrets; il n'y est pas contraint, parce qu'il s'agit ici d'actes de Gouvernement, sur lesquels il doit demeurer libre et ne pas rencontrer d'obstacles même indirects. La responsabilité constitutionnelle n'existe qu'à cette condition.

Le Conseil sera nécessairement appelé à donner son avis sur tous les arrêtés du Ministre qui auront force de règlement pour les établissements d'instruction publique; sur la création des Facultés, Lycées et Collèges; sur l'autorisation d'accepter des donations ou legs faits aux Écoles publiques ou aux Écoles libres, parce que ces libéralités sont d'un genre spécial et que le Conseil supérieur pourra mieux que le Conseil d'État en apprécier les causes et l'objet; sur les secours et encouragements à accorder aux Écoles; sur les livres qui pourront être introduits dans les Écoles publiques et sur ceux qui devront être défendus dans les Écoles libres.

On comprend la différence du droit conféré au Conseil en cette importante matière, selon qu'il s'agit des Écoles publiques ou des Écoles libres. Tout livre d'éducation destiné aux premières, quel que soit son objet, devra être soumis à l'approbation du Conseil. Les seuls livres qui devront être défendus dans les établissements particuliers seront les ouvrages contraires à la morale, à la Constitution et aux lois.

On comprend également que le catalogue des livres déjà approuvés ne sera pas soumis tout entier à la révision du Conseil, et que les livres consacrés à l'exposition des dogmes religieux ne seront admis dans les Écoles publiques ou privées que revêtus de l'approbation de l'autorité religieuse diocésaine ou consistoriale.

Si nous ajoutons que le Conseil donnera son avis sur l'état général de l'enseignement, sur les abus qui pourraient s'introduire dans les Écoles, sur les moyens d'y porter remède, et en général sur toutes les questions qui lui seront soumises par le Ministre, on reconnaîtra que les purs détails de l'administration seront seuls exclus de ses délibérations, et que rien de ce qui touchera aux grands intérêts de l'instruction ne lui sera étranger.

Considérée en dehors du Conseil supérieur, la Section permanente est, comme nous l'avons dit, un simple Conseil d'administration qui prépare le travail et les décisions du Ministre, dans les affaires de second ordre, et relatives seulement aux Écoles publiques, dont il serait impossible que le Conseil supérieur connût.

La multiplicité de ces affaires et le grand nombre de personnes qu'elles intéressent exigent que cette section soit permanente.

Le Conseil supérieur devant étendre sa sollicitude, sa haute surveillance et sa juridiction disciplinaire aussi bien sur les établissements de l'État que sur les établissements libres, arrêter les programmes, rédiger les règlements, distribuer les encouragements, etc., nous ne comprendrions pas que l'on essayât de soutenir que la Section permanente, dans laquelle entreront des membres de l'enseignement libre, à raison des fonctions publiques qu'ils auront remplies, s'emparera de tout le pouvoir et n'en laissera que la trompeuse apparence au reste du Conseil. Si ceux qui se disposent à faire concurrence aux Écoles publiques n'avaient pas plus de foi en eux-mêmes et dans leur droit, il serait permis de concevoir des craintes sur l'avenir de la liberté d'enseignement.

Redouter que le Conseil supérieur n'empiète sur les prérogatives de la Section permanente ou réciproquement, ou bien que l'action commune de ces deux parties, momentanément séparées du même tout, ne devienne la source d'oppositions et de conflits, serait s'alarmer d'un péril que l'intervention du Ministre, auquel le pouvoir de décider appartient sans partage, saura toujours prévenir.

Dans un sens opposé, on a prétendu que la Section permanente, composée d'anciens membres de l'Université, versés dans la connaissance et la pratique des affaires d'enseignement, deviendrait bien vite l'arbitre des délibérations du Conseil supérieur. Nous répondrons que si cette influence, dont on s'inquiète, est la conséquence du mérite, des lumières, de l'expérience de ceux qui l'exerceront, nous n'avons aucun moyen de la prévenir ni rien à en redouter; que si, au contraire, elle est conquise sur la faiblesse et l'indifférence des autres membres du Conseil, de ceux qui ont plus particulièrement la mission de stipuler pour la liberté, ils ne pourront s'en prendre qu'à eux-mêmes, car la loi se sera attachée à leur fournir les moyens de faire respecter le droit et prospérer les intérêts dont ils sont les défenseurs.

Au surplus, ne nous préoccupons pas de craintes sans fondement et formons-nous une plus juste idée de l'esprit qui animera un Conseil composé d'hommes d'élite, de citoyens éminents, de graves magistrats, de pontifes vénérés, sur la haute intelligence desquels il n'est pas à craindre que les préventions et l'esprit de parti exercent de l'empire. Après avoir traversé les difficultés que rencontre toute institution naissante, celle-ci, nous en sommes convaincus, marchera d'un pas ferme vers le but indiqué, vers le perfectionnement non interrompu de l'éducation publique par la liberté.

CHAPITRE II. — *Du Conseil académique.*

Le projet de loi crée des institutions nouvelles, mais il conserve les anciennes dénominations, respectant ainsi, sans qu'on puisse l'en blâmer, la puissance de l'habitude, si grande en notre pays, sur tout ce qui se rapporte à l'administration publique.

Dans chaque département il existera, sous la désignation reçue de *Conseil académique*, un Conseil chargé de veiller sur l'enseignement, la discipline et l'administration économique des Écoles de l'État, et sur les droits des Écoles libres; sur les développements de l'enseignement secondaire ou supérieur, comme sur les détails de l'instruction primaire, et qui jugera, en matière contentieuse et disciplinaire, sauf recours, en certains cas, les membres de l'enseignement public et de l'enseignement libre. Il se trouvera donc au chef-lieu, ou sur tout autre point de chaque circonscription départementale, une institution qui sera pour le département ce que sera le Conseil supérieur pour la France entière, et l'éducation nationale ne restera nulle part sans guide, sans encouragements et aussi sans surveillance.

Le décret du 17 mars 1808, créateur de l'Université, avait décidé qu'il y aurait autant d'Académies que de Cours d'appel. Le nombre des Académies était donc, il y a peu de temps encore, de 27. Réduit à 20 par un arrêté du chef du pouvoir exécutif, en date du 7 septembre 1848, dont la légalité fut contestée au sein de l'Assemblée constituante, le projet de loi propose de l'élever à 86, ou, pour s'exprimer avec plus d'exactitude, il propose d'accorder à chaque département une institution spéciale, chargée de veiller sur les intérêts et les besoins de l'enseignement, analogue à celle qu'y possèdent les divers services publics. On ne conçoit pas, en effet, que le plus grand intérêt moral de la société soit traité avec moins de faveur que les intérêts matériels et secondaires du pays. Il y a là une lacune évidente dans le système de nos institutions locales. Nous saisissons l'occasion de la combler, et, comme le dit l'exposé des motifs, de décharger le pouvoir central des innombrables institutions sous le poids desquelles il fléchit, en rendant aux pouvoirs locaux les droits dont ils peuvent et sauront mieux user que lui.

Cependant le projet de doter chaque département d'un Conseil académique a rencontré des adversaires dans le sein de la Commission.

Ces nouveaux Conseils, ont-ils dit, ne sont ni nécessaires ni utiles. Leur création grèvera le budget d'une forte dépense, accroîtra le nombre déjà excessif des fonctionnaires et des employés, sans profit réel pour l'enseignement public ou privé. La France n'est pas couverte de maisons d'éducation. Il est tel département qui ne possède pas plus de deux chétifs Collèges communaux ; pourquoi lui imposer le don superflu et gênant d'un Conseil académique? En donnant aux Académies le même ressort qu'aux Cours d'appel, on a calculé avec exactitude les besoins du service de l'Instruction publique, que les dispositions de la nouvelle loi tendent à diminuer, et non à accroître, puisque désormais l'action de l'État sur les établissements libres se bornera à une simple surveillance.

Il reste l'instruction primaire. Mais est-il nécessaire de changer toute l'organisation de l'Instruction publique pour améliorer cette seule partie de l'enseignement?

On doit d'ailleurs remarquer que les intérêts des établissements de haut enseignement, tels que les Facultés de droit, des sciences, des lettres et les Écoles de médecine, n'auront pas de représentants dans les nouveaux Conseils : convient-il de rendre les Facultés dépendantes et justiciables de Conseils qui ne seront en réalité, sous un autre nom, que des Comités d'instruction primaire, semblables aux Comités actuels d'arrondissement?

Une opinion moins absolue que celle-ci, mais qui s'éloigne encore du projet de loi, a été présentée. On a dit qu'il était possible d'admettre l'utilité d'un Conseil académique par département; mais, afin de ménager les finances de l'État et d'éviter l'abus des hautes fonctions sans attributions sérieuses, on a proposé de ne pas augmenter le nombre des Recteurs et de donner la présidence des nouveaux Conseils à des Inspecteurs d'Académie délégués.

La Commission ne s'est point rendue à ces objections.

Si nous proposons d'accorder à chaque département une Académie, ce n'est pas que les Conseils académiques et les Recteurs actuels soient écrasés d'attributions et de travail. Non, sans doute. Mais, à nos yeux, l'établissement de la liberté d'enseigner doit être, pour le système entier d'instruction publique, le signal d'une réforme profonde qui, dans les Écoles de l'État, place l'éducation au niveau de l'instruction, mette en honneur, dans les Écoles libres, les méthodes les plus perfectionnées d'enseignement, fasse sortir l'instruction primaire de la voie où elle est entrée, et communique à tous les membres de l'enseignement, quels qu'ils soient, une ardeur pour le bien, et une connaissance de leurs devoirs, qui ne s'affaiblissent jamais. Cette réforme, à laquelle nous ne craignons pas d'attacher les destinées de notre nation, ne pourrait s'accomplir au moyen des Académies actuelles, dont le nombre serait évidemment insuffisant.

Lorsque les dispositions du projet de loi et les amendements de la Commission relatifs à l'instruction primaire seront connus, on comprendra que cette partie seule du service exigerait, dans chaque département, un pouvoir énergique, actif, vigilant, auquel, certes, des occupations nombreuses et variées ne manqueraient pas. Si nous ajoutons que les Conseils académiques auront dans leurs attributions l'administration supérieure des Facultés, des Lycées et des Colléges communaux, les affaires contentieuses et disciplinaires, et enfin la surveillance des maisons particulières d'éducation, sans parler de beaucoup d'autres devoirs que la loi nouvelle leur impose, nous aurons démontré que ces Conseils, destinés à exercer dans les départements la plus forte portion du pouvoir réservé à l'État sur l'instruction, ne seront pas de simples Comités d'enseignement primaire, et que la demande du Gouvernement ne saurait être repoussée. En présence de si grands intérêts, s'arrêter devant une dépense en elle-même peu considérable ne nous paraît pas possible.

Dans notre pensée, l'attribution d'un Conseil académique à chaque département est une des bases du système présenté.

Quant à la proposition de suppléer au Recteur, dans les départements qui ne sont pas des chefs-lieux d'Académie, par un Inspecteur délégué, ses inconvénients ne se rachètent même pas par une économie de quelque importance. Si le Recteur peut se faire remplacer par un délégué, le Préfet et l'évêque ne manqueront pas de profiter de la même faculté, et le Conseil deviendrait véritablement alors une simple Commission, privée d'autorité morale, et que présidera un fonctionnaire du troisième ordre, étranger au département et peu disposé à apporter un grand zèle dans l'accomplissement de devoirs qui lui seront accidentellement imposés.

En donnant aux présidents des Conseils le même titre, on pourra varier le taux de leurs appointements selon l'importance des Académies. L'augmentation de la dépense ne doit donc pas inspirer tant de crainte.

Le projet de loi compose le Conseil académique à l'image du Conseil supérieur; mais il accorde, dans le sein de ce Conseil, une représentation plus forte à l'intérêt général de la société qu'aux connaissances spéciales en matière d'enseignement, parce que le Conseil académique sera une institution locale, organe des besoins et des vœux des familles, dans laquelle on n'apercevra même plus les vestiges d'une institution universitaire. Le nom seul aura été conservé. Nous ne comprendrions pas qu'un mot induisît en erreur et portât ombrage.

Il sera composé de douze membres. Neuf auront pour mission de représenter l'intérêt général de la société dans l'enseignement : ce sont l'évêque, un ecclésiastique désigné par lui, un pasteur protestant, un délégué du consistoire israélite, un magistrat et quatre membres du Conseil général.

Le Préfet y représentera l'État.

Le Recteur et l'Inspecteur de l'Académie y apporteront le tribut de leur expérience dans l'étude et la pratique des matières d'instruction publique.

Nous devons nous arrêter ici pour régler un point important que le projet du Gouvernement laisse indécis.

L'article 55 de ce projet décide qu'un règlement sera fait pour l'application du titre II de la présente loi à la ville de Paris. Le titre II s'occupe uniquement de l'enseignement primaire; d'où il suit que les autres titres, et en particulier le chapitre II du titre Ier, qui détermine la composition du Conseil académique, seraient applicables à la ville de Paris; ce qu'il ne nous paraît pas possible d'admettre.

L'Académie de Paris ne saurait être assimilée aux Académies des autres départements. Ses établissements d'instruction publique secondaire ou supérieure sont comme le modèle de l'enseignement public pour le pays tout entier; ils appartiennent à toute la France; car il n'est point de famille qui n'aspire à envoyer quelqu'un des siens sur les bancs des Écoles parisiennes.

L'instruction primaire est, à Paris, beaucoup plus locale. Les Écoles primaires y sont peuplées surtout par des enfants de la ville ou de la banlieue. Le nombre en est considérable et la diversité infinie.

Paris reçoit dans les salles d'asile 6 000 enfants environ; dans les Écoles primaires du premier degré, 25 000 enfants; dans les Écoles supérieures, 530; dans les Écoles d'adultes, 6 400. Les établissements communaux où se distribue toute cette population de 38 000 écoliers sont au nombre de 171, dont 31 salles d'asile, 58 Écoles mutuelles laïques, 54 Écoles simultanées congréganistes, 18 classes mutuelles d'adultes, 6 classes simultanées d'adultes, 3 Écoles supérieures.

Ces 171 établissements se subdivisent encore en 73 Écoles de garçons, 67 Écoles de filles, 31 asiles.

Avant la Révolution de Février, 24 000 enfants, filles et garçons, recevaient, en outre, l'instruction primaire dans les établissements privés. Le nombre de ces établissements est fort diminué; mais il s'accroîtra de nouveau, il faut l'espérer, avec le retour de la paix intérieure et de la prospérité publique, et sous l'empire de la nouvelle loi.

Malgré cet immense développement de l'instruction primaire dans la ville de Paris, 21 000 enfants étaient encore, avant 1848, privés de toute espèce d'instruction.

Si nous ajoutons aux 171 établissements communaux de Paris, consacrés à l'enfance, les établissements communaux ou privés de la banlieue, les 885 Écoles privées que renferme la ville de Paris, nous arrivons à un chiffre de 12 à 1 300 Écoles ou asiles qui se partagent la sollicitude de l'administration.

Ainsi le Conseil académique du département de la Seine différera des Conseils académiques des autres départements en ce point essentiel : que les établissements d'instruction secondaire entreront pour une faible part dans sa compétence, tandis que l'instruction primaire sera sa principale affaire et rendra insuffisants les onze ou douze membres institués par le projet.

Convient-il d'abandonner à un règlement délibéré en Conseil supérieur la solution des questions assez graves que soulève l'organisation du Conseil académique du département de la Seine? Nous ne le pensons pas. La constitution du plus important des Conseils académiques, de celui qui est appelé à donner l'exemple à tous les autres, ne peut être l'objet d'une simple disposition réglementaire. En cette matière, la loi doit intervenir. Il n'est pas sans inconvénient que les lois intéressant, à quelque degré que ce soit, l'organisation municipale ou départementale, soient rédigées de telle sorte, que leurs principales dispositions ne puissent être appliquées à Paris, et que la cité et le département soient maintenus sous le régime des ordonnances. Puisque Paris appelle l'exception, il est bon que l'exception soit légalement établie. L'application à la ville de Paris de la loi de 1833 a révélé l'inconvénient qu'il y a de laisser aux ordonnances ou aux simples règlements le soin d'accommoder les dispositions générales des lois aux besoins exceptionnels de la capitale, et il est à craindre que, si la loi nouvelle ne contenait pas pour Paris des dispositions spéciales et formelles, l'application n'amenât des méprises non moins étranges.

La Commission est d'avis que, pour le département de la Seine, le Conseil académique soit composé comme il suit :

Le Vice-Recteur,

Le Préfet,

L'archevêque de Paris ou son délégué,

Trois ecclésiastiques désignés par l'archevêque,

Un ministre de l'Église réformée,

Un ministre de l'Église consistoriale de la confession d'Augsbourg,

Un délégué du consistoire central israélite,

Trois Inspecteurs d'Académie, désignés par le Ministre,

Un membre de la Cour d'appel, désigné par la Cour,

Un membre du Tribunal de première instance désigné par le Tribunal,

Quatre membres du Conseil municipal de Paris et deux membres du Conseil général de la Seine, représentant la banlieue, désignés par le Conseil général,

Le secrétaire général de la préfecture du département de la Seine.

Nous ne proposons d'introduire aucun élément nouveau dans la composition du Conseil académique de la Seine ; nous développons seulement ceux qui sont indiqués par le projet pour tous les départements. Ce Conseil, composé de vingt et un membres, pourra se diviser en section de l'instruction primaire et section de l'instruction secondaire, et se répartir en sous-commissions assez nombreuses pour préparer, sans précipitation et sans confusion, les délibérations du Conseil.

Le nombre des membres du Comité central actuellement existant, dont la présence est constatée par les procès-verbaux des séances, n'est jamais moindre de 15 ou de 20, sur 54 membres de droit et sur 25 qui prennent une part active et assidue aux travaux du Comité. En portant à 21 le nombre des membres du Conseil, nous ne tenons donc pas compte du surcroît d'attributions qui résultera pour ce Conseil de l'extension de sa surveillance aux établissements d'instruction secondaire, parce que nous espérons que le zèle des membres appelés à le former répondra à l'importance de leurs fonctions, et qu'ils comprendront qu'il ne s'agit pas pour eux de supporter avec résignation une charge municipale, mais d'accomplir, au nom des familles, un devoir sacré.

Il est à souhaiter qu'aucun membre du Conseil académique du département de la Seine ne soit appelé à siéger dans le Conseil supérieur ; cependant nous ne voyons pas d'incompatibilité entre ces deux fonctions, à la condition toutefois qu'un membre en qui elles seraient réunies s'abstînt, dans le Conseil supérieur, de prendre part au jugement d'une affaire disciplinaire dont il aurait connu dans le Conseil académique.

Parmi les membres des Conseils académiques, très peu, 2 sur 11 dans les départements, 4 sur 21 à Paris, seront versés dans la connaissance des matières de l'enseignement. Cependant il importe que les délibérations de ces Conseils et leurs décisions soient préparées et éclairées par l'expérience de ceux qui ont vieilli dans la pratique de l'instruction publique ou privée. Présidés par des hommes qu'animerait le plus pur dévouement, mais auxquels manquerait l'habitude des affaires d'administration, les Conseils académiques rencontreraient des écueils et ne produiraient peut-être pas tout le bien qu'on en attend. Le projet de loi propose donc d'attribuer la présidence du Conseil académique au Recteur.

Nous devons dire que cette proposition a rencontré dans le sein de la Commission une opposition vive et persistante, fondée sur les motifs qui suivent.

Presque tous les Recteurs auront vieilli dans les rangs de l'Université, et ils apporteront au sein des Conseils académiques, quel que soit leur désir de se montrer équitables en toute chose, des idées, des habitudes, des préjugés peu conformes aux principes de liberté, de sincère concurrence, qu'ils auront pour devoir d'établir et d'assurer. Unissant à une longue pratique des affaires, à la connaissance des faits antérieurs et des hommes, le droit de parler et d'agir au nom du Conseil, il faudrait qu'ils fussent peu envieux d'étendre leurs prérogatives ou bien peu habiles pour ne pas s'emparer de toute l'autorité dévolue aux Conseils académiques.

Aujourd'hui, quoiqu'il n'existe que 20 Recteurs, les évêques, les premiers présidents, les Préfets, éprouvent de la répugnance à subir la présidence de ce fonctionnaire de l'Université, et se font, dans le Conseil, représenter le plus souvent par un délégué. Que sera-ce quand la dignité du rectorat aura été amoindrie par l'augmentation du nombre des Recteurs? Calculez que la présidence donnée au Recteur, c'est l'exclusion de l'évêque et l'absence habituelle du Préfet, ou, en d'autres termes, la mutilation d'une institution sur laquelle on fonde de grandes et très légitimes espérances, puisque le projet de loi en fait le pivot de l'organisation nouvelle de l'enseignement public.

Que le Recteur préside les assemblées où il s'agit d'instruction proprement dite et d'enseignement, rien de plus juste; mais les attributions du Conseil académique sont purement économiques, administratives et disciplinaires. Le Recteur est-il sur ces matières plus compétent que le Préfet, son supérieur administratif? Selon le projet de loi, le Recteur est chargé de porter plainte contre les instituteurs délinquants; s'il préside le Conseil, il sera donc juge et partie? Les difficultés éclatent de toutes parts.

On ne demande pas que la présidence soit déférée à l'évêque, mais au Préfet, agent supérieur du pouvoir exécutif dans le département, à l'autorité duquel viennent se rattacher tous les services publics et qui possède déjà diverses attributions relatives à l'enseignement. La présidence du Recteur détruit l'harmonie de la loi, qu'on ne pourrait rétablir qu'en confiant la présidence du Conseil supérieur, non plus au Ministre, mais à quelque fonctionnaire élevé du corps enseignant, dût-on être conduit à rétablir la dignité de Grand-Maître. Alors le projet de loi constituerait une hiérarchie concordant avec le même principe et parfaitement rigoureuse, tandis que celle qu'on propose s'appuie sur une contradiction qui peut donner lieu à des inductions regrettables.

Nous essayerons de reproduire avec exactitude les réponses qui ont été faites à ces objections.

Cette discussion montre une fois de plus combien les mots exercent souvent d'empire sur les esprits les plus éclairés. On repousse la présidence du Recteur, pourquoi? Parce qu'aujourd'hui les Recteurs sont des fonctionnaires de l'Université; et cependant il est convenu, et la loi en exprimera sa volonté, que les Recteurs seront choisis désormais aussi bien parmi les membres de l'enseignement libre que dans les rangs de l'enseignement public. Si les préventions de l'esprit de corps ne sont plus à craindre, si tous les membres du Conseil doivent être animés des mêmes intentions et poursuivre le même but, la raison indique de confier la direction des travaux de ce Conseil et la préparation des affaires qui y seront portées à celui qui est le plus apte à remplir une pareille fonction; qui, par les études et l'occupation de toute sa vie, connaît mieux l'état et les besoins de l'instruction publique dans le département, ainsi que les moyens de satisfaire à ces besoins, c'est-à-dire au Recteur.

On réclame la présidence pour le Préfet! Mais cette présidence serait purement honorifique. Membre de toutes les Commissions assemblées au chef-lieu du département, le Préfet se ferait représenter le plus souvent par un conseiller de préfecture, comme il le fait actuellement, et la direction des travaux du Conseil n'en appartiendrait pas moins, par la force des choses, au Recteur. Il dirigerait et un autre présiderait, situation aussi fausse pour lui que pour le Préfet, et qu'une loi sensée ne saurait consacrer.

Cette loi enlève à l'Université sa suprématie, ses privilèges, ce qui forme ce qu'on appelle son monopole. Le gouvernement de l'instruction générale va passer des mains d'un seul aux mains de tous, en vertu de ce principe, dont le projet de loi poursuit sans cesse l'application, à savoir, que les gouvernés pourront tous devenir gouvernants à leur tour. Si l'on conserve, sous un régime si nouveau, les préventions et les craintes conçues sous le régime précédent; s'il suffit d'une simple qualification empruntée au vocabulaire de l'Université pour jeter dans le cœur des amis de la liberté de l'enseignement d'aussi vives alarmes; si, sur un tel motif, il est vrai, ce que nous sommes loin de croire, que les évêques éprouveront des scrupules à venir occuper la place qui leur est réservée au sein des Conseils académiques, évidemment nous poursuivons une entreprise chimérique, et nous ne réussirons, ni nous ni personne, à fonder cette liberté.

Tels sont les deux avis qui ont partagé la Commission; car, un membre ayant cru devoir s'abstenir, chacun de ces avis a réuni un nombre égal de suffrages. L'Assemblée décidera.

La situation exceptionnelle de Paris exige encore, au sujet de la présidence du Recteur, quelques explications.

Les principales fonctions du Recteur de l'Académie de Paris sont exercées par le Ministre de l'Instruction publique. Un Inspecteur général délégué à cet effet, sous le titre de Vice-Recteur, remplit les fonctions rectorales qui ne sont point réservées au Ministre, et préside le Conseil académique. Si l'Assemblée jugeait devoir conserver la présidence des Conseils académiques aux Recteurs, l'usage établi dans l'Académie de Paris devrait-il être maintenu? Nous croyons qu'il y a avantage à ce que le Ministre exerce à Paris les fonctions de Recteur, parce que les établissements d'instruction secondaire et supérieure, qui ont dans cette ville un caractère moins local que national, sont ainsi placés sous l'action directe des autorités qui représentent le plus immédiatement l'État, c'est-à-dire le Ministre et le Conseil supérieur. Il est aisé de comprendre que le Ministre ne doit pas exercer personnellement les fonctions de président du Conseil académique.

Par une exception suffisamment justifiée aux règles de notre droit administratif, le projet de loi confère au Conseil académique des attributions à la fois délibératives et administratives, que la Commission n'a pas craint d'étendre.

Nous exposerons ailleurs les motifs qui nous ont porté à remettre à ce Conseil la direction de l'enseignement primaire et le droit de délivrer, après examen, le brevet de capacité destiné à remplacer, pour les chefs d'établissements libres d'instruction secondaire, le diplôme de bachelier. Contentons-nous, pour le moment, de faire connaître ses attributions générales.

Le Conseil académique donne son avis sur l'état des différentes Écoles établies dans le département, sur les réformes à introduire dans l'enseignement, la discipline et l'administration des Écoles publiques de tout ordre, sur les demandes de subventions, secours et encouragements, sur les comptes des Lycées et Collèges.

Il rédige et soumet à l'approbation du Ministre, en Conseil supérieur, les règlements intérieurs des Lycées et des Collèges, mais statue seul sur les règlements relatifs aux Écoles publiques primaires.

Il juge, sauf recours au Conseil supérieur, dans les cas déterminés, les affaires contentieuses et disciplinaires relatives soit aux Écoles publiques, soit aux Écoles libres.

Chaque année, il adresse au Ministre et au Conseil général du département, par l'intermédiaire du Recteur, un rapport sur la situation de l'instruction publique et libre dans le département, que le Ministre communique au Conseil supérieur, afin que celui-ci possède et puisse toujours mettre sous les yeux du Gouvernement, quand il le jugera convenable, un exposé fidèle de l'état de l'éducation nationale.

Nous laissons à la loi sur l'enseignement supérieur le soin d'attribuer au Conseil académique le droit de donner son avis sur les comptes et sur les règlements intérieurs des Facultés.

La loi se montre confiante et généreuse envers les Conseils académiques; elle leur remet le soin de veiller sur l'instruction publique dans le département, ne réservant pour le pouvoir central que ce qui forme ses attributions essentielles. Les départements comprendront-ils l'étendue de ce bienfait, et qu'en leur abandonnant le droit de diriger l'éducation de la jeunesse, nous plaçons le plus cher de leurs intérêts sous l'égide de leur conscience et de leur patriotisme? Trouveront-ils sans peine des citoyens actifs, zélés, pleins d'amour pour le bien, qui brigueront, non pour s'en décorer, mais pour les remplir avec ardeur, les fonctions de membres du Conseil académique? Les propositions que nous faisons à l'Assemblée sont notre réponse. Nous croyons à la sincérité des vœux exprimés en faveur de la liberté de l'enseignement; nous croyons que ces vœux contenaient des engagements. S'il ne devait résulter des débats soulevés au sujet de cette liberté que des pétitions, des discours et des écrits; si, au moment de mettre la main à l'œuvre, chacun s'isolait dans son intérêt privé, et cherchait dans la prétendue insuffisance de la loi l'excuse de son inaction, nous nous serions sans doute trompés; mais le pays ne souffrirait pas de cette erreur; car nous ne détruisons rien, nous ouvrons la carrière et y appelons tous les rivaux. Ceux qui auront refusé d'y descendre pourront-ils s'étonner que la victoire ne soit pas venue les chercher?

CHAPITRE III. — *De l'inspection.*

La surveillance et l'inspection sont, sous deux aspects différents, le même moyen employé pour maintenir dans les maisons d'éducation le respect des bons principes et le culte des fortes études.

La surveillance, devant être exercée à tous les instants, appartient nécessairement aux autorités locales; et, afin qu'elle ne puisse s'endormir, ou contracter des habitudes de faiblesse, l'inspection vient, à certaines époques, vérifier ses actes et ranimer son zèle, s'il s'est assoupi.

Le concours de la surveillance et de l'inspection est exigé pour l'enseignement primaire. Le nombre des Écoles et l'importance de cet enseignement expliquent assez une sollicitude qui ne saurait être trop vive.

L'inspection suffit aux besoins de l'instruction secondaire.

De tous les moyens mis en usage par l'Université pour maintenir dans ses Écoles l'unité de l'enseignement et une sévère discipline, l'inspection est celui qu'elle a le plus perfectionné et dont elle a tiré le meilleur parti. Nous ne sommes donc pas surpris que le projet de loi conserve, en l'appropriant au régime nouveau, le système d'inspection actuellement en vigueur. Confier à des fonctionnaires de l'ordre administratif ou à des magistrats le soin d'inspecter les Écoles libres, c'eût été rendre la véritable surveillance, telle que la Constitution la prescrit, à peu près illusoire; créer un ordre spécial d'inspecteurs pour ces Écoles serait méconnaître l'esprit de la loi. Nous sommes donc conduits à employer les instruments que nous avons sous la main, en les appropriant à l'emploi nouveau qui doit en être fait.

Le projet de loi lève une grande difficulté, en déclarant que l'inspection des établissements libres ne peut porter que sur la moralité, le respect de la Constitution et des lois, et l'hygiène. Les méthodes sont et doivent demeurer libres. Sur ce point, l'instituteur n'a de compte à rendre qu'aux familles. La liberté que celles-ci réclament, et à juste titre, leur imposera de sérieux devoirs, et, entre autres, celui de veiller par elles-mêmes à ce que l'instituteur tienne fidèlement ses engagements et conforme son enseignement au programme qu'il a publié.

Vainement demanderait-on d'autoriser l'inspection des méthodes seulement pour les constater et pour fournir au Conseil supérieur les indications dont il a besoin, afin de pouvoir juger des progrès ou du déclin de l'instruction générale; car cette autorisation, qui dégénérerait en abus, et porterait indirectement de graves atteintes à la liberté, n'apprendrait rien à un Inspecteur qu'il ne pût savoir de tout instituteur libre dans l'établissement duquel d'heureuses innovations auraient été introduites; pourquoi cet instituteur dissimulerait-il ses succès?

Quant aux méthodes que vous jugeriez mauvaises, quel si grand intérêt avez-vous de les connaître, puisque vous ne possédez aucun moyen de les réformer?

On demande comment les désordres graves dans le régime intérieur d'un établissement libre, que l'article 28 prévoit et réprime, pourront être constatés, puisque l'inspection de cet établissement ne portera que sur la moralité, le respect de la Constitution et l'hygiène? Nous ne voyons pas comment le droit d'inspecter les méthodes d'enseignement fournirait plus de moyens de constater des désordres qui ne proviendront assurément pas de la manière dont seront enseignés le grec et le latin dans une institution. Ces désordres seront des actes exceptionnels, bruyants, scandaleux, que la voix publique signalera promptement à la vigilance du Recteur, ou les effets peu apparents d'un régime vicieux, relâché, et de nature à inculper la moralité du chef de l'établissement. Dans ces deux cas, l'Inspecteur pourra, en vertu de la loi, constater ces désordres et en préparer la répression.

La loi, en déclarant que la surveillance s'étendra sur la moralité de l'enseignement, impose à l'inspection des devoirs nombreux, difficiles, qui ne peuvent être remplis convenablement, sans sacrifier les droits de la société ou léser ceux de la liberté, que par des hommes versés depuis longtemps dans la pratique de l'enseignement, et qui sauront démêler, sous un voile trompeur, les vices d'une éducation donnée au rabais par d'indignes trafiquants. Croire que le clergé seul cherchera à user de la liberté d'enseigner, et que nous n'aurons à constater que les efforts de la piété et du désintéressement, serait s'abandonner à une singulière illusion. La cupidité et les passions politiques emploient toutes les armes, et ne négligeront pas celle-ci. En désarmant la surveillance, nous désarmerions la société, et nous laisserions naître des désordres qui déshonoreraient la liberté et amèneraient sa ruine.

Les Inspecteurs d'Académie seront choisis par le Ministre sur une liste d'admissibilité présentée par le Conseil supérieur et sur laquelle les chefs d'institutions libres et leurs professeurs pourront aussi bien être portés que les fonctionnaires des Écoles de l'État; de plus, un tiers des Inspecteurs généraux sera pris parmi les membres appartenant ou ayant appartenu à l'enseignement libre : la loi satisfait donc à ce que réclame l'égalité entre les concurrents. L'inspection sera réciproque.

Les Inspecteurs sortis des institutions particulières porteront au sein des Écoles de l'État les principes de la véritable éducation. A leur tour, les Inspecteurs vieillis dans les Colléges de l'État apprendront aux instituteurs particuliers à perfectionner leurs méthodes d'enseignement et leurs règlements d'études. Chacun prêtera son concours, offert et accepté volontairement, à l'œuvre de la régénération de l'instruction publique, et là où tant d'esprits inquiets ou prévenus s'attendaient à ne trouver que lutte et envie, on verra naître l'union de tous dans la pensée de bien faire et de justifier la confiance des familles.

La Commission approuve donc le système d'inspection proposé par le projet de loi; mais, afin de laisser au Ministre ou au Conseil supérieur une plus grande latitude dans le choix des personnes appelées aux fonctions d'Inspecteurs, elle pense qu'il ne convient pas d'imposer à ceux-ci le grade de licencié et dix ans d'exercice, indépendamment du stage. Des membres de l'enseignement public ou de l'enseignement libre pourraient être d'excellents Inspecteurs et ne pas remplir ces trois conditions.

TITRE II.

De l'enseignement primaire.

CHAPITRE Ier. — *Dispositions générales.*

Des diverses branches de l'enseignement, il n'en est pas qui doive inspirer un intérêt plus sincère, mais plus réfléchi, que l'enseignement primaire.

Destiné à la portion de la société la plus nombreuse et la moins favorisée, à celle qu'il importe également d'arracher à l'ignorance et de ne pas exposer aux excitations d'une fausse science, si cet enseignement ne s'inspire constamment aux sources de la religion et de la morale, s'il instruit sans améliorer, on pourra calculer sur ses progrès le mal profond et de longtemps irremédiable qu'il aura causé. Aucun État, quels que fussent la nature et la forme de ses institutions et l'éclat de sa civilisation, ne pourrait résister à l'action prolongée et puissante d'un enseignement populaire qui serait irréligieux et corrupteur. Tous les partis politiques, si divisés qu'on les suppose, auraient le même intérêt à unir leurs efforts pour conjurer ce péril; car ils seraient tous également menacés par un principe destructeur, dont nul ne pourrait dompter l'énergie aveugle, dès qu'il serait arrivé à son complet développement.

Votre Commission s'est donc livrée à l'étude des dispositions du projet de loi relatives à l'enseignement primaire, avec la ferme résolution de connaître la vérité et de la dire sans détour. Sur un tel sujet, toute réticence, toute faiblesse pour des préjugés désormais impardonnables, ou pour des desseins pervers, lui paraîtraient une trahison envers l'Assemblée et envers le pays.

La Restauration et le Gouvernement de Juillet ont accordé, par des moyens différents, de grands encouragements à l'instruction primaire, et l'on demandera peut-être pourquoi le projet de loi soumis à votre approbation revient sur une matière que la loi du 28 juin 1833, rendue en exécution de la Charte constitutionnelle de 1830, qui proclamait, comme la Constitution de 1848, la liberté de l'enseignement, semblait avoir réglée d'une manière définitive.

Nous répondrons que si le législateur de 1833 se proposait pour but unique d'augmenter le nombre des Écoles primaires et des enfants qui les fréquentent, il a certainement réussi [1]; mais que, s'il entrait dans sa pensée de rendre, en outre, meilleure, plus efficace, plus morale, mieux appropriée aux besoins réels de la classe populaire, l'instruction donnée dans ces Écoles; d'assurer des soins paternels au cœur et à l'intelligence naissante des enfants, afin que l'enseignement devînt pour les classes laborieuses un principe d'ordre, d'amélioration véritable et de bonheur, il est permis de douter que son succès ait été aussi complet, et « l'on se demande avec une inquiétude croissante, comme le dit si bien le sage auteur de notre projet de loi, s'il n'eût pas mieux valu n'ouvrir d'Écoles qu'avec la certitude de n'avoir pas plus tard à les fermer ».

La loi de 1833 a multiplié les Écoles, a créé pour les communes l'obligation

1. Voici un résumé des progrès de l'enseignement primaire, tiré des *Comptes rendus de l'état de l'instruction primaire* publiés par le Ministère de l'Instruction publique. Nous devons dire que l'exactitude de ces calculs a été vivement contestée.

Écoles de garçons.

En 1829, on comptait	30 785 écoles. 1 372 206 élèves.
En 1848, —	43 614 écoles. 2 178 079 élèves.

Écoles de filles.

En 1840, —	15 882 écoles. 1 240 272 élèves.
En 1848, —	19 414 écoles. 1 354 056 élèves.

Écoles d'adultes.

En 1840, —	3 403 cours. 68 508 auditeurs.
En 1848, —	6 877 cours. 115 164 auditeurs.

En 1827, le nombre des conscrits sachant au moins lire était de 421 sur 1000;
En 1844, de 610 sur 1000.

(*Note du Rapporteur.*)

d'en entretenir au moins une, sans s'inquiéter des circonstances de temps et de lieu qui pouvaient altérer les conséquences de l'impulsion générale donnée brusquement à cette partie de l'instruction publique. En ce qui touche au perfectionnement de l'homme, faire beaucoup en peu de temps n'est certes pas le moyen le plus assuré de bien faire.

Dans son entraînement, le législateur ne put résister au désir d'accroître les limites naturelles de l'enseignement primaire, et s'efforça de le rattacher à l'enseignement secondaire par le degré intermédiaire de l'enseignement primaire supérieur, comme si le caractère de notre nation, nos lois et nos secousses politiques ne déclassaient pas un assez grand nombre d'individus, en leur inspirant des sentiments d'ambition, conformes sans doute à l'esprit de nos institutions, mais que la société est impuissante à satisfaire, et qui, trop souvent, mènent au désespoir ceux qui les conçoivent.

Appliquées avec rigueur et avec cette uniformité rigide qui se reprocherait de faire la moindre concession aux habitudes locales, les dispositions restrictives de cette loi de liberté ont étouffé la concurrence et privé des bienfaits de la bonne et véritable instruction primaire des communes trop pauvres pour entretenir une École, et au milieu desquelles un enseignement limité, il est vrai, mais suffisant, était distribué, depuis de longues années, par des instituteurs qui n'avaient, il est vrai, ni diplômes ni brevet de capacité. Ces vieux et fidèles serviteurs de l'enseignement primaire vivaient, sous le titre modeste et consacré de *maîtres d'école*, au sein des campagnes, contents de leur sort, fiers de leurs humbles fonctions et aimés de tous. Ils se virent poursuivis, condamnés, et cédèrent la place aux instituteurs primaires, dont le nombre aujourd'hui atteint 40 000.

L'attention du législateur doit rester constamment éveillée sur les dispositions morales et politiques d'un corps aussi nombreux, qui possède dans chaque commune un agent jeune, actif, entreprenant ; car ce corps tient entre ses mains l'avenir de notre société troublée et affaiblie.

Loin de nous la pensée de faire peser sur tous les instituteurs la responsabilité des torts de plusieurs. Il existe, et nous sommes heureux de le proclamer, un certain nombre d'entre eux qui considèrent leurs fonctions comme un sacerdoce, dont ils remplissent les obligations avec zèle et abnégation ; mais beaucoup aussi, méconnaissant leurs premiers devoirs envers les enfants confiés à leurs soins et envers la société, n'ont pas craint de se faire, dans l'École et hors de l'École, les propagateurs des doctrines insensées qui menacent encore notre pays après avoir failli en causer la ruine. Ils ont, nous le savons, pour excuse de leurs égarements, l'éducation qui leur a été donnée, le sort qui leur est fait et les perfides caresses que les factions leur prodiguent ; mais, tout en accordant une large part aux erreurs de la loi sous laquelle ils vivent, à l'effet que durent produire sur eux les excitations imprudentes dont ils furent l'objet de la part même du Gouvernement, à une époque récente, si féconde en tristes souvenirs, et au désordre des esprits dans des temps tels que ceux-ci, nous n'en devons pas moins déclarer, nous rendant l'organe d'un sentiment universel, proclamé naguère par un si grand nombre de Conseils généraux, que l'esprit dont est animé le corps des instituteurs primaires inspire au pays de justes alarmes, et que l'Assemblée doit sans retard, et par des mesures efficaces, rassurer les familles et la société, menacées dans le premier de leurs intérêts.

Ces considérations ont décidé la Commission à apporter au titre II du projet de loi des changements dont nous allons faire connaître les motifs.

L'enseignement élémentaire doit, pour produire les fruits heureux qu'on en attend, conserver son véritable caractère. Son objet est d'initier l'universalité des citoyens à un petit nombre de connaissances, simples, usuelles et *indispensables*, comme le dit la Constitution, pour tous les besoins et toutes les situations de la vie, telles que l'instruction morale et religieuse, la lecture, l'écriture, le calcul et le système légal des poids et mesures. S'il dépasse cette limite, il devient quelque chose d'impossible à définir, qui n'est plus l'enseignement primaire, qui n'est pas encore l'enseignement secondaire, et que la loi de 1833 qualifie bizarrement d'instruction primaire *supérieure*. L'enseignement élémentaire, de sa nature, si clair, si simple, si restreint, devient illimité dans un ordre d'études étranger aux études classiques. A vrai dire, cet enseignement constitue, non pas l'instruction primaire du second degré, mais une introduction incohérente à l'instruction secondaire. L'essai fait, depuis 1833, de cet enseignement prétendu supérieur ne confirme que trop la sévérité de notre jugement.

Autant il nous paraît convenable et juste de permettre aux instituteurs d'étendre, selon les besoins et les ressources des localités, l'enseignement qu'ils distribuent, autant il est imprudent d'exciter, par des dispositions légales, les communes, les familles et les instituteurs à adopter un enseignement qui n'est ni secondaire, ni primaire, qui inspire à ces derniers une idée exagérée d'eux-mêmes et trouble plus d'esprits et de caractères qu'il n'en développe.

Ramener l'enseignement primaire à ce qu'il a d'essentiel, lui assigner un minimum, et supprimer la division de cet enseignement en deux degrés, laissant toutefois à l'instituteur la faculté d'élargir son enseignement selon le vœu des parents et les dispositions des élèves, ou, en d'autres termes, renverser l'échafaudage d'une fausse science élevé en 1833, tel est ce que nous avons l'honneur de proposer à l'Assemblée. Nous opposerons ainsi une première digue à l'extension démesurée et irréfléchie des programmes, singulière manie de notre époque, qui croit qu'un arrêté ou un règlement suffisent pour accroître dans les Écoles le goût des études, les dispositions et les succès des élèves. Par ce moyen aussi, nous préviendrons le retour de ces procès où l'on voyait, sous le régime de la liberté, un instituteur de premier degré poursuivi et condamné pour avoir enseigné quelque peu de grammaire ou d'histoire.

La conséquence de ce changement ne sera pas d'abaisser le niveau de l'instruction primaire; car, en ramenant un enseignement à son principe, on le fortifie, on ne l'abaisse pas.

Selon le projet de loi, conforme en ce point à ce qui fut proposé à l'une et l'autre Assemblée constituante, l'instruction primaire sera donnée gratuitement à tous les enfants dont les familles sont reconnues hors d'état d'en faire les frais; mais toute commune jouira de la faculté d'entretenir une École entièrement gratuite.

Ici se présente une question vivement agitée dans ces derniers temps. Le bon sens public paraît l'avoir résolue de façon à nous dispenser de la traiter de nouveau; nous voulons parler de l'idée de rendre l'instruction primaire gratuite et obligatoire pour tous les citoyens : vaine utopie, bien souvent rêvée, sans qu'un essai de réalisation ait été seulement fait.

Nous lisons dans la Constitution ces mots : « La République doit mettre à la « portée de chacun l'instruction indispensable à tous les hommes. La société « favorise et encourage le développement du travail par l'enseignement pri- « maire gratuit. » La Constitution de 1848 ordonne de faire précisément ce qui se fait aujourd'hui, c'est-à-dire de distribuer l'enseignement primaire gratuitement à ceux qui ne peuvent pas le payer, et rien de plus. Elle ne prescrit en aucune façon de rendre cet enseignement obligatoire, parce qu'elle sait bien qu'une telle prescription serait inexécutable.

Pour rendre l'instruction obligatoire, il faut commencer par la rendre gratuite, même pour ceux qui demandent à la payer, faire contribuer le riche à l'éducation du pauvre, construire dans toutes les communes, et jusque dans les hameaux isolés, deux Écoles, l'une pour les garçons, l'autre pour les filles; former une armée d'instituteurs et d'institutrices, d'Inspecteurs généraux et d'Inspecteurs particuliers, les rétribuer en raison du surcroît de travail qui leur sera imposé, et, lorsqu'on aura arraché aux contribuables les sommes nécessaires à cette dépense énorme, porter une peine quelconque contre tout père, mère ou tuteur qui aurait négligé d'envoyer ses enfants à l'École; or, près de douze cent mille citoyens encourraient aujourd'hui cette condamnation.

La société doit offrir l'enseignement gratuit aux familles pauvres, et employer, pour leur faire accepter ce bienfait, des moyens de persuasion et d'émulation, plus efficaces que ne le seraient la menace et la contrainte, si l'on pouvait jamais les mettre sérieusement en usage. Ce n'est pas de la lenteur des progrès de l'enseignement primaire que l'on se plaint aujourd'hui.

CHAPITRE II. — *Des instituteurs.*

Tout Français âgé de vingt et un ans accomplis, et qui ne sera pas frappé de certaines incapacités légales, pourra exercer la profession d'instituteur public ou libre, s'il est muni d'un brevet de capacité délivré à la suite d'un examen.

La loi de 1833 permet d'exercer la profession d'instituteur dès l'âge de dix-huit ans. En élevant la condition d'âge à vingt et un ans, le Gouvernement accède à un vœu général suffisamment justifié.

Le projet de loi permet de suppléer le brevet de capacité par un certificat attestant que l'aspirant a enseigné pendant trois ans dans une École publique ou libre autorisée à recevoir des stagiaires; l'examen atteste le savoir, le stage atteste la vocation.

Les instituteurs publics ou libres pourront avoir près d'eux des adjoints. La loi dispense provisoirement ceux-ci du brevet de capacité et leur permet d'entrer en exercice à dix-huit ans.

Des curés, des prêtres, des fonctionnaires de l'enseignement public, d'anciens officiers ou sous-officiers de l'armée ne pourraient s'astreindre à subir un examen public, ni à remplir la condition de stage. Est-il juste cependant de leur interdire d'ouvrir une École? N'offrent-ils pas toutes les garanties de savoir que nous désirons? La loi ne serait donc pas plus libérale sur ce point que celle de 1833? Nous sommes d'avis que le brevet de capacité et le certificat de stage puissent être suppléés par le diplôme de bachelier ou tout autre titre jugé équivalent par le Conseil académique.

Il a été demandé, dans le sein de la Commission, que les membres des congrégations religieuses vouées à l'enseignement eussent la faculté de suppléer le brevet de capacité par les lettres d'obédience qui leur sont accordées, après un long noviciat et de sévères examens, par leurs supérieurs.

L'objet du brevet de capacité est, a-t-on dit, de certifier que le candidat en sait assez pour enseigner; or, s'il possède déjà un titre qui atteste son savoir, pourquoi lui imposer l'obligation d'en présenter un second? N'est-ce pas le cas d'appliquer la maxime de droit *non bis in idem?* La loi cherche des garanties sérieuses, et, quand elle les a trouvées, elle s'en contente, sans croire qu'il n'y ait qu'un seul moyen de se les procurer. Objectera-t-on que l'État ignore comment ces lettres d'obédience sont accordées? Mais le clergé n'est pas dans la société un corps étranger. L'État reconnaît son existence légale et ses droits, et de plus il pourvoit à ses besoins; il doit donc avoir confiance en lui.

Le brevet de capacité, inutile pour constater l'aptitude des membres des congrégations religieuses, n'est pas à leur égard sans inconvénients. A la suite d'examens publics et quand ils sont munis d'un titre délivré par l'autorité civile, ces religieux contractent des habitudes d'indépendance contraires à leurs vœux et qui en ont conduit plusieurs à quitter leurs congrégations pour embrasser la profession d'instituteurs laïques. L'État ne doit pas relâcher les liens qui font la force de ces instituts, dont l'un, entre autres, existe en France depuis cent soixante-dix ans et rend à l'enseignement populaire des services sur lesquels il est superflu de s'étendre.

L'examen public, a-t-on répliqué, produit, depuis la promulgation de la loi de 1833, d'heureux résultats pour les congrégations religieuses; il a aidé leurs membres à triompher des préventions défavorables des Conseils municipaux, et montré qu'ils ne craignaient pas de se placer sous la règle commune, ni de produire au grand jour les preuves de leur mérite. Si nous voulons les y soustraire, ils passeront pour jouir d'un privilège et supporteront les conséquences de cette supposition. Les congrégations n'ont fait entendre qu'une seule réclamation, dirigée contre l'obligation imposée par l'Université aux instituteurs adjoints d'être munis du certificat de capacité, et nous y faisons droit. N'allons pas au delà, et ne prétendons pas servir leurs intérêts plus et mieux qu'elles ne l'entendent elles-mêmes.

La proposition d'assimiler les lettres d'obédience au brevet de capacité n'a été repoussée par la Commission qu'à la simple majorité d'une voix.

Le certificat de moralité exigé par la loi de 1833 des instituteurs privés, et qui consiste dans une attestation donnée par le maire et par trois conseillers municipaux de chacune des communes où réside le candidat depuis trois ans, sera remplacé, comme on l'a proposé dans les projets de loi antérieurs sur l'instruction secondaire, par la faculté conférée au Recteur de former opposition, soit d'office, soit sur la plainte du Procureur de la République, à l'ouverture de l'École, dans l'intérêt des mœurs publiques. Secondé par l'administration et par la justice, le Recteur se livrera à une enquête sur la vie antérieure du candidat, et saura s'il est digne d'exercer la profession d'instituteur.

Il est urgent de corriger la loi de 1833; car la Cour de cassation vient de déclarer qu'un instituteur communal destitué par le Comité d'arrondissement peut, au moyen du certificat de moralité qu'il a obtenu précédemment, ouvrir une École libre.

Sous le bénéfice de cette double garantie et sous la surveillance de l'État, l'instituteur jouira d'une liberté complète et n'aura à répondre qu'au Conseil académique pour cause de faute grave dans l'exercice de ses fonctions, d'inconduite ou d'immoralité dans sa vie.

Quiconque aura ouvert ou dirigé une École en contravention aux prescriptions de la loi sera poursuivi devant le tribunal de police correctionnelle et puni de peines spécifiées.

La loi doit être exécutée, mais avec discernement et en respectant le bien partout où il se fait, et les coutumes que l'esprit de charité a établies. Il s'agit de garantir l'instruction primaire contre toute corruption possible, contre tout danger réel, et non de faire sentir jusque dans les hameaux la main d'une autorité exclusive et jalouse.

Ainsi, liberté aux personnes charitables d'enseigner gratuitement à lire et à écrire et de faire le catéchisme aux enfants; liberté pour les curés et les vicaires de remplir ce pieux devoir; liberté aussi et encouragements, s'il se peut, à ces pauvres *sous-maîtres*, dont parlait naguère, avec un si touchant intérêt, le Conseil général du Jura, qui, « fixés pendant les mois d'hiver à la glèbe ingrate de l'instruction, dans l'intérêt des plus misérables habitants des montagnes, vont offrir leurs bras, pendant l'été, aux travaux de la terre, et payent eux-mêmes et entretiennent, par leurs faibles économies, comme laboureurs et faucheurs, leur dévouement pendant la mauvaise saison ». Nous ne voulons rien de plus que la répression de la fraude et de la cupidité.

A ceux qui réclameraient contre toute pénalité en pareille matière, et prétendraient que nous transformons en délit un acte méritoire, nous répondrons que, s'il ne devait y avoir que des instituteurs pieux, honnêtes, dévoués et instruits, non seulement nous n'insérerions pas de clause pénale dans la loi, mais nous ne ferions même pas de loi.

Sauf la faculté de suppléer le certifiat de capacité par un stage de trois années, et le mode de constater la moralité des aspirants, le projet de loi maintient, quant aux instituteurs libres, le régime existant. La Commission propose, relativement aux instituteurs publics ou communaux, des modifications plus graves à la législation en vigueur.

D'après l'article 21 de la loi de 1833, la nomination des instituteurs communaux se fait ainsi : le Conseil municipal, après avoir pris l'avis du Comité communal, présente un candidat au Comité d'arrondissement qui nomme, et le Ministre institue.

Selon le projet de loi, le droit de nommer appartiendrait au Conseil municipal, qui serait tenu de choisir l'instituteur, soit sur une liste dressée par le Conseil académique du département pour les instituteurs laïques, soit sur la présentation faite par les supérieurs des congrégations religieuses, pour les instituteurs appartenant à ces congrégations.

Dans ce nouveau système, le Conseil académique et les congrégations proposent, et le Conseil municipal choisit. L'inamovibilité des instituteurs étant conservée, on pouvait restreindre, mais non supprimer l'intervention de la commune.

Considéré en soi, le principe de l'inamovibilité des fonctions publiques est contraire aux notions élémentaires d'un bon et sage Gouvernement. La société ne peut aliéner le droit d'employer ses agents selon ses vues et ses intérêts et créer une puissance qui annule la sienne. L'inamovibilité de la magistrature est une exception fondée sur des motifs de l'ordre le plus élevé. Mais quelle raison y a-t-il d'associer à cette haute et unique prérogative les instituteurs communaux? Pourquoi les affranchir de la règle sous laquelle vivent, sans se plaindre, tous les fonctionnaires publics, et placer à côté d'un desservant amovible un instituteur qui ne l'est pas? Faut-il pour enseigner l'alphabet aux enfants plus d'indépendance que pour administrer un département, veiller à la sûreté des citoyens, percevoir les impôts ou remplir toute autre fonction publique? L'inamovibilité n'a pu être concédée aux instituteurs que dans leur propre intérêt. On a suppléé à la modicité de leur traitement par l'abandon de ce privilège, sans réfléchir qu'il leur serait plus souvent nuisible qu'avantageux; car un instituteur changé à propos de résidence aurait peut-être pu conjurer une révocation et commencer une vie nouvelle et meilleure.

Bientôt les abus éclatèrent, et aujourd'hui l'Université ne confère plus l'institution définitive qu'après un certain temps d'épreuve, proclamant ainsi elle-même les dangers du privilège. Mais l'efficacité de ce remède est passagère. Les instituteurs, comme le déclarait avec tant de raison, il y a peu de jours, le Conseil général de la Haute-Garonne, assurés de conserver leur position et leur modeste traitement, ne sont pas retenus par la crainte de les perdre; de là l'absence de tout progrès, le relâchement, l'insouciance, conséquences forcées d'une situation semblable.

Tout nous engage à faire rentrer les instituteurs sous le régime commun et à confier au Conseil académique, autorité libre, éclairée, bienveillante, qu'aucune prévention, aucun intérêt particulier n'excitera ni ne fera agir, le droit de les nommer, de les changer de résidence et de les révoquer, non pas s'ils commettent tel ou tel acte qualifié négligence ou faute grave par la loi actuelle et qui les rend justiciables du Comité d'arrondissement, mais si le Conseil, dans sa conscience, ne croit plus que leurs services puissent être utiles à l'enfance.

On s'étonnera que nous proposions d'enlever au Conseil municipal toute participation au choix de l'instituteur, lorsque c'est lui qui doit payer la plus forte partie, sinon la totalité de son traitement, et lui fournir une habitation. N'est-ce pas méconnaître les droits de la commune?

Nous savons ce qu'il y a de force et de patriotisme dans l'élément communal, dernier vestige de notre ancienne société, que soixante ans de révolutions n'ont fait qu'affermir; mais, en matière d'enseignement, et quand il s'agit du choix des personnes, autant nous aurions de confiance dans le Conseil général, si le Conseil académique ne devait pas exister, autant nous redoutons que les petites passions, les amitiés, les entraînements de toute nature n'égarent les choix du Conseil municipal. Que de plaintes n'excite pas la facilité des maires et des conseillers municipaux à accorder des certificats de moralité? que sont devenus les Comités communaux sur lesquels se fondaient tant d'espérances? Combien n'a-t-il pas fallu taxer d'office de communes pour vaincre leur résistance à fonder des Écoles? Il faut en faire l'aveu : sur un si grand intérêt, l'esprit municipal ne se montre ni aussi sage, ni aussi éclairé qu'il l'est d'ordinaire, et la loi de 1833 a eu raison de ne lui témoigner qu'une confiance limitée. Mais la demi-intervention des municipalités a été une source de conflits ou d'usurpations.

On craint que les habitants de la commune ne voient de mauvais œil l'instituteur qui leur aura été imposé par le Conseil départemental; mais, que ce soit l'État, le Comité d'arrondissement ou la municipalité qui nomme, n'en sera-t-il pas moins imposé au plus grand nombre? Que l'instituteur mérite la bienveillance de ses concitoyens, et il l'obtiendra, quoique nommé comme sont nommés tous les fonctionnaires.

Certains que le Conseil académique ne fera jamais de choix sans consulter officieusement le Conseil municipal de la commune, et que celle-ci conservera la seule part d'influence qui puisse lui être accordée sans inconvénient, nous proposons de lui retirer le droit de présentation, parce que, en outre des motifs qui viennent d'être donnés, le maintien de ce droit entraînerait la conservation de l'inamovibilité, que nous jugeons dangereuse même pour les instituteurs.

Nous attribuons donc le droit absolu de nomination au Conseil académique, qui sera toutefois obligé de choisir l'instituteur, conformément au vœu exprimé par le Conseil municipal de la commune, soit parmi les brevetés, soit sur la présentation faite par les supérieurs des congrégations enseignantes reconnues par l'État.

Lorsque nous disons que le Conseil académique devra choisir, si tel est le vœu des communes, des instituteurs parmi les congrégations religieuses *reconnues par l'État*, nous entendons qu'il tiendra compte des circonstances et des usages, et qu'il pourra porter son choix sur des membres de congrégations établies et en instance pour être reconnues, si toutefois elles méritent et lui inspirent de la confiance. Pour qu'une congrégation religieuse obtienne d'être reconnue, il faut d'abord qu'elle existe, et qu'ensuite elle se soit rendue digne, par ses travaux et ses succès, d'être revêtue d'un caractère légal, dont le Gouvernement ne s'est jamais montré prodigue. La congrégation des frères de Marie, de l'Instruction chrétienne, a commencé en 1816 à Notre-Dame-de-l'Ermitage (Loire); elle compte actuellement 800 sujets, 140 maisons d'école, réparties dans 16 départements, et dans ces Écoles environ 20 000 enfants. Cependant, malgré des demandes en autorisation qui remontent à l'année 1830, cette utile et laborieuse congrégation n'est pas encore reconnue. Les Conseils académiques pourront lui demander des instituteurs, ainsi qu'à toutes les congrégations qui se trouvent dans une situation analogue.

Le Conseil académique aura conséquemment le pouvoir de changer l'instituteur de résidence, de le suspendre ou de le révoquer de ses fonctions. Ainsi une autorité centrale, offrant toutes les garanties désirables de lumières, de vigilance et d'impartialité, viendra remplacer dans chaque département les Conseils municipaux, les Comités locaux et les Comités d'arrondissement qui ont laissé s'énerver entre leurs mains le pouvoir que la loi leur avait remis pour défendre l'instruction primaire contre toute influence pernicieuse.

Comme l'inamovibilité, l'exemption du service militaire a été accordée aux jeunes gens qui se destinent à l'enseignement primaire public, et aux membres ou novices des congrégations religieuses vouées à l'enseignement, afin de provoquer des vocations vers une carrière difficile et ingrate. Nous n'avons aucune objection à présenter contre cette immunité, que le temps a consacrée; nous pensons seulement que l'engagement de se vouer, pendant dix ans, à l'enseignement primaire public ne suffit pas pour être dispensé du service militaire, de cette dette contractée par tous les citoyens envers leur mère commune. Des fonctions ou des professions non moins importantes que celles d'instituteur n'en sont pas affranchies. Nous élevons à quinze ans la durée de l'engagement.

Nous ne craignons pas que la restriction des privilèges excessifs fasse déserter la carrière de l'enseignement élémentaire. Cependant nous regrettons que la situation des finances ne permette pas de varier les avantages qui seront faits aux instituteurs, selon l'importance des Écoles, afin que l'émulation pénètre dans leurs rangs. Pendant la session de 1847, un projet de loi fut présenté dans ce but à la Chambre des Députés; mais, même alors, on regardait cet acte de justice comme ne pouvant se réaliser que dans un avenir plus ou moins éloigné, à cause de la crise financière qui venait de frapper le pays. Il serait inutile aujourd'hui de songer à rien faire de semblable; mais le sort des instituteurs n'est pas partout le même; quelques villes ont senti la nécessité de l'établir sur des bases convenables, et nous souhaitons que les Conseils académiques tirent parti de ces éléments de classification, si incomplets qu'ils soient.

Le désir d'améliorer, autant que la loi en possède le pouvoir, le sort des instituteurs nous porte à donner notre approbation au projet du Gouvernement, de substituer, dans le plus bref délai, aux caisses d'épargne des instituteurs, une caisse de retraite et une de secours, qui recevraient, nous le supposons, quelque subvention de l'État. Est-ce sérieusement que la loi de 1833 a établi, dans chaque département, une caisse d'épargne *en faveur* des instituteurs primaires communaux, formée par une retenue annuelle d'un vingtième *sur le traitement fixe*, en ayant le soin de déclarer que, dans aucun cas, il ne pourrait être ajouté à cette caisse de subvention sur les fonds de l'État ?

Multiplier le nombre des instituteurs sans se préoccuper de leur sort, ni de la pente funeste sur laquelle ils seraient placés, fut, dans les seize dernières années, l'unique pensée du Gouvernement; et cette pensée, que nous repoussons, n'apparait nulle part avec plus d'évidence que dans les mesures qu'il crut devoir prendre pour assurer le recrutement des instituteurs communaux.

L'erreur capitale de la loi de 1833 fut d'imposer à l'instituteur primaire un sort misérable, et en même temps d'exiger de lui des connaissances variées, brillantes, assurément très inutiles à la fonction qu'il doit remplir. On a tenté récemment d'améliorer sa position, et ce n'a été que justice; mais, quelle que soit la munificence du législateur, jamais elle n'élèvera le sort de l'instituteur au niveau de l'éducation qu'il a reçue et des désirs que cette éducation fait germer dans son cœur.

On a fondé à grands frais, non pas, comme la raison l'indiquait, loin du tumulte des villes, mais dans les chefs-lieux de soixante-dix-huit départements, des Écoles normales primaires où des élèves-maîtres doivent se former, sous la direction de professeurs habiles, à l'exercice de leurs fonctions et à la pratique de méthodes perfectionnées. Des établissements de ce genre existent, dit-on, et ont réussi en Allemagne; on en conclut qu'ils réussiraient en France. Le programme de l'enseignement primaire ayant été amplifié, les études ont pris dans ces Écoles des accroissements exagérés et sans but. Croirait-on qu'on y enseigne les logarithmes, l'algèbre, la trigonométrie, la cosmographie dans ses théories astronomiques, et qu'on y donne, non pas des notions élémentaires et usuelles, mais des cours entiers et complets de géométrie, de physique, de chimie, de mécanique, etc.?

L'élève acquiert promptement la preuve de l'inutilité d'un pareil enseignement; car il n'est pas même interrogé sur ces matières par les Commissions d'examen, dont le programme n'est plus en rapport avec celui des Écoles, qui tous les jours s'agrandit.

Quant à l'instruction religieuse et morale et à la pédagogie, qui devraient être la base des études, leur enseignement y languit, moins par la faute des directeurs et des maîtres, que par celle des élèves, qui puisent dans leurs travaux scientifiques et littéraires un esprit bien différent de celui que nous souhaitons de voir se répandre dans les campagnes.

Quand on songe que les jeunes instituteurs sortis de ces établissements, véritables académies, n'ont pour toute perspective, après deux ou trois années d'études qui excitent leur esprit et ouvrent leur imagination aux plus brillantes espérances, que la chétive et monotone existence d'un maître d'école de village, existence qu'ils envisageaient de loin, sans en deviner la tristesse et les dégoûts, on ne se sent pas la force de blâmer leurs écarts, on réserve sa sévérité pour le législateur qui, cédant à un amour irréfléchi de l'innovation et à l'autorité d'exemples inapplicables à notre pays, n'a pas vu qu'en transformant les instituteurs primaires en des demi-savants, il en faisait des hommes malheureux et des mécontents.

Les dangers de cet enseignement n'ont pas échappé à la pénétration de tous les Ministres qui, sous le dernier Gouvernement, dirigèrent l'Instruction publique. L'un des plus distingués d'entre eux, devinant pour ainsi dire ce qui arriverait, disait en 1840 : « Si l'enseignement de ces établissements était mal « ordonné ou trop développé sur quelques points, si les prétentions d'un faux « savoir y remplaçaient les connaissances saines et positives, si l'esprit reli- « gieux et moral, la droiture des principes, la simplicité des habitudes n'y « dominaient, on pourrait craindre que la société ne fût plus troublée que se-

« condée par tant d'instituteurs qui seraient mécontents de leur état, et n'en « connaîtraient pas les devoirs et le but. »

Si nous parcourions les procès-verbaux des Conseils généraux pour les sessions des quatre ou cinq dernières années, nous trouverions les craintes exprimées par le prudent Ministre devenues de tristes réalités, qui suscitent à peu près partout les plaintes les plus vives et, par malheur aussi, les mieux motivées. Évidemment, il existe là une source de désordres que l'Assemblée dans sa sagesse doit tarir.

Faut-il nous attacher à corriger et à faire rentrer dans de justes limites l'enseignement des Écoles normales, afin de pouvoir conserver, sans danger pour la société, des établissements que les départements n'ont pas élevés sans de longs efforts et de lourds sacrifices?

Votre Commission a résolu cette question négativement.

Si l'on restreint l'enseignement des Écoles normales à ce qu'il devrait être, elles deviennent inutiles; s'il est conservé, il se développera encore, et l'on ne peut dire ce que deviendront ces établissements.

Quelle que soit l'autorité des exemples puisés à des sources étrangères, il est certain que les véritables Écoles normales sont les Écoles primaires elles-mêmes, où des jeunes gens qu'aucune séduction n'attire peuvent, sous la direction de maîtres vieillis dans la carrière, et en les voyant à l'œuvre, apprendre, bien mieux que dans les livres ou qu'aux leçons de savants professeurs, un art qui n'a pas, à vrai dire, de théorie. En annexant des Écoles primaires aux Écoles normales, afin de fournir aux élèves les moyens de mettre en application les principes qu'on leur enseigne, les fondateurs de ces Écoles ne nous ont-ils pas indiqué où se donne le véritable enseignement normal?

Le jeune homme qui volontairement ira s'enfermer dans une École primaire, afin d'obtenir un jour le brevet de capacité, connaîtra de bonne heure les difficultés et les privations de l'existence à laquelle il se destine, et, si la vue des obstacles qu'il aura plus tard à surmonter ne le rebute pas, si, au contraire, son émulation est excitée par l'exemple du maître sous lequel il vit et dont il deviendra bientôt l'égal et l'ami, alors on pourra dire qu'une vocation sincère et durable existe en lui. Nous aurons trouvé, sans efforts pénibles, sans grandes dépenses et sans tout le luxe scientifique des Écoles normales, le véritable instituteur primaire, simple, laborieux, borné dans ses besoins et dans ses désirs, et pour lequel ses écoliers et sa commune seront le monde tout entier; en un mot, l'instituteur que les Écoles normales ne nous ont point donné et qu'elles ne nous donneront jamais.

On regarde ces Écoles comme nécessaires au recrutement du corps nombreux des instituteurs primaires; on se plaît à affirmer que, sans les mille instituteurs environ qu'elles fournissent annuellement, les Écoles communales se dépeupleraient avec rapidité. Ce ne sont pas les Écoles normales qui provoquent les vocations. Les plaintes des Conseils généraux contre la désertion des élèves-maîtres, en faveur desquels ils avaient payé les frais d'études et de pension, attestent qu'elles en détruisent autant qu'elles en font naître.

La Commission est d'avis, non pas de supprimer l'enseignement normal, car elle reconnaît qu'il est nécessaire, indispensable, mais de l'améliorer en le ramenant à sa véritable source, en le rendant conforme à son objet réel, et il n'y aurait aucune raison de prétendre qu'elle enlève à l'enseignement laïque les moyens de se recruter et de prospérer. Nous supprimons un abus, un danger, et pas autre chose.

Dans une société tourmentée par la passion des emplois publics, où la foule des aspirants encombre toutes les professions libérales, une fonction dans laquelle on est assuré de trouver, avec la dispense du service militaire, des moyens d'existence, ne sera jamais dédaignée. Si elle devait l'être par ceux qui ne la recherchent qu'en vue des avantages qu'elle procure, il n'y aurait pas lieu de nous alarmer. L'appel de la patrie serait entendu par les instituts religieux, dont l'unique mission est de former pour l'enfance des instituteurs qui concentrent sur elle leurs pensées, leurs affections, leur vie entière. Les vides faits dans le corps des instituteurs primaires par le calcul et l'égoïsme seraient comblés par le dévouement.

Les départements pourront, s'ils le jugent nécessaire, employer une partie des fonds, qu'ils votaient pour l'entretien de leurs Écoles normales, à créer dans les meilleures Écoles primaires des bourses d'élèves-maîtres et à distribuer des récompenses aux instituteurs qui auront le mieux et le plus formé de ces élèves. Ajoutons que la Commission ne demande pas de fermer sur-le-champ ces établissements. Des dispositions réglementaires donneront aux Conseils généraux le temps nécessaire pour opérer cette réforme avec la prudence et les ménagements qu'exigent les intérêts légitimes.

CHAPITRE III. — *Des Écoles communales.*

Toute commune doit entretenir une ou plusieurs Écoles primaires; mais le Conseil académique peut autoriser une commune peu peuplée et pauvre à se réunir à une ou plusieurs communes voisines pour l'entretien d'une École.

Toute commune a la faculté d'entretenir une École entièrement gratuite, où seront reçus, non pas seulement les enfants dont les familles sont hors d'état de payer l'enseignement, mais tous les enfants de la commune.

Le Conseil académique peut dispenser une commune d'avoir une École publique, à la condition de pourvoir à l'éducation gratuite, dans une École libre, de tous les enfants dont les familles sont hors d'état d'y subvenir.

L'obligation de solder un instituteur et de lui fournir un local est une charge pesante, que plus de la moitié des communes n'ont pas encore remplie complètement. Pourquoi ne permettrait-on pas à celles où il existe une institution libre bien dirigée, d'en profiter pour alléger ce fardeau? L'intérêt de l'instituteur communal ne peut prévaloir sur celui de la commune.

Aujourd'hui, dit-on, la plus légère allocation de la commune à une École fait de celle-ci une École communale; désormais l'École restera une institution libre, sur laquelle la commune, malgré la subvention qu'elle lui payera, ne possédera aucun contrôle, aucun droit d'inspection. La réponse est facile : cette École sera, comme les autres, soumise à la surveillance et à l'inspection des autorités préposées à l'enseignement primaire.

Ainsi que nous l'apprend l'exposé des motifs du projet de loi, malgré les promesses réitérées faites aux instituteurs, la moyenne de leur traitement était, récemment encore, pour 27 000 d'entre eux, de 454 francs. Il ne serait pas juste d'attribuer uniquement l'exiguïté de cette rétribution à la parcimonie des communes. Il y a des instituteurs, et le nombre en est plus grand qu'on ne pense, qui ne retirent pas en tout 400 francs de leur École, dans des communes où des instituteurs plus aptes, plus zélés, plus habiles à se concilier la confiance des familles, obtiendraient un produit double et même triple.

L'Assemblée constituante, lorsqu'elle a voté un crédit de trois millions pour être distribué aux instituteurs qui ne réalisaient pas 550 francs, a peut-être favorisé les moins méritants, ceux qui n'attachaient qu'une faible importance à la rétribution scolaire, c'est-à-dire à la portion de leur traitement qui donne la vraie mesure de leur habileté et de leur dévouement.

Quoi qu'il en soit, nous approuvons le Gouvernement de ne pas s'en tenir au décret de l'Assemblée constituante et de proposer de porter le minimum du traitement des instituteurs à 600 francs, en y comprenant la subvention municipale et la rétribution scolaire, parce que la loi nouvelle ne leur permettra pas de s'endormir dans l'insouciance, et qu'à de bons instituteurs nous voulons faire une situation convenable.

Nulle part le traitement ne sera inférieur à cette somme; mais sa quotité variera beaucoup; car les Écoles primaires qui rapportent à l'instituteur 1 200 francs, 1 500 francs, et même davantage, sont assez nombreuses. Nous rappelons le vœu que nous avons déjà exprimé, que le Gouvernement cherche à établir, au moyen de cette diversité, le principe de l'avancement dans la carrière de l'instruction primaire.

L'article 41 porte que *la rétribution scolaire sera perçue dans la même forme que les contributions publiques directes*. Nous ajoutons, pour plus de clarté : *et par douzièmes*. Il faut faciliter le payement de la rétribution; car une pareille dépense est fertile en bons résultats moraux, même pour celui qui la fait. Sur la demande du Conseil municipal, cette rétribution pourra être annuelle, de manière qu'elle ne devienne pas à peu près nulle pendant la saison où l'École se dépeuple.

La rétribution scolaire est fixée aujourd'hui par les Conseils municipaux qui souvent l'abaissent à un taux dérisoire; elle le sera désormais par le Conseil académique.

La loi de 1833 n'accorde aucune remise aux agents des finances pour la perception de la rétribution, et l'instituteur est forcé, dans beaucoup de lieux, d'en demander lui-même le payement, au préjudice de sa considération et de ses intérêts. A l'avenir, la rétribution donnera droit aux mêmes remises que les autres recouvrements, et il sera interdit à l'instituteur communal de la percevoir lui-même.

Le projet du Gouvernement conserve le mode actuel d'imputation des dépenses relatives à l'instruction primaire sur les ressources des communes et, en cas d'insuffisance, sur celles des départements et de l'État.

CHAPITRE IV. — *Des délégués cantonaux et des autres autorités spécialement préposées à l'enseignement primaire.*

Il a toujours été reconnu que la surveillance sur les Écoles primaires devait être exercée par des Inspecteurs, agents directs de l'État, et par les autorités locales chargées de représenter plus particulièrement les familles.

L'inspection est exercée aujourd'hui par 2 Inspecteurs supérieurs, 87 Inspecteurs des départements et 133 sous-inspecteurs.

La surveillance spéciale appartient dans chaque commune au Comité communal, dans chaque arrondissement au Comité d'arrondissement, et dans chaque Académie au Conseil académique.

Ce système est simple et régulier ; mais il n'a pas répondu à ce que l'on en espérait.

La pierre angulaire de cet édifice est le Comité local. Placé près de l'École, lui seul voit ou sait ce qui s'y passe, et peut éclairer l'Inspecteur dont le séjour dans le village n'est que momentané, ou le Comité d'arrondissement qui réside loin de la commune. Or les Comités locaux ont, il faut le dire, déserté, dès le principe, leur mission. En 1840, le Gouvernement déclarait que ces Comités ne se réunissaient jamais, hormis le cas où ils avaient à présenter un instituteur. Aujourd'hui, les Écoles primaires sont inspectées, et non surveillées. Lorsque l'Inspecteur est instruit de quelque fait scandaleux, il le signale au Comité d'arrondissement qui, d'ordinaire, le réprime avec une juste sévérité; mais cette active surveillance qui conseille, avertit, prévient les fautes ou n'en laisse échapper aucune, nous le répétons, elle n'existe pas.

Le projet de loi s'efforce de la rétablir et de la rendre efficace. Il porte à quatre le nombre des Inspecteurs généraux, conserve les Inspecteurs d'Académie pour l'instruction primaire, et sans doute aussi les sous-inspecteurs, et supprime les Comités locaux et les Comités d'arrondissement.

Voici comment il propose de les remplacer.

Le maire et le curé, pasteur, ou délégué du consistoire israélite, sont préposés, chacun dans l'ordre de ses fonctions, à la surveillance immédiate de l'École; de plus, le Conseil académique du département désigne plusieurs délégués, résidant dans chaque canton, pour surveiller les Écoles publiques ou libres de ce canton, et détermine les Écoles particulièrement soumises à la surveillance de chacun. Les délégués se mettent en relation tant avec le Conseil académique, auquel ils doivent adresser leurs rapports, qu'avec les autorités locales, et se réunissent au moins une fois tous les trois mois, au chef-lieu de canton, sous la présidence du juge de paix, pour convenir des avis à transmettre au Conseil académique ou mander devant eux les instituteurs accusés de négligence.

La Commission approuve ces dispositions dans leur ensemble.

Elle ne croit pas utile d'élever de deux à quatre le nombre des Inspecteurs généraux, parce que le devoir de ces fonctionnaires sera bien plus de diriger l'inspection, de rédiger les instructions, de recueillir les résultats, que d'inspecter par eux-mêmes, et que deux Inspecteurs supérieurs ont suffi et suffiront amplement à cette tâche.

Nous approuvons également la création des délégués cantonaux; placés dans une circonscription intermédiaire entre la commune et l'arrondissement, ils seront assez près des faits pour les apprécier sainement, pas assez pour épouser les préventions locales.

Par un article additionnel, nous rendons applicables à la ville de Paris les dispositions du projet de loi relatives aux réunions des délégués et au pouvoir qui leur est conféré sur les instituteurs.

Cependant, nous ne devons pas cacher que l'expérience qui a été faite de délégués de ce genre, sous le régime de la loi de 1833, n'a pas tourné à l'avantage de cette création, et qu'en général les délégués se sont montrés disposés à dissimuler ou au moins à atténuer les fautes des mauvais instituteurs et à exagérer les besoins et les titres d'instituteurs faibles ou médiocres. Des choix faits avec plus de soin et de discernement peuvent amener des résultats meilleurs.

Si notre pays avait fait quelques progrès dans les voies de la liberté pratique; si, chez nous, à l'exemple d'une nation voisine, chaque citoyen considérait la chose publique comme sa chose propre et lui sacrifiait sans regret son temps, ses goûts et ses intérêts, nous aurions pleine confiance dans l'institution des délégués, convaincus que le Conseil académique n'aurait qu'à choisir, dans chaque canton, entre les personnes riches ou aisées qui tiendraient à honneur de se vouer activement au patronage de l'enseignement primaire. L'expérience nous interdit cette confiance, et, sans désespérer qu'un jour les riches propriétaires des campagnes comprennent mieux leurs devoirs et leur intérêt, et que l'institution des délégués cantonaux porte ses fruits, nous sommes forcés de dire, à notre grand regret, que toute surveillance qui ne serait pas tenue constamment en éveil par une inspection sévère manquerait aujourd'hui son effet. La surveillance des curés et des maires sur la direction morale des Écoles sera utile, mais sous la condition qu'ils pourront signaler la conduite des instituteurs à des Inspecteurs qui ne soient pas comme eux en contact immédiat avec l'École et la population.

Tel est le motif qui nous porte à proposer la création d'Inspecteurs d'arrondissement. Cette création grévera le budget de l'Instruction publique d'une dépense nouvelle; mais il s'agit d'un intérêt si grand, si capital pour le pays, que nous ne craignons nullement de demander à l'Assemblée d'ouvrir ce crédit. Nous verrons cesser l'embarras des finances de la France; nos enfants ne verraient pas cesser le mal que nous voulons guérir.

Dès lors le système sera complet et bien supérieur à celui qui est pratiqué aujourd'hui.

Sous le régime de la loi dont nous demandons la modification, et en considérant ce qui est et non ce qui devrait être, il n'existe, quant à la surveillance, à l'inspection et à la direction, rien à la commune, rien au département; la répression réside à l'arrondissement, et l'inspection à l'Académie. Une semblable distribution des pouvoirs accuse le vice du système. Le projet de loi place avec raison la surveillance à la commune, une surveillance plus sévère et armée de moyens répressifs au canton, l'inspection à l'arrondissement, et la haute direction au département. Chaque circonscription administrative aura son agent, dont la fonction correspondra aux besoins de l'enseignement et aux moyens que nous possédons de les satisfaire. Il serait, nous le croyons, difficile d'assurer à l'instruction primaire une organisation plus simple, plus régulière, plus conforme à nos usages, et plus féconde en bons résultats, si le zèle des citoyens répond aux vœux et à la confiance de la loi.

Le projet du Gouvernement attribue au Ministre la nomination, sur la proposition du Conseil académique, de la Commission chargée de juger l'aptitude des aspirants au brevet de capacité. La Commission respecte la centralisation, là où elle est véritablement utile; mais quelle nécessité peut-il y avoir à faire venir, des départements à Paris, des listes de noms propres, sur lesquelles le Ministre ou ses bureaux ne pourront pas avoir un avis différent de celui des Conseils académiques? Nous proposons de donner à ces Conseils le droit de nomination, dont, par le fait, ils seraient en possession.

Le *Chapitre* V renferme quelques dispositions dans le but d'autoriser les pensionnats primaires et les Écoles d'adultes et d'apprentis.

La législation ne s'est pas montrée jusqu'ici très favorable à l'établissement des pensionnats primaires, dont l'inconvénient est de rompre les habitudes de famille au moment où l'enfant commence à en sentir la douceur; mais il existe, par malheur, un si grand nombre d'enfants auxquels on ne peut rendre de plus grand service que de les arracher aux exemples qu'ils reçoivent dans leur famille, que nous ne saurions trop applaudir aux succès obtenus par des pensionnats primaires établis dans un esprit de désintéressement et de charité. Les pensionnats de cette sorte préparent à l'éducation professionnelle, qui s'est développée dans ces derniers temps, sous l'influence des progrès de l'industrie.

Il est à souhaiter que ce genre nouveau d'éducation prenne son point d'appui dans la religion et la morale ; car ceux auxquels il s'adresse sont appelés à une vie pénible, où de bons et sages principes sont le premier élément de succès et de bonheur.

Quant aux Écoles d'adultes et d'apprentis, nous appelons sur elles les encouragements de l'État et des villes. Celui qui, après avoir dépassé les limites de l'enfance, éprouve le besoin de venir s'asseoir sur les bancs de l'École, doit être accueilli avec un vif intérêt.

Il sera ouvert, chaque année, au budget du Ministre de l'Instruction publique, un crédit pour encourager les auteurs de livres ou de méthodes utiles à l'instruction primaire.

Ce crédit, s'il est employé avec intelligence et non livré à l'importunité des sollicitations, peut produire d'heureux résultats. En choisissant quelques bons livres élémentaires de religion, de morale, d'histoire et de science usuelle, déjà publiés en France ou à l'étranger; en provoquant la composition de plusieurs autres par de fortes et d'éclatantes récompenses mises au concours, le Ministre de l'Instruction publique pourrait doter le pays d'une bibliothèque véritablement populaire, où il n'y aurait rien que de pur, de simple, d'utile, d'attrayant. Cette bibliothèque, composée à l'usage des Écoles primaires, deviendrait bien vite la bibliothèque des chaumières, qu'elle garantirait contre l'invasion de ces odieuses publications dont naguère encore nos campagnes s'efforçaient en vain de repousser le dangereux présent. Nous recommandons cet objet à toute la sollicitude de M. le Ministre de l'Instruction publique. Il est inutile d'ajouter que le succès d'une telle entreprise dépend de la sévérité dans le choix des livres et de la ferme résolution de ne rien accorder à la faveur.

CHAPITRES VI ET VII. — *Des Écoles de filles et des Salles d'asile.*

Aucune loi ne règle le sort des Écoles de filles, et nous saisissons l'occasion de faire cesser, au moyen de quelques dispositions additionnelles, l'incertitude du régime sous lequel elles sont placées.

La séparation des garçons et des filles dans les Écoles primaires est un but vers lequel tend le projet de loi, mais que la pauvreté d'un grand nombre de communes nous empêchera d'atteindre complètement. La rédaction de l'article 13 a été modifiée, afin d'établir clairement que les Écoles mixtes, sources de désordres souvent irréparables, sur lesquels nous ne devons pas nous étendre, mais que chacun devine, ne doivent exister que par exception, et quand la pénurie constatée des localités en excuse la tolérance. Cependant les communes possédant une population agglomérée de 800 âmes au moins peuvent, dans le plus grand nombre des cas, entretenir deux Écoles, l'une de garçons, l'autre de filles. Nous demandons, au nom des bonnes mœurs, que l'obligation leur en soit imposée, et en même temps nous faisons appel aux citoyens éclairés, aux personnes charitables, aux habitants riches de la campagne, afin qu'à l'aide de dons et de souscriptions, ils viennent en aide à celles pour qui cette obligation nouvelle serait une charge trop pesante.

Il est des communes où existent à la fois une École communale mixte et une École libre de filles; car l'usage, que nous ne saurions trop blâmer, a prévalu, de n'interdire aux filles l'École de garçons, que quand l'institutrice est déclarée communale, ou, en d'autres termes, lorsqu'elle reçoit une allocation de la commune. Notre article réprimera un abus qui n'aurait jamais dû exister.

Nous éprouvons une vive satisfaction de pouvoir étendre les garanties de la loi sur les institutrices appartenant à des congrégations religieuses vouées à l'enseignement primaire.

Personne ne songerait à nier les services rendus par ces institutrices à l'éducation et à l'enseignement populaire. En 1837, le Ministre de l'Instruction publique proclamait dans les termes suivants la justice qui leur est due : « Non « seulement elles instruisent un bien plus grand nombre d'enfants que les in- « stitutrices laïques, quoiqu'elles dirigent moins d'Écoles; mais encore on peut « dire qu'elles l'emportent beaucoup quant à la tenue des classes, à la direc- « tion morale et religieuse des jeunes filles, et même quant à l'enseignement[1]. »

La conséquence d'une telle déclaration devait être d'accorder à ces pieuses filles, dont la vie est un long exemple de pureté et de sacrifice, non des faveurs qu'elles ne demandent pas, mais la simple liberté de faire de plus en plus le bien. Cette liberté leur a été constamment disputée, comme s'il n'existait pas 20,000 communes à qui il est et il sera toujours impossible de faire cesser le danger des Écoles mixtes, sans le secours actif et dévoué des congrégations de femmes.

Ces congrégations sont placées par la loi du 24 mai 1825, par les ordonnances d'autorisation qui leur ont été accordées et par leurs statuts, sous l'autorité et sous la surveillance de l'évêque diocésain. Ce régime leur fut favorable et ne donna pas lieu à une seule plainte; cependant l'ordonnance du 23 juin 1836 lui porta un coup funeste en décidant que « les institutrices appartenant à une con- « grégation religieuse pourraient être autorisées par le Recteur, sur le vu de « leurs lettres d'obédience, à tenir une École primaire élémentaire »; car les Recteurs, ayant le soin de n'accorder d'autorisation que pour une seule année, tiennent sous leur main et dans une perpétuelle incertitude des établissements dont la stabilité est la nature et fait la force.

Les congrégations se soumirent sans murmurer à une prescription que la loi de 1833 ne permettait pas de leur imposer. Mais le Ministre de l'Instruction publique du Gouvernement provisoire alla beaucoup plus loin par sa circulaire du 5 juin 1848 : il repoussa les lettres d'obédience comme une exception qui ne pouvait être maintenue en présence du principe d'égalité proclamé par le Gouvernement républicain, invitant les Recteurs à n'accorder désormais l'autorisation d'ouvrir des Écoles primaires de filles qu'à des institutrices munies d'un brevet de capacité régulièrement obtenu après examen.

Le principe de l'égalité républicaine prescrivait, selon nous, de ne pas exiger deux brevets de capacité d'une institutrice religieuse, quand on n'en exige qu'un d'une institutrice laïque. Les lettres d'obédience sont de véritables brevets de capacité, délivrés par les supérieures après trois ou quatre ans de postulat et de noviciat, et à la suite d'épreuves bien autrement sérieuses qu'un simple examen passé devant une Commission choisie au hasard.

La loi fera donc un acte de justice et de véritable égalité, qui profitera à des Écoles dont nous désirons ardemment voir accroître le nombre, en déclarant que les lettres d'obédience tiendront lieu aux religieuses du certificat de capacité.

Les institutrices laïques ont également des droits à la bienveillance du législateur. Longtemps elles vécurent sous le régime d'une liberté qui n'enfanta aucun abus. Les Préfets, en vertu des attributions générales qui leur avaient été conférées sur l'instruction publique par le décret de 1808, s'assuraient de

1. *Rapport au Roi sur l'enseignement primaire*, 1837.

la moralité des aspirantes et surveillaient les Écoles de filles. Ces simples précautions paraissaient suffisantes et l'étaient en effet. Mais l'ordonnance du 21 avril 1828 fit passer ces Écoles sous le régime universitaire, et dès lors les aspirantes au brevet de capacité furent assujetties à l'examen public. Peut-être aurait-on dû réfléchir qu'un examen de ce genre se concilie difficilement avec la modestie et la timidité de jeunes filles qu'il est dangereux d'exposer aux regards et à la malignité du public. Nous ne proposons pas de supprimer le brevet de capacité pour les institutrices laïques, parce que l'usage s'en est établi, et que d'ailleurs les Conseils académiques pourront leur accorder des dispenses; mais nous demandons que l'examen, quand on jugera convenable de l'exiger, ait lieu avec de justes ménagements pour des personnes qui ne doivent pas placer l'assurance au nombre des vertus de leur profession.

Dans le cours de la discussion de la loi du 28 juin 1833, il fut reconnu par le Gouvernement que les Écoles de filles ne pouvaient être entièrement assimilées, sous le rapport de l'organisation et de la surveillance, aux Écoles de garçons. Nous croyons les dispositions réglementaires proposées par la Commission parfaitement applicables à ces Écoles, sauf en ce qui se rapporte à la surveillance et à l'inspection. Un règlement spécial, délibéré en Conseil supérieur, statuera sur cet objet, qui réclame une grande circonspection.

Le petit nombre d'articles additionnels qui forment le chapitre VI auront pour résultat d'assurer les succès d'établissements à la bonne et sage direction desquels nous sommes heureux de rendre hommage.

La Commission a accueilli la proposition qui lui a été faite de fixer par la présente loi la situation encore indécise des salles d'asile, qui sont, à vrai dire, le point de départ de l'enseignement primaire.

Trois articles additionnels, qui ne peuvent soulever aucune discussion, suffiront pour donner une base légale à l'existence d'établissements si utiles à la classe ouvrière. Des décrets et des arrêtés développeront ensuite les principes posés par la loi. Nous appelons de tous nos vœux le jour où il sera possible d'imposer à chaque commune l'obligation d'entretenir une salle d'asile.

La Commission propose, sur l'organisation de l'enseignement primaire, des changements à ce qui existe et à ce que le Gouvernement propose lui-même, dont elle ne cherche aucunement à dissimuler l'importance. Elle est convaincue que ces changements sont nécessaires et urgents, quoiqu'elle ne les regarde pas comme tout-puissants contre le mal.

Elle eût été heureuse de pouvoir confier à la rivalité des instituteurs libres et au zèle des congrégations enseignantes le soin de corriger les vices de l'enseignement officiel; mais chacun sait que, dans les campagnes et dans la plupart des villes, l'instituteur libre ne peut exister en présence de l'instituteur communal, et que le nombre des maîtres fournis par les congrégations enseignantes s'élève à peine au treizième de tous les instituteurs[1]. La loi doit donc entreprendre elle-même et avec résolution de réformer le régime actuel, dont l'intérêt public défend de supporter plus longtemps l'épreuve.

Il ne s'agit pas, en effet, de corriger une institution incomplète, et, sur cer-

1. Trois instituts desservent toute la France; dix desservent des circonscriptions déterminées par des autorisations spéciales; ensemble, treize. Ils forment une milice de trois mille cent vingt-huit frères, qui desservent huit cent vingt-sept Écoles communales et deux cent quatre-vingt-dix Écoles privées, en regard de trente-neuf mille trois cent soixante-dix Écoles laïques, tant communales que privées. (*Note du rapporteur.*) — Cf. Tome II, page 549.

tains points, quelque peu défectueuse, afin d'approcher de ce que l'on pourrait croire la perfection; il s'agit de savoir si l'Assemblée, éclairée par l'évidence, permettra, pendant qu'elle s'efforce de rétablir par de sages lois le calme dans les esprits, l'ordre dans la société, la sécurité dans les familles, que cette société soit lentement et profondément minée, à sa base, par une force qui, sous des dehors modestes et trompeurs, peut cependant déjouer les plus puissantes combinaisons du législateur, en préparant les générations qui naissent et qui grandissent derrière nous à renverser ce que nous défendons et ce que nous aurons élevé. Telle est la véritable question. La conscience de l'Assemblée la résoudra.

TITRE III.

De l'instruction secondaire.

. . . .

Conclusions.

Nous venons d'exposer les motifs qui ont décidé la Commission à approuver le projet de loi dans sa pensée générale, et à chercher les meilleurs moyens de le fortifier sur quelques points, de l'étendre, et de le compléter sur quelques autres, de manière qu'il satisfît pleinement au vœu de l'Assemblée, qui est d'accorder aux familles une liberté sincère et forte, limitée seulement par ce que réclament l'intérêt public, le maintien de l'ordre et des bonnes mœurs.

La persévérance de nos efforts, et notre ardent désir de clore enfin, et au profit de tous, un débat où aucune idée, aucune passion nouvelle ne peuvent plus se produire, nous donnent l'espoir que le travail consciencieux présenté par la Commission obtiendra l'assentiment de l'Assemblée et de tous les hommes éclairés et amis du bien.

Cependant, qu'on nous permette, en terminant, et afin de prévenir toute incertitude, de montrer le terrain sur lequel nous nous sommes placés, et d'où nous faisons appel au seul sentiment qui puisse guider dans l'appréciation impartiale d'une loi aussi importante, à l'amour sincère de la patrie.

Aux hommes qui ont juré de détruire notre société, ses idées, ses mœurs, ses institutions, sa religion, pour élever sur tant de ruines accumulées on ne sait quel édifice encore inconnu, à l'ombre duquel naîtraient des générations animées d'une haine sauvage contre tout ce que le monde croit et honore depuis qu'il existe, nous répondrons avec franchise que le projet de loi a pour objet principal de déjouer leurs desseins, en arrachant l'enfance et la jeunesse au péril de leur détestable influence, et que, s'il ne doit pas amener ce résultat, c'est que nos efforts auront trahi nos intentions. Nulle équivoque sur ce point.

Parmi les amis de la véritable et sage liberté, qui espèrent en elle, jusque dans les plus mauvais jours, il en est dont l'esprit a contracté, à la suite des luttes politiques qui signalèrent l'époque de la Restauration, l'habitude de placer les envahissements du clergé sur les droits de l'État, au nombre des périls qui menacent notre société. Ils redoutent l'influence occulte des prêtres et des congrégations religieuses, et ils nous reprocheront sans doute de ne pas avoir partagé leurs alarmes. Avant de condamner notre sécurité, qu'ils jettent un moment leurs regards sur la société, non pas seulement en France, et qu'ils nous disent, la main sur la conscience, quelle est la cause première de ce besoin insatiable de révolutions, qui, après s'être attaqué aux institutions et aux Gouvernements, s'acharne aujourd'hui sur les principes sociaux, et menace de ne rien laisser survivre de ce qui fait la force et la grandeur de la civilisation ; qu'ils nous disent s'il n'y a pas puérilité à redouter, pour le présent ou pour l'avenir, dans un pays tel que le nôtre, la domination cléricale, et, imprudence grave, à repousser le concours des idées religieuses dans l'œuvre de salut public que nous entreprenons. Il suffit d'en appeler de leurs préjugés à leur raison.

Ces préjugés sont entretenus par les prétentions irréfléchies et absolues de quelques amis de la liberté d'enseignement, qui réclament pour le clergé, non pas le droit d'enseigner en vertu d'une loi commune et sous certaines conditions exigées au nom de la morale, du bon ordre et de l'intérêt des familles, mais un droit préexistant, sans limites, sans garanties, sans responsabilité aucune, fondé sur le caractère spirituel et divin de la mission qu'il a reçue. Eux aussi, partant d'un point opposé, se laissent entraîner par le désordre général des idées, dénient tout droit, toute autorité en matière d'enseignement à la société, et réclament une indépendance dont sans doute ils ne veulent pas faire pour eux seuls un monopole, et qui, généralisée, inoculerait au sein de l'éducation nationale le principe d'anarchie, source des maux dont souffre la patrie, et que nous avons le devoir et la volonté de combattre partout où il apparaît.

Si vous portez un intérêt réel à une cause pour laquelle d'autres que vous ont combattu, et dans des jours moins favorables, au lieu de vous abandonner à des prétentions déréglées, à des excitations imprudentes, mettez-vous résolument à l'œuvre, cultivez le vaste champ ouvert à votre ardeur, faites ce que vous demandez à pouvoir faire, car la loi vous en fournit les moyens. Vous rencontrerez des obstacles plus nombreux, plus puissants que vous ne le pensez, dans les mœurs, les idées et les grandes erreurs de ce temps. Efforcez-vous de les surmonter ; que rien ne rebute le dévouement et la persévérance dont nous vous croyons animés ; car la liberté impose de rudes labeurs à ceux qui savent la comprendre et qui l'aiment, non pour en discourir, mais pour lui faire produire, à force de patience et de sueurs, des fruits salutaires. Et si, ce que nous ne croyons pas, nous avions, par mégarde, laissé subsister dans la loi quelques dispositions nuisibles à l'amélioration morale et intellectuelle de la jeunesse, unique objet de nos efforts, plus tard vous vous présenteriez devant le législateur, et, lui montrant le bien que vous auriez fait, celui que vous voudriez faire encore, vous obtiendriez, avec le redressement de la loi, l'hommage et la reconnaissance du pays tout entier.

Messieurs, ce projet de loi est le sixième[1] qui, dans l'espace de douze ans, a

1. Voici l'énumération de ces projets :

1° Projet présenté par M. de Salvandy le 31 *mars* 1847 (Tome II, page 546);

2° Rapport sur ce projet et propositions de la Commission par M. Plougoulm (Tome II, page 569);

3° Projet présenté par M. Carnot le 30 *juin* 1848 (voir page 33). Le rapport de M. Barthélemy Saint-Hilaire en date du 15 *décembre* 1848 (voir page 63) ne fut pas soumis à la Chambre, la Commission ayant été dissoute par le retrait du projet de M. Carnot;

4° Projet présenté par M. Jules Simon au nom de la Commission parlementaire le 5 *février* 1849 (voir page 118);

5° Projet présenté par M. de Falloux le 18 *juin* 1849 (voir page 162);

6° Présent rapport et projet de M. Beugnot.

été présenté, sur le même sujet, aux Assemblées délibérantes de la France. Quel que soit le jugement que l'on porte sur son mérite, on reconnaîtra qu'il révèle, dans le Ministre qui l'a rédigé et dans l'Assemblée législative, qui attend avec impatience l'instant de le discuter, une grande et généreuse pensée, celle de s'arracher aux émotions du présent pour assurer du moins à notre patrie un avenir meilleur et digne d'elle. Puisse cette pensée rapprocher les esprits, aplanir les difficultés, et amener enfin la solution d'une question qu'on ne pourrait ajourner de nouveau sans la déclarer insoluble.

2° Projet de loi sur l'Instruction publique.

Titre Ier.

Des autorités préposées à l'enseignement.

Chapitre Ier. — *Du Conseil supérieur de l'Instruction publique.*

Article 1er. — Le Conseil supérieur de l'Instruction publique est composé comme il suit :

Le Ministre, président;

Trois archevêques et évêques, nommés par leurs collègues;

Un pasteur de l'une des deux Églises protestantes, nommé par les présidents des consistoires;

Un membre du consistoire central israélite, nommé par ses collègues;

Trois conseillers d'État nommés par leurs collègues;

Trois magistrats de la Cour de cassation nommés par leurs collègues;

Trois membres de l'Institut nommés en assemblée générale de l'Institut;

Huit membres choisis par le Président de la République, en Conseil des Ministres, parmi les anciens membres du Conseil de l'Université, les Inspecteurs généraux, les Recteurs et les professeurs des Facultés. Ces huit membres formeront une Section permanente;

Trois membres choisis par le Ministre parmi les membres de l'enseignement libre.

Art. 2. — Les membres de la Section permanente sont nommés à vie.

Ils peuvent néanmoins être révoqués par le Président de la République, en Conseil des Ministres, sur la proposition du Ministre de l'Instruction publique.

Ils reçoivent seuls un traitement.

Art. 3. — Les autres membres du Conseil sont nommés pour six ans.

Ils sont indéfiniment rééligibles.

Art. 4. — Le Conseil supérieur tient au moins quatre sessions par an.

Le Ministre peut le convoquer en session extraordinaire toutes les fois qu'il le jugera convenable.

Art. 5. — Le Conseil supérieur peut être appelé à donner son avis sur les projets de loi ou de décret, et en général sur toutes les questions qui lui sont soumises par le Ministre.

Il est nécessairement appelé à donner son avis sur tous les arrêtés portant règlement pour les établissements d'instruction publique, sur la création des Facultés, Lycées et Collèges, sur l'autorisation d'accepter des donations ou legs faits aux Écoles publiques ou aux Écoles libres; sur les secours et encouragements à accorder aux Écoles; sur les livres qui pourront être introduits dans les Écoles publiques et sur ceux qui devront être défendus dans les Écoles libres.

Il juge en dernier ressort les affaires contentieuses relatives à l'obtention des grades, aux concours devant les Facultés, à l'ouverture des Écoles libres, aux droits des maîtres particuliers, à l'exercice de la liberté d'enseigner, ainsi que les affaires disciplinaires relatives aux membres de l'enseignement public et de l'enseignement libre.

Le Conseil donne en outre son avis sur l'état général de l'enseignement, sur les abus qui pourraient s'introduire dans les établissements d'instruction et sur les moyens d'y remédier.

ART. 6. — La Section permanente assiste le Ministre dans l'examen des questions qui se rapportent à la police, à la comptabilité et à l'administration des Écoles publiques, ainsi qu'aux droits et à l'avancement des fonctionnaires de ces Écoles, sauf l'exception prévue en l'article 17.

La Section présente au Conseil, au moins une fois par an, un rapport sur l'état de l'enseignement et de la discipline dans les Écoles publiques.

CHAPITRE II. — *Du Conseil académique.*

ART. 7. — Il sera établi une Académie dans chaque département.

ART. 8. — Chaque Académie est administrée par un Recteur, assisté d'un ou de plusieurs Inspecteurs, et par un Conseil académique de département.

ART. 9. — Les Recteurs ne seront pas choisis exclusivement parmi les membres de l'enseignement public.

ART. 10. — Le Conseil académique est composé comme il suit :

Le Recteur, président;

Un Inspecteur de l'Académie, désigné par le Ministre;

Le Préfet ou son délégué;

L'évêque ou son délégué;

Un ecclésiastique désigné par l'évêque;

Un pasteur de l'une des deux Églises protestantes, dans les départements où il existe une Église légalement établie;

Un délégué du consistoire israélite, dans les départements où il existe un consistoire;

Un membre délégué de la Cour d'appel, ou, à défaut de Cour d'appel, un membre du tribunal de première instance désigné par le tribunal du chef-lieu de l'Académie;

Quatre membres nommés par le Conseil général et pris dans son sein ou hors de son sein.

ART. 11. — Pour le département de la Seine, le Conseil académique est composé comme il suit :

Le Vice-Recteur, président;

Le Préfet;

L'archevêque de Paris ou son délégué;

Trois ecclésiastiques désignés par l'archevêque;

Un ministre de l'Église réformée, nommé par le consistoire;

Un ministre de l'Église consistoriale de la confession d'Augsbourg, nommé par le consistoire;

Un membre du consistoire central israélite, nommé par le consistoire;

Trois Inspecteurs d'Académie, désignés par le Ministre ;

Un membre de la Cour d'appel, nommé par la Cour ;

Un membre du tribunal de première instance, nommé par le tribunal ;

Quatre membres du Conseil municipal de Paris, et deux membres du Conseil général de la Seine, représentant la banlieue, nommés par le Conseil général ;

Le secrétaire général de la préfecture du département de la Seine.

Art. 12. — Le Conseil académique donne son avis :

Sur l'état général des différentes Écoles établies dans le département.

Sur les réformes à introduire dans l'enseignement, la discipline et l'administration des Écoles publiques.

Sur les comptes des Lycées et Collèges ;

Il juge, sauf recours, dans les cas déterminés, au Conseil supérieur, les affaires contentieuses et disciplinaires relatives, soit aux Écoles publiques, soit aux Écoles libres.

Art. 13. — Le Conseil académique soumet à l'approbation du Ministre les règlements intérieurs des Lycées et Collèges.

Il statue sur les règlements relatifs aux Écoles publiques primaires.

Il fixe le taux de la rétribution scolaire, sur l'avis des Conseils municipaux et des délégués cantonaux.

Il propose au Ministre les instituteurs qui devront être récompensés, décerne les récompenses accordées et donne son avis sur toutes les demandes de secours et d'encouragements.

Il détermine les cas où les communes peuvent, à raison des circonstances, et provisoirement, établir des Écoles primaires dans lesquelles seront admis des enfants de l'un et l'autre sexe, et les cas où elles doivent établir des Écoles séparées pour les enfants appartenant aux différents cultes légalement établis.

Art. 14. — Le Conseil académique adresse chaque année au Ministre et au Conseil général un exposé de la situation de l'enseignement dans le département.

Les rapports du Conseil académique sont envoyés par le Recteur au Ministre, qui les communique au Conseil supérieur.

Chapitre III. — *De l'Inspection.*

Art. 15. — La loi reconnaît deux espèces d'Écoles primaires ou secondaires.

1° Les Écoles fondées ou entretenues, en tout ou en partie, par les communes, les départements ou l'État, et qui prennent le nom d'*Écoles publiques* ;

2° Les Écoles fondées et entretenues par des particuliers ou des associations, et qui prennent le nom d'*Écoles libres*.

Art. 16. — L'inspection des établissements d'instruction publique ou libre est exercée :

1° Par les Inspecteurs généraux ;

2° Par les Inspecteurs d'Académie ;

3° Par les Inspecteurs de l'instruction primaire ;

4° Par les délégués cantonaux, le maire et le curé, pasteur ou délégué du consistoire israélite, en ce qui concerne l'enseignement primaire.

Art. 17. — Les Inspecteurs d'Académie sont choisis par le Ministre sur une liste d'admissibilité présentée par le Conseil supérieur et sur laquelle nul ne pourra être porté, s'il n'a été professeur de Faculté, proviseur de Lycée, principal de Collège communal de premier ordre, chef d'institution libre ou professeur dans un établissement public ou dans un établissement libre, où s'il n'est licencié ou docteur.

Nul ne pourra être porté sur la liste d'admissibilité aux fonctions d'Inspecteur général, s'il n'appartient à une des catégories précédentes, ou s'il n'a été Recteur ou Inspecteur d'Académie.

Un tiers des Inspecteurs généraux sera pris parmi les membres appartenant ou ayant appartenu à l'enseignement libre.

ART. 18. — L'inspection de l'enseignement primaire est spécialement confiée à deux Inspecteurs généraux.

Il y a, en outre, dans chaque arrondissement, un Inspecteur de l'enseignement primaire, choisi par le Ministre sur une liste d'admissibilité présentée par le Conseil académique.

Un règlement déterminera le traitement, les frais de tournée, l'avancement et les attributions des Inspecteurs de l'enseignement primaire.

ART. 19. — L'inspection des établissements de l'État s'exercera conformément aux règlements délibérés par le Conseil supérieur.

Celle des établissements libres ne pourra porter que sur la moralité, le respect de la Constitution et des lois, et l'hygiène.

ART. 20. — Tout chef d'établissement secondaire qui refuserait de se soumettre à la surveillance de l'État pourra être traduit devant le tribunal correctionnel de l'arrondissement, et condamné à une amende de 100 à 1 000 francs.

En cas de récidive, l'amende sera de 500 francs à 3 000 francs, et l'établissement pourra être fermé.

Le procès-verbal des Inspecteurs constatant le refus du chef d'établissement fera foi jusqu'à inscription de faux.

TITRE II.

De l'enseignement primaire.

CHAPITRE Ier. — *Dispositions générales.*

ART. 21. — L'enseignement primaire comprend :

L'instruction morale et religieuse,

La lecture,

L'écriture,

Les éléments de la langue française,

Le calcul et le système légal des poids et mesures.

Tout instituteur peut donner à son enseignement des développements conformes aux besoins et aux ressources des localités.

ART. 22. — L'enseignement primaire est donné gratuitement à tous les enfants dont les familles sont hors d'état de le payer.

CHAPITRE II. — *Des instituteurs.*

SECTION Ire. — Des conditions d'exercice de la profession d'instituteur public ou libre.

ART. 23. — Tout Français âgé de vingt et un ans accomplis peut exercer la profession d'instituteur primaire public ou libre dans toute la France, s'il est muni d'un brevet de capacité.

Le brevet de capacité pourra être suppléé par un certificat de stage dont il est parlé à l'article 48, par le diplôme de bachelier ou par tout autre titre reconnu équivalent par le Conseil académique.

Les instituteurs adjoints peuvent n'être âgés que de dix-huit ans, et n'avoir pas encore de brevet de capacité ou de certificat de stage.

ART. 24. — Sont incapables de tenir une École publique ou libre, ou d'y être employés, les individus qui auraient subi une condamnation pour crime ou délit contraire à la probité ou aux bonnes mœurs, les individus privés par jugement de tout ou partie des droits mentionnés à l'article 42 du Code pénal, et ceux qui ont été interdits en vertu de l'article 28 de la présente loi.

ART. 25. — Quiconque aura ouvert ou dirigé une École en contravention aux articles 23 et 24 sera poursuivi devant le tribunal correctionnel du lieu du délit, et condamné à une amende de 50 à 400 francs.

L'École sera fermée.

En cas de récidive, le délinquant sera condamné à un emprisonnement de de quinze à trente jours et à une amende de 100 à 400 francs.

SECTION II. — Des conditions spéciales aux instituteurs libres.

ART. 26. — Tout instituteur qui veut ouvrir une École libre doit préalablement déclarer son intention au maire de la commune où il veut s'établir, lui indiquer le local et lui donner l'indication des lieux où il a résidé et des professions qu'il a exercées pendant les dix années précédentes.

Cette déclaration doit être en outre adressée par le postulant au Recteur de l'Académie et au Procureur de la République.

Elle demeurera affichée, par les soins du maire, à la porte de la mairie pendant un mois.

ART. 27. — Le Recteur, soit d'office, soit sur la plainte du Procureur de la République, peut former opposition à l'ouverture de l'École, dans l'intérêt des mœurs publiques, dans le mois qui suit la déclaration.

Cette opposition est jugée à bref délai, contradictoirement et sans recours, par le Conseil académique du département.

Si le maire refuse d'approuver le local, il est statué à cet égard par le Conseil académique.

A défaut d'opposition, l'École peut être ouverte à l'expiration du mois, sans autre formalité.

ART. 28. — Tout instituteur libre, sur la plainte du Recteur ou du Procureur de la République, pourra être traduit, pour cause de faute grave dans l'exercice de ses fonctions, d'inconduite ou d'immoralité, devant le Conseil académique du département, et être interdit de l'exercice de sa profession dans la commune où il exerce.

Le Conseil académique peut même le frapper d'une interdiction absolue, sauf appel devant le Conseil supérieur de l'instruction publique.

Cet appel devra être interjeté dans le délai de dix jours, à compter de la notification de la décision, et ne sera pas suspensif.

SECTION III. — Des instituteurs communaux.

ART. 29. — Les instituteurs communaux sont nommés par le Conseil académique du département, et choisis, conformément au vœu exprimé par le Conseil municipal de la commune, soit parmi les brevetés, soit sur la présentation qui est faite par les supérieurs des associations religieuses vouées à l'enseignement et reconnues par l'État ou par les consistoires.

L'institution est donnée par le Recteur au nom du Ministre de l'Instruction publique.

Le Conseil académique peut changer les instituteurs communaux de résidence, les suspendre, ou les révoquer de leurs fonctions.

ART. 30. — Tout instituteur communal convaincu de négligence dans ses fonctions est mandé devant une réunion spéciale des délégués cantonaux, qui peut lui donner un simple avis ou le réprimander. En cas de réprimande, le procès-verbal est transmis au Conseil académique.

S'il y a urgence, l'instituteur peut être suspendu provisoirement de ses fonctions par le maire, à charge de rendre compte, dans les deux jours, au délégué cantonal, et, à Paris, à la réunion des délégués de l'arrondissement, qui annule la suspension ou la maintient jusqu'à décision du Conseil académique.

Le Préfet et le Sous-Préfet peuvent également suspendre un instituteur, à charge d'en donner avis au Conseil académique.

ART. 31. — Les instituteurs adjoints des Écoles publiques, les jeunes gens qui se préparent à l'enseignement primaire public dans les Écoles désignées à cet effet, les membres ou novices des associations religieuses consacrées à l'enseignement et reconnues par l'État, sont dispensés du service militaire, s'ils ont, avant l'époque fixée pour le tirage, contracté devant le Recteur l'engagement de se vouer, pendant quinze ans, à l'enseignement primaire public.

ART. 32. — Il est interdit aux instituteurs communaux d'exercer aucune profession commerciale ou industrielle.

ART. 33. — Le Conseil académique détermine les Écoles publiques auxquelles, d'après le nombre des élèves, il doit être attaché un instituteur adjoint.

Les instituteurs adjoints sont nommés et révocables par l'instituteur, avec l'agrément de l'Inspecteur d'Académie.

Le Conseil municipal fixe leur traitement, qui est à la charge de la commune.

ART. 34. — Les départements pourvoient au recrutement des instituteurs communaux en entretenant des élèves-maîtres dans les Écoles primaires désignées par le Conseil académique.

Sur la proposition du Conseil académique, le Ministre et le Conseil général du département décerneront des récompenses aux instituteurs qui se seront distingués en formant des élèves-maîtres.

ART. 35. — Le Ministre de l'Instruction publique, après avoir consulté le Conseil supérieur et le Conseil général, pourra autoriser un département, qui a fondé une École normale primaire, à la conserver provisoirement et pour un temps déterminé.

CHAPITRE III. — *Des Écoles communales.*

ART. 36. — Toute commune doit entretenir une ou plusieurs Écoles primaires.

Le Conseil académique du département peut autoriser une commune à se réunir à une ou plusieurs communes voisines pour l'entretien d'une École.

Toute commune a la faculté d'entretenir une École entièrement gratuite.

Le Conseil académique peut dispenser une commune d'entretenir une École publique, à la condition de pourvoir à l'enseignement primaire gratuit, dans une École libre, de tous les enfants dont les familles sont hors d'état d'y subvenir.

La commune peut exiger que l'instituteur communal donne à son enseignement les développements dont il est parlé à l'article 21.

ART. 37. — Toute commune doit fournir à l'instituteur un local convenable, tant pour son habitation que pour la tenue des classes, et un traitement.

ART. 38. — Le traitement des instituteurs communaux se compose : 1° d'un traitement fixe ou rétribution municipale qui ne peut être inférieure à 200 fr.; 2° du produit de la rétribution scolaire; 3° d'un supplément accordé à tous ceux dont le traitement fixe, joint au produit de la rétribution scolaire, n'atteint pas 600 francs.

ART. 39. — Une caisse de retraite et une caisse de secours seront substituées par un règlement aux caisses d'épargne des instituteurs.

ART. 40. — A défaut de fondations, dons ou legs, le Conseil municipal délibère sur les moyens de pourvoir aux dépenses de l'enseignement primaire dans la commune.

En cas d'insuffisance des revenus ordinaires, il est pourvu à ces dépenses au moyen d'une imposition spéciale votée par le Conseil municipal, ou, à défaut du vote de ce Conseil, établie par arrêté du pouvoir exécutif. Cette imposition, qui devra être autorisée chaque année par la loi de finances, ne pourra excéder 3 centimes additionnels au principal des quatre contributions directes.

Lorsque des communes, soit par elles-mêmes, soit en se réunissant à d'autres, n'auront pu subvenir, de la manière qui vient d'être indiquée, aux dépenses de l'École communale, il y sera pourvu sur les ressources ordinaires du département, ou, en cas d'insuffisance, au moyen d'une imposition spéciale votée par le Conseil général, ou, à défaut du vote de ce Conseil, établie par arrêté. Cette imposition, autorisée chaque année par la loi de finances, ne devra pas excéder 2 centimes additionnels au principal des quatre contributions directes.

Si les ressources communales et départementales ne suffisent pas, le Ministre de l'Instruction publique accordera une subvention sur le crédit qui sera porté annuellement pour l'enseignement primaire au budget de l'État.

Chaque année, un rapport annexé au projet de budget détaillera l'emploi des fonds alloués pour l'année précédente.

ART. 41. — La rétribution scolaire sera perçue dans la même forme que les contributions directes publiques, et par douzièmes; elle sera exempte des droits de timbre, et donnera droit aux mêmes remises que les autres recouvrements.

La rétribution pourra être annuelle, sur la demande du Conseil municipal.

Il est interdit à l'instituteur communal de percevoir lui-même cette rétribution.

CHAPITRE IV. — *Des délégués cantonaux et des autres autorités préposées à l'enseignement primaire.*

ART. 42. — Le Conseil académique du département désigne plusieurs délégués résidant dans chaque canton, pour surveiller les Écoles publiques et libres du canton, et détermine les Écoles particulièrement soumises à la surveillance de chacun.

Les délégués sont nommés pour trois ans et rééligibles. Chaque délégué est en relation, tant avec le Conseil académique, auquel il doit adresser ses rapports, qu'avec les autorités locales, pour tout ce qui regarde l'état et les besoins de l'enseignement primaire dans la circonscription.

Il peut, lorsqu'il n'est pas membre du Conseil académique, assister à ses séances avec voix consultative.

Les délégués se réunissent au moins une fois tous les trois mois au chef-lieu de canton, sous la présidence du juge de paix, pour convenir des avis à transmettre aux Conseils académiques, ou pour mander devant eux les instituteurs, comme il est dit à l'article 30.

ART. 43. — A Paris, les délégués de chaque arrondissement se réunissent au moins une fois tous les mois avec le maire et un adjoint, et avec un curé de l'arrondissement et un ecclésiastique désigné par l'archevêque, pour s'entendre au sujet de la surveillance locale, comme il est dit à l'article suivant, pour convenir des avis à transmettre au Conseil académique, pour annuler ou maintenir la suspension provisoire des instituteurs prononcée par le maire, ou pour mander devant eux les instituteurs, comme il est dit en l'article 30. Le juge de paix de l'arrondissement et les ministres des cultes autorisés, autres que le culte catholique, s'il y a dans l'arrondissement des Écoles suivies par des enfants appartenant à ces cultes, assistent à ces réunions avec voix délibérative.

La réunion est présidée par le maire.

ART. 44. — Les autorités locales préposées à la surveillance et à la direction morale de l'enseignement primaire sont, pour chaque École, le maire et le curé, pasteur, ou délégué du consistoire israélite.

Dans les communes de population mixte, un ministre de chacun des cultes aura toujours l'entrée de l'École pour veiller à l'éducation religieuse des enfants de son culte.

Lorsque des Écoles séparées existeront, les enfants d'un culte ne devront pas être admis dans l'École d'un autre culte, sauf le vœu formellement exprimé par les parents.

Le maire, le curé, pasteur ou délégué du consistoire israélite peuvent s'entendre avec les délégués cantonaux pour leur surveillance locale, dans les villes qui sont à la fois chefs-lieux de canton et d'arrondissement.

ART. 45. — Le maire dresse chaque année, de concert avec les ministres des différents cultes, la liste des enfants qui doivent être admis gratuitement dans les Écoles publiques. Cette liste est approuvée par le Conseil municipal, et définitivement arrêtée par le Préfet.

ART. 46. — Les ministres des différents cultes sont spécialement chargés de surveiller l'enseignement religieux de l'École.

L'entrée de l'École leur est toujours ouverte.

ART. 47. — Le Conseil académique nomme une Commission d'examen chargée de juger publiquement, et à des époques déterminées par le Recteur, l'aptitude des aspirants au brevet de capacité, quel que soit le lieu de leur domicile.

Cette Commission se compose de sept membres, et choisit son président.

Un Inspecteur d'arrondissement pour l'instruction primaire, un ministre de chacun des cultes professés dans le département, et deux membres de l'enseignement public ou libre, en font nécessairement partie.

ART. 48. — Le Conseil académique délivrera des certificats de stage aux personnes qui justifieront avoir enseigné pendant trois ans au moins dans les Écoles publiques ou libres autorisées à recevoir des stagiaires.

CHAPITRE V. — *Institutions complémentaires.*

SECTION Ire. — Des pensionnats primaires.

ART. 49. — Toute personne âgée de vingt-cinq ans, ayant au moins cinq années d'exercice comme instituteur, ou deux années comme maître dans un pensionnat primaire, et munie d'un brevet de capacité, peut ouvrir un pensionnat primaire, après avoir déclaré son intention au Recteur de l'Académie et au maire de la commune.

Le programme de l'enseignement et le plan du local doivent être adressés au maire et au Recteur.

Le Conseil académique prescrira, dans l'intérêt de la moralité et de la santé des élèves, toutes les mesures qui seront indiquées dans un règlement d'administration.

Les pensionnats sont soumis aux articles 23, 24, 25, 26 et 27 de la loi, et à la surveillance des autorités qu'elle institue.

SECTION II. — Des Écoles d'adultes et d'apprentis.

ART. 50. — Il pourra être créé des Écoles primaires pour les adultes au-dessus de dix-huit ans, et des Écoles pour les apprentis au-dessus de douze ans.

Le Conseil académique désignera les instituteurs chargés de diriger les Écoles communales d'adultes et d'apprentis.

Il ne pourra être reçu dans ces Écoles d'élèves des deux sexes.

ART. 51. — Nul instituteur libre ne peut ouvrir une École d'adultes ou d'apprentis sans en prévenir les autorités, conformément aux articles 26 et 27.

ART. 52. — Il sera ouvert chaque année au budget du Ministre de l'Instruction publique un crédit pour encourager les auteurs de livres ou de méthodes utiles à l'instruction primaire, et à la fondation d'institutions telles que :

Les Écoles du dimanche,

Les Écoles dans les ateliers et les manufactures,

Les classes dans les hôpitaux,

Les cours publics ouverts avec l'autorisation des autorités compétentes,

Les bibliothèques de livres utiles,

Et autres institutions dont les statuts auront été soumis à l'examen de l'autorité.

CHAPITRE VI. — *Des Écoles de filles.*

ART. 53. — L'enseignement primaire dans les Écoles de filles comprend, outre les matières de l'enseignement primaire des garçons, les travaux à l'aiguille.

ART. 54. — Tout ce qui se rapporte à la surveillance et à l'inspection des Écoles de filles sera l'objet d'un règlement spécial. Les autres dispositions de la présente loi relatives aux Écoles et aux instituteurs sont applicables aux Écoles de filles et aux institutrices.

ART. 55. — Les lettres d'obédience tiendront lieu de brevet aux institutrices appartenant à des congrégations religieuses vouées à l'enseignement et reconnues par l'État.

L'examen des institutrices laïques n'aura pas lieu publiquement.

ART. 56. — Toute commune de 800 âmes de population agglomérée et au-dessus est tenue d'avoir au moins une École de filles.

Le Conseil académique désignera, parmi les communes d'une population inférieure, celles qui seront également tenues d'avoir une École de filles. Il prendra l'avis du Conseil municipal.

ART. 57. — Aucune École primaire, publique ou libre, ne pourra, sans l'autorisation du Conseil académique, recevoir d'enfants des deux sexes, s'il existe dans la commune une École publique ou libre de filles.

ART. 58. — Les dispositions de l'article 37 sont applicables à l'institutrice communale.

ART. 59. — Le traitement fixe des institutrices des Écoles publiques de filles sera de 350 francs au moins.

CHAPITRE VII. — *Des salles d'asile.*

ART. 60. — Les salles d'asile sont publiques ou libres.

Un règlement du Conseil supérieur déterminera, sous les peines contenues en la présente loi, tout ce qui se rapporte aux conditions d'âge, d'aptitude et de moralité des personnes qui y seront chargées de la direction et du service, ainsi qu'à la surveillance et à l'inspection de ces établissements.

ART. 61. — Ce règlement déterminera également le programme de l'enseignement et des exercices dans les salles d'asile publiques, et tout ce qui se rapporte au traitement des personnes qui y seront chargées de la direction ou du service.

Les personnes chargées de la direction des salles d'asile seront nommées dans la même forme et par la même autorité que les instituteurs et institutrices.

ART. 62. — Les salles d'asile peuvent recevoir des secours sur les budgets des communes, des départements et de l'État.

CHAPITRE VIII. — *Mesures transitoires.*

ART. 63. — Le Ministre, sur le rapport des Recteurs, déterminera par un règlement à quelle classe appartiendront les Inspecteurs de l'enseignement primaire actuellement en exercice.

ART. 64. — Les Comités actuels continueront provisoirement leurs fonctions jusqu'à la constitution des autorités instituées par la présente loi.

ART. 65. — Un règlement sera fait pour l'application du titre II de la présente loi à l'Algérie.

TITRE III.

De l'instruction secondaire.

. . . .

ART. 85. — Sont abrogées toutes les dispositions des lois, décrets ou ordonnances contraires à la présente loi.

Avis relatif à la nomination des instituteurs[1]. 26 octobre 1849.

26 Octobre 1849.

Le Conseil, etc.,

Vu les pièces concernant le conflit élevé entre le Conseil municipal de la commune d'Avessac et le Comité supérieur de l'arrondissement de Savenay (Loire-Inférieure), au sujet de l'instituteur de ladite commune et du remplacement de celui-ci par un frère de l'institut Lamennais;

Vu, notamment, les délibérations du Comité supérieur en date des 29 mai et 27 août 1847, 9 avril et 9 juillet 1848, par lesquelles le Comité refuse de nommer le sieur Delancé, frère de l'institut Lamennais, présenté deux fois seul par le Conseil municipal, une fois avec le sieur Thoré, autre frère du même institut, et, la dernière fois, seul de nouveau pour remplacer l'instituteur laïque Dufrêche, et appuie son refus sur le double motif que cet instituteur, capable et moral, ayant été forcé de quitter la commune par suite de manœuvres qui avaient pour but unique de lui substituer un frère Lamennais, la présentation réitérée de ce frère est le résultat d'un parti pris, et qu'en outre ledit frère n'offre pas toutes les garanties que le Comité est en droit d'exiger;

Vu la nouvelle présentation du sieur Delancé faite par le nouveau Conseil municipal d'Avessac, en date du 17 septembre 1848, et la lettre du nouveau maire qui l'accompagne, faisant valoir que le sieur Delancé, qui exerce depuis deux ans comme instituteur privé dans la commune, jouit de l'estime et de la considération générale, et que cette commune tout entière désire sa nomination;

Vu, à ce sujet, la nouvelle délibération du Comité supérieur de Savenay, du 5 novembre 1848, dans laquelle le Comité, partagé entre deux avis contraires, adopte à l'unanimité la proposition d'un de ses membres, de déférer le débat à la décision de M. le Ministre de l'Instruction publique, ce qui a été fait par le rapport de M. le Sous-Préfet, président du Comité, en date du 22 décembre 1848;

Vu les lettres de M. le Recteur de l'Académie de Rennes, en date des 15 janvier et 5 février 1849, se référant à diverses décisions du Conseil qui établissent qu'en cas de refus du Conseil municipal de présenter un second candidat quand le premier a été repoussé par des motifs suffisants, le Comité supérieur doit faire une nomination d'office;

1. Avis non approuvé par le Ministre.

Vu l'arrêté du 1er février 1849, par lequel M. le Ministre, se fondant sur la délibération du Comité supérieur du 5 novembre précédent, qui avait déféré l'affaire à sa décision, a cru devoir donner d'office l'institution au sieur Delancé, comme ayant été repoussé par le Comité sans allégation de motifs suffisants ;

Vu la délibération du Comité supérieur, en date du 1er avril 1849, par laquelle le Comité, persévérant dans son refus de nommer le sieur Delancé pour les motifs qu'il a déjà exposés, et revendiquant néanmoins son droit de nomination préalable aux termes de l'article 22 de la loi du 28 juin 1833, proteste contre l'institution d'office donnée par le Ministre ;

Vu la délibération du même Comité du 3 juin 1849, par laquelle, requis de procéder à l'installation du sieur Delancé ainsi institué, il proteste de nouveau contre cette institution en tant qu'irrégulière et illégale ; dit qu'à lui seul appartenait de nommer d'office, s'il y avait lieu, et refuse d'installer comme n'en ayant pas le droit en l'absence d'une nomination et d'une institution régulière ; annonçant, en outre, que le Conseil municipal est mis en demeure de présenter un candidat autre que le sieur Delançé, faute de quoi ledit Comité nommera d'office un instituteur, après avoir pris l'avis du maire et du curé ;

Vu l'avis du Conseil de l'Université, en date du 31 août dernier, par lequel le Conseil, estimant qu'en effet le Comité supérieur n'avait pas épuisé le droit que lui confère la loi, a été d'avis qu'il y avait lieu de le mettre en demeure, préalablement à toute mesure, de nommer d'office un instituteur, si le Conseil municipal se refuse à présenter un nouveau candidat ;

Vu les observations présentées sur cet avis et sur toute l'affaire au nom de M. le Ministre, le 29 septembre dernier, et le renvoi fait des pièces plus complètes, entre autres de celles qui sont ci-dessus relatées ;

Considérant que le dissentiment élevé depuis plusieurs années entre le Conseil municipal d'Avessac et le Comité supérieur de Savenay paraît avoir pris le caractère d'un refus également systématique, d'une part, de présenter un candidat autre que le sieur Delancé, frère de l'institut Lamennais ; d'autre part, de nommer ce candidat à raison même de cette qualité et de circonstances qui lui sont étrangères ;

Qu'aux termes d'une circulaire du 9 décembre 1833, il y avait lieu, dans une telle situation, d'en référer au Ministre de l'Instruction publique, comme l'a fait le Comité supérieur par sa délibération du 5 novembre 1848 et le rapport de son président du 22 décembre suivant ;

Que le Ministre, examen fait de l'affaire, pouvait autoriser la mise en demeure du Conseil municipal d'Avessac, à l'effet de présenter un nouveau candidat, si le refus du Comité supérieur lui semble suffisamment motivé, et, en cas de persistance du Conseil municipal, inviter le Comité à nommer d'office, selon l'avis du Recteur, ou, si au contraire les motifs du Comité n'étaient point jugés suffisants et si son refus de nommer le candidat présenté par le Conseil municipal était, comme il paraît, mal fondé, suivre la voie tracée par les avis du Conseil de l'instruction publique, rendus dans une espèce absolument semblable les 14 juin et 22 novembre 1842; mais qu'en aucun cas l'institution ne pouvait être donnée à un candidat que le Comité supérieur refuse de nommer;

Vu l'article 22 de la loi du 28 juin 1833, qui réserve au Comité supérieur le droit de nomination, se fondant d'ailleurs sur les cas de conflit;

Sans s'arrêter à la question d'installation, l'instituteur ne pouvant être installé qu'après avoir été régulièrement institué, et institué qu'après avoir été nommé,

Estime que, dans la situation et en revenant sur l'institution donnée, il y a lieu, par le Ministre, de charger le Recteur de délivrer une autorisation provisoire au sieur Delancé pour exercer les fonctions d'instituteur public dans la commune d'Avessac, à moins que le Comité supérieur, averti, ne consente à le nommer, auquel cas il y aurait lieu de donner une nouvelle institution et de faire installer par le Comité.

Projet de règlement concernant la création d'une caisse de retraite pour les instituteurs communaux.

15 nov. 1849.

15 Novembre 1849.

1° Rapport adressé à M. le Ministre de l'Instruction publique par M. Rendu, trésorier de l'Université, président de la Commission chargée de la rédaction du projet de règlement.

Monsieur le Ministre, un arrêté ministériel, en date du 29 juin dernier, a institué une Commission[1] à l'effet de préparer un règlement pour une caisse

1. La Commission chargée de ce travail était composée de MM. RENDU, trésorier de l'Université, *président;* BOURDON, ancien Inspecteur général et conseiller honoraire de l'Université; DE GOMBERT, maître des comptes; MUSNIER DE PLEIGNES, conseiller référendaire à la Cour des comptes; BEUVAIN D'ALTENHEYM, Inspecteur de l'instruction primaire du département de la Seine; GOUBAUX, directeur de l'École municipale Chaptal; CHALAMET, président de la Société des instituteurs et institu-

de retraite et de secours en faveur des instituteurs primaires communaux, conformément à l'article 54 du projet de loi présenté à l'Assemblée nationale législative, le 18 du même mois.

La Commission s'est réunie au chef-lieu de l'Université, et elle s'est livrée avec empressement à un travail qui avait toutes ses sympathies, puisque la question se rattache à toutes les idées de justice et de bienfaisance, d'ordre et de progrès, d'instruction populaire et de haute civilisation. J'ai l'honneur de vous transmettre le projet de règlement qu'elle a définitivement arrêté dans sa séance du 15 novembre. Elle croit avoir atteint le but et évité les écueils qui ont mis en péril l'existence d'autres caisses de retraite.

Créer à la caisse de retraite des instituteurs communaux des ressources suffisantes, sans leur imposer des privations annuelles au-dessus de leurs forces; assurer aux instituteurs des pensions convenables, sans avoir jamais besoin de recourir à aucune subvention de l'État : tel était le double problème à résoudre; nous espérons l'avoir résolu.

J'exposerai un peu plus loin en détail les calculs sur lesquels nous fondons cette espérance. Qu'il suffise, quant à présent, de dire que, dans tous ces calculs, les dépenses ont toujours été portées au maximum, en même temps que les recettes ont été comptées à leur moindre valeur. Il m'a paru nécessaire de donner tout d'abord cette explication, afin que les dispositions du règlement puissent être examinées en elles-mêmes, au point de vue de l'intérêt des instituteurs, abstraction faite de toute préoccupation financière. Cette dernière partie de la question sera traitée et résolue comme elle doit l'être, purement et simplement par des chiffres.

Il y a cinquante-neuf ans que l'Assemblée constituante a posé le principe général des pensions de retraites accordées aux fonctionnaires publics, comme une juste rémunération des services rendus au pays. Depuis le 22 août 1790, cet engagement solennel a été plusieurs fois, mais toujours inutilement, renouvelé en ce qui concerne les instituteurs primaires. Nous avons pensé qu'il convenait de rappeler en tête du règlement des promesses que les vicissitudes politiques ont rendues infructueuses; qu'il y avait là un utile enseignement pour ceux des instituteurs qui, égarés par de perfides suggestions, auraient cru trouver dans le bouleversement de la société le bien-être qu'une société bien réglée peut seule leur offrir. Ils comprendront que, chargés d'une mission de paix, leurs intérêts, d'accord avec les intérêts généraux de la société, seraient infailliblement compromis par de nouvelles agitations.

L'article 54 du projet de loi, qui a servi de base à nos délibérations, porte qu'il sera établi une caisse de retraite et une caisse de secours. Nous avons dû nous demander si l'intention du Gouvernement avait été bien réellement la formation de deux caisses distinctes, ayant chacune des ressources propres et des règles particulières. Dès le premier moment, la Commission s'est montrée unanime pour l'établissement d'une seule caisse; elle a cru néanmoins devoir en référer à l'auteur même du projet de loi; M. de Falloux l'a encouragée à poursuivre ses travaux dans le sens qu'elle avait d'abord adopté.

En effet, que doit être une caisse de retraite? Que devrait être une caisse de secours?

La caisse de retraite, alimentée par les retenues faites sur les appointements, doit assurer aux fonctionnaires, après un nombre déterminé d'années de ser-

trices du département de la Seine, et GUSTAVE PILLET, chef de division au Ministère de l'Instruction publique.

vice, une pension pour leurs vieux jours. Établie sur des bases certaines, cette caisse doit se suffire à elle-même; il n'est pas nécessaire qu'elle fasse annuellement de fortes économies; mais il importe que ses ressources ne soient jamais au-dessous de ses besoins. Pour l'établissement d'une semblable caisse, il est donc indispensable que les prévisions des recettes et des dépenses reposent sur des données qui aient pour elles la sanction des calculs de probabilités et celle de l'expérience. Or, il est facile de constater les ressources probables d'une caisse de retraite pour les instituteurs; il est facile aussi de prévoir les dépenses, selon les chances communes de vie et de mort.

En est-il de même d'une caisse de secours? Quelles en seraient les ressources? Pourrait-on frapper d'une contribution spéciale les traitements des instituteurs auxquels la caisse des retraites demandera déjà une contribution considérable pour de faibles émoluments? A défaut de contribution obligatoire, fera-t-on un appel aux contributions volontaires? Mais la faiblesse des traitements des instituteurs, malgré l'augmentation que leur assurera le projet de loi, ne permet guère d'y compter. Quelle règle d'ailleurs appliquer à des circonstances essentiellement variables et accidentelles? On comprend une caisse spéciale de secours mutuels entre des individus libres, entre des ouvriers, par exemple, que le chômage ou les maladies privent de leur salaire et partant de leurs moyens d'existence. Dans ce cas prévu, la caisse de secours, venant temporairement à leur aide, peut fonctionner régulièrement. Mais pour les instituteurs communaux, il n'y aura point de chômage; ils recevront un traitement dont le minimum leur sera garanti par l'État, et ils conserveront tout ou partie de ce traitement, même pendant les maladies qui les éloigneraient momentanément de leurs classes; enfin, en cas d'infirmités persévérantes, ils pourront obtenir des pensions après quinze années de services; et quant à ceux qui, ayant moins de quinze ans de services, seraient, par suite d'infirmités, obligés de renoncer à leurs fonctions, ils trouveront dans la bienveillante équité du Gouvernement, à titre de simple secours, le soulagement dont ils auront besoin. Le budget de l'État contient à cet effet un crédit qu'il n'a jamais été question de supprimer, ni même de réduire; et ce ne serait certainement pas au moment où les instituteurs assureront par leurs propres retenues le service de la caisse de retraite, que le Gouvernement refuserait à ceux qui n'en pourront pas réclamer le bénéfice l'assistance nécessaire.

Nous avons donc l'honneur de vous proposer le règlement d'une caisse unique de pensions pour les instituteurs; mais la Commission pense que l'État n'en devra pas moins encourager et protéger les sociétés de secours mutuels que les instituteurs pourront former entre eux, en leur offrant, par exemple, sa haute surveillance pour leur assurer l'avantage d'une administration régulière et gratuite.

L'article 1er du règlement n'est en quelque sorte que la reproduction de l'article 54 du projet de loi. Il fixe au 1er janvier 1850 la création de la caisse de retraite et la suppression des caisses d'épargne. Il n'a pas paru qu'il y eût lieu d'ajourner plus longtemps cette création, ni de la rapprocher davantage. Il est utile que l'administration puisse, dans l'intervalle qui s'écoulera entre l'adoption définitive du règlement et le 1er janvier 1850, préparer l'organisation de ce service.

L'article 2 dispose qu'à partir de la même époque, une retenue du vingtième sera faite sur le traitement des instituteurs communaux, composé comme il est dit à l'article 39 du projet de loi.

En adoptant le vingtième comme fixation du montant de la retenue, la Commission s'est conformée à l'usage généralement établi dans les administrations publiques; elle a pensé d'ailleurs que la retenue du vingtième existe en ce moment au profit des caisses d'épargne, et que cette base, n'étant pas trop onéreuse pour les instituteurs, devait être acceptée, s'il était démontré qu'elle suffit pour assurer le service des pensions. La Commission n'a pas cru cependant devoir se conformer de tout point à l'usage établi. Elle n'a ordonné la retenue ni du premier mois de traitement, ni du premier mois d'augmentation de traitement au profit de la caisse de retraite. Les instituteurs appartiennent généralement à des familles peu aisées; la Commission aurait craint de les placer au début de leur carrière dans une situation difficile, qui pourrait compromettre leur considération.

Le taux de la retenue étant fixé, nous avions à examiner sur quel revenu cette retenue serait prélevée. Jusqu'à ce jour, la retenue du vingtième n'a été faite que sur la partie fixe du traitement des instituteurs, résultant de la subvention municipale. Dans le système de la loi de 1833, les instituteurs reçoivent un traitement fixe dont le minimum est 200 francs; ils perçoivent en outre une rétribution sur chaque élève en état de la payer. Le nouveau projet de loi modifie ce système. Le traitement des instituteurs communaux se composera désormais, non plus seulement de la rétribution municipale, dont le minimum est toujours fixé à 200 francs, mais en outre du produit de la rétribution mensuelle et d'un supplément qui sera accordé à tous ceux dont le traitement fixe joint à la rétribution mensuelle n'atteindra pas 600 francs. C'est sur le traitement ainsi composé que la Commission propose de prélever la retenue. Cette perception aurait présenté quelque difficulté, si le projet de loi, par son article 41, n'avait sagement ordonné que la rétribution scolaire sera perçue dans la même forme que les contributions publiques directes, et si le même article n'interdisait formellement à l'instituteur de percevoir lui-même cette rétribution. Dans l'Université, il est vrai, la retenue ne frappe que le traitement fixe, aussi ce dernier traitement sert-il seul de base à la liquidation de la pension; mais, pour que cette pension soit en rapport avec la position d'activité du fonctionnaire, on a établi des règles qui permettent, dans certains cas, d'élever la pension à la totalité du traitement fixe. Sans examiner si cette disposition n'est pas l'une des causes qui ont rendu insuffisante la caisse de retraite des fonctionnaires de l'Université, nous avons pensé que le traitement municipal des trois quarts des instituteurs n'étant que de 200 francs, la pension à laquelle ces maîtres auraient eu droit eût été tout à fait hors de proportion avec leurs services et leurs besoins. Les instituteurs des villes où le produit de la rétribution, bien supérieur au traitement municipal, forme en réalité leur principale ressource, eussent été d'ailleurs privés par la retraite de l'avantage qu'un utile changement de destination leur aurait assuré pendant leur activité. Enfin, il est une dernière considération qui a déterminé la Commission : c'est que l'article 37 du projet de loi donne à toute commune le droit d'entretenir une École entièrement gratuite. Or, les communes ne pourront user de cette faculté qu'en assurant à l'instituteur un traitement invariable, qui s'élève au moins à 600 francs, minimum légal. Les instituteurs qui dirigent une École gratuite, devant jouir tout au moins de 600 francs de traitement fixe, se seraient trouvés avoir partout des retraites supérieures à celles qu'auraient obtenues les instituteurs qui, dirigeant des Écoles payantes et recevant également 600 francs au moins, n'auraient cependant été liquidés que sur la partie fixe de leur traitement, c'est-à-dire 200 francs.

L'article 3 énumère les ressources de la caisse de retraite des instituteurs.

En première ligne, la Commission compte sur les fonds actuellement déposés dans les caisses d'épargne des instituteurs.

Cette idée n'est pas nouvelle. Le projet de loi présenté par le Gouvernement, en 1847, usait de cette ressource, tout en maintenant exceptionnellement les caisses d'épargne pour les instituteurs qui étaient âgés de plus de trente ans au moment où ils ont commencé à subir la retenue. Mais la Commission de la Chambre des Députés a élevé alors une grave question devant laquelle la Commission a cru devoir également s'arrêter. Comment, a-t-on dit alors, la loi permettrait-elle, sans le consentement des propriétaires, de mettre la main sur ces épargnes et de leur donner violemment, en quelque sorte, une autre destination? Tout en reconnaissant, ainsi qu'on le verra plus loin, que les instituteurs auront intérêt à accepter le bénéfice de la nouvelle loi en versant leurs épargnes dans la caisse de retraite, la Commission n'a pu méconnaître la gravité de l'objection; elle a pensé que la loi ne pouvait, sans porter atteinte à la propriété, disposer des épargnes des instituteurs; elle a, en conséquence, exigé préalablement leur consentement. J'aurai plus loin l'occasion de m'expliquer sur les conséquences financières de cette mesure, qui, heureusement, ne sont point de nature à inspirer la moindre inquiétude pour l'avenir de la caisse.

La Commission place en seconde ligne le produit de la retenue du vingtième prescrite sur tous les traitements. Les observations faites à ce sujet sur l'article 2 me dispensent d'entrer dans de nouvelles explications.

Il n'en est pas de même de la retenue supplémentaire prescrite par les articles 5 et 6 du projet de règlement, et sur laquelle je crois devoir donner ici quelques détails.

Ce qui jusqu'à ce jour a contribué à ruiner les caisses de retraite, c'est la nécessité où se sont trouvées ces caisses de servir des pensions à des fonctionnaires qui n'avaient pas suffisamment contribué à les alimenter. Si les caisses de retraite étaient considérées purement et simplement comme des tontines, la retenue des 5 pour 100 prélevée pendant 30 ans sur le traitement d'un fonctionnaire serait insuffisante pour lui assurer à soixante ans une pension égale à la moitié de son traitement pendant le temps qui lui reste à vivre. Mais là précisément est la différence entre une tontine et une caisse de retraite. La première, classant les copartageants par âges, a pour but d'assurer certains avantages aux survivants; la liquidation doit s'opérer un jour pour chaque classe. Dans la caisse de retraite, au contraire, il n'y a aucune liquidation à prévoir; c'est une institution perpétuelle, et il suffit, pour en assurer la marche, que le produit annuel des rentes et des retenues permette de payer les pensions liquidées. Tant que la caisse recevra annuellement plus qu'elle n'aura à payer, elle sera dans une situation prospère. Sans doute, le jour où l'État arrêterait tout d'un coup les opérations de la caisse, elle serait dans l'impossibilité de faire face à ses engagements; mais ce cas ne peut être prévu, et s'il se présentait, il est incontestable que l'État devrait se charger du déficit. Hors de là, tant que la caisse fonctionnera, l'État n'aura point à intervenir. Ce sont les jeunes instituteurs qui aideront à payer la pension des vieux instituteurs, jusqu'à ce que d'autres leur rendent le même service : nous le répétons, il y a là une continuité d'opérations qui ne permet pas de douter un moment de la suffisance des ressources. Sans doute chaque instituteur recevra en moyenne plus qu'il n'aura versé; mais ce surplus, c'est, nous venons de le dire, des avances faites aux vieillards par les jeunes instituteurs, lesquels, sauf les cas de mortalité dont la caisse profite, rentrent dans ces avances à la fin de leur carrière. Pour qu'une caisse ainsi constituée puisse se suffire, il importe que nul ne puisse prétendre à une pension s'il n'a contribué au fonds de retraite pendant au moins 30 ans, sauf le cas d'infirmités; il importe, en outre, qu'il n'y ait pas une différence trop considérable entre le traitement qui servira de base à la liquidation de la pension et celui qui a servi, pendant de longues années, de base à la retenue.

Dans la circonstance présente, il semble que la Commission, pour rester fidèle à ce principe, en dehors duquel nulle caisse de pension n'est possible, aurait dû déclarer qu'il ne sera liquidé aucune pension avant 30 ans, à partir du 1er janvier 1850, époque à laquelle les instituteurs primaires vont recevoir une augmentation de traitement considérable. Mais ajourner ainsi le bienfait d'une semblable institution, c'était s'exposer à le faire méconnaître; c'eût été une injustice à l'égard de tous les instituteurs âgés de plus de quarante ans, qui auraient contribué au fonds de retraite presque sans espérance d'y participer un jour. La Commission a préféré mettre la caisse en état de fonctionner immédiatement en exigeant une double retenue de ceux des instituteurs qui sont actuellement en fonctions et qui voudront faire compter leurs services passés dans la liquidation à venir de leur pension. Ces instituteurs ont subi, depuis qu'ils sont en fonctions, une retenue d'un vingtième sur leur traitement fixe, qui ne s'élevait pas en moyenne au delà de 300 francs. Ces retenues, déposées dans les caisses d'épargne et versées dans la caisse de retraite, sont hors de proportion avec le traitement fixe qu'ils recevront désormais, traitement qui s'élèvera en moyenne à 690 francs et d'après lequel toutes les retraites devront un jour être liquidées. La Commission, d'accord, en cela, avec le projet de loi présenté en 1847 par M. de Salvandy, et avec la commission de l'Assemblée constituante, qui s'est occupée du projet de loi présenté par M. Carnot, a pensé que la caisse ne pourrait se soutenir, s'il y avait une si grande disproportion entre les ressources réalisées et les charges futures. Elle a proposé de faire subir aux traitements de ces instituteurs, en sus de la retenue du vingtième, une retenue supplémentaire égale au vingtième de la différence existant entre le traitement fixe ancien et le traitement dont ils jouiront à partir du 1er janvier 1850. Sans doute, dans le cours ordinaire des choses, on ne contraint pas un fonctionnaire, qui obtient une augmentation de traitement, à verser pour les années passées une retenue supplémentaire proportionnée à cette augmentation; mais il y a lieu de remarquer qu'il ne s'agit pas ici de quelques fonctionnaires promus à un emploi supérieur, mais bien de 23 000 instituteurs dont le traitement sera porté tout d'un coup, en moyenne, de 300 à 690 francs. La caisse d'ailleurs en leur assurant, moyennant ce double versement, une pension de retraite, n'exige point d'eux les intérêts composés du produit de cette retenue, intérêts qu'elle aurait perçus si les versements avaient été faits aux époques correspondantes aux services qu'elle reconnaît; elle perd en outre, à cet arrangement, le bénéfice qui serait résulté pour elle de la mortalité, si, au lieu de recevoir cette retenue des survivants seulement, elle l'avait successivement reçue, dès l'origine, de chaque instituteur en fonctions. Enfin il y a lieu de remarquer que cette double retenue coïncidera pour 23 000 instituteurs avec une augmentation de traitement notable; que, malgré ce sacrifice, la position de ces maîtres sera encore considérablement améliorée, et qu'ils sont dispensés de verser dans la caisse de retraite le premier mois de leur augmentation de traitement.

La Commission a cru devoir porter en ligne de compte le produit des dons et legs. Elle espère qu'il se trouvera des personnes généreuses qui consentiront d'autant plus à venir en aide à cette classe nombreuse de serviteurs de l'État, qu'ils se montreront plus animés de sentiments propres à leur concilier l'estime et la confiance publiques.

Quant au versement de ces divers fonds à la Caisse des dépôts et consignations, cette disposition rentre dans les prescriptions de la constitution même de cette caisse.

Ainsi que je l'ai exposé tout à l'heure, la Commission a pensé que le consentement des instituteurs était nécessaire pour qu'on pût légalement opérer le versement dans la caisse de retraite des fonds par eux déposés dans la caisse d'épargne. Elle a dû prévoir dès lors le cas où ce consentement serait refusé. Tel est l'objet de l'article 4 du projet de règlement. Il dispose que les instituteurs qui se refuseront à cette transformation de leurs épargnes seront remboursés dans un délai qui reste à fixer. La Commission n'a pas cru pouvoir indiquer elle-même ce délai ; il y aura lieu de s'entendre, à cet effet, avec M. le Ministre des Finances, afin que les remboursements soient effectués de manière à concilier les intérêts des instituteurs et ceux du Trésor national. Mais, en décidant que ces instituteurs seront remboursés, la Commission a décidé aussi que, dans ce cas, leurs droits à la retraite ne commenceront à courir que du 1er janvier 1850, époque à partir de laquelle ils commenceront à subir la retenue du vingtième au profit du fonds de retraite.

La Commission a tout lieu de croire qu'un très petit nombre d'instituteurs préféreront le remboursement à la chance de la pension de retraite. L'intérêt que les instituteurs auront à préférer le second parti au premier est évident. L'instituteur qui aura subi la retenue du vingtième depuis le 1er janvier 1834, c'est-à-dire depuis 16 ans, sur un traitement moyen de 300 francs, n'aura à la caisse d'épargne au 1er janvier 1850 qu'une somme de 331 fr. 70 cent.; quel intérêt aurait-il à la retirer? En cas d'infirmités qui le forceraient à cesser ses fonctions, en 1851 par exemple, quel avenir cette petite somme pourrait-elle lui assurer? Au bout de quelques mois, ce faible capital serait épuisé. Mais, en consentant au versement de cette épargne dans la caisse de retraite et en se soumettant à la retenue supplémentaire pour chaque année de services antérieurs, il se trouverait en 1851 avoir droit, pour cause d'infirmités, à une pension de retraite égale aux cinq trentièmes de son traitement, soit 100 francs au minimum. On remarquera de plus qu'en exigeant le remboursement, il ne serait pas dispensé pour l'avenir de la retenue du vingtième au profit de la caisse de retraite, et que le produit de cette retenue serait perdu pour lui, si ses services antérieurs à 1850 n'étaient point validés, ou s'il ne restait pas trente ans en fonctions sous l'empire de la loi nouvelle.

L'article 5, qui admet à jouir du bénéfice du règlement les instituteurs qui verseront dans la caisse de retraite les fonds qu'ils ont en dépôt dans les caisses d'épargne, a, en outre, pour but la création de la retenue supplémentaire dont nous avons expliqué tout à l'heure la nécessité et la nature.

Le principe de la retenue supplémentaire une fois admis, et son efficacité étant reconnue, la Commission a cru pouvoir en faire une large et utile application aux instituteurs qui ont commencé leur carrière par l'enseignement libre, et qui, après avoir ainsi rendu des services au pays, seront devenus instituteurs communaux. A cette occasion, une grave question s'est élevée au sein de la Commission; elle a examiné s'il ne convenait pas d'admettre les instituteurs libres au bénéfice de cette espèce d'association, qui a pour but d'assurer des pensions de retraite aux instituteurs communaux. La Commission a unanimement reconnu que ces nouveaux associés, participant aux charges et aux bénéfices de la caisse de retraite, dans les mêmes proportions que les premiers venus, ne pouvaient que contribuer à en assurer l'existence. La question financière ne faisant aucun doute, il restait à examiner le côté moral et pratique de la proposition. Sous ce rapport, la Commission s'est divisée. Elle a reconnu, sans difficulté, que dans les grandes villes les instituteurs *privés ou libres*, comme les désigne le projet de loi, sont appelés à rendre, à côté des instituteurs communaux, les plus utiles services; elle a pensé qu'ils pouvaient avoir une assez grande influence sur l'esprit d'une certaine partie de la population, et qu'il y avait dès lors un intérêt réel pour la société à les associer, comme les instituteurs communaux, à la fortune publique, par la conversion en rentes sur l'État de celles de leurs économies qui seraient versées dans la caisse de retraite; il a paru, de plus, que créer au corps entier des instituteurs privés des ressources assurées contre la misère, c'était honorer leur profession et les encourager à faire des efforts pour l'honorer eux-mêmes; que, plus rassurés sur leur avenir, ils seraient moins excités par l'intérêt personnel à poursuivre, dans leur profession, la réalisation de ressources étrangères à l'enseignement proprement dit, et rarement compatibles, dans un certain degré, avec la dignité de leur mission; qu'enfin il y avait quelque justice à leur créer ainsi les moyens de soutenir la concurrence des Écoles communales. Mais tout en tenant compte de ces considérations, la Commission a reconnu que le projet de loi, n'ayant pas prévu cette assimilation, contenait quelques dispositions qui ne permettraient pas de l'adopter sans inconvénient. Aux termes de l'article 37 du projet de loi, le Conseil académique peut dispenser une commune d'avoir une École publique, sous la condition de pourvoir à l'éducation gratuite, *dans une École libre*, de tous les enfants dont les familles sont hors d'état d'y subvenir. Ainsi il pourra y avoir dans certaines communes des instituteurs qui recevront du Conseil municipal une subvention pour le prix de l'instruction gratuite des enfants pauvres, sans cesser d'être instituteurs libres : si ces instituteurs acquièrent des droits à la retraite, au lieu d'être simplement des instituteurs libres, ne seront-ils pas en réalité des instituteurs privilégiés? En effet, ils jouiront de tous les avantages assurés aux instituteurs communaux, et ils ne seront pas soumis à toutes les obligations imposées à ces derniers. Ils ne pourront pas être, comme les instituteurs communaux, révoqués de leurs fonctions pour cause de négligence habituelle; il ne leur sera interdit, ni d'exercer des professions commerciales et industrielles, ni de percevoir eux-mêmes le prix de la rétribution dans leurs Écoles, et ils pourront d'autant plus facilement élever le taux de cette rétribution, qu'ils n'auront point à craindre la concurrence d'une École communale. Assurer de semblables avantages aux instituteurs privés, ce serait accorder une prime d'encouragement à ceux des instituteurs communaux qui voudraient faire convertir leurs Écoles publiques en Écoles privées; ce serait amoindrir considérablement la peine de la révocation, qui peut être prononcée contre les instituteurs communaux, si, dans la carrière de l'enseignement libre qu'ils pourraient suivre après leur révocation, on continuait de leur assurer le bénéfice de la retraite.

La Commission n'a pas cru dès lors pouvoir appliquer aux instituteurs libres les dispositions du règlement sur les retraites. Elle a été en outre frappée des difficultés d'exécution que présenterait cette mesure, tant en ce qui concerne la base et le mode de perception de la retenue sur les revenus des instituteurs libres, qu'en ce qui concerne la pénalité à établir pour assurer cette perception et organiser régulièrement cette partie du service des retraites. Mais, tout en reculant devant ces difficultés, la Commission n'a pas cru que les services rendus dans l'enseignement libre dussent être perdus pour la retraite, et elle a décidé que tout instituteur communal qui aura exercé en cette dernière qualité pendant quinze ans pourra faire compter dans la liquidation de sa pension le temps qu'il aura passé dans l'enseignement libre, à la charge de verser dans la caisse de retraite une retenue supplémentaire du vingtième pour chacune de ses années de service en dehors des fonctions d'instituteur communal. Il lui a paru que cet avantage devait attirer dans les Écoles publiques les bons instituteurs privés, sous la condition que leurs bons services fussent préalablement attestés par un certificat de l'autorité compétente. La Commission a été plus loin; elle a pensé que la même faveur pouvait être accordée aux instituteurs qui comptent un certain nombre d'années de services militaires ou civils; et qu'il convenait d'encourager à entrer dans la carrière de l'enseignement primaire les militaires ou agents des administrations qui pourront justifier de leurs bons services. La Commission ne s'est pas dissimulé que cette disposition serait onéreuse pour la caisse des retraites des instituteurs, qui, en acceptant des services étrangers, même avec versement rétroactif, perdra, d'une part, le bénéfice que lui aurait naturellement assuré la chance de la mortalité pendant ces quinze années, puisque les survivants seuls lui payeront la retenue supplémentaire, et, d'autre part, les intérêts accumulés de ces versements successifs. Aussi aurait-elle désiré pouvoir établir entre les caisses de retraite des diverses administrations publiques une complète réciprocité; mais une semblable disposition, qui excédait les limites de sa compétence, devrait être concertée entre tous les Ministères. Elle espère toutefois que l'avantage qu'offrira aux autres services la caisse de retraite des instituteurs sera apprécié par les administrations auxquelles ces services ressortissent et qu'elles se détermineront à adopter, en ce qui les concerne, des dispositions analogues en faveur des instituteurs primaires.

Aux termes de l'article 7, tout instituteur âgé de soixante ans et comptant 30 ans de services aura droit à une pension égale aux quinze trentièmes du traitement moyen dont il aura joui pendant ses dix dernières années de service.

Quelques membres de la Commission auraient désiré que, conformément au rapport présenté par la Commission de l'Assemblée constituante, on réduisît à cinquante-cinq ans l'âge où s'ouvrira le droit à la pension de retraite pour les instituteurs communaux. Ils ont fait observer que les instituteurs entrent généralement à dix-huit ans dans l'enseignement; que le projet de loi leur permettra d'exercer dès l'âge de vingt et un ans, et qu'arrivés à leur cinquante-cinquième année, il compteront 34 ans de services; il leur paraissait qu'on ne pouvait exiger davantage d'hommes voués à la pénible profession de l'enseignement; qu'après avoir tenu une École pendant 34 ans, après avoir constamment répété les mêmes leçons, les instituteurs devaient être, ou si fatigués physiquement, ou tellement enclins à des habitudes de routine, qu'il ne pouvait y avoir que de l'avantage à leur permettre de résilier leurs fonctions. D'autres ont pensé que l'enseignement primaire exige moins de contention d'esprit que l'enseignement secondaire, où cependant le droit à la retraite ne s'acquiert que par 30 ans de services ou soixante ans d'âge; que les méthodes nouvelles, en permettant aux maîtres d'enseigner un plus grand nombre d'élèves à la fois, leur épargnent quelque fatigue physique, et que, sans nier le mauvais effet de la routine, on devait reconnaître qu'elle avait des résultats moins fâcheux dans les Écoles primaires, qui ne reçoivent que de très jeunes enfants, dont la mémoire est principalement cultivée, que dans les Écoles secondaires, où le mouvement intellectuel est plus fortement prononcé. La Commission s'est enfin déterminée par cette dernière et décisive considération, que la caisse de retraite, devant se suffire à elle-même, devait être organisée de façon à rassurer les esprits les plus prévenus contre ce système de récompense; qu'avec la double condition d'âge et d'années de services imposée par le règlement, la caisse pourrait faire face à toutes ses dépenses, et qu'en modifiant ces conditions, il faudrait en remplacer le bénéfice par d'autres conditions qui paraîtraient d'autant plus dures, qu'elles seraient plus inusitées.

Les mêmes considérations ont déterminé la Commission à fixer comme base de la liquidation de la pension le traitement moyen des dix dernières années. Dans la plupart des caisses de retraite, cette liquidation s'opère sur le traitement moyen des trois dernières années; mais l'expérience a démontré que c'est là une cause de ruine pour ces caisses, qui sont exposées ainsi à servir presque toujours des pensions hors de proportion avec les sommes qu'elles ont reçues. Ne demandant aux instituteurs qu'une retenue de 5 pour 100, la Commission a cru qu'elle devait sauvegarder, autant que possible, la caisse contre des abus dont on a eu trop d'exemples, et la mettre à l'abri des atteintes que des augmentations de traitement accordées sur leurs dernières années d'activité à des instituteurs, n'auraient pas manqué de lui porter.

Elle avait eu le projet de proposer un accroissement de pension en faveur des instituteurs qui compteraient plus de 30 ans de service. Cette pension, conformément à ce qui se pratique dans d'autres services publics, se serait accrue d'un trentième du traitement moyen pour chaque année de services au delà de 30 ans, sans pouvoir jamais excéder les vingt trentièmes de ce traitement. Il lui avait paru rigoureux de continuer à faire subir en pure perte pour eux une retenue aux instituteurs ayant déjà droit au maximum de la retraite; elle avait craint que cette disposition n'encourageât à demander leur retraite tous les instituteurs encore valides, dont la perspective en fait de pension se trouverait limitée. L'inexorable loi des calculs l'a encore forcée à renoncer à ce projet. Il lui a été prouvé que la plupart des instituteurs atteindraient le maximum de la retraite, soit les vingt trentièmes du traitement, et que cette circonstance exercerait sur la situation de la caisse une influence telle, qu'il lui serait impossible de fonctionner. Elle a dû dès lors s'en tenir à ce principe, qu'en aucun cas la pension ne pourra excéder la moitié du traitement moyen dont le pensionnaire aura joui pendant ses dix dernières années d'activité.

Après avoir réglé les droits des instituteurs émérites, la Commission a dû s'occuper de ceux que des infirmités éloignent prématurément de leurs fonctions. D'un avis unanime, elle a pensé qu'une pension de retraite devait être accordée à ces fonctionnaires. Tel est l'objet de l'article 8; mais ici encore s'est élevée une grave question. Les instituteurs qui verseront leurs épargnes dans la caisse de retraite n'y apporteront nécessairement que leur part de survivant. Ainsi que nous l'avons déjà fait observer plus haut, il y aura dans cette disposition une perte pour la caisse de retraite, qui, pendant les seize années écoulées de 1834, date des premiers versements dans les caisses d'épargne, au 1er janvier 1850, date de l'exécution prochaine du règlement, n'aura point fonctionné comme tontine et ne recevra, en une seule fois, que les économies des survivants. Cette perte, qui n'avait point arrêté la Commission, lorsqu'il s'agissait, selon toute probabilité, d'un petit nombre d'individus, sera ici considérable, puisqu'elle résultera de l'admission immédiate à la retraite, d'un plus grand nombre d'instituteurs, lesquels auront participé pendant moins longtemps au fonds de retraite et pourront jouir de leur pension pendant un grand nombre d'années. Fallait-il ajourner à l'année 1864, époque où la caisse de retraite comptera pour ainsi dire 30 ans d'activité, la mise à exécution de cette bienfaisante disposition? En présence des misères dont la carrière de l'enseignement primaire présente l'affligeant spectacle, en présence de ces nombreux enfants qu'un sentiment de charité trop excusable expose à recevoir l'instruction primaire d'un esprit devenu inhabile à la communiquer, la Commission a d'abord penché pour l'*admission immédiate* à la retraite. De nombreux calculs ont dû, toutefois, éclairer préalablement sa décision. Elle manquait malheureusement de l'élément le plus essentiel; l'administration ne pouvait lui fournir le chiffre des fonctionnaires hors d'état, par suite d'infirmités, de continuer l'exercice de leurs fonctions; mais elle pouvait lui fournir le chiffre des instituteurs âgés de soixante ans au 1er janvier 1850 : ce nombre sera de 1594. Sans doute tous les instituteurs âgés de soixante ans ne sont pas nécessairement infirmes; beaucoup d'entre eux seraient encore en état de remplir leurs fonctions et préféreraient l'activité avec une augmentation de traitement, à une retraite égale au plus à la moitié de ce traitement. Cependant la Commission, fidèle à la règle qu'elle s'était imposée d'exagérer dans ses prévisions toutes les dépenses, afin de ne point exposer un jour la caisse à se trouver au-dessous de ses ressources, a considéré comme infirmes tous les instituteurs qui, au 1er janvier 1850, auront atteint leur soixantième année, et c'est d'après cela qu'elle a calculé la dépense qu'entraînera l'admission immédiate des infirmes à la retraite. Pour plus de sûreté, elle a établi ses calculs sur le maximum des pensions qui pourront être ainsi accordées, c'est-à-dire sur la somme de 230 francs, qui représentent les dix trentièmes du traitement moyen. Or, ces calculs ont démontré que, malgré l'augmentation assez considérable qui en résultera, la caisse pourra subvenir à toutes ses charges. La question a dès lors été jugée. Quant à l'obligation d'avoir servi au moins 15 ans pour avoir droit à cette pension, la Commission a pensé qu'elle était nécessaire. La règle générale est soixante ans d'âge et 30 ans de services; et si, devant des infirmités réelles, on fait fléchir la nécessité de cette double condition, on doit au moins exiger que l'une d'elles soit à moitié remplie; enfin, une limite devant être fixée, celle-là était plus rationnelle que toute autre. Ceux des instituteurs qui ne se trouveraient pas dans les conditions fixées par l'article 8 pourront, on le répète, compter sur la générosité de l'État, qui se fait aujourd'hui un devoir de venir en aide par de simples secours à tous les instituteurs hors de service, et qui pourra d'autant plus facilement s'occuper des infirmes, qu'il n'aura plus à s'occuper de ceux qui auront des droits à la retraite.

L'article 9 est une de ces dispositions qui, sous un rapport, blessent l'intérêt particulier, mais que commande l'intérêt général. Une loi spéciale a appliqué à la magistrature elle-même ce principe d'une retraite imposée par la nécessité de ne pas laisser le service public en souffrance, sauf à prendre dans ces cas rigoureux toutes les précautions possibles contre l'arbitraire.

Je passe sur l'article 10, qui ne contient qu'une disposition réglementaire relative au mode de liquidation des pensions. Cette disposition s'explique suffisamment par elle-même, et j'arrive à l'article 11.

Cet article nous a paru le complément indispensable des dispositions pénales du projet de loi. Dans toutes les branches des services publics, il est reconnu que la retraite est une récompense, et que les fonctionnaires qui compromettent l'honneur ou la dignité du corps auquel ils appartiennent doivent en être répudiés et voir briser tous les liens qui pourraient les y rattacher, même après la cessation de leurs services. Ce principe est si généralement adopté, qu'il pourrait paraître superflu de le reproduire en le formulant dans le règlement.

Mais les instituteurs sont soumis à un régime particulier qui motive une disposition spéciale. En effet, dans tous les services civils, la révocation est la peine la plus sévère qui puisse être administrativement infligée à un fonctionnaire; cette peine n'est, dès lors, prononcée que dans des circonstances très graves; elle entraîne la privation de retraite et force celui qui l'a subie à changer de carrière. Dans l'enseignement primaire, la révocation n'a pas la même portée. Cette peine ne rompt pas tous les liens qui rattachent l'instituteur au corps enseignant; elle le prive seulement de son emploi dans la commune, et elle lui laisse son aptitude à en occuper ailleurs un autre de même nature. Mais indépendamment de cette peine, il y en a une plus terrible, l'*interdiction*, qui peut être prononcée par les tribunaux seulement et pour des causes d'indignité. Non seulement cette peine rompt tous les liens qui rattachent l'instituteur au corps enseignant, mais encore elle devient un obstacle à ce qu'il les renoue. C'est l'*interdiction* qui a paru devoir emporter la privation de tout droit à la retraite. L'homme qui a recherché la mission si honorable d'instruire la jeunesse et qui a abusé de la confiance qu'il inspirait pour pervertir l'enfance, soit par de mauvais principes, soit par de mauvais exemples, l'homme que la société a irrévocablement écarté de la jeunesse, ne peut prétendre, dans la situation honteuse où il s'est placé, à la pension due aux bons et loyaux fonctionnaires. Le corps enseignant doit le repousser en détournant les yeux, et oublier, s'il le peut, que cet homme indigne avait eu l'honneur d'être l'un de ses membres.

La pénalité spéciale du corps des instituteurs, qui motive l'article précédent, motive également l'article 12. Toutefois la Commission a pensé qu'un instituteur révoqué pour des fautes de conduite privée ou pour cause de négligence habituelle, à plus forte raison un instituteur démissionnaire avant 30 ans de services, ne devait pas être privé du droit à la pension; que ce droit devait être suspendu tant qu'il n'exercerait pas, mais qu'en reprenant de l'activité, il devait le retrouver et arriver, en ajoutant ses anciens services aux nouveaux, à compléter les 30 années d'activité indispensables pour obtenir une pension.

L'article 13 admet une exception unique aux dispositions du règlement en ce qui concerne l'âge et le temps de services exigé pour la pension. Il a paru qu'une récompense spéciale était due à l'instituteur qui, affrontant la mort, soit pour sauver la vie d'un de ses semblables, soit pour préserver la société d'une grave perturbation, tombe doublement victime de son courage, et se trouverait, autrement, par suite d'infirmités ainsi contractées, privé à la fois de ses fonctions et du bénéfice de ses services passés. Assurer à ces dignes instituteurs une pension égale à celle des émérites, n'est-ce pas consacrer par un règlement ce que l'usage a pour ainsi dire établi? Le Gouvernement et l'Assemblée n'ont-ils pas, par une application bien plus large de ce principe, accordé, il y a peu de temps, une pension au père d'un honorable magistrat lâchement assassiné dans l'exercice de ses fonctions!

L'article 14, en dispensant les membres des associations religieuses ou charitables de la retenue du vingtième au profit de la caisse de retraite, et en les excluant par conséquent du bénéfice du présent règlement, ne fait que se conformer aux règles que ces associations se sont elles-mêmes imposées. La loi de 1833 n'avait fait aucune mention de ces instituteurs; il était dès lors impossible de les dispenser de la retenue, mais on a promptement reconnu que les villes qui appelaient ces associations à diriger leurs Écoles, ne traitaient pas directement avec les individus, lesquels, ne pouvant bénéficier sur les traitements alloués pour la direction des Écoles, ne pouvaient demeurer nominativement propriétaires des fonds déposés pour eux dans les caisses d'épargne. Il a dès lors été décidé, par l'ordonnance du 17 février 1836, que tous les ans ces fonds seraient remis aux supérieurs des associations religieuses. C'est ce qui se pratique encore aujourd'hui. N'est-il pas préférable de conformer le droit au fait, puisque le fait ne porte préjudice à personne, et de consacrer ainsi légalement ce que l'État n'a nul intérêt à détruire?

Mais, en déclarant que les membres de ces associations religieuses, même exerçant les fonctions d'instituteurs communaux, n'auront aucun droit à la pension de retraite, la Commission n'a pas voulu déshériter ces dignes instituteurs de la faveur qu'elle propose d'accorder aux instituteurs privés, aux militaires et aux employés civils. Il arrive quelquefois qu'après un certain temps d'épreuves, des membres d'associations religieuses sentent leur vocation faiblir, et, usant de la faculté qu'ils se sont réservée en entrant dans leur institut, rentrent dans la vie privée. Il est juste que, s'ils continuent à servir honorablement dans l'instruction primaire, ils puissent, comme les instituteurs privés, valider, par le versement de la retenue supplémentaire, leurs services passés, et acquérir ainsi des garanties de sécurité pour l'avenir.

L'article 15 indique les formalités à remplir par les instituteurs qui demanderont à jouir du bénéfice de la retraite. Il dispose, en outre, que les pensions seront liquidées dans les formes adoptées pour tous les fonctionnaires de l'Université. Il n'y avait aucune raison pour adopter, sous ce rapport, à l'égard des instituteurs primaires, des dispositions spéciales. En les assimilant aux membres de l'Université, la Commission a pensé que le Gouvernement honorerait leurs fonctions et qu'il contribuerait ainsi à les y attacher.

Cet article règle également le cas où il y aurait lieu d'admettre d'office à la retraite des instituteurs émérites ou infirmes. Ainsi limité, ce droit, déféré au Ministre de l'Instruction publique, ne peut avoir aucun inconvénient. Il est indispensable pour la bonne tenue des Écoles.

L'article 16 indique le mode de payement des pensions.

L'article 17 exige de la Caisse des dépôts et consignations un état annuel de la situation financière de la caisse, lequel état sera inséré tous les ans au compte général du Ministère de l'Instruction publique. Cette mesure a pour but de porter de plus en plus la lumière dans une partie des services publics, dont l'administration a malheureusement laissé à désirer.

L'article 18 est tout à fait transitoire. Nous avons vu par l'article 8 du projet de règlement que les instituteurs infirmes pourront obtenir une pension de retraite après 15 ans de services, et que le nombre de ces fonctionnaires sera assez considérable dans les premières années. Il pourrait se faire ainsi que des instituteurs fussent dans le cas d'obtenir une pension de retraite à une époque où ils n'auraient pas encore versé dans la caisse le montant de la retenue supplémentaire pour toutes les années de services antérieures à 1850, qui constitueraient avec leurs infirmités les droits à la retraite. La caisse cependant ne peut exister qu'à l'aide de cette ressource. L'article 17 exige qu'alors l'instituteur fasse immédiatement ce versement. La Commission a dû établir ainsi le droit de la caisse; mais la rigueur de ce droit pourra être tempérée par des mesures administratives; des délais de payement pourront être accordés à des instituteurs malheureux, lorsque la dette aura été constatée et reconnue. Tous les intérêts se trouveront ainsi ménagés.

Enfin, comme l'article 7 porte que les pensions seront liquidées sur le traitement moyen dont les instituteurs auront joui pendant leurs dix dernières années de services, la Commission a pensé que cette base immédiatement appliquée aurait pour effet de donner à des instituteurs des pensions insuffisantes : elle propose de décider que jusqu'en 1860, époque à laquelle seulement le nouveau minimum des traitements sera établi *depuis* 10 *ans*, aucune pension ne pourra être liquidée sur une base moindre de 600 francs. Cette disposition est peu onéreuse pour la caisse de retraite, puisque les instituteurs subiront, en conséquence et proportionnellement à leurs années de services, la retenue supplémentaire; mais elle aura pour résultat d'assurer immédiatement le strict nécessaire à de pauvres fonctionnaires qui, autrement, en seraient dépourvus.

Telles sont, Monsieur le Ministre, les dispositions que la Commission propose de convertir en règlement pour la caisse de retraite des instituteurs. Elle espère avoir ainsi répondu à l'appel que votre prédécesseur a bien voulu lui faire. Obligée de se restreindre de telle sorte que l'État ne pût jamais être contraint de venir au secours de la caisse, elle a dû n'adopter que des dispositions dont l'exécution n'entraînât pas cette caisse hors des limites que ses ressources doivent naturellement lui assigner. Si l'État avait pu être chargé, dans certains cas, de combler un déficit prévu, la Commission, ne consultant que des sentiments d'humanité, se fût montrée moins sévère sous quelques rapports, plus généreuse sous d'autres; mais elle a dû se dire que ce projet de règlement ne pouvait être approuvé qu'après que l'Assemblée aurait elle-même voté la loi qui en pose le principe, et elle n'ignorait pas quelle influence une pareille proposition pouvait avoir sur l'esprit de l'Assemblée, sévère gardienne des deniers publics; elle devait donc la réduire à des proportions telles, que la solidité de la caisse ne pût jamais être mise en doute.

Elle a dû ainsi s'imposer de durs sacrifices, et refouler dans son cœur plusieurs des sentiments de bienveillance et d'humanité dont elle était animée. Tous les intérêts légitimes ne sont pas satisfaits, mais aucun n'a été oublié ni négligé. On s'en convaincra en examinant une partie de ses travaux, qui, bien qu'aboutissant à un résultat négatif, n'en mérite pas moins le plus vif intérêt, je veux parler des pensions qui auraient pu être accordées aux veuves et aux orphelins des instituteurs.

La Commission sait que les trois quarts des instituteurs, environ 25 000 sur 32 860, qui étaient en fonctions au 1er janvier 1849, sont mariés. Devant prendre pour plus de sûreté le cas le plus défavorable à la caisse, elle a présumé que toutes les femmes survivraient aux maris et qu'elles auraient toutes dix ans de moins. Elle a supposé que tout instituteur laisserait en moyenne deux enfants de dix ans, qui auraient droit à une faible pension pendant six ans. Les pensions des veuves auraient été fixées à 115 francs de 1850 à 1864, période pendant laquelle leurs maris seraient décédés avant d'avoir versé la retenue supplémentaire, et à 230 francs après 1864, époque à laquelle cette retenue aurait été totalement acquittée.

Dans ces conditions, la caisse aurait eu à pourvoir, dès 1851, à l'existence de 54 veuves. Ce nombre, suivant la loi de la mortalité, d'une part, se serait annuellement accru par la mort des instituteurs, et, d'autre part, se serait réduit par la mort des veuves pensionnées, dans une proportion reproduite au tableau no 5, laquelle proportion, laissant au bout de 42 ans 6 000 veuves à la charge de la caisse, lui imposerait une dépense de 1 523 635 francs.

La caisse ne pouvait ainsi marcher que jusqu'en 1882, époque à laquelle elle se serait trouvée en déficit.

La Commission, en présence de ce déficit, a essayé de porter le taux de la retenue à faire sur les traitements des instituteurs de 5 à 6 pour 100. Cette ressource ne prolongeait malheureusement l'existence de la caisse que de sept ans. On se retrouvait en présence du déficit dès l'année 1889.

Sans doute, les bases sur lesquelles la Commission a opéré sont exagérées. Toutes les femmes ne survivent pas à leurs maris, et, par conséquent, tous les instituteurs ne laisseront pas de veuves; mais, en réduisant la dépense de moitié, la caisse ne pouvait encore la supporter. Les renseignements que la Commission s'est procurés sur la situation de cette partie du service dans d'autres administrations publiques lui ont prouvé qu'en exagérant la cause du déficit, elle ne faisait qu'en rapprocher le moment.

Il en a été de même à l'égard des orphelins. La caisse se trouvait obligée, selon les probabilités, de pourvoir, dès 1851, pendant six ans, à l'existence de 108 enfants, et ce nombre finissait par s'élever, en 1891, jusqu'à 4751; il en serait résulté pour la caisse une surcharge de 437 092 francs.

En se résignant à laisser les veuves et les orphelins en dehors des dispositions du présent règlement, la Commission a pensé que le Gouvernement, dans sa générosité, s'efforcerait de combler cette fâcheuse lacune. Surtout, elle ne désespère pas d'obtenir qu'un jour les subventions de l'État, réunies à une retenue extraordinaire que les instituteurs mariés s'imposeraient, permettront de reconnaître aux veuves des droits à des pensions de secours. Il n'était pas possible, dans l'état actuel, de frapper d'une troisième retenue les traitements des instituteurs; mais en 1864, époque à laquelle la retenue supplémentaire cessera d'être exercée, ce projet pourra être utilement repris. D'ici là, le Gouvernement s'efforcera, nous n'en doutons pas, de venir en aide aux veuves des instituteurs. Un grand intérêt moral exige que ces fonctionnaires soient rassurés sur l'avenir de leurs familles; qu'ils sachent que les bons services du père militeront en faveur des enfants, et qu'après eux, l'État n'abandonnera pas les êtres infortunés qui, durant leur modeste et pénible carrière, ont été leur joie, leur consolation et leur appui.

C'est à l'aide de ces douloureux sacrifices que la Commission a pu acquérir une entière certitude pour le service des pensions des instituteurs.

Permettez-moi, Monsieur le Ministre, de vous exposer sommairement les calculs sur lesquels repose cette certitude.

Nous avons vu que les recettes de la caisse de retraite seront de deux natures; en voici l'évaluation :

1° Fonds déposés dans les caisses d'épargne des instituteurs.

Au 1er janvier 1849, la Caisse des dépôts et consignations avait reçu, pour le compte de ces caisses, 5 292 594 francs. Au 1er janvier 1850, ce capital, placé à intérêt composé à 2 pour 100 par semestre, sera devenu un nouveau capital de . . . . 5 506 415 francs.

A cette même époque, il aura été fait, pour le compte de 32 860 instituteurs, des versements successifs de six mois en six mois, provenant de la retenue 5 pour 100 opérée sur les traitements. Ces versements successifs auront produit en intérêt composé une somme de. . . . . 497 829 —

Ainsi la Caisse des dépôts et consignations sera en mesure de verser dans la caisse des retraites des instituteurs un capital de. . . . . 6 004 244 francs.

Mais ce capital est la propriété des instituteurs, et le règlement prévoit qu'un certain nombre d'instituteurs ne consentiront pas à le verser dans la caisse des retraites. Il est probable que quelques-uns d'eux useront de ce droit. Ce sont ceux qui, près d'atteindre leur soixantième année, ne compteraient cependant pas encore quinze ans de services, et n'auraient par conséquent que peu de chances d'obtenir une pension de retraite. Quant aux autres, ainsi que nous l'avons dit plus haut, ils auraient trop à perdre à retirer les fonds qu'ils ont déposés à la caisse d'épargne. Le calcul démontre que l'intérêt du capital versé à cette caisse ne serait qu'une très petite fraction de la pension de retraite à laquelle ils pourraient avoir droit; ils auront d'autant plus d'intérêt à la formation de la caisse des retraites, qu'en y demeurant étrangers pour les années antérieures à 1850, ils perdraient le bénéfice de leurs services passés, et qu'ils ne seraient pas dispensés d'y contribuer pour l'avenir, attendu qu'à partir du 1er janvier 1850, tous les traitements devront être frappés d'une retenue 5 pour 100 au profit de la caisse des retraites, retenue qui, dans ce cas, serait à peu près opérée en pure perte pour eux sur leur traitement, puisqu'ils seraient obligés, pour reconquérir des droits à la retraite, de rester encore trente ans dans l'enseignement. Dans l'impossibilité de constater le nombre des fonctionnaires qui retireront leurs fonds des caisses d'épargne, la Commission a cru leur faire une large part en laissant de côté, pour les remboursements facultatifs, une somme de 404 244 francs. La caisse des retraites commencerait donc au 1er janvier 1850 ses opérations avec une première mise de fonds qui s'élèverait en capital à 5 600 000 francs.

2° *Retenue sur les traitements.*

A partir du 1er janvier 1850, il sera fait sur les traitements des 32 860 instituteurs communaux laïques, aujourd'hui en fonctions, une retenue du vingtième sur un traitement qui s'élèvera en moyenne à 690 francs.

Voici comment cette moyenne a été établie.

Il y a aujourd'hui 8 951 instituteurs dont les ressources, provenant du traitement fixe et de la rétribution mensuelle, dépassent 600 francs et forment ensemble une somme de.	8 342 434 fr. 63 c.
Il y a 23 909 instituteurs dont les traitements, calculés comme ci-dessus, inférieurs à 600 francs, devront être élevés à cette somme, lesquels traitements réunis formeront ensemble la somme de.	14 345 400 »
Total.	22 687 834 fr. 63 c.

En divisant ce chiffre par 32 860, nombre total des instituteurs, on trouve pour quotient 690 francs, c'est-à-dire la somme représentant le traitement moyen des instituteurs.

La retenue du vingtième, faite sur chaque traitement moyen de 690 francs, soit 34 fr. 50 c., et capitalisée tous les six mois, produit annuellement une somme de 1 133 670 francs.

La retenue supplémentaire, faite sur la différence du traitement ancien au traitement nouveau, ne portera pas sur le même nombre d'instituteurs. Il faut d'abord défalquer les instituteurs infirmes dont l'admission à la retraite est prévue pour 1850. L'article 18 du règlement les oblige, il est vrai, à verser immédiatement cette retenue pour les années antérieures à 1850; mais cette obligation, imposée à des instituteurs dépourvus de ressources suffisantes, ne sera pas toujours régulièrement observée; beaucoup obtiendront des délais, quelques-uns décéderont avant l'accomplissement de cette obligation; il a paru préférable de considérer ces 1 594 instituteurs comme insolvables, et de ne point compter par conséquent sur ces rentrées. Si ces prévisions sont trompées, la caisse bénéficiera de notre erreur. Portant donc en déduction les 1 594 instituteurs dont il s'agit, soit. 1 594

Plus les instituteurs qui préféreront le remboursement et dont les droits à la retraite ne commenceront à courir, par cette raison, que du 1er janvier 1850, soit. 500

Total. 2 094

il n'y aura donc en réalité que 30 766 instituteurs qui verseront la retenue supplémentaire, laquelle, s'élevant pour chaque instituteur à 19 fr. 50 c., produira la première année 599 937 francs.

Enfin cette retenue supplémentaire sera payée par les instituteurs qui seront admis à la retraite après 1850, et qui, bien que comptant 30 ans de services, n'auront pas payé la retenue pour tout le temps de leurs services antérieurs; cette retenue produira la seconde année 44 582 fr. 50 c.; nous ne la comptons pas pour 1850.

En résumé, telles sont les diverses ressources de la caisse de retraite des instituteurs, ressources qui, par suite des intérêts composés à 2 pour 100 par semestre, s'élèveront en 1850 à la somme de 7 333 607 francs.

Il semblerait, au premier coup d'œil, que ces ressources ne devraient pas varier, et que tous les ans la même retenue, frappant les mêmes traitements, devrait donner les mêmes produits. Il n'en est rien cependant. Parmi ces ressources, nous comptons le produit d'une retenue supplémentaire qui ne frappe que les instituteurs en fonctions au 1er janvier 1850, retenue dont le produit variera considérablement chaque année, parce qu'il correspond à l'époque très inégale de l'entrée en fonctions des instituteurs. Les uns subiront la retenue supplémentaire pendant 16 ans, parce que, entrés au service des Écoles en 1834, ils auront 16 ans de services à valider, tandis que ceux qui sont entrés dans l'enseignement en 1848, n'auront à verser cette retenue que pendant 2 ans. D'un autre côté, la mort éclaircira chaque année les rangs d'une manière inégale parmi ces fonctionnaires d'âges très différents. Ainsi la retenue supplémentaire, qui sera la première année de 599 937 francs, diminuera d'année en année jusqu'en 1865, époque à laquelle elle cessera d'être perçue, après être tombée au chiffre de 7 719 francs.

La question de la mortalité, si essentielle quant aux recettes dans les 10 premières années de l'existence de la caisse, a des conséquences plus importantes encore quant aux dépenses. Voici comment la Commission l'a résolue, d'une part, en ce qui concerne les instituteurs qui obtiendront, pour infirmités, une pension de retraite, en 1850; et, d'autre part, en ce qui concerne les instituteurs qui atteindront successivement leur soixantième année d'âge et leur trentième année de services.

La Commission a pu établir l'âge moyen des premiers. D'après les renseignements qui lui ont été fournis, elle a reconnu qu'il serait de 66 ans 2 mois environ. La table de mortalité des rentiers donne à cet âge pour survie moyenne 11 ans et 1 mois. En divisant 1 594, nombre des instituteurs qui seront âgés de plus de 60 ans en 1850, par 22, double de 11, on obtient pour quotient 72 $^{10}/_{22}$ qu'on peut regarder comme la raison constante de la progression décroissante du nombre des instituteurs retraités, jusqu'à leur entière extinction à la fin de la vingt-deuxième année, à partir de 1850.

Quant aux seconds, la table de mortalité leur donne 14 ans de vie moyenne. En divisant par 28, double de 14, le nombre des instituteurs à soixante ans, on obtient la raison de la progression décroissante des instituteurs retraités de cette catégorie.

Le nombre des instituteurs qui, ainsi qu'on l'a déjà vu, sera, au 1er janvier 1850, de 1 594, s'accroîtra inégalement d'année en année jusqu'en 1882, époque où il atteindra le maximum de 8 172. Ce nombre décroîtra ensuite, mais lentement et sans jamais s'abaisser, suivant toute probabilité, au-dessous de 7 000.

En résumé, la caisse aura à pourvoir, en 1850, à une dépense de 336 620 francs. Elle possédera pour y faire face, y compris les fonds provenant des caisses d'épargne, 6 408 653 fr. 37 c., et cette situation prospère se soutiendra jusqu'en 1882, époque à laquelle se rapporte la plus forte charge de la caisse. Elle aura alors à servir des pensions de retraite dont le montant total s'élèvera à 2 836 885 francs. La caisse aura pour y subvenir une somme de 38 174 406 fr. 57 c. Mais ce capital ne produira plus un intérêt suffisant pour le payement des pensions; il faudra par conséquent lui faire un léger emprunt pendant sept ans, c'est-à-dire, jusqu'en 1889, époque à laquelle les charges de la caisse étant diminuées et les ressources étant constantes, le capital se reformera et croîtra ensuite d'année en année. Alors les conditions du règlement pourront être modifiées et offrir, soit aux instituteurs, soit à leurs veuves et à leurs enfants, de plus grands avantages.

Il résulte de la situation ci-dessus que les charges de la caisse ne se trouveront jamais au-dessus de ses ressources. Ces calculs reposent, il est vrai, sur l'hypothèse que le nombre des instituteurs laïques, qui, au 1er janvier 1850, est de 32 860, sera le même en 1895. Cette hypothèse, qu'il était indispensable d'admettre pour la régularité des calculs, est moins avantageuse que ne le sera le fait vrai. Selon toute probabilité, ce nombre s'accroîtra d'année en année; on doit espérer qu'un jour toutes les communes de France seront pourvues d'Écoles publiques; mais cette augmentation probable dans les dépenses devant correspondre à une augmentation proportionnelle dans les recettes, l'équilibre ne sera pas détruit; les chiffres changeant, les rapports ne changeront pas. Selon toutes les conjectures, les résultats seront même plus satisfaisants.

Quelques modifications qui puissent être apportées au projet de loi sur l'instruction publique, deux principes, qui n'ont été contestés par personne, resteront debout : l'élévation du traitement des instituteurs au minimum de 600 francs et la création d'une caisse de retraite. Cette création attachera les instituteurs à des fonctions qui leur offriront une destinée plus heureuse; elle les encouragera à faire des efforts pour s'y maintenir; et ces efforts, tournant au profit de leurs Écoles, auront, sur les jeunes générations qui leur sont confiées, la plus salutaire influence.

Dans ces moments surtout où des plaintes exagérées ont porté le trouble dans tous les rangs des instituteurs, vous penserez peut-être, Monsieur le Ministre, qu'il y aurait avantage et justice à publier un projet de règlement qui, leur donnant une preuve aussi positive de la sollicitude paternelle du Gouvernement, calmera leurs inquiétudes, soutiendra leur courage, stimulera leur zèle, et les empêchera de désespérer de l'avenir.

2° Projet de règlement.

Vu la loi du 22 août 1790, portant que, pour avoir droit à une pension, il faut justifier de 30 ans de services effectifs et de soixante ans d'âge, à moins que ce ne soit pour cause d'infirmités;

Vu le décret du 27 brumaire An III, sur les Écoles primaires (chapitre III, article 9), statuant que la nation accordera aux citoyens, qui auront rendu de longs services à leur pays dans la carrière de l'enseignement, une retraite qui mettra leur vieillesse à l'abri du besoin;

Vu l'article 14 de l'ordonnance du 14 février 1830, annonçant qu'il sera proposé un règlement général pour assurer aux instituteurs primaires communaux des pensions de retraite;

Vu la loi du 28 juin 1833, établissant des caisses d'épargne et de prévoyance en faveur des instituteurs;

Vu la loi du[1]. . . . . , portant qu'une caisse de retraite et de secours sera substituée par un règlement, dans le plus bref délai, aux caisses d'épargne des instituteurs communaux;

ARTICLE 1er. — A partir du 1er janvier 1850, il est établi une caisse spécialement destinée à assurer des pensions de retraite aux instituteurs primaires communaux, sous les conditions déterminées par le présent règlement.

Les caisses d'épargne établies, dans les départements, par la loi du 28 juin 1833, en faveur des instituteurs communaux sont supprimées à partir de la même époque.

ART. 2. — A partir du 1er janvier 1850, une retenue du vingtième sera faite sur le traitement des instituteurs, composé conformément à la loi.

ART. 3. — Les ressources de la caisse de retraite des instituteurs seront :

1° Les fonds actuellement déposés dans les caisses d'épargne des instituteurs et dont ils consentiront le versement dans la caisse des retraites;

2° Le produit annuel de la retenue du vingtième prescrit par l'article précédent;

3° Le produit annuel de la retenue supplémentaire prescrite par les articles 5 et 6;

4° Les dons et legs qui seront faits à ladite caisse.

Les fonds ainsi affectés à la caisse de retraite seront versés à la Caisse des dépôts et consignations, qui les placera en rentes sur l'État et qui demeurera chargée de centraliser les ressources de la caisse de retraite et d'en acquitter les dépenses au moyen et jusqu'à concurrence de ces ressources.

ART. 4. — Les instituteurs qui se refuseront à ce que le solde de leur compte courant à la caisse d'épargne, réglé au 31 décembre 1849, soit versé à la caisse de retraite, seront remboursés dans le délai de. . . . . .

Les droits qu'ils pourront ultérieurement acquérir, par leurs services dans l'instruction primaire, à une pension de retraite, ne commenceront à courir que du 1er janvier 1850.

ART. 5. — Les instituteurs, qui verseront dans la caisse de retraite les fonds

1. L'institution d'une caisse de retraites en faveur des instituteurs fut prescrite par l'article 39 de la loi du 15 *mars* 1850. — Voir, ci-après, le texte de cet article. — Voir également les décrets du 5 *janvier* 1851, du 29 *décembre* 1853 et du 8 *août* 1855.

qu'ils ont en dépôt dans les caisses d'épargne, auront droit au bénéfice du présent règlement, sous la condition de subir, en sus de la retenue prévue par l'article 2, une retenue supplémentaire égale au vingtième de la différence existant entre le traitement fixe sur lequel était opérée la retenue du vingtième pour la caisse d'épargne, et le traitement dont ils jouiront à partir du 1er janvier 1850.

Cette retenue supplémentaire sera exercée pendant un nombre d'années égal à la durée de leurs fonctions, antérieures à 1850, sans pouvoir remonter au delà du 1er janvier 1834.

ART. 6. — Tout instituteur, comptant au moins 15 ans de service dans les fonctions d'instituteur communal, pourra faire compter, dans la liquidation de sa pension de retraite, le temps qu'il aura passé, soit dans l'enseignement comme instituteur privé, soit dans le service militaire, soit dans un service public civil, à la charge de justifier de ses bons services, par un certificat de l'autorité compétente, et de verser à la caisse de retraite, en sus de la retenue ordinaire prescrite par l'article 2, une retenue supplémentaire du vingtième de son traitement d'instituteur, pour chacune de ses années de service en dehors des fonctions d'instituteur communal. Cette retenue supplémentaire, qui ne pourra remonter au delà du 1er janvier 1834, devra être calculée, pour les instituteurs en activité de service, sur les traitements dont ils jouiront à partir du 1er janvier 1850, et pour ceux qui entreront dans l'enseignement après cette époque, sur leurs traitements successifs.

ART. 7. — Tout instituteur communal, âgé de soixante ans et comptant 30 années de service, qui a subi pendant ces 30 années la retenue du vingtième, ou qui a versé la double retenue prévue par les articles 5 et 6, a droit à une pension égale aux quinze trentièmes du traitement moyen dont il a joui pendant ses 10 dernières années de service.

Les 30 années de service ne pourront remonter au delà du 1er janvier 1834.

ART. 8. — Tout instituteur communal, attaqué d'infirmités graves contractées depuis son entrée en fonctions et dûment constatées, est admis à demander une pension de retraite, avant l'époque fixée pour l'éméritat, pourvu qu'il compte au moins 15 ans de service donnant droit à la retraite.

Lorsque le motif de la retraite est jugé légitime, la pension est fixée aux cinq trentièmes du traitement moyen, calculé comme il est dit à l'article 7. Cette pension s'accroîtra d'un trentième dudit traitement pour chaque année de service au delà de 15 ans, sans qu'elle puisse excéder les dix trentièmes du traitement.

Dans tous les cas, le minimum des pensions de retraite des instituteurs est fixé à 100 francs.

ART. 9. — Dans les cas prévus par les articles 7 et 8, lorsque l'instituteur sera reconnu hors d'état de remplir ses fonctions et qu'il ne demandera pas sa retraite, le Ministre, sur la proposition du Conseil académique et l'avis motivé du Recteur, pourra prononcer, en Conseil de l'instruction publique, l'admission de cet instituteur à la pension de retraite, ledit instituteur préalablement entendu.

ART. 10. — Les liquidations seront établies sur le nombre effectif des années et mois de service; mais les fractions de mois et de franc seront négligées.

Les arrérages des pensions courront, au profit d'instituteurs en retraite, à dater du jour où ils auront cessé de toucher le traitement d'activité.

ART. 11. — L'instituteur à qui un jugement a interdit l'exercice des fonctions de l'enseignement, ou qui s'est mis dans l'un des cas d'incapacité prévus par la loi, perd, par le fait même, tout droit à la pension de retraite; il ne peut prétendre ni au remboursement des retenues exercées sur son traitement, ni à aucune indemnité.

Art. 12. — L'instituteur, révoqué ou démissionnaire avant 30 ans de service, n'a droit à aucune pension de retraite; il ne peut demander ni remboursement ni indemnité; mais si, par la suite, il rentrait dans l'instruction primaire le temps de son premier service lui compterait pour la pension.

Art. 13. — Tout instituteur, hors d'état de remplir ses fonctions par suite d'infirmités contractées en exposant ses jours, soit par dévouement à l'intérêt public, soit pour sauver la vie d'un de ses concitoyens, pourra obtenir, quelle que soit la durée de ses services, une pension de retraite égale aux quinze trentièmes de son traitement moyen.

Art. 14. — Les instituteurs qui appartiennent à des associations religieuses enseignantes, étant assurés, par les statuts mêmes de leur congrégation qu'il sera pourvu à leurs besoins, lorsque l'âge ou les infirmités les empêcheront de continuer leurs fonctions, ne subissent point de retenues sur leurs traitements au profit de la caisse de retraite et n'ont par conséquent aucun droit à des pensions sur cette caisse.

Ceux d'entre eux qui, sans renoncer à l'enseignement, cessent volontairement de faire partie d'une association religieuse sont admis à profiter du bénéfice des dispositions de l'article 6 du présent règlement, sous la condition du certificat de bons services énoncé au même article.

Art. 15. — Les demandes à fin de pension, après avoir été inscrites et visées à la mairie de la commune où réside le réclamant, seront adressées avec pièces justificatives au Ministre de l'Instruction publique et portées sur un registre spécial par ordre de date et de numéro. Le Ministre fera examiner ces demandes en Conseil de l'instruction publique, et, s'il est décidé qu'il y a lieu d'admettre le réclamant à la retraite, la pension sera liquidée dans les formes adoptées pour tous les membres de l'Université.

Les liquidations seront consignées sur le registre spécial; on y inscrira de même les extinctions et les suspensions.

Art. 16. — Le payement de la pension sera effectué par trimestre, sur la présentation d'un certifiat de vie du titulaire, délivré par le maire de la commune qu'il habite et dûment légalisé.

Art. 17. — La Caisse des dépôts et consignations remettra chaque année, au mois de....., un état des sommes qu'elle aura reçues, payées ou placées pour le compte de la caisse de retraite, comme aussi des extinctions ou suspensions de payement qui seront survenues, aux termes des articles 11, 14 et 15 du présent règlement.

Cet état sera inséré tous les ans au compte général du Ministère de l'Instruction publique.

Dispositions transitoires.

Art. 18. — Hors le cas prévu par l'article 13, l'instituteur qui serait admis à faire valoir ses droits à une pension de retraite, avant d'avoir versé la retenue supplémentaire, pour chacune de ses années de service antérieures à 1850, devra faire immédiatement le versement de la somme qu'il redevra pour toutes les années qu'il n'aura pas encore soldées.

Jusqu'en 1860 la pension de retraite ne pourra être liquidée sur un pied moindre de 600 francs, lorsque l'instituteur aura versé le complément de la retenue supplémentaire fixée pour les années antérieures à 1850.

13 déc. 1849. **Projet de loi concernant la nomination et la révocation des instituteurs communaux, présenté à l'Assemblée législative par M. de Parieu, Ministre de l'Instruction publique.**

13 Décembre 1849.

1° Exposé des motifs.

Messieurs, la loi du 28 juin 1833, succédant à un état de choses qui laissait beaucoup à souhaiter sous le rapport de la diffusion de l'instruction primaire, a été rédigée sous l'influence du désir dominant d'étendre le plus possible les bienfaits de cet enseignement.

Dans cette pensée généreuse d'expansion et de propagation de l'instruction primaire, et bien que la nécessité d'une forte influence administrative ait trouvé, en 1833, de prévoyants défenseurs, l'esprit du législateur s'est préoccupé plus fortement des droits à conférer aux instituteurs que des précautions dont la puissance publique doit entourer l'exercice de leur mandat, comme celui de toutes les fonctions qu'elle confère.

C'est ainsi surtout qu'affaiblissant, à leur égard, les droits de l'autorité centrale, appelée simplement à les instituer, on a laissé la répression des fautes qu'ils peuvent commettre à l'appréciation du Comité d'arrondissement, expression complexe d'opinions souvent renfermées dans la sphère timide de l'esprit local.

La faiblesse de cette autorité, manquant de responsabilité tout à la fois par sa forme multiple et son indépendance du pouvoir central, a procuré aux instituteurs une situation sans rapport avec les véritables et légitimes conséquences de leur mandat.

Fonctionnaires de l'État, comme le reconnaissait justement le Ministre auteur de la loi de 1833[1], les instituteurs doivent compte au pouvoir qui les institue de l'exercice de leur mission; fonctionnaires enseignants, il faut de plus qu'au-dessus d'eux plane l'idée d'une discipline que la conscience publique a toujours attachée indissolublement à l'idée même de tout enseignement.

Le principe général, en matière de fonctions publiques, est la responsabilité de ceux qui en sont investis envers l'autorité qui les nomme, et la sanction nécessaire de cette responsabilité consiste dans le retrait possible de la fonction des mains de celui qui en est dépositaire.

Il existe, sans doute, dans l'organisation administrative de notre pays, quelques restrictions à cette responsabilité effective. Ces exceptions sont fondées sur des situations spéciales, tantôt sur l'indépendance nécessaire pour l'accomplissement normal d'une fonction exposée à des séductions ou des craintes, tantôt sur la nature exceptionnelle des travaux nécessaires pour conquérir certaines positions.

Mais la loi de 1833, en rendant les instituteurs communaux comptables seulement de leurs actes envers une autorité multiple, affranchie de toute responsabilité supérieure, et près de laquelle aucun membre du Gouvernement n'a même reçu une mission influente de réquisition et d'action, a constitué pour eux, en résultat, une sorte d'indépendance dépourvue de tout fondement, et

1. *Exposé des motifs par le Ministre de l'Instruction publique,* séance du 2 janvier 1833. (Voir cet exposé, Tome II, page 1.)

dépassant probablement l'intention même de ses auteurs. Par une singularité remarquable, le privilège accordé à ces fonctionnaires dépasse même les garanties accordées en général aux membres de l'enseignement secondaire. Ceux-ci, en effet, sauf la juridiction du Conseil de l'Université pour les cas disciplinaires les plus graves, sont responsables envers le chef de l'Université seul (voy. art. 56 et 57 du décret de 1808) de l'accomplissement d'une fonction qu'ils tiennent de lui, et qu'ils ont en général acquise cependant par des travaux plus sérieux et plus prolongés que ceux imposés aux instituteurs primaires pour obtenir celles qu'ils exercent.

Le résultat étrange de cette législation au regard de la responsabilité ministérielle est l'existence de plusieurs milliers d'agents de l'instruction publique, presque complètement soustraits à la direction du Ministre chargé de ce département, et d'autant plus indépendants, qu'ils sont moins élevés dans la hiérarchie de l'enseignement.

On a pu fermer les yeux sur les conséquences possibles d'une législation semblable dans les premiers entraînements de la confiance d'un législateur qui, au milieu d'un ordre de choses tranquille, prenait pour mesure de l'avenir l'idéal élevé de ces espérances.

Quand sont venus pour notre société des jours d'épreuves, et lorsque l'agitation des révolutions, soulevant des passions nombreuses, a semblé découvrir quelquefois jusqu'aux fondements de l'ordre social, ces circonstances, jointes à des excitations imprudentes, ont suffi pour communiquer aux membres de l'enseignement primaire des dispositions qui, trop souvent, ont laissé peu de place à cette vie calme, austère et purement enseignante, que le législateur de 1833 avait demandée aux instituteurs, objets de sa pensée. Les illusions ont dû disparaître devant de sérieuses réalités, lorsqu'on a vu sur plusieurs points du pays certains instituteurs, se jetant dans l'arène des partis, mettre leurs entreprises à l'abri des imperfections d'une législation qui avait, à leur égard, involontairement désarmé l'autorité.

Il est nécessaire de rentrer, à l'égard des instituteurs primaires, dans la vérité de la logique et dans les justes exigences de la situation de notre pays. Ils enseignent au nom du pouvoir qui les institue. Si une partie de leur traitement est acquittée par les communes et les départements, contraints à cette dépense par l'État, qui y ajoute une subvention importante, il est impossible de puiser dans cette circonstance le principe d'une indépendance qu'on n'a jamais réclamée pour les régents des Colléges retribués complètement par les communes, ni pour d'autres fonctionnaires qui y auraient, sous ce rapport, s'il était fondé, non moins de titres.

Le Gouvernement doit donc être investi par la loi du droit et du devoir de surveiller leur enseignement et la moralité de leur vie par des agents dont la responsabilité soit inséparable de la sienne. En accomplissant ce devoir, il agira dans le sens de sa mission sociale la plus haute; et, pour un État qui, comme la France, a consacré le principe de la liberté et la concurrence dans l'enseignement, un pouvoir sérieux de discipline sur tous ceux qui donnent l'instruction en son nom se justifie peut-être par une raison de plus que celles déduites de la nature de l'enseignement lui-même.

Une modification de la loi de 1833, dans le but de soumettre les instituteurs au droit commun des autres fonctionnaires, nous a donc paru l'une des mieux motivées parmi celles que réclame la situation actuelle de l'enseignement public. Fixés dans cette manière de voir, déjà annoncée par nous à l'Assemblée nationale dans le courant du mois dernier, nous nous sommes demandé s'il suffirait de la réaliser en discutant la loi organique sur l'enseignement, ou même en vous proposant d'extraire du projet sur cette matière le titre relatif à l'instruction primaire, pour en faire l'objet d'une délibération anticipée. Nous avons bientôt reconnu que, dans l'une et l'autre de ces voies, nous nous exposions aux lenteurs les plus préjudiciables aux véritables intérêts du pays.

Le projet de loi organique sur l'enseignement, œuvre considérable par le nombre autant que par la gravité des questions qu'elle soulève, la plus étendue peut-être de celles que vous puissiez avoir à aborder dans votre législature, a été renvoyé par vous, il y a un mois, à l'examen du Conseil d'État.

Poursuivi avec zèle par ce Conseil, cet examen est presque terminé; mais le projet pourra-t-il être prochainement, de votre part, l'objet d'un vote définitif? un certain temps ne sera-t-il pas d'abord nécessaire pour apprécier définitivement les amendements qu'il est naturel d'attendre des travaux du Conseil d'État sur une œuvre qui met en présence des systèmes et des intérêts si divers?

Quand on mesure, en outre, le nombre, la longueur, l'assiduité des séances consacrées par ce même Conseil, avec une activité et un empressement dont nous avons été particulièrement témoin, à délibérer un avis sur cette matière, on reconnaît aisément qu'il est impossible de fixer un terme rapproché pour l'accomplissement, dans l'Assemblée nationale, des trois lectures d'un projet composé de près de 100 articles, et dont la délibération peut être interrompue par des incidents et des travaux parlementaires tels, par exemple, que la discussion du budget.

Quant à l'idée d'extraire du projet général de la loi organique l'ensemble des dispositions relatives à l'enseignement primaire, pour diviser ainsi la discussion de la loi en deux parties distinctes, il est facile de se convaincre qu'en admettant que cette division parût sans inconvénient à l'Assemblée, elle entraînerait encore d'assez longs retards. La législation nouvelle proposée, relativement aux instituteurs primaires, présuppose, en effet, pour quiconque a examiné ce sujet, la solution des questions les plus délicates peut-être du projet de loi organique : nous voulons dire celles qui touchent à la réorganisation du personnel général de l'administration de l'Instruction publique et à la délimitation du droit de surveillance appartenant à l'État.

Cependant le maintien du *statu quo* en matière d'enseignement primaire laisse subsister, et peut-être grandir, le mal auquel il s'agit d'obvier. Dans ces circonstances, nous laissons à qui croirait pouvoir l'accepter la responsabilité du retard ou de l'inertie, et nous avons l'honneur de vous soumettre quelques dispositions essentiellement transitoires, entées sur l'organisation actuelle des pouvoirs institués en 1833. Nous laissons, dans ces dispositions, aux Comités d'arrondissement quelques-unes de leurs attributions; car leur rapprochement des instituteurs leur permet de connaître spécialement les fautes purement scolaires qu'ils peuvent commettre. Mais, à défaut de Recteurs assez nombreux et rapprochés des localités pour leur confier l'administration de l'instruction primaire, nous vous proposons d'établir dans l'action administrative des Préfets un nouveau rouage de surveillance et au besoin de répression, propre tantôt à suppléer facultativement, tantôt à remplacer complètement les autorités établies par la loi actuelle.

Les dispositions des trois premiers articles de notre projet ont entre elles un enchaînement qui n'a pas besoin de commentaire. Le pouvoir de révocation et celui de nomination devant être parallèles, l'article 4 constitue une sanction que vous approuverez, sans doute, comme juste, et qui ne permet pas que l'instituteur révoqué de ses fonctions vienne immédiatement, au moins dans l'espace de temps qu'une loi transitoire peut embrasser, s'efforcer de reconquérir dans la même commune, et sous un autre titre, une position analogue à celle dont il aurait abusé.

Il ne nous reste plus qu'un mot à ajouter sur le projet que nous avons l'honneur de vous soumettre, dans le but seulement de parer à toutes les susceptibilités. Les termes, la nature, la brièveté des dispositions que nous vous présentons, vous disent suffisamment qu'en vous soumettant quelques dispositions séparées du projet de loi organique sur l'ensemble de l'enseignement, nous n'avons l'intention ni d'éluder les conséquences de la Constitution relativement à l'organisation de la liberté de l'enseignement secondaire, ni même les questions qui se rattachent à d'autres améliorations du régime de l'instruction primaire. Toute interprétation différente de notre pensée serait hautement désavouée par le Gouvernement.

C'est par suite de ce caractère transitoire de notre projet que nous n'avons voulu y mêler aucune disposition étrangère à l'objet direct que nous vous avons fait connaître. Les instituteurs peuvent compter sur la justice du Gouvernement à l'égard de leurs légitimes intérêts. Il a déjà proposé, dans la présentation du budget, et il soutiendra au besoin en toute circonstance, les dispositions propres à leur assurer dans l'avenir un sort meilleur que celui dont ils ont longtemps joui.

Mais, quant à présent, il s'agit à nos yeux de rassurer, en armant le pouvoir, la société alarmée par l'attitude de quelques-uns d'entre eux. Vous arrêterez ainsi, lorsqu'il en est temps encore, et par la seule influence de la loi, la contagion de funestes exemples. Du reste, en rappelant exclusivement les instituteurs à la tâche impartiale, modeste et utile, d'instruire les enfants du peuple, vous rendrez plus à leur dignité, vous ferez plus pour leurs intérêts véritables qu'en leur conservant des privilèges dangereux et sans fondements.

Pour apprécier l'urgence du projet que nous avons l'honneur de déposer sur votre bureau, nous nous en rapportons à vos consciences et à votre jugement sur la situation du pays.

Voici les termes du projet dont le Gouvernement demande le renvoi à la Commission chargée de la loi organique sur l'enseignement.

2° Projet de loi.

Le projet de loi suivant sera présenté à l'Assemblée législative par le Ministre de l'Instruction publique et des Cultes, qui est chargé d'en exposer les motifs et d'en soutenir la discussion[1].

Article 1er. — Jusqu'à la promulgation de la loi organique de l'enseignement, l'instruction primaire, dans chaque département, est spécialement placée sous la surveillance des Préfets.

Art. 2. — Les instituteurs communaux seront nommés par le Préfet du département et choisis par lui, soit parmi les laïques, soit parmi les membres des associations religieuses vouées à l'enseignement et reconnues par l'État, en se

1. Après une courte discussion, et conformément à la demande du Gouvernement, l'urgence fut déclarée, et le projet renvoyé à la Commission chargée de l'examen de la loi organique de l'enseignement. (Voir ci-après, page 284, le rapport de la Commission.)

conformant, relativement à cette option, au vœu exprimé par le Conseil municipal de la commune.

Art. 3. — Dans les cas prévus par l'article 23 de la loi du 28 juin 1833, le Préfet réprimande, suspend et déplace les instituteurs. Il peut les révoquer en Conseil de préfecture, et sauf le pourvoi de l'instituteur révoqué devant le Ministre de l'Instruction publique en Conseil de l'Université.

Art. 4. — L'instituteur révoqué ne peut ouvrir une École privée dans la commune où il exerçait les fonctions qui lui ont été retirées.

Art. 5. — Les Comités d'arrondissement restent investis du droit de suspendre les instituteurs, soit d'office, soit sur la plainte du Comité local, et conformément à l'article 23 de la loi du 28 juin 1833. La suspension prononcée par le Comité d'arrondissement devra, dans le délai d'un mois, être déférée au Préfet, qui statue définitivement.

Art. 6. — Les dispositions de la loi du 28 juin 1833 restent en vigueur en tout ce qui n'est pas contraire à la présente loi.

---

14 déc. 1849.

Projet de règlement élaboré par le Conseil de l'Université pour les Écoles normales primaires.

14 Décembre 1849.

Le Conseil, etc.,

Arrête :

Article 1er. — Les Écoles normales primaires sont particulièrement destinées à former des instituteurs du degré élémentaire.

Art. 2. — Le cours normal est de deux ans au plus, sauf l'exception prévue par l'article 8 en faveur de ceux des élèves-maîtres qui pourraient être préparés à l'instruction primaire du degré supérieur.

Art. 3. — L'enseignement normal comprend :

L'instruction morale et religieuse,

La lecture,

L'écriture,

Les éléments de la langue française,

L'arithmétique,

Le système légal des poids et mesures,

L'arpentage,

Les éléments du dessin linéaire,

Le chant.

Le programme des divers objets de l'enseignement est arrêté par le Conseil de l'Université.

Le directeur de l'École est toujours chargé d'une partie de l'enseignement normal.

Art. 4. — Les élèves-maîtres sont exercés à la pratique de l'enseignement dans une École primaire élémentaire annexée à l'École normale.

Art. 5. — Une bibliothèque à l'usage des élèves-maîtres, et composée exclusivement d'ouvrages prescrits par le Conseil de l'Université, est placée dans chaque École normale.

ART. 6. — Nul n'est admis comme élève-maître, soit en qualité de boursier, soit en qualité de pensionnaire libre, s'il ne remplit les conditions suivantes.

Il doit :

1° Être âgé de seize ans au moins et de vingt et un ans au plus ;

2° Produire des certificats attestant sa bonne conduite, et en outre un certificat de médecin constatant qu'il n'est sujet à aucune infirmité incompatible avec les fonctions d'instituteur, et qu'il a été vacciné ou qu'il a eu la petite vérole ;

3° Prouver, par le résultat d'un examen, qu'il sait lire et écrire correctement, qu'il possède les premières notions de la grammaire française et du calcul, et qu'il a une connaissance suffisante de la religion qu'il professe.

Les examinateurs ne se bornent pas à constater jusqu'à quel point les candidats possèdent les connaissances exigées ; ils s'attachent aussi à connaître les dispositions des candidats, leur carrière, leur degré d'intelligence et d'aptitude.

ART. 7. — Les élèves-maîtres font le service intérieur de l'École ; lorsque l'École possède un jardin, il est cultivé par les élèves-maîtres.

La disposition, qui consistait à supprimer absolument les sorties individuelles pour les élèves-maîtres, est supprimée.

ART. 8. — Par exception, et sur la proposition du Conseil général, un certain nombre d'élèves, déjà pourvus du brevet du dégré élémentaire, peuvent être autorisés à demeurer un an de plus dans l'École normale, et recevront un complément d'instruction.

Ce complément d'instruction comprendra les éléments de la géométrie avec ses applications usuelles ;

Des notions de science physique et de l'histoire naturelle, applicables aux principaux usages de la vie ;

Le chant ;

Les éléments de l'histoire et de la géographie, et surtout l'histoire et la géographie de la France.

ART. 9. — Les dispositions des règlements précédents qui ne sont point contraires au présent règlement, continueront d'avoir leur effet.

Programme de l'enseignement du cours normal.

Grammaire. — Abrégé de grammaire française par Lhomond ; exercices oraux d'analyse grammaticale d'après cette grammaire.

Dictées d'orthographe extraites des auteurs dont la liste sera prescrite par le Conseil de l'Université, pour être placés dans les bibliothèques des Écoles normales.

Arithmétique. — Numération parlée et écrite.

Addition, soustraction, multiplication et division des nombres entiers. — Fractions décimales. — Addition, soustraction, multiplication et division des fractions décimales ou des nombres entiers accompagnés de fractions décimales.

Fractions quelconques et nombres fractionnaires, simplification des fractions. Réduction des fractions au même dénominateur.

Addition, soustraction, multiplication et division des fractions quelconques et des nombres fractionnaires.

Conversion des fractions quelconques en fractions décimales.

Système métrique.
Règle de trois simple et composée et son application.
Extraction des racines carrées.

Chant. — Méthode de M. Duchemin-Boisjousse ou méthode de Wilhem.

Arpentage. — Mesure des distances horizontales jalonnées. — Usage de l'équerre d'arpenteur.

Mesure des terrains dont la forme est un rectangle, un parallélogramme, un triangle, un trapèze, un polygone quelconque. Cas où le contour est curviligne.

Méthodes particulières applicables aux terrains boisés ou marécageux. Cas où le terrain est incliné, base productive, niveau d'eau.

Lever des plans :

1° A la planchette;

2° Au graphomètre; usage de la boussole pour relever les détails, teintes conventionnelles pour le lavis des plans.

Règle pratique pour le cubage des bois et le jaugeage des tonneaux.

Dessin linéaire. — Ligne droite, cercles, angles, perpendiculaires, parallèles.

Accordements des droits et des cercles, moulures, division des droits. — Construction des échelles.

Division des circonférences, polygone régulier. — Parquets, rosaces et applications diverses. — Portes, croisées, grilles. — Étoiles. — Balustrades. — Instruments aratoires.

Réduction des figures :

1° A l'échelle;

2° Par la méthode des carreaux.

Chaque exercice devra être pratiqué d'abord à la main, ensuite avec les instruments.

---

17 déc. 1849. **Projet de loi sur l'instruction publique délibéré en Conseil d'État, et renvoyé à l'Assemblée législative[1].**

17 Décembre 1849.

TITRE Ier.

Des établissements d'instruction publique.

ARTICLE 1er (art. 22 du projet du Gouvernement[2]). — Les établissements d'instruction sont publics ou privés.

1. Voir ci-dessus le projet de M. de Falloux, page 162, et le rapport de M. Beugnot, page 192. — Voir ci-après, à la date du 31 *décembre* 1849, le rapport supplémentaire de M. Beugnot.

2. Les mentions entre ( ) visent les articles du projet du Gouvernement, déposé le 18 *juin* 1849 par M. de Falloux; voir page 172.

Les établissements publics sont fondés et entretenus par les communes, les départements ou l'État.

Les établissements privés sont fondés et entretenus par des particuliers.

TITRE II.

Des autorités préposées à l'enseignement.

CHAPITRE Ier. — *Du Conseil supérieur de l'instruction publique.*

ART. 2 (art. 1er). — Le Conseil supérieur de l'instruction publique est composé comme il suit :

1° Le Ministre, président;

2° Trois archevêques ou évêques, élus par leurs collègues;

3° Un pasteur de l'Église réformée, un pasteur de l'Église de la confession d'Augsbourg, nommés par les consistoires de chacune des deux communions, et un membre du consistoire central israélite, élu par ses collègues;

4° Trois conseillers d'État, élus par leurs collègues;

5° Trois membres de la Cour de cassation, élus par leurs collègues;

6° Trois membres de l'Institut, élus en assemblée générale de l'Institut;

7° Trois membres de l'enseignement privé, choisis par le Président de la République, sur la proposition du Ministre de l'Instruction publique;

8° Huit membres choisis par le Président de la République, en Conseil des Ministres, parmi les anciens membres du Conseil de l'Université, les Inspecteurs généraux, les Recteurs et les professeurs des Facultés, après cinq ans d'exercice dans ces fonctions.

Ces huit membres forment une Section permanente.

ART. 3 (art. 2). — Les membres de la Section permanente reçoivent seuls un traitement.

Ils sont nommés à vie.

Ils ne peuvent être révoqués que par le Président de la République, sur la proposition du Ministre de l'Instruction publique.

Toute révocation est individuelle, et délibérée en Conseil des Ministres.

ART. 4 (art. 3). — Les autres membres du Conseil sont nommés pour six ans; ils sont rééligibles. Ceux qui sont désignés aux numéros 2, 4, 5, 6 et 7 de l'article 2 sont renouvelés tous les deux ans, par tiers.

ART. 5 (art. 4). — Le Conseil supérieur tient au moins quatre sessions par an.

Le Ministre peut le convoquer en session extraordinaire, toutes les fois qu'il le juge convenable.

ART. 6 (art. 5). — Le Conseil supérieur peut être appelé à donner son avis sur les projets de loi, de règlement d'administration publique et de décret, et, en général, sur toutes les questions relatives à l'instruction publique.

Il est nécessairement appelé à donner son avis :

Sur les règlements relatifs aux examens, aux concours et aux programmes d'études dans les Écoles publiques, et à la surveillance des Écoles privées;

Sur la création des Facultés, Lycées et Collèges;

Sur la reconnaissance des Écoles privées comme établissements d'utilité publique;

Sur les demandes en autorisation d'accepter les dons ou legs faits aux Écoles publiques et aux Écoles privées reconnues comme établissements d'utilité publique;

Sur les secours et encouragements à accorder aux Écoles;

Sur les livres qui pourront être mis entre les mains des élèves ou placés dans les bibliothèques des Écoles publiques, et sur ceux qui devront être interdits dans les Écoles privées.

ART. 7 (art. 5). — Il juge, en dernier ressort, les affaires contentieuses relatives à l'obtention des grades, aux concours devant les Facultés, à l'exercice de la liberté d'enseigner.

ART. 8 (art. 5, 6 et 34). — Il prononce sur les poursuites dirigées contre les membres de l'instruction secondaire publique, et tendant à la révocation.

Il prononce, dans les cas déterminés par la présente loi, sur les affaires disciplinaires relatives aux instituteurs primaires communaux.

ART. 9. — Sur les matières énumérées aux deux articles précédents, le Conseil supérieur ne peut rendre une décision valable si quinze de ses membres, au moins, ne sont présents.

La décision ne peut être déférée au Conseil d'État que pour incompétence, excès de pouvoir ou violation de la loi.

ART. 10 (art. 5). — Le Conseil présente au Ministre les observations qu'il juge convenables sur l'état général de l'enseignement, sur les abus qui pourraient s'introduire dans les établissements d'instruction, et sur les moyens d'y remédier.

ART. 11 (art. 6). — La Section permanente est chargée de l'examen préparatoire des questions qui se rapportent à la police, à la comptabilité et à l'administration des Écoles publiques.

Elle donne son avis, toutes les fois qu'il lui est demandé par le Ministre, sur les questions relatives aux droits et à l'avancement des membres du corps enseignant.

La section présente au Conseil, au moins une fois par an, un rapport sur l'état de l'enseignement et de la discipline dans les Écoles publiques.

CHAPITRE II. — *Des Académies.*

ART. 12 (art. 7). — Il y a une Académie par ressort de Cour d'appel.

Néanmoins, dans les ressorts de Cour d'appel comprenant plus de trois départements, il peut être créé une seconde Académie.

ART. 13 (art. 8). — Il y a dans chaque Académie un Recteur, des Inspecteurs d'Académie et un Conseil académique.

ART. 14 (art. 9). — Le Conseil académique est composé comme il suit :

Le Recteur, président;

Un Inspecteur de l'Académie et un Inspecteur de l'enseignement primaire, désignés par le Ministre;

Le premier Président et le Procureur général de la Cour d'appel;

Le Préfet;

L'évêque;

Un ministre du culte catholique désigné par l'évêque, et un ministre de chacun des autres cultes reconnus par la loi, élu par le consistoire;

Trois membres de l'enseignement, dont un de l'enseignement privé, désignés par le Ministre;

Un membre par chaque département de la circonscription, élu par le Conseil général dans son sein ou hors de son sein.

Si le chef-lieu de l'Académie n'est pas le siège de la Cour d'appel, le premier Président est remplacé par le Président du tribunal de première instance, et le Procureur général par le Procureur de la République.

Si le chef-lieu de l'Académie n'est pas celui du département, le Préfet est remplacé par le Sous-Préfet de l'arrondissement.

Si le chef-lieu de l'Académie n'est pas le siège de l'évêché, l'évêque peut déléguer un ecclésiastique pour le remplacer.

ART. 15. — Pour l'Académie de Paris, le Conseil académique est composé comme il suit :

Le Recteur, président;

Le premier Président et le Procureur général de la Cour d'appel;

L'archevêque de Paris;

Le Préfet de la Seine et le Préfet de police;

Deux Inspecteurs d'Académie et un Inspecteur de l'instruction primaire, désignés par le Ministre;

Un membre de l'enseignement privé, désigné par le Ministre;

Trois ministres du culte catholique, désignés par l'archevêque;

Un ministre de chacun des autres cultes reconnus par l'État, désigné par le consistoire;

Un membre par chaque département de la circonscription du ressort de l'Académie, élu par le Conseil général, dans son sein ou hors de son sein.

ART. 16 (art. 11 et 12). — Le Conseil académique donne son avis :

Sur l'état des différentes Écoles établies dans le ressort de l'Académie;

Sur les réformes à introduire dans l'enseignement, la discipline et l'administration des Écoles publiques;

Sur les budgets et les comptes administratifs des Lycées et Collèges.

Il soumet à l'approbation du Ministre les règlements intérieurs des établissements publics d'instruction secondaire.

ART. 17 (art. 11). — Il instruit ou juge, dans les cas et suivant les formes déterminés par les lois et règlements, les affaires contentieuses et disciplinaires relatives aux établissements publics secondaires ou supérieurs.

En matière contentieuse et disciplinaire, le Conseil académique ne peut délibérer que si neuf membres, au moins, sont présents.

ART. 18 (art. 10 et 15). — Chaque année, il présente un exposé de la situation de l'enseignement dans le ressort de l'Académie.

Cet exposé est envoyé par le Recteur au Ministre et aux Préfets des départements compris dans le ressort de l'Académie. Il est communiqué par les Préfets aux Conseils généraux et par le Ministre au Conseil supérieur.

CHAPITRE III. — *De l'inspection.*

ART. 19 (art. 16). — L'inspection des établissements d'instruction publics ou privés est exercée :

1° Par les Inspecteurs généraux;

2° Par les Recteurs et par les Inspecteurs d'Académie;

3° Par les Inspecteurs et sous-inspecteurs de l'instruction primaire;

4° Par les Comités de départements;

5° Par les Comités cantonaux ou leurs délégués.

ART. 20 (art. 17 et 18). — Les Inspecteurs généraux sont choisis par le Ministre :

1° Parmi les Recteurs et les Inspecteurs d'Académie;

2° Parmi les professeurs des Facultés et des établissements d'enseignement public supérieur, les proviseurs et censeurs des Lycées, les principaux de Collège, les chefs d'établissements privés et les professeurs des classes supérieures dans les établissements d'instruction secondaire, publics ou privés, sous la condition, commune à tous, du grade de licencié et de cinq ans d'exercice.

ART. 21 (art. 17). — Les Inspecteurs d'Académie sont choisis par le Ministre, parmi les professeurs des Facultés, les proviseurs et censeurs des Lycées, les principaux de Collège, les chefs d'établissements privés et les professeurs de ces divers établissements, sous la condition, commune à tous, du grade de licencié et de cinq ans d'exercice.

ART. 22 (art. 18). — Les Inspecteurs et sous-inspecteurs de l'instruction primaire sont nommés par le Ministre.

Il y a, dans chaque département, un Inspecteur de l'instruction primaire, et des sous-inspecteurs en nombre égal à celui des arrondissements.

ART. 23 (art. 19). — Dans les établissements privés, l'inspection porte sur la moralité, l'hygiène et la salubrité.

Elle ne peut porter sur l'enseignement que pour vérifier s'il n'est pas contraire à la morale, à la Constitution et aux lois.

Dans les établissements publics, l'inspection porte sur tous les objets prévus par les règlements relatifs à ces établissements.

ART. 24 (art. 20). — Tout chef, tout préposé à la direction d'un établissement d'instruction secondaire ou primaire, qui refuse de se soumettre à la surveillance de l'État, est traduit devant le tribunal correctionnel de l'arrondissement, et condamné à une amende de 100 francs à 1 000 francs.

En cas de récidive, l'amende est de 500 francs à 3 000 francs. Si le refus de se soumettre à la surveillance de l'État a donné lieu à deux condamnations dans l'année, la fermeture de l'établissement peut être ordonnée par le jugement qui prononce la seconde condamnation.

Le procès-verbal des Inspecteurs constatant le refus est transmis au Procureur de la République.

TITRE III.

De l'enseignement primaire.

ART. 25 (art. 21). — L'enseignement primaire comprend nécessairement l'instruction morale et religieuse, la lecture, l'écriture, les éléments de la langue française et du calcul, le système légal des poids et mesures.

Il peut comprendre en outre :

L'arithmétique appliquée aux opérations pratiques;

Les éléments de l'histoire et de la géographie;

Des notions des sciences physiques et de l'histoire naturelle, applicables aux usages de la vie;

Des instructions élémentaires sur l'agriculture, l'industrie et l'hygiène;

L'arpentage, le dessin linéaire;

Le chant et la gymnastique.

ART. 26 (art. 23). — L'enseignement primaire est donné gratuitement à tous les enfants dont les familles sont hors d'état de le payer.

CHAPITRE Ier. — *Des autorités préposées à l'enseignement primaire.*

ART. 27 (art. 12). — Il y a, au chef-lieu de chaque département, un Comité spécialement chargé, sous l'autorité du Ministre de l'Instruction publique, de surveiller et d'encourager l'instruction primaire.

ART. 28 (art. 9). — Sont membres de ce Comité :

Le Préfet, président ;

Le Président du tribunal civil ;

Le Procureur de la République ;

Trois membres du Conseil général, désignés par ce Conseil ;

Un membre de l'enseignement, désigné par le Ministre de l'Instruction publique ;

L'Inspecteur de l'enseignement primaire du département, qui remplira les fonctions de secrétaire.

En cas de partage, la voix du président est prépondérante.

ART. 29. — Le Comité d'instruction primaire s'assemble au moins une fois par mois.

Il peut être convoqué extraordinairement par le Préfet.

ART. 30 (art. 12, 13, 14, 34 et 37). — Le Comité d'instruction primaire donne son avis :

1° Sur le taux de la rétribution scolaire dans chaque commune ;

2° Sur la réunion de plusieurs communes pour l'entretien d'une École ;

3° Sur l'établissement d'Écoles communales séparées pour les enfants des deux sexes ou pour les enfants appartenant aux différents cultes reconnus par l'État ;

4° Sur la nomination, la suspension, le retrait d'emploi, la révocation des instituteurs primaires communaux ;

5° Sur les récompenses à décerner aux instituteurs ;

6° Sur toutes les demandes de secours et d'encouragement ;

7° Sur toutes les questions qui lui sont soumises par le Préfet.

ART. 31 (art. 10 et 15). — Chaque année, il fait un rapport sur la situation de l'instruction primaire dans le département.

Ce rapport est envoyé par le Préfet au Recteur, remis au Conseil général du département, et adressé au Ministre, qui le communique au Conseil supérieur.

ART. 32 (art. 42). — Il y a, dans chaque canton, un Comité de surveillance des établissements d'instruction primaire, publics ou privés.

Le nombre des membres dont se compose ce Comité est déterminé par le Comité de département; sont membres de droit du Comité cantonal : le membre du Conseil général élu dans le canton, le juge de paix, un membre du Conseil cantonal, élu par ce Conseil.

Les autres membres sont nommés, chaque année, par le Préfet, sur l'avis du Comité du département.

Le Comité cantonal élit son président.

Le Sous-Préfet, le Procureur de la République et le sous-inspecteur de l'instruction primaire sont membres de droit de tous les Comités de l'arrondissement, et y prennent les premières places toutes les fois qu'ils y assistent. Le Sous-Préfet et le sous-inspecteur de l'arrondissement ont toujours le droit de convoquer le Comité cantonal.

ART. 33 (art. 43, 44 et 45). — Le maire a toujours entrée dans les Écoles publiques et privées de la commune.

Il y exerce la surveillance, dans les limites déterminées par l'article 23.

Le curé et le pasteur sont spécialement chargés de surveiller l'enseignement religieux.

ART. 34. — Le maire, le curé et le pasteur sont appelés aux délibérations du Comité cantonal relatives aux affaires de leur commune; ils ont droit d'y prendre part avec voix délibérative.

ART. 35 (art. 42 et 43). — Le Comité cantonal inspecte et, au besoin, fait inspecter, par des délégués pris dans son sein ou hors de son sein, les établissements d'instruction primaire de son ressort.

Il détermine les Écoles particulièrement soumises à la surveillance de chacun des délégués.

Il s'assure qu'il a été pourvu à l'enseignement gratuit des enfants portés sur la liste formée en vertu de l'article 60.

Il fait connaître au Comité de département l'état et les besoins des Écoles publiques.

ART. 36 (art. 55). — Dans le département de la Seine, le Comité de département est composé comme il suit :

Le Préfet de la Seine, président;

Un ministre du culte catholique, désigné par l'archevêque, et un ministre de chacun des autres cultes reconnus par l'État, désigné par le consistoire;

Trois membres de l'enseignement, dont un de l'enseignement privé, désignés par le Ministre;

Seize membres désignés par le Conseil général dans son sein ou hors de son sein;

Le Président du tribunal civil, ou un membre de ce tribunal, désigné par lui;

Le Procureur de la République, ou un de ses substituts, désigné par lui;

Un Inspecteur de l'instruction primaire, désigné par le Ministre, et chargé des fonctions de secrétaire.

ART. 37 (art. 55). — A Paris, il y a, dans chaque arrondissement, un Comité cantonal, composé ainsi qu'il suit :

Le maire, président;

Le curé;

Le juge de paix;

Quatre membres désignés par le Comité du département.

CHAPITRE II. — *Des instituteurs.*

SECTION Ire. — Des conditions pour l'exercice de la profession d'instituteur primaire.

ART. 38 (art. 24). — Tout Français âgé de vingt et un ans accomplis peut exercer, dans toute la France, la profession d'instituteur primaire, s'il est muni d'un brevet de capacité.

Le brevet de capacité peut être remplacé par le diplôme d'un grade universitaire.

ART. 39 (art. 46). — Les brevets de capacité sont délivrés par une Commission d'examen, nommée par le Ministre, sur la présentation du Préfet et l'avis du Comité de département.

Elle est chargée de juger publiquement l'aptitude de tous les aspirants qui se présentent devant elle pour obtenir ce brevet.

Le programme de l'examen est arrêté par le Ministre.

Cette Commission se compose de sept membres au moins et de neuf membres au plus; elle choisit son président. Un Inspecteur d'Académie ou un Inspecteur de l'instruction primaire, un ministre de chacun des cultes professés dans le département, un membre de l'instruction publique, et un membre de l'instruction privée font nécessairement partie de la Commission.

Elle se réunit aux époques déterminées par le Préfet.

ART. 40 (art. 24 et 47). — Des brevets de capacité peuvent être délivrés par les Préfets, de l'avis du Comité de département, aux aspirants qui justifient avoir enseigné d'une manière satisfaisante, pendant trois ans au moins, dans les Écoles publiques ou privées autorisées à recevoir des stagiaires.

Les Écoles dans lesquelles les stagiaires peuvent être admis sont désignées par le Préfet, sur le rapport de l'Inspecteur primaire et l'avis du Comité du département.

ART. 41 (art. 25). — Sont incapables de tenir une École publique ou privée, ou d'y être employés : les condamnés pour crimes; les individus qui auraient subi une condamnation pour vol, escroquerie, banqueroute, abus de confiance, adultère, attentat et outrage aux mœurs; les individus privés par jugement de tout ou partie des droits mentionnés en l'article 42 du Code pénal, et ceux qui ont été interdits en vertu des articles 46 et 47 de la présente loi.

ART. 42 (art. 26). — Quiconque aura ouvert ou tenu une École en contravention aux articles 38 et 41, ou sans avoir satisfait aux conditions prescrites par l'article 43, sera poursuivi devant le tribunal correctionnel et condamné à une amende de 50 à 500 francs.

L'École sera fermée.

En cas de récidive, le délinquant sera condamné à un emprisonnement de six à trente jours et à une amende de 100 à 1 000 francs.

SECTION II. — Des instituteurs privés.

ART. 43 (art. 27). — Tout instituteur qui veut ouvrir une École privée doit préalablement déclarer son intention au Sous-Préfet, au Procureur de la République de l'arrondissement, et au maire de la commune où il veut s'établir.

Il lui est donné récépissé de sa déclaration. Cette déclaration doit désigner le local qu'il entend affecter à cette École, indiquer les lieux où il a résidé, et les professions qu'il aurait exercées pendant les dix années précédentes.

Elle est immédiatement affichée par les soins du maire, au lieu ordinaire des publications. Elle reste affichée pendant un mois.

ART. 44 (art. 28). — Dans le mois qui suit le dépôt de la déclaration prescrite par l'article précédent, le maire, le Procureur de la République, le Préfet, le Sous-Préfet ou l'Inspecteur peut former opposition à l'ouverture de l'École, soit dans l'intérêt des mœurs publiques, soit en raison du local désigné.

Il est statué sur cette opposition par le tribunal civil de l'arrondissement.

ART. 45 (art. 28). — S'il n'a pas été formé d'opposition dans le mois, l'École peut être ouverte sans autre formalité.

ART. 46 (art. 29). — Sur la plainte du Préfet, du Comité de département ou sur la poursuite d'office du ministère public, tout instituteur peut, pour cause de faute grave, dans l'exercice de ses fonctions, d'inconduite, d'immoralité, de sévices, d'enseignement contraire à la morale, à la Constitution et aux lois, ou d'usage de livres interdits en vertu de l'article 98, être traduit devant le tribunal de l'arrondissement et être puni de l'une des peines suivantes :

L'avertissement,
La réprimande,
L'interdiction à temps ou à toujours de l'exercice de sa profession.

Art. 47 (art. 29). — En cas de désordres graves, d'insalubrité du local ou d'abus de nature à compromettre les mœurs ou la santé des élèves, le tribunal peut prononcer la fermeture de l'École.

Il peut, en outre, selon les circonstances, prononcer une des peines énoncées dans l'article précédent.

Art. 48 (art. 29). — Dans les cas énoncés aux articles 44, 46 et 47, le tribunal entend les parties et statue en chambre du Conseil. Il en est de même sur l'appel qui doit être interjeté dans le délai de dix jours, à compter du jour de la notification du jugement, et qui, en aucun cas, n'est suspensif, le tout sans préjudice des poursuites qui pourraient avoir lieu pour crimes, délits ou contraventions prévus par les lois.

Section III. — Des instituteurs communaux.

Art. 49 (art. 30). — Le Préfet dresse, sur la proposition des Inspecteurs de l'instruction primaire et sur l'avis du Comité de département :

1° La liste des individus remplissant les conditions exigées par l'article 38, qui se seront fait inscrire au secrétariat du Comité de département et qui auront été reconnus aptes aux fonctions d'instituteur communal ;

2° La liste des instituteurs qui, d'après les rapports des Inspecteurs, auront été reconnus dignes d'obtenir de l'avancement.

Art. 50 (art. 30). — La nomination des instituteurs communaux est faite par le Préfet, sur la présentation du Conseil municipal.

Le Conseil municipal ne peut présenter que des candidats portés, selon le cas, sur l'une ou l'autre des listes dressées en exécution de l'article précédent, ou proposés soit par les chefs ou supérieurs des associations vouées à l'enseignement et reconnues par l'État, soit par les consistoires, et remplissant les conditions exigées par l'article 38.

Si le Conseil municipal a fait une présentation en dehors des conditions établies par la loi, ou s'il n'a fait aucune présentation, il est pourvu à la nomination, après le délai d'un mois, par le Préfet.

Art. 51 (art. 32). — Il est interdit aux instituteurs communaux d'exercer aucune profession commerciale ou industrielle, et d'accepter aucun emploi salarié, sans une autorisation donnée par le Préfet, sur l'avis de l'Inspecteur et du Comité de département.

Art. 52 (art. 33). — Lorsqu'il s'élève des plaintes contre un instituteur communal, le Comité cantonal le mande devant lui, l'entend, et en réfère au Préfet.

Art. 53 (art. 33 et 34). — Le Préfet, d'office ou sur la plainte des autorités scolaires, prononce contre l'instituteur communal, selon la gravité des cas, l'avertissement, la réprimande, la suspension, pendant deux mois au plus, avec ou sans privation totale ou partielle de traitement, le retrait d'emploi, la révocation.

L'instituteur révoqué ne peut, pendant trois ans, exercer la profession d'instituteur privé dans la même commune.

La décision du Préfet, lorsqu'il prononce la révocation, peut, dans le délai d'un mois, à partir de la notification, être déférée au Conseil supérieur. Le recours n'est pas suspensif.

L'instituteur révoqué peut, selon les circonstances, être traduit devant le tribunal civil, conformément aux articles 46 et 47, et être interdit à temps ou à toujours de l'exercice de sa profession.

ART. 54 (art. 33). — En cas d'urgence, l'instituteur communal peut être suspendu provisoirement de ses fonctions par le maire, à charge d'en rendre compte dans les deux jours au Sous-Préfet, qui annule la suspension ou la maintient jusqu'à la décision de l'autorité compétente.

La suspension peut aussi être prononcée provisoirement par le Sous-Préfet, l'Inspecteur d'arrondissement, ou le Comité cantonal, à la charge de traduire l'instituteur, dans la quinzaine, devant l'autorité compétente.

ART. 55 (art. 35). — Sur l'avis du Conseil municipal et du Comité cantonal, et sur la proposition du Comité de département, le Préfet détermine les Écoles publiques auxquelles il y a lieu, d'après le nombre des élèves, d'attacher un instituteur adjoint; il fixe le traitement de cet instituteur, qui est à la charge de la commune.

Les instituteurs adjoints sont nommés et révoqués par l'instituteur, sous l'approbation de l'Inspecteur de département.

Les instituteurs adjoints peuvent n'être âgés que de dix-huit ans, et n'avoir pas encore le brevet de capacité.

ART. 56 (art. 36). — Tout département est tenu de pourvoir au recrutement des instituteurs communaux. Il y pourvoit par l'entretien d'élèves-maîtres, soit dans les Écoles primaires désignées par le Préfet sur l'avis du Comité de département, soit dans des Écoles normales primaires créées ou subventionnées par le département, et par tout autre moyen approuvé par le Ministre en Conseil supérieur.

Un règlement d'administration publique déterminera :

1° Les conditions d'admission des élèves-maîtres dans les Écoles et autres établissements où ils seront placés, la discipline et la surveillance à laquelle ils seront soumis, et leurs obligations à la sortie;

2° Tout ce qui est relatif à l'enseignement, à la discipline et à l'administration des Écoles normales.

CHAPITRE III. — *Des Écoles communales.*

ART. 57 (art. 37). — Toute commune doit entretenir une ou plusieurs Écoles primaires.

Le Préfet peut, sur la proposition de l'Inspecteur de l'instruction primaire, autoriser une commune à se réunir à une ou plusieurs communes voisines pour l'entretien d'une École.

Toute commune a la faculté d'entretenir une ou plusieurs Écoles entièrement gratuites, lorsqu'elle peut subvenir à cette dépense avec ses revenus ordinaires.

ART. 58 (art. 37). — L'instituteur communal peut, avec l'autorisation du Comité de département, et après avis du Conseil municipal, donner à son enseignement, en tout ou en partie, les développements dont il est parlé à l'article 25.

Toute commune peut, avec la même autorisation, exiger que l'instituteur communal donne ces mêmes développements à son enseignement.

ART. 59 (art. 13 et 43). — Sur le rapport du Préfet et sur l'avis du Conseil municipal et du Comité cantonal, le Ministre détermine les cas où il devra être établi des Écoles séparées pour les enfants appartenant aux différents cultes reconnus par la loi.

Lorsque les Écoles séparées existent, les enfants d'un culte ne peuvent, sans le consentement des parents, être reçus dans l'École d'un autre culte.

ART. 60 (art. 44). — Le maire dresse, chaque année, de concert avec les ministres des différents cultes, la liste des enfants qui doivent être admis gratuitement dans les Écoles communales.

Cette liste est communiquée au Conseil municipal, qui donne son avis; elle est définitivement arrêtée par le Préfet.

ART. 61 (art. 38). — Toute commune doit fournir à l'instituteur un local convenable, tant pour son habitation que pour la tenue de l'École, le mobilier de la classe et un traitement.

ART. 62 (art. 39). — Le traitement des instituteurs communaux se compose : 1° d'un traitement fixe ou rétribution municipale, qui ne peut être inférieure à 200 francs; 2° du produit de la rétribution scolaire; 3° d'un supplément accordé à tous ceux dont le traitement fixe, joint au produit de la rétribution scolaire, n'atteint pas 600 francs.

ART. 63 (art. 40). — A défaut de fondations, dons ou legs, le Conseil municipal délibère sur les moyens de pourvoir aux dépenses de l'enseignement primaire dans la commune.

En cas d'insuffisance des revenus ordinaires, il est pourvu à ces dépenses au moyen d'une imposition spéciale votée par le Conseil municipal, ou, à défaut du vote de ce Conseil, établie dans les formes déterminées par la loi municipale, pour les dépenses obligatoires. Cette imposition, qui devra être autorisée chaque année par la loi de finances, ne pourra excéder trois centimes additionnels au principal des quatre contributions directes.

Lorsque des communes, soit par elles-mêmes, soit en se réunissant à d'autres, n'auront pu subvenir, par ces moyens, aux dépenses de l'École communale, il y sera pourvu sur les ressources ordinaires du département, ou, en cas d'insuffisance, au moyen d'une imposition spéciale votée par le Conseil général, ou, à défaut du vote de ce Conseil, établie par décret du Président de la République. Cette imposition, autorisée chaque année par la loi de finances, ne pourra excéder deux centimes additionnels au principal des quatre contributions directes.

Si les ressources communales et départementales ne suffisent pas, le Ministre de l'Instruction publique accordera une subvention sur le crédit porté annuellement pour l'enseignement primaire au budget de l'État.

Chaque année il est rendu compte à l'Assemblée nationale de l'emploi des fonds alloués pour l'année précédente.

ART. 64 (art. 41). — La rétribution scolaire est fixée par le Préfet, sur la proposition du Conseil municipal et du Comité cantonal; elle est mensuelle. Le recouvrement a lieu dans les formes établies pour les contributions directes, et donne droit aux mêmes remises : il n'est pas perçu de droits de timbre.

Sur la demande du Conseil municipal et l'avis du Comité cantonal, la rétribution peut être rendue annuelle par décision annuelle du Préfet, en Comité de département. Dans ce cas, elle est recouvrable par douzième.

Un règlement d'administration publique déterminera les causes de dégrèvement.

Il est interdit à l'instituteur communal de percevoir lui-même la rétribution scolaire.

ART. 65 (art. 54). — Une caisse de retraite et une caisse de secours seront substituées aux caisses d'épargne des instituteurs communaux.

Il sera pourvu à l'organisation de ces caisses par un règlement d'administration publique.

CHAPITRE IV. — *Des Écoles de filles.*

ART. 66. — L'enseignement primaire, dans les Écoles de filles, comprend, outre les matières de l'enseignement primaire des garçons, les travaux à l'aiguille.

ART. 67 (art. 13). — Toute commune de 800 âmes de population agglomérée et au-dessus est tenue d'avoir au moins une École de filles.

Sur l'avis du Conseil municipal et du Comité cantonal, le Comité de département désigne, parmi les communes d'une population inférieure, celles qui seront également tenues d'avoir une École de filles.

Le Préfet, sur la proposition du Comité de département, peut dispenser une commune d'avoir une École de filles, à condition de pourvoir, dans une École privée, à l'éducation gratuite de toutes les filles dont les familles sont hors d'état d'y subvenir.

Dans les communes où des cultes différents sont professés, l'École communale primaire des filles ne peut jamais être remplacée par une École privée.

ART. 68. — Le traitement fixe des institutrices des Écoles publiques de filles est de 250 francs au moins, non compris la rétribution scolaire.

ART. 69. — L'examen des institutrices n'a pas lieu publiquement.

Les lettres d'obédience tiendront lieu de brevet de capacité aux institutrices appartenant à des congrégations religieuses vouées à l'enseignement et reconnues par l'État.

ART. 70. — Le mode de surveillance et d'inspection des Écoles de filles sera déterminé par un règlement d'administration publique.

Les autres dispositions de la présente loi, relatives aux instituteurs et aux Écoles, sont applicables aux Écoles de filles et aux institutrices.

CHAPITRE V. — *Établissements complémentaires.*

SECTION Ire. — Des pensionnats primaires.

ART. 71 (art. 48). — Tout Français âgé de vingt-cinq ans, ayant au moins cinq années d'exercice comme instituteur, ou trois années comme maître dans un pensionnat primaire, et qui est muni d'un brevet de capacité, peut ouvrir un pensionnat primaire aux conditions prescrites par l'article 43 de la présente loi.

Le Préfet, sur l'avis du Comité de département, prescrit, dans l'intérêt de l'ordre et de la salubrité, toutes les mesures nécessaires, conformément à un règlement délibéré en Conseil supérieur.

SECTION II. — Des Écoles d'adultes et d'apprentis.

ART. 72 (art. 49). — Il peut être créé des Écoles primaires communales pour les adultes au-dessus de dix-huit ans, et pour les apprentis âgés de douze à dix-huit ans.

Sur la proposition du Conseil municipal et l'avis du Comité de département, le Préfet nomme les instituteurs chargés de diriger les Écoles communales d'adultes ou d'apprentis.

On ne peut réunir dans ces Écoles des élèves des deux sexes.

ART. 73 (art. 50). — Les Écoles privées pour les adultes ou les apprentis sont soumises à toutes les dispositions concernant les Écoles primaires.

SECTION III. — Des salles d'asile.

ART. 74. — Un décret du Président de la République, rendu sur l'avis du Conseil supérieur, déterminera :

1° Les conditions d'âge, d'aptitude et de moralité exigées des personnes qui seront préposées à la direction et au service des salles d'asile publiques et privées;

2° Le mode de nomination des personnes préposées à la direction des salles d'asile publiques, le programme de l'enseignement et des exercices;

3° Le mode de surveillance et d'inspection des salles d'asile publiques et privées.

Les infractions à ce règlement seront punies des peines établies par les articles 46 et 53.

ART. 75. — Des salles d'asile peuvent être entretenues aux frais des communes.

Les salles d'asile privées peuvent recevoir des encouragements sur les budgets des communes et des départements.

Le Préfet, sur l'avis du Conseil municipal et du Comité cantonal, peut annexer une salle d'asile à une École communale.

TITRE IV.

De l'instruction secondaire.

. . . .

TITRE V.

Dispositions générales.

ART. 95 (art. 13). — Les cours publics sur des matières de l'enseignement primaire ou de l'enseignement secondaire sont soumis aux formalités établies par la présente loi pour les Écoles primaires ou secondaires.

Les Recteurs et les Préfets, selon les degrés de l'enseignement, peuvent dispenser ces cours de l'application des dispositions qui précèdent, et spécialement de l'application du dernier paragraphe de l'article 72.

ART. 96 (art. 24). — Les étrangers peuvent être autorisés à ouvrir ou diriger des établissements d'instruction primaire ou secondaire, aux conditions déterminées par un règlement délibéré en Conseil supérieur.

ART. 97. — Les conditions du stage exigé par les articles 40 et 76, et le mode d'en constater la durée, seront déterminés par un règlement d'administration publique.

Les peines portées par l'article 160 du Code pénal seront appliquées à quiconque aura délivré un faux certificat de stage ou en aura fait usage.

ART. 98 (art. 5). — Le Ministre de l'Instruction publique détermine, sur l'avis du Conseil supérieur, quels sont les livres qui peuvent être mis entre les mains des élèves et placés dans les bibliothèques des Écoles publiques secondaires et primaires, et quels sont ceux qui doivent être interdits dans les Écoles privées.

ART. 99 (art. 64). — Les communes peuvent, avec l'autorisation du Ministre de l'Instruction publique, sur l'avis du Conseil supérieur, accorder un local et une subvention à un établissement privé, primaire ou secondaire.

L'arrêté d'autorisation déterminera les conditions auxquelles ces établissements seront soumis dans ce cas.

Les dispositions du présent article sont applicables aux subventions qui seraient accordées par les départements.

ART. 100 (art. 64). — Les attributions conférées au Ministre de l'Instruction publique par les articles précédents s'exerceront sans préjudice de l'application des règles relatives à l'approbation des dépenses communales et départementales.

ART. 101 (art. 12). — Les Conseils généraux des départements peuvent, sur la proposition du Préfet, voter des fonds destinés à décerner des récompenses aux instituteurs qui se sont distingués dans l'exercice de leur profession, particulièrement en formant des élèves-maîtres.

Le Ministre de l'Instruction publique peut également décerner des récompenses au nom de l'État.

ART. 102 (art. 51). — Il sera ouvert, chaque année, au budget du Ministre de l'Instruction publique, un crédit :

Pour récompenser les instituteurs;

Pour encourager les auteurs de livres ou de méthodes utiles à l'instruction primaire;

Pour concourir à fonder et encourager des établissements d'instruction dont les règlements ont été soumis à l'examen de l'autorité publique et approuvés par elle, notamment :

Des Écoles du dimanche,

Des cours publics,

Des Écoles dans les ateliers et les manufactures,

Des classes dans les hospices,

Des salles d'asile.

ART. 103. — Jusqu'à la promulgation de la loi sur l'enseignement supérieur, le Conseil supérieur de l'instruction publique exerce, à l'égard de cet enseignement, les attributions qui appartenaient au Conseil de l'Université.

ART. 104 (art. 72). — Sont abrogées toutes dispositions de lois, décrets ou ordonnances, relatifs aux établissements d'instruction publique contraires aux dispositions de la présente loi.

Le présent projet de loi a été délibéré et adopté en assemblée générale du Conseil d'État, dans les séances des 5, 6, 7, 8, 10, 11, 12, 13, 14 et 17 décembre 1849.

17 déc. 1849. **Projet de loi relatif à la nomination et à la révocation des instituteurs communaux, présenté à l'Assemblée législative par M. Beugnot, au nom de la Commission d'enseignement[1] chargée d'examiner le projet de loi déposé le 13 décembre 1849.**

17 Décembre 1849.

1° Rapport de M. Beugnot.

Messieurs, le projet de loi organique sur l'instruction publique, présenté par le Gouvernement à l'Assemblée législative, le 18 juin dernier, contient un grand nombre de dispositions relatives aux instituteurs primaires, publics ou libres, empruntées pour la plupart à la loi du 28 juin 1833, et ne propose d'apporter aucun changement au principe de l'inamovibilité des instituteurs communaux, établi indirectement par cette loi.

Votre Commission a développé, dans son rapport du 8 octobre, les motifs qui l'ont décidée à vous proposer d'abolir ce privilège, et d'adopter quelques dispositions nouvelles ayant pour objet, moins encore de réprimer sans retard, que de prévenir la négligence et les fautes des instituteurs, en rendant meilleure, plus simple, plus appropriée à leur position l'éducation qu'ils reçoivent, et en les soumettant à une surveillance et à une inspection plus actives et plus vigilantes.

L'Assemblée a cru devoir soumettre à l'examen du Conseil d'État le projet de loi primitif, et reculer ainsi le moment où la discussion s'ouvrira sur cette matière et sur plusieurs autres non moins importantes.

Dans sa sollicitude pour tout ce qui peut contribuer au triomphe des idées de paix et d'ordre que nous défendons, le Gouvernement a pensé que, sans attendre le vote définitif de la loi organique sur l'instruction publique, il convenait de changer immédiatement le mode de nomination des instituteurs primaires et de leur retirer le privilège de l'inamovibilité, « afin que l'on ne vît « plus sur plusieurs points du pays, ainsi qu'il le dit, certains instituteurs, se « jetant dans l'arène des partis, mettre leurs entreprises à l'abri des imperfec- « tions d'une législation qui avait, à leur égard, involontairement désarmé l'au- « torité ».

Les motifs qui font craindre au Gouvernement que l'autorité ne reste trop longtemps encore impuissante en présence d'un abus aussi flagrant et aussi regrettable sont indiqués, comme il suit, par M. le Ministre de l'Instruction publique :

« Un certain temps sera nécessaire à la Commission de l'Assemblée, chargée « d'examiner le projet de loi sur l'instruction publique, pour apprécier les « amendements qu'il est naturel d'attendre des travaux du Conseil d'État sur « une œuvre qui met en présence des systèmes et des intérêts si divers.

« Il est impossible de fixer un terme rapproché pour l'accomplissement, par « l'Assemblée nationale elle-même, des trois lectures d'un projet composé de

1. Cette Commission était composée de MM. SALMON (Meuse), COQUEREL, BAZE, DE MELUN (Ille-et-Vilaine), DE L'ESPINAY, SAUVAIRE-BARTHÉLEMY, DUFOUGERAIS, BARTHÉLEMY SAINT-HILAIRE, DE MONTALEMBERT, ROUHER, THIERS, BEUGNOT, FRESNEAU, JANVIER, PARISIS.

« près de cent articles, et dont la délibération peut être interrompue par des « incidents et des travaux parlementaires urgents.

« Enfin l'idée d'extraire du projet de loi organique l'ensemble des dispositions relatives à l'enseignement primaire, pour diviser ainsi la discussion de « la loi en deux parties distinctes, ne serait pas sans inconvénient, quant à « l'appréciation de l'ensemble de la loi, et entraînerait encore d'assez longs « retards. »

La Commission reconnaît l'exactitude de ces prévisions, et pense qu'un délai de quelques mois sera nécessaire pour que les dispositions de cette loi, relatives à l'enseignement primaire, puissent être discutées, votées et mises en application. Elle reconnaît également que le maintien du *statu quo* en cette matière laisserait subsister ou plutôt grandir le mal auquel il s'agit d'obvier.

Nous devons seulement prévoir une objection sérieuse et y répondre.

L'application du principe de la liberté d'enseignement soulève des difficultés, contre lesquelles les efforts des Assemblées délibérantes, sous le précédent Gouvernement, sont venus se briser à quatre reprises différentes. Les personnes qui ne comprennent pas ce grand intérêt de l'avenir et qu'effrayent les longues et vives discussions, croient que la prudence conseille d'ajourner à des temps plus calmes un nouveau débat sur ce sujet, et de pourvoir, par de simples mesures de circonstance, à la répression de quelques abus, sur lesquels l'opinion est depuis longtemps fixée. Dans l'enseignement secondaire, supprimer le certificat d'études; dans l'enseignement primaire, restreindre l'indépendance des instituteurs communaux; telles sont, à les entendre, les deux seules réformes que comporte l'état agité des esprits en France. Le surplus peut, sans danger, être réservé pour le moment où nous rentrerons en pleine possession de la sécurité publique et des moyens de corriger paisiblement nos institutions.

La Commission ne saurait partager en aucune façon cette manière de voir. Ce ne sont pas de faibles palliatifs, choisis à la hâte, qui guériront le mal dont souffre la société. Il faut remonter hardiment à la cause et l'attaquer, sans craindre les clameurs et les résistances de ceux qui ont intérêt à ce qu'elle subsiste et s'aggrave. Les difficultés dont on s'effraye n'ont pas d'ailleurs l'importance qu'on suppose, et les discussions antérieures serviront à éclairer et à simplifier la discussion future. Rien ne s'oppose donc à ce que le vœu de la Constitution, au sujet de la liberté d'enseignement, soit accompli dans le plus court délai possible. Ce sera l'honneur de l'Assemblée législative d'avoir mis en application, par une sage et prudente loi, le principe de la liberté proclamé par la Constitution, et votre Commission croirait méconnaître vos intentions véritables, si elle vous proposait d'adopter une proposition qui ne serait qu'un expédient propre à endormir l'opinion et à éluder les engagements solennels contractés par le législateur.

Mais, nous nous empressons de le déclarer, une pareille méfiance serait sans fondement, et, pour rassurer les esprits les plus prompts à s'alarmer, il nous suffira de rappeler les paroles suivantes de l'exposé des motifs :

« Les termes, la nature, la brièveté des dispositions que nous vous présen- « tons, vous disent suffisamment qu'en vous soumettant quelques dispositions « séparées du projet de loi organique sur l'ensemble de l'enseignement, nous « n'avons l'intention ni d'éluder les conséquences de la Constitution relative- « ment à l'organisation de la liberté de l'enseignement secondaire, ni même les « questions qui se rattachent à d'autres améliorations du régime de l'instruction « primaire. Toute interprétation différente de notre pensée serait hautement « désavouée par le Gouvernement. »

C'est donc un projet de loi spécial, exigé par les circonstances et essentiellement transitoire, qui est présenté à l'Assemblée et que nous devons examiner.

Qu'il soit urgent de voter ce projet de loi, la Commission en est persuadée; et, si elle avait pu concevoir quelques doutes sur ce point, ces doutes auraient été levés par la déclaration suivante de M. le Ministre de l'Instruction publique : « Dans ces circonstances, nous laissons à qui croirait pouvoir l'accepter la « responsabilité du retard ou de l'inertie. »

La Commission a dû prendre en grande considération un langage aussi significatif.

Après ces observations préliminaires, il ne nous reste plus qu'à vous donner notre avis sur les dispositions du projet de loi, en ayant soin de ne les considérer qu'au point de vue des circonstances actuelles. La réorganisation future et prochaine de l'enseignement primaire ne doit pas nous préoccuper en ce moment.

Rappelons en peu de mots l'état de la législation sur la nomination et la révocation des instituteurs communaux.

D'après la loi du 28 juin 1833, le Conseil municipal présente au Comité d'arrondissement les candidats pour les Écoles publiques, après avoir pris préalablement l'avis du Comité communal. Le Comité d'arrondissement nomme, et le Ministre institue (art. 21).

Trois peines disciplinaires peuvent être infligées à l'instituteur communal coupable de négligence ou de faute grave dans l'exercice de ses fonctions. Ces peines sont : 1° la réprimande; 2° la suspension pour un mois, avec ou sans traitement; 3° la révocation (art. 23).

En cas d'urgence, et sur la plainte du Comité communal, le maire peut ordonner provisoirement que l'instituteur sera suspendu de ses fonctions, à la charge de rendre compte, dans les vingt-quatre heures, au Comité d'arrondissement de cette suspension et des motifs qui l'ont déterminée (art. 21).

En cas de négligence habituelle ou de faute grave de l'instituteur communal, le Comité d'arrondissement, ou d'office, ou sur la plainte adressée par le Comité communal, mande l'instituteur inculpé, et, après l'avoir entendu, le réprimande ou le suspend, ou même le révoque de ses fonctions; mais l'instituteur frappé d'une révocation peut se pourvoir devant le Ministre, en Conseil de l'instruction publique (art. 23).

On voit que l'instituteur communal est, sans que la loi le déclare, en possession d'une véritable inamovibilité, puisqu'il ne peut pas être déplacé, et que, pour le révoquer de ses fonctions, il faut des griefs légalement établis et toutes les solennités d'un jugement sujet à appel.

Le législateur de 1833, en conférant cette inviolabilité exceptionnelle aux instituteurs communaux, ne s'est-il pas abandonné à de trompeuses illusions? C'est là une grave question, qui pour nous est résolue, ainsi que l'atteste le rapport que nous avons présenté à l'Assemblée, mais que nous ne croyons pas nécessaire de traiter de nouveau, au sujet d'une loi déclarée temporaire, qui ne fera que traverser notre Code, sans engager en rien le fond même de la question. Lorsque le débat s'ouvrira sur la loi organique de l'Instruction publique, les adversaires et les partisans de l'inamovibilité des instituteurs communaux se rencontreront sur le seul terrain où une controverse sérieuse puisse s'engager, et nous ne doutons pas que cette controverse ne reçoive la solution la plus conforme aux grands et impérissables intérêts du pays, comme à l'intérêt bien entendu des instituteurs eux-mêmes.

Nous n'avons donc à examiner qu'une seule question : celle de savoir si en effet la législation, dont les dispositions viennent d'être rappelées, laisse le Gouvernement désarmé contre les entreprises d'un nombre, malheureusement trop grand, d'instituteurs communaux, qui, désertant leur modeste, mais noble mission, méconnaissant ce qu'ils doivent à la patrie et aux familles, se sont transformés, dans nos campagnes, en propagateurs ardents de doctrines et de desseins également coupables.

Une expérience déjà ancienne ne laisse de place à aucune incertitude.

Qui ne sait que les Comités communaux, auxquels appartient véritablement le soin de surveiller l'École et de signaler la négligence ou les fautes de l'instituteur, n'existent que pour la forme, se réunissant à grand'peine et de loin en loin, quand ils doivent délibérer sur une liste de candidats à présenter au Comité d'arrondissement? Qui ne voit que ce Comité d'arrondissement, aux mains duquel le pouvoir de réprimer a été remis, ne peut être appelé à sévir que dans les cas rares où l'instituteur s'est rendu coupable de quelqu'un de ces faits scandaleux que la voix publique signale à l'attention, trop souvent distraite, du sous-inspecteur?

L'autorité du Comité d'arrondissement n'a jamais été une barrière qui pût contenir les égarements de ceux des instituteurs communaux dans le cœur desquels s'était éteint le sentiment profond du devoir. Assurés d'une indépendance à peu près complète, il leur eût fallu plus de sagesse et d'énergie qu'on ne pouvait raisonnablement en attendre d'eux, pour résister aux flatteries et aux promesses des adversaires infatigables de tout ordre et de toute société.

Nous devons le reconnaître, dans un pays où existe un système d'administration publique fondé sur le principe d'une hiérarchie régulière et forte, où chaque fonctionnaire a sa part déterminée d'action et de responsabilité, il se trouve un corps, composé d'environ quarante mille fonctionnaires, qui ne relèvent que d'eux-mêmes, et ne connaissent, à vrai dire, d'autre discipline que celle qu'ils s'imposent volontairement. Et cependant, c'est à ces quarante mille fonctionnaires que la société a remis le plus précieux des dépôts, celui sur lequel elle doit veiller à chaque instant avec une tendresse inquiète; car ses destinées sont là.

Dans des jours de calme et de prospérité, le législateur qui ajournerait la répression d'un désordre aussi redoutable, comptant sur l'efficacité de conseils ou de réprimandes distribués à propos, serait peut-être excusable. Il ne le serait pas aujourd'hui, lorsque le péril lui est signalé, de tant de côtés différents, par tous les bons citoyens, par tous les dépositaires de l'autorité publique, et en particulier par les Conseils généraux, organes irrécusables des vœux et des intérêts de nos départements. Il le serait d'autant moins que l'esprit de démagogie, vaincu dans les villes, semble réunir en ce moment tous ses efforts pour subjuguer et pervertir l'esprit des campagnes.

Les moyens proposés par le Gouvernement, afin de pourvoir à ce qu'il y a de plus urgent dans un tel état de choses, suffiront-ils pour y rétablir la règle et la subordination, et pour calmer les justes alarmes du pays? L'Assemblée va en juger.

Selon le projet de loi, les instituteurs communaux seront désormais nommés par le Préfet du département, sans aucune intervention du Conseil municipal de la commune, qui sera seulement appelé à déclarer s'il entend que l'instituteur soit pris parmi les laïques ou parmi les membres des associations religieuses vouées à l'enseignement et reconnues par l'État (art. 2).

Le pouvoir disciplinaire, attribué, par la loi de 1833, au Comité d'arrondissement, est presque totalement transmis au Préfet, qui aura le droit de réprimander, de suspendre et de déplacer les instituteurs, dans les cas prévus par l'article 23 de la loi du 28 juin 1833.

Il pourra également les révoquer, mais en Conseil de préfecture, et sauf le pourvoi de l'instituteur révoqué devant le Ministre de l'Instruction publique, en Conseil de l'Université (art. 3).

Le Comité d'arrondissement reste investi du droit de suspendre les instituteurs (art. 5).

Enfin, l'instituteur révoqué ne pourra plus ouvrir une École libre dans la commune où il exerçait les fonctions qui lui ont été retirées (art. 4).

Tel est, Messieurs, le régime nouveau sous lequel le Gouvernement vous demande de placer temporairement les instituteurs communaux. L'action directe et libre du Préfet vient remplacer l'autorité que la loi de 1833 avait partagée entre le Conseil municipal, le Comité communal et le Comité d'arrondissement. Nous avons tout lieu de penser que les Préfets exerceront le pouvoir qui va leur être conféré avec fermeté et justice, et que cette mesure exceptionnelle suffira pour ramener à la dignité de leur vocation des hommes qu'en ont malheureusement éloignés d'imprudentes excitations, de mauvais conseils et de détestables lectures.

Au milieu de l'affaiblissement général de nos institutions, l'autorité préfectorale a peu perdu de sa force et de son prestige, et elle est encore, dans les départements, le plus solide rempart de l'ordre. Nous comprenons donc que, sans engager en rien l'avenir, et en réservant complètement les droits de la société et des familles, le Gouvernement propose de remettre la direction de l'instruction primaire à des magistrats auxquels les décrets impériaux antérieurs à l'établissement de l'Université accordaient une part d'influence sur l'instruction publique; mais il est évident qu'une telle concentration de pouvoirs dans les mains de fonctionnaires politiques ne saurait durer longtemps, et qu'elle est une pure concession à des circonstances particulières.

Nous n'en dirons pas davantage sur les dispositions du projet de loi.

Si ces dispositions devaient être définitives, ou seulement demeurer assez de temps en vigueur pour obtenir l'autorité d'un précédent, nous aurions plus d'une objection sérieuse à présenter contre elles; mais M. le Ministre de l'Instruction publique nous demande, au nom de la sûreté commune et sous la garantie de sa propre responsabilité, de les revêtir de la sanction légale pour un temps qui sera nécessairement très court. Nous ne chercherons donc pas si ces dispositions de loi sont conformes aux principes qui régissent en ce moment l'instruction publique, ou à ceux qui vont bientôt la régir. Elles nous paraissent efficaces pour empêcher que, d'ici à la promulgation de la loi organique, l'oubli du respect et du devoir ne fasse de nouveaux progrès dans le corps des instituteurs communaux, et nous leur accordons notre approbation.

Quelques membres de la Commission ont cru qu'il était convenable de fixer un terme à la durée de la loi. La Commission a consulté M. le Ministre sur ce point, et, après avoir entendu ses explications et s'être convaincue de son désir de voir la loi définitive remplacer, le plus tôt possible, cette loi provisoire, elle a repoussé la proposition qui lui avait été faite.

Qu'il nous soit permis, en terminant, de faire remarquer que l'obligation où nous nous trouvons d'adopter de semblables mesures révèle assez la profondeur du désordre moral qui tourmente notre société, et montre combien il y aurait d'aveuglement à croire que la réforme d'un ou deux abus par trop éclatants suffira pour guérir ce mal et pour rassurer le pays sur son avenir.

Contraints par l'évidence du péril, nous demandons aujourd'hui à l'Assemblée d'adopter une autre loi, d'un caractère tout différent, qui préviendra la nécessité des mesures de rigueur, en replaçant notre système d'instruction nationale sur les solides bases de la religion, de la morale et de la liberté.

D'après ces motifs, nous avons l'honneur de proposer à l'Assemblée :

1° De déclarer l'urgence;

2° D'adopter purement et simplement le projet de loi.

2° Projet de loi.

[Voir le texte, page 267.]

Projet de loi sur l'Instruction publique présenté à l'Assemblée législative par M. Beugnot, au nom de la Commission d'enseignement. 31 déc. 1849.

31 Décembre 1849.

1° Rapport supplémentaire de M. Beugnot au nom de la Commission[1] chargée d'examiner le projet de loi présenté le 18 juin 1849.

Messieurs, vous avez renvoyé à votre Commission de l'enseignement, pour qu'elle l'examinât, l'avis du Conseil d'État sur le projet de loi relatif à l'Instruction publique, présenté à l'Assemblée par le Gouvernement le 18 juin dernier. Le travail consciencieux et développé du Conseil d'État a été pour nous l'objet d'une étude attentive, qu'inspirait le désir de mettre à profit les lumières éprouvées d'un corps auquel la Constitution accorde, avec de hautes prérogatives, une part dans l'œuvre laborieuse de préparer les lois sur lesquelles vous délibérez.

Nous allons vous faire connaître les résultats de cet examen, en vous indiquant sommairement les motifs qui nous portent à adopter plusieurs dispositions du projet de loi nouveau rédigé par le Conseil d'État et à rejeter les autres, en maintenant les propositions que nous avons eu précédemment l'honneur de vous faire.

L'Assemblée connaît les principes qui nous ont guidés dans l'examen du projet primitif; elle sait que notre unique désir a été de lui présenter un projet de loi qui fût l'expression complète et sincère de la pensée qui a dicté l'article 9 de la Constitution. Établir la liberté véritable en faveur des citoyens qui veulent se vouer à la noble et difficile carrière de l'enseignement, parce que l'article 9 de la Constitution commence par cette déclaration qui révèle l'idée dominante du législateur : *l'enseignement est libre;* imposer à ces citoyens des conditions de capacité et de moralité dont l'effet soit de garantir les intérêts de la société sans paralyser le droit individuel, parce qu'il serait peu digne du législateur de reprendre dans l'application ce qu'il aurait concédé en théorie; régler d'une manière efficace le droit de surveillance inhérent à l'État, parce que l'État est, par sa nature et sans qu'il soit nécessaire que la Constitution ou les lois le déclarent, le gardien de l'ordre, des bonnes mœurs et des intérêts généraux de la

1. Voir, page 192, la composition de la Commission.

société; appeler à seconder l'État dans cette haute mission, non plus les seuls membres du corps universitaire, comme au temps du droit exclusif de l'État sur l'enseignement, mais des représentants de la religion, des familles, de l'enseignement officiel et de l'enseignement libre, parce que, sous le régime de la liberté, la direction religieuse, morale et scientifique de l'instruction nationale est une œuvre à laquelle tous les intéressés doivent leur concours et ont le droit de coopérer. Tel est, Messieurs, le but que le Gouvernement et votre Commission se sont proposé, et nous ne l'avons pas perdu de vue un seul instant pendant tout le cours de nos travaux. Le projet de loi avait été rédigé d'après ces principes, et les amendements que nous y avons introduits ont eu pour objet d'en rendre, pour quelques points, l'application plus assurée et plus complète.

Le Conseil d'État s'est inspiré des mêmes pensées. Comme nous, il cherche à entourer les droits de l'État et ceux des citoyens de toutes les garanties désirables, et accepte les changements que la consécration d'un droit nouveau entraîne inévitablement dans ce que d'autres principes et d'autres temps ont établi. Il a compris que l'ancienne institution universitaire ne pouvait plus conserver, même par voie indirecte, son autorité sur l'enseignement. Il lui impose donc des sacrifices nombreux; mais montrant peu de confiance dans le zèle et les lumières des citoyens ou dans l'intérêt des familles, tout ce qu'il retire de pouvoir à l'Université, il le transmet à l'administration publique, à laquelle il ne craint pas de remettre la direction souveraine d'une des branches les plus importantes de l'éducation nationale.

L'intervention des magistrats politiques dans la gestion des intérêts de l'instruction publique est sans doute une garantie d'ordre et présente moins de périls pour la liberté que celle d'un corps nécessairement peu sympathique à la concurrence; mais, si elle devenait prépondérante et exclusive du droit des familles, la liberté y gagnerait en définitive fort peu, et l'enseignement, considéré en lui-même, y perdrait beaucoup; car l'instruction publique, cet intérêt suprême de la société, dont le principe essentiel est le dévouement, finirait par descendre au niveau des simples matières administratives et serait noyée dans les innombrables attributions des agents de l'autorité centrale dans les départements. Nous ne voulons pas que l'instruction publique soit exclusivement universitaire; nous ne voudrions pas davantage qu'elle devînt un des instruments de la politique, et que le droit de la régir fût le prix de la victoire des partis.

Le danger ici n'est que dans l'excès, mais il existe, et nous devons rechercher si le Conseil d'État, dans son avis, a su l'éviter.

Le Conseil d'État recule beaucoup les limites que s'étaient imposées les rédacteurs du projet primitif. Ce projet de loi ne contenait que 72 articles; celui du Conseil d'État n'en contient pas moins de 104. Parmi ces 32 nouveaux articles, il en est plusieurs dont nous avons profité, parce qu'ils nous ont paru propres à compléter ou à éclaircir quelques parties de notre projet; les autres, réglant des objets importants sans doute, mais qui appartiennent plutôt au domaine du décret, de l'arrêté ou du règlement qu'à celui de la loi, nous les avons écartés, ne voulant pas présenter un travail qui serait une sorte de code sur la matière et dont la discussion pourrait, par son étendue, épuiser le dévouement de l'Assemblée.

Nous croyons inutile d'entrer dans des explications sur les motifs qui nous ont fait adopter ou rejeter quelques dispositions d'un ordre secondaire, insérées par le Conseil d'État dans son avis. Lors du débat public, nous donnerons à l'Assemblée, si elle le souhaite, tous les éclaircissements désirables à ce sujet.

Contentons-nous, en ce moment, de faire connaître notre opinion sur les changements les plus graves que le Conseil d'État propose au projet primitif.

De tous ces changements, il n'en est pas de plus digne de fixer notre attention que celui qui a pour objet de faire maintenir ou rétablir le nombre des Académies à vingt-sept, en admettant toutefois que, dans les ressorts de Cour d'appel comprenant plus de trois départements, il pourrait être créé une seconde Académie (art. 12).

Nous avons développé dans notre rapport[1], et nous ne croyons pas devoir rereproduire ici les raisons qui nous ont décidés à adopter la proposition du Gouvernement de doter chacun des quatre-vingt-six départements, non pas, si l'on veut, d'une Académie proprement dite, mais d'un Conseil départemental d'instruction publique, auquel serait confié, sous la direction du Conseil supérieur, le soin de veiller, dans les limites du droit légal, sur les intérêts et le régime des établissements publics ou libres, d'enseignement primaire, secondaire et supérieur, afin que l'instruction nationale, appelée à des destinées nouvelles, ne se trouvât nulle part privée des lumières, des secours et de la surveillance qui lui sont nécessaires, et qu'ainsi soutenue par toutes les forces morales de la société, elle pût marcher avec assurance vers le but que nous lui marquons, qui est l'amélioration simultanée du cœur et de l'esprit des jeunes générations dont l'éducation doit être l'objet de notre sollicitude assidue, afin que le plus sombre avenir ne s'ouvre pas pour notre nation.

Nous avons recueilli toutes les objections présentées contre l'établissement des quatre-vingt-six Académies; elles ont été de notre part l'objet de la plus sérieuse attention, et, pour les mieux apprécier, nous nous sommes soigneusement détachés de toute préoccupation systématique. Nous persistons à penser que cette sage innovation est la condition essentielle de l'établissement de la liberté de l'enseignement et du perfectionnement réel et durable de l'instruction publique en France.

Les objections présentées contre l'élévation du nombre des Académies à quatre-vingt-six peuvent se résumer en ces termes : cette innovation sera dispendieuse, inutile et contraire à la dignité du rectorat.

La première objection se confond avec la seconde. Il est clair que l'attribution à chaque département d'un Conseil ou Comité d'instruction publique nécessitera une certaine augmentation dans les dépenses générales, dont ailleurs nous dirons le montant avec exactitude; mais si cet accroissement de dépenses doit produire de salutaires effets sur l'enseignement public, s'il contribue à rendre l'éducation, dans notre pays, plus forte, plus morale, plus religieuse, plus véritablement nationale, quel homme serait assez aveugle pour le repousser et le condamner comme une dangereuse prodigalité?

Tout revient donc à savoir si le Conseil départemental sera véritablement utile. Mais le Conseil d'État ne conteste pas d'une manière absolue cette utilité; seulement il ne la reconnaît qu'en ce qui touche à l'enseignement primaire, et propose en conséquence d'établir au chef-lieu de chaque département un Comité supérieur chargé de diriger cette partie de l'enseignement. Nous devons déclarer que, sur ce point, nous repoussons toute distinction entre les différents degrés de l'instruction publique, parce que nous les croyons unis les uns aux autres par une chaîne étroite et que, si l'enseignement primaire a, de l'aveu commun, besoin de profondes réformes, l'instruction secondaire, selon notre avis, n'en réclame pas de moins profondes.

1. Voir page 203.

Non, nous ne croyons pas que ce soit une innovation inutile ou imprudente que de décentraliser dans une sage mesure l'instruction nationale, en la plaçant, sous la tutelle des représentants, dans chaque département, ainsi que tous les grands intérêts de la société, la dignité du rectorat dût-elle en être affaiblie.

Il est facile de comprendre les regrets qu'éprouve une institution puissante comme l'Université, qui, après avoir fondé dans son sein des usages et des traditions qu'elle révère, voit l'une d'elles menacée; mais l'inconvénient de ternir l'éclat qui, dans le corps enseignant actuel, environne les fonctions de Recteur, est-il une de ces raisons puissantes devant lesquelles le législateur doit déposer ses idées de progrès et d'amélioration? Nous ne le pensons pas. La Commission s'est attachée à ne proposer aucune innovation qui ne fût exigée par le bien public clairement démontré, et plus d'une fois elle s'est arrêtée devant la crainte de causer un trop grand ébranlement aux institutions existantes; elle doit convenir toutefois qu'elle n'aperçoit pas ici un obstacle devant lequel la prudence lui commande de s'arrêter.

Le Conseil d'État allègue l'inconvénient d'accroître les dépenses administratives des Académies.

Nous ne nous dissimulons pas la force de cette objection dans un moment où les finances sont obérées et où la plus stricte économie nous est prescrite dans les dépenses. Nous reconnaissons même qu'il s'agit d'inscrire au budget de l'Instruction publique un crédit nouveau, dont le montant serait, selon nos évaluations, de 400 à 500 000 francs environ. C'est à l'Assemblée de déclarer si elle veut consentir à ce sacrifice, afin de garantir le premier de nos intérêts et d'assurer sur des bases solides le repos et le bonheur des générations à venir.

Il pourrait y avoir, lisons-nous dans le rapport de la section de législation du Conseil d'État, difficulté à trouver immédiatement un nombre de personnes remplissant toutes les conditions nécessaires pour faire un bon Recteur.

Nous pouvons d'autant moins partager cette crainte, que nous proposons d'autoriser le Ministre à appeler aux fonctions de Recteur tout homme qui, par ses lumières, son expérience ou son aptitude pour les matières d'éducation, lui paraîtrait digne de les remplir. Si, lors de la fondation des préfectures, Napoléon se fût arrêté devant la difficulté de trouver cent et quelques Préfets excellents, nous ne serions pas aujourd'hui en possession d'une organisation administrative qui est l'un des premiers éléments de force de notre Gouvernement.

Enfin, le Conseil d'État redoute que le Ministre ne soit moins certain de faire suivre les directions de l'autorité supérieure avec unité et indépendance, lorsqu'au lieu de 27 agents d'exécution placés dans une situation élevée, il lui faudrait imprimer l'impulsion à 86 agents, dont l'autorité, restreinte à un seul département, serait nécessairement effacée, peut-être contrariée par celle du Préfet, de l'évêque et même du Conseil académique, où les membres désignés par le Conseil général auraient la meilleure part.

Il ne faut pas se dissimuler que la pensée du Gouvernement, l'exposé des motifs du projet de loi le déclare en termes formels, a été d'enlever à l'administration centrale, pour en doter les Conseils académiques, certaines attributions que ceux-ci pourraient exercer avec profit et sans que l'exécution des lois et des règlements en éprouvât ni dommage, ni retard. L'unité politique de notre pays est le principe de sa puissance, et nous nous reprocherions amèrement d'y porter atteinte; cependant il n'est pas possible de croire que l'unité rigoureuse qui dominait au sein de l'Instruction publique, quand l'État distribuait seul l'enseignement, puisse subsister dans son intégralité après l'établissement de la concurrence. Quelques modifications dans les usages établis sont ici nécessaires, et nous pensons que celles qui sont proposées par le Gouvernement satisfont au vœu public depuis longtemps exprimé et n'ont rien d'aventureux.

Il y a peu de jours encore qu'un Ministre, s'adressant aux Préfets, proclamait cette regrettable vérité : « L'habitude d'une fâcheuse lenteur dans la prépa-« ration des affaires a été contractée à tous les degrés de la hiérarchie admini-« strative; il faut qu'à tous les degrés cette funeste tradition se perde[1]. »

Nous voulons, nous aussi, que la vie et l'activité circulent désormais dans toute l'organisation de l'enseignement national. Voilà pourquoi nous accordons une large part dans l'action aux Conseils académiques.

Nous persistons dans les propositions que nous avons faites relativement aux 86 Académies, car le Conseil d'État en proposant lui-même d'établir, dans chaque département, une sorte d'Académie pour l'instruction primaire, nous confirme dans la pensée qu'une institution départementale est nécessaire à la bonne et sage direction de l'instruction publique.

Le système du Conseil d'État relativement à l'instruction primaire ne s'éloigne pas autant du nôtre qu'on serait tenté de le penser. Comme nous, le Conseil d'État propose de supprimer le Comité communal et le Comité d'arrondissement; mais il organise pour les remplacer un Comité cantonal, chargé uniquement de surveiller et d'encourager l'instruction primaire. Ce Comité cantonal ne serait pas une création nouvelle, puisqu'il fut fondé par l'ordonnance du 29 février 1816, et subsista jusqu'à la promulgation de la loi du 28 juin 1833; mais, dès l'année 1828, on sentit la nécessité de lui superposer le Comité d'arrondissement, et nous ne découvrons pas les motifs qui pourraient faire revenir à une institution qui a été éprouvée, jugée et condamnée. Les Comités de commune, de canton et d'arrondissement, placés dans une sphère d'idées et d'intérêts trop étroite, n'ont point répondu à ce qu'on en espérait, et le projet de loi, en confiant au zèle de quelques citoyens d'élite, choisis par les Conseils académiques, le soin de surveiller, dans chaque canton, la direction de l'enseignement et la conduite des instituteurs, suit la voie la plus simple, la plus conforme à nos habitudes, celle qui est indiquée par toutes les expériences qu'on a faites.

Le Conseil d'État rattache tous les Comités cantonaux du département à un Comité supérieur, siégeant au chef-lieu, sous la présidence du Préfet, et composé de magistrats, de membres du Conseil général et d'un membre de l'enseignement, et dans lequel aucun ministre du culte catholique, ou des autres cultes légalement reconnus, n'est appelé. Malgré cette singulière exclusion, nous reconnaissons que ce Comité est composé de personnes parfaitement en état, non pas seulement de surveiller et d'encourager, mais aussi de diriger l'instruction primaire. Cependant, il n'accorde à ce Comité qu'un simple droit consultatif. C'est le Préfet qui nomme les instituteurs communaux, sur la présentation du Conseil municipal, qui les avertit, les réprimande, les suspend de leurs fonctions, et les révoque (art. 50 et 53).

La pensée de placer les instituteurs communaux sous l'autorité immédiate du Préfet est une nouveauté, et il importe d'autant plus d'en apprécier exactement les conséquences, qu'il s'agit ici, à vrai dire, de l'instruction primaire tout entière; car, en cette partie de l'enseignement, la liberté est impuissante à créer une concurrence sérieuse contre le privilège conféré par les communes à leurs instituteurs.

La question est donc celle-ci : Convient-il de remettre la direction suprême

1. Circulaire du Ministre des Travaux publics en date du 25 décembre 1849.

d'une des parties les plus importantes de l'instruction publique à des fonctionnaires dont les attributions sont purement politiques et administratives? La réponse ne peut être douteuse.

Sur tout ce qui se rapporte à l'enseignement, les familles ont un droit que nous appellerons antérieur, et qu'il faut reconnaître et savoir respecter. De son côté, l'État possède un droit de surveillance, pour lequel nous n'exigeons pas moins de respect; mais transformer ce simple droit d'inspection en un pouvoir discrétionnaire, abandonner à des agents de l'État, déjà surchargés de tant d'attributions différentes et exposés à tous les revers de la politique, la faculté de nommer et de révoquer les instituteurs communaux, ou, en d'autres termes, de régir absolument l'instruction donnée à plus de deux millions de jeunes enfants, c'est confondre tous les pouvoirs, méconnaître tous les droits, et préparer la décadence de l'enseignement primaire.

Dans les temps de troubles et de désordre, chacun cherche un refuge près du pouvoir, ou de ce qui paraît être le pouvoir. Il ne faut pas cependant que les terreurs du moment, si légitimes qu'elles soient, fassent oublier les vrais principes. Nous voulons faire une loi organique et durable, ne la rédigeons pas sous l'impression des circonstances; car elle serait peu digne du pays et de l'Assemblée, et elle ne vivrait pas.

Nous sommes loin de contester l'utilité et la convenance de l'intervention du Préfet dans les affaires de l'enseignement. Restreinte dans les limites posées par la nature même des fonctions administratives, cette intervention peut avoir, et a eu, en d'autres temps, d'heureux effets. Le décret du 15 novembre 1811 reconnaît aux Préfets le droit, et leur impose même le devoir de surveiller les établissements d'instruction placés dans leurs départements. D'après la loi du 28 juin 1833, ils président tous les Comités d'instruction primaire des départements, et l'on sait que, jusqu'à l'ordonnance du 21 avril 1828, les Écoles primaires et les maisons d'éducation de filles restèrent sous la surveillance et la direction immédiate de ces magistrats. Nous reconnaissons que les Préfets ont toujours usé du pouvoir qui leur fut conféré sur l'enseignement, d'une manière juste, impartiale et conforme aux intérêts religieux et moraux du pays; aussi avons-nous donné notre entière approbation à la pensée du Gouvernement, de placer, dans chaque Conseil académique, le Préfet entre l'évêque et le Recteur, et nous rappellerons que la Commission s'est partagée en un nombre égal de voix sur la question de savoir si le Préfet ne devrait pas être appelé, de préférence au Recteur, à la présidence de ce Conseil.

Que le Préfet présidât le Conseil académique, et qu'il exerçât une certaine portion d'influence sur les diverses branches de l'instruction publique dans son département, nous le concevrions. Ce que nous ne pourrions approuver, ce serait qu'il exerçât un pouvoir souverain sur l'enseignement primaire, lorsqu'il ne doit posséder sur les autres branches de l'instruction nationale qu'une action restreinte et indirecte. En accordant trop d'un côté et peu de l'autre, on créerait un pouvoir incomplet, irrégulier, qui entrerait bientôt en conflit avec celui du Recteur.

Nous ne pouvons accueillir le plan d'organisation de l'instruction publique dans les départements, présenté par le Conseil d'État, parce que cette organisation, entre autres inconvénients, aurait pour effet d'isoler complètement l'enseignement primaire de l'enseignement secondaire, et de placer le premier dans le domaine de l'administration, en faisant du Préfet une sorte de Recteur pour l'enseignement primaire. Mais, sans nous laisser entraîner par la préoccupation des circonstances présentes, sans croire que, pour remettre l'enseignement élémentaire dans la bonne voie, il suffise de changer le mode de nomination et de révocation des instituteurs communaux, nous adhérons à la pensée du Conseil d'État, de fortifier l'autorité sous laquelle ils doivent être placés, parce qu'en tout temps l'indépendance de ces nombreux fonctionnaires, répandus dans toutes les communes de la France, serait une source de désordres et de dangers pour la société.

Dans notre projet de loi, le droit de nommer les instituteurs, de les changer de résidence, de les suspendre de leurs fonctions et de les révoquer est déféré au Conseil académique, dans lequel doivent siéger l'évêque, le Préfet, le Recteur, un membre de la magistrature et plusieurs membres du Conseil général. Ce Conseil offre sans doute toutes les garanties désirables de lumières, d'impartialité et de dévouement à l'intérêt public. Cependant nous reconnaissons, avec le Conseil d'État, que quand il s'agit de réprimer, l'action d'un Comité, si sagement composé qu'on le suppose, présente d'ordinaire des lenteurs et des incertitudes qui permettent au mal de s'aggraver, en donnant l'espoir de l'impunité ou d'une justice affaiblie à ceux qui ont mérité d'être punis, et, modifiant notre projet, nous proposons de conférer au Recteur le pouvoir de suspendre et de destituer les instituteurs communaux, laissant au Conseil académique ce qu'on ne pourrait raisonnablement lui enlever, c'est-à-dire le droit d'apprécier la moralité et le mérite des instituteurs, de les nommer et au besoin de les changer de résidence. Ainsi, l'autorité serait partagée d'une manière parfaitement conforme à sa nature, et sans rien perdre de sa force, entre le Conseil et le Recteur.

S'agit-il de choisir un instituteur, de s'assurer de ses principes religieux et moraux, de son aptitude, de son dévouement, et de déterminer le lieu où il peut rendre le plus de services? c'est au Conseil académique que nous donnons le droit de décider. Faut-il punir un instituteur coupable de négligence habituelle ou de faute grave dans l'exercice ou en dehors de ses fonctions? une répression équitable sans doute, mais prompte, est nécessaire, car les fautes de cet instituteur peuvent avoir des conséquences irréparables; nous confions au Recteur le pouvoir, sans recours ni contrôle, de le suspendre ou de le révoquer de ses fonctions, car nous sommes rassurés par la présence du Conseil académique contre tout abus d'autorité de la part de ce fonctionnaire. Munis de droits différents, le Conseil et le Recteur seront animés du même esprit, tendront vers le même but, et ne songeront ni l'un ni l'autre à agir isolément. Les attributions sont trop clairement délimitées pour que la crainte d'un conflit puisse naître.

Si nous n'avons pas adopté le système du Conseil d'État sur l'organisation de l'instruction élémentaire, nous y avons du moins puisé des lumières qui nous ont servi à améliorer sur plusieurs points notre projet.

Le Conseil d'État, lisons-nous dans le rapport de la section de législation, adhère aux vues du Gouvernement, soit relativement aux conditions exigées pour l'ouverture des établissements particuliers d'instruction secondaire, soit quant à la nature de la surveillance à créer sur ces établissements, soit quant aux peines à appliquer aux contraventions. En ce qui concerne le régime des Écoles publiques, le Conseil d'État, comme le Gouvernement, admet qu'il y a lieu de maintenir ce qui existe comme point de départ des améliorations que peuvent réclamer les changements survenus dans les institutions et dans les mœurs, ou que la libre concurrence des établissements privés pourrait suggérer.

Cette adhésion nous dispense d'entrer dans aucune explication sur le titre III du projet de loi, relatif à l'instruction secondaire.

Mais il est un sujet que le Conseil d'État a traité avec une attention particulière et d'un point de vue différent de celui du Gouvernement : nous voulons parler de la juridiction disciplinaire sur les membres de l'enseignement public ou libre. Ici, quelques développements sont nécessaires.

Se rappelant les attaques dirigées contre la juridiction disciplinaire attribuée à l'Université sur ses propres membres, par les décrets impériaux du 17 mars 1808 et du 15 novembre 1811, le Conseil d'État estime qu'il y a lieu d'attribuer à l'autorité judiciaire l'exercice du pouvoir disciplinaire à l'égard des instituteurs privés, soit primaires, soit secondaires. Ce pouvoir s'exercerait administrativement pour les seuls instituteurs publics. Le Conseil supérieur n'interviendrait que dans un seul cas, en ce qui concerne les instituteurs primaires; quant aux membres de l'instruction secondaire publique, il serait investi des attributions qu'on réservait à la Section permanente, sur laquelle on lui accorde la préférence, comme offrant une autorité plus considérable et dont l'impartialité peut être moins contestée, à raison même de la diversité d'origine de ses membres.

On trouvera dans notre rapport les motifs qui nous ont déterminés à approuver et même à étendre le principe du pouvoir disciplinaire institué par le projet de loi. Qu'il nous soit permis cependant d'ajouter ici quelques mots à ce que nous avons dit ailleurs.

Les juridictions displinaires sont des juridictions de faveur, créées dans l'intérêt et pour la dignité de certaines corporations, et l'on ne comprendrait pas que les instituteurs libres préférassent les tribunaux ordinaires à un tribunal de famille où ils seraient assurés de trouver, avec toutes les garanties d'indépendance et d'équité, les lumières nécessaires pour apprécier pertinemment le caractère des infractions qui peuvent leur être reprochées, et, il faut le dire, cette sorte de bienveillance, qui ne porte aucune atteinte aux droits de la justice.

Nous l'avons rappelé, le recours aux tribunaux ordinaires fut invoqué en matière d'infraction disciplinaire, à une époque où l'opinion tenait, à tort ou à raison, le Gouvernement et tous les corps administratifs en état de suspicion : de là cet étrange préjugé, de considérer une véritable prérogative comme une exception blessante. Les Conseils académiques, tribunaux de première instance, et le Conseil supérieur, tribunal d'appel, nous paraissent composés de telle manière, qu'on peut raisonnablement supposer qu'aucun autre esprit, que l'esprit de stricte équité, ne pénétrera dans leur sein.

La juridiction disciplinaire étant établie, convient-il, ainsi que le propose le projet du Gouvernement, de donner aux membres de l'enseignement public d'autres juges disciplinaires qu'aux membres de l'enseignement libre? Nous ne l'avons pas pensé, et le Conseil d'État, en retirant, à notre exemple, toute juridiction à la Section permanente, semble se rapprocher de notre idée.

Il s'en éloigne naturellement, lorsqu'il maintient le recours au Conseil d'État, ouvert aux membres de l'enseignement public, contre les décisions du Conseil supérieur, en cas d'incompétence, d'excès de pouvoir ou de violation de la loi (art. 9). Le projet de loi du Gouvernement accordait ce recours à tout chef d'établissement d'instruction secondaire et à toute personne attachée à l'enseignement, et à la surveillance d'une maison d'éducation en cas d'interdiction (art. 63). Renfermer dans les Conseils académiques et dans le Conseil supérieur la juridiction tout entière, ne point appeler au partage de cette juridiction des corps étrangers à l'enseignement, parce que, sur cette matière, ils ne sont pas véritablement compétents, telle fut notre pensée.

L'opinion du Conseil d'État et les observations de M. le Ministre de l'Instruction publique nous ont engagé à modifier, non pas les principes qui viennent d'être exposés, mais l'application que nous en faisions aux membres de l'enseignement secondaire public.

Le projet de loi du Gouvernement ne détermine pas les peines disciplinaires applicables aux membres de l'enseignement secondaire public, en cas de violation de leurs devoirs et de leurs obligations. Dès lors les dispositions disciplinaires de l'article 47 du décret du 17 mars demeuraient en vigueur, et le Ministre aurait eu, comme par le passé, le droit d'infliger la réprimande, la censure, la mutation et la suspension des fonctions, tandis que les Conseils académiques et le Conseil supérieur auraient seuls pu infliger aux membres de l'enseignement secondaire public les peines de la réforme et de la radiation. En effet, nous changions la juridiction, mais nous n'apportions aucune modification à la pénalité.

On nous a fait observer qu'une des peines portées par le décret de 1808, les arrêts, n'avait jamais été appliquée; qu'une autre, la réforme ou la retraite donnée avant le temps de l'éméritat avec un traitement moindre que la pension des émérites, était également tombée en oubli et se trouvait remplacée par le retrait d'emploi; qu'il convenait, dans l'intérêt de la discipline, d'attribuer au Ministre le droit de prononcer la réprimande, la censure, la mutation pour un emploi inférieur, la suspension des fonctions et le retrait d'emploi, sauf à lui imposer l'obligation de ne prononcer cette dernière peine qu'après avoir pris l'avis du Conseil supérieur, ou, en l'absence de ce Conseil, de la Section permanente. Dans ce système, la révocation, dépouillée des formalités humiliantes dont la radiation du tableau avait été entourée par le décret de 1811, serait la seule peine qu'appliqueraient les Conseils académiques et le Conseil supérieur.

La Commission n'eût pas été d'avis de conférer au Ministre le droit de prononcer, sans contrôle, le retrait d'emploi; mais, dès l'instant que le Conseil académique instruira l'affaire et que le Conseil supérieur sera appelé à donner son avis, chaque fois que le Ministre devra appliquer cette peine, rien ne s'oppose à ce que nous adoptions le système du Conseil d'État.

La pénalité disciplinaire relative aux membres de l'enseignement secondaire public possédera l'énergie désirable, sans pouvoir jamais devenir arbitraire. Toutes les punitions que nous appellerons administratives sont laissées dans le domaine du Ministre; la punition devient-elle plus sévère? le Conseil académique et le Conseil supérieur interviennent pour éclairer le Ministre. Prend-elle le caractère réellement pénal? alors ce sont les Conseils, véritables organes de la société, auxquels appartient la juridiction suprême sur l'instruction publique, comme sur l'instruction libre, qui prononcent.

Les amendements nouveaux que nous apportons, sous l'inspiration du Conseil d'État, à nos précédentes propositions, auront pour effet de compléter les dispositions du projet de loi en abrogeant les pénalités surannées du décret de 1808 et de fortifier la discipline au sein des établissements publics d'instruction secondaire, sans la remettre entièrement à la discrétion du Ministre.

Il ne nous reste plus qu'à faire connaître quelques articles isolés que nous avons été heureux de pouvoir emprunter textuellement au projet du Conseil d'État.

L'article 83 (95 du Conseil d'État) autorise l'ouverture des cours publics sur l'enseignement primaire et sur l'enseignement secondaire à des conditions qui préviennent l'abus sans entraver l'exercice du droit.

Par l'article 84 (96 du Conseil d'État), l'autorisation est accordée aux étrangers d'ouvrir ou de diriger des établissements d'instruction primaire ou secondaire. Un règlement délibéré en Conseil supérieur déterminera les conditions de l'autorisation.

Il était nécessaire de déclarer que, jusqu'à la promulgation de la loi sur l'enseignement supérieur, le Conseil supérieur exercerait, à l'égard de cet enseignement, les attributions qui appartenaient au Conseil de l'Université. L'article 85 (103 du Conseil d'État) répare l'omission du projet du Gouvernement.

Ces additions, d'autres moins étendues et quelques changements de rédaction ont exigé l'impression du texte nouveau que nous avons l'honneur de présenter à l'Assemblée, et sur lequel nous lui demandons d'établir le débat.

La Commission a fait, comme on le voit, des emprunts nombreux à l'avis du Conseil d'État, parce qu'elle n'a pris pour guide, dans son travail de revision, aucune idée absolue ou systématique, aucune prédilection exclusive pour ses propres idées, et que sa pensée persévérante a été de fonder sincèrement, dans l'intérêt de tous et pour le bonheur de notre nation, la liberté proclamée par la Constitution et d'en assurer la jouissance paisible aux générations qui nous suivent, par une loi qui demeure comme le témoignage éclatant du patriotisme et de la haute sagesse de l'Assemblée législative.

2° Projet de loi.

TITRE Ier.

Des autorités préposées à l'enseignement.

CHAPITRE Ier. — *Du Conseil supérieur de l'instruction publique.*

ARTICLE 1er. — Le Conseil supérieur de l'instruction publique est composé comme il suit :

Le Ministre, président;

Quatre archevêques ou évêques, élus par leurs collègues;

Un ministre de l'Église Réformée, élu par les consistoires;

Un ministre de l'Église de la Confession d'Augsbourg, élu par les consistoires;

Un membre du consistoire central israélite, élu par ses collègues;

Trois conseillers d'État élus par leurs collègues;

Trois membres de la Cour de cassation, élus par leurs collègues;

Trois membres de l'Institut, élus en assemblée générale de l'Institut;

Huit membres choisis par le Président de la République, en Conseil des Ministres, parmi les anciens membres du Conseil de l'Université, les Inspecteurs généraux, les Recteurs et les professeurs des Facultés. Ces huit membres forment une Section permanente;

Trois membres de l'enseignement libre, choisis par le Président de la République, sur la proposition du Ministre de l'Instruction publique.

ART. 2. — Les membres de la Section permanente sont nommés à vie.

Ils ne peuvent être révoqués que par le Président de la République, sur la proposition du Ministre de l'Instruction publique.

Toute révocation est délibérée en Conseil des Ministres.

Les membres de la Section permanente reçoivent seuls un traitement.

ART. 3. — Les autres membres du Conseil sont nommés pour six ans.

Ils sont indéfiniment rééligibles.

ART. 4. — Le Conseil supérieur tient au moins quatre sessions par an.

Le Ministre peut le convoquer en session extraordinaire, toutes les fois qu'il le jugera convenable.

ART. 5. — Le Conseil supérieur peut être appelé à donner son avis sur les projets de loi, de règlement d'administration publique et de décret, et, en général, sur toutes les questions qui lui seront soumises par le Ministre.

Il est nécessairement appelé à donner son avis :

Sur les règlements relatifs aux examens, aux concours et aux programmes d'études dans les Écoles publiques, à la surveillance des Écoles libres, et, en général, sur tous les arrêtés portant règlement pour les établissements d'instruction publique;

Sur la création des Facultés, Lycées et Collèges;

Sur l'autorisation d'accepter des donations ou legs faits aux Écoles publiques ou aux Écoles libres;

Sur les secours et encouragements à accorder aux Écoles;

Sur les livres qui peuvent être introduits dans les Écoles publiques, et sur ceux qui doivent être défendus dans les Écoles libres.

Il prononce en dernier ressort sur les jugements des Conseils académiques rendus dans les cas déterminés par l'article 12.

Le Conseil donne en outre son avis sur l'état général de l'enseignement, sur les abus qui pourraient s'introduire dans les établissements d'instruction, et sur les moyens d'y remédier.

ART. 6. — La Section permanente est chargée de l'examen préparatoire des questions qui se rapportent à la police, à la comptabilité et à l'administration des Écoles publiques.

Elle donne son avis sur les questions relatives aux droits et à l'avancement des fonctionnaires de ces Écoles.

La Section présente au Conseil, au moins une fois par an, un rapport sur l'état de l'enseignement dans les Écoles publiques.

CHAPITRE II. — *Du Conseil académique.*

ART. 7. — Il sera établi une Académie dans chaque département.

ART. 8. — Chaque Académie est administrée par un Recteur, assisté, si le Ministre le juge nécessaire, d'un ou de plusieurs Inspecteurs, et par un Conseil académique.

ART. 9. — Les Recteurs ne sont pas choisis exclusivement parmi les membres de l'enseignement public.

ART. 10. — Le Conseil académique est composé comme il suit :

Le Recteur, président;

Le Préfet ou son délégué;

L'évêque ou son délégué;

Un pasteur de l'une des deux Églises protestantes, dans les départements où il existe une Église légalement établie;

Un membre délégué de la Cour d'appel, ou, à défaut de Cour d'appel, un membre du tribunal de première instance, désigné par le tribunal du chef-lieu de l'Académie;

Cinq membres élus par le Conseil général, dont trois au moins pris dans son sein.

ART. 11. — Pour le département de la Seine, le Conseil académique est composé comme il suit :

Le Recteur, président;
Le Préfet;
L'archevêque de Paris ou son délégué;
Trois ecclésiastiques, désignés par l'archevêque;
Un ministre de l'Église Réformée, élu par le consistoire;
Un ministre de l'Église de la Confession d'Augsbourg, élu par le consistoire;
Un membre du consistoire central israélite, élu par le consistoire;
Trois Inspecteurs d'Académie, désignés par le Ministre;
Un membre de la Cour d'appel, élu par la Cour;
Un membre du tribunal de première instance, élu par le tribunal;
Quatre membres du Conseil municipal de Paris, et deux membres du Conseil général de la Seine, représentant la banlieue, élus par le Conseil général;
Le secrétaire général de la préfecture du département de la Seine.

ART. 12. — Le Conseil académique donne son avis :

Sur l'état des différentes Écoles établies dans le département;

Sur les réformes à introduire dans l'enseignement, la discipline et l'administration des Écoles publiques;

Sur les budgets et les comptes administratifs des Lycées et Collèges;

Il instruit, dans les cas et suivant les formes déterminées par les lois et règlements, les affaires contentieuses et disciplinaires relatives aux établissements publics d'instruction secondaire ou supérieure.

Il prononce, sauf recours au Conseil supérieur : sur les affaires contentieuses relatives à l'obtention des grades, aux concours devant les Facultés, à l'ouverture des Écoles libres, aux droits des maîtres particuliers et à l'exercice du droit d'enseigner; sur les poursuites dirigées contre les membres de l'instruction secondaire publique et tendant à la révocation, avec ou sans interdiction d'exercer la profession d'instituteur libre, et, dans les cas déterminés par la présente loi, sur les affaires disciplinaires relatives aux instituteurs primaires, publics ou libres.

ART. 13. — Le Conseil académique soumet à l'approbation du Ministre les règlements intérieurs des Lycées et Collèges.

Il statue sur les règlements relatifs aux Écoles publiques primaires.

Il fixe le taux de la rétribution scolaire, sur l'avis des Conseils municipaux et des délégués cantonaux.

Il propose au Ministre les instituteurs qui devront être récompensés, décerne les récompenses accordées et donne son avis sur toutes les demandes de secours et d'encouragements.

Il détermine les cas où les communes peuvent, à raison des circonstances, et provisoirement, établir des Écoles primaires dans lesquelles seront admis des enfants de l'un et l'autre sexe, et les cas où elles doivent établir des Écoles séparées pour les enfants appartenant aux différents cultes légalement établis.

ART. 14. — Le Conseil académique présente chaque année au Ministre et au Conseil général un exposé de la situation de l'enseignement dans le département.

Les rapports du Conseil académique sont envoyés par le Recteur au Ministre, qui les communique au Conseil supérieur.

CHAPITRE III. — *De l'Inspection.*

ART. 15. — La loi reconnaît deux espèces d'Écoles primaires ou secondaires :

1° Les Écoles fondées et entretenues, en tout ou en partie, par les communes, les départements ou l'État, et qui prennent le nom d'*Écoles publiques*;

2° Les Écoles fondées et entretenues par des particuliers ou des associations, et qui prennent le nom d'*Écoles libres*.

ART. 16. — L'inspection des établissements d'instruction publique ou libre est exercée :

1° Par les Inspecteurs généraux ;

2° Par les Recteurs et les Inspecteurs d'Académie ;

3° Par les Inspecteurs de l'instruction primaire ;

4° Par les délégués cantonaux, le maire et le curé, pasteur ou délégué du consistoire israélite, en ce qui concerne l'enseignement primaire.

ART. 17. — Les Inspecteurs d'Académie sont choisis par le Ministre sur une liste d'admissibilité présentée par le Conseil supérieur, et sur laquelle nul ne peut être porté s'il n'a été professeur de Faculté, proviseur de Lycée, principal de Collège communal de premier ordre, chef d'institution libre ou professeur dans un établissement public ou dans un établissement libre, ou s'il n'est licencié ou docteur.

Nul ne peut être porté sur la liste d'admissibilité aux fonctions d'Inspecteur général s'il n'appartient à une des catégories précédentes, ou s'il n'a été Recteur ou Inspecteur d'académie.

Un tiers des Inspecteurs généraux sera pris parmi les membres appartenant ou ayant appartenu à l'enseignement libre.

ART. 18. — L'inspection de l'enseignement primaire est spécialement confiée à deux Inspecteurs généraux.

Il y a, en outre, dans chaque arrondissement, un Inspecteur de l'enseignement primaire, choisi par le Ministre sur une liste d'admissibilité présentée par le Conseil académique.

Un règlement déterminera le traitement, les frais de tournée, l'avancement et les attributions des Inspecteurs de l'enseignement primaire.

ART. 19. — L'inspection des établissements de l'État s'exercera conformément aux règlements délibérés par le Conseil supérieur.

Celle des établissements libres ne pourra porter que sur la moralité, le respect de la Constitution et des lois, et l'hygiène.

ART. 20. — Tout chef d'établissement secondaire qui refuserait de se soumettre à la surveillance de l'État pourra être traduit devant le tribunal correctionnel de l'arrondissement, et condamné à une amende de 100 francs à 1 000 francs.

En cas de récidive, l'amende est de 500 francs à 3 000 francs. Si le refus de se soumettre à la surveillance de l'État a donné lieu à deux condamnations dans l'année, la fermeture peut être ordonnée par le jugement qui prononce la seconde condamnation.

Le procès-verbal des Inspecteurs constatant le refus du chef d'établissement fera foi jusqu'à inscription de faux.

TITRE II.

De l'enseignement primaire.

CHAPITRE Ier. — *Dispositions générales.*

ART. 21. — L'enseignement primaire comprend :

L'instruction morale et religieuse,

La lecture,

L'écriture,

Les éléments de la langue française,

Le calcul et le système légal des poids et mesures.

Tout instituteur peut donner à son enseignement des développements conformes aux besoins et aux ressources des localités.

ART. 22. — L'enseignement primaire est donné gratuitement à tous les enfants dont les familles sont hors d'état de le payer.

CHAPITRE II. — *Des instituteurs.*

SECTION Ire. — Des conditions d'exercice de la profession d'instituteur primaire public ou libre.

ART. 23. — Tout Français âgé de vingt et un ans accomplis peut exercer dans toute la France la profession d'instituteur primaire, public ou libre, s'il est muni d'un brevet de capacité.

Le brevet de capacité peut être suppléé par le certificat de stage dont il est parlé à l'article 48, par le diplôme de bachelier, ou par tout autre titre jugé équivalent par le Conseil académique.

Les instituteurs adjoints peuvent n'être âgés que de dix-huit ans, et n'avoir pas encore obtenu le brevet de capacité.

ART. 24. — Sont incapables de tenir une École publique ou libre, ou d'y être employés, les individus qui auraient subi une condamnation pour crime ou délit contraire à la probité ou aux bonnes mœurs, les individus privés par jugement de tout ou partie des droits mentionnés en l'article 42 du Code pénal, et ceux qui ont été interdits en vertu des articles 28 et 29 de la présente loi.

ART. 25. — Quiconque aura ouvert ou dirigé une École en contravention aux articles 23 et 24 sera poursuivi devant le tribunal correctionnel du lieu du délit et condamné à une amende de 50 francs à 500 francs.

L'École sera fermée.

En cas de récidive, le délinquant sera condamné à un emprisonnement de six à trente jours et à une amende de 100 francs à 1 000 francs.

SECTION II. — Des conditions spéciales aux instituteurs libres.

ART. 26. — Tout instituteur qui veut ouvrir une École libre doit préalablement déclarer son intention au maire de la commune où il veut s'établir, lui indiquer le local et lui donner l'indication des lieux où il a résidé et des professions qu'il a exercées pendant les dix années précédentes.

Cette déclaration doit être, en outre, adressée par le postulant au Recteur de l'Académie, au Procureur de la République et au Sous-Préfet.

Elle demeurera affichée par les soins du maire à la porte de la mairie pendant un mois.

ART. 27. — Le Recteur, soit d'office, soit sur la plainte du Procureur de la République ou du Sous-Préfet, peut former opposition à l'ouverture de l'École, dans l'intérêt des mœurs publiques, dans le mois qui suit la déclaration.

Cette opposition est jugée à bref délai, contradictoirement et sans recours, par le Conseil académique du département.

Si le maire refuse d'approuver le local, il est statué à cet égard par le Conseil académique.

A défaut d'opposition, l'École peut être ouverte à l'expiration du mois sans autre formalité.

Art. 28. — Tout instituteur libre, sur la plainte du Recteur ou du Procureur de la République, pourra être traduit, pour cause de faute grave dans l'exercice de ses fonctions, d'inconduite ou d'immoralité, devant le Conseil académique du département, et être interdit de l'exercice de sa profession dans la commune où il exerce.

Le Conseil académique peut même le frapper d'une interdiction absolue, sauf appel devant le Conseil supérieur de l'instruction publique.

Cet appel devra être interjeté dans le délai de dix jours, à compter de la notification de la décision, et ne sera pas suspensif.

Section III. — Des instituteurs communaux.

Art. 29. — Les instituteurs communaux sont nommés par le Conseil académique du département, et choisis, conformément au vœu exprimé par le Conseil municipal de la commune, soit parmi les laïques, soit sur la présentation faite par les supérieurs des associations religieuses vouées à l'enseignement et reconnues par l'État ou par les consistoires.

L'institution est donnée par le Recteur, au nom du Ministre de l'Instruction publique.

Le Conseil académique peut changer les instituteurs communaux de résidence. Le droit de les suspendre ou de les révoquer de leurs fonctions appartient au Recteur.

Le Conseil académique peut, en outre, interdire à l'instituteur révoqué le droit d'ouvrir une École libre dans la commune où il exerçait les fonctions qui lui ont été retirées, sans préjudice des dispositions de l'article 28, qui sont applicables aux instituteurs communaux.

Art. 30. — Tout instituteur communal convaincu de négligence dans ses fonctions est mandé devant une réunion spéciale des délégués cantonaux, qui peut lui donner un simple avis, ou le réprimander. En cas de réprimande, le procès-verbal est transmis au Conseil académique.

S'il y a urgence, l'instituteur peut être suspendu provisoirement de ses fonctions par le maire, à charge de rendre compte, dans les deux jours, au délégué cantonal, et, à Paris, à la réunion des délégués de l'arrondissement, qui annule la suspension ou la maintient jusqu'à décision du Recteur.

Le Préfet et le Sous-Préfet peuvent également suspendre un instituteur, à charge d'en donner avis au Recteur.

Art. 31. — Les instituteurs adjoints des Écoles publiques, les jeunes gens qui se préparent à l'enseignement primaire public dans les Écoles désignées à cet effet, les membres ou novices des associations religieuses consacrées à l'enseignement et reconnues par l'État, sont dispensés du service militaire, s'ils ont, avant l'époque fixée pour le tirage, contracté devant le Recteur l'engagement de se vouer, pendant quinze ans, à l'enseignement primaire public.

Art. 32. — Il est interdit aux instituteurs communaux d'exercer aucune profession commerciale ou industrielle.

Art. 33. — Le Conseil académique détermine les Écoles publiques auxquelles, d'après le nombre des élèves, il doit être attaché un instituteur adjoint.

Les instituteurs adjoints sont nommés et révocables par l'instituteur, avec l'agrément de l'Inspecteur d'Académie.

Le Conseil municipal fixe leur traitement, qui est à la charge de la commune.

ART. 34. — Les départements pourvoient au recrutement des instituteurs communaux, en entretenant des élèves-maîtres dans les Écoles primaires désignées par le Conseil académique.

Sur la proposition du Conseil académique, le Ministre et le Conseil général du département décernent des récompenses aux instituteurs qui se sont distingués en formant des élèves-maîtres.

ART. 35. — Le Ministre de l'Instruction publique, après avoir consulté le Conseil supérieur et le Conseil général, pourra autoriser un département, qui a fondé une École normale primaire, à la conserver provisoirement et pour un temps déterminé.

CHAPITRE III. — *Des Écoles communales.*

ART. 36. — Toute commune doit entretenir une ou plusieurs Écoles primaires.

Le Conseil académique du département peut autoriser une commune à se réunir à une ou plusieurs communes voisines pour l'entretien d'une École.

Toute commune a la faculté d'entretenir une ou plusieurs Écoles entièrement gratuites.

Le Conseil académique peut dispenser une commune d'entretenir une École publique, à la condition de pourvoir à l'enseignement primaire gratuit, dans une École libre, de tous les enfants dont les familles sont hors d'état d'y subvenir.

La commune peut, avec l'autorisation du Conseil académique, exiger que l'instituteur communal donne à son enseignement les développements dont il est parlé à l'article 24.

ART. 37. — Toute commune doit fournir à l'instituteur un local convenable, tant pour son habitation que pour la tenue de l'école, le mobilier de classe et un traitement.

ART. 38. — Le traitement des instituteurs communaux se compose d'un traitement fixe ou rétribution municipale, qui ne peut être inférieure à 200 francs, et du produit de la rétribution scolaire.

Sur l'avis favorable du Conseil académique, il peut être accordé par l'État un supplément à ceux dont le traitement fixe, joint au produit de la rétribution scolaire, n'atteint pas 600 francs.

ART. 39. — Une caisse de retraite et une caisse de secours seront substituées par un règlement aux caisses d'épargne des instituteurs.

ART. 40. — A défaut de fondations, dons ou legs, le Conseil municipal délibère sur les moyens de pourvoir aux dépenses de l'enseignement primaire dans la commune.

En cas d'insuffisance des revenus ordinaires, il est pourvu à ces dépenses au moyen d'une imposition spéciale votée par le Conseil municipal, ou, à défaut du vote de ce Conseil, établie par arrêté du pouvoir exécutif. Cette imposition, qui devra être autorisée chaque année par la loi de finances, ne pourra excéder trois centimes additionnels au principal des quatre contributions directes.

Lorsque des communes, soit par elles-mêmes, soit en se réunissant à d'autres, n'auront pu subvenir, de la manière qui vient d'être indiquée, aux dépenses de l'École communale, il y sera pourvu sur les ressources ordinaires du département, ou, en cas d'insuffisance, au moyen d'une imposition spéciale votée par le Conseil général, ou, à défaut du vote de ce Conseil, établie par arrêté. Cette imposition, autorisée chaque année par la loi de finances, ne devra pas excéder deux centimes additionnels au principal des quatre contributions directes.

Si les ressources communales et départementales ne suffisent pas, le Ministre de l'Instruction publique accordera une subvention sur le crédit qui sera porté annuellement pour l'enseignement primaire au budget de l'État.

Chaque année, un rapport, annexé au projet de budget, détaillera l'emploi des fonds alloués pour l'année précédente.

ART. 41. — La rétribution scolaire est mensuelle.

Sur la demande de l'instituteur, elle peut être perçue dans les formes établies pour les contributions directes, et donne droit aux mêmes remises : il n'est pas perçu de droit de timbre.

La rétribution peut être rendue annuelle, sur la demande du Conseil municipal. Dans ce cas, elle est recouvrable par douzième.

CHAPITRE IV. — *Des délégués cantonaux et des autres autorités préposées à l'enseignement primaire.*

ART. 42. — Le Conseil académique du département désigne plusieurs délégués, résidant dans chaque canton, pour surveiller les Écoles publiques et libres du canton, et détermine les Écoles particulièrement soumises à la surveillance de chacun.

Les délégués sont nommés pour trois ans et rééligibles. Chaque délégué est en relation, tant avec le Conseil académique, auquel il doit adresser ses rapports, qu'avec les autorités locales, pour tout ce qui regarde l'état et les besoins de l'enseignement primaire dans la circonscription.

Il peut, lorsqu'il n'est pas membre du Conseil académique, assister à ses séances avec voix consultative.

Les délégués se réunissent au moins une fois tous les trois mois au chef-lieu de canton, sous la présidence du juge de paix, pour convenir des avis à transmettre aux Conseils académiques, ou pour mander devant eux les instituteurs, comme il est dit à l'article 30.

ART. 43. — A Paris, les délégués de chaque arrondissement se réunissent au moins une fois tous les mois, avec le maire et un adjoint, et avec un curé de l'arrondissement et un ecclésiastique désigné par l'archevêque, pour s'entendre, au sujet de la surveillance locale, comme il est dit à l'article suivant, pour convenir des avis à transmettre au Conseil académique, pour annuler ou maintenir la suspension provisoire des instituteurs, prononcée par le maire, ou pour mander devant eux les instituteurs, comme il est dit en l'article 30. Le juge de paix de l'arrondissement et les ministres des cultes reconnus, autres que le culte catholique, s'il y a dans l'arrondissement des Écoles suivies par des enfants appartenant à ces cultes, assistent à ces réunions avec voix délibérative.

La réunion est présidée par le maire.

ART. 44. — Les autorités locales préposées à la surveillance et à la direction morale de l'enseignement primaire sont, pour chaque École, le maire et le curé, pasteur, ou délégué du consistoire israélite.

Le maire, le curé, pasteur ou délégué du consistoire israélite peuvent s'entendre avec les délégués cantonaux pour leur surveillance locale, dans les villes qui sont à la fois chefs-lieux de canton et d'arrondissement.

ART. 45.— Le maire dresse chaque année, de concert avec les ministres des différents cultes, la liste des enfants qui doivent être admis gratuitement dans les Écoles publiques. Cette liste est approuvée par le Conseil municipal, et définitivement arrêtée par le Préfet.

Art. 46. — Les ministres des différents cultes sont spécialement chargés de surveiller l'enseignement religieux de l'École.

L'entrée de l'École leur est toujours ouverte.

Art. 47. — Le Conseil académique nomme une Commission d'examen chargée de juger publiquement, et à des époques déterminées par le Recteur, l'aptitude des aspirants au brevet de capacité, quel que soit le lieu de leur domicile.

Cette Commission se compose de sept membres, et choisit son président.

Un Inspecteur d'arrondissement pour l'instruction primaire, un ministre de chacun des cultes professés dans le département, et deux membres de l'enseignement public ou libre, en font nécessairement partie.

Art. 48. — Le Conseil académique délivre des certificats de stage aux personnes qui justifient avoir enseigné pendant trois ans au moins dans les Écoles publiques ou libres autorisées à recevoir des stagiaires.

Chapitre V. — *Des Écoles de filles.*

Art. 49. — L'enseignement primaire, dans les Écoles de filles, comprend, outre les matières de l'enseignement primaire des garçons, les travaux à l'aiguille.

Art. 50. — Les lettres d'obédience tiendront lieu de brevet aux institutrices appartenant à des congrégations religieuses vouées à l'enseignement et reconnues par l'État.

L'examen des institutrices laïques n'aura pas lieu publiquement.

Art. 51. — Tout ce qui se rapporte à la surveillance et à l'inspection des Écoles de filles sera l'objet d'un règlement délibéré en Conseil supérieur. Les autres dispositions de la présente loi, relatives aux Écoles et aux instituteurs, sont applicables aux Écoles de filles et aux institutrices.

Art. 52. — Toute commune de 800 âmes de population agglomérée et au-dessus est tenue d'avoir au moins une École de filles.

Le Conseil académique désigne, parmi les communes d'une population inférieure, celles qui sont également tenues d'avoir une École de filles. Il prend l'avis du Conseil municipal.

Art. 53. — Aucune École primaire, publique ou libre, ne peut, sans l'autorisation du Conseil académique, recevoir d'enfants des deux sexes, s'il existe dans la commune une École publique ou libre de filles.

Art. 54. — Les dispositions de l'article 37 sont applicables à l'institutrice communale.

Chapitre VI. — *Institutions complémentaires.*

Section Ire. — Des pensionnats primaires.

Art. 55. — Tout Français âgé de vingt-cinq ans, ayant au moins cinq années d'exercice comme instituteur, ou trois années comme maître dans un pensionnat primaire, et muni d'un brevet de capacité, peut ouvrir un pensionnat primaire, après avoir déclaré son intention au Recteur de l'Académie et au maire de la commune.

Le programme de l'enseignement et du plan du local doivent être adressés au maire et au Recteur.

Le Conseil académique prescrira, dans l'intérêt de la moralité et de la santé des élèves, toutes les mesures qui seront indiquées dans un règlement d'administration.

Les pensionnats sont soumis aux articles 23, 24, 25, 26, 27 et 28 de la loi, et à la surveillance des autorités qu'elle institue.

Section II. — Des Écoles d'adultes et d'apprentis.

Art. 56. — Il peut être créé des Écoles primaires communales pour les adultes au-dessus de dix-huit ans, pour les apprentis au-dessus de douze ans.

Le Conseil académique désigne les instituteurs chargés de diriger les Écoles communales d'adultes et d'apprentis.

Il ne peut être reçu dans ces Écoles d'élèves des deux sexes.

Art. 57. — Nul instituteur libre ne peut ouvrir une École d'adultes ou d'apprentis sans en prévenir les autorités, conformément aux articles 26 et 27.

Art. 58. — Il sera ouvert chaque année, au budget du Ministre de l'Instruction publique, un crédit pour encourager les auteurs de livres ou de méthodes utiles à l'instruction primaire et à la fondation d'institutions telles que :

Les Écoles du dimanche,

Les Écoles dans les ateliers et les manufactures,

Les classes dans les hôpitaux,

Les cours publics ouverts conformément à l'article 83,

Les bibliothèques de livres utiles,

Et autres institutions dont les statuts auront été soumis à l'examen.

Section III. — Des salles d'asile.

Art. 59. — Les salles d'asile sont publiques ou libres.

Un décret du Président de la République, rendu sur l'avis du Conseil supérieur, déterminera tout ce qui se rapporte aux conditions d'âge, d'aptitude et de moralité des personnes qui y seront chargées de la direction et du service, ainsi qu'à la surveillance et à l'inspection de ces établissements.

Les infractions à ce décret seront punies des peines établies par les articles 28, 29 et 30 de la présente loi.

Ce décret déterminera également le programme de l'enseignement et des exercices dans les salles d'asile publiques, et tout ce qui se rapporte au traitement des personnes qui y seront chargées de la direction ou du service.

Art. 60.—Les personnes chargées de la direction des salles d'asile publiques sont nommées dans la même forme et par la même autorité que les instituteurs et institutrices.

Art. 61. — Les salles d'asile libres peuvent recevoir des secours sur les budgets des communes, des départements et de l'État.

Chapitre VII. — *Mesures transitoires.*

Art. 62. — Le Ministre, sur le rapport des Recteurs, déterminera par un règlement à quelle classe appartiendront les Inspecteurs de l'enseignement primaire actuellement en exercice.

Art. 63. — Les Comités actuels continueront provisoirement leurs fonctions jusqu'à la constitution des autorités instituées par la présente loi.

Art. 64. — Un règlement sera fait pour l'application du titre II de la présente loi à l'Algérie.

TITRE III.

De l'instruction secondaire.

. . . .

TITRE IV.

Dispositions générales.

ART. 82. — Le Ministre prononce contre les membres de l'instruction secondaire publique, suivant la gravité des cas :

1° La réprimande devant le Conseil académique ;

2° La censure devant le Conseil supérieur ;

3° La mutation pour un emploi inférieur ;

4° La suspension des fonctions, pour un temps déterminé, avec ou sans privation totale ou partielle du traitement ;

5° Le retrait d'emploi, après avoir pris l'avis du Conseil supérieur ou de la Section permanente.

ART. 83. — Les cours publics sur les matières de l'enseignement primaire et de l'enseignement secondaire sont soumis aux formalités établies par la présente loi pour les Écoles primaires ou secondaires.

Les Conseils académiques peuvent, selon les degrés de l'enseignement, dispenser ces cours de l'application des dispositions qui précèdent, et spécialement de l'application du dernier paragraphe de l'article 56.

ART. 84. — Les étrangers peuvent être autorisés à ouvrir ou diriger des établissements d'instruction primaire ou secondaire, aux conditions déterminées par un règlement délibéré en Conseil supérieur.

ART. 85. — Jusqu'à la promulgation de la loi sur l'enseignement supérieur, le Conseil supérieur de l'instruction publique exercera, à l'égard de cet enseignement, les attributions qui appartenaient au Conseil de l'Université.

ART. 86. — L'article 463 du Code pénal pourra être appliqué aux délits prévus par la présente loi.

ART. 87. — Sont abrogées toutes les dispositions des lois, décrets ou ordonnances contraires à la présente loi.

---

11 janvier 1850. **Loi relative à la nomination et à la révocation des instituteurs communaux.**

11 Janvier 1850.

L'Assemblée nationale législative a adopté d'urgence[1] la loi dont la teneur suit :

ARTICLE 1er. — L'instruction primaire, dans chaque département, est spécialement placée sous la surveillance des Préfets.

1. Voir ci-dessus le projet du Ministre (13 *décembre* 1849), page 264, et le Rapport de M. Beugnot (17 *décembre* 1849), page 284.

ART. 2. — Les instituteurs communaux seront nommés par le Comité d'arrondissement et choisis par lui, soit parmi les instituteurs laïques, soit parmi les instituteurs membres d'associations religieuses vouées à l'enseignement et reconnues par l'État, ou, pour les Écoles appartenant aux cultes non catholiques reconnus, sur des listes de candidats présentés par les consistoires protestants ou israélites, en se conformant, relativement à cette option, au vœu exprimé par le Conseil municipal de la commune. En exprimant ce vœu, ce Conseil peut indiquer des candidats; néanmoins le Comité peut choisir en dehors de la liste qui lui serait présentée à cet effet.

ART. 3. — Dans les cas prévus par l'article 23 de la loi du 28 juin 1833, le Préfet réprimande et suspend les instituteurs. Il peut, après avoir pris l'avis du Comité d'arrondissement, les révoquer, sauf, en cas de révocation, le pourvoi de l'instituteur révoqué devant le Ministre de l'Instruction publique en Conseil de l'Université.

Si, invité à donner son avis, le Comité d'arrondissement ne l'a pas fourni dans les dix jours, le Préfet peut passer outre.

ART. 4. — L'instituteur révoqué ne peut continuer d'exercer ses fonctions pendant l'instruction et le jugement de son pourvoi.

La suspension est prononcée par le Préfet, avec ou sans privation de traitement.

La durée de la suspension ne peut excéder six mois.

ART. 5. — L'instituteur suspendu ou révoqué ne peut ouvrir une École privée dans la commune où il exerçait les fonctions qui lui ont été retirées, ni dans les communes limitrophes.

Il ne peut, sans l'autorisation spéciale du Préfet, être nommé instituteur communal dans le même département.

ART. 6. — Les Comités d'arrondissement restent investis du droit de suspendre les instituteurs, soit d'office, soit sur la plainte du Comité local, et conformément à l'article 23 de la loi du 28 juin 1833.

ART. 7. — Les dispositions de la loi du 28 juin 1833 restent en vigueur en tout ce qui n'est pas contraire à la présente loi.

ART. 8. — La présente loi cessera d'avoir son effet de plein droit six mois après sa promulgation[1].

1. Le projet fut discuté dans les séances des 8, 9, 10 et 11 janvier 1850. Les principaux orateurs qui prirent la parole furent MM. Beugnot (rapporteur), Lavergne (*contre*), Pascal Duprat (*id.*), de Parieu (Ministre), Baudin (*contre*), Cavaignac (*id.*), Crémieux (*id.*), Ennery (*id.*), Coquerel (*amendement*), Mathieu (de la Drôme) (*contre*), Canet (*id.*), Morellet (*amendement*), Léo de Laborde (*contre*).

11 janvier 1850.

Avis relatif à l'obligation d'envoyer les enfants à l'École.

11 Janvier 1850.

Le Conseil, etc.,

Vu la lettre en date du 18 octobre 1849, par laquelle M. le Préfet du Nord soumet à l'approbation de M. le Ministre un projet de règlement proposé par le Conseil municipal de la commune de Rombies (Nord), et qui a pour but d'obliger les familles pauvres à envoyer leurs enfants à l'École;

Vu ledit projet de règlement et la délibération du Comité supérieur de Valenciennes,

Estime que ledit projet ne saurait être approuvé; une pareille obligation ne pourrait être imposée que par la loi.

---

11 janvier 1850.

Avis relatif aux desservants instituteurs.

11 Janvier 1850.

Le Conseil, etc.,

Vu la réclamation de Mgr l'évêque de Limoges,

Est d'avis que M. l'abbé....., curé et instituteur public d'une commune où il y a deux succursales, peut conserver le titre d'instituteur communal, à condition qu'il cessera de faire partie du Comité central local, et qu'il sera remplacé dans ce Comité par un des succursalistes;

Sur la demande de Mgr l'évêque, qui a prévalu dans la délibération susrelatée pour qu'elle soit abandonnée, et que ladite délibération soit annulée,

Est d'avis qu'il y a lieu de persister dans la délibération du 23 novembre 1849, et de maintenir le principe qui en fait la base.

---

11 janvier 1850.

Circulaire du Ministre de l'Instruction publique, relative aux Écoles d'apprentis.

11 Janvier 1850.

Monsieur le Recteur, depuis quelques années il a été organisé, dans diverses localités, des Écoles destinées à donner l'instruction primaire aux jeunes enfants placés en apprentissage ou employés dans les fabriques et les manufactures. Ces Écoles sont ordinairement ouvertes le soir, seul moment de la journée où puissent les fréquenter les pauvres enfants qui, sans ce secours, resteraient privés de l'instruction la plus élémentaire. Une telle institution mérite toute la sollicitude et tout le concours de l'autorité supérieure. D'une part, en effet, les enfants apprentis et ouvriers y viennent puiser les premières et indispensables connaissances. D'autre part, ces Écoles contrebalancent l'influence pernicieuse que trop souvent la fréquentation des ateliers exerce sur l'enfance.

Je désire, Monsieur le Recteur, que vous m'adressiez les renseignements les plus complets concernant le nombre de ces Écoles qui existent dans votre Académie, les localités où elles sont établies, le nombre d'enfants qui en suivent les cours, la direction qui leur est donnée et les résultats produits jusqu'à ce jour.

Dans le cas où votre Académie ne posséderait aucun établissement de ce genre, vous auriez à me faire connaître vos vues sur les localités où il serait nécessaire d'en former, et sur les moyens qui pourraient être employés afin d'assurer cette utile création.

Je vous prie, en outre, de vouloir bien me transmettre des renseignements exacts sur les Écoles de même nature qui sont déjà ou qui pourraient être ouvertes le dimanche pour les apprentis et les adultes.

Recevez, etc.

Signé : DE PARIEU.

Décision relative à l'interdiction d'un ouvrage dans les Écoles normales primaires.

15 janvier 1850.

15 Janvier 1850.

Le Conseil, etc.,

Vu le rapport de M. le Recteur de....., concernant les *Exercices de vocabulaire* introduits dans l'École normale primaire de.....;

Considérant qu'une analyse grammaticale bien faite comprend tout ce qui peut utilement s'enseigner sur cette matière dans les Écoles primaires,

Estime qu'il n'y a pas lieu d'introduire dans les Écoles normales primaires le nouvel objet d'études dont il s'agit.

Circulaire du Ministre de l'Instruction publique aux Préfets, relative à l'exécution de la loi du 11 janvier 1850, attribuant aux Préfets la nomination ou la révocation des instituteurs primaires.

16 janvier 1850.

16 Janvier 1850.

Monsieur le Préfet, la loi du 11 janvier dernier vous appelle à une mission de surveillance et de répression, à l'égard des instituteurs communaux, plus étendue que par le passé. Les devoirs nouveaux qu'elle vous impose ne sont, au reste, que le développement de ceux qui résultaient déjà pour vous, sous ce rapport, de la présidence des Comités d'arrondissement.

Un assez grand nombre d'instituteurs ont été égarés tout à la fois par l'influence des événements que nous avons traversés, et par des causes d'excitation particulières à leur situation. L'exécution ferme de la loi nouvelle confiée à votre patriotisme les ramènera dans la véritable ligne de leurs devoirs.

Les instituteurs ne sont pas destinés à un rôle politique. Vous n'avez point de services de cette nature à leur demander; mais vous ne devez pas tolérer qu'ils prennent jamais une attitude hostile au Gouvernement qui les institue.

Toute manifestation de ces principes anarchiques qui masquent leur caractère destructeur sous des noms spécieux, sous l'apparence d'un système social et politique étranger, et, dès lors, hostile à la Constitution, tous actes propres à les propager sont, de la part d'hommes chargés d'un enseignement public et de l'éducation morale et religieuse des enfants du peuple, des fautes graves qui appellent votre sévère attention et l'application des pouvoirs qui vous sont conférés.

Pour exercer une surveillance attentive et efficace sur l'instruction primaire, profitez, autant que possible, de l'expérience du Recteur de l'Académie; assurez-vous du concours des Inspecteurs et sous-inspecteurs, intermédiaires ordinaires entre vous et l'instituteur. Que vos rapports avec les Comités soient aussi l'objet d'une attention suivie. Faites pénétrer chez tous leurs membres la conviction de votre dévouement aux intérêts et aux devoirs qui vous sont communs, et établissez entre eux et vous la plus complète harmonie possible. Appelez spécialement à vous, dans l'accomplissement de cette tâche, le concours des fonctionnaires que les Comités renferment, et exhortez-les à remplir avec exactitude tous les devoirs que cette position leur impose.

Je vous recommande aussi de ne point négliger, quand vous en aurez l'occasion et la possibilité, de voir les instituteurs eux-mêmes, d'étudier leur situation, leurs vœux, leurs besoins. Que vos rapports avec eux leur donnent l'idée vraie de tous les sentiments que le Gouvernement a pour eux, c'est-à-dire une bienveillance sincère, jointe à une inébranlable fermeté, pour les maintenir dans la voie également tracée par l'intérêt politique du pays et par celui des pères de famille.

Vous aurez soin de me transmettre tous les renseignements convenables sur les instituteurs nommés par les Comités d'arrondissement, et dont l'article 22 de la loi du 28 juin 1833, dans une disposition conservée implicitement par l'article 7 de la loi nouvelle, me réserve l'institution. Vous ferez au besoin comprendre aux Comités d'arrondissement que la loi nouvelle leur permet plus aisément que par le passé d'appeler à des situations plus avantageuses les instituteurs qui se seraient créé des titres à la reconnaissance des pères de famille et à l'estime de l'autorité.

Je vous invite à exercer avec autant de fermeté que de discernement les droits que la loi nouvelle vous confère. Recueillez dans ce but des renseignements exacts auprès des Sous-Préfets comme auprès des agents de l'inspection primaire et des autorités locales; efforcez-vous, enfin, de réaliser, autant que possible, une sorte d'uniformité dans l'état de la surveillance et de la discipline de l'enseignement primaire sur la surface de votre département, uniformité que la variété des tendances locales des Comités n'a pas permis d'établir sous l'empire de la législation précédente.

Dans les cas où la réprimande et la suspension ne vous offriraient pas de moyens de répression suffisants, et où vos convictions persévérantes vous feraient juger la révocation nécessaire, vous ne craindrez pas, quels qu'aient été les avis des Comités, d'user de tous les droits que la loi vous confère, et vous pourrez compter, dans des cas semblables, sur le ferme appui du Gouvernement.

Veuillez m'adresser, dans le délai d'un mois, un rapport sur l'état de l'instruction primaire, la situation morale et l'esprit des instituteurs communaux dans votre département, rapport dont je vous demanderai ultérieurement la continuation régulière à certaines périodes que je vous ferai connaître.

Recevez, etc.

Signé : DE PARIEU.

Circulaire du Ministre de l'Instruction publique aux Recteurs, relative à l'exécution de la loi du 11 janvier 1850, attribuant aux Préfets la nomination ou la révocation des instituteurs primaires. 16 janvier 1850.

16 Janvier 1850.

Monsieur le Recteur, la loi du 11 janvier 1850 vient de placer l'enseignement primaire, dans chaque département, sous la surveillance spéciale des Préfets, et de leur donner le droit de révoquer et de suspendre les instituteurs communaux.

Vous auriez, sans doute, Monsieur le Recteur, fait de ce pouvoir disciplinaire, s'il vous eût été remis, un excellent usage; un sentiment de défiance à votre égard a donc été bien loin de la pensée du Gouvernement.

Mais, par la nature même des choses, le Gouvernement, dans l'état actuel des circonscriptions académiques, ne pouvait déposer entre vos mains le pouvoir qu'il a confié aux Préfets, sans perpétuer les inconvénients de la législation présente. L'étendue de votre ressort ne vous eût pas permis de réaliser ces deux conditions d'une action efficace, et dont la seconde n'est que la conséquence de la première : prompte et sûre connaissance des faits, répression immédiate.

Mais, en attribuant à MM. les Préfets, par une mesure transitoire, la haute surveillance de l'instruction primaire, le Gouvernement n'a pas entendu que vous demeuriez étranger à cette partie si importante de l'éducation publique. MM. les Inspecteurs continueront à vous adresser des rapports, et MM. les Préfets, je n'en doute pas, s'empresseront de faire appel, dans les cas difficiles, à vos lumières et à votre expérience. Je vous invite, Monsieur le Recteur, à leur prêter votre concours. Il importe que cette législation temporaire ne puisse pas être la cause d'une interruption fâcheuse dans les traditions administratives de l'Académie.

C'est toujours par vous que devront me parvenir les propositions de secours et de récompenses, au sujet desquelles il conviendra cependant que vous vous entendiez avec MM. les Préfets; si cette fonction, à l'égard des instituteurs, est loin d'être la plus pénible, j'espère aussi qu'elle ne sera pas la moins efficace. Un grand nombre d'instituteurs n'ont oublié ni la sainteté de leur mission ni le caractère de leurs devoirs. Attachez-vous à les rassurer en les confirmant dans la bonne voie. Dites-leur que vous avez les yeux sur eux; faites-leur sentir tout spécialement que les Comités en possession du droit de mutation sauront en user dans leur intérêt et récompenser une conduite méritante.

J'appelle également votre attention sur les fonctionnaires de l'instruction secondaire, qui relèvent plus directement de votre autorité.

Quelques-uns d'entre eux, comme le témoignent vos rapports de fin d'année, ont pris une part beaucoup trop active aux agitations politiques. Des mesures de sévérité ont fait justice des professeurs les plus compromis; mais il importe de rappeler à ceux qui sont restés en fonctions, et qui pourraient se laisser encore égarer par de mauvais conseils, que le Gouvernement est décidé à user des pouvoirs que la loi lui confie pour rétablir partout l'ordre et la discipline. Les parents ont le droit d'exiger que les maîtres chargés de l'éducation de leurs enfants se renferment religieusement dans les obligations de leur profession et soient irréprochables dans leur vie privée comme dans leur vie publique.

Il importe que le corps enseignant se pénètre plus profondément encore de ces principes, au moment où la liberté va lui susciter une concurrence sérieuse. Son intérêt lui indique ses devoirs. L'enseignement public a toujours soutenu le niveau intellectuel des études; c'est sa mission et sa gloire. Qu'il se propose aussi, en ces temps de désordre, de soutenir, à la face du pays, le niveau des doctrines morales et religieuses. A ce prix seulement, les établissements de l'État sauront mériter et conserver la confiance des familles.

Je compte sur votre vigilant et loyal concours pour atteindre ce résultat si utile à l'avenir du pays.

Recevez, etc.

Signé : DE PARIEU.

---

16 janvier 1850. **Circulaire du Ministre de l'Instruction publique aux Instituteurs, relative à l'exécution de la loi du 11 janvier 1850, attribuant aux Préfets la nomination ou la révocation des instituteurs primaires.**

16 Janvier 1850.

Monsieur l'Instituteur, l'Assemblée nationale vient d'adopter, sur la proposition du Gouvernement, une loi qui place provisoirement l'instruction primaire sous la surveillance spéciale des Préfets, et leur donne le droit de suspendre et même de révoquer les instituteurs. Afin que vous ne soyez pas induit en erreur sur le véritable objet de cette loi, dont je vous transmets le texte, j'ai jugé nécessaire de vous en faire connaître moi-même les motifs et le but, ainsi que les rapports nouveaux qu'elle doit établir entre l'administration et vous. Plus les partis s'appliquent à dénaturer l'esprit d'une mesure réclamée impérieusement par l'état du pays, plus il importe que vous soyez éclairé sur les intentions du Gouvernement à votre égard, et sur vos propres obligations.

La mission que vous avez reçue, Monsieur l'Instituteur, vous impose des devoirs nombreux envers les enfants confiés à vos soins, envers leurs parents et envers l'État. Les familles n'attendent pas seulement de vous que vous fassiez preuve de savoir, que vous vous montriez habile à enseigner; elles ont aussi le droit de demander que vos exemples justifient vos leçons, et que, soit dans votre conduite privée, soit dans vos relations avec les autorités de la commune, vous montriez ces habitudes régulières et graves, ce sentiment éclairé du devoir, cet amour religieux de l'ordre, de la paix et des lois du pays, qui seront la plus sûre garantie de la bonne éducation que vous donnerez à vos élèves.

Ces obligations essentielles, le Gouvernement se plaît à reconnaître qu'un grand nombre d'instituteurs ont continué à les remplir avec fidélité, même au milieu des épreuves les plus difficiles. Mais il se devait à lui-même, et il devait au pays de ne pas dissimuler ce fait douloureux, que, dans plusieurs localités, les maîtres de la jeunesse, non seulement n'ont pas répondu aux justes espérances des familles, mais se sont livrés aux entraînements les plus déplorables. Le Gouvernement est loin, sans doute, d'imputer à ces instituteurs seuls les fautes qu'ils ont commises : la responsabilité revient en partie à ceux qui les ont égarés, tantôt par de perfides suggestions, tantôt par de trompeuses promesses qui, en surexcitant leurs désirs, les ont détachés peu à peu de leur profession, et les ont associés à des factions hostiles à l'ordre social. Mais, en présence d'un mal aussi fâcheux, un remède énergique était nécessaire dans l'intérêt de la société menacée et de l'instruction primaire elle-même, que de tels écarts entravent et déshonorent. Tel est le but des nouvelles dispositions qui viennent d'être adoptées. Le Gouvernement n'a pas eu d'autre dessein en les proposant à la sanction de l'Assemblée, ni l'Assemblée en les adoptant. La nouvelle loi n'est donc pas, comme on vous le dira peut-être, une loi de proscription et de vengeance, mais une mesure de défense et de conservation pour l'ordre public. Elle n'atteindra pas l'instituteur dévoué à ses fonctions, étranger aux entreprises passionnées des partis, et qui, satisfait d'un sort modeste, mais élevé cependant au-dessus du sort de plusieurs, consacre tous ses efforts à former pour sa patrie des citoyens éclairés et vertueux. Elle ne sera menaçante et rigoureuse que pour ceux qui ne craindraient pas de sacrifier à leur propre ambition l'intérêt du pays et celui des enfants qui leur sont confiés. S'il arrivait que quelques instituteurs, oublieux à ce point de leurs devoirs, fussent frappés, qui donc pourrait s'en plaindre, sinon ces instituteurs eux-mêmes et les agitateurs dont ils sont les instruments?

Croyez-le bien, Monsieur, le Gouvernement n'a pas, il ne peut pas avoir la pensée d'exercer contre les instituteurs des rigueurs inutiles, qui auraient pour résultat d'arrêter le développement de l'instruction primaire, pour laquelle, au milieu des circonstances financières les plus contraires, il s'est toujours montré prêt à des sacrifices. Un de ses vœux les plus chers a toujours été d'améliorer la position de ces fonctionnaires modestes et dévoués, par qui tous les habitants de ce grand pays doivent participer aux bienfaits de l'instruction, si nécessaire pour les nations libres.

Mais ce qu'il veut non moins fermement, ce qu'il a droit d'obtenir, c'est que cette instruction ne soit jamais souillée par le contact de funestes doctrines, et que ceux qui la donnent rendent partout leur mission respectable et chère aux bons citoyens.

Tel est le concours qu'il attend de vous. Décidé à faire respecter les droits de la société, il espère que les instituteurs sauront eux-mêmes s'éloigner des partis qui les trompent, prévenir par leur conduite les rigueurs que comporte l'application de la loi nouvelle, et, en répondant ainsi au vœu du pays et des familles, acquérir à la confiance et à la sollicitude du Gouvernement des titres qu'il n'oubliera pas.

Recevez, etc.

Signé : DE PARIEU.

18 janvier 1850.

Décision relative à l'annulation d'un jugement d'un Comité pour vice de forme.

18 Janvier 1850.

Le Conseil, etc.,

Vu la délibération en date du 19 juillet 1849, par laquelle le Comité supérieur de..... a révoqué de ses fonctions, pour faute grave, le sieur....., instituteur communal à..... (Saône-et-Loire), ensemble les pièces à l'appui;

Attendu qu'il est nécessaire que tous ceux qui sont désignés par l'article 19 de la loi du 28 juin 1833 pour être membres du Comité, soient convoqués régulièrement;

Qu'en fait, il est constant que tous les membres du Conseil général ayant leur domicile réel dans la circonscription du Comité n'ont pas été convoqués,

Annule, pour vice de forme, la décision rendue par le Comité supérieur de..... contre M.... , et renvoie devant qui de droit, pour le renouvellement des poursuites, conformément à la loi.

---

18 janvier 1850.

Décision relative à l'annulation d'un jugement d'un Comité pour vice de forme.

18 Janvier 1850.

Le Conseil, etc.,

Vu la délibération en date du 3 juillet 1849, par laquelle le Comité supérieur de..... a révoqué de ses fonctions, pour négligence habituelle, le sieur....., instituteur public à..... (Ariège), ensemble les pièces à l'appui;

Vu le pourvoi formé par le sieur....., contre ladite délibération, et l'avis de M. le Recteur de Toulouse;

Attendu que, contrairement aux prescriptions de l'article 19 de la loi de 1833, M. le curé de la circonscription s'est fait représenter dans le Comité par un vicaire,

Annule, pour vice de forme, la décision rendue par le Comité supérieur, et renvoie devant qui de droit, pour l'instruction être reprise conformément à la loi[1].

1. Deux conseillers, tout en se soumettant à la décision de la majorité du Conseil sur la manière dont doit être entendu et exécuté l'article 19 de la loi du 28 juin 1833, en ce qui concerne les membres de droit des Comités d'arrondissement,

Persistent à penser que, dans l'esprit de la loi précitée, et attendu l'importance

Avis relatif à la création d'une chaire d'agriculture dans une École primaire supérieure.

1er février 1850.

1er Février 1850.

Le Conseil, etc.,

Vu la demande formée par M....., directeur de l'École primaire supérieure de Château-Gontier, à l'effet d'obtenir la création, aux frais de l'État, d'une chaire spéciale d'agriculture dans cet établissement;

Vu les avis de M. le Préfet de la Mayenne et de M. le Recteur de l'Académie d'Angers,

Est d'avis qu'il n'y a pas lieu de faire droit à la demande de M....

Avis relatif à l'annexion d'une École primaire supérieure à un Collège communal.

8 février 1850.

8 Février 1850.

Le Conseil, etc.,

Vu la demande formée par le Conseil municipal de Vitry-le-François, à l'effet d'obtenir l'adjonction de l'École primaire supérieure au Collège communal de ladite ville, ensemble les pièces à l'appui;

Vu les délibérations du Comité local, du Comité d'arrondissement et du bureau d'administration du Collège de Vitry-le-François;

Vu l'avis de M. le Recteur de l'Académie de Reims;

Attendu que l'adjonction proposée maintient et assure l'exécution de l'article 14 de la loi du 28 juin 1833;

que le législateur a justement attachée à ce que les principales autorités sur lesquelles repose l'ordre social fassent partie des Comités d'arrondissement;

Attendu que le législateur a formellement autorisé la subdivision de ces Comités, et que, dans le fait, cette subdivision a été pratiquée à tel point que, par exemple, d'après la demande expresse du Préfet de Seine-et-Oise, ce département a constamment conservé tous les Comités cantonaux avec toutes les attributions que la loi donne aux Comités d'arrondissement;

Attendu que, dans cet état de la législation, le législateur a dû vouloir que, en cas d'absence du principal fonctionnaire de chaque service public, ce fonctionnaire soit remplacé par son second, ainsi le juge de paix par son suppléant, le Procureur de la République par son substitut, le maire par son adjoint, le curé par son vicaire;

M. le curé, convoqué pour la séance où le sieur....., instituteur à....., a été révoqué, a pu être remplacé dans cette séance par M. son vicaire.

Que cette réunion de deux établissements communaux, sous une même surveillance et sous une même direction supérieure, ne peut avoir pour résultat que l'amélioration et le succès de l'École primaire supérieure,

Est d'avis : 1° que l'adjonction doit être autorisée; 2° que l'organisation proposée dans les délibérations précitées peut être adoptée.

---

28 février 1850. **Circulaire du Ministre de l'Instruction publique, interprétative de la loi du 11 janvier 1850, attribuant aux Préfets la nomination et la révocation des instituteurs primaires.**

28 Février 1850.

Monsieur le Préfet, l'exécution de la loi du 11 janvier dernier, concernant les instituteurs, a soulevé plusieurs questions que je vais examiner et résoudre successivement.

On a demandé :

1° Sur quels fonds, en cas de suspension prononcée sans privation de traitement contre un instituteur public, l'instituteur intérimaire pourra être rétribué?

Le Préfet doit pourvoir, par l'arrêté même qui prononce la suspension, à ce qu'une partie du traitement de l'instituteur auquel elle s'applique reste disponible pour être affectée comme rétribution à l'instituteur intérimaire, outre la rétribution scolaire.

2° Si le Préfet peut prononcer une révocation, nonobstant l'avis contraire du Comité d'arrondissement?

D'après la loi, le Préfet est tenu de prendre l'avis des Comités d'arrondissement; mais rien ne l'oblige à statuer conformément à cet avis. Il lui appartient de décider selon sa conscience, sans être astreint à suivre les formes de procédure établies par les Comités.

3° Si le droit de révoquer est attribué au Préfet seul, ou si le Comité d'arrondissement peut l'exercer concurremment avec lui; si ce Comité conserve le droit de prononcer la peine de la réprimande?

Le droit de révocation est réservé aux Préfets seuls; la loi le leur confère à l'exclusion des Comités d'arrondissement. Ces Comités peuvent continuer de prononcer la peine de la réprimande, puisque la loi du 11 janvier ne leur enlève pas cette attribution.

4° Si un instituteur qui a été révoqué, ou qui a donné sa démission antérieurement au 11 janvier, est libre d'ouvrir une École privée dans la commune où il exerçait ses fonctions?

La loi ne peut avoir d'effet rétroactif; conséquemment l'instituteur qui a été révoqué ou qui s'est démis de son emploi, et dont la démission a été acceptée antérieurement au 11 janvier, est libre d'exercer à titre privé dans la commune ou dans les localités limitrophes de la commune où il tenait l'École publique. Il en serait autrement si la démission avait été donnée depuis cette époque pour échapper à l'application de l'article 5. Dans le cas dont il s'agit, le Préfet pourrait refuser, appréciation faite des circonstances dont il est seul juge, d'accepter cette démission, laquelle serait par suite réputée nulle et non avenue, et ne formerait dès lors aucun obstacle à l'adoption des mesures disciplinaires que réclamerait la bonne direction de l'enseignement.

Il ne peut y avoir rétroactivité par le Préfet à révoquer ou à suspendre un instituteur pour des faits antérieurs au 11 janvier. En droit, le changement de tribunal ou de juridiction ne peut, dans aucune conjoncture, soustraire aux poursuites et aux peines légales les délits commis avant que ce changement ait été effectué.

5° Quelle est la sanction pénale de l'article 5, qui interdit à l'instituteur révoqué postérieurement au 11 janvier de tenir une École privée, soit dans la commune où il était établi, soit dans les communes limitrophes, et quelle est la limite de cette interdiction?

L'interdiction, pour l'instituteur communal révoqué par le Préfet, d'ouvrir une École privée dans la commune où il exerçait les fonctions qui lui ont été retirées et dans les communes limitrophes, n'a pas de sanction dans la loi du 11 janvier : cette sanction se trouve dans l'article 6 de la loi du 28 juin 1833, qui punit d'une amende de 50 à 200 francs tout instituteur qui ouvre une École primaire après avoir été interdit de ses fonctions. Il est vrai que dans le système de la loi de 1833 il n'y avait interdiction de tenir une École que contre les maîtres condamnés par un tribunal pour cause d'inconduite ou d'immoralité, et non contre les instituteurs communaux révoqués par le Comité d'arrondissement, pour négligence ou faits graves, en vertu de l'article 23 de cette loi, et qu'en conséquence aucune peine ne pouvait être prononcée contre ces derniers instituteurs qui ouvraient une École privée. Mais ce système a été modifié par la loi du 11 janvier : aux cas d'interdiction spécifiés par l'article 5 de la loi du 28 juin 1833, la loi du 11 janvier en a ajouté un nouveau, celui qui résulte de la révocation prononcée par le Préfet, remplissant les fonctions du Comité d'arrondissement; il s'ensuit que la peine portée par l'article 6 de la loi de 1833, qui a pour but d'assurer l'exécution des dispositions relatives aux diverses incapacités établies par le législateur, s'applique à ce nouveau cas comme à ceux qui avaient été déjà prévus. Le silence de la loi de 1850 sur ce point n'est pas une objection, car il est impossible de supposer que l'Assemblée nationale ait voulu laisser sans aucune sanction une disposition à laquelle elle attachait la plus grande importance, pour arrêter le mauvais enseignement dans les campagnes. Elle s'en est évidemment référée, pour l'exécution de ces prescriptions, aux dispositions générales de la loi de 1833, que par l'article 7 elle maintient en vigueur dans tout ce qui n'est pas contraire à la nouvelle loi. J'adopte entièrement, à cet égard, l'avis de mon collègue, M. le Ministre de la Justice, que j'ai cru devoir consulter, et je pense, comme lui, que les Préfets peuvent demander aux Procureurs de la République de poursuivre tous les instituteurs révoqués qui ouvriraient une École privée en contravention à l'article 5 de la loi du 11 janvier.

L'interdiction résultant de cet article a pour limite évidemment l'intérêt bien entendu de l'instruction populaire. Le législateur a eu pour but d'ôter aux instituteurs suspendus ou révoqués la faculté de tenir des Écoles privées dans des communes assez rapprochées de celles où ils étaient établis pour que les enfants puissent s'y rendre facilement. C'est aux Préfets à juger des circonstances qui se présenteront et à statuer, en prenant pour règle le bien du service.

6° Quelles sont les règles à suivre en ce qui concerne les déplacements et les mutations d'instituteurs?

La loi du 11 janvier, en investissant les Comités d'arrondissement du droit de nomination aux places d'instituteur, et en leur laissant la faculté de faire un choix en dehors de la liste des candidats indiqués par le Conseil municipal, donne implicitement le droit de déplacement et de mutation. C'est d'après cette interprétation de l'article 2 de la loi du 11 janvier qu'une résidence nouvelle pourra être assignée à un instituteur, lorsque des considérations puisées dans l'intérêt du service et dans l'intérêt du maître lui-même auront rendu cette mesure indispensable.

7° A qui, du Préfet ou du Recteur, il appartient de faire à l'administration de l'instruction publique les propositions concernant l'institution des instituteurs communaux, et quelles formalités il y a lieu de remplir pour assurer le service des Écoles dans l'intervalle qui s'écoule entre la nomination et l'institution?

Le Préfet doit transmettre, avec son avis, les pièces relatives à l'institution au Recteur de l'Académie, lequel adressera directement ses propositions à l'administration de l'Instruction publique. Ce fonctionnaire reste chargé, comme sous la législation précédente, de délivrer, s'il y a lieu, aux instituteurs l'autorisation d'exercer, en attendant la décision ministérielle.

8° Quelle est l'action des Préfets à l'égard des instituteurs privés dont la conduite politique est telle, qu'elle amènerait nécessairement à leur égard l'application des peines de la suspension s'ils étaient instituteurs communaux?

La loi du 11 janvier place l'instruction primaire publique et privée sous la surveillance spéciale des Préfets. Ces magistrats ont donc le droit, et il est de leur devoir de surveiller les instituteurs privés comme les instituteurs communaux; mais, s'ils sont armés contre ceux-ci de pouvoirs nettement déterminés, il n'en est pas de même à l'égard des autres, qui sont justiciables seulement de l'autorité judiciaire, et contre lesquels ils ne peuvent prendre directement aucune mesure répressive. Je me repose sur leur fermeté et sur leur vigilance du soin de déférer immédiatement, de concert avec MM. les Procureurs de la République, aux tribunaux les instituteurs privés dont la conduite ou l'enseignement leur paraîtrait offrir un danger pour l'éducation publique ou pour l'ordre social.

9° Si c'est le Recteur de l'Académie qui, dans l'état de la législation, est chargé de délivrer l'autorisation spéciale d'exercer aux personnes qui se présentent pour ouvrir des classes d'adultes?

Il n'a pas cessé d'appartenir aux Recteurs des Académies d'autoriser l'établissement des classes d'adultes, comme le règlement du 22 mars 1836 leur en donne le droit. La loi du 11 janvier laisse les Recteurs en possession de toutes les attributions qu'elle ne leur a pas enlevées expressément.

Je vous recommande, Monsieur le Préfet, lorsqu'il surviendra quelque incident ou quelque difficulté de nature à jeter des doutes dans votre esprit sur l'application de la nouvelle loi, de m'en référer immédiatement, pour que je vous fasse connaître sans retard mes vues à ce sujet.

Recevez, etc.

Signé: E. DE PARIEU.

Décret approuvant les statuts de la communauté des dames religieuses Bénédictines de Saint-Désir, établie à Lisieux.

5 mars 1850.

5 Mars 1850.

Le Président de la République,

Sur le rapport du Ministre de l'Instruction publique et des Cultes;

Vu l'ordonnance du 11 septembre 1816, qui autorise la communauté des Bénédictines de Saint-Désir, à Lisieux;

Vu la loi du 24 mai 1825;

Vu l'approbation donnée par l'évêque de Bayeux aux statuts de cette communauté;

Vu lesdits statuts;

Considérant que la communauté des Bénédictines de Saint-Désir, gouvernée par une supérieure locale, est soumise, pour le spirituel, à la juridiction de l'ordinaire;

Considérant que lesdits statuts ne dérogent pas aux lois de l'État, et ne contiennent rien de contraire à la Constitution de la République, aux franchises, libertés et maximes de l'Église gallicane;

Le Conseil d'État entendu,

Décrète ce qui suit :

Article 1er. — Les statuts de la communauté des dames religieuses Bénédictines de Saint-Désir, autorisée par ordonnance du 11 septembre 1816, établie à Lisieux (Calvados), gouvernée par une supérieure locale, et ayant pour but l'instruction gratuite des enfants pauvres de leur sexe, l'éducation des jeunes demoiselles, et dont la maison est, en outre, un lieu de retraite pour les dames âgées, sont approuvés. Ces statuts, dûment vérifiés, et tels qu'ils sont annexés au présent décret, seront enregistrés et transcrits au Conseil d'État; mention de ladite transcription sera faite par le secrétaire général du Conseil, sur la pièce enregistrée.

15 mars 1850.

Loi relative à l'enseignement[1]. [Extrait.]

15 Mars 1850.

TITRE Ier.

Des autorités préposées à l'enseignement.

CHAPITRE Ier. — *Du Conseil supérieur de l'Instruction publique.*

ARTICLE 1er. — Le Conseil supérieur de l'Instruction publique est composé comme il suit :

Le Ministre, président;

Quatre archevêques ou évêques, élus par leurs collègues;

Un ministre de l'Église réformée, élu par les consistoires;

1. Voir ci-dessus, page 115, l'arrêté du 3 *janvier* 1849 et la note relative à la constitution de la Commission ministérielle chargée de préparer le projet de loi.

Il ne sera pas sans intérêt de rappeler les antécédents.

Le projet fut déposé, le 18 *juin* 1849, par M. de Falloux sur le bureau de l'Assemblée législative (voir ce projet, page 162) et renvoyé à une Commission parlementaire avant d'avoir été soumis au Conseil d'État, comme il aurait dû l'être aux termes de la Constitution. L'irrégularité donna lieu, le 3 juillet, à un incident de tribune, soulevé par M. Lherbette. Sur la proposition du président Dupin, la question fut renvoyée à la Commission.

En *septembre* 1849, M. de Falloux était contraint par la maladie d'interrompre ses fonctions. L'intérim de l'Instruction publique fut, pendant un mois, confié à M. de Lanjuinais, Ministre de l'Agriculture et du Commerce. Mais, à la fin d'octobre, un successeur, M. de Parieu, fut donné à M. de Falloux, dont l'état s'était aggravé.

Le 6 *octobre* suivant, M. Beugnot présentait à l'Assemblée le rapport de la Commission (voir ce rapport, page 192). Le 7 *novembre*, le renvoi au Conseil d'État était décidé, contrairement aux conclusions du rapporteur.

Le projet, amendé par le Conseil d'État, fut renvoyé à l'Assemblée le 17 *décembre* (voir ce projet, page 270).

Il donna lieu à un rapport supplémentaire de M. Beugnot, en date du 31 *décembre* (voir ce rapport, page 289).

Les débats s'ouvrirent le 14 janvier 1850. M. de Falloux n'y put assister.

Les principaux orateurs qui prirent part à la discussion générale sont : MM. Barthélemy Saint-Hilaire, qui parla *contre* le projet (14 et 15 janvier); — Parisis, évêque de Langres (*pour*), et Victor Hugo (*contre*) (15 janv.); — Pascal Duprat (*contre*) et Béchard (*pour*) (16 janv.); — Lavergne (*contre*), Fresneau (*pour*), Soubies (*contre*) et de Montalembert (*pour*) (17 janv.); — Crémieux (*contre*) et Thiers (*pour*) (18 janv.); — Wallon (*contre*), de Parieu (*pour*), Lagarde (*contre*) (19 janv.).

Par 455 voix contre 187, l'Assemblée décida, le 19 *janvier*, de passer à une deuxième délibération, qui aurait pour objet la discussion des articles.

Elle fut engagée le 4 *février*. Voici les noms des principaux orateurs : Coquerel (*contre l'art. 1er portant constitution du Conseil supérieur*) (4 février); — de Kerdrel (*pour*), Arnaud de l'Ariège (*pour la liberté d'enseignement*) et de Riancey (*pour l'art. 1er*) (5 fév.); — Sainte-Beuve (*contre-projet en 26 articles*) et de Parieu (*pour l'art. 1er*) (6 fév.); — l'abbé de Cazalès (*amendement à l'art. 1er*), Vatimesnil (*contre l'amendement*) (7 fév.); — Jules Favre (*contre l'art. 5 déterminant les attributions du Conseil supérieur*) et Parisis (*pour*) (11 fév.); — de Montalembert (*contre l'art. 7 et l'organisation de l'Université*), de Parieu (*pour l'art. 7*) et Barthélemy Saint-Hilaire (*réponse à M. de Montalembert*) (12 fév.); — Thiers (*pour la constitution des Académies départementales*) et Barthélemy Saint-Hilaire

Un ministre de l'Église de la Confession d'Augsbourg, élu par les consistoires ;

Un membre du consistoire central israélite, élu par ses collègues ;

Trois conseillers d'État, élus par leurs collègues ;

Trois membres de la Cour de cassation, élus par leurs collègues ;

Trois membres de l'Institut, élus en assemblée générale de l'Institut ;

Huit membres nommés par le Président de la République, en conseil des Ministres, et choisis parmi les anciens membres du Conseil de l'Université, les Inspecteurs généraux ou supérieurs, les Recteurs et les professeurs des Facultés. Ces huit membres forment une Section permanente ;

Trois membres de l'enseignement libre nommés par le Président de la République, sur la proposition du Ministre de l'Instruction publique.

ART. 2. — Les membres de la Section permanente sont nommés à vie.

Ils ne peuvent être révoqués que par le Président de la Répu-

(*réponse à MM. Thiers et de Montalembert*) (13 fév.) ; — de Parieu (*pour l'art. 7*) (14 fév.) ; — de Parieu et Thiers (*sur la nomination des Inspecteurs d'Académie et des Inspecteurs généraux*) (18 fév.) ; — Edgar Quinet et Lagarde (*amendement à l'art. 21 relativement à l'instruction morale et religieuse*), Fayolle (*amendement en faveur de la gratuité et de l'obligation*), Vatimesnil (*contre la gratuité et l'obligation*) (19 fév.) ; — Thiers, Montigny, Victor Lefranc, de Lasteyrie, de Parieu (*sur les conditions d'ouverture d'une École primaire libre et les peines disciplinaires*) (20 fév.) ; — Salmon, Rollinat, de Parieu (*sur la création des Écoles normales*) (21 fév.) ; — de Lasteyrie (*contre les études philosophiques*) (22 fév.) ; — Thiers (*réponse à M. de Lasteyrie*), Bourzat et Savatier-Laroche (*contre les congrégations*), Parisis (*pour*), Thiers (*pour l'ensemble de la loi*), Arago (*contre les Jésuites*), de Parieu (*pour les congrégations*) (23 fév.) ; — Lesieur, commissaire du Gouvernement (*au sujet du local académique*) (25 fév.).

Par 436 voix contre 205, l'Assemblée décida, le 26 *février*, qu'elle passerait à une troisième délibération.

Les débats devaient se rouvrir le 4 mars ; ils furent ajournés au 11. Y prirent part : MM. Delebecque (*contre l'ensemble du projet*), Raspail (*id.*) (11 mars) ; — de Parieu et Baze (*pour*) (12 mars) ; — Baze (*pour*) (13 mars) ; — de Parieu (*pour*) (14 mars) ; — Pascal Duprat (*contre les peines disciplinaires*), de Parieu (*pour*), Wallon (*amendement relatif à la mutation pour un emploi inférieur*), Demante (*amendement concernant la suspension de fonctions*), Gaslonde (*amendement concernant le retrait d'emploi et la révocation*) (15 mars).

Le 15 *mars*, par 399 voix contre 237, l'ensemble de la loi fut voté.

Elle fut promulguée au *Moniteur* du mercredi 27 *mars* 1850, n° 86, pages 1009 et suivantes.

Consulter : 1° *Les débats de la Commission de* 1849, *Discussion parlementaire et Loi de 1850*, page 117 ;

2° Le *Commentaire théorique et administratif de la Loi de l'Enseignement*, par Eug. Rendu (in-8° de 534 pages, chez Fouraut) ;

3° *La Loi sur l'Enseignement*, expliquée et commentée par Nau et Delalain (in-12 de 252 pages, chez Jules Delalain) ;

4° Les *Discours prononcés dans la séance de l'Académie française* (19 *janvier* 1888) pour la réception de M. Gréard (in-4° de 67 pages, chez Firmin-Didot).

blique, en Conseil des Ministres, sur la proposition du Ministre de l'Instruction publique.

Ils reçoivent seuls un traitement.

ART. 3. — Les autres membres du Conseil sont nommés pour six ans. Ils sont indéfiniment rééligibles.

ART. 4. — Le Conseil supérieur tient au moins quatre sessions par an. Le Ministre peut le convoquer en session extraordinaire toutes les fois qu'il le juge convenable.

ART. 5. — Le Conseil supérieur peut être appelé à donner son avis sur les projets de lois, de règlements et de décrets relatifs à l'enseignement, et en général sur toutes les questions qui lui seront soumises par le Ministre.

Il est nécessairement appelé à donner son avis :

Sur les règlements relatifs aux examens, aux concours et aux programmes d'études dans les Écoles publiques, à la surveillance des Écoles libres, et, en général, sur tous les arrêtés portant règlement pour les établissements d'instruction publique;

Sur la création des Facultés, Lycées et Collèges;

Sur les secours et encouragements à accorder aux établissements libres d'instruction secondaire;

Sur les livres qui peuvent être introduits dans les Écoles publiques, et sur ceux qui doivent être défendus dans les Écoles libres, comme contraires à la morale, à la Constitution et aux lois.

Il prononce en dernier ressort sur les jugements rendus par les Conseils académiques dans les cas déterminés par l'article 14.

Le Conseil présente, chaque année, au Ministre un rapport sur l'état général de l'enseignement, sur les abus qui pourraient s'introduire dans les établissements d'instruction, et sur les moyens d'y remédier.

ART. 6. — La Section permanente est chargée de l'examen préparatoire des questions qui se rapportent à la police, à la comptabilité et à l'administration des Écoles publiques.

Elle donne son avis, toutes les fois qu'il lui est demandé par le Ministre, sur les questions relatives aux droits et à l'avancement des membres du corps enseignant.

Elle présente annuellement au Conseil un rapport sur l'état de l'enseignement dans les Écoles publiques.

CHAPITRE II. *Des Conseils académiques.*

ART. 7. — Il sera établi une Académie dans chaque département.

ART. 8. — Chaque Académie est administrée par un Recteur,

assisté, si le Ministre le juge nécessaire, d'un ou de plusieurs Inspecteurs, et par un Conseil académique.

ART. 9. — Les Recteurs ne sont pas choisis exclusivement parmi les membres de l'enseignement public.

Ils doivent avoir le grade de licencié, ou dix années d'exercice comme Inspecteurs d'Académie, proviseurs, censeurs, chefs ou professeurs des classes supérieures dans un établissement public ou libre.

ART. 10. — Le Conseil académique est composé ainsi qu'il suit :

Le Recteur, président;

Un Inspecteur d'Académie, un fonctionnaire de l'enseignement ou un Inspecteur des Écoles primaires, désigné par le Ministre;

Le Préfet ou son délégué;

L'évêque ou son délégué;

Un ecclésiastique désigné par l'évêque;

Un ministre de l'une des deux Églises protestantes, désigné par le Ministre de l'Instruction publique, dans les départements où il existe une Église légalement établie;

Un délégué du consistoire israélite dans chacun des départements où il existe un consistoire légalement établi;

Le Procureur général près la Cour d'appel, dans les villes où siège une Cour d'appel, et dans les autres, le Procureur de la République près le tribunal de première instance;

Un membre de la Cour d'appel, élu par elle, ou, à défaut de Cour d'appel, un membre du tribunal de première instance, élu par le tribunal;

Quatre membres élus par le Conseil général, dont deux au moins pris dans son sein.

Les doyens des Facultés seront, en outre, appelés dans le Conseil académique, avec voix délibérative, pour les affaires intéressant leurs Facultés respectives.

La présence de la moitié plus un des membres est nécessaire pour la validité des délibérations du Conseil académique.

ART. 11. — Pour le département de la Seine, le Conseil académique est composé comme il suit :

Le Recteur, président;

Le Préfet;

L'archevêque de Paris ou son délégué;

Trois ecclésiastiques, désignés par l'archevêque;

Un ministre de l'Église réformée, élu par le consistoire;

Un ministre de l'Église de la Confession d'Augsbourg, élu par le consistoire;

Un membre du consistoire israélite, élu par le consistoire;

Trois Inspecteurs d'Académie, désignés par le Ministre;

Un Inspecteur des Écoles primaires, désigné par le Ministre;

Le Procureur général près la Cour d'appel, où un membre du parquet désigné par lui;

Un membre de la Cour d'appel, élu par la Cour;

Un membre du tribunal de première instance, élu par le tribunal;

Quatre membres du Conseil municipal de Paris, et deux membres du Conseil général de la Seine, pris parmi ceux des arrondissements de Sceaux et de Saint-Denis, tous élus par le Conseil général;

Le secrétaire général de la préfecture du département de la Seine.

Les doyens des Facultés seront, en outre, appelés dans le Conseil académique, avec voix délibérative, pour les affaires intéressant leurs Facultés respectives.

ART. 12. — Les membres des Conseils académiques dont la nomination est faite par élection sont élus pour trois ans, et indéfiniment rééligibles.

ART. 13. — Les départements fourniront un local pour le service de l'administration académique.

ART. 14. — Le Conseil académique donne son avis :

Sur l'état des différentes Écoles établies dans le département;

Sur les réformes à introduire dans l'enseignement, la discipline et l'administration des Écoles publiques;

Sur les budgets et les comptes administratifs des Lycées, Colléges et Écoles normales primaires;

Sur les secours et encouragements à accorder aux Écoles primaires.

Il instruit les affaires disciplinaires, relatives aux membres de l'enseignement public secondaire ou supérieur, qui lui sont renvoyées par le Ministre ou le Recteur.

Il prononce, sauf recours au Conseil supérieur, sur les affaires contentieuses relatives à l'obtention des grades, aux concours devant les Facultés, à l'ouverture des Écoles libres, aux droits des maîtres particuliers et à l'exercice du droit d'enseigner; sur les poursuites dirigées contre les membres de l'instruction secondaire publique et tendant à la révocation, avec interdiction d'exercer la profession d'instituteur libre, de chef ou professeur d'établissement libre, et, dans les cas déterminés par la présente loi, sur les affaires disciplinaires relatives aux instituteurs primaires, publics ou libres.

ART. 15. — Le Conseil académique est nécessairement consulté sur les règlements relatifs au régime intérieur des Lycées, Colléges et Écoles normales primaires, et sur les règlements relatifs aux Écoles publiques primaires.

Il fixe le taux de la rétribution scolaire, sur l'avis des Conseils municipaux et des délégués cantonaux.

Il détermine les cas où les communes peuvent, à raison des circonstances, et provisoirement, établir ou conserver des Écoles primaires dans lesquelles seront admis des enfants de l'un et l'autre sexe, ou des enfants appartenant aux différents cultes reconnus.

Il donne son avis au Recteur sur les récompenses à accorder aux instituteurs primaires.

Le Recteur fait les propositions au Ministre, et distribue les récompenses accordées.

ART. 16. — Le Conseil académique présente, chaque année, au Ministre et au Conseil général, un exposé de la situation de l'enseignement dans le département.

Les rapports du Conseil académique sont envoyés par le Recteur au Ministre, qui les communique au Conseil supérieur.

CHAPITRE III. — *Des Écoles et de l'inspection.*

SECTION Ire. — Des Écoles.

ART. 17. — La loi reconnaît deux espèces d'Écoles primaires ou secondaires :

1° Les Écoles fondées ou entretenues par les communes, les départements ou l'État, et qui prennent le nom d'*Écoles publiques*;

2° Les Écoles fondées et entretenues par des particuliers ou des associations, et qui prennent le nom d'*Écoles libres*.

SECTION II. — De l'inspection.

ART. 18. — L'inspection des établissements d'instruction publique ou libre est exercée :

1° Par les Inspecteurs généraux et supérieurs;

2° Par les Recteurs et les Inspecteurs d'Académie;

3° Par les Inspecteurs de l'enseignement primaire;

4° Par les délégués cantonaux, le maire et le curé, le pasteur ou le délégué du consistoire israélite, en ce qui concerne l'enseignement primaire.

Les ministres des différents cultes n'inspecteront que les Écoles spéciales à leur culte, ou les Écoles mixtes pour leurs coreligionnaires seulement.

Le Recteur pourra, en cas d'empêchement, déléguer temporairement l'inspection à un membre du Conseil académique.

ART. 19. — Les Inspecteurs d'Académie sont choisis par le

Ministre parmi les anciens Inspecteurs, les professeurs des Facultés, les proviseurs et censeurs des Lycées, les principaux des Collèges, les chefs d'établissements secondaires libres, les professeurs des classes supérieures dans ces diverses catégories d'établissements, les agrégés des Facultés et Lycées, et les Inspecteurs des Écoles primaires, sous la condition commune à tous du grade de licencié, ou de dix ans d'exercice.

Les Inspecteurs généraux et supérieurs sont choisis par le Ministre, soit dans les catégories ci-dessus indiquées, soit parmi les anciens Inspecteurs généraux ou Inspecteurs supérieurs de l'instruction primaire, les Recteurs et Inspecteurs d'Académie, ou parmi les membres de l'Institut.

Le Ministre ne fait aucune nomination d'Inspecteur général sans avoir pris l'avis du Conseil supérieur.

ART. 20. — L'inspection de l'enseignement primaire est spécialement confiée à deux Inspecteurs supérieurs.

Il y a, en outre, dans chaque arrondissement, un Inspecteur de l'enseignement primaire, choisi par le Ministre après avis du Conseil académique.

Néanmoins, sur l'avis du Conseil académique, deux arrondissements pourront être réunis pour l'inspection.

Un règlement déterminera le classement, les frais de tournée, l'avancement et les attributions des Inspecteurs de l'enseignement primaire.

ART. 21. — L'inspection des Écoles publiques s'exerce conformément aux règlements délibérés par le Conseil supérieur.

Celle des Écoles libres porte sur la moralité, l'hygiène et la salubrité.

Elle ne peut porter sur l'enseignement que pour vérifier s'il n'est pas contraire à la morale, à la Constitution et aux lois.

ART. 22. — Tout chef d'établissement primaire ou secondaire qui refusera de se soumettre à la surveillance de l'État, telle qu'elle est prescrite par l'article précédent, sera traduit devant le tribunal correctionnel de l'arrondissement, et condamné à une amende de 100 fr. à 1 000 francs.

En cas de récidive, l'amende sera de 500 francs à 3 000 francs. Si le refus de se soumettre à la surveillance de l'État a donné lieu à deux condamnations dans l'année, la fermeture de l'établissement pourra être ordonnée par le jugement qui prononcera la seconde condamnation.

Le procès-verbal des Inspecteurs constatant le refus du chef d'établissement fera foi jusqu'à inscription de faux.

TITRE II.

De l'enseignement primaire.

CHAPITRE Ier. — *Dispositions générales.*

ART. 23. — L'enseignement primaire comprend :
L'instruction morale et religieuse ;
La lecture ;
L'écriture ;
Les éléments de la langue française ;
Le calcul et le système légal des poids et mesures.

Il peut comprendre en outre :
L'arithmétique appliquée aux opérations pratiques;
Les éléments de l'histoire et de la géographie ;
Des notions des sciences physiques et de l'histoire naturelle, applicables aux usages de la vie ;
Des instructions élémentaires sur l'agriculture, l'industrie et l'hygiène ;
L'arpentage, le nivellement, le dessin linéaire ;
Le chant et la gymnastique.

ART. 24. — L'enseignement primaire est donné gratuitement à tous les enfants dont les familles sont hors d'état de le payer.

CHAPITRE II. — *Des instituteurs.*

SECTION Ire. — Des conditions d'exercice de la profession d'instituteur primaire public ou libre.

ART. 25. — Tout Français âgé de vingt et un ans accomplis peut exercer dans toute la France la profession d'instituteur primaire, public ou libre, s'il est muni d'un brevet de capacité.

Le brevet de capacité peut être suppléé par le certificat de stage dont il est parlé à l'article 47, par le diplôme de bachelier, par un certificat constatant qu'on a été admis dans une des Écoles spéciales de l'État, ou par le titre de ministre, non interdit ni révoqué, de l'un des cultes reconnus par l'État.

ART. 26. — Sont incapables de tenir une École publique ou libre, ou d'y être employés, les individus qui ont subi une condamnation pour crime ou pour un délit contraire à la probité ou aux mœurs, les individus privés par jugement de tout ou partie des droits mentionnés en l'article 42 du Code pénal, et ceux qui ont été interdits en vertu des articles 30 et 33 de la présente loi.

SECTION II. — Des conditions spéciales aux instituteurs libres.

ART. 27. — Tout instituteur qui veut ouvrir une École libre doit préalablement déclarer son intention au maire de la commune où il veut s'établir, lui désigner le local et lui donner l'indication des lieux où il a résidé et des professions qu'il a exercées pendant les dix années précédentes.

Cette déclaration doit être, en outre, adressée par le postulant au Recteur de l'Académie, au Procureur de la République et au Sous-Préfet.

Elle demeurera affichée, par les soins du maire, à la porte de la mairie, pendant un mois.

ART. 28. — Le Recteur, soit d'office, soit sur la plainte du Procureur de la République ou du Sous-Préfet, peut former opposition à l'ouverture de l'École, dans l'intérêt des mœurs publiques, dans le mois qui suit la déclaration à lui faite.

Cette opposition est jugée dans un bref délai, contradictoirement et sans recours, par le Conseil académique.

Si le maire refuse d'approuver le local, il est statué à cet égard par ce Conseil.

A défaut d'opposition, l'École peut être ouverte à l'expiration du mois, sans autre formalité.

ART. 29. — Quiconque aura ouvert ou dirigé une École en contravention aux articles 25, 26 et 27, ou avant l'expiration du délai fixé par le dernier paragraphe de l'article 28, sera poursuivi devant le tribunal correctionnel du lieu du délit, et condamné à une amende de 50 francs à 500 francs.

L'École sera fermée.

En cas de récidive, le délinquant sera condamné à un emprisonnement de six jours à un mois et à une amende de 100 francs à 1 000 francs.

La même peine de six jours à un mois d'emprisonnement et de 100 francs à 1 000 francs d'amende sera prononcée contre celui qui, dans le cas d'opposition formée à l'ouverture de son École, l'aura néanmoins ouverte avant qu'il ait été statué sur cette opposition, ou bien au mépris de la décision du Conseil académique qui aurait accueilli l'opposition.

Ne seront pas considérées comme tenant école les personnes qui, dans un but purement charitable, et sans exercer la profession d'instituteur, enseigneront à lire et à écrire aux enfants, avec l'autorisation du délégué cantonal.

Néanmoins, cette autorisation pourra être retirée par le Conseil académique.

Art. 30. — Tout instituteur libre, sur la plainte du Recteur ou du Procureur de la République, pourra être traduit, pour cause de faute grave dans l'exercice de ses fonctions, d'inconduite ou d'immoralité, devant le Conseil académique du département, et être censuré, suspendu pour un temps qui ne pourra excéder six mois, ou interdit de l'exercice de sa profession dans la commune où il exerce.

Le Conseil académique peut même le frapper d'une interdiction absolue. Il y aura lieu à appel devant le Conseil supérieur de l'instruction publique.

Cet appel devra être interjeté dans le délai de dix jours, à compter de la notification de la décision, et ne sera pas suspensif.

Section III. — Des instituteurs communaux.

Art. 31. — Les instituteurs communaux sont nommés par le Conseil municipal de chaque commune, et choisis, soit sur une liste d'admissibilité et d'avancement dressée par le Conseil académique du département, soit sur la présentation qui est faite par les supérieurs pour les membres des associations religieuses vouées à l'enseignement et autorisées par la loi ou reconnues comme établissements d'utilité publique.

Les consistoires jouissent du droit de présentation pour les instituteurs appartenant aux cultes non catholiques.

Si le Conseil municipal avait fait un choix non conforme à la loi, ou n'en avait fait aucun, il sera pourvu à la nomination par le Conseil académique, un mois après la mise en demeure adressée au maire par le Recteur.

L'institution est donnée par le Ministre de l'Instruction publique.

Art. 32. — Il est interdit aux instituteurs communaux d'exercer aucune fonction administrative sans l'autorisation du Conseil académique.

Toute profession commerciale ou industrielle leur est absolument interdite.

Art. 33. — Le Recteur peut, suivant les cas, réprimander, suspendre, avec ou sans privation totale ou partielle de traitement, pour un temps qui n'excédera pas six mois, ou révoquer l'instituteur communal.

L'instituteur révoqué est incapable d'exercer la profession d'instituteur, soit public, soit libre, dans la même commune.

Le Conseil académique peut, après l'avoir entendu ou dûment appelé, frapper l'instituteur communal d'une interdiction absolue, sauf appel devant le Conseil supérieur de l'Instruction publique dans le délai de dix jours, à partir de la notification de la décision. Cet appel n'est pas suspensif.

En cas d'urgence, le maire peut suspendre provisoirement l'instituteur communal, à charge de rendre compte, dans les deux jours, au Recteur.

ART. 34.— Le Conseil académique détermine les Écoles publiques auxquelles, d'après le nombre des élèves, il doit être attaché un instituteur adjoint.

Les instituteurs adjoints peuvent n'être âgés que de dix-huit ans, et ne sont pas assujettis aux conditions de l'article 25.

Ils sont nommés et révocables par l'instituteur, avec l'agrément du Recteur de l'Académie. Les instituteurs adjoints appartenant aux associations religieuses dont il est parlé dans l'article 31 sont nommés et peuvent être révoqués par les supérieurs de ces associations.

Le Conseil municipal fixe le traitement des instituteurs adjoints. Ce traitement est à la charge exclusive de la commune.

ART. 35. — Tout département est tenu de pourvoir au recrutement des instituteurs communaux, en entretenant des élèves-maîtres, soit dans les établissements d'instruction primaire désignés par le Conseil académique, soit aussi dans l'École normale établie à cet effet par le département.

Les Écoles normales peuvent être supprimées par le Conseil général du département; elles peuvent l'être également par le Ministre, en Conseil supérieur, sur le rapport du Conseil académique, sauf, dans les deux cas, le droit acquis aux boursiers en jouissance de leur bourse.

Le programme de l'enseignement, les conditions d'entrée et de sortie, celles qui sont relatives à la nomination du personnel, et tout ce qui concerne les Écoles normales sera déterminé par un règlement délibéré en Conseil supérieur.

CHAPITRE III. — *Des Écoles communales.*

ART. 36. — Toute commune doit entretenir une ou plusieurs Ecoles primaires.

Le Conseil académique du département peut autoriser une commune à se réunir à une ou plusieurs communes voisines pour l'entretien d'une École.

Toute commune a la faculté d'entretenir une ou plusieurs Écoles entièrement gratuites, à la condition d'y subvenir sur ses propres ressources.

Le Conseil académique peut dispenser une commune d'entretenir une École publique, à condition qu'elle pourvoira à l'enseignement primaire gratuit, dans une École libre, de tous les enfants dont les familles sont hors d'état d'y subvenir. Cette dispense peut toujours être retirée.

Dans les communes où les différents cultes reconnus sont professés publiquement, des Écoles séparées seront établies pour les enfants appartenant à chacun de ces cultes, sauf ce qui est dit à l'article 15.

La commune peut, avec l'autorisation du Conseil académique, exiger que l'instituteur communal donne, en tout ou en partie, à son enseignement les développements dont il est parlé à l'article 23.

ART. 37. — Toute commune doit fournir à l'instituteur un local convenable, tant pour son habitation que pour la tenue de l'École, le mobilier de classe et un traitement.

ART. 38. — A dater du 1er janvier 1851, le traitement des instituteurs communaux se composera :

1° D'un traitement fixe qui ne peut être inférieur à 200 francs;

2° Du produit de la rétribution scolaire ;

3° D'un supplément accordé à tous ceux dont le traitement, joint au produit de la rétribution scolaire, n'atteint pas 600 francs.

Ce supplément sera calculé d'après le total de la rétribution scolaire pendant l'année précédente.

ART. 39. — Une caisse de retraite sera substituée par un règlement d'administration publique aux caisses d'épargne des instituteurs.

ART. 40. — A défaut de fondations, dons ou legs, le Conseil municipal délibère sur les moyens de pourvoir aux dépenses de l'enseignement primaire dans la commune.

En cas d'insuffisance des revenus ordinaires, il est pourvu à ces dépenses au moyen d'une imposition spéciale votée par le Conseil municipal, ou, à défaut du vote de ce Conseil, établie par un décret du pouvoir exécutif. Cette imposition, qui devra être autorisée chaque année par la loi de finances, ne pourra excéder trois centimes additionnels au principal des quatre contributions directes.

Lorsque des communes, soit par elles-mêmes, soit en se réunissant à d'autres communes, n'auront pu subvenir, de la manière qui vient d'être indiquée, aux dépenses de l'École communale, il y sera pourvu sur les ressources ordinaires du département, ou, en cas d'insuffisance, au moyen d'une imposition spéciale votée par le Conseil général, ou, à défaut du vote de ce Conseil, établie par un décret. Cette imposition, autorisée chaque année par la loi de finances, ne devra pas excéder deux centimes additionnels au principal des quatre contributions directes.

Si les ressources communales et départementales ne suffisent pas, le Ministre de l'Instruction publique accordera une subvention sur le crédit qui sera porté annuellement pour l'enseignement primaire au budget de l'État.

Chaque année, un rapport, annexé au projet de budget, fera connaître l'emploi des fonds alloués pour l'année précédente.

ART. 41. — La rétribution scolaire est perçue dans la même forme que les contributions publiques directes; elle est exempte des droits de timbre, et donne droit aux mêmes remises que les autres recouvrements.

Néanmoins, sur l'avis conforme du Conseil général, l'instituteur communal pourra être autorisé par le Conseil académique à percevoir lui-même la rétribution scolaire.

CHAPITRE IV. — *Des délégués cantonaux, et des autres autorités préposées à l'enseignement primaire.*

ART. 42. — Le Conseil académique du département désigne un ou plusieurs délégués résidant dans chaque canton, pour surveiller les Écoles publiques et libres du canton, et détermine les Écoles particulièrement soumises à la surveillance de chacun.

Les délégués sont nommés pour trois ans; ils sont rééligibles et révocables. Chaque délégué correspond, tant avec le Conseil académique, auquel il doit adresser ses rapports, qu'avec les autorités locales pour tout ce qui regarde l'état et les besoins de l'enseignement primaire dans sa circonscription.

Il peut, lorsqu'il n'est pas membre du Conseil académique, assister à ses séances avec voix consultative pour les affaires intéressant les Écoles de sa circonscription.

Les délégués se réunissent au moins une fois tous les trois mois au chef-lieu de canton, sous la présidence de celui d'entre eux qu'ils désignent, pour convenir des avis à transmettre au Conseil académique.

ART. 43. — A Paris, les délégués nommés pour chaque arrondissement par le Conseil académique se réunissent au moins une fois tous les mois, avec le maire, un adjoint, le juge de paix, un curé de l'arrondissement et un ecclésiastique, ces deux derniers désignés par l'archevêque, pour s'entendre au sujet de la surveillance locale et pour convenir des avis à transmettre au Conseil académique. Les ministres des cultes non catholiques reconnus, s'il y a dans l'arrondissement des Écoles suivies par des enfants appartenant à ces cultes, assistent à ces réunions avec voix délibérative.

La réunion est présidée par le maire.

ART. 44. — Les autorités locales préposées à la surveillance et à la direction morale de l'enseignement primaire sont, pour chaque École, le maire, le curé, le pasteur ou le délégué du culte israélite, et dans les communes de 2 000 âmes et au-dessus, un ou plusieurs habitants de la commune délégués par le Conseil académique.

Les ministres des différents cultes sont spécialement chargés de surveiller l'enseignement religieux de l'École.

L'entrée de l'École leur est toujours ouverte.

Dans les communes où il existe des Écoles mixtes, un ministre de chaque culte aura toujours l'entrée de l'École pour veiller à l'éducation religieuse des enfants de son culte.

Lorsqu'il y a pour chaque culte des Écoles séparées, les enfants d'un culte ne doivent être admis dans l'École d'un autre culte que sur la volonté formellement exprimée par les parents.

ART. 45. — Le maire dresse chaque année, de concert avec les ministres des différents cultes, la liste des enfants qui doivent être admis gratuitement dans les Écoles publiques. Cette liste est approuvée par le Conseil municipal et définitivement arrêtée par le Préfet.

ART. 46. — Chaque année, le Conseil académique nomme une Commission d'examen chargée de juger publiquement, et à des époques déterminées par le Recteur, l'aptitude des aspirants au brevet de capacité, quel que soit le lieu de leur domicile.

Cette Commission se compose de sept membres, et choisit son président.

Un Inspecteur d'arrondissement pour l'instruction primaire, un ministre du culte professé par le candidat, et deux membres de l'enseignement public ou libre, en font nécessairement partie.

L'examen ne portera que sur les matières comprises dans la première partie de l'article 23.

Les candidats qui voudront être examinés sur tout ou partie des autres matières spécifiées dans le même article en feront la demande à la Commission. Les brevets délivrés feront mention des matières spéciales sur lesquelles les candidats auront répondu d'une manière satisfaisante.

ART. 47. — Le Conseil académique délivre, s'il y a lieu, des certificats de stage aux personnes qui justifient avoir enseigné pendant trois ans au moins les matières comprises dans la première partie de l'article 23, dans les Écoles publiques ou libres autorisées à recevoir des stagiaires.

Les élèves-maîtres sont, pendant la durée de leur stage, spécialement surveillés par les Inspecteurs de l'enseignement primaire.

CHAPITRE V. — *Des Écoles de filles.*

ART. 48. — L'enseignement primaire dans les Écoles de filles comprend, outre les matières de l'enseignement primaire énoncées dans l'article 23, les travaux à l'aiguille.

ART. 49. — Les lettres d'obédience tiendront lieu de brevet de capacité aux institutrices appartenant à des congrégations religieuses vouées à l'enseignement et reconnues par l'État.

L'examen des institutrices n'aura pas lieu publiquement.

ART. 50. — Tout ce qui se rapporte à l'examen des institutrices, à la surveillance et à l'inspection des Écoles de filles sera l'objet d'un règlement délibéré en Conseil supérieur. Les autres dispositions de la présente loi relatives aux Écoles et aux instituteurs sont applicables aux Écoles de filles et aux institutrices, à l'exception des articles 38, 39, 40 et 41.

ART. 51. — Toute commune de 800 âmes de population et au-dessus est tenue, si ses propres ressources lui en fournissent les moyens, d'avoir au moins une École de filles, sauf ce qui est dit à l'article 15.

Le Conseil académique peut, en outre, obliger les communes d'une population inférieure à entretenir, si leurs ressources ordinaires le leur permettent, une École de filles, et, en cas de réunion de plusieurs communes pour l'enseignement primaire, il pourra, selon les circonstances, décider que l'École de garçons et l'École de filles seront dans deux communes différentes. Il prend l'avis du Conseil municipal.

ART. 52. — Aucune École primaire, publique ou libre, ne peut, sans l'autorisation du Conseil académique, recevoir d'enfants des deux sexes s'il existe dans la commune une École publique ou libre de filles.

CHAPITRE VI. — *Institutions complémentaires.*

SECTION Ire. — Des pensionnats primaires.

ART. 53. — Tout Français âgé de vingt-cinq ans, ayant au moins cinq années d'exercice comme instituteur ou comme maître dans un pensionnat primaire, et remplissant les conditions énumérées en l'article 25, peut ouvrir un pensionnat primaire, après avoir déclaré son intention au Recteur de l'Académie et au maire de la commune. Toutefois, les instituteurs communaux ne pourront ouvrir de pensionnat qu'avec l'autorisation du Conseil académique, sur l'avis du Conseil municipal.

Le programme de l'enseignement et le plan du local doivent être adressés au maire et au Recteur.

Le Conseil académique prescrira, dans l'intérêt de la moralité et de la santé des élèves, toutes les mesures qui seront indiquées dans un règlement délibéré par le Conseil supérieur.

Les pensionnats primaires sont soumis aux prescriptions des articles 26, 27, 28, 29 et 30 de la présente loi, et à la surveillance des autorités qu'elle institue.

Ces dispositions sont applicables aux pensionnats de filles, en tout ce qui n'est pas contraire aux conditions prescrites par le chapitre V de la présente loi.

SECTION II. — Des Écoles d'adultes et d'apprentis.

ART. 54. — Il peut être créé des Écoles primaires communales pour les adultes au-dessus de dix-huit ans, pour les apprentis au-dessus de douze ans.

Le Conseil académique désigne les instituteurs chargés de diriger les Écoles communales d'adultes et d'apprentis.

Il ne peut être reçu dans ces Écoles d'élèves des deux sexes.

ART. 55. — Les articles 27, 28, 29 et 30 sont applicables aux instituteurs libres qui veulent ouvrir des Écoles d'adultes ou d'apprentis.

ART. 56. — Il sera ouvert chaque année, au budget du Ministre de l'Instruction publique, un crédit pour encourager les auteurs de livres ou de méthodes utiles à l'instruction primaire et à la fondation d'institutions telles que :

Les Écoles du dimanche,

Les Écoles dans les ateliers et les manufactures,

Les classes dans les hôpitaux,

Les cours publics ouverts conformément à l'article 77,

Les bibliothèques de livres utiles,

Et autres institutions dont les statuts auront été soumis à l'examen de l'autorité compétente.

SECTION III. — Des salles d'asile.

ART. 57. — Les salles d'asile sont publiques ou libres.

Un décret du Président de la République, rendu sur l'avis du Conseil supérieur, déterminera tout ce qui se rapporte à la surveillance et à l'inspection de ces établissements, ainsi qu'aux conditions d'âge, d'aptitude, de moralité, des personnes qui seront chargées de la direction et du service dans les salles d'asile publiques.

Les infractions à ce décret seront punies des peines établies par les articles 29, 30 et 33 de la présente loi.

Ce décret déterminera également le programme de l'enseignement et des exercices dans les salles d'asile publiques, et tout ce qui se rapporte au traitement des personnes qui y seront chargées de la direction ou du service.

ART. 58. — Les personnes chargées de la direction des salles d'asile publiques seront nommées par le Conseil municipal, sauf l'approbation du Conseil académique.

ART. 59. — Les salles d'asile libres peuvent recevoir des secours sur les budgets des communes, des départements et de l'Etat.

TITRE III.

De l'instruction secondaire.

. . . .

TITRE IV.

Dispositions générales.

ART. 77. — Les dispositions de la présente loi concernant les Écoles primaires ou secondaires sont applicables aux cours publics sur les matières de l'enseignement primaire ou secondaire.

Les Conseils académiques peuvent, selon les degrés de l'enseignement, dispenser ces cours de l'application des dispositions qui précèdent, et spécialement de l'application du dernier paragraphe de l'article 54.

ART. 78. — Les étrangers peuvent être autorisés à ouvrir ou diriger des établissements d'instruction primaire ou secondaire, aux conditions déterminées par un règlement délibéré en Conseil supérieur.

ART. 79. — Les instituteurs adjoints des Écoles publiques, les jeunes gens qui se préparent à l'enseignement primaire public dans les Écoles désignées à cet effet, les membres ou novices des associations religieuses vouées à l'enseignement et autorisées par la loi, ou reconnues comme établissements d'utilité publique, les élèves de l'École normale supérieure, les maîtres d'études, régents et professeurs des Collèges et Lycées, sont dispensés du service militaire, s'ils ont, avant l'époque fixée pour le tirage, contracté devant le Recteur l'engagement de se vouer pendant dix ans à l'enseignement public, et s'ils réalisent cet engagement.

ART. 80. — L'article 463 du Code pénal pourra être appliqué aux délits prévus par la présente loi.

ART. 81. — Un règlement d'administration publique déterminera les dispositions de la présente loi qui seront applicables à l'Algérie.

ART. 82. — Sont abrogées toutes les dispositions des lois, décrets ou ordonnances contraires à la présente loi.

Dispositions transitoires.

ART. 83. — Les chefs ou directeurs d'établissements d'instruction secondaire ou primaire libres, maintenant en exercice, continueront d'exercer leur profession, sans être soumis aux prescriptions des articles 53 et 60.

Ceux qui en ont interrompu l'exercice pourront le reprendre, sans être soumis à la condition du stage.

Le temps passé par les professeurs et les surveillants dans ces établissements leur sera compté pour l'accomplissement du stage prescrit par ledit article.

ART. 84. — La présente loi ne sera exécutoire qu'à dater du 1er septembre 1850.

Les autorités actuelles continueront d'exercer leurs fonctions jusqu'à cette époque.

Néanmoins, le Conseil supérieur pourra être constitué, et il pourra être convoqué par le Ministre avant le 1er septembre 1850, et, dans ce cas, les articles 1, 2, 3, 4, l'article 5, à l'exception de l'avant-dernier paragraphe, les articles 6 et 76 de la présente loi deviendront immédiatement applicables.

La loi du 11 janvier 1850 est prorogée jusqu'au 1er septembre 1850.

Dans le cas où le Conseil supérieur aurait été constitué avant cette époque, l'appel des instituteurs révoqués sera jugé par le Ministre de l'Instruction publique, en Section permanente du Conseil supérieur.

ART. 85. — Jusqu'à la promulgation de la loi sur l'enseignement supérieur, le Conseil supérieur de l'instruction publique et sa Section permanente, selon leur compétence respective, exerceront, à l'égard de cet enseignement, les attributions qui appartenaient au Conseil de l'Université, et les nouveaux Conseils académiques les attributions qui appartenaient aux anciens.

---

22 mars 1850. **Circulaire du Ministre de l'Instruction publique, relative à la délivrance de certificats d'aptitude aux fonctions de sous-inspecteur primaire ou de directeur d'École normale primaire [1].**

22 Mars 1850.

Monsieur le Recteur, il a été demandé que les aspirants aux fonctions de sous-inspecteur de l'instruction primaire et de directeur d'École normale primaire, qui justifieraient de leur aptitude devant la Commission spéciale instituée en vertu de l'ordonnance du 18 novembre 1845, reçussent, à l'avenir, un titre constatant le résultat de l'examen qu'ils ont subi. Je ne vois pas d'inconvénient à ce qu'il soit donné suite à ce vœu. Vous voudrez bien, en conséquence, Monsieur le Recteur, délivrer aux candidats, à l'issue des épreuves, un certificat dans lequel seront mentionnés le résultat de l'examen et le numéro d'ordre d'admission.

Je n'ai pas besoin de rappeler que ce titre ne donnera pas droit à un emploi, et qu'il ne vaudra que comme preuve que l'impétrant a satisfait à la condition d'aptitude exigée par les règlements.

Recevez, etc.

Signé : DE PARIEU.

1. Consulter la circulaire du 23 *mai* suivant sur l'époque à laquelle doivent avoir lieu les examens. (*Circulaires et Instructions officielles, etc.*, Tome IV, page 8.)

Avis relatif aux programmes d'examen des aspirantes à l'École normale des salles d'asile.

5 avril 1850.

5 Avril 1850.

Le Conseil, etc.,

Vu le projet de programme dressé pour l'examen des aspirantes à l'École normale des salles d'asile par la Commission de surveillance de ladite École;

Vu la délibération de la Commission supérieure des asiles, en date du 18 février 1850, proposant quelques modifications audit projet,

Est d'avis qu'il y a lieu d'arrêter ainsi qu'il suit le programme d'examen dont il s'agit :

ARTICLE 1er. — Il y aura chaque année, à l'École normale établie rue Neuve-Saint-Paul, à Paris, deux cours préparatoires aux examens des aspirantes à la direction des salles d'asile.

Ces cours seront distribués de la manière suivante :

1er cours : Janvier, février, mars et avril;

2e cours : Juillet, août, septembre et octobre.

ART. 2. — L'examen pour l'admission des aspirantes à l'École normale aura lieu dans la session de la Commission d'examen qui précédera l'ouverture du cours auquel elles demanderont d'être admises.

ART. 3. — L'inscription des aspirantes à l'École normale, soit comme boursières, soit comme externes, sera faite au chef-lieu de l'Académie. Le dépôt des pièces prescrites aura lieu entre les mains du Recteur, qui est et demeure chargé de donner les avis nécessaires.

ART. 4. — L'examen d'admission à l'École normale se compose d'épreuves écrites et d'épreuves orales.

Les épreuves écrites comprennent : 1° un exercice d'écriture; 2° une dictée d'orthographe usuelle; 3° la pratique des quatre opérations fondamentales de l'arithmétique. Les épreuves orales portent sur l'histoire sainte, le catéchisme et la lecture. Ces épreuves ne doivent avoir pour but que de constater le degré d'aptitude et d'intelligence des aspirantes à l'École, une instruction spéciale et complète devant leur être donnée dans l'établissement.

20 avril 1850.

Décret relatif aux traitements des instituteurs communaux[1].

20 Avril 1850.

Le Président de la République,
Vu la loi du 15 mars 1850;
Décrète :

ARTICLE 1er. — Dans leur session du mois de mai prochain, les Conseils municipaux voteront sur leurs revenus ordinaires, et, à défaut de ces revenus, sur leurs trois centimes spéciaux, les fonds nécessaires : 1° pour assurer le traitement des instituteurs communaux, pendant l'année 1851, lequel traitement fixe ne peut être inférieur à 200 francs; 2° pour élever à 600 francs, pendant la même année, le revenu des instituteurs communaux, dont le traitement fixe, réuni au produit de la rétribution mensuelle, n'atteint pas cette somme.

ART. 2. — Les maires des communes doivent se faire remettre par le percepteur le rôle de la rétribution mensuelle perçue pour chaque instituteur, depuis le 1er mai 1849 jusqu'au 1er mai 1850.

Ce rôle servira de base pour la fixation, par le Conseil municipal, du complément de traitement qu'il y a lieu d'allouer à l'instituteur.

ART. 3. — Les délibérations des Conseils municipaux, relatives à l'entretien des Écoles et aux traitements des instituteurs pendant l'année 1851, seront immédiatement transmises par les maires aux Sous-Préfets, qui les transmettront avec leurs observations au Préfet, avant le 1er juin.

Les Préfets soumettront sommairement ces délibérations aux Conseils généraux, dans la forme déterminée par l'article 6 de l'ordonnance du 16 juillet 1833.

ART. 4. — A défaut des ressources municipales, les Conseils généraux devront voter, dans leur session du mois d'août prochain, soit sur leurs revenus ordinaires, soit sur leurs deux centimes spéciaux, la somme nécessaire : 1° pour compléter, pendant l'année 1851, à 200 francs les traitements fixes des instituteurs; 2° pour compléter, pendant la même année, au minimum de 600 francs, le revenu des instituteurs dont le traitement réuni au produit de la rétribution scolaire n'atteint pas cette somme.

ART. 5. — Les Ministres de l'Instruction publique et des Cultes,

1. Consulter la circulaire transmissive en date du 27 *avril* suivant. (*Circulaires et Instructions officielles, etc.*, Tome IV, page 6.)

de l'Intérieur et des Finances sont chargés, chacun en ce qui le concerne, de l'exécution du présent décret.

Avis relatif aux instituteurs qui ne tiennent pas école pendant certains mois de l'année.

3 mai 1850.

3 Mai 1850.

Le Conseil, etc.,

Vu la lettre en date du 9 avril 1850, par laquelle M. le Préfet de la Charente-Inférieure fait connaître que les instituteurs de plusieurs communes de son département ferment leurs Écoles pendant quelques mois de la saison d'été et obtiennent néanmoins des Comités locaux des certificats constatant qu'ils ont exercé pendant ce laps de temps, en sorte qu'ils reçoivent leur traitement comme si l'enseignement n'avait pas cessé ;

Vu, à cette occasion, une délibération par laquelle le Conseil général de la Charente-Inférieure, dans la session de 1849, demande ;

1° Que l'article 23 de la loi du 28 juin 1833 soit rigoureusement appliqué aux instituteurs qui ferment leur École durant une partie de l'année ;

2° Que M. le Préfet exige de chaque instituteur communal un bulletin mensuel des élèves gratuits qu'il doit recevoir, lequel serait remis par celui-ci au maire qui, après l'avoir contrôlé et visé, le ferait parvenir au Sous-Préfet,

Est d'avis qu'il y a lieu de répondre à M. le Préfet de la manière suivante :

Il y a, dans le fait signalé, un cas de négligence habituelle, et les Comités d'arrondissement doivent poursuivre les instituteurs qui ne tiennent pas école en été, et se font donner des certificats d'exercice.

Les Inspecteurs primaires doivent être avertis de la nécessité de réprimer l'abus signalé.

---

8 mai 1850.

Rapport et Règlement d'administration publique pour l'élection des membres du Conseil supérieur.

8 Mai 1850.

1° Rapport au Président de la République.

Monsieur le Président,

La loi organique du 15 mars 1850, relative à l'enseignement, n'est exécutoire qu'à dater du 1er septembre prochain. Mais l'article 84 de cette loi autorise le Gouvernement à convoquer le Conseil supérieur de l'instruction publique avant cette époque, s'il le juge nécessaire. Pour que cette faculté ne soit pas illusoire et puisse être exercée en vue d'un besoin donné, il importe de régler dès aujourd'hui le mode de nomination des membres de la haute magistrature préposée par la nouvelle loi à la surveillance de l'enseignement national.

Quoique la loi soit muette à cet égard, j'ai pensé qu'une question aussi grave devait être soumise à l'examen du Conseil d'État. Il s'agit, en effet, de l'exercice de droits et de l'accomplissement de devoirs tout à fait nouveaux. Les formes d'une élection multiple, qui n'a pas de précédents dans notre législation, et dont les conséquences intéressent à un si haut degré l'éducation de la jeunesse et l'avenir du pays, ne sauraient être entourées de garanties trop sérieuses.

J'ai l'honneur de soumettre à votre sanction le projet de règlement que le Conseil d'État a préparé à cet effet sur mon initiative.

L'examen le plus rapide des dispositions de l'article 1er de la loi du 15 mars 1850 amène à reconnaître la nécessité de conditions différentes pour les diverses élections que suppose l'organisation définitive du Conseil supérieur de l'instruction publique.

D'un côté sont des autorités ecclésiastiques préposées à des circonscriptions embrassant tout le territoire de la République, autorités qui n'ont presque jamais été réunies en assemblée générale, trop éloignées les unes des autres pour concerter aisément les choix qu'elles sont appelées à faire, et pour qui, d'ailleurs, la délibération préparatoire sur les formes de cette élection serait, dans l'état de leurs relations actuelles, entièrement impossible.

De l'autre côté sont des corps dont les membres ont l'habitude de se réunir et de délibérer en commun, et dont l'autorité s'exerce sous la condition de cette réunion même.

De cette diversité profonde dans les situations dérivait la nécessité de règles différentes. S'il était possible de renvoyer aux dispositions de leurs règlements ou usages intérieurs le Conseil d'État, la Cour de cassation et l'Institut, habitués à des élections ayant quelque analogie avec celle qui va leur être demandée, il devenait, au contraire, indispensable de prévoir avec détail et presque avec minutie les formes de l'élection des évêques et des membres des consistoires; non pour imposer des entraves aux autorités religieuses dans l'exercice du droit que la loi nouvelle leur confère, mais pour parer aux conséquences de l'isolement qui ne leur permet pas de suivre à cet égard un règlement délibéré entre elles, et pour assurer d'avance l'émission régulière et secrète ainsi que la constatation loyale de leur vote.

L'article 1er de la loi du 15 mars 1850 appelle à faire partie du Conseil supérieur de l'instruction publique quatre archevêques ou évêques élus par leurs collègues. Bien que rehaussée par les témoignages de confiance qu'elle suppose, la mission des prélats qui auront été ainsi désignés conservera en réalité, comme celles des membres des consistoires, du Conseil d'État, de la Cour de cassation et de l'Institut, un caractère individuel. Une élection que le législateur paraît avoir considérée surtout comme un moyen d'assurer des choix indépendants et exempts du soupçon même des influences politiques, sans qu'elle dût toutefois constituer une délégation de pouvoir véritable, ne réclame impérieusement ni un concert officiel et préalable, ni ces conditions rigoureuses de majorité adoptées dans les élections d'un autre ordre.

La forme à suivre dans le choix des évêques appelés au Conseil supérieur a, du reste, été indiquée par le rapporteur de la Commission de l'Assemblée nationale.

« Dans la pensée du Gouvernement et de la Commission, disait l'honorable « M. Beugnot (*Rapport* du 6 octobre 1849; *voir* page 199), les archevêques et « les évêques procéderaient, par lettres adressées au Ministre de l'Instruction « publique, à la nomination de leurs délégués. »

Dans la séance du 7 février 1850, l'honorable rapporteur confirmait cette pensée en disant : « Il est bien entendu que les évêques nommeront leurs col- « lègues par correspondance; qu'ils adresseront au Ministre de l'Instruction « publique les noms des quatre évêques qui doivent entrer dans le sein du « Conseil supérieur.

Aucune objection n'a été développée contre cette interprétation pendant les trois délibérations qui ont précédé le vote définitif de la loi. Le Conseil d'État s'est donc parfaitement conformé, Monsieur le Président, à l'intention du législateur, en proposant le mode de nomination déterminé par l'article 1er du projet de règlement que j'ai l'honneur de soumettre à votre adoption.

Dans ce système, les suffrages sont recueillis par correspondance, et, comme ils sont adressés au Ministre sous enveloppe cachetée, il n'y a aucun danger qu'ils puissent être altérés ou soustraits. Toutes les précautions sont prises, en outre, pour assurer le secret des votes. Si les formalités minutieuses de l'article 2 ne paraissaient pas encore suffisantes, j'aurais soin, dans la circulaire que j'adresserai à MM. les évêques, de leur recommander quelques précautions propres à empêcher le seul inconvénient qui pourrait rester à craindre, c'est-à-dire l'ouverture anticipée et involontaire, qui pourrait être faite au Ministère de l'Instruction publique, des dépêches contenant les enveloppes et bulletins désignés en l'article 2.

Le dépouillement et la constatation des votes sont confiés (art. 3) à une Commission dont la composition offre non seulement les sûretés, mais encore le caractère spécial que l'épiscopat peut désirer. Les décisions de cette Commission trouveront, en outre, une garantie morale dans la communication des procès-verbaux au Conseil supérieur de l'instruction publique. Le Conseil d'État a, du reste, formellement écarté, après discussion, l'idée d'un recours ou d'une voie contentieuse quelconque en pareille matière.

Les conditions énoncées par l'article 4, et généralement empruntées aux règles de toutes les élections par scrutin de liste, sont si simples qu'il est inutile de les discuter.

Quant à la fixation du nombre de suffrages nécessaire pour la validité de l'élection, j'ai dû, ainsi que le Conseil d'État, me préoccuper de l'inconvénient qu'il y aurait à faire recommencer une opération qui suppose le concours de personnes placées souvent à des distances considérables du centre où elle aboutit. Demander un nombre déterminé de suffrages, c'était supposer la possibilité d'abstentions nombreuses qu'il n'y a point lieu de prévoir. Exiger que l'élu réunît la majorité absolue, c'est-à-dire la moitié plus un des suffrages exprimés, c'était courir le risque de n'arriver que difficilement à un résultat; car on doit prévoir, dans une élection de ce genre, l'éparpillement possible des voix. La condition de la majorité relative paraît d'ailleurs suffisante par la double considération du poids imposant de chaque suffrage et de la haute dignité de chaque candidat. Par suite de cette combinaison, un scrutin unique amènera nécessairement un résultat, si, comme le propose l'article 5, conformément aux règles de la préséance ecclésiastique, au cas d'égalité de suffrages, l'archevêque d'abord, et, au besoin, ensuite l'évêque le plus ancien de consécration, et, subsidiairement enfin, l'évêque le plus âgé, obtiennent la préférence.

Les articles 5, 6, 7 et 8 renferment des dispositions analogues pour la nomination des membres du Conseil supérieur de l'instruction publique, qui doivent être choisis par les consistoires de la Confession d'Augsbourg et de l'Église Réformée. Ce sont les mêmes garanties et les mêmes précautions. Elles assureront, sans aucun doute, la sincérité et la régularité de ces différents scrutins.

La disposition spéciale des premiers paragraphes de l'article 7 était toutefois nécessaire pour garantir l'autorité du vote des consistoires, qui constituent ici des unités électorales dont la formation régulière et le vœu caractérisé importent essentiellement à la validité de l'élection.

Les corps divers qui ont des représentants au sein du Conseil supérieur, comme l'épiscopat et les consistoires protestants, mais qui sont placés dans des situations complètement différentes, devront, d'après le projet de règlement rédigé par le Conseil d'État, procéder aux élections qui les concernent dans les formes appropriées à leur constitution et à leurs usages.

Les conditions fondamentales de l'élection faite par le consistoire central israélite sont réglées par l'article 10. Le nombre des membres de ce consistoire est si limité qu'il était indispensable d'exiger, pour une élection sérieuse, que la moitié plus un y eût pris part.

Quant au Conseil d'État, à l'Institut et à la Cour de cassation, dont le parquet ne doit pas être séparé pour cette élection spéciale, d'après les explications catégoriques données à cet égard par le rapporteur de la Commission devant l'Assemblée législative, il est sans doute difficile de penser que les élections de ces corps puissent avoir lieu convenablement sous des conditions moins rigoureuses (notamment pour le nombre des votants et pour la majorité à obtenir) que celles expressément indiquées pour le consistoire central israélite. Mais ces corps peuvent s'imposer, s'ils le jugent bon, des conditions plus étroites, plus minutieuses; et, comme ils ont d'ailleurs des règlements ou usages qui s'appliquent en tout ou en partie aux élections auxquelles ils vont être appelés, il paraît sans inconvénient sérieux, comme je l'ai dit plus haut, qu'ils puissent régler par eux-mêmes, sous l'influence de ces précédents, les formes de leur élection. L'article 1er réserve donc simplement au Gouvernement le droit de provoquer leur action à l'époque et pour le terme qu'il jugera convenable.

Déterminé par ces raisons diverses, j'ai l'honneur, Monsieur le Président, de soumettre à votre adoption le projet de règlement délibéré par le Conseil d'État.

Veuillez agréer, etc.

Signé : E. DE PARIEU.

2° Règlement.

Le Président de la République,

Sur le rapport du Ministre de l'Instruction publique et des Cultes,

Vu l'article 1er et le troisième paragraphe de l'article 84 de la loi du 15 mars 1850 ;

Le Conseil d'État entendu,

Décrète :

ARTICLE 1er. — Lorsqu'il y a lieu de procéder à l'élection de membres du Conseil supérieur de l'instruction publique, le Ministre informe les archevêques et évêques diocésains, les consistoires de l'Église Réformée et ceux de la Confession d'Augsbourg, le consistoire central israélite, le Conseil d'État, la Cour de cassation et l'Institut national, du nombre de membres qu'ils ont à élire et de l'époque à laquelle doit se faire l'élection.

ART. 2. — Le Ministre envoie à chaque archevêque ou évêque un bulletin de vote et une enveloppe préparée à cet effet.

L'archevêque ou évêque met sous l'enveloppe cachetée, sans signe extérieur, le bulletin exprimant son vote.

La dépêche portant envoi de ce bulletin est adressée au Ministre ; mais elle n'est décachetée qu'en présence de la Commission désignée dans l'article ci-après.

Les bulletins envoyés postérieurement à l'époque indiquée sont considérés comme non avenus.

La Commission, après avoir décacheté la dépêche, en extrait l'enveloppe contenant le bulletin, et le dépose immédiatement dans une urne.

ART. 3. — Le dépouillement des votes est fait par une Commission composée du Ministre, président, et de deux archevêques ou évêques par lui désignés. Il peut être adjoint à la Commission un secrétaire sans voix délibérative.

ART. 4. — Les bulletins sont valables, bien qu'ils contiennent plus ou moins de noms qu'il n'y a de membres à élire.

Lorsque le nombre des noms inscrits sur un bulletin est supérieur à celui des membres à élire, les derniers noms ne sont pas comptés dans la supputation des votes.

ART. 5. — L'élection a lieu à la majorité relative des suffrages exprimés.

En cas d'égalité de suffrages, la préférence se détermine entre les archevêques et évêques, par le rang d'ancienneté, et par l'âge, si le rang d'ancienneté est le même.

Lorsqu'il y a plusieurs membres à élire, si l'un des élus déclare ne pas accepter, l'archevêque ou évêque qui a obtenu le plus de suffrages après eux est appelé au Conseil supérieur.

ART. 6. — L'assemblée des consistoires de l'Église Réformée et de la Confession d'Augsbourg a lieu le même jour dans toute la France.

Un intervalle de quinze jours au moins doit s'écouler entre l'avis donné par le Ministre aux présidents des consistoires, et le jour de la réunion.

La convocation adressée au président de chaque consistoire est transmise immédiatement par lui à tous les membres du consistoire.

ART. 7. — Les consistoires ne peuvent délibérer régulièrement que si au moins la moitié plus un des membres qui les composent sont présents.

L'élection a lieu au scrutin secret; elle n'est valable qu'autant que le candidat réunit la majorité absolue des suffrages.

Dans la huitaine, le président du consistoire adresse au Ministre une expédition de la délibération.

ART. 8. — Le dépouillement de ces délibérations est fait par une Commission, composée du Ministre, président, et d'un pasteur de chacune des deux communions, désigné par lui. Il peut être adjoint à la Commission un secrétaire sans voix délibérative.

ART. 9. — L'élection des membres du Conseil supérieur a lieu à la majorité des suffrages exprimés.

En cas d'égalité de suffrages, la préférence se détermine entre les pasteurs par le rang d'ancienneté, et par l'âge, si le rang d'ancienneté est le même.

ART. 10. — Le consistoire central israélite ne peut procéder à l'élection qu'autant que la moitié plus un des membres qui le composent sont présents.

L'élection a lieu au scrutin secret et à la majorité absolue des suffrages.

ART. 11. — Le Conseil d'État, la Cour de cassation et l'assemblée générale de l'Institut procèdent à la nomination des membres dont l'élection leur est attribuée, conformément à leurs règlements ou usages intérieurs.

ART. 12. — Les procès-verbaux des Commissions désignées dans les articles 3 et 8, et ceux des élections faites par le Conseil d'État, la Cour de cassation, l'Institut et le consistoire central israélite, sont communiqués par le Ministre au Conseil supérieur, lors de sa première réunion.

Avis relatif au déplacement des instituteurs.

17 mai 1850.

17 Mai 1850.

Le Conseil, etc.,

Vu les articles 1er, 2, 3, de la loi du 11 janvier 1850 ;

Vu la circulaire ministérielle du 28 février 1850, 6e question, ensemble la décision du Conseil du 12 avril et la lettre conforme du Ministre au Préfet de la Charente-Inférieure, du 25 du même mois;

Vu la déclaration d'incompétence du Comité supérieur de Saintes, en date du 7 avril 1850, sur une question de déplacement d'office;

Vu la lettre du Préfet de la Charente-Inférieure, du 1er mai, relativement à cette délibération et à la marche qu'il doit suivre en matière de déplacement;

Considérant que le déplacement des instituteurs primaires, implicitement autorisé par la loi du 11 janvier 1850, peut avoir lieu par voie administrative ou par voie disciplinaire;

Considérant qu'il est purement administratif, lorsqu'il y a consentement de l'instituteur communal, et qu'alors le Comité supérieur, chargé de la nomination des instituteurs, est compétent pour statuer sur le déplacement, conformément à la circulaire ministérielle du 28 février 1850 et à la décision interprétative des 12 et 25 avril suivant;

Considérant que, lorsque le déplacement doit être prononcé d'office et malgré l'instituteur, il constitue un acte de pouvoir disciplinaire, et qu'alors il rentre dans les attributions des Préfets, sous la surveillance desquels la loi du 11 janvier a placé l'instruction primaire;

Considérant, en effet, que, pour faciliter l'exercice de cette surveillance temporaire, il est rationnel et juste de rattacher le droit de prononcer d'office le déplacement au droit de prononcer la révocation, le déplacement étant une mesure disciplinaire moins rigoureuse que la révocation et un mode de surveillance dès lors plus favorable aux intérêts des instituteurs communaux;

Considérant que, dans le cas soumis au Comité supérieur de Saintes, il y avait provocation d'un déplacement d'office, malgré l'instituteur, et que sous ce rapport le Comité a eu raison de déclarer son incompétence, mais qu'il eût été compétent pour donner son avis, si le Préfet l'eût demandé, sur le déplacement à prononcer par voie disciplinaire, comme il est compétent pour exprimer son opinion sur une demande de révocation,

Par ces motifs, est d'avis :

1° Que, lorsqu'il y a consentement de l'instituteur communal, les déplacements et mutations doivent être prononcés par le Comité supérieur par voie administrative et sous l'approbation du Ministre de l'Instruction publique, comme il est dit dans la circulaire du 28 février 1850 et la décision interprétative du Conseil et du Ministre des 12 et 25 avril dernier ;

2° Que, lorsqu'il s'agit d'un déplacement d'office et contraire à la volonté de l'instituteur communal, il doit être prononcé par le Préfet par voie disciplinaire, dans les conditions et formes de la révocation prévues par l'article 3 de la loi du 11 janvier 1850.

---

27 mai 1850.

Décret organisant les Académies départementales.

27 Mai 1850.

Le Président de la République,

Sur le rapport du Ministre de l'Instruction publique et des Cultes ;

Vu les articles 7, 8 et 84 de la loi du 15 mars 1850,

Décrète :

Article 1er. — Le chef-lieu de chaque Académie est placé au chef-lieu du département.

Néanmoins, le chef-lieu de l'Académie de la Marne est placé à Reims; celui de l'Académie des Bouches-du-Rhône, à Aix; celui de l'Académie du Nord, à Douai.

Art. 2. — Un Inspecteur d'Académie est attaché à chacune des Académies dont les noms suivent :

Bouches-du-Rhône, Calvados, Côte-d'Or, Doubs, Gard, Haute-Garonne, Gironde, Hérault, Ille-et-Vilaine, Isère, Maine-et-Loire, Marne, Meurthe, Nord, Pas-de-Calais, Bas-Rhin, Seine-Inférieure, Seine-et-Oise, Somme, Vienne.

Quatre Inspecteurs d'Académie sont attachés à l'Académie de la Seine.

Art. 3. — Le traitement du Recteur de l'Académie de la Seine est fixé à 8 000 francs.

Les Recteurs des autres Académies sont partagés en trois classes, de la manière suivante :

18 Recteurs de 1re classe, à 6 000 francs.
24 — de 2e — à 5 000 —
43 — de 3e — à 4 500 —

Les traitements des Inspecteurs d'Académie sont fixés de la manière suivante :

Inspecteurs de l'Académie de Paris, 4 000 francs.
Inspecteurs des autres Académies. . 3 000 —

Le traitement du secrétaire de l'Académie de Paris est fixé à 4 000 francs.

Les autres secrétaires d'Académie sont partagés en trois classes de la manière suivante :

18 secrétaires d'Académie de 1re classe, à 2 000 francs.
24 — — de 2e classe, à 1 800 —
43 — — de 3e classe, à 1 500 —

ART. 4. — La classe des Recteurs et des secrétaires d'Académie est attachée à la personne, et non pas à la résidence.

ART. 5. — Les dispositions du présent décret sont exécutoires à partir du 1er septembre prochain.

Avis relatif aux engagements décennaux. 14 juin 1850.

14 Juin 1850.

Le Conseil, etc.,

Vu l'engagement décennal contracté par le sieur Cointe (Justin-Charles-Jean-Baptiste), instituteur public à Parigny-les-Vaux (Nièvre);

Vu la lettre de M. le Recteur de l'Académie de Bourges, en date du 25 mai dernier,

Accepte ledit engagement, mais sous la condition que les dix années ne compteront qu'à dater de l'époque de l'institution par M. le Ministre.

Avis relatif à l'annulation d'une délibération d'un Comité supérieur pour vice de forme. 12 juillet 1850.

12 Juillet 1850.

Le Conseil, etc.,

Vu un arrêté en date du 25 février dernier, par lequel M. le Recteur de l'Académie de....., se fondant sur l'article 17 de l'ordonnance du 21 avril 1828, a retiré à la d[lle]..... l'autorisation d'exercer comme institutrice communale à Vauchassis (Aube);

Vu les délibérations des 5 janvier 1850 et 2 février suivant du Comité supérieur d'instruction primaire de Troyes, exprimant l'avis que ladite d[lle]..... soit immédiatement révoquée;

Vu le pourvoi formé contre ladite révocation par Mlle..... le 7 mai 1850;

Considérant que M. le Recteur reconnaît lui-même, dans sa lettre du 3 juillet courant, que cette affaire n'a pas été conduite dans les formes indiquées par la loi du 28 juin 1833 sur l'instruction primaire et par l'ordonnance du 23 juin 1836, spéciale aux Écoles de filles,

Est d'avis qu'il y a lieu d'annuler l'arrêté de M. le Recteur de l'Académie de Reims, en date du 25 février, et de procéder régulièrement contre la d[lle]..... devant le Comité supérieur d'instruction primaire de Troyes, où elle sera entendue.

---

14 juillet 1850.

Décret concernant les Écoles musulmanes françaises en Algérie.

14 Juillet 1850.

Le Président de la République,

Vu les propositions du Gouverneur général de l'Algérie et les délibérations du Conseil de gouvernement, en date des 21 et 24 janvier 1850, sur un projet de règlement relatif à l'organisation des Écoles arabes-françaises;

Vu les délibérations du Comité consultatif de l'Algérie, en date des 12, 14 et 19 juin 1850, sur le même projet;

Vu l'arrêté du Pouvoir exécutif du 9 décembre 1848;

Vu le décret du Président de la République, du 2 avril 1850;

Considérant qu'il importe de faciliter la propagation de la langue française dans la population musulmane de l'Algérie;

Considérant que des Écoles et des cours publics où la langue française est enseignée soit aux enfants, soit aux adultes, existent déjà dans plusieurs villes, et qu'il faut tout à la fois consacrer ces établissements et les étendre aux villes où l'utilité en sera reconnue;

Sur la proposition du Ministre de la Guerre;

Décrète :

CHAPITRE Ier.

Écoles primaires.

§ 1er. *Écoles de garçons.*

ARTICLE 1er. — Il est établi dans chacune des villes d'Alger, Constantine, Bône, Oran, Blidah, Mostaganem, une École primaire pour le double enseignement de l'arabe et du français aux enfants musulmans;

L'établissement de ces Écoles sera étendu successivement aux villes où l'utilité publique en sera reconnue par le Gouverneur général, sur la proposition du Préfet.

ART. 2. — L'enseignement primaire est gratuit.

Il comprend :

La lecture et l'écriture de l'arabe;

Les éléments de la langue française, la lecture et l'écriture du français;

Les éléments du calcul et le système légal des poids et mesures.

ART. 3. — Le personnel de chaque École se compose d'un directeur français et d'un maître adjoint musulman, choisi parmi les tolbas.

ART. 4. — Les directeurs et les maîtres adjoints sont nommés par le Gouverneur général, sur la proposition du Préfet.

Ils peuvent être suspendus par le Préfet; ils sont révoqués par le Gouverneur général.

ART. 5. — Nul ne peut être nommé directeur, s'il n'est pourvu du brevet de capacité exigé pour les instituteurs primaires, et d'un certificat d'aptitude pour l'enseignement de la langue arabe, délivré par le jury d'examen des interprètes militaires.

Les maîtres adjoints sont présentés par le Préfet, le mufti ou le cadi consulté.

ART. 6. — Les directeurs reçoivent un traitement fixe de 1 200 fr., et les maîtres adjoints, de 600 francs.

Il leur est, en outre, alloué :

1° Une gratification annuelle dont le chiffre, déterminé par le Gouverneur général, ne peut jamais s'élever au-dessus de la moitié du traitement fixe;

2° Une rétribution mensuelle de 1 franc par élève est répartie, savoir :

Les deux tiers au directeur,

Et le tiers aux maîtres adjoints.

§ 2. *Écoles de filles.*

ART. 7. — Il est établi une École primaire de jeunes filles musulmanes dans les villes d'Alger, Constantine, Oran et Bône.

Cette institution sera successivement étendue aux villes où l'utilité publique en sera reconnue par le Gouverneur général, sur la proposition du Préfet.

ART. 8. — L'instruction est gratuite.

Elle comprend :

1° La lecture et l'écriture de l'arabe;

2° La lecture et l'écriture du français; les éléments de la langue française et les éléments du calcul;

3° Les travaux à l'aiguille.

ART. 9. — Le personnel de chaque École se compose d'une directrice française et d'une sous-maîtresse musulmane.

ART. 10. — La nomination, la suspension et la révocation des directrices et des sous-maîtresses ont lieu conformément à l'article 4 ci-dessus.

Les dispositions du paragraphe 1er de l'article 5 sont également applicables aux directrices.

ART. 11. — Les directrices reçoivent un traitement fixe de 1 000 fr., et les sous-maîtresses un traitement fixe de 500 francs.

Les dispositions des deux derniers paragraphes de l'article 6 leur sont applicables.

CHAPITRE II.

Écoles d'adultes.

ART. 12. — Un enseignement français pour les adultes indigènes est établi dans les villes d'Alger, Oran et Constantine, et sera étendu successivement dans les villes où l'utilité en sera reconnue par le Gouverneur général, sur la proposition du Préfet.

Cet enseignement est gratuit; il est confié aux professeurs du cours public d'arabe dans les villes où ces cours sont établis, et, dans les autres villes, à des maîtres désignés par le Gouverneur général, conformément à l'article 4 ci-dessus.

Ces maîtres doivent remplir les conditions exigées par le paragraphe 1er de l'article 5.

ART. 13. — Une indemnité de 600 à 1 000 francs est allouée au professeur ou au maître.

ART. 14. — L'enseignement comprend les éléments de la langue française, du calcul, de l'histoire et de la géographie.

Les cours ont lieu trois fois au moins par semaine.

ART. 15. — Des gratifications peuvent être accordées, par le Préfet, aux élèves qui se font remarquer par leur assiduité, leur application et leurs progrès.

CHAPITRE III.

Surveillance et inspection.

ART. 16. — Les Écoles primaires de garçons sont placées sous la surveillance d'un Comité local institué dans chaque ville et composé :

Du maire ou du juge de paix dans les villes où les municipalités ne sont pas instituées;

Du mufti ou du cadi, } désignés par le Préfet.
Et d'un fonctionnaire, }

ART. 17. — Les Écoles primaires et les Écoles d'adultes sont inspectées par un fonctionnaire ou un officier français, choisi, pour chaque localité, par le Préfet, et assisté d'un fonctionnaire indigène.

ART. 18. — Les Écoles de filles sont surveillées et inspectées par des dames inspectrices désignées par le Préfet.

ART. 19. — Les Écoles primaires de filles et de garçons et les Écoles d'adultes sont placées sous l'autorité du Préfet.

Tous les trois mois, le Préfet adresse au Gouverneur général un rapport sur la situation de ces divers établissements.

Ce rapport est transmis au Ministre de la Guerre.

CHAPITRE IV.

Jurys d'examen et brevets d'aptitude.

ART. 20. — Il est institué par le Gouverneur général, dans le chef-lieu de chaque province, un jury d'examen chargé de délivrer aux jeunes indigènes des brevets constatant leur aptitude.

ART. 21. — Les brevets sont de trois degrés :

Le brevet de troisième degré est accordé au candidat sachant parler français;

Le brevet de deuxième degré, à celui qui sait lire et écrire le français;

Le brevet de premier degré, à celui qui possède les matières d'enseignement indiquées dans l'article 14.

ART. 22. — Les emplois auxquels peuvent prétendre les indigènes sont donnés de préférence aux candidats pourvus du brevet du degré le plus élevé.

CHAPITRE V.

Dispositions générales.

ART. 23. — Un règlement ministériel déterminera :

1° Le choix des livres destinés à l'enseignement des Écoles instituées conformément au présent décret;

2° L'âge d'admission des élèves dans ces Écoles et l'âge où ils en sortiront.

ART. 24. — Des arrêtés préfectoraux détermineront les heures d'ouverture et de clôture des classes, le montant des gratifications à accorder conformément à l'article 15, et généralement ce qui tient au régime intérieur et à la discipline des Écoles.

ART. 25. — Toutes les dépenses relatives au personnel et au matériel des établissements institués conformément au présent décret, sont mises à la charge du budget départemental, et, pour les localités situées en dehors des départements, à la charge du budget local et municipal.

ART. 26. — Les attributions conférées au Préfet par le présent décret sont exercées en territoire militaire par le général commandant la division.

ART. 27. — Le Ministre de la Guerre est chargé de l'exécution du présent décret.

---

26 juillet 1850.

Avis relatif à la création d'une École de hameau.

26 Juillet 1850.

Le Conseil, etc.,

Vu la demande formée par plusieurs habitants du hameau du Boëles, dépendant de la commune de Saint-Laurent (Hautes-Pyrénées), à l'effet d'obtenir la création d'une deuxième École publique qui serait placée dans ce hameau;

Considérant que la population de la commune de Saint-Laurent s'élève à 1 543 habitants et celle du hameau à 500; que les communications entre les localités sont difficiles, surtout en hiver; que la distance entre le hameau et la commune est de trois kilomètres,

Est d'avis qu'il y a lieu d'autoriser la création demandée.

Avis relatif à la création d'une seconde École dans la commune de Clary-Varly (Ardennes). 26 juillet 1850.

26 Juillet 1850.

Le Conseil, etc.,

Ouï le rapport sur une demande formée par les habitants de la section de Varly, dépendant de la commune de Clary-Varly (Ardennes), à l'effet d'obtenir la création d'une deuxième École publique qui serait placée dans ladite section de Varly;

Attendu que le nombre des enfants de cette section en état de recevoir l'instruction s'élève à 71, et que les deux localités sont séparées par une distance de trois kilomètres; qu'un propriétaire, M. Robert, établi dans la section de Varly, s'engage, d'ailleurs, à fournir gratuitement un local pour la tenue de l'École et fait don du mobilier de classe;

Vu les avis favorables de M. le Recteur de l'Académie et de M. le Préfet du département,

Est d'avis que l'École demandée ne pourra être créée que sous la condition que M. Robert s'engagera, par acte authentique, à fournir le local pendant douze ou quinze années.

Décret portant règlement d'administration publique pour l'exécution de la loi du 15 mars 1850 relative à l'enseignement. [Extrait.] 29 juillet 1850.

29 Juillet 1850.

Le Président de la République,

Sur le rapport du Ministre de l'Instruction publique et des Cultes;

Vu le titre Ier, le chapitre IV du titre II, les titres III et IV de la loi du 15 mars 1850;

Le Conseil d'État entendu,

Décrète :

DES AUTORITÉS PRÉPOSÉES A L'ENSEIGNEMENT.

CHAPITRE Ier.

Du Conseil supérieur de l'Instruction publique.

ARTICLE 1er. — En l'absence du Ministre de l'Instruction publique, le Conseil supérieur est présidé par un vice-président nommé, chaque année, par le Président de la République, et choisi parmi les membres de ce Conseil.

ART. 2. — Le Président de la République désigne également, chaque année, un secrétaire choisi parmi les membres du Conseil.

ART. 3. — Le Conseil supérieur tient une session ordinaire par trimestre.

Il est convoqué par arrêté du Ministre.

La durée de chacune des sessions, soit ordinaire, soit extraordinaire, est fixée par l'arrêté de convocation.

Elle peut être prolongée par un arrêté ultérieur.

ART. 4. — Des commissaires peuvent être chargés par le Ministre de l'assister dans la discussion des projets de loi, de règlement d'administration publique, de décrets et arrêtés portant règlement permanent, qu'il renvoie à l'examen du Conseil supérieur. Le Conseil supérieur peut aussi appeler dans son sein les personnes dont l'expérience lui semble devoir être utilement consultée, tant pour la discussion de ces projets que pour tout ce qui concerne l'état général de l'enseignement.

Il ne peut user de cette faculté à l'égard des fonctionnaires publics, que de l'agrément du Ministre du département auquel ils appartiennent.

ART. 5. — La Section permanente est présidée par un de ses membres, désigné chaque année par le Ministre.

ART. 6. — Les fonctions de membre de la Section permanente sont incompatibles avec toute autre fonction administrative rétribuée.

ART. 7. — Dans les affaires soumises au Conseil supérieur, le rapporteur est nommé par le Ministre, ou, sur sa délégation, par le vice-président du Conseil supérieur.

ART. 8. — En matière contentieuse ou disciplinaire, les affaires sont inscrites au secrétariat du Conseil supérieur, d'après l'ordre de leur arrivée, sur un registre à ce destiné.

Elles sont jugées suivant l'ordre de leur inscription et dans la plus prochaine session.

Les rapports sont faits par écrit; ils sont déposés au secrétariat par les rapporteurs la veille du jour fixé pour la délibération, avec le projet de décision et le dossier, pour être tenus à la disposition de chacun des membres du Conseil.

En matière disciplinaire, le rapporteur est tenu d'entendre l'inculpé dans ses explications, s'il est présent et s'il le demande. L'inculpé a également le droit d'être entendu par le Conseil.

ART. 9. — La présence de la moitié plus un des membres est nécessaire pour la validité des délibérations du Conseil supérieur.

En cas de partage, si la matière n'est ni contentieuse ni disciplinaire, la voix du président est prépondérante; si la matière est contentieuse, il en sera délibéré de nouveau, et les membres qui n'auraient pas assisté à la délibération seront spécialement convoqués. S'il y a de nouveau partage dans la deuxième délibération, il sera vidé par la voix prépondérante du président; si la matière est disciplinaire, l'avis favorable à l'inculpé prévaut.

ART. 10. — Les délibérations du Conseil supérieur sont signées par le président et par le secrétaire.

Le secrétaire a seul qualité pour en délivrer des ampliations certifiées conformes aux procès-verbaux.

A moins d'une autorisation spéciale du Ministre, il ne peut être donné communication des procès-verbaux qu'aux membres du Conseil supérieur.

ART. 11. — Les décrets ou arrêtés qui interviennent sur l'avis du Conseil supérieur portent la mention : « Le Conseil supérieur de l'instruction publique entendu. »

Les avis du Conseil supérieur ne peuvent être publiés qu'avec l'autorisation du Ministre.

ART. 12. — En matière contentieuse ou disciplinaire, les décisions du Conseil sont notifiées par le Ministre.

Les parties ont toujours le droit d'en obtenir expédition.

ART. 13. — Un règlement, délibéré en Conseil supérieur, déterminera l'ordre intérieur des travaux du Conseil.

Un règlement préparé par la Section permanente et arrêté par le Ministre déterminera l'ordre intérieur des travaux de cette Section.

CHAPITRE II.

De l'administration académique.

§ 1er. *Du local affecté à l'administration académique.*

ART. 14. — Le local que les départements doivent fournir pour le service de l'administration académique, d'après l'article 13 de la loi organique du 15 mars 1850, comprend au moins, avec le mobilier nécessaire au service :

Un cabinet pour le Recteur;

Une salle des délibérations pour le Conseil académique et pour les examens des candidats au brevet de capacité;

Un cabinet pour le secrétaire de l'Académie;

Une pièce pour les commis de l'Académie et pour les archives.

§ 2. *Des Recteurs.*

ART. 15. — Les fonctions de Recteur sont incompatibles avec tout autre emploi public salarié.

ART. 16. — Les Recteurs sont nommés par le Président de la République.

Ils sont partagés en classes, dont le nombre est déterminé par décret du Président de la République.

Les traitements varient suivant les classes.

La classe est attachée à la personne et non à la résidence.

§ 3. *Des Conseils académiques.*

ART. 17. — Sur l'invitation du Ministre de l'Instruction publique, les Cours et tribunaux, les Conseils généraux et les consistoires israélites procèdent à la nomination des membres qu'ils sont appelés à élire dans les Conseils académiques.

Lorsqu'il y a lieu de pourvoir à des nominations nouvelles, les Cours et tribunaux et les consistoires israélites, sur l'avis donné par le Recteur, procèdent immédiatement au remplacement des membres pris dans leur sein; les Conseils généraux pourvoient, dans leur plus prochaine session, au remplacement des membres dont la nomination leur appartient.

Les élections sont faites au scrutin secret et à la majorité absolue.

Le président de la Cour ou du tribunal, celui du consistoire et le Préfet, selon les cas, adressent le procès-verbal de chaque élection au Recteur, qui le communique au Conseil académique, lors de la première réunion.

Il est transcrit sur le registre des délibérations du Conseil.

ART. 18. — Les membres délégués, en exécution de l'article 10 de la loi organique, ne peuvent exercer leur délégation qu'en vertu d'une décision spéciale.

Le Ministre de l'Instruction publique et l'évêque adressent au Recteur les décisions par lesquelles ils ont fait choix des membres dont la désignation leur appartient.

Ces décisions sont communiquées au Conseil académique, et sont transcrites sur le registre des délibérations de ce Conseil.

ART. 19. — Lorsque deux archevêques ou évêques ont leur siège dans le même département, tous deux font partie du Conseil académique. Dans ce cas, il n'y a pas lieu à la désignation prévue par le sixième alinéa de l'article 10 de la loi organique.

ART. 20. — En l'absence du Recteur, le Conseil académique est présidé par le Préfet.

Le secrétaire du Conseil académique est choisi chaque année par le Ministre, parmi les membres dudit Conseil.

A moins d'une autorisation du Recteur, les procès-verbaux du Conseil académique ne peuvent être communiqués qu'aux membres du Conseil.

ART. 21. — Les Conseils académiques se réunissent au moins deux fois par mois. Ils peuvent être convoqués extraordinairement. Le jour de la réunion est fixé par le président.

ART. 22. — Les Conseils académiques ne peuvent délibérer sur les affaires intéressant une Faculté qu'autant que le doyen de cette Faculté a été expressément convoqué par le président.

ART. 23. — En cas de partage, lorsque la matière n'est ni contentieuse, ni disciplinaire, la voix du président est prépondérante.

Dans les matières contentieuses et disciplinaires, il est procédé par le Conseil académique conformément à l'article 9.

ART. 24. — Lorsque l'instruction d'une affaire disciplinaire est renvoyée au Conseil académique en vertu du sixième paragraphe de l'article 14 de la loi organique, le Conseil désigne un rapporteur qui recueille les renseignements et les témoignages, appelle l'inculpé, l'entend s'il se présente, et fait son rapport au jour le plus prochain indiqué par le Conseil.

Le Conseil peut toujours ordonner un supplément d'instruction.

L'avis du Conseil exprime s'il y a lieu de donner suite à l'affaire, et, en cas d'affirmative, quelle peine doit être prononcée.

ART. 25. — En matière contentieuse, les réclamations des parties, avec les pièces et mémoires à l'appui, sont déposées au secrétariat de l'Académie; il en est donné récépissé.

Ces réclamations reçoivent un numéro d'enregistrement et sont examinées dans l'ordre où elles sont parvenues au secrétariat. Pour chaque affaire, le Conseil désigne un rapporteur, qui fait son rapport à la plus prochaine réunion du Conseil.

ART. 26. — Lorsque le Conseil est appelé à prononcer en matière disciplinaire, un membre désigné par lui est chargé de l'instruction; il recueille les informations et fait son rapport à l'époque fixée par le Conseil.

Sur le rapport, le Conseil académique déclare d'abord s'il y a lieu à suivre.

En cas d'affirmative, il entend l'inculpé dans ses moyens de défense, et, s'il y a lieu, les témoins.

ART. 27. — En matière contentieuse et disciplinaire, la décision du Conseil académique est notifiée dans les huit jours par les soins du Recteur.

Le Recteur est tenu d'avertir les parties, s'il y a lieu, qu'elles ont le droit de se pourvoir devant le Conseil supérieur dans le délai prescrit par la loi.

ART. 28. — Le recours de la partie contre la décision du Conseil académique est reçu au secrétariat de l'Académie; il en est donné récépissé.

Le recours du Recteur est formé par un arrêté qu'il notifie à la partie intéressée. Ampliation de cet arrêté est adressée avec les pièces de l'affaire au Ministre de l'Instruction publique, qui en saisit le Conseil supérieur.

ART. 29. — Les Conseils académiques peuvent appeler dans leur sein les membres de l'enseignement et toutes autres personnes dont l'expérience leur paraîtrait devoir être utilement consultée.

Les fonctionnaires de l'Instruction publique ne peuvent être appelés que de l'agrément du Recteur. Les personnes ainsi appelées par les Conseils académiques n'ont pas voix délibérative.

§ 4. *Des Secrétaires d'Académie.*

ART. 30. — Les secrétaires d'Académie sont partagés en classes, dont le nombre est déterminé par décret du Président de la République.

Les traitements varient suivant les classes.

La classe est attachée à la personne, et non à la résidence.

ART. 31. — Le fonctionnaire appelé pour la première fois à l'emploi de secrétaire d'Académie est nécessairement de la dernière classe.

Nul ne peut être promu à une classe supérieure, sans avoir passé deux ans au moins dans la classe immédiatement inférieure.

Les dispositions du présent article ne sont pas applicables à la première organisation de l'administration académique.

ART. 32. — Nul ne peut être nommé aux fonctions de secrétaire d'Académie, s'il ne justifie du grade de bachelier ou du brevet de capacité pour l'enseignement primaire.

Sont exceptés de cette condition les secrétaires et commis d'Académie qui exercent actuellement ou qui ont précédemment exercé ces fonctions.

ART. 33. — Dans chaque Académie, le secrétaire est chargé de la rédaction des procès-verbaux du Conseil académique, sous la direction du secrétaire de ce Conseil.

Il est préposé à la garde des archives de l'Académie.

Il peut être chargé, par les Recteurs, de délivrer copie des pièces dont il est dépositaire.

Il dirige, sous les ordres du Recteur, le travail des bureaux de l'Académie.

Il reçoit la consignation des droits perçus au profit du Trésor public dans les chefs-lieux académiques où il n'existe pas d'agent comptable préposé à cette perception. Dans ce cas, il est commissionné par le Ministre des Finances et est tenu de fournir un cautionnement conformément aux règlements.

CHAPITRE III.

De l'inspection.

ART. 34. — Les Inspecteurs généraux et les Inspecteurs supérieurs sont choisis sur une liste de candidats formée par le Ministre; le Conseil supérieur est appelé à donner son avis sur cette liste avant la nomination.

ART. 35. — Pour la nomination des Inspecteurs de l'instruction primaire, la liste des candidats, composée par le Recteur, est communiquée au Conseil académique et transmise ensuite au Ministre, avec l'avis de ce Conseil.

ART. 36. — Les fonctions d'Inspecteur d'Académie et d'Inspecteur de l'enseignement primaire sont incompatibles avec tout autre emploi public rétribué. Le Ministre, sur l'avis du Conseil académique, peut toutefois autoriser les Inspecteurs de l'instruction primaire à accepter les fonctions d'Inspecteur, soit des enfants trouvés et abandonnés, soit des enfants employés dans les manufactures.

ART. 37. — Les Inspecteurs de l'instruction primaire sont partagés en classes dont le nombre est déterminé par décret du Président de la République.

Les traitements varient suivant les classes.

La classe est attachée à la personne, et non à la résidence.

Le fonctionnaire appelé pour la première fois à l'emploi d'Inspecteur de l'instruction primaire est nécessairement de la dernière classe.

Nul ne peut être promu à la classe supérieure, sans avoir passé un an au moins dans la classe immédiatement inférieure.

Les dispositions du présent article ne sont pas applicables à la première organisation de l'inspection de l'enseignement primaire.

ART. 38. — Nul ne peut être appelé aux fonctions d'Inspecteur de l'instruction primaire s'il n'a été déclaré apte à ces fonctions, après un examen spécial dont le programme sera déterminé conformément à l'article 5 de la loi organique. Jusqu'à ce que ce programme ait été arrêté, l'examen aura lieu conformément aux règlements en vigueur.

ART. 39. — Ne peuvent être admis à l'examen que les candidats qui justifient :

1° De vingt-cinq ans d'âge ;

2° Du diplôme de bachelier ès lettres, ou d'un brevet de capacité pour l'enseignement primaire supérieur, si le brevet a été délivré avant la promulgation de la loi organique, et, dans le cas contraire, d'un brevet attestant que l'examen a porté sur toutes les matières d'enseignement comprises dans l'article 23 de la même loi ;

3° De deux ans d'exercice, au moins, dans l'enseignement ou dans les fonctions de secrétaire d'Académie, de membre d'un ancien Comité supérieur d'instruction primaire, ou de délégué du Conseil académique pour la surveillance des Écoles.

La condition exigée par le paragraphe précédent ne sera point applicable à la première organisation de l'inspection.

ART. 40. — Sont dispensés de l'examen exigé par l'article 38 les anciens Inspecteurs ou sous-inspecteurs de l'instruction primaire, les directeurs d'Écoles normales primaires, les principaux des Colléges communaux, les chefs d'établissements particuliers d'instruction secondaire et les licenciés.

ART. 41. — Ont seuls droit aux frais de tournée déterminés par les règlements : les membres du Conseil supérieur délégués par le Ministre pour une mission spéciale ; les Inspecteurs généraux ; les Inspecteurs supérieurs ; les Recteurs ; les membres des Conseils académiques, délégués par le Recteur en vertu de l'article 18 de la loi organique ; les Inspecteurs d'Académie et les Inspecteurs de l'instruction primaire.

ART. 42. — Les personnes chargées de l'inspection en vertu de l'article 18 de la loi organique dressent procès-verbal de toutes les contraventions qu'elles reconnaissent.

Si la contravention consiste dans l'emploi d'un livre défendu en vertu de l'article 5 de la même loi, l'ouvrage est saisi et envoyé avec le procès-verbal au Recteur de l'Académie, qui soumet l'affaire au Conseil académique.

ART. 43. — Les Inspecteurs de l'instruction primaire donnent au Recteur leur avis sur les secours et encouragements de tout genre relatifs à l'instruction primaire ; ils s'assurent que les allocations accordées sont employées selon leur destination.

Ils font au Recteur des propositions pour la liste d'admissibilité et d'avancement des instituteurs communaux, qui doit être dressée par le Conseil académique; ils donnent au Recteur leur avis sur les nominations des instituteurs communaux et sur les demandes d'institution.

Ils assistent, avec voix délibérative, aux réunions des délégués cantonaux, prescrites par le quatrième paragraphe de l'article 42 de la loi organique et à celles dont il est fait mention en l'article 46 du présent règlement.

Ils donnent leur avis au Recteur sur les demandes formées par les instituteurs communaux et sur les déclarations faites par les instituteurs libres, à l'effet d'ouvrir un pensionnat primaire.

Ils inspectent les Écoles normales primaires et surveillent particulièrement les élèves-maîtres entretenus par le département dans les établissements d'instruction primaire.

Ils surveillent l'instruction donnée aux enfants admis pour le compte des communes dans les Écoles libres, en exécution du quatrième paragraphe de l'article 36 de la loi organique.

Ils adressent, tous les trois mois, au Recteur de l'Académie un rapport sur la situation de l'instruction primaire dans les communes qu'ils ont parcourues pendant le trimestre et des notes détaillées sur le personnel des Écoles.

CHAPITRE IV.

Des délégués cantonaux et des autorités préposées à l'enseignement primaire.

ART. 44. — Nul chef ou professeur, dans un établissement d'instruction primaire, public ou libre, ne peut être nommé délégué du Conseil académique.

ART. 45. — Les délégués ont entrée dans toutes les Écoles libres ou publiques de leur circonscription; ils les visitent au moins une fois par mois.

Ils communiquent aux Inspecteurs de l'instruction primaire tous les renseignements utiles qu'ils ont pu recueillir.

ART. 46. — Sur la convocation et sous la présidence du Sous-Préfet, les délégués des cantons d'un arrondissement peuvent être réunis au chef-lieu de l'arrondissement pour délibérer sur les objets qui leur sont soumis par le Recteur ou par le Conseil académique.

ART. 47. — A Paris, le Conseil académique désigne dans chaque arrondissement un délégué au moins par quartier. Il peut désigner, en outre, dans chaque arrondissement, des délégués spéciaux pour les Écoles des cultes protestant et israélite.

L'Inspecteur de l'instruction primaire assiste aux réunions mensuelles des délégués de l'arrondissement avec voix consultative.

ART. 48. — Lorsqu'il y a dans une commune une École spécialement affectée aux enfants d'un culte, et qu'il ne s'y trouve en résidence aucun ministre de ce culte, l'évêque ou le consistoire désigne, pour l'exécution de l'article 44 de la loi organique, le curé, le pasteur ou le délégué d'une commune voisine.

ART. 49. — Les autorités préposées par l'article 44 de la loi organique à la surveillance des Écoles peuvent se réunir, sous la présidence du maire, pour convenir des avis à transmettre à l'Inspecteur de l'instruction primaire et aux délégués cantonaux.

CHAPITRE V.

Des Commissions d'examen pour la délivrance des brevets de capacité pour l'enseignement primaire.

ART. 50. — Les Commissions d'examen pour le brevet de capacité pour l'enseignement primaire tiennent au moins deux sessions par an.

La Commission ne peut délibérer régulièrement qu'autant que cinq au moins de ses membres sont présents.

Les délibérations sont prises à la majorité des suffrages.

En cas de partage, la voix du président est prépondérante.

La forme des brevets est réglée par le Ministre de l'Instruction publique.

Nul ne peut se présenter devant une Commission d'examen, s'il n'est âgé de dix-huit ans au moins.

CHAPITRE VI.

Autorités chargées de délivrer le brevet de capacité pour l'enseignement secondaire et les diplômes des différents grades.

. . . .

Décret relatif à l'administration académique dans les départements de Maine-et-Loire et du Rhône.

5 août 1850.

5 Août 1850.

Le Président de la République,

Vu le rapport du Ministre de l'Instruction publique et des Cultes;

Vu le décret du 27 mai 1850,

Décrète :

Article 1er. — L'article 2 du décret ci-dessus visé est rapporté, en ce qui concerne l'Académie départementale de Maine-et-Loire.

Un Inspecteur d'Académie est attaché à l'Académie départementale du Rhône.

Circulaire du Ministre de l'Instruction publique, relative au service des Écoles de filles et des salles d'asile.

19 août 1850.

19 Août 1850.

Monsieur le Préfet, au moment où le Conseil général de votre département va se réunir, je crois devoir vous demander d'appeler son attention, d'une manière toute spéciale, sur le service des Écoles de filles et des salles d'asile.

Il est inutile de rappeler ici que l'un des plus grands intérêts de la société est d'aider à la sécurité du foyer domestique par une religieuse et saine instruction donnée aux jeunes filles, comme il lui importe aussi, particulièrement, de veiller à la première éducation physique, morale et intellectuelle des enfants qui formeront bientôt la partie la plus active de la population de notre pays. Ce double but, dont l'utilité est incontestable, ne peut être atteint que par la propagation rapide des Écoles de filles et des salles d'asile.

L'Assemblée nationale a consacré deux titres spéciaux de la loi du 15 mars dernier à ces établissements qui, jusqu'à cette époque, n'avaient été mentionnés dans aucun acte législatif. Elle a témoigné ainsi publiquement de l'intérêt qu'elle leur porte.

L'administration, forte de cette sanction, armée des dispositions de la loi et des prescriptions réglementaires qui en seront la conséquence, s'efforcera d'aider de tous ses moyens à la fondation de nouveaux établissements et à l'amélioration de ceux qui existent déjà.

Mais ces efforts, quelque persévérants qu'ils soient, resteraient presque sans effet, si les Conseils généraux ne se montraient disposés à prêter leur concours, en inscrivant aux budgets départementaux des crédits spéciaux pour encourager les communes à la fondation de ces établissements, que la loi n'a pas rendus complètement obligatoires. Ces crédits deviennent aujourd'hui plus nécessaires que par le passé. En effet, la loi sur l'enseignement a, par son article 40, attribué au complément des traitements des instituteurs, portés à 600 francs, le produit de l'imposition spéciale des trois centimes additionnels communaux. Il s'ensuivra qu'un grand nombre de communes, dont les dépenses obligatoires n'épuisaient pas jusqu'à ce jour le produit de cette imposition, et qui en affectaient l'excédent à l'entretien de leurs Écoles de filles et de leurs salles d'asile, vont se trouver privées de cette ressource; il faudra donc recourir à d'autres moyens, et, lorsque ces communes seront dans l'impossibilité d'ajouter à leurs charges une charge nouvelle, il sera très à désirer que vous puissiez venir à leur aide sur les fonds départementaux.

D'un autre côté, pour que les sacrifices que s'imposent les communes, les départements et l'État, dans le but de fonder des Écoles de filles et des salles d'asile, produisent d'utiles résultats, il faut que ces Écoles de filles, que ces salles d'asile, créées à grands frais, soient convenablement dirigées : sans cela, les crédits alloués sont dépensés sans aucun profit pour l'éducation publique.

En ce qui concerne le recrutement des institutrices, les Écoles normales et les cours normaux actuellement existants ont rendu des services trop réels pour qu'il y ait lieu de douter que les fonds nécessaires à l'entretien de ces Écoles soient votés sans difficulté.

En ce qui concerne le recrutement des directrices de salles d'asile, je vous ferai observer, Monsieur le Préfet, que les renseignements qui me parviennent de tous côtés m'apprennent que, en général, les directrices de ces établissements ne connaissent pas suffisamment ces méthodes spéciales de la salle d'asile, si bien appropriées à tous les besoins de l'enfance; qu'il suit de là que trop souvent les salles d'asile dégénèrent en *petites Écoles* ou en *garderies*, et n'ont dès lors d'autres avantages que de prémunir les enfants contre les dangers matériels de la rue. Cette insuffisance dans la direction de ces établissements avait frappé, il y a déjà plusieurs années, l'un de mes prédécesseurs, qui avait cherché à y remédier en fondant à Paris une maison d'études où seraient formées des surveillantes appelées ultérieurement à la direction de salles d'asile modèles dans les départements. Cette utile pensée a produit ce qu'on devait en attendre; et la maison d'études, devenue École normale, est aujourd'hui disposée pour recevoir les élèves que les Conseils généraux ou les Conseils municipaux des grandes villes croiraient devoir y envoyer. Il s'y fait deux cours par an : chaque cours dure quatre mois, de janvier en mai, de juillet en novembre. Le prix de la pension, tous frais compris, est de 60 francs par mois ou 240 francs pour les quatre mois d'un cours. Pour cette somme, le Conseil général pourrait donc introduire dans votre département toutes les améliorations que comporte l'administration d'une salle d'asile, et je ne crains pas de vous affirmer que le meilleur, le plus sûr moyen de propagation est la vue d'un établissement bien tenu. Les résultats obtenus pour l'éducation de l'enfance y sont si évidents, que nul ne peut se refuser à les apprécier, et que tous ceux qui ont visité une véritable salle d'asile deviennent bientôt d'ardents propagateurs de l'institution. J'insiste donc particulièrement sur ce point; et, si le Conseil général de votre département ne pouvait voter qu'une partie de la dépense qu'entraînerait la présence d'une boursière à l'École normale, j'accorderais volontiers, de mon côté, sur les fonds de l'État, la somme qui serait nécessaire pour compléter le prix de bourse.

Les fonds alloués par le Conseil général pour les services dont je viens de vous entretenir devront être inscrits aux articles 9, 10 et 11 du chapitre II du titre II du budget départemental, dont je vous ai récemment adressé le cadre. Je n'ai pas besoin d'ajouter ici que le classement des services énoncés dans ce chapitre n'entraîne aucune idée de priorité, et que c'est au Conseil général d'apprécier, dans sa sagesse, leur degré d'utilité et d'urgence.

Vous voudrez bien, Monsieur le Préfet, m'accuser réception de cette lettre, et me faire connaître, dès que la session du Conseil général sera terminée, l'accueil qui aura été fait à vos propositions.

Recevez, etc.

Signé : E. de Parieu.

Circulaire du Ministre de l'Instruction publique, relative à la mise à exécution de la loi sur l'enseignement. 27 août 1850.

27 Août 1850.

Monsieur le Recteur, vous allez commencer l'exercice des hautes et délicates fonctions auxquelles la confiance de M. le Président de la République vous a appelé. Dans peu de jours vous serez investi des droits que vous tenez de la loi nouvelle, et chargé des graves devoirs qu'elle vous impose. Les uns et les autres sont écrits, soit dans cette loi elle-même, soit dans les discussions qui l'ont précédée. C'est par une étude attentive de la pensée du législateur et en vous pénétrant de l'esprit qui a présidé à cette œuvre difficile de l'organisation de l'enseignement sous un régime de libre concurrence, que vous avez déjà, je n'en doute pas, embrassé par vos réflexions toute l'étendue de la mission qui vous est confiée.

Je veux néanmoins vous en retracer en peu de mots les points essentiels, afin qu'il ne reste aucune incertitude sur les intentions du Gouvernement et sur la manière dont il entend que la loi soit exécutée.

La pensée fondamentale de cette loi a été une pensée de conciliation et de sage liberté.

Deux opinions étaient en présence et avaient engagé dans ces dernières années une polémique si vive que tout accord entre elles paraissait impossible. Cependant le rapprochement a eu lieu. Devant les dangers de la société menacée, devant l'intérêt sacré de l'éducation de la jeunesse française, les esprits les plus opposés ont senti fléchir la rigueur de leurs principes ou l'effort de leurs tendances. Ils ont compris qu'au lieu d'user leurs forces dans des luttes stériles, ils devaient s'unir pour le bien de la génération naissante en faisant appel à tous les dévouements, et en constituant enfin au profit de l'enseignement une concurrence loyale et féconde. Les partisans exclusifs de l'Université ont accueilli l'application du principe de la liberté déjà posé dans la Constitution. Les amis de la liberté d'enseignement ont accepté et consacré l'existence des établissements de l'État. Les uns et les autres ont voulu placer l'ensemble de l'Instruction publique sous le patronage et l'autorité des divers Conseils, protégés par leur composition contre l'isolement et les faiblesses de l'esprit de corps, et au sein desquels les éléments les plus intelligents et les plus moraux de la société viendraient se concerter pour protéger tous les droits, signaler ou réprimer tous les écarts, et enfin exercer sur l'enseignement public et libre une religieuse et salutaire influence.

La loi du 15 mars 1850 a répondu à ce sentiment de conciliation. Chargé de l'appliquer en votre double qualité de fonctionnaire représentant l'État et de président du Conseil académique, c'est d'elle que vous verrez découler la série de vos divers devoirs.

Je mettrai au premier rang de vos obligations le sincère respect de cette liberté qui est, pour ainsi dire, le principe de la loi nouvelle. Conçue et adoptée dans le but avoué d'affranchir l'enseignement privé de la tutelle de l'État, cette loi ne conserve aucune des barrières que l'ancienne législation avait établies. Elle consacre tout à la fois la liberté du père de famille et celle du citoyen, qui peut désormais, sans autorisation préalable, se livrer à l'éducation de la jeunesse. Elle n'admet aucune opposition de votre part à l'ouverture des établissements privés, sinon dans l'intérêt des mœurs publiques, de la santé des élèves, ou pour défaut des conditions de capacité déterminées par la loi.

En appliquant une législation aussi libérale d'une manière conforme à l'esprit qui l'a dictée, votre administration ne sera pas seulement tolérante, elle saura se montrer au besoin bienveillante et protectrice. Partout où vous verrez la jeunesse élevée selon les principes de l'ordre, de la morale et de la vertu, vous saurez que là existe une institution utile au pays, et dont la prospérité doit vous être chère.

Au milieu de l'effervescence que pourrait produire l'exercice subit d'une liberté récente, vous sentirez le besoin d'une surveillance en rapport avec cette situation. Non seulement vous rechercherez avec soin la moralité et les antécédents de ceux qui aspirent à l'éducation de la jeunesse, mais vous ne perdrez pas de vue les établissements libres après leur fondation. Ce n'est pas que vous deviez, sans doute, vous immiscer dans le choix des méthodes et dans la répartition des matières d'enseignement; mais il vous appartiendrait de ne pas souffrir un relâchement de la discipline, une absence de soins dont les conséquences iraient jusqu'au désordre. Vous auriez surtout le droit comme le devoir d'arrêter un enseignement impie ou immoral, qui corromprait l'esprit et le cœur de la jeunesse, et rendrait aux familles de mauvais fils, à l'État de mauvais citoyens. En vous appelant aussi à dénoncer et à poursuivre l'inconduite de toute personne vouée à l'instruction publique, la loi a rendu hommage à une grande vérité, savoir, que l'exemple du maître est inséparable de ses préceptes, et que la moralité de la vie est une partie intégrante du sacerdoce de l'enseignement.

Organe vivant et actif, dans chaque département, de la sollicitude de l'État pour l'enseignement de la jeunesse, vous trouverez, je n'en doute pas, dans les inspirations du bien public comme dans le concours du Conseil académique, tous les moyens nécessaires pour accomplir avec succès cette tâche de surveillance morale dans laquelle le Conseil supérieur et le Gouvernement vous prêteront au besoin un ferme appui.

En même temps que la loi du 15 mars fait pénétrer dans l'éducation de la jeunesse l'élément de la liberté, elle a pour objet de garantir le caractère moral et religieux de l'enseignement donné par l'État. Les enfants que leurs familles confient aux Écoles publiques doivent recevoir non seulement une instruction forte et élevée, mais encore une éducation qui ouvre leur âme à l'amour du bien et du vrai, et dont les fortes maximes servent à diriger leur vie tout entière. Plus rapproché désormais des établissements soumis à votre surveillance que ne l'étaient les chefs des anciennes Académies, vous pourrez, je l'espère, Monsieur le Recteur, donner un soin particulier et nouveau à la bonne direction morale de l'enseignement de l'État : l'honneur du Gouvernement et l'avenir du pays sont intéressés à ce progrès. Vous ne devez laisser pénétrer rien, soit dans la discipline intérieure, soit dans l'enseignement des Écoles publiques, qui s'écarte du respect dû à l'enfance et qui soit un danger pour les jeunes esprits, toujours faciles à égarer. Les maîtres, honorés, sous vos ordres, d'une mission de l'État, doivent apprendre de vous qu'ils s'appartiennent moins qu'ils n'appartiennent à leurs fonctions mêmes, et qu'ils sont responsables envers la société non seulement des leçons qu'ils donnent du haut de leurs chaires, mais de leur langage, de leurs écrits et de tous les actes de leur vie, constamment offerte en exemple à la jeunesse qui leur est confiée. Si des conseils paternels ou de sérieux avertissements ne rappelaient pas au devoir ceux qui auraient le malheur de s'en écarter, la loi ne nous laisse pas désarmés. Signalez à l'autorité supérieure les fonctionnaires qui, par leur incurie, leur incapacité ou par quelque scandale que je ne veux pas prévoir, compromettraient l'honneur du corps auquel ils appartiennent : le Gouvernement fera prompte justice.

C'est par cette vigilante direction que vous soutiendrez le plus efficacement, contre la concurrence qui se prépare, les établissements dans lesquels l'État dispense l'instruction, et qui, sous le rapport des mœurs, comme sous celui des fortes études, devront constituer, au milieu des variations et de l'instabilité trop souvent inhérentes aux institutions privées, de salutaires et durables modèles offerts à l'émulation de tous. Dans cette carrière modeste, où les satisfactions de la conscience et le spectacle du bien accompli sont des récompenses si nécessaires à ceux qui s'y sont voués, vous ferez comprendre à tous ceux, qui exercent ce noble ministère au nom de l'État, le privilège qu'ils possèdent de voir souvent après eux se continuer dans des établissements stables le bien qu'ils ont commencé et l'influence des exemples qu'ils ont donnés. Le plus grand service que vous puissiez, du reste, rendre aux établissements publics, c'est d'en étudier le personnel et de discerner avec soin les aptitudes naissantes, les mérites cachés, que le bonheur d'un Ministre est de grandir et d'élever.

J'ai la ferme assurance, Monsieur le Recteur, que vous trouverez constamment un encouragement et un concours précieux pour l'accomplissement de votre mission dans le Conseil qui partagera avec vous, aux termes de la loi, la direction de votre Académie. En vous y plaçant au milieu des ministres des divers cultes et des magistrats qui représentent les diverses branches de l'autorité civile, le législateur semble avoir voulu vous rappeler que les chefs de l'enseignement sont responsables envers Dieu et la patrie de leurs efforts pour le bien de la jeunesse, et que leur ministère doit emprunter quelque chose de la douceur de la religion, comme de la sévérité de la loi.

Ne craignez pas de faire appel au dévouement et aux lumières du Conseil académique. Qu'il vous éclaire sur les besoins de l'instruction publique dans le département; demandez-lui de vous faire connaître toutes ces circonstances locales qu'une administration intelligente ne doit jamais négliger, surtout relativement à un objet aussi délicat, aussi intimement lié aux vœux des familles. Que votre sollicitude sur l'objet sacré de votre haute et morale mission soit, au besoin, suffisante pour éveiller et exciter celle de tous ses membres. Afin d'obtenir plus utilement leur concours, prouvez-leur que, pour le bien public, ils peuvent toujours compter sur le vôtre. Qu'ils vous sachent constamment disposé à les écouter ; et, s'il vous arrive de ne pouvoir toujours accueillir leurs vues, qu'ils soient convaincus, par avance, que l'intérêt général a été le mobile de votre décision. Efforcez-vous, enfin, par un sage esprit de conciliation, d'éviter les conflits, qu'il est plus facile (vous ne l'ignorez pas) de prévenir que d'apaiser, et dont le souvenir même est quelquefois pour l'administration une sérieuse entrave.

Je ne vous parle pas de votre position personnelle, ni de l'ascendant que vous devez tendre à obtenir, soit au sein des Conseils du département, soit au dehors. Rien n'a été changé, sans doute, à la modestie traditionnelle de votre situation ;

mais votre autorité s'établira d'elle-même par les services que vous rendrez, et les esprits les plus prévenus accepteront aisément votre direction, si elle est conforme à la justice et à l'intérêt du pays.

Dans l'organisation précédente de l'Instruction publique, l'enseignement primaire était assez profondément isolé de la direction et de la surveillance de l'autorité académique. Il en est autrement sous la loi nouvelle. En plaçant sous la même administration l'enseignement approprié aux vœux des familles aisées et celui dont profitent les enfants du peuple, la loi du 15 mars s'est conformée à la tendance généreuse de nos mœurs et de nos institutions; votre zèle saura répondre à son appel.

Vous avez, à l'égard de l'enseignement primaire, une double tâche à accomplir. Il s'agit d'abord d'améliorer de plus en plus cette instruction, d'en développer la moralité, et d'associer à ses bienfaits, par des institutions nouvelles, les parties laborieuses et souffrantes de la société. (Art. 56 de la loi du 15 mars.)

Vous devez, en outre, dans des temps tels que les nôtres, alors que l'introduction rapide de principes politiques nouveaux a semé les carrières modestes de tant de séductions décevantes, défendre énergiquement les instituteurs publics contre les excitations auxquelles ils ont été naguère et trop longtemps abandonnés. La loi provisoire qui les avait soumis à l'autorité des Préfets, sans donner lieu aux nombreuses rigueurs que l'esprit de parti semble s'être plu à supposer, a porté d'heureux fruits dont votre administration saura profiter. Vous allez vous trouver en face d'une situation sensiblement améliorée, et qu'il vous appartient de rendre plus satisfaisante encore par un juste mélange de persuasion et de sévérité.

Parmi les points qui doivent appeler d'abord votre attention, je vous signalerai le choix des délégués cantonaux réservé au Conseil académique que vous présidez, et celui de nouveaux Inspecteurs que mon administration devra instituer sur vos renseignements propres, ainsi que d'après les avis des Conseils départementaux de l'enseignement.

Vous donnerez tous vos efforts à ce que les fonctions honorables et désintéressées de délégué cantonal soient toujours accordées à des vocations sincères, et surtout, quand il sera possible, à des vocations déjà éprouvées dans les Comités d'arrondissement. Il ne faut pas qu'elles puissent jamais être données à ceux qui les rechercheraient uniquement comme des moyens d'influence. Elles doivent être considérées seulement comme des occasions de service public et de dévouement.

Quant à la nomination si importante des Inspecteurs primaires, vous vous mettrez immédiatement en rapport avec les autorités locales pour m'en fournir les éléments; vous vous rendrez compte des vœux et des besoins de chaque localité, et rechercherez avec soin les antécédents des candidats qui vous seront présentés, et au premier rang desquels figurent naturellement les Inspecteurs et sous-inspecteurs actuellement en fonctions. La manière dont l'inspection est exercée a une influence incontestable sur la tenue des Écoles. Vous n'épargnerez donc ni les recherches ni le temps nécessaires pour me mettre à même de ne confier ces fonctions qu'à des hommes dévoués, fermes et sûrs, capables de diriger les instituteurs dans les voies les plus utiles au pays, dignes enfin d'être en quelque sorte associés à une des branches les plus importantes de votre administration et de compter ainsi parmi vos plus actifs et plus utiles collaborateurs.

M. le Préfet de votre département a convoqué, sur mon invitation, les différents corps qui ont à élire les membres du Conseil académique. Je vous adresserai très prochainement les nominations que la loi m'a réservées; le Conseil académique sera donc constitué dans les premiers jours du mois de septembre. Je désire que vous puissiez le réunir vers le milieu du même mois, après m'avoir transmis la liste des membres qui le composent.

Je vous enverrai prochainement des instructions spéciales sur les détails d'exécution de la loi, en ce qui concerne l'instruction primaire et l'instruction secondaire. Votre expérience fera sans doute le reste. J'attends beaucoup, dans les nouvelles fonctions qui vous sont confiées, du dévouement sans lequel l'œuvre de conciliation, de liberté et de réforme à laquelle vous êtes appelé à prendre part, ne pourrait s'accomplir. Ce sera un honneur pour vous dans l'avenir si, en exécutant une loi justement réputée d'une application délicate, vous inaugurez avec succès des fonctions dont le titre est ancien, mais dont la nature et les attributions sont en partie nouvelles.

Commencez donc votre œuvre sans présomption ni découragement. Veillez constamment aux graves intérêts dont la défense vous est remise. Vous me trouverez toujours prêt à aider votre marche et à seconder vos efforts.

Recevez, etc.

Signé : E. de Parieu.

Arrêté relatif au maintien provisoire des Inspecteurs et sous-inspecteurs primaires dans leurs fonctions. 28 août 1850.

28 Août 1850.

Le Ministre de l'Instruction publique et des Cultes

Arrête ce qui suit :

Article 1er. — MM. les Inspecteurs et sous-inspecteurs de l'instruction primaire actuellement en exercice sont maintenus dans leurs fonctions jusqu'à ce qu'il en ait été autrement ordonné.

Art. 2. — MM. les Recteurs des Académies départementales sont chargés de l'exécution du présent arrêté.

Circulaire du Ministre de l'Instruction publique, relative à la tenue des Conseils académiques. 30 août 1850.

30 Août 1850.

Monsieur le Recteur, au moment où vous allez convoquer le Conseil académique, j'appellerai votre attention sur différents points qui n'ont été prévus ni par la loi du 15 mars 1850, ni par le règlement du 29 juillet suivant, et qui, cependant, dans l'intérêt de la prompte expédition des affaires, doivent être uniformément réglés.

Présidence du Conseil académique. — La loi (art. 10) vous défère la présidence du Conseil académique; en cas d'absence du Recteur, le Conseil est présidé par le Préfet (art. 20 du règlement). Mais il peut arriver que le Recteur et le Préfet soient tous deux absents. Dans cette hypothèse, à qui appartiendra la présidence? Si un archevêque ou un évêque siégeait dans chacun des Conseils académiques, je n'hésiterais pas à répondre que c'est à ce prélat qu'elle appartient. Le rang qu'il occupe même dans l'ordre civil, et qui lui est assuré par le décret du 24 messidor An XII, me paraîtrait avoir tranché la difficulté. Cependant, comme l'autorité diocésaine est quelquefois éloignée du chef-lieu académique, c'est au Conseil lui-même qu'il doit appartenir de désigner son président toutes les fois que le Préfet et le Recteur seront absents.

Rédaction des procès-verbaux. — Parmi les attributions du secrétaire de l'Académie, figure (art. 33 du règlement) l'obligation, pour cet employé, de rédiger les procès-verbaux du Conseil académique, sous la direction du secrétaire de ce Conseil. Il semblerait résulter de cette disposition que le secrétaire de l'Académie assiste nécessairement aux délibérations du Conseil; mais la conséquence n'est pas absolument rigoureuse. Il importe, sans doute, que cet employé puisse suivre les discussions, afin de reproduire plus fidèlement les diverses opinions. S'il n'avait à sa disposition que les notes sommaires recueillies par le secrétaire du Conseil, son travail, qui n'est pas sans importance, manquerait souvent d'exactitude et de précision. Mais la loi (art. 10) a fixé le nombre des membres des Conseils académiques. Le règlement (art. 29) a déterminé les circonstances exceptionnelles où des personnes étrangères pourraient être appelées au sein de ces Conseils. Le Conseil académique ne saurait être tenu d'admettre constamment un employé dont la présence, dans certains cas, pourrait gêner la liberté des opinions. Le secrétaire de l'Académie n'a donc pas de droit l'entrée du Conseil; mais je ne doute pas qu'il n'y soit admis sans difficulté, s'il ne s'écarte jamais de la discrétion et de la réserve qui sont au rang de ses premiers devoirs. Vous pourrez donc vous entendre avec le secrétaire du Conseil académique pour faire agréer l'introduction habituelle du secrétaire d'Académie dans le sein du Conseil.

Règlement de l'ordre du jour. — La nature même des attributions des Conseils académiques (art. 8, 14, 15 et 16 de la loi) prouve que l'ordre de leurs délibérations ne peut être laissé, comme par le passé, à la discrétion absolue du président. Ils sont associés, par les termes mêmes de la loi, à l'administration académique. Ils donnent leur avis sur l'état des différentes Écoles et sur les réformes à introduire dans l'enseignement, la discipline et l'administration des Écoles publiques; adressent, chaque année, au Ministre et au Conseil général, un exposé de la situation de l'enseignement dans le département. Vous voudrez donc bien, dans chaque séance, appeler le Conseil académique à délibérer sur la fixation de son ordre du jour pour la séance suivante, ou du moins à sanctionner l'ordre du jour que vous lui proposerez, dans votre connaissance spéciale des besoins de l'enseignement, et après vous être concerté préalablement avec le secrétaire du Conseil. Cet ordre du jour sera adressé à chacun des membres avec sa lettre de convocation.

Répartition des affaires entre les membres du Conseil. — Pour les affaires disciplinaires et contentieuses, le règlement du 29 juillet (art. 24, 25 et 26) donne au Conseil académique le droit de désigner le rapporteur; mais il appartient au président de répartir l'examen préparatoire des autres affaires entre les membres du Conseil, suivant leur aptitude et de manière qu'elles soient expédiées le plus promptement possible. Cependant quelques-unes de ces affaires, par leur nature même, par leur importance ou les difficultés qu'elles présentent, peuvent exiger la formation d'une Commission. Le Conseil en décidera, et dans ce cas, le choix de la Commission lui appartient, à moins qu'il ne lui convienne de s'en remettre de ce soin au président. Il importe, au reste, que cette Commission ne soit jamais composée de plus de trois membres, lesquels désignent leur rapporteur.

Les Commissions permanentes ne me paraissent d'aucune utilité, et pourraient présenter des inconvénients. Tous les membres du Conseil ont un intérêt égal à la bonne solution des questions qui lui sont soumises, et leurs lumières m'inspirent une telle confiance qu'il est à souhaiter qu'ils participent tour à tour à la préparation de chacune des nombreuses affaires dont le Conseil doit connaître.

Mode de votation des Conseils académiques. — Je n'ai pas besoin de vous rappeler que le Conseil académique ne peut délibérer que si la moitié plus un des membres assiste à la séance (art. 10 de la loi, dernier paragraphe), et que toutes les fois qu'il s'agit d'une affaire intéressant une Faculté, le doyen de cette Faculté doit avoir été expressément convoqué (art. 22 du règlement); il est d'autant plus nécessaire que ces prescriptions impératives soient strictement suivies, que, si elles étaient omises, les jugements, en matière disciplinaire et contentieuse, en seraient nécessairement infirmés.

Les nominations ou présentations individuelles ont lieu au scrutin secret et à la majorité absolue des suffrages exprimés; les nominations des Commissions ou jurys, au scrutin de liste et à la majorité relative.

Sur les différentes questions qui lui sont soumises, le Conseil vote par mains levées. L'appel nominal est de droit lorsqu'il est réclamé par trois membres. Cet appel se fait suivant l'ordre indiqué par l'article 10 de la loi organique; mais le président vote le dernier, puisque, sauf dans certaines matières, il a voix prépondérante en cas de partage (art. 23 du règlement).

Dispositions transitoires pour l'installation des Conseils académiques. — Ainsi que je vous l'ai fait connaître par ma circulaire du 27 août, je désire que le Conseil académique soit convoqué et installé, autant que possible, vers le milieu du mois de septembre. Dès que les membres du Conseil seront réunis, vous inviterez le secrétaire à donner lecture des procès-verbaux des élections, des décisions spéciales, et des arrêtés de nomination en vertu desquels lesdits membres ont été appelés au Conseil académique (pièces que vous aurez soin de déposer dans les archives de l'Académie), et vous déclarerez, au nom du Gouvernement, le Conseil constitué.

Je recommande à toute votre sollicitude l'exécution fidèle des instructions contenues dans la présente circulaire; elles ont pour but d'imprimer une marche uniforme et précise aux travaux des Conseils académiques, qui doivent avoir, sur l'instruction publique, une si heureuse influence.

Recevez, etc.

Signé : E. de Parieu.

31 août 1850.

Circulaire du Ministre de l'Instruction publique, relative à la nomination des Inspecteurs de l'instruction primaire.

31 Août 1850.

Monsieur le Recteur, par lettre du 27 de ce mois, je vous ai fait connaître mes vues sur les principes qui doivent vous guider dans le choix que vous aurez à me proposer pour l'inspection de l'instruction primaire. Je ne vous entretiendrai à cet égard, aujourd'hui, que de l'exécution matérielle de la loi du 15 mars dernier.

L'article 20 de cette loi dispose qu'il y aura, dans chaque arrondissement, un Inspecteur de l'enseignement primaire, mais que, sur l'avis du Conseil académique, deux arrondissements pourront être réunis pour l'inspection.

D'un autre côté, l'Assemblée nationale n'a porté au budget du Ministère de l'Instruction publique que la somme nécessaire pour assurer le traitement et les frais de tournées de 300 inspecteurs. Il est donc indispensable de réunir, dès à présent, un certain nombre d'arrondissements.

Je vous prie d'appeler sur ce point l'attention du Conseil académique, et de provoquer son avis sur les réunions qui vous paraîtront compatibles avec les intérêts du service. Le Conseil académique aura égard, dans ces examens, à la superficie du territoire des divers arrondissements, au chiffre de la population, au nombre des communes et des Écoles, enfin au plus ou moins de facilités des parcours.

Aussitôt qu'un avis aura été émis à ce sujet par le Conseil académique, vous voudrez bien m'en envoyer une copie, afin que je puisse prononcer immédiatement, s'il y a lieu, la réunion des arrondissements qui devront former une circonscription d'inspection ; vous aurez soin d'y joindre votre avis personnel.

Le même article de la loi porte que les Inspecteurs de l'enseignement primaire sont choisis par le Ministre, après avis du Conseil académique ; et l'article 35 du règlement du 29 juillet dernier dit qu'une liste de candidats doit être dressée par le Recteur, communiquée au Conseil académique, et transmise ensuite au Ministre avec l'avis de ce Conseil.

Il importe que vous vous occupiez immédiatement de la liste dont il s'agit. Ni la loi ni le règlement ne déterminent le nombre des candidats que vous devrez présenter pour chaque place vacante. Je ne crois pas devoir résoudre cette question d'une manière formelle. Il est à désirer que votre liste soit assez nombreuse pour que, d'une part, le Conseil académique puisse manifester ses préférences, et que, d'autre part, j'aie quelque liberté dans mes choix ; mais cette règle ne devra être observée que si vous vous trouvez en présence de fonctionnaires qui vous inspirent toute confiance, et dont la nomination ne puisse qu'être conforme aux intérêts de l'enseignement primaire. Ne portez donc sur votre liste qu'un candidat pour chaque vacance, plutôt que d'en présenter plusieurs dont vous ne pourriez répondre complètement sous tous les rapports. Ne négligez pas, d'ailleurs, d'appeler spécialement mon attention sur les plus dignes, et de me transmettre, à l'appui de vos propositions, tous les renseignements propres à éclairer mon choix. Par ma lettre du 27 de ce mois, je vous ai fait savoir que je considérais les Inspecteurs et les sous-inspecteurs actuellement en fonctions comme devant figurer au premier rang, dans vos propositions, parmi les candidats dont vous aurez à examiner les titres. Vous devez, en effet, tenir grand compte des services passés, et me fournir les moyens de les récompenser en m'indiquant ceux de ces fonctionnaires qui vous paraîtront dignes d'être promus à une classe supérieure; mais vous ne négligerez pas non plus de me signaler ceux d'entre eux qui ne se montreraient pas suffisamment pénétrés de l'importance de leurs devoirs, et vous les exclurez, au besoin, de vos présentations. J'ai lieu d'espérer que vous aurez peu d'occasions d'exercer cette mission de sévérité; c'est une raison de plus pour que je vous engage à l'accomplir avec fermeté. Vous voudrez bien, enfin, m'indiquer les arrondissements dans lesquels chaque Inspecteur vous paraîtra devoir être placé, en vous efforçant de concilier les convenances personnelles des fonctionnaires avec les intérêts du service.

Les articles 38, 39 et 40 du règlement du 29 juillet indiquant les conditions d'aptitude que doivent remplir les candidats aux fonctions d'Inspecteur de l'enseignement primaire, je n'ai pas besoin de les reproduire ici; je me bornerai à vous inviter à vous conformer scrupuleusement aux dispositions de ces articles. Les catégories parmi lesquelles vous pouvez choisir sont assez larges, et les exceptions à la règle générale assez nombreuses, pour qu'aucune capacité spéciale ne soit exposée à être repoussée. Vous voudrez donc bien mentionner, à l'appui de chaque proposition, les titres qui confèrent à vos candidats l'aptitude légale aux fonctions de l'inspection. Vous n'ignorez pas que, depuis plusieurs années, des examens ont eu lieu au chef-lieu de chaque Académie, et qu'un assez grand nombre de candidats ont été, à la suite de leurs examens, déclarés aptes aux fonctions d'Inspecteur. Je vous communiquerai la liste de ceux de ces candidats qui appartiennent à votre ressort, s'ils négligeaient, contre toute apparence, de se représenter et de faire valoir leurs titres. Vous aurez soin, enfin, de tenir compte des demandes qui pourraient vous être adressées par des fonctionnaires actuellement employés en dehors de votre circonscription académique, et qui témoigneraient le désir d'y rentrer.

Je vous prie, Monsieur le Recteur, de m'accuser réception de cette lettre, et de vous conformer exactement aux dispositions qu'elle prescrit.

Recevez, etc.

Signé : E. de Parieu.

Circulaire du Ministre de l'Instruction publique, concernant l'enseignement libre et les pensionnats primaires. 31 août 1850.

31 Août 1850.

Monsieur le Recteur, aux termes de l'article 25 de la loi du 15 mars dernier, tout Français âgé de vingt et un ans accomplis peut exercer, dans toute la France, la profession d'instituteur primaire, s'il est muni d'un brevet de capacité, ou d'un certificat de stage, ou d'un certificat constatant qu'il a été admis dans une des Écoles spéciales de l'État, ou, enfin, du titre de ministre, non interdit ou révoqué, de l'un des cultes reconnus par l'État. Avant d'ouvrir une École libre, l'instituteur, muni de l'un des titres ci-dessus mentionnés, doit, aux termes de l'article 27, déclarer préalablement son intention au maire de la commune où il veut s'établir, lui désigner le local, et lui donner l'indication des lieux où il a résidé et des professions qu'il a exercées pendant les dix années précédentes. Il doit, en outre, vous adresser la même déclaration, ainsi qu'au Procureur de la République et au Sous-Préfet; mais, aux termes de l'article 28, vous seul avez le droit de former opposition à l'ouverture de l'École, dans l'intérêt des mœurs publiques, et dans le mois qui suit la déclaration à vous faite, soit d'office, soit sur la plainte du Procureur de la République. La loi, cependant, a investi le maire d'un droit de contrôle à l'égard du local; elle stipule que, s'il refuse d'approuver ce local, il est statué par le Conseil académique.

A défaut d'opposition, l'École peut être ouverte à l'expiration du mois, sans autre formalité.

L'exécution de ces dispositions ne laisse pas de présenter quelques difficultés.

Plus la loi a donné de liberté, plus il y a lieu de veiller rigoureusement à l'exacte observation des conditions qu'elle impose à l'exercice de cette liberté même. C'est ainsi qu'il importe essentiellement à la morale publique que, par aucune négligence, ni par aucun subterfuge, vous ne soyez privé de l'un des éléments de conviction nécessaires au libre exercice de votre droit d'opposition. Avant de laisser périmer ce droit, vous devez savoir si le Procureur de la République, le Sous-Préfet et le maire ont bien réellement reçu de l'instituteur une déclaration semblable à celle qui vous a été adressée; si les mêmes pièces leur ont été produites, si les mêmes antécédents leur ont été révélés. Vous pourriez, sans doute, acquérir à ce sujet toute certitude, en écrivant à ces fonctionnaires, et vous vous empresserez de provoquer leur avis chaque fois que vous le croirez nécessaire; mais une absence de l'un d'eux, ou un oubli, entraînant quelques jours de retard, pourraient compromettre l'exercice de votre droit, et créer, au profit d'un instituteur indigne par ses antécédents, un titre qui ne pourrait plus être invalidé que par un jugement du Conseil académique, et pour des faits postérieurs à l'ouverture de l'École.

Pour prévenir ces inconvénients et simplifier, autant que possible, la correspondance officielle, j'ai décidé que, jusqu'à ce qu'un règlement définitif intervienne, vous devez exiger de tout instituteur, à l'appui de la déclaration prescrite par l'article 25 de la loi, le récépissé, au bas des doubles, des déclarations semblables qu'il a dû faire au maire, au Procureur de la République et au Sous-Préfet. Vous serez ainsi assuré que si ces fonctionnaires s'abstiennent de toute réclamation, ce n'est pas faute d'avoir été prévenus.

Je vous recommande, enfin, pour le cas où vous croiriez devoir former opposition à l'ouverture d'une École, de signifier, dans le délai prescrit, votre opposition à l'instituteur par un arrêté motivé.

En ce qui concerne les pensionnats primaires, un règlement délibéré par le Conseil supérieur, conformément à l'article 35 de la loi, indiquera toutes les mesures que le Conseil académique devra prescrire dans l'intérêt de la moralité et de la santé des élèves. En attendant le règlement, il importe de veiller à ce que de si graves intérêts ne se trouvent pas compromis.

Vous voudrez bien, Monsieur le Recteur, examiner avec un soin tout particulier les déclarations qui vous seront faites, par les instituteurs libres de l'intention où ils seraient d'ouvrir des pensionnats primaires. Le plan qui devra accompagner la déclaration devra être certifié conforme au local par le maire ou par un agent-voyer; il devra indiquer avec précision la destination de chacune des pièces affectées au pensionnat, ainsi que les dimensions desdites pièces, en élévation comme en superficie. Vous vous assurerez surtout que, dans les pièces consacrées aux dortoirs, les lits des élèves pourront être espacés en tous sens d'un mètre au moins, que ces pièces contiendront au moins quinze mètres cubes d'air par élève, et qu'elles seront surveillées pendant la nuit, soit par l'instituteur lui-même, soit par un maître adjoint. Vous vous assurerez, enfin, qu'aucun voisinage dangereux ne pourra compromettre, soit la santé, soit les mœurs des élèves. Dans le cas où ces conditions ne se trouveraient pas réunies, vous auriez à faire opposition à l'ouverture du pensionnat, conformément aux dispositions de l'article 28 de la loi, rendues, par l'article 53, applicables aux pensionnats primaires.

Votre opposition sera signifiée, comme il a été dit ci-dessus, par un arrêté motivé, à la partie intéressée.

Ces dispositions sont conformes à l'esprit et à la lettre de la loi du 15 mars. Vous les exécuterez, non avec l'esprit d'une autorité jalouse de la liberté, mais avec la fermeté d'un fonctionnaire qui agit dans l'intérêt de la société tout entière et qui serait responsable devant elle du mal que pourrait laisser faire une déplorable faiblesse.

Recevez, etc.

Signé : E. de Parieu.

Décret relatif à l'instruction primaire et secondaire dans les Écoles musulmanes de l'Algérie. [Extrait.]

30 sept. 1850.

30 Septembre 1850.

Le Président de la République,

Sur la proposition du Ministre de la Guerre,

Décrète :

Chapitre Ier.

Instruction primaire et secondaire.

Article 1er. — L'instruction primaire et l'instruction secondaire données dans les Écoles musulmanes sont placées sous la haute surveillance du Gouverneur général, qui s'exercera par l'intermédiaire des Préfets dans les territoires civils, et dans les territoires militaires par les généraux commandant les divisions.

Il n'est apporté aucune modification aux conditions d'existence et au mode d'instruction actuellement en usage.

Art. 2. — Un fonds annuel, inscrit au budget de l'État, sera affecté à accorder des gratifications aux instituteurs qui se seront fait remarquer, et aux élèves les plus méritants.

Le Gouverneur général de l'Algérie arrêtera la répartition de ces fonds sur les propositions qui lui seront faites par les généraux commandant les divisions et par les Préfets; il en rendra compte au Ministre de la Guerre.

. . . .

1er octobre 1850. **Décret relatif à l'admission aux fonctions d'instituteur des élèves-maîtres sortant des Écoles normales primaires et des novices appartenant aux congrégations religieuses enseignantes, âgés de moins de vingt et un ans.**

1er Octobre 1850.

Le Président de la République,

Sur le rapport du Ministre de l'Instruction publique et des Cultes ;

Considérant que la loi du 28 juin 1833 avait fixé à dix-huit ans l'âge auquel les jeunes gens, pourvus d'un brevet de capacité, pouvaient être nommés instituteurs primaires communaux ;

Qu'en exécution de cette disposition de la loi, un grand nombre d'élèves des Écoles normales primaires, âgés de dix-huit ans et pourvus d'un brevet de capacité, ont contracté l'engagement de se vouer pendant dix ans au service de l'Instruction publique ; que cet engagement doit avoir pour effet de leur assurer le bénéfice de la dispense du service militaire ;

Que cette dispense ne pourra, toutefois, être accordée qu'à ceux qui, au moment du tirage au sort, exerceront, soit comme instituteurs communaux, soit comme instituteurs adjoints ;

Considérant que la loi du 15 mars 1850 a reporté à vingt et un ans l'âge avant lequel nul ne pourra être nommé instituteur communal ;

Que ceux des élèves qui, en sortant des Écoles normales primaires, au mois d'août dernier, n'ont pu être nommés instituteurs communaux avant le 1er septembre courant, et qui ne peuvent être placés, en ce moment, comme instituteurs adjoints, seraient dans l'impossibilité absolue de remplir leur engagement envers le département de l'Instruction publique ; et que, si cet engagement leur était remis, les départements et l'État qui ont fait, en totalité ou en partie, les frais de leur éducation, se seraient inutilement imposé des sacrifices considérables pour former de bons instituteurs ;

Considérant, en outre, qu'une inaction qui serait imposée à ces élèves pendant plusieurs années pourrait être préjudiciable à leur instruction, leur moralité et leur avenir ;

Qu'il y a lieu, dès lors, de prendre des mesures transitoires pour assurer, sans dommage pour l'enseignement, l'exécution de la loi du 15 mars,

Décrète :

ARTICLE 1er. — Les Conseils académiques sont autorisés à porter pendant trois ans, à partir du 1er septembre dernier, sur la liste d'admissibilité aux fonctions d'instituteur public les élèves des Écoles normales primaires et des maisons de noviciat régulièrement autorisées, qui justifieront d'un engagement contracté antérieurement au 15 mars 1850, et qui, pourvus d'un brevet de capacité, n'auraient pas encore atteint leur vingt et unième année.

ART. 2. — Ces jeunes gens pourront être chargés provisoirement par les Conseils municipaux de la direction de leur École; ils ne recevront une nomination définitive et l'institution ministérielle, s'il y a lieu, que lorsqu'ils auront atteint leur vingt et unième année.

Avis relatif aux autorisations pour les instituteurs de tenir un pensionnat.

1er octobre 1850.

1er Octobre 1850.

La Section, etc.,

Consultée sur la question de savoir si un instituteur communal peut être maître de pension, ou si un maître de pension peut être nommé instituteur communal, et si l'incompatibilité a été établie entre les fonctions d'instituteur communal et toute profession,

Est d'avis :

Que l'article 32 de la loi du 15 mars 1850 et l'incompatibilité qui en résulte ne peuvent pas s'appliquer à ce cas, attendu que la profession de chef d'un établissement libre d'instruction secondaire ne peut pas, dans l'esprit de la loi, être comprise dans les professions industrielles ou commerciales qui sont interdites à l'instituteur communal;

Qu'il s'agit, dans l'article 32, de professions ayant pour objet un commerce ou une industrie complètement étrangers ou même contraires à la profession d'instituteur libre secondaire, puisque le titre III de la loi du 15 mars 1850 a pour but de régler les conditions d'exercice de cette profession, qui n'est, dans aucun article de ce titre, considérée comme profession purement commerciale ou industrielle;

Que cette interprétation de l'article 32 s'appuie sur l'article 53 qui permet à l'instituteur communal d'avoir un pensionnat primaire, s'il y est autorisé par le Conseil académique de l'avis du Conseil municipal; que, sous le rapport commercial et industriel, il n'y a évidemment aucune différence entre le pensionnat primaire et le pensionnat secondaire; d'où résulte la conséquence que, si la loi permet l'une, elle ne peut pas interdire l'autre;

Considérant, d'autre part, que, s'il s'agissait d'un pensionnat primaire, la question devrait, d'après l'article 53 qui vient d'être rappelé, être renvoyée au Conseil académique qui, sur l'avis du Conseil municipal, accorderait ou refuserait l'autorisation dont il ne pourrait pas être appelé; mais que, comme il s'agit d'un pensionnat, la question excède la compétence du Conseil académique, telle qu'elle est déterminée par l'article 53 ;

Qu'il y a là une de ces questions relatives aux Écoles libres, aux droits des maîtres particuliers et à l'exercice du droit d'enseigner indiqués par l'article 14 de la loi du 15 mars 1850, et sur lesquelles le Conseil académique est appelé à prononcer, sauf recours au Conseil supérieur,

Est d'avis :

Que l'affaire du sieur Menissier, sur laquelle M. le Recteur du Cher a fait rapport dans la lettre du 5 septembre, doit être renvoyée au Conseil académique du Cher, qui prononcera, sauf recours, si le Recteur le juge convenable, devant le Conseil supérieur.

---

7 octobre 1850.

Rapport et Décret relatifs à l'exécution de la loi du 15 mars, en ce qui concerne l'enseignement primaire public et libre.

7 Octobre 1850.

1° Rapport au Président de la République.

Monsieur le Président,

J'ai l'honneur de soumettre à votre approbation un projet de décret destiné à assurer, en ce qui concerne l'instruction primaire, l'exécution de certains articles de la loi du 15 mars 1850.

Les dispositions contenues dans ce projet de décret sont extraites, pour la plupart, d'un projet de règlement d'administration publique approuvé par le Conseil d'État, et qui aurait eu pour objet de compléter, avec le règlement en date du 29 juillet dernier, l'ensemble des mesures nécessaires pour l'application de la loi organique de l'enseignement.

Il convient, sans doute, qu'à l'avenir les questions délicates qui pourraient gravement intéresser les droits établis par la loi nouvelle, ne soient tranchées qu'après avoir été soumises à l'examen du Conseil supérieur constitué depuis le 13 août dernier. Certains points, toutefois, appellent une décision prompte, et qui ne pourrait être ajournée à la session prochaine du Conseil.

Serait-il possible, par exemple, que le Conseil, au milieu des importants travaux qui l'attendent, discutât par avance, d'une manière utile pour l'administration de l'instruction publique et des finances, l'ensemble des dispositions financières que l'exécution de la loi de l'enseignement suppose en vigueur dès le 1er janvier 1851 ? Et cependant il faut que d'ici là des instructions détaillées soient transmises aux instituteurs communaux, aux maires, aux divers receveurs et percepteurs des finances; il faut que des modèles de registres, de rôles de rétributions scolaires et d'avertissements soient imprimés et distribués dans toutes les Académies. Enfin, antérieurement à ces envois, et par une mesure transitoire, tous les Conseils municipaux doivent avoir été consultés, et les Conseils académiques doivent avoir fixé, sur leur avis, le taux de la rétribution scolaire dans les Écoles communales, conformément aux termes de l'article 15 de la loi du 15 mars 1850.

Ajourner plus longtemps de pareilles questions, ce serait évidemment compromettre l'exécution de la loi et nuire aux intérêts de l'État en laissant à sa charge, sans la possibilité d'aucun contrôle, la dépense considérable que doit entraîner le complément du traitement des instituteurs jusqu'à concurrence de la somme de 600 francs. Je crois donc devoir, après m'être concerté avec M. le Ministre des Finances, vous proposer de prendre sur tous ces points une décision immédiate.

En dehors de ces dispositions purement financières, le projet que j'ai l'honneur de vous soumettre, Monsieur le Président, a pour objet de régler les formalités que doivent remplir les instituteurs libres qui veulent ouvrir des Écoles. De tous côtés des instructions me sont demandées à ce sujet. Je n'ai point jusqu'ici négligé de les donner à mesure qu'elles étaient réclamées; mais ces instructions, transmises isolément à chaque Recteur, n'obligent que le fonctionnaire à qui elles sont adressées, tandis que c'est surtout aux maires des communes qu'il importe de prescrire un mode uniforme de constatation en ce qui concerne la réception des déclarations exigées par l'article 27 de la loi du 15 mars. Ici encore aucun principe, aucun droit n'est engagé; mais, à moins d'attendre plusieurs mois avant de mettre sous ce rapport la loi à exécution, il est urgent de poser, dès aujourd'hui, quelques règles fixes; sans quoi on compromettrait tout à la fois l'intérêt des instituteurs, dont les déclarations ne sont reçues que d'une manière fort irrégulière, et l'intérêt non moins respectable des familles, qui se voient exposées à confier leurs enfants à des maîtres dont les antécédents ne peuvent être recherchés, ainsi que l'exige la loi.

Enfin la loi du 15 mars 1850, en annulant celle du 28 juin 1833, a annulé également l'ordonnance du 16 juillet 1833, qui en réglait l'exécution. Or, cette ordonnance avait défini les obligations des communes relativement à l'entretien de leurs Écoles, soit à l'aide de leurs propres ressources, soit de concert avec d'autres communes. Il importe de ne pas laisser de lacune dans cette partie du service et de prévenir sans retard les conflits qui pourraient s'élever à cet égard.

Tels sont, Monsieur le Président, les motifs du projet de décret que j'ai l'honneur de vous soumettre.

Veuillez agréer, etc.

Signé : E. DE PARIEU.

2° Décret.

Le Président de la République,

Vu la loi du 15 mars 1850 sur l'enseignement, et spécialement le titre II;

Sur le rapport du Ministre de l'Instruction publique et des Cultes,

Décrète :

CHAPITRE Ier.

De l'enseignement libre.

ARTICLE Ier. — Il est ouvert, dans chaque mairie, un registre spécial destiné à recevoir les déclarations des instituteurs qui veulent établir des Écoles libres, conformément à l'article 27 de la loi organique du 15 mars 1850.

Indépendamment des indications exigées par cet article, chaque déclaration doit être accompagnée :

1° De l'acte de naissance de l'instituteur;

2° De son brevet de capacité ou du titre reconnu équivalent au brevet de capacité par le deuxième paragraphe de l'article 25 de la loi organique.

Cette déclaration est signée, sur le registre, par l'instituteur et par le maire.

Une copie en est immédiatement affichée à la porte de la mairie et y demeure pendant un mois.

ART. 2. — Dans les trois jours qui suivent cette déclaration, le maire adresse au Recteur les pièces jointes à ladite déclaration et le certificat d'affiche.

Dans le même délai, le maire, après avoir visité ou fait visiter le local destiné à l'école, est tenu de délivrer gratuitement à l'instituteur, en triple expédition, une copie légalisée de sa déclaration.

S'il refuse d'approuver le local, il doit faire mention de cette opposition et des motifs sur lesquels elle est fondée, au bas des copies légalisées qu'il délivre à l'instituteur.

Une de ces copies est remise par l'instituteur au Procureur de la République, et une autre au Sous-Préfet, lesquels en délivrent récépissé. La troisième copie est remise au Recteur de l'Académie par l'instituteur, avec les récépissés du Procureur de la République et du Sous-Préfet.

ART. 3. — A l'expiration du délai fixé par le dernier paragraphe de l'article 27 de la loi organique, le maire transmet au Recteur les observations auxquelles la déclaration affichée peut avoir donné lieu, ou l'informe qu'il n'en a pas été reçu à la mairie.

ART. 4. — Si le Recteur croit devoir faire opposition à l'ouverture de l'École, par application de l'article 28 de la loi organique, il signifie son opposition à la partie par un arrêté motivé.

Trois jours au moins avant la séance fixée pour le jugement de l'opposition, la partie est citée à comparaître devant le Conseil académique.

Cette opposition est jugée par le Conseil académique, suivant les formes prescrites au chapitre II du règlement d'administration publique du 29 juillet 1850.

Copie de la décision du Conseil académique est transmise, par le Recteur, au maire de la commune, qui fait transcrire cette décision en marge de la déclaration de l'instituteur sur le registre spécial.

ART. 5. — Lorsqu'un instituteur libre a été suspendu de l'exercice de ses fonctions, il peut être admis, par le Conseil académique, à présenter un suppléant pour la direction de son École.

ART. 6. — Lorsque, par application des articles 29, 30 et 53 de la loi organique, un pensionnat primaire se trouve dans le cas d'être fermé, le Recteur et le Procureur de la République doivent se concerter pour que les parents ou tuteurs des élèves soient avertis, et pour que les élèves pensionnaires, dont les parents ne résident pas dans la localité, soient recueillis dans une maison convenable.

S'il se présente une personne digne de confiance qui offre de se charger des élèves pensionnaires ou externes, le Recteur peut l'y autoriser provisoirement.

Cette autorisation n'est valable que pour trois mois au plus.

CHAPITRE II.

De l'enseignement public.

SECTION Ire. — Des Écoles primaires publiques.

ART. 7. — Le local que la commune est tenue de fournir, en exécution de l'article 37 de la loi organique, doit être visité, avant l'ouverture de l'École, par le délégué cantonal, qui fait connaître au Conseil académique si ce local convient pour l'usage auquel il est destiné.

ART. 8. — Lorsque des communes demandent à se réunir pour l'entretien d'une École, le local destiné à la tenue de cette École doit être visité par l'Inspecteur de l'arrondissement, qui transmet son rapport au Conseil académique.

A défaut de conventions contraires, les dépenses auxquelles l'entretien des Écoles donne lieu sont réparties, entre les communes réunies, proportionnellement au montant des quatre contributions directes. Cette répartition est faite par le Préfet.

ART. 9. — Lorsqu'il est reconnu que le local fourni par une commune, en exécution de l'article 37 de la loi organique, ne convient pas pour l'usage auquel il est destiné, le Préfet, après s'être concerté avec le Recteur, et avoir pris l'avis du Conseil municipal, décide, s'il y a lieu, en raison des circonstances, de faire exécuter des travaux pour approprier le local à sa destination, ou bien d'en prononcer l'interdiction.

S'il s'agit de travaux à exécuter, il met la commune en demeure de pourvoir à la dépense nécessaire pour leur exécution dans un délai déterminé. A défaut d'exécution dans ce délai, il peut y pourvoir d'office.

Si l'interdiction du local a été prononcée, le Préfet et le Recteur pourvoient à la tenue de l'École, soit par la location d'un autre local, soit par les autres moyens prévus par l'article 36 de la loi organique.

Les dépenses occasionnées par cette mesure seront à la charge de la commune dans les limites déterminées par la loi.

Art. 10. — Chaque année, à l'époque fixée par le Recteur, la liste des enfants admis gratuitement dans les Écoles publiques est dressée conformément à ce qui est prescrit par l'article 45 de la loi organique; les modifications apportées à cette liste dans le cours de l'année sont soumises aux mêmes formalités.

Art. 11. — Dans les Écoles où des enfants de divers cultes sont réunis, chaque ministre procède séparément à l'examen des élèves de son culte, en ce qui concerne l'enseignement religieux.

Art. 12. — Lorsque, dans une École spécialement affectée aux enfants d'un culte, sont admis les enfants d'un autre culte, il est tenu par l'instituteur un registre sur lequel est inscrite la déclaration du père, ou, à son défaut, de la mère ou du tuteur, attestant que leur enfant ou pupille a été admis dans l'École sur leur demande.

Ladite déclaration est signée par les père, mère ou tuteur; s'ils ne savent signer, l'instituteur fait mention de cette circonstance et certifie leur déclaration.

Ce registre doit être représenté à toute personne préposée à la surveillance de l'École.

Section II. — Des instituteurs publics.

Art. 13. — Tous les ans, à l'époque déterminée par le Recteur, le Conseil académique, dans chaque département, dresse :

1° Une liste de tous les candidats qui se sont fait inscrire pour être appelés aux fonctions d'instituteur communal, et qu'ils jugent dignes d'être nommés;

2° La liste des instituteurs communaux du département qui, à raison de leurs services, sont jugés dignes d'avancement.

Cette dernière liste doit faire connaître le traitement dont jouissent les instituteurs qui y sont portés.

Ces deux listes peuvent être modifiées pendant toute l'année.

Elles doivent être insérées au *Bulletin des Actes administratifs de la Préfecture*, et communiquées, par le Recteur, aux Conseils municipaux des communes dans lesquelles il y a lieu de pourvoir à la nomination d'un instituteur communal.

ART. 14. — Aussitôt que le Conseil municipal a nommé un instituteur, le maire envoie une copie de la nomination au Recteur de l'Académie, qui délivre, s'il y a lieu, à l'instituteur, une autorisation provisoire, et qui propose au Ministre d'accorder ou de refuser l'institution.

L'institution doit être donnée ou refusée dans le délai de six mois.

Si l'institution est refusée, le Recteur met immédiatement le Conseil municipal en demeure de pourvoir au choix d'un autre instituteur.

ART. 15. — Lorsque les fonctions d'instituteur communal viennent à vaquer par suite de décès, de démission ou autrement, le Recteur pourvoit à la direction de l'École, en attendant le remplacement de l'instituteur.

ART. 16. — Le Recteur pourvoit également à la direction de l'École, lorsque l'instituteur se trouve frappé de suspension par application de l'article 33 de la loi organique, ou lorsque, en attendant une instruction plus complète sur une demande en révocation, l'instituteur a été suspendu provisoirement de ses fonctions.

Dans ce cas, le Recteur fixe la portion de traitement qui peut être laissée au titulaire, et celle qui est attribuée à son suppléant; et il décide si le suppléant doit jouir en totalité ou en partie du logement affecté à l'instituteur communal.

ART. 17. — Lorsqu'un maire croit devoir suspendre, en cas d'urgence, un instituteur communal, il en informe immédiatement l'Inspecteur de l'instruction primaire, sans préjudice du compte qu'il doit rendre, dans les deux jours, au Recteur.

ART. 18. — Chaque année, trois jours avant la session de février des Conseils municipaux, le receveur municipal remet au maire de la commune le rôle de la rétribution scolaire de l'année précédente.

ART. 19. — Les Conseils municipaux délibèrent, chaque année, dans leur session du mois de février, pour l'année suivante :

Sur le taux de la rétribution scolaire;

Sur le traitement de l'instituteur;

Sur les centimes spéciaux qu'ils doivent voter, à défaut de leurs revenus ordinaires, 1° pour assurer le traitement fixe de l'instituteur au minimum de 200 francs ; 2° pour élever au minimum de 600 francs le revenu de l'instituteur, quand son traitement fixe, joint au produit de la rétribution scolaire, n'atteint pas cette somme.

Les délibérations des Conseils municipaux relatives aux Écoles sont envoyées, avant le 1er mai, pour l'arrondissement chef-lieu, au Préfet, et pour les autres arrondissements, aux Sous-Préfets, qui les transmettent dans les dix jours au Préfet, avec leur propre avis, celui des délégués cantonaux et celui de l'Inspecteur primaire.

Art. 20. — Le Préfet soumet au Conseil académique les délibérations des Conseils municipaux relatives au taux de la rétribution scolaire dans leur commune.

Le Conseil académique fixe définitivement le taux de cette rétribution scolaire, et en informe le Préfet, qui présente les résultats de ces diverses délibérations au Conseil général, dans sa session ordinaire, à l'appui de la proposition des crédits à allouer pour les dépenses de l'instruction publique primaire dans le budget départemental.

Art. 21. — La rétribution scolaire est due par tous les élèves externes et pensionnaires qui suivent les classes de l'École, et qui ne sont pas portés sur la liste dressée en exécution de l'article 45 de la loi organique.

Art. 22. — Le rôle de la rétribution scolaire est annuel.

Dans le courant de janvier l'instituteur communal dresse et remet au maire : 1° le rôle des enfants présents dans son École au commencement du mois, avec l'indication du nom des redevables qui doivent acquitter la rétribution, et du montant de la rétribution due par chacun d'eux ; 2° des extraits individuels dudit rôle, pour être ultérieurement remis aux redevables à titre d'avertissement.

Il n'est ouvert dans le rôle qu'un seul article au père, à la mère ou au tuteur qui a plusieurs enfants à l'École.

Le maire vise le rôle, après s'être assuré qu'il ne comprend pas d'enfants dispensés du payement de la rétribution ; qu'il contient tous ceux qui y sont soumis ; en outre, que la cotisation est établie d'après le taux fixé par le Conseil académique.

Il l'adresse ensuite au Sous-Préfet, qui le communique à l'Inspecteur, pour qu'il puisse fournir ses observations.

Le Préfet, ou le Sous-Préfet par délégation, rend le rôle exécutoire et le transmet au receveur des finances, qui le fait parvenir au receveur municipal.

Art. 23. — La rétribution scolaire est payée par douzièmes.

Art. 24. — Un rôle supplémentaire est établi, à la fin de chaque trimestre, pour les enfants admis à l'École dans le courant du trimestre. Dans ce cas, la rétribution est due à partir du premier jour du mois dans lequel l'enfant a été admis.

ART. 25. — Lorsque plusieurs communes sont réunies pour l'entretien d'une même École, l'instituteur dresse un rôle spécial pour chaque commune.

ART. 26. — Tout enfant qui vient à quitter l'École postérieurement à l'émission du rôle, est affranchi de la rétribution à partir du premier jour du mois suivant. Avis de son départ est immédiatement donné, par l'instituteur et par les parents, au maire, qui, après avoir vérifié le fait, en informe le receveur municipal.

ART. 27. — En fin d'année, il est procédé à un décompte à l'effet de constater si l'instituteur communal a reçu le minimum de traitement qui lui est garanti par l'article 37 de la loi organique.

Ce décompte est établi d'après le nombre des élèves portés, soit au rôle général, soit aux rôles supplémentaires. Sur le montant des rôles, il est fait déduction des non-valeurs résultant soit des sorties d'élèves dans le cours de l'année, soit des dégrèvements prononcés.

ART. 28. — Les remises des receveurs municipaux sont calculées conformément à l'article 5 de la loi du 20 juillet 1837, sur le total des sommes portées aux rôles généraux et supplémentaires de la rétribution scolaire.

ART. 29. — Les remises dues au percepteur et les cotes qui deviendraient irrecouvrables sont déclarées charges communales, et, comme telles, placées au nombre des dépenses obligatoires des communes.

ART. 30. — Les réclamations auxquelles la confection des rôles peut donner lieu sont rédigées sur papier libre et déposées au secrétariat de la sous-préfecture.

Lorsqu'il s'agit de décharges ou réductions, il est statué par le Conseil de préfecture, sur l'avis du maire, du délégué cantonal et du Sous-Préfet.

Il est prononcé sur les demandes en remise par le Préfet, après avis du Conseil municipal et du Sous-Préfet.

ART. 31. — Lorsque le Conseil académique autorise un instituteur à percevoir lui-même le montant de la rétribution scolaire, en exécution du deuxième paragraphe de l'article 41 de la loi organique, le Recteur en informe immédiatement le receveur particulier de l'arrondissement, qui en donne avis au receveur municipal.

Dans ce cas, le rôle de la rétribution est dressé et arrêté ainsi qu'il a été dit à l'article 22 du présent règlement.

ART. 32. — Le Ministre de l'Instruction publique et des Cultes et le Ministre des Finances sont chargés, chacun en ce qui le concerne, de l'exécution du présent décret.

---

31 octobre 1850. **Circulaire du Ministre de l'Instruction publique, relative à la fréquentation des cercles politiques et des cafés.**

31 Octobre 1850.

Monsieur le Recteur, dans ma circulaire du 27 août 1850, en cherchant à retracer les devoirs des membres du corps enseignant, je vous disais : « Les « maîtres honorés, sous vos ordres, d'une mission de l'État doivent apprendre « de vous qu'ils s'appartiennent moins qu'ils n'appartiennent à leurs fonctions « mêmes, et qu'ils sont responsables envers la société, non seulement des « leçons qu'ils donnent du haut de leurs chaires, mais de leur langage, de leurs « écrits et de tous les actes de leur vie, constamment offerte en exemple à la « jeunesse qui leur est confiée. » J'insisterai d'autant plus vivement sur ce point, qu'en étudiant soigneusement les rapports des anciens Recteurs et des Inspecteurs généraux, que j'ai pris pour base de la réorganisation des Lycées et Collèges au moment de la rentrée des classes, j'ai constaté qu'un certain nombre de fonctionnaires du corps enseignant, capables d'ailleurs, fréquentaient les cercles politiques ou les cafés. Ces habitudes de dissipation portent nécessairement atteinte à leur considération, et, ce qui est plus grave, les détournent de leurs obligations, en leur rendant plus pénible la pratique des devoirs que leur impose la sévère profession de l'enseignement. Ce n'est pas dans la société des gens oisifs et dans les lieux publics ouverts à tout venant qu'ils ont à chercher des distractions. Je vous invite à leur interdire absolument ce genre de délassement, qui les compromet, en leur faisant partager la responsabilité de désordres auxquels ils n'ont souvent pris aucune part, mais dont ils ont été les témoins.

L'opinion publique est très susceptible en ce qui concerne les fonctionnaires du corps enseignant; elle les surveille d'un œil prévenu, peut-être : c'est à eux qu'il appartient de désarmer ses sévérités par la gravité irréprochable de leurs habitudes. L'intimité du foyer domestique et les joies pures de l'étude ou de la famille leur offrent des délassements qu'aucun souvenir ne peut troubler; j'ajoute qu'ils y trouveront le plus sûr préservatif contre des fautes qu'il vaut mieux prévenir que réprimer.

Ils ne doivent pas ignorer, d'ailleurs, qu'en présence d'un régime de concurrence, leur existence et leur prospérité sont étroitement liées au succès des établissements auxquels ils appartiennent, succès qui souvent dépend lui-même de la tenue, de la dignité et de la bonne conduite des fonctionnaires à qui les familles voient leurs enfants confiés.

Vous voudrez bien adresser une copie de la présente circulaire à chacun des chefs d'établissements publics d'instruction secondaire de votre ressort, en leur prescrivant d'en donner connaissance à leurs subordonnés.

Recevez, etc.

Signé : E. DE PARIEU.

Décret relatif aux conditions auxquelles les étrangers peuvent être admis à enseigner en France. 5 déc. 1850.

5 Décembre 1850.

Le Président de la République,

Sur le rapport du Ministre de l'Instruction publique et des Cultes;

Vu l'article 78 de la loi du 15 mars 1850;

Le Conseil supérieur de l'instruction publique entendu,

Décrète :

§ 1er. *Des étrangers dans les établissements libres d'instruction primaire ou secondaire.*

ARTICLE 1er. — Pour ouvrir et diriger une École primaire ou secondaire libre, tout étranger admis à jouir des droits civils en France est soumis aux mêmes obligations que les nationaux. Il devra, en outre, avoir préalablement obtenu et produire une autorisation spéciale du Ministre de l'Instruction publique, accordée après avis du Conseil supérieur.

Cette dernière condition est imposée à tout étranger appelé à remplir, dans un établissement d'instruction primaire ou secondaire libre, une fonction de surveillance ou d'enseignement.

L'autorisation accordée par le Ministre, après avis du Conseil supérieur, pourra toujours être retirée dans les mêmes formes.

ART. 2. — Dans le cas particulier d'Écoles primaires ou d'établissements secondaires spécialement autorisés, conformément à l'article précédent et uniquement destinés à des enfants étrangers résidant en France, des dispenses de brevets de capacité ou de grade pourront être accordées par le Ministre de l'Instruction publique, après avis du Conseil supérieur.

ART. 3. — Le Ministre de l'Instruction publique pourra, après avoir pris l'avis du Conseil supérieur, déclarer équivalents aux brevets ou diplômes nationaux exigés par la loi tous brevets et grades obtenus par l'étranger des autorités scolaires de son pays.

ART. 4. — Pourront être également accordées par le Ministre, en Conseil supérieur, des dispenses de brevets ou de grades aux étrangers qui se seraient fait connaître par des ouvrages dont le mérite aura été reconnu par le Conseil de l'Instruction publique.

ART. 5. — Les chefs ou directeurs étrangers d'établissements d'instruction secondaire ou primaire libres, régulièrement autorisés avant le 1er septembre 1850, continueront d'exercer leur profession, sans être soumis aux prescriptions de l'article 1er du présent décret.

§ 2. *Cours publics.*

ART. 6. — L'autorisation et les dispenses laissées à la discrétion des Conseils académiques par l'article 77 de la loi du 15 mars 1850 ne pourront, quand il s'agira d'étrangers admis à jouir des droits civils, être accordées que par le Ministre de l'Instruction publique, en Conseil supérieur. Lesdites autorisations et dispenses sont toujours révocables dans les mêmes formes.

§ 3. *Des étrangers dans les Écoles et établissements publics.*

ART. 7. — Nul étranger ne pourra être nommé instituteur communal ou instituteur adjoint dans une École publique, inspecteur primaire, directeur ou maître adjoint dans une École normale primaire, s'il n'a préalablement obtenu des lettres de naturalisation.

Il en sera de même pour toute fonction à titre définitif dans les établissements publics d'instruction secondaire[1].

---

9 déc. 1850.

Décret relatif aux distinctions honorifiques universitaires.

9 Décembre 1850.

Le Président de la République,

Sur le rapport du Ministre de l'Instruction publique et des Cultes;

Vu la loi du 15 mars 1850;

Vu le décret du 17 mars 1808;

Vu les ordonnances du 14 novembre 1844, du 9 septembre 1845 et du 1er novembre 1846;

Le Conseil supérieur de l'instruction publique entendu,

Décrète :

ARTICLE 1er. — Les distinctions honorifiques spécialement attribuées aux membres de l'enseignement public et de l'enseignement libre sont au nombre de deux :

Celle d'officier d'Académie;

Celle d'officier de l'Instruction publique.

1. Voir la loi du 26 *juin* 1889 sur la nationalité. (*Bulletin des Lois*, XIIe *Série*, T. XXXVIII, page 749.)

La palme sera brodée en soie bleue et blanche pour les officiers d'Académie;

Elle sera brodée en argent pour les officiers de l'Instruction publique.

ART. 2. — Peuvent être nommés officiers d'Académie les membres de l'enseignement primaire après quinze ans de service, et les membres de l'enseignement secondaire et supérieur, ainsi que les fonctionnaires de l'administration et de l'inspection, après cinq ans de services.

Peuvent être nommés officiers de l'Instruction publique les officiers d'Académie pourvus de ce titre depuis cinq ans au moins.

ART. 3. — Les distinctions honorifiques attribuées aux membres de l'enseignement public et de l'enseignement libre sont conférées par le Ministre de l'Instruction publique, sur la proposition des Recteurs et l'avis des Conseils académiques...

ART. 4. — Les officiers d'Académie pourvus de ce titre par une nomination spéciale, ou qui l'étaient de droit en vertu de leurs fonctions, restent de droit officiers d'Académie.

Les officiers de l'Université pourvus de ce titre par une nomination spéciale, ou qui l'étaient de droit en vertu de leurs fonctions, sont de droit officiers de l'Instruction publique.

Avis relatif aux engagements décennaux des élèves des Écoles normales. 13 déc. 1850.

13 Décembre 1850.

La Section, etc.,

Vu le rapport de M. le Recteur de l'Académie de l'Hérault, en date du 20 novembre, par lequel ce fonctionnaire, ayant à poursuivre le remboursement de frais de pension d'anciens élèves-maîtres pour non-accomplissement des conditions de leur engagement décennal, demande :

1° Si les années passées comme élèves-maîtres à l'École normale par les instituteurs doivent compter dans les dix années qu'embrasse l'engagement;

2° Si le remboursement du prix de pension pour non-exécution de l'engagement doit être intégral ou seulement proportionnel au temps pendant lequel les fonctions d'instituteur n'ont pas été exercées,

Estime :

1° Que les années passées à l'École normale ne peuvent compter dans l'engagement décennal, attendu que le séjour de l'École ne constitue pas un service rendu à l'enseignement public dans le département;

2° Que le remboursement doit être intégral, et non pas proportionnel au temps.

---

16 déc. 1850. **Arrêté relatif à la création et au fonctionnement de Commissions chargées d'examiner l'aptitude des candidats aux fonctions d'Inspecteur de l'instruction primaire.**

16 Décembre 1850.

Le Ministre au département de l'Instruction publique et des Cultes,

Vu les articles 5 et 20 de la loi du 15 mars 1850;

Vu l'article 38 du règlement d'administration publique en date du 29 juillet 1850;

Le Conseil supérieur de l'instruction publique entendu,

Arrête :

ARTICLE 1er. — Il sera formé, chaque année, au chef-lieu de chaque Académie, une Commission chargée d'examiner l'aptitude des candidats aux fonctions d'Inspecteur de l'instruction primaire.

ART. 2. — Cette Commission sera composée du Recteur ou de son délégué, président, et de quatre membres nommés par le Recteur en Conseil académique et agréés par le Ministre de l'Instruction publique.

ART. 3. — Les candidats sont tenus de s'inscrire, du 1er au 15 juillet, au secrétariat de l'Académie, et de faire les justifications exigées par l'article 39 du règlement du 29 juillet 1850.

ART. 4. — L'examen aura lieu dans l'intervalle du 1er au 5 octobre. Le jour sera fixé et annoncé un mois à l'avance par les soins du Recteur.

ART. 5. — L'examen se composera d'une épreuve écrite et d'épreuves orales.

L'épreuve écrite consistera dans un rapport sur une affaire d'inspection. Il sera accordé deux heures pour ce travail.

Les épreuves orales consisteront en interrogations :

1° Sur les devoirs de l'instituteur;

2° Sur la direction et la tenue des salles d'asile;

3° Sur les méthodes d'enseignement;

4° Sur les plans et le mobilier des maisons d'école;

5° Sur les lois, décrets et règlements concernant l'instruction primaire.

ART. 6. — La Commission, après avoir apprécié l'aptitude intellectuelle et morale des candidats, délivrera un certificat d'aptitude aux candidats qui en auront été jugés dignes. La liste des candidats qui auront obtenu ce certificat sera placée sous les yeux du Conseil académique.

Le Recteur adressera au Ministre une expédition de cette liste, après y avoir consigné les renseignements qu'il aura recueillis sur les antécédents des candidats.

Avis relatif aux incompatibilités entre les fonctions d'instituteur et les emplois de greffier, notaire, buraliste, directeur de poste, etc. 16 déc. 1850.

16 Décembre 1850.

Le Conseil, etc.,

Est d'avis de déclarer qu'il y a incompatibilité entre les fonctions d'instituteur communal et les fonctions administratives de buraliste, de directeur de poste et de secrétaire de mairie, conformément à l'article 32 de la loi du 15 mars 1850.

Quant aux fonctions de notaire et de greffier de justice de paix, le Conseil est d'avis que l'incompatibilité de ces deux fonctions avec celles d'un instituteur communal ne résulte pas des termes de l'article 32 de la loi du 15 mars 1850; mais qu'à raison même de la nature de ces deux ordres de fonctions, les Conseils académiques ne doivent pas porter les notaires et les greffiers de justice de paix sur les listes d'admissibilité; et que le Ministre ne doit leur donner l'institution définitive, qu'avec la plus grande réserve et en tenant compte de la difficulté de concilier l'exercice desdites fonctions avec celles d'instituteur communal.

Avis relatif à des questions touchant les listes d'admissibilité et d'avancement des instituteurs communaux. 16 déc. 1850.

16 Décembre 1850.

Le Conseil, etc.,

Sur la première question :

Les Recteurs doivent-ils communiquer indistinctement les deux listes d'admissibilité et d'avancement à toutes les communes qui ont un instituteur à nommer?

Est d'avis que les Écoles communales doivent être classées selon leur importance et les avantages qu'elles procurent aux instituteurs. La liste d'admissibilité doit être communiquée aux communes dont l'École est moins importante, et la liste d'avancement aux communes dont l'École est plus importante;

Sur la deuxième question :

Convient-il de fixer un nombre minimum d'instituteurs qui devront être portés sur la liste d'avancement, et, en cas d'affirmative, quel serait ce nombre?

Est d'avis que cette question soit ajournée. Il sera statué plus tard, si les abus naissaient de la manière dont la liste d'avancement serait faite;

Sur la troisième question :

La qualité d'instituteur communal en exercice équivaut-elle à l'insertion du nom de l'instituteur sur la liste d'admissibilité, de sorte que l'instituteur puisse, sans cette inscription, être nommé par les communes?

Est d'avis que les instituteurs en exercice dans le département ne peuvent être nommés dans une autre commune, s'ils ne sont portés sur la liste d'admissibilité ou sur celle d'avancement;

Sur la quatrième question :

Tous les instituteurs communaux en exercice dans le département, et qui ne sont pas portés sur la liste d'avancement, doivent-ils être portés sur la liste d'admissibilité?

Est d'avis qu'on ne doit porter sur la liste d'admissibilité que ceux qui, ayant dessein de changer de résidence, auront demandé leur inscription sur la liste;

On doit porter également sur la liste d'admissibilité les instituteurs, qui, étant d'ailleurs portés sur la liste d'avancement, demanderaient aussi à être placés sur la liste d'admissibilité;

Sur la cinquième question :

Dans la confection de la liste d'admissibilité, les Conseils académiques doivent-ils classer les candidats par ordre de mérite ou par ordre alphabétique, ou selon la date de leur brevet, de leur certificat de stage?

Est d'avis qu'on doit classer les candidats selon la date du titre qui donne droit à être porté sur la liste d'admissibilité;

Sur la sixième question :

La liste d'avancement doit-elle simplement comprendre, soit par ordre alphabétique, soit par ordre de mérite, le nom des instituteurs que le Conseil académique juge dignes d'avancement ?

Ou bien le Conseil académique pourrait-il établir différents degrés d'avancement, et diviser la liste d'avancement en plusieurs catégories, correspondant à des catégories établies d'avance entre les communes ?

Est d'avis que la confection d'une liste unique ou la division de la liste en plusieurs catégories doit être laissée à la pratique des Conseils académiques, en réservant l'appréciation du Conseil supérieur, lorsque les résolutions des Conseils académiques seraient l'objet des réclamations ;

Sur la septième question :

La liste d'avancement doit-elle être rendue publique, et convient-il de maintenir la disposition finale de l'article 13 du décret du 7 octobre 1850 ?

Le Conseil est d'avis que la publicité de la liste aurait des inconvénients qui font désirer que la disposition finale de l'article 13 du décret du 7 octobre ne soit pas rigoureusement observée.

Avis relatif aux autorisations provisoires de tenir école. 16 déc. 1850.

16 Décembre 1850.

Le Conseil, etc.,

Consulté sur les questions suivantes :

Peut-il être accordé, sous l'empire de la loi nouvelle, des autorisations provisoires de tenir école à des personnes qui ne rempliraient pas toutes les conditions légales ?

Peut-on distinguer parmi les conditions imposées par la loi et accorder des autorisations provisoires à ceux qui ne les rempliraient pas toutes, mais en rempliraient plusieurs ; par exemple, les jeunes gens pourvus du brevet, mais n'ayant pas l'âge exigé ?

Le Ministre peut-il autoriser l'ouverture d'Écoles temporaires pour les six mois d'hiver, au lieu d'Écoles permanentes ?

Est d'avis :

1° Que le Ministre peut, en cas de nécessité, sur la demande du Conseil municipal, approuvée par le Conseil académique, autoriser provisoirement à tenir École communale des personnes ne remplissant pas toutes les conditions légales;

2° Que le Ministre peut également, en cas de nécessité, sur la demande du Conseil municipal, approuvée par le Conseil académique, autoriser l'ouverture d'Écoles temporaires.

---

16 déc. 1850.

Avis relatif à l'examen des livres.

16 Décembre 1850.

Le Conseil, etc.,

Consulté sur diverses questions relatives à l'introduction et à l'interdiction des livres classiques, émet les avis suivants :

1° L'examen préparatoire des livres qui doivent être introduits dans les Écoles publiques et de ceux qui peuvent être introduits dans les Écoles libres sera confié à deux Commissions, l'une pour les livres d'instruction secondaire et supérieure, l'autre pour les livres d'instruction primaire. Le travail de ces Commissions ne sera point rétribué, du moins provisoirement;

2° Les deux Commissions seront composées des Inspecteurs généraux de l'instruction publique, des Inspecteurs supérieurs de l'instruction primaire, de l'Inspecteur de l'instruction secondaire et de l'instruction primaire du département de la Seine;

3° Les rapports des Commissions seront remis à la Commission du Conseil supérieur, qui les examinera et les contrôlera au besoin, et qui fera un rapport définitif, d'après lequel le Conseil statuera;

4° Les livres purement religieux ne seront admis à l'examen qu'autant qu'ils auraient été préalablement approuvés par l'autorité religieuse compétente;

5° Ceux des livres précédemment autorisés, qui seraient signalés comme renfermant des choses répréhensibles, seront au plus tôt soumis à un nouvel examen;

6° Il sera particulièrement recommandé au Recteur et aux Inspecteurs de signaler à l'autorité supérieure ceux des livres employés dans les Écoles qui paraîtraient devoir être interdits;

7° Il sera décidé par le Conseil qu'une juste sévérité sera apportée dans l'examen des ouvrages, et qu'il n'en sera introduit de nouveaux dans les Écoles qu'autant qu'on leur aura reconnu un mérite supérieur.

---

17 déc. 1850.

Avis relatif à la création d'une École normale.

17 Décembre 1850.

La Section, etc.,

Vu l'article 35 de la loi du 15 mars 1850, sur l'enseignement;

Vu la délibération prise par le Conseil général du Pas-de-Calais dans sa dernière session, portant:

Que les élèves-maîtres de ce département entretenus dans l'École normale de Douai cesseront immédiatement d'en faire partie;

Qu'il sera créé une École normale spéciale pour le Pas-de-Calais, au moyen d'un crédit de 50 000 francs, imputable sur le crédit des deux centimes;

Qu'en attendant cette création, il sera prélevé sur les 50 000 francs la somme nécessaire pour l'entretien de trente élèves-maîtres dans un établissement désigné par le Conseil académique et de six élèves stagiaires dans les Écoles privées;

Vu la délibération en date du 5 octobre par laquelle le Conseil académique a désigné l'établissement de Dohem comme propre à recevoir les trente boursiers;

Vu les rapports de M. le Recteur du Pas-de-Calais, en date des 15 septembre et 5 octobre;

Attendu qu'aux termes de l'article 35 de la loi du 15 mars 1850, tout département est tenu de pourvoir au recrutement de ses instituteurs communaux, en entretenant des élèves-maîtres soit dans des établissements d'instruction primaire désignés par le Conseil académique, soit aussi dans l'École normale établie à cet effet par le département;

Attendu que l'établissement de Dohem n'est ni une École normale, ni une École primaire qui puisse délivrer des certificats de stage conformément à l'article 47 de la loi du 15 mars,

Est d'avis qu'il n'y a pas lieu d'approuver les propositions du Conseil académique du Pas-de-Calais, ni la décision du Conseil général.

Circulaire du Ministre de l'Instruction publique, relative aux engagements décennaux contractés pour la dispense du service militaire [1]. 18 déc. 1850.

18 Décembre 1850.

Monsieur le Recteur, l'article 79 de la loi du 15 mars 1850 vous a conféré une attribution toute nouvelle, qu'il importe de définir avec précision, et dont l'exer-

1. La question des engagements décennaux contractés en vue de la dispense du service militaire a donné lieu à de nombreuses instructions d'ordre, que nous ne pouvons toutes reproduire. Nous nous bornerons à rappeler les principales. Consulter les circulaires en date des 3 *octobre* et 16 *novembre* 1853, 22 *août*, 14 *octobre* et 24 *novembre* 1857, 27 *mars* 1863, 14 *février* et 17 *mars* 1866. (*Circulaires et Instructions officielles, etc.*, Tomes IV, V et VI.)

cice doit être entouré de quelques précautions de nature à couvrir votre responsabilité.

C'est désormais devant vous que les jeunes gens qui voudront être dispensés du service militaire devront contracter l'engagement de se vouer pendant dix ans à l'enseignement public. Vous remarquerez que la loi a fait l'énumération complète des différentes catégories de jeunes gens qu'elle a entendu dispenser du service militaire à la condition d'un engagement de dix ans dans l'enseignement public. Il n'est permis ni d'étendre ni de restreindre cette énumération.

Vous aurez donc à vérifier d'abord si le jeune homme qui se présente devant vous pour contracter un engagement décennal appartient à une des catégories légales, c'est-à-dire s'il est instituteur adjoint d'une École publique; — s'il se prépare à l'enseignement primaire public dans une École désignée à cet effet; — s'il est membre ou novice d'une association religieuse vouée à l'enseignement et autorisée par la loi ou reconnue comme établissement d'utilité publique; — s'il est élève de l'École normale supérieure; — s'il est maître d'études, régent ou professeur d'un Collège ou d'un Lycée.

Pour qu'un instituteur adjoint soit légalement revêtu de ce titre, il faut : 1° s'il est laïque, qu'il ait été nommé par l'instituteur communal et agréé par le Recteur; s'il appartient à une association religieuse, qu'il ait été nommé par le supérieur de ladite association (§ 3 de l'art. 34); 2° qu'il touche un traitement, soit de la commune, soit par toute autre voie certainement connue.

Les élèves-maîtres ne peuvent se prévaloir de cette qualité que s'ils appartiennent à une École normale primaire départementale, ou à un établissement d'instruction primaire désigné par le Conseil académique (§ 1er de l'art. 35).

Vous n'admettrez à contracter l'engagement décennal que les membres des associations religieuses autorisées par la loi, ou reconnues comme établissements d'utilité publique. Vous aurez donc à vérifier si ces associations ont en effet le caractère que la loi leur attribue, et si elles se renferment dans les conditions de leurs statuts.

Les élèves de l'École normale supérieure, les maîtres d'études, régents et professeurs des Collèges et Lycées produiront l'arrêté ministériel qui leur aura conféré ces diverses qualités.

Les uns et les autres prouveront, par des certificats émanés de leurs chefs ou supérieurs, et dûment légalisés, qu'ils se trouvent réellement dans la position prévue par la loi, au moment où ils demandent à contracter l'engagement décennal.

Cet engagement devra être, à peine de nullité, rédigé sur papier timbré, et conformément à la formule ci-jointe; il portera la mention expresse de l'autorisation des parents ou tuteurs; les signatures en seront légalisées. Il ne pourra être contracté qu'avant l'époque du tirage (art. 79 de la loi).

L'engagement décennal n'ayant de valeur légale que s'il a été contracté devant vous, vous aurez à délivrer aux requérants un acte d'acceptation, dont ils devront justifier devant le conseil de revision de leur département, pour obtenir la dispense du service militaire. L'acte d'acceptation contiendra la mention des pièces produites à l'appui, lesquelles resteront déposées dans les archives de l'Académie, pour servir à toutes vérifications ultérieures, les nom, prénoms, date, lieu de naissance, qualité du dispensé; il sera rédigé conformément à la formule ci-jointe.

Immédiatement après l'époque fixée pour le tirage, alors qu'aucun engagement décennal ne peut plus être accepté, vous m'adresserez l'état nominatif des jeunes gens qui auront contracté devant vous ledit engagement. Cet état dressé *en deux tableaux distincts*, l'un pour l'enseignement primaire, l'autre pour l'enseignement secondaire, contiendra les noms, prénoms, date, lieu de naissance, qualités des dispensés.

Chaque année, dans la première quinzaine de juillet, le Préfet du département, auquel j'adresse des instructions à cet effet, vous transmettra la liste des dispensés de votre ressort. Vous vérifierez avec le plus grand soin s'ils continuent à remplir les conditions de leur engagement, et vous ferez connaître au Préfet ceux qui l'auraient rompu avant l'expiration des dix années, la loi (art. 79) déclarant, en termes formels, qu'ils ne sont définitivement libérés du service militaire que s'ils réalisent l'engagement décennal.

Je vous invite de la manière la plus instante à vous conformer exactement aux indications contenues dans la présente circulaire. Les conseils de revision ont pour devoir de n'admettre qu'après les plus scrupuleuses investigations les dispenses du service militaire, et si l'acte d'acceptation de l'engagement décennal contracté entre vos mains, en vue du service de l'instruction publique, présentait quelques irrégularités ou n'était pas rédigé dans la forme prescrite, les dispensés, malgré leur évidente bonne foi, pourraient être exposés à être envoyés sous les drapeaux.

Recevez, etc.

Signé : E. DE PARIEU.

N° 1. MODÈLE D'ENGAGEMENT DÉCENNAL.

Je, soussigné (1)
né à , département d
le (2)
atteint par la loi du 21 mars 1832 sur le recrutement de l'armée et compris dans la classe de déclare contracter devant M. le Recteur de l'Académie départementale d conformément à l'article 79 de la loi du 15 mars 1850, l'engagement de me vouer pendant dix ans à l'enseignement public.

Fait à le

Je, soussigné (3)
demeurant à , département d
autorise par les présentes M. (4)
mon (5) à contracter devant M. le Recteur de l'Académie départementale d conformément à l'article 79 de la loi du 15 mars 1850, l'engagement de se vouer pendant dix ans à l'enseignement public.

Fait à le

Vu pour légalisation des signatures ci-dessus.

(1) Nom et prénoms.

(2) Indiquer la qualité du dispensé, s'il est instituteur adjoint, la commune où il réside, la date de la décision du Recteur ou de la nomination du supérieur, et l'indication du traitement qu'il reçoit; s'il est élève-maître, dans quelle École il accomplit son stage, ou à quelle École normale il appartient; — s'il est membre ou novice d'une congrégation religieuse, de quelle congrégation il fait partie, et depuis quelle époque; — s'il est élève de l'École normale supérieure, maître d'études, régent ou professeur d'un Collège ou d'un Lycée, la date de l'arrêté ministériel qui lui a conféré une de ces qualités.

(3) Nom et prénoms.

(4) Nom, prénoms, qualité, résidence.

(5) Fils ou pupille.

N° 2. MODÈLE D'ACCEPTATION D'ENGAGEMENT DÉCENNAL.

Nous, Recteur de l'Académie départementale d
Vu l'engagement décennal contracté devant nous le
par M. (1)
Vu le certificat en date du et les pièces à l'appui constatant que ledit sieur est régulièrement en possession du titre d

ARRÊTONS :

Conformément à l'article 79 de la loi du 15 mars 1850,
Est reçu l'engagement de se vouer pendant dix ans à l'enseignement public contracté le par le sieur (2)
né à département d
le (3)
atteint par la loi du 21 mars 1832 sur le recrutement de l'armée et compris dans la classe de

Fait à , le

Le Recteur de l'Académie départementale d

PAR LE RECTEUR :
Le Secrétaire de l'Académie,

(1) Nom, prénoms, qualité.
(2) Nom et prénoms.
(3) Qualité et résidence.

---

20 déc. 1850.

Avis relatif à la réunion à une commune, pour l'entretien d'une École, de hameaux ou sections appartenant à d'autres communes.

20 Décembre 1850.

La Section, etc.,

Vu la délibération, en date du 14 octobre dernier, par laquelle le Conseil académique de l'Isère demande si le § 2 de l'article 36 de la loi du 15 mars 1850 autorise la réunion à une commune de hameaux ou sections appartenant à d'autres communes ;

Vu ledit paragraphe, lequel est ainsi conçu : « Le Conseil académique peut autoriser une commune à se réunir à une ou plusieurs « communes voisines pour l'entretien d'une École »,

Estime :

1° Que le § 2 de l'article 36 de la loi organique ne permet pas de distraire des sections des communes pour les réunir à une autre commune dans l'intérêt de celle-ci ;

2° Que si, dans certains cas exceptionnels, il était possible d'admettre une pareille mesure, ce ne pourrait être qu'après avoir entendu les communes auxquelles appartiendraient les sections à distraire.

Avis relatif à la reconnaissance des congrégations religieuses. 24 déc. 1850.

24 Décembre 1850.

La Section, etc.,

Vu la demande de Mgr l'évêque de Rodez, à l'effet d'obtenir l'autorisation de fonder une congrégation religieuse et enseignante sous le nom de Frères de Saint-Jean, destinée à former des instituteurs pour les petites Écoles du diocèse et qui recevrait sa constitution légale au moyen d'un décret de M. le Président de la République ;

Vu l'avis favorable de M. le Préfet de l'Aveyron ;

Vu la délibération du Conseil académique du même département, en date du 19 octobre dernier, portant également approbation de l'établissement dont il s'agit ;

Vu les statuts de la société projetée ;

Vu la note par laquelle la Section permanente est consultée sur la question de savoir s'il y aurait lieu de provoquer en faveur des frères de Saint-Jean l'autorisation de se constituer légalement au moyen d'un décret qui serait rendu après avis du Conseil d'État ;

Vu, à ce sujet, un avis motivé donné par le Conseil de l'Université, le 7 septembre 1849, sur des demandes formées dans le même but par quatre congrégations enseignantes ; ledit avis portant qu'il n'y a pas lieu de donner suite par les voies de règlement d'utilité publique à la demande d'autorisation présentée par lesdites congrégations, et qu'au pouvoir législatif seul appartient le droit d'accorder, par des lois spéciales, la reconnaissance nécessaire pour conférer la capacité civile à chacune de ces congrégations,

Estime que l'article 6 de la loi du 15 mars 1850 ne semble point l'appeler à connaître de la matière ; mais au fond déclare s'en référer complètement à l'avis motivé du 7 septembre 1849, qu'elle prie M. le Ministre de vouloir bien se faire représenter, la question ayant été mûrement examinée et pleinement discutée.

Circulaire du Ministre de l'Instruction publique, relative à l'exécution du décret du 7 octobre 1850, sur les instituteurs primaires publics et libres. 24 déc. 1850.

24 Décembre 1850.

Monsieur le Recteur, j'ai l'honneur de vous transmettre plusieurs exemplaires du décret rendu, sur ma proposition, le 7 octobre dernier, par M. le Président de la République, pour assurer l'exécution de la loi du 15 mars 1850, en ce qui concerne l'instruction primaire, et un exemplaire des instructions que, d'accord avec M. le Ministre des Finances, je viens d'adresser dans le même but à MM. les Préfets.

Ouverture des Écoles libres.

Les articles 1, 2 et 3 du décret indiquent les formalités à remplir par les instituteurs qui veulent ouvrir des Écoles libres. Ces formalités sont indispensables pour que la loi soit sincèrement exécutée dans sa lettre et dans son esprit. En effet, par son article 27, la loi exige non seulement qu'une déclaration soit faite au maire, mais encore que la même déclaration soit adressée, par les *postulants*, au Recteur de l'Académie, au Procureur de la République et au Sous-Préfet. Il importe donc que le Recteur, qui seul peut faire opposition, soit d'office, soit sur la plainte du Procureur de la République ou du Sous-Préfet, soit assuré que ces magistrats ont reçu, comme lui, non seulement la déclaration de l'instituteur, mais encore *la même* déclaration. D'un autre côté, il est important aussi que le Recteur soit assuré que la déclaration affichée à la mairie est conforme à celle qu'il a reçue; il est enfin indispensable qu'il sache immédiatement si le maire désapprouve le local; car, dans ce cas, il doit saisir de la question le Conseil académique assez promptement pour que ce Conseil, après avoir pris, s'il y a lieu, toutes les informations convenables, puisse se prononcer avant l'expiration du mois, terme passé lequel l'École peut être ouverte, sans autre formalité.

Pour arriver à constater tous ces faits et à prévenir ainsi toute fraude, une correspondance aurait dû s'engager entre le Recteur, le Procureur de la République, le Sous-Préfet et le maire, à chaque déclaration d'ouverture d'École libre.

Les articles 1, 2 et 3 du décret du 7 octobre ont pour but de simplifier cette correspondance et d'assurer au Recteur de l'Académie les moyens d'user du droit que la loi lui a conféré. Je vais faire distribuer, par MM. les Préfets, dans chaque mairie, un modèle de registre, afin que les déclarations y soient reçues partout dans la même forme, et aussi afin de rendre facile à MM. les maires la délivrance des copies légalisées des déclarations qu'ils doivent remettre aux instituteurs. Quant au registre sur lequel ces déclarations seront reçues, il est indispensable qu'il soit tenu avec une grande régularité; il devra, plus tard, servir à suivre les instituteurs et à constater leurs antécédents, conformément aux prescriptions du premier paragraphe de l'article 27. Vous aurez donc soin, Monsieur le Recteur, en ce qui vous concerne, de vous conformer avec exactitude aux dispositions du règlement, notamment à celle qui est contenue dans le dernier paragraphe de l'article 4. MM. les Inspecteurs devront toujours, dans leurs tournées, s'assurer de l'état de ce registre. Nul ne devra être dispensé de l'accomplissement des formalités prescrites : ni l'instituteur libre qui, déjà en fonctions, veut s'établir dans un autre local et ouvrir, par conséquent, une autre École; ni l'instituteur communal qui renonce, pour une cause quelconque, à ses fonctions et qui veut ouvrir une École libre, soit dans la même commune, soit ailleurs. Toutes les fois, en un mot, qu'il y aura ouverture d'une nouvelle École, il devra y avoir une déclaration de l'instituteur, suivie d'un sérieux examen. Il en sera de même chaque fois qu'un instituteur appartenant à une congrégation religieuse enseignante succédera à un frère du même ordre, dans la même École. L'établissement, en changeant de directeur, doit être considéré comme un établissement nouveau.

Quant au délai que la loi fixe pour l'opposition du Recteur, il ne court que du jour où ce fonctionnaire a reçu la déclaration. L'article 28 ne laisse aucun doute à cet égard, puisqu'il porte que le Recteur peut former opposition dans le mois qui suit la déclaration à lui faite; mais on m'a fait observer que l'article 3 du décret du 7 octobre n'oblige le maire à faire connaître au Recteur s'il a reçu des observations par suite de la déclaration affichée qu'à l'expiration du délai fixé par l'article 27 de la loi organique, c'est-à-dire à l'expiration du mois, et qu'il pourra arriver que le Recteur n'ait plus le temps de former opposition. Cette interprétation, Monsieur le Recteur, serait erronée; par ces mots : *à l'expiration du délai*, le décret n'a pas entendu dire, lorsque le délai sera expiré, mais seulement lorsqu'il approchera de sa fin. Vous voudrez donc bien inviter MM. les maires à ne pas attendre au dernier jour pour vous faire cette communication. Mais, comme il s'agit ici d'un intérêt moral à la conservation duquel vous êtes plus spécialement préposé, vous n'attendrez pas vous-même au dernier moment pour vous enquérir de l'état des choses, et vous aurez soin, soit directement, soit par l'intermédiaire de M. l'Inspecteur, de provoquer quelques jours d'avance la communication qui doit vous être faite par le maire.

Je vous recommande, au surplus, Monsieur le Recteur, d'user avec beaucoup de fermeté de votre droit d'opposition. L'instruction primaire ne doit pas être le refuge des hommes qui ont échoué dans les autres carrières, et qui, par conséquent, n'apporteraient dans l'accomplissement de leurs obligations nouvelles ni l'amour du bien public, ni le sentiment profond du devoir. Toutes les fois donc que vous recevrez la déclaration, soit d'un ancien instituteur, soit d'un candidat qui aura été jusque-là étranger à l'enseignement primaire, vous aurez soin de prendre les plus amples informations sur ses antécédents, et si le délai devait expirer avant que les doutes sérieux que vous auriez conçus eussent pu être complètement éclaircis, vous formeriez opposition. Le Conseil académique, qui jugera cette opposition, s'efforcera d'arriver alors, plus sûrement que vous n'auriez pu le faire dans le mois, à la constatation des faits. Ne craignez pas outre mesure, Monsieur le Recteur, dans des situations analogues, le jugement du Conseil académique, et ne considérez pas la levée de votre opposition, si elle devait dans certains cas avoir lieu, comme un échec destiné à troubler la bonne harmonie que vous devez vous efforcer de maintenir entre le Conseil académique et vous. Votre opposition est un acte conservatoire des intérêts moraux et religieux de la société, et votre conscience devrait être beaucoup plus troublée si, par négligence ou timidité, vous exposiez l'enfance à être pervertie par de mauvais préceptes ou de mauvais exemples, que si, par votre opposition, vous aviez provisoirement suspendu l'ouverture d'une École qui, en définitive, ne serait pas jugée de nature à inspirer des inquiétudes sérieuses.

Suspension des instituteurs libres.

L'article 5 a pour but de rendre possible la peine de la suspension qu'aux termes de l'article 30 de la loi organique le Conseil académique peut prononcer contre un instituteur libre.

L'expérience a prouvé que cette peine qui, d'après la loi de 1833, pouvait être infligée aux instituteurs communaux, était difficilement, et, par conséquent, peu souvent appliquée, parce qu'elle était rarement proportionnée au délit qu'il s'agissait de punir. Quel était, en effet, le résultat immédiat de cette peine? La fermeture d'une École pendant un certain temps, et, par conséquent, un dommage réel pour les familles. Si la suspension était prononcée sans privation de traitement, l'instituteur n'éprouvait aucune perte, et la peine qu'il subissait, se réduisait, en définitive, à quelques jours de repos; si elle était accompagnée de la privation de traitement, elle avait pour l'instituteur, déjà très faiblement rétribué, des conséquences douloureuses, puisqu'elle l'atteignait dans ses moyens d'existence. Dans tous les cas, l'instituteur suspendu ne rentrait jamais dans l'exercice de ses fonctions sans avoir perdu presque toute considération. Il est résulté de cet état de choses et des conséquences fâcheuses que je viens de signaler que, souvent, l'impunité a été assurée à des instituteurs dont la négligence ou la mauvaise conduite auraient dû être réprimées, et que, d'autres fois, la peine de la révocation a été prononcée là où la suspension, mieux proportionnée à la faute, eût dû paraître suffisante. En autorisant le Conseil académique à admettre l'instituteur libre suspendu de ses fonctions à présenter un suppléant pour la direction de son École, l'article 5 du décret prévient une partie des inconvénients que je viens de rappeler; il oblige l'instituteur suspendu à se procurer un suppléant à ses frais, et lui donne, en même temps, le délai nécessaire pour trouver un remplaçant définitif, s'il ne reprend pas la direction de son École; elle lui laisse, dans tous les cas, le temps de se créer ailleurs de nouvelles ressources. Mais il est bien entendu que le Conseil académique est seul juge de l'opportunité d'une semblable mesure, et qu'il devra, toutes les fois qu'il aura à sévir contre un instituteur libre, déclarer si l'instituteur suspendu devra fermer son École pendant la durée de sa peine, ou s'il sera admis à présenter un suppléant.

Des pensionnats primaires.

L'article 6 n'est en quelque sorte que l'application aux pensionnats primaires d'une disposition en vigueur dans la législation précédente relative à l'instruction secondaire. Les pensionnats primaires, alors qu'ils étaient soumis au régime de l'autorisation, se sont considérablement multipliés depuis quelques années; ils se multiplieront davantage sous le régime nouveau. Il était dès lors nécessaire de prescrire les mesures à prendre, dans l'intérêt des familles, pour le cas où l'un de ces établissements viendrait à être inopinément fermé. Un règlement délibéré en Conseil supérieur règle, au surplus, ce service d'une manière plus complète; je vous en transmets, ci-joint, un exemplaire, et je vous invite à le faire exécuter avec soin.

Des maisons d'école.

Les articles 7 et 8 imposent à MM. les Inspecteurs d'arrondissement et à MM. les délégués cantonaux l'obligation de visiter, avant l'ouverture de toute École publique, le local qui y est destiné.

Veuillez, Monsieur le Recteur, appeler sur cette obligation l'attention la plus sérieuse des fonctionnaires à qui elle est imposée : on ne se préoccupe pas assez, dans les communes, de la nécessité d'une bonne organisation matérielle des Écoles. Depuis l'année 1833, l'État a constamment secouru les communes qui s'imposaient, pour l'établissement d'une École, d'honorables sacrifices; mais, malgré les instructions les plus précises, constamment reproduites depuis dix-sept ans, il m'arrive encore des demandes de secours destinés à la construction ou à l'appropriation de bâtiments d'école mal disposés. Là où cinquante ou soixante enfants doivent être réunis, on ne ménage de place que pour un nombre infiniment moindre; là où les enfants des deux sexes doivent être reçus, on néglige de les séparer en classe par une cloison, ainsi que le prescrivent les instructions et que le commande le simple sentiment des convenances; enfin, les autres dépendances de l'École sont souvent, quoique affectées à l'usage des garçons et des jeunes filles, placées loin de toute surveillance. Dans quelques Écoles enfin, on ne consacre au logement personnel de l'instituteur qu'un emplacement insuffisant, et on l'expose à prendre promptement en dégoût une position à laquelle on doit, au contraire, s'efforcer de l'attacher, non par une recherche d'appropriation qu'il ne doit ni connaître ni désirer, mais par une installation aussi commode et saine que simple et modeste. Enfin, dans quelques villes, on ne fait nulle attention au voisinage des Écoles, et on expose ainsi les enfants à recevoir des impressions, soit morales, soit physiques, non moins contraires à leurs mœurs qu'à leur santé. Aucun de ces détails n'est à dédaigner pour tout homme qui connaît et qui aime l'enfance; or, connaître et aimer l'enfance, c'est là une de ces précieuses qualités que l'on doit rencontrer dans les hommes qui, à quelque titre que ce soit, acceptent la mission d'en surveiller la première éducation.

L'article 9 du décret arme au surplus MM. les Préfets d'un droit qu'ils tenaient déjà de la loi de 1837 sur les attributions municipales, mais dont l'usage ne s'était pas assez généralisé. Désormais, après s'être concerté avec vous, M. le Préfet devra interdire tout local d'école qui ne conviendra pas à l'usage auquel il est destiné. Ainsi, les enfants ne seront plus exposés à demeurer entassés dans des pièces basses, humides, mal aérées, et dans lesquelles les Inspecteurs constataient trop souvent, avec douleur, l'absence presque totale d'air vital.

L'article 14 de la loi du 15 mars décide que le Conseil académique donnera son avis sur les secours et encouragements à accorder aux Écoles primaires. Parmi les demandes de ce genre, qui me parviennent journellement, sont des demandes de secours formées par des communes pour des constructions ou des acquisitions de bâtiments destinés à des maisons d'école. Ces demandes devront être soumises au Conseil académique. J'invite en conséquence M. le Préfet, qui est chargé d'instruire ces affaires au point de vue communal, à vous les communiquer avant de me les transmettre. Il n'y sera donné suite qu'autant qu'au nombre des pièces que M. le Préfet m'enverra, je trouverai une expédition conforme de l'avis du Conseil académique. Ce Conseil devra, ainsi que le faisaient précédemment les Comités d'arrondissement, examiner les demandes sous le rapport de la bonne disposition de l'École à établir, et de l'importance du secours que l'État pourra accorder à la commune.

Écoles spéciales pour les enfants de culte et de sexe différents.

L'article 15 de la loi organique investit le Conseil académique du droit de déterminer les cas où les communes peuvent, à raison des circonstances, établir ou conserver des Écoles primaires, dans lesquelles seront admis des enfants de l'un et l'autre sexe, ou des enfants appartenant aux différents cultes reconnus. Le dernier paragraphe de l'article 44 déclare, en outre, que, lorsqu'il y a pour chaque culte des Écoles séparées, les enfants d'un culte ne doivent être admis dans l'École d'un autre culte que sur la volonté formellement exprimée par les parents.

Ces dispositions de la loi exigent quelques explications.

La règle générale est que, désormais, les enfants de culte et de sexe différents ne soient plus reçus dans la même École. Toutefois, la loi a prévu sagement le cas où, soit à cause du petit nombre d'enfants, soit à défaut de ressources des communes, il sera impossible d'établir une École spéciale pour chaque sexe et pour chaque culte; elle a en conséquence permis au Conseil académique de maintenir provisoirement l'état actuel des choses, là où il ne présenterait pas de graves inconvénients. Le Conseil académique aura donc à résoudre deux questions, lorsque des demandes de ce genre lui parviendront :

1° L'état actuel a-t-il des inconvénients sérieux dans telle ou telle localité?

2° La dépense résultant de la création d'une nouvelle École sera-t-elle à la charge de la commune, ou tombera-t-elle en totalité ou en partie à la charge du département et de l'État?

Toutes les fois que la première question devra être résolue affirmativement, le Conseil académique n'aura pas à hésiter. Le département et l'État devront subir les conséquences financières d'un état de choses, qui, au point de vue moral et religieux, doit avoir des avantages incontestables. Lorsqu'au contraire il reconnaîtra que la réunion des enfants, soit de culte, soit de sexe différents, ne présente aucun inconvénient grave, et que les projets de séparation ne sont inspirés à quelques personnes que par un zèle ardent pour des intérêts qui ne sont pas en réalité compromis, il devra faire en sorte de ne pas charger le budget de l'État d'une dépense nouvelle et inutile.

Mais, lorsque le Conseil académique ne croira pas devoir autoriser une commune à entretenir une seule École pour les enfants de cultes différents, et lorsque, par conséquent, aux termes du cinquième paragraphe de l'article 36 de la loi organique, cette commune devra avoir des Écoles spéciales à chaque culte, il devra veiller avec soin à l'exécution du cinquième paragraphe de l'article 44 de la loi, lequel ordonne que les enfants d'un culte ne soient admis dans l'École d'un autre culte que sur la volonté formellement exprimée par les parents. A cet effet, vous aurez soin, Monsieur le Recteur, de veiller à ce que le registre prescrit par l'article 12 du décret du 7 octobre soit régulièrement tenu dans toutes les Écoles spécialement affectées à un culte. Si rien ne doit gêner la liberté des familles, en ce qui concerne l'enseignement religieux de leurs enfants, rien ne doit être négligé, non plus, pour qu'elles soient complètement éclairées sous ce rapport. Il faut donc non seulement, comme le veut la loi, qu'elles s'expriment à cet égard d'une manière formelle, mais encore que cette volonté laisse des traces, et que les familles soient mises en demeure de déclarer en quelque sorte d'avance, par leur signature sur le registre, qu'elles connaissent les conséquences auxquelles elles exposent leurs enfants, en les plaçant dans une École où un culte étranger au leur est professé et suivi. Il faut enfin que ce registre, contrairement à quelques prétentions qui se sont manifestées, soit constamment tenu à la disposition de l'autorité. C'est là une garantie que toutes les familles religieuses, à quelque culte qu'elles appartiennent, ne manqueront pas d'apprécier.

Les Écoles libres ne peuvent recevoir des enfants des deux sexes.

A l'égard des Écoles libres, il se présente une question que je dois immédiatement résoudre.

L'article 52 de la loi dit qu'aucune École publique ou libre ne peut, sans l'autorisation du Conseil académique, recevoir les enfants des deux sexes, s'il existe dans la commune une École publique ou libre de filles.

Il semblerait au premier aperçu que, dans toutes les villes où il n'existerait aucune École publique ou libre de filles, les instituteurs libres pourraient recevoir les enfants des deux sexes. Il n'en est rien cependant. Cette disposition de la loi n'est qu'une conséquence du quatrième paragraphe de l'article 36 de la loi organique, laquelle permet au Conseil académique de dispenser une commune d'entretenir une École publique, à condition qu'elle pourvoira à l'enseignement primaire gratuit, dans une École libre, de tous les enfants dont les familles sont hors d'état d'y subvenir. L'article 52 ne s'applique donc qu'aux Écoles libres destinées à tenir lieu d'Écoles publiques. S'il en était autrement, la loi irait contre son propre esprit et admettrait une situation qui n'était pas tolérée par l'ancienne législation. Elle étendrait les inconvénients qu'elle a voulu prévenir.

Aucun instituteur libre ne doit donc recevoir des enfants des deux sexes et ne peut être autorisé à en recevoir par le Conseil académique, hors le cas prévu par l'article 36 de la loi.

Une difficulté que le législateur paraît n'avoir point prévue peut se présenter dans le cas où l'École libre de filles que posséderait la commune refuserait de recevoir gratuitement les filles indigentes. En un cas pareil, que vous vous efforceriez de prévenir par tous les moyens d'action en votre pouvoir, l'instituteur communal ne serait pas déchargé de son devoir d'instruire les filles pauvres.

Nomination des instituteurs.

J'arrive, Monsieur le Recteur, à l'une des dispositions les plus importantes du décret : je veux parler de l'article 13, lequel est destiné à régler le mode d'exécution de l'article 31 de la loi organique.

Cet article a déjà été interprété de différentes manières par un certain nombre de Conseils académiques.

Ici on a paru croire que la loi ayant voulu donner une grande liberté aux Conseils municipaux quant au choix des instituteurs communaux, les Conseils académiques devaient se borner à dresser la liste de tous les candidats remplissant les conditions prescrites par la loi et ne se trouvant dans aucun des cas d'incapacité qu'elle a prévus.

Là, au contraire, on a pensé que, pour donner une certaine efficacité à son intervention, le Conseil académique devait limiter l'initiative du Conseil municipal en lui présentant un petit nombre de candidats choisis, par exemple, deux ou trois pour chaque vacance.

L'une et l'autre interprétation s'éloignent également de l'esprit de la loi.

Liste d'admissibilité.

Le Conseil supérieur de l'instruction publique, appelé à donner son avis sur ce point, a pensé que le Conseil académique ne devait pas limiter le nombre des instituteurs à porter sur la liste d'admissibilité; qu'il devait être sévère sur le choix de ces candidats; mais que sa liste devait comprendre tous ceux qui lui paraîtraient dignes d'être appelés aux fonctions d'instituteur dans une commune quelconque; que des instituteurs en exercice dans le département ou ailleurs pouvaient être portés sur cette liste; mais qu'aucun instituteur en exercice ne pouvait être nommé d'emblée dans une autre commune, s'il n'était pas porté sur la liste d'admissibilité; que les candidats devaient être classés sur cette liste selon la date du titre qui leur donne le droit d'y être portés; qu'enfin, des instituteurs en exercice pouvaient figurer à la fois sur la liste d'admissibilité et sur celle d'avancement.

Liste d'avancement.

Quant à cette dernière liste, le Conseil supérieur a pensé qu'il n'était pas possible de limiter le nombre des instituteurs qu'elle devra contenir; qu'on devait s'en rapporter à cet égard au Conseil académique; qu'il était heureusement probable que le nombre des instituteurs dignes d'avancement serait toujours assez considérable pour que les choix des Conseils municipaux pussent s'exercer avec une certaine liberté; il a pensé, enfin, qu'il fallait laisser au Conseil académique le soin de décider si cette liste devra être unique, ou si elle devra être divisée en plusieurs catégories correspondantes à des catégories établies d'avance entre les communes. Je me réserve, Monsieur le Recteur, d'apprécier et de résoudre les difficultés auxquelles les résolutions du Conseil académique pourraient donner lieu plus tard.

Je vous recommande, Monsieur le Recteur, lorsque le Conseil académique dressera annuellement cette liste, de l'éclairer avec le plus grand soin sur le mérite des candidats qui paraîtraient devoir y être portés. Il faut que l'inscription sur cette liste soit déjà par elle-même une première récompense décernée aux bons instituteurs; mais elle ne doit pas être sollicitée par eux. Invitez le Conseil académique à en écarter ceux qui prétendraient s'y faire placer par d'autres moyens que par l'accomplissement le plus exact et le plus consciencieux de leurs devoirs, et à y placer ceux qui leur seront signalés comme dignes de ce témoignage d'estime par MM. les Inspecteurs d'arrondissements et les délégués cantonaux. Les instituteurs apprendront ainsi, non seulement que la modestie et la résignation ne sont pas des causes d'oubli, mais encore que ces qualités si rares sont appréciées à leur juste valeur et qu'elles constituent déjà à leur égard un préjugé favorable. Ainsi s'établira parmi ces fonctionnaires une utile émulation dont on doit favoriser le développement, avec autant de soin qu'on doit résister aux obsessions de ces esprits inquiets et remuants qui cherchent constamment dans de nouvelles voies une situation plus en rapport avec l'importance personnelle qu'ils se supposent.

Communication des listes d'admissibilité et d'avancement aux Conseils municipaux.

Quant à la communication de ces listes aux Conseils municipaux, le Conseil supérieur a été d'avis, et j'ai décidé qu'elle devra s'opérer de la manière suivante. Les Écoles communales du département seront classées selon leur importance et les avantages qu'elles procurent aux instituteurs. La liste d'admissibilité devra être communiquée aux communes dont l'École est moins importante, et la liste d'avancement aux communes dont l'École doit être à un titre quelconque, considérée comme un poste d'avancement.

L'obligation imposée par le sixième paragraphe de l'article 13 du décret du 7 octobre, d'insérer ces deux listes dans le *Bulletin des Actes administratifs de la Préfecture*, a pour but de faciliter la communication que vous devez en faire aux

Conseils municipaux, qui auront à s'occuper du choix d'un instituteur, puisqu'il vous suffira souvent de renvoyer ces Conseils à l'une ou à l'autre de ces listes, au lieu d'en faire constamment de nouvelles transcriptions. Cette publicité peut cependant avoir des inconvénients, soit à l'égard de quelques instituteurs qui cesseraient d'être portés sur la liste d'avancement, soit à l'égard de ceux pour qui ce pourrait être une cause incessante d'excitation et de désir de changement. Je vous autorise donc à omettre l'insertion de ces listes dans le *Recueil des Actes administratifs de la Préfecture*, si vous n'êtes pas forcé par la multiplicité de vos travaux de recourir à ce mode de communication plus expéditif.

Des fonctions incompatibles avec celles d'instituteur communal.

L'article 32 de la loi du 15 mars porte qu'il est interdit aux instituteurs communaux d'exercer aucune fonction administrative sans l'autorisation du Conseil académique, et que toute profession commerciale ou industrielle leur est absolument interdite.

Il s'est élevé à ce sujet une question sur laquelle j'ai cru devoir appeler l'attention du Conseil supérieur de l'instruction publique. Se fondant sur l'article 25 de la loi qui porte que le brevet de capacité peut être suppléé par le titre de ministre de l'un des cultes reconnus par l'État, quelques curés ou vicaires ont exprimé l'intention de se faire nommer instituteurs communaux, et il m'a été demandé si ce cumul peut être autorisé par le Conseil académique. — Le Conseil supérieur a pensé qu'il n'existe pas, entre les fonctions d'instituteur communal et celles de ministre en exercice de l'un des cultes reconnus par l'État, une incompatibilité déclarée par la loi; mais il a estimé qu'attendu la difficulté de concilier ces deux ordres de fonctions dans beaucoup de cas, il convenait de recommander sous ce rapport la plus grande réserve aux Conseils académiques pour la rédaction des listes d'admissibilité, et au Ministre pour la collation de l'institution. Il est, en effet, difficile d'admettre que, dans les communes de population un peu nombreuse, MM. les desservants puissent suffire à la double tâche que leur imposeraient des fonctions également absorbantes, et qui toutes deux peuvent souvent exiger la présence de l'instituteur et du curé aux mêmes heures, dans des endroits différents. En supposant d'ailleurs que MM. les desservants parvinssent à concilier des occupations si peu conciliables en apparence, il y aurait à ce cumul d'autres inconvénients sur lesquels le Conseil académique devra, dans tous les cas, fixer son attention.

Alors que la loi leur a confié, dans chaque commune, la surveillance de l'instruction primaire, MM. les desservants doivent-ils, sans les motifs les plus sérieux, échanger cette position contre celle d'instituteur? En abdiquant par le fait même leur mission plus élevée de surveillance, ils se placeront de plein droit sous la surveillance du maire, et ils s'exposeront même à être suspendus par lui, aux termes de l'article 33 de la loi. Ils pourront enfin être, comme tous autres instituteurs communaux, réprimandés, suspendus ou révoqués par le Recteur; au lieu de désigner les enfants qui devront être admis gratuitement dans l'École, en vertu de la mission de charité qu'ils tiennent de l'article 45 de la loi, ils seront obligés de dresser la liste des enfants qui devront payer la rétribution scolaire, et de faire eux-mêmes les avertissements qui devront être envoyés aux familles. Des inconvénients plus grands encore s'élèveraient en présence des enfants de familles protestantes, s'il en existait dans la commune, et qu'aucun autre moyen d'instruction ne pût être mis par l'État à la disposition de ces familles?

Toutes ces considérations devront être mûrement pesées par le Conseil académique, lorsqu'il recevra des demandes formées par les ministres en exercice d'un culte quelconque, à l'effet d'être portés sur la liste d'admissibilité; avant de les y inscrire individuellement, s'il y a lieu, il devra s'enquérir avec soin de toutes les circonstances dans lesquelles les demandes seront formées et les rejeter là où une exception favorable ne sera pas justifiée.

D'autres cas d'incompatibilité, sur lesquels j'ai été interrogé, ont fixé l'attention du Conseil supérieur. Il a pensé que l'article 32 de la loi du 15 mars 1850 ne s'applique pas rigoureusement aux fonctions de notaire et de greffier de justice de paix, qui n'ont, pas plus que celles de ministre des cultes en exercice, le caractère *administratif* proprement dit; mais il a également jugé qu'à raison même de la nature de ces deux ordres de fonctions, les Conseils académiques ne doivent porter les notaires et les greffiers de justice de paix sur les listes d'admissibilité qu'avec la plus grande réserve, et en tenant compte de la difficulté de concilier l'exercice desdites fonctions avec celles d'instituteur communal.

Reste la question de traitement. Nul doute que si le Conseil municipal confie la direction de son École communale soit au desservant, soit à toute autre personne recevant un traitement de l'État, et portée sur la liste d'admissibilité, cet instituteur ne doive recevoir le traitement voté par la commune et le produit de la rétribution scolaire; mais en sera-t-il de même du supplément de traitement accordé par le département et par l'État aux instituteurs qui reçoivent moins de 600 francs? Je n'hésite pas à vous répondre négativement, en me conformant ainsi à l'esprit de la loi du 15 mars. En accordant un supplément de traitement aux instituteurs, qu'a voulu le législateur? Assurer matériellement l'existence de ces modestes fonctionnaires et de leur famille. Mais si déjà, à un autre titre, ils reçoivent de l'État un traitement égal ou même supérieur au minimum que la loi leur assure, l'État irait au delà du but en leur allouant un supplément qui élèverait, dans ce cas, leurs émoluments au double du minimum garanti.

J'ai, en conséquence, décidé qu'il ne sera accordé aucun supplément de traitement aux instituteurs qui recevraient, à quelque titre que ce fût, un autre traitement sur les fonds de l'État. Le Conseil académique, lorsqu'il croira devoir porter sur la liste d'admissibilité un candidat qui se trouvera dans ce cas, devra donc le prévenir que la condition de cette inscription sera la renonciation formelle de sa part à tout supplément de traitement. Le Conseil académique, en cas de refus, ne portera pas l'instituteur sur la liste d'admissibilité.

Quant aux fonctions de receveur buraliste (sans cumul d'occupations commerciales), de directeur de poste et de secrétaire de mairie, sur lesquelles divers Recteurs m'avaient adressé des questions, le Conseil supérieur a été d'avis qu'elles rentraient clairement dans la disposition de l'article 32, relative aux fonctions administratives, et ne pouvaient être réunies à celles d'instituteur communal, sans une dispense expresse du Conseil académique.

Institution des instituteurs communaux.

L'article 31 de la loi, en exigeant que l'institution soit donnée par le Ministre, a eu pour but de conserver à la société une garantie qui avait été consacrée par la législation précédente. L'article 14 du décret porte que l'institution peut être donnée ou refusée dans un délai de six mois. Il importe que vous mettiez à profit la possibilité d'employer ce délai pour vous éclairer complètement avant de m'adresser une proposition d'institution, et que vous ayez soin, dans tous les cas, d'appeler spécialement mon attention sur les instituteurs qui se proposeraient d'exercer en même temps d'autres fonctions. Je me réserve de ne leur accorder l'institution qu'après avoir examiné attentivement la situation des choses et les diverses considérations qui auront motivé la nomination et qui balanceraient les inconvénients graves que certains cumuls peuvent faire craindre. En attendant, et pour que l'instituteur puisse toucher son traitement, vous lui délivrerez, comme par le passé, une autorisation provisoire; mais, cette autorisation elle-même, vous pouvez la refuser si vous croyez devoir me proposer de refuser l'institution. L'instituteur, sauf le cas de mutation, n'aura droit au supplément de traitement accordé par l'État qu'à dater du jour où il aura été institué par le Ministre. Jusqu'à ce que l'institution lui soit conférée, il n'est point instituteur définitif de la commune, et il n'a point à réclamer de l'État les avantages qui ne sont dus qu'à ceux que le Ministre en a jugés dignes.

Délégations d'instituteurs suppléants pour la direction provisoire des Écoles communales vacantes.

La faculté qui vous est conférée par les articles 15 et 16 du décret est précieuse au point de vue de l'enseignement. Sous l'empire de la dernière législation, il arrivait souvent qu'un instituteur, suspendu ou révoqué, ne pouvait être facilement remplacé, et qu'en attendant la nomination d'un nouvel instituteur, on était obligé de recourir provisoirement aux services de celui que l'on voulait éloigner. Cette situation, fausse à tous les points de vue, ne se reproduira plus désormais. Aussitôt qu'une vacance fortuite vous sera connue, vous enverrez au Conseil municipal la liste d'admissibilité, ou d'avancement, suivant les cas, et vous désignerez provisoirement, pour la direction de l'École, soit un instituteur adjoint, soit un instituteur momentanément disponible, soit plutôt celui des instituteurs portés sur cette liste qu'il vous paraîtrait convenable de désigner plus particulièrement au choix du Conseil municipal. Il va sans dire que cette délégation provisoire ne constituera, toutefois, aucun droit définitif à l'intérimaire, et que par conséquent le Conseil municipal sera toujours libre de choisir un autre candidat sur la liste.

Des autorisations provisoires accordées à des instituteurs non brevetés.

Il est une autre nature d'autorisation provisoire sur laquelle je crois devoir appeler votre attention. Il est arrivé souvent, sous l'empire de la dernière législation, que des communes pauvres, dans lesquelles le revenu de l'instituteur ne s'élevait guère au delà de 200 francs (minimum du traitement fixe déterminé par la loi de 1833), ne trouvaient aucun instituteur breveté qui consentît à prendre la direction de leur École, et que le Ministre autorisait des candidats non brevetés à se charger provisoirement de cette direction. J'avais lieu de croire qu'un traitement de 600 francs étant désormais assuré à tous les instituteurs, aucune commune ne se trouverait exposée à demeurer sans École. Il résulte des renseignements qui me parviennent que, dans un certain nombre de localités, il est encore assez difficile de trouver des instituteurs remplissant toutes les conditions prescrites, et que des communes de petite population, dépourvues d'Écoles libres, seraient totalement privées de moyens d'instruction si on y devait refuser le concours, soit de personnes charitables qui offrent de se charger de cette instruction, soit de candidats qui ne peuvent se placer ailleurs, parce qu'ils ne sont pas encore brevetés, ou qu'ils n'ont point atteint l'âge légal. Je ne me dissimule pas, Monsieur le Recteur, qu'une telle exception, en présence de l'article 25 de la loi du 15 mars, semble au premier abord tout à fait impossible. Cependant, en se pénétrant bien de l'esprit de la loi, il m'a paru qu'une exception essentiellement temporaire pouvait encore être légalement autorisée, et le Conseil supérieur, consulté par moi à ce sujet, a été complètement de mon avis.

Que veut en effet la loi? Que des moyens d'instruction soient mis partout à la portée des familles; elle oblige à cet effet les communes à entretenir une ou plusieurs Écoles primaires; mais à côté de cette obligation elle en impose une autre: c'est que ces Écoles soient confiées à des personnes remplissant certaines conditions d'aptitude. Placée entre ces deux conditions, quelquefois exclusives l'une et l'autre, l'administration supérieure ne doit-elle pas s'attacher à satisfaire d'abord la plus impérieuse. L'existence d'une École n'est-elle pas la première et la plus importante question à résoudre? S'en tenir rigoureusement aux termes de la loi, ne serait-ce pas, dans de certains cas, sacrifier l'esprit à la lettre, subordonner le but aux moyens? Mais, si la question ainsi posée semble devoir être résolue dans un sens favorable aux autorisations provisoires, elle porte en elle-même sa restriction et ses limites; une semblable exception ne peut être tolérée que là où il y aurait un dommage réel à agir autrement. Ainsi donc, Monsieur le Recteur, vous pourrez encore, après avoir pris l'avis du Conseil académique, me proposer d'autoriser ces exceptions; mais vous n'oublierez pas qu'en aucun cas elles ne pourront être accordées dans l'intérêt particulier de l'instituteur, et que l'intérêt public pourra seul légitimer une telle mesure. Il doit être bien entendu, d'ailleurs, que l'instituteur ainsi autorisé, de même que l'intérimaire dont je vous parlais tout à l'heure, ne devra pas jouir des avantages assurés par la loi à l'instituteur communal, et que le département et l'État ne seront point tenus de lui allouer le supplément de traitement nécessaire pour élever son revenu à 600 francs. Vous devrez enfin vous efforcer de mettre le plus promptement possible un terme à une telle situation.

Il en sera de même à l'égard des institutrices qui, dans quelques départements, ont été chargées de la direction de l'École communale réunissant les enfants des deux sexes. Cette situation pourra être tolérée si d'ailleurs l'institutrice est pourvue du titre de capacité exigé par la loi et si elle est reconnue apte à diriger avec assez de fermeté une semblable École; mais l'État ne lui devra aucun supplément de traitement. Elle n'aura droit qu'au traitement municipal et au produit de la rétribution scolaire.

Du traitement des instituteurs publics.

L'article 38 de la loi organique, en assurant aux instituteurs publics un minimum d'au moins 600 francs, a apporté une immense amélioration dans le sort d'un grand nombre de ces fonctionnaires. En règle générale, tout instituteur public aura au moins 600 francs de revenu assuré et la jouissance d'un logement gratuit dans la maison d'École communale. Cette situation, dans un grand nombre de communes rurales, sera toujours satisfaisante et permet d'espérer qu'un jour aucune École ne soit fermée faute de candidats. Mais cette amélioration si désirable ne leur est acquise qu'au prix de sacrifices considérables de la part des communes, des départements et de l'État, et, à côté d'avantages incontestables, il y a des inconvénients que MM. les Inspecteurs et délégués cantonaux vous aideront, je n'en doute pas, à prévenir ou à réprimer. Ces inconvénients sont de deux natures : 1° surcharge de dépense pour les départements et pour l'État, résultant de l'inhabileté ou de l'insouciance de l'instituteur comme du peu de confiance qu'il inspirerait; 2° affaiblissement de zèle et de dévouement de l'instituteur dans l'exercice de ses fonctions.

Il est évident que désormais, moins il y aura dans une École d'enfants payant la rétribution scolaire, plus les départements et l'État auront à fournir pour parfaire le revenu de l'instituteur; il est aussi manifeste que celui-ci, étant assuré d'un revenu suffisant, quel que soit le nombre de ses élèves, sera moins excité à faire des efforts pour attirer les enfants dans son École; il est à redouter, en outre, que quelques instituteurs ne soient portés désormais à préférer une petite École de village à une École plus nombreuse qui ne leur présenterait aucun avantage supérieur et exigerait d'eux cependant des travaux plus considérables. Ce dernier inconvénient est compensé, il est vrai, par cette considération que le séjour des villes ne sera plus si envié, et que de bons et modestes instituteurs ne répugneront plus à se fixer pour toujours dans de petites localités où ils pourront faire le bien. Mais rien ne compensera la perte qu'éprouvera l'État si, au lieu d'attirer les enfants dans l'École, l'instituteur les repousse et s'il s'endort dans une funeste sécurité.

J'aime à croire, Monsieur le Recteur, que vous saurez inspirer à ces fonctionnaires un mobile plus puissant que l'intérêt, et que le sentiment du devoir suffira souvent pour les retenir dans la bonne voie et les exciter au bien; mais, s'il en était autrement, il vous resterait à user avec fermeté du droit que vous confère l'article 33 de la loi. Les Comités d'arrondissement ont pu hésiter autrefois à prononcer la révocation d'un instituteur négligent, parce qu'ils craignaient de ne pouvoir le remplacer convenablement. Souvent, en effet, le produit de l'École était si faible que l'instituteur ne se soutenait qu'à l'aide de ressources personnelles non transmissibles à son successeur. Aujourd'hui il n'en sera plus de même, puisque 600 francs seront toujours assurés à l'instituteur. Redoublez donc, sous ce rapport, de sévérité, et prononcez, sans hésiter, la révocation de ceux qui, par la faiblesse de leur enseignement, leur négligence ou leur défaut de conduite, compromettraient tout à la fois, malgré vos avertissements, l'instruction des enfants, la prospérité de l'École et le Trésor public. Gardien des intérêts divers de l'État en tout ce qui touche l'instruction publique, vous ne devez pas non plus souffrir que certains instituteurs restent sans élèves dans des localités où ils sont privés, par des causes quelconques, de la confiance des familles. Votre initiative dans des cas semblables devrait au besoin provoquer l'usage par les communes de la faculté établie dans le quatrième paragraphe de l'article 36, lorsque, en vertu des faits accomplis, l'École publique ne représente plus qu'une charge inutile pour la commune, le département et l'État. Vous aurez même à veiller à ce que des instituteurs, placés dans des situations semblables, soient mis en demeure d'accepter des fonctions dans d'autres localités.

Maintien des Écoles pendant l'été.

Dans beaucoup de communes les Écoles sont à peu près désertes, quelquefois même elles sont fermées, pendant l'été. Il faut vous efforcer de vaincre ces funestes usages. Sans doute il est important que les enfants prennent de bonne heure l'habitude des travaux des champs; mais il y a toujours dans une commune un certain nombre d'enfants si jeunes que, si l'École était ouverte, les familles préféreraient certainement les y laisser plutôt que de leur demander des services qu'ils sont encore hors d'état de rendre, et de les abandonner sans surveillance dans les champs ou sur la voie publique. Ce sont malheureusement quelquefois les instituteurs eux-mêmes qui encouragent les familles et les autorités locales, les unes à retirer leurs enfants et les autres à autoriser la fermeture de l'École. Convaincus que le petit nombre d'élèves qui leur resterait ne leur assurerait pas un revenu égal au produit qu'ils tirent des autres occupations auxquelles ils se livrent pendant une partie de l'été, ils sont trop souvent portés à sacrifier à leur intérêt personnel les intérêts de l'instruction des enfants. Cette propension fâcheuse pourrait encore trouver une nouvelle excitation dans la disposition de la loi qui charge les communes, les départements et l'État, de combler jusqu'à 600 francs le déficit de la rétribution scolaire. Exigez sévèrement, Monsieur le Recteur, que toutes les Écoles soient ouvertes pendant l'été, quel que soit le nombre des enfants qui devront les fréquenter. Ce nombre sera faible d'abord; mais quand les familles reconnaîtront qu'en empêchant les enfants de suivre les classes de l'École, elles les privent, sans un grand avantage pour elles, d'une instruction qu'ils seront obligés d'acquérir ensuite par une plus longue fréquentation de l'École, elles se détermineront sans doute à ne recourir qu'un peu plus tard à leurs services. Considérez donc comme une faute grave la fermeture de l'École pendant l'été et réprimez sévèrement celui qui, après cet avertissement, continuerait de commettre cette faute. Le moins que vous pourriez faire alors serait de suspendre, avec privation de traitement, celui qui, par un calcul indigne, prétendrait recevoir de l'État le prix de services qu'il ne rendrait pas, tout en consacrant à des travaux particuliers le temps qu'il déroberait à ses devoirs.

De la rétribution scolaire.

L'article 41 de la loi déclare que la rétribution scolaire sera perçue dans les mêmes formes que les autres contributions publiques; que néanmoins, sur l'avis du Conseil général, l'instituteur pourra être autorisé par le Conseil académique à percevoir lui-même la rétribution scolaire. Les articles 21, 22 et suivants du décret du 7 octobre sont destinés à régler les formes de cette perception. Il était d'autant plus nécessaire de prescrire à cet égard des mesures régulières et uniformes, que l'État doit combler la différence lorsque le traitement de l'instituteur ne s'élève pas à 600 francs, et qu'il est dès lors très important, d'une part, que la rétribution scolaire rapporte tout ce qu'elle doit produire, et, d'autre part, que ce produit soit régulièrement constaté. Je n'ignore pas que ce mode de perception contrariera dans un certain nombre de communes des habitudes prises, et qu'il en pourra résulter, dans le premier moment, quelque dommage pour les instituteurs, peut-être même pour l'État; mais en regard de ces inconvénients qui, je l'espère, ne seront que passagers, il y a des avantages tels que le législateur n'a pas cru devoir hésiter.

Quant au taux de la rétribution scolaire qui doit être fixé par le Conseil académique, il importe que, tout en respectant les habitudes locales, le Conseil académique ne se borne pas à approuver purement et simplement les propositions des Conseils municipaux. Il y a plus de 20 000 communes dans lesquelles les trois centimes spéciaux, réunis au produit de la rétribution scolaire, n'atteignent pas 600 francs, et qui se trouvent par conséquent désintéressées dans la question. Que, dans ces communes, la rétribution scolaire produise plus ou moins, les trois centimes communaux étant épuisés, les départements et l'État devront fournir le reste, et le Conseil municipal pourrait être dès lors porté à fixer le plus bas possible le taux de la rétribution et à ménager ainsi les ressources des habitants. Mais le Conseil académique doit se placer à un autre point de vue. Il sait qu'une faible diminution de la quotité de cette rétribution, se multipliant par le nombre des Écoles, produira une somme considérable qui, en fin de compte, tombera à la charge du Trésor; il devra veiller avec soin, d'une part, à ce qu'en élevant outre mesure le taux de la rétribution, on n'éloigne pas les enfants des Écoles; d'autre part, à ce que cette rétribution soit toujours proportionnée aux ressources de la localité. Il s'entourera, à cet effet, de tous les avis propres à l'éclairer. MM. les délégués cantonaux, surtout, lui donneront à ce sujet de précieuses indications. Je recommande, Monsieur le Recteur, cette partie importante du service de l'instruction primaire à toute votre attention. J'adresse des recommandations semblables à M. le Préfet, qui est chargé, par l'article 45 de la loi organique, d'arrêter définitivement la liste des enfants qui doivent être admis gratuitement dans les Écoles publiques. De l'exécution première de ces mesures va dépendre, je ne dois pas vous le dissimuler, le succès d'un grand effort de bienveillance, tenté par l'État dans l'intérêt des instituteurs; que toutes les autorités qui concourent à votre mission se montrent donc, comme vous, économes des fonds de l'État, et qu'elles vous aident, autant qu'il dépendra d'elles, à exécuter loyalement une loi qui assure aux maîtres d'école un bien-être incontestable.

Des délégués cantonaux.

Je ne terminerai pas cette lettre sans vous parler de MM. les délégués cantonaux et Inspecteurs d'arrondissement.

Le règlement d'administration publique du 29 juillet dernier, en complétant leur organisation et en permettant de les réunir au chef-lieu d'arrondissement, a eu pour but de donner à leur surveillance une direction d'autant plus utile qu'elle sera plus uniforme, et de permettre au Conseil académique de recueillir avec plus de précision tous les faits dont la connaissance parfaite lui importe à un si haut point. Je ne crois pas devoir vous adresser des instructions détaillées sur la manière dont je comprends et dont il me paraît désirable qu'ils exercent leur mission. Délégués du Conseil académique avec lequel ils peuvent correspondre directement, c'est de ce Conseil surtout qu'ils doivent recevoir l'impulsion, c'est de ses pensées qu'ils doivent surtout s'inspirer.

Leur mission, qui est toute de confiance, s'étend à tout; mais elle n'est qu'une mission de surveillance, et s'il est à désirer qu'ils multiplient les avis et les remontrances paternelles, partout où besoin sera, il est à désirer aussi qu'ils ne compromettent jamais leur autorité, en s'efforçant d'introduire directement dans les Écoles, soit des livres, soit des principes d'éducation et d'enseignement dont ils apprécieraient les avantages, mais qui y seraient jusqu'alors inusités. C'est par le Conseil académique et par vous que les réformes à introduire dans l'enseignement doivent être provoquées : c'est donc au Conseil académique qu'ils doivent naturellement faire part de leurs vues à ce sujet. Le danger de leur situation, qu'ils ne se le dissimulent pas, c'est l'influence des passions locales; tous leurs efforts doivent donc tendre à s'en affranchir et à conserver, avec leur indépendance, cette haute réputation d'impartialité qui doit honorer leur mission. Il est, en outre, important qu'ils s'entendent, sous tous les rapports, avec M. l'Inspecteur de l'arrondissement. Placés plus près que lui des Écoles, plus à la portée que lui de recueillir journellement les faits isolés dont l'ensemble doit servir à constituer une opinion quelconque sur les Écoles et sur les instituteurs, qu'ils ne négligent pas, ainsi que le leur recommande l'article 45 du règlement du 29 juillet, de lui faire part de toutes leurs craintes, de tous leurs doutes ; en un mot, qu'ils éveillent son attention sur tous les faits qui intéressent la direction de l'enseignement dans leur canton. M. l'Inspecteur, de son côté, devra leur faire toutes les communications utiles à l'accomplissement de leur mission. En se prêtant ainsi un mutuel appui, les délégués cantonaux et les Inspecteurs d'arrondissement parviendront à constituer un bon système de surveillance dont les esprits éclairés comprennent l'importance et dont ils apprécieront les bienfaits.

Des Inspecteurs de l'instruction primaire.

En réorganisant le personnel de l'instruction primaire d'après les termes et selon l'esprit de la loi, j'ai dû compter sur le concours des fonctionnaires dont je vous ai récemment notifié la nomination, et qui tous ont obtenu, quoique à des degrés différents, des témoignages d'estime et de sympathie d'un ou de plusieurs Conseils académiques. La mission de ces fonctionnaires est difficile et délicate. A peine sortis des commotions sociales qui ont jeté le trouble dans tant d'esprits et qui ont fait dévier trop d'instituteurs de la ligne de leur devoir, ils doivent s'efforcer de rétablir l'ordre partout où il a reçu quelque atteinte, et de ramener dans les esprits le calme et la maturité si nécessaires aux intérêts de l'éducation populaire. Placés entre les sentiments de bienveillance dont ils doivent être naturellement animés à l'égard des instituteurs primaires, et les nécessités impérieuses d'une sévère répression, quelques-uns ont pu faiblir dans des moments décisifs. Espérons qu'ils ne seront plus désormais soumis à de si tristes épreuves, mais qu'en tous cas ils sauront, à l'avenir, s'armer de résolution et de fermeté, et se former aussi, par leurs efforts consciencieux, sur toutes les affaires qui leur seront soumises, une opinion nette et précise. Ce qu'on ne saurait trop blâmer, c'est cet esprit de mollesse et d'hésitation qui ne distingue pas nettement le bien du mal et qui énerve incessamment l'autorité. L'un de vos premiers soins sera d'apprécier et de guider ces fonctionnaires, dont plusieurs n'ont reçu qu'une nomination provisoire. Sans décourager ceux d'entre eux qui passent, de l'emploi subordonné de sous-inspecteurs, à l'indépendance relative des Inspecteurs d'arrondissement, vous leur ferez comprendre qu'une responsabilité plus spéciale, quoique territorialement plus circonscrite, pèse désormais sur eux. Mon jugement doit se fixer sans retard sur le caractère et sur le mérite respectif de ces auxiliaires importants de votre administration. Je vous prie de m'adresser, dans votre bulletin mensuel, des notes sur la marche de chacun d'eux, et d'aviser surtout à ce que j'aie à leur sujet des renseignements aussi complets que ceux demandés par ma circulaire du 2 novembre sur les fonctionnaires de l'instruction secondaire. Vous vous attacherez à me faire connaître comment ils s'acquittent de leurs devoirs ; s'ils font preuve de zèle, de fermeté, de discernement ; si leur conduite est droite et irréprochable ; s'ils savent se concilier l'estime publique ; si, dans leurs relations avec les diverses autorités, ils apportent l'esprit de tact, de mesure et d'indépendance qui leur est si nécessaire ; enfin, quels résultats ils obtiennent au point de vue de l'amélioration morale des maîtres et des progrès de l'enseignement. Vous utiliserez, à cet effet, les séjours que l'inspection des établissements d'instruction secondaire vous imposera presque toujours dans la résidence de ces auxiliaires de votre surveillance.

Vous voudrez bien, dès à présent, les mettre en garde contre des abus qui, sous l'ancienne organisation, ont quelquefois excité de justes plaintes, et qui ne doivent plus se reproduire; je veux parler des habitudes de commensalité qui se sont souvent établies entre les Inspecteurs et les instituteurs pendant les tournées d'inspection, et du règlement des frais auxquels ces tournées donnent lieu. MM. les Inspecteurs doivent s'abstenir rigoureusement d'accepter l'hospitalité, fût-elle restreinte à l'offre d'un repas, chez les instituteurs. Vous leur enjoindrez d'observer aussi une certaine réserve (sauf les cas d'exception fondés sur le défaut absolu de ressources dans un petit nombre de localités, pour lesquels ils auraient d'avance été spécialement autorisés par vous) à l'égard de MM. les maires et curés ou desservants. Quelque honorables que soient souvent les relations des Inspecteurs avec les maires et desservants, elles peuvent aussi, lorsqu'elles deviennent intimes, altérer, au moins en apparence, leur impartialité. Les Inspecteurs reconnaîtront qu'en manquant de circonspection sous ce rapport, ils s'exposeraient à des soupçons, qui sont toujours blessants pour des hommes dont l'impartialité et la délicatesse doivent être mises hors de doute; ils apprécieront, enfin, le seul moyen pour eux de se soustraire à l'influence des préventions locales et de conserver intacte l'autorité de leur caractère. A l'égard des frais qui leur sont alloués pour leurs tournées, il ne faut pas qu'ils s'habituent à les considérer comme des suppléments de traitement. Ces indemnités ne sont accordées que pour les dédommager du surcroît de dépense que les tournées d'inspection leur imposent, et, soit que le règlement actuel continue d'être exécuté, soit que de nouvelles dispositions interviennent, les efforts de l'administration doivent tendre à ce que ces indemnités ne perdent pas leur caractère. J'espère qu'il n'arrivera jamais de voir des fonctionnaires réclamer le remboursement de frais qu'ils n'auraient point faits ou qu'ils n'auraient supportés qu'en partie. Si quelques-uns d'entre eux (ce que je ne veux pas prévoir) ne tenaient pas suffisamment compte de ces observations, je vous recommande, Monsieur le Recteur, de m'en informer sur-le-champ, pour qu'il soit immédiatement statué ce qu'il appartiendra. Une pareille faute est incompatible avec la continuation des fonctions de celui qui l'aurait commise.

J'ai lieu d'espérer, au surplus, que vous n'aurez presque jamais à remplir cette mission de dénonciation sévère à l'égard des fonctionnaires qui doivent, sous tous les rapports, le bon exemple à leurs subordonnés et que vous n'aurez, en général, qu'à vous louer de leur concours. Je serai heureux d'en recevoir de vous l'assurance et de pouvoir leur réserver, en récompense de leur dévouement, un avancement qu'ils étaient précédemment obligés d'aller chercher au loin, et qui peut désormais venir les trouver là où ils s'en seront rendus dignes.

Archives des Comités et de l'inspection primaire[1].

Il me reste, Monsieur le Recteur, à appeler votre attention sur les archives des Comités supérieurs d'instruction primaire qui sont demeurées déposées pour la plupart au chef-lieu des sous-préfectures. Il m'a paru que ces papiers devaient être remis à MM. les Inspecteurs. Ils contiennent sur les instituteurs des ren-

1. Consulter la circulaire du 24 *août* 1855, invitant les chefs de service à se conformer aux instructions du 24 *décembre* 1850. (*Circulaires et Instructions officielles, etc.*, Tome IV, page 762.) — Consulter également ci-après, à leur date, les instructions des 17 *décembre* 1853 et 14 *février* 1855, au sujet de la création du *Bulletin de l'Instruction primaire*.

seignements précieux qu'il est important que MM. les Inspecteurs puissent consulter à toute heure lorsqu'ils auront à traiter des affaires sur lesquelles vous leur demanderez des rapports. Il en sera fait inventaire, et ces papiers formeront la base des archives de l'inspection, archives qui, augmentées de la correspondance quotidienne, devront être tenues dans le plus grand ordre, de telle sorte qu'elles puissent être transmises par chaque Inspecteur à son successeur, qui les prendra en charge, et en deviendra responsable.

Il est arrivé trop souvent qu'en passant d'un département dans un autre les Inspecteurs chargés, au dépourvu, d'une administration sans documents, perdaient un temps précieux dans des démarches personnelles ou dans une correspondance officielle, sans parvenir même à s'éclairer d'une manière complète sur les affaires qui leur étaient confiées. Si vous veillez à ce que les archives de l'inspection soient tenues avec soin, de pareilles lacunes ne seront plus désormais à regretter, et votre administration elle-même en deviendra plus prompte et plus facile.

Vous voudrez bien vous concerter avec MM. les Préfets et les Sous-Préfets pour que cette remise des archives puisse être promptement effectuée.

Je vous prie de vouloir bien m'accuser réception de cette lettre.

Recevez, etc.

Signé : E. DE PARIEU.

---

24 déc. 1850. **Circulaire du Ministre de l'Instruction publique, relative à l'exécution du décret du 7 octobre 1850 concernant les instituteurs primaires publics et libres.**

24 Décembre 1850.

Monsieur le Préfet, j'ai l'honneur de vous transmettre plusieurs exemplaires d'un décret rendu le 7 octobre dernier, sur ma proposition, par M. le Président de la République, pour assurer l'exécution de la loi du 15 mars 1850 en ce qui concerne l'instruction primaire. Vous trouverez également ci-joint une copie des instructions que je viens d'adresser, sur le même objet, à M. le Recteur de l'Académie.

Je crois devoir appeler plus particulièrement votre attention sur la troisième section du chapitre II de ce décret, relative au traitement des instituteurs communaux et à la rétribution scolaire[1].

A partir du 1er janvier 1851, un minimum de traitement est garanti aux instituteurs jusqu'à concurrence de 600 francs. C'est là un des grands bienfaits de la loi nouvelle à leur égard. Désormais, les instituteurs ne seront plus exposés aux privations qu'ils ont subies par le passé; désormais aussi il sera possible de se montrer plus difficile dans les choix, et de n'accepter pour instituteurs communaux que des hommes dont on sera sûr sous tous les rapports. M. le Rec-

1. Consulter les circulaires du 30 *janvier* 1851, concernant les frais d'imprimés, du 10 *janvier*, concernant le payement des compléments de traitement à la charge de l'État, du 21 *juillet* 1851, concernant les dépenses de l'instruction primaire, du 6 *août* 1851, concernant la préparation du budget de 1852, du 1er *septembre* 1851, concernant les demandes de subvention sur les fonds de l'État, du 8 *septembre* 1851, concernant le timbre des pièces justificatives de dépenses. (*Circulaires et Instructions officielles, etc.*, Tome IV.)

teur pourra enfin éloigner de l'enseignement public ceux qui ne montreraient pas un dévouement absolu à leurs devoirs. La situation des instituteurs primaires sera telle enfin, que des hommes capables et dignes ne répugneront plus à entrer dans une carrière d'où la misère a quelquefois chassé, après un petit nombre d'années d'exercice, ceux qui à une bonne conduite joignaient des connaissances propres à les faire rechercher dans d'autres professions.

Mais, à côté de ces avantages incontestables, il y a de graves abus à redouter.

J'ai particulièrement appelé l'attention de M. le Recteur sur les précautions à prendre en présence d'une situation qui, en assurant à tous les instituteurs un revenu suffisant, peut amener, chez quelques-uns, la cessation d'efforts qu'une impérieuse nécessité leur commandait précédemment.

Déjà, Monsieur le Préfet, lors du vote du budget départemental, vous avez pu juger des difficultés en présence desquelles les départements et l'État vont se trouver. Des dépenses dont l'utilité est incontestable, mais qui ne sont point obligatoires aux termes de la loi, ont été rejetées des budgets par un grand nombre de Conseils généraux, en vue du surcroît de dépenses que doit entraîner l'élévation du minimum des traitements des instituteurs communaux ; il faut donc faire en sorte, dans l'intérêt même de l'instruction primaire, que cette dépense ne s'augmente pas inutilement.

L'article 24 de la loi organique porte que l'enseignement primaire est donné gratuitement à tous les enfants dont les familles sont hors d'état de le payer, et l'article 45 de la même loi vous charge d'arrêter définitivement la liste des élèves gratuits approuvée par le Conseil municipal et dressée, chaque année, par le maire et les ministres des différents cultes. Il importe, Monsieur le Préfet, que vous vous armiez, à cet égard, d'une juste fermeté. Les combinaisons adoptées par la loi du 15 mars, en chargeant l'État de combler le déficit des ressources communales, désintéressent peut-être trop un grand nombre de Conseils municipaux dans la question, et peuvent les déterminer à se montrer très faciles quant à l'admission gratuite des élèves dans les Écoles. MM. les délégués pourront vous éclairer, sous ce rapport, dans beaucoup de circonstances et vous aider ainsi à repousser de ces listes tous les enfants des familles qui ne sont pas absolument dans l'impossibilité de subvenir à cette faible dépense. C'est devant cette impossibilité seule que vous devez vous arrêter. Depuis deux ans, le produit de la rétribution scolaire a considérablement diminué dans les Écoles. Il en faut chercher la cause, d'un côté, dans les événements politiques qui ont amené la suppression, ou du moins la fermeture momentanée, de beaucoup d'Écoles communales; d'un autre côté, dans l'affaiblissement de la fortune publique, qui a éloigné des Écoles un assez grand nombre d'enfants; et enfin, dans des écarts de conduite qui ont aliéné la confiance des familles à quelques instituteurs. Il y a lieu d'espérer que le retour à l'ordre ramènera les anciennes habitudes et que, les Écoles recommençant à être fréquentées comme par le passé, les sacrifices de l'État pourront être moindres qu'on ne l'avait d'abord supposé. Je recommande à M. le Recteur de s'efforcer d'obtenir, à cet effet, que les Écoles ne soient plus fermées l'été. Sans doute, il est impossible qu'à toutes les époques de l'année elles soient fréquentées par tous les enfants; mais il est à peu près certain qu'elles en conserveraient quelques-uns, si elles étaient constamment ouvertes. Vous voudrez bien adresser, dans le même sens, des instructions à MM. les maires. Quelque faible que doive être, pendant l'été, le produit de la rétribution scolaire dans chaque École, ce produit viendra diminuer d'autant les charges de l'État, et l'économie générale qui en pourra résulter sera encore considérable. Au point de vue de l'enseignement et de la bonne éducation de l'enfance, cette mesure aurait d'ailleurs des résultats tels, qu'ils suffiraient pour en faire désirer le succès.

Ainsi que vous avez pu le reconnaître, aux termes de l'article 38 de la loi, les communes devront d'abord consacrer à la partie fixe du traitement des instituteurs leurs revenus ordinaires et, en cas d'insuffisance du produit de ces revenus, le produit des trois centimes spéciaux; quand le produit de la rétribution scolaire, réuni au traitement fixe, n'atteindra pas 600 francs, elles devront, en outre, consacrer au supplément de traitement de l'instituteur la partie disponible de leurs revenus ordinaires et de leurs centimes spéciaux. Il est donc très important, pour un grand nombre de communes, mais aussi pour les départements et pour l'État, qui doivent combler le déficit, non seulement, comme je l'ai dit tout à l'heure, que la rétribution scolaire rende tout ce qu'elle doit produire, mais encore que le produit en soit régulièrement constaté. C'est en partie afin d'assurer ce double résultat qu'il a été décidé que cette rétribution serait perçue dans la même forme que les contributions publiques directes; que la perception serait exempte des droits de timbre, et donnerait droit aux mêmes remises que les autres recouvrements.

Le deuxième paragraphe de l'article 41 de la loi permet, il est vrai, au Conseil académique d'autoriser, sur l'avis conforme du Conseil général, l'instituteur à percevoir lui-même la rétribution scolaire. Cette disposition, introduite dans la loi afin de ménager la transition d'un régime à l'autre, par égard pour d'anciennes habitudes, a été, cette année, l'objet d'une recommandation spéciale aux Conseils généraux. Ces Conseils n'ont pas cru devoir user de cette faculté; quelques-uns ont formellement demandé l'exécution du premier paragraphe de l'article 41 de la loi; d'autres, en petit nombre, ont donné des avis favorables à quelques demandes d'instituteurs qui croient avoir intérêt à percevoir directement cette rétribution. Il en résulte que, cette année, la rétribution scolaire devra être perçue, à peu près partout, dans la même forme que les contributions publiques directes. Je considère ce résultat comme heureux, puisqu'en donnant à la participation de l'État, dans les dépenses de l'enseignement primaire, une base plus certaine, il tend en même temps à relever, aux yeux des populations, la considération des instituteurs.

Mais, Monsieur le Préfet, ces mesures d'équité et de prévoyance présentent quelques difficultés d'exécution et exigent, par conséquent, un ensemble de dispositions qui ont dû être étudiées avec soin avant de vous être communiquées, et qui pourront être complétées à mesure que l'expérience vous éclairera. Afin de donner à mes instructions une forme plus précise, j'ai cru devoir rapprocher et placer à la fois sous vos yeux les prescriptions de la loi, celles du décret du 7 octobre et celles qu'il m'a paru utile d'y ajouter pour en assurer l'exécution. J'y ai joint les modèles des tableaux qui sont nécessaires pour donner à cette nouvelle organisation du service la régularité convenable; vous voudrez bien vous y conformer exactement.

I. A dater du 1er janvier 1851, le traitement des instituteurs communaux se composera d'un traitement fixe qui ne pourra être inférieur à 200 francs; du produit de la rétribution scolaire, et d'un supplément accordé à tous ceux dont le traitement, joint au produit de la rétribution scolaire, n'atteint pas 600 francs. Le supplément sera calculé d'après le total de la rétribution scolaire de l'année précédente. (Art. 38 de la loi.)

II. Pour l'exécution de cette dernière disposition, le receveur municipal remettra, trois jours au plus tard avant la session de février des Conseils municipaux, au maire de la commune, le rôle primitif et les rôles supplémentaires de la rétribution scolaire de l'année précédente (art. 18 du décret du 7 octobre), appuyé d'un résumé (*Modèle* nº 1[1]) faisant connaître : 1° le montant de ces rôles; 2° les non-valeurs résultant des cotes indûment imposées et des sorties d'élèves dans le courant de l'année; 3° les sommes recouvrées; 4° celles dont la rentrée est réalisable; 5° celles qui seront à porter sur l'état des cotes irrecouvrables, et dont la commune est responsable envers l'instituteur, suivant l'article 29 du décret du 7 octobre.

Les rôles seront rendus au receveur municipal à la clôture de la session, pour être ultérieurement produits à l'appui de son compte.

III. Les Conseils municipaux délibéreront chaque année, dans leur session de février, pour l'année suivante sur le taux de la rétribution scolaire, sur le traitement de l'instituteur, sur les centimes spéciaux qu'ils auront à voter lors du règlement définitif de leur budget, à défaut de revenus ordinaires : 1° pour assurer la partie fixe du traitement de l'instituteur au minimum de 200 francs; 2° pour élever au minimum de 600 francs le revenu de l'instituteur, quand son traitement fixe, joint au produit de la rétribution scolaire, n'atteint pas cette somme.

Les délibérations des Conseils municipaux relatives aux Écoles (*Modèle* nº 2) seront envoyées avant le 1er mai, pour l'arrondissement chef-lieu, au Préfet, et pour les autres arrondissements, aux Sous-Préfets, qui les transmettront dans les dix jours au Préfet avec leur propre avis, celui des délégués cantonaux et celui de l'Inspecteur. (Art. 19 du décret.)

IV. Chaque année, à l'époque fixée par le Recteur, le maire et les ministres des différents cultes dresseront de concert la liste des enfants qui doivent être admis gratuitement dans les Écoles publiques. Cette liste (*Modèle* nº 3) sera approuvée par le Conseil municipal et définitivement arrêtée par le Préfet. (Art. 45 de la loi.)

Il en sera fait trois expéditions : une pour la mairie, une pour l'instituteur, une pour le Recteur.

Les modifications qui y seront apportées dans le cours de l'année seront soumises aux mêmes formalités. (Art. 10 du décret.)

V. Le Préfet soumettra au Conseil académique les délibérations des Conseils municipaux relatives au taux de la rétribution scolaire. Au vu de cette délibération et de la liste des enfants qui devront être admis gratuitement dans l'École, le Conseil académique fixera le taux de la rétribution scolaire. Le Recteur de l'Académie donnera avis de cette décision au Préfet, qui présentera le résultat de ces diverses délibérations au Conseil général dans sa session ordinaire, à l'appui de la proposition des crédits à allouer pour les dépenses de l'instruction primaire dans le budget départemental. (Art. 20 du décret.)

VI. La rétribution scolaire devra être payée par tous les élèves externes et pensionnaires qui suivront les classes de l'École et qui ne seront pas portés sur la liste des élèves gratuits. (Art. 21 du décret.)

VII. La rétribution scolaire sera perçue dans les mêmes formes que les contributions publiques directes. Elle est exempte des droits de timbre et sera payable par douzièmes. (Art. 23 du décret.)

VIII. Le rôle de la rétribution sera annuel.

1. Nous n'avons pas pensé qu'il fût utile de publier la collection des modèles visés dans la présente instruction. Nous nous bornons à maintenir la mention et le numéro de chacun de ces modèles.

Dans le courant de janvier, l'instituteur communal dressera et remettra au maire : 1° le rôle (*Modèle* n° 4) des enfants présents dans son École au commencement du mois et non exempts de la rétribution, avec l'indication des noms des redevables et du montant des sommes dues par chacun d'eux ; 2° les extraits individuels dudit rôle (*Modèle* n° 5), pour être ultérieurement, et à la diligence du receveur municipal, remis aux redevables à titre d'avertissement.

Il ne sera ouvert dans le rôle qu'un article au père, à la mère et au tuteur des enfants présents à l'École.

Le maire visera le rôle, après s'être assuré qu'il ne comprend pas d'enfants dispensés de la rétribution, qu'il comprend tous ceux qui y sont soumis ; en outre, que la cotisation est établie d'après le taux fixé par le Conseil académique.

Il l'adressera ensuite au Sous-Préfet, qui le communiquera à l'Inspecteur, pour qu'il puisse fournir ses observations.

Le Préfet, ou le Sous-Préfet par délégation, rendra le rôle exécutoire et le transmettra au receveur des finances, qui le fera parvenir au receveur municipal. (Art. 22 du décret.)

Lorsque plusieurs communes seront réunies pour l'entretien d'une même École, l'instituteur dressera un rôle spécial pour chaque commune.

Il dressera également un rôle spécial unique pour les enfants des communes voisines non réunies qui seraient admis à suivre son École.

Dans ce dernier cas, l'instituteur procédera directement au recouvrement de la rétribution scolaire, selon les dispositions de l'article 18 ci-après. Le rôle sera visé par le maire de la commune où est située l'École, et le produit en sera porté au compte de cette commune.

IX. Si les communes réunies qui fournissent des enfants à l'École font partie de divers arrondissements de perception, le receveur municipal de la commune où l'École est établie recevra de ses collègues, au commencement de chaque mois ou de chaque trimestre, en un mandat du maire, soit le douzième, soit le quart du contingent des autres communes.

X. Un rôle supplémentaire sera établi à la fin de chaque trimestre pour les enfants admis à l'École dans le courant du trimestre (*Modèle* n° 6). Dans ce cas, la rétribution est due à partir du premier jour du mois pendant lequel l'enfant a été admis. (Art. 24 du décret.)

XI. L'instituteur tiendra un registre matricule (*Modèle* n° 7) pour servir à l'établissement des rôles qu'il doit remettre au maire. Il inscrira successivement sur ce registre le nom de tous les élèves payants admis à fréquenter l'École, et, quand il y a lieu, en regard de chaque nom, la date de la sortie de l'élève et le dégrèvement qui résulte de cette sortie. — Le registre matricule sera présenté au maire, au délégué cantonal et à l'Inspecteur de l'instruction primaire, à toute réquisition.

XII. Tout enfant qui quittera l'École postérieurement à l'émission du rôle sera affranchi de la rétribution, à partir du premier jour du mois suivant. Avis de son départ sera immédiatement donné au maire par l'instituteur et par les parents.

Indépendamment de cet avis, l'instituteur dressera, au commencement de chaque mois, un relevé (*Modèle* n° 8), extrait du registre matricule, des enfants sortis pendant le mois précédent. Le maire vérifiera ce relevé, l'arrêtera et le remettra au receveur municipal, qui l'émargera aux articles respectifs des redevables, et le conservera comme tenant lieu d'ordonnance de dégrèvement. (Art. 26. du décret.)

Un autre extrait (*Modèle* nº 9) du registre matricule, contenant les noms des enfants entrés à l'École pendant le mois expiré, sera remis au receveur municipal, afin de le mettre à portée de recevoir les sommes qui lui seraient offertes avant l'émission du rôle trimestriel et d'en délivrer quittance à souche, sauf à faire ultérieurement l'émargement de ces sommes sur le rôle supplémentaire.

XIII. Les réclamations auxquelles la confection des rôles pourra donner lieu seront rédigées sur papier libre et déposées au secrétariat de la sous-préfecture. (Art. 30 du décret.)

Ces réclamations, ainsi que les états des cotes indûment imposées (*Modèle* nº 10) dressés par les receveurs municipaux, seront présentés dans les trois mois qui suivront la publication des rôles. (Art. 28 de la loi du 21 avril 1832; — arrêt du Conseil d'État du 19 mars 1845.)

Les états des cotes irrecouvrables (*Modèle* nº 11) seront présentés à la même époque que ceux qui concernent les contributions directes.

Lorsqu'il s'agira de décharge et de réduction, il sera statué par le Conseil de préfecture, sur l'avis du maire, du délégué cantonal et du Sous-Préfet.

Il sera prononcé sur les demandes en remise ou modération par le Préfet, après avis du Conseil municipal et du Sous-Préfet. (Art. 30 du décret.)

Il y aura lieu à décharge ou réduction quand les cotes auront été indûment ou mal établies, et à remise ou modération quand les redevables se trouveront dans l'impossibilité d'acquitter la totalité ou une partie de leur cotisation.

Les ordonnances de dégrèvements accordés sur demandes individuelles devront être conformes aux *Modèles* nºˢ 12 et 13. Quant aux ordonnances relatives aux demandes formées par les percepteurs, elles seront délivrées sur les états mêmes de cotes indûment imposées ou de cotes irrecouvrables.

XIV. Les rôles de la rétribution scolaire devant figurer pour leur produit net dans le compte de la commune, il sera fait, sur leur montant, déduction des non-valeurs résultant, soit des sorties d'élèves dans le cours de l'année, soit des dégrèvements de toute nature. (Art. 27 du décret.)

Les sommes qui seront devenues irrecouvrables et celles dont il sera fait remise, seront, ainsi que les allocations du receveur municipal, déclarées charges communales, et, comme telles, placées au nombre des dépenses obligatoires des communes. (Art. 29 du décret.)

Il ne sera pas fait recette des non-valeurs.

Le receveur municipal se bornera, quand les ordonnances de dégrèvements et les états de sorties d'élèves lui parviendront, à les émarger aux cotes des redevables et à en constater la réduction au compte des rôles de la rétribution, qui doit être ouvert, comme celui des rôles des contributions directes, sur la première feuille du livret récapitulatif.

Les ordonnances de dégrèvements et les états de sorties des élèves seront produits à l'appui du compte de gestion.

XV. Le produit des rôles de la rétribution scolaire sera porté en recettes à la première section du livre des comptes divers.

XVI. En fin d'année, il sera procédé à un décompte (*Modèle* nº 14) à l'effet de constater si l'instituteur a reçu le minimum de traitement qui lui est garanti par l'article 38 de la loi organique.

Ce décompte, qui devra être préparé par le receveur pour être soumis au Conseil municipal, sera établi d'après le nombre des élèves portés, soit au rôle général, soit aux rôles supplémentaires. Il sera fait déduction, sur le montant des rôles, des non-valeurs résultant, soit des sorties d'élèves dans le cours de l'année, soit des dégrèvements prononcés. (Art. 27 du décret.)

XVII. Les remises des receveurs municipaux sur le produit des rôles généraux et supplémentaires de la rétribution scolaire seront calculées à raison de 3 pour 100 du total desdits rôles. (Art. 28 du décret.)

Cette allocation spéciale devra figurer d'une manière distincte sur les décomptes des remises des receveurs municipaux. (*Modèle* n° 157 de l'instruction générale sur le service et la comptabilité des receveurs des finances, en date du 17 juin 1840.)

Quant aux remises sur le traitement fixe et supplémentaire des instituteurs, elles seront réglées par l'application du tarif du 22 mai 1839 relatif aux recettes et dépenses municipales.

XVIII. Lorsque le Conseil académique autorisera un instituteur à percevoir lui-même le montant de la rétribution scolaire, en exécution du deuxième paragraphe de l'article 41 de la loi organique, le Recteur en informera immédiatement le receveur particulier de l'arrondissement, qui en donnera avis au receveur municipal. Dans ce cas, le rôle primitif et les rôles supplémentaires de la rétribution seront dressés et arrêtés conformément aux paragraphes 8, 10 et 11 ci-dessus (art. 31 du décret); mais ils ne donneront droit à aucune répétition contre les communes pour cotes irrecouvrables, ni à aucune remise au profit du receveur municipal qui n'en fera recette et dépense que pour ordre dans son compte de gestion, d'après un certificat du maire constatant le produit net des rôles.

Le décompte de fin d'année, mentionné au paragraphe 16, sera alors dressé par l'instituteur (*Modèle* n° 15). Il joindra à l'appui les ordonnances de dégrèvements et les états mensuels des sorties d'élèves.

L'instituteur délivrera aux redevables qui acquitteront la rétribution scolaire, une quittance détachée d'un livre à souche (*Modèle* n° 16).

XIX. Les diverses ressources dont se compose le traitement de l'instituteur primaire seront centralisées à la caisse municipale et portées au budget de la commune, savoir :

En recette, aux trois articles suivants :

1° *Rétribution scolaire;*

2° *Centimes spéciaux;*

3° *Subvention pour complément du département et de l'État ;*

Et en dépense, à un article unique intitulé : *Traitement de l'instituteur primaire.*

XX. Lorsque le traitement fixe et la rétribution scolaire ne devront pas dépasser le minimum de 600 francs fixé par l'article 38 de la loi organique, il sera payé à l'instituteur 50 francs par mois ou 150 par trimestre.

Lorsque ce minimum sera dépassé, et qu'il n'y aura pas lieu par conséquent d'allouer un supplément de traitement à l'instituteur, il lui sera payé par mois ou par trimestre une somme égale : 1° au douzième ou au quart de son traitement fixe; 2° au montant de la rétribution scolaire perçue pour son compte soit dans le mois, soit dans le trimestre précédent.

Lorsque l'instituteur percevra lui-même la rétribution scolaire, le traitement fixe seulement lui sera payé par parties égales, comme il est dit ci-dessus. Quant au complément de traitement, il lui sera payé par semestre, savoir : la première partie égale à la moitié de la subvention allouée l'année précédente, et la seconde partie suivant le résultat du décompte mentionné au seizième paragraphe.

Aucun supplément de traitement ne sera alloué sur les fonds du département ou de l'État aux instituteurs qui jouiraient déjà sur ces mêmes fonds d'un traitement d'activité à un titre quelconque.

Cette disposition s'étend aux instituteurs qui ne seraient pas institués par le Ministre. Le droit au supplément de traitement ne courra que du jour de l'institution.

Telles sont, Monsieur le Préfet, les diverses dispositions que j'ai cru devoir adopter, de concert avec M. le Ministre des Finances, pour assurer l'exécution de la loi du 15 mars, en ce qui concerne le payement du traitement des instituteurs communaux.

Il eût été à désirer que les Conseils municipaux eussent pu être appelés à délibérer cette année, comme le veut l'article 19 du décret du 7 octobre, sur le taux de la rétribution scolaire pendant l'année 1851 et que les Conseils académiques eussent été ainsi en mesure de fixer le taux de cette rétribution, conformément à l'article 15 de la loi; mais, d'un côté, il serait difficile de réunir les votes de tous les Conseils municipaux assez promptement pour qu'ils pussent être examinés par les Conseils académiques avant les premiers jours de janvier, époque à laquelle les rôles doivent être dressés partout; et, d'un autre côté, il y aurait quelque inconvénient à modifier, pour l'année 1851, le taux actuel de la rétribution scolaire, puisque ce taux a servi de base aux votes des Conseils municipaux, provoqués par le décret du 20 avril 1850, et que ces délibérations ont elles-mêmes servi de base aux votes subséquents des Conseils généraux. Il y a donc nécessité de passer outre cette année et d'accepter le taux de la rétribution scolaire, tel qu'il était fixé lorsque les Conseils municipaux ont délibéré au mois de mai dernier.

Je vous prie, Monsieur le Préfet, de donner à ces instructions toute la publicité désirable. Il est utile que chaque instituteur et chaque maire en reçoivent un exemplaire. Vous voudrez bien vous charger de ce soin. M. le Ministre des Finances en transmettra, de son côté, un exemplaire à MM. les receveurs des finances, et M. le Recteur de l'Académie à MM. les Inspecteurs d'arrondissements et délégués cantonaux.

Il me reste à appeler également votre attention sur d'autres articles du décret dont l'exécution vous est plus spécialement confiée.

L'article 1er porte qu'il doit être ouvert dans chaque mairie un registre spécial destiné à recevoir les déclarations des instituteurs qui veulent établir des Écoles libres, conformément à l'article 27 de la loi organique, et l'article 2 du décret impose à MM. les maires l'obligation de délivrer, en triple expédition, aux postulants, une copie de leur déclaration, en inscrivant au bas de ces copies leurs observations sur le local choisi par l'instituteur.

Il importe, Monsieur le Préfet, que ce registre soit tenu avec beaucoup d'ordre et de régularité. Il est destiné à donner une date certaine à une déclaration d'ouverture d'École contre laquelle, à la fin du mois, aucune opposition n'est plus possible. Il permettra, en outre, de vérifier l'exactitude des déclarations des instituteurs, qui, aux termes de la loi, doivent indiquer les lieux où ils ont résidé depuis dix ans. Afin de donner partout à ces déclarations la même forme, je vous transmets un modèle du registre de déclaration (*Modèle* A) et un modèle des copies que le maire devra délivrer à l'instituteur (*Modèle* B). Je vous prie de faire en sorte que ces modèles parviennent à tous les maires des communes de votre département, et de leur adresser, à ce sujet, les plus pressantes recommandations. Vous voudrez bien les inviter à faire tenir exactement, à la fin du registre, un répertoire par ordre alphabétique de tous les instituteurs qui y seront portés, et d'y répéter, en regard de chaque nom, le numéro d'ordre inscrit en tête de chaque déclaration. C'est le seul moyen d'assurer dans quelques années la facilité des recherches.

L'article 9 du décret vous arme d'un droit dont vous saurez, je n'en doute pas, faire usage avec prudence et fermeté à l'égard des communes peu soucieuses du bien-être de l'enfance. Après vous être concerté avec M. le Recteur, vous pourrez mettre en demeure les Conseils municipaux de réparer ou de mieux approprier leurs maisons d'école; vous pourrez même prononcer l'interdiction du local lorsque vous reconnaîtrez qu'il compromet la santé des élèves et du maître, et si, dans le délai que vous aurez déterminé, il n'a pas été pourvu à l'exécution des travaux reconnus nécessaires, vous pourrez y pourvoir d'office.

Quant aux projets de constructions nouvelles pour l'exécution desquels des secours seraient demandés aux départements ou à l'État, ils devront être préalablement soumis au Conseil académique qui doit être consulté sur tous les secours et encouragements à accorder à l'instruction primaire. Lorsqu'une demande de ce genre vous parviendra, vous voudrez donc bien l'instruire dans les formes ordinaires au point de vue des intérêts communaux, et la transmettre, avec toutes les pièces à l'appui, à M. le Recteur, qui, après avoir pris l'avis de MM. les Inspecteurs et délégués cantonaux (art. 7 et 8 du décret du 7 octobre) la soumettra au Conseil académique (art. 14 de la loi), et vous la renverra avec une copie de l'avis de ce Conseil. Vous me transmettrez ensuite le dossier complet, afin qu'il soit examiné par la Section permanente du Conseil supérieur, et que je puisse fixer la quotité des secours à accorder. Rien n'est changé d'ailleurs, quant au payement des secours, aux dispositions de la circulaire du 10 novembre 1847.

Je vous prie, Monsieur le Préfet, de vous rendre un compte exact des difficultés imprévues que l'exécution des dispositions contenues dans la présente circulaire pourrait rencontrer, de les étudier avec soin et de me communiquer, dans le courant du mois de juillet prochain, le résultat de vos observations, ainsi que vos vues sur les moyens d'améliorer ce service. Vous pourrez, dans l'intervalle, appeler mon attention sur des obstacles que vous ne sauriez surmonter sans instructions nouvelles; mais, hors ce cas, je désire que vous vous efforciez d'assurer par vous-même l'exécution littérale de ces dispositions. Ce ne sera qu'après un essai sérieux et prolongé que je me déterminerai à les modifier, s'il y a lieu, mais seulement après avoir pris connaissance des observations recueillies à ce sujet dans tous les départements.

Veuillez m'accuser réception de cette lettre.

Recevez, etc.

Signé : E. DE PARIEU.

---

30 déc. 1850.

Décret relatif aux pensionnats primaires.

30 Décembre 1850.

Le Président de la République,

Sur le rapport du Ministre de l'Instruction publique et des Cultes,

Vu l'article 53 de la loi du 15 mars 1850;

Le Conseil supérieur de l'Instruction publique entendu.

Décrète :

TITRE Ier.

Des instituteurs libres.

ARTICLE 1er. — Tout instituteur libre qui veut ouvrir un pensionnat primaire, devra justifier qu'il s'est soumis aux prescriptions des articles 27 et 28 de la loi du 15 mars 1850. Il devra, en outre, déposer entre les mains du maire la déclaration exigée par le paragraphe 1er de l'article 53 de ladite loi.

Cette déclaration doit être accompagnée :

1° De l'acte de naissance de l'instituteur, et, s'il est marié, de son acte de mariage;

2° D'un certificat dûment légalisé, attestant que le postulant a exercé pendant cinq ans au moins, soit comme instituteur, soit comme maître, dans un pensionnat primaire;

3° Du programme de son enseignement;

4° Du plan du local dans lequel le pensionnat doit être établi;

5° De l'indication du nombre maximum des pensionnaires qu'il se propose de recevoir;

6° De l'indication des noms, prénoms, date et lieu de naissance des maîtres et employés qu'il s'est adjoints pour la surveillance du pensionnat.

ART. 2. — Tout Français qui, après avoir exercé pendant cinq ans comme maître dans un pensionnat primaire, voudra ouvrir à la fois une École libre et un pensionnat primaire, pourra accomplir simultanément les formalités prescrites par les articles 27 et 28 de la loi du 15 mars, et par l'article 1er ci-dessus.

ART. 3. — Le maire inscrit sur un registre spécial la déclaration de l'instituteur.

Dans les trois jours qui suivent la déclaration, le maire, après avoir visité ou fait visiter le local destiné au pensionnat, vise en triple expédition la déclaration de l'instituteur et la lui remet avec son visa.

S'il refuse d'approuver le local, il fait mention de son opposition et des motifs sur lesquels elle est fondée, en marge de la déclaration.

Cette déclaration, accompagnée des pièces prescrites par l'article 1er du présent règlement, est transmise au Recteur de l'Académie, au Procureur de la République et au Sous-Préfet par le postulant.

ART. 4. — Si le Recteur fait opposition à l'ouverture du pensionnat, soit dans l'intérêt de la moralité ou de la santé des élèves, soit pour inobservation des formes et conditions prescrites par la loi, il signifie son opposition à la partie par un arrêté motivé.

Trois jours au moins avant la séance fixée pour le jugement de l'opposition, l'instituteur est appelé devant le Conseil académique.

Cette opposition est jugée par le Conseil académique, suivant les formes prescrites au chapitre II du règlement d'administration publique, en date du 29 juillet 1850 (art. 25, 27 et 28).

Copie de la décision du Conseil académique est transmise par le Recteur au maire de la commune qui fait transcrire cette décision en marge de la déclaration de l'instituteur sur le registre spécial.

A défaut d'opposition à l'ouverture du pensionnat et dans le cas où il est donné mainlevée de l'opposition qui aurait été formée, le Conseil académique détermine le nombre d'élèves qui peuvent être admis sans inconvénient dans le local affecté au pensionnat, et le nombre des maîtres et employés nécessaire pour la surveillance des élèves. Mention en est faite par le Recteur sur le plan du local. L'instituteur est tenu de représenter ledit plan aux autorités préposées à la surveillance des Écoles, chaque fois qu'il en est requis.

TITRE II.

Des instituteurs publics.

ART. 5. — Les dispositions des articles 1er et 3 du présent règlement sont applicables à l'instituteur public qui veut établir un pensionnat primaire.

La déclaration de l'instituteur est soumise par le maire au Conseil municipal dans sa plus prochaine réunion.

Le Conseil municipal, avant de donner son avis sur la demande, s'assure que le local est approprié à sa destination, et que la tenue de l'École communale n'aura pas à souffrir de l'établissement projeté.

ART. 6. — L'autorisation donnée par le Conseil académique mentionne le nombre des élèves pensionnaires que l'instituteur peut recevoir. Cette autorisation mentionne également le nombre des maîtres et employés qui devront partager avec l'instituteur la surveillance du pensionnat.

Le plan du local visé par le Recteur et l'autorisation délivrée par le Conseil académique doivent être représentés par l'instituteur aux autorités préposées à la surveillance des Écoles.

ART. 7. — Le régime intérieur des pensionnats primaires sera réglé par le Recteur en Conseil académique, sauf revision par le Ministre en Conseil supérieur de l'instruction publique

TITRE III.

Des conditions communes aux instituteurs publics et libres.

ART. 8. — Si l'instituteur ne s'est pas conformé aux mesures prescrites par le Conseil académique, dans l'intérêt des mœurs et de la santé des élèves, il pourra être traduit devant ledit Conseil pour subir l'application des dispositions de l'article 30 de la loi organique du 15 mars 1850, s'il appartient à l'enseignement libre; s'il est instituteur communal, il lui sera fait application des peines énoncées en l'article 33 de ladite loi.

ART. 9. — Tout instituteur qui reçoit des pensionnaires doit tenir un registre sur lequel il inscrit les noms, prénoms et l'âge de ses élèves pensionnaires, la date de leur entrée et celle de leur sortie.

Chaque année il transmet, avant le 1er novembre, au Recteur de l'Académie, un rapport sur la situation et le personnel de son établissement.

ART. 10. — Tout instituteur dirigeant un pensionnat, qui change de commune ou qui, sans changer de commune, change de local ou apporte au local affecté à son pensionnat des modifications graves, doit en faire la déclaration au Recteur et au maire de la commune, et se pourvoir de nouveau devant le Conseil académique.

La nouvelle déclaration devra être accompagnée du plan du local et devra mentionner les indications énoncées au paragraphe 5 de l'article 4 du présent règlement.

ART. 11. — Il est ouvert, dans chaque pensionnat, un registre spécial destiné à recevoir les noms, prénoms, date et lieu de naissance des maîtres et employés, et l'indication des emplois qu'ils occupaient précédemment et des lieux où ils ont résidé, ainsi que la date des brevets, diplômes ou certificats de stage dont ils seraient pourvus.

Les autorités préposées à la surveillance de l'instruction primaire devront toujours se faire représenter ces registres quand elles inspecteront les Écoles.

ART. 12. — Aucun pensionnat primaire ne pourra être établi dans des locaux dont le voisinage serait reconnu dangereux sous le rapport de la moralité et de la santé des élèves.

ART. 13. — Aucun pensionnat ne peut être annexé à une École primaire qui reçoit des enfants des deux sexes.

ART. 14. — Les dortoirs doivent être spacieux, aérés et dans des dimensions qui soient en rapport avec le nombre des pensionnaires.

Ils doivent être surveillés et éclairés pendant la nuit.

Une pièce spéciale doit être affectée au réfectoire.

---

3 janvier 1851. **Arrêté relatif aux frais de tournées des Inspecteurs de l'instruction primaire[1].**

3 Janvier 1851.

Le Ministre au département de l'Instruction publique et des Cultes,

Vu l'avis de la Section permanente du Conseil supérieur de l'Instruction publique, en date du 24 décembre 1850,

Arrête :

ARTICLE 1er. — Tous les ans, dans les premiers jours du mois de décembre, le Ministre de l'Instruction publique arrête la répartition entre chaque département de la somme portée au budget de l'année suivante pour les frais de tournée des Inspecteurs des Écoles primaires, sauf ce qui est dit à l'article 10.

Cette répartition est faite proportionnellement au nombre des communes et des Écoles dans chaque département, en tenant compte de la superficie territoriale du département et des difficultés des communications et du parcours.

ART. 2. — Le Recteur, après avoir pris l'avis du Conseil académique, propose au Ministre, d'après les mêmes bases, la répartition du crédit accordé à son département entre les Inspecteurs de l'instruction primaire des divers arrondissements.

Cette répartition doit fixer :

1° La somme affectée à chacune des tournées trimestrielles ordinaires déterminées à l'article 3, en tenant compte des circonstances locales relatives à la fréquentation des Écoles et aux difficultés du parcours dans les diverses saisons de l'année ;

2° La somme qui peut être affectée dans chaque trimestre à des inspections ou missions extraordinaires, laquelle somme ne pourra jamais excéder le quart de la précédente.

Cette répartition, approuvée par le Ministre, est définitive et ne peut être modifiée dans le courant de l'année.

1. Consulter, au sujet des frais de tournées des Inspecteurs primaires, les deux circulaires du 21 *janvier* 1851 aux Recteurs et aux Préfets. (*Circulaires et Instructions officielles, etc.*, Tome IV, pages 165 et 168.)

ART. 3. — A la fin de chaque trimestre, le Recteur de l'Académie dresse l'état des Écoles que les Inspecteurs devront inspecter pendant le trimestre suivant. Cet état indiquera le nombre des jours qui devront être consacrés à cette inspection ordinaire. Un certain nombre de jours devront être réservés pour des inspections ou missions extraordinaires et pour les travaux de cabinet.

ART. 4. — L'Inspecteur, à moins de circonstances graves, dont il rend compte au Recteur dans son rapport trimestriel, doit inspecter dans le trimestre toutes les Écoles indiquées sur l'état dressé par le Recteur.

Il ne doit pas inspecter plus de deux Écoles par jour, à moins d'autorisation spéciale donnée par le Recteur pour des cas déterminés.

ART. 5. — Une note constatant l'inspection ordinaire ou extraordinaire de chaque École primaire, signée par l'Inspecteur, est envoyée le jour même par ce fonctionnaire au Recteur de l'Académie.

En cas de refus de la part d'un instituteur de se soumettre à l'inspection, l'Inspecteur dressera procès-verbal de ce refus, conformément à l'article 22 de la loi organique et à l'article 42 du règlement du 29 juillet 1850. Il enverra ce procès-verbal au Recteur de l'Académie, qui le transmettra au Procureur de la République.

ART. 6. — Il est alloué aux Inspecteurs de l'instruction primaire, pour chaque jour consacré à l'inspection des Écoles, hors du lieu de leur résidence, une indemnité de 5 francs.

ART. 7. — Au commencement de chaque trimestre, il est mis par le Préfet, sur la proposition du Recteur de l'Académie, une somme de 150 francs, à titre d'avance, à la disposition de chaque Inspecteur de l'instruction primaire.

ART. 8. — A la fin de chaque trimestre, l'Inspecteur remet au Recteur, avec le rapport prescrit par l'article 43 du règlement d'administration publique du 29 juillet 1850, l'état de ses frais en double expédition.

Cet état doit mentionner :

1° Pour les inspections ordinaires :

Les communes dans lesquelles a eu lieu l'inspection;

Le nombre des Écoles inspectées dans chaque commune, en indiquant si ce sont des Écoles libres ou des Écoles publiques;

Le nombre des jours employés à l'inspection;

2° Pour les missions ou inspections extraordinaires :

Les communes où l'Inspecteur a dû se rendre;

Les Écoles qu'il a inspectées ou l'objet de la mission;

Le nombre de jours consacrés à ces inspections ou missions.

ART. 9. — Le Recteur de l'Académie compare cet état de frais :

1° Avec l'état mentionné en l'article 3 du présent règlement;

2° Avec les notes constatant l'inspection, prescrites au premier paragraphe de l'article 5 du présent règlement;

3° Avec les rapports qui lui ont été adressés à la suite des inspections ou missions extraordinaires.

Un double de l'état des frais présenté par l'Inspecteur, approuvé par le Recteur, est transmis au Ministre, qui en fait ordonnancer le solde.

ART. 10. — Tous les ans, avant d'arrêter la répartition du crédit destiné aux frais de tournées des Inspecteurs, ainsi qu'il est dit à l'article 1er, le Ministre prélève sur l'ensemble de ce crédit la somme que, d'après les besoins du service, il juge nécessaire pour subvenir, pendant l'année suivante, aux frais de déplacement des Inspecteurs.

ART. 11. — Sur ce crédit, réservé par le Ministre, il pourra être alloué, à titre de frais de déplacement, à tout Inspecteur qui, sans obtenir de l'avancement, est appelé, dans l'intérêt du service, d'un département dans un autre, une indemnité qui sera calculée à raison de trente centimes par kilomètre à parcourir pour se rendre à son nouveau poste. Cette indemnité pourra être élevée proportionnellement au nombre des membres de la famille de l'Inspecteur, sans pouvoir jamais excéder le double de celle à laquelle il aurait eu droit. L'indemnité supplémentaire ne sera accordée que sur la proposition du Recteur.

---

5 janvier 1851.

Rapport et Décret concernant la retenue du vingtième à exercer sur le traitement des instituteurs publics[1].

5 Janvier 1851.

1° Rapport au Président de la République.

Monsieur le Président,

Depuis la promulgation de la loi du 28 juin 1833 sur l'instruction primaire, une retenue annuelle du vingtième est exercée sur le traitement des instituteurs publics.

Jusqu'à ce jour, cette retenue n'a frappé que le traitement fixe de ces maîtres.

1. Consulter, à ce sujet, les circulaires des 20 et 23 *janvier* 1851 aux Recteurs et aux Préfets (*Circulaires et Instructions officielles, etc.*, Tome IV, pages 156 et 169); l'arrêté du 30 *avril* 1851; le rapport au Président et le décret du 19 *décembre* 1851. (*Bulletin administratif de l'Instruction publique*, Tome II, pages 216 et 469.)

Le montant en a été versé dans les caisses d'épargne établies par la loi précitée.

La loi du 15 mars 1850 sur l'Instruction publique a modifié ces deux dernières dispositions.

D'une part, elle a remplacé (art. 38) les traitements fixe et éventuel des instituteurs publics par un traitement qui se compose :

1° D'un traitement fixe qui ne peut être inférieur à 200 francs;

2° Du produit de la rétribution scolaire;

3° D'un supplément accordé, s'il y a lieu, à tous ceux dont le traitement, joint au produit de la rétribution scolaire, n'atteint pas 600 francs.

D'un autre côté, la loi du 15 mars a décidé (art. 39) qu'une caisse des retraites serait substituée par un règlement d'administration publique aux caisses d'épargne des instituteurs.

Un projet de loi générale sur les retraites devant être présenté prochainement à l'Assemblée nationale, le règlement d'administration publique dont il est question a été ajourné. La conséquence nécessaire de ce fait est le maintien provisoire des caisses d'épargne et la continuation du versement dans lesdites caisses de la retenue du vingtième faite sur le traitement des instituteurs. Cette mesure transitoire se justifie d'autant mieux qu'en réalité les caisses d'épargne ne feront que recevoir d'avance les retenues dont profitera, suivant toute apparence, la caisse des retraites, lorsqu'elle aura été établie.

Les conditions de traitement des instituteurs étant aujourd'hui complètement changées, ainsi qu'il a été exposé ci-dessus, il reste à décider si la retenue s'exercera sur la totalité ou sur une partie seulement du traitement, tel qu'il est déterminé par l'article 38 précité de la loi du 15 mars dernier.

La Section permanente du Conseil supérieur de l'instruction publique consultée a été d'avis que la retenue du vingtième opérée sur le traitement des instituteurs continuât à être versée dans la caisse d'épargne, et que cette retenue s'exerçât sur la totalité de ce traitement. Cette opinion m'a paru devoir être adoptée.

J'ai l'honneur, en conséquence, Monsieur le Président, de soumettre à votre approbation un projet de décret qui a pour but de consacrer ces nouvelles dispositions.

Recevez, etc.

Signé : E. DE PARIEU.

2° Décret.

Le Président de la République,

Sur le rapport du Ministre de l'Instruction publique et des Cultes,

Décrète :

ARTICLE 1er. — A dater du 1er janvier 1851, la retenue annuelle du vingtième, qui n'était prélevée que sur le traitement fixe des instituteurs publics pour être versée dans les caisses d'épargne, portera sur le traitement de ces maîtres, tel qu'il est déterminé par l'article 38 de la loi du 15 mars 1850, lequel traitement se compose :

1° D'un traitement fixe qui ne peut être inférieur à 200 francs;

2° Du produit de la rétribution scolaire;

3° D'un supplément accordé, s'il y a lieu, à tous ceux dont le traitement, joint au produit de la rétribution scolaire, n'atteint pas 600 francs.

---

4 février 1851. **Circulaire du Ministre de l'Instruction publique, relative à la fermeture des Écoles indûment ouvertes.**

4 Février 1851.

Monsieur le Recteur, les articles 29 et 66 de la loi du 15 mars 1850 établissent les peines qui doivent être infligées à quiconque aura ouvert, en contravention aux dispositions de la loi, un établissement d'instruction soit primaire, soit secondaire.

Ces peines sont, pour première contravention aux articles 25, 26 et 27 de la loi, une amende de 50 francs à 500 francs; et pour une première contravention à l'article 60, une amende de 100 francs à 1 000 francs. En cas de récidive, l'amende peut être élevée de 100 francs à 1 000 francs et de 1 000 francs à 3 000 francs, et le délinquant peut être condamné à un emprisonnement soit de six jours à un mois, soit de quinze jours à un mois, selon qu'il a ouvert une École primaire ou secondaire.

Les tribunaux, ayant égard aux circonstances atténuantes, peuvent, en vertu de l'article 80 de la loi du 15 mars, abaisser l'amende ou la durée de l'emprisonnement par application de l'article 463 du Code pénal.

Dans tous les cas, et quelle que soit la quotité de l'amende ou la durée de l'emprisonnement, fixées par le tribunal correctionnel, l'École, aux termes des articles 29 et 66 de la loi du 15 mars, doit être fermée.

Déjà, Monsieur le Recteur, quelques tribunaux ont eu à faire l'application de la loi du 15 mars 1850, et, en prononçant la condamnation à l'amende encourue par les délinquants, ils se sont abstenus d'ordonner, par le même jugement, la fermeture des Écoles indûment ouvertes. On a pensé, dans quelques localités, que ces jugements contenaient une lacune, et on m'a demandé s'il y avait lieu, soit d'en appeler, soit de faire fermer l'École par mesure administrative.

C'est ce dernier parti qu'il faut prendre; c'est le seul que l'on puisse adopter. Les tribunaux ne doivent pas nécessairement ordonner la fermeture des Écoles indûment ouvertes. Cette mesure de police n'est pas laissée à leur appréciation; elle est formellement prescrite par la loi. Ainsi donc, lorsqu'une contravention a été constatée et réprimée par un jugement de tribunal, quelque indulgent qu'il se soit montré dans l'application de la peine, le jugement doit être suivi de la fermeture de l'École, par mesure administrative, c'est-à-dire sous l'autorité de M. le Préfet, par les soins du maire de la commune ou du commissaire de police.

Je vous prie, Monsieur le Recteur, de vous entendre avec M. le Préfet et avec M. le Procureur de la République, pour adopter, de concert, les mesures propres à assurer, sous ce rapport, l'exécution de la loi.

Recevez, etc.

Signé : CH. GIRAUD.

Circulaire du Ministre de l'Instruction publique, relative à l'indication des conditions d'âge que devront remplir les aspirantes institutrices pour être admises à subir l'examen. 14 février 1851.

14 Février 1851.

Monsieur le Recteur, le règlement prescrit par l'article 50 de la loi du 15 mars 1850, qui doit arrêter les dispositions relatives à l'examen des institutrices, n'ayant point encore été délibéré en Conseil supérieur de l'instruction publique, et la session des Commissions d'instruction primaire devant, selon toute probabilité, s'ouvrir dans le courant du mois prochain, j'ai l'honneur de vous prévenir qu'après avoir pris l'avis de la Section permanente du Conseil, j'ai décidé que les aspirantes au brevet de capacité seraient admises, comme par le passé, à subir les épreuves exigées, à l'âge de vingt ans accomplis.

Si les besoins du service ou des considérations particulières vous paraissaient motiver des exceptions à cette règle générale, vous voudriez bien en faire l'objet de propositions spéciales et individuelles. Ces demandes ne pourront être accueillies qu'autant que les aspirantes au brevet de capacité pour lesquelles elles seraient formées auraient atteint leur dix-huitième année.

Recevez, etc.

Signé : CH. GIRAUD.

Circulaire du Ministre de l'Instruction publique, relative aux conditions auxquelles les étrangers sont admis à enseigner en France. 17 février 1851.

17 Février 1851.

Monsieur le Recteur, au moment où s'ouvre la session ordinaire du Conseil supérieur de l'instruction publique, je crois devoir appeler votre attention sur le règlement du 5 décembre dernier, rendu en exécution de l'article 78 de la loi du 15 mars, et dont vous trouverez ci-joint quelques exemplaires.

Ce règlement fixant les conditions auxquelles les étrangers peuvent être admis à enseigner en France, il importe que tout étranger qui, dans votre ressort académique, aurait l'intention de se livrer à l'enseignement libre, primaire ou secondaire, soit comme chef d'établissement, soit comme professeur ou surveillant, se mette à même d'obtenir l'autorisation exigée par l'article 1er.

L'étranger qui se proposerait de diriger un établissement libre, primaire ou secondaire, devra justifier d'abord qu'il est admis à jouir des droits civils, et avoir rempli les conditions énumérées dans l'article 25, ou dans l'article 60 de la loi. J'examinerai ensuite, après avoir pris l'avis du Conseil supérieur, et sur le vu des pièces que vous me transmettrez, avec vos appréciations personnelles, s'il y a lieu de lui accorder l'autorisation spéciale qui lui est nécessaire.

Dans les cas prévus par les articles 2, 3 et 4 du règlement, vous aurez soin de recueillir tous les renseignements propres à justifier les exceptions réclamées.

L'autorisation spéciale étant toujours révocable, il convient de s'assurer si ceux qui l'ont obtenue continuent de s'en montrer dignes par la bonne direction qu'ils donnent à la jeunesse. Je vous invite, en conséquence, à soumettre à une surveillance particulière les établissements qui ont pour chefs des étrangers. Vous vérifierez, par des inspections fréquentes et complètes, si les prescriptions que vous aurez cru utile d'indiquer, dans l'intérêt de l'éducation et de l'instruction des enfants, ont été suivies. Vous ne manquerez pas d'encourager les efforts des instituteurs étrangers, qui reconnaîtraient par des succès marqués l'hospitalité que nous leur accordons; mais aussi vous n'hésiteriez pas à signaler à la juste sévérité de l'autorité supérieure ceux dont la direction morale ou intellectuelle pourrait compromettre sérieusement l'avenir des enfants. J'userai des pouvoirs que me donne l'article 1er, et je statuerai dans les formes voulues par le dernier paragraphe de cet article.

Vous devriez même, si l'urgence d'une telle mesure vous était démontrée, suspendre provisoirement le chef de l'établissement où de graves désordres viendraient à éclater, sous la condition de faire ratifier, sans délai, votre décision par le Ministre de l'Instruction publique.

Quant aux étrangers qui remplissent, dans des établissements libres d'instruction primaire ou secondaire, une fonction de surveillance ou d'enseignement, ils doivent également justifier d'une autorisation spéciale du Ministre, après avis du Conseil supérieur. Vous voudrez bien prévenir, par une circulaire, tous les chefs d'établissements particuliers de votre ressort, de cette obligation, afin que les maîtres étrangers qu'ils pourraient employer aient à se conformer immédiatement aux prescriptions du règlement. Il ne leur échappera pas que les précautions qu'il indique n'ont d'autre but que de les prémunir contre les surprises faites à leur bonne foi. En accordant leur confiance à des professeurs ou surveillants étrangers qui ne seraient pas pourvus de l'autorisation spéciale, ils s'exposent aux plus tristes déceptions; ces maîtres n'offrent en effet aucune des garanties que le Gouvernement a eu le devoir d'exiger de ceux qui ont obtenu de lui l'autorisation d'enseigner en France, et il peut arriver qu'ils entraînent, pour le chef qui les emploierait imprudemment, une lourde responsabilité. Aussi serait-il permis de considérer comme un désordre grave, dans le régime intérieur d'un établissement d'instruction, la violation du règlement du 5 décembre sur ce point important, et de déférer au Conseil académique le chef ou directeur qui s'en serait rendu coupable.

A l'appui de la demande d'une autorisation spéciale pour exercer des fonctions de surveillance ou d'enseignement dans un établissement particulier d'instruction publique, l'étranger devra joindre les pièces suivantes :

1° Un certificat constatant qu'il est admis à jouir des droits civils;

2° L'indication des lieux où il a résidé et des professions qu'il a exercées pendant les dix dernières années, le tout appuyé d'attestations émanées, soit des autorités de son pays, soit des autorités françaises, et pouvant prouver la sincérité de ses déclarations.

Vous soumettrez ces différentes pièces à un contrôle sévère, et vous chercherez, soit par vos investigations personnelles, soit en réclamant le concours de M. le Préfet, plus spécialement chargé de la surveillance des étrangers qui habitent le département, à vous éclairer sur la moralité du postulant, et sur le degré de confiance qu'il peut inspirer. Vous m'adresserez, dans chaque demande de cette nature, un rapport motivé, avec toutes les pièces à l'appui.

Il résulte de l'ensemble des dispositions du règlement du 5 décembre que l'étranger qui n'est point admis à jouir des droits civils ne peut obtenir l'autorisation spéciale dont il s'agit; vous aurez donc soin d'écarter toutes les demandes des étrangers qui ne justifieraient pas de cette condition essentielle et préalable.

Vous remarquerez qu'il peut suffire, dans certains cas, à un étranger, d'être admis à jouir des droits civils pour obtenir l'autorisation de diriger un établissement particulier d'instruction, ou d'y être employé; mais le règlement (article 7) a été beaucoup plus loin, lorsqu'il a eu en vue les établissements publics. Il n'a pas permis que l'étranger non naturalisé pût être nommé instituteur communal ou instituteur adjoint dans une École publique, directeur ou maître adjoint dans une École normale; il lui interdit également la faculté d'obtenir une fonction quelconque à titre définitif, dans les établissements publics d'instruction secondaire. L'État, en effet, ne doit admettre, dans les établissements qui lui appartiennent, que des fonctionnaires ayant le caractère et tous les privilèges du citoyen français. Vous êtes naturellement chargé de l'exécution de cette disposition importante, en ce qui concerne les instituteurs communaux et les instituteurs adjoints des Écoles publiques. Pour ces derniers, vous n'aurez qu'à refuser votre agrément, conformément à l'article 34 de la loi, à la nomination d'instituteurs adjoints non naturalisés; leur nomination sera dès lors non avenue. L'article 31 de la loi vous donne également, ainsi qu'au Conseil académique, les moyens d'empêcher la nomination d'instituteurs communaux qui n'auraient point obtenu des lettres de naturalisation : c'est de ne pas les porter sur la liste d'admissibilité et d'avancement. Quant aux étrangers qui seraient nommés irrégulièrement par les Conseils municipaux, en vertu du droit de présentation réservé aux supérieurs des congrégations religieuses et aux consistoires, l'institution ministérielle leur sera nécessairement refusée sur votre proposition.

Le règlement du 5 décembre 1850, en soumettant, conformément au vœu de la loi, les étrangers qui veulent enseigner en France, à l'autorisation préalable, s'est uniquement proposé de protéger les établissements publics ou particuliers contre ces aventuriers sans patrie qui n'oseraient pas rendre compte de leurs antécédents. Le Gouvernement sera désormais responsable devant les familles de l'exercice du pouvoir protecteur qu'il tient de la loi. Vous êtes nécessairement appelé, Monsieur le Recteur, à partager sa responsabilité et à l'aider dans cette surveillance qu'il n'entend rendre ni tracassière, ni oppressive, mais qu'il veut vigilante et forte. Je compte, à cet égard, sur votre patriotisme et sur votre fermeté, et je ne doute pas que, si vous croyez devoir saisir volontiers l'occasion d'encourager les entreprises sérieuses et loyales formées par des étrangers, vous vous opposerez énergiquement aux menées de ceux qui, à l'abri de l'hospitalité que nous leur accordons, chercheraient à pervertir la jeunesse.

Recevez, etc.

Signé : CH. GIRAUD.

22 février 1851.

Loi relative aux contrats d'apprentissage des enfants dans les usines, manufactures et ateliers.

22 Février 1851.

TITRE Ier.

Du contrat d'apprentissage.

SECTION Ire. — *De la nature et de la forme du contrat.*

ARTICLE 1er. — Le contrat d'apprentissage est celui par lequel un fabricant, un chef d'atelier ou un ouvrier s'oblige à enseigner la pratique de sa profession à une autre personne qui s'oblige, en retour, à travailler pour lui; le tout à des conditions et pendant un temps convenus.

ART. 2. — Le contrat d'apprentissage est fait par acte public ou par acte sous seing privé.

Il peut aussi être fait verbalement; mais la preuve testimoniale n'en est reçue que conformément au titre du Code civil : *Des contrats ou des obligations conventionnelles en général.*

Les notaires, les secrétaires des conseils de prud'hommes et les greffiers de justice de paix peuvent recevoir l'acte d'apprentissage.

Cet acte est soumis pour l'enregistrement au droit fixe d'un franc, lors même qu'il contiendrait des obligations de sommes ou valeurs mobilières, ou des quittances.

Les honoraires dus aux officiers publics sont fixés à deux francs.

ART. 3. — L'acte d'apprentissage contiendra :

1° Les nom, prénoms, âge, profession et domicile du maître;

2° Les nom, prénoms, âge et domicile de l'apprenti;

3° Les noms, prénoms, professions et domicile de ses père et mère, de son tuteur, ou de la personne autorisée par les parents, et, à leur défaut, par le juge de paix;

4° La date et la durée du contrat;

5° Les conditions de logement, de nourriture, de prix et toutes autres arrêtées entre les parties.

Il devra être signé par le maître et par les représentants de l'apprenti.

SECTION II. — *Des conditions du contrat.*

ART. 4. — Nul ne peut recevoir des apprentis mineurs s'il n'est âgé de vingt et un ans au moins.

ART. 5. — Aucun maître, s'il est célibataire ou en état de veuvage, ne peut loger, comme apprenties, des jeunes filles mineures.

ART. 6. — Sont incapables de recevoir des apprentis :

Les individus qui ont subi une condamnation pour crime;

Ceux qui ont été condamnés pour attentat aux mœurs;

Ceux qui ont été condamnés à plus de trois mois d'emprisonnement pour les délits prévus par les articles 388, 401, 405, 406, 407, 408, 423 du Code pénal.

ART. 7. — L'incapacité résultant de l'article 6 pourra être levée par le Préfet, sur l'avis du maire, quand le condamné, après l'expiration de sa peine, aura résidé pendant trois ans dans la même commune.

A Paris, les incapacités seront levées par le Préfet de police.

SECTION III. — *Devoirs des maîtres et des apprentis.*

ART. 8. — Le maître doit se conduire envers l'apprenti en bon père de famille, surveiller sa conduite et ses mœurs, soit dans la maison, soit au dehors, et avertir ses parents ou leurs représentants des fautes graves qu'il pourrait commettre ou des penchants vicieux qu'il pourrait manifester.

Il doit aussi les prévenir, sans retard, en cas de maladie, d'absence ou de tout fait de nature à motiver leur intervention.

Il n'emploiera l'apprenti, sauf conventions contraires, qu'aux travaux et services qui se rattachent à l'exercice de sa profession. Il ne l'emploiera jamais à ceux qui seraient insalubres ou au-dessus de ses forces.

ART. 9. — La durée du travail effectif des apprentis âgés de moins de quatorze ans ne pourra dépasser dix heures par jour.

Pour les apprentis âgés de quatorze à seize ans, elle ne pourra dépasser douze heures.

Aucun travail de nuit ne peut être imposé aux apprentis âgés de moins de seize ans.

Est considéré comme travail de nuit tout travail fait entre neuf heures du soir et cinq heures du matin.

Les dimanches et jours de fêtes reconnues ou légales, les apprentis, dans aucun cas, ne peuvent être tenus, vis-à-vis de leur maître, à aucun travail de leur profession.

Dans le cas où l'apprenti serait obligé, par suite des conventions ou conformément à l'usage, de ranger l'atelier aux jours ci-dessus marqués, ce travail ne pourra se prolonger au delà de dix heures du matin.

Il ne pourra être dérogé aux dispositions contenues dans les trois premiers paragraphes du présent article que par un arrêté rendu par le Préfet, sur l'avis du maire.

ART. 10. — Si l'apprenti âgé de moins de seize ans ne sait pas lire, écrire et compter, ou s'il n'a pas encore terminé sa première éducation religieuse, le maître est tenu de lui laisser prendre, sur la journée de travail, le temps et la liberté nécessaires pour son instruction.

Néanmoins ce temps ne pourra pas excéder deux heures par jour.

ART. 11. — L'apprenti doit à son maître fidélité, obéissance et respect; il doit l'aider par son travail dans la mesure de son aptitude et de ses forces.

Il est tenu de remplacer, à la fin de l'apprentissage, le temps qu'il n'a pu employer par suite de maladie ou d'absence ayant duré plus de quinze jours.

ART. 12. — Le maître doit enseigner à l'apprenti, progressivement et complètement, l'art, le métier ou la profession spéciale qui fait l'objet du contrat.

Il lui délivrera, à la fin de l'apprentissage, un congé d'acquit ou certificat constatant l'exécution du contrat.

ART. 13. — Tout fabricant, chef d'atelier ou ouvrier, convaincu d'avoir détourné un apprenti de chez son maître, pour l'employer en qualité d'apprenti ou d'ouvrier, pourra être passible de tout ou partie de l'indemnité à prononcer au profit du maître abandonné.

SECTION IV. — *De la résolution du contrat.*

ART. 14. — Les deux premiers mois de l'apprentissage sont considérés comme un temps d'essai, pendant lequel le contrat peut être annulé par la seule volonté de l'une des parties. Dans ce cas, aucune indemnité ne sera allouée à l'une ou l'autre partie, à moins de conventions expresses.

ART. 15. — Le contrat d'apprentissage sera résolu de plein droit :

1° Par la mort du maître ou de l'apprenti;

2° Si l'apprenti ou le maître est appelé au service militaire;

3° Si le maître ou l'apprenti vient à être frappé d'une des condamnations prévues en l'article 6 de la présente loi;

4° Pour les filles mineures, dans le cas de décès de l'épouse du maître ou de toute autre femme de la famille qui dirigeait la maison à l'époque du contrat.

ART. 16. — Le contrat peut être résolu sur la demande des parties ou de l'une d'elles :

1° Dans le cas où l'une des parties manquerait aux stipulations du contrat;

2° Pour cause d'infraction grave ou habituelle aux prescriptions de la présente loi;

3° Dans le cas d'inconduite habituelle de la part de l'apprenti;

4° Si le maître transporte sa résidence dans une autre commune que celle qu'il habitait lors de la convention.

Néanmoins, la demande en résolution de contrat, fondée sur ce motif, ne sera recevable que pendant trois mois, à compter du jour où le maître aura changé de résidence;

5° Si le maître ou l'apprenti encourait une condamnation emportant un emprisonnement de plus d'un mois;

6° Dans le cas où l'apprenti viendrait à contracter mariage.

Art. 17. — Si le temps convenu pour la durée de l'apprentissage dépasse le maximum de la durée consacrée par les usages locaux, ce temps peut être réduit ou le contrat résolu.

Titre II.

De la compétence.

Art. 18. — Toute demande à fin d'exécution ou de résolution de contrat sera jugée par le conseil des prud'hommes dont le maître est justiciable, et, à défaut, par le juge de paix du canton.

Les réclamations qui pourraient être dirigées contre les tiers, en vertu de l'article 13 de la présente loi, seront portées devant le conseil des prud'hommes ou devant le juge de paix du lieu de leur domicile.

Art. 19. — Dans les divers cas de résolution prévus en la section IV du titre Ier, les indemnités ou les restitutions qui pourraient être dues à l'une ou à l'autre des parties seront, à défaut de stipulations expresses, réglées par le conseil des prud'hommes ou devant le juge de paix, dans les cantons qui ne ressortissent point à la juridiction d'un conseil de prud'hommes.

Art. 20. — Toute contravention aux articles 4, 5, 6, 9 et 10 de la présente loi sera poursuivie devant le tribunal de police et punie d'une amende de 5 à 15 francs.

Pour les contraventions aux articles 4, 5, 9 et 10, le tribunal de police pourra, dans le cas de récidive, prononcer, outre l'amende, un emprisonnement d'un à cinq jours.

En cas de récidive, la contravention à l'article 6 sera poursuivie devant les tribunaux correctionnels, et punie d'un emprisonnement de quinze jours à trois mois, sans préjudice d'une amende qui pourra s'élever de 50 francs à 300 francs.

ART. 21. — Les dispositions de l'article 463 du Code pénal sont applicables aux faits prévus par la présente loi.

ART. 22. — Sont abrogés les articles 9, 10 et 11 de la loi du 22 germinal An XI.

---

28 février 1851. **Circulaire du Ministre de l'Instruction publique, relative à la forme à donner aux lettres d'obédience délivrées aux membres des congrégations enseignantes.**

28 Février 1851.

Monsieur le Recteur, l'article 49 de la loi du 15 mars 1850 a disposé que les lettres d'obédience tiendraient lieu du brevet de capacité aux institutrices appartenant à des congrégations religieuses vouées à l'enseignement et reconnues par l'État.

Avant de délivrer aux religieuses choisies par les Conseils municipaux comme directrices d'Écoles communales les autorisations provisoires d'exercer, qui, conformément l'article 14 du décret du 7 octobre dernier, précèdent l'institution ministérielle, vous devez donc vous assurer que la religieuse qui produit une lettre d'obédience appartient, en effet, à une congrégation enseignante reconnue par l'État et autorisée par ses statuts à exercer dans la localité où est située l'École qu'elle doit diriger.

La nécessité de réunir ces divers renseignements avant toute décision oblige à une correspondance avec les supérieures générales des congrégations, et cette correspondance entraîne des retards, préjudiciables pour tout le monde, qu'il importe d'abréger le plus qu'il est possible.

En conséquence, j'ai décidé, en Section permanente du Conseil supérieur de l'instruction publique, que toute lettre d'obédience présentée au lieu et place du brevet de capacité devra contenir, à l'avenir, outre les mentions ordinaires, les indications suivantes :

1° Le nom de la congrégation ;

2° La date de l'ordonnance qui autorise la congrégation à se vouer à l'enseignement ;

3° La circonscription territoriale dans laquelle la congrégation est autorisée à exercer.

Je vous prie, Monsieur le Recteur, de donner avis de cette décision à Mmes les supérieures générales des congrégations enseignantes qui résident dans votre Académie, afin qu'elles puissent, en s'y conformant, aider à une prompte et meilleure organisation du service de l'instruction primaire des filles.

Recevez, etc.

Signé : CH. GIRAUD.

Circulaire du Ministre de l'Instruction publique, relative aux Commissions d'examen des aspirantes au brevet de capacité pour les fonctions d'institutrice. 10 mars 1851.

10 Mars 1851.

Monsieur le Recteur, le règlement général sur les Écoles de filles, soumis en ce moment aux délibérations du Conseil supérieur de l'instruction publique, ne peut être publié avant la prochaine session des Commissions chargées d'examiner les aspirantes au brevet de capacité. Il importe cependant de ne pas ajourner ces examens; l'intérêt de l'instruction primaire et l'intérêt des jeunes personnes qui se destinent à l'enseignement exigent qu'en attendant le règlement, il ne soit apporté aucune interruption dans le service.

Je crois, en conséquence, devoir vous inviter à faire procéder, comme par le passé, aux examens dont il s'agit, par les anciennes Commissions, conformément aux prescriptions de l'ordonnance du 23 juin 1836, laquelle ordonnance doit être exécutée jusqu'à la promulgation du nouveau règlement dans toutes les dispositions qui ne sont pas contraires à la loi. Vous remarquerez notamment, qu'aux termes de l'article 49 les examens ne doivent pas avoir lieu publiquement, et que les aspirantes ne peuvent être interrogées que sur les matières énoncées dans les articles 23 et 48 de la loi. Vous n'oublierez pas, enfin, qu'en vertu des paragraphes 4 et 5 de l'article 46, les aspirantes ne doivent être examinées sur les matières énoncées en la deuxième partie l'article 23, que si elles en font la demande.

Le principe ci-dessus posé, en ce qui concerne les examens, doit être suivi en ce qui concerne la surveillance et l'inspection. En décidant qu'un nouveau règlement déterminera les limites et la forme de cette inspection, la loi n'a pas entendu soustraire immédiatement des établissements si intéressants à la surveillance de l'autorité. Tant qu'un nouveau mode ne sera pas adopté, les anciennes règles devront donc être suivies toutes les fois qu'elles ne seront pas contraires aux dispositions de la nouvelle loi. Je dois ajouter que cette surveillance et cette inspection doivent s'exercer avec les précautions, les ménagements et les réserves qui étaient prescrits par les instructions ministérielles. En vous conformant au principe posé au commencement de cette lettre, et que je viens de rappeler, et en rapprochant avec soin les dispositions de l'ordonnance du 23 juin 1836 des prescriptions de la loi du 15 mars 1850 immédiatement applicables aux Écoles de filles, vous ne risquerez de vous tromper ni sur l'étendue des pouvoirs du Conseil académique, ni sur les vôtres, ni sur les droits d'inspection et de surveillance de MM. les Inspecteurs d'arrondissement et délégués cantonaux.

J'ai lieu d'espérer, au surplus, Monsieur le Recteur, que cette situation provisoire, et par conséquent difficile, ne se prolongera pas au delà de la prochaine session du Conseil supérieur de l'instruction publique.

Recevez, etc.

Signé : CH. GIRAUD.

12 mars 1851.

Décret portant règlement du stage dans les Écoles primaires.

12 Mars 1851.

Le Président de la République,
Sur le rapport du Ministre de l'Instruction publique et des Cultes,
Décrète :

ARTICLE 1er. — Le Conseil académique désigne chaque année, dans le courant du mois de mars, les Écoles primaires publiques ou libres autorisées à recevoir des élèves-maîtres stagiaires.

ART. 2. — A cet effet, tout instituteur public ou libre qui veut obtenir du Conseil académique l'autorisation de recevoir des élèves-maîtres stagiaires devra en faire la demande au Recteur avant le 1er janvier.

Cette demande devra mentionner le nombre des élèves-maîtres pensionnaires ou externes qu'il se propose de recevoir; il accompagnera en outre sa demande, s'il appartient à l'enseignement public, de l'avis du maire et du Conseil municipal de la commune.

ART. 3. — Sur le vu de ces pièces et après avoir recueilli le témoignage des autorités préposées à la surveillance des Écoles, le Conseil académique arrête la liste des Écoles autorisées à recevoir des élèves-maîtres stagiaires, et fixe le nombre des élèves-maîtres qui pourront être admis dans chacune de ces Écoles.

Cette liste est immédiatement affichée au secrétariat de l'Académie et insérée dans le *Recueil des Actes administratifs de la Préfecture*.

ART. 4. — L'autorisation accordée peut toujours être retirée par décision du Conseil académique, rendue sur le rapport des autorités préposées à la surveillance des Écoles ou chargées de leur inspection.

ART. 5. — Tout instituteur public ou libre, autorisé à recevoir des élèves-maîtres stagiaires, doit tenir un registre, sur lequel il inscrit les noms, prénoms, dates et lieux de naissance des élèves-maîtres admis, le jour de leur entrée et celui de leur sortie, les motifs de la sortie.

ART. 6. — Un extrait de ce registre, comprenant toutes les indications ci-dessus mentionnées, et visé par le maire, est immédiatement transmis à l'Inspecteur d'arrondissement, chargé de constater si l'élève-maître stagiaire enseigne réellement dans l'École où il a été admis.

ART. 7. — Lorsqu'une École normale est supprimée conformément à l'article 35 de la loi du 15 mars 1850, les élèves-maîtres à l'entretien desquels le département est tenu de pourvoir ne peuvent être reçus que dans les Écoles stagiaires désignées par le Conseil académique, sous les conditions d'admission des candidats aux Écoles normales.

Dans ce cas, le Conseil académique arrête, sous l'approbation du Ministre de l'Instruction publique, les conditions pécuniaires auxquelles lesdits élèves seront reçus boursiers du département en exécution de la délibération du Conseil général, et il prescrit les obligations auxquelles demeurent assujettis les chefs des établissements désignés.

ART. 8. — Chaque année, le Conseil académique fait procéder à l'examen de l'enseignement dans les établissements ci-dessus désignés.

Les résultats de cet examen sont consignés dans un rapport qui sera communiqué, s'il y a lieu, au Conseil général par le Conseil académique.

ART. 9. — Quiconque veut obtenir un certificat de stage, doit en faire la demande par écrit au Conseil académique et accompagner cette demande :

1° De son acte de naissance;

2° D'un certificat délivré par le chef de l'établissement où il a fait son stage. Ce certificat, dûment légalisé, doit constater que l'aspirant enseigne, depuis trois ans au moins, dans une École stagiaire, les matières comprises dans la première partie de l'article 23 de la loi organique.

ART. 10. — Ces pièces sont communiquées à l'Inspecteur de l'arrondissement, qui, après avoir procédé à la vérification des faits allégués, les renvoie au Conseil académique, en y joignant son avis sur la vocation de l'aspirant et tous les renseignements qu'il aura recueillis sur ses antécédents.

ART. 11. — Le Conseil académique, après examen des pièces produites et de l'engagement qui les accompagne, délivre, s'il y a lieu, le certificat de stage demandé.

ART. 12. — Ce certificat mentionne :

1° Les nom, prénoms, date et lieu de naissance de l'impétrant;

2° L'indication de la commune où le stage a été accompli;

3° Le nom du chef de l'établissement sur l'attestation de qui le certificat est délivré et la date de la décision en vertu de laquelle ce chef d'établissement a été autorisé à recevoir les élèves-maîtres.

Il est signé par le Recteur et par le secrétaire de l'Académie.

ART. 13. — Tout instituteur libre ou public, autorisé à recevoir des élèves-maîtres, qui aurait faussement attesté dans le certificat mentionné à l'article 9 que l'élève-maître aspirant à obtenir un certificat de stage a rempli les conditions de stage exigées par la loi, pourra être traduit devant le Conseil académique, pour lui être fait application des dispositions de l'article 30 de la loi organique, s'il appartient à l'enseignement libre; s'il est instituteur public, il lui sera fait application des peines portées en l'article 33 de ladite loi.

ART. 15. — Le temps passé par un élève-maître ou novice dans une École normale ou dans une association religieuse vouée à l'enseignement et dûment autorisée ou reconnue comme établissement public, ne comptera audit élève-maître ou novice, pour l'obtention du certificat de stage, qu'autant qu'il sera constaté que ledit élève-maître ou novice a enseigné dans les Écoles primaires qui seraient annexées à ces établissements.

ART. 15. — Tout élève-maître exclu d'une École de stage ne peut être admis à compter dans la durée de son stage le temps qu'il a passé dans ladite École.

---

12 mars 1851.

Arrêté relatif aux Écoles mixtes pour le culte.

12 Mars 1851.

Le Ministre de l'Instruction publique et des Cultes,

Vu les délibérations du Conseil municipal de la commune de Cournonsec, canton de Montpellier, en date du 29 décembre 1850, portant appel devant le Conseil supérieur de plusieurs arrêtés par lesquels le Conseil académique de l'Hérault refuse d'autoriser, dans la commune dont il s'agit, l'admission des enfants protestants à l'École catholique et prescrit le rétablissement de l'École protestante;

Vu lesdites délibérations du Conseil académique en date des 16 novembre et 25 décembre 1850;

Vu celle du 10 janvier 1851, laquelle confirme les délibérations précédentes et déclare inadmissible la réunion de Cournonsec avec Cournonterral, pour l'entretien de l'École protestante;

Vu le rapport de l'Inspecteur de l'instruction primaire, en date du 29 décembre, duquel il résulte que les protestants sont au nombre de 118 à Cournonsec, sur une population totale de 456 habitants, et que leur École est fréquentée par 6 enfants de l'un et de l'autre sexe, appartenant, à l'exception de 3, au culte protestant;

Considérant qu'aux termes de l'article 15 de la loi organique, il appartient aux Conseils académiques de déterminer le cas où les communes peuvent, à raison des circonstances, établir ou conserver des Écoles primaires dans lesquelles seront admis des enfants de l'un et l'autre sexe, ou appartenant aux différents cultes reconnus;

Considérant que l'article 36 de la même loi veut que, dans les communes où les différents cultes reconnus sont professés publiquement, des Écoles séparées soient établies pour les enfants appartenant à chacun de ces cultes;

Considérant que le culte protestant est professé publiquement à Cournonsec;

Le Conseil supérieur entendu,

Arrête :

ARTICLE 1er. — Les décisions du Conseil académique de l'Hérault sont maintenues.

Avis relatif à la nomination des instituteurs protestants.

12 mars 1851.

12 Mars 1851.

Le Conseil, etc.,

Vu le rapport par lequel le Recteur de l'Académie de Vaucluse expose : que le consistoire protestant de la commune de Lourmarin a proposé au choix du Conseil municipal un instituteur public, en exercice dans une commune voisine; que le Conseil municipal a nommé ce candidat, et qu'en agissant ainsi, le consistoire a fait une interprétation exagérée du § 2 de l'article 31 de la loi organique; que le droit attribué au consistoire par ledit article ne peut pas s'appliquer à un instituteur déjà en fonctions, mais qu'il doit être restreint à des sujets soit entièrement nouveaux dans la carrière de l'enseignement, soit libres d'engagements antérieurs; que, s'il en était autrement, les communes, auxquelles on pourrait par ce moyen enlever un bon instituteur, seraient fondées à réclamer; que les Conseils académiques pourraient voir dans de semblables présentations une atteinte au droit, dont ils sont exclusivement investis, de dresser les listes d'avancement;

Vu l'article 3, § 2, de la loi organique, portant que les consistoires jouissent du droit de présentation pour les instituteurs appartenant aux cultes non catholiques;

Considérant que les termes de cet article ne comportent pas les restrictions que veut apporter le Recteur;

Que ce serait empêcher tout avancement pour les instituteurs du culte protestant;

Que ce serait, en certains cas, rendre illusoire le droit des consistoires qui ne trouveraient peut-être pas toujours des candidats parmi les sujets qui n'auraient pas encore exercé ou qui seraient libres de tout engagement;

Que les communes ne seraient pas plus fondées à réclamer, quand les consistoires présentent un instituteur en exercice, que quand les Conseils municipaux nomment ceux qui figurent sur les listes d'avancement;

Que le Conseil académique ne peut pas voir dans les présentations des consistoires une atteinte au droit que la loi lui confère de dresser les listes d'avancement, puisque le droit des consistoires, comme le sien, est écrit dans la loi;

Considérant enfin que, si l'on restreignait le droit des consistoires, il faudrait restreindre de la même manière celui que le premier paragraphe de l'article 31 de la loi du 15 mars 1850 accorde aux supérieurs des congrégations vouées à l'enseignement, ce qui leur rendrait difficiles et souvent impossibles des mutations exigées par le bien du service,

Est d'avis que le Recteur de l'Académie de Vaucluse a mal interprété l'article 31 de la loi du 15 mars, et que l'on doit tenir pour légale la présentation du consistoire de Lourmarin et la nomination qui l'a suivie.

---

12 mars 1851.

Avis relatif à la réunion de deux communes pour l'entretien d'Écoles en commun.

12 Mars 1851.

Le Conseil, etc.,

Vu la délibération du Conseil municipal de Courteilles, département de l'Orne, en date du 5 novembre 1848, par laquelle ledit Conseil demande la révocation de l'arrêté ministériel du 28 octobre 1840 qui avait réuni cette commune à celle de Giel pour l'entretien d'une École de garçons placée à Giel et d'une École de filles placée à Courteilles;

Vu la délibération du Conseil municipal de Giel en date du 7 janvier 1849, repoussant cette demande;

Vu la délibération du même Conseil en date du 20 janvier 1850

portant qu'il retire son opposition, attendu que cette question paraissait ranimer d'anciennes mésintelligences entre les communes;

Vu l'arrêté du Conseil académique de l'Orne en date du 7 novembre 1850, déclarant que la décision ministérielle qui a autorisé la réunion continuera d'être exécutée;

Considérant que les Conseils académiques n'ont pas le droit de contraindre deux ou plusieurs communes à se réunir pour l'entretien d'une École;

Que le consentement préalable des communes intéressées n'est pas moins nécessaire sous l'empire de la loi du 15 mars 1850 que sous le régime de la loi du 28 juin et de l'ordonnance du 16 juillet 1833;

Mais qu'autre chose est la réunion à former, autre chose la réunion à maintenir;

Qu'à la vérité, les réunions de communes opérées en vertu de la loi et de l'ordonnance précitées pouvaient être dissoutes sur la demande des Conseils municipaux, le Préfet et le Recteur entendus, mais qu'il appartient au Ministre de maintenir la réunion, s'il ne jugeait pas assez graves les motifs de disjonction;

Que cette disposition de l'ancienne législation, n'étant point contraire à la législation actuelle, n'est point abrogée et qu'elle conserve sa force;

Qu'il ne peut pas suffire de la volonté d'une ou de plusieurs des communes formant la réunion pour amener forcément l'autorité supérieure à prononcer la dissolution;

Que, s'il en était ainsi, des intérêts considérables pourraient être compromis, puisque des instituteurs et des institutrices ont été régulièrement établis et que souvent des maisons d'école ont été construites dans des positions et à des distances déterminées à raison de leur réunion,

Est d'avis :

1° Qu'il y a lieu de considérer la délibération du Conseil académique ci-dessus visée comme un avis remplaçant celui que, dans des cas semblables, auraient donné sous la législation de 1833 le Comité d'arrondissement, le Préfet et le Recteur;

2° Qu'il appartient au Ministre de maintenir ou de dissoudre la réunion dont il s'agit.

---

14 mars 1851.

Circulaire du Ministre de l'Instruction publique, relative à une nouvelle forme des brevets de capacité pour l'instruction primaire.

14 Mars 1851.

Monsieur le Recteur, aux termes de l'article 50 du règlement d'administration publique, en date du 29 juillet 1850, la forme des brevets de capacité à délivrer, après examen subi devant les Commissions d'instruction primaire, doit être réglée par le Ministre de l'Instruction publique.

Je vous envoie un exemplaire de la forme du brevet que, conformément à cette disposition, j'ai arrêtée après avoir pris l'avis de la Section permanente du Conseil de l'instruction publique[1]. Les connaissances mentionnées dans la première partie de l'article 33 de la loi organique y sont seules énumérées. Il y est laissé une place en blanc, destinée à spécifier, s'il y a lieu, celles des autres matières d'enseignement, dont il est question dans la seconde partie du même article, sur lesquelles le candidat aurait été interrogé d'après sa demande.

Vous remarquerez que le brevet de capacité sera délivré aux impétrants, dans chaque Académie, non par la Commission elle-même, comme cela se pratiquait sous l'empire de l'ancienne législation, mais par le Recteur, sur le vu d'un certificat d'aptitude émané de la Commission.

Recevez, etc.

Signé : CH. GIRAUD.

---

24 mars 1851.

Règlement relatif aux Écoles normales primaires[2].

24 Mars 1851.

Le Président de la République,

Sur le rapport du Ministre de l'Instruction publique et des Cultes,

1. Voir ce modèle à l'*Appendice*.

2. Consulter les circulaires des 24 *avril* et 6 *août* 1851. (*Circulaires et Instructions officielles, etc.*, Tome IV, pages 196 et 227.)

Voir ci-après le décret du 26 *décembre* 1855 sur la comptabilité des Écoles normales.

Consulter également les ouvrages suivants :

De la construction des maisons d'École et des Écoles normales, par Bouillon, architecte; in-8° de 88 pages avec planches (Hachette, 1834);

De l'Éducation morale de la jeunesse à l'aide des Écoles normales primaires, par Th. H. Barrau; in-8° (Hachette, 1841); ouvrage auquel l'Académie des Sciences morales et politiques a décerné un prix de 2000 francs dans sa séance du 27 juin 1840, comme à un livre des plus utiles aux mœurs;

Recueil méthodique des lois relatives aux Écoles normales, par Allard, chef de bureau au Ministère; in-8° de 368 pages (P. Dupont, 1843);

Considérations sur les Écoles normales de France, par A. Rendu; in-8° de 92 pages (Delalain, 1849);

Aperçu de quelques réformes applicables au régime actuel des Écoles normales; in-8° de 48 pages, dédié par *** à M. Magin, Inspecteur général (1851).

Vu l'article 35 de la loi du 15 mars 1850,
Le Conseil supérieur de l'Instruction publique entendu,
Décrète :

TITRE Ier.

Des objets de l'enseignement dans les Écoles normales primaires.

ARTICLE 1er. — L'enseignement dans les Écoles normales primaires comprend :
L'instruction morale et religieuse;
La lecture;
L'écriture;
Les éléments de la langue française;
Le calcul et le système légal des poids et mesures;
Le chant religieux.
Il peut comprendre en outre :
L'arithmétique appliquée aux opérations pratiques;
Les éléments d'histoire et de géographie;
Des notions des sciences physiques et d'histoire naturelle, applicables aux usages de la vie;
Des instructions élémentaires sur l'agriculture, l'industrie et l'hygiène;
L'arpentage, le nivellement et le dessin linéaire;
La gymnastique.

ART. 2. — La durée du cours d'études est de trois ans.

ART. 3. — A la fin de la seconde année, le Conseil académique désigne, sur le rapport de la Commission de surveillance, les élèves qui pourront recevoir tout ou partie de l'enseignement des matières indiquées aux paragraphes 9, 10, 11, 12 et 13 de l'article 1er du présent règlement.

ART. 4. — Les élèves-maîtres seront exercés à la pratique des méthodes d'enseignement dans les Écoles primaires qui seraient annexées aux Écoles normales.

L'instituteur qui dirige l'École annexe est considéré comme maître adjoint, et nommé conformément aux dispositions de l'article 8 ci-après.

ART. 5. — Chaque année, le Conseil académique désigne les livres qui seront mis à la disposition des élèves. Ces livres seront exclusivement choisis parmi ceux dont l'introduction aura été autorisée conformément à l'article 5 de la loi du 15 mars 1850.

TITRE II.

De la direction et de la surveillance.

CHAPITRE Ier. — *De la direction.*

ART. 6. — Le directeur de l'École est nommé par le Ministre de l'Instruction publique, après avis du Conseil académique.

ART. 7. — Le directeur est chargé de la principale partie de l'enseignement.

ART. 8. — Le directeur est secondé, pour l'enseignement et la surveillance, par des maîtres adjoints, nommés par le Ministre sur la proposition du Recteur de l'Académie.

Ces maîtres résident dans l'établissement; ils sont au nombre de deux au plus, non compris l'aumônier.

Il ne pourra être attaché de maître externe aux Écoles normales que pour le chant. Ce maître est proposé par le directeur, et agréé par le Recteur.

ART. 9. — L'instruction religieuse est donnée aux élèves-maîtres, suivant la religion qu'ils professent, par les ministres des différents cultes reconnus par l'État.

CHAPITRE II. — *De la Commission de surveillance et de ses attributions.*

ART. 10. — La surveillance de l'École normale est confiée à une Commission de cinq membres, nommés pour trois ans par le Recteur, sur la proposition du Conseil académique.

Le président de la Commission est nommé par le Recteur.

Le directeur assiste aux délibérations de la Commission avec voix délibérative, hors les cas où elle a à statuer sur des questions qui intéressent sa gestion.

ART. 11. — La Commission de surveillance est chargée :

1° De préparer la liste des candidats à l'École normale, dont elle aura constaté, dans les formes indiquées ci-après, l'aptitude intellectuelle et morale;

2° De rédiger le règlement particulier de l'École : ce règlement devra être approuvé par le Recteur en Conseil académique;

3° De désigner, à la fin de la première année, ceux des élèves qui seront admis aux cours de deuxième année, et, à la fin de la seconde année, ceux qui pourront passer en troisième année.

Dans le cas de maladie prolongée ou d'absence légitime, la Commission peut autoriser un élève à redoubler le cours de première ou de deuxième année;

4° De dresser, chaque année, le budget et d'examiner les comptes qui lui sont présentés par la direction de l'École, et de consigner ses observations dans un rapport spécial.

ART. 12. — Il est tenu dans chaque École par le directeur, assisté des maîtres adjoints, un registre sur lequel sont consignées les notes trimestrielles sur la conduite et le travail des élèves-maîtres. A la fin du cours d'études, il est fait pour chaque élève un résumé de ces notes dans l'ordre suivant :

1° Devoirs religieux;
2° Conduite;
3° Caractère;
4° Aptitude;
5° Progrès.

Ces résumés sont mis à la disposition des Conseils académiques pour leur servir à dresser la liste d'admissibilité prescrite par l'article 31 de la loi du 15 mars 1850.

ART. 13. — Les membres de la Commission font, au moins une fois tous les trois mois, la visite de l'École; ils prennent connaissance des registres sur lesquels doivent être consignées, par le directeur, les notes relatives à la conduite, au caractère et au travail de chaque élève.

Ils examinent les classes et interrogent les élèves.

ART. 14. — Tous les ans, au mois de juillet, la Commission de surveillance adresse au Recteur de l'Académie, sur l'état et le personnel de l'École, un rapport qui sera transmis au Ministre.

Elle reçoit du directeur, à la même époque, un rapport sur tout ce qui concerne les élèves et la discipline. Elle transmet ce rapport, avec ses observations, au Préfet, qui le place sous les yeux du Conseil général, et au Recteur, qui en envoie au Ministre une expédition accompagnée de ses observations.

TITRE III.

De l'admission des élèves-maîtres.

ART. 15. — Chaque année, le Ministre détermine, sur l'avis du Conseil académique, le nombre des élèves-maîtres qui peuvent être admis à l'École normale, soit à leurs frais, soit aux frais du département et des communes, soit aux frais de l'État.

ART. 16. — Les inscriptions des candidats auront lieu du 1er au 15 janvier : un registre est ouvert à cet effet au secrétariat de l'Académie. Aucune inscription ne sera reçue que le candidat n'ait déposé les pièces suivantes :

1° Son acte de naissance, constatant que, au 1er septembre de l'année pendant laquelle il se présente, il aura dix-huit ans accomplis au moins, et vingt-deux ans au plus;

2° Un certificat de médecin constatant qu'il a été vacciné ou qu'il a eu la petite vérole, et qu'il n'est atteint d'aucune infirmité ou d'aucun vice de constitution qui le rende impropre à l'enseignement;

3° L'engagement légalisé de servir pendant dix ans au moins dans l'instruction primaire publique.

S'il est mineur, le candidat produira, en outre, une déclaration, aussi légalisée, de son père ou de son tuteur, l'autorisant à contracter cet engagement;

4° Une note signée de lui, indiquant le lieu ou les lieux qu'il a habités depuis l'âge de quinze ans;

5° Des certificats de moralité délivrés, tant par les chefs des Écoles auxquelles il aura appartenu, soit comme élève, soit comme sous-maître, que par chacune des autorités locales préposées à la surveillance et à la direction morale de l'enseignement, conformément à l'article 44 de la loi du 15 mars 1850.

ART. 17. — Une enquête est faite par les soins du Recteur et des Inspecteurs de l'instruction primaire, sur la conduite et les antécédents des candidats.

Au vu des pièces exigées, et d'après les résultats de l'enquête, la Commission de surveillance dresse, du 1er au 15 août, la liste mentionnée en l'article 11.

Sur la production de cette liste et des pièces qui l'accompagnent, ainsi que des demandes présentées par les candidats, le Recteur, en Conseil académique, prononce, s'il y a lieu, l'admissibilité des candidats à l'École normale.

ART. 18. — Les bourses ou portions de bourses entretenues, soit par l'État, soit par les départements, sont accordées par le Recteur en Conseil académique.

Les boursiers qui n'obtiennent que des portions de bourses s'engagent à payer la portion qui reste à leur charge. Les boursiers départementaux prennent, en outre, l'engagement de servir pendant dix ans dans le département qui paye leur pension.

Ils peuvent être affranchis en tout ou en partie de ces engagements par une dispense du Recteur, sur l'avis conforme du Conseil académique.

Les engagements dont il vient d'être question seront légalisés, et, s'il y a lieu, autorisés, comme il est dit au cinquième paragraphe de l'article 16 du présent règlement.

ART. 19. — Les boursiers qui, par leur fait, sortiraient de l'École avant la fin du cours, ou qui refuseraient d'accomplir leur engagement décennal, seront tenus de restituer à l'État ou au département le prix de la pension dont ils auront joui.

Toutefois, ils pourront être dispensés de cette obligation par le Ministre, sur l'avis du Conseil académique.

Le montant des restitutions fera retour au fonds sur lequel les bourses étaient payées.

La dispense du service militaire cesse à dater du jour où l'engagement a été rompu.

TITRE IV.

Du régime intérieur.

ART. 20. — Les journées commencent et finissent par une prière commune.

La prière du matin et du soir est suivie d'une lecture de piété.

Les jours de dimanche et de fêtes légalement reconnues, les élèves sont conduits aux offices publics par le directeur, assisté des maîtres adjoints.

ART. 21. — Les vacances durent quinze jours au plus.

Tout congé, toute sortie particulière, hors le cas d'une circonstance exceptionnelle dont le directeur est juge, sont formellement interdits pendant la durée du cours d'études.

Les élèves seront toujours conduits en promenade par le directeur ou les maîtres adjoints.

ART. 22. — Chaque année, lorsque les besoins du service le permettent, le Recteur peut accorder au directeur et aux maîtres adjoints internes un congé dont la durée ne peut excéder un mois; ces congés ne pourront être accordés à plusieurs maîtres à la fois.

ART. 23. — Les élèves-maîtres sont chargés du service de propreté dans l'intérieur de l'École.

TITRE V.

De la discipline.

ART. 24. — Les punitions qui peuvent être infligées aux élèves, suivant la gravité des fautes, sont :

La retenue;
La réprimande;
L'exclusion.
Le directeur prononce la retenue.
La réprimande est prononcée, suivant les cas, par le directeur, la Commission de surveillance ou le Recteur.
L'exclusion est prononcée par le Recteur, sur l'avis du directeur, la Commission de surveillance entendue.
En cas de faute grave, le directeur peut prononcer l'exclusion provisoire.
Lorsque l'exclusion est prononcée, le Ministre en est immédiatement informé.
ART. 25. — Tout élève qui, à la fin de l'année, n'est pas jugé en état de passer au cours supérieur cesse de faire partie de l'École.

---

31 mars 1851.

Décret relatif aux certificats d'admission dans les Écoles spéciales, qui suppléent aux brevets de capacité pour l'enseignement primaire.

31 Mars 1851.

Le Président de la République,
Sur le rapport du Ministre de l'Instruction publique et des Cultes;
Vu l'article 25 de la loi du 15 mars 1850 sur l'enseignement;
Le Conseil supérieur de l'instruction publique entendu,
Décrète :

ARTICLE 1er. — Les certificats d'admission dans les Écoles spéciales, qui suppléent aux brevets de capacité pour l'enseignement primaire, ne peuvent être délivrés, quant à présent, que par les chefs ou directeurs des établissements ci-après désignés, savoir :
L'École normale supérieure,
L'École polytechnique,
L'École militaire de Saint-Cyr,
L'École forestière,
L'École de la marine,
L'École des mineurs de Saint-Étienne et d'Alais,
L'École des Chartes.
ART. 2. — Les certificats d'admission, signés par les chefs d'établissements, indiqueront la date de l'entrée et de la sortie de l'élève, qui devra signer également.
Les signatures seront légalisées par le maire.

Circulaire du Ministre de l'Instruction publique, relative à l'éducation gratuite des enfants de l'instituteur. 31 mars 1851.

31 Mars 1851.

Monsieur le Recteur, dans plusieurs départements, des instituteurs primaires publics demandent s'ils doivent faire figurer leurs propres enfants, lorsqu'ils suivent les classes de leur École, sur le rôle établi pour les recouvrements de la rétribution scolaire, ou sur la liste des élèves gratuits.

Après examen de cette question, j'ai reconnu qu'il y a lieu d'autoriser l'instituteur recevant ses enfants dans son École à ne les faire figurer ni sur les rôles de recouvrement de la rétribution scolaire ni sur la liste des élèves admis gratuitement.

Je vous prie d'assurer, en ce qui vous concerne, l'exécution de cette décision, dont j'informe M. le Préfet.

Recevez, etc.

Signé : CH. GIRAUD.

Circulaire du Ministre de l'Instruction publique, relative à l'admission dans la même École d'enfants des deux sexes professant le même culte. 10 mai 1851.

10 Mai 1851.

Monsieur le Recteur, la circulaire du 24 décembre 1850 porte qu'un instituteur libre ne peut recevoir des enfants des deux sexes que dans le cas où le Conseil académique, usant du pouvoir que lui confère l'article 36 de la loi du 15 mars, dispense la commune où exerce cet instituteur d'entretenir une École publique.

Cette interprétation de l'article 52 de la loi, qui a pour but d'obtenir, autant que possible, la séparation des enfants des deux sexes dans les Écoles, a fait naître quelques réclamations qui paraissent devoir être accueillies dans une certaine mesure. On a fait observer que, si la loi voulait que les enfants des deux sexes fussent recueillis dans des Écoles séparées, elle voulait aussi que la liberté religieuse fût respectée, et que l'enseignement ne fût pas donné, autant que possible, à des enfants catholiques par un instituteur protestant, à des enfants protestants par un instituteur catholique; que, dès lors, il devenait indispensable d'autoriser, selon les circonstances, la réunion des enfants des deux sexes de même culte sous une direction commune. Cette intention de la loi ressort, en effet, des termes mêmes des articles 15, 31 et 44, accordant aux communes, où les différents cultes reconnus sont professés publiquement, la faculté d'avoir des Écoles distinctes pour les enfants appartenant à chacun de ces cultes; chargeant les Conseils académiques d'apprécier les circonstances où des enfants des deux sexes peuvent être admis dans ces Écoles; et prescrivant que, dans le cas d'Écoles spéciales quant aux cultes, les enfants d'un culte ne doivent être admis dans l'École d'un autre culte que sur la volonté exprimée par les parents.

La circulaire du 24 décembre n'avait pas méconnu cette intention formelle de la loi : elle vous a rappelé, au contraire, en termes très explicites, cette règle générale, et vous a demandé de veiller avec soin à l'exécution du cinquième paragraphe de l'article 44 de la loi, et de l'article 12 du décret du 7 octobre 1850. Elle n'a donc point voulu que les enfants des cultes différents fussent nécessairement réunis dans une même École, lorsqu'il y avait un moyen facile de les réunir dans des Écoles spéciales ; mais, tout en respectant la liberté religieuse et la volonté des parents, elle a voulu qu'on n'oubliât point la sécurité que présentent les Écoles dirigées par des institutrices et leur utilité incontestable pour une meilleure éducation des filles ; elle a donc indiqué les mesures qui paraissent devoir aider le plus sûrement à la propagation de ces établissements.

Je crois, Monsieur le Recteur, qu'il est possible de concilier ces deux intérêts d'une égale importance. Tout en observant d'une manière générale les dispositions de la circulaire du 24 décembre 1850, il me paraît que les Conseils académiques peuvent, selon les circonstances, autoriser l'admission des enfants des deux sexes dans une École libre, toutes les fois que cette École est spécialement consacrée à un culte différent de celui auquel appartiennent les autres Écoles libres ou publiques existant dans la commune.

J'espère, Monsieur le Recteur, que les instructions de la circulaire du 24 décembre, ainsi entendues, vous permettront de lever toutes les difficultés qui pourraient se présenter dans la pratique, pour l'application des dispositions de la loi organique, que j'ai l'honneur de vous rappeler dans cette circulaire.

Recevez, etc.

Signé : DE CROUSEILHES.

---

10 mai 1851.

Circulaire du Ministre de l'Instruction publique, relative au mode d'inspection des établissements libres d'instruction.

10 Mai 1851.

Monsieur le Recteur, en accordant, sous certaines conditions, à tous les citoyens français la liberté de se livrer à la profession de l'enseignement, la loi du 15 mars 1850 a réservé formellement à l'État le droit de surveiller, dans l'intérêt de la morale, de la santé des enfants et de la sécurité publique, l'usage que l'on ferait de cette liberté. Toutefois, pour que la liberté d'enseignement demeurât entière, sans que la surveillance de l'État cessât d'être sérieuse et réelle, le législateur a voulu que cette surveillance ne s'étendît à l'enseignement que pour vérifier s'il n'est pas contraire à la morale, à la Constitution et aux lois. (Art. 21.)

Cette double obligation du respect pour la liberté acquise et de la surveillance réclamée par l'ordre public vous fait, Monsieur le Recteur, une position délicate, dans laquelle vous avez besoin d'être dirigé, afin que d'une part vous évitiez d'éveiller inutilement des susceptibilités légitimes, et que, de l'autre, pourtant, vous protégiez toujours les intérêts sacrés qui vous sont confiés par la loi.

C'est pour vous éclairer sur l'accomplissement d'un devoir important et difficile que je vous adresse ces instructions. Vous les méditerez avec soin, afin de vous pénétrer de leur esprit, et de vous y conformer ponctuellement.

Et d'abord, par égard pour l'autorité qui appartient au chef d'une maison d'éducation, et pour assurer le respect qui lui est dû par les élèves confiés à ses soins, il conviendra que vous vous adressiez personnellement à lui, lorsque vous aurez l'intention de visiter l'établissement qu'il dirige. Je vous recommande, en conséquence, de le prévenir de votre arrivée, et de l'inviter à vous accompagner dans votre visite. S'il était absent, ou s'il refusait de vous accompagner, cette circonstance regrettable ne vous empêcherait pas d'accomplir votre mission dans toute son étendue.

Le premier acte de votre inspection sera l'examen du registre où doivent être inscrits les noms, prénoms, âge, etc., des professeurs et surveillants, conformément à l'article 6 du décret du 20 décembre 1850.

Vous vous informerez ensuite du nombre des pensionnaires, demi-pensionnaires et externes.

Vous visiterez particulièrement les parties de l'établissement qui sont destinées aux élèves. Cependant vous pourriez, selon le besoin et l'occurrence, demander à voir les autres parties de la maison.

Vous observerez si, dans la disposition des lieux ou dans le voisinage de l'établissement, il ne se trouve rien de dangereux pour la moralité ou la santé des enfants; vous examinerez spécialement si les dortoirs sont suffisamment aérés, et si leurs dimensions sont en rapport avec le nombre des pensionnaires.

Le régime alimentaire intéresse trop directement la santé des enfants pour que vous n'y portiez pas toute votre attention. Vous vérifierez avec soin si la nourriture est convenablement préparée, si elle est saine et suffisante; mais vous n'oublierez pas la réserve et les ménagements que l'on doit mettre dans ce genre de recherches, autant pour maintenir la considération des chefs de l'établissement, que pour éviter de provoquer, de la part des élèves, des critiques et des plaintes, trop faciles quelquefois à se produire.

Vous avez le droit d'assister aux exercices que vous jugerez devoir appeler de votre part une surveillance particulière, dans l'intérêt et les limites de la mission qui vous est confiée par la loi, et vous me rendrez compte des observations que vous aurez recueillies.

Toutefois, par respect pour la liberté des méthodes, vous vous abstiendrez d'interroger les élèves sur la force et la direction des études, à moins que le chef de l'établissement ne vous en ait exprimé le désir dans le cours même de la visite. Mais vous pourrez toujours, quand vous le jugerez nécessaire, pour les motifs que la loi a définis, vous faire présenter les livres à l'usage des classes, ainsi que les cahiers des élèves.

Quels que soient les sujets de blâme que vous rencontriez dans le cours de votre visite, vous ne laisserez rien apercevoir de votre improbation, ni devant les enfants, ni devant les domestiques, ni devant les sous-maîtres.

Mais la visite étant terminée, vous adresserez, en particulier, au chef de l'établissement les observations, et, s'il y a lieu, les représentations que vous croirez être de votre devoir.

Si, dans le cours de la visite et par l'examen des livres ou cahiers, vous avez remarqué des choses contraires à la morale, à la Constitution et aux lois, vous demanderez au chef de l'établissement les explications nécessaires sur l'introduction de ces livres et la rédaction de ces cahiers.

Si les réponses du chef ne vous paraissent pas satisfaisantes, et si, d'une autre part, les symptômes que vous auriez vous-même remarqués ou les renseignements qui vous seraient venus d'ailleurs vous donnaient de sérieuses raisons de croire que dans l'établissement existent de dangereux abus, soit parce qu'on y propage des doctrines perverses, soit parce qu'on y tolère des désordres de mœurs, alors vous pourriez interroger les maîtres et surveillants pour vous éclairer sur le véritable état des choses, et, de plus, soit par vous-même, soit avec le concours du Conseil académique, vous prendriez les moyens d'information, et, au besoin, les mesures de répression prévus par la loi; vous pourriez en ce cas interroger les élèves eux-mêmes.

Ces règles sont précises, Monsieur le Recteur, et cependant vous voyez qu'elles sont, pour leur juste application, confiées à votre intelligence et à votre sagesse. C'est que vos fonctions vous mettent aujourd'hui en rapport direct avec les établissements les plus disproportionnés et les plus dissemblables, depuis la moindre École primaire libre jusqu'aux Collèges libres les plus importants, depuis l'institution médiocre jusqu'aux maisons d'éducation les plus dignes de la confiance, du respect et de la reconnaissance publics.

Les droits de l'État sont les mêmes partout, vous ne l'oublierez jamais; et cependant vous comprendrez que, même dans l'intérêt de l'État et de l'ordre public, ces droits doivent être exercés avec beaucoup de discernement et de mesure.

Autant il est nécessaire que votre surveillance intimide partout le mal, autant il est désirable que partout elle encourage et honore les efforts inspirés par l'amour du bien.

C'est surtout en ce qui concerne les Écoles secondaires ecclésiastiques, Monsieur le Recteur, que vous reconnaîtrez combien il importe d'observer les égards et les ménagements qui, sans jamais abaisser vos fonctions, les rendent plus efficaces en les faisant mieux accepter.

Ce n'est pas que l'État n'ait également, dans ces établissements, un droit de surveillance, puisque, d'après le premier paragraphe de l'article 70 de la loi, cette surveillance est la seule condition à laquelle ils restent soumis; mais vous aurez remarqué que les petits séminaires ne peuvent être complètement assimilés aux Écoles libres, puisqu'ils appartiennent aux diocèses et non à des particuliers, et que, comme tels, ils relèvent immédiatement de l'autorité diocésaine.

Les petits séminaires sont des Écoles spéciales destinées, avant tout, au recrutement du sacerdoce, et dont le régime intérieur est entièrement réglé par les évêques.

Vous comprendrez, Monsieur le Recteur, que dans ces conditions ils offrent à l'État des motifs de sécurité qui lui permettent de donner à la surveillance qu'il y exerce un caractère particulier; et cette distinction repose sur les dispositions spéciales de l'article 70 de la loi, qui diffère essentiellement de l'article 21.

Au-dessus du chef immédiat, avec lequel vous aurez à vous mettre en rapport pour l'accomplissement de votre mission, se trouve l'évêque, que la loi reconnaît comme chef supérieur de la maison, et dont la haute position offre au Gouvernement qui l'a nommé les plus sûres garanties.

Il conviendra qu'avant tout, autant que vous le pourrez, vous vous concertiez avec ce prélat sur l'époque et sur l'ordre de votre visite; et si, en la faisant, vous aviez remarqué quelque chose qui vous semblât appeler son attention, c'est toujours à lui que vous devriez en référer d'abord, comme c'est à lui que le Ministre lui-même s'adresserait, si, dans des cas qui seront certainement très rares, il croyait avoir à intervenir.

Vous voudrez bien remettre un exemplaire de la présente circulaire à chacun des Inspecteurs placés sous vos ordres.

Recevez, etc.

Signé : DE CROUSEILHES.

Avis relatif aux examens sur les matières facultatives.

24 mai 1851.

24 Mai 1851.

Le Conseil, etc.,

Vu les articles 23 et 40 de la loi du 15 mars 1850 ;

Sur la première question, ainsi conçue :

Un candidat qui vient de subir son examen sur les matières mentionnées dans la première partie de l'article 23 de la loi du 15 mars 1850 peut-il, sans avoir fait la demande à l'avance, obtenir d'être examiné sur tout ou partie des matières spécifiées dans la seconde partie dudit article?

Considérant que, si les aspirants au brevet de capacité peuvent être examinés sur tout ou partie des matières spécifiées dans la seconde partie de l'article 23, ils doivent en faire la demande à la Commission d'examen, mais que cette demande, pour être sérieuse, doit être formée avant l'ouverture de la session, et non dans le cours de cette session ou pendant l'examen d'un candidat qui voudrait ainsi, selon ses convenances personnelles, donner à son examen tels ou tels développements,

Est d'avis que le candidat qui vient de subir l'examen sur les matières mentionnées dans la première partie de l'article 23 ne peut obtenir d'être examiné sur tout ou partie des matières spécifiées dans la seconde partie du même article, s'il n'en a fait la demande avant l'ouverture de la session d'examen ;

Sur la deuxième question, ainsi conçue :

Les notions d'histoire et de géographie, dont il est question à la seconde partie de l'article 23 de la loi du 15 mars 1850, sont-elles destinées à tenir lieu de celles que l'on demandait pour l'ancien brevet supérieur et qui comprenaient l'histoire et la géographie générale? Ou bien doivent-elles se borner, comme pour le brevet élémentaire, à l'histoire de France, à la géographie de l'Europe et de la France?

Considérant qu'il n'y a pas lieu d'établir pour le cas dont il s'agit aucune analogie entre l'état de choses existant précédemment et celui qui résulte de la loi du 15 mars 1850,

Est d'avis qu'on doit se borner, pour l'examen des aspirants au brevet de capacité, aux notions élémentaires de l'histoire et de la géographie, sans les restreindre cependant à ce qui regarde la France ;

Sur la troisième question, ainsi conçue :

Un instituteur qui a obtenu un brevet pour la première partie de l'article 23 de la loi du 15 mars 1850 peut-il se faire interroger ultérieurement, à différentes reprises, sur les autres matières de la deuxième partie du même article? Ou bien, faut-il qu'il ne subisse qu'un examen sur toutes les matières comprises dans la seconde partie de l'article 23? Ou bien encore, ne doit-il y avoir qu'un examen comprenant la partie obligatoire et tout ou partie des matières non obligatoires?

Considérant qu'il ne résulte ni de la lettre de la loi, ni de son esprit, qu'il y aura plus d'un examen et plus d'un brevet de capacité ; ce qui arriverait, si un instituteur qui a obtenu un brevet pour la première partie de l'article 23 pouvait se faire interroger ultérieurement, à différentes reprises, sur les autres matières comprises dans le second paragraphe dudit article,

Est d'avis qu'il ne doit y avoir qu'un seul examen, dont la portion obligatoire de l'article 23 de la loi du 15 mars 1850 sera l'objet, et, selon le vœu de l'aspirant, tout ou partie des matières spécifiées dans le second paragraphe du même article.

---

3 juin 1851.

Avis relatif à la nomination des instituteurs.

3 Juin 1851.

Le Conseil, etc.,

Consulté par M. le Ministre sur la question de savoir si le nombre des candidats à proposer par le Conseil académique au Recteur, pour les fonctions de membres des Commissions de surveillance des Écoles normales primaires, doit être égal ou supérieur au nombre des membres de ces Commissions;

Vu le Ier chapitre de l'article 10 du règlement du 24 mars 1851, concernant les Écoles normales primaires;

Considérant, d'après les lois ou les règlements en vigueur, qu'il y a deux modes de nommer à certaines fonctions publiques par voie de présentation de candidats, savoir :

Ou l'autorité qui propose présente à l'autorité qui doit nommer deux ou plusieurs candidats, parmi lesquels celle-ci est tenue de choisir ; ou la première de ces autorités présente à la seconde un seul candidat pour chaque place vacante, sauf le droit de celle-ci de n'accepter le candidat présenté que si elle le juge convenable et de pouvoir exiger une ou plusieurs présentations nouvelles;

Considérant que ces deux modes de nomination sont distincts et qu'ils partagent inégalement l'influence sur la nomination définitive entre l'une et l'autre de ces deux autorités;

Que le sens et les termes de l'article 10 du règlement du 24 mars 1850 ne peuvent donner lieu à aucune incertitude,

Est d'avis que le nombre des candidats à présenter aux Recteurs par les Conseils académiques, pour la nomination des membres des Commissions de surveillance des Écoles normales primaires, doit être égal au nombre des membres dont ces Commissions se composent.

Avis relatif aux règlements des Écoles.

3 juin 1851.

3 Juin 1851.

Le Conseil, etc.,

Considérant qu'il convient que les dispositions d'un règlement d'école soient nettes, précises et faciles à retenir ; qu'elles renferment toutes les prescriptions nécessaires relativement aux conditions d'admission des enfants, au local et au mobilier, aux matières, à la direction de l'enseignement ainsi qu'à la tenue et à la discipline des Écoles ; qu'il est utile d'y rappeler les devoirs particuliers de l'instituteur, mais en les résumant en peu de mots ;

Considérant que plusieurs des règlements qui lui ont été soumis ne satisfont pas suffisamment à ces conditions ; que quelques-unes des prescriptions indispensables touchant l'admission des enfants, l'enseignement et la discipline, y sont omises ; qu'ils se composent d'exhortations plutôt que de préceptes ; qu'ils ressemblent plutôt à des traités de pédagogie ou de morale qu'à des règlements proprement dits ; que les devoirs des instituteurs et des enfants y sont trop longuement exposés et développés,

Est d'avis que M. le Ministre veuille bien donner des instructions aux Recteurs sur le caractère que doivent avoir les règlements scolaires, et prendre les mesures qu'il jugera convenables pour que quelques-uns des règlements qui auront été approuvés par le Conseil supérieur soient envoyés à tous les Recteurs, qui les porteront, à titre de documents, à la connaissance des Conseils académiques.

---

7 juin 1851. **Circulaire du Ministre de l'Instruction publique, relative aux autorisations demandées par des étrangers pour exercer en France des fonctions de surveillance ou d'enseignement.**

7 Juin 1851.

Monsieur le Recteur, ma circulaire du 14 mai dernier[1] énumère les pièces qui doivent être produites à l'appui des demandes ayant pour objet d'obtenir l'autorisation pour les étrangers d'exercer, en France, des fonctions de surveillance ou d'enseignement dans les établissements particuliers d'instruction primaire ou secondaire. Quelques réclamations dignes d'attention se sont élevées à cette occasion. J'ai cru qu'il était convenable d'en tenir compte.

On m'a fait observer, en effet, que, dans certains cas, il pourrait paraître excessif d'exiger, d'une manière inflexible et absolue, des étrangers qui sollicitent l'autorisation d'exercer des fonctions de surveillance ou d'enseignement, la preuve qu'ils sont admis à jouir des droits civils. Éloigné tout à coup de son pays, par suite de révolutions politiques ou de circonstances de force majeure, et obligé de chercher dans l'instruction qu'il possède des ressources immédiates, un étranger, sans avoir justifié de l'admission à la jouissance des droits civils, peut offrir, par ses antécédents, par son caractère, par le nom seul qu'il porte, des garanties suffisantes. Des actes émanés des autorités françaises, comme la concession d'un secours, la permission régulièrement accordée d'exercer le ministère ecclésiastique, ou toute autre délégation authentique sembleraient, en effet, pouvoir suppléer au certificat de jouissance des droits civils. C'est, du moins, ce qu'il faut laisser à l'appréciation du Ministre et du Conseil supérieur, à qui il appartient de résoudre ces questions délicates.

1. Voici un extrait de cette circulaire, adressée aux Recteurs :

« Vous savez qu'aux termes du décret du 5 décembre 1850, les étrangers ne peuvent diriger en France un établissement libre d'instruction primaire ou secondaire, y exercer une fonction de surveillance ou d'enseignement, sans avoir préalablement obtenu une autorisation spéciale du Ministre, accordée après avis du Conseil supérieur.

« Les demandes de ce genre ne seront soumises à l'examen du Conseil supérieur que si elles sont accompagnées :

« 1° D'un certificat constatant que le postulant est admis à jouir des droits civils en France;

« 2° Des pièces exigées par l'article 25.... de la loi du 15 mars 1850, s'il se propose de diriger un établissement d'instruction primaire....

« Si le postulant se propose d'exercer des fonctions de surveillance ou d'enseignement dans un établissement particulier d'instruction publique, il devra fournir l'indication des lieux où il a résidé et des professions qu'il a exercées pendant les dix dernières années, le tout appuyé d'attestations émanées soit des autorités de son pays, soit des autorités françaises, et pouvant prouver la sincérité de ses déclarations;

« 3° D'un rapport motivé du Recteur.

« Si quelqu'une des pièces énumérées ci-dessus manquait aux dossiers que vous me transmettrez, je me verrais forcé de vous les renvoyer, ce qui entraînera des retards fort préjudiciables aux intérêts des communes et des particuliers. Mais le Conseil supérieur et le Ministre ne peuvent statuer que sur des affaires régulièrement et complétement instruites. Je compte donc, à cet égard, sur votre vigilance, et j'espère que vous vous conformerez avec le plus grand soin aux recommandations contenues dans la présente circulaire. »

D'après ces considérations, vous comprendrez qu'il vaut mieux référer de toutes ces affaires à l'autorité supérieure, en lui transmettant les demandes et pièces avec vos observations. Elle prendra telle décision qu'il appartiendra.

Recevez, etc.

Signé : DE CROUSEILHES.

Avis relatif aux obligations imposées aux délégués cantonaux.

10 juin 1851.

10 Juin 1851.

Le Conseil, etc.,

Consulté par M. le Ministre sur la question de savoir si les dispositions des articles 45 et 46 du règlement d'administration publique pour l'exécution de la loi du 15 mars 1850, promulgué le 29 juillet 1850, sont, en ce qui regarde les obligations imposées aux délégués cantonaux, une exacte application de la loi ;

Vu, d'une part, les articles 45, 46 et 47 dudit règlement, et, d'autre part, les articles 42 et 44 de la loi du 15 mars 1850;

Considérant que les délégués cantonaux sont, pour la surveillance des Écoles publiques et libres de chaque canton, les mandataires du Conseil académique qui les nomme, les révoque et doit seul recevoir leurs rapports;

Que la surveillance qu'ils sont chargés d'exercer doit être individuelle et locale;

Qu'ils ne doivent se réunir qu'aux chefs-lieux de canton, sous la présidence de celui d'entre eux qu'ils désignent, uniquement pour convenir des avis à transmettre au Conseil académique ;

Qu'astreindre les délégués des cantons d'un arrondissement à se réunir au chef-lieu de l'arrondissement sur la convocation et sous la présidence du Sous-Préfet, pour y délibérer sur tous les objets qui leur seront soumis, soit par le Recteur, soit par le Conseil académique, ce serait donner à l'institution des délégués cantonaux un caractère différent de celui que la loi lui a assigné;

Considérant que chaque délégué correspond tant avec le Conseil académique qu'avec les autorités locales préposées à la surveillance et à la direction morale de l'enseignement primaire, mais qu'il n'est pas tenu de communiquer à l'Inspecteur de l'enseignement primaire tous les renseignements qu'il a pu recueillir, puisque ces renseignements peuvent servir au Conseil académique pour juger de la direction et des effets de l'inspection,

Est d'avis que, s'il peut être utile d'établir, dans certaines circonstances, au chef-lieu d'arrondissement, des réunions entre les délégués cantonaux, sous la présidence du Sous-Préfet, ces réunions doivent rester facultatives, et que les articles 45, 46 et 47 du règlement du 29 juillet 1850 n'ont pas créé en cette matière des droits et des obligations qui ne doivent dériver que de la loi.

---

20 juin 1851. **Décret portant reconnaissance de l'association religieuse, dite des Petits Frères de Marie, et approbation de ses statuts.**

20 Juin 1851.

Le Président de la République,

Sur le rapport du Ministre de l'Instruction publique et des Cultes,

Vu la demande présentée par l'association religieuse des frères de Marie, vouée à l'enseignement primaire, aux fins d'être reconnue comme établissement d'utilité publique;

Vu les délibérations du Conseil général du département de la Loire, des 25 août 1838, 26 août 1840 et 2 septembre 1850;

Vu l'avis du Conseil supérieur de l'instruction publique, en date du 8 mars 1851;

Vu l'article 910 du Code civil, et l'ordonnance du 2 avril 1817;

Vu les articles 31, 34 et 79 de la loi organique du 15 mars 1850;

Le Conseil d'État entendu,

Décrète :

ARTICLE 1er. — Est reconnue comme établissement d'utilité publique l'association religieuse, vouée à l'enseignement, dite des *Petits Frères de Marie*, dont le siège principal est à Notre-Dame-de-l'Ermitage-sur-Saint-Chamond, commune de Saint-Martin-en-Coailleux (Loire).

ART. 2. — Les statuts de l'association des Petits Frères de Marie, dont copie est ci-annexée, sont approuvés.

---

20 juin 1851. **Statuts de l'association religieuse et charitable des Petits Frères de Marie, approuvés par le décret du 20 juin 1851.**

20 Juin 1851.

ARTICLE 1er. — Les Petits Frères de Marie ont pour but l'instruction primaire et la direction des maisons de providence ou de refuge pour les enfants pauvres ou orphelins.

ART. 2. — Leur enseignement comprend l'instruction religieuse, la lecture, l'écriture, les éléments de la langue française, le calcul et le système légal des poids et mesures, et, au besoin, toutes les autres connaissances comprises dans le programme de l'instruction primaire.

ART. 3. — L'association des Petits Frères de Marie est gouvernée par un frère qui prend le titre de frère supérieur général.

Elle est soumise, pour le spirituel, à l'ordinaire, et, pour le temporel, aux autorités civiles, conformément aux lois.

ART. 4. — Le frère supérieur général est nommé à vie, par voie de scrutins secrets, et à la majorité absolue des suffrages, par le chapitre général.

ART. 5. — Le chapitre général est composé de trente frères, nommés par la congrégation, et pris parmi les anciens frères d'école et les directeurs des maisons principales, ayant au moins trente ans d'âge et dix ans de communauté.

Sont considérées comme maisons principales les maisons de noviciat et les établissements particuliers composés de quatre frères au plus.

ART. 6. — Pour s'aider dans le gouvernement de l'association, le frère supérieur général a deux assistants, au moins, nommés par le chapitre général.

ART. 7. — Les frères assistants continuent leurs fonctions après la mort du frère supérieur général, jusqu'à l'élection de son successeur.

ART. 8. — Il y a en outre, dans chaque maison de noviciat, un frère directeur, un frère procureur et un frère maître des novices, nommés par le frère supérieur général et révocables à volonté, après avis de son conseil.

ART. 9. — Les frères assistants, le frère directeur de la maison mère, le frère procureur général et le frère maître des novices, avec un ancien frère de l'École désigné par le frère supérieur général, forment le conseil.

ART. 10. — Il y a encore des frères visiteurs chargés par le frère supérieur général de visiter, chaque année, les établissements dépendant de l'association.

ART. 11. — Chaque établissement est gouverné par un frère directeur, qui est en exercice autant de temps que le frère supérieur général le juge à propos; néanmoins, il a toujours soin de ne le rappeler qu'en le remplaçant par un autre frère, de manière que l'instruction ne soit pas interrompue.

ART. 12. — Les postulants sont reçus avec le consentement de leurs parents ou tuteurs, sur la présentation de leur curé, depuis l'âge de seize ans jusqu'à celui de trente.

La probation est de deux ans, savoir : une année dans le noviciat, et une année dans l'École ou dans les emplois temporels.

ART. 13. — L'association n'exige de ses membres que la pension du noviciat, qui est de six cent cinquante francs pour les deux années de probation.

Chaque frère conserve la propriété et la libre disposition de ses biens.

ART. 14. — L'engagement que prennent les sujets envers l'association comprend : la fidélité à la règle, la soumission au frère supérieur général et à ceux qui le représentent, la vie commune, le célibat et le travail au profit de la communauté, tant qu'ils font partie de la société.

Réciproquement, l'association s'engage à donner à chacun de ses membres la nourriture et l'entretien complet selon la règle, et tous les soins nécessaires en maladie et dans la vieillesse.

ART. 15. — L'association donne des frères aux communes qui les demandent et qui leur assurent une existence honnête et convenable.

Le traitement de chaque frère varie de quatre à six cents francs, selon le nombre des frères demandés, les ressources et la position des communes.

ART. 16. — Pour donner plus de facilité aux communes, les frères admettent la rétribution scolaire.

ART. 17. — Quoique les frères ne doivent pas, en général, aller moins de deux, on peut établir des maisons centrales d'où ils se détachent un à un pour les communes rapprochées.

---

30 juin 1851.

Arrêté concernant la nomination des membres des Commissions de surveillance.

30 Juin 1851.

Le Ministre de l'Instruction publique et des Cultes,

Vu le § 1er de l'article 10 du règlement du 24 mars 1851, concernant les Écoles normales primaires;

Vu l'avis du Conseil supérieur de l'instruction publique, en date du 3 juin 1851,

Arrête :

Le nombre des candidats à présenter aux Recteurs par les Conseils académiques, pour la nomination des membres des Commissions de surveillance des Écoles normales primaires, devra être égal au nombre des membres dont se composent ces Commissions.

---

31 juillet 1851.

Arrêté fixant les programmes d'enseignement pour les Écoles normales primaires.

31 Juillet 1851.

Le Ministre du département de l'Instruction publique et des Cultes;

Vu les articles 5 et 35 de la loi du 15 mars 1850;

Vu le décret du 24 mars 1851;

Le Conseil supérieur de l'instruction publique entendu,

Arrête :

ARTICLE 1er. — Les programmes d'enseignement pour les Écoles normales primaires sont adoptés ainsi qu'il suit :

I. Lecture.

La lecture comprendra trois sortes d'exercices : la lecture simple, la lecture accentuée et la lecture raisonnée.

Lecture simple. — Cet exercice a pour but principal l'épellation et la prononciation. Il sera fait un fréquent usage de l'épellation de mémoire, nécessaire pour bien apprendre l'orthographe. On s'attachera à faire acquérir aux élèves une prononciation facile et pure. En exposant sommairement les divers procédés ou méthodes de lecture, on en signalera les avantages et les inconvénients.

Lecture accentuée. — On s'appliquera dans cet exercice, comme dans le précédent, à corriger l'accent du pays; on accoutumera les élèves à se pénétrer de ce qu'ils lisent, à distinguer les parties et les membres de phrases, à marquer les repos et à rendre, par les diverses inflexions de la parole, les idées et les sentiments que l'auteur a voulu exprimer, mais en se gardant tout à la fois de la monotonie et de la déclamation, et en conservant toujours un ton simple et naturel.

Lecture raisonnée. — Quand un morceau aura été lu, les élèves en rendront compte, tantôt de vive voix, tantôt par écrit.

On consacrera aux exercices de lecture six leçons d'une heure par semaine, pendant les deux premières années, et deux leçons pendant la troisième.

On se servira exclusivement pour les exercices des ouvrages suivants :

1° *Fables* de Fénelon;

2° Choix de fables de La Fontaine;

3° *Mœurs des Israélites et des Chrétiens* de Fleury;

4° *Doctrine chrétienne; Histoire de la Religion et Histoire de l'Église*, de Lhomond;

5° Première partie du *Discours sur l'Histoire universelle* de Bossuet;

6° Recueil de morceaux choisis dans les bons auteurs;

7° Manuscrits autographiés, dûment autorisés.

Pour les lectures du latin, on emploiera le *Psautier*, le *Diurnal* et autres livres approuvés par l'autorité religieuse.

Les lectures de piété, prescrites par l'article 20 du décret du 24 mars 1851, se feront dans des livres indiqués par l'aumônier, et approuvés par l'autorité religieuse compétente.

II. Récitation.

Des morceaux choisis dans les ouvrages adoptés pour le cours de lecture seront appris par cœur.

Trois leçons d'une heure chacune seront consacrées toutes les semaines, pendant les trois années, à la récitation de ces morceaux.

On tiendra à ce qu'ils soient parfaitement sus et récités, sans hésitation, et d'un ton simple et naturel.

III. Écriture.

L'écriture comprendra les cinq genres d'écriture, qu'on est convenu d'appeler gothique, bâtarde, ronde, coulée et cursive.

L'écriture devra toujours être nette et facile à lire.

L'écriture cursive, étant d'un usage plus général, sera plus particulièrement cultivée.

Les modèles d'écriture contiendront des maximes religieuses et morales, des traits remarquables de l'histoire de France, ou des notions scientifiques utiles aux instituteurs et aux élèves.

On exercera les élèves à dresser des états pareils à ceux qui sont en usage dans les mairies et dans les Écoles, des mémoires, des factures, etc.

Les élèves donneront tous leurs soins, aussi bien à l'écriture de leurs compositions et de leurs rédactions, qu'à celle des pages qu'ils auront à faire dans la leçon spéciale d'écriture.

Il y aura par semaine cinq leçons d'écriture, dans chacune des deux premières années, et deux dans la troisième.

On se servira pour ces leçons des cours et modèles de Verdet, de Taupier et de Taiclet.

IV. Langue française.

On prendra pour base de l'enseignement de la langue française la grammaire de Lhomond.

Cet enseignement sera simple, beaucoup plus pratique que théorique, et consistera plus en exercices et en exemples qu'en règles et en préceptes. On évitera avec soin toutes les discussions qui auraient trait à la métaphysique du langage, ou qui ne rouleraient que sur des subtilités grammaticales.

Pendant la première année, les exercices se composeront d'analyses grammaticales, et principalement de dictées d'orthographe. Ces dictées auront pour objet des récits historiques, des morceaux renfermant des notions utiles ou présentant un caractère moral et religieux.

Il y aura, en général, une dictée chaque jour : elle sera corrigée tantôt par le maître, tantôt par les élèves, sous la direction et le contrôle du maître. Après la correction, les dictées seront transcrites sur un cahier spécial; on emploiera à cette transcription une partie du temps destiné aux leçons d'écriture.

L'analyse se fera presque toujours de vive voix, avec simplicité et brièveté, et d'après la nomenclature de Lhomond.

Dans les deux dernières années, les élèves feront des extraits et des résumés écrits de ce qu'ils auront lu; on les exercera de temps en temps à la composition sur les sujets les plus simples et les plus usuels.

Les cours de lecture et de langue française devront être faits par le directeur de l'École.

V. Calcul. Système légal des poids et mesures. Arithmétique appliquée aux opérations pratiques.

Le cours de calcul sera élémentaire et pratique. On n'y donnera que les explications théoriques indispensables, et on ne les fera porter que sur des questions d'une application usuelle.

On s'appliquera particulièrement à bien faire connaître le système décimal et à familiariser les élèves avec l'usage des nouveaux poids et des nouvelles mesures.

On verra, dans la première année, la numération, les opérations fondamentales de l'arithmétique et le système légal des poids et mesures.

Dans la seconde année, on enseignera les fractions, les règles de trois, les règles d'intérêt, d'escompte, de partage proportionnel et d'alliage.

Dans la troisième année, on appliquera aux opérations pratiques les connaissances acquises dans les deux années précédentes.

L'enseignement du calcul et de l'arithmétique se donnera d'après l'arithmétique de Bezout, dernières éditions.

On y consacrera six heures par semaine, dans chacune des trois années.

VI. Éléments de géographie.

Le cours de géographie aura lieu une fois par semaine, pendant la troisième année.

Cinq leçons auront pour objet les notions préliminaires; six, la géographie générale de l'Europe; cinq, la géographie des autres parties du monde; et vingt-quatre, la géographie de la France. Six, au moins, de ces dernières traiteront du département auquel appartient l'École; elles indiqueront les principaux événements historiques dont il a été le théâtre, les hommes célèbres qu'il a vus naître et qui ont bien mérité du pays par leurs services, leurs talents et leurs vertus; elles feront connaître les productions, l'industrie, les arrondissements, les cantons, les villes, les localités remarquables, les monuments, les curiosités naturelles du département.

VII. Éléments d'histoire.

L'histoire ancienne sera constamment rapprochée des faits contemporains de l'histoire sainte[1].

1re PARTIE. — Six leçons.

Création du monde. — Déluge universel. — Dispersion des hommes. — Abraham. — Joseph.

Fondation des plus anciennes villes et des premiers empires.

Moïse. — Josué. — Gouvernement des juges. — Établissement de la royauté chez les Hébreux. — Saül. — David.

Guerre de Troie.

Salomon. — Schisme des tribus. — Achab. — Athalie. — Fin du royaume d'Israël.

Sparte et Athènes. — Fondation de Rome. — Chute de l'empire d'Assyrie.

Captivité de Babylone.

Fin du royaume de Judée.

Cyrus. — Établissement de la république à Rome.

Retour des Juifs à Jérusalem. — Rivalité de Sparte et d'Athènes. — Établissement du Consulat, de la Dictature et du Tribunat, à Rome.

Guerres médiques.

Guerres et conquêtes d'Alexandre. — Siège de Rome par les Gaulois.

Première et deuxième guerres puniques.

Histoire des Macchabées.

La Macédoine et la Grèce réduites en provinces romaines.

Troisième guerre punique. — Destruction de Carthage.

Guerre de Jugurtha. — Marius et Sylla.

La Judée, la Syrie et l'Égypte réduites en provinces romaines.

Pompée et César. — Antoine et Octave. — Gouvernement d'Auguste.

2e PARTIE. — Quatre leçons.

Naissance de Jésus-Christ. — Prédication de l'Évangile. — Révoltes des Juifs. — Destruction de Jérusalem.

1. L'histoire du peuple juif ne peut avoir ici qu'une part restreinte. C'est dans l'enseignement religieux que cette histoire fondamentale des autres histoires, aussi bien que de la religion, trouvera une place proportionnée à son importance.

Faits principaux de l'histoire de l'Empire romain, pendant les deux premiers siècles.

Persécution de l'Église pendant les trois premiers siècles. — Ses progrès.

Faits principaux de l'Empire romain, pendant les IIIe, IVe et Ve siècles. — Constantin. — Successeurs de Constantin. — Théodose le Grand. — Invasion des barbares. — Chute de l'Empire d'Occident.

3e PARTIE. — HISTOIRE DE FRANCE.

Première race. — Deux leçons.

Établissement de la monarchie des Francs. — Clovis. — Successeurs de Clovis. — Maires du palais. — Décadence et chute des Mérovingiens.

Deuxième race. — Trois leçons.

Avènement des Carlovingiens. — Pépin le Bref. — Charlemagne. Ses guerres et ses conquêtes. — Charlemagne législateur et protecteur des lettres.

Louis le Débonnaire et ses fils. — Bataille de Fontanet. — Traité de Verdun. — Invasion des Normands.

Établissement du régime féodal. — Chute des Carlovingiens.

Troisième race. — Cinq leçons.

Avènement de la troisième race.

Hugues Capet et ses successeurs. — Première croisade.

Philippe Auguste et saint Louis.

Successeurs de saint Louis.

Branche des Valois. — Huit leçons.

Philippe de Valois. — Guerre de Flandre. — Commencement de la guerre de Cent ans. — Bataille de Crécy. — Le roi Jean. — Bataille de Poitiers. — La Jacquerie. — Traité de Brétigny.

Charles V. — Ravages des grandes compagnies. — Guerre en Espagne. — Du Guesclin. — Défaite des Anglais. — Administration de Charles V.

Charles VI. — Rivalités des ducs d'Orléans et de Bourgogne. — Bataille d'Azincourt. — Meurtre du duc de Bourgogne.

Charles VII. — Jeanne d'Arc. — Expulsion des Anglais. — Fin de la guerre de Cent ans.

Louis XI. — Progrès du pouvoir royal. — Charles le Téméraire. — Fin du duché de Bourgogne.

Charles VIII. — États généraux. — Réunion de la Bretagne. — Guerre d'Italie.

Louis XII. — Guerre d'Italie. — François Ier. — Bataille de Marignan. — Bataille de Pavie. — Traité de Madrid.

La Réforme. — La Renaissance des lettres et des arts.

Henri II. — Traité de Cateau-Cambrésis. — François II. — Conjuration d'Amboise.

Charles IX. — Guerres de religion.

Henri III. — États de Blois. — Fin de la branche des Valois.

Branche des Bourbons. — Neuf leçons.

Avènement des Bourbons.

Henri IV. — Batailles d'Arques et d'Ivry. — Siège de Paris. — Abjuration de Henri IV. — Édit de Nantes. — Sully. — Assassinat de Henri IV.

Louis XIII. — Régence de Marie de Médicis. — Richelieu. — Guerre de Trente ans.

Avènement de Louis XIV. — Régence d'Anne d'Autriche. — Mazarin.

Batailles de Rocroy et de Fribourg. — Traité de Westphalie. — La Fronde. — Traité des Pyrénées. — Louis XIV gouverne lui-même, 1661. — Colbert. — Conquête de la Flandre. — Traité d'Aix-la-Chapelle. — Conquête de la Hollande. — Conquête de la Franche-Comté. — Traité de Nimègue. — Révocation de l'édit de Nantes. — Ligue d'Augsbourg. — Traité de Ryswick. — Revers de Louis XIV. — Bataille de Denain. — Traité d'Utrecht. — Mort de Louis XIV.

État des lettres et des arts pendant le siècle de Louis XIV.

Louis XV. — Régence du duc d'Orléans. — Système de Law. — Ministère du cardinal Fleury. — Guerre de la succession d'Autriche. — Bataille de Fontenoy. — Traité d'Aix-la-Chapelle. — Guerre de Sept ans. — Traité de Paris. — Conquête de la Corse. — Mort de Louis XV.

Avènement de Louis XVI. — Réformes de Louis XVI. — Turgot. — Malesherbes. — Premier ministère de Necker. — Guerre d'Amérique. — Convocation des notables. — Convocation des États généraux.

Révolution. — République. — Empire. — Quatre leçons.

Première période.

États généraux. — Assemblée constituante. — Prise de la Bastille. — Journées des 5 et 6 octobre. — Fuite et arrestation de Louis XVI. — Assemblée législative. — Insurrections des 20 juin et 10 août. — Massacres de septembre. — Guerre contre la Prusse et l'Autriche. — Combat de Valmy. — Convention nationale. — Établissement de la République. — Bataille de Jemmapes. — Procès et mort de Louis XVI. — Première coalition de l'Europe contre la France. — Guerre de la Vendée. — Comité de Salut public. — La Terreur. — 9 Thermidor.

Deuxième période.

Conquête de la Belgique et de la Hollande. — Paix avec la Prusse et l'Espagne. — Journée du 13 vendémiaire. — Fin de la Convention. — Directoire. — Premières campagnes de Bonaparte en Italie. — Montenotte. — Millesimo. — Lodi. — Castiglione. — Arcole. — Campagnes de Moreau, de Jourdan et de Hoche, en Allemagne. — Traité de Campo-Formio.

Expédition d'Égypte. — Deuxième coalition. — L'Italie reconquise par les alliés. — Victoire de Masséna à Zurich. — Retour de Bonaparte en France. — 18 Brumaire. — Bonaparte premier consul. — Nouvelle campagne d'Italie. — Marengo. — Campagne de Moreau en Allemagne. — Hohenlinden. — Traité de Lunéville. — Paix d'Amiens. — Concordat. — Légion d'honneur. — Code civil. — Consulat à vie.

Troisième période.

Napoléon empereur. — Guerre contre l'Autriche et la Russie. — Ulm. — Austerlitz. — Confédération du Rhin. — Guerre contre la Prusse et la Russie. — Iéna. — Eylau. — Friedland. — Traité de Tilsitt. — Blocus continental.

— Guerre d'Espagne. — Guerre d'Autriche. — Eckmulh. — Wagram. — Divorce et deuxième mariage de Napoléon. — Étendue de l'Empire en 1810.

Quatrième période.

Guerre de Russie. — Smolensk. — La Moskowa. — Retraite. — Campagne d'Allemagne. — Lutzen. — Bautzen. — Leipsick. — Levée en masse de l'Europe. — Campagne de France. — Abdication de l'Empereur. — La France presque entièrement ramenée à ses anciennes limites.

VIII. Notions de physique, de chimie et d'histoire naturelle, applicables aux usages de la vie.

PREMIÈRE PARTIE.

1° *Notions préliminaires.*

1re Leçon. — Qu'entend-on par corps simples et par corps composés? — Donner une idée de la force qui unit leurs parties constituantes. — Exposer les bases de la nomenclature chimique.

2° *Air atmosphérique.*

2e Leçon. — Composition de l'air. — Principales propriétés de l'oxygène et de l'azote, dont il est presque uniquement formé. — Sa décomposition et sa recomposition.

3e Leçon. — Action de l'oxygène et de l'air sur les corps combustibles, en particulier sur l'hydrogène, le charbon, le phosphore, le soufre et les principaux métaux. — Formation de la rouille dont se couvre le fer, à l'aide de l'humidité. — Moyen de la prévenir. — Danger que présentent les vases en cuivre, zinc et plomb. — Vert-de-gris. — Causes de sa production. — Étamage. — Son utilité. — Faire voir que l'or et l'argent doivent en partie leur prix à ce qu'ils ne s'oxydent pas.

4e Leçon. — Combustion. — Moyens propres à la favoriser. — Construction des cheminées, des fours. — Quantité de chaleur que donnent les cheminées et les poêles.

5e leçon. — Action de l'air sur le sang. — Principaux phénomènes de la respiration, de la circulation. — Démontrer que l'air est le seul gaz respirable; qu'il agit par l'oxygène qu'il contient, et que les autres gaz sont méphitiques ou délétères. — Chaleur animale.

3° *Hydrogène. — Eau. — Ammoniaque.*

6e Leçon. — Gaz hydrogène. — Sa combinaison avec l'oxygène, d'où résulte l'eau. — Des diverses qualités d'eaux. — Eaux potables. — Moyens de reconnaître les meilleures eaux potables. — Eaux impropres à la cuisson des légumes. — Eaux impropres au savonnage. — Procédés pour rendre les eaux calcaires propres au savonnage.

7e Leçon. — Citernes. — Leur construction. — Irrigations. — Puits artésiens. — Terrains où ils se trouvent. — Eaux minérales. — Combinaison de l'hydrogène avec l'azote, d'où résulte l'ammoniaque. — Son emploi pour prévenir les effets de la piqûre des abeilles, des vipères et de l'empansement des animaux.

4° *Charbon. — Hydrogène. — Carbone. — Acide carbonique.*

8e Leçon. — Charbon. — Son emploi pour désinfecter les viandes qui commencent à se putréfier. — Filtres à charbon pour purifier les eaux. — Emploi du charbon pour décolorer le vinaigre et les sirops. — Emploi du charbon pour faire un bon sirop avec le miel.

9e Leçon. — Hydrogène carboné. — Eclairage. — Avantage des lampes d'argent. — Moyen d'augmenter l'éclat de la flamme. — Présence de l'hydrogène carboné dans les mines de houille et les dangers qu'il occasionne. — Lampe de sûreté des mineurs.

10e Leçon. — Acide carbonique. — Son action sur l'économie animale. — Dangers que présentent certaines grottes, les chambres qui contiennent des fruits ou des fleurs, les cuves où se produit le vin. — Présence de l'acide carbonique dans certains puits. — Moyens de purifier les lieux qui renferment de l'acide carbonique. — De l'asphyxie par la combustion du charbon ou par l'acide carbonique. — Moyens de la prévenir. — Secours à donner aux asphyxiés.

5° *Soufre. — Acide sulfureux. — Hydrogène sulfuré.*

11e Leçon. — Dangers que présentent les allumettes chimiques. — Acide sulfureux; son emploi pour blanchir la soie. — Hydrogène sulfuré; son action sur l'économie animale. — Emploi du chlore contre les asphyxies qui proviennent de l'hydrogène sulfuré.

6° *Chlore.*

12e Leçon. — Chlore. — Purification de l'air par le chlore et destruction des miasmes qu'il pourrait contenir. — Emploi du chlore pour enlever sur le papier l'encre et les matières colorantes, végétales et animales. — Blanchiment des toiles à la rosée et sur le pré. — Procédé plus expéditif par le chlore.

7° *Chaux. — Mortier. — Plâtre.*

13e Leçon. — Pierres à chaux. — Chaux grasse. — Chaux hydraulique. — Fabrication de la chaux. — Pourquoi la chaux se délite à l'air et doit être conservée en vases clos. — Pourquoi elle donne aux cendres, dont on se sert pour faire la lessive, la propriété d'altérer le linge. — Emploi de la chaux dans les constructions. — Mortier ordinaire. — Mortier hydraulique. — Ciment romain.

14e Leçon. — Plâtre. — Son emploi dans les constructions. — Son emploi dans l'agriculture. — Fabrication du plâtre.

8° *Des substances organiques.*

15e Leçon. — Des divers sucres. — Fabrication du sucre d'amidon. — Fermentation alcoolique. — Manière de faire le vin. — Procédé pour échauffer convenablement le moût et augmenter la vinosité.

16e Leçon. — Moyen de rendre le vin mousseux. — Collage des vins. — Maladies des vins. — Moyens de les guérir. — Dangers que présentent les boissons alcooliques prises avec excès. — Transformation du vin en vinaigre.

17e Leçon. — Des diverses qualités de farines. — Fécule de pommes de terre. — Fabrication du pain.

18e Leçon. — Des savons. — Fabrication des savons et en particulier des savons résineux. — Gélatine. — Moyen d'extraire la gélatine des os. — Pourquoi le bouillon de viande est meilleur et plus nutritif que les autres bouillons.

19e Leçon. — Putréfaction des substances végétales. — Terreaux. — Lignites. — Tourbes. — Houilles. — Anthracite.

20e Leçon. — Putréfaction des substances animales. — Feux follets. — Conservation des substances alimentaires. — Emploi du chlorure de chaux dans l'exhumation des cadavres.

21e Leçon. — Nitrification des terres. — Influence des matières animales et des cendres sur la nitrification. — Moyen de se mettre à l'abri de l'humidité des murs.

DEUXIÈME PARTIE.

1° *De l'air.*

1re Leçon. — Pesanteur de l'air et pression qu'il exerce sur les corps dans tous les sens. — Ascension des liquides dans tous les tubes lorsqu'on aspire l'air de ces tubes. — Suspension de l'eau dans des éprouvettes renversées sur l'eau. — Construction et usage du baromètre.

2e Leçon. — Pompe foulante. — Pompe aspirante et foulante. — Pompe à incendie. — Machine pneumatique. — Diverses expériences faites avec cette machine. — Machines soufflantes. — Trompe. — Ventilateur à force centrifuge. — Siphon.

2° *Des liquides.*

3e Leçon. — Pression des liquides pesant sur le fond des vases, sur les parois latérales et de bas en haut. — Rupture d'un tonneau par la pression d'un filet d'eau. — Principe de la presse hydraulique. — Tourniquet hydraulique.

4e Leçon. — Principe d'Archimède. — Équilibre des corps flottants. — Densité des corps. — Usages divers des tables de densité. — Causes de l'élévation des aérostats et des vapeurs.

3° *De la Chaleur.*

5e Leçon. — Dilatation et contraction des corps par les variations de température. — Applications diverses de cette propriété. — Tirage des cheminées. — Leur construction. — Construction et usage du thermomètre.

6e Leçon. — Passage des corps par les trois états. — Expansion de l'eau lorsqu'elle gèle. — Pierres gélives. — Effets de la gelée sur les arbres. — Élasticité des vapeurs. — Froid produit par l'évaporation. — Applications diverses.

7e Leçon. — Des divers degrés de l'humidité de l'air. — Brouillard. — Pluie. — Neige. — Verglas. — Serein.

8e Leçon. — Pouvoirs émissif, absorbant, réflecteur et conducteur des corps par la chaleur. — Usage des fourrures, des couleurs dans les vêtements, des doubles fenêtres. — Vases propres à conserver les liqueurs chaudes. — Procédé pour hâter la fusion de la neige. — Rosée. — Givre. — Lune rousse. — Procédé pour éviter, dans certaines circonstances, les effets du rayonnement nocturne.

4° *Du magnétisme.*

9e Leçon. — Principales propriétés des aimants. — De la boussole et de ses usages.

5° *De l'électricité.*

10e Leçon. — Principales propriétés des corps électrisés. — Du choc en retour. — De la bouteille de Leyde et des batteries électriques.

11e Leçon. — De l'électricité atmosphérique. — De la foudre. — Du pouvoir des pointes. — Paratonnerres. — Dangers présentés par les arbres pendant les temps orageux. — Télégraphie.

12e Leçon. — Notions sur la réflexion de la lumière. — Miroirs. — Notions sur la réfraction.

IX. Notions d'agriculture.

De la culture en général.

Terres franches. — Terres fortes. — Terres légères. — Terres calcaires. — Amendements. — Engrais.

Principales productions végétales du département où est située l'école normale. — Principales cultures. — Leur rendement.

Prairies artificielles. — Fourrages. — Irrigation.

Nature des assolements. — Suppression des jachères; ses avantages.

Animaux domestiques. — Soins qu'ils exigent. — Services qu'ils rendent. — Mauvais traitements dont ils sont l'objet.

Principaux instruments aratoires. — Leur emploi. — Leur utilité.

Voirie. — Avantages des voies de communication.

De l'horticulture.

Défonçage, labour, binage.

Semis et repiquage. — Semis sur ados et sur couches.

Arrosage. — Sarclage.

Usage des brise-vents, des paillassons, des châssis et des cloches.

Destruction des animaux nuisibles.

Récolte. — Conservation des grains.

Culture et principales espèces potagères. — Plantes médicinales. — Fleurs.

Notions sur la plantation, la culture, la greffe et la taille des arbres fruitiers. — Conservation des fruits.

X. Arpentage et nivellement.

Mesures des distances jalonnées. — Chaîne, jalons, mire.

Usage de l'équerre d'arpenteur.

Mesure des surfaces horizontales, dont la forme est celle d'un triangle, d'un trapèze, d'un polygone quelconque.

Cas où le terrain est terminé par un contour irrégulier.

Cas où l'intérieur est inaccessible.

Levé des plans : 1° à la chaîne et à l'équerre; 2° à la chaîne et à la planchette; 3° à la chaîne et au graphomètre. — Usage de la boussole pour relever les détails.

Mesure de la base productive, dans les pays de montagnes.

Notions sur le nivellement.

XI. Dessin linéaire.

2e Année.

Dessin des figures planes.

Chaque dessin devra être exécuté deux fois : la première à vue; la seconde avec la règle, le tire-ligne, l'équerre et le compas.

Lignes droites dans diverses positions. — Perpendiculaires. — Parallèles. — Division des droites en parties égales. — Moulures droites, encadrements, fenêtres et portes guillochées.

Triangles, trapèzes, parallélogrammes, polygones.

Cercles. — Raccordement des droites et des cercles. — Moulures qui s'y rapportent. — Raccordement des cercles entre eux. — Moulures qui s'y rapportent. — Anse de panier. — Cercle du jardinier. — Volute.

Division de la circonférence en parties égales. — Polygones réguliers. — Parquets. — Rosaces les plus simples. — Motifs simples de grilles et balustrades.

Construction des échelles. — Réduction des figures à une échelle donnée.

Dessin en relief.

3e Année.

Notions sur la représentation des corps, en plan, coupe et élévation.

Solides géométriques. — Prismes, pyramides, cylindres, cônes, sphère.

Meubles, ustensiles divers, instruments aratoires, machines les plus simples usitées dans la localité.

Notions élémentaires de perspective.

ART. 2. — Les élèves seront exercés à l'École annexe dans les deux dernières années du cours. Il leur sera fréquemment demandé compte de la manière dont ils y auront appliqué les méthodes d'enseignement, dirigé les divers exercices scolaires et fait observer la discipline.

Tous les mois, le maître de l'École annexe remettra au directeur de l'École normale un rapport sur chacun des élèves qui lui auront été envoyés. Ce rapport fera connaître comment l'élève a compris et rempli sa tâche, quel est son degré d'aptitude et ce qui peut encore lui manquer pour bien diriger une École.

ART. 3. — Est arrêté ainsi qu'il suit le tableau des exercices dans les Écoles normales primaires :

Lever à cinq heures du matin, — coucher à neuf heures du soir, — prière, lecture de piété, soins de propreté, récréations, travaux corporels, six heures par jour environ.

LEÇONS PAR SEMAINE.

Ire ANNÉE.	NOMBRE DES LEÇONS.	IIe ANNÉE.	NOMBRE DES LEÇONS.	IIIe ANNÉE.	NOMBRE DES LEÇONS.
Instruction religieuse et histoire sainte.	3	Instruction religieuse et histoire sainte.	3	Instruction religieuse et histoire sainte.	3
Lecture	6	Lecture	6	Lecture	2
Récitation.	3	Récitation.	3	Récitation.	3
Écriture.	5	Écriture.	5	Écriture.	2
Langue française . .	9	Langue française . .	9	Langue française . .	3
Calcul et système légal des poids et mesures.	6	Calcul, système légal des poids et mesures et dessin linéaire.	6	Calcul appliqué aux opérations pratiques	6
Chants religieux . .	3	Chants religieux . .	3	Éléments d'histoire.	1
		Exercices à l'école annexe	»	Éléments de géographie.	1
				Notions de sciences physiques et d'histoire naturelle applicables aux usages de la vie. — Agriculture, Horticulture	3
				Arpentage, nivellement, dessin linéaire.	5
				Chant	3
				Exercices à l'école annexe	»
	35		35		32

17 août 1851. **Circulaire du Ministre de l'Instruction publique, relative aux projets de règlement pour les Écoles primaires, présentés aux Conseils académiques.**

17 Août 1851.

Monsieur le Recteur, aux termes des articles 5 et 15 de la loi du 15 mars 1850, les Conseils académiques et le Conseil supérieur de l'instruction publique sont nécessairement consultés sur les règlements relatifs aux Écoles primaires. Aucun règlement ne peut donc être publié et mis à exécution, sans avoir été préalablement soumis à ce double examen. Déjà quelques recteurs ont présenté aux Conseils académiques des projets de règlement pour les Écoles, et ces projets m'ont été envoyés pour être communiqués au Conseil supérieur. Parmi ces règlements, il s'en est trouvé quelques-uns qui laissent à désirer, soit parce que des dispositions essentielles y ont été omises, soit parce que les prescriptions qui y sont contenues seraient mieux placées dans des traités de pédagogie ou de morale. Le règlement ne procède pas par voie de conseil; il commande. Les dispositions qu'il renferme doivent donc être nettes, précises, faciles à retenir, en ce qui touche l'admission des enfants, le local et le mobilier des classes, comme en ce qui concerne l'enseignement et la discipline. Il n'est pas nécessaire qu'il rappelle, en les exposant, tous les devoirs de l'instituteur; il suffit qu'il les résume en peu de mots.

Veuillez, Monsieur le Recteur, tenir compte de ces observations, lorsque vous préparerez un projet de règlement pour les Écoles primaires de votre Académie.

Je vous transmets un exemplaire du règlement qui a été approuvé par le Conseil supérieur de l'instruction publique. Vous pourrez le porter, à titre de document, à la connaissance du Conseil académique, lorsque vous lui soumettrez un projet de règlement, en exécution de l'article 15, pour les Écoles primaires publiques de votre Académie.

Recevez, etc.

Signé : DE CROUSEILHES.

Règlement adopté par le Ministre de l'Instruction publique, sur l'avis du Conseil supérieur de l'instruction publique, pour les Écoles publiques de l'Académie d.....

TITRE Ier.

Des devoirs particuliers de l'instituteur.

ARTICLE 1er. — Le principal devoir de l'instituteur est de donner aux enfants une éducation religieuse, et de graver profondément dans leur âme le sentiment de leurs devoirs envers Dieu, envers leurs parents, envers les autres hommes et envers eux-mêmes.

ART. 2. — Il doit instruire par ses exemples comme par ses leçons. Il ne se bornera donc pas à recommander et à faire accomplir les devoirs que la religion prescrit; il ne manquera pas de les accomplir lui-même.

ART. 3. — On ne le verra jamais dans les cabarets, dans les cafés, dans aucun lieu, dans aucune société qui ne conviendrait point à la gravité et à la dignité de ses fonctions.

ART. 4. — Il se montrera plein de respect et de déférence pour les autorités en général, et, en particulier, pour celles qui sont préposées à l'instruction publique.

ART. 5. — Il veillera avec une constante sollicitude sur tout ce qui intéresse l'esprit et le cœur, les mœurs et la santé des enfants. Il n'aura point de familiarité avec eux; il s'abstiendra de les tutoyer et ne leur donnera jamais de noms injurieux. Il ne se laissera point aller à la colère, et il saura toujours allier le calme et la douceur à la fermeté et à la sévérité.

TITRE II.

Des conditions d'admission.

ART. 6. — Pour être admis dans une École, les enfants doivent être âgés de six ans au moins et de treize ans au plus.

Néanmoins, des enfants âgés de moins de six ans et de plus de treize ans pourront être reçus avec autorisation des autorités locales. Avis de ces autorisations serait donné au Recteur.

ART. 7. — Avant d'admettre un enfant, l'instituteur s'assure qu'il a été vacciné ou qu'il a eu la petite vérole, et qu'il n'est point atteint de maladies ou d'infirmités de nature à nuire à la santé des autres élèves.

TITRE III.

Du local et du mobilier.

ART. 8. — L'instituteur tiendra son École dans un état constant de propreté et de salubrité. Elle sera arrosée et balayée tous les jours; l'air y sera fréquemment renouvelé. Même en hiver, les fenêtres resteront ouvertes dans l'intervalle des classes.

ART. 9. — Les tables, en plan légèrement incliné, devront être larges d'environ quarante centimètres et ne contenir qu'un rang d'élèves, en sorte qu'ils se trouvent tous en face du maître. Les bancs seront attachés aux tables.

ART. 10. — Il y aura dans l'École au moins un tableau noir, destiné à des exercices d'écriture, d'orthographe, de calcul et de dessin linéaire.

ART. 11. — Sur une partie du mur appropriée à cet effet, ou sur des tableaux mobiles appendus aux murs, seront tracées des maximes religieuses et morales, les mesures usuelles du système métrique, la table de multiplication, les cartes géographiques de la France et du département.

ART. 12. — Tous les objets devant servir pour les leçons du jour seront disposés en ordre par les soins du maître avant l'ouverture de chaque classe.

TITRE IV.

De l'enseignement.

ART. 13. — L'enseignement dans les Écoles primaires publiques comprend nécessairement :

L'instruction morale et religieuse ;

La lecture;
L'écriture;
Les éléments de la langue française;
Le calcul et le système légal des poids et mesures.

ART. 14. — Lorsque l'instituteur en aura reçu l'autorisation du Conseil académique, l'enseignement pourra porter en outre, en tout ou en partie, sur les matières suivantes :

L'arithmétique appliquée aux opérations pratiques;
Les éléments d'histoire et de géographie;
Des notions des sciences physiques et de l'histoire naturelle applicables aux usages de la vie;
Des instructions élémentaires sur l'agriculture, l'industrie et l'hygiène;
L'arpentage, le nivellement, le dessin linéaire;
Le chant et la gymnastique.

ART. 15. — Les classes dureront au moins trois heures le matin et trois heures le soir. Celle du matin commencera à huit heures, et celle de l'après-midi à une heure.

Suivant le besoin des localités, les heures d'entrée et de sortie pourront être modifiées avec l'approbation du Recteur de l'Académie.

ART. 16. — Les élèves de chaque École seront partagés en trois divisions, au moins, selon leur degré d'instruction, et, autant que possible, selon leur âge.

ART. 17. — Dans la première division, l'enseignement comprendra la récitation des prières et du catéchisme du diocèse, la lecture, l'écriture et les premières notions du calcul.

Dans la deuxième division, il aura pour objet la récitation du catéchisme et l'histoire abrégée de l'Ancien Testament, la lecture courante, l'écriture, le calcul et les éléments de la langue française (théorie et pratique).

Dans la troisième division, il embrassera les matières de la division précédente avec plus de développements, l'histoire abrégée du Nouveau Testament, les manuscrits ou cahiers autographiés et le système métrique.

ART. 18. — Les élèves qui recevraient, en tout ou en partie, l'enseignement des matières énoncées dans la section de l'article 23 de la loi organique, formeraient une division séparée.

ART. 19. — Les élèves d'une même division devront se servir de livres semblables.

Il ne sera fait usage que des livres dont l'introduction aura été autorisée par le Conseil supérieur de l'instruction publique.

RELIGION.

ART. 20. — Un Christ sera placé dans la classe, en vue des élèves.

ART. 21. — Les classes seront toujours précédées et suivies d'une prière : celle du matin commencera par la prière du matin, contenue dans le catéchisme du diocèse; et celle de l'après-midi se terminera par la prière du soir du même catéchisme.

A la fin de la classe du matin, on récitera la prière : *Sainte Mère de Dieu, nous nous mettons sous votre protection;* au commencement de la classe du soir, on dira la prière : *Venez, Esprit Saint.*

ART. 22. — L'instituteur conduira les enfants aux offices, les dimanches et fêtes conservées, à la place qui leur aura été assignée par le curé; il est tenu de les y surveiller.

ART. 23. — Toutes les fois que la présence des élèves sera nécessaire à l'église pour les catéchismes, et principalement à l'époque de la première communion, l'instituteur devra les y conduire ou les y faire conduire.

ART. 24. — L'instituteur veillera particulièrement à la bonne tenue des élèves pendant les prières et exercices de religion, et il les portera au recueillement par son exemple.

ART. 25. — On ne se servira pour l'enseignement religieux que de livres approuvés par l'autorité ecclésiastique.

ART. 26. — L'enseignement religieux comprend la lettre du catéchisme et les éléments d'histoire sainte. On y joindra chaque jour une partie de l'évangile du dimanche, qui sera récité en entier le samedi. Il y aura une leçon de catéchisme chaque jour, même pour les enfants qui ont fait leur première communion.

Les leçons d'instruction religieuse seront réglées sur les indications du curé de la paroisse.

LECTURE.

ART. 27. — L'instituteur tiendra à ce que la lecture des élèves soit correcte; il les habituera à se rendre compte de ce qu'ils liront, en leur expliquant le sens des mots.

La lecture du latin est spécialement recommandée; on se servira, pour cette lecture, du Psautier ou d'autres livres en usage pour les offices publics du diocèse.

Pour la lecture des manuscrits, on emploiera de préférence des cahiers autographiés contenant des quittances, baux, marchés, devis, mémoires d'ouvrages, ou des instructions élémentaires sur l'histoire naturelle, l'agriculture, l'industrie et l'hygiène.

ÉCRITURE.

ART. 28. — L'instituteur exercera les élèves à imiter les modèles d'écriture qu'il mettra sous leurs yeux; il veillera à ce qu'ils se conforment exactement aux principes qu'il leur aura donnés sur la position du corps, sur la tenue de la plume, sur la formation et la proportion des lettres.

Il devra rester sur chaque page quelques traces de la leçon du maître; on s'abstiendra surtout de copier des livres.

Les modèles d'écriture n'offriront que des choses utiles aux enfants, telles que dogmes et préceptes de religion, beaux traits de l'histoire sainte et de l'histoire de France.

ORTHOGRAPHE ET GRAMMAIRE.

ART. 29. — Le français sera seul en usage dans l'École. Le maître s'efforcera, par des prescriptions, par de fréquentes explications, et surtout par son exemple, de former les élèves à l'usage habituel de cette langue. Il explique chaque leçon, et donne sur cette leçon des dictées graduées. Il ne passe à une nouvelle leçon qu'après s'être assuré que la dernière a été bien comprise.

L'orthographe usuelle est l'objet de soins particuliers. Les enfants y sont exercés dès qu'ils commencent à lire.

CALCUL.

ART. 30. — L'enseignement du calcul sera dégagé de toute théorie trop abstraite. Le maître se bornera aux principes indispensables pour la pratique des opérations, et s'attachera à faire résoudre beaucoup de problèmes relatifs à des questions usuelles et au système décimal des poids et mesures.

TITRE V.

De la tenue et de la discipline.

ART. 31. — L'instituteur tiendra un registre d'inscriptions et un registre de notes.

Le premier indiquera les nom et prénoms de chaque élève; le nom, la profession et le domicile du père, de la mère ou du tuteur; la date de la naissance de l'enfant, l'époque de son entrée à l'École; s'il y est en qualité de payant ou de gratuit; la date de sa sortie de l'École; le motif de cette sortie et le résumé des notes qu'il aura méritées pendant qu'il aura fréquenté l'École.

Sur le second, seront consignés chaque semaine le relevé des notes relatives à la conduite, à l'application de l'élève, ainsi que les places qu'il aura obtenues dans les compositions hebdomadaires. Il y sera fait mention des récompenses et des punitions qu'il aura reçues.

ART. 32. — Chaque jour, à l'ouverture de la classe, l'instituteur prend note des absences. Il a soin de les faire connaître aux parents; celles qui ne sont pas justifiées sont punies.

ART. 33. — Après l'appel, le maître fait l'inspection de tenue et de propreté; cette inspection s'étend aux livres et aux cahiers.

A moins d'une autorisation spéciale du maître et dans le seul cas d'indisposition, les élèves restent tête nue pendant toute la durée de la classe.

ART. 34. — La surveillance ne se borne pas à l'intérieur de la classe : l'instituteur est tenu de l'exercer pendant les récréations et les sorties particulières. Il ne permet pas que plusieurs élèves sortent à la fois.

ART. 35. — Il s'étudie à donner aux élèves un extérieur décent et honnête, et à leur faire contracter des habitudes de politesse; il leur recommandera de saluer les personnes respectables par leur âge et leur rang dans la société; il leur interdira sévèrement toute querelle et toute parole inconvenante.

ART. 36. — Dans les Écoles qui reçoivent des enfants des deux sexes, les garçons et les filles ne pourront jamais être réunis pour les mêmes exercices. Ils seront séparés par une cloison d'un mètre cinquante centimètres au moins de hauteur, disposée de manière que l'instituteur ait vue des deux côtés de la salle. L'entrée et la sortie auront lieu à des heures distinctes. L'intervalle sera d'un quart d'heure au moins.

ART. 37. — Les principales récompenses sont :

1° Les bons points;
2° Les billets de satisfaction;
3° L'inscription au tableau d'honneur;
4° Les places au banc d'honneur;
5° Les médailles;
6° Les prix.

ART. 38. — Les seules punitions dont l'instituteur puisse faire usage sont :

1° Les mauvais points;
2° La réprimande;
3° La privation partielle ou totale des récréations;
4° L'exclusion provisoire de l'École;
5° Le renvoi définitif.

Cette dernière peine sera, s'il y a lieu, prononcée par le Recteur, après avis des autorités locales préposées à la surveillance de l'École.

TITRE VI.

Dispositions générales.

ART. 39. — Les Écoles devront être fermées les dimanches, les jours de fêtes conservées et les jeudis après midi.

ART. 40. — Les jours de congés extraordinaires sont :

Le premier jour de l'an;

Les trois derniers jours de la semaine sainte;

Les jours de fêtes nationales.

ART. 41. — L'ouverture des classes est obligatoire pendant toute l'année, le temps des vacances excepté. La durée des vacances est déterminée par le Recteur en Conseil académique.

ART. 42. — Il sera tenu compte à l'instituteur de ses efforts pour conserver les enfants à l'École pendant la saison d'été.

ART. 43. — L'instituteur ne pourra ni intervertir les jours de classe, ni s'absenter, même pour un jour, sans y avoir été autorisé par l'Inspecteur d'arrondissement, et sans en avoir informé les autorités locales.

Dans les circonstances graves et imprévues, il lui suffira d'obtenir l'autorisation du maire et du curé.

Si l'absence doit durer plus de huit jours, l'autorisation du Recteur est nécessaire.

ART. 44. — Toutes les dispositions qui précèdent sont applicables aux Écoles de filles.

ART. 45. — Les dispositions relatives à l'enseignement et aux exercices religieux ne sont applicables qu'aux enfants qui appartiennent au culte catholique.

ART. 46. — Les autorités préposées à la surveillance de l'instruction primaire sont chargées de l'exécution du présent règlement.

Circulaire du Ministre de l'Instruction publique, relative aux demandes de secours sur les fonds de l'État pour les établissements d'instruction primaire. 1er sept. 1851.

1er Septembre 1851.

Monsieur le Recteur, aux termes de l'article 14 de la loi du 15 mars 1850, les Conseils académiques doivent donner leur avis sur les demandes de secours et encouragements formées en faveur des établissements d'instruction primaire.

Il me paraît utile de rappeler à ces Conseils les règles à suivre dans l'examen de ces demandes et de préciser les points sur lesquels leur attention doit particulièrement se fixer, afin qu'ils puissent toujours faire connaître les motifs de leurs propositions, en indiquant le montant de chaque subvention qu'ils croient pouvoir être accordée sur les fonds de l'État.

S'il s'agit de secours pour construction ou appropriation de maisons d'école, le Conseil académique s'assurera, par l'examen des plans et devis, que la situation et les dispositions du local sont satisfaisantes, tant au point de vue de la surveillance et du bon ordre que sous le rapport hygiénique; s'il s'agit d'acquisition de mobilier, il sera nécessaire qu'il veille à ce que ce mobilier ne se compose que d'objets indispensables au service spécial de l'École. Lorsqu'une partie des bâtiments compris dans les plans ou dans les devis ne sera pas exclusivement destinée à l'École ou au logement de l'instituteur, l'observation devra en être faite avec soin, et il sera donné, en outre, l'indication aussi exacte que possible du chiffre de la dépense afférente à cette partie du local. Quand la demande de subvention concernera une École libre, le Conseil académique fera connaître la date de la fondation, la nature de l'organisation, le degré d'importance de cet établissement, le nombre des maîtres et surveillants qui y sont employés, le nombre des enfants qui y sont reçus et l'étendue des services qu'on doit en attendre; il constatera le montant annuel des ressources ordinaires et extraordinaires, ainsi que le taux des dépenses; enfin le Conseil exprimera son avis sur les conditions de vie et d'avenir de l'établissement. En ce qui touche les secours pour achats de livres destinés à des établissements d'instruction primaire publics, le Conseil écartera avec une attention scrupuleuse les ouvrages dont l'introduction dans les Écoles n'aurait pas été autorisée, ou qui, sous quelque rapport que ce soit, ne lui sembleraient pas bien choisis.

Je désire vivement que ces recommandations ne soient pas perdues de vue, et je vous invite à y veiller avec soin. L'instruction des demandes de secours ne devant plus rien laisser à désirer, les secours seront mieux distribués, les fonds votés par l'Assemblée nationale pour cette intéressante destination recevront un plus utile emploi.

Recevez, etc.

Le Ministre de la Justice, chargé par intérim
du Ministère de l'Instruction publique,
Signé : ROUHER.

---

7 octobre 1851.

Arrêté relatif à la nomination d'une Commission chargée de la composition d'un livre de lecture pour les Écoles normales primaires.

7 Octobre 1851.

Le Ministre de l'Instruction publique et des Cultes,

Vu le vœu exprimé par le Conseil supérieur de l'instruction publique, le 17 juin 1851,

Arrête ce qui suit :

Sont chargés de préparer un recueil de morceaux choisis, destiné à servir de livre de lecture dans les Écoles normales primaires, les fonctionnaires dont les noms suivent, savoir :

MM. l'abbé Daniel, membre du Conseil supérieur de l'instruction publique, président;

Pillet, chef de la deuxième division du Ministère de l'Instruction publique et des Cultes;

Magin, Ritt, Inspecteurs supérieurs de l'instruction primaire; Beuvain d'Altenheym, Lebrun, Rapet, de Moyencourt, Behier, Eugène Rendu, Inspecteurs de l'instruction primaire du département de la Seine.

Circulaire du Ministre de l'Instruction publique, relative au choix des ouvrages d'enseignement pour les Écoles primaires. 21 nov. 1851.

21 Novembre 1851.

Monsieur le Recteur, je suis informé que plusieurs Conseils académiques ont dressé des listes de livres à l'usage des élèves des Écoles communales du ressort, et que ces listes ont été communiquées à MM. les instituteurs publics, avec injonction de se servir exclusivement, dans leur enseignement, des ouvrages qui leur étaient ainsi spécialement désignés.

Cette prescription, Monsieur le Recteur, est contraire à l'esprit et à la lettre de la loi du 15 mars 1850.

Par son article 5, la loi a réservé au Conseil supérieur de l'instruction publique la mission de donner son avis sur les livres qui peuvent être introduits dans les Écoles publiques, et sur ceux qui doivent être défendus dans les Écoles privées, comme contraires à la morale, à la Constitution et aux lois; et aucune autre de ses dispositions ne confère aux Conseils académiques le soin de faire un choix parmi les ouvrages déjà autorisés par le Conseil supérieur.

C'est donc à ce Conseil seulement qu'appartient le droit d'approuver ou d'interdire l'usage de tel ou tel livre dans les Écoles.

Il importe, d'ailleurs, de laisser à chaque instituteur la liberté de choisir l'ouvrage qu'il comprend le plus facilement, qui lui paraît le mieux approprié aux besoins de son enseignement, aux habitudes de la localité, à l'âge et aux dispositions des enfants; il convient aussi de ne point faire obstacle aux efforts des auteurs, qui seraient complètement découragés, s'ils savaient d'avance que toutes les voies leur sont fermées.

J'appelle, Monsieur le Recteur, votre attention particulière sur ces considérations, et je vous recommande de veiller à ce que MM. les instituteurs primaires continuent de jouir complètement de la faculté que leur laisse la loi, de choisir parmi les ouvrages approuvés ceux qui leur paraîtront le mieux convenir à leur enseignement.

Je vous prie de m'accuser réception de cette circulaire.

Recevez, etc.

Signé : CH. GIRAUD.

---

31 janvier 1852. **Décret concernant le mode d'autorisation des congrégations religieuses de femmes.**

31 Janvier 1852.

LOUIS-NAPOLÉON, Président de la République française,

Sur le rapport du Ministre de l'Instruction publique et des Cultes,

Vu les décrets des 18 février 1809 et 26 décembre 1810;

Vu la loi du 2 janvier 1817;

Vu la loi du 24 mai 1825;

Considérant qu'il importe, dans l'intérêt du peuple, de faciliter aux congrégations religieuses de femmes, qui se consacrent à l'éducation de la jeunesse et au soulagement des malades pauvres, les moyens d'obtenir leur reconnaissance légale;

Considérant d'ailleurs qu'il est équitable d'appliquer à toutes les communautés religieuses de femmes qui se trouvent dans des conditions analogues les règles précédemment adoptées pour plusieurs établissements de même nature,

Décrète :

ARTICLE 1er. — Les congrégations et communautés religieuses de femmes pourront être autorisées par un décret du Président de la République :

1° Lorsqu'elles déclareront adopter, quelle que soit l'époque de leur fondation, des statuts déjà vérifiés et enregistrés au Conseil d'État, et approuvés pour d'autres communautés religieuses;

2° Lorsqu'il sera attesté par l'évêque diocésain, que les congrégations qui présenteront des statuts nouveaux au Conseil d'État existaient antérieurement au 1er janvier 1825;

3° Lorsqu'il y aura nécessité de réunir plusieurs communautés qui ne pourraient plus subsister séparément;

4° Lorsqu'une association religieuse de femmes, après avoir d'abord été reconnue comme communauté régie par une supérieure locale, justifiera qu'elle était réellement dirigée, à l'époque de son autorisation, par une supérieure générale et qu'elle avait formé, à cette époque, des établissements sous sa dépendance.

ART. 2. — Les modifications des statuts vérifiés et enregistrés au Conseil d'État pourront être également approuvées par un décret.

ART. 3. — Dans les cas prévus par les articles précédents, l'autorisation ne sera accordée aux congrégations religieuses de femmes qu'après que le consentement de l'évêque diocésain aura été représenté et que les formalités prescrites par les articles 2 et 3 de la loi du 24 mai 1825 auront été remplies[1].

Arrêté fixant la nouvelle dénomination de l'École normale des salles d'asile. 3 février 1852.

3 Février 1852.

Le Ministre au département de l'Instruction publique et des Cultes,

Vu l'arrêté, en date du 28 avril 1848, qui a organisé sur de nouvelles bases la maison d'études provisoire pour la direction des salles d'asile, et lui a donné le titre d'École normale;

Vu les propositions de la Commission de surveillance dudit établissement;

Arrête :

L'École normale des salles d'asile prendra, à l'avenir, le titre de *Cours pratique des Salles d'asile.*

Décret portant reconnaissance de la Société Fénelon. 5 février 1852.

5 Février 1852.

LOUIS-NAPOLÉON, Président de la République française,

Sur le rapport du Ministre de l'Instruction publique et des Cultes,

La Commission consultative (section d'administration) entendue,

Décrète :

ARTICLE 1er. — La Société Fénelon, fondée à Paris (Seine) pour l'éducation et le patronage des jeunes garçons pauvres, orphelins et abandonnés de Paris et des départements de la Seine et de Seine-et-Oise, est reconnue comme établissement d'utilité publique.

ART. 2. — Sont approuvés les statuts de ladite société annexés au présent décret.

ART. 3.—Un compte moral et financier de la société sera adressé, chaque année, au Ministre de l'Instruction publique et des Cultes.

1. Voir la liste des congrégations autorisées, Tome I, page 544.

9 mars 1852.

Décret organique sur l'instruction publique.

9 Mars 1852.

LOUIS-NAPOLÉON, Président de la République française,

Considérant que, en attendant qu'il soit pourvu par une loi à la réorganisation de l'enseignement public, il importe d'appliquer, dès aujourd'hui, des principes propres à rétablir l'ordre et la hiérarchie dans le corps enseignant,

Sur le rapport du Ministre de l'Instruction publique et des Cultes,

Décrète :

CHAPITRE Ier.

De l'autorité supérieure de l'enseignement public.

ARTICLE 1er. — Le Président de la République, sur la proposition du Ministre de l'Instruction publique, nomme et révoque les membres du Conseil supérieur, les Inspecteurs généraux, les Recteurs, les professeurs des Facultés, du Collège de France, du Muséum d'histoire naturelle, de l'École des langues orientales vivantes, les membres du Bureau des Longitudes et de l'Observatoire de Paris et de Marseille, les administrateurs et conservateurs des Bibliothèques publiques.

ART. 2. — Quand il s'agit de pourvoir à la nomination d'un professeur titulaire dans une Faculté, le Ministre propose au Président de la République un candidat, choisi soit parmi les docteurs âgés de trente ans au moins, soit sur une double liste de présentation, qui est nécessairement demandée à la Faculté où la vacance se produit, et au Conseil académique.

Le même mode de nomination est suivi dans les Facultés des lettres, des sciences, de droit, de médecine, et dans les Écoles supérieures de pharmacie.

En cas de vacance d'une chaire au Collège de France, au Muséum d'histoire naturelle, à l'École des langues orientales vivantes, ou d'une place au Bureau des Longitudes, à l'Observatoire de Paris et de Marseille, les professeurs ou membres de ces établissements présentent deux candidats; la classe correspondante de l'Institut en présente également deux. Le Ministre peut, en outre, proposer au choix du Président de la République un candidat désigné par ses travaux.

ART. 3. — Le Ministre, par délégation du Président de la République, nomme et révoque les professeurs de l'École nationale des Chartes, les Inspecteurs d'Académie, les membres des Conseils académiques qui procédaient précédemment de l'élection, les fonctionnaires et professeurs des Écoles préparatoires de médecine et de pharmacie, les fonctionnaires et professeurs de l'enseignement secondaire public, les Inspecteurs primaires, les employés des Bibliothèques publiques, et généralement toutes les personnes attachées à des établissements d'instruction publique appartenant à l'État.

Il prononce directement et sans recours contre les membres de l'enseignement secondaire public :

La réprimande devant le Conseil académique,

La censure devant le Conseil supérieur,

La mutation,

La suspension des fonctions avec ou sans privation totale ou partielle de traitement,

La révocation.

Il peut prononcer les mêmes peines contre les membres de l'enseignement supérieur, à l'exception de la révocation, qui est prononcée, sur sa proposition, par un décret du Président de la République.

ART. 4. — Les Recteurs, par délégation du Ministre, nomment les instituteurs communaux, les Conseils municipaux entendus, d'après le mode prescrit par les deux premiers paragraphes de l'article 31 de la loi du 15 mars 1850.

CHAPITRE II.

Du Conseil supérieur de l'instruction publique.

ART. 5. — Le Conseil supérieur se compose :

De trois membres du Sénat ;

De trois membres du Conseil d'État ;

De cinq archevêques ou évêques ;

De trois membres des cultes non catholiques ;

De trois membres de la Cour de cassation ;

De cinq membres de l'Institut ;

De huit Inspecteurs généraux ;

De deux membres de l'enseignement libre.

Les membres du Conseil supérieur sont nommés pour un an.

Le Ministre préside le Conseil et détermine l'ouverture des sessions, qui auront lieu au moins deux fois par an.

CHAPITRE III.

Des Inspecteurs généraux de l'instruction publique.

ART. 6. — Huit Inspecteurs généraux de l'enseignement supérieur,

Trois pour les lettres,

Trois pour les sciences,

Un pour le droit,

Un pour la médecine,

sont chargés, sous l'autorité du Ministre, de l'inspection des Facultés, des Écoles supérieures de pharmacie, des Écoles préparatoires de médecine et de pharmacie, et des établissements scientifiques et littéraires ressortissant au Ministère de l'Instruction publique.

Ils peuvent être chargés de missions extraordinaires dans les Lycées nationaux et dans les établissements d'instruction secondaire libres.

Six Inspecteurs généraux de l'enseignement secondaire,

Trois pour les lettres,

Trois pour les sciences,

sont chargés, sous l'autorité du Ministre, de l'inspection des Lycées nationaux, des Collèges communaux les plus importants et des établissements d'instruction secondaire libres.

Deux Inspecteurs généraux de l'enseignement primaire sont chargés des mêmes attributions en ce qui concerne l'instruction de ce degré.

Le Ministre peut appeler au Conseil supérieur, pour des questions spéciales, avec voix consultative, des Inspecteurs généraux qui n'auraient pas été désignés pour en faire partie.

CHAPITRE IV.

Dispositions particulières.

. . . .

ART. 10. — A l'avenir, la liquidation des pensions de retraite des fonctionnaires de l'instruction publique n'aura lieu qu'après avis de la section des finances du Conseil d'État.

ART. 11. — Sont maintenues les dispositions de la loi du 15 mars 1850 qui ne sont pas contraires au présent décret.

Décret portant fixation du traitement des Inspecteurs généraux.

9 mars 1852.

9 Mars 1852.

LOUIS-NAPOLÉON, Président de la République française,
Sur le rapport du Ministre de l'Instruction publique et des Cultes,
Décrète :

ARTICLE 1er. — Le traitement des Inspecteurs généraux est fixé ainsi qu'il suit :

Inspecteurs généraux de l'enseignement supérieur, 12 000 francs;
Inspecteurs généraux de l'enseignement secondaire, 10 000 —
Inspecteurs généraux de l'enseignement primaire, 8 000 —

Circulaire du Ministre de l'Instruction publique, relative au décret du 9 mars 1852 sur l'organisation de l'instruction publique.

12 mars 1852.

12 Mars 1852.

Monsieur le Recteur, je m'empresse de vous transmettre, en vous invitant à les communiquer à vos subordonnés, quelques exemplaires du décret que le Prince Président a rendu le 9 mars courant sur l'instruction publique, et qui est immédiatement exécutoire.

Vous recevrez prochainement la visite de MM. les Inspecteurs généraux, qui seront chargés de vous transmettre nos avis particuliers et de nous faire connaître les résultats de l'organisation présente de l'enseignement public à ses trois degrés. Ils seront pour votre autorité un appui, pour le corps enseignant un encouragement précieux. Représentants illustres des sciences, des lettres, de l'administration, ce sont les juges les mieux accrédités du travail des élèves et du talent des maîtres. Tout le monde s'inclinera devant leur supériorité; leurs éloges seront une récompense, leurs critiques un avertissement salutaire. Vous les verrez toujours mettre au rang de leurs plus utiles attributions le soin de découvrir et de signaler aux faveurs du Gouvernement les mérites modestes et les dévouements éprouvés.

Les établissements particuliers d'enseignement continuent d'être régis par la loi du 15 mars 1850. Vous la ferez donc exécuter avec la même vigilance que par le passé, et vous userez des droits qu'elle vous confère, avec d'autant plus de résolution, que la liberté d'enseignement, si elle n'était pas renfermée dans de sages limites, pourrait entraîner de graves abus.

Quant aux établissements publics dont l'État est responsable, parce qu'ils sont placés sous sa direction, on avait à regretter qu'il ne pût les gouverner assez fortement pour suffire à la responsabilité qui pèse sur lui. Le décret du 9 mars a pourvu à ce danger. Désormais le droit de nommer et de révoquer les professeurs appartient sans contestation au Gouvernement, et l'inamovibilité n'est acquise qu'au fonctionnaire irréprochable et dévoué, à quelque degré de la hiérarchie qu'il se trouve.

J'aime à reconnaître que, dans les chaires les plus élevées comme dans les plus modestes, c'est une très faible minorité qui a troublé le corps enseignant; mais, en présence de l'éclat des scandales soulevés, on a pu oublier quel était l'isolement de cette minorité audacieuse, et la société alarmée s'est étonnée à bon droit que la justice, embarrassée de formes compliquées, tardât si longtemps à frapper les coupables. L'opinion publique, profondément émue, n'a pas craint d'envelopper le corps enseignant tout entier dans l'accusation qui ne devait atteindre équitablement que le petit nombre. La fermeté de l'autorité responsable protégera désormais un corps honorable contre ces préjugés de l'opinion, et lui rendra la confiance publique dont il est si digne, en retranchant sans hésitation de son sein ceux qui le compromettent.

Le décret du 9 mars vous impose donc de grands devoirs. C'est à vous principalement, Monsieur le Recteur, qu'il appartient de déférer à l'autorité centrale, sans exagération comme sans vaine condescendance, tous les abus que la surveillance locale vous révélera, afin qu'il y soit porté un prompt remède. Vous n'hésiterez même pas, en cas d'urgence évidente, à faire usage des pouvoirs que l'article 8 du décret vous confère.

Le décret accroît utilement les droits de l'autorité en ce qui concerne la partie de l'enseignement qui aura toujours une existence plus spécialement départementale.

Les instituteurs publics, trop dépendants des pouvoirs locaux, qui ne sont pas suffisamment désintéressés, ne tiendront plus leur nomination que de vous, et votre autorité remplacera ainsi efficacement tout à la fois le choix souvent équivoque des communes et l'intervention trop lointaine du Ministre.

Les Conseils académiques, placés au chef-lieu de chaque département pour surveiller de plus près l'instruction primaire, objet particulier de l'attention des législateurs, avaient été précédemment composés au gré d'une politique qui, même aux meilleurs jours, n'était pas toujours maîtresse de faire prévaloir le principe d'autorité sur les formes d'une liberté sans frein et sans limite. Les corps dans lesquels les Conseils académiques se recrutaient tirent aujourd'hui leur consécration suprême de la conformité de leurs vues avec le pouvoir supérieur, qui représente d'une manière incontestée tous les droits de la société française.

C'est donc à lui qu'il appartient de choisir, dans le sein même de ces corps, les hommes éclairés qui doivent désormais concourir à la réalisation des plans par lesquels il espère assurer la régénération de l'enseignement public et le salut de la société elle-même. Ayez soin, dans les choix que vous me proposerez, de consulter moins les convenances locales que cet intérêt général d'un pouvoir chargé de la plus grande mission qui ait jamais été déférée par une nation en péril.

Recevez, etc.

Signé : H. FORTOUL.

Circulaire du Ministre de l'Instruction publique, relative à la tenue extérieure des membres du corps enseignant.

20 mars 1852.

20 Mars 1852.

Monsieur le Recteur, je crois devoir appeler votre attention sur la nécessité d'exiger des membres du corps enseignant la sévérité et la dignité de tenue qui leur sont prescrites, non seulement par les règlements, mais encore par la nature même de leurs fonctions. Vous voudrez bien, en conséquence, adresser immédiatement à tous les chefs d'établissement de votre ressort académique des instructions sur ce point important.

Vous leur recommanderez de ne pas souffrir que les professeurs paraissent devant leurs élèves en costume négligé, qu'ils laissent croître leur barbe et affectent ainsi dans leur extérieur des manières peu compatibles avec la gravité du professorat. Ces observations s'appliquent également aux maîtres d'études qui, vivant presque constamment avec les enfants, doivent, par l'exemple, leur inspirer des habitudes de bonne éducation. Si l'autorité veut être respectée, il faut qu'elle se respecte elle-même et qu'elle s'avoue en quelque sorte par des signes extérieurs. La singularité ou la fantaisie du costume appellent la critique et la raillerie; elles déconsidèrent d'avance le maître auprès de ses élèves, qui ne reconnaissent plus leur instituteur sous l'espèce de déguisement que lui fait trop souvent adopter une mode absurde.

Je désire que les instituteurs primaires des campagnes mettent aussi à profit ces recommandations. Qu'ils se gardent, toutefois, de se modeler sur les habitants des villes; qu'ils restent fidèles aux traditions de leur enfance et aux coutumes de la population qui les a adoptés. Des vêtements simples et modestes leur conviennent uniquement; et, s'ils se permettent quelque recherche, ce ne doit être que celle de la propreté.

Puisque, grâce à l'énergie d'un Gouvernement réparateur, le calme rentre dans les esprits et l'ordre dans la société, il importe que les dernières traces de l'anarchie disparaissent, que chacun soit à sa place et l'occupe dignement; que le professeur, dans l'exercice de ses fonctions, en revête les insignes respectés; qu'au dehors on le reconnaisse encore à la régularité et à la gravité de sa tenue.

L'Empereur l'avait ainsi entendu. Les motifs d'ordre public qui ont dicté l'article 128 du décret du 17 mars 1808 subsistent aujourd'hui dans toute leur force. Vous voudrez bien rappeler à vos subordonnés les dispositions de cet article, dont je vous recommande l'application, par intérêt pour la dignité du corps enseignant[1].

Recevez, etc.

Signé : H. FORTOUL.

1. Cet article est ainsi conçu :
« Le costume commun à tous les membres de l'Université sera l'habit noir avec une palme brodée en soie bleue sur la partie gauche de la poitrine. »

30 mars 1852.

Décision relative à la nomination des membres des Commissions d'examen pour les brevets de capacité de l'enseignement primaire.

30 Mars 1852.

Le Conseil, etc.,

Consulté par M. le Ministre de l'Instruction publique à l'occasion d'un fait qui s'est passé le 7 août 1850 dans le département de la Creuse, sur la manière de pourvoir, dans le cas d'absence, au remplacement de plusieurs des membres de la Commission d'examen;

Considérant qu'il importe que, dans aucun cas, cet examen ne puisse être remis par suite de l'absence de quelques-uns des examinateurs;

Vu le paragraphe 1er de l'article 46 de la loi du 15 mars 1850, qui dit que le Conseil académique nomme la Commission d'examen;

Vu le paragraphe 2 du même article, qui porte que cette Commission se compose de sept membres;

Vu l'article 50 du règlement d'administration publique, en date du 29 juillet 1850, qui dispose que la Commission ne peut délibérer régulièrement qu'autant que cinq au moins de ses membres seront présents;

Vu les articles des anciens règlements qui permettaient de remplacer, dans des cas imprévus, les membres absents par des personnes capables,

Est d'avis que les Conseils académiques devraient être autorisés à nommer, en même temps que les membres titulaires de la Commission, un certain nombre de membres suppléants.

---

30 mars 1852.

Avis relatif au cumul des fonctions d'instituteur communal et d'emploi de maître de pension.

30 Mars 1852.

Le Conseil, etc.,

Consulté par M. le Ministre de l'Instruction publique sur la demande de M....., instituteur communal à....., département de....., lequel désire continuer à cumuler les fonctions d'instituteur communal et la profession de maître de pension dans ladite commune;

Vu le paragraphe 2 de l'article 32 de la loi du 15 mars 1850, qui dit que toute profession commerciale ou industrielle est absolument interdite aux instituteurs communaux,

Est d'avis que cet article ne saurait s'appliquer au cumul de fonctions d'instituteur communal et de maître de pension;

Est d'avis, en outre, que dans l'espèce, c'est à l'administration de l'Instruction publique à voir, d'après les circonstances de l'affaire, sous quelles conditions doit être accordée au sieur..... l'autorisation de cumul qu'il demande.

Avis relatif au traitement des instituteurs adjoints.

30 mars 1852.

30 Mars 1852.

Le Conseil, etc.,

Considérant qu'il n'est pas possible d'admettre que la volonté mal intentionnée et mal éclairée d'un Conseil municipal puisse annihiler la délibération d'un Conseil académique, ayant déterminé, aux termes de la loi, qu'il y a lieu de donner à un instituteur communal un instituteur adjoint;

Vu le paragraphe 1er de l'article 34 de la loi du 15 mars 1850, qui dit que le Conseil académique détermine les Écoles publiques auxquelles il doit être attaché un instituteur adjoint;

Vu le paragraphe 4 du même article, qui porte que le Conseil municipal fixe le traitement des instituteurs adjoints;

Vu l'article 40 de la même loi,

Est d'avis que ces affaires sont de la compétence du Ministre de l'Intérieur, qui a, dans l'article 40 de la loi organique, les moyens de pourvoir au traitement d'un instituteur adjoint dont l'adjonction a été reconnue nécessaire par le Conseil académique.

Avis relatif à l'acceptation des libéralités faites aux congrégations religieuses.

2 avril 1852.

2 Avril 1852.

Le Conseil, etc.,

Consulté par M. le Ministre de l'Instruction publique sur les difficultés qui se sont élevées à l'occasion d'une demande du supérieur général de l'association religieuse des frères des Écoles chrétiennes du faubourg Saint-Antoine, à Paris;

Vu l'article 31 de la loi du 15 mars 1850;

Vu l'ordonnance royale du 25 juin 1820;

Considérant que l'association religieuse dont il s'agit a été autorisée comme établissement d'utilité publique par une ordonnance royale rendue en la forme des règlements d'utilité publique;

Considérant que, sous l'empire de la loi du 15 mars 1850 et le décret du 9 mars 1852, le Ministre et le Conseil supérieur de l'instruction publique exercent les fonctions qui étaient attribuées à la Commission telle qu'elle existait en 1820;

Considérant que, sous l'empire de cette loi, les associations religieuses qui se vouent à l'enseignement, quand elles ont été reconnues comme établissements d'utilité publique, doivent être complètement assimilées à ces établissements, en ce qui concerne l'acceptation des libéralités qui leur sont faites;

Que dès lors il leur appartient de demander, dans les formes prescrites par la loi, l'autorisation d'accepter ces libéralités, et qu'en ce qui concerne les Écoles et autres établissements d'instruction publique qui en dépendent, c'est au Ministre de ce département qu'ils doivent s'adresser, et que, l'autorisation obtenue, c'est le conseil de l'association, selon que le déterminent les statuts qui le régissent, qui doit accepter, au nom de l'établissement, la libéralité dont il est l'objet,

Est d'avis que la disposition de l'ordonnance du 25 juin 1820, qui chargeait la Commission d'instruction publique d'accepter, au nom de l'association religieuse des frères des Écoles chrétiennes du faubourg Saint-Antoine, à Paris, est incompatible avec l'article 31 de la loi du 15 mars 1850; que les associations religieuses vouées à l'enseignement, reconnues comme établissements d'utilité publique, sont placées désormais sous l'empire du droit commun; et qu'après avoir obtenu l'autorisation de M. le Ministre de l'Instruction publique, leur tuteur naturel, c'est à elles qu'il appartient d'accepter, par leurs représentants légaux, les libéralités qui leur sont faites.

---

3 avril 1852. **Circulaire du Ministre de l'Instruction publique, relative à l'interprétation du décret du 9 mars 1852, en ce qui concerne la nomination des instituteurs communaux.**

3 Avril 1852.

Monsieur le Recteur, j'ai été consulté sur le sens dans lequel doit être interprété l'article 4 du décret du 9 mars qui attribue aux Recteurs, par délégation du Ministre, la nomination des instituteurs communaux, « *les Conseils municicipaux entendus* ».

La pensée de ce décret est que le Conseil municipal soit mis par le Recteur en demeure de déclarer s'il désire que la direction de son École soit confiée à un instituteur laïque ou à un membre d'une association religieuse. Le Recteur choisira ensuite, selon le vœu exprimé par le Conseil municipal, l'instituteur qu'il nommera, soit sur la liste d'admissibilité, soit parmi les présentations faites par les supérieurs des associations religieuses vouées à l'enseignement et reconnues comme établissements d'utilité publique.

Il m'a été demandé en outre si l'institution mentionnée dans l'article 31 de la loi du 15 mars 1850 est encore nécessaire, même pour ceux des instituteurs nommés avant la promulgation du décret, et à l'égard desquels cette formalité n'aurait pas encore été remplie. Je ne puis que répondre négativement à cette question. Le droit d'institution accordé au Ministre était une garantie donnée à l'État contre de mauvais choix qui auraient pu être arrachés ou imposés à des Conseils municipaux peu éclairés. Cette garantie repose aujourd'hui tout entière dans le droit de nomination qui vous est conféré. Vous pourrez toutefois, comme par le passé, ne délivrer aux instituteurs que des autorisations provisoires, et suspendre pendant six mois leur nomination définitive.

Les instituteurs communaux n'auront droit au traitement supplémentaire alloué par l'État qu'à partir du jour de leur nomination définitive[1].

Recevez, etc.

Signé : H. FORTOUL.

Arrêté sur la prestation du serment des fonctionnaires et employés de l'instruction publique[2]. 28 avril 1852.

28 Avril 1852.

Le Ministre au département de l'Instruction publique et des Cultes,

1. « Monsieur le Recteur, j'ai été consulté sur la question de savoir si, d'après les termes de l'article 4 du décret du 9 mars 1852, MM. les Recteurs des Académies peuvent déplacer les instituteurs ou opérer entre eux des permutations, le cas échéant, sans être tenus de prendre l'avis des Conseils municipaux.

« Cette faculté est une conséquence naturelle du droit de nomination qui est attribué aujourd'hui aux Recteurs. Plusieurs de ces fonctionnaires ont interprété ainsi l'article 4 du décret précité, et en cela ils se sont conformés à l'esprit aussi bien qu'à la lettre de ses dispositions.

« Il suit de ce qui précède que les Recteurs des Académies ne doivent pas hésiter à faire usage du droit de déplacement ou de permutation, dans toutes les circonstances où ils jugeront que l'intérêt du service exige l'adoption de cette mesure. Il n'est pas nécessaire, dans ce cas, que les instituteurs qu'ils font permuter soient portés sur la liste d'admissibilité dressée par le Conseil académique. » (*Circulaire du 2 mars* 1853.)

2. Cf. l'arrêté du 20 *janvier* 1853 sur le même objet. (*Bulletin administratif*, Tome IV, page 13.) Voir le décret du 24 *décembre* 1852, relatif au costume officiel. (*Bulletin administratif*, Tome III, page 400.) — Voir également la circulaire du 22 *janvier* 1853. (*Circulaires et Instructions officielles, etc.*, Tome IV, page 303.)

Vu l'article 14 de la Constitution;

Vu le décret du 8 mars dernier, portant que le refus ou le défaut de serment sera considéré comme une démission ; que le serment ne pourra être prêté que dans les termes prescrits par l'article 14 de la Constitution, et que toute addition, modification, restriction ou réserve sera considérée comme refus de serment et produira le même effet,

Arrête :

ARTICLE 1er. — Dans le délai d'un mois, à partir du 1er mai prochain, les fonctionnaires et les divers employés relevant du département de l'Instruction publique prêteront le serment prescrit par l'article 14 de la Constitution.

ART. 2. — A Paris, le Ministre recevra le serment des membres du Conseil supérieur de l'instruction publique et des chefs de service de l'Administration centrale, des professeurs du Collège de France, du Muséum d'histoire naturelle, de l'École des langues orientales vivantes, de l'École nationale des Chartes, des membres du Bureau des Longitudes et de l'Observatoire de Paris, des administrateurs, conservateurs et conservateurs adjoints de la Bibliothèque Nationale, des Bibliothèques Mazarine, de Sainte-Geneviève, de l'Arsenal et de la Sorbonne, des Inspecteurs généraux, du directeur de l'École normale supérieure, des Recteurs des Académies de la Seine et de Seine-et-Oise, des Inspecteurs d'Académie, des doyens des Facultés, des proviseurs des Lycées de Paris et de Versailles, des Inspecteurs primaires.

La prestation du serment des membres du Conseil supérieur de l'instruction publique aura lieu lors de la première réunion de ce Conseil.

Les chefs de service de l'Administration centrale et les chefs des établissements de Paris recevront le serment de leurs subordonnés.

ART. 3. — Les Préfets recevront le serment des Recteurs.

Les Recteurs recevront le serment des Inspecteurs d'Académie, des membres des Conseils académiques, des doyens des Facultés, des directeurs des Écoles préparatoires de médecine et de pharmacie, des proviseurs, des principaux, et des directeurs d'Écoles normales primaires résidant au chef-lieu de l'Académie.

Les chefs de ces divers établissements recevront le serment des fonctionnaires qui y sont attachés.

Le Préfet ou Sous-Préfet recevra le serment des mêmes chefs d'établissement qui ne résideraient pas au chef-lieu académique, et des Inspecteurs primaires.

Les juges de paix recevront, au canton, le serment des instituteurs communaux de la circonscription cantonale.

Ces diverses autorités agissant au nom et en vertu de la délégation du Ministre de l'Instruction publique.

Art. 4. — Les fonctionnaires et employés absents ou empêchés par des raisons légitimes enverront leur serment écrit à l'autorité déléguée.

Art. 5. — La prestation du serment sera constatée par des procès-verbaux, lesquels seront signés de ceux qui prêteront le serment et de celui qui le recevra.

Ces procès-verbaux, ainsi que les serments écrits, seront transmis immédiatement au Ministre de l'Instruction publique par les soins des chefs de service de l'administration centrale, des Préfets et des Recteurs des Académies. Ces derniers transmettront aussi les procès-verbaux concernant les instituteurs, que les juges de paix leur auront adressés.

Arrêt de la Cour de cassation reconnaissant la capacité des consistoires protestants pour recevoir un legs destiné à l'entretien d'une École communale protestante[1]. 18 mai 1852.

18 Mai 1852.

La Cour,

Attendu que la seule question qu'ait à résoudre la Cour d'appel, et qu'elle ait effectivement décidée, était une question d'interpréta-

1. Par testament du 9 mai 1827, la dame Haussmann a fait, entre autres libéralités, la disposition suivante : « Je donne et lègue au consistoire des chrétiens de la « confession d'Augsbourg, à Paris, la somme de 5 000 francs une fois payée, pour « être répartie de la manière suivante : 1 000 francs distribués aux pauvres de la « commune, et les 4 000 francs restants placés en inscription au Grand-Livre de la « dette publique, pour le produit annuel servir par moitié à l'entretien de l'École « gratuite attachée à ladite église, et l'autre moitié être versée dans la caisse de la « Société Biblique protestante, à Paris. »

Un autre testament de la dame Haussmann, du 20 mars 1840, porte ce qui suit : « Je donne et lègue 80 000 francs qui seront en inscription sur le Grand-Livre de la « dette publique, pour que le produit annuel soit réparti de la manière suivante : « 2 000 francs pour servir à l'entretien de l'École gratuite attachée à l'église des « chrétiens d'Augsbourg, rue des Billettes, à Paris; le produit des deux autres « 2 000 francs sera versé dans la caisse de la Société Biblique protestante, à Paris. »

Après le décès de la dame Haussmann, une ordonnance du 28 juillet 1845 autorisa le consistoire de la confession d'Augsbourg et le Préfet de la Seine à accepter, conjointement, chacun en ce qui le concernait, les libéralités de la dame Haussmann, lesquelles devaient être converties en inscriptions de rente, jusqu'à concurrence des deux sommes de 2 000 francs chacune, dont une léguée pour servir à l'entretien de l'École.

Cette ordonnance n'indiquait pas au nom de qui, du consistoire ou de la ville de

tion de la volonté de la testatrice, celle de savoir à laquelle des deux parties, ou de la ville de Paris comme agissant au nom de l'École de la rue des Billettes, ou du consistoire de l'Église réformée, la dame Haussmann avait entendu léguer la somme en question ; qu'à cet égard, la décision des juges d'appel est souveraine ; qu'elle ne pourrait encourir la censure de la Cour de cassation qu'autant que l'attribution faite par l'arrêt du legs au consistoire serait prohibée par la loi ;

Mais attendu que, loin qu'une disposition de ce genre soit défendue par aucun texte, il résulte, tant de la législation en général que de l'ordonnance royale du 28 juillet 1845, autorisant l'acceptation du legs de la dame Haussmann, que les établissements religieux appartenant à l'un des cultes reconnus par l'État, et notamment les

Paris, serait prise l'inscription de 4 000 francs. Une contestation s'est élevée, d'une part entre le Préfet, qui prétendait que l'inscription devait être au nom de la ville, tout en consentant, d'ailleurs, à faire chaque année la remise des arrérages au consistoire, et, d'autre part, le consistoire, qui élevait une prétention contraire.

Le 15 février 1850, jugement du tribunal de la Seine, qui décide que la rente doit être inscrite au nom du consistoire. Ce jugement est ainsi conçu :

« Attendu que l'ordonnance rendue sur l'avis du Conseil d'État, en date du « 28 juillet 1845, qui autorise le Préfet de la Seine et le consistoire de l'église évan- « gélique de la confession d'Augsbourg, à accepter les legs faits par la dame Hauss- « mann, pour l'entretien de l'École gratuite de cette église, sise rue des Billettes, à « Paris, ordonne qu'il sera fait emploi des sommes léguées en rentes sur l'État, sans « indiquer à quel nom les inscriptions seront acquises ; que les inscriptions doivent « être acquises conformément aux intentions de la testatrice ;

« Attendu que la dame Haussmann, qui professait la religion de l'église évangé- « lique de la confession d'Augsbourg, avait l'intention de faire une libéralité au « profit de cette église et une à la décharge de l'obligation qu'avait prise la ville de « Paris de pourvoir aux frais de l'École de la rue des Billettes, en convertissant cette « École en École communale ; que le legs relatif à l'École, contenu dans le premier « testament, était fait expressément au consistoire ; que celui fait par l'autre testa- « ment était l'accessoire du premier, et fait avec la même intention ; que la testa- « trice avait voulu donner au consistoire le moyen de pourvoir à certaines dépenses « relatives à l'École, autres que celles qui étaient payées par la ville de Paris ; que « M. le Préfet de la Seine, ès nom, le reconnaît lui-même, puisqu'il offre de remettre « les arrérages de la rente au consistoire ; que, dès lors, l'inscription doit être ac- « quise sous le nom du consistoire, non sous celui de la ville de Paris. »

Appel. Mais le 5 mai 1851, arrêt de la Cour de Paris, qui confirme, en adoptant les motifs des premiers juges.

Pourvoi en cassation par le Préfet de la Seine, pour violation des articles 8 et 13 de la loi du 28 juin 1833 sur l'instruction primaire ; l'ordonnance du 2 avril 1817 et la loi du 2 janvier précédent, en ce que l'arrêt attaqué a jugé que l'inscription d'une rente léguée pour l'entretien d'une École communale devait être acquise, non pas sous le nom de la ville chargée par la loi de l'entretien et de la surveillance de l'École, mais sous le nom d'un tiers.

On soutenait, dans l'intérêt de la ville de Paris, que l'École protestante de la rue des Billettes, étant incontestablement une École communale, les legs faits à cette École étaient réputés faits à la ville et non au consistoire, qui n'était chargé ni d'administrer l'École, ni de pourvoir à ses dépenses.

consistoires, ont capacité pour recevoir de pareilles libéralités; d'où il suit que le moyen n'est pas fondé;

Rejette, etc.

Circulaire du Ministre de l'Instruction publique, relative aux conditions à remplir dans certains cas par les candidats au brevet de capacité. 22 juin 1852.

22 Juin 1852.

Monsieur le Recteur, je suis informé que des aspirants au brevet de capacité, après avoir échoué devant une Commission d'instruction primaire, passent immédiatement dans un ressort académique où ils espèrent trouver des juges plus indulgents, et où ils réussissent quelquefois à obtenir le titre dont ils n'ont pas été jugés dignes dans une première épreuve.

Il est impossible de méconnaître qu'il y a là un abus regrettable et de nature à entraîner des conséquences fâcheuses au point de vue de l'intérêt du service. Pour y mettre un terme, j'ai décidé que les Recteurs des Académies auront à exiger des candidats étrangers à leur ressort une déclaration portant, s'il y a lieu, qu'ils se sont déjà présentés, à telle époque, devant telle Commission d'instruction primaire.

La Commission devant laquelle ils demanderont à tenter une nouvelle épreuve, tenue en garde par cet avertissement, devra procéder à l'examen avec une attention toute spéciale et de manière à éviter toute surprise préjudiciable à l'enseignement.

Il va sans dire que le brevet serait annulé s'il était prouvé que le candidat eût fait une fausse déclaration.

Je vous recommande, Monsieur le Recteur, de tenir la main, en ce qui vous concerne, à l'exécution de ces dispositions.

Recevez, etc.

Signé : H. FORTOUL.

Arrêté portant institution d'une Commission pour l'enseignement pratique de l'agriculture. 3 juillet 1852.

3 Juillet 1852.

Le Ministre de l'Instruction publique et des Cultes,

Vu l'article 23 de la loi du 15 mars 1850, portant que l'enseignement primaire peut comprendre des instructions élémentaires sur l'agriculture;

Considérant que dans cet enseignement la pratique doit être constamment unie à la théorie;

Considérant qu'il importe de familiariser de bonne heure les enfants des communes rurales avec les bons procédés d'agriculture et de leur faire aimer les travaux des champs;

Considérant que le Prince Président de la République a alloué, sur sa dotation, la somme nécessaire pour que l'essai de cet enseignement pratique soit entrepris à la fois en divers points de la France, par la location d'un certain nombre d'hectares de terre que les enfants des Écoles pourront cultiver sous la direction de l'instituteur,

Arrête ce qui suit :

ARTICLE 1er. — Il est formé près le Ministère de l'Instruction publique une Commission chargée : 1° de désigner au Ministre les instituteurs auxquels l'enseignement pratique de l'agriculture pourra être confié ; 2° de préparer les instructions qui devront être adressées à ces instituteurs; 3° de surveiller l'enseignement pratique de l'agriculture dans ces Écoles et de proposer les mesures propres à en assurer le succès.

ART. 2. — Sur la proposition de cette Commission et après avis des Conseils académiques, le Ministre de l'Instruction publique autorisera les exceptions qu'il sera nécessaire d'apporter aux règlements pour ce qui concerne les heures et la durée des exercices scolaires dans les Écoles où l'enseignement pratique de l'agriculture sera expérimenté.

ART. 3. — Sont nommés membres de la Commission de l'enseignement pratique de l'agriculture dans les Écoles primaires :

MM.

Dumas, sénateur, Inspecteur général de l'enseignement supérieur des sciences, vice-président du Conseil supérieur de l'instruction publique, *président;*

Le comte de Kergorlay, député au Corps législatif, *vice-président;*

De Béville, colonel du génie, aide de camp du Prince Président;

Le comte de Rochemur de Saint-Cyr, propriétaire;

Frémy, conseiller d'État;

Heurtier, conseiller d'État, directeur général de l'administration de l'Agriculture et du Commerce;

Pillet, chef de division au Ministère de l'Instruction publique;

Ritt, Inspecteur général de l'enseignement primaire;

L'abbé Noirot, Inspecteur général de l'enseignement primaire;

Hervé de Lavaur, directeur d'une ferme expérimentale;

Laverrière, correspondant de la Société centrale d'Agriculture, *secrétaire.*

Décision relative au pourvoi d'un instituteur exerçant d'autres fonctions que celles de son emploi.

16 juillet 1852.

16 Juillet 1852.

Le Conseil, etc.,

Vu la décision du Conseil académique de la Dordogne, en date du 16 février 1852, qui prononce l'interdiction absolue contre le sieur..., instituteur communal à Vallereuil;

Vu le procès-verbal de la séance du même jour où le sieur..... a été entendu dans ses moyens de défense;

Vu le pourvoi interjeté par le sieur....., le 25 février, dans le délai fixé par la loi, devant le Conseil supérieur, et le mémoire qu'il produit pour sa défense, en date du même jour;

Vu le rapport du Recteur de l'Académie de la Dordogne accompagnant l'envoi du dossier;

Vu les articles 5, 14 et 30 de la loi du 15 mars 1850;

Considérant que le sieur....., au mépris de l'article 32 de la loi du 15 mars 1850, qui interdit aux instituteurs communaux l'exercice de toute profession commerciale, tenait ouvertement dans la commune de Vallereuil un commerce de draperie et de grains, par suite duquel il remplissait avec négligence ses devoirs d'instituteur;

Considérant qu'une partie de ce commerce consiste à prêter du blé à de pauvres gens, moyennant un intérêt de douze litres et demi pour cent litres, pendant un terme de 4, 3 et même de 2 ou de 1 mois;

Considérant que cette opération, à laquelle l'inculpé s'est livré pendant les années 1848, 1849 et 1850, est réprouvée par la morale, bien qu'elle ne tombe pas sous la définition légale du délit d'usure pour lequel le sieur..... a été poursuivi devant les tribunaux de Ribérac et de Périgueux;

Considérant que ce genre de spéculation est surtout indigne d'un instituteur public, qui doit donner à la jeunesse l'exemple d'une vie irréprochable et vouée tout entière à ses devoirs;

Considérant que le sieur....., tant dans sa défense devant le Conseil académique que dans son mémoire à l'adresse du Conseil supérieur, ne nie point ce fait, mais l'aggrave au contraire en cherchant à démontrer qu'il est parfaitement légal;

Considérant que, pour d'autres faits, soit de négligence, soit d'insubordination, le sieur....., aux termes de l'article 33 de la loi du

15 mars 1850, avait été précédemment suspendu par un arrêté du Recteur en date du 7 février 1852,

Décide :

Le pourvoi du sieur..... est rejeté.

---

16 juillet 1852.

Avis relatif aux intervalles à observer entre les examens des aspirants au brevet de capacité.

16 Juillet 1852.

Le Conseil, etc.,

Consulté par M. le Ministre de l'Instruction publique sur la question de savoir quel intervalle il convient d'établir entre un examen où aura été refusé un candidat au brevet de capacité pour l'instruction primaire et un nouvel examen;

Se reportant à l'esprit de la loi de 1833 et au texte de l'arrêté du 4 novembre 1834, qui fixe à six mois l'intervalle dont il est question;

Vu l'article 63 de la loi du 15 mars 1850, qui fixe à trois mois le laps de temps avant lequel un candidat au brevet de capacité pour l'enseignement secondaire ne peut se présenter à un nouvel examen, et dans cette opinion, qu'il faut, autant que possible, assimiler sur ce point les examens pour le brevet de capacité dans l'enseignement primaire aux mêmes examens dans l'enseignement secondaire;

Vu l'article 50 du règlement d'administration publique du 29 juillet 1850, qui décide que les Commissions d'examens pour le brevet de capacité d'enseignement primaire tiendront au moins deux sessions par an;

Vu le paragraphe de l'article 46 de la loi du 15 mars 1850, qui renferme cette conséquence, que les époques des examens pour les brevets de capacité pourront varier, au gré des Recteurs, dans les diverses Académies voisines,

Est d'avis que l'aspirant au brevet de capacité pour l'enseignement primaire, qui aura été refusé à un premier examen, ne pourra se présenter à un second, soit dans l'Académie où il a subi le premier, soit dans une autre Académie, qu'après un intervalle de trois mois et en session régulière, conformément au décret du 29 juillet 1850.

Décret autorisant les frères de Saint-Yon, dits des Écoles chrétiennes, à diriger des Écoles dans les possessions françaises du nord de l'Afrique. 24 juillet 1852.

24 Juillet 1852.

LOUIS-NAPOLÉON, Président de la République française,

Sur le rapport du Ministre de l'Instruction publique et des Cultes;

Vu l'article 109 du décret du 17 mars 1808 et l'article 31 de la loi du 15 mars 1850,

Décrète :

ARTICLE 1er. — La congrégation des frères de Saint-Yon, dite des Écoles chrétiennes, autorisée par le décret du 17 mars 1808 à former des instituteurs pour tous les départements de la France, est autorisée à fonder et à diriger des Écoles dans les possessions françaises du nord de l'Afrique.

Arrêté relatif au délai prescrit aux candidats refusés pour passer de nouveau l'examen du brevet de capacité de l'instruction primaire[1]. 16 août 1852.

16 Août 1852.

Le Ministre au département de l'Instruction publique et des Cultes,

Vu l'article 63 de la loi du 15 mars 1850, qui fixe à trois mois le laps de temps avant lequel un candidat au brevet de capacité pour l'enseignement secondaire, qui a échoué dans une première épreuve, ne peut se présenter à un nouvel examen;

Vu l'article 50 du règlement d'administration publique du 29 juillet 1850, aux termes duquel il est décidé que les Commissions chargées de constater l'aptitude des aspirants au brevet de capacité pour l'enseignement primaire tiendront au moins deux sessions par an;

Vu le § 1er de l'article 46 de la loi du 15 mars 1850, qui renferme cette conséquence, que les époques des examens pour les brevets de capacité pourront varier au gré des Recteurs dans les diverses Académies voisines;

1. Voir ci-dessus, page 505, la circulaire du 22 *juin* 1852. — Consulter la circulaire du 31 *août* 1852. (*Circulaires et Instructions officielles, etc.*, Tome IV, page 279.)

Le Conseil supérieur de l'instruction publique entendu,

Arrête :

L'aspirant au brevet de capacité pour l'enseignement primaire, qui aura été refusé à un premier examen, ne pourra être admis à en subir un second, soit dans l'Académie où il se sera déjà présenté, soit dans un autre ressort, qu'après un intervalle de trois mois et en session régulière, conformément au décret du 29 juillet 1850.

---

13 sept. 1852.

Rapport et Décret relatifs à la publication d'un Recueil des Poésies populaires de la France.

13 Septembre 1852.

1° Rapport au Prince Président de la République.

Monseigneur,

Les chants populaires ont été, depuis le commencement du siècle, l'objet des recherches de l'érudition. Notre pays possède, plus qu'aucun autre, de précieux restes de ces poésies, aussi bien dans la langue nationale que dans les idiomes provinciaux qu'elle a remplacés. Malheureusement ces richesses, que le temps emporte chaque jour, disparaîtront bientôt, si l'on ne s'empresse de recueillir tant de témoignages touchants de la gloire et des malheurs de notre patrie.

Fondateur d'un Gouvernement qui aime à s'appuyer sur la fidélité des souvenirs poétiques du peuple, vous avez voulu, Monseigneur, conserver avec respect les chants qui rappellent les luttes héroïques de nos pères et les joies paisibles de leurs foyers domestiques. Cette pensée, que l'Empereur avait conçue, vous m'avez ordonné de la réaliser.

J'ai l'honneur, en conséquence, de vous proposer de faire publier, sous la direction de mon Ministère, le *Recueil des Poésies populaires de la France*. Dans ces chants, qui offrent non seulement la trace des événements de l'histoire nationale, mais encore les modèles de beautés trop longtemps méconnues, nous aimerons à retrouver une fraîcheur de génie qui n'appartient qu'à quelques époques heureuses. Au contact de l'expression naïve du vieil esprit français, notre littérature se surprendra peut-être à rougir des fausses délicatesses où s'égare parfois sa subtilité.

Je suis assuré, Monseigneur, de ne point faire un vain appel au zèle des fonctionnaires de mon département qui pourront concourir à l'accomplissement de votre désir, et le Comité qui dirige les publications entreprises par mon Ministère sera utilement chargé de choisir et de préparer les matériaux du vaste monument que vous voulez élever à notre gloire littéraire.

J'ai l'honneur d'être, etc.

Signé : H. Fortoul.

2° Décret.

LOUIS-NAPOLÉON, Président de la République française,
Sur le rapport du Ministre de l'Instruction publique et des Cultes,
Décrète :

ARTICLE 1er. — Il sera publié, par les soins du Ministre de l'Instruction publique, un *Recueil général des Poésies populaires de la France*, soit qu'elles aient été déjà imprimées, soit qu'elles existent en manuscrits dans les bibliothèques, soit enfin qu'elles nous aient été transmises par les souvenirs successifs des générations.

ART. 2. — Le *Recueil des Poésies populaires de la France* comprendra :

Les chants religieux et guerriers ;
Les chants de fête, les ballades ;
Les récits historiques, les légendes, les contes, les satires.

ART. 3. — Le Comité de la langue, de l'histoire et des arts de la France, établi près le Ministère de l'Instruction publique, est chargé de revoir les textes et la traduction de tous les morceaux qui seront adressés au Ministre de l'Instruction publique, de désigner ceux qui devront être admis dans le *Recueil des Poésies populaires*, de les mettre en ordre, en les accompagnant de tous les commentaires propres à en constater la valeur aux différents points de vue de l'histoire du pays et de celle de la langue française et des idiomes locaux de la France.

ART. 4. — Il sera prélevé, sur le chapitre 34 du budget du Ministère de l'Instruction publique et des Cultes, la somme nécessaire pour les travaux préparatoires de cette publication.

ART. 5. — Une médaille commémorative sera décernée, sur la proposition du Comité de la langue, de l'histoire et des arts de la France, aux personnes qui auront le plus contribué par leurs recherches et par leurs découvertes à enrichir cette collection[1].

1. Le décret fut transmis aux Inspecteurs et aux Recteurs par circulaire du 17 *septembre* 1852. (*Circulaires et Instructions officielles, etc.*, Tome IV, page 280.)
La publication du *Recueil* fut confiée au *Comité de la Langue, de l'Histoire et des Arts.* M. Ampère, de l'Académie française, rapporteur du Comité, fut chargé de préparer les instructions pour diriger les recherches dans toute la France. (Voir ces instructions au *Bulletin administratif de l'Instruction publique,* année 1853, pages 446 à 508. — Voir également *Journal général de l'Instruction publique,* Tome XXII, n° 87, du 29 octobre 1853.)

2 nov. 1852. **Circulaire du Ministre de l'Instruction publique, relative à l'obligation pour les fonctionnaires de l'instruction publique de se conformer immédiatement aux décisions de l'administration.**

2 Novembre 1852.

Monsieur le Recteur, il arrive trop souvent que les décisions de l'autorité supérieure, surtout en ce qui concerne les personnes, ne sont pas ponctuellement exécutées, sous prétexte qu'elles donnent lieu à des difficultés dont il paraît bon d'attendre la solution. Les réclamations plus ou moins fondées des fonctionnaires de l'instruction publique ne sont en aucun cas un motif de suspendre ou d'ajourner les mesures que j'ai prescrites. Les considérations d'intérêt privé qu'ils peuvent avoir à faire valoir, quelque respectables qu'elles soient, ne sauraient les autoriser à laisser en souffrance le service public dont ils sont chargés, et leur premier devoir est de se conformer sans délai aux ordres qui leur sont transmis par votre intermédiaire. Vous voudrez bien, en conséquence, vous refuser absolument à m'adresser désormais les réclamations qui n'auraient pas été précédées d'une prompte obéissance. De mon côté, je regarderai comme non avenues toutes celles qui me seraient directement adressées sans cette condition préalable. Je n'admets d'exceptions que pour les cas d'empêchement invincible, officiellement constaté. L'intérêt sacré de la jeunesse exige que les fonctionnaires attendent, au nouveau poste qui leur est assigné, l'effet des observations qu'ils peuvent avoir à me soumettre. En montrant une déférence légitime pour les décisions de leurs chefs, ils fortifient l'autorité qu'ils sont appelés à exercer à leur tour, et personne ne songera à contester leurs droits, lorsqu'on les verra empressés à remplir leurs devoirs, même au prix de quelques sacrifices.

Recevez, etc.

Signé : H. FORTOUL.

---

18 nov. 1852. **Décision du Conseil d'État, relative à un appel contre une opposition d'ouverture d'École primaire faite par un Recteur.**

18 Novembre 1852.

La décision d'un Conseil académique, statuant sur l'opposition du Recteur à l'ouverture d'une École libre d'enseignement primaire, peut-elle être déférée au Conseil d'État pour excès de pouvoir ? Résol. affirm. impl.

Décidé, dans l'espèce, que le Conseil académique, en admettant l'opposition du Recteur, avait statué dans la limite de ses pouvoirs[1].

1. Le sieur Guilbot avait déclaré au maire de la commune de la Gaude (Var), conformément à l'article 27 de la loi du 15 mars 1850, son intention d'ouvrir dans cette commune une École libre d'enseignement primaire; mais le Recteur, usant de la fa-

Le Conseil,

Vu la loi des 7-14 octobre 1790 et celle du 15 mars 1850;

Considérant qu'aux termes de l'article 28 de la loi du 15 mars 1850, les Conseils académiques prononcent sans recours sur les op-

culté que lui accorde l'article 28, forme opposition à l'ouverture de cette École, et, sur cette opposition, il intervient, à la date du 13 janvier 1851, une décision du Conseil académique ainsi conçue :

« Attendu qu'il résulte de toutes les pièces visées que le sieur Guilbot, en venant à la Gaude pour ouvrir une École libre protestante dans une commune où il n'existait pas un protestant d'origine né et reconnu pour tel, y a introduit un tel ferment de discorde, que cette commune a été depuis constamment agitée et divisée;

« Attendu que les moyens dont on s'est servi pour recruter quelques adeptes parmi les gens ignorants et grossiers, sont contraires aux lois et aux mœurs publiques;

« Attendu que ladite École a été ouverte avant l'expiration du délai légal et l'accomplissement de toutes les formalités prescrites par la loi; que cette contravention est établie par le fait, acquis au procès, que le sieur Guilbot réunit le soir les adultes de dix-huit à vingt-cinq ans et au-dessus dans une chambre où il s'enferme avec eux, avec de telles précautions que nul n'y est admis sans avoir décliné ses nom et qualité, avant qu'on ouvre la porte qui est refermée immédiatement après;

« Attendu que c'est la seconde fois, depuis six mois, que le sieur Guilbot ouvre une École à la Gaude, sans avoir rempli toutes les formalités légales; ce qui dénote de sa part l'intention bien arrêtée d'éluder les prescriptions légales et de se dérober à la surveillance des autorités préposées par la loi à l'enseignement primaire;

« Attendu que le sieur Guilbot, dûment appelé à comparaître en personne, ne s'est pas présenté, mais qu'il a envoyé une lettre et y incluse une pétition signée de quelques habitants qui protestent contre l'arrêté d'opposition;

« Attendu que la fermeture de cette École est demandée de toutes parts, et notamment par tous les Inspecteurs investis du droit de veiller au bon ordre et aux mœurs publiques, comme le moyen unique et nécessaire de rétablir dans cette commune le calme et la tranquillité;

« Considérant qu'il y a nécessité et convenance d'interpréter dans ce sens et d'appliquer le droit d'opposition à former dans l'intérêt des mœurs publiques,

« Le Conseil académique, jugeant contradictoirement et sans recours, d'après l'article 28 de la loi, décide à l'unanimité :

« ART. 1er. — L'arrêté d'opposition pris par M. le Recteur, le 31 décembre 1850, à l'ouverture d'une École libre par le sieur Guilbot (Ferdinand) dans la commune de la Gaude, est maintenu.

« ART. 2. — Ladite École sera immédiatement et à tout jamais fermée. »

Le sieur Guilbot a déféré cette décision au Conseil d'État comme entachée d'excès de pouvoir et portant atteinte à la liberté de l'enseignement et à la liberté des cultes. Suivant lui, aucun des faits sur lesquels elle se fonde n'intéresse les mœurs publiques, quoi qu'en dise le Conseil académique afin de lui donner une apparence de légalité. Cette décision doit donc être annulée.

Le Ministre de l'Instruction publique oppose au pourvoi une fin de non-recevoir puisée dans le texte de l'article 28 de la loi du 15 mars 1850, qui dit expressément que l'opposition du Recteur est jugée par le Conseil académique *sans recours*.

M. le commissaire du Gouvernement estime que, malgré ces mots : *sans recours*, employés par la loi, les décisions du Conseil académique sont soumises à la règle générale qui résulte de la loi des 7-14 octobre 1790, et en vertu de laquelle tout acte d'une autorité administrative peut être l'objet d'un recours fondé sur un motif d'incompétence ou d'excès de pouvoir. Le pourvoi du sieur Guilbot est donc recevable. Mais est-il fondé? Ici, dit M. le commissaire du Gouvernement, se présente une question délicate : Le Conseil d'État peut-il entrer dans l'examen des faits pour en déterminer le caractère et arriver ainsi à résoudre la question d'excès de pouvoir qui lui

positions formées par les Recteurs à l'ouverture des Écoles primaires libres;

Que le Conseil académique du Var, en admettant l'opposition du Recteur de ce département à l'ouverture, par le sieur Guilbot, d'une École primaire dans la commune de la Gaude, a statué dans la limite de ses pouvoirs;

Que, dès lors, le sieur Guilbot n'est pas recevable à attaquer cette décision devant le Conseil d'État,

Décide :

ARTICLE 1er. — La requête susvisée du sieur Guilbot est rejetée.

. . . .

---

15 février 1853.

Arrêté relatif aux examens pour le brevet de capacité des instituteurs et des institutrices.

15 Février 1853.

Le Ministre de l'Instruction publique et des Cultes,
Vu les articles 23 et 46 de la loi du 15 mars 1850;
Vu l'article 50 du décret organique du 29 juillet 1850;
Le Conseil impérial de l'instruction publique entendu,
Arrête :

TITRE Ier.

De la Commission d'examen.

ARTICLE 1er. — Aucun examen particulier ne peut avoir lieu en dehors des deux sessions annuelles prescrites par l'article 50 du décret du 29 juillet 1850.

Le Recteur, pour des cas graves, peut autoriser une troisième session.

ART. 2. — Les ministres des divers cultes ne peuvent prendre

est soumise? Nous pensons qu'il le peut et qu'il le doit : car si le Conseil académique, au lieu de baser sa décision sur des faits de moralité, comme le veut la loi, en avait pris les motifs dans des faits d'un autre ordre, il aurait, suivant nous, commis un excès de pouvoir. Il convient donc d'examiner quelle est la nature des faits reprochés au sieur Guilbot.

Or cet examen amène M. le commissaire du Gouvernement à conclure que le Conseil académique a bien jugé en décidant que, dans l'intérêt des mœurs publiques, il ne devait pas être permis au sieur Guilbot d'ouvrir une École libre dans la commune de la Gaude.

part, en ce qui concerne les matières religieuses, à l'examen des aspirants qui n'appartiennent pas à leur communion.

TITRE II.

Des aspirants au brevet de capacité.

ART. 3. — Tout aspirant au brevet de capacité est tenu de se faire inscrire au secrétariat de l'Académie, un mois avant l'ouverture de la session, et de déposer à l'époque de son inscription :

1° Un extrait de son acte de naissance;

2° La déclaration que l'aspirant ne s'est présenté devant aucune Commission d'examen dans l'intervalle des quatre mois qui précèdent la session;

3° L'indication, s'il y a lieu, de celles des matières comprises dans la deuxième partie de l'article 23 de la loi du 15 mars 1850 sur lesquelles il demande à être interrogé.

ART. 4. — La signature de l'aspirant doit être légalisée par le maire de la commune où il réside.

ART. 5. — Ne sont pas admis à subir l'examen et, dans tous les cas, n'auront pas droit à la délivrance du brevet de capacité les candidats qui se trouvent dans les cas d'incapacité prévus par l'article 26 de la loi du 15 mars 1850.

TITRE III.

De l'examen.

ART. 6. — A l'ouverture de la session, le président de la Commission fait l'appel des aspirants inscrits. Chaque aspirant, à l'appel de son nom, vient apposer sa signature sur le registre, afin de constater son identité.

ART. 7. — L'examen se divise en épreuves écrites et en épreuves orales.

Pour les épreuves écrites, les aspirants sont réunis tous ensemble ou, au besoin, par séries, sous la surveillance d'un ou plusieurs membres désignés par le président.

Toute communication entre les aspirants, pendant les épreuves, est interdite sous peine d'exclusion.

ART. 8. — Les épreuves écrites sont au nombre de quatre, savoir :

1° Une page d'écriture à main posée en gros, en moyen et en fin, dans les trois principaux genres, savoir : l'écriture cursive, la bâtarde et la ronde; les aspirants doivent faire une ligne au moins de chaque espèce d'écriture;

2° Une dictée d'orthographe, d'une page environ, dont le texte sera pris par le président dans un livre classique. Cinq minutes sont accordées aux aspirants pour relire et corriger leur copie;

3° Un récit emprunté à l'Histoire sainte ou une lettre relative à la tenue de l'École;

4° Une question d'arithmétique portant sur l'application des quatre règles.

Il est accordé trois quarts d'heure au plus pour chacune de ces épreuves.

ART. 9. — Les épreuves écrites sont examinées et jugées par la Commission réunie, qui prononce l'admission aux épreuves orales dans l'ordre de mérite résultant de cette première partie de l'examen.

ART. 10. — Les aspirants admis aux épreuves orales sont appelés selon l'ordre de la liste de mérite, séparément ou par séries, devant le bureau, pour être interrogés par un membre de la Commission désigné par le président.

ART. 11. — Les épreuves orales ont lieu dans l'ordre suivant:

1° Lecture du français dans un livre imprimé et dans un manuscrit, et lecture du latin dans le Psautier ou dans un livre d'offices;

2° Questions sur le catéchisme et l'Histoire sainte;

3° Analyse grammaticale d'une phrase au tableau;

4° Questions sur le calcul et sur les applications usuelles du système légal des poids et mesures.

Un quart d'heure au plus est consacré à chacune de ces épreuves.

ART. 12. — Lorsque toutes les épreuves obligatoires sont terminées, les aspirants au brevet de capacité qui doivent être examinés sur les parties facultatives de l'enseignement primaire sont appelés séparément ou par groupes et interrogés sur les matières qu'ils ont indiquées.

ART. 13. — Les candidats déjà pourvus d'un brevet de capacité pour l'enseignement des matières comprises dans la première partie de l'article 23 de la loi du 15 mars 1850 ne sont admis à subir un second examen que sur l'ensemble des matières comprises dans la deuxième partie dudit article.

Les examens pour chaque matière d'enseignement ont lieu dans l'ordre fixé par la loi; il est accordé un quart d'heure pour chaque épreuve.

ART. 14. — A la fin de la session, il est dressé un procès-verbal des opérations de la Commission, renfermant la liste, par ordre de mérite, de tous les candidats qui ont été jugés dignes d'obtenir, soit le brevet de capacité, soit la mention spéciale déterminée par l'article 46 de la loi du 15 mars 1850.

Le procès-verbal, signé par le président et par le secrétaire de la Commission, est remis au Recteur de l'Académie, qui délivre ou complète, suivant le cas et s'il y a lieu, le brevet de capacité.

ART. 15. — Le présent règlement est applicable aux aspirantes au brevet de capacité, sous les réserves suivantes :

1° Dans le premier examen défini par les articles 7, 8, 9, 10, 11 et 12, les aspirantes font, entre l'épreuve écrite et l'épreuve orale, sous l'inspection d'une ou de plusieurs dames spécialement désignées à cet effet par le Recteur, les travaux à l'aiguille prescrits par l'article 48 de la loi du 15 mars 1850 : parmi ces travaux et au premier rang sont les ouvrages de couture usuelle;

2° Lorsque les aspirantes se présenteront pour le second examen défini par l'article 13, elles ne seront interrogées que sur celles des matières facultatives qui sont exigées pour l'éducation des femmes.

Circulaire du Ministre de l'Instruction publique, relative à la substitution des institutrices aux instituteurs dans les Écoles primaires publiques mixtes. 16 février 1853.

16 Février 1853.

Monsieur le Recteur, dans un certain nombre de petites communes, des Écoles publiques destinées aux enfants des deux sexes ont été confiées à des institutrices. Cette mesure est excellente. Les femmes sont éminemment propres à l'éducation des enfants, et, quand leurs forces physiques ne les trahissent pas, elles donnent l'instruction avec autant de succès au moins que les instituteurs. Elles présentent, d'un autre côté, il faut le reconnaître, des garanties morales bien plus sérieuses, lorsqu'elles se trouvent en présence d'enfants des deux sexes. De tristes exemples ne cessent de nous avertir des dangers auxquels les mœurs publiques sont exposées là où de jeunes instituteurs sont constamment en contact avec de jeunes filles que leur âge seul devrait déjà éloigner des Écoles. Aussi n'ai-je jamais hésité à faire payer sur les fonds de l'État les compléments nécessaires pour assurer aux institutrices qui les remplaçaient un traitement fixe de 200 francs, à défaut des ressources communales et départementales. J'ai le désir d'étendre les bienfaits de cette mesure partout où elle pourra être utilement appliquée. Mais, avant d'arrêter les bases du projet sur lequel j'appellerai l'attention du Conseil impérial de l'instruction publique, j'ai besoin de constater d'une manière toute particulière les résultats de l'expérience qui se poursuit en ce moment.

Veuillez donc, Monsieur le Recteur, me faire savoir si des institutrices ont été substituées à des instituteurs publics dans quelques Écoles de votre Académie, et si vous avez jusqu'à ce jour à vous louer de cette substitution. Je vous prie de m'adresser, au plus tard dans les dix premiers jours du mois de mars prochain, un rapport détaillé sur cette question. Vous aurez soin, non seulement de me faire connaître les faits généraux d'après l'ensemble desquels votre opinion se sera formée, mais encore de me signaler les faits particuliers qui, par leur nature caractéristique, pourraient donner lieu aux observations les plus concluantes. Votre rapport devra se terminer par un résumé répondant aux questions suivantes :

Dans combien d'Écoles publiques consacrées aux deux sexes une institutrice a-t-elle été substituée à un instituteur?

Quelle est la population de la commune où cette substitution a eu lieu?

Par combien d'enfants, garçons et filles, ces Écoles sont-elles suivies?

Comment sont-elles dirigées?

La discipline y est-elle bien observée?

L'instruction y est-elle donnée avec fruit?

Quel est le traitement fixe assuré à ces institutrices, et de quoi se compose leur revenu scolaire?

Ces institutrices sont-elles laïques, célibataires ou mariées?

Appartiennent-elles à des communautés religieuses?

Dans ce dernier cas, sont-elles seules ou plusieurs dans la même École?

Si, comme les faits qui me sont déjà connus me permettent de l'espérer, cette substitution des institutrices aux instituteurs vous paraît devoir être recommandée dans toutes les petites communes, vous aurez soin de ne pourvoir que d'une manière provisoire à la direction des Écoles qui pourraient y devenir vacantes, et dans lesquelles une femme vous paraîtrait devoir être utilement placée. La mesure dont je vous entretiens peut avoir, à divers points de vue, des résultats trop avantageux pour que je tarde longtemps à en provoquer l'approbation définitive. Je vous prie de me dire si vous seriez d'avis qu'on l'étendît, par une mesure générale, à toutes les communes au-dessous de 500 habitants, et, dans tous les cas, à combien de communes elle pourrait être appliquée dans votre Académie.

Recevez, etc.

Signé : H. FORTOUL.

---

3 mars 1853.

Décret relatif à la congrégation des frères du Saint-Esprit.

3 Mars 1853.

NAPOLÉON, par la grâce de Dieu et la volonté nationale, Empereur des Français, à tous présents et à venir salut;

Sur le rapport de notre Ministre de l'Instruction publique et des Cultes;

Vu la demande formée par la congrégation des frères de l'Instruction chrétienne du Saint-Esprit, autorisée par ordonnance du 17 septembre 1823, pour les départements de Maine-et-Loire, Vienne, Deux-Sèvres, Charente-Inférieure et Vendée, à l'effet d'obtenir : 1° la jouissance, dans toute l'étendue du territoire français, des droits attachés par la loi du 15 mars 1850 aux membres des associations religieuses enseignantes reconnues par l'État comme établissements d'utilité publique; 2° l'autorisation de substituer à son titre actuel celui de congrégation des frères de l'Instruction chrétienne de Saint-Gabriel;

Vu l'avis du Conseil supérieur de l'instruction publique en date du 17 juin 1851;

Vu l'article 910 du Code Napoléon et l'ordonnance du 2 avril 1817;

Vu les articles 31, 34 et 79 de la loi organique du 15 mars 1850;

Notre Conseil d'État entendu,

Avons décrété et décrétons ce qui suit :

ARTICLE 1er. — La congrégation des frères de l'Instruction chrétienne du Saint-Esprit, autorisée par l'ordonnance du 17 septembre 1823, pour les départements de Maine-et-Loire, Vienne, Deux-Sèvres, Charente-Inférieure et Vendée, jouira, dans toute l'étendue du territoire français, des droits attribués aux associations religieuses enseignantes reconnues par l'État comme établissements d'utilité publique.

ART. 2. — La congrégation prendra à l'avenir le titre de frères de l'Instruction chrétienne de Saint-Gabriel.

ART. 3. — L'article 2 de l'ordonnance du 17 septembre 1823, en vertu duquel les dons et legs faits à ladite association devaient être acceptés par la Commission d'instruction publique, est rapporté. A l'avenir ces dons et legs seront acceptés directement par le supérieur général de la congrégation, dûment autorisé.

ART. 4. — Les statuts qui régissent ledit institut sont approuvés tels qu'ils sont annexés au présent décret.

Ces statuts seront enregistrés et transcrits au Conseil d'État; mention de ladite transcription sera faite par le secrétaire général du Conseil sur la pièce enregistrée.

Décision du Conseil d'État relative aux impositions extraordinaires.

29 mars 1853.

29 Mars 1853.

Bien que le chapitre IV de l'article 39 de la loi du 18 juillet 1837 dispose, qu'en cas d'insuffisance des ressources ordinaires, il doit être pourvu au payement des dépenses obligatoires des communes au moyen d'une imposition extraordinaire, établie par un décret ou par une loi, néanmoins appartient-il au Gouvernement de rechercher et de reconnaître au préalable si, eu égard aux facultés contributives des communes, il peut être fait application des dispositions de cet article? Rés. aff.

Les déclarations faites à cet égard par le Gouvernement sont-elles susceptibles de recours par la voie contentieuse? Rés. nég.

Le Conseil,

Vu la requête sommaire et le mémoire ampliatif présenté par le sieur Giraud, au nom et comme cessionnaire de la dame du Roure, lesdites requêtes enregistrées au secrétariat du contentieux, les 2 août et 21 décembre 1850, et tendant à ce qu'il nous plaise annuler, pour excès de pouvoirs et violation de la loi du 18 juillet 1837, une décision en date du 2 mai 1850, par laquelle le Ministre de l'Intérieur a refusé de donner suite à sa demande, tendant à obtenir le remboursement par voie extraordinaire d'une somme de 25 000 francs due par les habitants de la section de la Brousse, commune de Fraissinet (Lozère), à la dame du Roure, suivant jugement du tribunal de Florac du 22 décembre 1825; ce faisant, ordonner qu'il sera donné suite à la demande du sieur Giraud et condamner la section de la Brousse aux dépens[1];

Vu la décision attaquée;

1. Les habitants de la section de la Brousse, commune de Fraissinet (Lozère), ont été déclarés débiteurs envers la comtesse du Roure, par jugement du tribunal de Florac, en date du 22 décembre 1825, d'une somme de 18 187 fr. 75 centimes, à titre de restitution de la terre ou montagne de la Brousse, qu'ils avaient indûment possédée depuis 1790, plus les intérêts de cette somme à compter du jour du jugement.

En 1834, le sieur Giraud, au nom de la comtesse du Roure, demanda que l'administration supérieure prît des mesures pour contraindre les habitants de la Brousse à acquitter leur dette, que le réclamant portait à cette époque, avec les intérêts, au chiffre de 25 000 francs. Il lui fut répondu par le Ministre de l'Intérieur qu'il ne pouvait pas être donné suite à sa demande, attendu qu'il faudrait, pour éteindre la dette de la section de la Brousse, plus que doubler annuellement, pendant plus de vingt ans, le principal de ses contributions directes, qui ne s'élevaient qu'à environ 1 000 fr. par an, et que recourir à un pareil mode d'exécution, ce serait exposer le service communal à de graves entraves, et même compromettre le recouvrement de l'impôt général.

Même réponse fut faite au sieur Giraud en 1835, bien qu'il proposât alors de réduire le montant de la créance au chiffre net de 20 000 francs.

En 1850, le sieur Giraud, devenu cessionnaire de la comtesse du Roure, a renouvelé sa réclamation. Par décision du 2 mai de cette année, le Ministre de l'Intérieur lui a opposé la même fin de non-recevoir, et a encore refusé de donner suite à sa demande.

Pourvoi du sieur Giraud : il soutient que la dette dont il poursuit le payement, par cela qu'elle est exigible, constitue pour la commune une dépense obligatoire (loi du 18 juillet 1837, art. 30, chapitre XXI), et que, dès lors, en cas d'insuffisance des ressources ordinaires de la commune pour y faire face, il y a nécessité pour l'administration supérieure d'y pourvoir au moyen d'une contribution extraordinaire établie dans les formes de droit (art. 39, chapitre IV, de la même loi); car, ajoute le requérant, les communes ne peuvent jamais être insolvables, et l'administration supérieure, si elle a pour mission de veiller à ce qu'elles ne dépensent pas leurs res-

Vu les observations du Ministre de l'Intérieur enregistrées comme dessus le 25 février 1851, et tendant au rejet de la requête ci-dessus visée;

Vu le jugement du tribunal de Florac, en date du 22 décembre 1825, par lequel les habitants de la Brousse ont été condamnés à payer à la dame du Roure la somme de 18 187 fr. 75 c. avec les intérêts à compter du jour dudit jugement;

Vu toutes les pièces produites et jointes au dossier;

Vu les articles 30, chapitre XXI, et 39, chapitre IV, de la loi du 18 juillet 1837;

Considérant que, si le chapitre IV de l'article 39 de la loi du 18 juillet 1837 dispose qu'en cas d'insuffisance des ressources ordinaires, il doit être pourvu au payement des dépenses obligatoires des communes au moyen d'une imposition extraordinaire, établie par un décret ou par une loi, il appartient au Gouvernement seul de reconnaître si, eu égard aux facultés contributives des communes, il peut leur être fait application des dispositions de cet article;

Considérant dès lors qu'en déclarant qu'il ne peut être actuelle-

sources mal à propos, n'a pas le droit de refuser à leurs créanciers légitimes le moyen d'obtenir le remboursement de ce qui leur est dû par elles.

Le Ministre de l'Intérieur fait remarquer que, dans le système du pourvoi, il faudrait arriver à créer une imposition extraordinaire communale, non plus de vingt, cinquante ou même cent centimes par franc, mais de cinq mille centimes pour cent. Or, l'administration supérieure n'a jamais admis que les lois municipales puissent être appliquées ainsi; elle n'a jamais pensé que les contribuables d'une commune fussent tenus subsidiairement d'acquitter les dettes communales, quelle que fût leur importance, et d'y employer au besoin tout ce qu'ils possèdent.

Quand le montant de l'obligation de la commune lui a paru excéder, comme dans l'espèce, toute proportion avec le principal des contributions, elle a refusé son concours au créancier, et, jusqu'à ce moment, il n'y a pas d'exemple qu'un pareil refus ait été déféré au Conseil d'État pour cause d'excès de pouvoir. Sans doute, l'appréciation des possibilités communales, en pareil cas, est une mission fort délicate pour l'administration; mais enfin elle lui a été donnée sous réserve, et elle s'attache scrupuleusement à la remplir avec justice. Les lois de la matière, quoi qu'en dise le requérant, ne commandent pas de faire payer, dans tout état de cause, les dettes des communes; elles ont un autre but, sinon contraire, du moins essentiellement différent : c'est celui de fixer une limite au droit de contrainte, quand il faut recourir à la voie d'une imposition extraordinaire, puisque, dans ce cas, l'administration ne peut dépasser vingt centimes par franc. Les dispositions législatives, citées par le requérant, ont donc moins pour objet de garantir les droits des créanciers des communes, que de tempérer le zèle de l'administration supérieure pour contraindre celles-ci à s'acquitter. On conçoit, d'ailleurs, facilement cette précaution, si l'on considère que les services publics de la commune et les intérêts mêmes du Trésor se trouveraient compromis, si, par un respect aveugle des droits privés, l'administration pouvait forcer les contribuables à payer intégralement les dettes des communes, sans se préoccuper du rapport existant entre le montant de ces dettes et les possibilités contributives de la localité. Par ces motifs, le Ministre pense qu'en prenant la décision attaquée du 2 mai 1850, il n'a point commis d'excès de pouvoir, ni violé la loi de 1837, et que, par suite, le pourvoi du sieur Giraud est dans le cas d'être rejeté.

ment pourvu, au moyen d'une imposition extraordinaire, au payement des sommes dont la section de la Brousse a été reconnue débitrice envers la dame du Roure, le Ministre de l'Intérieur n'a pas excédé ses pouvoirs, et que ladite déclaration ne peut nous être déférée en notre Conseil d'État par la voie contentieuse;

ARTICLE 1er. — La requête du sieur Giraud est rejetée.

. . . .

---

9 juin 1853.

Loi modifiant le régime des pensions civiles.

9 Juin 1853.

TITRE Ier.

Liquidation des caisses de retraites supprimées.

ARTICLE 1er. — Les caisses de retraites désignées au tableau n° 1 seront supprimées à partir du 1er janvier 1854[1].

Leur actif sera acquis à l'État.

ART. 2. — Seront inscrites au Grand-Livre de la dette publique, à partir de la même époque :

1° Les pensions existantes ou en cours de liquidation à la charge des caisses supprimées, pour services terminés avant le 1er janvier 1854;

2° Les pensions et indemnités concédées pour cause de réforme en vertu de l'article 4 de la loi du 1er mai 1822 et du décret du 2 mai 1848;

3° Les pensions et les secours annuels qui seront concédés à titre de réversibilité aux veuves et aux orphelins des pensionnaires inscrits en vertu des deux paragraphes qui précèdent.

TITRE II.

Conditions du droit à pension pour les fonctionnaires qui entreront en exercice à partir du 1er janvier 1854.

ART. 3. — Les fonctionnaires et employés directement rétribués par l'État et nommés à partir du 1er janvier 1854 ont droit à pension,

1. Au nombre des caisses de retraite désignées au tableau n° 1 et supprimées sont : la caisse de retraite des fonctionnaires et professeurs de l'Université et des

conformément aux dispositions de la présente loi, et supportent indistinctement, sans pouvoir les répéter dans aucun cas, les retenues ci-après :

1° Une retenue de 5 pour 100 sur les sommes payées à titre de traitement fixe ou éventuel, de préciput, de supplément de traitement, de remises proportionnelles, de salaires, ou constituant, à tout autre titre, un émolument personnel ;

2° Une retenue du douzième des mêmes rétributions lors de la première nomination ou dans le cas de réintégration, et du douzième de toute augmentation ultérieure ;

3° Les retenues pour causes de congés et d'absences, ou par mesure disciplinaire.

Sont affranchies de ces retenues les commissions allouées en compte courant par le Trésor aux receveurs généraux des finances.

Ces comptables, les receveurs particuliers et les percepteurs des contributions directes, ainsi que les agents ressortissant au Ministère des Finances, qui sont rétribués par des salaires ou remises variables, supportent ces retenues sur les trois quarts seulement de leurs émoluments de toute nature, le dernier quart étant considéré comme indemnité de loyer et de frais de bureau.

ART. 4. — Les fonctionnaires de l'enseignement rétribués, en tout ou en partie, sur les fonds départementaux et communaux, ou sur le prix des pensions payées par les élèves des Lycées nationaux, ont droit à pension, conformément aux dispositions de la présente loi, et supportent sur leur traitement et leurs différentes rétributions la retenue déterminée par l'article 3.

La même disposition est applicable aux fonctionnaires et employés attachés à l'administration de la dotation de la Couronne et rétribués sur les fonds de la liste civile.

Il en est de même des fonctionnaires et employés qui, sans cesser d'appartenir au cadre permanent d'une administration publique, et en conservant leurs droits à l'avancement hiérarchique, sont rétribués en tout ou en partie sur les fonds départementaux ou communaux, sur les fonds des compagnies concessionnaires, et même sur les remises et salaires payés par les particuliers.

ART. 5. — Le droit à la pension de retraite est acquis par ancienneté à soixante ans d'âge et après trente ans accomplis de services.

Il suffit de cinquante-cinq ans d'âge et vingt-cinq ans de services

employés des bureaux du Ministère de l'Instruction publique, la caisse des fonctionnaires et des principaux et régents des Collèges communaux, etc. — Voir aux *Documents annexes* les trois tableaux qui se rapportent aux articles 1er, 5 et 7.

pour les fonctionnaires qui ont passé quinze ans dans la partie active.

La partie active comprend les emplois et grades indiqués au tableau annexé à la présente loi sous le n° 2[1].

Aucun autre emploi ne peut être compris au service actif, ni assimilé à un emploi de ce service qu'en vertu d'une loi.

Est dispensé de la condition d'âge établie aux deux premiers paragraphes du présent article le titulaire qui est reconnu par le Ministre hors d'état de continuer ses fonctions.

ART. 6. — La pension est basée sur la moyenne des traitements et émoluments de toute nature soumis à retenues, dont l'ayant droit a joui pendant les six dernières années d'exercice.

Néanmoins, dans les cas prévus par l'article 4, la moyenne ne pourra excéder celle des traitements et émoluments dont le fonctionnaire aurait joui s'il eût été rétribué directement par l'État.

ART. 7. — La pension est réglée, pour chaque année de services civils, à un soixantième du traitement moyen.

Néanmoins, pour vingt-cinq ans de services entièrement rendus dans la partie active, elle est de la moitié du traitement moyen, avec accroissement, pour chaque année de services en sus, d'un cinquantième du traitement.

En aucun cas, elle ne peut excéder ni les trois quarts du traitement moyen, ni les maximum déterminés au tableau annexé à la présente loi sous le n° 3.

ART. 8. — Les services dans les armées de terre ou de mer concourent avec les services civils pour établir le droit à pension et seront comptés pour leur durée effective, pourvu toutefois que la durée des services civils soit au moins de douze ans dans la partie sédentaire, ou de dix ans dans la partie active.

Si les services militaires de terre ou de mer ont été déjà rémunérés par une pension, ils n'entrent pas dans le calcul de la liquidation. S'ils n'ont pas été rémunérés par une pension, la liquidation est opérée d'après le minimum attribué au grade par les tarifs annexés aux lois des 11 et 18 avril 1831.

ART. 9. — Les services des employés des préfectures et des sous-préfectures rétribués sur les fonds d'abonnement sont réunis, pour l'établissement du droit à pension et pour la liquidation, aux services rémunérés conformément aux dispositions de la présente loi,

1. Les emplois du service actif étaient ceux des douanes, des contributions indirectes et tabacs, des forêts de l'État et de la Couronne et des postes. La loi du 17 août 1876 a ajouté à la liste les membres de l'enseignement primaire.

pourvu que la durée de ces derniers services soit au moins de douze ans dans la partie sédentaire et de dix ans dans la partie active.

ART. 10. — Les services civils rendus hors d'Europe par les fonctionnaires et employés envoyés d'Europe par le Gouvernement français sont comptés pour moitié en sus de leur durée effective, sans toutefois que cette bonification puisse réduire de plus d'un cinquième le temps de service effectif exigé pour constituer le droit à pension.

Le supplément accordé à titre de traitement colonial n'entre pas dans le calcul du traitement moyen.

Après quinze années de services rendus hors d'Europe, la pension peut être liquidée à cinquante-cinq ans d'âge.

A l'égard des agents extérieurs du département des Affaires étrangères et des fonctionnaires de l'enseignement, le temps d'inactivité durant lequel ils ont été assujettis à la retenue est compté comme service effectif; mais il ne peut être admis dans la liquidation pour plus de cinq ans.

ART. 11. — Peuvent exceptionnellement obtenir pension, quels que soient leur âge et la durée de leur activité :

1° Les fonctionnaires et employés qui auront été mis hors d'état de continuer leur service, soit par suite d'un acte de dévouement dans un intérêt public, ou en exposant leurs jours pour sauver la vie d'un de leurs concitoyens, soit par suite de lutte ou combat soutenu dans l'exercice de leurs fonctions;

2° Ceux qu'un accident grave, résultant notoirement de l'exercice de leurs fonctions, met dans l'impossibilité de les continuer.

Peuvent également obtenir pension, s'ils comptent cinquante ans d'âge et vingt ans de service dans la partie sédentaire, ou quarante-cinq ans d'âge et quinze ans de service dans la partie active, ceux que des infirmités graves, résultant de l'exercice de leurs fonctions, mettent dans l'impossibilité de les continuer, ou dont l'emploi aura été supprimé.

Peuvent aussi obtenir pension les magistrats mis à la retraite en vertu du décret du 1er mars 1852, qui remplissent la condition de services indiquée dans le paragraphe qui précède.

ART. 12. — Dans les cas prévus par le paragraphe 1° de l'article précédent, la pension est de la moitié du dernier traitement, sans pouvoir excéder les maximum déterminés au tableau n° 3.

Dans le cas prévu par le paragraphe 2°, la pension est liquidée, suivant que l'ayant droit appartient à la partie sédentaire ou à la partie active, à raison d'un soixantième ou d'un cinquantième du dernier traitement pour chaque année de service civil ; elle ne peut être inférieure au sixième dudit traitement.

Dans les cas prévus par les deux derniers paragraphes de l'article précédent, la pension est également liquidée à raison d'un soixantième ou d'un cinquantième du traitement moyen pour chaque année de service civil.

ART. 13. — A droit à pension la veuve du fonctionnaire qui a obtenu une pension de retraite en vertu de la présente loi, ou qui a accompli la durée de service exigée par l'article 5, pourvu que le mariage ait été contracté six ans avant la cessation des fonctions du mari.

La pension de la veuve est du tiers de celle que le mari avait obtenue ou à laquelle il aurait eu droit. Elle ne peut être inférieure à 100 francs, sans toutefois excéder celle que le mari aurait obtenue ou pu obtenir.

Le droit à pension n'existe pas pour la veuve dans le cas de séparation de corps prononcée sur la demande du mari.

ART. 14. — Ont droit à pension :

1° La veuve du fonctionnaire ou employé qui, dans l'exercice ou à l'occasion de ses fonctions, a perdu la vie dans un naufrage ou dans un des cas spécifiés au paragraphe 1° de l'article 11, soit immédiatement, soit par suite de l'événement;

2° La veuve dont le mari aura perdu la vie par un des accidents prévus au paragraphe 2° de l'article 11, ou par suite de cet accident.

Dans le premier cas, la pension est des deux tiers de celle que le mari aurait obtenue ou pu obtenir par application de l'article 12 (premier paragraphe).

Dans le second cas, la pension est du tiers de celle que le mari aurait obtenue, ou pu obtenir en vertu dudit article (deuxième paragraphe).

Dans les cas spécifiés au présent article, il suffit que le mariage ait été contracté antérieurement à l'événement qui a amené la mort ou la mise à la retraite du mari.

ART. 15. — Dans le cas où un employé, ayant servi alternativement dans la partie active et dans la partie sédentaire, décède avant d'avoir accompli les trente années de service exigées pour constituer le droit à pension de sa veuve, un cinquième de son temps de service dans la partie active est ajouté fictivement en sus du service effectif pour compléter les trente années nécessaires. La liquidation ne s'opère, néanmoins, que sur la durée effective des services.

ART. 16. — L'orphelin ou les orphelins mineurs d'un fonctionnaire ou employé ayant obtenu sa pension, ou ayant accompli la durée de services exigée par l'article 5 de la présente loi, ou ayant perdu la vie dans un des cas prévus par les paragraphes 1° et 2° de l'article 14, ont droit à un secours annuel, lorsque la mère est ou décédée, ou inhabile à recueillir la pension, ou déchue de ses droits.

Ce secours est, quel que soit le nombre des enfants, égal à la pension que la mère aurait obtenue ou pu obtenir, conformément aux articles 13, 14 et 15. Il est partagé entre eux par égales portions, et payé jusqu'à ce que le plus jeune des enfants ait atteint l'âge de vingt et un ans accomplis, la part de ceux qui décéderaient ou celle des majeurs faisant retour aux mineurs.

S'il existe une veuve et un ou plusieurs orphelins mineurs provenant d'un mariage antérieur du fonctionnaire, il est prélevé sur la pension de la veuve, et sauf réversibilité en sa faveur, un quart au profit de l'orphelin du premier lit, s'il n'en existe qu'un en âge de minorité, et la moitié s'il en existe plusieurs.

ART. 17. — Les pensions et secours annuels, qui seront accordés conformément aux dispositions du présent titre, sont inscrits au Grand-Livre de la dette publique.

TITRE III.

Dispositions transitoires applicables aux fonctionnaires et employés en exercice au 1er janvier 1854.

ART. 18. — Les fonctionnaires et employés en exercice au 1er janvier 1854 sont soumis aux retenues déterminées par l'article 3, et sont retraités d'après les règles ci-après :

Ceux qui étaient tributaires de caisses de retraites supprimées et ceux qui obtenaient pension sur fonds généraux sont liquidés dans les proportions et aux conditions réglées par la présente loi pour leurs services postérieurs au 1er janvier 1854, et, pour les services antérieurs, conformément, soit aux règlements spéciaux, soit aux loi et décret des 22 août 1790 et 13 septembre 1806, qui régissaient respectivement leur situation, sans que les maximum déterminés par la présente loi puissent être dépassés.

Toutefois les pensions des fonctionnaires et employés qui, au 1er janvier 1854, auront accompli la durée de service exigée par les règlements spéciaux, loi et décret précités, sont liquidées conformément à ces règlements, loi ou décret.

Les magistrats, nommés avant le 1er janvier 1854 et mis à la retraite en vertu du décret du 1er mars 1852, auront droit à pension après quinze ans de services.

Les fonctionnaires et employés qui, antérieurement, ne subissaient pas de retenues et n'étaient pas placés sous le régime des loi et décret des 22 août 1790 et 13 septembre 1806, sont admis à faire valoir la totalité de leurs services admissibles pour constituer leur droit à pension; toutefois, cette pension n'est liquidée que pour le temps pendant lequel ces fonctionnaires auront subi la retenue, et n'est réglée qu'à raison d'un cent vingtième du traitement moyen par chaque année de services civils; mais le montant de la pension ainsi fixé est alors augmenté d'un trentième pour chacune des années liquidées; cette base exceptionnelle cesse lorsque le titulaire se trouve dans les conditions voulues par l'article 5.

TITRE IV.

Dispositions d'ordre et de comptabilité.

ART. 19. — Aucune pension n'est liquidée qu'autant que le fonctionnaire aura été préalablement admis à faire valoir ses droits à la retraite par le Ministre au département duquel il ressortit.

ART. 20. — Il ne peut être concédé annuellement de pension, en vertu de la présente loi, que dans la limite des extinctions réalisées sur les pensions inscrites. Dans le cas, toutefois, où cette limite devrait être dépassée par suite de l'accroissement de liquidations auquel donneront lieu les nouvelles catégories de fonctionnaires soumis à la retenue et appelés à la pension par l'article 3, l'augmentation de crédit nécessaire sera l'objet d'une loi spéciale.

ART. 21. — Il sera rendu compte annuellement, lors de la présentation de la loi du budget, des pensions de retraite concédées et inscrites en vertu de la présente loi, en distinguant les charges antérieures et celles postérieures au 1er janvier 1854.

ART. 22. — Toute demande de pension est adressée au Ministre du département auquel appartient le fonctionnaire. Cette demande doit, à peine de déchéance, être présentée avec les pièces à l'appui dans le délai de cinq ans à partir de la promulgation de la présente loi, pour les droits ouverts antérieurement, et, pour les droits qui s'ouvriront postérieurement, à partir, savoir : pour le titulaire, du jour où il aura été admis à faire valoir ses droits à la retraite, ou du jour de la cessation de ses fonctions, s'il a été autorisé à les continuer après cette admission, et, pour la veuve, du jour du décès du fonctionnaire.

Les demandes de secours annuels pour les orphelins doivent être présentées dans le même délai, à partir de la promulgation de la présente loi, ou du jour du décès de leur père ou de celui de leur mère.

ART. 23. — Les pensions sont liquidées d'après la durée des services, en négligeant sur le résultat final du décompte les fractions de mois et de franc.

Les services civils ne sont comptés que de la date du premier traitement d'activité et à partir de l'âge de vingt ans accomplis. Le temps de surnumérariat n'est compté dans aucun cas.

ART. 24. — La liquidation est faite par le Ministre compétent, qui la soumet à l'examen du Conseil d'État avec l'avis du Ministre des Finances.

Le décret de concession est rendu sur la proposition du Ministre compétent. Il est contresigné par lui et par le Ministre des Finances.

Il est inséré au *Bulletin des Lois.*

ART. 25. — La jouissance de la pension commence du jour de la cessation du traitement, ou du lendemain du décès du fonctionnaire; celle du secours annuel, du lendemain du décès du fonctionnaire ou du décès de la veuve.

Il ne peut, en aucun cas, y avoir lieu au rappel de plus de trois années d'arrérages antérieures à la date de l'insertion, au *Bulletin des Lois*, du décret de concession.

ART. 26. — Les pensions sont incessibles. Aucune saisie ou retenue ne peut être opérée du vivant du pensionnaire, que jusqu'à concurrence d'un cinquième pour débet envers l'État, ou pour des créances privilégiées, aux termes de l'article 2101 du Code Napoléon, et d'un tiers dans les circonstances prévues par les articles 203, 205, 206, 207 et 214 du même Code.

ART. 27. — Tout fonctionnaire ou employé démissionnaire, destitué, révoqué d'emploi, perd ses droits à la pension. S'il est remis en activité, son premier service lui est compté.

Celui qui est constitué en déficit pour détournement de deniers ou de matières, ou convaincu de malversations, perd ses droits à la pension, lors même qu'elle aurait été liquidée ou inscrite.

La même disposition est applicable au fonctionnaire convaincu de s'être démis de son emploi à prix d'argent, et à celui qui aura été condamné à une peine afflictive ou infamante. Dans ce dernier cas, s'il y a réhabilitation, les droits à la pension seront rétablis.

ART. 28. — Lorsqu'un pensionnaire est remis en activité dans le même service, le payement de sa pension est suspendu.

Lorsqu'il est remis en activité dans un service différent, il ne peut cumuler sa pension et son traitement que jusqu'à concurrence de 1 500 francs.

Après la cessation de ses fonctions, il peut rentrer en jouissance de son ancienne pension, ou obtenir, s'il y a lieu, une nouvelle liquidation, basée sur la généralité de ses services.

ART. 29. — Le droit à l'obtention ou à la jouissance d'une pension est suspendu par les circonstances qui font perdre la qualité de Français durant la privation de cette qualité.

La liquidation ou le rétablissement de la pension ne peut donner lieu à aucun rappel pour les arrérages antérieurs.

TITRE V.

Dispositions applicables aux pensions de toute nature.

ART. 30. — Les pensions et secours annuels sont payés par trimestre; ils sont rayés des livres du Trésor après trois ans de non-réclamation, sans que leur rétablissement donne lieu à aucun rappel d'arrérages antérieurs à la réclamation.

La même déchéance est applicable aux héritiers ou ayants cause des pensionnaires qui n'auront pas produit la justification de leurs droits dans les trois ans qui suivront la date du décès de leur auteur.

ART. 31. — Le cumul de deux pensions est autorisé dans la limite de 6 000 francs, pourvu qu'il n'y ait pas double emploi dans les années de service présentées pour la liquidation.

La disposition qui précède n'est pas applicable aux pensions que des lois spéciales ont affranchies des prohibitions du cumul.

TITRE VI.

Dispositions spéciales.

ART. 32. — Les dispositions de la loi du 22 août 1790 et du décret du 13 septembre 1806 continueront à être appliquées :

Aux Ministres secrétaires d'État,

Aux Sous-Secrétaires d'État,

Aux membres du Conseil d'État,

Aux Préfets et Sous-Préfets.

ART. 33. — Lorsqu'un fonctionnaire aura passé d'un service sujet à retenue dans un service qui en est affranchi, ou réciproquement, la pension est liquidée d'après la loi qui régit son dernier service, à moins qu'il n'ait accompli dans le premier service les conditions d'âge et de durée de fonctions exigées.

Dans ce dernier cas, le fonctionnaire a le droit de choisir le mode de liquidation de sa pension.

ART. 34. — Les dispositions des articles 19, 22, 23, 24, 25, 26, 27, 28, 29, 30 et 31 de la présente loi sont applicables au fonctionnaire dont la pension est liquidée conformément à la loi du 22 août 1790 et au décret du 13 septembre 1806.

ART. 35. — Un règlement d'administration publique déterminera :

1° La portion des rétributions diverses qui peut être affranchie de la retenue mentionnée au paragraphe 1° de l'article 3.

2° La fixation des retenues mentionnées au paragraphe 3° du même article et des prélèvements autorisés sur les amendes et confiscations en matière de douanes, de contributions indirectes et de poste;

3° Les formes à suivre pour déclarer l'incapacité du fonctionnaire dans le cas prévu par le dernier paragraphe de l'article 5;

4° Les formes et les délais dans lesquels seront justifiées les causes, la nature et les suites des blessures ou infirmités pouvant donner droit à pension;

5° Le mode de constatation des circonstances de nature à ouvrir des droits aux veuves dans les cas prévus par les paragraphes 1° et 2° de l'article 14;

6° Les formes suivant lesquelles le fonctionnaire pourra être privé de sa pension dans les cas prévus par l'article 27;

7° Celles suivant lesquelles aura lieu, entre les divers départements ministériels, la répartition du crédit alloué chaque année pour le service des pensions.

Ce règlement déterminera en outre les autres mesures propres à assurer l'exécution de la présente loi.

ART. 36. — Sont abrogés la loi du 15 germinal An XI, l'arrêté du 15 floréal An XI, le premier paragraphe de l'article 27 de la loi du 25 mars 1817, le premier paragraphe de l'article 13 de la loi du 15 mai 1818, et l'article 31 de la loi du 19 mai 1849, ainsi que les dispositions des lois, décrets, ordonnances ou règlements qui seraient contraires à la présente loi.

Décision du Conseil d'État relative au refus d'approbation d'un projet de création d'une maison d'école.

7 juillet 1853.

7 Juillet 1853.

La décision, par laquelle le Ministre de l'Instruction publique refuse de donner suite au projet d'acquisition approuvé par le

Conseil municipal d'une maison d'école pour une commune, est-elle un acte purement administratif et non susceptible de recours par la voie contentieuse? Rés. aff.

Vu la requête sommaire et le mémoire ampliatif présenté pour la commune de Moutiers-sous-Chantemerle (Deux-Sèvres), représentée par son maire dûment autorisé à cet effet par la délibération du Conseil municipal en date du 10 août 1850, ladite requête et ledit mémoire enregistrés au secrétariat de la section du contentieux les 28 novembre 1851 et 30 avril 1852, et tendant à ce qu'il nous plaise annuler une décision du Ministre de l'Instruction publique et des Cultes, du 28 août 1851, qui a refusé de donner suite au projet d'acquisition d'une maison d'école, adopté par une délibération du Conseil municipal en date du 18 novembre 1849; ce faisant, dire que la commune sera autorisée à établir la maison d'école dans la maison pour ce désignée[1];

Vu la décision attaquée;

Vu les observations du Ministre de l'Instruction publique et des Cultes, en réponse à la communication qui lui a été donnée du pourvoi, lesdites observations enregistrées comme dessus le 7 août 1852, et tendant au rejet dudit pourvoi;

Vu le mémoire en réplique produit par la commune de Moutiers-sous-Chantemerle, qui déclare persister dans ses précédentes conclusions, ledit mémoire enregistré comme dessus le 9 février 1853;

Vu ensemble toutes les pièces produites et jointes au dossier;

Vu la loi du 18 juillet 1837;

Vu le décret du 25 mars 1852;

Considérant que la décision par laquelle le Ministre de l'Instruction publique a refusé de donner suite au projet d'acquisition d'une maison d'école adopté par délibération du Conseil municipal de la commune de Moutiers-sous-Chantemerle est un acte purement administratif qui n'est pas de nature à nous être déféré par la voie contentieuse :

ARTICLE 1er. — La requête de la commune de Moutiers-sous-Chantemerle est rejetée.....

1. Le Ministre de l'Instruction publique s'était fondé, dans l'espèce, sur ce que la maison que le Conseil municipal se proposait d'acquérir était placée dans un terrain insalubre, et sur ce que les dépenses d'appropriation de cette maison, ainsi que les frais de mutation, d'honoraires et de purge hypothécaire, imposeraient à la commune des charges considérables et hors de proportion avec ses ressources. En conséquence, le Ministre avait reconnu, conformément à l'avis du Préfet et aux vœux des principaux habitants de la commune, que le projet de construction d'une École, primitivement formé par cette commune, et qui présentait toutes les conditions dé-

Avis relatif à la présentation des instituteurs par les supérieurs des congrégations religieuses. 6 août 1853.

6 Août 1853.

Le Conseil, etc.,

Appelé à donner son avis à S. Exc. M. le Ministre de l'Instruction publique,

Sur la suite à donner à une demande de M. Guerbos, prêtre, directeur des frères de Saint-Viateur;

Vu les pièces qui lui ont été envoyées le 22 juillet dernier;

Vu l'article 4 du décret impérial du 3 messidor An XII (22 juin 1804);

Vu l'ordonnance royale du 29 avril 1828;

Vu l'ordonnance royale du 10 janvier 1830, rendue en la forme des règlements d'administration publique, portant autorisation de l'association charitable formée en faveur de l'instruction primaire par la société des frères de Saint-Viateur, constituée en association religieuse;

Vu les statuts de ladite association approuvée par ladite ordonnance et y annexés;

Vu les articles 5 et 31 de la loi du 15 mars 1850;

Vu l'avis du Conseil supérieur de l'instruction publique, en date du 15 mars 1851 [1], portant que l'association religieuse des frères de

sirables de salubrité, en même temps qu'il permettait d'importantes économies sur le projet d'acquisition, était le seul qui pût être définitivement approuvé. Par suite, le Ministre avait confirmé l'arrêté préfectoral contenant cette approbation.

1. Voici cet avis :

Le Conseil, etc.,

Ouï le rapport sur la question de savoir si l'association religieuse des frères de Saint-Viateur, reconnue pour un certain nombre de départements, a le droit de réclamer pour tout le territoire le bénéfice de l'article 31 de la loi du 15 mars 1850;

Vu la lettre du sieur Guerbos, prêtre, directeur des frères de Saint-Viateur, adressée à M. le Ministre de l'Instruction publique à la date du 19 septembre 1850, et par lui renvoyée au Conseil pour avoir son avis;

Vu l'article 31 de la loi du 15 mars 1850;

Considérant que l'article 31 précité donne aux supérieurs des associations religieuses reconnues comme établissements d'utilité publique le droit de présentation aux places d'instituteurs communaux vacantes;

Considérant que l'association des frères de Saint-Viateur établie à Vourles, département du Rhône, par ordonnance du 10 janvier 1830, comme établissement d'utilité publique, a été autorisée à desservir les Écoles communales du ressort de l'Académie de Lyon;

Considérant que, postérieurement à la promulgation de la loi de 1833 sur l'instruction primaire, l'association religieuse des frères de Saint-Viateur a donné des instituteurs communaux et privés à divers départements de l'est et du midi de la France;

Considérant qu'il résulte des lettres des Recteurs des Académies de Privas, de

Saint-Viateur, légalement et dûment reconnue comme établissement d'utilité publique, peut user du droit de présentation aux places d'instituteurs vacantes dans toute la France;

Vu l'avis du Conseil d'État, du 26 janvier 1853, portant[1] :

1° Qu'un décret nouveau est nécessaire pour conférer aux supérieurs des associations religieuses vouées à l'enseignement le droit de présentation en dehors des limites fixées par leur ordonnance d'autorisation;

2° Qu'un avis spécial du Ministre de l'Instruction publique n'est pas indispensable pour l'acceptation des dons et legs faits aux congrégations religieuses :

Sur la première question :

Attendu qu'en principe aucun établissement d'utilité publique ne

Besançon, d'Aurillac, de Guéret, de Rodez, de Saint-Flour, de Bourg, de Nîmes, de Montpellier, de Grenoble, de Montbrison, de Nevers, de Mâcon, d'Avignon, de Moulins et de Lyon, que les Écoles qui sont desservies par les frères de Saint-Viateur sont en général dans l'état le plus satisfaisant; qu'elles sont fréquentées par un grand nombre d'élèves et que les frères jouissent d'une considération méritée; que leur conduite et leur enseignement ont obtenu l'approbation des autorités locales et la confiance des pères de famille;

Est d'avis que l'association religieuse des frères de Saint-Viateur, reconnue comme établissement d'utilité publique, pourra user du droit de présentation aux places d'instituteurs communaux vacantes dans toute la France.

1. Voici cet avis :

La section de l'Intérieur, de l'Instruction publique et des Cultes a pris connaissance d'une lettre de M. le Ministre de l'Instruction publique et des Cultes, datée du 25 septembre 1852, demandant l'avis du Conseil d'État sur l'interprétation de l'article 31 de la loi du 15 mars 1850 et sur l'opportunité de consulter le Conseil supérieur de l'instruction publique au sujet des dons et legs faits aux congrégations religieuses;

Sur la première question :

Considérant que l'article 31 de la loi du 15 mars 1850, en accordant aux supérieurs des associations religieuses reconnues comme établissements d'utilité publique le droit de présentation aux places d'instituteurs communaux, ne change rien aux conditions d'existence de ces associations mêmes; qu'elle laisse subsister les dispositions spéciales qui les régissent, les limites dans lesquelles elles sont autorisées; et que, par conséquent, le droit de présentation ne peut s'exercer que dans les départements où ces associations sont autorisées comme établissements d'utilité publique;

Sur la seconde question :

Considérant que, par suite de la suppression de la Section permanente du Conseil supérieur de l'instruction publique, prononcée par le décret du 9 mars 1852, l'obligation de demander l'avis du Conseil supérieur pour l'acceptation des dons et legs faits aux congrégations religieuses pourrait occasionner des retards et porter un préjudice fâcheux aux intérêts desdites congrégations,

Est d'avis :

1° Qu'un décret nouveau est nécessaire pour conférer aux supérieurs des associations religieuses vouées à l'enseignement le droit de présentation en dehors des limites fixées par leur ordonnance d'autorisation;

2° Que l'avis du Conseil supérieur de l'instruction publique n'est pas indispensable pour l'acceptation des dons et legs faits aux congrégations religieuses.

peut être fondé en France sans l'intervention de l'État, parce que, d'une part, il n'appartient qu'aux pouvoirs publics de déclarer et de constater l'utilité publique, et, de l'autre, qu'ils sont seuls capables, après l'avoir reconnue, d'apprécier la convenance et la légalité des moyens que l'on se propose d'employer;

Attendu que, sous l'ancienne législation française, maintenue en ce point par la législation nouvelle, et notamment par les lois des 2 janvier 1817 et 24 janvier 1825, les associations religieuses doivent être autorisées par une loi; que sous l'empire de cette dernière législation, il a été fait dans l'application de cette règle une distinction commandée par la nature et le but spécial de certaines associations;

Qu'en effet, vers le 18 brumaire, les associations furent réparties en deux classes : celles qui pouvaient être considérées comme des établissements de charité et celles qui étaient de véritables institutions monastiques;

Que, dans la pratique, les congrégations de femmes qui se consacraient au soulagement de l'humanité souffrante, ou qui donnaient gratuitement l'éducation aux enfants pauvres, furent d'abord tolérées, ensuite encouragées, jusqu'à ce qu'un décret impérial du 3 messidor An XII (22 juin 1804), en ordonnant la dissolution de plusieurs congrégations ou associations religieuses, prescrivît qu'à l'avenir aucune agrégation ou association d'hommes ou de femmes ne pourrait se former à moins qu'elle ne fût autorisée par un décret impérial sur le vu de ses statuts et règlements;

Qu'en effet, sous cette apparence prohibitive, la puissance publique ouvrit une voie solennelle et plus abrégée à l'autorisation des associations charitables;

Que l'on trouve, en effet, du 30 juillet 1804 au 11 décembre 1813, dans le *Bulletin des Lois*, 95 décrets impériaux rendus en exécution de l'article 4 du décret du 3 messidor An XII, contenant brevets d'institution des diverses associations religieuses de femmes avec approbation de leurs statuts, lesdits décrets rendus en la forme des règlements d'administration publique;

Que cette distinction a été appliquée aux congrégations d'hommes, et qu'il a été reconnu que les associations charitables vouées à l'enseignement sous forme d'associations religieuses et destinées à former des instituteurs primaires, ne pouvaient être soumises aux mêmes formes d'autorisation que les associations religieuses vouées à un autre ordre d'enseignement ou se proposant un autre but, mais devaient continuer à être autorisées en la forme prescrite par le décret du 3 messidor An XII;

Attendu que c'est ce qui résulte des dispositions de l'article 10 de l'ordonnance royale du 21 avril 1828, qui établissent que les frères des Écoles chrétiennes et les membres de toute association charitable légalement autorisés pour former ou pour fournir des instituteurs primaires recevront du Recteur un brevet de capacité sur le vu de l'obédience délivrée par le supérieur de l'association, conformément à ce qui est prescrit par les ordonnances du 1er mai 1822, du 11 juin, du 17 septembre et du 3 décembre 1823, et que le Recteur délivrera pareillement à chaque frère l'autorisation d'exercer dans le cas prévu par l'article 12 de l'ordonnance du 8 avril 1824;

Attendu que la loi du 28 juin 1833 admet que, par son article 4, tout individu réunissant les conditions d'âge, de capacité et de moralité, peut diriger une École primaire sans exception et sans réserver l'exercice de ce droit aux individus qui seraient engagés dans les associations charitables et religieuses vouées à l'instruction primaire;

Que c'est dans le but de les y appeler directement que l'article 31 de la loi du 15 mars 1850 a investi les supérieurs des associations religieuses vouées à l'enseignement et autorisées par la loi ou reconnues comme établissements d'utilité publique, du droit de présentation aux places d'instituteurs communaux vacantes;

Que ce droit est accordé sans restriction à tous les supérieurs des associations religieuses reconnues comme établissements d'utilité publique; que les conditions de l'ordonnance d'autorisation, qui leur assigne une circonscription, ont été levées par la loi de 1850, dont l'esprit est évidemment de confier, partout où les circonstances et les convenances locales le permettent, l'éducation et l'instruction primaire à des maîtres éminemment religieux;

Qu'en cet état, rien ne s'oppose à ce que le Conseil impérial persiste dans son premier avis;

Sur la seconde question :

Attendu que les établissements d'utilité publique sont placés par la loi sous la tutelle du Gouvernement; qu'ils ne peuvent acquérir, posséder ni recevoir sans une autorisation spéciale;

Que cette disposition n'est pas établie dans leur intérêt propre, mais dans l'intérêt de la société qui doit veiller à ce que des libéralités excessives ne fassent point sortir des communes un trop grand nombre de propriétés, et à ce que des conditions contraires à l'ordre public et aux bonnes mœurs n'y soient point attachées;

Que dans un intérêt spécial, celui de l'instruction publique, il est nécessaire que les autorisations qui devront être accordées, le cas échéant, à des associations religieuses vouées à l'enseignement, légalement reconnues comme établissements d'utilité publique, soient accordées sur la proposition du Ministre de l'Instruction publique;

Attendu que, l'organisation de l'instruction publique étant changée, l'article 4 de l'ordonnance royale du 10 janvier 1830 doit être considéré comme non avenu,

Est d'avis :

1° Que les supérieurs des associations religieuses vouées à l'enseignement et reconnues comme établissements d'utilité publique peuvent user, aux termes de l'article 31 de la loi du 15 mars 1850, du droit de présentation aux places d'instituteurs communaux vacantes dans tout l'Empire[1];

2° Que l'autorisation nécessaire aux associations religieuses vouées à l'enseignement pour accepter les dons et legs qui pourraient leur être faits, doit être accordée par S. M. l'Empereur sur la proposition de S. Exc. M. le Ministre de l'Instruction publique.

Avis relatif à la présentation des instituteurs par les supérieurs des congrégations.

9 août 1853.

9 Août 1853.

Le Conseil, etc.,

Vu l'article 5 de la loi du 15 mars 1850;

Consulté par S. Exc. le Ministre de l'Instruction publique sur la question de savoir si la loi du 15 mars 1850 n'a pas imprimé le caractère d'association religieuse à l'institut des frères des Écoles chrétiennes, et si l'application pourrait lui être faite en conséquence de l'article 4 de l'ordonnance royale du 14 janvier 1831;

Attendu que la loi du 15 mars 1850, en conférant aux supérieurs des associations religieuses vouées à l'enseignement et reconnues comme établissements d'utilité publique le droit de présenter des candidats aux places vacantes d'instituteurs communaux, n'a rien innové quant à leur état légal, ni aux effets de la reconnaissance qu'ils ont obtenue, et qu'elles continuent à être des associations charitables sous forme religieuse reconnues comme établissements d'utilité publique, et sont comme telles soumises, en tant que per-

1. C'est la doctrine du Conseil d'État, établie dans l'avis du 26 *janvier* 1853 (page 534, note 1), qui a prévalu, ainsi que le constate le décret du 3 *mars* 1853. (Voir ci-dessus, page 518.)

sonnes civiles, à la tutelle de la puissance juridique, ainsi que tous les autres établissements d'utilité publique;

Que l'institut des frères des Écoles chrétiennes ne fait point exception à cette règle;

Que, s'ils ont été reconnus par la loi, ils l'ont été comme associations charitables et aux conditions et dans les limites établies dans l'acte de leur autorisation;

Qu'en cet état, l'ordonnance royale du 14 janvier 1831, qui n'est applicable qu'aux établissements ecclésiastiques et aux congrégations religieuses de femmes, n'est pas applicable à l'institut des frères des Écoles chrétiennes, et que la prohibition portée en l'article 4 de la loi ne saurait les atteindre,

Par ces motifs :

Est d'avis que la loi du 15 mars 1850 a laissé à l'institut des frères de la Doctrine chrétienne un même et semblable état légal et dans les mêmes conditions civiles qu'il était avant la promulgation de ladite loi, et qu'il demeure, depuis la promulgation de cette loi, comme avant, à l'état d'association charitable vouée à l'enseignement sous forme religieuse.

---

10 août 1853.

Avis relatif au caractère de l'enseignement professionnel.

10 Août 1853.

Le Conseil, etc.,

Vu la demande formée le 13 mai dernier par le sieur Cantagrel, instituteur primaire à Montpellier, à l'effet d'être autorisé à enseigner dans son École plusieurs matières non comprises dans l'article 22 de la loi du 15 mars 1850, telles que l'algèbre, la géométrie descriptive, les langues vivantes et l'enseignement professionnel donné dans l'atelier et le laboratoire;

Vu l'avis du Recteur de l'Académie de l'Hérault, en date du 18 du même mois;

Vu les articles 23, 60 et 62 de la loi du 15 mars 1850;

Attendu, d'une part, que les matières que peut comprendre l'enseignement primaire sont déterminées et limitées d'une manière précise par l'article 23;

Attendu, d'autre part, que les matières que se propose d'enseigner le sieur Cantagrel, et notamment l'enseignement professionnel, sont expressément attribués aux établissements d'instruction secondaire par l'article 62, et que le paragraphe 3 dudit article dispose que le Ministre de l'Instruction publique, sur l'avis du Conseil impérial, nomme des jurys spéciaux d'examen pour l'enseignement professionnel;

Considérant qu'autoriser dans une École primaire l'enseignement de quelques-unes des matières réservées aux établissements d'instruction secondaire, ce serait détruire les garanties dont la loi a voulu entourer les Écoles de chacun des deux degrés d'enseignement, en exigeant de leur chef des conditions différentes d'instruction et de capacité,

Est d'avis :

1° Qu'il n'y a pas lieu d'accorder au sieur Cantagrel, instituteur primaire, l'autorisation qu'il sollicite;

2° Que, pour être en mesure d'enseigner légalement toutes les matières indiquées au programme de l'École projetée, le candidat devrait remplir les conditions exigées des chefs des établissements libres d'instruction secondaire, et conséquemment justifier soit du diplôme de bachelier, soit d'un brevet de capacité délivré par un jury d'examen dans la forme prescrite par l'article 62 de la loi du 15 mars 1850;

3° Qu'il y a lieu, pour donner satisfaction au besoin que signale la demande dont il s'agit, d'inviter M. le Ministre à pourvoir dans un prochain délai à l'institution, dans le département de l'Hérault, d'un jury.

Circulaire du Ministre de l'Instruction publique, relative à la valeur de l'engagement décennal contracté par les élèves-maîtres des Écoles normales primaires. 3 octobre 1853.

3 Octobre 1853.

Monsieur le Recteur, les circulaires des 18 décembre 1850, 22 octobre 1851 et 18 septembre 1852[1] vous ont fait connaître toutes les mesures qu'il convient de prendre pour assurer l'application de l'article 79 de la loi du 15 mars 1850, relatif à la dispense du service militaire.

Malgré les recommandations qui ont été adressées à cet égard, il est arrivé plusieurs fois que des élèves-maîtres d'Écoles normales primaires, se méprenant sur la valeur de l'engagement souscrit par eux à leur entrée dans l'établissement, ont négligé de contracter l'engagement prescrit par l'article 79 précité, avant l'époque fixée officiellement pour le tirage au sort de la classe dont ils faisaient partie. Cette erreur a eu pour eux les plus fâcheuses conséquences, attendu que, faute de s'être conformés à la loi, et quelque intéressante

1. Voir les circulaires des 22 *octobre* 1851, 18 *septembre* 1852, 27 *janvier* 1854 (*Circulaires et Instructions officielles, etc.*, Tome IV, pages 212, 284 et 395). — Consulter également la circulaire du 18 *décembre* 1850, ci-dessus, page 399.

que fût leur position, ils se sont trouvés de fait remis à la disposition de l'autorité militaire et qu'ils ont ainsi perdu tout le fruit de leurs études.

Je ne saurais trop insister auprès de vous, Monsieur le Recteur, sur l'absolue nécessité de prévenir, chaque année, les élèves des Écoles normales que l'engagement qu'ils contractent, lors de leur admission, ne suffit pas pour leur donner le droit à la dispense; que cet acte n'a d'autre effet que de les lier envers l'Université, et qu'il est indispensable qu'ils souscrivent, dans l'année qui précède le tirage au sort, un engagement spécial, lequel seul peut les soustraire aux obligations résultant de la loi sur le recrutement de l'armée.

Je compte entièrement sur votre sollicitude pour rappeler ces dispositions aux directeurs des Écoles normales, et pour veiller à ce qu'elles soient très exactement observées.

Recevez, etc.

Le Ministre de la Marine, chargé par intérim
du Ministère de l'Instruction publique,
Signé : TH. DUCOS.

---

15 octobre 1853. **Circulaire du Ministre de l'Instruction publique, relative au droit d'interrogation des ministres des divers cultes dans les examens du brevet de capacité pour l'instruction primaire.**

15 Octobre 1853.

Monsieur le Recteur, il s'est élevé, à l'occasion de l'exécution de l'article 46 de la loi du 15 mars 1850 sur l'enseignement, la question de savoir si les ministres des divers cultes, qui sont, comme tels, membres de la Commission d'examen, ont le droit d'interroger les candidats sur toutes les matières, ou si leur mission se borne exclusivement à interroger, sur l'instruction religieuse, les personnes de leur communion.

Ces ministres siègent dans la Commission au même titre que les autres membres; ils peuvent donc examiner les aspirants indistinctement sur toutes les matières, sauf l'instruction religieuse, pour laquelle leur droit est limité, par l'article 2 du règlement du 15 février dernier, aux candidats de leur culte.

Cette situation ne présente pas d'inconvénient, attendu que le président de la Commission, qui a la police de la séance, et auquel il appartient de régler l'ordre des épreuves, est libre, suivant les circonstances, de classer les candidats par séries et de donner la parole à tel ou tel examinateur, de manière à assurer, en tout état de cause, l'impartiale et consciencieuse direction des opérations (art. 7 et 10 du règlement).

Recevez, etc.

Signé : H. FORTOUL.

Décret réglant l'exécution de la loi du 9 juin 1853 sur les pensions civiles[1]. 9 nov. 1853.

9 Novembre 1853.

NAPOLÉON, par la grâce de Dieu et la volonté nationale, Empereur des Français, à tous présents et à venir, salut.

Sur le rapport de notre Ministre secrétaire d'État au département des Finances;

Vu la loi du 9 juin 1853;

Notre Conseil d'État entendu,

Avons décrété et décrétons ce qui suit :

TITRE Ier.

Suppression des caisses de retraite et inscription des pensions au Grand-Livre de la dette publique.

ARTICLE 1er. — A partir du 1er janvier 1854, la Caisse des dépôts et consignations cessera d'être chargée du service des pensions imputées sur les caisses de retraite, supprimées par l'article 1er de la loi du 9 juin 1853.

Elle continuera, néanmoins, jusqu'au 1er mai 1854, à effectuer le payement des arrérages et décomptes d'arrérages afférents à l'année 1853 et années antérieures, et elle fera également recette des retenues portant sur lesdites années.

A partir du 1er mai 1854, les arrérages antérieurs au 1er janvier de ladite année seront, jusqu'au terme de prescription, payés aux caisses du Trésor public par imputation sur le crédit spécial de dépenses affecté chaque année au service des pensions civiles. Les retenues arriérées, dévolues aux caisses de retraites supprimées, ou provenant de leur liquidation, seront portées au chapitre spécial qui sera ouvert au budget des recettes de l'année courante, sous le titre désigné à l'article 5.

La Caisse des dépôts et consignations arrêtera, au 1er juillet 1854, la situation des caisses de retraite supprimées, et versera au Trésor leur solde en numéraire et leurs autres valeurs actives.

Les inscriptions de rentes appartenant à ces caisses seront annulées.

1. Consulter, pour l'application de la loi du 9 *juin* et du décret du 9 *novembre* 1853, l'instruction du 24 *décembre* 1853. (*Circulaires et Instructions officielles, etc.*, Tome IV, page 368.)

Un procès-verbal de clôture et de remise du service sera dressé contradictoirement entre un délégué du Ministre des Finances, le directeur général de la Caisse des dépôts et consignations et un membre de la Commission de surveillance placé près de cet établissement, désigné par elle à cet effet.

ART. 2. — L'inscription au Grand-Livre de la dette publique des pensions existantes, au 1er janvier 1854, à la charge des caisses de retraites supprimées, aura lieu d'après des états certifiés et transmis au Ministre des Finances par les Ministres des divers départements. Ces états, conformes au modèle nº 1[1], énonceront, pour chaque pension, la date, la nature et les motifs de l'acte qui l'aura constituée. Ils seront divisés en deux catégories :

1º Pensions liquidées et en cours de payement;

2º Pensions liquidées, mais dont le payement sera suspendu pour cause de remplacement des titulaires, ou pour tout autre motif.

Des états dressés dans la même forme seront successivement transmis pour l'inscription des pensions en cours de liquidation au 1er janvier 1854.

ART. 3. — Les titulaires des pensions de retraite inscrites au Grand-Livre de la dette publique, en exécution de l'article 2 de la loi du 9 juin 1853, recevront, à l'échéance du premier trimestre 1854, en échange de l'ancien titre, un certificat d'inscription au Trésor, délivré par le Ministère des Finances.

ART. 4. — Le payement de ces pensions aura lieu aux échéances des 1er janvier, 1er avril, 1er juillet et 1er octobre, et sera fait par les payeurs du Trésor, sur les justifications, dans les formes et sous les garanties déterminées pour les pensions inscrites sur les fonds généraux de l'État.

A partir du 1er janvier 1854,

Les pensions civiles concédées en vertu de la loi du 22 août 1790 et du décret du 13 septembre 1806,

Les pensions ecclésiastiques,

Les pensions de veuves de militaires et les pensions de donataires cesseront d'être payées par semestre, et seront acquittées par trimestre aux échéances susindiquées.

Il en sera de même des pensions des douanes précédemment payées par mois par les receveurs principaux de cette administration.

1. Voir ce modèle et les suivants au *Bulletin des Lois*, XIe Série, Tome II, nº 104, page 897.

TITRE II.

Perception des retenues.

ART. 5. — Les traitements ou allocations passibles de retenues, qui sont acquittés par les comptables du Trésor, sont portés *pour le brut* dans les ordonnances et mandats, et il y est fait mention spéciale des retenues à exercer pour pension.

Les comptables chargés du payement de ces ordonnances ou mandats les imputent en dépense pour leur montant intégral, et ils constatent en recette les retenues opérées au crédit du budget de chaque exercice et à un compte distinct intitulé : *Retenues sur traitements pour le service des pensions civiles.*

ART. 6. — Les traitements des fonctionnaires des services qui ont une comptabilité spéciale, tels que l'administration de la dotation de la Couronne, la Légion d'honneur, les chancelleries consulaires, les caisses d'amortissement et des dépôts et consignations ou autres, sont portés *pour le brut* dans des mandats délivrés sur les caisses particulières chargées de l'acquittement des dépenses de ces services, et il y est fait mention spéciale des retenues à exercer.

Les décomptes et retenues sont établis sur les états mensuels de traitement. Un bordereau récapitulatif de ces retenues, visé par l'ordonnateur, est remis par lui, comme titre de perception, au receveur des finances, à qui il en fait en même temps verser le montant. Un duplicata de ce bordereau récapitulatif est adressé, par l'ordonnateur de chaque service, au Ministre des Finances.

Les règles établies par le présent article, en ce qui concerne les bordereaux fournis par les ordonnateurs comme titres de perception, ne sont pas applicables aux retenues sur les émoluments des receveurs de communes et d'établissements de bienfaisance, lesquelles doivent être soumises aux dispositions spéciales de l'article 20.

ART. 7. — Les retenues afférentes aux traitements, tant fixes qu'éventuels, des fonctionnaires des Lycées, sont précomptées chaque mois ou chaque trimestre, à l'instant du payement, par l'économe, et par lui versées à la caisse du receveur des finances.

A l'appui de chaque versement et comme titre de perception, l'économe fournit au receveur une expédition des états de traitement, certifiée par le proviseur et visée par le Recteur.

ART. 8. — Les retenues à exercer sur les traitements des fonctionnaires des Écoles secondaires de médecine et de pharmacie et des Colléges communaux en régie, au compte des villes, sont précomptées de la même manière par le receveur municipal et par lui versées dans la caisse du receveur des finances, auquel il remet, comme titre de perception, une expédition des états de traitement, certifiée par le directeur de l'École ou par le principal et visée par le Recteur.

ART. 9. — A l'égard des Colléges communaux où le pensionnat est au compte des principaux, le montant des retenues est précompté par le receveur municipal sur les différents termes de la subvention allouée par la ville à l'établissement. A cet effet, le principal remet au receveur, chaque mois ou chaque trimestre, selon que les traitements sont acquittés mensuellement ou trimestriellement, un état des traitements dressé en double expédition, certifié par lui et visé par le Recteur. Le traitement attribué au principal, pour le décompte de la retenue qu'il doit subir, sera calculé sur le traitement du régent le mieux rétribué, augmenté d'un quart.

Une des deux expéditions est produite par le receveur municipal au receveur des finances, pour justifier le versement des retenues.

Dans les Colléges auxquels la ville n'alloue pas de subvention, les retenues sont précomptées par le principal et versées directement par lui dans la caisse du receveur des finances, à qui il remet une expédition de l'état des traitements, certifiée comme il a été dit ci-dessus.

ART. 10. — Les retenues acquises au Trésor sur le traitement des instituteurs communaux, quelle que soit l'origine des rétributions dont ce traitement se compose, sont prélevées par le receveur municipal lors du payement, lequel a lieu sur la production de mandats délivrés par le maire et indiquant le montant brut des rétributions, les retenues à exercer et le net à payer.

Lorsque l'instituteur est autorisé à percevoir lui-même la rétribution scolaire, conformément au deuxième paragraphe de l'article 41 de la loi du 15 mars 1850, il remet le vingtième de cette rétribution au receveur municipal, qui le verse, avec les autres retenues acquises au Trésor, dans la caisse du receveur des finances.

A l'appui des versements effectués, le receveur municipal produit des copies des mandats de payement, et, en outre, lorsque la rétribution scolaire a été perçue par l'instituteur, une copie du rôle de rétribution.

ART. 11. — Indépendamment des pièces mentionnées à l'article précédent, le receveur municipal adresse tous les trois mois au receveur des finances, pour être transmis au Sous-Préfet, un bordereau récapitulatif des sommes recouvrées dans le cours du trimestre, pour traitement de l'instituteur, et des retenues dont elles ont été frappées au profit du Trésor.

Le Sous-Préfet, après avoir, de concert avec l'Inspecteur des Écoles primaires, opéré le rapprochement de l'état des mutations du personnel avec les bordereaux remis par le receveur des finances, arrête et transmet au Préfet, en double expédition, un tableau général des traitements et rétributions de toute nature afférents aux instituteurs communaux de l'arrondissement, et des retenues qui ont été exercées sur ces traitements et rétributions pendant le trimestre écoulé.

Ce tableau est vérifié par le Préfet, qui en adresse une expédition, visée de lui, au Ministre de l'Instruction publique et des Cultes.

ART. 12. — Tous les trois mois, le Ministre de l'Instruction publique fait parvenir au Ministre des Finances un état récapitulatif, par catégorie de fonctionnaires, des retenues acquises au Trésor pour tous les services de l'instruction publique.

Cet état indique le total brut des traitements qui ont été payés et le montant des retenues qui ont dû être précomptées par les payeurs ou versées dans les caisses des receveurs des finances.

En ce qui concerne les instituteurs communaux, cette production n'a lieu que tous les six mois. L'état est dressé par arrondissement.

ART. 13. — Les fonctionnaires et employés rétribués sur d'autres fonds que ceux de l'État, qui ont néanmoins droit à pension conformément au dernier paragraphe de l'article 4 de la loi du 9 juin 1853, supportent la retenue sur l'intégralité de leurs rétributions.

Ceux qui sont placés en France et en Algérie doivent effectuer le versement de cette retenue, par trimestre et dans les premiers jours du trimestre qui suit le trimestre échu, à la caisse du receveur des finances; ils transmettent la déclaration de ce versement au Ministre du département auquel ils ressortissent. Ceux qui résident à l'étranger sont tenus de faire acquitter, pour leur compte, les retenues qui les concernent, et de faire faire en même temps la déclaration ci-dessus prescrite : ils sont autorisés à faire un seul versement par année.

Les Ministres transmettent chaque trimestre au Ministre des Finances des états nominatifs par département desdits fonctionnaires et employés; ces états, indiquant le traitement applicable à chaque agent et la retenue à exercer, sont transmis, comme titres de perception à recouvrer, aux receveurs des finances.

ART. 14. — Pour les services tels que celui des haras, dans lesquels les traitements et salaires sont, comme les autres dépenses, payés par les comptables à titre d'avance et sauf justification ultérieure, l'ordonnancement des retenues a lieu tous les trois mois, au profit du Trésor, par l'administration centrale.

La vérification et la liquidation définitive des décomptes de retenues perçues sur les agents des chancelleries diplomatiques et consulaires sont faites par le Ministère des Affaires étrangères, lors du règlement des comptes desdites chancelleries.

ART. 15. — Le compte général des retenues exercées pour le service des pensions civiles, établi par ministères et administrations, est annexé au compte définitif des recettes publié par le Ministre des Finances pour chaque exercice.

ART. 16. — Les fonctionnaires et employés ne peuvent obtenir, chaque année, un congé ou une autorisation d'absence de plus de quinze jours sans subir une retenue. Toutefois, un congé d'un mois sans retenue peut être accordé à ceux qui n'ont joui d'aucun congé et d'aucune autorisation d'absence pendant trois années consécutives.

Pour les congés de moins de trois mois, la retenue est de la moitié au moins et des deux tiers au plus du traitement.

Après trois mois de congé consécutifs ou non, dans la même année, l'intégralité du traitement est retenue, et le temps excédant les trois mois n'est pas compté comme service effectif pour la pension de retraite.

Si, pendant l'absence de l'employé, il y a lieu de pourvoir à des frais d'intérim, le montant en sera précompté, jusqu'à due concurrence, sur la retenue qu'il doit subir.

La durée du congé, avec retenue de la moitié au moins et des deux tiers au plus du traitement, peut être portée à quatre mois pour les fonctionnaires et employés exerçant hors de France, mais en Europe ou en Algérie, et à six mois pour ceux qui sont attachés au service colonial ou aux services diplomatiques et consulaires hors d'Europe.

Sont affranchies de toute retenue les absences ayant pour cause l'accomplissement d'un des devoirs imposés par la loi.

En cas d'absence pour cause de maladie dûment constatée, le fonctionnaire ou l'employé peut être autorisé à conserver l'intégralité de son traitement pendant un temps qui ne peut excéder trois mois. Pendant les trois mois suivants, il peut obtenir un congé avec la retenue de la moitié au moins et des deux tiers au plus du traitement.

Si la maladie est déterminée par une des causes exceptionnelles prévues aux premier et deuxième paragraphes de l'article 11 de la loi du 9 juin 1853, le fonctionnaire peut conserver l'intégralité de son traitement jusqu'à son rétablissement ou jusqu'à sa mise à la retraite.

Les membres des cours et tribunaux qui n'ont pas joui des vacances peuvent obtenir, en une ou plusieurs fois dans l'année, un congé d'un mois sans retenue.

Ce congé pourra être de deux mois pour les magistrats composant la Chambre criminelle de la Cour de cassation.

Il n'est dérogé par le présent article ni aux dispositions des articles 18 et 17 des décrets des 13 octobre et 24 décembre 1851, concernant la mise en disponibilité, pour défaut d'emploi, des ingénieurs des ponts et chaussées et des ingénieurs des mines, ni aux règles spéciales concernant la mise en inactivité des agents extérieurs du département des Affaires étrangères et des fonctionnaires de l'enseignement.

ART. 17. — Le fonctionnaire ou l'employé qui s'est absenté ou qui a dépassé la durée de ses vacances ou de son congé sans autorisation, peut être privé de son traitement pendant un temps double de celui de son absence irrégulière.

Une retenue qui ne peut excéder deux mois de traitement peut être infligée, par mesure disciplinaire, dans le cas d'inconduite, de négligence ou de manquement au service.

Les dispositions du présent article ne sont applicables ni aux magistrats, qui restent soumis, quant aux peines disciplinaires, aux prescriptions des articles 50 et 56 de la loi du 22 avril 1810, 35 du décret du 28 septembre 1807 et 3 du décret du 19 mars 1852, ni aux membres du corps enseignant, qui restent soumis aux articles 33 de la loi du 15 mars 1850 et 3 du décret du 9 mars 1852.

Il n'est pas dérogé par le présent article aux dispositions des articles 20 et 21 du décret du 13 octobre 1851, concernant les ingénieurs des ponts et chaussées, ni à celles des articles 19 et 20 du décret du 24 décembre 1851, concernant les ingénieurs des mines.

ART. 18. — La retenue prescrite par les deux articles précédents s'exerce sur les rétributions de toute nature, constituant l'émolument personnel passible de la retenue de 5 pour 100, aux termes du paragraphe 2 de l'article 3 de la loi du 9 juin 1853.

ART. 19. — Les agents politiques et consulaires supportent les retenues déterminées par l'article 3 de la loi du 9 juin 1853 sur l'intégralité des premiers 20 000 francs de leurs émoluments personnels, sur les quatre cinquièmes des seconds 20 000 francs, sur les trois cinquièmes des troisièmes 20 000 francs, sur les deux cinquièmes des quatrièmes 20 000 francs, et, enfin, sur le cinquième de tout ce qui excède 80 000 francs.

ART. 20. — Les percepteurs des contributions directes, qui sont en même temps receveurs municipaux et receveurs d'établissements de bienfaisance, sont appelés au bénéfice de la loi du 9 juin 1853 pour l'ensemble de leur gestion, et soumis aux retenues prescrites par l'article 3 de ladite loi pour la totalité de leurs émoluments personnels payés, soit sur les fonds de l'État, soit sur ceux des communes.

Les liquidations établies sur les mandats de payement, en ce qui concerne les retenues sur les remises attribuées aux percepteurs comme agents de l'État, constatent et justifient les recettes à effectuer à ce titre par les receveurs des finances.

Quant aux retenues sur les émoluments des mêmes agents, en qualité de receveurs des communes et d'établissements de bienfaisance, le receveur des finances de chaque arrondissement forme, tous les trois mois, au vu des liquidations individuelles, un décompte des sommes dues pour le trimestre, et dont il fait opérer le versement. Des décomptes généraux sont établis, en outre, pour l'exercice, par les soins des receveurs particuliers et du receveur général, et les résultats en sont soumis à la certification du Préfet. Les décomptes trimestriels et d'exercice constituent les titres de perception.

ART. 21. — Sont affranchies des retenues prescrites par l'article 3 de la loi du 9 juin 1853 les sommes payées à titre d'indemnité pour frais de représentation et de stations navales, de gratifications éventuelles, de salaire de travail extraordinaire, d'indemnités pour missions extraordinaires, d'indemnités de perte, de frais de voyage, d'abonnements et d'allocations pour frais de bureau, de régie, de table et de loyer, de supplément de traitement colonial et de remboursement de dépenses.

Sont considérées comme payées à titre de frais de voyage les indemnités attribuées aux présidents d'assises, et comme payées à titre de frais de bureau les indemnités attribuées aux Procureurs impériaux des chefs-lieux de départements et aux juges de paix de Paris pour traitements des secrétaires.

ART. 22. — Pour les fonctionnaires et employés envoyés d'Europe dans l'Algérie ou dans les colonies, le traitement normal assujetti à la retenue est fixé, dans chaque grade, d'après le traitement de l'emploi correspondant, ou qui lui est assimilé en France. Dans les emplois qui se divisent en plusieurs classes en France, et qui ne sont pas soumis à cette classification dans les colonies, le traitement normal est réglé d'après celui de la première classe du grade en France. Le surplus constitue le supplément de traitement colonial qui est exempt de la retenue.

ART. 23. — Pour les fonctionnaires et employés qui sont rétribués par des remises et des salaires variables, la retenue du premier douzième des augmentations s'exerce en se reportant au dernier prélèvement subi par le titulaire, soit à titre de premier mois de traitement, soit à titre de premier douzième d'augmentation, et la différence existant entre la moyenne du traitement frappé de la dernière retenue et celle des émoluments afférents au nouvel emploi constitue l'augmentation passible de la retenue du premier douzième.

ART. 24. — Les prélèvements sur les amendes et confiscations en matière de douanes, de contributions indirectes et de postes, qui doivent être versés au Trésor, au compte des pensions civiles, aux termes de l'article 35 de la loi du 9 juin 1853, sont exercés dans les proportions déterminées au tableau n° 2.

ART. 25. — Le fonctionnaire démissionnaire, révoqué ou destitué, s'il est réadmis dans un emploi assujetti à la retenue, subit de nouveau la retenue du premier mois de son traitement et celle du premier douzième des augmentations ultérieures.

Celui qui, par mesure disciplinaire ou par mutation volontaire d'emploi, est descendu à un traitement inférieur, subit la retenue du premier douzième des augmentations ultérieures.

Le fonctionnaire placé dans la situation indiquée par le dernier paragraphe de l'article 10 de la loi du 9 juin 1853 est assujetti à la retenue sur son traitement d'inactivité; mais il ne subit pas la retenue du premier douzième, lorsqu'il est rappelé à un emploi actif.

Composition du traitement moyen.

ART. 26. — Pour déterminer la base de liquidation des pensions des conseillers référendaires de la Cour des comptes, on divise par leur nombre le fonds annuel qui leur est réparti à titre de préciput et de récompense de travaux.

La somme produite par cette division est réunie au traitement fixe, pour former le total des émoluments sur lesquels la pension est liquidée.

Le montant annuel des salaires payés aux courriers et postulants courriers des postes est divisé par leur nombre, et le produit de cette division forme le traitement moyen à prendre pour base du calcul de la pension de cette classe.

A l'égard des principaux des Collèges communaux qui administrent le pensionnat à leur compte, le traitement moyen est réglé sur le traitement du régent le mieux rétribué surévalué d'un quart.

ART. 27. — A l'égard des agents extérieurs du département des

Affaires étrangères et des fonctionnaires de l'enseignement qui sont admis à la retraite, dans la position d'inactivité prévue par le quatrième paragraphe de l'article 10 de la loi du 9 juin 1853, le traitement moyen s'établit sur les six années de services qu'ils ont rendus, comme titulaires d'emploi, avant leur mise en inactivité.

ART. 28. — Le traitement moyen des agents qui sont rétribués par des salaires ou remises variables sujettes à liquidation est établi sur les six années antérieures à celle dans le cours de laquelle cesse l'activité.

TITRE III.

Justification du droit à pension, mode de liquidation.

ART. 29. — L'admission du fonctionnaire à faire valoir ses droits à la retraite est prononcée par l'autorité qui, aux termes des règlements, a qualité pour prononcer sa révocation.

L'acte d'admission à la retraite spécifie les circonstances qui donnent ouverture au droit à la pension, et indique les articles de la loi applicables aux fonctionnaires.

ART. 30. — Lorsque l'admission à la retraite a lieu avant l'accomplissement de la condition d'âge imposée par l'article 5 de la loi du 9 juin 1853, cette admission est prononcée dans les formes suivantes :

Si l'impossibilité d'être maintenu en activité résulte pour le fonctionnaire d'un état d'invalidité morale, inappréciable pour les hommes de l'art, sa situation est constatée par un rapport de ses supérieurs dans l'ordre hiérarchique.

Si l'incapacité de servir est le résultat de l'invalidité physique du fonctionnaire, l'acte prononçant son admission à la retraite doit être appuyé, indépendamment des justifications ci-dessus spécifiées, d'un certificat des médecins qui lui ont donné leurs soins et d'une attestation d'un médecin désigné par l'administration et assermenté, qui déclare que le fonctionnaire est hors d'état de continuer utilement l'exercice de son emploi.

ART. 31. — Le fonctionnaire admis à la retraite doit produire, indépendamment de son acte de naissance et d'une déclaration de domicile :

1° Pour la justification des services civils :

Un extrait dûment certifié des registres et sommiers de l'administration ou du Ministère auquel il a appartenu, énonçant ses nom et prénoms, sa qualité, la date et le lieu de sa naissance, la date de son entrée dans l'emploi avec traitement, la série de ses grades et services, l'époque et les motifs de leur cessation et le montant du traitement dont il a joui pendant chacune des six dernières années de son activité.

Cet extrait est dressé dans la forme du modèle n° 3.

Lorsqu'il n'aura pas existé de registres, ou que tous les services administratifs ne se trouveront pas inscrits sur les registres existants, il y sera suppléé, soit par un certificat du chef ou des chefs compétents des administrations où l'employé aura servi, relatant les indications ci-dessus énoncées, soit par un extrait des comptes et états d'émargement, certifié par le greffier de la Cour des comptes.

Les services civils rendus hors d'Europe sont constatés par un certificat distinct délivré par le Ministre compétent. Ce certificat, conforme au modèle n° 4, énonce, pour chaque mutation d'emploi, le traitement normal du grade et le supplément accordé à titre de traitement colonial.

A défaut de ces justifications, et lorsque, pour cause de destruction des archives dont on aurait pu les extraire, ou du décès des fonctionnaires supérieurs, l'impossibilité de les produire aura été prouvée, les services pourront être constatés par acte de notoriété.

2° Pour la justification des services militaires de terre et de mer :

Un certificat directement émané du Ministère de la Guerre ou de celui de la Marine.

Les actes de notoriété, les congés de réforme et les actes de licenciement ne sont pas admis pour la justification des services militaires. Lorsque des actes de cette nature sont produits, ils sont renvoyés au Ministère de la Guerre ou à celui de la Marine, qui les remplace, s'il y a lieu, par un certificat authentique.

Les services des employés de préfectures et de sous-préfectures sont justifiés par un certificat du Préfet ou du Sous-Préfet, constatant que le titulaire a été rétribué sur des fonds d'abonnement, et ce certificat doit être visé par le Ministre de l'Intérieur.

ART. 32. — Les veuves prétendant à pension fournissent, indépendamment des pièces que leur mari aurait été tenu de produire :

1° Leur acte de naissance ;

2° L'acte de décès de l'employé ou du pensionnaire ;

3° L'acte de célébration du mariage ;

4° Un certificat de non-séparation de corps, et, si le mariage est antérieur à la loi du 8 mai 1816, un certificat de non-divorce ;

5° Dans le cas où il y aurait eu séparation de corps, la veuve doit justifier que cette séparation a été prononcée sur sa demande.

Les orphelins prétendant à pension fournissent, indépendamment des pièces que leur père aurait été tenu de produire :

1° Leur acte de naissance;

2° L'acte de décès de leur père;

3° L'acte de célébration de mariage de leurs père et mère;

4° Une expédition ou un extrait de l'acte de tutelle;

5° En cas de prédécès de la mère, son acte de décès;

En cas de séparation de corps, expédition du jugement qui a prononcé la séparation ou un certificat du greffier du tribunal qui a rendu le jugement;

En cas de second mariage, acte de célébration.

Les veuves ou orphelins prétendant à pension produisent le brevet délivré à leur mari ou père, lorsqu'il est décédé en jouissance de pension ou une déclaration constatant la perte de ce titre.

ART. 33. — Si le fonctionnaire a été justiciable direct de la Cour des comptes, soit en deniers, soit en matières, il doit produire un certificat de la comptabilité générale des Finances ou du Ministère compétent, constatant, sauf justification ultérieure du quitus de la Cour des comptes, que la vérification provisoire de sa gestion ne révèle aucun débet à sa charge.

Si le prétendant à pension n'est pas justiciable direct de la Cour des comptes, sa situation en fin de gestion est constatée par un certificat du comptable supérieur duquel il relève.

ART. 34. — Les enfants orphelins des fonctionnaires décédés pensionnaires ne peuvent obtenir des secours à titre de réversion qu'autant que le mariage dont ils sont issus a précédé la mise à la retraite de leur père.

ART. 35. — Dans les cas spécifiés aux paragraphes 1er et 2 de l'article 11, 1er et 2 de l'article 14 de la loi du 9 juin 1853, l'événement donnant ouverture au droit à pension doit être constaté par un procès-verbal en due forme dressé sur les lieux et au moment où il est survenu. A défaut de procès-verbal, cette constatation peut s'établir par un acte de notoriété rédigé sur la déclaration des témoins de l'événement ou des personnes qui ont été à même d'en connaître et d'en apprécier les conséquences. Cet acte doit être corroboré par les attestations conformes de l'autorité municipale et des supérieurs immédiats du fonctionnaire.

Dans le cas d'infirmités prévu par le troisième paragraphe de l'article 11 de la loi du 9 juin, ces infirmités et leurs causes sont constatées par les médecins qui ont donné leurs soins au fonctionnaire et par un médecin désigné par l'administration et assermenté. Ces certificats doivent être corroborés par l'attestation de l'autorité municipale et celle des supérieurs immédiats du fonctionnaire.

ART. 36. — Dans les cas exceptionnels prévus par les premier et deuxième paragraphes dudit article 11, il est tenu compte à l'employé de ses services militaires de terre et de mer, suivant le mode spécial de rémunération réglé par l'article 8 de la loi, indépendamment de la liquidation déterminée pour les services civils par les deux premiers paragraphes de l'article 12.

La liquidation s'établit, dans les mêmes cas, sur le traitement moyen, lorsqu'il est plus favorable à l'employé que le dernier traitement d'activité.

ART. 37. — Les fonctionnaires et employés classés dans la partie active qui, antérieurement à la loi du 9 juin 1853, ne subissaient pas de retenues et n'étaient pas placés sous le régime des loi et décret des 22 août 1790 et 13 septembre 1806, sont liquidés à raison de 1/100e du traitement moyen pour chaque année de services assujettis à la retenue dans la partie active, et le montant de la pension ainsi fixée est augmenté de 1/25e par chacune des années liquidées.

TITRE IV.

Dispositions d'ordre et de comptabilité.

ART. 38. — En exécution de l'article 20 de la loi du 9 juin 1853, le Ministre des Finances arrête, chaque année, dans les premiers jours de janvier, l'état des extinctions réalisées dans le cours de l'année précédente, et dont le montant sert de base pour la fixation du crédit d'inscription de l'année courante.

Un décret rendu sur le rapport du Ministre des Finances détermine :

1° La somme jusqu'à concurrence de laquelle ce crédit est employé ;

2° La portion afférente à chacun des départements ministériels.

ART. 39. — Le compte à rendre annuellement lors de la présentation de la loi du budget, en exécution de l'article 21 de la loi du 9 juin 1853, comprend par Ministère, et avec la distinction des pensions d'employés, de veuves et d'orphelins :

1° L'emploi du crédit d'inscription qui a été déterminé conformément aux dispositions de l'article précédent;

2° La situation, par accroissement et décroissement, des pensions concédées et inscrites au 31 décembre de l'année expirée pour services terminés avant le 1er janvier 1854;

3° La situation, par accroissement et décroissement, des pensions concédées et inscrites à la même date pour services terminés postérieurement au 1er janvier 1854.

ART. 40. — En exécution de l'article 24 de la loi du 9 juin 1853, le Ministère compétent réunit les pièces justificatives du droit à pension, arrête la liquidation, et, après l'avoir communiquée au Ministre des Finances, la soumet, avec l'avis de ce Ministre, à l'examen de la section des finances du Conseil d'État.

Sur l'avis de cette section, le Ministre liquidateur prépare le décret de concession, qui doit être contresigné par le Ministre des Finances.

ART. 41. — Les décrets de concession, conformes au modèle n° 5, mentionnent les nom, prénoms, grade, date et lieu de naissance du pensionnaire, la nature et la durée de ses services, la date des lois, décrets et ordonnances réglementaires en vertu desquels la pension a été liquidée, la quotité du traitement qui a servi de base à la liquidation, la part de rémunération afférente aux services militaires et celle afférente aux services civils, la limitation au maximum, la quotité de la pension, la date d'entrée en jouissance et le domicile de la partie. Ces décrets indiquent, en outre, la date de l'avis rendu par la section des finances, et, s'il y a lieu, celle de l'avis du Conseil d'État.

Lorsque ces décrets sont collectifs, ils doivent être divisés en deux catégories, comprenant distinctement les pensions pour services terminés avant le 1er janvier 1854 et celles concédées pour services terminés postérieurement à cette date.

ART. 42. — La date de la présentation de la demande en liquidation est constatée par son inscription sur un registre spécial tenu dans chaque Ministère. Un bulletin de cette inscription est délivré à la partie intéressée.

ART. 43. — Lorsqu'un fonctionnaire dont la pension est liquidée ou inscrite se trouve dans l'un des cas prévus par les deux derniers paragraphes de l'article 27 de la loi du 9 juin 1853, sa perte du droit à la pension est prononcée par un décret rendu sur la proposition du Ministre des Finances, après avoir pris l'avis du Ministre liquidateur et après avoir consulté la section des finances du Conseil d'État.

ART. 44. — Lorsqu'un pensionnaire est remis en activité, il en est immédiatement donné avis par le Ministre compétent au Ministre des Finances, pour que le payement de la pension soit suspendu, ou pour qu'il soit fait application des dispositions de l'article 31 de la loi du 9 juin, relatives au cumul.

ART. 45. — Lorsqu'un fonctionnaire a disparu de son domicile, et que plus de trois ans se sont écoulés sans qu'il ait réclamé les arrérages de sa pension, sa femme ou les enfants qu'il a laissés peuvent obtenir, à titre provisoire, la liquidation des droits de réversion qui leur seraient ouverts par les articles 13 et 16 de la loi du 9 juin 1853 en cas de décès dudit fonctionnaire.

ART. 46. — Tout titulaire d'une pension inscrite au Trésor doit produire, pour le payement, un certificat de vie délivré par un notaire, conformément à l'ordonnance du 6 juin 1839, lequel certificat contient, en exécution des articles 14 et 15 de la loi du 15 mai 1818, la déclaration relative au cumul.

La rétribution fixée par le décret du 21 août 1806 et l'ordonnance du 20 juin 1817, pour la délivrance des certificats de vie, est modifiée ainsi qu'il suit :

Pour chaque trimestre à percevoir :

De 600 francs et au-dessus	0 fr.	50 c.
De 600 à 301 francs	0	35
De 300 à 101 francs	0	25
De 100 à 50 francs	0	20
Au-dessous de 50 francs	»	»

ART. 47. — Lorsque l'intérêt du service l'exige, le fonctionnaire admis à faire valoir ses droits à la retraite peut être maintenu momentanément en activité, sans que la prolongation de ses services puisse donner lieu à un supplément de liquidation. Dans ce cas, la jouissance de sa pension part du jour de la cessation effective du traitement.

ART. 48. — Notre Ministre secrétaire d'État au département des Finances est chargé de l'exécution du présent décret.

Circulaire du Ministre de l'Instruction publique aux architectes diocésains, relative à la préparation de plans pour églises, presbytères et maisons d'école. 15 nov. 1853.

15 Novembre 1853.

Monsieur l'architecte, l'administration reçoit fréquemment des projets de construction d'églises, de presbytères et de maisons d'école pour lesquels les communes réclament une subvention du Trésor public.

Ces demandes sont un des signes heureux de l'activité qui se développe sur tous les points du territoire; et le Gouvernement sait que les secours dont il dispose ne reçoivent jamais un meilleur emploi que lorsqu'ils créent, dans les campagnes mêmes, des sources de travail et de bien-être pour ces populations qui, en toutes circonstances, ont donné à l'Empereur des gages si éclatants de confiance et de dévouement.

Mais il importe que les constructions qui s'élèvent, si simples qu'elles soient, fassent honneur au goût de notre nation. Le talent des anciens artistes ne brillait pas seulement dans les cathédrales; on le retrouve et on l'admire encore dans les églises de village, dans les chapelles, dans les cloîtres, et jusque dans les habitations particulières que le temps a épargnées. C'est peut-être même dans ces œuvres moins monumentales que l'art donne des impressions plus délicates; les traces qu'il y laisse attestent le bienfait d'une culture générale; il s'y trouve mêlé à ces habitudes familières de la vie que c'est sa mission de traduire et de transmettre aux âges suivants.

Pour que les humbles édifices qui s'élèvent dans les communes avec les secours de l'État puissent facilement remplir ces fonctions, on m'a quelquefois proposé de faire dresser à Paris même, sous les yeux de l'administration, des projets qui devraient être uniformément adoptés dans toutes les parties de l'Empire : aucune mesure ne serait plus contraire aux saines notions de l'art. Si l'art se modifie avec les siècles, il change suivant les zones et les climats. L'architecture gothique est, en quelque sorte, le patrimoine du nord de la France, où elle a laissé des vestiges profonds; il serait puéril de vouloir la transplanter dans le Midi, dont les provinces, voisines de l'Italie, ont conservé si longtemps l'empreinte de la civilisation romaine, et permettent d'adapter aux convenances du culte les formes que, dès les premiers siècles du christianisme, la religion empruntait aux exemples de l'art antique.

La mission que vous remplissez, Monsieur l'architecte, vous a mis à même d'acquérir une précieuse expérience. Vous avez dû étudier les monuments dont la conservation vous était confiée, dans leurs rapports avec l'état physique du sol et avec les habitudes des populations. Vous connaissez le genre d'architecture qui, à tous ces points de vue, répond aux besoins et à la situation de chaque pays, et nul mieux que vous ne peut éclairer le Gouvernement. En conséquence, je vous invite, après vous être pénétré des observations qui précèdent, à dresser les projets de trois églises pour les communes ayant une population de 500 à 5 000 âmes. Ces projets devront comprendre, avec le plan du monument, sa coupe et son élévation, l'indication des matériaux que la contrée fournit et qui doivent être préférés; enfin un devis approximatif de la dépense, qui ne devra pas dépasser 20 000 francs pour le premier projet, 60 000 pour le second, et 120 000 pour le troisième.

Vous éviterez avec soin toute décoration superflue; elle serait déplacée dans une église de village, dont l'aspect doit répondre aux habitudes modestes des populations qui viendront y prier; elle n'est pas nécessaire à la gloire de l'artiste. L'art ne consiste pas à couvrir le bois ou la pierre d'ornements dispendieux; la combinaison des lignes les plus simples, tracées par une main habile, peut donner à une œuvre un cachet remarquable. C'est ce genre de beauté qui convient le mieux aux campagnes, et que je vous demande principalement de rechercher.

Afin de répondre complètement à la pensée de l'administration, je vous prie de m'envoyer un plan pour presbytère et un autre pour maison d'école, dressés d'après les mêmes vues.

Pour la rédaction de ces projets, vous aurez à prendre les avis de M. le Préfet du département. Je vous invite aussi à réclamer les indications de Mgr l'évêque du diocèse, en ce qui concerne les églises et presbytères, et celles de M. le Recteur de l'Académie, pour les maisons d'école. Il importe que les envois que j'attends de vous me soient parvenus avant le 15 janvier 1854. Je les soumettrai aussitôt à MM. les Inspecteurs généraux des travaux diocésains, réunis sous ma présidence. Les projets qui auront obtenu l'approbation du Comité seront mis à part; je me propose d'en former un corps d'ouvrage qui sera publié aux frais de mon Ministère et envoyé aux autorités administratives des départements, pour servir de modèle aux constructions à venir.

Les travaux que je réclame de vous et de vos collègues, Monsieur l'architecte, ne seront donc pas, je l'espère, infructueux. En permettant de mieux répondre, dans un grand nombre de communes, aux besoins matériels du culte et de l'enseignement, ils pourront aussi servir la cause de l'art et honorer le pays.

C'est à ce double titre que je vous invite à les entreprendre. Vous ne tromperez pas la confiance que l'administration met dans votre capacité et dans votre zèle éprouvés.

Recevez, etc.

Signé : H. FORTOUL.

Rapport et Décret portant ouverture de crédits pour construction de maisons d'école, d'églises et de presbytères. 21 nov. 1853.

21 Novembre 1853.

1° Rapport à l'Empereur.

SIRE,

Dans la plupart des départements, les communes font des sacrifices considérables pour élever des maisons d'école, pour construire ou réparer leurs églises et leurs presbytères.

Votre Gouvernement se plaît à encourager ces utiles entreprises qui sont commandées par les besoins matériels du culte et de l'enseignement, et qui ont d'ailleurs pour résultat d'ouvrir dans les campagnes de nouvelles sources de salaire et de bien-être.

C'est surtout aux approches de la saison rigoureuse qu'il est important de seconder sur tous les points du territoire une activité salutaire qui puisse assurer des moyens suffisants d'existence aux classes laborieuses de la population. Ces classes dévouées se montrent pleines de confiance dans votre sollicitude pour leur sort; elles savent que, dans les moments difficiles, vous n'oublierez pas les gages de patriotisme qu'elles ont donnés.

Afin de répondre aux intentions généreuses de Votre Majesté, je crois devoir lui proposer d'accroître le montant des secours alloués aux communes pour leurs constructions.

Le budget de mon Ministère comprend divers crédits qui sont destinés à subvenir à l'établissement des maisons d'école, des églises et des presbytères; mais ils sont loin de répondre, surtout dans les circonstances actuelles, à l'étendue des besoins. Une augmentation relativement peu considérable permettra non pas de satisfaire toutes les demandes, mais du moins de faciliter l'ouverture ou la continuation des travaux dans les localités pauvres, où ils sont le plus urgents. Elle profitera également au bien-être des habitants, à l'éducation de leurs enfants et à la religion : à tous ces titres, elle sera accueillie avec la plus vive reconnaissance dans les départements.

J'ai fait préparer, en conséquence, le projet de décret ci-joint, que j'ai l'honneur de soumettre à l'approbation de Votre Majesté.

Daignez agréer, etc.

Signé : H. FORTOUL.

2° Décret.

NAPOLÉON, etc.,

Sur le rapport de notre Ministre secrétaire d'État au département de l'Instruction publique et des Cultes;

Vu les demandes nombreuses de secours adressées par les communes pour la construction de leurs maisons d'école, de leurs églises et de leurs presbytères[1];

Considérant que les encouragements accordés par le Gouvernement à ces utiles entreprises doivent être réglés d'après la nature des circonstances et des besoins des populations,

Avons décrété et décrétons ce qui suit :

ARTICLE 1er. — Il est ouvert à notre Ministre secrétaire d'État au département de l'Instruction publique et des Cultes, sur l'exercice 1854, à titre de subvention aux communes pour construction et réparation de maisons d'école, un crédit extraordinaire de 250 000 fr., qui viendra en augmentation des allocations portées au chapitre du budget de l'Instruction publique, exercice 1854, concernant les dépenses de l'instruction primaire, imputables sur fonds généraux.

ART. 2. — Il est ouvert à notre Ministre secrétaire d'État au département de l'Instruction publique et des Cultes, sur l'exercice 1854, pour construction et réparation d'églises et de presbytères, un crédit extraordinaire de 250 000 francs, qui viendra en augmentation des allocations portées au chapitre du budget des Cultes, exercice 1854, concernant les secours aux communes pour leurs églises et presbytères.

ART. 3. — Il sera pourvu aux dépenses ci-dessus au moyen des ressources affectées à l'exercice 1854.

ART. 4. — Nos Ministres secrétaires d'État au département de l'Instruction publique et des Cultes et au département des Finances sont chargés, chacun en ce qui le concerne, de l'exécution du présent décret, qui sera inséré au *Bulletin des Lois*.

1. Consulter l'instruction du 17 *septembre* 1852, celle du 16 *septembre* 1854 sur les impositions d'office, et la circulaire du 20 *janvier* 1853 sur la décentralisation en ce qui concerne les dépenses facultatives départementales. (*Circulaires et Instructions officielles, etc.*, Tome IV, pages 283, 449 et 301.)

Circulaire du Ministre de l'Instruction publique, relative à la publication d'un Bulletin de l'Instruction primaire spécialement destiné aux instituteurs et aux institutrices. 17 déc. 1853.

17 Décembre 1853.

Monsieur le Recteur, vos rapports sur la situation de l'instruction primaire sont de plus en plus rassurants. Je vois, par votre correspondance ordinaire, que vous avez moins fréquemment à sévir, et que, grâce à l'autorité dont vous a armé le décret du 9 mars, vous ramenez partout le bon ordre, en changeant de résidence ou en éloignant de l'enseignement, suivant les cas, les instituteurs qui n'apportent dans leurs fonctions ni des habitudes d'esprit assez calmes, ni une conduite en tous points exemplaire. Cette situation doit s'améliorer chaque jour; il suffit de donner aux instituteurs les directions et les conseils dont ils ont besoin pour l'accomplissement de leurs devoirs.

Ces conseils, vous ne les leur épargnez sans doute pas dans l'occasion; mais ne convient-il point de les leur faire parvenir d'une manière régulière et sous une forme qui, en leur enlevant le caractère d'une remontrance, les prémunisse plus facilement contre les fautes ou les erreurs? J'ai décidé, dans ce but, que le *Journal général de l'Instruction publique* comprendra, deux fois par mois, un bulletin de l'instruction primaire, et que ce bulletin spécial, pouvant être détaché du *Journal général*, et devant contenir, indépendamment des nouvelles officielles, toutes les instructions et tous les documents utiles, serait mis, par un prix d'abonnement très modique, à la disposition de tous les instituteurs primaires.

Je ne doute pas, Monsieur le Recteur, que vous ne compreniez l'importance d'une semblable publication, et que vous ne m'aidiez activement, non seulement à lui donner accès dans toutes les Écoles, mais encore à la rendre de plus en plus digne de la haute mission à laquelle elle est appelée.

Je vous invite, en conséquence, Monsieur le Recteur, à vouloir bien faire parvenir, par l'intermédiaire de MM. les Inspecteurs, et en y joignant une recommandation expresse, le prospectus ci-inclus à tous les instituteurs et à toutes les institutrices de votre ressort académique. Vous leur ferez savoir que ce journal, rédigé par des hommes depuis longtemps dévoués aux intérêts de l'instruction primaire, leur donnera les meilleures directions pédagogiques, les tiendra au courant, dans une sage limite, du mouvement général des esprits, et les initiera à l'intelligence des bonnes méthodes et surtout des meilleures pratiques de l'enseignement. Vous leur ferez savoir enfin que, s'ils jugent utile de s'abonner à un journal, ils contribueront, en donnant la préférence au bulletin de l'instruction primaire, à établir au sein des populations, par l'unité de direction des Écoles, cette harmonie générale qui ne peut être que l'œuvre du temps, mais à laquelle le Gouvernement sera heureux de les voir concourir.

Je vous prie, en outre, Monsieur le Recteur, de vouloir bien me transmettre, à part et dans ce but spécial, tous les documents qui vous paraîtraient de nature à être publiés dans le bulletin de l'instruction primaire. Il m'est difficile, lorsque les affaires qui me parviennent doivent être traitées sans retard, de rechercher et d'extraire de votre correspondance ce qu'il peut être utile de porter à la connaissance des instituteurs primaires, et, cependant, cette correspondance contient, chaque jour, des faits dont la publication aurait un véritable intérêt. Ici, c'est un beau trait de courage ou de désintéressement accompli par un instituteur ou par un élève; là, c'est une réunion dans laquelle il a été prononcé, soit par le Préfet, soit par l'évêque, soit par vous-même, des paroles qui peuvent avoir une influence utile. Ici, c'est l'heureuse réforme d'un abus en quelque sorte consacré par le temps; là, c'est une intéressante fondation inspirée par l'esprit chrétien; c'est, enfin, le judicieux emploi de telle méthode appliquée soit à l'enseignement de l'agriculture, soit à tel autre enseignement particulier. Je ne puis, Monsieur le Recteur, indiquer tous les points sous lesquels une semblable question peut être envisagée. Je m'en rapporte complètement, à cet égard, à votre bon esprit et à votre zèle. Veuillez donc m'envoyer, indépendamment de votre correspondance ordinaire, et sous le titre de *Notes pour le Bulletin de l'Instruction primaire,* tout ce que vous croirez de nature à intéresser les instituteurs et à contribuer à l'amélioration de l'enseignement. Sans doute, il ne sera pas possible de publier tout ce qui me parviendra ainsi des divers points de la France; mais j'aime à croire que vous ne vous découragerez pas, et que vous contribuerez amplement à me fournir les matériaux parmi lesquels je devrai choisir ceux dont le bulletin de l'instruction primaire tirera de précieux enseignements et de salutaires instructions.

Je vous prie enfin de me rendre compte des mesures que vous aurez prises à ce sujet, et des résultats que vous vous en promettrez.

Recevez, etc.

Signé : H. FORTOUL.

---

29 déc. 1853. **Décret portant que les caisses d'épargne et de prévoyance des instituteurs communaux cesseront de recevoir les retenues du vingtième opérées sur le traitement des instituteurs.**

29 Décembre 1853.

NAPOLÉON, etc.,

Sur le rapport de notre Ministre secrétaire d'État au département de l'Instruction publique et des Cultes;

Vu l'article 15 de la loi du 28 juin 1833, ainsi conçu :

« Il sera établi, dans chaque département, une caisse d'épargne et de prévoyance en faveur des instituteurs primaires communaux.

« Les statuts de ces caisses d'épargne seront déterminés par des ordonnances royales.

« Cette caisse sera formée par une retenue annuelle d'un vingtième sur le traitement fixe de chaque instituteur communal. Le montant de la retenue sera placé au compte ouvert au Trésor royal pour les caisses d'épargne et de prévoyance; les intérêts de ces fonds seront capitalisés tous les six mois. Le produit total de la retenue exercée sur chaque instituteur lui sera rendu à l'époque où il se retirera, et, en cas de décès dans l'exercice de ses fonctions, à sa veuve ou à ses héritiers »;

Vu l'article 1er de l'ordonnance du 13 février 1833, ainsi conçu :

« La Caisse des dépôts et consignations sera chargée de recevoir et d'administrer, sous la garantie du Trésor public et sous la surveillance de la Commission instituée par l'article 99 de la loi du 28 avril 1816, les fonds provenant des caisses d'épargne des instituteurs communaux, et qui seront placés conformément aux règles établies ci-après.

« Le taux auquel sera bonifié l'intérêt des sommes placées par ces caisses sera le même que celui qui a été fixé, pour les autres caisses d'épargne, par la loi du 31 mars dernier » ;

Vu l'article 39 de la loi du 15 mars 1850;

Vu la loi du 9 juin 1853, sur les pensions civiles;

Considérant, qu'aux termes de cette dernière loi, une retenue de 5 pour 100 doit être faite sur les traitements des instituteurs primaires communaux, à partir du 1er janvier 1854,

Avons décrété et décrétons ce qui suit :

ARTICLE 1er. — A partir du 1er janvier 1854, les caisses d'épargne et de prévoyance des instituteurs communaux, créées par l'article 15 de la loi du 28 juin 1833, cesseront de recevoir les retenues du vingtième opérées sur le traitement des instituteurs.

Elles continueront néanmoins, jusqu'au 31 août prochain, à faire recette des retenues arriérées afférentes à l'exercice 1853.

ART. 2. — Un règlement d'administration publique déterminera ultérieurement les mesures à prendre relativement à la liquidation de ces caisses d'épargne et de prévoyance.

ART. 3. — Nos Ministres secrétaires d'État aux départements des Finances et de l'Instruction publique et des Cultes sont chargés de l'exécution du présent décret.

Arrêté fixant le traitement des instituteurs et institutrices publics de l'Algérie.

30 déc. 1853.

30 Décembre 1853.

Les Ministres secrétaires d'État aux départements de la Guerre et de l'Instruction publique et des Cultes;

Vu la délibération du Conseil du gouvernement de l'Algérie, en date du 5 novembre 1852;

Vu la décision du Ministre de la Guerre du 15 novembre 1844, relative au traitement des instituteurs et institutrices de l'Algérie;

Vu l'arrêté du Président du Conseil, chargé du pouvoir exécutif, du 16 août 1848;

Arrête :

ARTICLE 1er. — A partir du 1er janvier 1854, le traitement des instituteurs et institutrices publics, établis dans les localités de l'Algérie non érigées en communes, est fixé ainsi qu'il suit :

Instituteurs.	1 200 francs.
Institutrices	1 000 —

Ils cumuleront avec ce traitement le produit de la rétribution scolaire, fixée à deux francs par élève et par mois. Cette rétribution sera perçue directement par les ayants droit.

Pour les Écoles gratuites tenues par des personnes appartenant à des congrégations religieuses, les traitements des frères et sœurs chargés de l'enseignement seront fixés par des traités spéciaux passés avec les supérieurs des communautés et approuvés par le Ministre de la Guerre.

ART. 2. — A la fin de chaque année, le Préfet pour le territoire civil, et le commandant de la division pour le territoire militaire, fixent, sur l'avis de l'Inspecteur de l'enseignement primaire, le nombre maximum des enfants qui pourront être admis gratuitement dans chaque École publique pendant le cours de l'année suivante.

La désignation des enfants à recevoir gratuitement est faite, dans chaque localité, par le maire ou celui qui en remplit les fonctions, de concert avec les ministres des différents cultes. Cette liste, ainsi dressée, est arrêtée par le Préfet ou par le commandant de la division.

ART. 3. — Le traitement fixe des instituteurs et institutrices publics, désigné dans l'article 1er, sera acquitté par douzième sur les fonds de la caisse locale et municipale, sauf abandon à ladite caisse du crédit porté annuellement au budget de l'État pour l'enseignement primaire en Algérie.

ART. 4. — Dans les localités érigées en communes, le traitement des instituteurs et institutrices est fixé par le Conseil municipal, sauf approbation de l'autorité supérieure.

Ce traitement est exclusivement à la charge du budget communal.

ART. 5. — La décision ministérielle ci-dessus visée, du 15 novembre 1844, est rapportée.

ART. 6. — Le Gouverneur général et le Recteur de l'Algérie sont chargés, chacun pour ce qui le concerne, de l'exécution du présent arrêté.

Rapport et Décret concernant les Écoles primaires de garçons et de filles et les maisons d'éducation de jeunes demoiselles. 31 déc. 1853.

31 Décembre 1853.

1° Rapport à l'Empereur.

SIRE,

J'ai successivement présenté, par vos ordres, au Conseil impérial de l'instruction publique et au Conseil d'État le projet de décret ci-joint, qui a pour but d'introduire des améliorations considérables dans le service si important de l'instruction primaire. Les solutions que ce projet donne à des questions pour la plupart très délicates, et longtemps débattues, ont eu l'approbation du Conseil d'État, comme elles avaient obtenu l'assentiment du Conseil impérial de l'instruction publique, qui avait bien voulu en exprimer particulièrement sa gratitude envers votre Gouvernement.

En se félicitant des changements sérieux que les efforts de l'administration ont déjà apportés dans la situation de l'instruction primaire, les autorités locales exprimaient la crainte, à peu près unanime, que, en l'absence de tout avancement hiérarchique, l'émulation ne fût exposée à s'éteindre parmi les instituteurs. En effet, aussitôt qu'un jeune homme muni d'un brevet de capacité est en âge d'être appelé à la direction d'une École, il est, dès son début, rétribué comme les maîtres qui ont vieilli dans la carrière.

Cette anomalie n'existe pas dans les autres degrés de l'enseignement. Nul n'obtient le titre de professeur, soit dans les Lycées, soit dans les Facultés, s'il n'a déjà exercé pendant plusieurs années avec un titre provisoire. Il convient d'étendre à l'instruction primaire cette règle équitable et prévoyante. La loi sur les pensions civiles a hautement témoigné des intentions bienveillantes du Gouvernement à l'égard des instituteurs, dont elle a consacré les droits à la retraite; ces maîtres sont désormais assimilés, sous ce rapport, aux autres membres du corps enseignant : ne doivent-ils pas être soumis aux usages du corps entier, surtout lorsque ces usages sont fondés sur la raison et sont favorables aux progrès de l'éducation populaire?

Je vous propose, en conséquence, de décider que nul désormais ne puisse être nommé définitivement instituteur communal, s'il n'a déjà exercé comme instituteur suppléant.

Les instituteurs suppléants seraient chargés de remplacer les instituteurs communaux dans tous les cas de vacances momentanées ou définitives. Une partie d'entre eux pourraient être appelés par les Recteurs des Académies à diriger les Écoles publiques dans les communes dont la population n'excède pas 500 âmes, et dans lesquelles, par conséquent, il n'y a qu'un petit nombre d'élèves.

Ils recevraient le traitement fixe de 200 francs déterminé par la loi du 15 mars 1850; et, si ce traitement réuni à la rétribution scolaire n'assurait pas aux instituteurs suppléants un revenu suffisant, ce revenu serait élevé, aux frais de l'État, à 400 francs ou à 500 francs, suivant les cas.

La création d'un corps d'instituteurs suppléants ne servira pas seulement à éprouver les vocations et à préparer, pour l'instruction primaire, un personnel choisi et dévoué; elle diminuera, d'une manière sensible, les charges de l'État et celles des départements dans les petites communes où les instituteurs suppléants seront établis, et, en conséquence, elle permettra de récompenser par des indemnités annuelles de 100 et 200 francs, suivant la durée de leurs services, ceux des instituteurs communaux dont le traitement est le moins élevé, et que le dévouement dont ils auraient fait preuve dans l'exercice de leurs fonctions aurait fait juger dignes de cette faveur.

La carrière de l'instruction primaire présenterait, dès lors, à tous les degrés, des encouragements pour l'émulation, des récompenses pour le travail. Tandis qu'elle s'ouvrirait par un noviciat dans lequel l'instituteur suppléant aurait successivement 400 et 500 francs, elle offrirait à l'instituteur communal, d'abord rétribué à 600 francs, la perspective d'obtenir 700 francs, ou même 800 francs, après dix ans d'exercice.

Sur d'autres points, la situation de l'instruction primaire appelle également des réformes que je dois signaler à la sollicitude de Votre Majesté.

L'article 51 de la loi du 15 mars 1850 porte que toute commune de 800 âmes de population et au-dessus est tenue, si ses propres ressources lui en fournissent les moyens, d'avoir, au moins, une École de filles. Cette disposition de la loi ne peut guère être considérée que comme un vœu. Aussi, quoique, pendant ces trois dernières années, 1 808 Écoles communales de filles aient été nouvellement établies, on n'en compte aujourd'hui encore que 11 199 pour toute la France.

La question, cependant, touche à un intérêt moral de premier ordre. La fréquentation des Écoles de garçons par les filles a trop souvent de funestes résultats, surtout dans les petites communes rurales, où les pères et les mères de famille, éloignés par les travaux des champs pendant une partie de l'année, laissent les enfants sans surveillance. D'un autre côté, les communes, les départements et l'État ne sauraient supporter immédiatement les sacrifices considérables qu'entraînerait l'établissement d'Écoles spéciales de filles. Il a donc fallu, tout en respectant les sages intentions du législateur de 1850, aviser aux moyens de les remplir d'une manière moins onéreuse pour les finances du pays.

Depuis quelques années des institutrices ont été provisoirement placées à la tête d'un certain nombre d'Écoles publiques communes aux enfants des deux sexes, et cette épreuve a parfaitement réussi. Les femmes sont éminemment propres non seulement à l'instruction, mais encore à l'éducation des enfants. Une École qui réunit des garçons et des filles est surtout mieux placée entre les mains d'une femme qu'entre celles d'un homme; si les garçons n'y perdent rien quant à l'instruction scolaire, les filles y gagnent beaucoup, puisque l'institutrice les forme mieux que l'instituteur à la pratique des vertus spéciales de leur sexe, et qu'elle leur donne, en ce qui concerne les travaux d'aiguille, si négligés et cependant si utiles dans les campagnes, des leçons que l'instituteur n'est pas en état de leur offrir.

Toutefois, il faut le reconnaître, une École nombreuse ne peut être confiée à des mains débiles; elles seraient impuissantes pour maintenir une exacte discipline parmi des enfants dont la première éducation a été souvent négligée. Une institutrice ne paraissant pas pouvoir diriger avec assez d'énergie une École de plus de quarante enfants, le Conseil impérial a exprimé l'avis que cette limite ne fût pas dépassée.

Pour que cette mesure n'ait que d'utiles effets, l'administration saura tenir compte de la diversité des lieux et des habitudes. Elle ne placera des institutrices à la tête des Écoles mixtes que quand elle pourra le faire en ménageant les intérêts des instituteurs en exercice, en respectant les traditions locales, quelquefois même les préjugés, et quand elle aura la certitude de ne point nuire à l'organisation des administrations municipales.

La substitution d'institutrices à des instituteurs publics dans de petites Écoles mixtes impose au Gouvernement de nouveaux devoirs. Il ne peut abandonner à elles-mêmes ces institutrices, qui rempliront en réalité les fonctions d'instituteur communal. Mais comment la surveillance et l'inspection seront-elles exercées dans les Écoles de filles? Cette question, posée, mais non résolue par la loi du 15 mars 1850, tire principalement sa gravité du grand nombre d'Écoles dirigées par des congrégations de femmes, à qui la sévérité de leur règle commande la vie la plus retirée et interdit toute communication extérieure, à moins d'une permission expresse de l'autorité ecclésiastique. Il fallait ici concilier les dispositions de la loi qui ordonne l'inspection avec les scrupules, même exagérés, des communautés religieuses. La difficulté avait été soumise à l'ancien Conseil supérieur de l'instruction publique : elle a été de nouveau examinée à deux reprises par le Conseil impérial, et j'ai la satisfaction de pouvoir présenter à Votre Majesté une solution mûrement préparée qui a réuni tous les suffrages.

Les Écoles qui reçoivent des externes seraient soumises à la surveillance des autorités instituées par la loi du 15 mars 1850. Ces autorités visiteraient non seulement les Écoles communales ou libres dirigées soit par des institutrices laïques, soit par des associations religieuses non cloîtrées, mais encore celles qui seraient tenues par des associations cloîtrées, et dans lesquelles on admettrait des élèves externes.

En ce qui concerne l'intérieur des pensionnats, les mêmes règles ne pouvaient être appliquées. Toutefois, comme il est impossible de laisser sans surveillance cette partie si importante des maisons d'éducation de filles, j'ai l'honneur de vous proposer de décider que l'inspection soit faite dans les pensionnats laïques par des dames désignées par le Recteur, et dans les pensionnats de religieuses, par des ecclésiastiques nommés par le Ministre, sur la présentation de l'évêque diocésain. Ainsi, une fois ou deux par an, des dames dont on connaîtra non seulement la moralité, mais encore la circonspection et le discernement, pourront, si cela est nécessaire, visiter les pensionnats laïques; elles transmettront leurs rapports, soit écrits, soit verbaux, à l'autorité académique. Les ecclésiastiques délégués pour l'inspection des pensionnats dirigés par des communautés religieuses enverront directement leurs rapports au Ministre de l'Instruction publique. Cette proposition, qui a obtenu l'assentiment des membres de l'épiscopat siégeant dans le Conseil impérial de l'instruction publique, met un terme à une situation qui ne pouvait être plus longtemps tolérée. Désormais, votre Gouvernement recevra, sur les maisons religieuses qui n'ont jamais été soumises à aucune inspection, des rapports qui lui feront connaître l'esprit et la direction de l'enseignement. Ainsi, l'État étendra sur tous les établissements d'éducation publique la surveillance qu'il est de son droit et de son devoir d'exercer.

Le dernier titre du projet que j'ai l'honneur de soumettre à Votre Majesté est relatif à la rétribution scolaire; il a pour but d'obvier aux inconvénients que ne tarderait pas à présenter le principe de la gratuité de l'enseignement, s'il était appliqué à des familles qui n'ont pas le droit de l'invoquer.

Les communes ne sont obligées, pour subvenir aux dépenses de l'instruction primaire, qu'à une imposition spéciale de trois centimes, et les départements ne sont également tenus d'y concourir que par le vote de deux centimes; si ces sacrifices ne suffisent pas, l'État doit combler le déficit.

Partout où les trois centimes communaux sont absorbés, les Conseils municipaux ne sont plus intéressés à demander à la rétribution scolaire tout ce qu'elle peut produire. Que le taux de la rétribution soit fixé le plus bas possible, et que les portes de l'École soient ouvertes gratuitement à presque tous les enfants du village, tel est le but auquel tendent les petites administrations municipales. Quant à l'instituteur, à qui 600 francs sont garantis dans tous les cas, peu lui importe qu'ils soient fournis par l'État ou par la rétribution scolaire; il n'a personnellement aucun effort à faire sous ce rapport pour améliorer sa situation. Tout se réunit pour faire retomber sur l'État la charge très considérable des frais de l'instruction primaire.

En 1850, les 34 428 Écoles communales de garçons, existant alors, recevaient 1 241 033 élèves payants, soit, en moyenne, 36 élèves payants par École, et 682 326 élèves gratuits, soit, en moyenne, 17 élèves gratuits par école.

En 1852, la proportion a été bien différente. On trouve, dans les 36 108 Écoles communales, 1 348 383 élèves payants, soit 37 élèves payants par école, et 910 169 élèves gratuits, soit 25 élèves gratuits par école. Ainsi, tandis que le nombre des élèves payants n'augmentait que d'un 37e, le nombre des élèves gratuits augmentait d'un tiers environ.

Une différence du même genre, quoique moins considérable, a été constatée relativement au taux de la rétribution scolaire. En 1850, cette rétribution a produit 8 745 408 fr. 40 cent., soit 7 fr. 04 cent. 66 mill. par élève payant; en 1852, elle a produit 8 866 626 fr. 27 cent., soit 6 fr. 57 cent. 57 mill. par élève payant; d'où il résulte qu'en même temps que le nombre des élèves gratuits augmentait d'un tiers, le taux de la rétribution scolaire diminuait d'un septième.

Il importe que le Gouvernement prescrive les mesures nécessaires pour modérer le mouvement peu réfléchi qui exposerait les communes à compromettre, en l'exagérant, le principe de la gratuité dans les Écoles. La loi du 15 mars 1850 dit que la liste des enfants qui seront reçus gratuitement dans les Écoles sera dressée par le maire et le curé, approuvée par le Conseil municipal et définitivement arrêtée par le Préfet. Le maire et le Conseil municipal n'étant point intéressés ordinairement à réduire ce nombre, et le curé devant nécessairement céder plus facilement que tout autre aux appels faits à des sentiments de charité, c'est le Préfet seul qui se trouve ici le défenseur des deniers de l'État; mais, en réalité, il a peu de moyens de s'éclairer sur la situation des familles. Il faut donc qu'il approuve, telles quelles, les propositions faites, ou qu'il les renvoie pour être revues par les Conseils municipaux. Mais quelle lenteur dans la formation de cette liste, alors que l'École est ouverte et que les enfants attendent! que de réclamations aussi contre les exclusions qu'il faut prononcer! Je vous propose d'imposer au Préfet l'obligation de fixer d'avance, pour chaque commune, le maximum des enfants qui pourront être portés sur la liste des élèves à admettre gratuitement. Les maires et les curés, forts d'une décision qui poserait d'avance une limite à leur charité, seraient plus en état de résister aux obsessions qui les entourent, et plus d'un se féliciterait sans doute de cette salutaire entrave, qui permettrait de ne faire tomber les choix que sur les familles vraiment pauvres.

Cette disposition ne suffit pas pour assurer l'admission dans les Écoles publiques de tous les enfants qui doivent y être reçus gratuitement.

Dans la plupart des Écoles fondées sur le principe de la gratuité absolue, on voit un grand nombre d'enfants de familles aisées prendre la place qui devrait être réservée aux enfants pauvres, lesquels restent ainsi privés d'instruction.

Les familles aisées, étant plus éclairées, mettent plus d'empressement que les autres à envoyer leurs enfants dans les Écoles; d'un autre côté, ces enfants sont généralement plus proprement tenus, mieux élevés, plus dociles, et ces considérations déterminent trop souvent les instituteurs à les recevoir de préférence. Il importe que le maire et le curé exercent, pour ces Écoles comme pour les autres, le droit qu'ils tiennent de la loi, et qu'aucun enfant ne soit admis dans une École publique sans l'autorisation du maire, représentant de la commune. On sera alors assuré que les Écoles gratuites ne seront plus envahies par des enfants qui pourraient payer la rétribution scolaire, au détriment de ceux qui ne peuvent supporter ce léger sacrifice.

Le projet apporte une autre modification aux dispositions du décret du 7 octobre 1850, concernant la perception de la rétribution scolaire. Sur la proposition concertée des Ministres des Finances et de l'Instruction publique, il avait été arrêté par ce décret que le rôle de la rétribution serait annuel. Cette mesure donne lieu à de nombreuses difficultés. Le rôle annuel, étant rendu obligatoire au commencement de l'année, doit être sans cesse remanié, par suite soit de l'admission d'élèves nouveaux, soit de la sortie des élèves qui y figuraient, et il résulte de cette obligation, pour les percepteurs, des écritures si multipliées, qu'ils ne cessent de réclamer contre un semblable travail; il convient de rendre le rôle de la rétribution scolaire trimestriel, et de décider qu'il sera dressé à la fin, au lieu de l'être au commencement du trimestre, de telle sorte qu'il ne comprenne que les enfants qui auront réellement suivi l'École.

La proposition que j'ai l'honneur de vous soumettre, conformément au désir de M. le Ministre des Finances, doit amener plus d'ordre dans la perception de la rétribution scolaire et tend par conséquent à diminuer les charges de l'État.

J'ose espérer qu'une organisation qui doit rendre tout à la fois l'instruction primaire plus morale et le système financier de cet important service moins onéreux et plus clair, obtiendra l'approbation de Votre Majesté.

Je suis, etc.

Signé : H. FORTOUL.

2e Décret.

NAPOLÉON, etc.,

Sur le rapport de notre Ministre secrétaire d'État au département de l'Instruction publique et des Cultes;

Vu la loi du 15 mars 1850;

Vu le décret du 7 octobre 1850;

Vu l'article 4 du décret du 9 mars 1852, portant que les Recteurs des Académies nomment les instituteurs communaux;

Vu l'avis du Conseil impérial de l'instruction publique;

Notre Conseil d'État entendu,

Avons décrété et décrétons ce qui suit :

TITRE Ier.

Des Écoles communales et des instituteurs.

ARTICLE 1er. — Nul n'est nommé définitivement instituteur communal s'il n'a dirigé pendant trois ans, au moins, une École en qualité d'instituteur suppléant, ou s'il n'a exercé pendant trois ans, à partir de sa vingt et unième année, les fonctions d'instituteur adjoint.

ART. 2. — Nul ne peut être nommé instituteur suppléant, s'il ne remplit les conditions déterminées par l'article 25 de la loi du 15 mars 1850.

ART. 3. — Les instituteurs suppléants peuvent être chargés, par les Recteurs des Académies, de la direction soit des Écoles publiques dans les communes dont la population ne dépasse pas 500 âmes, soit des Écoles annexes dont l'établissement serait reconnu nécessaire.

Ils remplacent temporairement les instituteurs communaux en cas de congé, de démission ou de révocation, de maladie ou de décès.

ART. 4. — Les instituteurs suppléants, dirigeant des Écoles publiques, reçoivent un traitement dont le minimum est fixé ainsi qu'il suit, y compris le produit de la rétribution scolaire :

Instituteur suppléant de 1re classe. .	500	francs.
— — de 2e classe. . .	400	—

Il est pourvu au traitement et au logement des instituteurs suppléants conformément aux dispositions de la loi du 15 mars 1850.

Le traitement des instituteurs suppléants remplaçant des instituteurs communaux est fixé par le Recteur de l'Académie; il peut être prélevé sur le traitement du titulaire.

Le passage d'un instituteur suppléant de la deuxième à la première classe peut avoir lieu sans changement de résidence.

Le nombre des instituteurs suppléants de première classe ne peut excéder, dans chaque département, le tiers du nombre des instituteurs suppléants.

ART. 5. — Sur la proposition du Recteur de l'Académie, une allocation supplémentaire peut être accordée par le Ministre de l'Instruction publique aux instituteurs communaux qui l'auront mérité par leurs bons services[1].

1. Consulter la circulaire du 2 *février* 1855 sur l'application de cet article. (*Circulaires et Instructions officielles, etc.*, Tome IV, page 675.)

Cette allocation est calculée de manière à élever à 700 francs après cinq ans, et à 800 francs après dix ans, le revenu scolaire, dont le minimum est fixé à 600 francs par la loi du 15 mars 1850; elle peut être annuellement renouvelée, si l'instituteur continue à s'en rendre digne.

Dans tous les cas, le nombre des instituteurs communaux qui reçoivent cette indemnité ne peut dépasser le dixième du nombre total des instituteurs communaux de la circonscription académique. Ce dixième ne devra être complètement atteint, s'il y a lieu, que dans cinq ans à partir du 1er janvier 1854.

TITRE II.

Des Écoles de filles.

ART. 6. — Les Écoles de filles, avec ou sans pensionnat, sont divisées en deux ordres, savoir :

Écoles de premier ordre;

Écoles de second ordre.

ART. 7. — Aucune aspirante au brevet de capacité ne peut être admise à se présenter devant une Commission d'examen, si elle n'est âgée, au jour de l'ouverture de la session, de dix-huit ans accomplis.

Le brevet de capacité mentionne l'ordre d'enseignement pour lequel il a été délivré.

ART. 8. — Nulle institutrice laïque ne peut diriger une maison d'éducation de premier ordre, si elle n'est pourvue d'un brevet de capacité délivré après un examen portant sur toutes celles des matières d'enseignement énumérées aux articles 23 et 48 de la loi du 15 mars 1850, qui sont exigées pour l'éducation des femmes.

ART. 9. — Des institutrices peuvent être chargées de la direction des Écoles publiques communes aux enfants des deux sexes, qui, d'après la moyenne des trois dernières années, ne reçoivent pas annuellement plus de 40 élèves.

Les dispositions de l'article 4 du présent décret relatives au traitement et au logement sont applicables à ces institutrices.

ART. 10. — Toutes les Écoles communales ou libres de filles, tenues soit par des institutrices laïques, soit par des associations religieuses non cloîtrées ou même cloîtrées, sont soumises, quant à l'inspection et à la surveillance de l'enseignement en ce qui concerne l'externat, aux autorités instituées par les articles 18 et 20 de la loi du 15 mars 1850.

ART. 11. — Le Recteur de l'Académie délègue, lorsqu'il y a lieu, des dames pour inspecter, aux termes des articles 50 et 53 de la loi du 15 mars 1850, l'intérieur des pensionnats tenus par des institutrices laïques.

ART. 12. — L'inspection des pensionnats de filles tenus par des associations religieuses cloîtrées ou non cloîtrées est faite, lorsqu'il y a lieu, par des ecclésiastiques nommés par le Ministre de l'Instruction publique, sur la présentation de l'évêque diocésain.

Les rapports constatant les résultats de cette inspection sont transmis directement au Ministre.

TITRE III.

De la rétribution scolaire.

ART. 13. — A la fin de chaque année scolaire, le Préfet, ou par délégation le Sous-Préfet, fixe, sur la proposition des délégués cantonaux et l'avis de l'Inspecteur de l'instruction primaire, le nombre maximum des enfants qui, en vertu des prescriptions de l'article 24 de la loi du 15 mars 1850, pourront être admis gratuitement dans chaque École publique pendant le cours de l'année suivante[1].

La liste des élèves gratuits, dressée par le maire et les ministres des différents cultes et approuvée par le Conseil municipal, conformément à l'article 45 de la loi du 15 mars 1850, ne doit pas dépasser le nombre ainsi fixé.

Lorsque cette liste est arrêtée par le Préfet, il en est délivré, par le maire, un extrait sous forme de billet d'admission à chaque enfant qui y est porté.

Aucun élève ne peut être reçu gratuitement dans une École communale, s'il ne justifie d'un billet d'admission délivré par le maire.

ART. 14. — A partir de l'exercice 1854, le rôle de la rétribution scolaire, prescrit par l'article 22 du décret du 7 octobre 1850, sera dressé à la fin de chaque trimestre. Il comprendra tous les enfants présents à l'École pendant le trimestre écoulé, avec l'indication du nombre de douzièmes dus pour chacun d'eux. Il ne sera tenu compte, dans le rôle trimestriel, d'aucune fraction de douzième, tout mois commencé étant dû en entier.

1. Consulter les circulaires des 31 *janvier* 1854, 28 *février* et 10 *septembre* 1855. *Circulaires et Instructions officielles, etc.*, Tome IV, pages 398, 692 et 769.)

Circulaire du Ministre de l'Instruction publique aux Archevêques et Évêques, relative à l'inspection des Écoles de filles dirigées par des communautés religieuses. 26 janvier 1854.

26 Janvier 1854.

Monseigneur, la loi du 15 mars 1850 a décidé que « tout ce qui se rapporte à « l'examen des institutrices, à la surveillance et à l'inspection des Écoles de « filles serait l'objet d'un règlement délibéré en Conseil supérieur (art. 50) ». Quoique l'ordonnance de 1836, qui régissait les Écoles de filles, ne fût point abrogée par cette disposition, et que les règles établies fussent par conséquent toujours en vigueur, l'inspection des Écoles tenues par des communautés religieuses a donné lieu, sur quelques points du territoire, à des difficultés dont la solution ne pouvait pas être ajournée plus longtemps. Le décret du 31 décembre dernier, dont je vous envoie ci-joint un exemplaire, a pour objet de fixer toutes les incertitudes. Mûrement délibérées par le Conseil impérial de l'instruction publique et par le Conseil d'État, ses dispositions ont été combinées en vue d'approprier aux conditions particulières des établissements la surveillance et l'inspection qui sont commandées par la loi. Vous y reconnaîtrez, je l'espère, cet esprit de haute équité dont le Gouvernement de Sa Majesté impériale a déjà donné des gages si nombreux.

Les Écoles de filles sont partagées, par le nouveau règlement, au point de vue de la surveillance, en trois catégories. Votre Grandeur comprendra les motifs qui m'engagent à l'entretenir particulièrement de celles qui sont dirigées par des communautés religieuses.

Aux termes de l'article 10, « toutes les Écoles communales ou libres, tenues, « soit par des institutrices laïques, soit par des institutrices religieuses, sont « soumises, quant à l'inspection et à la surveillance de l'enseignement, aux au- « torités instituées par les articles 18 et 20 de la loi du 15 mars 1850 ». L'article 12 ajoute que l'inspection des pensionnats de filles, tenus par des congrégations religieuses, cloîtrées ou non cloîtrées, est faite, lorsqu'il y a lieu, par des ecclésiastiques nommés par le Ministre de l'Instruction publique, sur la présentation de l'évêque diocésain.

Afin de fixer le sens du décret, j'ajouterai ici que par externat on doit entendre les classes situées en dehors de la ligne de clôture, dans lesquelles les élèves sont reçues pour le temps des études. Lorsque les classes sont ouvertes hors de la clôture et que des parents, aussi bien que des maîtres étrangers, y entrent librement, elles constituent un externat, dans l'acception la moins équivoque du mot, et sont placées sans conteste sous le régime commun de l'inspection. Quant à la surveillance à exercer, conformément à l'article 21 de la loi du 15 mars 1850, sur l'éducation donnée à l'intérieur de la ligne de la clôture des établissements religieux, ce n'est pas aux autorités désignées à l'article 10 qu'elle est attribuée, mais bien aux délégués ecclésiastiques établis par l'article 12. Ainsi les établissements religieux cloîtrés, qui renferment à la fois des pensionnats dans la clôture et des externats hors de la clôture, ne sont soumis à la surveillance des autorités instituées par la loi de 1850, et dans les limites fixées par l'article 21 de cette loi, qu'en ce qui concerne l'externat seulement. C'est dans ces termes que sont conçues les instructions que j'adresse aux Recteurs par la circulaire dont vous trouverez ci-joint un exemplaire.

Votre Grandeur a sur tous les établissements ecclésiastiques de son diocèse un droit de juridiction spirituelle qui ne peut être pour la puissance civile qu'un sujet de sécurité. Le décret du 31 décembre dernier en a appliqué le principe, en vous attribuant la présentation des ecclésiastiques qui seront chargés d'inspecter les pensionnats dirigés par des religieuses. Le Gouvernement ne peut douter que cette fois encore vous ne répondiez à son appel. Je vous prie de vouloir bien me désigner les prêtres qui vous paraîtraient, sous tous les rapports, les plus capables de bien remplir la mission délicate et si importante définie par l'article 12. Il ne s'agit pas sans doute ici d'une mission administrative et salariée qui exclut, par la multiplicité des travaux qui s'y rapportent, l'exercice de toute autre fonction ; cependant, et les termes du décret le disent assez, les personnes que vous aurez présentées recevront un titre durable auquel seront attachés pour elles des droits et des devoirs permanents, et qui devra leur inspirer, avec la pensée d'un bien réel à accomplir, le sentiment d'une véritable responsabilité.

Vous fixerez vous-même, Monseigneur, le nombre des ecclésiastiques que vous jugerez convenable de désigner pour l'inspection des établissements de votre diocèse. Ce nombre sera nécessairement proportionné à celui des pensionnats dirigés par des associations religieuses.

Le second paragraphe de l'article 12 porte « que les rapports constatant les « résultats de l'inspection seront transmis directement au Ministre ». Vous trouverez, j'aime à le croire, dans cette disposition, le témoignage des intentions du Gouvernement et de l'esprit qu'il portera dans l'exécution du nouveau décret. Elle est pour les délégués ecclésiastiques une garantie précieuse qui relève leur autorité et qui doit encourager leur zèle.

Dans le cas où des difficultés, que je ne puis pas prévoir, viendraient à s'élever, Votre Grandeur sait qu'elle me trouvera toujours disposé à faire mes efforts pour les aplanir.

Agréez, etc.

Signé : H. FORTOUL.

---

26 janvier 1854. **Circulaire du Ministre de l'Instruction publique, relative à l'exécution du décret du 31 décembre 1853, en ce qui concerne la tenue et l'inspection des établissements destinés à l'éducation des filles.**

26 Janvier 1854.

Monsieur le Recteur, les dispositions énoncées au titre II du décret du 31 décembre 1853 abrogent d'une manière définitive, et conformément à l'esprit de la loi du 15 mars 1850 (art. 53), l'ancienne classification des établissements destinés à l'éducation des filles en Écoles primaires et en Écoles secondaires. Désormais toutes les maisons consacrées à l'enseignement des femmes, quelles qu'elles soient, sont soumises aux dispositions qui régissent l'instruction primaire.

Par la force même des choses, ces maisons sont divisées en deux ordres; à ces deux ordres d'Écoles correspond un brevet de capacité qui, tout en conférant des droits différents, selon l'ordre d'enseignement pour lequel il est délivré, n'en garde pas moins, sous la double forme qu'il revêt, l'unité de son caractère.

Ce brevet continue à être délivré dans les conditions prescrites par le règlement du 15 février 1853. Mais une innovation notable est la disposition relative à l'âge auquel les aspirantes peuvent se présenter devant les Commissions d'examen.

Ni au point de vue moral, ni au point de vue pédagogique, il n'existait de motif réel de différer, au delà de dix-huit ans, le moment où il peut être permis aux futures institutrices de paraître devant les jurys d'examen. La disposition du règlement du 29 juillet 1850 a donc été appliquée aux aspirantes par l'article 7 du décret du 31 décembre. La nouvelle limite doit être considérée comme infranchissable. Vous n'aurez plus à me transmettre aucune demande de dispense d'âge en faveur des jeunes personnes qui ne rempliraient pas la condition indiquée.

Aux termes de l'article 8, toute institutrice laïque, qui veut diriger une maison de premier ordre, doit être pourvue d'un brevet délivré après un examen portant sur toutes les matières d'enseignement énumérées aux articles 23 et 48 de la loi du 15 mars 1850, qui sont exigées pour l'éducation des femmes. Par ces derniers mots, il faut entendre : une instruction religieuse approfondie, l'arithmétique, l'histoire et la géographie, particulièrement l'histoire de France, les éléments des sciences physiques et de l'histoire naturelle, des notions de littérature, de dessin linéaire et de musique.

Les dispositions de l'arrêté du 15 février 1853 règlent d'avance la forme et la durée des épreuves; vous aurez soin de veiller à ce que ces dispositions soient fidèlement observées.

J'appelle spécialement votre attention sur la partie du décret relative à l'inspection des Écoles de filles. Cette inspection est exercée par différents délégués, selon qu'elle a pour objet les Écoles d'externes, l'intérieur des pensionnats laïques, et les pensionnats tenus par les communautés religieuses.

Toutes les Écoles communales et libres de filles tenues soit par des institutrices laïques, soit par des associations religieuses cloîtrées ou non cloîtrées, sont soumises, en ce qui concerne l'externat, aux autorités instituées par les articles 18 et 20 de la loi du 15 mars 1850.

J'ajoute immédiatement que vous devez entendre par externat les classes instituées en dehors de la ligne de clôture, dans lesquelles les élèves sont reçues pour le temps des études. Lorsque les classes sont ouvertes hors de la clôture et que des parents aussi bien que des maîtres étrangers y entrent librement, elles constituent un externat dans le sens le moins équivoque de ce mot, et sont placées sans conteste sous le droit commun de l'inspection. Quant à la surveillance que l'État doit exercer, conformément à l'article 21 de la loi du 15 mars 1850, sur l'éducation donnée à l'intérieur de la ligne de clôture des établissements religieux, ce n'est pas aux autorités désignées dans l'article 10 qu'elle est attribuée, mais bien aux délégués ecclésiastiques institués par l'article 12. Ainsi, les établissements religieux cloîtrés, qui renferment à la fois des pensionnats dans la clôture et des externats hors de la clôture, ne sont soumis à la surveillance des autorités instituées par la loi de 1850, et dans les limites fixées par l'article 21 de cette loi, qu'en ce qui concerne l'externat seulement.

L'intérieur des pensionnats tenus par des institutrices laïques ne doit être visité ni par les délégués cantonaux, ni par l'Inspecteur de l'instruction primaire. Les motifs de haute convenance et de prudente réserve, qui engagent à confier cette inspection à des femmes, n'ont pas besoin d'être reproduits ici; ils se révèlent suffisamment d'eux-mêmes. Rien de plus difficile que la surveillance dont il est question. Il n'est point de mission qui exige plus de tact et de mesure, plus de prudence et de fermeté; il n'en est pas qui témoigne davantage de la confiance de l'administration supérieure dans les personnes à qui elle est offerte. Vous vous associerez, je n'en doute pas, dans l'accomplissement d'une tâche si délicate, des dames dont le caractère et la réputation seront tout ensemble, pour les directrices des pensionnats, un encouragement et un avertissement. Ces dames comprendront que des intérêts moraux de premier ordre sont remis entre leurs mains, que de leur zèle et de leur sollicitude dépend la direction qui sera donnée à l'éducation des femmes. Elles s'attacheront aux fonctions qu'elles consentiront à accepter; éclairées par vous, elles y apporteront, avec un vif désir du bien, la parfaite intelligence de leurs devoirs.

La volonté de l'administration n'est pas, au reste, de compliquer la mission de ces dames en les chargeant de l'inspection de l'enseignement. A cet égard, les autorités désignées par l'article 10 continueront à remplir des devoirs dont toutes les convenances se réunissent pour leur attribuer l'exercice.

Il y aura donc lieu de distinguer, dans tout établissement laïque, le pensionnat, même primaire, de l'externat. L'intérieur de tout pensionnat laïque sera visité par les dames seules. Pour les classes, elles resteront soumises à la surveillance des Inspecteurs et des délégués, qui exerceront leur mission conformément à la loi du 15 mars 1850, selon que l'École sera communale ou libre.

Je m'en rapporte à votre jugement pour la détermination du nombre des dames au dévouement desquelles vous avez à faire appel. Ce nombre est naturellement en rapport avec celui des pensionnats laïques ouverts dans le ressort de votre Académie.

Quant aux pensionnats de filles tenus par des religieuses cloîtrées ou non cloîtrées, l'inspection en sera faite exclusivement par les délégués ecclésiastiques que je nommerai, sur la proposition de Mgr l'évêque du diocèse.

J'écris à NN. SS. les évêques pour leur demander les présentations qu'ils doivent m'adresser. Vous trouverez ci-joint un exemplaire de cette lettre, où j'ai porté à la connaissance des prélats les principes qui dirigeront l'administration de l'Instruction publique dans les délicates matières réglées par le décret du 31 décembre.

Vous voudrez bien me rendre compte, Monsieur le Recteur, des mesures auxquelles aura donné lieu l'exécution des ordres contenus dans la présente circulaire.

Recevez, etc.

Signé : H. FORTOUL.

---

3 février 1854. **Circulaire du Ministre de l'Instruction publique, relative à l'application du décret du 31 décembre 1853 sur les Écoles primaires[1].**

3 Février 1854.

Monsieur le Recteur, le rapport qui a précédé le décret du 31 décembre dernier vous a suffisamment expliqué dans quelles vues il a été décidé que nul

1. Voir la circulaire aux Préfets et l'instruction du 31 *janvier* 1854, relativement à l'application du même décret en ce qui concerne les conséquences financières. (*Circulaires et Instructions officielles, etc.*, Tome IV, page 396.)

désormais ne sera nommé définitivement instituteur communal s'il n'a préalablement fait preuve d'aptitude, pendant trois ans au moins, dans les fonctions d'instituteur suppléant ou d'instituteur adjoint.

Je dois vous faire connaître aujourd'hui comment il me paraît que ce décret doit être exécuté. Vous avez compris, sans nul doute, qu'il ne s'applique pas aux instituteurs actuellement en activité de service, et que, par conséquent, les maîtres déjà pourvus d'une nomination régulière continueront de recevoir le titre d'instituteur communal lorsque, par voie de mutation, vous les appellerez à la direction d'une nouvelle École. Les maîtres qui entreront dans la carrière devront seuls être nommés instituteurs suppléants.

Si vous devez vous montrer difficile dans le choix des candidats que vous appellerez d'abord aux fonctions d'instituteurs suppléants, et plus tard à celles d'instituteurs communaux ; si, dans un intérêt moral que vous comprenez mieux que personne, vous devez être sévère à l'égard des maîtres qui n'apporteraient dans la direction de la jeunesse ni le zèle nécessaire ni une conduite exemplaire, le décret vous donne les moyens de récompenser les bons services, et vous ouvre ainsi une voie dans laquelle vous entrerez, je n'en doute pas, avec une vive satisfaction. Les instituteurs publics ne pouvaient jusqu'à ce jour obtenir un léger avancement qu'au prix de changements souvent onéreux et presque toujours contraires aux intérêts de la jeunesse. Ceux d'entre eux que la conscience du bien qu'ils opéraient retenaient là où ils étaient parvenus à obtenir la confiance publique étaient exposés à se repentir un jour d'avoir cédé à d'honorables sentiments. Grâce à l'article 5 du décret du 31 décembre, il n'en sera plus de même.

J'accorderai, sur votre proposition, des allocations qui pourront élever, suivant les cas, à 700 et à 800 francs le revenu scolaire du dixième des instituteurs de votre Académie. C'est à vous à faire des choix tels que ces allocations deviennent tout à la fois une récompense pour ceux qui les obtiendront et un encouragement pour tous les autres. Vous ne devrez donc me proposer que des maîtres qui, par leurs bons services et par leurs charges de famille, se trouveront dans une position vraiment digne d'intérêt. Ce sera quelquefois un moyen de prolonger l'activité d'instituteurs âgés dont les forces trahiraient le courage, et qui trouveraient dans l'indemnité annuelle qu'ils auraient méritée les moyens d'appeler un instituteur adjoint à leur aide. Cette indemnité tournera ainsi, non seulement au profit des instituteurs, mais encore à celui de la jeunesse, dont les intérêts ne doivent jamais cesser de nous être présents.

Vous remarquerez, Monsieur le Recteur, que l'article 3 du décret vous permet de confier à des instituteurs suppléants la direction des Écoles publiques dans les communes dont la population ne dépasse pas 500 âmes. Cette disposition doit être entendue en ce sens que les Écoles de ces communes qui ne réunissent qu'un petit nombre d'élèves peuvent être confiées, en quelque sorte, d'une manière permanente, à des instituteurs suppléants. C'est principalement pour ces maîtres que le décret a créé un ordre hiérarchique d'avancement de classe. Si le Gouvernement ne croit pas conforme au bien du service de rétribuer les instituteurs peu occupés à l'égal de ceux qui le sont davantage, il ne pense pas non plus que, lorsque ces instituteurs remplissent consciencieusement leurs devoirs, ils doivent être découragés par une perspective trop limitée.

Lorsque vous croirez devoir appeler aux fonctions d'instituteur public d'une grande commune un instituteur suppléant d'une petite commune, vous aurez soin de le remplacer, dans ce dernier poste, par un instituteur suppléant de seconde classe, afin que le département et l'État, n'étant plus obligés de s'imposer des sacrifices hors de proportion avec les services rendus, puissent trouver dans l'économie qui résultera de cette organisation les moyens d'améliorer la situation des maîtres reconnus dignes de récompense. Vous aurez soin, dans ce but, de tenir M. le Préfet au courant de toutes les mutations et de ne me proposer la concession d'une allocation supplémentaire qu'après vous être assuré près de lui de la situation du crédit.

Les instituteurs suppléants, remplissant des fonctions publiques, seront admis, comme les autres, à contracter l'engagement décennal en vue de la dispense du service militaire; vous pourrez donc recevoir ces engagements dans la forme ordinaire.

Il y a lieu d'espérer, grâce surtout aux avantages qu'offre maintenant la carrière de l'instruction primaire, que vous éprouverez chaque jour moins de difficultés pour placer à la tête des Écoles, conformément à l'article 2 du décret, des instituteurs suppléants remplissant toutes les conditions prescrites par la loi. Cependant, s'il en était autrement, vous pourriez, sous les conditions prescrites par la circulaire du 24 décembre 1850, continuer de me demander des autorisations provisoires pour des maîtres âgés de moins de vingt et un ans, ou qui ne seraient pas encore pourvus de brevets de capacité ; mais le département et l'État ne leur accorderont, comme par le passé, aucun complément au-dessus du traitement fixe de 200 francs, et cet exercice provisoire ne les dispensera pas du temps d'épreuve prescrit par l'article 1er du décret.

J'appelle toute votre attention, Monsieur le Recteur, sur les dispositions de l'article 9, lesquelles permettent de confier à des institutrices la direction des Écoles publiques communes aux deux sexes, qui, d'après la moyenne des trois dernières années, ne recevraient pas annuellement plus de quarante élèves. Si cette mesure, déjà consacrée par une expérience décisive dans un grand nombre d'Académies, ne devait être accueillie qu'avec une certaine défiance dans votre ressort, vous ne procéderiez à son exécution qu'avec une grande réserve. Une institutrice ne devra être substituée à un instituteur, dans une École mixte, que là où il sera reconnu que l'établissement d'une École spéciale de filles est impossible. Ce n'est pas pour prolonger une situation à laquelle il est, au contraire, très désirable de mettre un terme, que ces Écoles mixtes devront être confiées à des institutrices ; c'est pour obvier aux inconvénients qu'elles présentent lorsqu'il est indispensable de les conserver. Les institutrices que vous placerez à la tête des Écoles mixtes devront être choisies par vous, conformément au vœu des administrations municipales, soit parmi les laïques, soit parmi les membres des associations religieuses régulièrement autorisées. Il va sans dire que ces dernières pourront exercer en vertu de la lettre d'obédience qui, aux termes de la loi, leur tient lieu de brevet de capacité.

Vous aurez soin, néanmoins, de recommander expressément aux supérieures de communautés religieuses de ne vous désigner que des sœurs ayant l'aptitude nécessaire pour donner aux garçons et aux filles l'instruction prescrite par la loi. Je n'entends pas, en vous adressant cette invitation, affaiblir la confiance que doivent vous inspirer les lettres d'obédience délivrées après des épreuves sérieuses dans le sein des communautés, mais seulement appeler votre attention sur l'aptitude spéciale qui doit distinguer ces religieuses. Telle institutrice peut être chargée avec succès de l'éducation des filles, qui serait, au point de vue de l'instruction scolaire, inhabile à bien diriger celle des garçons. Or, il importe que cette mesure ne soit pas une cause d'affaiblissement pour l'instruction primaire. Les mêmes difficultés peuvent se présenter à l'égard des institutrices laïques ; mais, comme ces institutrices sont pourvues d'un brevet de capacité, indiquant les matières de l'examen qu'elles ont subi, vous avez, en vous faisant présenter cette pièce, un moyen de vous éclairer à cet égard d'une manière plus complète.

Il importe enfin, Monsieur le Recteur, que de semblables Écoles ne soient confiées qu'à des institutrices qui, par leur âge et leurs antécédents, puissent inspirer toute confiance aux familles, et qui sachent, par la fermeté de leur caractère comme par la dignité de leur tenue, se faire respecter des enfants. Placer seules, isolées dans les communes, à la tête de semblables Écoles, des institutrices jeunes et sans expérience, ce serait s'exposer à ramener des inconvénients semblables à ceux que le décret a pour but de prévenir.

J'ai dit, Monsieur le Recteur, qu'il ne faut pas que les mesures adoptées par le Gouvernement soient une cause d'affaiblissement pour l'instruction primaire. Ce n'est pas assez. Le Gouvernement de l'Empereur n'a rien à redouter du progrès des lumières; plus l'instruction primaire sera également répandue, plus les populations seront en état de comprendre et d'apprécier les bienfaits du régime sous lequel nous vivons, et d'accroître, par l'activité de leur intelligence, les forces morales et matérielles de la France, dont le développement ne cesse d'exciter la sollicitude de Sa Majesté Impériale. Si, dans de mauvais jours, quelques hommes ont pu méconnaître les bienfaits de cette instruction, ils ont dû s'apercevoir bientôt qu'en pareille matière, le remède est à côté du mal; l'époque où des craintes sérieuses ont pu s'élever à ce sujet semble déjà bien éloignée, si on en juge par la distance morale qui nous en sépare.

Nous avons donné, jusqu'à présent, tous nos soins à l'amélioration du personnel des instituteurs et à la meilleure organisation matérielle du régime auquel ils sont soumis. Vos rapports me prouvent que nos efforts n'ont pas été perdus, et que nous pouvons espérer d'en recueillir bientôt le fruit. Nous devons maintenant nous attacher à faire en sorte que les familles profitent, plus qu'elles ne l'ont fait jusqu'à ce jour, des sacrifices que les communes, les départements et l'État s'imposent dans leur intérêt. Veuillez donc, Monsieur le Recteur, fixer toute votre attention sur l'état de l'instruction dans les Écoles. Ce ne sont pas seulement des recommandations sérieuses que je vous prie d'adresser aux instituteurs; ce sont les moyens de constater les résultats obtenus que je vous prie d'organiser immédiatement.

L'institution des délégués cantonaux doit vous servir utilement sous ce rapport. Obtenez de MM. les délégués qu'aidés de MM. les maires et curés de chaque commune, ils fassent partout à la fois, dans la seconde quinzaine du mois de mars prochain, un examen détaillé de toutes les Écoles publiques de leur circonscription; qu'ils interrogent les élèves et qu'ils les classent, pour l'instruction religieuse, la lecture, l'écriture et le calcul, dans les catégories suivantes : *Bien, médiocre, mal;* qu'ils recommencent cet examen dans la dernière quinzaine qui précédera les vacances, et la comparaison des classifications du milieu et de la fin de l'année leur donnera la mesure du progrès des élèves. Priez M. le président de la délégation cantonale de vouloir bien communiquer les résultats de ces examens à MM. les Inspecteurs de l'instruction primaire. Ces fonctionnaires feront de ces utiles documents un résumé général par arrondissement, et, après avoir rapproché tous ces renseignements, vous me ferez savoir, à la fin de l'année, non seulement si les instituteurs de votre Académie continuent à se bien conduire, mais si les enfants profitent réellement partout de l'instruction qui leur est offerte.

Je ne doute pas que MM. les délégués cantonaux ne vous prêtent, dans cette circonstance, un concours empressé. Dans le dévouement au bien public, ils ne se méprendront pas sur la nature des communications que vous les prierez de faire à MM. les Inspecteurs de l'instruction primaire; ils accepteront avec plaisir, j'en suis assuré, pour l'accomplissement d'une mission digne de toute leur attention, la collaboration de fonctionnaires auxquels sans doute aucun lien hiérarchique ne les rattache, mais dont tous les efforts concourent au même but.

Recevez, etc.

Signé : H. FORTOUL.

---

15 février 1854.

Décret portant création d'une troisième place d'Inspecteur général de l'enseignement primaire.

15 Février 1854.

NAPOLÉON, etc.,

Sur le rapport de notre Ministre secrétaire d'État au département de l'Instruction publique et des Cultes;

Vu l'article 1er du décret du 9 mars 1852,

Avons décrété et décrétons ce qui suit :

ARTICLE 1er. — Il est créé une troisième place d'Inspecteur général de l'enseignement primaire.

. . . .

---

7 mars 1854.

Circulaire du Ministre de l'Instruction publique, prescrivant l'établissement d'un inventaire du mobilier des Écoles primaires communales.

7 Mars 1854.

Monsieur le Préfet, il arrive assez souvent que les registres, instructions, cartes, tableaux, etc., qui font partie du mobilier des Écoles primaires publiques, et qui sont, dès lors, une propriété communale, sont divertis ou égarés, lorsque l'instituteur quitte la commune pour passer dans une autre résidence.

Pour obvier à cet inconvénient, qui est, à tous égards, préjudiciable au bien du service, je vous recommande, Monsieur le Préfet, d'inviter le maire de chaque commune de votre département où il existe une École publique à dresser, contradictoirement avec l'instituteur communal, un inventaire exact et descriptif de tous les objets mobiliers qui garnissent ladite École. Cet inventaire devra être fait en double; chaque original sera revêtu des signatures du maire et de l'instituteur.

Un de ces doubles devra être déposé à la mairie, et l'autre sera remis à l'instituteur, qui deviendra responsable des objets y mentionnés.

Lorsque l'instituteur sera appelé dans une autre commune, il sera procédé à la reconnaissance de ces objets par simple récolement, sur la présentation que l'instituteur sera tenu d'en faire à toute réquisition des autorités préposées par la loi à la surveillance des Écoles.

Il sera tenu de les conserver en bon état et de faire constater sur l'inventaire ceux qui, par vétusté ou toute autre cause, disparaîtraient successivement. Il sera responsable de tous ces objets, mais il ne sera obligé de les remettre, à sa sortie, que dans l'état où ils se trouveront.

Le dernier mandat de traitement ne devra être délivré à l'instituteur qu'après la remise régulièrement faite par lui du mobilier de l'École décrit dans l'inventaire.

Je fais part à M. le Recteur de l'Académie de votre département de ces dispositions, dont vous voudrez bien assurer l'exécution.

Recevez, etc.

Signé : H. FORTOUL.

Avis relatif à l'application de la loi sur les pensions civiles aux membres des associations religieuses.

11 mars 1854.

11 Mars 1854.

Le Conseil, etc.,

Vu la note qui lui a été transmise par ordre de Son Excellence le Ministre de l'Instruction publique et des Cultes, et par laquelle le Conseil est consulté sur la solution à donner à la question suivante :

« Les instituteurs primaires nommés sur la présentation des su-
« périeurs des associations religieuses vouées à l'enseignement, au-
« torisées par la loi ou reconnues comme établissements d'utilité
« publique, doivent-ils être réputés fonctionnaires de l'enseignement,
« et, comme tels, doivent-ils être soumis à la retenue établie par
« l'article 3 de la loi du 9 juin 1853 sur les pensions civiles? »

Vu les articles 5, 23, 31 et 34 de la loi sur l'enseignement du 15 mars 1850;

Vu les articles 3 et 4 de la loi sur les pensions civiles du 9 juin 1853;

Considérant qu'il résulte de l'esprit et de la lettre de la loi sur l'enseignement ci-dessus visée :

1° Que l'instruction morale et religieuse est le premier et le principal objet de l'instruction primaire;

2° Que les membres des associations religieuses vouées à l'enseignement, autorisées par la loi ou reconnues comme établissements d'utilité publique, sont aptes et peuvent être appelés à donner l'instruction primaire communale;

3° Que le législateur, en conférant aux supérieurs des associations religieuses dont il s'agit le droit de présenter au choix des communes, pour les places vacantes d'instituteurs primaires, des membres de leur association, et en assimilant ces membres ainsi présentés aux candidats inscrits sur les listes d'admissibilité et d'avancement dressées par les Conseils académiques, a clairement manifesté la haute confiance que lui inspiraient ces associations religieuses et l'estime particulière qu'il avait pour l'excellent esprit qui les animait et les méthodes de leur enseignement;

4° Que les membres des associations religieuses, ainsi présentés, ne cessent pas, après avoir été choisis, d'appartenir à l'association dont ils portent l'habit, suivent la règle et la discipline à laquelle ils demeurent soumis; qu'ils ne sont, à proprement parler, que les instruments, les délégués, et, au besoin, les représentants de cette association, et ne donnent qu'en son nom, en son acquit, et en se conformant à l'esprit de son institution, l'enseignement primaire;

5° Que c'est ce qui ressort évidemment de cette disposition de l'article 34 de la loi de 1850, qui prescrit, qu'au cas où il est établi des instituteurs adjoints auprès des Écoles publiques, ces instituteurs adjoints, lorsqu'ils feront partie des associations religieuses dont il est parlé dans l'article 31, seront nommés et pourront être révoqués par les supérieurs de ces associations;

D'où il suit que ces associations ne constituent point des Écoles normales destinées seulement à former des instituteurs, mais qu'elles sont, au contraire, ainsi que l'indique expressément le texte de la loi, des associations vouées à l'enseignement;

Que l'enseignement est, en effet, leur mission spéciale; que c'est en elles, et non en la foi des candidats par elles présentés, que les communes et les pères de famille se confient pour l'instruction morale des enfants;

Considérant que, dans cet état de choses, la qualité de fonctionnaires de l'enseignement rétribués, tels qu'ils sont désignés en l'article 4 de la loi sur les pensions civiles du 9 juin 1853, ne saurait convenir aux membres des associations religieuses vouées à l'enseignement;

Qu'on ne saurait ranger dans la classe de ceux qui sont voués aux fonctions publiques, ou, autrement dit, des fonctionnaires publics, des hommes dont la vocation première et essentielle est de ne remplir qu'une fonction de charité; qui, par leur institution même, n'ont pas plus en vue l'enseignement public que l'enseignement privé; qui, lors même qu'ils sont placés à la tête des Écoles communales, ne font que se prêter à l'enseignement public; et qui, toujours sous la main d'un supérieur auquel ils doivent une obéissance passive, n'ont jamais la libre disposition d'eux-mêmes, et peuvent, sans cesse, d'un instant à l'autre, être transférés au loin, passer de l'enseignement public à l'enseignement privé, ou même recevoir une destination étrangère à tout enseignement, être chargés d'autres emplois; et cela sans que les communes avec lesquelles les associations ont traité, ou les Recteurs des Académies, qui surveillent les Écoles, puissent exiger de ces associations autre chose, sinon de pourvoir d'une manière convenable au remplacement de ceux que les supérieurs ont déplacés et de prévenir toute interruption dans l'enseignement;

Enfin, que la qualité de fonctionnaire public ne peut appartenir à des hommes qui, dans la principale des associations dont il s'agit, celle des frères des Écoles chrétiennes, ne sont jamais isolés et vivent constamment à l'état d'association, en compagnie et sous la surveillance de deux de leurs associés ou compagnons;

Considérant, d'ailleurs, qu'à vrai dire, les sommes et rétributions allouées par les communes pour l'établissement de ce mode d'enseignement ne sauraient être considérées comme des traitements ou des rétributions afférents aux membres des associations religieuses qui l'exercent, puisque le vœu de pauvreté qui les lie ne permet point qu'ils jouissent personnellement de ces sommes, et qu'ils ne les reçoivent que fictivement pour l'ordre et la régularité de la comptabilité; que lesdites sommes constituent, en réalité, l'indemnité accordée aux associations qui ont la charge et le devoir de subvenir à la nourriture et à l'entretien de ces maîtres délégués;

Qu'en 1838, cela a été reconnu en droit, lorsque des caisses d'épargne furent établies pour assurer des pensions de retraite aux instituteurs communaux, au moyen de retenues exercées sur leurs traitements et rétributions; puisque, si l'on crut alors, dans un intérêt d'uniformité, devoir faire supporter ces retenues aux membres des associations remplissant les fonctions d'instituteurs communaux, on pourvut, par la même ordonnance qui prescrivait la retenue, à ce que le montant des sommes perçues fût restitué, à la fin de chaque exercice, à ceux qui en avaient subi la retenue;

Considérant, de plus, que les retenues opérées sur les traitements et rétributions alloués aux fonctionnaires de l'enseignement sont compensées, en quelque sorte, par la concession du droit à une pension de retraite acquise par ancienneté, à un certain âge, et après un certain nombre d'années de services;

Que cette compensation n'existerait pas pour les membres des associations religieuses vouées à l'enseignement, puisque, lors même qu'ils auraient pu atteindre l'âge et accomplir le nombre d'années de services déterminé par la loi, il ne leur serait pas possible, sans violer les engagements les plus saints, de profiter de la pension de retraite accordée par la loi, puisque les statuts de leur association leur défendent de recevoir aucune rémunération pour l'enseignement auquel ils se consacrent et qu'ils sont tenus de donner gratuitement; d'où il suit qu'on ne saurait, sans blesser profondément l'équité, appliquer les articles 3 et 4 de la loi sur les pensions civiles du 9 juin 1853 aux traitements et rétributions alloués par les communes aux délégués des associations religieuses vouées à l'enseignement et donnant l'instruction primaire, puisque ni ces délégués, ni les associations qui les ont désignés, ne sauraient profiter jamais de la compensation éventuelle qui est le prix des retenues, et que les associations verraient décroître, arbitrairement et sans cause, l'indemnité stipulée entre elles et les communes, pour un service rendu, indemnité strictement calculée d'après les besoins et les nécessités du service; ce qui constituerait un contrat léonin, qui n'a pu entrer dans les vues et qui serait contraire à la haute justice du législateur;

Considérant, enfin, que l'application de la loi du 9 juin 1853 sur les pensions civiles, en assimilant les membres des associations religieuses vouées à l'enseignement, et choisis pour instituteurs primaires, aux fonctionnaires de l'enseignement, et en leur attribuant un droit éventuel à une pension de retraite, tendrait à relâcher les liens qui les unissent à leur association, à dénaturer leur vocation, à exciter en eux des sentiments contraires aux sentiments de modestie chrétienne, d'humilité profonde et de parfaite abnégation de soi-même, dont ils ont été jusqu'ici les plus parfaits modèles, et qu'une telle dégénération d'un des plus vénérables et des plus utiles établissements religieux des temps modernes ne serait pas moins préjudiciable à l'État qu'à la religion;

Considérant, en dernier lieu, que l'exemption invoquée par les associations religieuses vouées à l'enseignement serait sans dommage pour le Trésor de l'État, puisque, s'il en résultait qu'il ne percevrait aucune retenue sur les sommes que ces associations reçoivent comme la juste indemnité d'un service rendu, l'État serait affranchi de toute rémunération pour ce service et n'aurait aucune pension de retraite à payer aux membres de ces associations,

Est d'avis que la loi sur les pensions civiles du 9 juin 1853 n'est point applicable aux membres des associations religieuses vouées à l'enseignement, autorisées par la loi ou reconnues comme établissements d'utilité publique et dirigeant des Écoles primaires communales[1].

1. Par circulaire du 13 *avril* 1854 (*Circulaires et Instructions officielles, etc.,*

Circulaire du Ministre de l'Instruction publique, relative à l'interprétation de la circulaire du 3 février 1854 en ce qui concerne les fonctions de délégués cantonaux[1]. 18 mars 1854.

18 Mars 1854.

Monsieur le Recteur, il s'est élevé quelques doutes sur l'interprétation à donner à la circulaire du 3 février dernier, concernant l'exécution du décret du 31 décembre 1853, en ce qui touche l'examen des Écoles publiques, auquel MM. les délégués cantonaux ont à procéder dans la seconde quinzaine de ce mois et dans la dernière quinzaine qui précédera les vacances.

La circulaire indique sur quels points devra porter l'examen, de quelle manière MM. les délégués auront à classer les élèves des Écoles, et quelles inductions ils auront à tirer, relativement à la mesure des progrès, de la comparaison des deux classements.

La circulaire ajoute que M. le président de la délégation sera prié de vouloir bien communiquer les résultats de l'examen aux Inspecteurs de l'enseignement primaire.

Je dois faire observer, quant à l'examen dont il s'agit en lui-même, que la circulaire n'a nullement pour but d'imposer à MM. les délégués le devoir de se livrer à des opérations compliquées, ardues, telles qu'on pourrait les exiger d'hommes qui sont voués par profession à l'enseignement et qui ont fait à cet effet des études spéciales. Je ne puis donc trop vous recommander, Monsieur le Recteur, de simplifier, d'abréger, autant que possible, la tâche que MM. les délégués ont à remplir. Il ne faut pas perdre de vue qu'en réalité MM. les délégués n'ont pas mission d'apprécier, de contrôler le mérite relatif des procédés, des méthodes diverses; qu'ils n'ont pas à s'enquérir si les élèves des Écoles se rendent compte, par exemple, des principes de la lecture, de l'écriture, etc.; mais qu'ils ont seulement à vérifier si les élèves lisent ou écrivent bien ou mal; que c'est, en un mot, pour eux, la simple constatation d'un fait qu'ils ont à consigner. Pour faciliter ce travail, vous aurez soin d'inviter l'instituteur, dans chaque École, à disposer successivement, pour l'une et l'autre époque d'examen, un état comprenant, outre les noms et prénoms des élèves, autant de colonnes qu'il y a de branches d'enseignement. L'instituteur remettra ce tableau à M. le délégué, qui aura seulement à porter en regard des noms, suivant la circulaire, la mention : *Bien*, *Médiocre*, *Mal*. Il convient d'ajouter que M. le délégué, si cela lui convient, pourra se dispenser d'interroger lui-même les élèves et charger l'instituteur de procéder, en sa présence et sous son contrôle, à cette interrogation.

Je ne doute pas que MM. les délégués ne s'empressent de s'entendre avec MM. les Inspecteurs, conformément à ma circulaire du 3 février dernier, pour la réunion de tous les documents d'après lesquels vous aurez à me présenter un

Tome IV, page 426), la décision fut notifiée aux Préfets. Le Ministre fit rembourser les retenues effectuées depuis le 1er janvier. — Consulter également la circulaire du 18 *avril* 1854. (*Ibid.*, Tome IV, page 426.) — Voir les mesures d'ordre à la circulaire du 8 *février* 1855. (*Ibid.*, Tome IV, page 687.)

1. Par circulaire du 12 *avril* 1854 (*Circulaires et Instructions officielles, etc.*, Tome IV, page 422), la durée des fonctions des délégués cantonaux nommés dans les communes de 2 000 âmes et au-dessus a été fixée à trois ans.

résumé général de l'état de l'enseignement dans votre Académie. Il va sans dire que, si, contre toute prévision, il devait en être autrement sur quelques points, MM. les délégués pourraient toujours vous transmettre directement le résultat de leur inspection. Il convient de n'élever à ce sujet aucune difficulté de forme, et de mettre fin sur-le-champ à celles qui pourraient se présenter.

Recevez, etc.

Signé : H. FORTOUL.

---

20 mars 1854. **Circulaire du Ministre de l'Instruction publique aux Archevêques et Évêques, relative à la nomination des ecclésiastiques chargés de l'inspection des pensionnats de filles dirigés par des communautés religieuses.**

20 Mars 1854.

Monseigneur, par ma circulaire du 26 janvier dernier, j'ai déjà eu l'honneur de donner à Votre Grandeur quelques explications sur le véritable sens du décret du 31 décembre précédent, spécialement en ce qui concerne la surveillance des Écoles de filles tenues par des communautés religieuses, et je pensais avoir suffisamment répondu alors aux inquiétudes, d'ailleurs si respectables, qui s'étaient manifestées, à ce sujet, dans l'épiscopat.

J'ai la confiance, en effet, Monseigneur, qu'il ne vous reste plus aucun doute sur le respect que le Gouvernement de l'Empereur professe pour ce qui tient à votre juridiction spirituelle, notamment à l'obéissance que vous doivent toutes les communautés religieuses de votre diocèse, ainsi qu'aux règles de clôture qui peuvent être imposées à quelques-unes de ces maisons, et dont vous avez seul le droit de déterminer les conditions et les limites.

Mais il est d'autres points que je n'avais pas touchés, parce qu'ils ne me semblaient offrir de difficultés d'aucun genre, et sur lesquels, néanmoins, subsistent encore certaines préoccupations que je tiens à dissiper.

On s'est demandé s'il n'y avait pas quelque inconvénient à ce qu'un prêtre fût investi, par la nomination du Gouvernement, d'un pouvoir permanent dans des maisons soumises en tout à l'autorité diocésaine, et s'il ne pouvait pas naître de là des conflits préjudiciables à la paix de ces saintes retraites, ainsi qu'aux droits de la hiérarchie.

D'abord, Monseigneur, vous ne perdrez pas de vue que cet ecclésiastique n'est nommé par le Ministre que sur la présentation de Votre Grandeur; et je ne puis admettre que vous vous fassiez illusion jusqu'à me proposer, pour de telles fonctions, un prêtre capable d'abuser à ce point de votre confiance et de la mienne.

Toutefois, comme, à la rigueur, il pourrait arriver que celui qui, d'abord, aurait été digne de votre choix, ne vous parût pas, dans la pratique, convenir à cette délicate mission, mon intention est de ne faire ces nominations que pour un an ; et, dans le cas même où, durant l'année, Votre Grandeur jugerait nécessaire de retirer à l'ecclésiastique choisi par vous les pouvoirs indispensables pour pénétrer dans l'intérieur des maisons cloîtrées, immédiatement je procéderais à son remplacement dans les formes prescrites par l'article 12 du décret du 31 décembre 1853.

Quant aux rapports que devront m'adresser ces Inspecteurs spéciaux, ils se borneront à mentionner : 1° si les bâtiments destinés aux élèves sont salubres, si les dortoirs ne contiennent pas plus d'enfants qu'ils ne doivent en recevoir ; 2° si les règles de l'hygiène sont observées dans l'établissement ; 3° si les livres mis entre les mains des enfants et les leçons qui leur sont données ne renferment rien de contraire aux prescriptions de l'article 21 de la loi du 15 mars 1850, ni au respect et à la fidélité dus à l'Empereur.

Une copie de tous les rapports adressés au Ministre par ces Inspecteurs spéciaux sera envoyée par eux à l'évêque diocésain.

Vous voyez, Monseigneur, que, si, d'une part, le gouvernement de Sa Majesté Impériale maintient le droit, qui ne saurait lui être contesté, de se faire rendre compte de tout ce qui intéresse l'administration du pays, de l'autre, il comprend tous les égards dus à un ministère sacré et à de hautes convenances.

Recevez, etc.

Signé : H. FORTOUL.

Décret plaçant les salles d'asile sous la protection de l'Impératrice. 16 mai 1854.

16 Mai 1854.

NAPOLÉON, etc.,

Sur le rapport de notre Ministre secrétaire d'État au département de l'Instruction publique et des Cultes ;

Considérant que les salles d'asile contribuent de la manière la plus efficace au bien-être moral et physique de l'enfance, partout où les familles demandent leurs moyens d'existence à des travaux qui les éloignent nécessairement de leur domicile ;

Voulant contribuer au développement d'une institution si utile à la partie la moins aisée de la population de l'Empire, et donner en même temps à l'Impératrice Eugénie, notre chère et bien aimée épouse, une preuve particulière de notre affection,

Avons décrété et décrétons ce qui suit :

ARTICLE 1er. — Les salles d'asile de l'enfance sont placées sous la protection de l'Impératrice.

Décret portant création du Comité central de patronage des salles d'asile. 16 mai 1854.

16 Mai 1854.

ARTICLE 1er. — Un Comité central de patronage, placé sous les auspices de l'Impératrice, est institué près le Ministère de l'Instruction publique et des Cultes, pour la propagation et la surveillance des salles d'asile en France.

ART. 2. — Le Comité central de patronage donnera tous ses soins à la propagation des salles d'asile;

Il veillera au maintien des bons procédés d'éducation et de premier enseignement dans ces établissements;

Il proposera les mesures propres à en améliorer le régime;

Il donnera son avis sur les livres ou objets qui pourront y être utilement employés;

Il recueillera et distribuera les offrandes qui lui seront faites pour l'entretien des enfants pauvres admis dans les salles d'asile;

Il distribuera dans le même but la subvention qui sera mise, chaque année, à sa disposition, sur les fonds de l'État, par notre Ministre de l'Instruction publique et des Cultes;

Il pourra être appelé à donner son avis sur les concessions de secours demandés à l'État pour l'établissement et l'entretien des salles d'asile, et recevra communication des rapports des Inspecteurs et des déléguées générales.

ART. 3. — Chaque année, notre Ministre de l'Instruction publique et des Cultes présentera à l'Impératrice un rapport du Comité central de patronage, constatant la situation et les besoins des salles d'asile en France.

ART. 4. — Le Comité central de patronage des salles d'asile est composé ainsi qu'il suit :

Mgr. le cardinal Morlot, archevêque de Tours, *président;* MM. Amédée Thayer, sénateur, *vice-président;* Gustave Pillet, chef de division au Ministère de l'Instruction publique et des Cultes, *secrétaire;* Doubet, *secrétaire adjoint;* Mmes la comtesse de Bar; Baroche; la duchesse de Bassano, dame d'honneur de l'Impératrice; Billault; la duchesse de Cambacérès; Caussin de Perceval; Dumas; la princesse d'Essling, grande maîtresse de la maison de l'Impératrice; Feray d'Isly; Fortoul; Achille Fould; la marquise de la Grange; la baronne de Mackau; la baronne de Malaret, dame du palais de l'Impératrice; la comtesse de Montebello, dame du palais de l'Impératrice; Édouard Odier; de Parieu; la marquise de Pastoret; la comtesse de Persigny; la baronne de Serlay, dame de S. A. I. la princesse Mathilde; la baronne Thénard; Troplong; la baronne de Vareignes[1].

ART. 5. — Le président de la Commission d'examen des asiles du département de la Seine fait partie du Comité central de patronage.

ART. 6. — Les inspectrices des salles d'asile et la directrice du

1. Par décret en date du 19 *juillet* 1854, Mmes Duplay et Hanryat ont été appelées à faire partie du Comité central de patronage.

cours pratique peuvent être appelées au sein du Comité central, pour y donner verbalement des explications et leur avis, soit sur des affaires dont l'examen leur aura été renvoyé, soit sur des questions d'intérêt général concernant les salles d'asile.

Loi sur l'instruction publique.

14 juin 1854.

14 Juin 1854.

TITRE Ier.

De l'administration de l'instruction publique.

ARTICLE 1er. — La France est divisée en seize circonscriptions académiques, dont les chefs-lieux sont : Aix, Besançon, Bordeaux, Caen, Clermont, Dijon, Douai, Grenoble, Lyon, Montpellier, Nancy, Paris, Poitiers, Rennes, Strasbourg, Toulouse.

ART. 2. — Chacune des Académies est administrée par un Recteur, assisté d'autant d'Inspecteurs d'Académie qu'il y a de départements dans la circonscription.

Un décret déterminera le nombre des Inspecteurs d'Académie du département de la Seine.

ART. 3. — Il y a au chef-lieu de chaque Académie un Conseil académique, composé :

1° Du Recteur, président;

2° Des Inspecteurs de la circonscription;

3° Des doyens des Facultés;

4° De sept membres choisis tous les trois ans par le Ministre de l'Instruction publique :

Un parmi les archevêques ou évêques de la circonscription;

Deux parmi les membres du clergé catholique ou parmi les ministres des cultes non catholiques reconnus;

Deux dans la magistrature;

Deux parmi les fonctionnaires publics ou autres personnes notables de la circonscription.

ART. 4. — Le Conseil académique veille au maintien des méthodes d'enseignement prescrites par le Ministre en Conseil impérial de l'instruction publique, et qui doivent être suivies dans les Écoles publiques d'instruction primaire, secondaire ou supérieure du ressort.

Il donne son avis sur les questions d'administration, de finances ou de discipline qui intéressent les Colléges communaux, les Lycées et les établissements d'enseignement supérieur.

ART. 5. — Il y a au chef-lieu de chaque département un Conseil départemental de l'instruction publique, composé :

1° Du Préfet, président;

2° De l'Inspecteur d'Académie;

3° D'un Inspecteur de l'instruction primaire désigné par le Ministre;

4° Des membres que les paragraphes 5, 6, 7, 8, 9, 10 et 11 de l'article 10 de la loi du 15 mars 1850 appelaient à siéger dans les anciens Conseils, et dont le mode de désignation demeure réglé conformément à ladite loi et à l'article 3 du décret du 9 mars 1852.

ART. 6. — Pour le département de la Seine, le Conseil départemental de l'instruction publique se compose :

1° Du Préfet, président;

2° Du Recteur de l'Académie de Paris, vice-président;

3° De deux des Inspecteurs d'Académie attachés au département de la Seine;

4° De deux Inspecteurs de l'instruction primaire dudit département;

5° Des membres que les paragraphes 4, 5, 6, 7, 8, 11, 12, 13, 14 et 15 de l'article 11 de la loi du 15 mars 1850 appelaient à faire partie de l'ancien Conseil académique de la Seine, et dont le mode de désignation demeure réglé conformément à ladite loi et à l'article 3 du décret du 9 mars 1852.

ART. 7. — Le Conseil départemental de l'instruction publique exerce, en ce qui concerne les affaires de l'instruction primaire et les affaires disciplinaires et contentieuses relatives aux établissements particuliers d'instruction secondaire, les attributions déférées au Conseil académique par la loi du 15 mars 1850.

Les appels de ses décisions, dans les matières qui intéressent la liberté d'enseignement, sont portés directement devant le Conseil impérial de l'instruction publique, en conformité des dispositions de ladite loi.

ART. 8. — Le Préfet exerce, sous l'autorité du Ministre de l'Instruction publique, et sur le rapport de l'Inspecteur d'Académie, les attributions déférées au Recteur par la loi du 15 mars 1850 et par le décret organique du 9 mars 1852, en ce qui concerne l'instruction primaire publique ou libre.

ART. 9. — Sous l'autorité du Préfet, l'Inspecteur d'Académie instruit les affaires relatives à l'enseignement primaire du département.

Sous l'autorité du Recteur, il dirige l'administration des Collèges et Lycées, et exerce, en ce qui concerne l'enseignement secondaire libre, les attributions déférées au Recteur par la loi du 15 mars 1850.

ART. 10. — Le local de l'Académie, le mobilier du Conseil académique et des bureaux du Recteur sont fournis par la ville chef-lieu.

Le local et le mobilier nécessaires à la réunion du Conseil départemental, et les bureaux de l'Inspecteur d'Académie, ainsi que les frais de bureau, sont à la charge du département.

Ces dépenses sont obligatoires[1].

ART. 11. — Un décret, rendu en la forme des règlements d'administration publique, déterminera les circonscriptions des Académies, ainsi que tout ce qui concerne la réunion et la tenue des Conseils académiques et départementaux.

ART. 12. — Les dispositions du présent titre sont exécutoires à partir du 1er septembre 1854.

TITRE II.

Dispositions spéciales aux établissements d'enseignement supérieur.

ART. 13. — A partir du 1er janvier 1855, les établissements d'enseignement supérieur, chargés de la collation des grades, formeront un service spécial subventionné par l'État; le budget de ce service spécial sera annexé à celui du Ministère de l'Instruction publique et des Cultes; le compte des recettes et des dépenses sera annexé à la loi des comptes, conformément à l'article 17 de la loi du 9 juillet 1836.

Les fonds destinés à acquitter les dépenses régulièrement effectuées, qui n'auraient pu recevoir leur emploi dans le cours de l'exercice, seront reportés, après clôture, sur l'exercice en cours d'exécution; les fonds restés libres seront cumulés avec les ressources du budget nouveau.

ART. 14. — Un décret, rendu en la forme des règlements d'administration publique, déterminera le tarif des droits d'inscription, d'examen et de diplôme à percevoir dans les établissements d'enseignement supérieur chargés de la collation des grades.

Un décret, rendu en la même forme, après avis du Conseil impérial

1. Consulter, pour l'application de l'article 10, les circulaires en date des 11 et 29 *juillet* et 19 *août* 1854. (*Recueil des Lois et Règlements sur l'Enseignement supérieur* par M. A. de Beauchamp, Tome II, pages 338 et 339.)

de l'instruction publique, réglera les conditions d'âge et d'études pour l'admission aux grades, sans qu'il puisse être dérogé à l'article 63 de la loi du 15 mars 1850.

ART. 15. — Les dispositions des lois, décrets, ordonnances et règlements contraires à la présente loi sont et demeurent abrogées.

---

30 juin 1854.

Avis relatif à la Caisse de retraite de la vieillesse.

30 Juin 1854.

Le Conseil, etc.,

Saisi de la question du mode de liquidation des caisses d'épargne consacrées aux instituteurs primaires,

Est d'avis :

1° Qu'il n'y a pas lieu de procéder au remboursement des sommes versées par les instituteurs à la Caisse d'épargne et de prévoyance ;

2° Qu'il serait du devoir de l'État de conserver leur destination aux fonds qui ont été prélevés sur les traitements des instituteurs, et qu'en principe il n'y a rien à changer ni au placement qui en a été fait, ni aux engagements qui ont été contractés par l'État envers les instituteurs.

Le Conseil considérant, toutefois, que la Caisse des retraites pour la vieillesse n'existait pas en 1833, époque de la création des caisses d'épargne des instituteurs ; qu'elle a le même but, et, dans beaucoup de cas, avec des conditions bien plus avantageuses pour les dépositaires,

Est d'avis :

1° Qu'il y a lieu d'autoriser l'instituteur à opter pour le placement à la Caisse des retraites de la vieillesse, en le laissant libre d'y déposer des épargnes comme tout autre dépositaire selon le droit commun, c'est-à-dire avec ou sans aliénation du capital en ce qui concerne ses héritiers ;

2° Que dans le cas où l'instituteur ne ferait pas savoir qu'il est dans l'intention de verser ses épargnes à la Caisse des retraites, elles devraient y être versées, capital réservé avec jouissance de la pension à l'âge de cinquante-cinq ans au plus tôt;

3° Qu'il y a lieu de fixer le délai d'option au 1er janvier 1855.

Avis relatif aux Écoles établies dans les hospices.

14 juillet 1854.

14 Juillet 1854.

Le Conseil, etc.,

Vu les articles 17, 21 et 29 de la loi du 15 mars 1850, ensemble l'article 17 de l'ordonnance du 16 juillet 1833;

Vu toutes les pièces du dossier;

Considérant que l'article 17 de la loi du 15 mars 1850 ne reconnaît que deux classes d'Écoles primaires, celles qui sont fondées ou entretenues par les communes, les départements ou l'État, et qui prennent le nom d'Écoles publiques; celles qui sont fondées par des particuliers ou des associations, et qui prennent le nom d'Écoles libres;

Que l'article 21, tout en admettant des différences entre les deux classes d'Écoles, quant à l'étendue de l'inspection, les soumet néanmoins également toutes à la surveillance des Inspecteurs de l'État;

Considérant que les Écoles tenues dans les hospices ne sauraient, sous aucun rapport, être assimilées soit à l'enseignement privé donné dans le sein des familles, soit à l'enseignement nécessairement très restreint dont il est question au paragraphe 4 de l'article 29 de la loi du 15 mars 1850; qu'en effet, les enfants admis dans les hospices forment une collection d'individus appartenant à diverses familles, et qui sont destinés à rentrer dans la société avec l'éducation qui leur aura été donnée dans ces établissements; d'où résultent, pour l'État, le droit et le devoir de surveiller cette éducation;

Considérant, au surplus, que même en faisant abstraction des lois spéciales sur l'instruction publique, la même conséquence se déduirait encore de la législation particulière sur les établissements charitables;

Qu'en effet les hospices sont des établissements publics placés sous la surveillance et la protection de l'État; que les membres des Commissions administratives sont nommés par les Préfets, et qu'on ne comprendrait pas qu'alors que, pour tous les intérêts purement matériels, ces établissements se trouvent soumis à la tutelle de l'État, ils pussent se soustraire à la surveillance, quand il s'agit d'un intérêt aussi élevé que celui qui s'attache nécessairement à la bonne éducation de la jeunesse,

Par ces motifs :

Est d'avis que les Écoles tenues dans les hospices de Beaune doivent être soumises à l'inspection.

22 août 1854.

Décret sur l'organisation des Académies. [Extrait.]

22 Août 1854.

NAPOLÉON, etc.,

Sur le rapport de notre Ministre secrétaire d'État au département de l'Instruction publique et des Cultes;

Vu la loi du 15 mars 1850;

Vu les décrets du 9 mars et du 10 avril 1852;

Vu le titre Ier de la loi du 14 juin 1854, relatif à l'Administration académique;

Vu l'avis du Conseil impérial de l'instruction publique;

Le Conseil d'État entendu,

Avons décrété et décrétons :

§ 1er. — *Des Circonscriptions académiques.*

ARTICLE 1er. — L'Académie d'Aix comprend les départements des Basses-Alpes, des Bouches-du-Rhône, de la Corse, du Var, de Vaucluse.

L'Académie de Besançon comprend les départements du Doubs, du Jura, de la Haute-Saône.

L'Académie de Bordeaux comprend les départements de la Dordogne, de la Gironde, des Landes, de Lot-et-Garonne, des Basses-Pyrénées.

L'Académie de Caen comprend les départements du Calvados, de l'Eure, de la Manche, de l'Orne, de la Sarthe, de la Seine-Inférieure.

L'Académie de Clermont comprend les départements de l'Allier, du Cantal, de la Corrèze, de la Creuse, de la Haute-Loire, du Puy-de-Dôme.

L'Académie de Dijon comprend les départements de l'Aube, de la Côte-d'Or, de la Haute-Marne, de la Nièvre, de l'Yonne.

L'Académie de Douai comprend les départements de l'Aisne, des Ardennes, du Nord, du Pas-de-Calais, de la Somme.

L'Académie de Grenoble comprend les départements des Hautes-Alpes, de l'Ardèche, de la Drôme, de l'Isère.

L'Académie de Lyon comprend les départements de l'Ain, de la Loire, du Rhône, de Saône-et-Loire.

L'Académie de Montpellier comprend les départements de l'Aude, du Gard, de l'Hérault, de la Lozère, des Pyrénées-Orientales.

L'Académie de Nancy comprend les départements de la Meurthe, de la Meuse, de la Moselle, des Vosges.

L'Académie de Paris comprend les départements du Cher, d'Eure-et-Loir, de Loir-et-Cher, du Loiret, de la Marne, de l'Oise, de la Seine, de Seine-et-Marne, de Seine-et-Oise.

L'Académie de Poitiers comprend les départements de la Charente, de la Charente-Inférieure, de l'Indre, d'Indre-et-Loire, des Deux-Sèvres, de la Vendée, de la Vienne, de la Haute-Vienne.

L'Académie de Rennes comprend les départements des Côtes-du-Nord, du Finistère, d'Ille-et-Vilaine, de la Loire-Inférieure, de Maine-et-Loire, de la Mayenne, du Morbihan.

L'Académie de Strasbourg comprend les départements du Bas-Rhin, du Haut-Rhin.

L'Académie de Toulouse comprend les départements de l'Ariège, de l'Aveyron, de la Haute-Garonne, du Gers, du Lot, des Hautes-Pyrénées, du Tarn, de Tarn-et-Garonne.

§ II. — *Des Facultés et des Écoles d'enseignement supérieur.*

. . . .

§ III. — *Des Conseils académiques.*

ART. 14. — Le Conseil académique[1] se réunit deux fois par an, au mois de juin et au mois de novembre, sur la convocation du Recteur. Chacune de ses sessions dure huit jours au moins et un mois au plus.

Il peut être convoqué en session extraordinaire par le Ministre de l'Instruction publique.

Dans la session de juin, le Conseil académique entend les comptes rendus des Inspecteurs d'Académie touchant le service de l'instruction secondaire et de l'instruction primaire dont ils sont spécialement chargés dans les départements.

Dans la session de novembre, il entend les rapports détaillés des doyens sur l'état des études et sur les résultats des examens dans chaque Faculté. Le Recteur détermine les parties de ces rapports qui seront lues dans la séance solennelle de rentrée.

Dans l'une et l'autre session, le Conseil académique délibère en outre sur les questions qui lui sont soumises par le Recteur, en vertu de l'article 4 de la loi du 14 juin 1854.

1. Consulter l'instruction du 8 *mai* 1855. (*Circulaires et Instructions officielles, etc.*, Tome IV, page 718.)

§ IV. — *De l'Administration académique.*

Art. 15. — Les fonctionnaires de l'Administration académique sont :

1° Le Recteur;

2° Les Inspecteurs d'Académie;

3° Les Inspecteurs de l'instruction primaire;

4° Le secrétaire de l'Académie.

Art. 16. — Nul ne peut être nommé Recteur s'il n'est pourvu du grade de docteur.

Art. 17. — Les attributions du Recteur comprennent :

1° La direction et la surveillance des établissements d'enseignement supérieur;

2° La direction et la surveillance des établissements publics d'enseignement secondaire;

3° La surveillance de l'enseignement secondaire libre;

4° Le maintien des méthodes de l'enseignement primaire public.

Art. 18. — Le Recteur dirige personnellement et surveille, soit par lui-même, soit avec le concours des Inspecteurs d'Académie, les établissements d'enseignement supérieur.

Il assiste, quand il le juge convenable, aux délibérations des Facultés et des Écoles préparatoires; dans ce cas, il les préside, mais il ne prend point part aux votes.

Il réunit, tous les mois, en Comité de perfectionnement, les doyens des Facultés et les directeurs des Écoles préparatoires du ressort.

Il convoque les Facultés, soit ensemble, soit séparément, pour délibérer sur les programmes particuliers de chaque cours et les coordonner entre eux.

Il transmet ces programmes au Ministre, avec son avis motivé.

Il fait au Ministre ses propositions sur les budgets et sur les comptes annuels des établissements d'enseignement supérieur.

Il statue, après avis des Facultés et des Écoles préparatoires, sur toutes les questions relatives aux inscriptions des étudiants.

Art. 19. — Le Recteur dirige, assisté, au besoin, des Inspecteurs d'Académie, les établissements publics d'enseignement secondaire.

Il reçoit, avec l'avis de l'Inspecteur d'Académie, les rapports des proviseurs des Lycées et des principaux des Collèges communaux. Il les résume dans le rapport mensuel qu'il adresse au Ministre.

Il dresse le tableau d'avancement des fonctionnaires des Lycées et des régents des classes supérieures des Collèges communaux.

Il propose des candidats pour les emplois vacants de maître répétiteur des Lycées et de régent des classes de grammaire des Colléges communaux.

Il donne son avis au Ministre sur les comptes administratifs et sur les budgets des Lycées et Collèges.

Lorsqu'il est en tournée, il réunit, s'il y a lieu; les bureaux d'administration placés près des Lycées et des Collèges communaux.

Art. 20. — Le Recteur surveille, soit par lui-même, soit par l'intermédiaire des Inspecteurs d'Académie, l'enseignement secondaire libre.

Il pourvoit à ce que les établissements particuliers soient inspectés une fois au moins par an, et il adresse au Ministre le résumé des rapports de l'inspection.

Art. 21. — Le Recteur veille, par l'intermédiaire des Inspecteurs d'Académie et des Inspecteurs primaires, à l'exécution des règlements d'études dans toutes les Écoles primaires publiques du ressort.

Il propose au Ministre les mesures propres à améliorer les méthodes d'enseignement dans les Écoles normales primaires et dans les Écoles primaires publiques.

Il lui fait annuellement un rapport sur l'état de l'instruction primaire publique et libre dans l'Académie.

Il peut, lorsqu'il est en tournée, réunir et présider les Commissions de surveillance des Écoles normales primaires.

Art. 22. — L'Inspecteur d'Académie correspond avec le Recteur pour tout ce qui concerne les affaires de l'enseignement supérieur, celles de l'enseignement secondaire public ou libre, et les méthodes de l'enseignement primaire public.

Il lui adresse tous les trois mois un rapport sur l'état de l'enseignement dans l'École normale et dans les Écoles primaires du département.

En l'absence du Recteur, il préside, s'il y a lieu, les bureaux d'administration placés près des Lycées et des Collèges communaux et les Commissions de surveillance des Écoles normales primaires.

Art. 23. — L'Inspecteur d'Académie est tenu de soumettre au Préfet un rapport, écrit et signé, sur les nominations et mutations des instituteurs communaux, et sur les peines disciplinaires prévues par l'article 33 de la loi du 15 mars 1850 qu'il pourrait y avoir lieu de leur appliquer.

Pour l'instruction des affaires de l'enseignement primaire, il correspond avec les délégués du Conseil départemental de l'instruction publique, avec les maires et curés et avec les instituteurs primaires publics ou libres.

ART. 24. — Il y a un Inspecteur primaire par arrondissement.

L'Inspecteur d'Académie exerce les fonctions d'Inspecteur primaire pour l'arrondissement chef-lieu ; il a pour auxiliaire dans cette partie de son service un des Inspecteurs primaires d'arrondissement, qu'il désigne annuellement à tour de rôle, et qui reçoit pour cette mission temporaire un supplément de traitement dont la quotité est fixée par le Ministre de l'Instruction publique.

Les Inspecteurs de l'instruction primaire sont sous les ordres immédiats de l'Inspecteur d'Académie.

ART. 25. — L'Inspecteur d'Académie délégué en Corse prend le titre de Vice-Recteur; il correspond directement avec le Ministre de l'Instruction publique pour tout ce qui concerne l'administration des Lycées et Colléges, ainsi que la surveillance de l'enseignement secondaire libre. Il reste, d'ailleurs, soumis à toutes les autres obligations imposées aux Inspecteurs d'Académie.

§ V. — *Du Conseil départemental de l'instruction publique.*

ART. 26. — Les membres des Conseils départementaux de l'instruction publique sont nommés pour trois ans, conformément à l'article 12 de la loi du 15 mars 1850.

ART. 27. — Le Conseil départemental de l'instruction publique se réunit au moins deux fois par mois. Ses réunions sont suspendues du 15 août au 15 octobre.

Il peut être convoqué extraordinairement. Le jour de la réunion est fixé par le président.

Le Conseil départemental siége à la préfecture; les bureaux de l'Inspecteur d'Académie y sont également placés.

ART. 28. — Dans les matières disciplinaires et contentieuses, le Conseil départemental de l'instruction publique procède suivant les formes déterminées par les articles 23, 24, 25, 26, 27 et 28 du règlement d'administration publique du 29 juillet 1850, rendu pour l'exécution de la loi du 15 mars 1850, et par le décret du 20 décembre 1850.

§ VI. — *Dispositions spéciales à l'Académie de Paris.*

ART. 29. — Le Ministre de l'Instruction publique peut exercer les fonctions de Recteur de l'Académie de Paris.

Il est assisté dans les fonctions rectorales par un Vice-Recteur.

Les attributions du Vice-Recteur de l'Académie de Paris sont fixées par un arrêté ministériel.

Art. 30. — Il y a huit Inspecteurs au chef-lieu de l'Académie de Paris.

Sous l'autorité du Recteur,

Quatre d'entre eux sont attachés aux Facultés de droit, de médecine, des lettres et des sciences;

Deux à l'enseignement littéraire et scientifique des Lycées et Collèges de la ville de Paris;

Un est chargé des affaires qui concernent l'enseignement secondaire libre.

Le huitième Inspecteur d'Académie est chargé, sous l'autorité du Préfet, des affaires qui concernent les Écoles primaires publiques ou libres. Les Inspecteurs primaires du département de la Seine lui sont particulièrement adjoints et subordonnés.

Décret relatif au rectorat de l'Académie de Paris. 22 août 1854.

22 Août 1854.

Napoléon, etc.,

Sur le rapport de notre Ministre secrétaire d'État au département de l'Instruction publique et des Cultes;

Vu la loi du 14 juin 1854 sur l'Instruction publique;

Vu l'article 29 du règlement d'administration publique, en date du 22 août 1854, rendu pour l'exécution de ladite loi,

Avons décrété et décrétons :

Article 1er. — Jusqu'à ce qu'il en soit autrement ordonné, le Ministre de l'Instruction publique et des Cultes exerce les fonctions de Recteur de l'Académie de Paris.

Le Vice-Recteur, chargé d'assister le Ministre de l'Instruction publique et des Cultes dans les fonctions rectorales, est nommé par nous.

Circulaire du Ministre de l'Instruction publique, relative à l'exécution de la loi du 14 juin et des deux décrets du 22 août 1854 concernant l'instruction publique. 15 sept. 1854.

[Extrait.]

15 Septembre 1854.

Monsieur le Recteur, j'ai l'honneur de vous adresser quelques exemplaires de la loi du 14 juin 1854 et des deux décrets rendus le 22 août dernier pour en assurer l'exécution.

C'est en méditant ces documents avec la plus scrupuleuse attention que vous pourrez remplir dans toute son étendue la mission que vous tenez de la confiance du gouvernement de l'Empereur.

Vos devoirs sont tracés de la manière la plus claire.

L'Académie à la tête de laquelle vous êtes placé comprend des établissements d'instruction publique de tous les degrés. Quel que soit le rang qu'ils occupent dans la hiérarchie universitaire, il n'en est pas un seul qui ne doive ressentir l'influence salutaire du pouvoir dont vous êtes investi. Directement ou indirectement, vous êtes appelé à donner l'impulsion aux travaux intellectuels de la jeunesse qui fréquente les Écoles primaires, les Écoles secondaires, les Écoles d'enseignement supérieur. C'est un privilège que vous ne partagez avec aucune autre autorité et que nul ne sera tenté de vous disputer, parce qu'il est de l'essence même de vos fonctions.

La loi du 14 juin 1854, en instituant seize Académies seulement et en concentrant, par conséquent, l'administration de l'instruction publique dans les mains d'un petit nombre de délégués de l'autorité souveraine, a voulu donner à leur activité et à leur dévouement un vaste champ. C'est à un point de vue élevé qu'elle a entendu les placer, pour qu'ils pussent embrasser l'ensemble et les détails de notre système d'instruction pnblique et faire pénétrer partout l'esprit qui l'a inspiré.

. . . .

La loi du 14 juin 1854 et les décrets du 22 août, qui en développent l'esprit, ne seraient pas complètement exécutés, si vous n'interveniez pas dans les questions d'enseignement primaire. Le personnel des instituteurs et les détails compliqués d'un service qui se rattache de si près à l'administration départementale et communale ont été justement remis à l'autorité des Préfets; mais la loi, avec non moins de sagesse, a réservé au Recteur l'appréciation des méthodes d'enseignement suivies dans les Écoles primaires. Malgré les progrès incontestables qu'on a obtenus depuis vingt-cinq ans dans l'éducation du peuple, quoique le nombre des Écoles se soit multiplié et que celui des enfants qui les fréquentent se soit considérablement accru, on ne s'est peut-être pas attaché avec assez de soin à vérifier les résultats pratiques de cet enseignement d'où dépend, en réalité, l'avenir de notre pays. C'est sur cette partie si importante de l'éducation populaire que votre attention doit se porter et que vous appellerez toutes les méditations des Inspecteurs d'Académie de votre ressort. L'état actuel des Écoles primaires étant rigoureusement constaté, vous pourrez en suivre plus facilement les progrès ou le déclin, et m'adresser en parfaite connaissance de cause le rapport qu'aux termes de l'article 21 du décret du 22 août vous devez m'envoyer chaque année.

Je dois me borner aujourd'hui, Monsieur le Recteur, à ces indications générales, me réservant de vous transmettre prochainement des instructions spéciales et détaillées sur les diverses parties du service dont vous êtes chargé.

Vous voudrez bien remettre à MM. les Inspecteurs d'Académie de la circonscription un exemplaire de la loi du 14 juin 1854 et des deux décrets qui l'accompagnent, en y joignant tous les avis que votre expérience vous suggérera, et qui devront imprimer une marche uniforme à l'administration de votre Académie.

Recevez, etc.

Signé : H. FORTOUL.

Circulaire du Ministre de l'Instruction publique, relative au choix des membres du Conseil départemental de l'instruction publique. 15 sept. 1854.

15 Septembre 1854.

Monsieur le Recteur, aux termes de l'article 5 de la loi du 14 juin 1854, le Conseil départemental de l'instruction publique se compose :

1° Du Préfet, président ;

2° De l'Inspecteur d'Académie ;

3° D'un Inspecteur de l'instruction primaire désigné par le Ministre ;

4° Des membres que les paragraphes 5, 6, 7, 8, 9, 10 et 11 de l'article 10 de la loi du 15 mars 1850 appelaient à siéger dans les anciens Conseils académiques.

Les membres compris dans cette dernière catégorie sont :

L'évêque ou son délégué ;

Un ecclésiastique désigné par l'évêque ;

Un ministre de l'une des deux Églises protestantes, désigné par le Ministre de l'Instruction publique, dans les départements où il existe une Église légalement établie ;

Un membre du consistoire israélite, dans chacun des départements où il existe un consistoire légalement établi ;

Le Procureur général près la Cour impériale, dans les villes où siège une Cour impériale, et, dans les autres, le Procureur impérial près le tribunal de première instance ;

Un membre de la Cour impériale, ou, à défaut de Cour impériale, un membre du tribunal de première instance ;

Quatre membres du Conseil général.

Le Conseil départemental de l'instruction publique, dont la loi du 14 juin a déféré la présidence au Préfet, remplit exactement, en ce qui concerne l'instruction primaire et l'instruction secondaire libre, les mêmes fonctions que remplissait l'ancien Conseil académique (art. 7 de la loi). Du bon esprit dont il sera animé, du zèle qu'il apportera à l'examen des affaires qui lui seront soumises, dépend en grande partie le succès de l'importante mesure législative promulguée cette année. Je regarde donc comme un impérieux devoir de n'appeler au Conseil départemental que des membres connus par leur dévouement aux intérêts de l'Instruction publique et décidés à accomplir toutes les obligations qu'imposent ces fonctions honorables. Il ne s'agit pas, en effet, de satisfaire l'amour-propre de quelques personnages qui recherchent les fonctions gratuites plutôt comme un moyen d'influence que comme une charge publique. L'influence qu'ils tiennent ainsi du choix du Gouvernement ne sert trop souvent que des principes et des passions contraires à sa politique. Il est surtout une opinion qui a toujours eu la prétention d'être fortement représentée dans les anciens Conseils académiques, et elle y est quelquefois parvenue ; ce qui a été pour l'administration une source d'embarras et de difficultés.

Au moment où la loi vient de dissoudre ces anciens Conseils pour les reconstituer sous une dénomination nouvelle, le Gouvernement se doit à lui-même de n'accorder sa confiance qu'à ceux qui lui ont donné des gages de dévouement.

Quoique vous ne siégiez pas au Conseil départemental, l'administration rectorale et l'administration générale de l'instruction publique sont trop intéressées à la bonne composition de ce Conseil pour que je ne réclame pas votre concours dans les choix que j'ai à faire. La haute position que vous occupez et les relations qui ne tarderont pas à s'établir entre vous et toutes les personnes considérables des différents départements compris dans votre ressort académique, vous permettront de découvrir et de me signaler les candidats les plus propres à remplir les fonctions de membres du Conseil départemental de l'instruction publique et à seconder l'action rectorale, notamment en ce qui concerne la surveillance de l'enseignement secondaire libre.

Je vous invite, en conséquence, à recueillir des informations très précises, même au point de vue politique, sur les candidats que vous auriez à me proposer pour le Conseil départemental de chacun des départements de votre ressort. Je désire que vos propositions soient sérieusement motivées et qu'elles me fournissent tous les éléments d'une décision à laquelle j'attache une très grande importance.

Les Conseils départementaux devant se réunir le 15 octobre prochain, il serait utile que vos propositions me parvinssent le 25 septembre au plus tard.

Recevez, etc.

Signé : H. FORTOUL.

---

5 octobre 1854.

Arrêté déterminant les attributions du Vice-Recteur de l'Académie de Paris.

5 Octobre 1854.

Le Ministre, etc.,

Vu le troisième paragraphe de l'article 29 du règlement d'administration publique, en date du 22 août 1854, portant que les attributions du Vice-Recteur de l'Académie de Paris sont fixées par un arrêté ministériel,

Arrête :

Le Vice-Recteur de l'Académie de Paris préside, en l'absence du Ministre, le Conseil académique.

A Paris, il fait partie du Conseil départemental de l'instruction publique comme vice-président.

Il prend part aux travaux du Comité des Inspecteurs généraux pour les affaires de l'Académie de Paris.

Il a sous son autorité les Inspecteurs de cette Académie attachés aux Facultés de droit, de médecine, des sciences et des lettres, et les Inspecteurs chargés des affaires concernant l'enseignement secondaire public ou libre.

Il reçoit leurs rapports et les transmet au Ministre, avec son avis, pour être statué.

Il reçoit également, pour tout ce qui se rattache à l'exécution des règlements d'études dans les Écoles primaires publiques du département de la Seine, le rapport de l'Inspecteur d'Académie chargé des affaires de l'enseignement primaire, et les transmet au Ministre, pour être statué dans la même forme.

Il correspond avec les doyens des Facultés, le directeur de l'École supérieure de pharmacie, les directeurs des Écoles préparatoires, pour tout ce qui concerne les dépenses ordinaires des Facultés, le règlement des budgets et des comptes annuels, les affaires disciplinaires, les programmes d'enseignement, la tenue des examens, la collation des grades et les questions relatives aux inscriptions des étudiants.

Il exerce les attributions déférées aux Recteurs par les articles 19 et 20 du règlement d'administration publique du 22 août 1854, à l'égard des établissements publics ou libres d'instruction secondaire, et par l'article 21 du même règlement, à l'égard de l'instruction primaire.

Instruction du Ministre de l'Instruction publique, relative aux nouvelles attributions conférées aux Préfets par la loi du 14 juin 1854, en ce qui concerne l'enseignement primaire. 31 octobre 1854.

31 Octobre 1854.

Monsieur le Préfet, la loi du 14 juin 1854, qui a retouché quelques-uns des ressorts du gouvernement de l'Instruction publique, vous a conféré des pouvoirs importants, en vous attribuant l'administration du corps des instituteurs primaires. Par l'autorité dont elle vous investit, vous exercerez sur l'avenir même du pays une influence qui sera heureuse, j'en suis convaincu, si, libre de toute idée préconçue, vous vous pénétrez des pensées que je veux vous exprimer.

Partage du service entre les Préfets et les Recteurs. — La loi nouvelle n'a cependant pas voulu faire peser sur vous seul la grave responsabilité de l'éducation du peuple. S'inspirant du projet dont l'Empereur Napoléon Ier avait jeté les bases dans l'article 191 du statut du 15 novembre 1811, elle s'est proposé de concilier, avec l'action que le Préfet du département doit avoir sur les instituteurs, l'autorité que le Recteur de l'Académie doit conserver sur l'enseignement même. Le fonctionnaire placé à la tête des établissements d'instruction secondaire et supérieure, qui sont une des gloires de la France, ne pouvait devenir étranger à l'instruction primaire, qui doit être un des plus sûrs éléments de sa force. Le législateur a séparé ce que séparait la nature des choses : il vous a confié la partie politique et administrative du vaste service de l'instruction primaire; il a réservé au Recteur la partie pédagogique et véritablement scolaire. Ainsi, à vous le recrutement, la nomination et la révocation des instituteurs, des institutrices et des directrices des salles d'asile, à vous le régime disciplinaire de ce personnel si nombreux et si important, à vous la création des Écoles, la mesure de leur propagation, de leur division en Écoles mixtes, en Écoles de garçons, en Écoles de filles, à vous la gestion financière de l'instruction primaire; au Recteur, la direction des études, le contrôle des méthodes, et, par conséquent, l'autorité sur les Écoles normales primaires où on les enseigne, et sur les Commissions d'examen qui en constatent les résultats. Ce sont là les grandes lignes de démarcation que je devais commencer par tracer, en vous remettant le service nouveau qui vous a été confié; elles sont l'expression du partage qui a été fait par la loi du 14 juin et par le décret du 22 août dernier. J'aurai soin de les préciser à mesure que l'ordre des idées amènera, dans le cours de cette instruction, les différents sujets auxquels elles se rapportent.

Inspecteurs d'Académie. — Pour que chacune des deux grandes parties du service de l'instruction primaire soit toujours associée aux œuvres de l'autre, la prévoyance de la loi a placé près de vous un fonctionnaire qui, dans un degré inférieur et sous une impulsion double et pourtant certaine, résume et réunit les deux attributions. L'Inspecteur d'Académie prépare la solution, sous votre autorité, de toutes les questions de personnel et d'administration, et, sous l'autorité du Recteur, de toutes les questions qui intéressent l'enseignement.

En décidant que vous exercerez, au nom du Ministre de l'Instruction publique et sur le rapport de l'Inspecteur d'Académie, quelques-unes des fonctions des anciens Recteurs départementaux, la loi a manifestement témoigné de son désir que les affaires de l'instruction primaire fussent examinées par vous au point de vue des intérêts moraux de l'éducation. Comme cependant ces affaires se compliquent souvent de considérations d'un autre ordre, dont il importe à la bonne administration des communes que vous puissiez tenir compte, elle vous a laissé toute la responsabilité, et, par conséquent, toute la liberté de la décision. Le décret du 22 août n'a point dérogé aux intentions du législateur, en exigeant que l'Inspecteur d'Académie vous soumît un rapport écrit et signé sur les nominations et mutations des instituteurs communaux et sur les peines disciplinaires qu'il pourrait y avoir lieu de leur appliquer. Il convient, Monsieur le Préfet, que vous teniez à la stricte exécution de cette partie du décret qui vous offre à vous-même une précieuse garantie sans pouvoir vous susciter jamais aucune difficulté. En effet, s'il est nécessaire que vous ne prononciez qu'en parfaite connaissance de cause, vous n'êtes pas tenu d'adopter les conclusions du rapport fait pour vous éclairer. Toutefois, il y a lieu d'espérer que l'Inspecteur d'Académie, quoique chargé plus spécialement des intérêts scolaires, saura prendre en juste considération les autres motifs qui pourraient exercer quelque influence sur votre détermination, et que, dans la plupart des cas, votre raison n'aura qu'à ratifier les prévisions de sa prudence et de son zèle. Afin que l'unité de direction soit assurée, vous seul, cependant, correspondrez avec moi pour toutes les affaires du personnel et de l'administration matérielle de l'instruction primaire. Mais vous aurez soin que votre correspondance conserve toujours la trace de l'avis qui aura dû vous être préalablement donné par l'Inspecteur d'Académie. Considérez, en un mot, ce fonctionnaire comme un véritable chef de service dont l'active coopération doit toujours être pour vous un point d'appui et ne jamais devenir un obstacle. C'est à lui que, sous vos ordres, doit régulièrement aboutir toute l'administration de l'instruction primaire, pour qu'auprès de lui vous puissiez trouver toujours la solution des difficultés qui ne sont pas d'avance tranchées par les règlements.

Bien qu'une proposition de l'Inspecteur d'Académie doive toujours précéder et préparer vos résolutions, la loi ne vous laisse cependant pas, vis-à-vis de lui, dans une position obligée d'expectative. Il vous appartient, au contraire, de provoquer ses avis, en appelant son attention sur les points qui échapperaient à sa vigilance et qui vous paraîtraient exiger une surveillance ou une décision particulière.

Je compte beaucoup plus, d'ailleurs, sur votre vif désir du bien que sur des instructions écrites pour vous inviter à entretenir avec l'Inspecteur d'Académie ces relations bienveillantes qui font naître la confiance et le dévouement. L'œuvre nouvelle à laquelle vous êtes appelé par la loi ne pourrait être accomplie qu'imparfaitement au milieu de tant d'autres occupations importantes qui vous assiègent, si la collaboration de ce fonctionnaire spécial ne vous était complètement acquise. Je suis assuré que, de son côté, il s'efforcera, par son zèle et par le bon esprit dont il fera preuve, de vous inspirer les sentiments dont je désire que vous soyez animé à son égard.

Inspecteurs primaires. — Vous avez dû remarquer que l'article 15 du décret du 22 août classe les Inspecteurs de l'instruction primaire parmi les fonctionnaires de l'administration académique, et que l'article 24 du même décret les place sous les ordres immédiats de l'Inspecteur d'Académie. C'est donc par l'intermédiaire de ce dernier que vous devez correspondre avec eux. C'est à lui qu'ils adresseront leurs rapports et toutes les communications officielles qui concerneront le service de l'instruction primaire dans leur arrondissement. C'est lui, conséquemment, qui vous présentera toutes les informations qui seront de nature à éclairer vos jugements et à déterminer vos décisions. Entre l'Inspecteur d'Académie et les Inspecteurs de l'instruction primaire, subsistent précisément les mêmes rapports qui existaient précédemment entre ces fonctionnaires et le Recteur départemental. Rien n'est changé pour eux; et si, en ce qui regarde l'instruction primaire, l'action des Inspecteurs d'Académie vous est subordonnée, le point d'où émanent immédiatement les ordres adressés aux Inspecteurs d'arrondissement n'a été ni éloigné ni déplacé.

Ce n'est pas à dire que les Inspecteurs de l'instruction primaire ne puissent donner directement à MM. les Sous-Préfets de leurs arrondissements respectifs les renseignements nécessités par des exigences de service. Dans l'intérêt même de l'instruction, comme en vue de considérations d'un autre ordre, il est nécessaire que des communications habituelles s'établissent entre vos représentants immédiats dans ces arrondissements et les Inspecteurs primaires; mais c'est à l'Inspecteur d'Académie seul que ceux-ci doivent des rapports généraux sur l'état de l'enseignement et des notes annuelles sur le personnel des instituteurs, comme c'est de lui seul qu'ils reçoivent l'itinéraire de leurs tournées ordinaires ou des missions extraordinaires.

Délégués cantonaux. — Vos relations avec MM. les délégués cantonaux sont définies d'une manière moins précise par la nature même des choses.

En effet, les délégués cantonaux ne sont pas des fonctionnaires; dans un intérêt de bien public et de conservation sociale, ils consacrent généreusement une partie de leur temps à la surveillance des Écoles, et il est impossible d'exiger d'eux ces relations régulières que l'administration attend de ses agents. Le caractère particulier dont ils sont revêtus commande une extrême réserve dans les rapports qu'on doit entretenir avec eux.

Les délégués cantonaux doivent visiter souvent les Écoles; la loi les a constitués les gardiens vigilants des intérêts moraux de la jeunesse; ils ne rempliraient qu'imparfaitement leur mission, s'ils ne se considéraient partout comme les protecteurs de ces intérêts. Ne leur demandez point de juger les méthodes et les livres; demandez-leur si les enfants qui sont admis depuis quelque temps déjà dans les Écoles y ont reçu une instruction suffisante, s'ils y sont tenus sainement, s'ils y puisent de bons préceptes et surtout de bons exemples de morale, s'ils y contractent des habitudes de propreté, de politesse et de bienveillance réciproque, en un mot s'ils sont bien élevés. Dans la plupart des cas, les délégués cantonaux comprendront que des intérêts de service rendent nécessaires leurs relations soit avec l'Inspecteur d'Académie, qui est chargé de centraliser tous les documents, soit avec l'Inspecteur primaire de l'arrondissement, et ils n'hésiteront pas à diriger leurs communications de l'un ou de l'autre côté; mais ne repoussez pas celles qu'ils voudraient vous faire directement et qu'ils ont droit, d'ailleurs, de porter au Conseil départemental.

L'article 29 de la loi du 15 mars 1850 investit les délégués cantonaux du droit de permettre à quelques personnes d'enseigner à lire et à écrire aux enfants dans un but purement charitable, sans déclaration préalable et sans production de brevet de capacité. C'est une attribution considérable. La loi leur a en réalité accordé une part d'autorité dont je n'ai point appris qu'ils aient jamais abusé, mais dont l'exercice ne peut cependant être confié qu'à des hommes en communauté de vues et d'efforts avec l'administration du pays. Le Conseil départemental, de qui ils recevront leur mission, ne perdra pas de vue ces considérations, et, au besoin, vous sauriez les lui rappeler, lorsqu'il procédera aux désignations nouvelles. Il sentira la nécessité de n'accorder un semblable témoignage de confiance qu'aux hommes qui joignent à un amour véritable du bien public des sentiments tels que le Gouvernement puisse se féliciter de voir grandir leur influence.

Aux termes de l'article 42 de la loi du 15 mars 1850, les délégués sont institués pour trois ans. Les Conseils académiques ne les ayant pas tous nommés aux mêmes époques, la durée triennale des fonctions des délégués n'expire pas partout à la fois. Il ne me paraît pas nécessaire d'attendre l'expiration du délai ordinaire pour procéder au renouvellement de la délégation cantonale. Il convient que les Conseils départementaux soient partout représentés par des délégués tenant leur mission d'eux-mêmes et non plus des Conseils académiques qu'ils ont remplacés. Vous voudrez donc bien appeler l'attention du Conseil départemental sur ce point important, lors de sa prochaine session, et lui présenter les candidats qui vous paraîtront réunir toutes les conditions désirables.

Maires et curés. — Les maires, les curés, les pasteurs, ont été expressément chargés par la loi de la surveillance quotidienne des Écoles; il importe qu'ils l'exercent d'une manière sérieuse et suivie. Recommandez aux maires des communes de voir souvent les Écoles, de s'assurer de l'assiduité de l'instituteur, de veiller à ce qu'il donne de bons exemples à ses élèves. Mgr l'évêque du diocèse ne refusera sans doute pas d'adresser de semblables recommandations aux curés des paroisses; et cette double surveillance, trop peu exercée jusqu'à ce jour, contribuera puissamment à l'amélioration des Écoles. Les maires, les curés et pasteurs doivent enfin continuer de se tenir en relations suivies, tant avec les délégués des cantons qu'avec les Inspecteurs de l'instruction primaire, afin que, par ces voies diverses, l'Inspecteur d'Académie soit toujours en mesure de recueillir les renseignements dont vous pourrez avoir besoin.

Nomination des instituteurs. — La loi vous transporte dans leur intégralité les attributions des anciens Recteurs en ce qui concerne la nomination des instituteurs communaux. Rien n'est changé dans ce qui se rapporte au choix de ces fonctionnaires, si ce n'est l'autorité qui en décide sur la proposition de l'Inspecteur d'Académie. La nomination des maîtres continue donc à être réglée par l'article 4 du décret du 9 mars 1852, combiné avec l'article 31 de la loi de 1850.

Il faut, comme par le passé, que les candidats se fassent inscrire sur la liste d'admissibilité dressée par le Conseil départemental. Cette formalité assure à la société des garanties trop réelles pour que vous ne veilliez pas avec un soin scrupuleux à ce qu'elle soit toujours observée.

J'ai été consulté sur le sens de ces mots insérés dans l'article 4 du décret du 9 mars 1852 : *les conseils municipaux entendus*. Je ne puis que répéter ici ce que je disais aux Recteurs des anciennes Académies départementales, dans la circulaire du 3 avril 1852 : la pensée du décret est que le Conseil municipal soit mis en demeure de déclarer s'il désire que la direction de son École soit confiée à un instituteur laïque ou à un membre d'une congrégation religieuse. Le Préfet nomme ensuite, sur la proposition de l'Inspecteur d'Académie, un candidat choisi, selon le vœu exprimé par le Conseil municipal, soit sur la liste d'admissibilité que dresse le Conseil départemental, soit parmi les présentations faites par les supérieurs des associations religieuses vouées à l'enseignement et reconnues comme établissements d'utilité publique. Je n'ai pas besoin d'ajouter qu'aucune contrainte ne doit être exercée pour déterminer l'option des Conseils municipaux. Ces Conseils sont les représentants légaux des intérêts et les interprètes légitimes des vœux des communes. Le Gouvernement, qui cherche partout le bien, qui fait, dans ce but, appel au dévouement des laïques comme à celui des membres des communautés religieuses, ne doit pas se prononcer d'avance pour l'un ou l'autre mode d'enseignement. Il donne à tous ses secours et ses encouragements; mais il respecte trop les habitudes des populations pour souffrir qu'on s'efforce de violenter les délibérations des Conseils municipaux. La concurrence, qui a produit, jusqu'à ce jour, de si heureux résultats, réclame une entière liberté. Vous en garantirez le sincère exercice.

Instituteurs suppléants. — Je dois vous rappeler, Monsieur le Préfet, qu'aux termes de l'article 1er du décret du 31 décembre 1853, nul ne peut être nommé instituteur communal à titre définitif, s'il n'a dirigé, pendant trois ans au moins, une École en qualité d'instituteur suppléant, ou s'il n'a exercé pendant trois ans, à partir de sa vingt-unième année, les fonctions d'instituteur adjoint. On a ainsi étendu à l'instruction primaire la règle équitable et prévoyante qui, aux autres degrés de l'enseignement, dans les Facultés comme dans les Lycées et les Collèges, ne permet de conférer le titre de professeur qu'aux fonctionnaires qui ont déjà exercé pendant plusieurs années avec un titre provisoire et donné conséquemment aux familles et à l'administration les gages que la société est en droit d'exiger. Cette prescription doit être observée par vous avec une sévérité scrupuleuse.

Traitement supplémentaire. — D'après le même décret, une allocation supplémentaire peut être accordée par le Ministre, sur votre proposition, aux instituteurs communaux qui ont acquis des titres particuliers à la confiance de l'administration. L'allocation est calculée de manière à pouvoir élever à 700 francs, après cinq ans d'exercice, et à 800 francs, après dix ans, le traitement de l'instituteur. Il n'est pas rare de voir des directeurs d'Écoles publiques, après avoir tenu assidûment pendant la journée la classe des enfants, ouvrir, le soir, des cours d'adultes et rendre ainsi aux populations les plus utiles services. Le zèle de ces maîtres est d'autant plus louable que le surcroît de travail qu'ils s'imposent augmente bien peu leurs ressources, la plupart des élèves adultes ne payant aucune rétribution. Ce sera le cas, assurément, de me proposer, en faveur des maîtres, l'application de l'article 5 du décret du 31 décembre 1853.

Avancement. — La carrière de l'enseignement primaire présente ainsi des encouragements pour l'émulation, des récompenses pour le travail. Depuis le noviciat du suppléant jusqu'aux fonctions définitives du titulaire, un mouvement ascendant et continu est assuré. Il vous appartiendra d'en maintenir la régularité, pour que l'avancement, sagement combiné, offre toujours une rémunération suffisante aux services consciencieux, à la bonne conduite, au mérite constaté.

Discipline. — Si les instituteurs doivent être certains, Monsieur le Préfet, d'avoir toujours en vous un protecteur, il importe qu'ils soient bien convaincus qu'ils y trouveront en même temps un juge ferme, et, s'il le fallait, sévère. Les mesures de rigueur, je me plais à le dire, deviennent de moins en moins nécessaires; je suis heureux de pouvoir rendre hommage à l'excellent esprit dont le corps des instituteurs communaux se montre de plus en plus animé, et que tout récemment encore, au milieu des ravages de l'épidémie, il a témoigné par des preuves touchantes. Votre administration, j'en ai la confiance, aura donc plus à récompenser qu'à punir.

Cependant la nécessité de sévir ne manquera pas de se faire sentir. Dans l'intérêt même d'un corps dont la bonne renommée m'est à cœur, je vous recommande alors la plus équitable, mais aussi la plus inflexible sévérité. Il faut que la France sache que le gouvernement de l'Empereur, inexorable pour les instituteurs rebelles à la loi du devoir, ne tolérerait même pas ceux dont les leçons et les exemples ne serviraient pas à entretenir, à raffermir dans les cœurs les grands principes religieux et moraux qui sont la plus sûre garantie de la stabilité sociale.

Je vous dénonce un autre genre de faute que vous ne sauriez excuser. Parmi les instituteurs signalés comme coupables de *négligence*, il s'en est rencontré plusieurs chez qui le défaut de zèle était l'effet du plus condamnable calcul. La loi leur assurant un minimum de 600 francs, loin de s'efforcer d'accroître le nombre de leurs élèves, ils s'attachaient, au contraire, à le réduire, afin d'alléger d'autant le poids habituel de leurs fonctions. Les familles répugnaient, on le comprend, à confier leurs enfants à de pareils maîtres; et bientôt les Écoles, peu surveillées, d'ailleurs, par les autorités locales, devenaient presque désertes. Je ne saurais trop vous recommander, Monsieur le Préfet, de réprimer de semblables abus. En améliorant, par l'établissement d'un *minimum*, le sort des instituteurs communaux, le législateur avait prévu qu'il pouvait enlever à quelques-uns d'entre eux le stimulant de l'intérêt; mais il ne voulait pas assurer l'impunité de ceux qui ne rempliraient pas leurs devoirs. N'hésitez donc pas à vous servir de l'arme aujourd'hui placée dans vos mains, toutes les fois qu'un instituteur sera convaincu d'avoir systématiquement négligé son École. Si vous devez punir la négligence lorsqu'elle n'est qu'une habitude, à plus forte raison devez-vous user de sévérité lorsqu'elle est une spéculation. Vous trouverez toutes ces recommandations plus développées dans la circulaire adressée, le 24 décembre 1850, aux Recteurs des anciennes Académies.

Écoles de filles. — J'attire votre attention d'une manière toute spéciale sur la création des Écoles de filles.

Si l'instruction primaire peut être considérée comme un puissant instrument de civilisation, assurément c'est lorsqu'elle s'applique à cette portion de la société qui ne fait pas les lois, mais, ce qui est peut-être plus, qui crée les mœurs. Beaucoup d'Écoles mixtes existent encore dans votre département; et je n'ai pas besoin de vous dire quel inconvénient, sous le rapport moral, comme sous le rapport purement pédagogique, peut entraîner une trop nombreuse réunion des enfants des deux sexes. Vous devez donc, Monsieur le Préfet, travailler de tous vos efforts à la multiplication des Écoles spéciales de filles. En permettant que des institutrices soient chargées de la direction des Écoles mixtes qui, d'après la moyenne des trois dernières années, ne reçoivent pas annuellement plus de quarante élèves des deux sexes, le décret du 31 décembre 1853 n'a point eu pour but d'entraver la salutaire propagation des Écoles spéciales. Comme la loi du 15 mars 1850, il reconnaît, au contraire, en principe, la nécessité d'une École particulière pour chaque sexe; mais, prévoyant les cas malheureusement trop nombreux, où la pénurie des ressources communales met obstacle à la fondation des Écoles de filles, il permet de réunir dans les plus petites Écoles les garçons et les filles sous la direction d'une institutrice. Je n'ai pas besoin d'insister sur les avantages moraux que présente, dans les Écoles mixtes ainsi réduites, la substitution d'une institutrice à un instituteur. En assimilant le traitement des directrices des petites Écoles au traitement des instituteurs suppléants, le décret du 31 décembre 1853 a voulu aussi faciliter l'établissement d'Écoles publiques dans les communes d'une faible population. Vous vous appliquerez à tirer de cette combinaison les effets que l'administration est en droit d'en attendre.

Veuillez, du reste, le remarquer : l'article 51 de la loi du 15 mars 1850 vous a donné un pouvoir dont il importe que vous vous serviez. Pour qu'une commune de plus de 800 âmes soit tenue de créer une École spéciale de filles, il n'est pas nécessaire qu'elle puisse faire cette création avec ses revenus ordinaires. En l'imputant sur les *propres ressources*, le législateur a compris sous cette expression les deux ressources de recettes, recettes *ordinaires* et recettes *extraordinaires*. L'entretien d'une École de filles doit donc prendre place, pour les communes au-dessus de 800 âmes que vous jugerez en état d'y pourvoir, parmi les dépenses obligatoires. Là est pour vous le moyen de triompher de la résistance que certaines communes, dont la situation financière est satisfaisante, opposent, dans un esprit de regrettable parcimonie, à la réalisation d'un progrès qui est dans le vœu de la loi. D'un autre côté, les intérêts financiers d'aucune d'entre elles ne risquent d'être compromis par un zèle imprudent, puisque c'est à l'autorité préfectorale qu'appartient, dans tous les cas, l'estimation de leurs *propres ressources*.

Asiles-ouvroirs. — Dans les lieux où la création d'une École de filles rencontrerait des obstacles insurmontables, il est une institution très propre à remédier en partie, sinon en totalité, aux inconvénients résultant de la privation d'un enseignement spécial : je veux parler des asiles-ouvroirs. Ces établissements sont destinés à donner aux jeunes filles les connaissances et l'habitude des travaux à l'aiguille, à mettre, par conséquent, entre leurs mains les instruments les plus habituels de leurs futurs travaux. Rien de plus simple ni de moins coûteux. Les asiles-ouvroirs se tiennent soit dans les salles d'école, après les heures de classe, soit dans un local contigu. La femme de l'instituteur, ou, à son défaut, une couturière agréée par l'autorité est chargée de la direction de cet ouvroir, moyennant la faible rétribution annuelle de 40 à 50 francs, à laquelle on ajoute une somme très minime pour l'achat des matières premières. On a soin de varier les travaux des jeunes filles, qui sont principalement occupées au raccommodage de leurs vêtements ou de ceux de leurs parents, pendant qu'une des monitrices fait à haute voix une lecture instructive. Dans les Écoles mixtes tenues par des instituteurs, un ouvroir de ce genre est, vous le voyez, le complément presque indispensable de l'éducation des filles.

Écoles normales primaires. — Il ne suffit pas d'avoir pourvu à la bonne tenue et à une salutaire répartition des Écoles. Pour mener à bien l'œuvre si importante de l'éducation du peuple, le Gouvernement doit surtout se préoccuper du recrutement des maîtres qu'il lui donne. Il persiste à penser que les Écoles normales primaires sont une indispensable garantie de l'accomplissement de cette partie délicate de sa mission.

Il faut s'applaudir de n'avoir plus à défendre ces Écoles contre des préventions que les circonstances pouvaient expliquer, il y a quelques années, mais qui n'auraient plus aujourd'hui de prétextes sérieux. Il est incontestable que le régime simple et grave des Écoles normales est infiniment préférable, pour les maîtres futurs, à la vie indépendante et dissipée du dehors; que, pour former des instituteurs dignes de ce nom, des maîtres capables d'entretenir dans l'âme des enfants confiés à leurs soins le sentiment de leur dignité d'hommes et de chrétiens, ce n'est pas trop d'un séjour de deux ou trois années dans un établissement spécial dont le but est de développer les bons instincts en cultivant les vocations. Réclamées par la dignité autant que par le recrutement du corps des instituteurs, les Écoles normales ont, d'ailleurs, été considérablement améliorées dans leur régime aussi bien que dans leurs études, par le décret du 24 mars 1851. Ne vous relâchez donc en rien de ce qui peut contribuer au perfectionnement de l'enseignement laïque. Pour répondre aux personnes qui, touchées de l'excellente éducation donnée par les Écoles des frères, regarderaient encore les Écoles normales primaires comme un obstacle à la propagation de ces établissements, il suffit de faire observer que, malgré les efforts faits depuis plus de quarante ans, malgré tous les encouragements de l'État, qui a activement secondé leur développement, les congrégations religieuses dirigent à peine 1 700 Écoles publiques ou libres sur les 43 000 Écoles qui existent en ce moment en France. Ces chiffres diront suffisamment combien le Gouvernement doit avoir à cœur de maintenir un système qui, en assurant l'amélioration graduelle des Écoles laïques, permet aux bons instituteurs de compter sur une égale estime, sur une égale protection de la part de l'État.

Il y a donc un intérêt social du premier ordre à ce que les Écoles normales ne cessent point de préparer de sages instituteurs, sous la surveillance du Recteur de l'Académie. Mais les Écoles ne continueront de produire d'heureux résultats que si les maîtres, qui me seront proposés par les Recteurs, se montrent pénétrés de la gravité de leur mission, et si le personnel des élèves est composé avec le soin le plus vigilant. Or, c'est à vous, Monsieur le Préfet, qu'est aujourd'hui attribué, conformément à l'article 17 du règlement général des Écoles normales, le droit de prononcer, chaque année, en Conseil départemental, sur l'admission des candidats à l'École; c'est à vous aussi qu'il appartient, aux termes de l'article 18 du même règlement, d'accorder, en Conseil départemental, les bourses ou portions de bourses entretenues soit par l'État, soit par les départements. Permettez-moi de vous le faire remarquer, c'est dans le choix de ces candidats, c'est dans la distribution de ces secours, que vous avez à attendre de l'Inspecteur d'Académie l'appui d'une clairvoyante et consciencieuse coopération.

La déclaration d'admissibilité est précédée, non pas d'un concours, mode de recrutement insuffisant et hasardeux, mais d'une enquête sur l'aptitude, la conduite, les dispositions morales, en un mot sur la vocation du candidat. La Commission de surveillance, nommée pour trois ans par le Recteur, dresse, d'après les résultats de l'enquête, la liste des aspirants. Or, cette enquête est aujourd'hui confiée à l'Inspecteur d'Académie, secondé dans ses recherches par les Inspecteurs de l'instruction primaire. Le règlement du 24 mars 1851 indique par quels moyens on peut arriver à la connaissance exacte des titres de chaque candidat; mais, ainsi que le disait un de mes prédécesseurs, la lettre du règlement serait impuissante si vous ne trouviez, dans l'esprit même de ce texte, les inspirations qu'il est impossible de formuler et qu'un administrateur habile sait heureusement mettre en œuvre. Vous n'oublierez pas surtout que l'instituteur est appelé à entretenir dans le peuple non seulement des principes sages d'instruction et d'éducation, mais aussi les sentiments d'attachement aux institutions que la France s'est données et de fidélité à la personne de l'Empereur.

Commissions d'examen et brevets de capacité. — L'examen des futurs instituteurs réclame le double concours des autorités préfectorale et académique. De l'élévation ou de l'abaissement du niveau de cet examen dépend le sort de l'enseignement; si les membres des Commissions d'examen doivent être nommés par le Conseil départemental, conformément à l'article 46 de la loi de 1850, si les époques auxquelles fonctionneront les Commissions doivent être fixées par vous, en raison d'exigences locales que vous êtes, mieux que qui que ce soit, à même de connaître, c'est au Recteur que doivent être adressés par l'Inspecteur d'Académie les procès-verbaux d'examen, les renseignements divers concernant les épreuves, et enfin la liste, par ordre de mérite, des candidats déclarés aptes à recevoir le brevet de capacité. Ce sera naturellement au Recteur qu'il appartiendra de délivrer ce brevet, donné au nom de l'autorité universitaire.

La concentration, entre les mains du Recteur, de documents émanés d'un nombre assez notable de Commissions, donnera lieu à des comparaisons d'un sérieux intérêt. Ces comparaisons permettront d'apprécier sûrement le bien et le mal, d'encourager et de réprimer certaines tendances, de tirer, en un mot, du rapprochement des faits des conclusions dont l'unité ne saurait être méconnue. Ces conclusions, que les Recteurs me transmettront chaque année, deviendront les germes de fécondes améliorations. Ainsi la loi du 14 juin 1854, qui ranime les foyers intellectuels d'où rayonnera la lumière sur l'ensemble des établissements supérieurs et secondaires, produira aussi dans la sphère de l'instruction primaire des résultats que le morcellement, créé par la législation précédente, ne permettait pas d'espérer, et dont les fonctionnaires de l'enseignement ne tarderont pas à constater l'importance.

Il vous appartiendra, Monsieur le Préfet, d'arrêter la liste des personnes qui devront être admises aux examens, et il est essentiel que vous ne négligiez aucune des formalités prescrites à ce sujet par l'arrêté du 15 février 1853. Cet arrêté exclut des examens les candidats qui se trouvent dans les cas d'incapacité prévus par l'article 26 de la loi du 15 mars 1850; il exige l'inscription préalable du postulant au secrétariat de l'Académie, c'est-à-dire, désormais, à la préfecture, un mois avant l'ouverture de la session. L'Inspecteur d'Académie emploiera soigneusement ce mois à faire les enquêtes nécessaires pour que vous ne soyez point exposé à admettre aux examens des candidats indignes de se livrer à l'enseignement, et pour que le Recteur de l'Académie ne coure pas le danger de donner des brevets de capacité à des hommes qui auraient des principes suspects et une mauvaise conduite.

Salles d'asile. — Les salles d'asile, que S. M. l'Impératrice a bien voulu honorer de son patronage, ne sont pas seulement des refuges destinés à préserver les jeunes enfants des dangers physiques et à procurer aux parents pauvres la liberté du travail ; elles sont aussi, et surtout, des établissements d'*éducation*. Elles forment toute une institution qui a pour but d'assurer à l'enfance la première éducation religieuse et intellectuelle partout où la famille ne sait pas, ne peut pas, ou ne veut pas la donner.

Vous avez beaucoup à faire, Monsieur le Préfet, pour que le nombre des salles d'asile soit proportionné aux besoins des populations, et pour que ces précieux établissements soient substitués peu à peu aux *garderies*, où l'incurie des parents entasse trop souvent de pauvres êtres dont le corps s'étiole en même temps que leur âme risque de se flétrir. Veillez aussi avec le soin le plus attentif à ce que les *salles d'asile* ne viennent point, par une fausse direction, à dégénérer en *Écoles*. Toutes mes recommandations se résument en ces mots : créer la salle d'asile partout où elle peut être utile, et, partout où elle existe, y faire pratiquer la méthode, c'est-à-dire cet ensemble de procédés que l'étude de la nature et des besoins de l'enfant a fait connaître, dont l'usage a démontré la puissante efficacité et qu'on ne pourrait négliger sans porter atteinte à l'institution même. L'expérience et les études spéciales des Inspecteurs de l'instruction primaire vous permettront de diriger facilement cet important service. Je n'ai pas besoin de vous le recommander plus longuement. La haute protection sous laquelle il est placé est un témoignage assez éclatant de l'intérêt que le Gouvernement y attache. Vous devez le considérer comme la base de tout notre système d'enseignement primaire.

Maisons d'école. — Si je compte sur vous pour préparer avec sagacité le recrutement des maîtres futurs, et pour diriger dans une bonne voie les instituteurs et les institutrices de la jeunesse, je n'attends pas moins de votre zèle pour assurer aux uns et aux autres les conditions matérielles de leur établissement. Les maisons d'école, le mobilier de l'enseignement, le logement des instituteurs, objets de soins, même raffinés, chez les nations étrangères, laissent encore beaucoup à désirer chez nous.

Les rapports les plus autorisés me représentent les Écoles comme étant, en bien des lieux, dans le plus fâcheux état : ici, le jour et l'air manquent au point de compromettre la santé des élèves et des maîtres ; là, en dépit des instructions les plus précises, constamment reproduites depuis plus de vingt ans, les dépendances de l'École, bien qu'affectées à l'usage des garçons et des jeunes filles, sont placées hors de toute surveillance ; ailleurs le matériel des classes est insuffisant ou délabré ; ou bien encore l'instituteur ne trouve point à loger sa famille d'une manière suffisante ou supportable.

Si la loi sur l'enseignement exige que toute commune entretienne au moins une École, elle impose, en même temps, à l'autorité municipale l'obligation de fournir à l'instituteur une habitation convenable, une salle de classe suffisamment spacieuse et un mobilier scolaire. Vous ne devez pas, Monsieur le Préfet, tolérer l'oubli de ces prescriptions. Le défaut d'espace, l'insalubrité du local, l'absence du mobilier d'enseignement indispensable risquent de paralyser les efforts de l'instituteur dévoué, et le maître négligent allègue ces motifs comme des excuses pour expliquer la situation peu satisfaisante de son École. L'insuffisance du logement entraîne aussi de sérieux inconvénients : il est difficile qu'un instituteur s'attache, comme on doit le désirer, à sa laborieuse profession, s'il n'est assuré de trouver, du moins, après les fatigues de la classe, le modeste bien-être que lui assurerait, à lui et à sa famille, une habitation très simple sans doute, mais décente. Vous-même, Monsieur le Préfet, vous hésiteriez à opérer, parmi les instituteurs, les mutations que réclamerait l'intérêt des communes, si elles ne se prêtaient pas, sous ce rapport, aux besoins du service. Un ancien règlement, qui n'a point cessé d'être en vigueur, exige que le directeur d'une École publique puisse disposer de trois pièces au moins, indépendamment de la salle de classe, et, autant qu'il est possible, d'un jardin. Je vous prie de veiller à ce que cette condition soit remplie par toutes les communes de votre département. Vous n'obtiendrez sans doute point, dès le premier jour, un résultat aussi désirable. Je sais que bien des communes sont hors d'état de subvenir, toutes seules, aux dépenses qu'entraînera une meilleure installation de leurs Écoles publiques. Mais il vous appartient, dans ce cas, de réclamer les secours de l'État, qui, vous le savez déjà, ne les refuse point quand il lui est démontré que les ressources des municipalités servent mal leurs bonnes dispositions.

Fréquentation des Écoles. — Malgré les constants efforts de l'administration supérieure, le nombre des enfants qui restent étrangers à tout enseignement est véritablement affligeant. On devrait trouver dans les Écoles un dixième de la population totale. Il y a cependant des départements où les écoliers ne forment encore que le vingtième, le trentième ou même le quarantième de cette population. Ce n'est pas tout : sur le nombre des enfants qui remplissent les listes scolaires, beaucoup désertent les classes pendant cinq ou six mois de l'année. Ces enfants, après deux ou trois ans d'une fréquentation purement nominale des classes, sont à peu près complètement dépourvus de toute éducation intellectuelle et religieuse. Uniquement absorbés par les labeurs d'une vie toute matérielle, ils grandissent, à vrai dire, en dehors des idées morales qui constituent la vie traditionnelle d'un peuple civilisé. Arrivés à l'âge viril, ils ont laissé s'évanouir toute trace des notions qui n'avaient pénétré ni dans leur esprit, ni dans leur cœur. Le but que la société poursuivait avec tant d'efforts est manqué.

Ce sont là, Monsieur le Préfet, des intérêts du premier ordre. Il ne s'agit pas seulement de mettre un nombre plus ou moins considérable d'enfants en état de *lire, écrire et chiffrer ;* la question est plus haute. Il s'agit de faire de l'École l'instrument par lequel la loi morale reprendra son empire, et d'assurer, par elle, dans les populations, le maintien des principes conservateurs de toute société. Veuillez, d'ailleurs, le remarquer, ce n'est pas la diffusion universelle de l'instruction qui peut constituer un danger social ; lorsque, dans un village, tout le monde sait lire et écrire, qui pense à s'enorgueillir et à se faire un titre particulier de connaissances devenues le patrimoine de tous? Lorsque l'instruction tend au contraire à constituer, au profit de quelques-uns, une sorte de privilège intellectuel, elle donne à l'ambition un prétexte, un aliment à la vanité ; alors seulement, elle peut éveiller la sollicitude des esprits prévoyants.

Je remets sous vos yeux ce que j'écrivais à ce sujet aux Recteurs des Académies départementales le 3 février dernier :

« Le gouvernement de l'Empereur n'a rien à redouter du progrès des « lumières ; plus l'instruction primaire sera également répandue, plus les po- « pulations seront en état de comprendre et d'apprécier les bienfaits du régime

« sous lequel nous vivons, et d'accroître, par l'activité de leur intelligence, les « forces morales et matérielles de la France. Si, dans de mauvais jours, quel- « ques personnes ont pu méconnaître les bienfaits de cette instruction, elles ont « dû s'apercevoir bientôt qu'en pareille matière le remède est à côté du mal. »

Vous devez donc faire tous vos efforts, Monsieur le Préfet, pour qu'aucun de vos administrés ne demeure privé des bienfaits d'un enseignement sagement gradué et d'une éducation chrétienne : et je vous prie, dès à présent, d'ordonner les enquêtes nécessaires pour qu'il vous soit possible de me faire connaître exactement, dans chaque commune, le chiffre des enfants de six à treize ans qui sont étrangers à toute instruction, soit qu'ils ne fréquentent aucune École, soit qu'ils ne reçoivent aucun enseignement dans la maison paternelle.

Travail des enfants dans les manufactures. — L'emploi prématuré des enfants aux travaux de l'industrie est trop souvent la cause principale de leur éloignement de l'École. Il nous importe donc qu'on veille à la stricte observation de la loi sur le travail des enfants dans les manufactures; et je vous rappelle qu'aux termes de l'article 36 du règlement d'administration publique de 1850, les Inspecteurs de l'enseignement primaire peuvent être nommés Inspecteurs du travail des enfants. Il est désirable que cette mission si intéressante leur soit déléguée partout où elle ne peut être confiée à des fonctionnaires spéciaux. Nul enfant de moins de douze ans, vous le savez, ne doit, d'après l'article 5 de la loi de 1841, être admis dans une fabrique, « qu'autant que ses « parents ou tuteurs justifient qu'il fréquente actuellement une des Écoles pu- « bliques ou privées de la localité. Tout enfant admis doit, jusqu'à l'âge de « douze ans, fréquenter une École. » Je fais appel, pour l'observation de cette prescription, à votre plus active sollicitude, et suis assuré qu'à ce point de vue, comme à tous les autres, vous saurez imprimer dans votre département, à l'éducation populaire, l'impulsion à la fois vive et mesurée qui est dans les vœux du gouvernement de l'Empereur.

Je vous communique ci-joint copie d'une circulaire que j'adresse à MM. les Recteurs des Académies pour définir la part qui leur est désormais réservée dans le service de l'instruction primaire. Vous les trouverez, je n'en doute pas, disposés à seconder de tout leur pouvoir, dans la sphère de leurs attributions, les efforts que vous ferez pour assurer le succès d'une des œuvres les plus importantes de notre pays et de notre temps.

Recevez, etc.

Signé : H. Fortoul.

---

31 octobre 1854. **Instruction du Ministre de l'Instruction publique, relative aux nouvelles attributions conférées aux Recteurs par la loi du 14 juin 1854, en ce qui concerne l'instruction primaire.**

31 Octobre 1854.

Monsieur le Recteur, en transportant à MM. les Préfets une partie des attributions des anciens Recteurs départementaux, en ce qui touche l'instruction primaire, la loi du 14 juin 1854 ne vous a pas, tant s'en faut, rendu étranger à cet important service. Le législateur a remis à l'autorité préfectorale la solution des questions, souvent politiques, presque toujours administratives, que soulèvent la nomination et la discipline des instituteurs communaux; mais il n'a pas perdu de vue que les questions d'enseignement doivent être jugées par des hommes spéciaux, et il en a réservé l'examen à votre autorité. Dans la sphère de l'instruction primaire, comme dans le domaine de l'instruction secondaire ou supérieure, vous continuez à être le magistrat particulier de l'enseignement.

Enseignement primaire. — Il importe donc que vous donniez à cette partie si intéressante du service une attention soutenue. L'instruction primaire, confiée à des maîtres activement surveillés et par conséquent soumis aux règles d'une discipline sévère, portera tous ses fruits, lorsque, de votre côté, vous prendrez soin que ces maîtres suivent de bonnes méthodes et se servent pour leurs leçons de livres appropriés non seulement à l'âge des enfants, mais encore à l'objet de leurs premières études. Ne dédaignez pas, Monsieur le Recteur, de vous rendre compte par vous-même du véritable état des choses.

Partie obligatoire de l'enseignement primaire. — Le but de l'instruction primaire est de mettre tous les enfants en possession des premiers instruments indispensables au développement de leur intelligence. Il faut en exclure le luxe et y chercher l'utilité pratique. On se méprendrait complètement si on s'efforçait d'introduire dans les petites Écoles quelques-unes des matières qui appartiennent aux Écoles secondaires. La loi du 15 mars 1850 a sagement circonscrit cet enseignement ; elle a voulu qu'il gagnât en solidité ce qu'en apparence il perdrait en étendue. Ne s'exposerait-on pas à énerver, à affaiblir même l'instruction primaire, si, comme on l'a fait trop souvent, on condamnait à la discussion de subtilités grammaticales des enfants qui savent à peine écrire, si l'on faisait suivre des cours de physique et d'histoire naturelle à ceux qui ignorent encore les premières règles de l'arithmétique? Faites, Monsieur le Recteur, que tout enfant, animé d'ailleurs de ces convictions chrétiennes qui doivent être la règle de la vie, sorte de l'École primaire sachant lire, écrire et compter, et vous aurez bien mérité du pays.

Partie facultative de l'enseignement primaire. — Ne proscrivez pas, cependant, les développements que l'enseignement peut recevoir, là où ils doivent être réellement utiles; ne refusez pas d'autoriser les instituteurs des campagnes à donner à leurs plus grands élèves des notions élémentaires d'agriculture et d'arpentage; autorisez les instituteurs, dans les centres industriels, à ouvrir des leçons d'arithmétique appliquée aux opérations pratiques et de dessin linéaire. Mais, si vous croyez utile d'autoriser, dans un petit nombre d'Écoles primaires, l'enseignement de l'histoire et de la géographie, veillez à ce que l'instituteur ne retienne point trop longtemps ses écoliers dans l'étude des détails de l'histoire ancienne et de l'histoire romaine, si peu appropriées à leurs besoins; c'est l'histoire de leur pays qui doit surtout fixer leur attention, et ils ne doivent y être préparés que par des aperçus sommaires des temps qui ont précédé. L'histoire nationale elle-même doit se résumer pour eux dans quelques époques principales, et dans la vie de quelques grands hommes autour desquels viennent se grouper les existences secondaires. De longues séries de dates, de stériles nomenclatures, des faits insignifiants ne laisseraient rien dans leur esprit. Pour les enfants des Écoles populaires, l'histoire n'a de valeur qu'à la condition d'être un véritable cours de morale pratique.

Méthodes. — Sans attacher plus d'importance qu'il ne convient aux diverses méthodes de lecture et d'écriture qui se sont produites successivement, il faut reconnaître que quelques-unes d'entre elles ont pour effet d'aplanir les premières difficultés et de hâter les progrès des enfants. Favorisez celles qui présentent ces avantages, et, si des procédés nouveaux se révélaient, soit dans une École publique, soit dans une École libre, surveillez-en l'application avec intérêt et informez-moi des résultats obtenus. Je m'empresserai de mettre vos rapports sous les yeux du Conseil impérial de l'instruction publique, et de provoquer ainsi, au profit de toutes les Écoles, l'application des nouveaux modes d'enseignement dont l'expérience vous aurait démontré l'efficacité.

Enseignement moral et religieux. — Votre mission, toutefois, serait incomplète, si elle devait se borner à la surveillance de l'enseignement proprement dit. S'il est indispensable que tout enfant sache au moins lire, écrire et compter au sortir de l'École, il ne l'est pas moins qu'il ait puisé dans cet enseignement les sentiments moraux qu'un bon instituteur trouve mille occasions d'inspirer à ses élèves. La lecture, l'écriture, le calcul même peuvent lui fournir matière à d'ingénieuses et utiles leçons de morale; et ces leçons, complétées par l'instruction religieuse, dont le curé surveille particulièrement la direction, doivent contribuer à préparer dans le jeune écolier un homme sensé, honnête, religieux, et par conséquent un citoyen ami de l'ordre, un bon père de famille. Je n'ignore pas que l'inspection rapide d'une École, suffisante pour constater l'état d'avancement des premières études de l'enfance, ne permet que difficilement à l'Inspecteur de s'assurer si le sentiment moral et religieux a jeté de profondes racines dans le cœur des enfants; mais en recommandant aux Inspecteurs primaires de ne pas négliger cette partie fondamentale de l'éducation populaire, et en exigeant qu'il en soit tenu compte dans les rapports des Inspecteurs d'Académie, vous ferez comprendre aux instituteurs tout le soin qu'ils doivent y apporter eux-mêmes et le haut prix que le Gouvernement y attache. Les Inspecteurs obtiendront, d'ailleurs, sous ce rapport, de MM. les délégués cantonaux, les renseignements les plus utiles. Représentants de la société elle-même, les délégués sont spécialement chargés de veiller à la bonne éducation des enfants, et ils sont mieux que personne en position d'être bien informés de tout ce qui peut donner une idée exacte de la direction qu'on lui imprime.

Inspection des Écoles. — Par une circulaire, en date du 3 février dernier, j'avais appelé l'attention des Recteurs des anciennes Académies sur l'état de l'instruction dans les Écoles primaires ; je les avais invités à faire procéder partout à la fois, dans la deuxième quinzaine de mars, à un examen général des élèves par les délégués cantonaux, et à faire recommencer cet examen avant la fin de l'année scolaire, afin de constater, par des notes précises, les progrès des enfants. Je n'ai point eu connaissance du résultat de cette inspection, et je m'en afflige. J'aurais désiré que le Gouvernement pût montrer au pays avec certitude quelle est l'utilité des sacrifices qu'il lui impose. Rappelez aux Inspecteurs d'Académie la nécessité de cette inspection, qui doit avoir, d'ailleurs, le bon effet de stimuler le zèle des instituteurs. Ne négligez rien pour être en mesure de me donner des renseignements complets sur les résultats vrais d'un service qui coûte plus de trente millions aux familles, aux communes, aux départements ou à l'État. Placé à la tête d'un vaste ressort d'instruction publique, il doit vous importer de savoir si, eu égard au chiffre de la population, les Écoles sont suffisamment fréquentées et si cette fréquentation produit des fruits.

Ce foyer de l'enseignement supérieur et secondaire, que la loi vous a particulièrement chargé de ranimer, jettera, n'en doutez point, un éclat d'autant plus vif, qu'il éclairera des populations mieux préparées à en ressentir les avantages et à en comprendre l'importance.

Écoles normales primaires. — Les Écoles normales primaires, destinées à former des instituteurs et des institutrices, doivent surtout fixer votre attention. Ces établissements ont été pendant quelques années l'objet de défiances que rien ne justifierait aujourd'hui. On a pu pendant un temps les rendre responsables des fautes de quelques jeunes gens, égarés bien plus par les coupables excitations qu'on leur a adressées que par l'éducation qu'ils avaient reçue; mais, de toute part, on revient, à leur égard, à une appréciation plus juste. Tout le monde, d'ailleurs, s'accorde à reconnaître que le régime de ces maisons et la direction de leurs études ont été considérablement améliorés par le décret du 24 mars 1851.

Programme d'enseignement des Écoles normales. — Vous devez, Monsieur le Recteur, faire scrupuleusement respecter partout l'esprit de ce décret. Veillez à ce que les Écoles normales forment des instituteurs sages et modestes. Ayez soin que les maîtres chargés de préparer les jeunes gens aux pénibles fonctions de l'enseignement primaire ne dirigent leurs études que vers le but auquel elles doivent tendre. Il importe non seulement que ces jeunes gens possèdent exactement, mais encore qu'ils sachent parfaitement enseigner les matières comprises dans la partie obligatoire de l'enseignement primaire. Ne les excitez pas à sortir de ce cercle, qui est encore assez vaste, et faites en sorte que ceux qui le franchiront cèdent à des dispositions véritables, et non à des prétentions peu justifiées. Faites-vous rendre compte fréquemment et rendez-vous compte par vous-même des principes que révèlent les travaux demandés aux élèves-maîtres. Le programme d'enseignement adopté le 31 juillet 1851 s'est proposé un double but : 1° s'assurer que rien d'essentiel ne sera omis dans la préparation des futurs instituteurs; 2° s'opposer au développement exagéré que quelques professeurs pourraient être tentés de donner à des parties d'enseignement qui leur seraient plus familières. Mais rien n'est plus facile que d'abuser d'un programme; il vous appartient d'empêcher résolument cet abus. Mes recommandations se réduisent à peu de mots : obtenir que les leçons de l'École normale soient distribuées de manière que, les divers objets d'enseignement ayant été étudiés dans les deux premières années, la troisième année soit employée moins à acquérir de nouvelles connaissances qu'à fortifier les connaissances acquises, et surtout à mettre en œuvre, par l'application et par les exercices de l'École annexe, les principes pédagogiques puisés dans les cours intérieurs. Il ne suffit pas que les élèves de l'École normale soient instruits; ils faut qu'ils soient en état de communiquer ce qu'ils savent; et, à vrai dire, ce qui fait le véritable instituteur, ce n'est pas le *brevet*, que tout le monde peut conquérir, c'est l'art de diriger les esprits et la pratique de l'éducation. C'est là ce que doivent apprendre dans les Écoles normales primaires les jeunes maîtres à qui vont être confiés les intérêts moraux et intellectuels de la génération qui s'élève.

Livres. — Je ferai, sur les livres employés dans ces établissements, deux observations spéciales. Le programme veut que l'on prenne, pour base de l'enseignement de la langue française, la grammaire de Lhomond. Dans quelques Écoles normales primaires, où d'autres grammaires avaient été mises entre les mains des élèves, on a cru, par mesure d'économie, pouvoir ajourner l'exécution de cette prescription. Ne tolérez pas plus longtemps un ajournement fâcheux. Le programme place aussi au nombre des livres qui devront servir pour les exercices de lecture raisonnée l'*Histoire de l'Église*, par Lhomond. Cet excellent ouvrage a malheureusement été continué jusqu'à nos jours dans un esprit malveillant d'opposition aux souvenirs de l'Empire. Assurez-vous que les éditions mises entre les mains des jeunes gens ne contiennent pas cette addition, qui n'a jamais été l'objet d'une autorisation universitaire, et qui serait de nature à révolter le jugement des élèves plus encore qu'à égarer leur opinion.

Commissions de surveillance. — Lorsque vous présiderez les Commissions de surveillance des Écoles normales primaires, comme le décret du 22 août dernier vous en donne le droit, appelez leur sérieuse attention sur tous ces points; faites-leur comprendre combien il importe que les élèves soient formés en vue de la carrière qui les attend, et ne puissent concevoir sur leur avenir aucune illusion propre à fausser leur esprit et à causer peut-être de pénibles mécomptes à leurs familles. Donnez aux directeurs et maîtres adjoints des instructions particulières à ce sujet et veillez à ce qu'ils les suivent exactement.

Nomination des directeurs et maîtres adjoints. — Ce sera, au surplus, sur votre proposition que je nommerai les fonctionnaires des Écoles normales, et vous aurez ainsi sur eux une action directe et salutaire. N'oubliez pas, d'ailleurs, que les directeurs et les maîtres adjoints doivent se partager l'enseignement et la surveillance, et que les élèves des Écoles normales doivent recevoir d'eux non seulement les leçons que, comme professeurs, ils sont obligés de donner à leurs élèves, mais encore ces avertissements et ces conseils affectueux dont la vie en commun doit amener l'occasion si fréquemment, et que les jeunes gens bien élevés sont toujours assurés de trouver dans une bonne et honorable famille.

Discipline. — La discipline des Écoles normales primaires ne sera pas assombrie par un grand nombre de punitions. Les jeunes gens qui ne respecteraient la règle que par crainte apporteraient plus tard dans les fonctions de l'enseignement un esprit entièrement opposé à celui qui doit les animer. Dans les leçons pédagogiques qu'ils reçoivent, ils puisent des règles de conduite dont ils doivent se faire la première application à eux-mêmes; il faut qu'ils apprennent à être leurs propres juges. Les élèves-maîtres qu'on serait obligé de rappeler fréquemment au bon ordre, qui montreraient quelque penchant à l'indiscipline ou un caractère habituellement frondeur, feraient un jour de mauvais instituteurs; dans l'intérêt de la société, non moins que pour leur propre avantage, il y aurait lieu de les rendre à leurs familles et aux autres professions, qu'ils exerceront plus utilement. C'est le Préfet du département qui est chargé d'autoriser l'adsion des élèves-maîtres dans les Écoles normales primaires et qui a, par conséquent, le droit de prononcer, lorsqu'il y a lieu, leur renvoi. Mais comme rien de ce qui peut contribuer à l'avenir de l'instruction primaire ne doit vous être indifférent, j'ai dû appeler votre attention sur ces divers points, afin que vous puissiez les signaler aux Inspecteurs d'Académie, qui feront, le cas échéant, telles propositions que de droit à MM. les Préfets et aux Commissions de surveillance.

Engagements décennaux. — Quant aux engagements décennaux que les élèves des Écoles normales ou les instituteurs communaux doivent contracter envers l'instruction publique, et en vertu desquels ils sont dispensés du service militaire, ils seront reçus par vous, en exécution de l'article 79 de la loi du 15 mars 1850, et d'après les règles prescrites par les instructions subséquentes. Cette attribution appartient naturellement au délégué spécial du Ministre de l'Instruction publique ; elle ne pourrait d'ailleurs être exercée par MM. les Préfets, qui, en leur qualité de présidents des Conseils de revision, sont appelés à statuer sur la validité de ces actes.

Commissions d'examen et brevets de capacité. — Les Commissions d'examen établies au chef-lieu de chaque département, et qui continueront d'être nommées par le Conseil départemental, fonctionneront nécessairement sous votre autorité. C'est en grande partie de ces Commissions que dépend le degré d'instruction des candidats. On conçoit, en effet, que si, au lieu de se conformer scrupuleusement aux programmes, ces Commissions élevaient ou abaissaient le niveau des examens, elles s'exposeraient soit à forcer les candidats à se livrer à des études qui les détourneraient de leur but, soit à ouvrir la carrière à des maîtres insuffisants. Il importe donc que les Commissions se rendent un compte exact de la mission qui leur est confiée. Les procès-verbaux de leurs opérations vous seront régulièrement communiqués, et vous ne délivrerez les brevets de capacité aux candidats proposés qu'après avoir apprécié avec soin les conditions de leur examen. Le bon esprit des Commissions m'assure que vous ne serez jamais obligé de refuser les brevets de capacité dont la délivrance vous aura été proposée : aussi, je ne fais mention de la faculté qui vous est réservée à cet égard que pour constater votre droit. L'Inspecteur d'Académie, qui assistera probablement presque toujours aux examens, pourra vous donner tous les moyens de contrôle nécessaires.

Il faut, je le répète, que les futurs instituteurs soient aptes à bien enseigner tout ce qui constitue l'instruction primaire proprement dite; il est à désirer que les candidats sachent exprimer clairement leur pensée, et que les rédactions qui leur seront proposées soient choisies de telle sorte qu'elles puissent servir à juger tout à la fois de leur connaissance de la langue française, de la correction de leur style, de leur esprit et de leur disposition pédagogique; mais il n'est pas nécessaire qu'ils se soient préparés à résoudre des questions scientifiques ou des difficultés grammaticales telles qu'il ne s'en présenterait presque jamais dans les classes qu'ils auraient à faire. Quant à ceux qui ont une ambition plus élevée et qui demandent à être interrogés sur les parties facultatives de l'enseignement primaire, il convient de s'assurer, par un examen approfondi, qu'ils possèdent réellement les matières qu'ils se proposent d'enseigner. Cette sévérité est une garantie que l'on doit aux familles. En comparant, d'ailleurs, les rapports des diverses Commissions de votre Académie, vous parviendrez facilement à maintenir le niveau des examens et à conserver ainsi à l'instruction primaire le caractère tout spécial qu'elle doit avoir. Il ne faut pas perdre de vue, en effet, que cette instruction n'est pas un commencement d'études, mais qu'elle constitue dans sa simplicité un enseignement complet approprié à l'avenir des enfants qui le reçoivent. Les élèves qui se destinent à l'instruction secondaire suivent rarement les classes des Écoles primaires; à peine en trouve-t-on quelques-uns dans les villes, mais il ne s'en rencontre presque aucun dans les Écoles des villages. Faites donc que l'enseignement primaire profite à ceux qui doivent en tirer parti un jour, et surtout qu'il prépare des hommes honnêtes et des citoyens utiles. Vous me rendrez compte à la fin de l'année, dans un rapport général, de la manière dont les Commissions auront opéré et des observations que vous aurez été dans le cas d'adresser à quelques-unes d'entre elles.

Examen des candidats aux fonctions d'Inspecteur. — Aux termes de l'arrêté du 18 décembre 1850, une Commission chargée d'examiner les candidats aux fonctions d'Inspecteur de l'instruction primaire était instituée au chef-lieu de chaque Académie départementale. L'expérience n'a pas été très favorable à cette organisation. Peu de candidats se sont présentés, et, depuis quatre ans, les Commissions n'ont fonctionné que dans quelques départements; il convient donc de réduire le nombre des Commissions à celui des Académies actuelles. La raison fait une loi de revenir, sous ce rapport, à l'usage auquel le fractionnement consacré par la législation de 1850 avait dérogé. Ainsi, l'arrêté du 18 décembre 1850 continue à subsister dans chacun de ses articles. Seulement, il est applicable non plus aux anciennes Académies départementales, mais aux Académies établies par la loi du 14 juin 1854.

Je vous communique ci-joint une copie de la circulaire que je viens d'adresser à MM. les Préfets, pour marquer avec précision la part qui leur revient désormais dans service de l'instruction primaire. Vous prendrez toutes les mesures qui seraient nécessaires pour faciliter l'action que le législateur a attribuée au magistrat politique sur l'administration de l'enseignement populaire[1].

Recevez, etc.

Signé : H. Fortoul.

---

17 nov. 1854.

Circulaire du Ministre de l'Instruction publique, relative à la nomination des vice-présidents et des secrétaires des Conseils départementaux.

17 Novembre 1854.

Monsieur le Préfet, la loi du 14 juin dernier et le décret du 22 août suivant, qui ont organisé les nouvelles administrations académiques, n'ont rien disposé en ce qui concerne la nomination des vice-présidents et des secrétaires des

1. Le Ministre de l'Instruction publique, en donnant communication des deux instructions du 31 octobre aux archevêques et aux évêques, leur adressa la circulaire suivante :

« Monseigneur, la loi du 14 juin dernier, en confiant aux Préfets une partie des attributions antérieurement exercées par les Recteurs, a introduit quelques modifications dans le service de l'instruction primaire.

« J'ai rédigé des instructions détaillées pour déterminer avec précision le caractère et le but de l'organisation nouvelle.

« Je crois devoir, Monseigneur, vous donner communication de ces documents. Ils feront connaître à Votre Grandeur la pensée de l'administration supérieure.

« L'éducation des classes laborieuses est au premier rang parmi les intérêts qui ont droit à la sollicitude de l'autorité épiscopale. Le gouvernement de l'Empereur ne voit pas seulement dans l'instruction primaire un moyen d'apprendre à lire, écrire et compter : il y voit un puissant instrument de civilisation; il veut que les Écoles forment des hommes honnêtes et religieux en même temps qu'utiles et dévoués aux institutions qui ont garanti la sécurité du pays.

« Le Gouvernement est donc certain d'obtenir votre concours pour cette œuvre importante comme pour toutes celles où l'action du pouvoir civil a besoin d'être complétée par l'action si féconde de l'autorité religieuse. »

(*Circulaire du* 31 *octobre* 1854.)

Conseils départementaux. Il résulte évidemment du silence de la loi, comme il ressort de la discussion à laquelle ces grandes mesures ont donné lieu dans le sein du Conseil impérial de l'instruction publique, que l'on a voulu laisser aux Conseils départementaux le soin de désigner eux-mêmes ceux de leurs membres auxquels les fonctions dont il s'agit devront être déléguées.

Pour la vice-présidence, en effet, comme pour le secrétariat, il est des conditions de résidence, de fonction ou de famille qui peuvent rendre plus ou moins facile, plus ou moins régulier, l'accomplissement de ces devoirs, et que chaque Conseil sera bien plus en mesure d'apprécier que l'autorité supérieure. Quelque importance que MM. les Préfets doivent attacher à présider les Conseils par eux-mêmes, et à ne jamais perdre de vue un seul instant la marche de leurs délibérations et de leurs travaux, il pourra cependant arriver que des circonstances, même imprévues, leur imposent la nécessité de se faire remplacer, et, dans ce cas, il est indispensable que le vice-président se rende au premier appel qui lui sera fait. De même, le secrétaire, chargé de dresser les procès-verbaux, devra être libre de consacrer à ce travail le temps nécessaire, et, plus qu'un autre, il sera tenu d'assister exactement aux séances. A ces divers points de vue, il convenait de déférer aux Conseils l'initiative et la responsabilité des choix.

Vous voudrez donc bien, Monsieur le Préfet, inviter le Conseil départemental, dans sa plus prochaine réunion, à procéder à la désignation du vice-président et du secrétaire qui devront vous assister. Vous aurez soin de me faire connaître les choix qui auront été faits par le Conseil.

Recevez, etc.

Signé : H. Fortoul.

Avis du Conseil d'État, relatif à la capacité bénéficiaire des fabriques en vue de la fondation d'une École.

6 déc. 1854.

6 Décembre 1854.

La Section de l'Intérieur, de l'Instruction publique et des Cultes, qui, sur le renvoi de M. le Ministre de l'Instruction publique et des Cultes, a pris connaissance d'un projet de décret tendant à autoriser la fabrique et le maire de Saint-Michel-de-Bonnières à accepter la donation qui lui est faite d'une maison avec jardin, pour être affectée à une École de filles;

Vu l'acte notarié en date du 11 février 1854, portant donation par le sieur Calmon, ancien desservant de la paroisse Saint-Michel-de-Bonnières, à la fabrique de Saint-Michel, de la susdite maison, sous les conditions susexprimées;

Vu la délibération du Conseil municipal de Saint-Michel-de-Bonnières, en date du 18 mars 1854, par laquelle celui-ci, se fondant sur l'autorisation antérieurement donnée à la fabrique de Saint-Michel-de-Bonnières d'accepter le legs fait à cette fabrique par la dame

Vallette pour subvenir aux frais d'entretien de l'École des sœurs, sollicite pour la fabrique l'autorisation d'accepter la donation qui lui est faite;

Vu les avis du Comité de l'Intérieur, en date du 24 avril 1833 et du 15 avril 1836;

Considérant que la donation du sieur Calmon a pour but l'entretien d'une École de filles;

Que la fondation et l'entretien des Écoles, soit de filles, soit de garçons, sont complètement en dehors des attributions conférées aux fabriques par la législation existante, et que dès lors elles sont sans qualité pour accepter les libéralités qui s'y rapportent;

Considérant, d'ailleurs, que ces observations ne font point obstacle à ce que le sieur Calmon, par une donation faite directement à la commune, ne lui assure les avantages de la libéralité qu'il a entendu faire dans l'intérêt des filles de cette commune,

Est d'avis :

Qu'en l'état, il n'y a pas lieu d'adopter le projet de décret[1].

---

19 déc. 1854.

Avis relatif à la création d'un cours normal d'institutrices au Puy.

19 Décembre 1854.

Le Conseil, etc.,

Vu le projet de règlement pour le cours normal d'institutrices, établi au Puy (Haute-Loire), dans la maison mère de l'association des Demoiselles de l'Instruction;

Vu l'ordonnance royale du 24 janvier 1843, qui a reconnu ladite association;

Vu le rapport de M. l'Inspecteur général Magin sur l'état de l'instruction primaire dans la Haute-Loire et sur la création du cours normal dont il s'agit;

1. C'est dans le même sens qu'en ont jugé, à cette époque, les Ministres de l'Instruction publique et de l'Intérieur.

Les fabriques ne sont capables d'acquérir, de recevoir et de posséder que dans l'intérêt de la célébration du culte et dans la limite des services qui leur sont confiés par les lois et les règlements. En conséquence, une fabrique ne peut être autorisée à acquérir une maison pour être affectée à une École de garçons ou de filles. (Décisions du Ministre de l'Instruction publique des 4 avril 1853 et 24 janvier 1855. — Décision du Ministre de l'Intérieur, 1859.)

Toutefois, d'après la jurisprudence du Ministère de l'Intérieur, confirmée par le Conseil d'État le 21 décembre 1859, lorsque le Conseil municipal prend l'engagement de payer à la fabrique un loyer représentant les intérêts et capital employé par elle, une acquisition de maison d'école peut être autorisée à titre de placement de fonds.

Vu la lettre de M. le Préfet de la Haute-Loire, en date du 7 novembre,

Considérant :

Que le cours normal d'institutrices du Puy est appelé à rendre d'éminents services à l'instruction primaire dans un département où la population des campagnes, disséminée en une multitude de hameaux et en beaucoup de localités, est privée des bienfaits de cette instruction;

Que nulle institution n'est plus propre à la répandre dans un pays montagneux que l'institution des Demoiselles de l'Instruction, par les règles qui la gouvernent, par l'esprit qui en anime les membres et par les résultats déjà obtenus;

Que ces résultats répondent parfaitement aux besoins des populations, et que le règlement du cours normal doit les prendre pour base des connaissances qui sont nécessaires aux institutrices de la Haute-Loire;

Que le projet présenté a été rédigé dans cette vue et paraît approprié au but de l'institution comme aux besoins particuliers de l'instruction primaire dans le département de la Haute-Loire,

Est d'avis qu'il y a lieu d'approuver le projet de règlement dont il s'agit.

Instruction du Ministre de l'Instruction publique à MM. les ecclésiastiques chargés de l'inspection des pensionnats de filles tenus par des religieuses. 20 déc. 1854.

20 Décembre 1854.

Monsieur l'abbé, j'ai l'honneur de vous annoncer qu'en exécution de l'article 12 du décret du 31 décembre dernier, je vous ai chargé, pour une année, sur la présentation de Mgr l'évêque diocésain, de l'inspection des pensionnats de filles tenus par des associations religieuses cloîtrées ou non cloîtrées. Vous trouverez, sous ce couvert, une ampliation de l'arrêté qui vous concerne.

En vous confiant cette délicate mission, je dois vous en indiquer, d'une manière précise, le caractère et la portée; mais, avant tout, il est nécessaire de vous rappeler les dispositions législatives qui définissent et prescrivent la surveillance de l'État sur toutes les maisons d'éducation.

La loi du 15 mars 1850 distingue deux espèces d'Écoles primaires ou secondaires : celles qui sont fondées ou entretenues par les communes, les départements ou l'État, et qui prennent le nom d'Écoles publiques; et celles qui sont fondées ou entretenues par des particuliers ou des associations, et qui prennent le nom d'Écoles libres.

L'article 18 de la loi indique par quels fonctionnaires l'inspection des établissements d'instruction publique ou libre est exercée. L'article 21 dispose que l'inspection des Écoles publiques s'exerce conformément aux règlements délibérés par le Conseil supérieur; que celle des Écoles libres « porte sur la moralité,

« l'hygiène et la salubrité, et qu'elle ne peut porter sur l'enseignement que « pour vérifier s'il n'est pas contraire à la morale, à la Constitution et aux « lois ». Enfin l'article 22 énumère les peines que pourrait encourir un chef d'établissement qui refuserait de se soumettre à la surveillance de l'État.

Toutes ces dispositions, spécialement formulées en vue des Écoles de garçons, sont, dans leur ensemble, applicables aux Écoles de l'autre sexe. Toutefois, l'article 50 de la loi du 15 mars 1850 ayant décidé qu'un règlement, délibéré en Conseil supérieur de l'instruction publique, déterminerait le mode d'examen, de surveillance et d'inspection des Écoles de filles, il est intervenu, le 31 décembre 1853, un décret impérial qui règle cette matière.

Préparé par le Conseil impérial de l'instruction publique, avec le concours des éminents prélats qui en font partie, ce décret statue que toutes les Écoles externes publiques ou libres, tenues soit par des laïques, soit par des religieuses, seront soumises à l'inspection des autorités instituées par la loi du 15 mars 1850, mais que les pensionnats de filles seront inspectés par des délégués spéciaux, savoir : les pensionnats laïques, par des dames que désignerait le Recteur de l'Académie, et les pensionnats des associations religieuses, par des ecclésiastiques que l'évêque du diocèse proposerait à la nomination du Ministre de l'Instruction publique. C'est à cette dernière mission que la confiance de votre évêque vous a appelé, en vous désignant à mon choix. Je ne doute pas, Monsieur l'abbé, que le Gouvernement n'ait à se féliciter du concours que je réclame de vous.

L'inspection que vous aurez à faire des pensionnats annexés aux Écoles communales ou libres dirigées par des religieuses ne peut soulever aucune objection. Mais celle des pensionnats dirigés par des communautés religieuses et compris dans la clôture est d'une nature plus délicate; c'est surtout en vue des difficultés résultant de la règle de ces communautés que le décret du 31 décembre fait appel à la coopération de l'autorité ecclésiastique. Vous ne perdrez donc pas de vue, en pénétrant, avec la permission de l'évêque, dans l'intérieur de la clôture, que vous n'avez à inspecter que le pensionnat proprement dit, c'est-à-dire la partie de la maison où sont élevées les jeunes filles qui ne sont pas destinées à la vie religieuse. Vos rapports sur ces établissements me feront connaître si l'on y a pris toutes les précautions que réclame l'hygiène, et parfois la morale elle-même; si les dortoirs sont convenablement distribués; si on n'y réunit pas plus d'enfants que les dimensions ne le comportent, et enfin si les enfants y reçoivent tous les soins que réclame leur santé.

Quant à l'enseignement proprement dit, il reste soumis à l'inspection ordinaire dans les Écoles communales ou libres ; mais, cette inspection ne devant pas pas pénétrer dans la clôture, c'est vous, Monsieur l'abbé, qui aurez à voir si, conformément à l'article 21 de la loi du 15 mars 1850, l'enseignement donné dans les classes dirigées par les communautés religieuses est conforme à la morale, à la Constitution et aux lois. Le caractère des institutrices qui tiennent ces établissements ne permet pas de douter de la direction parfaitement morale qu'elles donnent à leurs leçons. Votre tâche à cet égard sera donc bien simplifiée.

Votre rapport, au surplus, ne contiendra aucune observation sur le mérite scolaire des méthodes ou des livres employés, pas plus que vous n'aurez à vous prononcer sur le degré d'instruction des élèves ou de leurs maîtresses; mais vous aurez à savoir si les livres placés entre les mains des enfants ne contiennent rien d'hostile à nos institutions, à la personne ou à la famille de l'Empereur : j'appelle sur ce dernier objet votre attention particulière. Le Gouvernement méconnaîtrait l'un de ses premiers devoirs s'il souffrait que des idées contraires au respect qui lui est dû fussent suggérées à la jeunesse. Je ne puis croire que de tels abus pénètrent jamais dans de sages et pieuses institutions comme celles dont vous aurez la surveillance, et je suis bien convaincu que si, par exception, vous y trouviez un livre dont le choix n'aurait pas été fait, sous ce rapport, avec un soin assez scrupuleux, vous vous hâteriez de l'y interdire de concert avec la supérieure, et de m'en donner avis.

Je tiens particulièrement à ce qu'une première inspection ait lieu dès le commencement de la prochaine année, de manière que les rapports m'en parviennent avant le 1er mars. Je vous prie, à cet effet, de vouloir bien prendre les ordres de Mgr l'évêque, qui fixera le moment où vous pourrez, sans inconvénient, visiter les établissements soumis à votre surveillance.

Recevez, etc.

Signé : H. FORTOUL.

Circulaire du Ministre de l'Instruction publique, relative aux enquêtes d'usage sur les candidats aux Écoles normales primaires. 2 février 1855.

2 Février 1855.

Monsieur le Recteur, aux termes du règlement en date du 24 mars 1851, les candidats aux Écoles normales primaires ont dû s'inscrire depuis le 1er jusqu'au 15 janvier. Il vous appartient de rappeler à MM. les Inspecteurs d'Académie placés sous vos ordres que le moment est venu où ils ont, conformément à l'article 17 du règlement précité, à se livrer aux enquêtes dont le but est de mettre MM. les Préfets en mesure de prononcer sur l'admission de chacun des aspirants.

Suivant les prescriptions de l'article qui vient d'être rappelé, l'enquête doit porter « sur la conduite et les antécédents des candidats ». C'est assez faire entendre que l'admission des élèves-maîtres ne doit point résulter d'un concours.

Ce qu'il importe avant tout, c'est, en effet, de s'assurer de la bonne conduite, des dispositions intimes, des garanties que, dans l'ordre religieux et moral, le futur instituteur peut offrir à la société, et, pour tout dire en un mot, de la vocation du candidat. Mais, vous le comprenez, Monsieur le Recteur, ces garanties fondamentales une fois données aux familles et à l'administration supérieure, il est indispensable, et pour la bonne renommée d'établissements placés sous le patronage des pouvoirs publics, et dans l'intérêt général de l'enseignement, de n'admettre dans les Écoles normales que des jeunes gens capables d'en suivre les cours.

Il serait très fâcheux que MM. les Inspecteurs n'usassent pas des moyens qui sont entre leurs mains pour arrêter sur le seuil des Écoles normales les ignorants et les présomptueux. Il pourrait arriver qu'après un séjour de plusieurs mois, d'un an peut-être à l'École, des élèves, en raison d'un manque absolu d'aptitude, se vissent obligés de quitter l'établissement. Les sacrifices du département ou de l'État auraient alors été faits en pure perte. Il pourrait arriver aussi que des élèves-maîtres trop facilement admis fussent un obstacle insurmontable à la marche de condisciples capables de profiter des leçons et rendissent ainsi impossible le développement des études. Si l'on veut qu'un cours porte des fruits, la première condition est de n'y admettre que des élèves d'une force à peu près équivalente. Le succès d'un enseignement suppose, au point de départ, une certaine égalité de connaissances acquises; sinon, quel sera le lien des intelligences, et où trouver le terrain sur lequel pourront se rencontrer les esprits?

Enfin, le niveau des études dans les Écoles normales établissant presque toujours, par la force même des choses, le niveau des épreuves dans les examens pour le brevet de capacité, on s'exposerait, en admettant des élèves-maîtres évidemment incapables, à faire descendre les examens eux-mêmes au-dessous du degré auquel l'administration supérieure a le devoir de les maintenir.

Il importe beaucoup, Monsieur le Recteur, de ne pas se méprendre sur la mission des Écoles normales. La tâche de ces établissements n'est pas d'initier de jeunes hommes tout à fait ignorants aux premiers éléments des connaissances les plus élémentaires; c'est là le but des Écoles primaires. Elle n'est pas même, à proprement parler, de mettre des candidats débiles en état d'affronter un examen; c'est là le rôle de répétiteurs vulgaires. La mission de l'École normale est plus haute : elle consiste à compléter et à féconder les études premières, et surtout, ainsi que je le disais dans ma circulaire du 31 octobre dernier, à mettre les futurs instituteurs en état de communiquer ce qu'ils savent. Il faut se pénétrer de ce principe que le but de l'École normale n'est pas, à vrai dire, la conquête du brevet; le brevet peut être obtenu par un candidat qui ne posséderait pas les qualités les plus nécessaires à un maître de la jeunesse. Ce qui fait le véritable instituteur, ce qui doit être l'objet spécial des études dans les Écoles normales, c'est la science pratique de l'éducation et l'art si difficile de diriger les esprits. Or, pour parvenir à ce but, il faut pouvoir opérer sur un fonds déjà suffisant de connaissances premières et consacrer ses soins à des applications ultérieures, au lieu de consumer ses forces dans les stériles efforts d'un enseignement sans portée.

Vous le voyez donc, Monsieur le Recteur, si, pour l'admission des élèves dans les Écoles normales, la condition de moralité est la première, elle ne dispense pas des autres. La condition de capacité vient sans doute en second ordre; mais il serait inacceptable qu'on n'en tînt pas le compte qu'elle mérite.

Vous voudrez bien rappeler ce principe à MM. les Inspecteurs d'Académie placés sous vos ordres. Il importe que ces fonctionnaires fassent porter l'enquête qu'ils sont chargés de diriger, non seulement sur les dispositions morales des futurs élèves-maîtres, mais aussi sur leur aptitude, et qu'ils s'informent, au moyen d'examens individuels, de l'état de l'instruction de chacun des candidats.

Les examens dont il s'agit devront constater à l'avenir :

1° Que le candidat lit et écrit couramment;

2° Qu'il observe les règles principales de l'orthographe;

3° Qu'il possède la pratique des quatre règles;

4° Qu'il peut répondre aux questions qui lui sont adressées sur le catéchisme et sur l'histoire sainte.

Un certificat attestant que l'aspirant a subi cet examen, et signé de l'Inspecteur d'Académie, sera joint aux pièces sur le vu desquelles doit être prononcée l'admission. L'application de la mesure prescrite par la présente circulaire offrira d'autant moins de difficultés que l'admission des élèves-maîtres ne doit avoir lieu que du 1er au 15 août, et que, par conséquent, plus de six mois sont accordés aux Inspecteurs d'Académie pour procéder aux examens dont il est question, soit par eux-mêmes, soit par l'intermédiaire de MM. les Inspecteurs de l'instruction primaire.

Recevez, etc.

Signé : H. FORTOUL.

Circulaire du Ministre de l'Instruction publique, relative à la propagation du Bulletin de l'Instruction primaire parmi les instituteurs et institutrices, et à la transmission des documents qui paraîtraient de nature à figurer dans cette publication. 14 février 1855.

14 Février 1855.

Monsieur l'Inspecteur, j'ai fondé, il y a un an, un recueil périodique destiné à mettre les instituteurs en relations habituelles avec l'administration supérieure, à faire parvenir jusqu'à eux les actes de l'autorité, à leur donner de sages conseils sur l'éducation des élèves qui leur sont confiés et sur le régime des Écoles.

Je ne doute pas que vous ne compreniez l'importance d'une semblable publication, et je fais appel à votre initiative pour que vous m'aidiez activement non seulement à lui donner accès dans toutes les Écoles, mais encore à la rendre de plus en plus digne de la haute mission à laquelle elle est appelée.

Vous ferez savoir aux instituteurs que le *Bulletin de l'Instruction primaire*, dirigé par des hommes depuis longtemps dévoués aux intérêts de l'instruction primaire, leur donnera les meilleures directions pédagogiques, les tiendra au courant, dans une sage limite, du mouvement général des esprits, et les initiera à l'intelligence des bonnes méthodes, et surtout des meilleures pratiques de l'enseignement. Vous leur ferez comprendre aussi que, s'ils jugent utile de s'abonner à un journal, ils contribueront, en donnant la préférence au *Bulletin de l'Instruction primaire*, à établir au sein des populations, par l'unité de direction des Écoles, cette harmonie générale à laquelle le Gouvernement sera heureux de les voir concourir.

Je vous prie, en outre, Monsieur l'Inspecteur, de vouloir bien me transmettre à part, et dans ce but spécial, tous les documents qui vous paraîtraient de nature à être publiés dans le *Bulletin de l'Instruction primaire*. Il m'est difficile, lorsque les affaires qui me parviennent doivent être traitées sans retard, de rechercher et d'extraire de la correspondance habituelle ce qu'il peut être utile de porter à la connaissance des instituteurs primaires, et cependant cette correspondance contient chaque jour des faits dont la publication aurait un véritable intérêt. Ici, c'est un beau trait de courage ou de désintéressement accompli par un instituteur ou par un élève; là, c'est une réunion dans laquelle il a été prononcé, soit par le Préfet, soit par l'évêque, soit par vous-même, des paroles qui peuvent avoir une influence utile. Ici, c'est l'heureuse réforme d'un abus en quelque sorte consacré par le temps; là, c'est une intéressante fondation inspirée par l'esprit chrétien; c'est, enfin, le judicieux emploi de telle méthode appliquée, soit à l'enseignement de l'agriculture, soit à tel autre enseignement particulier. Je ne puis, Monsieur l'Inspecteur, indiquer tous les points sur lesquels une semblable question peut être envisagée; je m'en rapporte complètement, à cet égard, à votre bon esprit et à votre zèle. Veuillez donc m'envoyer, sous le titre de *Notes pour le Bulletin de l'Instruction primaire*, tout ce que vous croirez de nature à intéresser les instituteurs et à contribuer à l'amélioration de l'enseignement. Sans doute, il ne sera pas possible de publier tout ce qui me parviendra ainsi des divers points de la France; mais j'aime à croire que vous ne vous découragerez pas, et que vous contribuerez amplement à me fournir les matériaux parmi lesquels je devrai choisir ceux dont le *Bulletin de l'Instruction primaire* tirera de précieux enseignements et de salutaires instructions.

Recevez, etc.

Signé : H. FORTOUL.

---

21 mars 1855.

Rapport et Décret concernant l'organisation des salles d'asile.

21 Mars 1855.

1° Rapport à l'Empereur.

SIRE,

J'ai l'honneur de présenter à Votre Majesté un projet de décret préparé par le Comité central de patronage des salles d'asile, et qui a été adopté par le Conseil impérial de l'instruction publique, en exécution de l'article 57 de la loi du 15 mars 1850. Ce projet a pour but de régler tout ce qui se rapporte à la surveillance et à l'inspection des salles d'asile, aux conditions d'âge, d'aptitude et de moralité des personnes qui y seront chargées de la direction et du service, ainsi qu'au traitement qui leur sera assuré.

En plaçant les salles d'asile de l'enfance sous un régime spécial, le législateur a parfaitement compris la différence qu'il y a entre les Écoles et les salles d'asile. Ces derniers établissements ne sont, en réalité, que des maisons de première éducation. On s'y applique moins à instruire les enfants qu'à former leur cœur, à leur inspirer de bons principes, de bonnes habitudes, à leur faire contracter le goût du travail, à développer, sans la fatiguer, leur jeune intelligence, tout en leur donnant les soins physiques que réclame leur faible constitution, et que la plupart d'entre eux ne recevraient pas de familles retenues au loin pendant la journée par d'impérieuses nécessités.

De semblables établissements ne peuvent se soutenir et se propager que par les efforts réunis de la charité publique et de la charité privée. Si, d'une part, il importe qu'ils soient adoptés par les administrations municipales, sans le concours desquelles l'État serait impuissant à les fonder, il est, d'un autre côté, essentiel qu'ils ne perdent pas, en recevant un caractère public, cet autre caractère si doux et si attrayant qu'ils tiennent de l'intervention charitable des mères de famille.

C'est ce que le Comité central est parvenu à établir en proposant d'organiser, partout où il y aura utilité et possibilité, des Comités locaux de patronage composés de dames dévouées aux intérêts de l'enfance, Comités présidés par le maire, et dont le curé fait partie de droit. Nul doute que, dans des réunions où l'administration, la religion et la charité maternelle ont ainsi leurs représentants naturels, les salles d'asile ne trouvent tout à la fois des surveillants et des protecteurs. Ces Comités, qui correspondront avec les dames déléguées par le Ministre dans chaque Académie, se rattacheront au Comité central de patronage, de qui ils recevront une haute et salutaire impulsion. Par leurs soins, rien d'intéressant ne passera inaperçu; aucune amélioration réelle ne sera constatée dans une salle d'asile, quelque éloignée qu'elle soit de Paris, que le Comité central ne puisse être en mesure d'en recommander l'introduction dans tous les autres établissements du même genre.

Les Comités locaux de patronage ne sont cependant pas substitués aux autorités instituées par la loi du 15 mars 1850 : ainsi, les Inspecteurs de l'instruction primaire, les délégués cantonaux, les ministres des différents cultes reconnus conserveront toujours la surveillance prescrite par l'article 44 de la loi.

La gratuité absolue a généralement prévalu dans les salles d'asile. Peut-être était-il nécessaire qu'il en fût ainsi dès le principe, pour déterminer les familles à envoyer leurs enfants dans ces établissements; mais, tout en respectant les usages reçus, il importait de n'en admettre le principe qu'à titre exceptionnel. Les salles d'asile, comme les Écoles, reçoivent beaucoup d'enfants dont les familles sont en état de payer une rétribution. Quelque faible qu'elle soit, cette rétribution, versée par un grand nombre d'enfants, est une ressource trop importante pour qu'un Gouvernement prévoyant n'en doive pas tenir compte. Pour en organiser la perception avec tous les ménagements nécessaires, il a paru utile d'exiger qu'aucun enfant ne fût définitivement reçu dans une salle d'asile sans un billet d'admission délivré par le maire; toutefois, ce billet ne ferait aucune distinction entre les enfants payants et les enfants admis gratuitement. La directrice de l'asile recevrait tous les enfants qui lui seraient présentés par les familles, sans s'informer si elles sont en état de payer une rétribution; mais elle leur ferait savoir que, dans la huitaine, elles devraient obtenir du maire un billet d'admission définitive, et celui-ci délivrerait ce billet d'admission, soit à titre gratuit, soit à titre onéreux. Ainsi la directrice, qui ne serait pas chargée de recevoir la rétribution, et qui ignorerait elle-même les conditions auxquelles les enfants sont reçus dans son asile, ne serait jamais exposée même au soupçon de partialité.

Les conditions d'ouverture des salles d'asile publiques ou libres sont à peu près celles qu'exige la loi du 15 mars 1850, modifiée par le décret du 9 mars 1852. L'autorité des Préfets s'étendra sur les salles d'asile publiques, comme sur les Écoles, et la liberté laissée aux fondateurs d'Écoles libres sera également laissée aux fondateurs des salles d'asile; enfin, le Conseil départemental aura sur les salles d'asile publiques et libres la même juridiction que sur les Écoles.

Les traitements des directrices et des sous-directrices des salles d'asile devront être prélevés d'abord sur le produit de la rétribution mensuelle payée pour les enfants, laquelle sera perçue, pour le compte de la commune, par le receveur municipal. A défaut de cette rétribution, le Conseil municipal devra aviser aux moyens de compléter le minimum du traitement prescrit, soit sur ses revenus ordinaires, soit sur le restant disponible des trois centimes spéciaux affectés à l'instruction primaire, soit, enfin, par le vote d'une imposition spéciale. Quant aux départements, qui ne peuvent être obligés d'intervenir dans cette dépense, il leur sera loisible de secourir les communes pauvres, soit sur le restant disponible de leurs deux centimes spéciaux, soit par des fonds qu'ils voteraient en vue de cette dépense. L'État lui-même ne pourrait, sans de grands inconvénients pour l'ordre de ses finances, parfaire le traitement des directrices des asiles, comme il complète celui des maîtres d'école. Son intervention serait ici, en quelque sorte, le signal donné partout de rendre les salles d'asile gratuites. Elle aurait donc le double danger de lui imposer, pour le présent, une dépense considérable, et pour l'avenir un fardeau dont le poids ne pourrait être calculé avec certitude. Il ne faut pas perdre de vue, d'ailleurs, que l'État consacre déjà annuellement à la propagation des salles d'asile une somme de 400 000 francs, et il y a lieu d'espérer que cette subvention continuera de figurer chaque année à son budget.

Si Votre Majesté daigne adopter le projet de décret dont je viens de lui signaler les dispositions principales, je la prierai de vouloir bien le revêtir de son approbation.

Je suis, etc.

Signé : H. FORTOUL.

2° Décret.

NAPOLÉON, etc.,

Sur le rapport de notre Ministre secrétaire d'État au département de l'Instruction publique et des Cultes,

En exécution de l'article 57 de la loi du 15 mars 1850;

Vu l'ordonnance du 22 décembre 1837;

Vu le décret du 9 mars 1852;

Vu la loi du 14 juin 1854;

Vu l'avis du Comité central de patronage des salles d'asile;

Vu l'avis du Conseil impérial de l'instruction publique,

Avons décrété et décrétons ce qui suit :

TITRE Ier.

Dispositions générales concernant l'établissement des salles d'asile et le programme de l'enseignement.

ARTICLE 1er. — Les salles d'asile, publiques ou libres, sont des établissements d'éducation où les enfants des deux sexes, de deux à sept ans, reçoivent les soins que réclame leur développement moral et physique.

ART. 2. — L'enseignement dans les salles d'asile, publiques ou libres, comprend :

1° Les premiers principes de l'instruction religieuse, de la lecture, de l'écriture, du calcul verbal et du dessin linéaire;

2° Des connaissances usuelles à la portée des enfants;

3° Des ouvrages manuels appropriés à l'âge des enfants;

4° Des chants religieux, des exercices moraux et des exercices corporels.

Les leçons et les exercices moraux ne durent jamais plus de dix à quinze minutes, et sont toujours entremêlés d'exercices corporels.

ART. 3. — L'instruction religieuse est donnée sous l'autorité de l'évêque, dans les salles d'asile catholiques.

Les ministres des cultes non catholiques reconnus président à l'instruction religieuse dans les salles d'asile de leur culte.

ART. 4. — Les salles d'asile sont situées au rez-de-chaussée; elles sont planchéiées et éclairées, autant que possible, des deux côtés, par des fenêtres fermées avec des châssis mobiles.

Les dimensions des salles d'exercice doivent être calculées de manière qu'il y ait, au moins, deux mètres cubes d'air pour chaque enfant admis.

A côté de la salle d'exercice, il y a un préau destiné aux repas et aux récréations.

ART. 5. — Nulle salle d'asile ne peut être ouverte avant que l'Inspecteur d'Académie ait reconnu qu'elle réunit les conditions de salubrité ci-dessus prescrites.

ART. 6. — Il y a dans chaque salle d'asile publique du culte catholique :

Un crucifix,

Une image de la sainte Vierge.

ART. 7. — Il y a dans toutes les salles d'asile un portrait de l'Impératrice, protectrice de l'institution.

ART. 8. — Le titre de *salle d'asile modèle* peut être conféré par le Ministre de l'Instruction publique, sur la proposition du Comité central de patronage, à celles des salles d'asile qui auraient été signalées, par les déléguées spéciales, pour la bonne disposition du local, l'état satisfaisant du mobilier, les soins donnés aux enfants, ainsi que pour l'emploi judicieux et intelligent des meilleurs moyens d'éducation et de premier enseignement.

Il y a, à Paris, un cours pratique avec pensionnat, destiné : 1° à former, pour Paris et les départements, des directrices ou des sous-directrices de salles d'asile ; 2° à conserver les principes de la méthode établie ; 3° à expérimenter les nouveaux procédés d'éducation et de premier enseignement dont l'essai serait recommandé par le Comité central de patronage.

ART. 9. — Un règlement arrêté par le Ministre de l'Instruction publique, sur la proposition du Comité central de patronage, déterminera, sous l'approbation de l'Impératrice, tout ce qui se rapporte aux procédés d'éducation et d'enseignement employés dans les salles d'asile publiques, ainsi qu'aux soins matériels qui doivent y être observés.

TITRE II.

De l'admission des enfants dans les salles d'asile.

ART. 10. — Aucun enfant n'est reçu, même provisoirement, par la directrice dans une salle d'asile publique ou libre, s'il n'est pourvu d'un certificat de médecin, dûment légalisé, constatant qu'il n'est atteint d'aucune maladie contagieuse, et qu'il a été vacciné.

L'admission des enfants dans les salles d'asile publiques ne devient définitive qu'autant qu'elle a été ratifiée par le maire.

Dans les huit jours qui suivent l'admission provisoire d'un enfant dans une salle d'asile publique, les parents sont tenus de présenter à la directrice un billet d'admission délivré par le maire.

ART. 11. — Les salles d'asile publiques sont ouvertes gratuitement à tous les enfants dont les familles sont reconnues hors d'état de payer la rétribution mensuelle.

ART. 12. — Le maire, de concert avec les ministres des différents cultes reconnus, dresse la liste des enfants qui doivent être admis gratuitement dans les salles d'asile publiques; cette liste est définitivement arrêtée par le Conseil municipal.

ART. 13. — Les billets d'admission délivrés par les maires ne font aucune distinction entre les enfants payants et les enfants admis gratuitement.

TITRE III.

De la surveillance et de l'inspection des salles d'asile.

ART. 14. — Indépendamment des autorités instituées pour la surveillance et l'inspection des Écoles par les articles 18, 20, 42 et 44 de la loi du 15 mars 1850, il peut être établi dans chaque commune où il existe des salles d'asile, et, à Paris, dans chaque arrondissement, un Comité local de patronage nommé par le Préfet.

Ce Comité local, dont le curé fait partie de droit, et qui est présidé par le maire, est composé de dames qui se partagent la protection des salles d'asile du ressort.

ART. 15. — Le Comité local de patronage est chargé de recueillir les offrandes de la charité publique en faveur des salles d'asile de son ressort; de veiller au bon emploi des fonds alloués à ces établissements par la commune, le département ou l'État, et au maintien des méthodes adoptées pour les salles d'asile publiques. Il délibère sur tous les objets qu'il juge dignes de fixer l'attention du Comité central.

Il se réunit au moins une fois par mois.

ART. 16. — Un ou plusieurs médecins, nommés par le maire, visitent au moins une fois par semaine les salles d'asile publiques.

Chaque médecin inscrit ses observations et ses prescriptions sur un registre particulier.

ART. 17. — Le Ministre de l'Instruction publique et des Cultes peut, suivant les besoins du service, déléguer pour l'inspection des salles d'asile, dans chaque Académie, une dame rétribuée sur les fonds de l'État.

Nulle ne peut être nommée déléguée spéciale si elle n'est pourvue d'un certificat d'aptitude.

Le Recteur de l'Académie détermine l'ordre des tournées des dames déléguées spéciales et en règle l'itinéraire. Il transmet au Ministre, avec son avis, les rapports généraux que les dames lui adressent. Le Ministre place ces rapports sous les yeux du Comité central de patronage.

Les déléguées spéciales correspondent directement avec les Comités de patronage de leur circonscription, et envoient à chaque Inspecteur d'Académie un rapport spécial sur les salles d'asile du département.

ART. 18. — Il y a près du Comité central de patronage des salles d'asile deux déléguées générales rétribuées sur les fonds de l'État et nommées par le Ministre de l'Instruction publique.

Les déléguées générales sont envoyées par le Ministre de l'Instruction publique partout où leur présence est jugée nécessaire; elles s'entendent avec les déléguées spéciales et provoquent, s'il y a lieu, les réunions des Comités locaux de patronage; elles rendent compte au Ministre et au Comité central, et ne décident rien par elles-mêmes.

TITRE IV.

Des conditions d'âge, de moralité et d'aptitude des directrices de salles d'asile.

ART. 19. — Les salles d'asile publiques et libres seront à l'avenir exclusivement dirigées par des femmes.

ART. 20. — Nulle ne peut diriger une salle d'asile publique ou libre avant l'âge de vingt-quatre ans accomplis, et si elle ne justifie d'un certificat d'aptitude.

Les lettres d'obédience délivrées par les supérieures des communautés religieuses régulièrement reconnues, et attestant que les postulantes ont été particulièrement exercées à la direction d'une salle d'asile, leur tiennent lieu de certificat d'aptitude.

Peuvent toutefois être admises à diriger provisoirement, dès l'âge de vingt et un ans, une salle d'asile publique ou libre qui ne reçoit pas plus de trente à quarante enfants les sous-directrices pourvues du certificat mentionné en l'article 31 du présent décret, et les membres de communautés religieuses pourvues d'une lettre d'obédience.

ART. 21. — Sont incapables de tenir une salle d'asile publique ou libre les personnes qui se trouvent dans les cas prévus par l'article 26 de la loi du 15 mars 1850.

ART. 22. — Quiconque veut diriger une salle d'asile libre doit se conformer préalablement aux dispositions prescrites par les articles 25 et 27 de la loi du 15 mars 1850, et 1, 2 et 3 du décret du 7 octobre 1850.

L'Inspecteur d'Académie peut faire opposition à l'ouverture de la salle, dans les cas prévus par l'article 28 de la loi du 15 mars 1850 et par l'article 5 du présent décret. L'opposition est jugée par le Conseil départemental, contradictoirement et sans recours.

A défaut d'opposition, la salle d'asile peut être ouverte à l'expiration du mois.

ART. 23. — Les directrices des salles d'asile publiques sont nommées et révoquées par les Préfets, sur la proposition de l'Inspecteur d'Académie; elles sont choisies, après avis du Comité local de patronage, soit parmi les membres des congrégations religieuses, soit parmi les laïques, et, dans ce dernier cas, autant que possible, parmi les sous-directrices.

ART. 24. — Le Conseil départemental peut, dans les formes prescrites par les articles 30 et 33 de la loi du 15 mars 1850, interdire de l'exercice de sa profession, dans la commune où elle réside, une directrice de salle d'asile libre.

Il peut frapper d'interdiction absolue une directrice de salle d'asile libre ou publique, sauf appel devant le Conseil impérial de l'instruction publique.

ART. 25. — Dans toute salle d'asile publique, qui reçoit plus de quatre-vingts enfants, la directrice est aidée par une sous-directrice.

ART. 26. — Nulle ne peut être nommée sous-directrice dans une salle d'asile publique avant l'âge de vingt ans, et si elle n'est pourvue d'un certificat de stage délivré ainsi qu'il est dit à l'article 31 du présent décret.

Les sous-directrices dans les salles d'asile publiques sont nommées et révoquées par les maires, sur la proposition du Comité de patronage.

ART. 27. — Il y a, dans chaque département, une Commission d'examen chargée de constater l'aptitude des personnes qui aspirent à diriger les salles d'asile.

La Commission tient une ou deux sessions par an.

Les membres de la Commission d'examen sont nommés pour trois ans par le Préfet, sur la proposition du Conseil départemental de l'instruction publique.

La Commission d'examen se compose :

De l'Inspecteur d'Académie, président;

D'un ministre du culte professé par la postulante;

D'un membre de l'enseignement public ou libre;

De deux dames patronnesses des asiles;

D'un Inspecteur de l'instruction primaire faisant fonction de secrétaire.

A Paris, la Commission est nommée, sur la proposition du Préfet, par le Ministre de l'Instruction publique, qui fixe le nombre des membres dont elle doit être composée.

ART. 28. — Les certificats d'aptitude sont délivrés au nom du Recteur par l'Inspecteur d'Académie dans les départements, et, à Paris, par le Vice-Recteur.

ART. 29. — Nulle n'est admise devant une Commission d'examen avant l'âge de vingt et un ans, et si elle n'a déposé entre les mains de l'Inspecteur d'Académie, un mois avant l'ouverture de la session :

1° Son acte de naissance;

2° Des certificats attestant sa moralité et indiquant les lieux où elle a résidé et les occupations auxquelles elle s'est livrée depuis cinq ans au moins.

La veille de la session, l'Inspecteur d'Académie arrête, sur la proposition de la Commission d'examen, la liste des postulantes qui seront admises à subir l'examen.

ART. 30. — L'examen se compose de deux parties distinctes :

1° Un examen d'instruction;

2° Un examen pratique.

L'examen d'instruction comprend l'histoire sainte, le catéchisme, la lecture, l'écriture, l'orthographe, les notions les plus usuelles du calcul et du système métrique, le dessin au trait, les premiers éléments de géographie, le chant, le travail manuel.

L'examen pratique a lieu dans une salle d'asile. Les postulantes sont tenues de diriger les exercices de cette salle pendant une partie de la journée.

ART. 31. — Sur la déclaration de la directrice d'une salle d'asile modèle, visée par le Comité de patronage, l'Inspecteur d'Académie délivre aux postulantes qui ont suivi les exercices de cette salle d'asile pendant deux mois, au moins, le certificat de stage mentionné en l'article 26 du présent décret.

A Paris, le certificat de stage est délivré par le Vice-Recteur de l'Académie, soit sur l'attestation de la directrice d'une salle d'asile modèle, comme il est dit ci-dessus, soit sur l'attestation de la directrice du cours pratique, certifiée par la Commission de surveillance de cet établissement.

TITRE V.

Du traitement des directrices et sous-directrices des salles d'asile publiques.

ART. 32. — Les directrices des salles d'asile publiques reçoivent sur les fonds communaux un traitement fixe, qui ne peut être moindre de 250 francs, et les sous-directrices un traitement dont le minimum est fixé à 150 francs.

Les unes et les autres jouissent, en outre, du logement gratuit.

Les dispositions de la loi du 9 juin 1853 sur les pensions civiles leur sont applicables.

ART. 33. — Une rétribution mensuelle peut être exigée de toutes les familles dont les enfants sont admis dans les salles d'asile publiques, et qui sont en état de payer le service qu'elles réclament.

Le taux de cette rétribution est fixé par le Préfet, en Conseil départemental, sur l'avis des Conseils municipaux et des délégués cantonaux.

ART. 34. — La rétribution mensuelle est perçue, pour le compte de la commune, par le receveur municipal, et spécialement affectée aux dépenses de la salle d'asile.

En cas d'insuffisance du produit de la rétribution mensuelle, et à défaut de fondation, dons ou legs, il est pourvu aux dépenses des salles d'asile publiques : 1° sur les revenus ordinaires des communes; 2° sur l'excédent des trois centimes spéciaux affectés à l'instruction primaire, ou, à défaut, au moyen d'une imposition spécialement autorisée à cet effet.

Une subvention peut être accordée par les départements aux communes qui ne peuvent suffire aux dépenses ordinaires des salles d'asile qu'au moyen d'une imposition spéciale. Cette subvention est prélevée soit sur le restant disponible des deux centimes affectés à l'instruction primaire, soit sur des fonds spécialement votés à cet effet.

Rapport et Règlement concernant le régime intérieur des salles d'asile. 22 mars 1855.

22 Mars 1855.

1° Rapport à l'Impératrice.

MADAME,

En daignant accorder sa haute protection aux salles d'asile, Votre Majesté a prouvé d'une manière touchante l'intérêt qu'elle porte à l'une des œuvres les plus utiles que l'esprit du Christianisme ait inspirées à la civilisation. Le Comité central de patronage des salles d'asile, placé sous vos auspices par le décret impérial du 16 mai 1854, s'est efforcé de répondre par son zèle à la pensée de Votre Majesté. Il vient vous offrir aujourd'hui le premier hommage de sa reconnaissance et de ses travaux.

La loi du 15 mars 1850 avait laissé au Gouvernement le soin de faire, d'accord avec le Conseil impérial de l'instruction publique, un règlement sur la surveillance et l'inspection des salles d'asile, sur les conditions d'aptitude et de moralité des personnes qui y sont employées, et en même temps sur la nature de l'enseignement qui doit y être donné. Le Comité central de patronage des salles d'asile, chargé de préparer ce règlement, sous la présidence de S. Ém. Mgr le cardinal Morlot, a donné à l'examen des questions qui doivent y être résolues toute l'attention qu'elles méritent. Il a pensé, tout d'abord, qu'il y avait deux parts à en faire : l'une, comprenant tout ce qui se rapporte à l'administration financière et à l'action que l'État doit exercer sur les salles d'asile ; l'autre, qui deviendra en quelque sorte le code maternel des salles d'asile, et qui, à ce titre surtout, est particulièrement digne de l'attention de Votre Majesté. C'est ce projet que j'ai l'honneur de lui soumettre en ce moment.

Ce règlement, qui résume l'indulgente discipline du premier âge, donne de précieuses indications sur la distribution du local et sur le choix du mobilier ; il fixe les conditions d'admission des enfants dans les asiles et décrit les soins qu'ils doivent y recevoir ; il détermine les divers exercices corporels et moraux auxquels ils seront soumis, les premiers principes religieux qu'on devra leur inspirer ; il pose de sages limites à l'enseignement qui devra être offert à leurs jeunes intelligences. Les dispositions de ce règlement échappent, au surplus, par leur précision même, à toute analyse ; inspiré par des sentiments d'affection vraie pour l'enfance, il présente dans un ordre méthodique des prescriptions dont quelques-unes pourraient sembler minutieuses à un œil peu attentif, mais qui toutes importent essentiellement à la bonne direction des salles d'asile. Cette direction, quelque modestes qu'en paraissent le but et les résultats, rencontre de sérieuses difficultés. Les mille fantaisies que le désœuvrement inspire aux enfants ne sont-elles pas pour eux, même au sein des meilleures familles, l'occasion de chagrins qu'ils ressentent et qu'ils expriment vivement? Malgré les soins que leur prodiguent des mères tendres et vigilantes, il ne se passe presque pas d'heure où des pleurs ne viennent attester de petites douleurs morales. Eh bien! ces peines, qu'on dirait inséparables de l'enfance, ont disparu de nos asiles. Quel aspect charmant et toujours tranquille présentent ces heureux refuges! Cent, cent cinquante enfants, réunis autour d'une seule femme, vont, viennent, montent, descendent, parlent, comptent, chantent au moindre signal, et reçoivent non seulement avec intérêt, mais avec plaisir, les premières connaissances usuelles et le germe des sentiments moraux et religieux qui promettent au pays d'honnêtes générations. Quand on voit tous ces mouvements, qui commencent et finissent avec le jour, s'accomplir joyeusement par la seule autorité de la parole et de l'exemple, sans le moindre désordre, sans le plus petit tumulte, sans qu'il en coûte une seule larme à un seul enfant, on ne peut s'empêcher de reconnaître la puissance des procédés d'éducation usités dans les salles d'asile. Ne doit-on pas s'efforcer de conserver, de perpétuer jusque dans ses moindres détails une méthode si utile?

Le Comité central de patronage vous présente avec confiance le résultat de ses observations et des délibérations prises sous vos auspices. Votre Majesté y trouvera, j'en ai le ferme espoir, l'expression de ses propres sentiments. J'ai l'honneur de la prier de vouloir bien donner son approbation au projet ci-joint, où nous nous sommes tous appliqués à les reproduire fidèlement.

Je suis, etc.

Signé : H. FORTOUL.

2° Règlement.

Le Ministre secrétaire d'État au département de l'Instruction publique et des Cultes,

Vu l'article 57 de la loi du 15 mars 1850;

Vu l'article 14 du décret du 9 mars 1852;

Vu l'article 8 de la loi du 14 juin 1854;

Vu l'article 9 du décret en date du 21 mars 1855;

Sur la proposition du Comité central de patronage des salles d'asile,

Arrête :

TITRE Ier.

De l'admission des enfants dans les salles d'asile publiques et des soins à leur donner.

ARTICLE 1er. — Les salles d'asile publiques sont ouvertes, du 1er mars au 1er novembre, depuis sept heures du matin jusqu'à sept heures du soir; du 1er novembre au 1er mars, depuis huit heures du matin jusqu'à six heures du soir.

Des exceptions à cette règle peuvent être autorisées, selon les circonstances locales, par le maire, sur la proposition du Comité local de patronage.

Les salles d'asile sont fermées les dimanches et les jours fériés, savoir : le jour de la Toussaint, le jour de Noël, le 1er janvier, les jours de l'Ascension et de l'Assomption.

Il est interdit aux directrices de les fermer d'autres jours sans l'autorisation du Comité local de patronage.

ART. 2. — Dans des cas d'urgence, les directrices doivent garder les enfants après les heures déterminées.

La surveillance et les soins particuliers auxquels cette exception doit donner lieu sont réglés par le Comité local de patronage.

Les enfants qui n'ont pas été repris par leurs parents à l'heure où la salle d'asile doit être fermée sont conservés par la directrice, ou confiés en mains sûres pour être ramenés à leur demeure.

L'enfant n'est plus admis à la salle d'asile si les parents, après avoir été dûment avertis, retombent habituellement dans la même négligence. L'exclusion ne peut, toutefois, être prononcée que par le maire, sur la proposition du Comité local de patronage.

ART. 3. — Lorsqu'un enfant est présenté dans une salle d'asile, la directrice fait connaître à la famille les conditions de propreté, de soins et de nourriture auxquelles elle devra se conformer en ce qui concerne son enfant.

Indépendamment du certificat de médecin prescrit par l'article 10 du décret du 21 mars 1855, la directrice doit exiger de la famille un petit panier pour les provisions de bouche de l'enfant, une éponge et un gobelet. Le Comité local de patronage supplée, s'il y a lieu, à l'impossibilité où se trouveraient des familles de fournir ces objets.

Le panier, le gobelet et les éponges de chacun des enfants admis définitivement sont immédiatement marqués d'un numéro d'ordre.

ART. 4. — A l'arrivée des enfants à la salle d'asile, la directrice doit s'assurer par elle-même de leur état de santé et de propreté, de la quantité et de la qualité des aliments qu'ils apportent dans leurs paniers.

L'enfant amené à la salle d'asile dans un état de maladie n'est pas reçu; s'il devient malade dans le courant de la journée, il est aussitôt dirigé vers la demeure de ses parents, et, en cas d'urgence, vers la demeure de l'un des médecins de l'établissement.

Les enfants fatigués ou incommodés sont déposés, soit sur le lit de camp ou hamac, soit dans le logement de la directrice, jusqu'à ce qu'on puisse les rendre à leur famille.

ART. 5. — En cas d'absence réitérée d'un enfant sans motif connu d'avance, la directrice s'informe des causes de cette absence. Elle en donne, dans tous les cas, avis au Comité local de patronage, qui fait visiter, s'il y a lieu, cet enfant dans sa famille.

ART. 6. — A l'entrée et à la sortie de chaque classe, les enfants sont conduits en ordre aux lieux d'aisances; ils y sont toujours surveillés par la directrice elle-même.

A deux heures, avant la rentrée en classe, les enfants sont également conduits en ordre dans le préau couvert. En passant devant sa case, chacun d'eux reçoit son éponge des mains de la directrice et se présente à son rang devant la femme de service chargée du lavage des mains et de la figure. Après ce lavage, les enfants repassent dans le même ordre devant leur case, où leur éponge est déposée de nouveau par la directrice; ils rentrent ensuite en classe.

ART. 7. — Les enfants ne doivent jamais être frappés. Ils sont toujours repris avec douceur.

Il ne peut être infligé aux enfants que les punitions suivantes :

Les faire lever et tenir debout pendant dix minutes au plus, lorsque leurs camarades sont assis;

Les faire sortir du gradin;

Leur interdire le travail en commun;

Leur faire tourner le dos à leurs camarades.

Des images et des bons points peuvent être donnés, à titre de récompense, aux enfants qui font preuve de docilité. Un certain nombre de bons points peut être échangé par le Comité local de patronage contre un objet utile.

TITRE II.

De l'enseignement et des divers exercices.

ART. 8. — L'instruction religieuse, donnée conformément à l'article 3 du décret du 21 mars 1855, ne comporte point de longues leçons; elle comprend surtout les premiers chapitres du petit catéchisme; elle résulte aussi de réflexions morales appropriées aux récits de l'histoire sainte et destinées à présenter aux enfants des exemples de piété, de charité et de docilité, rendus plus clairs et plus attachants à l'aide d'images autorisées pour être mises sous leurs yeux.

Les exercices moraux comprennent des récits d'histoire qui tendent constamment à inspirer aux enfants un profond sentiment d'amour envers Dieu, de reconnaissance envers l'Empereur et leur auguste protectrice, à leur faire connaître et pratiquer leurs devoirs envers leur père et leur mère et leurs supérieurs, à les rendre doux, polis et bienveillants entre eux.

ART. 9. — L'enseignement de la lecture comprend les voyelles et les consonnes, l'alphabet majuscule et minuscule, les différentes espèces d'accents, les syllabes de deux ou de trois lettres, les mots de deux syllabes.

ART. 10. — L'enseignement de l'écriture se borne à l'imitation des lettres sur l'ardoise.

ART. 11. — L'enseignement du calcul comprend la connaissance des nombres simples, leur représentation par les chiffres arabes, l'addition et la soustraction enseignées à l'aide du boulier-compteur, la table de multiplication apprise de mémoire à l'aide des chants, l'explication des poids et mesures donnée à l'aide de solides ou de tableaux.

ART. 12. — L'enseignement du dessin linéaire comprend la formation, sur le tableau et sur les ardoises, des plus simples figures géométriques et de petits dessins au trait.

ART. 13. — Les connaissances usuelles comprennent la division du temps, les saisons, les couleurs, les sens, les formes, la matière et l'usage des objets familiers aux enfants, des notions sur les animaux, sur les plantes, sur les industries simples, sur les éléments, sur la forme de la terre, sur ses principales divisions, les noms des principaux États de l'Europe avec leurs capitales, les noms des départements de la France avec leurs chefs-lieux et toutes les notions élémentaires propres à former le jugement des enfants.

ART. 14. — Les travaux manuels consistent en travaux de couture, de tricot, de parfilage et autres, appropriés aux localités.

ART. 15. — Le chant comprend les premiers principes de la musique vocale, soit d'après la méthode de M. Duchemin-Boisjousse, soit d'après les autres méthodes qui pourraient être ultérieurement autorisées.

ART. 16. — Les leçons et les exercices religieux et moraux commencent et finissent par une courte prière; ils ont lieu, dans les salles d'asile publiques, de dix heures du matin à midi et de deux heures à quatre heures.

ART. 17. — Les exercices corporels se composent de marches, d'évolutions et de mouvements hygiéniques exécutés en mesure par tous les enfants à la fois, dans la salle et dans le préau. Ils se composent aussi, pendant les récréations, de jeux variés selon l'âge des enfants, organisés autant que possible, et dans tous les cas surveillés par la directrice.

ART. 18. — Il est interdit de surcharger la mémoire des enfants de dialogues ou scènes dramatiques, destinés à figurer dans des solennités publiques.

ART. 19. — Les directrices de salles d'asile doivent veiller à tous les besoins physiques, moraux et intellectuels des enfants, à leur langage et à leurs habitudes dans toutes les circonstances de la journée; elles s'assurent que la femme de service ne leur donne, sous ce rapport, que de bons exemples.

TITRE III.

Du local et du mobilier.

ART. 20. — Il y a dans chaque salle d'asile plusieurs rangs de gradins, au nombre de cinq au moins et de dix au plus. Ces gradins doivent garnir toute l'extrémité de la salle.

Il est réservé, au milieu et de chaque côté de ces gradins, un passage destiné à faciliter le classement et les mouvements des enfants.

Des bancs fixés au plancher sont placés dans le reste de la salle, avec un espace vide au milieu pour les évolutions.

Dans la salle destinée aux repas, des planches sont disposées le long des murs, et des patères ou crochets sont fixés au-dessous pour recevoir les paniers des enfants et les divers objets à leur usage. Chaque planche est divisée, par une raie, en autant de cases qu'il y a d'enfants. Des numéros, correspondants aux numéros des paniers, sont peints au-dessous de chaque case.

Des lieux d'aisances, distincts pour chaque sexe, sont placés de manière à être facilement surveillés; ils doivent être aérés et disposés de telle sorte qu'il ne résulte de leur voisinage aucune cause d'insalubrité pour l'asile. Le nombre des cabinets est proportionné à celui des enfants. Chaque cabinet doit être clos par une porte sans loquet, ayant au plus 70 centimètres de hauteur et retombant sur elle-même.

La cour doit être spacieuse. Le sol en est battu et uni.

ART. 21. — Le mobilier des salles d'asile se compose de lits de camp sans rideaux ou de hamacs; d'une pendule; d'un boulier-compteur à dix rangées de dix boules chacune; de tableaux et de porte-tableaux; d'une planche noire sur un chevalet et de crayons blancs; d'un porte-dessin; de plusieurs cahiers d'images renfermés dans un portefeuille; d'une table à écrire garnie d'un casier pour les registres; d'une grande armoire; de petites ardoises en nombre égal à celui des enfants, et de leurs crayons; d'un poêle; d'une grande fontaine ou d'un robinet alimenté par une concession d'eau, se déversant sur un grand lavabo à double fond; d'autant d'éponges qu'il y a d'enfants dans la salle d'asile; enfin, de tous les ustensiles nécessaires aux soins des enfants et à la propreté du service, d'un claquoir et d'un sifflet.

ART. 22. — Les salles et préaux sont nettoyés et balayés tous les matins, au moins une demi-heure avant l'arrivée des enfants.

Le balayage est renouvelé après le repas et après la sortie des enfants. Le feu est allumé dans les poêles du préau et de la classe une heure avant l'entrée des enfants.

Le préau est éclairé dès la chute du jour et aussi longtemps qu'il y reste des enfants.

TITRE IV.

Dispositions générales.

ART. 23. — Les directrices de salles d'asile publiques tiennent :

1° Un registre sur lequel sont inscrits les noms et la demeure des enfants admis provisoirement, le nom du médecin qui a délivré le certificat prescrit par l'article 10 du décret du 21 mars 1855, la date du jour où il a été provisoirement admis;

2° Un registre sur lequel sont inscrits, jour par jour, sous une même série de numéros, les noms et prénoms des enfants admis définitivement, les noms, demeure et profession des parents ou tuteurs, et les conventions relatives aux moyens d'amener ou de reconduire les enfants;

3° Un registre sur lequel le médecin inscrit ses observations;

4° Un registre sur lequel les dames patronnesses chargées de la surveillance de la salle d'asile inscrivent leurs remarques sur la tenue de l'établissement au moment de leur visite;

5° Un registre de présence des enfants.

ART. 24. — Il est interdit aux directrices, sous-directrices, ainsi qu'aux femmes de service, d'accepter des parents aucune espèce de cadeaux.

ART. 25. — La femme de service est choisie, dans chaque salle d'asile, par la directrice, avec l'approbation du Comité local de patronage; elle est révoquée dans la même forme.

ART. 26. — Les salles d'asile publiques sont ouvertes aux personnes qui désirent les visiter.

ART. 27. — Il y a, dans chaque salle d'asile, un tronc destiné à recevoir les dons de la bienfaisance publique.

La clef du tronc est déposée entre les mains de l'une des dames patronnesses chargées de la surveillance de la salle d'asile.

L'emploi des deniers déposés dans ce tronc est réglé par le Comité local de patronage.

ART. 28. — Un règlement, fixant l'emploi du temps pour chaque jour de la semaine dans les salles d'asile, est arrêté par le Comité local de patronage.

Un exemplaire de ce règlement est toujours affiché dans la salle d'exercice.

18 avril 1855. **Circulaire du Ministre de l'Instruction publique, relative à une enquête sur l'enseignement pratique de l'agriculture dans les Écoles normales primaires.**

18 Avril 1855.

Monsieur le Recteur, l'Empereur, dans sa sollicitude pour le bien-être des classes laborieuses, a pensé que l'enseignement *pratique* des notions agricoles et de l'horticulture était le complément nécessaire de l'instruction donnée dans les Écoles primaires.

Toutefois, Sa Majesté n'a pas voulu que des mesures générales fussent prescrites avant qu'on eût constaté par des expériences partielles les résultats qu'il était possible d'attendre d'un enseignement de cette nature. L'Empereur n'a pas voulu davantage que le budget de l'État supportât les frais des premières tentatives, et, en 1852, Sa Majesté a daigné allouer, sur sa cassette particulière, les fonds nécessaires pour encourager quelques instituteurs à donner à leurs élèves des leçons pratiques d'agriculture.

Les essais accomplis en exécution des ordres de Sa Majesté ont eu lieu, dans différentes Écoles, sur des points de l'Empire très divers. Ainsi, les élèves d'une École du département de la Manche (Canisy) ont cultivé avec succès, dans un terrain d'une contenance de dix ares, les légumes ordinaires du pays. Dans la Corrèze, trente élèves de l'École de Seilhac ont été appliqués à des travaux d'horticulture, et le produit du domaine exploité par eux a dépassé de 20 francs, en huit mois, le produit ordinaire d'un terrain semblable en un an. L'École normale primaire de Mâcon a présenté des résultats plus significatifs encore : un terrain planté en vignes a été acheté en 1852-53 et mis à la disposition des élèves maîtres. Ce terrain, après avoir été défriché, a été ensemencé. Trente-six ares de terre environ ont donné 180 francs de produit net, soit environ 500 francs l'hectare. Les rapports qui me parviennent sur l'année de 1853-54 constatent que les produits obtenus ont été supérieurs à ceux de l'année précédente.

Ces faits, et d'autres qu'il serait trop long de rappeler, mettent dans tout son jour la haute sagesse de la pensée de l'Empereur, et permettent d'en constater le caractère éminemment pratique.

Je n'ai pas besoin, Monsieur le Recteur, d'insister auprès de vous sur tout ce que renferme de fécond pour l'avenir l'idée d'un enseignement des notions de l'agriculture dans les Écoles primaires. D'un côté, cet enseignement doit avoir pour effet de propager les bonnes méthodes de culture, et de mettre un certain nombre d'Écoles en état de contribuer elles-mêmes aux dépenses de leur entretien; de l'autre, et surtout, le Gouvernement est en droit d'en attendre ce résultat important, de conserver parmi les instituteurs des goûts simples et modestes, et de les rattacher par des intérêts positifs au sol des communes qui leur ont confié leurs Écoles. Il serait donc d'un haut intérêt, Monsieur le Recteur, que les essais si heureusement tentés en quelques localités fussent étendus à tout le territoire. Or, je suis amené à penser que le véritable moyen d'atteindre un jour le résultat désiré est de substituer à des tentatives locales et à des encouragements purement individuels un système général d'enseignement agricole dans les Écoles normales primaires. Cet enseignement constitué, les élèves-maîtres répandraient dans les villages de saines notions d'agriculture; ils seraient en état de donner aux parents de leurs élèves des conseils utiles. Par là, je n'en doute pas, tout en rentrant de plus en plus dans la sphère qui leur est assignée, les instituteurs s'entoureraient, aux yeux des habitants des campagnes, d'une considération méritée et ajouteraient de nouveaux titres à ceux qui leur ont déjà acquis l'estime et la reconnaissance du pays.

De plus, et à un tout autre point de vue, n'est-il pas naturel de penser que, pour des jeunes gens habitués aux rudes labeurs de la campagne, il serait bon, à tous égards, de retrouver au sein de l'École normale les conditions d'une vie très active, et des considérations d'ordre moral ne viennent-elles pas appuyer ici les motifs empruntés à des intérêts d'un autre caractère? Je vous invite, Monsieur le Recteur, à vouloir bien me communiquer vos observations sur le projet d'organisation d'un enseignement régulier de l'agriculture dans les Écoles normales primaires de votre ressort, et à me fournir les renseignements de toute nature que vous jugerez propres à éclairer la question.

Vous ne vous bornerez pas à l'examen de cette question, au point de vue théorique. Vous me direz comment, dans votre pensée, cet enseignement nouveau pourrait se combiner avec celui des autres objets d'étude, et votre attention se portera sur toutes les circonstances matérielles qui, eu égard aux Écoles normales de votre Académie, rendraient plus ou moins facile dans chacune d'elles l'organisation projetée.

Les Écoles normales soumises à votre juridiction possèdent-elles toutes un champ ou un jardin? au cas contraire, la location ou l'acquisition d'un terrain souffrirait-elle beaucoup d'obstacles? Tel ou tel directeur serait-il personnellement en mesure de diriger l'enseignement nouveau? Cet enseignement pourrait-il être confié à l'un des maîtres adjoints? Ou croiriez-vous nécessaire de chercher, en dehors des Écoles mêmes, le maître en état d'appliquer, dans leur simplicité pratique, les vues de l'administration, et ne faudrait-il pas, dans ce cas, provoquer une dérogation à l'article 8 du décret du 24 mars 1851? Les Conseils généraux seraient-ils disposés à contribuer aux dépenses qui résulteraient de la création dont il s'agit, etc., etc.....? Toutes ces questions doivent être l'objet de l'examen le plus sérieux de votre part ; je vous prie de m'adresser dans un court délai, sur chacune d'elles, les réponses les plus précises et les plus pratiques[1].

Recevez, etc.

Signé : H. FORTOUL.

Décision du Conseil d'État, relative à l'autorisation d'accepter des legs faits à une ville et à ses hospices.

26 avril 1855.

26 Avril 1855.

Interprétation d'un décret portant autorisation d'accepter des legs faits à une ville et à ses hospices.

Refus, à cette occasion, de statuer sur des conclusions qui tendaient à faire juger, par le Conseil d'État, des questions de la compétence exclusive de l'autorité judiciaire.

Suivant testament olographe du 26 *janvier* 1839, *le sieur Jean-*

1. Voir ci-après, à la date du 16 *février* 1856, le rapport à l'Empereur sur les résultats de l'enquête.

Guillaume-Louis Apffel, ancien magistrat, a légué à la ville de Strasbourg l'universalité des biens qu'il laisserait à son décès, à la charge par ladite ville, notamment, de payer annuellement une somme déterminée à ses hospices.

Un décret du Président de la République, en date du 20 juin 1849, a autorisé l'acceptation de ces legs dans les proportions et les termes suivants :

ARTICLE 1er. — La ville de Strasbourg (Bas-Rhin) est autorisée, suivant le vote émis dans les délibérations de son Conseil municipal en date des 24 mars 1847 et 3 février 1849, à accepter, mais jusqu'à concurrence des trois quarts seulement, le legs universel à elle fait par le sieur Jean-Guillaume-Louis Apffel à titre de dotation de l'art dramatique et musical dans ladite ville, et aux charges, clauses et conditions exprimées dans son testament olographe du 26 janvier 1839.

ART. 2. — La Commission administrative des hospices civils de Strasbourg est autorisée à accepter le legs fait à l'hospice des orphelins de cette ville par le sieur Jean-Guillaume-Louis Apffel, suivant son testament olographe du 26 janvier 1839, ledit legs consistant dans le prélèvement annuel d'un pour cent sur le revenu des biens composant l'universalité de la succession du testateur, léguée à la ville de Strasbourg.

ART. 3. — Le bureau de bienfaisance de Strasbourg est pareillement autorisé à accepter les legs faits par le même testateur, suivant son testament précité, et consistant : 1° dans le prélèvement annuel d'un pour cent sur le revenu des biens composant l'universalité de la succession laissée par le testateur ; 2° dans une somme indéterminée qu'en cas de calamité publique le Conseil municipal de Strasbourg pourra voter pour être affectée au soulagement des familles souffrantes de cette ville.

Par suite de ce décret et du partage qui a eu lieu de la succession du sieur Apffel entre la ville de Strasbourg et les héritiers naturels du testateur, la Commission administrative des hospices a pensé que le prélèvement légué à l'hospice des orphelins devait s'effectuer désormais sur les trois quarts de ladite succession recueillie par la ville de Strasbourg, et sur le quart qui avait fait retour aux héritiers naturels. Mais ceux-ci se sont refusés à tout prélèvement sur leur quote-part, prétendant que le décret présidentiel du 20 juin 1849 avait entendu leur attribuer le quart de la succession, franc et quitte de toute charge. De là, une instance engagée devant le tribunal civil de Wissembourg, qui, considérant qu'il y avait contestation et doute sur le sens et la portée du décret du 20 juin 1849, en a, par jugement du 23 février 1853, renvoyé l'interprétation au pouvoir compétent.

Saisi de cette interprétation par requête des héritiers Apffel, le Conseil d'État a prononcé en ces termes :

Vu la requête présentée pour :

1° La dame Héloïse-Félix Ebingre, veuve du sieur François-Henri Apffel, ancien magistrat, demeurant à Versailles, rue de Mademoiselle, 5, ci-devant, et actuellement à Paris, rue des Fontaines-Saint-Georges, 38, ladite dame agissant tant à cause de la communauté de biens qui a existé entre elle et son défunt mari, qu'à cause des reprises, créances, donation et préciput auxquels elle a droit, et agissant aussi en qualité d'administratrice de la succession de feu sieur Apffel, son mari, aux termes d'une ordonnance rendue par M. le président du tribunal civil de Versailles, le 26 février 1853, dûment en forme et enregistrée;

2° La dame Pauline-Félicie Apffel, épouse du sieur Marie-Pierre-Édouard Barthélemy, docteur-médecin, avec qui elle demeure à Saint-Ouen, place d'Armes, 4 (Seine), ladite dame agissant au nom et comme habile à se dire et porter héritière de feu sieur François-Henri Apffel, son père;

3° Ledit sieur Marie-Pierre-Édouard Barthélemy, comme assistant et autorisant la dame son épouse;

4° Le sieur Napoléon Rosey, propriétaire, demeurant à Wissembourg (Bas-Rhin)..... tendant à ce qu'il nous plaise de déterminer le sens de la disposition du décret du 20 juin 1849, par laquelle le Président de la République, après avoir autorisé la ville de Strasbourg à accepter, mais jusqu'à concurrence des trois quarts seulement, le legs universel à elle fait par le sieur Jean-Guillaume-Louis Apffel, a autorisé la Commission administrative des hospices civils de Strasbourg à accepter le legs fait par le même testateur à l'hospice des orphelins de la ville, et consistant « dans un prélèvement annuel « d'un pour cent sur le revenu des biens composant l'universalité « de la succession du testateur léguée à la ville de Strasbourg »; disposition pour l'interprétation de laquelle le tribunal de Wissembourg les a renvoyés à se pourvoir devant l'autorité compétente; ce faisant, déclarer que la part héréditaire afférente au frère et au neveu du sieur Jean-Guillaume-Louis Apffel doit à jamais demeurer intacte; que les revenus qu'elle peut produire ne doivent être altérés par aucun prélèvement, et que, spécialement le prélèvement annuel d'un pour cent au profit de l'hospice des orphelins de la ville de Strasbourg ne doit s'effectuer que sur les revenus des seuls biens qui composent aujourd'hui, en exécution du décret du 20 juin 1849, la dotation du théâtre de la ville de Strasbourg, et condamner la Commission administrative des hospices de Strasbourg aux dépens;

Vu le mémoire en défense présenté au nom de la Commission administrative des hospices civils de Strasbourg..... tendant à ce qu'il nous plaise déclarer que le décret du 20 juin 1849 a autorisé l'acceptation du legs fait à l'hospice des orphelins avec l'étendue que lui a donnée le testament et en tant qu'il accorde le prélèvement sur les biens recueillis par les héritiers Apffel, comme sur ceux qui ont été recueillis par la ville de Strasbourg, tous ces biens étant compris dans le legs universel tel qu'il résultait du testament, et condamner les héritiers Apffel aux dépens;

Vu le mémoire en intervention présenté au nom de la ville de Strasbourg, agissant poursuite et diligence de son maire à ce dûment autorisé..... tendant à ce qu'il nous plaise, en la forme, admettre son intervention, et, au fond, déclarer que le prélèvement d'un pour cent qui doit être effectué chaque année par le Conseil municipal au profit de l'hospice des orphelins et du bureau de bienfaisance ne doit porter que sur le revenu de la dotation de l'art dramatique, telle qu'elle a été déterminée et limitée par le décret du 20 juin 1849, et condamner la partie qui succombe aux dépens de l'intervention;

Vu les observations de notre Ministre de l'Intérieur.....;

Vu le jugement en date du 23 février 1853, par lequel le tribunal civil de l'arrondissement de Wissembourg, statuant sur le litige engagé devant lui entre les héritiers Apffel et la Commission administrative des hospices civils de Strasbourg, déclare surseoir à statuer jusqu'après interprétation du décret du 20 juin 1849 par le pouvoir compétent;

Vu le décret du Président de la République en date du 20 juin 1849;

Vu ensemble les autres pièces produites et jointes au dossier, notamment la délibération du Conseil municipal de la ville de Strasbourg, en date du 27 décembre 1854, portant autorisation pour le maire d'intervenir dans l'instance engagée devant le Conseil d'État entre les héritiers Apffel et la Commission administrative des hospices civils de Strasbourg;

Vu le décret du 22 juillet 1806; — Vu l'art. 910 du Code Napoléon;

En ce qui touche l'intervention de la ville de Strasbourg : — Considérant que la ville de Strasbourg a intérêt à intervenir dans le litige engagé devant nous, entre la Commission administrative des hospices civils de Strasbourg et les héritiers du sieur Apffel; que, dès lors, il y a lieu d'admettre son intervention;

En ce qui touche l'interprétation de la partie du décret du 20 juin 1849 relative au legs fait à l'hospice des orphelins, portant que le legs consiste dans le prélèvement annuel d'un pour cent sur le revenu des biens composant l'universalité de la succession du testateur léguée à la ville de Strasbourg; — Considérant que, par cette disposition, le décret précité n'a opéré aucune réduction sur le legs fait à l'hospice des orphelins de Strasbourg par le sieur Apffel;

En ce qui touche les conclusions de la ville de Strasbourg, tendant à faire déclarer que les prélèvements annuels mis à sa charge par le testament du sieur Apffel au profit de l'hospice des orphelins et du bureau de bienfaisance ne doivent être supportés par elle que pour les trois quarts; — Considérant que ces conclusions tendent à faire juger par nous des questions sur lesquelles il n'appartient qu'à l'autorité judiciaire de statuer :

ARTICLE 1er. — L'intervention de la ville de Strasbourg est admise.

ART. 2. — Il est déclaré que le décret ci-dessus visé, en date du 20 juin 1849, a autorisé la Commission administrative des hospices civils de Strasbourg à accepter, sans réduction, le legs fait à l'hospice des orphelins de cette ville par le sieur Apffel.

ART. 3. — Les conclusions de la ville de Strasbourg sont rejetées.

ART. 4. — La dame veuve Apffel, les sieur et dame Barthélemy et le sieur Rosey sont condamnés aux dépens de l'instance engagée entre eux et la Commission administrative des hospices civils de Strasbourg. La ville de Strasbourg est condamnée aux dépens de son intervention.

Instruction du Ministre de l'Instruction publique, relative aux examens pour les brevets de capacité de l'enseignement primaire. 8 mai 1855.

8 Mai 1855.

Monsieur le Recteur, je me suis fait représenter les procès-verbaux des Commissions chargées d'examiner les aspirants au brevet de capacité pour l'enseignement primaire. J'ai pu constater que ces Commissions ont généralement fait preuve d'un grand zèle, et qu'elles se sont montrées animées du désir de répondre à la confiance des Conseils départementaux, de qui elles tiennent leurs pouvoirs. Mais j'ai reconnu en même temps que le règlement du 15 février 1853 n'a pas été partout exécuté d'une manière uniforme. Ici, la sévérité a été grande; là, l'indulgence a été excessive; dans tel département, on n'a pas attaché à quelques épreuves l'importance relative qu'elles doivent avoir; dans tel autre, on s'est appesanti outre mesure sur certaines parties de l'examen.

Cet état de choses m'a démontré la nécessité d'instructions spéciales qui fussent, en quelque sorte, le guide pratique des Commissions. De la direction que ces Commissions donnent aux examens dépend, en grande partie, l'avenir de l'instruction primaire. Ce sont elles qui peuvent, tout à la fois, élever cette instruction au niveau qu'elle doit atteindre, et la renfermer dans les sages limites que la raison, d'accord avec la loi, lui assigne. Je crois opportun, en conséquence, de passer en revue les diverses matières sur lesquelles les candidats au brevet de capacité sont interrogés, en indiquant sommairement la pensée qui doit présider à chaque partie de l'examen, et les bases d'après lesquelles les épreuves seront jugées désormais.

Caractère général des examens. — Les Commissions ne doivent pas oublier qu'elles interrogent de futurs instituteurs ayant à prouver non seulement qu'ils ont acquis certaines connaissances, mais aussi et surtout qu'ils savent communiquer ce qu'ils ont appris. La partie des examens ayant pour objet les méthodes d'enseignement a été retranchée du programme, en ce sens qu'elle ne constitue plus une épreuve distincte; mais les questions portant sur la manière d'enseigner se rattachent naturellement aux épreuves relatives à chaque faculté.

Jugement des épreuves. — Les Commissions adopteront désormais un système de signes exprimant la valeur intrinsèque de chacune des épreuves.

Ces signes, mesure commune d'appréciation, seront les chiffres de 0 à 10[1]. Tout candidat qui n'aura pas obtenu, pour les quatre épreuves écrites, une moyenne de 20 points, ne sera pas admis aux épreuves orales. La *nullité* d'une épreuve sera un cas absolu d'exclusion.

Des points seront également donnés pour les épreuves orales, et le brevet ne pourra être accordé qu'à ceux des candidats qui, pour l'ensemble des épreuves, auront obtenu un minimum de 40 points, pour les aspirants, et (en raison des travaux à l'aiguille) de 45, pour les aspirantes.

Il est à peine besoin d'ajouter qu'une même sévérité doit présider à l'appréciation des épreuves dans l'une et l'autre session, et qu'il ne peut exister aucune raison, pour les juges, de se montrer moins exigeants dans la première que dans la seconde.

A l'avenir, les rapports transmis à l'administration supérieure mentionneront la moyenne des points obtenus par chacun des candidats.

ÉPREUVES ÉCRITES.

Écriture. — L'examen des copies d'écriture dénote, chez presque tous les candidats qui n'ont point passé par les Écoles normales, l'ignorance absolue des principes. Il n'est pas étonnant, dès lors, que l'enseignement de l'écriture laisse tant à désirer dans les Écoles; les maîtres enseignent au hasard et d'après de

1.

10, 9	signifie :	très bien.	4, 3	signifie :	médiocre.
8, 7	—	bien.	2, 1	—	mal.
6, 5	—	passable.	0	—	nul.

mauvaises méthodes. Il importe donc que les Commissions jugent l'épreuve dont il s'agit plus sévèrement que par le passé.

Le texte dont la transcription constitue cette épreuve ne doit jamais être laissé au choix des candidats. Il sera toujours dicté ou présenté par le président ou par l'un des membres de la Commission. Il faut que les futurs instituteurs soient en état d'enseigner à leurs élèves une écriture courante facile et nette. Ces maîtres n'auront pas à former d'habiles professeurs de calligraphie, mais à mettre les enfants en état d'écrire couramment et lisiblement.

Orthographe. — Aux termes du règlement du 15 février 1853, la dictée prend une page environ. Il est de l'intérêt même des candidats, un certain nombre de fautes étant admises, que l'étendue de cette dictée ne soit pas diminuée : l'épreuve laisse ainsi moins de prise au hasard, en ce qui concerne l'orthographe d'usage. Le texte choisi sera lu préalablement à haute voix, puis dicté et relu; mais la ponctuation ne devra être l'objet d'aucune indication spéciale. Il faut que les candidats se rendent compte par eux seuls des motifs qui les déterminent à ponctuer de telle ou telle manière.

Un maximum de quatre fautes est accordé pour l'épreuve de l'orthographe. On évaluera une faute toute infraction aux règles de la grammaire et toute violation de l'orthographe d'usage. L'omission des accents compte seulement pour 1/2; les traits d'union omis ou placés à tort compteront pour 1/4; les fautes de ponctuation, selon leur importance et leur nombre, entreront pour 1 ou 2 dans le chiffre total. Les fautes qui constituent des non-sens pourront faire prononcer la nullité de l'épreuve.

Composition. — Cette épreuve permet de juger si le candidat a de l'ordre dans les idées, et s'il sait exprimer clairement sa pensée. On ne doit rien y chercher au delà. Il ne faut point demander aux candidats des qualités de style dénotant déjà des habitudes littéraires; ils ont seulement à faire preuve de bon sens et de raison. Il convient donc d'éviter, avec le même soin, et les sujets qui ne provoquent que des lieux communs, et ceux qui tendent à entraîner les candidats au delà des études auxquelles ils doivent se borner. Les questions spéciales, circonscrites, bien déterminées, guident l'esprit et l'empêchent de se perdre dans le vague.

Cette remarque s'applique spécialement aux questions relatives aux principes d'éducation et à la tenue des Écoles. Mais il est à propos, en ce qui concerne les sujets tirés de l'histoire sainte, d'éviter ceux qui embrassent un trop grand nombre de faits; car, de tels sujets étant donnés, le travail du candidat n'est plus qu'un effort de mémoire.

Les Commissions ont paru peut-être, jusqu'à ce jour, trop exclusivement disposées à préférer les sujets empruntés à l'Ancien Testament. Il serait à craindre qu'un choix systématique n'eût pour effet de pousser les candidats à négliger le texte des Évangiles et des Actes des Apôtres.

Arithmétique. — Les problèmes posés ne doivent pas être résolus uniquement par les chiffres : il faut qu'à l'appui de ces chiffres les candidats soient tenus de présenter le raisonnement qui les a conduits à la solution.

Trop souvent l'on propose des problèmes oiseux qui n'ont aucune analogie avec les besoins de la vie réelle. Il importe qu'il en soit autrement, et que les candidats soient appelés à traiter des questions dont la solution ne laisse dans leur esprit que des idées justes. Quand, pour se préparer à subir l'examen, les candidats auront été obligés de s'occuper des applications usuelles, ils seront moins portés à les négliger dans leur enseignement. Les Commissions contribueront ainsi à diriger l'instruction primaire dans cette voie d'utilité pratique où elle deviendra de plus en plus profitable aux populations.

ÉPREUVES ORALES.

Lecture. — On doit s'assurer que tous les candidats au brevet de capacité non seulement lisent et prononcent correctement, mais encore qu'ils comprennent ce qu'ils lisent. Il convient aussi de rattacher à cette épreuve diverses questions sur les meilleurs procédés à suivre pour l'enseignement de la lecture.

Catéchisme et Histoire sainte. — L'enseignement religieux dans l'École appartient exclusivement aux ministres des cultes; il serait téméraire à l'instituteur d'intervenir dans un tel enseignement, autrement que pour vérifier si la lettre du catéchisme est exactement apprise. C'est, toutefois, le devoir des Commissions de s'assurer que les aspirants au brevet connaissent leur religion et qu'ils possèdent, non pas seulement la lettre, mais l'esprit du catéchisme. C'est dans ce but surtout que la loi exige qu'il y ait, dans chaque Commission d'examen, un ministre du culte professé par le candidat. Mais, s'il importe que cette épreuve ne soit pas rabaissée à un simple exercice de mémoire, il importe aussi qu'elle ne s'écarte pas du but auquel elle doit tendre. Les questions adressées aux candidats seront donc présentées avec simplicité, et ne devront porter que sur des points de doctrine à la portée de ceux qui devront les résoudre.

A l'égard de l'Histoire sainte, il est bon de rappeler que l'histoire de la religion ne s'arrête pas à la mort du Sauveur. Tout instituteur doit posséder des notions suffisantes sur l'établissement du Christianisme et sur ses progrès.

Analyse grammaticale. — Cette épreuve n'a pas exclusivement pour but de s'assurer si les candidats connaissent les règles de la grammaire. Les élèves des Écoles primaires ont besoin d'apprendre leur langue, mais non les subtilités qui ont rendu, en la compliquant, l'étude de la grammaire française si peu attrayante, et, par conséquent, si difficile. Les futurs instituteurs de la jeunesse doivent prouver, avant tout, qu'ils se rendent compte de l'emploi des mots, de leur signification, de leurs acceptions différentes, et que, s'ils savent enseigner la grammaire d'une manière intelligente, ils savent, par conséquent, enfermer cette étude dans de justes limites.

Calcul et système légal des poids et mesures. — Les indications données à l'occasion de l'épreuve écrite s'appliquent aussi à l'épreuve orale de calcul.

Il faut comprendre dans cette partie de l'examen l'application des quatre règles aux nombres entiers et aux fractions décimales ainsi qu'aux fractions ordinaires. La connaissance de ces dernières est indispensable, depuis que l'emploi de la méthode de réduction à l'unité permet de résoudre toutes les questions qui exigeaient autrefois l'étude des règles de trois, de société, d'escompte, d'alliage, etc.

EXAMEN SPÉCIAL DES INSTITUTRICES.

Travaux à l'aiguille. — Cette partie de l'examen a pour objet de montrer non pas seulement que l'aspirante sait coudre et raccommoder, mais qu'elle est en état d'enseigner tous les genres de travaux familiers aux femmes. Toute aspirante qui ne possède pas une habileté suffisante dans les ouvrages à l'aiguille doit être ajournée à une autre session.

Non-publicité de l'examen. — Des doutes se sont élevés sur la manière d'entendre la prescription d'après laquelle l'examen des institutrices *n'a pas lieu publiquement.*

La loi, en excluant un public nombreux, n'a pas voulu prescrire un huis-clos, qui ne serait pas sans inconvénients. Il convient de procéder aux épreuves orales des aspirantes en les appelant par séries de quatre à six; les mères, parentes, tutrices, sont autorisées à assister à l'examen.

Examen sur les matières facultatives.

Si un candidat déjà pourvu du brevet vient subir l'examen sur les matières facultatives, convient-il de s'assurer par un examen supplémentaire que ce candidat possède, au point de vue des matières obligatoires, une instruction en rapport avec le caractère nouveau de son brevet?

La circulaire du 26 janvier 1854 a résolu cette question pour l'examen des futures institutrices : il convient de décider, d'une manière générale, que, pour le cas dont il s'agit, les Commissions ne doivent pas se contenter de l'instruction dont les candidats ont fait preuve dans l'examen élémentaire. Elles ont le droit de revenir, dans une juste mesure, sur les matières énumérées dans la première moitié de l'article 23 de la loi de 1850.

Rien ne s'oppose à ce que, dans l'examen complémentaire, les Commissions imposent aux candidats une ou deux compositions écrites.

Dans les éléments d'histoire et de géographie, peut-on comprendre les éléments de l'histoire et de la géographie générales? Oui, sans doute. La circulaire précitée comprend, en effet, parmi les matières facultatives, l'histoire et *particulièrement* l'histoire de France. — Quelques notions de cosmographie élémentaire se rattachent aussi par des liens naturels à l'étude de la géographie. On ne saurait donner aux élèves des idées exactes de l'inégale durée des jours, de la différence des climats, de l'influence que cette inégalité exerce sur les productions, sans leur faire connaître la forme de la terre et son mouvement autour du soleil. Il est donc convenable que les Commissions s'assurent que les candidats sont en état de donner aux enfants ces notions simples et générales; mais j'attends de leur bon esprit qu'elles renferment cette épreuve dans les limites que je viens d'indiquer.

Vous voudrez bien, Monsieur le Recteur, communiquer les présentes instructions à MM. les Inspecteurs d'Académie et à MM. les présidents des Commissions de votre ressort. Je ne doute pas que ces Commissions ne s'empressent de s'y conformer désormais, et qu'elles ne contribuent ainsi à diriger l'enseignement dans ces voies de sages progrès où se rencontrent tous ceux qui veulent, pour la jeunesse des Écoles primaires, une instruction appropriée à ses besoins, et non des satisfactions d'amour-propre trop fertiles en déceptions.

Recevez, etc.

Signé : H. Fortoul.

16 mai 1855. **Circulaire du Ministre de l'Instruction publique aux Recteurs, relative à l'époque des examens des Écoles primaires publiques par les délégués cantonaux.**

16 Mai 1855.

Monsieur le Recteur, par ma circulaire, en date du 3 février 1854, j'invitais MM. les Recteurs des anciennes Académies départementales à fixer leur attention sur l'état de l'instruction dans les Écoles primaires publiques, et je les priais de faire appel au zèle de MM. les délégués cantonaux pour qu'il fût possible, dans un examen général de ces Écoles, d'y constater les résultats obtenus. Les instructions qui vous ont été adressées le 31 octobre vous ont rappelé les prescriptions de la circulaire précitée ; vous avez été engagé à préparer, dans chacun des départements de votre ressort, l'inspection destinée tout ensemble à stimuler le zèle des instituteurs et à vérifier les progrès de l'enseignement.

Le moment est venu où les moyens auxquels vous avez dû recourir pour organiser l'examen général dont il s'agit doivent être activement mis en œuvre.

J'ai reconnu que les époques fixées pour cet examen par la circulaire du 3 février ne sont pas celles où la mesure prescrite peut être exécutée avec le plus de chances de succès. D'une part, la deuxième quinzaine de mars coïncide avec le temps du carême, c'est-à-dire avec une époque où MM. les curés, membres très actifs des délégations cantonales, sont presque exclusivement absorbés par les devoirs de leur ministère; d'une autre part, lors de la quinzaine qui précède les vacances, les Écoles se trouvent à peu près désertes dans un très grand nombre de communes rurales.

J'ai décidé que les époques du double examen ordonné par la circulaire du 3 février 1854 seraient, à l'avenir, la seconde quinzaine de décembre et la seconde quinzaine de mai.

Vous voudrez bien donner à MM. les Inspecteurs académiques de votre ressort les instructions nécessaires pour qu'ils s'entendent immédiatement avec MM. les Préfets. C'est à ces magistrats, comme présidents des Conseils départementaux desquels MM. les délégués tiennent leur pouvoir, qu'il appartient de faire comprendre à ces derniers le caractère particulier et l'importance de l'inspection spécialement confiée à leur dévouement.

MM. les Inspecteurs académiques prieront MM. les Préfets de vouloir bien, selon les recommandations contenues dans la circulaire du 3 février, inviter MM. les présidents des délégations cantonales à communiquer les résultats de l'examen aux Inspecteurs de l'instruction primaire. Ces fonctionnaires feront de ces utiles documents un résumé général par arrondissement, résumé qui vous sera soumis. Vous-même, après avoir rapproché tous ces renseignements, vous voudrez bien les mettre en œuvre dans le rapport général qu'aux termes de l'article 31 du décret du 22 août 1854, vous devez m'adresser sur l'état de l'instruction primaire dans votre Académie. De cette manière, il me sera possible de savoir non seulement si les instituteurs continuent à répondre à la confiance de l'administration supérieure, mais encore si les enfants profitent réellement, dans toutes les communes, de l'instruction qui leur est offerte.

Je recommande à votre plus active sollicitude les prescriptions qui font l'objet de la présente circulaire.

Recevez, etc.

Signé : H. Fortoul.

Circulaire du Ministre de l'Instruction publique aux Préfets, relative aux examens faits par les délégués cantonaux dans les Écoles primaires publiques. 16 mai 1855.

16 Mai 1855.

Monsieur le Préfet, j'ai l'honneur de vous donner communication d'une circulaire adressée à MM. les Recteurs, relativement à l'examen qui doit être fait, sous un très bref délai, dans les Écoles primaires de chaque département, par MM. les délégués cantonaux.

Ainsi que vous le verrez, j'invite M. le Recteur d....... à charger l'Inspecteur académique, en résidence dans votre département, de s'entendre avec vous sur les mesures à prendre pour que cet examen spécial puisse avoir lieu dans la seconde quinzaine de mai.

Il s'agit ici, veuillez le remarquer, non pas de questions de discipline ou de personnel, mais d'intérêts d'un ordre purement scolaire. A ce titre, l'inspection qui va avoir lieu est principalement dans les attributions de l'autorité académique ; mais, pour en assurer le succès, j'ai besoin de pouvoir compter sur votre concours.

Il importe qu'en cette circonstance il soit fait un appel efficace au zèle de MM. les délégués cantonaux, et c'est à vous, comme président du Conseil départemental, qu'il appartient de prendre l'initiative à cet égard.

Je ne perds pas de vue le caractère particulier de la mission que MM. les délégués ont bien voulu accepter. Je n'oublie pas qu'on ne peut leur demander des sacrifices de temps trop prolongés ; on ne saurait, non plus, réclamer d'eux, je le sais, ces comparaisons de méthodes, ces investigations minutieuses, ces jugements techniques que l'administration exige des Inspecteurs de l'instruction primaire.

Telle n'est point la nature de l'examen auquel MM. les délégués vont être invités par vous à procéder. Il s'agit seulement, pour eux, de constater l'état des études élémentaires sur des points dont l'appréciation n'exige ni longues heures de travail ni connaissances spéciales. L'instruction religieuse, la lecture, l'écriture, le calcul dans ses parties les plus simples, sont les seuls objets sur lesquels ils aient à interroger les élèves ; c'est d'après les résultats de cet examen qu'ils devront, conformément aux prescriptions de la circulaire du 3 février 1854, classer les enfants dans l'une des trois catégories suivantes : *Bien*, *Médiocre*, *Mal*.

MM. les délégués cantonaux comprendront, je n'en doute pas, toute l'importance que j'attache à une telle inspection, et ils ne s'étonneront pas de me voir, en cette occasion, recourir à leur dévouement. MM. les délégués sont, aux yeux de la loi, les représentants de la famille dans l'École. C'est au nom des familles que leur influence morale s'y fait sentir et que leur autorité s'y exerce. Or, l'inspection qu'ils vont entreprendre a précisément pour objet de s'assurer si les familles sont dédommagées, par des résultats suffisants, des sacrifices qu'elles s'imposent et auxquels les communes, les départements et l'État s'associent, dans leur intérêt, pour une si large part.

Je recommande à toute votre sollicitude les prescriptions contenues dans la présente circulaire.

Recevez, etc.

Signé : H. FORTOUL.

18 mai 1855. **Circulaire du Ministre de l'Instruction publique aux Préfets, relative à l'exécution du décret du 21 mars et de l'arrêté du 22 mars 1855, concernant l'organisation et le régime des salles d'asile.**

18 Mai 1855.

Monsieur le Préfet, je vous adresse, avec les rapports qui ont été présentés à l'Empereur et à l'Impératrice, le décret du 21 mars dernier sur l'organisation des salles d'asile et le règlement concernant le régime intérieur de ces établissements.

Autorités préposées à la direction de l'institution des asiles. — Le système général des salles d'asile est aujourd'hui complété. Au sommet, le Comité placé sous les auspices de Sa Majesté l'Impératrice représente avec éclat, pour la France entière, les intérêts permanents de l'institution. Deux dames, déléguées générales, sont chargées de porter sur tous les points de l'Empire la pensée de ce Comité : investies de la haute mission de maintenir dans l'ensemble du service des salles d'asile l'unité de vues et de direction, elles sont envoyées par le Ministre partout où leur présence est jugée nécessaire; organe spécial de l'administration supérieure, elles ne prennent point de décisions par elles-mêmes, mais elles communiquent au Ministre tous les renseignements qui peuvent provoquer d'utiles réformes et éclairer les délibérations du Comité central.

Ce n'est pas tout : le décret du 21 mars décide que le Ministre peut instituer, selon les besoins du service, dans chaque Académie, une inspection qui s'étend sur les salles d'asile de la circonscription : les dames déléguées spéciales adressent au Recteur de l'Académie des rapports que ce haut fonctionnaire transmet au Ministre, avec ses propres observations; elles correspondent directement avec les Comités locaux de patronage, et peuvent être invitées par les présidents de ces Conseils à leur prêter l'appui d'une expérience éprouvée. Chargées de veiller à l'application des règlements et au maintien de la méthode, elles inspectent assidûment les salles d'asile de leur ressort, assistent aux examens des aspirantes au brevet d'aptitude, et, toutes les fois qu'elles en trouvent l'occasion, confèrent de l'état des établissements confiés à leur surveillance avec les dames déléguées générales.

Tel est, indépendamment des Comités locaux dont il sera parlé ultérieurement, l'ensemble des autorités particulièrement préposées à la marche de l'institution à laquelle un auguste patronage est venu donner une consécration éclatante.

Caractère de l'institution. — Il n'est pas nécessaire d'insister auprès de vous, Monsieur le Préfet, sur la nature et le but de cette institution. Les rapports à l'Empereur et à l'Impératrice vous ont fait suffisamment connaître la pensée du Gouvernement. J'attire seulement votre attention sur ce point capital, que les salles d'asile, selon les termes de l'article 1er du décret, sont, avant tout, des établissements *d'éducation*.

Ce seul mot résume un ensemble d'idées que, dans la création et dans la direction des asiles, il est très important de ne jamais perdre de vue. D'un côté, on ne saurait, sous peine d'en altérer essentiellement le caractère, confondre les salles d'asile avec cette classe d'établissements qui, uniquement destinés à soulager les besoins physiques, sont rangés, à juste titre, parmi les établissements *d'assistance :* ma circulaire en date du 31 octobre dernier vous a fait connaître que vous devez considérer l'institution des asiles comme la base de notre système d'enseignement primaire. D'un autre côté, il importe essentiellement de ne point changer les refuges de la première enfance en établissements d'instruction proprement dite, de ne point transformer la salle d'asile en École. Donner dans la salle d'asile un enseignement technique et complet serait, en premier lieu, changer en leçons fastidieuses pour un si jeune âge d'attrayants exercices; rendre à la mémoire seule, dans l'asile, ce qu'on a voulu y donner à l'intelligence; consacrer à un travail purement machinal un temps qu'il importe de mettre à profit pour le développement de l'esprit et du cœur, pour la culture des facultés délicates, pour les premières et faciles études du chant, pour l'acquisition de cette foule de notions utiles qui, grâce à un système bien conçu d'interrogations habilement conduites, pénètrent sans effort dans l'intelligence des enfants. Ensuite, ne faudrait-il pas craindre que, les petits élèves possédant tant bien que mal, au sortir de l'asile, les connaissances indispensables, un grand nombre de parents se crussent autorisés à leur imposer dès l'âge de sept ans ces travaux prématurés qui, dans les centres industriels, sont trop souvent funestes au développement physique des enfants et multiplient en même temps, pour eux, les causes d'une corruption précoce? Il convient donc que la salle d'asile précède l'École, qu'elle y prépare et qu'elle y conduise; mais il serait fâcheux peut-être qu'elle en tînt lieu. Telle est la pensée qui a présidé à la rédaction de l'article 1er du décret et des articles 8, 9, 10, 11, 12 et 13 du règlement concernant le régime intérieur. Les autorités préposées à la direction des salles d'asile doivent veiller scrupuleusement à ce qu'elle ne soit jamais méconnue.

Comités locaux de patronage. — Au reste, pour tout ce qui tient à cette direction intellectuelle et morale des salles d'asile, Monsieur le Préfet, le décret vous a préparé des auxiliaires très actifs, et, je n'en doute pas, très utiles, en vous appelant à instituer, dans chaque commune où il existe de ces précieux établissements, un Comité local de patronage.

Ces Comités, où la religion, l'administration et la charité maternelle auront leurs représentants, sont appelés à jouer un rôle considérable dans l'organisation générale des salles d'asile. Chacun d'eux, image du Comité central institué auprès du Ministère de l'Instruction publique, aura, dans l'étendue de sa juridiction, à exercer des droits et à remplir des devoirs analogues à ceux qu'exerce et que remplit le Comité supérieur pour la France entière, et qui se résument dans ces mots : *protection des salles d'asile.* Recueillir les offrandes en faveur des établissements du ressort; pourvoir au bon emploi des fonds alloués par la commune, le département ou l'État; veiller au maintien des méthodes, à la direction intelligente de l'enseignement; s'assurer des résultats de l'éducation reçue dans l'asile par des visites régulières : telles seront les attributions des dames qui voudront bien, sous la direction du maire, et avec la coopération du curé de la paroisse, mettre en commun les inspirations de leur charité.

Ces Comités ne resteront point isolés. D'un côté, ils correspondront avec les dames déléguées par le Ministre pour l'inspection des salles d'asile de l'Académie; de l'autre, ils se rattacheront au Comité central, avec lequel ils devront se tenir en communication permanente et de qui ils recevront une haute et salutaire impulsion. Tout ce qui intéresse les asiles de la circonscription devra naturellement les préoccuper, en sorte que, dans les réunions qui devront avoir lieu tous les mois, il sera toujours possible à MM. les maires de soumettre aux délibérations des dames réunies sous leur présidence des objets dignes d'un véritable intérêt. Les présidents, lorsqu'ils le jugeront utile, transmettront les résultats de leurs délibérations au Comité central de Paris. Ce dernier, on peut en avoir l'assurance, s'empressera de mettre à profit, dans l'intérêt général de l'œuvre, les avis et les renseignements qui paraîtraient renfermer le germe d'améliorations sérieuses et de sages progrès.

Vous le voyez, Monsieur le Préfet, les Comités locaux formeront un rouage très important dans l'ensemble du système des salles d'asile; à vrai dire, ils seront le nerf de l'institution. Partout où les Comités fonctionneront avec régularité, le Gouvernement pourra être assuré que la pensée de l'administration, sérieusement comprise, sera appliquée avec cet esprit de suite qui garantit le succès.

J'attire donc sur ce point fondamental votre attention toute particulière; les éléments de la création des Comités sont réunis autour de vous; ces Comités devront naturellement être composés de dames que leur position sociale met en mesure d'exercer, au profit des salles d'asile, une salutaire influence.

Ces dames, je n'en doute pas, n'hésiteront point à accepter l'intéressante mission que vous serez heureux de leur offrir au nom du Gouvernement et de l'auguste protectrice de l'institution des asiles. Votre appel sera promptement entendu, puisqu'il s'adressera au dévouement et à ces sentiments généreux toujours éveillés dans le cœur des mères. Assurément, il vous sera facile de faire comprendre aux dames dont vous aurez à réclamer le concours que l'esprit et la grâce sont les meilleurs auxiliaires de la charité.

Le nombre des membres de chacun des Comités de patronage n'est pas fixé par le décret du 21 mars. Vous avez donc toute liberté d'action. Vous prendrez conseil des circonstances, à cet égard. Vous tiendrez compte naturellement et du nombre des asiles établis dans le ressort, et des éléments que vous vous croyez assuré de pouvoir mettre activement en œuvre. Quelle que soit votre détermination, le point capital c'est que chacune des dames qui voudront bien accepter le titre de membre du Comité soit fermement résolue à revendiquer en même temps sa part sérieuse de responsabilité et d'action.

Vous voudrez bien vous occuper immédiatement de la formation des Comités locaux; vous me rendrez compte, dans les premiers jours du mois de juin, du nombre des Comités formés dans votre département, et des résultats que vous êtes légitimement fondé à attendre de la nouvelle organisation.

Commissions d'examen. — Le décret vous a chargé en outre, Monsieur le Préfet, de la formation de la Commission d'examen appelée à constater l'aptitude des personnes qui aspirent à diriger les salles d'asile. Les membres de cette Commission, aux termes de l'article 27, doivent être nommés par vous, pour trois ans, sur la proposition du Conseil départemental. Vous voudrez bien ne pas différer de procéder à cette désignation. Le Conseil départemental, j'en ai l'assurance, présentera à votre nomination des personnes qu'une expérience réfléchie mettra à même de pouvoir prononcer sur l'aptitude des aspirantes.

Salles d'asile-modèles. — Je compte, Monsieur le Préfet, sur votre initiative pour seconder, par tous les moyens en votre pouvoir, l'intérêt que le Gouvernement attache à la propagation des salles d'asile dans votre département. Ce n'est pas seulement à multiplier le nombre de ces établissements que vous devez vous appliquer, c'est aussi à rendre plus sensibles, aux yeux des populations, les bienfaits de l'institution même, en améliorant les salles d'asile existantes. Et ici, veuillez le remarquer, le décret du 21 mars est venu directement à votre aide en créant un moyen d'encouragement que vous ne manquerez pas de signaler à l'attention des directrices. Aux termes de l'article 8, le titre de *salle d'asile modèle* pourra être conféré par le Ministre, sur la proposition du Comité central, à celles des salles d'asile dont les directrices se seront rendues dignes d'une marque particulière de distinction. Les droits à cette faveur résulteront de la continuité des soins donnés aux enfants, de l'emploi judicieux et intelligent des meilleurs moyens d'éducation et de premier enseignement, de l'entretien attentif du mobilier. Le titre de *salle d'asile modèle* sera aussi une consécration des efforts accomplis par les autorités municipales; car les déléguées spéciales ne pourront le solliciter qu'en faveur des établissements dont les dispositions matérielles ne donneront prise à aucune critique.

Certificat de stage. — Il ne faut pas l'oublier, d'ailleurs : à ce titre de *salle d'asile modèle* est attaché un privilège qui n'est pas sans importance. C'est sur la déclaration de la directrice de l'établissement modèle qu'après ratification du Comité local de patronage, l'Inspecteur d'Académie (art. 36) délivrera le certificat de stage créé par l'article 20 du décret; or, ce certificat donnera le droit, d'un côté, de diriger, dès l'âge de vingt et un ans, une salle d'asile ne recevant pas plus de quarante enfants; de l'autre, d'être nommée, dès l'âge de vingt ans, sous-directrice dans une salle d'asile publique.

Il est facile de comprendre tout l'intérêt que présentera l'acquisition d'un tel certificat pour les jeunes personnes qui se destinent à la carrière de l'enseignement dans les salles d'asile. Et les directrices, je n'en puis douter, attacheront une sérieuse importance à la conquête d'un titre qui, en leur conférant des droits, fera peser sur elles une véritable responsabilité.

Vous le voyez, Monsieur le Préfet, dans le décret préparé par la haute raison des dames qui, au sein du Comité central, mettent au service de l'œuvre des salles d'asile l'autorité de noms illustres, rien de ce qui pouvait contribuer à la prospérité de l'institution des salles d'asile n'a été oublié. Aucun des vœux qui avaient pu être dictés par l'expérience et suggérés par l'observation des faits n'a été méconnu. Je compte sur votre concours le plus empressé pour seconder l'action bienfaisante de l'administration supérieure, et pour m'aider à rendre l'institution des asiles de plus en plus digne de l'auguste patronage sous lequel elle est aujourd'hui placée.

Recevez, etc.

Signé : H. FORTOUL.

Circulaire du Ministre de l'Instruction publique aux Recteurs, relative à l'exécution du décret du 21 mars et de l'arrêté du 22 mars 1855 concernant les salles d'asile. 16 juin 1855.

16 Juin 1855.

Monsieur le Recteur, je vous communique, avec le décret du 21 mars sur l'organisation des salles d'asile et le règlement concernant le régime intérieur de ces établissements, les instructions que j'ai adressées à MM. les Préfets à la date du 18 mai dernier.

Ces instructions vous feront connaître la pensée de l'administration supérieure sur l'ensemble du système des salles d'asile. Mais il est quelques points sur lesquels je dois attirer votre attention spéciale : qu'il s'agisse du degré élémentaire, du degré secondaire ou du degré supérieur, vous ne cessez jamais, ne l'oubliez pas, d'être, dans l'étendue de votre ressort académique, le magistrat de l'enseignement.

Les instructions aux Préfets ont révélé toute l'importance que, dans l'intérêt des salles d'asile, j'attache aux fonctions de Mmes les déléguées spéciales. Par une intelligente et quotidienne intervention de leur part, la méthode pourra se maintenir et se perfectionner; par elles, se répandront jusque dans les plus petites villes ces traditions précieuses qui, puisées au sein de l'établissement central où l'esprit de la salle d'asile se perpétue en se renouvelant (article 8 du décret), doivent demeurer la règle et assurer l'avenir de l'institution elle-même.

Or, c'est sous votre autorité, Monsieur le Recteur, que le décret du 21 mars a placé celle de ces dames chargée d'inspecter les salles d'asile de votre ressort académique. C'est à vous qu'est confié le soin de déterminer les tournées de Mme la déléguée spéciale et d'en régler l'itinéraire. Vous ne négligerez rien pour n'agir, à cet égard, qu'en parfaite connaissance de cause; les renseignements que vous présenteront MM. les Inspecteurs d'Académie et Mme la déléguée elle-même vous seront, sur ce point, d'un indispensable secours; et veuillez vous pénétrer de cette pensée : il importe au plus haut degré que les sacrifices consentis par l'État pour chacune des tournées soient compensés et au delà par des résultats positifs.

C'est pour constater ces résultats que Mme la déléguée, à part les communications auxquelles des circonstances imprévues pourraient donner lieu, devra vous adresser chaque année, à la fin d'avril, un rapport général sur la situation du service des salles d'asile dans toute l'étendue du ressort. Ce rapport contiendra des détails précis : 1° sur l'action exercée par les Comités locaux de patronage; 2° sur le personnel des maîtresses (aptitude, pratique de la méthode, dispositions morales, conduite); 3° sur le personnel des aspirantes au brevet d'aptitude (leur nombre, manière dont elles se préparent, ou résultats de l'examen); 4° sur l'état matériel des salles d'asile (salubrité des locaux, préaux, mobilier, etc.); 5° sur les créations réalisées ou projetées dans le cours de l'année; 6° sur l'influence morale et pédagogique des salles d'asile du ressort.

Ce rapport, rédigé en double expédition, pourra être présenté par vous, Monsieur le Recteur, au Conseil académique dans sa session de juin; et, avant de m'en transmettre le double (dans les derniers jours de juin), vous aurez à y puiser la matière d'observations que vous devrez adresser, sur l'état du service des salles d'asile, à chacun de MM. les Inspecteurs académiques. Vous ne manquerez pas de me faire part du caractère de ces observations et des résultats que vous êtes en droit d'en attendre.

Le rapport général de Mme la déléguée ne la dispense, au reste, en aucune façon, d'envoyer à chacun des Inspecteurs d'Académie le rapport spécial sur les asiles du département, dont il est fait mention au dernier paragraphe de l'article 17 du décret.

Je signale très expressément à vos soins, Monsieur le Recteur, tout ce qui a rapport à la direction morale et intellectuelle des salles d'asile. En veillant avec sollicitude sur les premiers développements des jeunes enfants qui y sont admis, c'est la cause générale de l'instruction primaire que vous êtes appelé à servir. Quand toutes les salles d'asile de votre ressort donneront le salutaire exemple de cette méthode régulière et rationnelle par laquelle le jugement est exercé, l'intelligence éveillée, le sens moral affermi, toutes les facultés mises en jeu, les Écoles primaires elles-mêmes participeront des résultats qui se seront manifestés au-dessous d'elles; au développement des premières correspondra nécessairement l'élévation des secondes. Comment admettre qu'en regard des excellents procédés usités dans l'asile la routine et l'imperfection des méthodes puissent se perpétuer dans l'École? Le progrès de l'une est donc le point de départ et la cause la plus active du progrès de l'autre; et c'est en ce sens que, selon les termes de ma circulaire en date du 31 octobre 1854, les salles d'asile doivent être considérées désormais « comme la base de tout notre système d'enseignement primaire ».

Vous voudrez bien transmettre, avec les décret et règlement des 21 et 22 mars, un exemplaire de cette circulaire à chacun de MM. les Inspecteurs d'Académie.

Recevez, etc.

Signé : H. FORTOUL.

Arrêté relatif au classement et au traitement des déléguées spéciales pour l'inspection des salles d'asile. 9 juillet 1855.

9 Juillet 1855.

Le Ministre de l'Instruction publique et des Cultes,

Vu l'article 17 du décret en date du 21 mars 1855,

Arrête :

ARTICLE 1er. — Les déléguées spéciales pour l'inspection des salles d'asile sont partagées en trois classes.

La classe est attachée à la personne, et non à la résidence.

Les personnes appelées pour la première fois aux fonctions de déléguée spéciale sont nécessairement de la dernière classe.

ART. 2. — Les traitements affectés à chaque classe sont fixés ainsi qu'il suit :

Cinq déléguées spéciales de 1re classe, à 2 000 francs;

Cinq déléguées spéciales de 2e classe, à 1 800 francs;

Six déléguées spéciales de 3e classe, à 1 600 francs.

Décret relatif à la liquidation des caisses d'épargne des instituteurs communaux. 8 août 1855.

8 Août 1855.

NAPOLÉON, etc.,

Sur le rapport de notre Ministre secrétaire d'État au département de l'Instruction publique et des Cultes;

Vu l'article 15 de la loi du 28 juin 1833 sur l'instruction primaire;

Vu l'ordonnance du 13 février 1838, qui détermine les statuts des caisses d'épargne et de prévoyance établies en faveur des instituteurs primaires communaux;

Vu l'ordonnance, en date du même jour, qui charge la Caisse des dépôts et consignations de recevoir et d'administrer les fonds provenant des caisses d'épargne des instituteurs primaires communaux;

Vu l'article 39 de la loi du 15 mars 1850 sur l'enseignement;

Vu la loi du 9 juin 1853 sur les pensions civiles;

Vu les lois des 18 juin 1850 et 28 mai 1853 sur la Caisse des retraites pour la vieillesse, ensemble le décret impérial du 18 août 1853;

Vu le décret du 29 décembre 1853, relatif aux caisses d'épargne et de prévoyance des instituteurs communaux;

Vu l'avis du Conseil impérial de l'instruction publique, en date du 30 juin 1854;

Notre Conseil d'État entendu,

Avons décrété et décrétons ce qui suit :

ARTICLE 1er. — A partir de la promulgation du présent décret, les comptes individuels des instituteurs communaux dans les caisses d'épargne départementales seront clos et arrêtés, en capital et intérêts, au 30 juin 1855, par les Commissions de surveillance desdites caisses.

Le relevé en double expédition de ces comptes individuels sera transmis par le Préfet au receveur général, préposé de la Caisse des dépôts et consignations.

Le compte de chaque ayant droit lui sera notifié par l'Inspecteur des Écoles de l'arrondissement.

ART. 2. — Les instituteurs qui ont des fonds placés dans les caisses d'épargne et de prévoyance seront admis à les transférer à la Caisse des retraites de la vieillesse avec ou sans aliénation de capital. Ils pourront aussi, s'ils le préfèrent, demander que leurs fonds soient déposés à la Caisse des dépôts et consignations, selon ce qui sera réglé ci-après.

La déclaration des instituteurs pour l'emploi de leurs fonds devra être faite dans le délai d'un mois à partir du jour de la notification de leur compte.

ART. 3. — Dans le cas de versement à la Caisse des retraites pour la vieillesse, l'intéressé souscrira une déclaration dont la formule lui sera remise à cet effet, et qui devra comprendre les énonciations exigées par les lois du 18 juin 1850 et 28 mai 1853 et par décret réglementaire du 18 août 1853. Il y joindra les pièces requises par lesdites lois et règlements, et renverra le tout à l'Inspecteur des Écoles de son arrondissement.

ART. 4. — L'Inspecteur vérifiera les documents produits; il y joindra ses observations, et les adressera au Préfet avec l'état nominatif des instituteurs intéressés. Le Préfet transmettra le tout à la Caisse des dépôts et consignations, par l'intermédiaire du receveur général.

ART. 5. — Faute par les intéressés d'avoir fait l'une des déclarations prescrites par l'article 2, les sommes leur appartenant seront transférées d'office à la Caisse des retraites pour la vieillesse, capital réservé, avec jouissance de la pension viagère à l'âge de cinquante-cinq ans, ou à l'année d'âge accomplie qui suivra, après cinquante-cinq ans, l'expiration du délai prescrit par l'article 6 de la loi du 28 mai 1853.

L'état des instituteurs à qui cette disposition sera devenue applicable sera également dressé par l'Inspecteur et transmis au Préfet.

La délivrance des livrets et la liquidation des rentes viagères afférentes à ces versements d'office seront suspendues jusqu'à la production des déclarations et des pièces exigées des déposants par les lois et règlements de la Caisse des retraites.

ART. 6. — Si les instituteurs demandent que leurs fonds soient déposés à la Caisse des dépôts et consignations, ils souscriront une déclaration de versement dont la formule leur sera remise, et qui fera connaître leurs nom, prénoms et domicile. Cette pièce sera par eux envoyée à l'Inspecteur des Écoles de l'arrondissement, qui la transmettra au Préfet, avec l'état nominatif des instituteurs qui auront fait la déclaration.

ART. 7. — Les fonds seront centralisés à la Caisse des dépôts et consignations et seront l'objet d'un compte spécial sous le titre : *Dépôt des anciennes caisses d'épargne des instituteurs communaux.*

Les intérêts, réglés conformément à l'ordonnance ci-dessus visée du 13 février 1838, continueront d'être capitalisés tous les six mois.

ART. 8. — La Caisse des dépôts et consignations liquidera les remboursements à opérer sur l'avis, donné par les Préfets, que l'instituteur n'exerce plus ses fonctions par suite de retraite, démission ou révocation, ou sur la production des pièces établissant son décès et les titres des ayants droit.

Les certificats de propriété à produire dans ce dernier cas doivent être délivrés dans les formes et suivant les règles prescrites par la loi du 28 floréal An VII.

ART. 9. — Notre Ministre de l'Instruction publique et des Cultes et notre Ministre des Finances sont chargés, chacun en ce qui le concerne, de l'exécution du présent décret[1].

---

14 août 1855. **Arrêté relatif à la liquidation des frais de tournées des Inspecteurs des Écoles primaires et au supplément de traitement qui leur est alloué en vertu de l'article 24 du décret du 22 août 1854[2].**

14 Août 1855.

Le Ministre de l'Instruction publique et des Cultes,

Vu l'arrêté du 3 janvier 1851;

Vu la loi du 14 juin 1854 et le décret du 22 août de la même année,

Arrête :

ARTICLE 1er. — Au commencement de chaque année, le Ministre de l'Instruction publique répartit[3], entre les diverses Académies, le crédit jugé nécessaire pour les frais de tournées des Inspecteurs de l'instruction primaire.

ART. 2. — Le Recteur, sur l'avis des Inspecteurs d'Académie chargés de l'instruction primaire, propose au Ministre la sous-répartition de crédit entre les Inspecteurs de l'instruction primaire du ressort.

Cette sous-répartition, faite proportionnellement au nombre des communes et des Écoles dans chaque arrondissement, en tenant compte de la superficie territoriale, des difficultés du parcours et des autres nécessités du service, indique :

1° La somme affectée aux tournées trimestrielles ordinaires;

2° Celle qui peut être réservée pour les missions extraordinaires.

1. Voir, pour l'exécution du présent décret, les circulaires en date des 8 *septembre* et 19 *décembre* 1855. (*Circulaires et Instructions officielles, etc.*, Tome IV, pages 767 et 801.)

Voir également, ci-après, le décret du 10 *décembre* 1856, concernant la liquidation de la caisse d'épargne des institutrices de Paris.

2. Consulter, au sujet de la liquidation des frais de tournées des Inspecteurs primaires, les circulaires des 31 *août* et 8 *septembre* 1855. (*Circulaires et Instructions officielles, etc.*, Tome IV, pages 763 et 766.)

3. Le chiffre de l'Académie de Paris fut pour l'année 1855 de 28 065 francs, savoir : Cher, 1 970 francs; Eure-et-Loir, 2 775; Loir-et-Cher, 2 370; Loiret, 2 670; Marne, 3 770; Oise, 3 970; Seine, 1 200; Seine-et-Marne, 3 970; Seine-et-Oise, 5 370 francs.

En aucun cas, le montant de cette réserve ne peut excéder le quart de la somme affectée aux tournées ordinaires.

Art. 3. — Le Ministre de l'Instruction publique, après avoir approuvé, s'il y a lieu, cette sous-répartition, ordonnance tous les trois mois, au nom de chaque Préfet, la somme nécessaire pour assurer le service de l'inspection pendant le trimestre suivant dans les départements.

Art. 4. — A la fin de chaque trimestre, l'Inspecteur de l'Académie dresse l'état des Écoles que les Inspecteurs primaires doivent inspecter pendant le trimestre suivant, conformément à l'article 3 de l'arrêté du 3 janvier 1851. Sur sa proposition, le Préfet met, à titre d'avance, à la disposition de chaque Inspecteur primaire, une somme de 100 francs pour les 1er, 2e et 4e trimestres de l'année.

Art. 5. — L'Inspecteur de l'instruction primaire en tournée envoie à l'Inspecteur de l'Académie le bulletin d'inspection prescrit par l'article 4 de l'arrêté du 3 janvier 1851; à la fin de chaque trimestre, il lui remet également en triple expédition l'état de ses frais de tournée, dressé conformément aux dispositions de l'article 8 dudit arrêté, et à celles de l'article 1er de l'arrêté du 20 janvier 1854.

Art. 6. — Après avoir fait les vérifications prescrites par l'article 10 de l'arrêté du 3 janvier 1851, l'Inspecteur d'Académie transmet, revêtues de son visa, au Préfet du département, deux expéditions des états de frais présentés par les Inspecteurs primaires.

Le Préfet mandate, au nom de chaque Inspecteur, le restant dû sur le montant de ces états, déduction faite des avances allouées; il joint l'une des expéditions de ces états au bordereau détaillé des mandats qu'il adresse mensuellement au Ministre.

Art. 7. — Les dispositions de l'arrêté du 5 janvier 1854, concernant la fixation des frais de tournées des Inspecteurs primaires du département de la Seine, sont et demeurent maintenues.

Art. 8. — Le supplément de traitement à allouer aux Inspecteurs primaires pour l'année pendant laquelle ils sont appelés à aider l'Inspecteur d'Académie[1], pour l'inspection des Écoles de l'arrondissement du chef-lieu du département, est fixé conformément au tableau annexé au présent arrêté. Ce supplément de traitement sera payé mensuellement.

1. Consulter la circulaire du 13 *avril* 1855 sur la délégation de l'Inspecteur primaire près de l'Inspecteur d'Académie. (*Circulaires et Instructions officielles, etc.*, Tome IV, page 703.)

Tableau des traitements supplémentaires attribués aux Inspecteurs primaires désignés comme auxiliaires des Inspecteurs d'Académie, annexé à l'arrêté du 14 août 1855.

DÉPARTEMENTS.	SUPPLÉMENTS de TRAITEMENT.	DÉPARTEMENTS.	SUPPLÉMENTS de TRAITEMENT.
Ain	400 f.	Report.	16500 f.
Aisne	500		
Allier	300	Lot	300
Alpes (Basses-)	300	Lot-et-Garonne	300
Alpes (Hautes-)	300	Lozère	300
Ardèche	300	Maine-et-Loire	400
Ardennes	400	Manche	400
Ariège	300	Marne	400
Aube	400	Marne (Haute-)	400
Aude	300	Mayenne	300
Aveyron	300	Meurthe	400
Bouches-du-Rhône	400	Meuse	400
Calvados	500	Morbihan	300
Cantal	300	Moselle	400
Charente	400	Nièvre	300
Charente-Inférieure	400	Nord	600
Cher	400	Oise	400
Corrèze	300	Orne	400
Corse	400	Pas-de-Calais	500
Côte-d'Or	500	Puy-de-Dôme	400
Côtes-du-Nord	300	Pyrénées (Basses-)	400
Creuse	300	Pyrénées (Hautes-)	300
Dordogne	400	Pyrénées-Orientales	300
Doubs	500	Rhin (Bas-)	600
Drôme	300	Rhin (Haut-)	500
Eure	400	Rhône	600
Eure-et-Loir	400	Saône (Haute-)	400
Finistère	300	Saône-et-Loire	400
Gard	300	Sarthe	300
Garonne (Haute-)	500	Seine	»
Gers	300	Seine-Inférieure	600
Gironde	600	Seine-et-Marne	400
Hérault	400	Seine-et-Oise	500
Ille-et-Vilaine	400	Sèvres (Deux-)	300
Indre	300	Somme	500
Indre-et-Loire	300	Tarn	300
Isère	400	Tarn-et-Garonne	300
Jura	400	Var	300
Landes	300	Vaucluse	300
Loir-et-Cher	400	Vendée	300
Loire	300	Vienne	300
Loire (Haute-)	300	Vienne (Haute-)	300
Loire-Inférieure	500	Vosges	400
Loiret	500	Yonne	400
A reporter.	16500 f.	Total.	32400 f.

Arrêté portant fixation des frais de tournées des déléguées spéciales des salles d'asile. 14 août 1855.

14 Août 1855.

Le Ministre de l'Instruction publique et des Cultes,

Arrête :

ARTICLE 1er. — Les frais de tournées de Mmes les déléguées spéciales pour l'inspection des salles d'asile, hors du lieu de leur résidence, seront liquidés d'après les bases ci-après :

1° Six francs par chaque jour d'absence de la résidence;

2° Quatre francs par myriamètre parcouru.

ART. 2. — Au commencement de chaque tournée, une avance de 300 francs sera mise à la disposition de chaque dame déléguée, sur la proposition du Recteur de l'Académie.

Le solde des frais sera payé sur la production d'un état, en double expédition, visé, arrêté et transmis au Ministre par le Recteur de l'Académie.

Avis relatif à la capacité bénéficiaire des associations charitables pour la fondation d'une École d'instruction secondaire. 10 déc. 1855.

10 Décembre 1855.

Le Conseil, etc.;

Vu les articles 5 et 60 de la loi du 15 mars 1850, ensemble l'instruction du 14 mai 1851;

Vu le projet de traité intervenu entre le maire de Saint-Jean-d'Angély et le supérieur général de la société de Marie établie à Bordeaux, portant concession de bâtiments, et d'une subvention en vue de l'établissement d'une École libre d'instruction secondaire dans ladite ville;

Considérant que la société de Marie n'est autorisée que comme association charitable en faveur de l'instruction primaire;

Qu'en conséquence, le supérieur général de cette société n'a pas la capacité légale pour contracter, quand il s'agit d'un établissement d'instruction secondaire,

Ajourne à statuer jusqu'à ce que le traité conclu par la ville de Saint-Jean-d'Angély soit régularisé, conformément aux prescriptions de l'article 60 de la loi du 15 mars 1850.

10 déc. 1855. **Circulaire du Ministre de l'Instruction publique, relative à l'admission gratuite des enfants trouvés dans les Écoles primaires communales.**

10 Décembre 1855.

Monsieur le Préfet, par une circulaire du 6 novembre 1835, l'un de mes prédécesseurs avait assimilé les enfants trouvés et abandonnés, élèves des hospices, aux enfants pauvres désignés dans l'article 14 de la loi du 28 juin 1833, et, à ce titre, recommandait à MM. les Préfets de veiller à ce qu'ils fussent admis gratuitement dans les Écoles publiques.

La loi du 15 mars 1850, en reproduisant et développant les termes de la loi de 1833, a rendu peut-être encore plus applicable aux enfants trouvés le principe de l'admission gratuite. Son article 24 porte, en effet, que l'enseignement primaire est donné gratuitement *à tous les enfants dont les familles sont hors d'état de le payer.* Or, les enfants abandonnés ne présentent-ils pas encore un intérêt de plus? Cependant, dans beaucoup de départements, l'intention du législateur et les vues bienveillantes de l'administration ne sont pas ainsi comprises, et il en résulte que la plupart des enfants des hospices arrivent à l'âge du travail sans avoir reçu le bienfait de l'instruction primaire, et en sont ainsi, en général, privés pour toute leur vie.

Ces considérations, Monsieur le Préfet, m'engagent à vous rappeler l'exécution de la circulaire précitée. Aujourd'hui, plus que jamais, vous avez à votre disposition les moyens de pourvoir à l'enseignement des élèves des hospices. Vous avez l'autorisation de la loi, et le décret du 31 décembre 1853 vous met entre les mains tout pouvoir pour suppléer à la négligence ou au mauvais vouloir des administrations locales.

Toutefois, j'aime à supposer que, dans une question de ce genre, qui est toute d'humanité et de justice, vos recommandations préalables seront partout écoutées et suivies, et que vous ne rencontrerez aucune résistance sous le mauvais prétexte que les enfants trouvés, n'appartenant pas à la commune, ne doivent pas être substitués aux enfants des familles de la localité.

Pour ôter toute raison aux observations qui pourraient s'élever à ce sujet et pour que la mesure s'accomplisse de la manière la plus équitable possible, il importe que, dans les propositions qui vous seront faites par les délégués cantonaux et les Inspecteurs de l'instruction primaire au sujet de la fixation du nombre maximum d'élèves à porter sur la liste de gratuité de chaque École, il soit tenu exactement compte des enfants trouvés existant dans la commune. Lorsque, plus tard, cette liste vous reviendra remplie, vous devrez vous assurer que ces enfants y occupent les premiers numéros. Dans le cas d'omission de leurs noms, vous ajournerez votre approbation jusqu'à ce qu'il soit suppléé à cet oubli, ou vous procéderez à une inscription d'office.

Les présentes instructions s'appliquent naturellement aux filles élèves des hospices, qui seront admises dans les Écoles mixtes communales ou dans les Écoles publiques spéciales. Il se pourrait, cependant, que, dans les communes où résident ces jeunes filles, il n'y eût d'autre École qui leur soit accessible qu'une École privée. Dans ce cas, vous traiteriez de leur admission dans cet établissement, et la dépense qui en résulterait serait imputée sur les ressources du sous-chapitre X du budget départemental. Je me suis entendu à cet égard avec mon collègue M. le Ministre de l'Intérieur.

Enfin, Monsieur le Préfet, quant aux livres, papiers, plumes et autres objets d'enseignement nécessaires pour que les enfants des deux sexes fréquentent utilement les Écoles, M. le Ministre de l'Intérieur a également consenti à ce que cette dépense soit aussi imputée sur le sous-chapitre précité.

Je vous prie de faire en sorte que ces prescriptions soient mises à exécution en l'année 1856.

Recevez, etc.

Signé : H. FORTOUL.

Avis relatif aux élèves chambriers. 19 déc. 1855.

19 Décembre 1855.

Le Conseil, etc.,

Vu la note communiquée par le Ministre de l'Instruction publique et des Cultes, et la lettre du Préfet du Finistère, du 28 décembre 1854, relative à l'état des maisons où sont logés, en dehors de l'École, des élèves de l'enseignement primaire ;

Attendu qu'il existe, notamment dans les départements de la Bretagne, et plus spécialement dans le département du Finistère, des maisons tenues par des individus appelés logeurs, et où sont reçus comme pensionnaires des enfants de la campagne qu'on désigne sous le nom d'élèves chambriers, et qui fréquentent en qualité d'externes non seulement les Écoles primaires, mais encore les Écoles secondaires ;

Que les élèves chambriers ne sont soumis à aucune surveillance ; qu'après les classes, ils errent dans les rues, et que, dans la nuit, ils sont souvent entassés dans la même chambre ;

Que l'industrie des logeurs n'est exercée en général que par des gens sans autre profession et dont l'administration n'a pu jusqu'à présent vérifier la moralité ;

Considérant qu'il importe de prendre des mesures efficaces pour prévenir les abus qui peuvent résulter d'un tel état de choses ;

Considérant qu'à l'exemple de ce qui se pratique pour les élèves en droit et en médecine, qui sont éloignés de leur famille, les élèves de l'enseignement primaire qui n'habitent point la maison paternelle, peuvent être assujettis à présenter un répondant en venant s'inscrire chez l'instituteur, à déclarer quel est le logement qu'ils occupent et si le logeur qui les reçoit est en même temps leur répondant ;

Attendu que l'accomplissement de cette obligation suppose nécessairement la faculté pour l'autorité supérieure de repousser le répondant ou un logeur qui ne présenterait pas les garanties nécessaires;

Considérant qu'après cette déclaration, pour la conservation de laquelle les instituteurs peuvent être astreints à tenir un registre régulier, une ampliation de la déclaration doit être transmise à l'autorité municipale et à l'Inspecteur départemental, lequel prendra, de concert avec l'autorité administrative, les mesures convenables pour la surveillance des logeurs qui seront ainsi signalés,

Est d'avis qu'une instruction ministérielle suffit pour mettre à exécution les mesures proposées, qui rentrent essentiellement dans les attributions de l'administration supérieure de l'Instruction publique.

---

24 déc. 1855.

Arrêté relatif au mode d'approbation des livres.

24 Décembre 1855.

Le Ministre de l'Instruction publique et des Cultes,

Considérant qu'il importe de pourvoir à l'exécution de l'article 5 de la loi du 15 mars 1850, d'après lequel le Conseil impérial de l'instruction publique donne nécessairement son avis sur les livres qui peuvent être introduits dans les Écoles publiques, et sur ceux qui doivent être défendus dans les Écoles libres, comme contraires à la morale, à la Constitution et aux lois;

Considérant qu'un des moyens de préparer l'accomplissement des devoirs du Conseil, en ce qui concerne les livres à introduire dans les établissements publics, est de soumettre à une épreuve préalable ceux de ces livres qui en paraîtraient dignes;

Le Conseil impérial de l'instruction publique entendu,

Arrête :

ARTICLE 1er. — Le Ministre, sur l'avis du Comité des Inspecteurs généraux, peut introduire provisoirement, et à titre d'essai, pendant un temps déterminé, comme livres de classe, dans un ou plusieurs établissements publics expressément désignés, des livres non encore soumis à l'examen du Conseil impérial.

ART. 2. — Les Recteurs, sur l'avis des Conseils académiques, proposent au Ministre les livres qu'ils jugent pouvoir être mis provisoirement et à titre d'essai entre les mains des élèves, indépendamment des livres de classe, ou leur être donnés en prix.

ART. 3. — La liste des livres introduits dans l'enseignement public, en vertu des deux articles précédents, est communiquée aux membres du Conseil à la fin de la session qui précède immédiatement l'époque où ils seront placés entre les mains des élèves.

ART. 4. — Les chefs des établissements où ces livres sont mis à l'essai adressent, chaque année, au Recteur, un rapport détaillé sur les résultats de l'épreuve ordonnée. Ce rapport est transmis au Ministre par le Recteur, qui y joint son avis.

ART. 5. — Lorsqu'il résulte des épreuves faites qu'il y a lieu de soumettre les livres qui en ont été l'objet à l'examen du Conseil impérial de l'instruction publique, le Conseil est saisi par le Ministre.

Le Conseil, après examen, émet l'avis, suivant les cas, que ces livres peuvent ou ne peuvent pas être définitivement introduits dans les établissements publics d'instruction.

Décret portant règlement pour l'administration et la comptabilité intérieures des Écoles normales primaires. 26 déc. 1855.

26 Décembre 1855.

NAPOLÉON, etc.,

Sur le rapport de notre Ministre secrétaire d'État au département de l'Instruction publique et des Cultes;

Vu les lois du 15 mars 1850 et du 14 juin 1854 sur l'enseignement;

Vu le décret-loi du 9 mars 1852;

Vu le règlement de comptabilité du Ministère de l'Instruction publique, en date du 16 décembre 1841;

Vu le règlement sur les Écoles normales primaires, en date du 24 mars 1851;

Le Conseil impérial de l'instruction publique entendu,

Avons décrété et décrétons ce qui suit :

TITRE Ier.

De l'administration des Écoles normales primaires.

SECTION Ire. — *Traitements des directeurs et maîtres adjoints.*

ARTICLE 1er. — Les directeurs des Écoles normales primaires et les maîtres adjoints désignés en l'article 8 du décret du 24 mars 1851 sont partagés en trois classes.

Les traitements affectés à chaque classe sont fixés ainsi qu'il suit :

Directeurs de 1re classe. . . .	de 2 800 à 3 000	francs
— de 2e classe. . . .	de 2 500 à 2 700	—
— de 3e classe. . . .	de 2 200 à 2 400	—
Maîtres adjoints de 1re classe. .	de 1 600 à 1 800	—
— de 2e classe. .	de 1 300 à 1 500	—
— de 3e classe. .	de 1 000 à 1 200	—

ART. 2. — Le Ministre de l'Instruction publique fixe la classe et le traitement des directeurs et des maîtres adjoints, ainsi que le traitement des autres maîtres attachés aux Écoles normales primaires.

ART. 3. — Tout fonctionnaire appelé pour la première fois à l'emploi de directeur ou de maître adjoint est nécessairement de la troisième classe.

ART. 4. — Le nombre des fonctionnaires des deux premières classes est fixé comme il suit :

Directeurs de 1re classe.	20
— de 2e classe.	25
Maîtres adjoints de 1re classe	20
— de 2e classe	40

SECTION II. — *Des bourses et pensions.*

ART. 5. — Les bourses entretenues par l'État, les départements, les communes, les associations charitables et les particuliers, en faveur des élèves-maîtres, sont entières ou divisées par quarts. Il ne peut être donné moins d'un quart de bourse.

ART. 6. — Le prix de la bourse ou pension est fixé chaque année par le Ministre, sur la proposition de la Commission de surveillance, du Recteur et du Préfet.

Une rétribution annuelle de 20 francs est ajoutée au prix de la pension des pensionnaires libres, pour fournitures de livres classiques, papier, plumes, encre, etc.

ART. 7. — Les bourses, compléments de bourses, pensions et rétributions annuelles pour livres classiques, etc., sont payés d'avance, et par termes de deux dixièmes, ainsi qu'il suit :

En janvier, pour les mois de janvier et de février ;
En mars, — de mars et d'avril ;

En mai, pour les mois de mai et de juin;
En juillet, — de juillet, d'août et de septembre;
En octobre, — d'octobre, de novembre et de décembre.

La pension est due à partir du commencement du terme pendant lequel l'élève-maître est entré à l'École.

ART. 8. — Les bourses et portions de bourses à la charge des départements réunis, des communes, des associations charitables et des particuliers, les compléments de bourses à la charge des familles, les pensions et les rétributions annuelles pour livres classiques, etc., sont centralisés au Trésor par l'intermédiaire du receveur général, ainsi que les produits énumérés aux §§ 11, 12, 13 et 14 de l'article 29.

ART. 9. — Il n'y a pas lieu à remise sur le terme de la pension pour les élèves-maîtres qui sortent volontairement de l'École ou qui sont renvoyés pour cause d'inconduite. Le directeur informe de cette règle les parents ou tuteur de l'élève-maître.

ART. 10. — Chaque élève-maître est tenu de remettre au directeur, lors de son entrée à l'École, un double engagement sur papier timbré.

Le premier de ces engagements, souscrit par le père, la mère ou le tuteur, oblige le contractant à payer d'avance, aux termes fixés, la portion de bourse ou la pension qui est à sa charge.

Le second de ces engagements, souscrit par l'élève-maître, l'oblige à rembourser, à moins d'une dispense régulièrement obtenue du Ministre, soit le prix de la bourse dont il a joui, soit les frais d'études, fixés à 60 francs par an, s'il a été pensionnaire, dans le cas où il n'exercerait pas pendant dix ans les fonctions d'instituteur public dans le département qui a fait les frais de son instruction. Ce second engagement est ratifié, si l'élève-maître est mineur, par le père, la mère ou le tuteur, qui s'engage solidairement avec lui au remboursement.

Les signatures des contractants sont légalisées par les autorités compétentes.

ART. 11. — Les élèves-maîtres qui ont été plus d'un mois absents de l'École pour cause de maladie peuvent obtenir du Ministre, sur la proposition de la Commission de surveillance et l'avis du Préfet, le remboursement d'une partie de la pension ou de la portion de bourse à leur charge dont ils ont versé le montant à la recette générale.

Le remboursement est de droit en cas de décès d'un élève-maître.

ART. 12. — L'élève-maître promu à une bourse entière ou à une portion de bourse supérieure à celle dont il jouissait, le pensionnaire libre appelé à la jouissance d'une bourse ou d'une portion de bourse, ont également droit au remboursement de la somme que la famille a payée d'avance. Le décompte part du jour de l'entrée en jouissance de la bourse.

SECTION III. — *Du régime intérieur.* — *Des prestations en nature.*

ART. 13. — Le nombre des repas des élèves-maîtres est fixé à quatre par jour, le déjeuner, le dîner, le goûter et le souper. Le dîner est seul composé de deux plats, outre le potage. Un plat de dessert peut être ajouté au souper, les jeudis, les dimanches et les jours de grandes fêtes.

Les jours qui ne sont pas d'abstinence, il y a toujours un plat de viande au dîner ou au souper.

ART. 14. — Un menu des deux repas principaux est dressé tous les huit jours, pour chaque jour de la semaine, par le directeur, et demeure affiché dans un cadre à la cuisine ou à la dépense.

ART. 15. — Les quantités *maximum* pour les trois principales denrées sont fixées comme il suit, par jour et par tête d'élève ou de maître, savoir :

Pain (de 2e qualité autant que possible), 1 kilogramme, y compris le pain de la soupe;

Viande (cuite et désossée), 125 grammes;

Boisson (vin mélangé de 2/3 d'eau, cidre ou bière mélangé de 1/3 d'eau), 1 litre par élève; pour les maîtres, 65 centilitres de vin ou 130 centilitres de cidre ou de bière.

ART. 16. — La Commission de surveillance règle les quantités des autres denrées suivant les usages locaux, et sur la proposition du directeur.

Elle règle aussi les quantités de combustible et de luminaire qui sont nécessaires au service de l'École pour les élèves-maîtres.

ART. 17. — La Commission de surveillance décide si les approvisionnements de l'École ont lieu par voie d'adjudication ou de marchés à l'amiable. Elle désigne ceux des articles de consommation qui, ne pouvant être l'objet d'un marché préalable, seront acquis au comptant par le directeur.

Les marchés à l'amiable sont passés chaque année par le directeur et approuvés par la Commission de surveillance. Ils sont calculés de manière que les fournitures n'aient lieu qu'au fur et à mesure des besoins. En aucun cas, les approvisionnements ne peuvent excéder les besoins de la consommation moyenne d'une année.

ART. 18. — Il est établi dans chaque École une table commune gratuite pour les maîtres adjoints mentionnés en l'article 8 du décret du 24 mars 1851.

La table commune est servie dans le réfectoire commun, aux mêmes heures et de la même façon que celle des élèves-maîtres. Il est seulement ajouté un dessert à l'ordinaire de chaque repas.

ART. 19. — Aucun autre fonctionnaire de l'École, s'il est marié ou s'il a des membres de sa famille auprès de lui, aucune personne étrangère à l'établissement, ne peuvent être autorisés à prendre leurs repas à la table commune.

ART. 20. — Le directeur, l'aumônier et le maître chargé de l'École annexe sont les seuls fonctionnaires de l'École qui puissent être admis individuellement à la table commune, sur leur demande et moyennant pension.

Le prix d'admission à la table commune est égal au prix de la pension des élèves-maîtres; il ne peut subir aucune réduction pour cause d'absence, même pendant les vacances, qui sont facultatives.

ART. 21. — La nourriture ne peut être payée en argent à aucun maître de l'établissement, même dans le cas de maladie.

ART. 22. — Le blanchissage, s'il n'est pas fait dans l'établissement, et le raccommodage peuvent être l'objet d'un marché soit au mois, soit à l'année, soit à la pièce. Les élèves-maîtres et les gens de service sont seuls blanchis au compte de l'École. Les élèves ont seuls droit au menu raccommodage de leur linge et de leurs effets d'habillement.

La fourniture du trousseau et du vêtement uniforme est à la charge des familles.

ART. 23. — Les dépenses d'infirmerie ne sont applicables qu'aux élèves-maîtres et aux maîtres adjoints internes. Il n'est dû de chauffage et d'éclairage particuliers que pour le cabinet du directeur et pour la salle des réunions de la Commission de surveillance.

ART. 24. — La prestation en nature du combustible et du luminaire pour les deux services indiqués dans l'article précédent est réglée comme il suit : dans le ressort des Académies de Paris, Caen, Douai, Nancy, Strasbourg, Besançon et Dijon, huit stères de bois ou trente-six hectolitres de houille, et trente-six kilogrammes de chandelles ou cinquante kilogrammes d'huile;

Dans le ressort des Académies de Rennes, Poitiers, Clermont, Lyon et Grenoble, sept stères de bois ou trente hectolitres de houille et trente-six kilogrammes de chandelles ou cinquante kilogrammes d'huile;

Dans le ressort des Académies de Bordeaux, Toulouse, Montpellier et Aix, six stères de bois ou vingt-quatre hectolitres de houille et trente-six kilogrammes de chandelles ou cinquante kilogrammes d'huile.

ART. 25. — Aucune autre prestation en nature n'est autorisée, si ce n'est celle de draps et de serviettes de toilette pour les maîtres adjoints internes, et celle du linge de table qui est fourni à tous les maîtres admis à la table commune.

ART. 26. — Le nombre des gens de service est fixé à deux au maximum pour toute École où le nombre des élèves ne dépasse pas cinquante.

ART. 27. — Le jardin dépendant de l'École est affecté exclusivement aux besoins de l'établissement. Il est consacré soit à la promenade, soit aux récréations et aux travaux d'horticulture des élèves-maîtres, soit à la production de légumes et de fruits, qui sont consommés à la table des élèves et des maîtres ou vendus au profit de l'établissement.

TITRE II.

De la comptabilité intérieure.

SECTION Ire. — *Forme et rédaction du budget économique.*

ART. 28. — La comptabilité intérieure des Écoles normales est confiée aux directeurs de ces établissements, sous le contrôle de la Commission de surveillance, des Inspecteurs d'Académie, des Recteurs et des Inspecteurs généraux. Il est établi à cet effet, dans chaque École normale, un budget particulier des recettes et des dépenses intérieures, appelé budget économique.

ART. 29. — Les recettes du budget économique se composent :

1° Des restes disponibles;

2° Des reports des années antérieures, destinés à solder des dépenses constatées;

3° Du produit des bourses entretenues en faveur des élèves-maîtres par l'État, le département, les départements réunis, les communes, les associations charitables et les particuliers;

4° Des compléments de bourses à la charge des familles;

5° De la pension des pensionnaires libres;

6° De la rétribution annuelle des pensionnaires libres pour fournitures de livres classiques, papier, plumes, etc.;

7° De la pension des maîtres admis à la table commune;

8° De l'évaluation en argent des fruits et légumes du jardin et des propriétés de l'École, consommés à la table des élèves et des maîtres;

9° Du produit de la vente des fruits et légumes récoltés par l'École, et non consommés dans l'établissement;

10° Des remboursements pour dégradations et objets perdus;

11° Du produit de la vente du mobilier réformé;

12° Des sommes payées par les anciens pensionnaires libres qui ne remplissent pas les conditions de leur engagement scolaire;

13° Du fermage des propriétés de l'École;

14° De la rétribution scolaire payée par les élèves de l'École annexe, quand cette École n'est pas gratuite.

Ces recettes sont réparties en six chapitres.

ART. 30. — Les dépenses du budget économique comprennent:

1° Les dépenses de nourriture : pain, viande, boisson, comestibles, combustibles et ustensiles pour la cuisine, vaisselle pour le réfectoire, produits du jardin et des propriétés de l'École consommés à la table des élèves et des maîtres;

2° Les dépenses de blanchissage du linge et de menu raccommodage du linge et des effets d'habillement;

3° Les frais du service intérieur : honoraires du médecin, frais d'infirmerie et de médicaments, chauffage, éclairage, gages des gens de service, menues dépenses intérieures;

4° Les fournitures faites aux pensionnaires libres pour les besoins journaliers de l'enseignement (livres classiques, plumes, papier, encre);

5° Les dépenses diverses : frais du culte, remboursements aux familles des élèves malades, décédés ou promus à des bourses; menues dépenses imprévues; entretien du jardin; dépenses non soldées des années antérieures;

6° Les dépenses de l'École annexe : traitement des maîtres adjoints chargés de ladite École, fournitures faites aux élèves qui la fréquentent.

Ces dépenses sont réparties en six chapitres.

ART. 31. — Tous les ans, dans les quinze premiers jours du mois d'octobre, la Commission de surveillance dresse, de concert avec le directeur, le projet du budget économique pour l'année suivante. Elle reproduit dans la première colonne du cadre de ce budget les allocations de l'année précédente pour la recette et la dépense. Ses propositions de recettes et de dépenses sont divisées par chapitres et par articles, s'il y a lieu.

Les dépenses de nourriture sont évaluées par tête d'élève et de maître payant pension; il n'est pas tenu compte, dans cette évaluation, des maîtres et des gens de service nourris gratuitement. Les dépenses de blanchissage sont évaluées par tête d'élève.

Le 10 novembre au plus tard, le président de la Commission de surveillance adresse au Recteur de l'Académie, en triple expédition, le projet de budget arrêté par ladite Commission, avec un extrait de sa délibération et les pièces à l'appui.

ART. 32. — Avant le 20 novembre, le Recteur envoie au Préfet du département deux des trois expéditions du budget économique, et joint à cet envoi ses observations et son avis sur les propositions de la Commission de surveillance. La troisième expédition du budget est adressée par le Recteur au Ministre de l'Instruction publique, avec ses propositions personnelles et ses observations, s'il y a lieu.

ART. 33. — Le Préfet, après avoir inscrit ses propositions dans la colonne qui lui est réservée, transmet au Ministre, avant le 1er décembre, les deux expéditions du budget qui lui ont été envoyées par le Recteur.

ART. 34. — Le budget économique est réglé définitivement par le Ministre de l'Instruction publique, qui en transmet une ampliation au Recteur de l'Académie, et une autre au Préfet, pour la Commission de surveillance de l'École.

SECTION II. — *Recettes du budget économique.*

ART. 35. — Toutes les sommes provenant des fonds de l'État et du département, et celles qui sont centralisées au Trésor par l'intermédiaire des receveurs généraux, sont versées dans la caisse de l'École sur mandat du Préfet, délivré au nom du directeur. Les pièces à produire par le directeur à l'appui de chaque mandat sont :

En ce qui concerne les recettes des restes disponibles et des reports des années antérieures, les états des dépenses que ces restes et ces reports sont destinés à solder;

En ce qui concerne les termes échus des bourses, compléments de bourses, pensions et rétributions annuelles des pensionnaires libres, l'état nominatif des élèves-maîtres présents à l'École. Cet état, qui concorde avec les échéances fixées par l'article 7 pour le payement des bourses et pensions, est dressé aux époques ci-après indiquées :

En janvier, pour les deux dixièmes échus le 31 décembre;
En mars, — — 28 février;
En mai, — — 30 avril;

En juillet, pour les deux dixièmes échus le 30 juin;
En octobre, — — 30 septembre;

En ce qui concerne le produit de la vente du mobilier réformé, la liste des objets hors d'usage dont le Ministre a autorisé la vente, sur la demande de la Commission de surveillance et l'avis du Préfet;

En ce qui concerne les sommes payées par les anciens pensionnaires libres, qui ne remplissent pas les conditions de leur engagement scolaire, l'état nominatif des débiteurs qui se sont libérés, ledit état extrait du registre-matricule mentionné en l'article 56;

En ce qui concerne le fermage des propriétés de l'École, le bail à ferme desdites propriétés. Cette pièce est réintégrée dans la caisse de l'École aussitôt que la somme dont elle justifie le versement a été payée;

En ce qui concerne la rétribution scolaire de l'École annexe, l'état nominatif de présence des élèves qui ont fréquenté ladite École. Cet état, dressé à la fin de chaque mois pour le mois échu par le maître adjoint chargé de l'École annexe, est revêtu du visa du directeur de l'École normale.

ART. 36. — Les recettes énumérées aux paragraphes 7, 8, 9 et 10 de l'article 29 sont les seules qui soient perçues directement par la caisse de l'École.

La pension des maîtres admis à la table commune est acquittée par douzième. Le directeur prélève chaque douzième sur le montant du traitement mensuel de ces maîtres, qu'il touche en leur nom d'après l'état collectif émargé par chacun des fonctionnaires de l'École.

La valeur des produits du jardin et des propriétés de l'École consommés à la table des élèves et des maîtres est établie d'après le cours des denrées aux marchés de la ville, et le directeur fait recette de cette valeur dans ses livres de comptabilité.

Le montant de la vente des produits du jardin, non consommés pour les besoins de l'établissement, et celui des remboursements pour dégradations ou objets perdus sont perçus par la caisse au fur et à mesure qu'ils ont lieu, sur des états dressés par le directeur et approuvés par le président de la Commission de surveillance.

ART. 37. — Le directeur délivre, pour toutes les sommes qu'il reçoit directement ou sur mandat, une quittance détachée d'un livre-souche timbré.

SECTION III. — *Dépenses du budget économique.*

ART. 38. — Les dépenses du budget économique ne peuvent être soldées que sur un mandat de payement délivré par un des membres de la Commission de surveillance, spécialement désigné comme ordonnateur des dépenses par le Recteur de l'Académie.

Cet ordonnateur ne délivre aucun mandat, sans avoir préalablement apprécié l'opportunité de la dépense et s'être assuré que le payement s'applique à des fournitures faites.

ART. 39. — Les mandats de payement mentionnent le chapitre du budget sur lequel ils sont imputables. Ils portent le même numéro d'ordre que celui des registres de comptabilité. Les pièces justificatives à produire par la partie prenante y sont indiquées.

ART. 40. — Un seul et même mandat ne peut comprendre des dépenses imputables sur deux chapitres différents.

ART. 41. — Les mandats de payement sont accompagnés du mémoire des fournitures faites à l'École. Chaque mémoire, rédigé en triple expédition, dont une sur papier timbré, est certifié exact et véritable par le fournisseur et acquitté par lui. Le directeur certifie de plus que les fournitures qui sont portées au mémoire ont été reçues par lui et sont entrées dans le magasin de l'École.

ART. 42. — Sont exceptées de la formalité préalable du mandat de payement les dépenses qui, par leur nature, doivent être payées au comptant pour les besoins journaliers de l'École. L'ordonnateur des dépenses met tous les quinze jours à la disposition du directeur, pour ces achats au comptant, une somme dont il détermine la quotité, à charge par le directeur d'en justifier l'emploi par un bordereau récapitulatif des achats de chaque quinzaine. La dépense est passée en écriture après approbation du bordereau par l'ordonnateur.

ART. 43. — La valeur des produits du jardin et des propriétés de l'École consommés à la table des élèves et des maîtres, portée en recette aux termes de l'article 36, est aussi portée en dépense au fur et à mesure de la consommation, et mandatée comme les autres dépenses.

ART. 44. — Les mandats pour les honoraires du médecin, pour les gages des gens de service et pour le traitement du maître adjoint chargé de l'École annexe, lorsque ce traitement est prélevé sur les fonds du budget économique, sont accompagnés d'états émargés distincts, dressés tous les mois.

ART. 45. — Les remboursements dont il est parlé aux articles 11 et 12 sont effectués par le directeur sur les fonds de la caisse au moyen d'un mandat de payement, et portés en dépense dans les livres de comptabilité. La décision ministérielle qui a autorisé le remboursement est mentionnée, s'il y a lieu, sur le mandat.

ART. 46. — Les dépenses ne peuvent être faites que dans les limites des crédits spéciaux inscrits à chaque chapitre et à chaque article. En cas d'insuffisance de crédit, le Préfet, sur la proposition de la Commission de surveillance, adresse au Ministre une demande spéciale de crédit supplémentaire ou de virement de crédit, selon les cas. Lorsque le Ministre a statué, il notifie sa décision au Préfet, qui en transmet une copie certifiée au président de la Commission de surveillance, et une autre au payeur du département. Cette décision est mentionnée sur les mandats de payement.

SECTION IV. — *Gestion économique. — Tenue et vérification des écritures.*

ART. 47. — La gestion économique des Écoles normales est établie par année et par exercice.

L'état de situation de la caisse et l'état de situation du magasin font connaître le mouvement des fonds et celui des approvisionnements du 1er janvier au 31 décembre.

Le compte des recettes et des dépenses du budget économique ou compte de l'exercice présente le résumé de toutes les opérations de l'exercice, qui s'étend du 1er janvier au 31 mai de l'année suivante.

ART. 48. — Toutes les dépenses d'un exercice, constatées le 31 mai à la clôture de cet exercice, et non acquittées le 30 juin, sont soldées sur les sommes reportées à l'exercice en cours d'exécution.

ART. 49. — Le directeur de l'École est tenu de relever à la recette générale, à la fin de chaque exercice, le montant de toutes les sommes restant à recouvrer après le 31 mai au compte des fonds centralisés. Il dresse un état nominatif des divers débiteurs de l'École, portant indication des sommes dues par chacun d'eux.

Lesdites sommes sont cumulées, au fur et à mesure des recouvrements, avec les ressources de l'année pendant laquelle elles sont recouvrées.

ART. 50. — Le directeur tient six registres, savoir : le livre-souche, le journal de caisse, le sommier, le livre du magasin, le livre d'inventaire général du mobilier, le registre-matricule de l'École.

Tous ces registres sont cotés et parafés par l'Inspecteur d'Académie ou par son délégué.

Chaque article y a son numéro d'ordre et sa date d'inscription. Il ne peut y avoir aucune interversion dans la série des numéros ni dans les dates. Toute rature ou surcharge est approuvée par l'ordonnateur des dépenses.

Le livre du magasin est seul excepté de la prescription ci-dessus en ce qui concerne le numéro d'ordre des articles.

La Commission de surveillance, et particulièrement l'ordonnateur des dépenses, vérifient ces divers registres toutes les fois qu'ils le jugent convenable, et y consignent le résultat de leur vérification.

La même vérification est faite par l'Inspecteur d'Académie, le Recteur et les Inspecteurs généraux en tournée.

ART. 51. — Le livre-souche ne comprend que le nombre de feuillets nécessaires pour les besoins présumés de l'année. Le directeur y inscrit, en toutes lettres et en chiffres, toutes les sommes qu'il reçoit, au fur et à mesure qu'elles sont versées dans la caisse de l'École, avec le numéro d'ordre, la date du jour et la nature de la recette. Il remplit en même temps la quittance placée à côté du talon, en y reproduisant la date et le numéro indiqués au talon. Cette quittance est immédiatement détachée du livre-souche.

ART. 52. — Le journal de caisse est divisé en deux parties, placées en regard l'une de l'autre; les recettes y sont inscrites sur le folio de gauche, les dépenses sur celui de droite. Le directeur indique dans le libellé de l'enregistrement la nature de chaque recette et de chaque dépense; il en inscrit le montant séparément et par article, en toutes lettres et en chiffres, avec la date et dans l'ordre de la recette et de la dépense.

Les articles du journal de caisse, pour la recette comme pour la dépense, forment deux séries de numéros d'ordre non interrompues; les numéros des recettes et les dates d'inscription concordent avec ceux du livre-souche.

Lorsqu'il y a, au 1er janvier, un reliquat ou solde en caisse de l'année précédente, ce reliquat forme le premier article de la recette sur le journal de caisse; mais il n'y est pas donné de numéro d'ordre. Il est inscrit simplement sous la rubrique : *Solde en caisse au 31 décembre 18 .*

ART. 53. — Le sommier présente le dépouillement et sert au contrôle des recettes et des dépenses inscrites au journal de caisse. Le directeur y inscrit ces recettes et ces dépenses immédiatement après les avoir portées sur le journal de caisse.

Chaque recette et chaque dépense, libellée comme au journal, est classée dans chacun des six chapitres du budget économique auquel elle est afférente, et dans chaque chapitre à la colonne de l'exercice auquel elle appartient. Les numéros et les dates d'inscription des articles pour la recette et pour la dépense concordent avec ceux du journal de caisse.

Les recettes et les dépenses sont totalisées pour chaque chapitre dans la troisième colonne. Elles sont récapitulées pour chaque exercice et ensuite totalisées dans les trois dernières colonnes de la feuille.

A la fin de chaque trimestre, le directeur additionne les sommes portées dans chaque colonne, en ayant soin de comprendre dans son addition, lorsqu'il y a lieu, les totaux des trimestres antérieurs.

ART. 54. — Le livre du magasin comprend tous les approvisionnements de l'École. Les denrées achetées pour le compte de l'établissement y sont inscrites avec la date de leur entrée dans le magasin, l'indication de la quantité et de la valeur. Au fur et à mesure qu'elles sont livrées à la consommation, le directeur en inscrit la sortie avec la date du jour où il fait la livraison, l'indication de la quantité livrée et de sa valeur.

Le registre est divisé en comptes particuliers, selon la nature et la destination des différentes provisions. Un seul compte général comprend les produits du jardin et des propriétés de l'École consommés dans l'établissement.

Pour les consommations journalières du pain et de la viande et pour les achats au comptant, le directeur tient une main courante d'inscription quotidienne, et en porte le relevé sur le livre du magasin tous les quinze jours seulement, en indiquant avec exactitude les entrées et les sorties.

A la fin de chaque trimestre, il fait la balance des entrées et des sorties pour chaque compte du registre, et dresse un inventaire de tous les approvisionnements qui existent dans le magasin.

Le détail des approvisionnements en magasin au 31 décembre, tel qu'il résulte de l'inventaire dressé à la fin du 4e trimestre, est porté en tête de chacun des comptes particuliers du livre pour l'année suivante.

ART. 55. — Le livre d'inventaire général du mobilier présente, avec un numéro d'ordre général et chacune à sa date, toutes les acquisitions faites pour le mobilier de l'École, le matériel d'enseignement, la bibliothèque, le cabinet de physique, les ustensiles de ménage, etc.

Les objets hors d'usage, réformés avec l'autorisation du Ministre, sont maintenus sur le livre d'inventaire; mais la décision ministérielle qui en autorise la réforme est mentionnée en regard, dans la colonne d'observations.

Le directeur fait dresser par les maîtres adjoints qui le secondent deux registres particuliers, extraits du livre d'inventaire et contenant, l'un le catalogue raisonné et la classification méthodique de tous les livres de la bibliothèque de l'École, l'autre le catalogue raisonné de tous les instruments de physique, chimie, arpentage, dessin, etc. Un troisième catalogue semblable est établi, par les soins d'un de ces maîtres, pour les livres classiques à l'usage journalier des élèves.

Chacun de ces catalogues particuliers a sa série spéciale de numéros pour chaque classification d'objets; une colonne de renvoi au livre d'inventaire indique, en regard de l'objet, le numéro qu'il porte sur ce livre. Ils sont soumis, comme les autres registres, au contrôle des autorités qui ont mission d'inspecter l'établissement.

ART. 56. — Le registre matricule de l'École est destiné à constater l'entrée et la sortie des élèves-maîtres, la qualité en laquelle ils ont été admis et les fonctions auxquelles ils ont été appelés en sortant.

Tous les ans, dans la première quinzaine de décembre, le directeur adresse à l'Inspecteur d'Académie un extrait certifié de ce registre, indiquant les noms des anciens élèves-maîtres qui n'ont pas encore accompli la période décennale de leur service dans l'instruction publique.

Sur le vu de cette liste, l'Inspecteur d'Académie dresse deux états nominatifs, l'un des anciens élèves-maîtres boursiers, l'autre des anciens pensionnaires libres qui sont passibles de remboursements aux termes de l'article 19 du décret du 24 mars 1851, ou de l'article 10 du présent règlement, et les transmet au Préfet avec l'indication de la somme dont chacun d'eux est redevable. Le Préfet rend ces états exécutoires et les adresse au receveur général pour qu'il opère le recouvrement des sommes qui y sont mentionnées.

ART. 57. — L'ordonnateur des dépenses vérifie et arrête la caisse de l'École au moins une fois par mois. Il inscrit le résultat de sa vérification sur le livre-souche, le journal de caisse et le sommier.

ART. 58. — A la fin de chaque trimestre, l'Inspecteur d'Académie, et, en cas d'absence ou d'empêchement, son délégué, procède, de concert avec un délégué du Préfet, et en présence de l'ordonnateur des dépenses et du directeur, à la vérification trimestrielle de la caisse et de la comptabilité.

Ils constatent d'abord l'état de la caisse, puis se font représenter le livre-souche, le journal de caisse et le sommier, et, après s'être assurés de la parfaite identité et exactitude des sommes, des dates et des numéros d'ordre qui y ont été consignés, ils en arrêtent les totaux et indiquent les résultats de leur vérification.

Ils procèdent ensuite à la vérification de l'inventaire des approvisionnements en magasin dressé par le directeur, visé et approuvé par l'ordonnateur des dépenses, et le comparent avec la balance des entrées et des sorties, établie sur le livre du magasin. Ils vérifient également les quantités portées en balance sur le livre du magasin avec les approvisionnements existants. Le résultat de cette vérification est constaté par la signature qu'ils apposent au bas de l'inventaire dressé par le directeur.

Immédiatement après, ils dressent un procès-verbal de la vérification trimestrielle à laquelle ils ont procédé. Ce procès-verbal est établi en double expédition, dont une reste déposée à l'École.

ART. 59. — A la suite de la vérification trimestrielle de la caisse et du magasin, le directeur adresse à l'Inspecteur d'Académie, pour être transmis au Ministre par l'entremise du Préfet, l'une des deux expéditions du procès-verbal ci-dessus mentionné et un bordereau récapitulatif des recettes et des dépenses.

Ce bordereau est visé par l'ordonnateur des dépenses. Il indique séparément les recettes et les dépenses faites antérieurement au trimestre et pendant le trimestre, avec distinction, s'il y a lieu, des deux exercices auxquels elles sont afférentes. Il fait ressortir le solde en caisse à la fin du trimestre, dont le directeur demeure comptable. Le directeur joint à ce bordereau l'état des créances et l'état des dettes de l'École.

ART. 60. — Le directeur est tenu de verser à la Caisse des dépôts et consignations les sommes qui ne sont pas jugées nécessaires aux besoins du service courant, lorsque, à la suite d'une vérification mensuelle, trimestrielle ou extraordinaire de la comptabilité, l'ordonnateur des dépenses, l'Inspecteur d'Académie et le délégué du Préfet, le Recteur ou un Inspecteur général ont constaté que les fonds en caisse étaient trop considérables.

Ces dépôts, dont il est donné récépissé au directeur, peuvent être retirés selon les besoins de l'École. Les ordres de dépôt et les demandes de retrait émanent du président de la Commission de surveillance.

ART. 61. — En cas de changement du directeur, un membre de la Commission de surveillance, désigné par le Recteur, arrête, conjointement avec l'ancien directeur ou son représentant légitime et le nouveau directeur, tous les registres de comptabilité, et constate par un procès-verbal que les écritures sont au courant.

Ce procès-verbal indique le montant des valeurs trouvées en caisse, celui des créances et des dettes, la valeur et la quantité des approvisionnements existant en magasin. Le nouveau directeur prend ces objets en charge et en devient responsable.

Il est procédé de la même manière pour la constatation et la prise en charge du mobilier de l'établissement.

Une copie des procès-verbaux dressés à cette occasion, certifiée par le membre de la Commission de surveillance délégué, est envoyée au Recteur pour être transmise au Ministre.

ART. 62. — Tous les ans, dans les cinq derniers jours du 4e trimestre, il est procédé, en présence d'un délégué du Préfet, d'un membre de la Commission de surveillance, désigné par le Recteur, et du directeur de l'École, au récolement du mobilier et du matériel de l'établissement. Le procès-verbal de cette opération est adressé en double expédition au Préfet, qui transmet une de ces expéditions au Ministre.

SECTION V. — *Rédaction des états de situation et du compte de l'exercice. — Apurement du compte.*

ART. 63. — Tous les ans, dans les dix premiers jours de janvier, le directeur soumet à la Commission de surveillance, en triple expédition, l'état de situation de la caisse et l'état de situation du magasin pour l'année précédente.

Le président de la Commission adresse les trois expéditions de ces deux états au Recteur de l'Académie avant le 20 janvier, avec un extrait de la délibération qui a été prise à ce sujet.

Avant le 1er février, le Recteur en envoie une expédition au Ministre, et une autre au Préfet, avec ses observations personnelles. La troisième reste déposée dans les archives de l'Académie.

ART. 64. — L'état de situation de la caisse présente le résumé de toutes les opérations de caisse de l'année qui ont été inscrites au journal de caisse; il constate les valeurs qui se trouvaient en caisse au 31 décembre de l'année précédente, le montant par chapitres de toutes les sommes reçues et payées pendant le cours de l'année et les valeurs restant en caisse à la fin de l'année.

ART. 65. — L'état de situation du magasin présente le résumé du mouvement des approvisionnements de l'année, qui ont été inscrits au livre du magasin; il constate la valeur totale des approvisionnements qui se trouvaient en magasin au 31 décembre de l'année précédente, la valeur par chapitres des denrées qui sont entrées dans le magasin et qui en sont sorties pendant le cours de l'année, la valeur totale des approvisionnements restant en magasin à la fin de l'année.

Les produits du jardin et des propriétés consommés à la table des élèves et des maîtres forment un article spécial de l'état de situation du magasin.

Art. 66. — Tous les ans, dans la première quinzaine de juin, le directeur présente à l'ordonnateur des dépenses le compte de l'exercice qui vient de se clore le 31 mai, et y joint les pièces justificatives des dépenses; ce compte est dressé en triple expédition. Il présente le détail des opérations de l'exercice seulement; il établit, par le relevé des états de présence, les droits acquis au profit de l'École; il présente, par chapitres, les sommes à recouvrer et les sommes à payer, et, dans chaque chapitre, par année distincte, les recouvrements et les payements effectués, ainsi que les sommes restant à recouvrer ou à payer en fin d'exercice. Les diverses opérations de caisse y sont résumées dans des tableaux récapitulatifs, dont le dernier présente la dépense nette de l'exercice. La balance de l'exercice, en excédent ou en déficit, est établie par la comparaison de la recette et de la dépense nettes.

Deux tableaux complémentaires, placés l'un au commencement, l'autre à la fin du compte, offrent le résumé général de la situation financière de l'École au 31 mai de l'année précédente, et au 31 mai de l'année courante. Cette situation est établie en actif et en passif.

L'actif se compose : 1° de l'excédent des recouvrements sur les payements, tant de l'exercice auquel s'applique le compte que des exercices antérieurs; 2° du montant des créances; 3° de la valeur des approvisionnements en magasin; 4° du solde en caisse. Les capitaux placés en rentes sur l'État, ou employés à des acquisitions et réparations extraordinaires, ne sont rappelés que pour mémoire; ils ne font pas partie de l'actif.

Le passif se compose du montant des dettes de l'École.

Art. 67. — L'ordonnateur des dépenses soumet le compte de l'exercice à l'approbation de la Commission de surveillance, le 30 juin au plus tard, et l'accompagne d'un rapport détaillé sur les diverses parties du service. Il constate dans ce rapport l'exactitude et la régularité des recettes, et fournit des explications sur les sommes restant à recouvrer et sur les causes du retard dans le recouvrement. Il examine successivement les diverses consommations, les compare avec celles de l'exercice précédent; il en explique les différences et indique les améliorations introduites ou à introduire.

Art. 68. — La Commission de surveillance prend une délibération sur le compte qui lui est soumis par l'ordonnateur des dépenses; elle donne spécialement son avis sur les créances mentionnées en l'article 49, et propose au Ministre, s'il y a lieu, d'accorder des dispenses de payement aux débiteurs qui sont hors d'état de s'acquitter. Le résultat de sa délibération est adressé par le président, le 5 juillet au plus tard, au Recteur de l'Académie, avec trois expéditions du compte et les pièces à l'appui.

ART. 69. — Le Recteur transmet, avant le 15 juillet, une de ces expéditions au Préfet et l'autre au Ministre; il y joint ses observations personnelles.

ART. 70. — Dans la seconde quinzaine de juillet, le Préfet soumet au Conseil de préfecture, selon les cas prévus par l'ordonnance royale du 7 juillet 1844, le compte des recettes et des dépenses du budget économique pour l'exercice clos.

Le Conseil de préfecture apure ce compte avant le 31 juillet, et dans les dix premiers jours d'août le Préfet adresse au Ministre de l'Instruction publique l'arrêté d'apurement.

ART. 71. — Sur le rapport du Recteur et du Préfet, et si la situation financière de l'École le permet, les familles qui sont hors d'état de payer leurs dettes arriérées pour compléments de bourse et pensions à leur charge peuvent obtenir du Ministre des dispenses de payement. Les sommes qui constituent les créances annulées par décision ministérielle sont passées en non-valeurs et rayées de l'actif.

ART. 72. — L'emploi du boni résultant de chaque exercice est réglé par le Ministre, dans les limites fixées par l'article 3 de l'ordonnance royale du 15 décembre 1842.

TITRE III.

Dispositions transitoires.

ART. 73. — Les dispositions du titre Ier ne seront appliquées qu'au fur et à mesure des vacances, pour toutes les nominations qui auront lieu après la promulgation du présent règlement.

ART. 74. — Le présent règlement recevra son exécution à partir du 1er janvier 1856.

---

12 février 1856. **Circulaire du Ministre de l'Intérieur, relative à l'admission des enfants assistés dans les Écoles primaires.**

12 Février 1856.

Monsieur le Préfet, les rapports des Inspecteurs généraux des établissements de bienfaisance constatent que dans un certain nombre de communes les enfants assistés sont privés du bienfait de l'instruction primaire. Cela tient non seulement à la négligence des nourriciers, mais encore à celle des autorités locales, qui ne portent pas sur les listes d'admission gratuite les enfants confiés à l'Assistance publique.

J'ai signalé cet état de choses à M. le Ministre de l'Instruction publique et des Cultes. Sur ma demande, mon collègue vous a adressé, le 10 décembre dernier, une circulaire dans laquelle sont rappelés les principes qui régissent la matière et qu'il vous appartient d'appliquer.

Vous remarquerez qu'afin de faciliter aux enfants assistés l'accès des Écoles primaires, l'administration vous autorise à imputer sur les crédits ouverts au sous-chapitre IX du budget départemental : 1° les frais d'acquisition des fournitures d'école; 2° ceux qui résulteraient de l'admission, dans des Écoles privées, des jeunes filles habitant les localités dépourvues d'École publique.

Il me paraît utile d'entrer, à cet égard, dans quelques développements.

Les fournitures d'école comprennent les règles, les crayons, les plumes, l'encre, le papier et les livres élémentaires. La distribution en sera confiée aux instituteurs des deux sexes, moyennant un abonnement de 50 centimes par mois d'école pour les enfants de 6 à 8 ans révolus et de 75 centimes pour ceux de 8 à 12 ans. Les instituteurs seront remboursés de leurs avances, à l'expiration de chaque trimestre, d'après le mode adopté pour le payement des mois de nourrice et sur la présentation d'un état des journées de présence certifié par eux et visé par le maire. L'abonnement mensuel ne sera intégralement dû qu'à la condition que l'enfant aura assisté aux classes quinze jours au moins chaque mois, non compris les jours de congé : au-dessous de ce nombre il sera réduit de moitié. Vous inviterez les maires à s'assurer que les enfants suivent assidûment les classes et que les fournitures auxquelles ils ont droit leur sont délivrées réellement et en quantité suffisante. L'Inspecteur départemental devra se transporter aussi à des époques indéterminées, dans les Écoles, y vérifier la présence et le progrès des élèves, et consigner dans son rapport annuel les observations que lui aura suggérées cette partie du service. Elles seront, de ma part, l'objet d'une attention particulière.

Les mêmes règles seront suivies à l'égard des jeunes filles admises dans les Écoles privées. Comme pour les fournitures, la rémunération scolaire attribuée à l'institutrice sera payable à la caisse du percepteur, sur la présentation d'un mémoire revêtu de la signature de la partie prenante et du visa du maire. Il vous appartient de fixer le taux de cette rémunération.

Je ne terminerai pas sans vous recommander de veiller à ce que les nourriciers envoient exactement aux Écoles primaires les enfants qui leur sont confiés. Si les négligences qui m'ont été signalées se manifestaient de nouveau, vous ne devriez pas hésiter à prendre contre ceux qui s'en rendraient coupables telles mesures que vous paraîtrait commander l'intérêt des enfants.

Veuillez m'accuser réception de la présente circulaire et assurer l'exécution des dispositions qui y sont énoncées.

Recevez, etc.

Signé : BILLAULT.

14 février 1856. **Circulaire du Ministre de l'Instruction publique, relative au mode de procéder aux examens pour le certificat d'aptitude à la direction des salles d'asile.**

14 Février 1856.

Monsieur le Recteur, le décret du 21 mars 1855 a énuméré les garanties que doivent offrir, au point de vue moral, les aspirantes au certificat d'aptitude pour la direction des salles d'asile. Je crois nécessaire aujourd'hui de fixer ce qui a rapport à la partie pédagogique de ces examens, en les soumettant à une règle uniforme. Je vous adresse les instructions qui devront être, à l'avenir, le guide pratique de chacune des Commissions d'examen.

Prescriptions générales.

Conformément à l'article 30 du décret du 21 mars 1855, l'examen se compose de deux parties distinctes :

1° Un examen d'instruction ;

2° Un examen pratique.

L'examen commencera par les épreuves relatives à l'instruction.

On adoptera un système de signes exprimant la valeur intrinsèque de chacune des épreuves. Ces signes, mesure commune d'appréciation, seront les chiffres de 0 à 10[1]; toute aspirante qui n'aura pas obtenu, pour les huit épreuves de l'examen d'instruction, une moyenne de 40 points ne sera pas admise à l'examen pratique; la *nullité* d'une épreuve sera un cas absolu d'exclusion.

Des points seront également donnés pour chacune des six épreuves composant l'examen pratique; et le brevet ne pourra être accordé qu'à celles des aspirantes qui, pour l'ensemble des épreuves, auront obtenu un minimum de 70 points.

Examen d'instruction.

L'examen d'instruction se composera d'épreuves écrites, d'épreuves orales et de travaux manuels.

Épreuves écrites. — Il commencera par les épreuves écrites.

Les épreuves écrites comprendront une dictée d'orthographe et une épreuve de calcul.

La dictée se composera d'une demi-page environ, soit environ 20 lignes d'un in-octavo ordinaire. Elle sera choisie dans un auteur dont le style soit simple et facile.

On accordera pour cette épreuve un maximum de trois fautes; chaque faute d'accent ne sera comptée que pour un quart.

1.

10, 9	signifie :	Très bien.	4, 3	signifie :	Médiocre.
8, 7	—	Bien.	2, 1	—	Mal.
6, 5	—	Passable.	0	—	Nul.

L'épreuve de calcul se composera d'un petit problème à résoudre, problème se rapportant aux usages de la vie domestique et donnant lieu à l'application des quatre règles sur les nombres entiers. Ce problème pourra également donner lieu à une ou à plusieurs applications du système métrique. On tiendra compte à la fois et de la manière dont la question aura été comprise et de l'exactitude des calculs.

Les directrices de salles d'asile n'ont pas à enseigner l'écriture : on n'exigera d'elles qu'une bonne écriture courante. La dictée d'orthographe servira, en conséquence, d'épreuve pour l'écriture.

Épreuves orales. — Les épreuves orales comprendront l'instruction religieuse, la lecture, le dessin au trait, les premiers éléments de géographie et le chant. Elles auront lieu dans l'ordre qui vient d'être indiqué.

L'examen religieux sera toujours fait par un ministre du culte professé par l'aspirante. Il portera sur la connaissance du catéchisme et de l'histoire sainte.

L'histoire sainte embrassera l'Ancien et le Nouveau Testament et l'établissement de l'Église. Les aspirantes devront être en état de raconter en détail, et avec suite, un fait tiré de l'Ancien et du Nouveau Testament, qui leur sera désigné par l'ecclésiastique examinateur.

L'épreuve du dessin se fera avec la craie et au tableau noir. Les aspirantes devront tracer les différentes espèces de lignes et les principales figures simples de la géométrie. Elles devront aussi esquisser au trait un objet usuel, tel que porte, fenêtre, table, banc, chaise, lit, coffre, seau, baquet, pot à eau, marmite, tonneau, marteau, scie, rabot et autres meubles, outils et ustensiles d'un usage journalier.

L'épreuve de la géographie portera sur la connaissance de la forme de la terre, sur les principales divisions du globe, et en particulier de l'Europe et de la France. L'aspirante devra connaître les fleuves, rivières, montagnes, et les principales productions agricoles et naturelles de la France, et spécialement du département.

L'épreuve du chant sera à la fois théorique et pratique. Elle embrassera des questions sur l'emploi de la méthode de chant usitée dans les salles d'asile, et un exercice sur un chant très simple ou sur une phrase musicale écrite pour la circonstance, soit sur le tableau, soit sur le papier.

Pour l'épreuve de travail manuel, les aspirantes devront exécuter pendant la durée des épreuves orales, et sous la direction d'une dame, quelques petits travaux d'aiguille, comme ourlet, surjet, piqûre, boutonnière, reprise, etc., etc.

Examen pratique.

L'examen pratique aura lieu dans une salle d'asile préalablement désignée, et où les aspirantes auront le droit d'aller assister aux exercices deux ou trois jours à l'avance, afin d'en connaître les enfants, ainsi que les dispositions matérielles.

Pour cette épreuve, chaque aspirante aura à diriger la salle d'asile pendant toute une séance, soit celle du matin, soit celle du soir.

Elle sera aidée par une autre aspirante remplissant les fonctions d'adjointe ou de sous-directrice. L'aspirante qui aura servi d'adjointe à la classe du matin remplira les fonctions de directrice à la classe du soir, et réciproquement.

La directrice de l'asile et la sous-directrice seront présentes dans la salle pendant la durée des épreuves; mais elles ne prendront part à la direction des enfants qu'au cas où leur intervention deviendrait nécessaire.

L'épreuve embrassera la surveillance des enfants au préau couvert et découvert et les exercices de la classe.

L'aspirante prendra la direction des enfants avant l'entrée en classe. Elle procédera à l'inspection de propreté, et dirigera ensuite tous les exercices, tant ceux qui se font aux bancs que ceux qui ont lieu aux gradins.

Elle fera faire la prière à l'entrée en classe et avant la sortie.

Les exercices faits aux bancs comprendront la lecture aux cercles et les exercices sur les ardoises.

Les exercices du gradin seront laissés au choix des aspirantes; mais ils devront comprendre au moins :

Quelques petites instructions religieuses;
Un récit de l'histoire sainte;
Des exercices avec le boulier-compteur;
Une courte leçon sur des *choses* usuelles;
Le récit d'une histoire enfantine;
Une leçon de chant.

On tiendra surtout note de la manière dont l'aspirante aura su maintenir l'ordre et la discipline; intéresser les enfants pendant les leçons et captiver leur attention; se mettre à leur portée; et tirer, de ce qu'elle leur explique ou leur raconte, des réflexions de nature à leur inspirer de bons sentiments; du soin qu'elle aura eu de couper ses leçons par des chants et des mouvements, dans le but d'épargner la fatigue aux petits élèves.

On tiendra compte également des manières de l'aspirante, de la convenance de son langage, de la propriété de ses expressions, de sa douceur envers les enfants, enfin de tout ce qui peut servir à constater son degré d'aptitude à diriger une salle d'asile.

Les notes relatives à l'examen pratique se résumeront sous les chefs suivants :

Prières;
{ Surveillance et conduite générale de l'asile;
Mouvements et exercices; }
Leçon de chant;
{ Instruction religieuse;
Histoire sainte; }
{ Lecture;
Exercice des ardoises;
Exercice du boulier; }
{ Leçons de choses;
Histoires enfantines. }

On consignera, à la suite de ces notes, les remarques auxquelles auront pu donner lieu la tenue de l'aspirante, son langage, son caractère, etc.

La moyenne des notes de l'examen pratique sera ajoutée à la moyenne des notes de l'examen oral, pour former la note générale de l'aspirante.

On ne négligera pas, comme élément d'appréciation, la manière dont l'aspirante faisant fonction d'adjointe aura aidé sa compagne et surveillé les enfants pendant la classe. Cette note sera ajoutée à celles de l'examen spécial.

Vous voudrez bien, Monsieur le Recteur, donner connaissance des présentes instructions à chacun de MM. les Inspecteurs académiques de votre ressort, et veiller à ce qu'elles soient scrupuleusement exécutées.

Recevez, etc.

Signé : H. FORTOUL.

Décision du Conseil d'État relative au traitement d'un instituteur. 14 février 1856.

14 Février 1856.

Le Conseil de préfecture est-il compétent pour statuer sur la demande d'un ancien instituteur communal, tendant à ce qu'il lui soit tenu compte par la commune de la partie de son traitement et de son indemnité de logement, échue depuis la notification à lui faite de l'arrêté par lequel le Comité supérieur de l'arrondissement l'avait provisoirement révoqué de ses fonctions jusqu'à la décision par laquelle le Conseil royal a prononcé sa révocation définitive? Rés. nég.— *C'est au Préfet qu'il appartient de statuer.* — Ainsi décidé par application des lois des 28 juin 1833 et 18 juillet 1837.

Le Conseil,

Vu la requête... pour le sieur Imbert, ancien instituteur communal à Pierrerue..., tendant à ce qu'il nous plaise réformer un arrêté du 13 août 1853, par lequel le Conseil de préfecture des Basses-Alpes n'a fixé qu'à 17 fr. 92 c. la somme qui lui est due par la commune de Pierrerue pour son traitement d'instituteur et pour indemnité de logement depuis le 1er juillet 1847 jusqu'au 10 février suivant, époque à laquelle le Conseil royal de l'instruction publique a confirmé un arrêté du 10 août précédent, par lequel le Comité supérieur de l'arrondissement de Forcalquier l'avait provisoirement révoqué de ses fonctions; — ce faisant, dire qu'aucune disposition dudit arrêté ne l'ayant privé de son traitement, il a droit à la partie de traitement et d'indemnité de logement échue pendant le temps qui s'est écoulé entre l'arrêté dont il s'agit et la décision du Conseil royal qui a prononcé sa révocation définitive... (Intérêts et dépens);

Vu les observations de notre Ministre de l'Instruction publique;

Vu les lois des 28 juin 1833 et 18 juillet 1837;

Considérant que le sieur Imbert, ancien instituteur communal à Pierrerue, demandait devant le Conseil de préfecture qu'il lui fût tenu compte par cette commune de la partie de son traitement et de son indemnité de logement échue depuis la notification à lui faite de l'arrêté par lequel le Comité supérieur de l'arrondissement de Forcalquier l'avait provisoirement révoqué de ses fonctions jusqu'à la décision par laquelle le Conseil royal a prononcé sa révocation définitive; qu'il résulte des lois ci-dessus visées qu'il appartenait au Préfet de statuer sur la demande du sieur Imbert, et qu'ainsi le Conseil de préfecture était incompétent pour en connaître :

ARTICLE 1er. — L'arrêté du Conseil de préfecture des Basses-Alpes, du 13 août 1853, est annulé pour incompétence.

ART. 2. — Le surplus des conclusions du sieur Imbert est rejeté.

---

16 février 1856. **Rapport à l'Empereur sur l'enseignement de l'agriculture dans les Écoles normales primaires.**

16 Février 1856.

SIRE,

Votre Majesté, dans sa sollicitude pour le bien-être des classes laborieuses, a pensé que l'enseignement pratique des notions agricoles et de l'horticulture était le complément nécessaire de l'instruction donnée dans les Écoles primaires.

Avant que des mesures générales fussent prescrites, elle a voulu qu'on eût constaté par des expériences partielles les résultats qu'il était possible d'attendre d'un enseignement de cette nature. Elle a daigné allouer, sur sa cassette, les fonds nécessaires pour encourager les premiers essais.

Accomplis sur des points de l'Empire très divers, ces essais ont permis d'apprécier ce que renferme de fécond pour l'avenir l'idée d'un enseignement pratique de l'agriculture dans les Écoles populaires.

On peut l'affirmer, Sire, un tel enseignement sera favorable au développement des intérêts agricoles, en facilitant la propagation des procédés utiles là où les innovations de la science moderne ne pénètrent que difficilement; surtout, le Gouvernement est assuré d'en recueillir ce précieux avantage, de conserver parmi les instituteurs des goûts simples et modestes, et de les attacher par des intérêts positifs au sol des communes qui les auront investis de leur confiance.

L'expérience a déjà démontré que le meilleur moyen d'atteindre le but proposé, et de répondre aussi complètement que possible à la haute pensée de Votre Majesté, serait de substituer à des tentatives locales et à des encouragements purement individuels un système régulier d'enseignement pratique de l'agriculture, dans les établissements où se forment les jeunes maîtres appelés à diriger les Écoles primaires des communes rurales.

En entreprenant de réaliser un tel plan, l'administration de l'Instruction publique ne cède pas à de trop faciles illusions; elle n'a pas le dessein de transformer les futurs maîtres en agriculteurs proprement dits; elle n'ignore pas que développer l'enseignement agricole dans les Écoles normales au delà de proportions très modestes serait compromettre, dans un but chimérique, les études spéciales qui ont motivé la création de ces établissements; toute son ambition est d'assigner un caractère pratique à un enseignement qui, conformément au règlement du 24 mars 1851, y est déjà donné sous une forme théorique, et, pour l'agriculture comme pour tous les autres objets d'études, d'y tout ramener à l'application.

D'ailleurs, en sortant de certaines bornes, on imposerait aux Écoles normales des dépenses peu en rapport avec leurs ressources. L'administration connaît les limites que des nécessités de premier ordre lui imposent. Elle saura n'avancer que pas à pas, s'inspirer de l'expérience et s'appuyer prudemment sur les faits.

Dès aujourd'hui, douze Écoles normales possèdent un champ d'une étendue suffisante pour l'étude pratique de l'agriculture. Pour vingt-huit, la location d'un terrain dans le voisinage souffrirait peu d'obstacles. Dans dix Écoles, le directeur ou un maître adjoint sont en état de donner eux-mêmes l'enseignement dont il s'agit. Dans trente-trois départements, les Conseils généraux se montrent disposés à seconder, par un concours efficace, les intentions généreuses du Gouvernement.

Tels sont les éléments que l'administration de l'Instruction publique se proposerait de mettre en œuvre.

Appelé à donner son avis sur la marche qui devait être suivie dans l'organisation régulière de l'enseignement de l'agriculture, le Conseil impérial de l'instruction publique a complètement approuvé les principes que j'avais eu l'honneur de lui soumettre; il a exprimé le vœu que « les connaissances agricoles pratiques fussent données aux élèves des Écoles normales toutes les fois que les circonstances le permettront. ».

Pour réaliser ce vœu une première mesure paraît nécessaire. Dans le but de prévenir un développement exagéré des études, le décret du 24 mars 1851 a limité à deux le nombre des maîtres adjoints chargés de l'enseignement ordinaire dans les Écoles normales; et, en interdisant d'appeler dans ces établissements aucun maître étranger, il n'a fait d'exception qu'en faveur d'un seul enseignement, l'enseignement du chant.

Il est impossible d'espérer, Sire, que dans chaque École normale le directeur ou l'un des maîtres adjoints se trouve posséder les connaissances nécessaires pour faire lui-même le cours d'agriculture pratique. Il semble donc indispensable d'étendre à l'enseignement agricole l'exception précédemment consentie dans l'intérêt d'un autre objet d'études.

Si Votre Majesté approuve les idées que je viens d'avoir l'honneur de lui soumettre, je la prierai de vouloir bien donner son assentiment à une disposition en vertu de laquelle, nonobstant les termes de l'article 8 du décret du 24 mars 1851, le Ministre de l'Instruction publique serait autorisé à charger, s'il y a lieu, du cours d'agriculture pratique dans les Écoles normales primaires, des personnes étrangères à ces établissements.

J'ai l'honneur d'être, etc.

Le Ministre de l'Instruction publique et des Cultes,
Signé : H. Fortoul.

Approuvé :
Signé : NAPOLÉON.

Arrêté relatif à la régularisation de l'enseignement primaire spécial dans les établissements publics d'instruction secondaire. 18 mars 1856.

18 Mars 1856.

Nous, Ministre de l'Instruction publique et des Cultes,

Vu la loi du 15 mars 1850,

Arrêtons :

ARTICLE 1er. — L'enseignement primaire, avec tous les développements qu'il comporte, pourrra être donné, comme par le passé, dans les établissements publics d'instruction secondaire pour lesquels il aura été régulièrement autorisé.

ART. 2. — Les maîtres auxquels sera confié l'enseignement primaire spécial seront nommés par nous, sur la proposition des Recteurs; dans les Lycées, ils seront choisis parmi les maîtres répétiteurs; dans les Collèges, ils auront le rang et le titre de régent. A défaut du diplôme de bachelier ès lettres et ès sciences, ces derniers devront justifier du brevet de capacité comprenant toutes les matières énoncées en l'article 23 de la loi du 15 mars 1850.

ART. 3. — Les communes dans lesquelles il existe un Collège pourront être autorisées, sur la demande des Conseils municipaux et l'avis du Conseil départemental, à annexer à cet établissement l'École primaire publique qu'elles doivent entretenir en exécution de l'article 36 de la loi du 15 mars 1850. Dans ce cas, l'instituteur, nommé conformément au mode prescrit par la loi du 14 juin 1854, sera subordonné au principal du Collège en ce qui concerne l'administration et la discipline.

---

4 avril 1856.

Décision du Conseil d'État relative aux réunions illégales des Conseils municipaux.

4 Avril 1856.

La loi du 21 mars 1831[1] porte, article 29 : « Sont... nulles de plein « droit toutes délibérations d'un Conseil municipal prises hors de sa « réunion légale. Le Préfet, en Conseil de préfecture, déclarera l'il- « légalité de l'assemblée et la nullité de ses actes. »

Un recours pour excès de pouvoir, dirigé contre un arrêté de Préfet en Conseil de préfecture, déclarant l'illégalité d'une réunion de conseillers municipaux, et motivé sur ce que la réunion dont il s'agit aurait eu lieu dans le délai fixé par la loi pour les sessions trimestrielles; sur ce que, de plus, la session aurait été régulièrement ouverte et n'aurait pas été close, peut-il être porté directement devant le Conseil d'État statuant au contentieux? *Rés. nég.*[2].

1. Cette loi est abrogée par l'article 51 de la loi du 5 mai 1855, sur l'organisation municipale; mais elle était encore en vigueur au moment où se sont passés les faits qui ont donné lieu au pourvoi. Au reste, les dispositions de la loi de 1831, sur lesquelles a porté le débat, ayant été reproduites dans la loi de 1855, ce débat conserve tout son intérêt.

2. Il ne résultait pas des faits allégués à l'appui du pourvoi, en les supposant

La décision du Ministre de l'Intérieur qui aurait, sur la réclamation du Conseil municipal, confirmé l'arrêté préfectoral, serait-elle susceptible de recours devant le Conseil d'État statuant au contentieux? Voir l'arrêt et l'avis ministériel[1].

Voici le résumé des moyens présentés à l'appui du pourvoi :

L'arrêté attaqué s'est fondé, pour déclarer illégale la réunion des conseillers municipaux, sur ce que cette réunion aurait eu lieu sans autorisation après la clôture de la session du premier trimestre. En fait, le Conseil municipal s'est réuni le 10 février pour sa première session ordinaire de l'année; le lendemain 11 (date de la délibération qui a été déclarée illégale) se trouvait dans le délai de 10 jours imparti par l'article 23 de la loi de 1831. (Cet article porte : « Les Conseils « municipaux se réuniront quatre fois l'année, au commencement « des mois de février, mai, août et novembre. » Chaque session peut durer dix jours.) On objecte que la clôture de la session avait été prononcée le 10, et que dès lors la réunion du 11 est illégale. Mais d'abord il est inexact que la clôture de la session ait été prononcée le 10 par le maire. S'il était produit un procès-verbal dans lequel la prononciation de cette clôture serait énoncée, les demandeurs contesteraient cette énonciation comme irrégulièrement ajoutée au

constants, que le Préfet eût commis un excès de pouvoir : en effet, un texte de loi formel autorisait le Préfet à statuer et à déclarer l'illégalité de la délibération, si elle lui paraissait avoir été prise en dehors des réunions légales. En admettant que la clôture de la session n'eût pas lieu la veille de la clôture de la délibération dont il s'agit et que l'énonciation relative à cette clôture eût été irrégulièrement ajoutée au procès-verbal de la séance précédente, la conséquence était seulement que le Préfet, statuant régulièrement dans les limites de sa compétence, avait été trompé sur les faits. En admettant que, conformément à l'opinion des demandeurs, la délibération dont il s'agit dût même, dans l'hypothèse d'une clôture de session prononcée la veille, être considérée comme légale par cela seul que le délai de six jours fixé par la loi pour la durée de la session n'était pas expiré, la conséquence était seulement que le Préfet, juge compétent pour statuer sur une difficulté de droit, avait mal résolu cette difficulté et avait violé la loi. Il n'y avait donc pas eu de sa part excès de pouvoir, et, par conséquent, le recours direct devant le Conseil d'État, statuant au contentieux, n'était pas recevable.

La seconde question, plus importante que la première, nous paraît aussi plus douteuse : il ne semble pas que l'arrêt ait entendu la trancher.

L'avis ministériel lui donne une solution négative; le motif indiqué par M. le Ministre est que le point de savoir si un Conseil municipal s'est assemblé hors de sa session légale est une simple question de fait sur laquelle aucune difficulté sérieuse d'appréciation ne peut se présenter, et que, par suite, le législateur a jugé tout recours contentieux inutile. On peut répondre que le point de savoir si un Conseil municipal s'est assemblé hors de sa réunion légale donne quelquefois lieu à des difficultés sérieuses dont l'affaire actuelle est un exemple; que ce sont des difficultés de forme et de droit, pour l'appréciation desquelles on ne voit nullement la nécessité d'un pourvoi discrétionnaire, et qui sont tout à fait de nature à admettre un examen au contentieux.

1. Voir note 2, page 694.

procès-verbal. D'ailleurs, lors même que le 10 au soir le maire aurait prononcé la clôture de la session ordinaire, ce fait ne rendrait pas illégale la réunion du 11. La loi a dit que les sessions ordinaires peuvent durer dix jours; elle a dit (art. 24) que, pendant ce temps, les Conseils municipaux peuvent se réunir et traiter de toutes les affaires qui rentrent dans leurs attributions; les maires n'ont donc pas autorité pour clore d'eux-mêmes la session tant qu'il reste une affaire communale à traiter, tant qu'il convient aux Conseils municipaux, dans cet intervalle de dix jours, de s'occuper des intérêts qui leur sont confiés. L'arrêté préfectoral, ayant déclaré illégale une réunion qui était légale, se trouve entaché d'excès de pouvoir.

Voici les observations qui ont été présentées par le Ministre de l'Intérieur :

« L'article 24 de la loi du 5 mai 1855 (article qui remplace, en les « reproduisant, les articles 28 et 29 de la loi du 21 mars 1831) déclare « nulles toutes délibérations d'un Conseil municipal prises hors de « sa réunion légale. Le Préfet prononce, en Conseil de préfecture, « l'illégalité de l'assemblée et la nullité de ses actes; mais la loi « n'ouvre pas de recours devant le chef d'État, comme elle l'a fait « dans le cas prévu par l'article précédent, celui où le Conseil mu- « nicipal s'est occupé d'un objet étranger à ses attributions. Le motif « de la différence vient de ce que le point de savoir si un Conseil « municipal s'est assemblé hors de sa session légale est une simple « question de fait, sur laquelle aucune difficulté sérieuse d'appré- « ciation ne peut se présenter. Les auteurs de la requête se sont en « même temps pourvus devant moi; j'aurai à examiner la suite dont « leur demande peut être susceptible. »

Voici l'arrêt :

Vu les requêtes.... 1° du sieur François Rivière, agissant en sa qualité de conseiller municipal, premier inscrit au tableau des conseillers municipaux de la commune de Saint-Martin-de-Connée (Mayenne), à ce autorisé par délibération du Conseil municipal de ladite commune, du 15 août 1854; 2° du sieur Moutaron, propriétaire habitant cette commune..., tendant à ce qu'il nous plaise annuler, pour excès de pouvoir, un arrêté du 21 juillet 1854, par lequel le Préfet de la Mayenne, en Conseil de préfecture, a, par application de l'article 29 de la loi du 2 mars 1831, déclaré illégales, comme postérieures à la clôture qui aurait été prononcée le 10 février 1854 de la session ordinaire dudit mois de février, les réunions qui auraient eu lieu les 11 et 12 de ce mois, de huit conseillers municipaux de Saint-Martin-de-Connée, et prononcé la nullité des délibérations prises dans ses réunions;

Vu les observations de notre Ministre de l'Intérieur, tendant au rejet des requêtes susvisées, par le motif qu'aucun recours au contentieux ne serait ouvert par la loi du 21 mars 1831, contre un arrêté par lequel le Préfet aurait, dans les formes déterminées par son article 29, prononcé la nullité des délibérations prises par un Conseil municipal en dehors de sa réunion légale;

Vu la loi des 7 et 14 octobre 1790; vu la loi du 21 mars 1831, article 29;

Considérant qu'aux termes de l'article 29 de la loi du 21 mars 1831, sont nulles de plein droit toutes délibérations d'un Conseil municipal prises hors de sa réunion légale, et qu'il appartient au Préfet de déclarer en Conseil de préfecture l'illégalité de l'assemblée et la nullité de ses actes;

Considérant que l'arrêté du 21 juillet 1854, par lequel le préfet de la Mayenne a déclaré l'illégalité de l'assemblée de huit conseillers municipaux de la commune de Saint-Martin-de-Connée, qui s'étaient réunis en dehors de la session légale du Conseil municipal, close le 10 février 1854, et prononcé la nullité des actes de cette assemblée, a été pris dans la forme prescrite dans ledit article; qu'ainsi le Préfet de la Mayenne n'a point excédé ses pouvoirs :

ARTICLE 1er. — La requête des sieurs François ès-qualités et du sieur Moutaron est rejetée.

. . . .

Circulaire du Ministre de l'Instruction publique, relative à l'exécution de l'arrêté du 18 mars 1856 concernant les maîtres chargés de l'enseignement primaire spécial dans les établissements publics d'instruction secondaire. 5 avril 1856.

5 Avril 1856.

Monsieur le Recteur, la loi du 15 mars 1850 ne reconnaît qu'un seul ordre d'Écoles primaires; par suite, les Écoles primaires supérieures, instituées sous le régime de la loi du 28 juin 1833, n'ont plus aujourd'hui d'existence légale, et les ordonnances rendues pour autoriser l'annexion d'un certain nombre de ces Écoles à des établissements publics d'instruction secondaire se trouvent de fait abrogées. Aucune disposition réglementaire n'étant intervenue pour fixer la situation de celles des Écoles annexes qui ont continué d'exister et pour déterminer la position et le mode de nomination des maîtres chargés de les diriger, il s'est élevé, dans plusieurs Académies, relativement à ces questions, des difficultés qu'il importait de résoudre. Tel est l'objet de l'arrêté que j'ai pris le 18 mars dernier, et dont je vous transmets ci-joint copie.

D'après l'article 1er de cet arrêté, l'enseignement primaire, avec les développements qu'il comporte, et qui sont énumérés en l'article 23 de la loi du 15 mars 1850, pourra être donné dans les Lycées ou Colléges, sous la condition d'une autorisation préalable. Cette autorisation, qui à l'avenir sera concédée par moi, sur votre proposition, demeure acquise à ceux des établissements dans lesquels des Écoles primaires supérieures ont été régulièrement instituées; il ne sera donc pas nécessaire de la renouveler.

Aux termes de l'article 2, les maîtres chargés dans les Lycées de l'enseignement primaire spécial seront choisis parmi les maîtres répétiteurs; dans les Colléges, ils auront le rang et le titre de régent. A défaut du diplôme de bachelier ès lettres ou de bachelier ès sciences, ces derniers devront justifier du brevet de capacité, constatant que l'examen a été subi avec succès sur toutes les matières indiquées en l'article 23 de la loi du 15 mars 1850. Les uns et les autres seront nommés sur votre proposition, conformément aux dispositions de l'article 19 du décret du 22 août 1854.

L'article 3 permet, dans certains cas exceptionnels dont l'opportunité est laissée à l'appréciation du Conseil municipal et du Conseil départemental d'instruction publique, d'annexer à un Collège l'École primaire entretenue par la commune en exécution de l'article 36 de la loi du 15 mars 1850; mais, pour assurer dans ces établissements mixtes la subordination hiérarchique, le même article dispose expressément que l'instituteur est soumis, en ce qui concerne la discipline et l'administration, à l'autorité du principal. Les instituteurs sont, d'ailleurs, nommés par le Préfet, conformément aux prescriptions de la loi du 14 juin 1854.

Je vous invite, Monsieur le Recteur, à assurer l'exécution de ces dispositions.

Dans ce but, vous voudrez bien m'adresser des propositions, aussi promptement que possible, tant pour l'établissement des classes spéciales d'enseignement primaire qui n'ont pas été autorisées que pour la nomination des maîtres qui ne sont pas en possession d'un titre régulier. Vous y joindrez un état complet des établissements dans lesquels l'enseignement primaire est déjà organisé.

Recevez, etc.

Signé : H. FORTOUL.

---

5 mai 1856.

Arrêt de la Cour de cassation relatif à la capacité bénéficiaire des fabriques.

5 Mai 1856.

1° *La demande de l'autorisation préalable du Gouvernement pour l'acceptation des dons et legs faits en faveur des établissements publics n'est pas un obstacle à ce qu'une fabrique d'église, à laquelle un legs a été fait volontairement, intervienne, avant d'avoir été autorisée à l'accepter, dans une instance en nullité du testament, pour conclure à sa validité; c'est là un simple acte conservatoire, dans le sens de l'ordonnance royale du 2 avril 1817* (Code Civil, art. 910 et 937);

2° *Il n'y a pas une substitution prohibée dans la disposition testamentaire par laquelle le testateur qui lègue à un individu ses meubles, en le dispensant d'en rendre compte, et ses immeubles, sans reproduire la même dispense, institue un légataire universel avec la clause que sa jouissance ne commencera qu'à partir du décès du premier légataire; une telle disposition renferme simplement un legs de l'usufruit des immeubles au profit du premier légataire et de la nue propriété de ces mêmes immeubles au profit du second légataire* (Code Civil, art. 896 et 899).

La Cour,

Attendu, sur le premier moyen, qu'aux termes de l'ordonnance du 2 avril 1817, le représentant de la fabrique appelée à recueillir un legs est autorisé à faire, en attendant l'acceptation, tous les actes conservatoires jugés nécessaires;

Attendu que la fabrique de Breurey-lès-Faverney ne figurait pas au procès pour demander la délivrance du legs, fait en sa faveur par Py; qu'appelée en cause par jugement du tribunal de Vesoul, sur la demande en partage formée par les héritiers du testateur, et menacée de voir annuler la disposition testamentaire faite à son profit, comme entachée de substitution, elle a dû, pour conserver ses droits, conclure au maintien du testament; que le jugement et l'arrêt, statuant sur ces conclusions, se sont bornés à prononcer la validité du legs, sans en ordonner la délivrance;

Attendu que cette décision ne porte aucune atteinte au droit qu'a le Gouvernement de refuser ou d'accorder ultérieurement l'autorisation d'accepter le legs en question; qu'ainsi l'arrêt, en ordonnant l'exécution du testament, avant que la fabrique ait été autorisée à accepter, n'a aucunement violé les articles de la loi invoqués;

Sur le deuxième moyen, attendu que de l'ensemble des dispositions faites par François Py, il résulte qu'il a légué l'usufruit de ses immeubles à sa femme, et la nue propriété à la fabrique de Breurey-lès-Faverney; que la preuve de son intention se trouve dans la clause par laquelle il attribue la toute propriété de ses meubles à sa femme, en la dispensant d'en rendre compte à qui que ce soit, disposition toute différente de celle relative au reste de la succession; qu'en effet, il donne ses autres biens, c'est-à-dire ses immeubles à sa femme sans la dispenser d'en rendre compte; qu'il dit ensuite qu'après le décès de sa femme, il fait héritier universel le Conseil de fabrique pour les pauvres de la commune, en ajoutant que les pauvres ne jouiront de ce bienfait qu'au décès de sa femme, d'où il suit que leur jouissance ne commencera que lorsque cessera l'usufruit de la veuve Py;

Attendu, dès lors, que la clause en question ne présente point les caractères d'une substitution prohibée; qu'en la jugeant ainsi, la Cour d'appel a fait une saine interprétation du testament et une juste application de la loi;

Rejette, etc.

26 juin 1856. **Circulaire du Ministre de l'Instruction publique, relative à une enquête sur la fréquentation des Écoles primaires par des enfants âgés de moins de sept ans.**

26 Juin 1856.

Monsieur le Recteur, mon attention a été appelée plusieurs fois sur les inconvénients qu'entraîne l'usage, suivi par un grand nombre d'instituteurs et d'institutrices libres, de recevoir dans leurs Écoles des enfants en très bas âge. Je n'ai pas besoin de faire remarquer ici à quel point une telle pratique est opposée aux principes d'éducation les plus élémentaires. Réunir des enfants de deux à sept ans à des élèves beaucoup plus âgés, les soumettre au même enseignement, leur imposer un régime qui ne comporte aucun des soins que réclame le premier âge, c'est compromettre leur développement moral et physique, tout en retardant les progrès de leurs aînés. En outre, cet état de choses a trop souvent pour conséquence de mettre obstacle à la propagation des salles d'asile et d'empêcher celles qui existent de prendre toute l'extension désirable. J'ai constaté avec un vif regret que très souvent la salle d'asile dépérit par l'unique motif qu'à côté d'elle une École libre admet les enfants qui, par leur âge, appartiendraient au premier des deux établissements.

Dans plusieurs départements, MM. les Préfets m'ont consulté sur les moyens de mettre fin à cet abus. On m'a demandé si, lorsqu'une disposition formelle du règlement applicable aux Écoles publiques interdit à l'instituteur d'admettre des élèves avant sept ans, les Écoles privées ont bien le droit de revendiquer à cet égard une liberté absolue. La situation n'est-elle pas la même de part et d'autre; et, d'ailleurs, l'article 1er du décret du 21 mars 1855, en disposant que « les enfants de deux à sept ans » sont admis dans les salles d'asile, ne contient-il pas implicitement la défense de recevoir dans toute École primaire des élèves qui n'ont pas atteint le minimum d'âge qu'il détermine?

A ces questions l'on ne peut faire qu'une réponse négative, si l'on s'en tient à l'exécution littérale des dispositions actuellement en vigueur. Sous la précédente législation, les Écoles privées étaient l'objet d'une réglementation spéciale, qui fixait l'âge d'entrée et de sortie (art. 1er du statut du 1er mars 1842); l'abus dont il s'agit constituait ainsi une véritable contravention. Aujourd'hui, l'on ne peut invoquer pour y mettre fin aucune disposition formelle, puisque les établissements d'enseignement libre ne sont point réglementés; et, pour ce qui est du recours à l'article précité du décret sur les salles d'asile, l'on ne saurait évidemment donner une telle extension à une formule dont les termes ne sont point impératifs. Des questions de cette nature doivent être résolues, non par voie d'interprétation, mais par une disposition explicite.

S'ensuit-il que l'administration soit entièrement désarmée, et, si les Écoles libres échappent à sa surveillance en ce qui concerne les méthodes et les procédés d'enseignement, en sera-t-il de même pour le cas dont il s'agit? Aux termes de l'article 21 de la loi organique, l'inspection des Écoles libres porte expressément sur la moralité, l'hygiène et la salubrité. A ces divers points de vue, l'administration n'est circonscrite dans aucune limite légale; elle intervient dès que l'un des intérêts sur lesquels elle a mission de veiller lui semble menacé. Or, la question du rapprochement d'enfants d'âges très différents est incontestablement et au premier chef une question d'hygiène et de moralité; il semble donc qu'une mesure tendant à interdire ce rapprochement ne serait qu'une application naturelle des dispositions légales : l'administration ne ferait qu'user de son droit de donner des règlements pour l'exécution de la loi. Il n'y aurait pas, d'ailleurs, interdiction générale et absolue : la mesure ne serait applicable que là où il existerait à la fois une École libre et une salle d'asile régulièrement établie, et, dans ce cas même, la faculté d'accorder des autorisations spéciales serait expressément réservée.

Je compte saisir le Conseil impérial de l'examen de cette question; mais je tiens à connaître préalablement votre avis. Je vous prie donc de vouloir bien étudier le projet et d'indiquer les moyens d'exécution qui vous paraîtront devoir être adoptés, soit dans les communes rurales, soit dans les localités importantes. Vous me transmettrez, en outre, des renseignements détaillés sur l'état actuel des choses dans votre ressort et sur les résultats probables de la mesure qui serait adoptée.

J'attends votre réponse dans le plus bref délai qu'il sera possible.

Recevez, etc.

Signé : H. FORTOUL.

Circulaire du Ministre de l'Instruction publique, relative au mode d'examen des candidats au brevet de capacité de l'instruction primaire. 1er juillet 1856.

1er Juillet 1856.

Monsieur le Recteur, j'apprends qu'à la dernière session plusieurs Commissions d'instruction primaire, dans le but de réduire la durée des épreuves orales, ont cru pouvoir se dispenser de faire subir ces épreuves *devant le bureau*, suivant les prescriptions du règlement du 15 février 1853 (art. 10). Les membres, installés chacun dans un local séparé, ou occupant divers points d'une même salle, ont procédé simultanément et en particulier aux interrogations sur les matières qui leur avaient été respectivement assignées; puis la Commission a statué d'après les notes données par chacun de ses membres aux candidats qui lui étaient échus en partage.

Ce mode est irrégulier. Dans tout examen pour l'obtention d'un titre ou d'un grade, c'est le jury entier qui prononce, non seulement quant au résultat final, mais sur chaque épreuve en particulier. C'est donc devant cette assemblée réunie, et non devant tel ou tel de ses membres, que chaque candidat doit subir successivement toutes les épreuves orales; les notes ne peuvent être données qu'au nom de l'assemblée et à la suite d'une appréciation faite en commun du mérite de chaque épreuve.

Je vous prie de communiquer la présente circulaire à MM. les Inspecteurs académiques de votre ressort. Ces fonctionnaires, qui ne manquent pas, sans doute, d'user de leur droit d'assister aux séances des Commissions, veilleront avec soin au maintien du principe essentiel que je viens de rappeler.

Je n'ai pas besoin de vous faire remarquer que les observations qui précèdent ne s'appliquent nullement à l'examen religieux. Ce n'est pas que cette épreuve ne doive avoir lieu, comme les autres, devant le bureau; mais il est évident qu'en semblable matière le ministre du culte professé par le candidat est le seul appréciateur et le seul juge. La restriction insérée à l'article 2 du règlement précité, en ce qui concerne les ministres des autres cultes, doit s'étendre à tous les autres membres de la Commission.

Recevez, etc.

Signé : H. FORTOUL.

---

13 sept. 1856.

Circulaire du Ministre de l'Instruction publique, relative au respect de la liberté des cultes dans les Écoles mixtes.

13 Septembre 1856.

Monsieur le Recteur, j'apprends que des familles protestantes, françaises et anglaises, habitant le département du Pas-de-Calais, auraient témoigné la crainte que leurs enfants ne trouvassent pas, à l'avenir, dans les Écoles mixtes qu'ils fréquentent, la protection nécessaire au libre exercice de leur culte. Il importe de ne pas laisser cours à de semblables appréhensions. Sa Majesté veut le loyal maintien de tous les droits fondamentaux garantis par les Constitutions de l'Empire. Que les familles soient donc rassurées : la liberté des cultes sera respectée dans les Écoles mixtes, comme ailleurs, et les enfants appartenant aux différents cultes reconnus par l'État y trouveront le concours sincère de l'administration pour la libre pratique de leurs croyances religieuses.

Veuillez, Monsieur le Recteur, communiquer ces instructions aux chefs ou directeurs des Écoles mixtes de votre département, et agréer l'assurance de ma considération la plus distinguée.

Signé : ROULAND.

---

14 nov. 1856.

Circulaire du Ministre de l'Instruction publique, relative à l'intervention des Recteurs dans la direction morale et intellectuelle des salles d'asile.

14 Novembre 1856.

Monsieur le Recteur, la circulaire qui vous a été adressée par mon prédécesseur, le 16 juin 1855, porte ces mots : « Avant de me transmettre le double « rapport de Mme la déléguée sur la situation du service des salles d'asile, vous « aurez à y puiser la matière d'observations que vous devrez adresser à chacun « de MM. les Inspecteurs académiques. Vous ne manquerez pas de me faire « part du caractère de ces observations et des résultats que vous êtes en droit « d'en attendre. »

Je viens vous rappeler des prescriptions à l'exacte exécution desquelles j'attache une sérieuse importance. Les rapports de Mmes les déléguées m'ont été transmis et me permettent de me rendre compte des besoins particuliers de la plupart des établissements destinés à l'éducation de la première enfance. Mais c'est à vous, Monsieur le Recteur, ne l'oubliez pas, qu'il appartient de veiller sur tout ce qui se rattache à la direction morale et intellectuelle de ces établissements. Lorsque la salle d'asile est fondée et le traitement de la directrice assuré, lorsque même les enfants se sont accoutumés à prendre le chemin de la classe, il reste encore beaucoup à faire; et c'est alors précisément que commence votre tâche, puisque toutes les questions de méthodes, d'enseignement, d'éducation proprement dite, vous ont été expressément réservées dans le partage que la loi de 1854 a opéré entre vous et MM. les Préfets. C'est à ce point de vue que s'était placé mon prédécesseur en vous adressant la circulaire du 16 juin 1855. J'ignore si vous vous êtes conformé à ses recommandations; car je n'ai reçu de vous aucune communication à ce sujet. Ce m'est une raison d'autant plus puissante de signaler à votre attention spéciale des intérêts qui, tout modestes qu'ils paraissent, n'en constituent pas moins, à mes yeux, une des parties essentielles de notre système d'éducation nationale. Les directrices d'asiles de votre Académie font-elles des progrès dans la connaissance et dans l'application de la méthode? La pratique des procédés qui permettent de travailler avec fruit au développement moral et intellectuel de très jeunes enfants devient-elle plus générale? Les dames qui composent les Comités locaux s'emploient-elles avec quelque succès à répandre les notions indispensables à ce point de vue? Telles sont les questions principales sur lesquelles, éclairé que vous êtes par les rapports de Mme la déléguée spéciale, vous avez à adresser des conseils à chacun des fonctionnaires qui représentent votre autorité dans les départements composant votre ressort académique.

Les recommandations que je vous adresse, Monsieur le Recteur, devront, sans délai, porter leurs fruits, et je désire que vous vous associiez efficacement à la pensée qui me les dicte. C'est avec une profonde conviction que je m'approprie, en terminant cette dépêche, les paroles si vraies de mon prédécesseur : « Quand « toutes les salles d'asile de votre ressort donneront le salutaire exemple de « cette méthode régulière et rationnelle par laquelle le jugement est exercé, « l'intelligence éveillée, le sens moral affermi, toutes les facultés mises en jeu, « les Écoles primaires elles-mêmes participeront des résultats qui se seront « manifestés au-dessous d'elles; au développement des premières correspondra « nécessairement l'élévation des secondes. C'est en ce sens que les salles d'asile « devront être considérées réellement comme la base de tout notre système « d'enseignement primaire. »

Vous voudrez bien, Monsieur le Recteur, me faire connaître la suite que vous aurez donnée aux recommandations contenues dans la présente dépêche.

Recevez, etc.

Signé : ROULAND.

Décret relatif à la liquidation de la caisse d'épargne des institutrices primaires et des surveillantes de salles d'asile de la ville de Paris. 10 déc. 1856.

10 Décembre 1856.

NAPOLÉON, etc.,

Sur le rapport de notre Ministre secrétaire d'État au département de l'Instruction publique et des Cultes;

Vu l'article 15 de la loi du 28 juin 1833 sur l'instruction primaire;

Vu l'ordonnance du 13 février 1838, qui détermine les statuts des caisses d'épargne établies en faveur des instituteurs communaux;

Vu l'ordonnance en date du même jour, qui charge la Caisse des dépôts et consignations de recevoir et d'administrer les fonds provenant des caisses d'épargne des instituteurs primaires communaux;

Vu l'ordonnance du 28 février 1842, ainsi conçue :

« Il sera établi une caisse spéciale d'épargne et de prévoyance en « faveur des institutrices communales de la ville de Paris.

« Cette caisse sera organisée et administrée conformément aux « dispositions de notre ordonnance du 13 février 1838, relative à la « caisse d'épargne et de prévoyance établie en faveur des instituteurs primaires »;

Vu l'ordonnance du 9 août 1846, ainsi conçue :

« Il sera établi une caisse spéciale d'épargne et de prévoyance en « faveur des surveillantes, titulaires et adjointes, des salles d'asile de « la ville de Paris.

« Cette caisse sera organisée et administrée conformément aux « dispositions de l'ordonnance du 13 février 1838, relative à la « caisse d'épargne et de prévoyance des instituteurs primaires communaux »;

Vu l'article 39 de la loi du 15 mars 1850 sur l'enseignement;

Vu les lois des 18 juin 1850 et 28 mai 1853 sur la caisse des retraites pour la vieillesse; ensemble le décret impérial du 18 août 1853;

Vu la loi du 9 juin 1853 sur les pensions civiles;

Vu le décret du 8 août 1855, ordonnant la liquidation des comptes individuels des instituteurs communaux dans les caisses d'épargne;

Vu l'avis du Ministre des Finances,

Notre Conseil d'État entendu,

Avons décrété et décrétons :

ARTICLE 1er. — Les comptes individuels des institutrices primaires et des surveillantes des salles d'asile de la ville de Paris dans les caisses d'épargne spéciales établies en leur faveur par les ordonnances royales des 28 février 1842 et 9 août 1846, seront clos et arrêtés, en capital et intérêts, au 31 décembre 1856, par les Commissions de surveillance desdites caisses.

ART. 2. — Les dispositions du décret du 8 août 1855, concernant le mode de liquidation des caisses d'épargne des instituteurs communaux, et l'option à faire par ces derniers, pour le maintien de leurs fonds à la Caisse des dépôts et consignations, ou pour leur transfert à la caisse des retraites de la vieillesse, sont applicables aux caisses d'épargne spéciales, dont l'article 1er du présent décret prescrit la liquidation.

ART. 3. — Nos Ministres secrétaires d'État au département de l'Instruction publique et des Cultes et au département des Finances sont chargés, chacun en ce qui le concerne, de l'exécution du présent décret.

Décision relative au régime des Écoles primaires en Algérie. février 1857.

Février 1857.

L'installation d'une École dirigée par des instituteurs appartenant à une congrégation religieuse peut avoir lieu aux conditions suivantes :

1° Que la commune aura au moins 150 garçons en âge de recevoir l'enseignement;

2° Que l'administration municipale sera tenue de subvenir en même temps aux frais d'entretien d'une École laïque, dans le cas où les habitants appartenant aux communions chrétiennes non catholiques formeraient un tiers de la population totale.

Arrêté relatif à la création des salles d'asile modèles. 28 mars 1857.

28 Mars 1857.

Le Ministre au département de l'Instruction publique et des Cultes,

Vu l'article 8 du décret du 21 mars 1855,

Sur la proposition du Comité central de patronage des salles d'asile,

Arrête :

ARTICLE 1er. — Nulle salle d'asile ne pourra prendre le titre de *salle d'asile modèle*, si ce titre ne lui a été conféré par un arrêté spécial du Ministre de l'Instruction publique et des Cultes, rendu sur la proposition du Comité central de patronage des salles d'asile, en vertu de l'article 8 du décret du 21 mars 1855.

ART. 2. — Il n'y aura par département qu'une ou deux *salles d'asile modèles* au plus.

ART. 3. — Lorsqu'il y aura lieu à déclarer une salle d'asile *salle d'asile modèle*, le Recteur de l'Académie fera parvenir au Ministre, avec sa proposition, une copie du rapport qui lui aura été adressé par Mme la déléguée spéciale, constatant que toutes les conditions prescrites par l'article 8 du décret du 21 mars 1855 sont remplies. A ce rapport seront joints : 1° un tableau de l'emploi du temps; 2° un plan certifié de l'établissement, y compris le logement de la directrice; 3° un état détaillé des recettes et des dépenses de la salle d'asile, indiquant le taux du traitement et la quotité de la rétribution mensuelle.

ART. 4. — Aucune maîtresse ne pourra être appelée à diriger une salle d'asile modèle, si elle n'a exercé comme directrice, pendant un an au moins, dans un établissement public, ou pendant deux ans dans un établissement libre.

ART. 5. — Sur le rapport du Recteur de l'Académie, le titre de *salle d'asile modèle* pourra être retiré par le Ministre, après avis de la dame déléguée spéciale, et, sur la proposition du Comité central de patronage, aux salles d'asile qui cesseraient de remplir les conditions déterminées ci-dessus.

---

10 juin 1857. **Circulaire du Ministre de l'Instruction publique, relative à l'exécution de l'arrêté du 28 mars 1857, concernant la création des salles d'asile modèles.**

10 Juin 1857.

Monsieur le Recteur, j'ai l'honneur de vous donner communication de l'arrêté par lequel, sur la proposition du Comité central, j'ai fixé tout ce qui est relatif à la création des salles d'asile modèles. Je signale cet arrêté à votre attention spéciale : il est la mise à exécution de l'un des articles les plus importants du décret du 21 mars 1855 pour le développement de l'institution des asiles.

C'est dans les salles d'asile modèles que sera accompli le stage qui permet, soit d'être nommée sous-directrice avant l'âge de vingt ans, soit d'être admise à diriger provisoirement dès l'âge de vingt et un ans une salle d'asile publique ou libre ne recevant pas plus de 30 à 40 enfants (art. 20 et 26 du décret du 21 mars); ce sont ces établissements, — leur nom l'indique, — qui seront proposés, dans chacun des départements, à l'imitation des autres asiles. Il était donc indispensable que les salles d'asile appelées à un rôle si exceptionnel ne fussent investies des prérogatives dont on parle que sous des conditions exceptionnelles elles-mêmes. Ces conditions ne pouvaient être déterminées avec une précision trop rigoureuse. En effet, selon que la salle d'asile modèle répondra à la pensée qui en a déterminé la création, ou qu'elle s'en écartera, le niveau de l'institution s'élèvera ou s'abaissera dans l'étendue de la circonscription à laquelle elle aura été présentée comme un type.

C'est pourquoi aucune des salles d'asile que la décision des autorités locales ou un usage local plus ou moins prolongé auraient précédemment élevées au rang d'établissements modèles ne conservent *a priori* les privilèges attachés à ce rang. Aux termes de l'arrêté du 28 mars 1857, « aucune salle d'asile ne pourra « prendre le titre de salle d'asile modèle, s'il ne lui a été conféré par un arrêté

« spécial du Ministre, rendu sur la proposition du Comité central ». Ce haut Comité lui-même ne sera pas saisi d'une demande en faveur de tel ou tel établissement, sans que le Recteur de l'Académie ait constaté, d'après un rapport spécial de Mme la déléguée, que la salle en question remplit complètement les conditions prescrites par l'article 8 du décret du 21 mars 1855; et c'est pour garantir le caractère de l'enquête qui précédera toute proposition d'arrêté, que devront être adressés au Comité les documents destinés à éclairer tous les détails de la situation. Ces documents sont énumérés dans l'article 3 de l'arrêté du 28 mars.

Dans la plupart des départements l'existence d'une salle d'asile modèle satisfera aux intentions de l'administration supérieure; ce n'est que dans des circonstances exceptionnelles, par exemple dans le cas où les communications entre telles ou telles parties d'un département seraient très difficiles, qu'il y aurait lieu de faire usage de la faculté accordée par l'article 2 de solliciter l'érection en asile modèle d'un second établissement.

Ce n'est pas seulement par des conditions matérielles irréprochables, c'est aussi et surtout par l'excellence de la direction, qu'une salle d'asile doit mériter et justifier le titre de salle d'asile modèle. Il importait donc de faire en sorte qu'un établissement en possession de ce titre ne pût être confié qu'à des mains très habiles.

Aussi nulle maîtresse ne pourra être appelée à diriger un asile modèle si elle n'a mis l'administration à même d'apprécier son aptitude, en exerçant comme directrice, soit pendant un an au moins dans une salle d'asile publique, soit pendant deux années dans une salle d'asile libre (art. 4).

L'élévation au poste de directrice d'asile modèle sera en général le prix d'une longue pratique et de persévérants efforts. Cependant il eût été imprudent peut-être, en exigeant une épreuve de trop longue durée, d'écarter de la direction des asiles modèles les maîtresses qui, dès leurs débuts, révéleraient des qualités hors ligne. Lors donc qu'elles seront consultées par MM. les Préfets sur les choix à faire pour ces postes importants, Mmes les déléguées devront désigner celle des maîtresses qui, dans leur pensée, réunira au plus haut degré les qualités de toute nature qui constituent la véritable directrice. Un long exercice sera sans doute un titre; mais le peu de durée des services ne suffira pas à constituer un motif d'exclusion. Une supériorité incontestable, voilà ce qui devra fixer l'attention et déterminer les préférences.

S'il est nécessaire que le privilège de salle d'asile modèle et le titre de directrice de l'un de ces établissements ne soient conférés qu'à bon escient, il n'est pas moins indispensable que ce titre et ces privilèges ne puissent être conservés à des directrices ou à des établissements qui cesseraient de remplir les conditions exigées. En ce qui est des directrices, il va sans dire que le retrait du titre serait infligé, s'il y avait lieu, par l'autorité qui le confère, c'est-à-dire par l'autorité préfectorale : une telle mesure, conformément à l'esprit de l'article 5, serait prise après avis de la dame déléguée; quant à l'établissement même, c'est par arrêté du Ministre, et sur les propositions du Comité central, que les prérogatives de la salle d'asile modèle peuvent lui être retirées.

En vous communiquant l'arrêté du 28 mars, Monsieur le Recteur, je ne viens pas vous mettre en demeure de m'adresser une proposition d'érection d'asile modèle pour chacun des départements de votre ressort académique; bien loin de là. Toutes les fois que les conditions diverses ne se trouveront pas remplies d'une manière incontestable, vous devrez ajourner l'initiative qui vous est attribuée vis-à-vis de l'administration supérieure. Il faut que la possession d'une salle d'asile modèle soit un privilège envié, et que la conquête de ce privilège devienne, entre les départements de l'Académie, la cause d'une émulation féconde. J'attends de vous qu'un esprit de discernement sévère et de prudente réserve préside à l'examen des demandes qui vous seraient présentées et aux propositions que vous pourriez avoir à me faire.

Je vous prie de m'accuser réception de la présente circulaire.

Recevez, etc.

Signé : ROULAND.

---

3 juillet 1857.

Décision relative à l'extension de l'autorisation accordée aux frères de la Doctrine chrétienne de Nancy.

3 Juillet 1857.

Le Conseil, etc.,

Vu la demande formée le 14 janvier 1855 par le supérieur des frères de la Doctrine chrétienne de Nancy, établi à Vézelize (Meurthe), à l'effet d'obtenir que l'autorisation d'enseigner, accordée à cette congrégation par l'ordonnance royale du 5 juillet 1833, pour les trois départements de la Meurthe, de la Meuse et des Vosges, soit étendue à tout l'Empire;

Vu l'article 31 de la loi du 15 mars 1850;

Vu les rapports adressés à son Excellence le Ministre de l'Instruction publique et des Cultes par les Préfets et les Recteurs dans les départements et les ressorts desquels les frères de Vézelize exercent actuellement l'enseignement;

Considérant que sur les 46 établissements publics ou libres que dirigent en ce moment en France des frères dépendant de cette association religieuse, 14 seulement appartiennent aux départements pour lesquels elle est autorisée, et 32 se trouvent répartis dans quatorze autres départements;

Considérant que, quels que soient les services déjà rendus par les frères de la Doctrine chrétienne de Nancy, leur organisation et leurs méthodes ne paraissent pas de nature à supporter, quant à présent, l'extension qu'ils sollicitent et les nouvelles charges auxquelles il leur faudrait suffire;

Considérant qu'il convient d'attendre des résultats plus certains et une expérience plus complète, avant d'étendre les limites dans lesquelles cette association est autorisée à enseigner,

Est d'avis qu'il y a lieu d'ajourner l'autorisation demandée par les frères de la Doctrine chrétienne de Nancy, dit frères de Vézelize.

Avis relatif à la remise des interdictions prononcées contre les instituteurs. 7 juillet 1857.

7 Juillet 1857.

Le Conseil, etc.,

Consulté par son Excellence le Ministre de l'Instruction publique et des Cultes sur la question de savoir si l'interdiction, prononcée contre les instituteurs en vertu de l'article 20 de la loi du 15 mars 1850, peut être remise par voie de grâce ou par toute autre voie;

Vu l'article 5 de la loi du 15 mars 1850;

Vu l'article 1er du sénatus-consulte du 15 décembre 1852, portant interprétation et modification de la Constitution;

Vu les articles 30, 33 et 68 de la loi du 15 mars 1850, modifiés par la loi du 14 juin 1854 sur l'instruction publique;

Considérant que le droit de faire grâce est une prérogative essentielle de la souveraineté, et que la Constitution impériale qui le proclame ne lui a assigné aucune limite;

Considérant qu'il faut toutefois, pour la solution de la question soumise au Conseil, distinguer entre l'interdiction restreinte à une commune et l'interdiction absolue;

Considérant, en effet, qu'il est d'usage et de jurisprudence que le droit de grâce n'intervienne pas à l'égard des mesures purement disciplinaires, telles que la censure, la réprimande et la suspension temporaire appliquée à des fautes professionnelles;

Considérant que des motifs analogues semblent devoir en écarter également l'intervention lorsqu'il s'agit d'un instituteur auquel l'exercice de sa profession n'a été interdit que dans la commune qui a été témoin de sa faute et de sa punition;

Considérant que cette incapacité relative et locale n'a pas toujours pour cause une condamnation; que pour l'instituteur communal elle résulte, de plein droit et par la seule volonté de la loi, de la révocation prononcée par le Préfet (loi du 15 mars 1850, art. 33; loi du 14 juin 1854, art. 87); et que, dans ce dernier cas, elle ne saurait, à aucun titre, être assimilée aux peines que remet la grâce;

Considérant, en outre, que, provoquée le plus souvent par des causes particulières à la localité, l'interdiction restreinte à une commune n'enlève pas à l'instituteur qu'elle frappe la possibilité d'exercer sa profession partout ailleurs, et, quels que puissent être les faits postérieurs d'amendement ou de repentir dont il est juste de tenir compte, la dignité de l'enseignement et l'intérêt même de la considération de l'instituteur s'opposeront toujours à ce que ce dernier soit réintégré dans la commune où il a failli;

Considérant que l'interdiction absolue a un tout autre caractère et doit être considérée sous un autre point de vue; que l'incapacité perpétuelle et générale dont elle frappe l'instituteur constitue une véritable peine, une sorte de dégradation en matière d'enseignement, et qu'il n'est pas pour le condamné d'autre moyen d'en être relevé que de mériter la clémence du souverain;

Considérant qu'en présence d'une législation qui admet les condamnés en matière criminelle et correctionnelle au double bienfait de la grâce et de la réhabilitation, il ne serait pas juste qu'aucune voie ne fût ouverte à celui qui, frappé pour des faits moins graves dans l'échelle des peines, se serait attaché à effacer une première faute par un repentir éprouvé et par une conduite notoirement irréprochable;

Considérant que, s'il convient de laisser leur exécution et leurs effets aux mesures temporaires ou locales qui intéressent l'action disciplinaire des autorités préposées à la surveillance de l'enseignement, il n'importe pas moins de réserver pour des cas possibles et dignes d'intérêt l'accès du droit de grâce à l'instituteur frappé d'une condamnation qui atteint en même temps, sans limites et sans retour, l'exercice de la profession et la capacité du citoyen;

Considérant que les décisions à intervenir sur les recours de cette nature intéressent à la fois le département de l'Instruction publique, sous l'autorité duquel sont placés les instituteurs, et le département de la Justice, dont les attributions embrassent tout ce qui se rattache à l'exercice du droit de grâce,

Est d'avis :

1° Que la peine de l'interdiction absolue prononcée par les Conseils départementaux ou par le Conseil impérial de l'instruction publique, dans les cas prévus par les articles 30, 33 et 68 de la loi du 15 mars 1850, modifiés par la loi du 14 juin 1854, peut être remise et commuée par l'Empereur en vertu du droit de grâce;

2° Qu'à l'exemple de ce qui a été réglé par le décret du 10 juillet 1852, relativement aux individus condamnés par les juridictions militaires ou maritimes, les rapports sur les recours formés par les instituteurs interdits doivent être présentés à Sa Majesté par M. le Ministre de l'Instruction publique et des Cultes, avec l'avis du Garde des Sceaux, Ministre de la Justice;

3° Que la forme dans laquelle il serait statué sur ces recours pourrait être, au surplus, réglée par un décret conformément au projet ci-après :

NAPOLÉON, etc.,

Sur le rapport de notre Ministre secrétaire d'État au département de l'Instruction publique et des Cultes, et de notre Garde des Sceaux, Ministre secrétaire d'État au département de la Justice;

Vu l'article 1er du sénatus-consulte du 25 décembre 1852, portant interprétation et modification de la Constitution;

Vu les articles 30, 33 et 68 de la loi du 15 mars 1850 sur l'enseignement, et la loi du 14 juin 1854 sur l'instruction publique,

Avons décrété et décrétons ce qui suit :

ARTICLE 1er. — Les rapports sur les recours en grâce ou en commutation de peine formés par les instituteurs contre lesquels les Conseils départementaux ou le Conseil impérial de l'instruction publique ont prononcé la peine de l'interdiction absolue, par application des articles 30, 33 et 68 de la loi du 15 mars 1850, modifiés par la loi du 14 juin 1854, nous seront directement présentés par notre Ministre secrétaire d'État au département de l'Instruction publique et des Cultes.

ART. 2. — Notre Ministre secrétaire d'État au département de l'Instruction publique et des Cultes prendra préalablement l'avis de notre Garde des Sceaux, Ministre de la Justice, et le mentionnera dans un rapport.

ART. 3. — Notre décision de grâce ou de commutation sera transcrite en marge de la décision qui a prononcé l'interdiction absolue.

ART. 4. — Notre Garde des Sceaux, Ministre de la Justice, et notre Ministre de l'Instruction publique et des Cultes sont chargés, chacun en ce qui le concerne, de l'exécution du présent décret.

Décision du Conseil d'État relative à un traitement d'instituteur établi par une donation. 25 juillet 1857.

25 Juillet 1857.

Recours porté devant le Conseil d'État contre une décision du Ministre de l'Instruction publique et tendant à faire décider qu'une rente perpétuelle, — dont le père du demandeur avait fait donation à une commune pour l'établissement et le traitement d'un instituteur dans cette commune, — devait être payée à l'instituteur en sus du traitement de 600 francs à lui attribué par la loi du 15 mars 1850. — Le Ministre soutient, au contraire, que la rente n'avait été créée qu'en vue d'ajouter un supplément au traitement de l'instituteur, tel qu'il avait été fixé par la loi du 28 juin 1833, et que la loi du 15 mars 1850 ayant élevé à 600 francs le traitement minimum des instituteurs, le produit de la rente ne doit plus être payé en sus du traitement. — Décidé que, dans cet état, il y avait lieu de faire reconnaître préalablement le sens et la portée de l'acte de donation et que cette interprétation appartient à l'autorité judiciaire[1].

Le Conseil,

Vu les requêtes....., pour le sieur Séguier de Saint-Brisson.....; tendant à ce qu'il nous plaise annuler une décision du 13 novembre

1. M. le commissaire du Gouvernement a présenté les observations suivantes :

« Par acte notarié du 17 novembre 1828, M. Séguier de Saint-Brisson fit donation à la commune de Saint-Brisson d'une rente annuelle et perpétuelle de 150 francs pour être employée à l'établissement et au traitement d'un instituteur dans la commune. Cette donation demeura plusieurs années sans être acceptée de la commune.

« La loi du 28 juin 1833 vint organiser l'instruction primaire. L'article 12 de cette loi fixait à 200 francs le minimum du traitement de l'instituteur. L'article 13 ajoutait : « A défaut de fondations, donations ou legs qui assurent un local et un traitement, conformément à l'article précédent, le Conseil municipal délibérera sur les « moyens d'y pourvoir. »

« En présence de cette loi, M. Séguier crut devoir ajouter la clause suivante à sa donation, qui n'était pas encore acceptée : « M. Séguier, reconnaissant que le traitement de 200 francs, réuni aux produits des rétributions mensuelles allouées à l'instituteur, est loin d'être suffisant pour assurer à celui-ci des moyens d'existence « dans la commune de Saint-Brisson, dont la population n'est que de 865 individus, « déclare, par les présentes, que la rente de 150 francs qu'il a constituée par l'acte « précité du 17 novembre 1828, est indépendante du traitement assuré à l'instituteur « par la loi du 28 juin 1833; qu'elle doit lui être payée en sus de ce traitement, et « qu'il n'entend nullement que, dans aucun cas et sous aucun prétexte, cette rente « puisse venir en déduction des charges dont est tenue la commune de Saint-Brisson « par la loi susénoncée. En conséquence, la rente dont il s'agit ne pourra jamais être « précomptée à l'instituteur sur le traitement qu'il doit recevoir de la commune. »

« Cette clause additionnelle n'était pas absolument conforme à l'esprit de la loi de 1833. Cependant la donation avec la clause fut acceptée par ordonnance royale du 2 août 1836; elle a été exécutée pendant plusieurs années; mais, la loi du 15 mars 1850 ayant changé la situation faite aux instituteurs primaires et élevé à 600 francs le minimum de leur traitement, y compris la rétribution scolaire, le Préfet du Loiret crut devoir prendre un arrêté pour faire entrer le legs de 150 francs dans le décompte du traitement de 600 francs. Le Ministre approuva cette mesure. L'héritier de M. Séguier critique devant vous cette dernière approbation.

« Pour apprécier la question de compétence, il importe de faire connaître comment le Ministre pose la question.

« Si le Ministre, se retranchant derrière ses attributions administratives, se fût contenté de ne pas prendre les mesures nécessaires pour faire voter par le Conseil municipal ou le département les fonds destinés à parfaire le supplément de traitement, il eût été difficile de donner au débat un caractère contentieux. Le Ministre, interprétant seulement la loi du 15 mars 1850, se fût contenté alors de soutenir qu'il ne croyait pas que la commune fût dans le cas prévu par cette loi pour être obligée à voter le supplément établi de traitement.

« Mais le Ministre de l'Instruction publique a cru devoir prendre une position plus nette, plus franche et plus tranchée. Sa décision du 15 novembre 1856 interprète la donation : le Ministre explique que cette donation se lie à la loi de 1833, alors en vigueur; qu'elle n'a pas eu en vue les lois postérieures qui pouvaient améliorer le sort des instituteurs. Il cite et commente les termes de la donation. En présence d'un débat ainsi engagé, la question de compétence se dégage nettement. Il s'agit de l'interprétation d'un acte de libéralité entre-vifs, d'une donation; il s'agit de déterminer les conditions de cette donation.

« L'autorité judiciaire peut seule donner cette interprétation. »

1856, par laquelle notre Ministre de l'Instruction puplique et des Cultes a déclaré que c'était avec raison que, depuis la mise à exécution de la loi du 15 mars 1850, sur l'enseignement, le Préfet du Loiret faisait entrer dans le compte du traitement minimum de 600 francs, dû à l'instituteur en vertu de cette loi, une rente de 150 francs fondée par le feu sieur Séguier de Saint-Brisson, père du requérant, en faveur de l'instituteur de cette commune; ce faisant, décider que, d'après les conditions mises à la donation, telles qu'elles résultent d'un acte en date du 17 mai 1835, la rente donnée doit être payée à l'instituteur en sus du traitement qui lui est attribué par la loi du 15 mars 1850, comme elle l'a été en sus du traitement fixé par la loi du 28 juin 1833 et que, dans aucun cas, elle ne peut venir en déduction des charges imposées à la commune, au département et à l'État par les articles 38 et 40 de la loi du 15 mars 1850;

Vu les observations présentées par notre Ministre de l'Instruction publique, tendant au rejet du pourvoi, par le motif : d'une part, que le donateur a entendu ajouter un supplément au traitement de l'instituteur tel qu'il était fixé par la loi du 28 juin 1833, mais non au traitement plus élevé fixé par la loi du 15 mars 1850; et, d'autre part, que les articles 38 et 40 de cette dernière loi n'obligent la commune, le département ou l'État à fournir un supplément pour porter le traitement de l'instituteur à 600 francs, que dans le cas où le produit des dons et legs, joint au traitement fixe et à la rétribution scolaire, n'atteint pas le minimum de 600 francs;

Vu l'acte du 17 mai 1835, passé devant Mᵉ Legros et son collègue, notaires à Gien, et portant notamment la clause suivante :..... (Voir cette clause, dans les observations du commissaire du Gouvernement, *note* 1, page 712);

Vu les lois du 22 décembre 1789, et des 16-24 août 1790; — Vu la loi du 28 juin 1833 et celle du 15 mars 1850;

Considérant que, par un acte du 17 novembre 1828, le sieur Séguier a fait donation à la commune de Saint-Brisson d'une rente annuelle et perpétuelle de 150 francs pour être employée à l'établissement et au traitement d'un instituteur dans la commune de Saint-Brisson; que, par un autre acte du 17 mai 1835, le sieur Séguier déclare que la rente de 150 francs, qu'il a constituée par l'acte précité du 17 novembre 1828, est indépendante du traitement assuré à l'instituteur par la loi du 28 juin 1833, qu'elle doit lui être payée en sus de ce traitement, et qu'il n'entend nullement que, dans aucun cas et sous aucun prétexte, cette rente puisse venir en déduction des charges dont est tenue la commune de Saint-Brisson par la loi ci-dessus énoncée; qu'en conséquence, la rente dont il s'agit ne pourra jamais être précomptée à l'instituteur sur le traitement qu'il doit recevoir de la commune;

Considérant que la demande portée devant nous par le sieur Séguier de Saint-Brisson tend à faire décider que la rente donnée par feu son père doit, en vertu de la clause précitée, être payée à l'instituteur de la commune de Saint-Brisson en sus du traitement de 600 francs qui lui est attribué par la loi du 15 mars 1850; que notre Ministre de l'Instruction publique soutient au contraire que la rente n'a été créée qu'en vue d'ajouter un supplément au traitement de l'instituteur tel qu'il a été fixé par la loi du 28 juin 1833, et que, la loi du 15 mars 1850 ayant élevé à 600 francs le traitement minimum des instituteurs, le produit de la rente ne doit plus être payé en sus dudit traitement; que, dans cet état, il y a lieu de faire reconnaître préalablement le sens et la portée de la clause précitée de l'acte du 17 mai 1835, et que cette interprétation n'appartient qu'à l'autorité judiciaire :

ARTICLE 1er. — Le sieur Séguier de Saint-Brisson est renvoyé devant l'autorité judiciaire pour faire déterminer le sens et la portée de la clause précitée contenue dans l'acte du 17 mai 1835[1].

. . . .

---

20 août 1857. **Circulaire du Ministre de l'Instruction publique, relative à la direction pédagogique des Écoles primaires.**

20 Août 1857.

Monsieur le Recteur, depuis que la loi du 14 juin 1854 a associé les Préfets au gouvernement de l'instruction primaire, une impulsion très vive a été donnée à la partie extérieure et, si je puis dire, à la partie matérielle de l'enseignement. Un nombre considérable d'Écoles de filles ont été ouvertes; les petites Écoles, dites *Écoles de hameaux*, se sont multipliées; bref, les moyens d'instruction ont été mis, avec une libéralité plus grande que par le passé, à la portée des populations. Bientôt aucune des classes de la société française n'aura ni raisons ni prétextes de laisser les jeunes enfants grandir dans l'ignorance. C'est là un fait d'une véritable portée, et ce fait n'est que l'accomplissement de l'un des vœux les plus chers du Gouvernement impérial. MM. les Préfets, non plus qu'aucun des membres de l'administration de l'Instruction publique, ne peuvent oublier qu'en consacrant leurs efforts au développement de l'enseignement populaire,

1. Voir, à leur date, les décisions des 26 *avril* 1855 et 24 *juillet* 1862.

ils ne font que travailler à remplir, pour la part qui leur est échue, le programme tracé par ces mémorables paroles : « Je veux conquérir à la religion, « à la morale, à l'aisance, cette partie si nombreuse de la population qui, dans « un pays de foi et de croyances, connaît à peine les préceptes du Christ. » (*Discours de Bordeaux*).

Mais construire des Écoles n'est qu'une faible partie de la tâche. Quand on a rendu l'enseignement accessible, il reste à le rendre profitable. Il importe que les populations puissent toucher du doigt l'utilité pratique de l'instruction. On ne saurait se le dissimuler, le tour vague, abstrait, purement théorique, de l'enseignement est trop souvent l'une des causes de la désertion des classes. Pourquoi, dans les campagnes particulièrement, le chef de famille tiendra-t-il à ce que les enfants fréquentent régulièrement l'École, si les heures qu'on y passe paraissent des heures mal employées; si la dépense qu'elle entraîne est, à ses yeux, une dépense stérile? Il faut, à tout prix, que les familles, les communes, les départements, l'État, puissent se considérer comme amplement dédommagés, par les résultats, des sacrifices qu'ils auront accomplis.

Ici, Monsieur le Recteur, apparaît sous son véritable jour la mission qui vous est attribuée dans la direction de l'enseignement populaire, et c'est pour me mettre à même d'apprécier jusqu'à quel point vous êtes secondé, dans cette mission, par les agents placés sous vos ordres, que je viens vous prier de me faire connaître, au point de vue de chacune des branches du programme, la manière dont l'enseignement est donné dans les Écoles de votre circonscription académique.

C'est sur les matières comprises dans la partie *obligatoire* que j'attire tout spécialement votre attention. Ce serait déjà beaucoup, j'allais presque dire, il serait suffisant que les matières essentielles fussent possédées à fond, par tous les enfants que leur âge rend tributaires de l'École. Il s'en faut malheureusement que nous soyons sur le point d'arriver à ce modeste résultat.

Et, pour commencer par l'instruction morale et religieuse, l'instituteur se fait-il, en la dispensant, l'auxiliaire utile et discret du curé? Le catéchisme et l'Évangile sont-ils toujours appris dans l'École? En ce qui est de l'histoire sainte, le maître s'attache-t-il à la présenter sous forme de récit, à la résumer dans la vie de quelques personnages célèbres dont les noms ne sauraient être ignorés? Un récit fait avec quelque vivacité, coupé, de temps à autre, d'interrogations qui tiennent l'attention éveillée, est préférable à tout autre mode d'enseignement. Je verrais avec un véritable regret que l'on continuât, dans vos Écoles, à faire apprendre par cœur ces interminables séries de faits et de dates qui n'entrent dans la mémoire que pour en sortir aussitôt, sans y laisser ni une idée sérieuse, ni une notion utile.

En lecture, s'efforce-t-on, quelles que soient, d'ailleurs, les méthodes adoptées, à faire de cet exercice, presque toujours si fastidieux pour les élèves, un instrument de développement intellectuel? Il s'agit d'obtenir d'abord que la lecture soit faite avec aisance et naturel, et, en général, sur le ton de la conversation; ensuite, que les enfants prennent l'habitude de se rendre compte de tous les mots et de toutes les pensées. Quand un morceau a été lu, le maître le relit-il lui-même avec la prononciation, le ton, les inflexions de voix convenables? Adresse-t-il des questions sur le sens de telle phrase, l'orthographe de tel mot, la portée de telle expression?

En enseignant l'écriture, on n'a pas, vous le savez, à former d'habiles professeurs de calligraphie, mais à mettre les enfants à même d'écrire couramment et lisiblement. L'instituteur évite-t-il de mettre les élèves aux prises avec des difficultés extraordinaires et des traits bizarres? Réserve-t-il tout leur temps pour la *posée* et *l'expédiée?*

« Les élèves de nos Écoles, disait mon prédécesseur dans une instruction que « je me plais à rappeler, ont besoin d'apprendre leur langue, mais non les sub- « tilités qui ont rendu, en la compliquant, l'étude de la grammaire française « si peu attrayante, et, par conséquent, si difficile. »

Assurément, l'étude de la langue maternelle est indispensable et peut être féconde; car, si la langue n'est autre chose que l'expression de la pensée, la culture n'en peut être sans influence directe sur l'intelligence. Mais qu'on se garde d'accabler l'esprit des enfants de ces définitions métaphysiques, de ces règles abstraites, de ces analyses prétendues grammaticales, qui sont, pour eux, des hiéroglyphes indéchiffrables ou de rebutants exercices.

Tout enfant qui vient s'asseoir sur les bancs d'une École apporte avec lui, sans en avoir conscience, l'usage des genres, des nombres, des conjugaisons. Qu'y a-t-il à faire? Tout simplement l'amener à se rendre un compte rationnel de ce qu'il sait par routine et répète de lui-même machinalement. Que le maître fasse lire une phrase claire et simple; cette phrase lue, qu'il s'assure si les élèves en ont bien saisi le sens; qu'il explique ensuite ou fasse expliquer le rôle que chacun des mots joue dans la construction de la phrase. Après quoi, qu'il donne cette phrase à copier. On a ainsi tout ensemble une leçon de logique pratique et une leçon d'orthographe.

Là est le seul genre d'analyse qu'il faille admettre dans les Écoles. Si l'analyse ainsi pratiquée est fructueuse, parce qu'en étudiant à la fois la pensée et les mots elle s'adresse à l'intelligence, elle devient un pur gaspillage de temps quand elle n'est, comme on le voit trop souvent, que le travail machinal de la mémoire.

Donc, point de ces éternelles dictées, ambitieusement décorées du nom d'analyses logiques, et bonnes seulement à faire prendre en dégoût tout ce qui tient à l'enseignement de la langue; point de fantasmagorie de mots; s'il est possible même, point de grammaires entre les mains des élèves. Faire apprendre par cœur des formules abstraites à des enfants qui sortiront de l'École pour manier la bêche ou le rabot, c'est, à plaisir et sans résultats, heurter les instincts des familles. Qu'on voie s'entrechoquer dans un pêle-mêle de notions confuses ces mots techniques dont une intelligence peu exercée ne parvient jamais à se rendre maîtresse, il n'y a là, avec une perte de temps certaine, que des avantages bien douteux. Les dictées, graduées avec discernement, analysées au point de vue des idées, du sens des mots, de l'orthographe, dictées ayant pour objet un trait d'histoire, une invention utile, une lettre de famille, un mémoire, le compte rendu d'une affaire, tel doit être, dans l'École primaire, le fondement de l'enseignement de la langue.

Dans l'enseignement du calcul, les maîtres s'attachent-ils à exercer le raisonnement, à donner à cet enseignement un caractère tout pratique, en empruntant les problèmes aux circonstances de la vie réelle, aux faits de l'économie domestique, rurale et industrielle? S'efforce-t-on ainsi de faire de l'arithmétique une sorte de cours de logique populaire appliquée aux besoins, aux relations de chaque jour?

Que si l'on complète ces données fondamentales par des notions très simples de géographie, en prenant pour point de départ le village, le canton, l'arrondissement, le département, en donnant des explications sommaires, mais précises, sur les faits historiques, administratifs, industriels, agricoles, qui se rattachent aux lieux indiqués sur la carte, on aura parcouru le cercle des matières qu'il est désirable d'enseigner à tous les enfants admis dans les Écoles rurales, et dans un certain nombre de nos Écoles de villes.

Ce programme épuisé, sans doute on n'aura point formé des savants; mais on aura donné à de futurs ouvriers des notions vraiment utiles, et toutes les connaissances nécessaires pour qu'ils puissent se livrer aux travaux de leurs professions avec intelligence et profit.

C'est à ces différents points de vue, Monsieur le Recteur, que je désire recevoir de vous des renseignements positifs sur la manière dont est dispensé l'enseignement dans les Écoles primaires de votre circonscription.

Les instituteurs sont-ils bien pénétrés de la nécessité de poser, d'une manière solide, ces premiers et indispensables fondements, avant d'aborder les matières énumérées dans la partie facultative du programme?

Comprennent-ils que, dans l'intérêt même de l'enseignement, ils doivent faire en sorte que les familles puissent constater, par les résultats, l'unité pratique de l'École?

Les Inspecteurs primaires ont-ils, à cet égard, des idées précises, un plan nettement arrêté, et ce plan est-il persévéramment suivi? Messieurs les Inspecteurs d'Académie, de leur côté, se préoccupent-ils des moyens d'imprimer, sous ce rapport, au service dont ils sont les chefs, une marche logique et uniforme?

Si le but indiqué dans la présente circulaire n'est atteint que très incomplètement, à quelles causes attribuez-vous une déviation si regrettable de la ligne que tracent évidemment les simples données du bon sens? Est-ce à l'insuffisance ou à une direction erronée de l'éducation pédagogique des maîtres, est-ce au défaut d'expérience de la part des fonctionnaires chargés de l'inspection? Quels remèdes, et, au besoin, quelles réformes auriez-vous à me proposer?

A toutes ces questions, je désire, Monsieur le Recteur, que vous m'adressiez des réponses puisées dans l'étude attentive et consciencieuse des faits. Je vois, par les derniers rapports de MM. les Inspecteurs primaires, qu'un nombre très considérable d'enfants de votre circonscription s'abstiennent encore de fréquenter les Écoles. Les causes d'un fait si digne d'exciter votre sollicitude sont assurément très complexes: on peut parler de l'indifférence des populations pour l'instruction, de la pauvreté des familles, de la difficulté ou de la longueur des chemins qui, dans certaines localités, séparent les habitations de l'École; mais à ces causes, contre lesquelles le temps seul permettra à l'administration de réagir, ne faut-il pas ajouter, pour une large part, celle dont je parlais plus haut, le caractère trop vague et trop théorique de l'enseignement? Or, on rendra l'instruction pratique en employant moins de temps à enseigner des choses dénuées d'intérêt pour les élèves des Écoles, et en donnant plus de temps, au contraire, à l'enseignement des connaissances usuelles.

Sous ce rapport, évidemment, les efforts de l'administration pourront, dès aujourd'hui, accélérer le progrès. J'attends de vous, Monsieur le Recteur, que vous m'adressiez toutes les informations qui me permettront d'en préparer les éléments.

Recevez, etc.

Signé: Rouland.

29 août 1857. **Décret portant que les instituteurs communaux, qui ont opté pour le maintien à la Caisse des dépôts et consignations des fonds qu'ils avaient déposés dans leurs anciennes caisses d'épargne, sont autorisés à faire transporter ces fonds à la Caisse des retraites pour la vieillesse.**

29 Août 1857.

Napoléon, etc.,

Sur le rapport de notre Ministre secrétaire d'État au département de l'Instruction publique et des Cultes ;

Vu les lois des 18 juin 1850 et 28 mai 1853 sur les caisses de retraite pour la vieillesse; ensemble le décret impérial du 18 août 1855;

Vu le décret du 29 décembre 1853, relatif aux caisses d'épargne et de prévoyance des instituteurs communaux ;

Vu le décret du 8 août 1855, ordonnant la liquidation des comptes individuels des instituteurs communaux dans les caisses d'épargne;

Vu le décret du 10 décembre 1856, relatif à la liquidation des caisses d'épargne spéciales des institutrices primaires et des surveillantes des salles d'asile de la ville de Paris;

Vu les avis de notre Ministre des Finances et de notre Ministre de l'Agriculture, du Commerce et des Travaux publics,

Avons décrété et décrétons ce qui suit :

Article 1er. — Les instituteurs communaux, qui, en vertu du décret du 8 août 1855, ont opté pour le maintien à la Caisse des dépôts et consignations des fonds qu'ils avaient déposés dans leurs anciennes caisses d'épargne, sont autorisés à faire transporter ces fonds de la Caisse des dépôts et consigations à la Caisse des retraites pour la vieillesse.

Art. 2. — Les dispositions du présent décret sont applicables aux institutrices primaires et aux surveillantes des salles d'asile de la ville de Paris.

Art. 3. — Notre Ministre de l'Instruction publique et des Cultes, notre Ministre de l'Agriculture, du Commerce et des Travaux publics, et notre Ministre des Finances sont chargés, chacun en ce qui le concerne, de l'exécution du présent décret.

Décision du Conseil d'État, relative au droit de patente dû par les instituteurs. 5 octobre 1857.

5 Octobre 1857.

L'instituteur d'une École primaire communale, qui gère pour son compte un pensionnat qu'il a été autorisé à joindre à cette École, doit-il être imposé à la patente des maîtres de pension, alors même que le pensionnat est établi dans un des locaux fournis par la ville et que la ville perçoit à son profit la moitié des rétributions payées par les pensionnaires?

Le Conseil,

Vu la requête du sieur Brunois, instituteur communal à Saint-Quentin, tendant à ce qu'il nous plaise annuler un arrêté du 17 avril 1857, par lequel le Conseil de préfecture de l'Aisne a rejeté sa demande en décharge de la contribution des patentes, à laquelle il a été imposé, pour l'année 1857, sur le rôle de la ville de Saint-Quentin, en qualité de maître de pension, à raison d'un pensionnat qui est annexé à l'École communale préparatoire qu'il dirige;

Ce faisant, et attendu que l'annexion de ce pensionnat a été autorisée dans un intérêt public, et ne saurait dès lors avoir pour effet de faire perdre au sieur Brunois son caractère d'instituteur public pour lui donner celui d'instituteur libre, et le rendre passible de la patente; décider que par application de l'article 13 de la loi du 25 avril 1844, le requérant doit être exempté de la patente;

Vu la loi du 25 avril 1844 et la loi du 18 mai 1850;

Vu la loi du 15 mars 1850;

Considérant qu'il résulte de l'instruction et qu'il est reconnu par le requérant qu'il gère pour son compte le pensionnat qu'il a été autorisé à joindre à l'École primaire communale dont il est directeur; que, si ce pensionnat est établi dans les locaux que la ville de Saint-Quentin fournit au sieur Brunois, et si la ville perçoit à son profit la moitié des rétributions payées par les pensionnaires, ledit sieur Brunois n'est pas fondé à se prévaloir de ces circonstances pour soutenir qu'il ne peut être considéré comme maître de pension, aux termes de la loi du 15 mars 1850, et imposé comme tel à la contribution des patentes, en vertu de ladite loi; que, dès lors, c'est avec raison que le Conseil de préfecture a rejeté sa demande en décharge de la contribution à laquelle il a été imposé pour l'année 1857, sur le rôle des patentables de la ville de Saint-Quentin, en qualité de maître de pension :

ARTICLE 1er. — La requête du sieur Brunois est rejetée.

. . . .

---

19 mai 1858. **Circulaire du Ministre de l'Instruction publique, relative aux baux à loyer pour maisons d'école.**

19 Mai 1858.

Monsieur le Préfet, malgré les pressantes instances de l'administration et les secours accordés par l'État pour la construction des maisons d'école, un grand nombre de communes ne sont pas encore propriétaires du local où leurs Écoles sont établies. C'est un inconvénient grave, en ce sens qu'une location n'étant pas faite ordinairement à long terme, l'École est exposée à des déplacements onéreux ou même quelquefois à une fermeture plus fâcheuse encore. Ces inconvénients se font plus vivement sentir quand la commune traite directement avec l'instituteur, qui se rend locataire de la maison d'école, et qui reçoit, à cet effet, une indemnité. Le changement de l'instituteur ajoute une cause nouvelle d'instabilité à toutes celles qui résultent des circonstances locales.

Il y a lieu, Monsieur le Préfet, de veiller avec soin à ce que cet état de choses ne se perpétue pas. Veuillez donc, lorsqu'une commune ne sera pas propriétaire de sa maison d'école, et lorsqu'elle n'aura formé encore aucun projet de construction ou d'acquisition, ne l'autoriser à louer une maison d'école que par un bail ayant plusieurs années de durée et résiliable, à la volonté de la commune, à chaque période triennale ou en cas de construction ou d'acquisition d'un autre local. Veuillez surtout recommander qu'en aucun cas les loyers des maisons d'école ne soient au nom de l'instituteur. C'est la commune qui doit fournir le local; c'est donc elle, elle seule, je le répète, qui doit, si elle n'est pas propriétaire, se rendre locataire des maisons d'école.

Recevez, etc.

Signé : ROULAND.

---

12 juin 1858. **Circulaire du Ministre de l'Instruction publique, relative aux conditions exigées pour les salles d'asile modèles.**

12 Juin 1858.

Monsieur le Recteur, aux termes de l'article 8 du décret du 21 mars 1855, le titre de salle d'asile modèle peut être conféré par le Ministre de l'Instruction publique, sur la proposition du Comité central de patronage, à celles des salles d'asile qui auraient été signalées par les Recteurs, après avis des dames déléguées spéciales, pour la bonne disposition du local, l'état satisfaisant du mobilier, les soins donnés aux enfants, ainsi que pour l'emploi judicieux et intelligent des meilleurs moyens d'éducation et de premier enseignement.

Bien que cet énoncé sommaire ait été précisé par l'arrêté en date du 28 mars 1857, et rappelé dans la circulaire du 10 juin de la même année, je crois utile de dissiper toute incertitude, relativement aux conditions que doivent réunir les salles d'asile pour lesquelles on solliciterait, à l'avenir, le titre d'asile modèle, en indiquant, avec une exactitude minutieuse, les points sur lesquels il importe que les rapports des dames déléguées spéciales présentent, le cas échéant, des renseignements positifs.

Je résume, sous les trois chefs indiqués par l'article 8 du décret précité, les conditions dont il s'agit.

I. *Local.*

Examiner si tout est conforme aux prescriptions réglementaires, en ayant sous les yeux, d'une part, les articles 4, 5, 6, 7 du décret du 21 mars et les articles 21, 22, 23 du règlement général du 22 mars 1855; d'autre part, le plan de l'asile en question.

Indépendamment des conditions énumérées dans ces articles, porter l'attention sur les points suivants : Le vestibule est-il fermé par une barrière destinée à empêcher le public de pénétrer dans la salle d'asile ? Dimensions des classes (art. 4 du décret). — Sont-elles proportionnées au nombre des enfants que l'asile doit recevoir ? — Quelle est la forme des gradins ? — Quelle est la hauteur et la largeur des marches ? — Quel est l'appareil de chauffage ? — Comment est-il pourvu à l'aération et à la ventilation ? — Où est placé le lavabo ? Comment est-il organisé ?

Le préau est-il d'une dimension au moins égale à celle de la salle d'exercices ?

La cour est-elle spacieuse, de plain-pied, attenant aux salles ? le sol en est-il uni et battu ?

Les lieux d'aisances sont-ils situés de manière à être facilement surveillés ? sont-ils bien aérés ? peut-on y arriver à couvert ? quel est le nombre des compartiments ? et ce nombre est-il en proportion avec celui des enfants ? — Se conforme-t-on exactement aux diverses prescriptions de l'article 6 du règlement général ?

II. *Mobilier.*

La salle d'asile est-elle munie de tous les objets désignés dans l'article 21 du règlement du 22 mars 1855, et tous les objets sont-ils en bon état de conservation ? Comment est-il pourvu aux soins de propreté ?

L'asile possède-t-il les registres dont parle l'article 23 ?

III. *Direction.*

Le Comité local est-il composé de membres actifs, au courant des détails et de la direction méthodique d'un asile, et en état de satisfaire aux prescriptions de l'article 15 du décret du 21 mars ? — Un médecin est-il attaché à l'établissement, et y fait-il des visites régulières (art. 16 dudit décret) ?

La directrice remplit-elle la condition stipulée par l'article 4 de l'arrêté du 28 mars 1857 ? — Est-elle laïque ou membre d'une congrégation religieuse ? — Dans ce dernier cas, est-elle disposée à recevoir également, pour le stage, des aspirantes laïques ou des aspirantes religieuses ? La congrégation à laquelle elle appartient possède-t-elle un asile normal ?

Le règlement intérieur suivi dans l'asile est-il celui des salles d'asile de Paris ? Faire connaître les modifications (additions ou retranchements) qui ont pu être apportées à ce dernier ? — Indiquer les raisons des différences signalées.

Emploi du temps détaillé. Se reporter, pour apprécier cet emploi du temps, aux articles 1 à 19 du règlement général. (Répondre, paragraphe par paragraphe.)

L'enseignement est-il maintenu dans les limites fixées par le règlement ? — S'occupe-t-on avec suite et succès des exercices de chant ? — Quels sont les petits travaux manuels auxquels on applique les enfants ? — Exercices hygiéniques. — Quelles sont les prières dites dans la salle d'asile ? — Les principales se font-elles à genoux ?

Indications supplémentaires.

Que deviennent les enfants arrivés à l'âge où ils ne peuvent plus rester à l'asile ? Veille-t-on à ce que chacun d'eux soit envoyé dans une bonne École ? Le comité de patronage prend-il quelques mesures à cet égard ?

Vous voudrez bien, Monsieur le Recteur, donner communication de cette sorte de programme à MM. les Inspecteurs d'Académie placés sous vos ordres et à Mme la déléguée spéciale. Le programme en question devra être le guide pratique de ces fonctionnaires, dans toute instruction ayant pour but de préparer la demande d'érection d'une salle d'asile en salle d'asile modèle.

Je vous prie de m'accuser réception de la présente circulaire.

Recevez, etc.

Signé : ROULAND.

---

21 juin 1858.

Rapport et Décret modifiant les classes et les traitements des Inspecteurs primaires.

21 Juin 1858.

1° Rapport à l'Empereur.

SIRE,

Les Inspecteurs de l'instruction primaire remplissent une mission à la fois laborieuse et utile ; ils rendent les meilleurs services. Leur exemple entretient, parmi les instituteurs, le dévouement aux intérêts de l'enfance, l'émulation pour le bien, l'amour du devoir et l'attachement aux institutions qui assurent aujourd'hui le repos et la prospérité du pays.

En toute circonstance l'administration a trouvé en eux les plus fidèles auxiliaires, et ils sont vraiment dignes de sa sympathie. Or, telle est la modicité de leur traitement que, dans les conditions actuelles de la vie, la plupart d'entre eux auraient à craindre de se voir aux prises avec de pénibles difficultés, si la libéralité de l'État ne leur venait en aide.

Votre Majesté, dont la sollicitude ne se sépare jamais du travail courageux et modeste, s'est émue de cette situation, et elle m'a ordonné de rechercher quelles améliorations pourraient y être apportées. Je m'applaudis de pouvoir répondre à ses intentions bienveillantes en lui soumettant quelques dispositions nouvelles qui, en même temps qu'elles assureraient aux Inspecteurs de l'instruction primaire des ressources plus larges, opéreraient dans l'organisation du service des modifications de nature à le faciliter.

Les Inspecteurs sont aujourd'hui divisés en cinq classes :

20 dans la première classe, à.	2 000 francs.
40 dans la seconde, à	1 800 —
50 dans la troisième, à	1 600 —
60 dans la quatrième, à.	1 400 —
105 dans la cinquième, à.	1 200 —

Ainsi, ils n'atteignent le maximum du traitement actuel, en vingt ou vingt-cinq années d'exercice, qu'après quatre promotions. Je propose à Votre Majesté de réduire à *trois* le nombre des classes, et de décider que les 275 Inspecteurs (non compris les six Inspecteurs du département de la Seine qui forment une classe à part) seront répartis comme il suit :

30 dans la première classe;
60 dans la seconde;
185 dans la troisième.

Le chiffre des traitements afférents à chacune de ces classes serait ainsi fixé :

Première classe.	2 400 francs.
Seconde classe	2 000 —
Troisième classe.	1 600 —

Il en résulterait une augmentation pour tous les Inspecteurs de première et de seconde classe; et, outre une augmentation, une promotion pour 10 Inspecteurs de la seconde classe, pour 30 de la troisième, et pour les 165 Inspecteurs qui composent les quatrième et cinquième classes.

De si notables avantages se réaliseraient au moyen d'une addition de 88 000 francs au chiffre actuel des traitements, et d'un accroissement de dépense de 55 000 francs seulement au budget. En effet, le Corps législatif vient d'accorder pour 1859, en faveur de l'inspection primaire, une augmentation de crédit de 55 000 francs. Il ne faudrait qu'ajouter à cette somme celle de 33 000 francs actuellement attribuée, à titre d'indemnité, à ceux des Inspecteurs primaires qui vont passer, à tour de rôle, une année au chef-lieu de département pour y servir d'auxiliaires à l'Inspecteur d'Académie chargé, par le décret du 22 août 1854, des fonctions d'Inspecteur de l'instruction primaire dans l'arrondissement chef-lieu. Ladite somme de 33 000 francs deviendrait disponible, si, à l'avenir, les Inspecteurs primaires pouvaient être dispensés de ce déplacement périodique, qu'ils ne supportent pas sans un surcroît de sacrifice au moins égal à l'indemnité dont il est l'objet.

C'est à cette combinaison que se trouve liée la modification dans le service de l'inspection primaire, que tout à l'heure je faisais pressentir à Votre Majesté.

Pour l'accomplir, il serait indispensable de rapporter l'article 24 du décret du 22 août 1854 précité. Je rends hommage assurément à la pensée qui avait inspiré cet article. En le proposant à Votre Majesté, mon prédécesseur avait cédé surtout à cette considération, dont on ne saurait méconnaître la valeur, qu'il pouvait être utile d'appeler chaque Inspecteur primaire à recevoir, tour à tour et directement, les inspirations de son supérieur immédiat, et à s'initier, au sein du Conseil départemental, à la connaissance des affaires importantes. Mais l'expérience n'a pas réalisé les avantages qu'on s'était promis. Il est démontré aujourd'hui que l'arrondissement chef-lieu, où l'inspection ne s'exerce plus que d'une manière incomplète et sans cet esprit de suite qui seul garantit le succès, souffre de l'absence d'un fonctionnaire spécial, et que les autres arrondissements eux-mêmes se ressentent de l'abandon momentané qu'ils subissent.

Si, accueillant ces motifs, Votre Majesté consent à décider qu'il y aura, à l'avenir, un Inspecteur primaire dans chaque arrondissement chef-lieu de préfecture (art. 2 du projet de décret), elle aura donné satisfaction à un vœu généralement exprimé; elle aura fait plus : tout en pourvoyant à de pressants intérêts scolaires, elle m'aura mis à même de compléter la somme nécessaire pour faire face à l'augmentation des traitements.

Pour rétablir l'inspection spéciale au centre même de chaque département, je n'ai nul besoin de demander à Votre Majesté d'augmenter le personnel des Inspecteurs de l'instruction primaire. En effet, il est un certain nombre d'arrondissements qui renferment trop peu d'Écoles de tout genre pour absorber l'activité des Inspecteurs chargés de leur surveillance. A côté de circonscriptions comptant 300 et 400 établissements, d'autres en possèdent à peine 30 et 40. Il résulte de ce fait, dans la répartition actuelle de l'inspection, une inégalité à laquelle il suffirait de mettre fin, pour tirer le meilleur parti de forces qui ne peuvent, sans un préjudice sérieux, rester nulle part inactives.

En conséquence, Sire, je propose à Votre Majesté de revenir à un système dont la pratique a montré les bons effets depuis la loi de 1850 jusqu'au décret du 22 août 1854, à savoir la réunion, sous la surveillance d'un seul Inspecteur, de deux ou plusieurs arrondissements. La formation des nouvelles circonscriptions scolaires serait nécessairement réservée au Ministre de l'Instruction publique; mais, comme elle doit avoir pour base des besoins et des exigences que peuvent seules apprécier pertinemment les autorités locales, la délimitation de ces circonscriptions ne serait arrêtée par l'administration supérieure qu'après avis des Conseils départementaux et sur la proposition des premiers magistrats de l'enseignement pour chacun des ressorts académiques. Ainsi seraient conciliés, dans une question qui ne laisse pas de présenter certaines difficultés, les droits du pouvoir central et les vœux des autorités secondaires, dont votre Gouvernement se plaît toujours à interroger l'expérience.

Telles sont les considérations qui me déterminent à présenter à Votre Majesté les trois articles dont se compose le nouveau projet de décret. Bien que ce décret ne doive être exécutoire qu'à partir du 1er janvier 1859, Votre Majesté voudra, peut-être, sans plus tarder, faire connaître les dispositions qu'il consacre. Les fonctionnaires appelés à en recueillir le bénéfice y trouveront, dès aujourd'hui, avec de nouveaux motifs de zèle et de gratitude envers le Gouvernement impérial, la preuve que des services dévoués ne sont jamais mis en oubli; l'opinion publique y verra un témoignage de plus de la sollicitude que Votre Majesté accorde aux intérêts si importants de l'instruction primaire.

Je suis, etc.

Signé : ROULAND.

2e Décret.

NAPOLÉON, etc.,

Sur le rapport de notre Ministre secrétaire d'État au département de l'Instruction publique et des Cultes,

Vu l'article 20 de la loi du 15 mars 1850;

Vu l'article 24 de notre décret du 22 août 1854,

Avons décrété et décrétons ce qui suit :

ARTICLE 1er. — Les Inspecteurs de l'instruction primaire, dans les départements autres que celui de la Seine, sont divisés en trois classes, et les traitements affectés à chaque classe sont fixés ainsi qu'il suit, à partir du 1er janvier 1859 :

30	Inspecteurs de première classe,	à 2 400	francs.
60	— de seconde classe,	à 2 000	—
185	— de troisième classe,	à 1 600	—

ART. 2. — Il y aura un Inspecteur de l'instruction primaire dans chaque arrondissement chef-lieu de préfecture.

ART. 3. — Notre Ministre secrétaire d'État au département de l'Instruction publique et des Cultes déterminera, après avis du Conseil départemental et sur la proposition du Recteur de l'Académie, les arrondissements qui devront être réunis à d'autres et qui formeront ainsi une circonscription d'inspection primaire[1].

Avis relatif au congé du jeudi.

28 juin 1858.

28 Juin 1858.

Le Conseil, etc.,

Vu la délibération du Conseil départemental de l'instruction publique de la Corrèze, ayant pour objet de décider que le demi-congé du jeudi, autorisé par le règlement de 1851 dans les Écoles primaires de ce département, deviendra congé de la journée entière ;

Considérant que, dans les trois quarts au moins des circonscriptions départementales, le congé hebdomadaire embrasse toute la journée du jeudi ;

1. Voir, pour l'exécution du décret, les circulaires aux Recteurs et aux Préfets du 30 *juillet* 1858. (*Circulaires et Instructions officielles, etc.*, Tome V, pages 215 et 217.)

Qu'il convient de donner aux instituteurs la jouissance d'un jour entier par semaine, afin qu'ils puissent s'occuper de leurs affaires personnelles,

Est d'avis qu'il y a lieu d'autoriser la modification proposée au règlement des Écoles communales de la Corrèze.

---

7 juillet 1858.

Avis relatif à la présence des représentants des divers cultes dans les Commissions d'examen.

7 Juillet 1858.

Le Conseil, etc.,

Par interprétation de l'article 46 de la loi du 15 mars 1850,

Est d'avis que les ministres des cultes reconnus ne sont appelés à siéger dans les Commissions d'examen qu'en raison de la présence de candidats appartenant à ces cultes; qu'ils ne doivent donc siéger que pour l'examen spécial des candidats appartenant au culte dont ils sont les ministres; qu'enfin et relativement à ces candidats, chaque ministre assiste à l'examen intégral et pour toutes les matières de cet examen.

---

9 juillet 1858.

Avis concernant les justifications à exiger pour l'admission dans les Écoles.

9 Juillet 1858.

Le Conseil, etc.,

Vu la délibération du Conseil départemental de la Manche, en date du 21 juillet 1857, ensemble l'avis du Préfet du même jour, sur une modification à introduire dans le règlement des Écoles de ce département;

Vu les articles 5 et 6 de la loi du 15 mars 1850;

Considérant :

Qu'en interdisant l'entrée de toutes les Écoles à l'élève qui aura refusé de se soumettre à une punition, la disposition réglementaire proposée ajoute aux punitions ordinaires une pénalité évidemment excessive;

Que, si le maître doit avoir le droit de renvoyer de son École l'élève qui refuse de se soumettre à son autorité, il ne serait ni juste ni prudent d'en conclure que l'élève doive être exclu de toutes les autres Écoles, privé d'instruction, condamné à l'oisiveté, et peut-être à une vie de vagabondage et de désordre;

Que, quant à l'élève qui, par des habitudes vicieuses ou un esprit d'incorrigible insubordination, deviendrait dangereux pour le bon ordre des Écoles, ce serait à l'autorité publique de voir si, dans un intérêt général, il n'y aurait pas lieu d'interdire à l'enfant signalé l'entrée des autres Écoles publiques;

Qu'en exigeant d'une manière absolue que tout élève, pour être admis dans une École, produise un certificat du maître dont il quitte la classe, la disposition proposée ajoute aux conditions ordinaires d'admission une condition nouvelle qui peut présenter des inconvénients et porter atteinte à la liberté du père de famille, lequel doit avoir le droit de retirer son enfant d'une École pour le placer dans une autre École, et de le confier à l'instituteur qu'il préfère;

Qu'à l'égard des instituteurs publics qui, par des manœuvres répréhensibles, chercheraient à enlever des élèves aux Écoles voisines pour augmenter l'importance de leur propre École, l'autorité trouve dans les règlements en vigueur et dans les instructions ministérielles des moyens suffisants pour réprimer de pareils abus;

Qu'enfin, si la disposition réglementaire proposée a fait partie de l'ancien règlement de 1842, elle a été retranchée du règlement actuel, approuvé par le Conseil, le 23 mars 1852,

Est d'avis qu'il n'y a pas lieu d'ajouter au règlement des Écoles publiques du..... la disposition proposée par le Conseil départemental.

Arrêté relatif à la construction des maisons d'école et des salles d'asile. 14 juillet 1858.

14 Juillet 1858.

Le Ministre secrétaire d'État au département de l'Instruction publique et des Cultes

Arrête ce qui suit :

ARTICLE 1er. — Les Conseils municipaux qui demandent des secours à l'État pour la construction, l'appropriation ou la réparation de locaux destinés à des Écoles primaires ou à des salles d'asile, devront présenter, à l'appui de leur demande, indépendamment des pièces prescrites par les instructions ministérielles, un plan en double expédition des travaux à exécuter.

ART. 2. — Lorsqu'il aura été statué sur la demande de secours, les deux exemplaires des plans présentés seront renvoyés aux Préfets, avec mention de l'approbation ministérielle. Un exemplaire sera remis au maire pour l'exécution des travaux. Le second exemplaire sera déposé entre les mains de l'Inspecteur d'Académie.

ART. 3. — Lorsque les travaux seront terminés, et lorsqu'il y aura lieu de payer, soit la totalité, soit une partie du secours promis, le Préfet en préviendra l'Inspecteur d'Académie, lequel remettra à l'Inspecteur primaire de l'arrondissement le plan déposé entre ses mains, et lui donnera ordre de se transporter dans la commune pour y vérifier si les dispositions approuvées par le Ministre, tant pour la dimension que pour la disposition des locaux, ont été exactement observées. L'Inspecteur primaire fera son rapport à l'Inspecteur d'Académie et lui remettra le plan du local, qui demeurera déposé aux archives de l'inspection académique. L'Inspecteur d'Académie délivrera, sur le vu de ce rapport, un certificat constatant, s'il y a lieu, que les plans approuvés ont été scrupuleusement exécutés, et le Préfet joindra ce certificat à l'appui de sa proposition d'ordonnancement.

ART. 4. — Dans le cas où les plans approuvés par le Ministre n'auraient pas été scrupuleusement suivis dans l'exécution des travaux, le concours de l'État ne pourra être requis, et la promesse de secours faite sera considérée comme nulle et non avenue.

ART. 5. — MM. les Préfets des départements et MM. les Inspecteurs d'Académie sont chargés, chacun en ce qui le concerne, de l'exécution du présent arrêté.

---

20 juillet 1858.

Décret relatif aux emplois d'instituteurs suppléants.

20 Juillet 1858.

NAPOLÉON, etc.,

Sur le rapport de notre Ministre secrétaire d'État au département de l'Instruction publique et des Cultes;

Vu la loi du 15 mars 1850;

Vu le décret du 31 décembre 1853;

Vu la loi de finances, en date du 4 juin 1858, portant fixation du budget de l'exercice 1859,

Avons décrété et décrétons ce qui suit :

ARTICLE 1er. — Il n'y aura plus, à partir du 1er janvier 1859, qu'une classe d'instituteurs suppléants.

ART. 2. — Le minimum du traitement des instituteurs suppléants est fixé à 500 francs[1].

Circulaire du Ministre de l'Instruction publique, relative à l'arrêté du 14 juillet 1858, concernant la construction des maisons d'école et salles d'asile[2]. 30 juillet 1858.

30 Juillet 1858.

Monsieur le Préfet, depuis 1833 l'État a constamment aidé les communes qui s'imposaient des sacrifices pour acquérir ou construire des maisons d'école. Les secours du Gouvernement, portés partout où leur utilité a paru bien constatée, ont excité d'heureux efforts de la part des départements et des communes en faveur de ces établissements, et il en est résulté une amélioration notable dans la situation matérielle de l'enseignement primaire.

Cependant, je suis informé que, malgré vos recommandations et la surveillance exercée par les Inspecteurs primaires, beaucoup de projets d'École n'ont n'ont pas été exécutés selon les plans approuvés, et laissent par conséquent à désirer sur des points essentiels. Il m'a paru nécessaire de préserver l'avenir contre les fâcheux effets de ces transformations commandées le plus souvent par une parcimonie oublieuse des intérêts sérieux de l'instruction primaire.

Dans ce but, j'ai pris un arrêté à la date du 14 juillet, aux termes duquel le payement des secours promis par l'État serait refusé à toute commune qui n'aurait pas ponctuellement suivi, dans ses travaux, les plans adoptés. Les autres dispositions de cet arrêté indiquent les mesures préalables à prendre pour prévenir l'abus ou pour en faciliter la répression. Vous trouverez ci-joint une ampliation de cet acte dont vous voudrez bien assurer l'exécution de concert avec M. l'Inspecteur d'Académie, et que je vous prie d'insérer dans le recueil de vos actes administratifs.

A cette occasion, je crois devoir vous prier d'apporter le plus grand soin dans l'instruction des affaires relatives à la construction et à l'appropriation des maisons d'école. Il m'arrive journellement des projets qui ne sont pas convenablement établis, et je me vois dans l'obligation de les rejeter, soit parce qu'ils n'assureraient pas aux nouvelles maisons une distribution appropriée, sous tous les rapports, à leur destination, soit parce qu'ils sont conçus dans des proportions exagérées.

A différentes époques, les Ministres mes prédécesseurs, préoccupés de la nécessité de pourvoir les communes d'Écoles convenablement disposées, ont adressé à ce sujet des circulaires à MM. les Préfets. Mais ces instructions, déjà anciennes,

1. Aux termes de la circulaire du 13 *novembre* 1858, il n'est pas permis d'inférer des dispositions de l'article 9 du décret de 1853 rapprochées du texte ci-dessus que le traitement des institutrices doit être désormais de 500 francs. Les institutrices faisant fonctions d'instituteur continueront à recevoir, comme par le passé, le traitement de 400 ou 500 francs, suivant la classe à laquelle elles appartiennent.

2. Consulter, en ce qui concerne la construction des maisons d'école, la loi du 15 *mars* 1850, art. 37, — le décret du 7 *octobre* 1850, — la circulaire du 24 *décembre* 1850, — celle du 31 *octobre* 1854, — la circulaire du 19 *mai* 1858, — l'arrêté du 14 *juillet* 1858. — Voir également les instructions du 4 *juin* 1851 aux Recteurs et aux Préfets. (*Circulaires et Instructions officielles, etc.*, Tome IV, pages 211 et 213.)

sont tombées dans l'oubli, et il me paraît utile aujourd'hui d'en rappeler à votre attention, en les présentant réunis, les points les plus importants.

La première chose à rechercher, pour l'établissement d'une École, c'est un lieu central, d'un accès facile et bien aéré. Quant à la maison, elle doit être simple et modeste, mais commode, isolée de toute habitation bruyante ou malsaine, qui exposerait les enfants à recevoir des impressions, soit morales, soit physiques, non moins contraires à leurs mœurs qu'à leur santé. La salle de classe sera construite sur cave, planchéiée, bien éclairée, accessible aux rayons du soleil, et telle surtout que la disposition des fenêtres, garnies chacune d'un vasistas, permette de renouveler l'air facilement. Il faut enfin que l'habitation de l'instituteur et de sa famille soit composée de telle sorte qu'il puisse disposer de trois pièces au moins, y compris une cuisine, et d'un jardin, autant que possible. Il est aussi à désirer qu'il y ait une cour fermée ou un préau pour réunir les élèves avant la classe et les garder en récréation.

Les dimensions de la classe doivent être proportionnées à la population scolaire. Cette population se détermine en prenant le nombre des enfants de sept à treize ans dans les communes où il y a des salles d'asile, et de cinq à treize ans dans toutes les autres.

L'aire de la classe doit présenter, par élève, une surface d'un mètre carré, et une hauteur de 4 mètres. L'expérience et la théorie démontrent que toute salle de classe, construite dans ces proportions, se trouvera dans de bonnes conditions hygiéniques, et offrira les dispositions les plus convenables pour la direction méthodique d'une École. On tolérera cependant une hauteur de 3 mètres 30 centimètres dans les maisons qui ne seront pas construites à neuf.

Dans les Écoles mixtes, il faut veiller à ce que la classe soit divisée, par une cloison, en deux parties, l'une pour les garçons, l'autre pour les filles. Dans toutes les Écoles, les latrines doivent toujours être en vue de l'estrade du maître, et divisées en deux cabinets distincts et isolés l'un de l'autre, dans les Écoles réunissant les deux sexes.

Vous voudrez bien, Monsieur le Préfet, tenir la main à ce que ces prescriptions soient toujours soigneusement observées par les communes qui voudront arriver à une meilleure installation de leurs Écoles publiques. Lorsqu'elles auront besoin d'être aidées, vous réclamerez pour elles les secours de l'État, qui ne les leur refusera jamais quand il sera démontré qu'elles s'imposent de véritables sacrifices.

Ces demandes de secours, indépendamment de votre avis motivé, devront être accompagnées, comme par le passé, des pièces suivantes :

1° Plans, devis et extrait du plan cadastral faisant connaître la position de l'École relativement aux maisons environnantes;

2° Extrait de la délibération prise par le Conseil municipal pour arrêter ce devis, et faisant connaître la somme votée pour contribuer à la dépense;

3° Budget de la commune;

4° Situation financière de la commune, délivrée par le receveur municipal et certifiée exacte;

5° Délibération du Conseil départemental;

6° Avis motivé de l'Inspecteur d'Académie.

Veuillez, Monsieur le Préfet, en m'accusant réception de cette circulaire, me faire connaître les mesures que vous aurez prises pour assurer l'exécution des prescriptions qu'elle renferme.

Recevez, etc.

Signé : ROULAND.

Décret fixant les attributions du Ministère de l'Algérie et du Ministère de l'Instruction publique, en ce qui concerne l'instruction publique en Algérie. [Extrait.] 2 août 1858.

2 Août 1858.

Napoléon, etc.,

Avons décrété et décrétons ce qui suit :

Article 1er. — Le service de l'Instruction publique et des Cultes en Algérie est placé dans les attributions et sous l'autorité du prince chargé du Ministère de l'Algérie et des Colonies.

Toutefois, lorsqu'il s'agit de modifier, soit la législation de l'Instruction publique et des Cultes, soit l'organisation réglementaire de l'enseignement, il y est pourvu par les décrets rendus sur le rapport du prince chargé du Ministère de l'Algérie et des Colonies, et de notre Ministre secrétaire d'État de l'Instruction publique et des Cultes.

Le Recteur de l'Académie d'Alger adresse, tous les six mois, au prince chargé du Ministère de l'Algérie et des Colonies et à notre Ministre secrétaire d'État de l'Instruction publique et des Cultes, un rapport sur l'état de l'enseignement public en Algérie.

Les rapports des Inspecteurs généraux sont adressés directement au prince chargé du Ministère de l'Algérie et des Colonies. Copie en est remise à notre Ministre secrétaire d'État de l'Instruction publique et des Cultes.

Art. 2. — Les décrets portant nomination de l'évêque d'Alger, nomination ou révocation du Recteur, sont rendus sur la proposition collective du prince chargé du Ministère de l'Algérie et des Colonies, et de notre Ministre secrétaire d'État de l'Instruction publique et des Cultes, qui les contresignent.

Les arrêtés portant nomination, mise en disponibilité ou révocation des Inspecteurs d'Académie, du proviseur, du censeur, des professeurs ou chargés de cours du lycée d'Alger, sont pris par le prince chargé du Ministère de l'Algérie et des Colonies, après avis de notre Ministre secrétaire d'État de l'Instruction publique et des Cultes.

. . . .

11 août 1858. **Circulaire du Ministre de l'Instruction publique, relative aux matières facultatives du programme d'examen pour le brevet de capacité primaire.**

11 Août 1858.

Monsieur le Recteur, j'ai eu lieu de remarquer, en prenant connaissance des procès-verbaux de la dernière session des Commissions d'instruction primaire, que ces assemblées ne s'étaient pas toujours rendu compte, d'une manière bien exacte, du sens et de la portée des règlements, en ce qui concerne l'examen sur les matières comprises dans la seconde partie de l'article 23 de la loi du 15 mars 1850. Ici on a agité la question de savoir si le résultat de ces épreuves ne devrait pas donner lieu à la délivrance d'un brevet spécial et distinct du brevet afférent aux connaissances obligatoires de l'enseignement primaire, de telle sorte que tout candidat jugé digne d'obtenir ce dernier titre, et subissant ensuite avec succès l'examen facultatif, reçût deux brevets. Ailleurs, on a exprimé cette opinion, que l'article 46 de la loi précitée n'établissant, au point de vue de l'épreuve facultative, aucune distinction entre les candidats brevetés à une autre session et ceux qui venaient de subir l'examen obligatoire, il y avait lieu de procéder de même à l'égard des uns et des autres, et de reconnaître aux premiers comme aux seconds le droit de n'être interrogés que sur les matières désignées par eux. Ailleurs, enfin, on a demandé s'il devait être déféré en toute circonstance, et quel que fût le mérite de l'examen obligatoire, au vœu exprimé par le candidat d'être admis à justifier de sa capacité en ce qui concerne les connaissances facultatives, et s'il ne convenait pas, à la suite d'un examen médiocre et rigoureusement suffisant pour l'obtention du brevet, d'ajourner à une autre session le complément d'épreuves réclamé.

J'ai jugé utile de vous adresser, sur ces divers points, quelques instructions de nature à répondre aux doutes qui se sont élevés et à prévenir les difficultés que pourrait faire naître, dans la pratique, une interprétation erronée des règlements.

A la première question (délivrance d'un double brevet), il suffirait d'opposer les termes précis de la loi et ceux de l'arrêté du 15 février 1853. Il est dit, en effet, à l'article 46 rappelé plus haut, que les brevets délivrés feront mention des matières spéciales, etc. Il est dit, d'autre part, à l'article 14 de l'arrêté, que le Recteur délivre ou complète, suivant le cas et s'il y a lieu, le brevet. Ces textes impliquent évidemment la délivrance d'un titre unique; mais, d'ailleurs, comment le législateur de 1850, ayant fait disparaître la distinction consacrée par la loi de 1833 entre l'instruction primaire supérieure et élémentaire, aurait-il maintenu les deux brevets qui, sous l'empire de cette loi, répondaient aux deux degrés d'enseignement? Il n'existe aujourd'hui qu'un programme d'enseignement primaire; il ne saurait dès lors y avoir qu'un titre de capacité pour cet enseignement; titre susceptible d'extension dans les limites déterminées par la loi.

Aux Commissions qui, se méprenant sur le sens véritable de la loi, ont pensé que les candidats déjà brevetés pouvaient réclamer l'examen sur quelques-unes seulement des matières facultatives, il suffit aussi de rappeler les termes de ce même article 46 et ceux de l'article 13 de l'arrêté. La première des deux dispositions admet sans doute l'examen sur tout ou partie des connaissances facultatives, mais il n'y est question que des aspirants au brevet, et c'est dès lors à eux seuls qu'est laissée la faculté de désigner, après un examen heureux sur la partie obligatoire du programme, celles des autres matières qui y sont spécifiées et sur lesquelles ils désirent être interrogés. S'ils possèdent ces matières à un degré suffisant, mention en est faite sur leur brevet. Dans le cas contraire, ils reçoivent le brevet pur et simple en vertu duquel ils peuvent enseigner. Désirent-ils étendre plus tard leur enseignement? ils doivent subir un nouvel examen sur le programme facultatif tout entier. Un instituteur ne saurait, en effet, être admis, de session en session, devant une Commission d'examen, à seule fin de faire constater chaque fois, jusqu'à épuisement du programme facultatif, sa capacité sur l'une des matières qui y sont comprises. Il a donc été décidé que les candidats déjà brevetés ne pourraient être interrogés que sur l'ensemble de ces matières. Tel est l'objet de l'article 13 de l'arrêté du 15 février 1853, arrêté rendu pour l'exécution des articles 23 et 46 de la loi, et qui ne saurait dès lors en être séparé. Il doit être bien entendu, du reste, qu'une Commission ayant à examiner de nouveau un maître breveté avec adjonction de quelques-unes des matières facultatives, n'est point tenue de reprendre en entier cette partie du programme. Ce n'est pas à dire, toutefois, que les Commissions ne puissent revenir sur les épreuves antérieurement subies, si elles le jugent nécessaire: ce droit leur est reconnu par la circulaire du 8 mai 1855, et elles ne doivent pas hésiter à l'exercer dans l'occasion.

Ces assemblées ont également plein pouvoir de repousser les demandes en examen facultatif, que formeraient des candidats ayant à peine satisfait aux conditions de l'examen obligatoire. En thèse générale, un candidat n'est admis aux épreuves qu'autant qu'il est réputé suffisamment préparé; c'est pour ce motif qu'un délai de quatre mois au moins doit s'écouler entre l'examen où l'aspirant a échoué et tout examen nouveau. Dans quel but, d'ailleurs, le droit de revision d'épreuves déjà subies aurait-il été réservé, si la Commission ne pouvait ajourner l'examen facultatif lorsqu'elle n'a constaté, au point de vue des connaissances obligatoires, qu'une instruction rigoureusement suffisante pour la délivrance du brevet? L'ajournement peut donc toujours être prononcé, soit que la demande ait été formée par un maître breveté et ayant déjà enseigné, soit qu'il s'agisse d'un aspirant instituteur.

Je vous prie, Monsieur le Recteur, de vouloir bien, lors de la prochaine réunion des Commissions d'instruction primaire de votre ressort, signaler à l'attention particulière de ces assemblées les considérations qui précèdent.

Recevez, etc.

Signé: Rouland.

Circulaire du Ministre de l'Intérieur, relative à l'éducation des sourds-muets. 20 août 1858.

20 Août 1858.

Monsieur le Préfet, plusieurs Conseils généraux se sont préoccupés de la nécessité d'améliorer le système actuellement suivi en France pour l'éducation des sourds-muets. L'opinion publique s'est associée à ce vœu; toujours empressé d'accueillir les idées utiles, le Gouvernement de l'Empereur y a consacré une attention particulière; je tiens à honneur de les réaliser.

Assurer au sourd-muet l'assistance que sa double infirmité réclame, l'éducation primaire à laquelle il a droit comme les parlants; le soustraire à l'isolement en le rendant à la vie de famille, à la misère en lui donnant un état; faire, en un mot, d'un être déshérité, mutilé, onéreux même, un membre actif de la société : tel est le résultat que doit se proposer l'administration.

Dans toutes les questions, et principalement dans toutes les questions d'assistance, la meilleure solution est toujours la plus simple.

Un système compliqué est difficilement mis en pratique, et quelque désirable que soit le but, l'État, les départements et les communes ne peuvent chaque année grossir la somme de leurs sacrifices.

La combinaison que je crois devoir vous recommander, Monsieur le Préfet, est d'une exécution facile; elle n'exige ni établissements nouveaux ni un surcroît de dépense. Dans la plupart des États allemands, à Paris même, l'expérience en a démontré les bons effets, et je ne doute pas qu'elle ne gagne à être adoptée par tous les départements de l'Empire.

Les sourds-muets (et encore n'est-ce que le petit nombre) sont aujourd'hui disséminés dans des Écoles diverses, comme les méthodes qui y sont suivies. Peu de points de rapprochements, beaucoup de divergences, du dévouement et du bon vouloir, insuffisance de vues d'ensemble et d'esprit pratique, promesses nombreuses, entretien coûteux; résultats presque nuls.

Ni ces dissidences, ni cette stérilité ne seront plus à craindre, du jour où le sourd-muet, confondu avec les parlants, sera admis comme eux dans les Écoles communales.

C'est aujourd'hui un fait constaté, que le sourd-muet peut, jusqu'à un certain point, acquérir l'usage de la parole; ce langage est sans doute quelquefois imparfait, mais, dans le plus grand nombre de cas, il suffit que l'élève se fasse comprendre. De plus, vivant dès ses premières années avec les parlants, celui-ci pourra, par l'habitude, surprendre et lire la parole sur leurs lèvres. A leur tour, et grâce à ce contact incessant, ses condisciples se familiariseront avec ses mœurs, ses besoins, son langage; compagnons de ses jeux, de son travail d'enfant, ils continueront, adultes et hommes, ces rapports qui se seront établis entre eux au début de la vie, et, protecteurs naturels, ils lui faciliteront l'entrée des ateliers et l'apprentissage d'un état.

Au sortir des Écoles spéciales, le sourd-muet n'est compris que d'un très petit nombre. Pour peu qu'on le déplace, l'isolement augmente et personne n'est plus en état de l'entendre, car la langue mimique n'est connue que de quelques-uns, et d'École à École la méthode diffère.

Avec un système unique, avec cet heureux mélange des sourds-muets et des parlants, du langage articulé et du langage par signes, l'enfant peut sans crainte se porter sur tous les points du territoire où l'appellent les intérêts de sa famille, les nécessités de la vie. Partout il rencontrera sympathie, aide, patronage, et cette douloureuse différence qui existe entre lui et les autres hommes s'affaiblira.

Pour obtenir ces résultats, peu de mesures sont propres à prendre, peu de sacrifices à faire.

A Paris, des Écoles primaires pratiquent avec succès, depuis plusieurs années déjà, ce mode d'éducation. La méthode y est simple : après un cours d'un mois au plus, un instituteur ordinaire la possède et peut à son tour l'enseigner. Une délibération du Conseil départemental de l'instruction publique en a proclamé les avantages; le Conseil général de la Seine, le Conseil municipal de la ville de Paris, se sont tous exprimés en termes non moins formels et ils ont voté des fonds pour en étendre les bienfaits. Chaque année, enfin, de nombreux élèves sont placés sans difficultés en apprentissage; des offres avantageuses sont même faites à leurs parents, et, après l'instruction primaire, l'enseignement professionnel leur est ainsi assuré.

Il suffirait donc que les Conseils généraux inscrivissent à leur budget un crédit de quelques centaines de francs destinés à envoyer et à entretenir à Paris, pendant les vacances, un ou deux délégués des Écoles normales primaires des deux sexes. A leur retour, ceux-ci formeraient dans l'École des élèves qui, devenus plus tard instituteurs publics, propageraient dans les villes, dans les campagnes, dans le moindre hameau, l'enseignement qu'ils auraient eux-mêmes reçu et les principes uniformes que leur auraient inculqués les envoyés des Conseils généraux.

. . . .

Pour la formation du corps enseignant, la dépense, vous le savez, serait bien minime. Quant aux frais matériels, ils seraient moindres encore, et il n'est pas de si pauvre commune qui ne pourrait y subvenir. A l'enfant sourd-muet que faut-il de plus qu'à l'élève ordinaire? Quelques objets particuliers, des tableaux figurant les animaux et les choses dont la vue et l'usage sont les plus constants, et rien de plus.

Je n'insisterai pas, Monsieur le Préfet, sur la nécessité de cette réforme. Désireux du bien public comme le Gouvernement lui-même, les Conseils généraux s'empresseront, je n'en doute pas, de répondre à votre appel; ils n'hésiteront pas à prélever sur les finances départementales une somme si modique destinée à produire de si féconds résultats.

Je recevrai avec le plus vif intérêt les délibérations qu'ils auront prises sur cet objet. Les professeurs ou les élèves des Écoles normales primaires que vous désignerez pourront se présenter à mon Ministère: ils y obtiendront tous les renseignements et tout l'appui dont ils auront besoin.

Veuillez m'accuser réception de la présente circulaire.

Recevez, etc.

Signé : Delangle.

Arrêté concernant la distribution des médailles et des mentions honorables aux instituteurs et institutrices primaires et aux directrices de salles d'asile. 21 août 1858.

21 Août 1858.

Le Ministre secrétaire d'État au département de l'Instruction publique et des Cultes,

Vu l'article 15, §§ 4 et 5, de la loi du 15 mars 1850;

Vu les articles 7 et 8 de la loi du 14 juin 1854;

Vu l'article 21 du décret du 22 août 1854;

Sur l'avis conforme exprimé par le Conseil impérial de l'instruction publique, dans sa séance du 7 juillet 1858,

Arrête :

Article 1er. — Les médailles et les mentions honorables seront décernées aux instituteurs, institutrices et directrices des salles d'asile, dans chaque département, sur la proposition du Préfet, après avis du Conseil départemental et du Recteur de l'Académie.

Art. 2. — Il pourra être accordé, chaque année, par département :

1° Une médaille d'argent pour 500 instituteurs et au-dessous, l'excédent du chiffre de 500 ne devant pas être compté ; et deux médailles de même nature lorsque le nombre des instituteurs s'élèvera à 800 ;

Une médaille de bronze par 200 instituteurs ;

Une mention honorable par 100 instituteurs :

2° Une médaille d'argent pour 300 institutrices et au-dessous, l'excédent du chiffre de 300 ne devant pas être compté, et deux médailles de même nature lorsque le nombre des institutrices s'élèvera à 600 ;

Une médaille de bronze pour 150 institutrices et au-dessous (les excédents ne devant pas être comptés) ;

Une mention honorable pour 80 et au-dessous (même observation) ;

3° Une mention honorable ou une médaille de bronze ou une médaille d'argent pour 20 directrices d'asile et au-dessous ;

Deux mentions honorables ou deux médailles de bronze pour 50 directrices ;

La médaille d'argent ne pourra être accordée que tous les deux ans, si le nombre des directrices ne dépasse pas 50.

Art. 3. — Nul instituteur, nulle institutrice ou directrice d'asile ne pourra obtenir une mention honorable qu'après avoir exercé comme titulaire pendant cinq ans au moins.

Nul ne pourra obtenir une médaille de bronze s'il n'a reçu la mention honorable depuis deux années au moins.

Nul ne pourra obtenir la médaille d'argent s'il n'a reçu la médaille de bronze depuis deux ans au moins.

Art. 4. — Les arrêtés du Conseil royal de l'instruction publique des 28 avril 1837 et 9 février 1838, relatifs à la distribution des médailles et des mentions honorables aux instituteurs, aux institutrices et aux directrices de salles d'asile, sont et demeurent rapportés[1].

1. Voir, pour l'application de l'arrêté, les circulaires du 18 *novembre* 1858. (*Circulaires et Instructions officielles, etc.*, Tome V, pages 238 et 240.)

Voir également, à titre de renseignement, la circulaire du 22 *avril* 1857. (*Ibid.*, Tome V, page 114.)

Circulaire du Ministre de l'Instruction publique, relative à la dispense du droit de timbre pour les déclarations d'ouverture des Écoles libres. 26 octobre 1858.

26 Octobre 1858.

Monsieur le Préfet, j'ai été consulté sur la question de savoir si les déclarations d'ouverture des Écoles libres, affichées pendant un mois à la porte de la mairie, en exécution de l'article 27 de la loi du 15 mars 1850, devaient être timbrées.

J'ai soumis cette question à M. le Ministre des Finances, et j'ai l'honneur de vous annoncer que Son Excellence a décidé que les affiches dont il s'agit, ayant pour objet de donner de la publicité à un acte dressé par le maire dans un intérêt général, rentrent dans la catégorie des affiches d'actes émanés de l'autorité publique, qui sont dispensés de l'impôt du timbre par l'article 56 de la loi du 9 vendémiaire An VI.

Je vous invite, Monsieur le Préfet, à porter cette décision à la connaissance de MM. les maires de votre département.

Recevez, etc.

Signé : ROULAND.

Décret relatif à l'organisation administrative de l'Algérie. [Extrait.] 27 octobre 1858.

27 Octobre 1858.

NAPOLÉON, etc.,

Avons décrété et décrétons ce qui suit :

. . . .

ART. 10. — Les Préfets nomment directement, sur la présentation des divers chefs de service, et en se conformant aux conditions d'aptitude déterminées par les règlements et les instructions ministérielles, aux emplois désignés au tableau A ci-annexé[1].

. . . .

ART. 12. — Sont expressément réservées à la décision du pouvoir central toutes les matières qui intéressent à la fois deux provinces, ou, dans la même province, les deux territoires, et tous les objets d'administration départementale et communale qui affectent directement l'intérêt général de l'État et dont la nomenclature est fixée par le tableau C[2].

1. 31° Et généralement les emplois civils dont la nomination a été précédemment attribuée au Gouverneur général ou aux Préfets par la législation spéciale de l'Algérie.
2. Voir le tableau C au *Bulletin des Lois*, XIe Série, Tome XII, page 787.

26 déc. 1858. **Arrêté relatif à l'examen des ouvrages destinés aux Écoles publiques.**

26 Décembre 1858.

Le Ministre secrétaire d'État au département de l'Instruction publique et des Cultes,

Vu l'article 5 de la loi du 15 mars 1850;

Le Conseil impérial de l'instruction publique entendu,

Arrête :

ARTICLE 1er. — Tout auteur ou éditeur qui voudra obtenir qu'un ouvrage puisse être introduit dans les Écoles publiques, devra en déposer trois exemplaires au Ministère de l'Instruction publique et des Cultes, avec une demande signée de lui.

Le Ministre ne fait examiner que les ouvrages imprimés.

ART. 2. — Les ouvrages déposés, si le Ministre estime qu'il y a lieu, sont renvoyés, pour être examinés, à une Commission composée des Inspecteurs généraux des trois ordres et de sept membres nommés par le Ministre.

ART. 3. — Chaque ouvrage est l'objet d'un rapport écrit et signé, fait à la Commission par un de ses membres.

La Commission délibère sur chaque rapport, et émet l'avis qu'il y a ou qu'il n'y a pas lieu d'autoriser l'introduction de l'ouvrage dans les Écoles publiques.

ART. 4. — Les avis de la Commission sont envoyés au Ministre, avec une copie certifiée de chaque rapport.

ART. 5. — La liste des ouvrages que le Ministre, après examen de la Commission, a reconnus pouvoir être introduits dans les Écoles publiques est adressée aux membres du Conseil impérial de l'instruction publique en même temps que la lettre portant convocation pour la session prochaine.

Pendant cette session, tous ces ouvrages sont renvoyés, avec les rapports et les avis de la Commission, au Conseil impérial de l'instruction publique, qui, sur le rapport d'un de ses membres, donne son avis sur l'admissibilité des ouvrages. Le Ministre statue définitivement.

ART. 6. — Dans l'intervalle des sessions du Conseil, le Ministre peut, après avoir pris l'avis de la Commission, dans les formes tracées par l'article 3 ci-dessus, interdire provisoirement l'usage d'un livre dans les Écoles libres.

Le Conseil impérial reçoit connaissance de cette décision dans la forme prescrite par l'article 5, et il est appelé dans sa plus prochaine session à donner son avis sur cette interdiction.

ART. 7. — Les auteurs ou éditeurs qui entendent faire usage de l'autorisation qui leur est accordée, sont tenus de reproduire textuellement, en tête de l'ouvrage, les termes mêmes de l'autorisation ministérielle, et de ne faire aucun changement dans les éditions successives de leur ouvrage sans être pourvus d'une autorisation nouvelle, le tout sous les peines de droit.

ART. 8. — Un exemplaire de chacun des ouvrages introduits dans les Écoles publiques, avec l'autorisation du Ministre, est conservé dans la bibliothèque du Ministère. Tous les exemplaires en circulation doivent être conformes à l'exemplaire déposé ; cet exemplaire devra être signé *ne varietur* par le Ministre et par l'auteur ou éditeur. En cas de dissemblance, l'autorisation accordée est retirée *ipso facto*, indépendamment des poursuites judiciaires qui pourront avoir lieu contre le délinquant.

ART. 9. — Le règlement du 24 décembre 1855 sur l'approbation des livres est et demeure rapporté[1].

Arrêté concernant les travaux de la Commission d'examen des ouvrages destinés aux Écoles publiques.

28 déc. 1858.

28 Décembre 1858.

Le Ministre secrétaire d'État au département de l'Instruction publique et des Cultes,

Vu le règlement, en date du 26 décembre 1858, relatif à l'examen des livres classiques ;

Considérant qu'il importe de régler à l'avance le fonctionnement de la Commission instituée par l'article 2 du susdit règlement,

Arrête :

ARTICLE 1er. — La Commission instituée par l'article 2 du règlement du 26 décembre 1858, relatif à l'examen des livres classiques, est partagée en trois sections, savoir :

1° Une section des lettres, à laquelle seront renvoyés les livres ayant pour objet l'étude des langues anciennes, de la langue

1. Consulter les circulaires des 15 *février* 1859 et 8 *mai* 1860. (*Circulaires et Instructions officielles, etc.*, Tome V, pages 259 et 355.)
Voir, ci-après, les arrêtés des 10 *avril* 1860 et 1er *juin* 1862.

française, des langues étrangères, les grammaires, les dictionnaires, etc. ;

2° Une section des sciences, pour les livres relatifs aux sciences mathématiques, aux sciences physiques, aux sciences naturelles ;

3° Une section des sciences morales, pour les livres d'instruction religieuse et de morale, de droit, d'histoire et de géographie, de pédagogie.

Le président, avec l'agrément de la Commission, distribue les membres de ladite Commission entre les trois sections.

ART. 2. — La Commission pourra, dans certains cas et pour des ouvrages spéciaux, demander au Ministre le choix d'un rapporteur pris en dehors de son sein.

ART. 3. — La Commission se réunira deux fois par mois en assemblée générale, sauf le temps des vacances.

ART. 4. — Le président adresse tous les trois mois au Ministre un rapport sur l'ensemble des travaux de la Commission.

ART. 5. — Deux secrétaires seront attachés à la Commission pour rédiger la correspondance, transcrire les rapports, tenir la plume pendant les séances et rédiger les procès-verbaux.

Chacun des deux secrétaires assistera alternativement aux séances de la Commission.

---

19 janvier 1859.

Avis relatif à l'admission des élèves dans les Écoles.

19 Janvier 1859.

Le Conseil, etc.,

Vu la délibération du Conseil départemental des Bouches-du-Rhône, en date du 7 août 1858, et l'avis du Préfet en date du 31 du même mois ;

Vu le règlement pour les Écoles publiques du département des Bouches-du-Rhône, délibéré et approuvé par M. le Ministre en Conseil impérial le 10 décembre suivant ;

Vu les articles 5 et 15 de la loi du 15 mars 1850, la circulaire ministérielle du 17 août 1851 et le règlement y annexé ;

Considérant que, tout en maintenant dans les Écoles primaires publiques la limite d'âge qui a été fixée pour l'admission des enfants, il est utile d'autoriser quelques exceptions à la règle dans certaines circonstances et dans certaines localités ;

Mais, considérant qu'il y aurait de graves inconvénients à donner des autorisations collectives par mesure générale, et que, dès lors, c'est aux autorités locales et non au Conseil départemental et au Préfet qu'il convient d'attribuer le droit d'accorder les exceptions qui seront jugées nécessaires et qui doivent toujours être personnelles,

Est d'avis que l'article 7 du règlement des Écoles primaires publiques du département des Bouches-du-Rhône doit être rédigé ainsi :

« Pour être admis dans une École, les enfants doivent être âgés de six ans au moins et treize ans au plus.

« Néanmoins des enfants, âgés de moins de six ans et de plus de treize ans, pourront être reçus avec l'autorisation des autorités locales. Avis de ces autorisations sera donné au Préfet. »

Décision de la Cour de cassation, relative à l'entretien illégal d'un pensionnat. 17 mars 1859.

17 Mars 1859.

La Cour,

Vu la loi du 27 novembre 1790, article 3, et le décret du 20 avril 1810, article 4, § 1 ;

Vu les articles 17, 23 et suivants, 53, 60, 64 et 66 de la loi du 15 mars 1850 ;

Attendu que, si les tribunaux de répression ont la libre et souveraine appréciation des faits, il appartient à la Cour de cassation, en prenant pour base les faits reconnus par le juge lui-même, d'en déterminer la qualification légale et de restituer à la loi pénale sa portée et sa force lorsqu'elle n'a pas été appliquée ;

Attendu qu'il est admis en fait par l'arrêt attaqué (de la Cour impériale de Besançon, chambre des mises en accusation, du 9 décembre 1858), que, le 1er octobre 1858, Philippe-Audouin-Amédée Finot, ancien principal du Collège de Lons-le-Saunier, a fait devant le maire de cette ville, et pour se conformer aux articles 27 et 35 de la loi du 15 mars 1850, la déclaration de son intention d'ouvrir à Lons-le-Saunier un pensionnat de jeunes garçons ; qu'il était dit, de plus, dans cette déclaration, que Finot n'entendait point instruire des jeunes gens dans son établissement, ni leur faire aucun cours particulier, mais simplement les conduire aux classes du Collège communal et diriger et surveiller la confection de leurs devoirs ;

Attendu que les articles 27 et 53 de la loi du 15 mars 1850, auxquels se référait expressément cette déclaration, s'occupent uniquement des conditions à remplir par celui qui veut exercer la profession d'instituteur primaire ou ouvrir un pensionnat secondaire ; que la teneur même de la déclaration annonçait un but tout autre ; que c'était incompétemment dès lors qu'elle aurait été passée devant le maire de Lons-le-Saunier, et qu'immédiatement aussi elle paraît avoir été abandonnée ;

Attendu que, le 14 octobre suivant, Finot, pour se conformer cette fois à l'article 60 de la même loi, ainsi qu'il le dit en termes formels, a déclaré devant l'Inspecteur d'Académie être dans l'intention d'ouvrir à Lons-le-Saunier un pensionnat libre d'instruction secondaire ; qu'il a ajouté que l'enseignement aurait pour objet les langues française, latine et grecque, les sciences mathématiques, etc. ;

Attendu qu'après cette dernière déclaration, dont l'existence est reconnue par l'arrêt attaqué, ce même arrêt constate en fait que, dès le 2 novembre, ou en tous cas, avant le 12 du même mois, jour du commencement des poursuites, Finot avait reçu dans son établissement un certain nombre de jeunes gens *que la confiance des parents avait continué de placer sous sa surveillance* ; qu'il résulte de là qu'entre l'époque de l'ouverture de l'établissement et la déclaration il ne s'était pas écoulé l'intervalle d'un mois, ainsi que le prescrit l'article 64 de la loi du 15 mars 1850 ;

Attendu que l'arrêt attaqué déclare ensuite que Finot paraît s'être borné à loger, nourrir, conduire au Collège communal les élèves confiés à ses soins, et s'être renfermé strictement dans les engagements de sa déclaration du 1er octobre ; que l'arrêt en a conclu que Finot ne donnait pas lui-même l'enseignement, l'établissement par lui ouvert ne constituant ni un établissement d'instruction primaire, ni un établissement d'instruction secondaire ; qu'il n'était pas assujetti, dès lors, à l'autorisation et à la surveillance des autorités constituées par la loi du 15 mars 1850, et ne formait qu'une simple industrie placée sous un principe de liberté absolue ;

Attendu qu'une telle interprétation est contraire à l'esprit et à l'ensemble des dispositions de la loi du 15 mars 1850 ; que cette loi, en effet, a classé en deux grandes divisions les Écoles primaires et secondaires, savoir : 1° les Écoles fondées ou entretenues par les communes, les départements ou l'État, et qui prennent le nom d'Écoles publiques ; 2° les Écoles fondées et entretenues par des particuliers ou des associations, et qui prennent le nom d'Écoles libres (art. 17) ;

Que les articles 23 et suivants et l'article 53 définissent et déterminent nettement les caractères des Écoles primaires et des pensionnats primaires, l'objet de leur enseignement et les obligations imposées à ceux qui veulent embrasser cette sorte de professorat; attendu que tout établissement d'instruction ou maison d'éducation, en dehors des conditions essentielles et constitutives de l'enseignement primaire, forme nécessairement un établissement d'instruction secondaire; que les institutions, pensions, pensionnats, lors même que le chef qui les dirige se borne, comme dans l'espèce, à loger, nourrir, conduire au Collège et surveiller pendant la confection de leurs devoirs les élèves qui lui sont confiés, rentrent forcément dans cette classe; qu'un tel maître, en effet, doit accomplir les obligations les plus graves de l'instruction de la jeunesse; qu'il a la direction de la vie intérieure, morale et religieuse, la surveillance d'études profondément distinctes de l'instruction primaire, et de plus, le soin de la vie matérielle; que n'apercevoir là qu'une industrie ordinaire, qui peut s'exercer sans contrôle, dans une entière liberté, c'est perdre de vue l'objet même de la loi et ses volontés les plus expresses;

Attendu qu'à tous ces titres, et suivant les termes de la déclaration émanée de lui-même, l'établissement fondé par le sieur Finot était un établissement d'instruction secondaire; que, déclaré le 14 octobre, dès le 2 novembre, ou au plus tard dès le 12 du même mois, il s'était ouvert et mis en plein exercice par l'admission d'un certain nombre d'élèves pensionnaires, demi-pensionnaires ou externes; que le mois prescrit par l'article 64 de la loi du 15 mars 1850, laissé à l'auteur et aux vérificateurs de l'autorité académique et administrative, n'était pas dès lors écoulé; qu'en refusant de reconnaître dans ces faits l'infraction prévue et punie par l'article 66 de la même loi, et en décidant qu'il n'y avait lieu à suivre, l'arrêt attaqué a faussement interprété, et par suite, violé lesdits articles 64 et 66,

Casse, etc.

Arrêté relatif à l'examen préliminaire des aspirantes au Cours pratique des salles d'asile[1].

31 mars 1859.

31 Mars 1859.

Le Ministre secrétaire d'État au département de l'Instruction publique et des Cultes,

Vu l'avis de la Commission de surveillance du Cours pratique des salles d'asile;

1. Voir la circulaire du 11 *mai* 1859 sur l'examen préliminaire des aspirantes au cours pratique des salles d'asile. (*Circulaires et Instructions officielles, etc.*, Tome V, page 269.)

Vu la délibération du Comité central de patronage des salles d'asile, en date du 17 janvier 1859;

Arrête :

ARTICLE 1er. — Les aspirantes aux bourses entretenues par l'État au Cours pratique des salles d'asile seront tenues, avant de pouvoir être appelées à Paris pour y subir l'examen déterminé par l'article 4 de l'arrêté du 5 avril 1850, de se soumettre, dans leurs départements respectifs, à un examen préliminaire sur les matières et dans les formes fixées par le présent arrêté.

ART. 2. — Avant d'admettre les aspirantes audit examen, l'Inspecteur d'Académie réclamera des maires et des curés des communes, qui auront été habitées par chacune d'elles, des renseignements très précis sur leurs antécédents et sur l'aptitude spéciale dont elles auront déjà pu faire preuve.

ART. 3. — L'examen se fera au chef-lieu d'arrondissement, par l'Inspecteur primaire, en présence du curé.

ART. 4. — L'examen, outre l'épreuve de la lecture, se composera des épreuves suivantes :

1° Réponses écrites à quatre questions prises dans les différents chapitres du catéchisme du diocèse;

2° Réponses écrites à quatre questions d'histoire sainte, depuis la création du monde jusqu'aux premiers rois. Chacune de ces réponses devra donner lieu à un développement de deux ou trois lignes au plus;

3° Une dictée de vingt lignes environ, empruntée à un livre très simplement écrit. Les aspirantes seront prévenues que cette dictée sera tout à la fois une épreuve d'orthographe et une épreuve d'écriture;

4° Épreuve de calcul, consistant en opérations sans énoncé de problème, et comprenant, au moins, une multiplication d'un nombre de plusieurs chiffres avec décimales par un autre nombre de plusieurs chiffres.

On s'assurera que l'aspirante a la voix juste.

ART. 5. — Lorsque l'aspirante appartiendra à une communauté religieuse, elle devra présenter un certificat délivré par la supérieure générale, et attestant qu'elle a justifié, devant l'autorité dont elle relève, des connaissances que suppose l'examen dont les matières sont déterminées ci-dessus.

ART. 6. — Les renseignements sur les aspirantes, fournis par les maires et les curés, les compositions écrites et le procès-verbal de l'examen seront adressés au Ministre de l'Instruction publique, pour être transmis par lui à la Commission de surveillance du Cours pratique, qui examinera les pièces et prononcera sur l'admission des aspirantes.

ART. 7. — MM. les Recteurs et MM. les Préfets sont chargés, chacun en ce qui le concerne, de l'exécution du présent arrêté.

Loi relative à la perception de la rétribution scolaire dans les Écoles communales de filles[1].

14 juin 1859.

14 Juin 1859.

ARTICLE UNIQUE. — A partir du 1er janvier 1860, la rétribution scolaire dans les Écoles communales de filles sera perçue par le receveur municipal dans la même forme que les contributions publiques directes. Elle sera exempte des droits de timbre et donnera droit aux mêmes remises que les autres recouvrements.

Sur l'avis conforme du Conseil municipal, l'institutrice pourra être autorisée par le Conseil départemental de l'instruction publique à percevoir elle-même la rétribution scolaire.

L'article 50 de la loi du 15 mars 1850 est modifié en ce qu'il a de contraire aux dispositions qui précèdent.

Circulaire du Ministre de l'Instruction publique, relative à la constitution des bibliothèques communales.

25 juillet 1859.

25 Juillet 1859.

Monsieur l'Inspecteur, la constitution des bibliothèques communales a été l'objet d'efforts réitérés qui, jusqu'ici, n'ont pas obtenu le succès dont ils étaient dignes. Ce sera toujours une entreprise difficile, et son exécution demanderait de longues et sérieuses études. De tous les obstacles qu'elle a ren-

1. Voir, pour l'application de la loi du 14 juin 1859, l'instruction du 18 *juin* suivant. (*Circulaires et Instructions officielles, etc.*, Tome V, page 277.)
Voir la circulaire du 24 *décembre* 1850 à sa date, et la circulaire du 22 *août* 1857 (*Circulaires et Instructions officielles, etc.*, Tome V, page 154).
Voir également la circulaire du 2 *novembre* 1859 sur le nouveau registre matricule scolaire; celle du 30 *décembre* de la même année sur la rédaction des états de situation, et les instructions du 5 *décembre* 1860 avec les modèles y annexés. (*Ibid.*, Tome V, pages 305, 325 et 405.)

contrés, le plus grand semble avoir été le défaut de livres expressément faits en vue des lecteurs à qui ces bibliothèques seraient ouvertes ; c'est une première lacune à combler, et j'ai décidé que des volumes spécialement rédigés pour les populations rurales formeraient une collection où successivement se grouperait l'ensemble des notions et des faits qu'il est nécessaire de mettre à la portée des esprits les moins cultivés.

Cette collection prendra le titre de *Bibliothèque des Campagnes*. Vous apprécierez, Monsieur l'Inspecteur, de quelle importance serait sa propagation. Quand la presse répand partout tant d'écrits que souvent les passions dangereuses ont seules inspirés, n'est-il pas essentiel que l'attention puisse être fixée sur des ouvrages où les salutaires doctrines gardent tout leur empire.

Il serait entièrement contraire à ma pensée qu'aucune charge fût imposée aux instituteurs, et qu'aucun effort fût tenté auprès d'eux pour obtenir en faveur de la *Bibliothèque des Campagnes* une souscription qui ne serait pas purement volontaire. Il doit y avoir complète liberté pour chacun. Mais je désire que vous prêtiez votre concours à la publicité indispensable à cette collection qui, dans les conditions où elle s'offre au public, présente de réels avantages. Ces avantages, les instituteurs pourront les faire ressortir autour d'eux.

Deux volumes ont été déjà publiés, l'un sous le titre de *Victoires de l'Empire*, l'autre, sous celui de *Dictionnaire usuel d'Histoire et de Géographie*; je les recommande à toute votre attention. Je vous ferai connaître ultérieurement quels ouvrages seront ajoutés à cette première série. Si vous désiriez me signaler le plan de quelque ouvrage dont l'exécution vous paraîtrait de nature à répondre aux besoins que votre expérience a constatés, je l'examinerais avec beaucoup d'intérêt.

Recevez, etc.

Signé : ROULAND.

---

5 août 1859.

Rapport et Arrêté adoptant un nouveau règlement pour les exercices intérieurs des salles d'asile.

5 Août 1859.

1° Rapport à S. M. l'Impératrice.

MADAME,

Le Comité central de patronage, se conformant aux intentions exprimées par Votre Majesté dans les deux séances qu'elle a daigné présider, a donné la plus sérieuse attention à l'état actuel de l'enseignement dans les salles d'asile. Il est resté convaincu que, par un abus prenant sa source dans d'honorables préoccupations, on consacre, dans ces établissements, beaucoup trop de temps à un enseignement scolaire qui n'est pas toujours en rapport avec l'âge et la destination des élèves, et qu'on n'y laisse pas une place suffisante pour les exercices physiques si nécessaires au libre développement de l'enfance.

Le Comité central de patronage a donc préparé un nouveau règlement qui, tout en laissant subsister les prescriptions utiles de l'ancien, a pour but de modifier considérablement l'état de choses actuel. En présentant ce nouveau règlement à Votre Majesté, je lui demande la permission de lui dire en peu de mots ce qu'il est permis d'en attendre.

Votre Majesté, en visitant des salles d'asile, a remarqué que les enfants, à mesure qu'ils y arrivaient, étaient dirigés vers la salle de classe, et qu'ils y attendaient, dans l'inaction, l'ouverture des exercices, lesquels commencent à dix heures et finissent à midi. Ainsi, la plupart de ces enfants restaient quatre ou cinq heures sur les bancs. L'ancien règlement n'avait pas prévu cet abus. Le nouveau projet le détruit radicalement. Il ordonne qu'à leur arrivée à la salle d'asile, les enfants seront réunis dans le préau découvert, pour s'y livrer au jeu en toute liberté, sous la surveillance de la directrice ou de son adjointe, et qu'ils y prendront leur repas du matin. La classe sera ainsi précédée d'une récréation de deux heures au moins. Les enfants n'auront plus, par conséquent, que deux heures de classe le matin et deux heures le soir, et encore chacune de ces classes sera-t-elle coupée par les mouvements qu'exigera le passage des bancs aux gradins.

Quant aux matières de l'enseignement, la réforme a été faite, je l'espère, d'une manière judicieuse. Les enfants continueront de recevoir des leçons sur les éléments de la lecture. L'ancien règlement bornait l'écriture à l'imitation des lettres sur l'ardoise; le nouveau règlement supprime complètement cet enseignement, qui ne portait aucun fruit, et pour lequel les enfants étaient inutilement retenus sur les bancs.

L'enseignement du calcul comprenait l'addition, la soustraction, la table de multiplication, l'explication des poids et mesures, et cet enseignement était suivi du dessin linéaire, comprenant la formation des plus simples figures géométriques. Quelque élémentaire que doive être un tel enseignement, on s'efforce généralement de l'étendre, et l'intelligence des enfants, au lieu de s'ouvrir ainsi à des idées nouvelles, s'engourdit devant des choses encore inintelligibles pour elle. Le nouveau projet exige un enseignement plus simple, mais plus vrai. Les enfants recevront dans la classe du matin, pendant un quart d'heure, une leçon de calcul pratique à l'aide du boulier-compteur. Le chant comprenait, d'après l'ancien règlement, les premiers principes de la musique vocale. On a quelquefois abusé de cette faculté, et, au lieu de chants destinés à amuser les enfants, tout en gravant dans leur mémoire de bonnes choses et en contribuant au développement d'organes essentiels, on a fait, dans quelques établissements, un petit cours de musique vocale. Il importe de ramener cet enseignement à ce qu'il doit être; aussi le nouveau projet n'autorise-t-il que le chant à l'unisson de cantiques ou prières. Enfin ce projet, laissant subsister le petit cours qui doit préparer les enfants à l'étude de la religion, n'admet, dans l'enseignement oral, que des récits ou contes ayant un but moral, et que des explications très simples sur les connaissances premières et usuelles. Il bannit, par conséquent, toute la partie géographique, historique et scientifique dont on a abusé pour faire briller en public des enfants âgés de deux à sept ans au plus, et hors d'état, non seulement d'expliquer, mais même de comprendre ce dont on surchargeait leur mémoire.

Afin qu'il ne soit pas désormais possible de s'écarter de la ligne tracée, en cédant à ces ambitieuses tentatives de rivalité scolaire qui dénaturent les salles d'asile, le Comité central de patronage ne s'est pas contenté d'indiquer d'une manière précise les matières de l'enseignement qui devra être donné dans les salles d'asile. Il a fixé, dans son projet, non seulement la durée du temps qui sera consacré à chaque matière, mais encore l'heure à laquelle chacun de ces petits enseignements sera donné.

Le Comité désire vivement que ce travail, inspiré par l'amour si vif et si éclairé que Votre Majesté porte à l'enfance, obtienne sa haute approbation. Il espère que cette réforme salutaire tournera au profit de la jeune génération qui s'élève, et qui puisera désormais dans les salles d'asile, avec des habitudes douces et honnêtes, les principes d'une morale saine et pure et la force physique qui lui permettra de se livrer un jour, avec le courage et l'ardeur nécessaires, aux travaux de la vie professionnelle.

J'ai l'honneur, etc.

Signé : ROULAND.

2° Arrêté.

Le Ministre secrétaire d'État au département de l'Instruction publique et des Cultes,

Vu le décret du 21 mars 1855 ;

Vu l'arrêté du 22 mars 1855 ;

Vu l'avis du Comité central de patronage des salles d'asile,

Arrête ce qui suit :

ARTICLE 1er. — A leur arrivée à la salle d'asile, les enfants sont réunis dans le préau découvert, si le temps le permet, et s'y livrent au jeu en toute liberté, sous la surveillance de la directrice ou de l'adjointe.

Ils y prennent leur repas du matin, s'il y a lieu.

ART. 2. — A dix heures moins un quart les enfants entrent en classe et se rangent sur les bancs latéraux. A dix heures, on leur enseigne les éléments de la lecture.

De dix heures un quart à dix heures trois quarts ils se livrent à de petits travaux manuels appropriés à leur sexe et à leur âge.

A dix heures trois quarts ils montent aux gradins. De onze heures à onze heures un quart ils reçoivent une leçon de calcul pratique, à l'aide du boulier-compteur. Une demi-heure est ensuite consacrée à un petit enseignement religieux qui se termine par le chant à l'unisson des prières ou cantiques. A onze heures trois quarts ils descendent des gradins.

ART. 3. — A midi les enfants prennent leur repas.

A midi et demi ils sont conduits en ordre devant le lavabo, où la femme de service leur lave les mains et la figure.

ART. 4. — D'une heure à deux heures les enfants jouent dans le préau découvert.

ART. 5. — A deux heures un quart, les enfants rentrent en classe, se rangent sur les bancs et reprennent les petits travaux manuels. A deux heures trois quarts ils remontent aux gradins.

A trois heures la directrice leur fait un petit récit, d'où elle a soin de tirer une conclusion morale. A trois heures un quart elle leur donne des explications sur les petites connaissances usuelles qui peuvent leur être utiles. A trois heures et demie elle les fait chanter en chœur. A trois heures trois quarts ils descendent des gradins.

Art. 6. — A quatre heures, les enfants prennent, s'il y a lieu, leur repas, et retournent jouer au préau découvert jusqu'à la fermeture de la salle d'asile.

Art. 7. — Les dispositions du règlement du 22 mars 1855 qui ne sont point contraires au présent arrêté sont et demeurent maintenues.

Circulaire du Ministre de l'Instruction publique aux Recteurs, relative à l'exécution de l'arrêté du 5 août 1859 concernant les exercices intérieurs des salles d'asile. 2 déc. 1859.

2 Décembre 1859.

Monsieur le Recteur, j'ai l'honneur de vous communiquer un arrêté revêtu de l'approbation de S. M. l'Impératrice, et ayant pour objet de tracer à l'enseignement des salles d'asile les limites dans lesquelles il est nécessaire de le maintenir.

La pensée fondamentale de cet arrêté, ainsi qu'il résulte du rapport à S. M. l'Impératrice qui l'accompagne, est d'assurer aux intérêts hygiéniques de l'enfance le rang qui leur appartient dans les préoccupations des autorités préposées à la direction des salles d'asile.

Préparer des âmes saines dans des corps robustes, voilà le but que doit poursuivre tout système d'éducation bien entendu. Le développement des connaissances techniques ne doit venir qu'en seconde ligne : si ce principe est vrai aux divers degrés de l'enseignement, il a tous les caractères de l'évidence, quand on l'applique à la direction des établissements consacrés à la première enfance; le désir de l'auguste protectrice des salles d'asile est qu'il ne soit pas un instant perdu de vue.

Je vous prie de donner des instructions en ce sens aux Inspecteurs placés sous vos ordres, et de vous concerter, pour garantir l'efficacité de vos prescriptions, avec Mme la déléguée, chargée de l'inspection des salles d'asile du ressort.

Vous voudrez bien me rendre compte des mesures que vous aurez cru devoir prendre à l'effet de répondre aux vues de l'autorité supérieure.

Recevez, etc.

Signé : Rouland.

---

12 déc. 1859. **Circulaire du Ministre de l'Instruction publique aux dames déléguées des salles d'asile, relative à l'exécution de l'arrêté du 5 août 1859 concernant les exercices intérieurs de ces établissements.**

12 Décembre 1859.

Madame la déléguée, j'ai l'honneur de vous communiquer un arrêté revêtu de l'approbation de S. M. l'Impératrice, et ayant pour but de tracer à l'enseignement des salles d'asile les limites dans lesquelles il est nécessaire de le maintenir.

La pensée fondamentale de cet arrêté, ainsi qu'il résulte du rapport à S. M. l'Impératrice qui l'accompagne, est d'assurer aux intérêts hygiéniques de l'enfance le rang qui leur appartient dans les préoccupations des autorités préposées à la direction des salles d'asile.

L'attention de l'autorité supérieure n'a jamais cessé, à vrai dire, d'être fixée sur un point si important. En 1856, le Comité central de patronage, par l'organe de son vénérable président, s'adressait en ces termes aux Comités locaux : « Les directrices, sans doute, commandent une foule de mouvements des « mains, des pieds, du corps entier, et les enfants changent souvent de position « et d'attitude. On chante aussi très souvent dans l'asile, et le chant, outre les « avantages qu'il présente au point de vue moral, est favorable au développe- « ment d'organes essentiels. Tout cela est excellent ; mais tout cela serait en- « core insuffisant. C'est au dehors, c'est au grand air qu'il faut que les enfants « prennent, toutes les fois que le temps le permet, l'exercice dont ils ne sau- « raient se passer.

« Qu'on ne les retienne donc sur les gradins ou sur les bancs que le temps « fixé par les règlements. Il faut que les évolutions qui doivent couper les « heures consacrées à la classe, que ces évolutions, si courtes qu'elles soient, « aient lieu hors du gradin, et, lorsqu'il est possible, dans le jardin ou dans la « cour. En tout cas, si les élèves sont retenus dans les salles, l'atmosphère doit « être sans cesse renouvelée par un bon système d'aération toujours en activité.

« Tout ce qui est donné aux soins corporels a une portée morale, et exerce « une incontestable influence sur les facultés intellectuelles. »

Ces instructions vous ont été communiquées, Madame, et votre zèle, je ne l'ignore pas, vous a portée à saisir toutes les occasions de recommander aux directrices et aux autorités locales les précautions de nature à préserver, au sein de l'asile, la santé des jeunes enfants.

Je viens aujourd'hui faire appel plus particulièrement encore à votre intelligente initiative. Préparer des âmes saines dans des corps robustes, voilà le but que doit poursuivre tout système d'éducation bien entendu. Le développement des connaissances techniques ne doit venir qu'en seconde ligne. Si ce principe est vrai à tous les degrés de l'enseignement, il a tous les caractères de l'évidence quand on l'applique à la direction des établissements consacrés à la première enfance ; le désir de l'auguste protectrice des salles d'asile est qu'il ne soit pas un instant perdu de vue.

Je prie M. le Recteur de l'Académie de se concerter avec vous, Madame la déléguée, pour arrêter les mesures qui peuvent garantir, au point de vue spécial dont il s'agit, l'accomplissement des intentions de l'administration supérieure.

Recevez, etc.

Signé : ROULAND.

Arrêté déterminant la situation des fonctionnaires de l'enseignement qui sont en congé.

22 février 1860.

22 Février 1860.

Le Ministre secrétaire d'État au département de l'Instruction publique et des Cultes,

Considérant qu'il importe de ne laisser aucune incertitude sur la situation des fonctionnaires de l'enseignement qui sont en congé, et de prévenir les difficultés que la liquidation de leur pension de retraite pourrait souffrir plus tard,

Arrête :

1° Lorsqu'il y a lieu de mettre un fonctionnaire en congé, les articles de la loi du 9 juin 1853 et du règlement d'administration publique du 9 novembre suivant en vertu desquels le congé est accordé, sont visés dans l'arrêté qui l'accorde.

2° Si le congé est accordé en vertu de l'article 16 du règlement d'administration publique, l'arrêté porte simplement que le fonctionnaire obtient un congé.

S'il est accordé en vertu de l'article 10 de la loi, l'arrêté porte que le fonctionnaire obtient un congé d'inactivité avec ou sans traitement.

Si le congé a lieu sans traitement, le temps que le fonctionnaire aura passé en inactivité ne pourra, d'après les dispositions mêmes de la loi, être compté dans la liquidation de sa pension de retraite.

3° Quand un fonctionnaire est remplacé dans une partie seulement de son emploi, l'arrêté porte que ce fonctionnaire est autorisé à se faire suppléer dans celles de ses fonctions qu'il ne conserve pas.

Dans ce cas, le titulaire et le suppléant figurent tous deux sur les états et subissent, en leur nom, la retenue pour le service des pensions civiles, sur la portion de traitement qui leur a été attribuée par la décision ministérielle.

10 avril 1860. **Arrêté contenant des dispositions nouvelles concernant les livres classiques.**

10 Avril 1860.

Le Ministre secrétaire d'État au département de l'Instruction publique et des Cultes,

Vu l'article 5 de la loi du 15 mars 1850;

Vu l'arrêté du 26 décembre 1858;

Vu le rapport de la Commission d'examen des livres classiques en date du 8 février 1860;

Arrête :

ARTICLE 1er. — Tout livre dont l'introduction dans les Écoles publiques est sollicitée doit porter la mention du millésime de l'année où il a été publié.

ART. 2. — Les dispositions de l'arrêté ministériel qui autorise l'introduction d'un livre dans les Écoles publiques sont applicables à toutes les éditions ultérieures de ce livre, à la condition expresse que ces nouvelles éditions ne présentent pas d'autres changements que ceux qui peuvent résulter de simples améliorations de détail et de rédaction ne modifiant en rien la pensée et les principes émis dans la première édition.

Chacune des nouvelles éditions doit reproduire, avec le millésime de l'année où elle est imprimée, *le texte même et la date exacte* de l'autorisation ministérielle déjà obtenue. Elle ne peut être mise en vente qu'après que l'éditeur ou l'auteur en a fait la déclaration au Ministre de l'Instruction publique, en lui adressant un exemplaire sur lequel sont notées toutes les modifications apportées au texte de la première édition.

ART. 3. — Toute nouvelle édition, qui renferme des changements notables autres que ceux qui sont spécifiés à l'article précédent, doit, afin de pouvoir être introduite dans les Écoles publiques, être soumise de nouveau à la Commission d'examen des livres classiques et au Conseil impérial de l'instruction publique, et devenir l'objet d'une nouvelle autorisation.

Dans ce cas, l'auteur ou l'éditeur, en sollicitant ce nouvel examen et cette nouvelle autorisation, indique exactement, sur l'un des trois exemplaires qui doivent être déposés au Ministère et dans la lettre d'envoi adressée au Ministre, tous les changements apportés à la première édition déjà autorisée.

Arrêté concernant les Inspecteurs primaires en Algérie.

8 mai 1860.

8 Mai 1860.

Le Ministre secrétaire d'État au département de l'Algérie et des Colonies;

Vu l'arrêté du 5 octobre 1848 portant création d'un emploi d'Inspecteur et de deux emplois de sous-inspecteurs primaires près l'Académie d'Alger[1];

Vu la proposition du Recteur de cette Académie;

Sur le rapport du conseiller d'État, secrétaire général,

Arrête :

ARTICLE 1er. — Le titre de sous-inspecteur primaire est supprimé en Algérie.

ART. 2. — Les trois Inspecteurs sont divisés en trois classes, savoir :

Inspecteur de 1re classe	4000 francs.
Inspecteur de 2e classe	3500 —
Inspecteur de 3e classe	3000 —

ART. 3. — Le conseiller d'État, secrétaire général, est chargé d'assurer l'exécution du présent arrêté.

Circulaire du Ministre de l'Instruction publique, relative à l'établissement de bibliothèques scolaires dans les Écoles communales.

31 mai 1860.

31 Mai 1860.

Monsieur le Préfet, mes instructions du 30 juillet 1858, relatives aux projets de constructions ou d'acquisitions de maisons d'école, ont produit des résultats dont j'ai lieu de me féliciter.

Des locaux plus vastes, mieux disposés, mieux aérés, sont un attrait pour les familles les plus indifférentes, et déjà on a pu constater que, dans les communes où les maisons d'école ont été installées conformément à mes prescrip-

1. Voici le texte de l'arrêté du 5 *octobre* 1848 :

« Le président du Conseil des Ministres, chargé du pouvoir exécutif,

« Arrête :

« ARTICLE 1er. — Il est attaché à l'Académie d'Alger un Inspecteur et deux sous-inspecteurs de l'instruction primaire. Les traitements de ces fonctionnaires sont fixés ainsi qu'il suit : Inspecteur, 4000 francs; sous-inspecteurs, 3000 francs. »

tions, le nombre des enfants restés jusqu'ici privés d'instruction a sensiblement diminué. Par une conséquence naturelle, les ressources de l'instituteur ont augmenté.

La mesure est donc bonne. Je désire que l'exécution en soit attentivement poursuivie. Mais là ne doit pas s'arrêter la sollicitude de l'administration. Il ne suffit pas qu'une maison d'école soit convenablement appropriée ou assez vaste pour la jeune population qui doit la fréquenter; il faut encore qu'elle soit pourvue du mobilier de classe nécessaire, et une petite bibliothèque-armoire, destinée à la conservation des livres, des cahiers et des cadres imprimés à l'usage de l'École, me semble un des objets les plus indispensables.

J'y attache un intérêt tout particulier et que vous apprécierez, je n'en doute pas. L'acquisition d'un corps de bibliothèque est le point de départ de la réalisation d'une pensée qui, depuis longtemps a été l'objet des plus légitimes efforts. Doter les populations laborieuses d'un fonds d'ouvrages intéressants et utiles est un besoin qui, chaque jour, se fait plus sérieusement sentir. Une vaste organisation de bibliothèques communales répondrait à ce but; mais cette organisation présente des difficultés qu'un concours multiple de volontés et de sacrifices permettrait seul de résoudre complètement.

En attendant, il est possible de tenter un premier essai. Mon administration accorde fréquemment des livres à un grand nombre d'Écoles; les départements, les communes, les particuliers eux-mêmes s'associent à ces dons; je m'efforcerai d'y ajouter encore; mais la possession d'un corps de bibliothèque est la condition première de la conservation des volumes. Ce point est incontestable et a déterminé la résolution dont je viens vous faire part aujourd'hui.

J'ai décidé qu'à l'avenir tout projet de construction ou d'acquisition de maison d'école, pour l'exécution duquel un secours sera demandé, devra être accompagné d'un devis spécial de dépenses afférentes au mobilier scolaire dans lequel sera comprise, en première ligne, une bibliothèque. Si le mobilier existe déjà, la bibliothèque sera seule mentionnée. Je crois devoir joindre à ma lettre un modèle qui servira à guider les communes. Chacune, selon ses ressources et selon ses besoins, adoptera un plan plus ou moins restreint; mais la modicité de prix du projet qui a été figuré ici, d'après un devis exact, permet d'apprécier combien peut être limitée une dépense dont les résultats seront si précieux.

Je vous prie, Monsieur le Préfet, de vouloir bien prêter à ces instructions toute la publicité dont votre administration dispose.

Recevez, etc.

Signé : ROULAND.

---

11 juin 1860.

Arrêté relatif à la création d'un emploi d'inspectrice des salles d'asile en Algérie.

11 Juin 1860.

Le Ministre de l'Algérie et des Colonies
Arrête :

ARTICLE 1er. — Il est créé un emploi d'inspectrice des salles d'asile en Algérie[1].

Décret concernant les établissements d'instruction publique de la Savoie et de l'arrondissement de Nice. 13 juin 1860.

13 Juin 1860.

ARTICLE 1er. — Les Collèges, Écoles et autres établissements d'instruction publique actuellement existants en Savoie et dans l'arrondissement de Nice, les divers fonctionnaires et employés de ces établissements, continueront à être subventionnés et rétribués suivant les bases et sur les ressources qui avaient été déterminées par le Gouvernement de S. M. le Roi de Sardaigne, jusqu'au moment où il y sera autrement pourvu.

Décret portant création d'une Académie dont le chef-lieu est à Chambéry. 13 juin 1860.

13 Juin 1860.

ARTICLE 1er. — Les départements de la Savoie et de la Haute-Savoie forment une Académie dont le chef-lieu est à Chambéry et qui est administrée par un Vice-Recteur.

Le Vice-Recteur a sous ses ordres deux Inspecteurs d'Académie, dont l'un réside à Chambéry et l'autre à Annecy.

ART. 2. — Notre Ministre secrétaire d'État au département de l'Instruction publique et des Cultes est chargé de faire les arrêtés et règlements nécessaires pour l'exécution du présent décret.

Décret qui annexe le département des Alpes-Maritimes à l'Académie d'Aix. 13 juin 1860.

13 Juin 1860.

ARTICLE 1er. — Le département des Alpes-Maritimes fait partie de la circonscription de l'Académie d'Aix.

1. Voir ci-dessus, à leur date : 1° une décision du mois de *février* 1857, relative au régime des Écoles de l'Algérie (décision concertée entre les Ministres de l'Instruction publique et de la Guerre), page 705; 2° deux décrets de 1858, relatifs à la constitution des pouvoirs administratifs en Algérie, pages 731 et 737.

13 juin 1860.

Décret concernant l'Académie d'Aix.

13 Juin 1860.

ARTICLE 1er. — L'Académie d'Aix, comprenant les départements des Basses-Alpes, des Bouches-du-Rhône, de la Corse, du Var, de Vaucluse et des Alpes-Maritimes, est élevée de la troisième à la deuxième classe.

---

2 juillet 1860.

Avis relatif à l'hygiène des Écoles.

2 Juillet 1860.

Le Conseil, etc.,

Vu le rapport de M. le Vice-Recteur de l'Académie de Paris, en date du 9 avril 1860, sur les conditions d'hygiène qu'il conviendrait d'observer dans les Écoles primaires libres ;

Vu l'article 31 de la loi du 15 mars 1850 et la circulaire du 30 juillet 1858 sur les dimensions à observer dans les Écoles primaires publiques,

Est d'avis qu'il y a lieu :

1° D'appliquer des prescriptions semblables aux locaux occupés par les Écoles primaires libres, dans le but d'empêcher que, par le fait d'une augmentation continuelle du nombre des élèves, le local, au point de vue de la quantité d'air pour chacun d'eux, ne devienne insuffisant et nuisible ;

2° D'arrêter les dispositions suivantes :

Une circulaire ministérielle, se rapportant au paragraphe 2 de l'article 21 de la loi du 15 mars 1850, prescrira pour le local de classe des Écoles primaires libres des dimensions qui donnent un minimum d'air de quatre mètres cubes par élève comme pour les Écoles publiques.

Cette condition devra faire au moins l'objet d'un avertissement à l'instituteur lors de l'établissement d'une École libre.

Avis relatif à la journée de travail dans les ouvroirs. 5 juillet 1860.

5 Juillet 1860.

Le Conseil, etc.,

Vu le projet de règlement adopté pour les ouvroirs par le Conseil départemental du Calvados, dans la séance du 11 août 1859,

Est d'avis d'apporter à ce projet de règlement les modifications suivantes :

« Aucune jeune fille âgée de moins de treize ans ne sera admise à « l'ouvroir, même si elle suit en partie les exercices de l'École pri- « maire.

« La journée, en été, sera de douze heures, dont dix heures de « travail et deux heures de récréation.

« La journée, en hiver, sera de onze heures, dont neuf heures de « travail et deux heures de récréation. »

Avis relatif à l'âge de l'admission des enfants dans les Écoles. 5 juillet 1860.

5 Juillet 1860.

Le Conseil, etc.,

Vu la délibération du Conseil départemental de l'instruction publique du Calvados, en date du 11 août 1859,

Est d'avis qu'il y a lieu d'apporter à l'article 6 du règlement des Écoles primaires publiques du Calvados la modification suivante :

« Pour être admis dans une École, il faut être âgé de six ans au « moins et de treize ans au plus; néanmoins les autorités locales « pourront, selon les cas, autoriser l'instituteur à recevoir des élèves « au-dessus de treize ans et au-dessous de six ans.

« Cette autorisation ne pourra pas être donnée pour les enfants « âgés de moins de six ans dans les communes où il existe une salle « d'asile. »

---

25 juillet 1860. **Arrêté relatif aux instituteurs non brevetés du département des Alpes-Maritimes et à la création de nouvelles bourses à l'École normale d'institutrices d'Aix.**

25 Juillet 1860.

Le Ministre secrétaire d'État au département de l'Instruction publique et des Cultes,

Considérant qu'il existe dans le département des Alpes-Maritimes un grand nombre d'instituteurs non brevetés, exerçant leur profession à titre provisoire;

Considérant que ces instituteurs peuvent être assimilés, quant à présent, aux instituteurs adjoints, qui ne sont point assujettis aux conditions de l'article 25 de la loi du 15 mars 1850,

Arrête ce qui suit :

ARTICLE 1er. — Les autorisations provisoires en vertu desquelles les instituteurs primaires exercent leurs fonctions dans le département des Alpes-Maritimes, conservent leur valeur jusqu'au 1er janvier 1861.

ART. 2. — Il est donné six mois aux instituteurs provisoires pour se pourvoir d'un brevet de capacité délivré après examen[1].

ART. 3. — A l'expiration de ce délai, M. le Préfet du département dressera la liste des instituteurs communaux qui n'auront pas encore satisfait à la loi. Il enverra cette liste au Ministre de l'Instruction publique et lui indiquera ceux de ces maîtres qui lui paraîtront dignes d'obtenir une nouvelle autorisation provisoire, laquelle ne pourra excéder six mois.

ART. 4. — Les instituteurs libres devront, au 1er janvier 1861, faire la déclaration prescrite par l'article 25 de la loi du 15 mars 1850. A l'expiration du mois, leur École sera réputée légalement ouverte, s'il n'y a pas été fait opposition.

ART. 5. — D'ici au 1er janvier 1861, M. le Préfet du département conférera le titre définitif d'instituteur communal à ceux de ces fonctionnaires qui seront dignes d'être maintenus dans leurs fonctions.

Les instituteurs définitifs seront seuls admis à jouir du bénéfice de l'article 40 de la loi du 15 mars 1850.

ART. 6. — M. le Recteur de l'Académie d'Aix est chargé de nom-

1. Voir la circulaire du 17 *août* 1861 sur le recrutement des instituteurs de la Savoie. (*Circulaires et Instructions officielles, etc.*, Tome V, page 453.)

mer une Commission provisoire d'examen, laquelle se réunira le 1er décembre prochain.

Une Commission définitive sera nommée par le Conseil départemental de l'instruction publique pour l'année 1861, conformément à l'article 46 de la loi du 15 mars 1850.

ART. 7. — Huit bourses, susceptibles d'être divisées en demi-bourses, seront entretenues aux frais de l'État, dans l'École normale primaire d'Aix, et affectées à des jeunes personnes qui se destinent à tenir des Écoles de filles dans le département des Alpes-Maritimes.

ART. 8. — M. le Préfet du département des Alpes-Maritimes et M. le Recteur de l'Académie d'Aix sont chargés, chacun en ce qui le concerne, de l'exécution du présent arrêté.

Décret appliquant la législation de l'instruction primaire aux trois nouveaux départements de la Savoie, de la Haute-Savoie et des Alpes-Maritimes. 18 août 1860.

18 Août 1860.

NAPOLÉON, etc.,

Sur le rapport de notre Ministre secrétaire d'État au département de l'Instruction publique et des Cultes;

La Section de l'Intérieur, de l'Instruction publique et des Cultes de notre Conseil d'État entendue,

Avons décrété et décrétons ce qui suit :

ARTICLE 1er. — Sont immédiatement applicables aux départements de la Savoie, de la Haute-Savoie et des Alpes-Maritimes, les dispositions de la loi du 15 mars 1850, du décret du 9 mars 1852 et de la loi du 14 juin 1854, relatives à l'inspection des Écoles primaires, à la nomination et à la révocation des instituteurs, à l'ouverture des Écoles libres et à l'établissement d'Écoles mixtes pour les deux sexes.

ART. 2. — Les attributions des Conseils départementaux sont provisoirement dévolues aux Préfets.

Décret portant fixation des vacances dans les Écoles normales primaires. 18 août 1860.

18 Août 1860.

NAPOLÉON, etc.,

Sur le rapport de notre Ministre secrétaire d'État au département de l'Instruction publique et des Cultes;

Vu le décret du 24 mars 1851, portant règlement relatif aux Écoles normales primaires;

Le Conseil impérial de l'instruction publique entendu,

Avons décrété et décrétons ce qui suit :

ARTICLE 1er. — Le § 1er de l'article 21 du décret susvisé est modifié de la manière suivante :

« Les vacances durent un mois; l'époque en est fixée par le Recteur, sur la proposition de l'Inspecteur d'Académie et de la Commission de surveillance.

« Un congé de huit jours peut être accordé à l'occasion de la fête de Pâques et à titre de récompense. »

ART. 2. — L'article 22 du même décret est rapporté.

---

29 août 1860.

Décret portant fixation des attributions principales du Vice-Recteur de la Corse.

29 Août 1860.

NAPOLÉON, etc.,

Sur le rapport de notre Ministre secrétaire d'État au département de l'Instruction publique et des Cultes;

Vu le décret du 22 août 1854;

Considérant qu'il importe de régler définitivement les attributions respectives du Recteur de l'Académie d'Aix et de l'Inspecteur délégué en Corse,

Avons décrété et décrétons ce qui suit :

ARTICLE 1er. — L'Inspecteur délégué en Corse conserve le titre de Vice-Recteur.

Il doit correspondre, pour tout ce qui concerne ses fonctions, avec le Recteur de l'Académie d'Aix, sous les ordres duquel il est placé.

Toutefois, il peut prendre sous sa responsabilité les mesures commandées par l'urgence du service, sauf à en rendre compte au Recteur dans le plus bref délai.

Il doit adresser directement au Ministre de l'Instruction publique un rapport mensuel sur l'état des affaires de son administration.

Décret portant création d'Inspecteurs d'Académie et d'Inspecteurs primaires pour les départements annexés. 10 nov. 1860.

10 Novembre 1860.

Napoléon, etc.,

Sur le rapport de notre Ministre secrétaire d'État au département de l'Instruction publique et des Cultes;

Vu notre décret, en date du 13 octobre 1860, portant ouverture à notre Ministre de l'Instruction publique et des Cultes de crédits supplémentaires pour les dépenses des départements de la Savoie, de la Haute-Savoie et des Alpes-Maritimes, pendant le second semestre 1860;

Considérant qu'en raison de l'annexion desdits départements au territoire de l'Empire, il y a lieu d'accroître le nombre des Inspecteurs d'Académie et des Inspecteurs des Écoles primaires tel qu'il avait été fixé jusqu'ici, notamment par nos décrets des 22 août 1854 et 21 juin 1858,

Avons décrété et décrétons ce qui suit :

Article 1er. — Il est créé trois places d'Inspecteurs d'Académie de première classe et neuf places d'Inspecteurs des Écoles primaires, qui seront également de première classe.

Décret relatif aux services rendus par les fonctionnaires de l'ordre civil, originaires des départements annexés, avant leur réunion à la France. 21 nov. 1860.

21 Novembre 1860.

Napoléon, etc.,

Vu le sénatus-consulte du 12 juin 1860;

Vu la loi du 9 juin 1853, sur les pensions de retraite de l'ordre civil, et le décret réglementaire du 9 novembre suivant;

Sur la proposition de notre Ministre secrétaire d'État au département des Finances;

Notre Conseil d'État entendu,

Avons décrété et décrétons ce qui suit :

Article 1er. — Les services rendus au Gouvernement Sarde, avant l'annexion, par les fonctionnaires et employés de l'ordre civil qui sont devenus sujets français par le fait de l'annexion et qui sont passés au service de la France, seront comptés pour la retraite, suivant la loi française, à l'égal des services rendus à la France. Les pensions desdits fonctionnaires et employés, ainsi que celles de leurs veuves et orphelins, seront, en conséquence, liquidées, inscrites et payées conformément aux dispositions des titres II, IV, V et VI de la loi du 9 juin 1853.

ART. 2. — Ces fonctionnaires et employés assujettis, par le fait même de leur entrée au service français, aux retenues prescrites par l'article 3 de ladite loi, sont dispensés toutefois de la retenue du premier douzième de leur traitement.

ART. 3. — Les dispositions qui précèdent ne sont pas applicables aux fonctionnaires et employés qui, bien que devenus sujets français par le fait de l'annexion, ne sont pas passés au service de la France.

Les pensions auxquelles ils peuvent avoir droit seront liquidées conformément à la législation sarde. Les femmes et enfants de ces fonctionnaires et employés conservent la réversibilité établie à leur profit par cette législation.

---

10 déc. 1860.

Décret concernant le Gouvernement et la haute administration de l'Algérie.

[Extrait.]

10 Décembre 1860.

ARTICLE 5. — La Justice, l'Instruction publique et les Cultes rentrent dans les attributions des départements ministériels auxquels ils ressortissent en France. Toutefois les Écoles françaises-arabes et les Écoles indigènes restent dans les attributions exclusives du Gouverneur général.

---

12 déc. 1860.

Arrêté ouvrant un concours entre les instituteurs publics sur une question de pédagogie.

12 Décembre 1860.

ARTICLE 1er. — Un prix de la valeur de 1 200 francs sera décerné au meilleur Mémoire présenté par un instituteur public sur la question suivante :

« Quels sont les besoins de l'instruction primaire dans *une commune rurale*, au triple point de vue de l'école, des élèves et du maître? »

ART. 2. — Un second prix de 600 francs et six mentions honorables de 200 francs chacune seront attribués, en outre, aux Mémoires qui approcheront le plus du premier prix.

ART. 3. — Le concours, ouvert le 15 décembre 1860, sera définitivement clos le dimanche 3 février 1861.

Les manuscrits devront être adressés, avant cette dernière date, à M. l'Inspecteur d'Académie résidant au chef-lieu du département pour être transmis au Ministre de l'Instruction publique.

ART. 4. — Les Mémoires seront écrits en entier de la main de l'auteur. La signature, apposée au recto de la première page et légalisée par le maire de la commune, sera accompagnée de la formule dont le modèle est ci-annexé[1].

ART. 5. — Le jugement du concours sera publié le 15 août 1861.

Rapport et Décret relatifs à une subvention exceptionnelle à accorder aux départements annexés.

19 déc. 1860.

19 Décembre 1860.

1° Rapport à l'Empereur.

SIRE,

Les départements nouvellement annexés à l'Empire sont appelés à recevoir pour toutes les branches du service, à dater du 1er janvier 1861, l'application du régime bienfaisant et éclairé de nos lois françaises. Il est désirable que toutes les communes puissent posséder une église, un presbytère, une maison d'école, une mairie, et, si le nombre des habitants l'exige, une salle d'asile,

1. Voici la formule :
« Je soussigné (*nom et prénoms de l'auteur*), né à (*lieu et date de naissance*), « instituteur public de (*nom de la commune, du canton, de l'arrondissement et « du département*), déclare que le présent Mémoire est mon travail personnel, et « qu'il a été rédigé en vue du concours ouvert par l'arrêté du Ministre de l'Instruc« tion publique, en date du 12 décembre 1860. »

Le concours eut lieu régulièrement, conformément aux instructions de la circulaire du 14 *décembre* (*Circulaires et Instructions officielles, etc.*, Tome V, page 410). Par arrêté du 14 *mai* 1861, une Commission fut chargée de l'examen des 5 940 mémoires qui avaient été produits. Elle était présidée par M. de Royer, premier vice-président du Sénat. Le premier prix fut décerné à M. Adrien, instituteur à Pontoise (Seine-et-Oise); le second, à M. Lecomte, instituteur à La Châtre. — Voir les résultats du concours au *Bulletin administratif* d'août 1861, n° 140, pages 153 et suiv. — Les mémoires ne furent pas publiés.

dans des conditions telles que l'administration communale, l'enseignement populaire et le service paroissial se trouvent convenablement assurés. Bien que ces conditions paraissent être remplies sur quelques points, les rapports unanimes des autorités départementales témoignent que, dans le plus grand nombre des localités, presque tout est à créer. Sans doute, les frais des travaux à exécuter ne doivent pas tomber entièrement à la charge de l'État, et il faut maintenir le principe si sage de la dette obligatoire des communes pour toutes les dépenses qui ont un caractère essentiellement municipal. Mais Votre Majesté, Sire, connaît l'insuffisance des ressources actuelles des nouveaux départements, et elle trouve juste et utile de ne pas retarder l'impulsion qui les rendra plus fécondes, au grand profit de toutes les améliorations projetées. Il convient donc que l'État se montre libéral et bienveillant, en offrant aux communes des nouveaux départements une subvention exceptionnelle en face de besoins considérables. Nous estimons que cette subvention, déduction faite des sacrifices à demander aux localités, s'élève, suivant les prévisions les plus modérées, à la somme de deux millions neuf cent mille francs, savoir : 1 500 000 francs pour les maisons d'école et les salles d'asile, 1 million pour les édifices paroissiaux, et 400 000 fr. pour les mairies.

Le plus ordinairement la mairie se réduira, comme il arrive en France, à une simple salle attenant à la maison d'école, et dans laquelle seront déposées les archives communales, sous la garde de l'instituteur, chargé des fonctions de secrétaire de la municipalité; cette circonstance explique la modicité relative du crédit qui est indiqué pour ce dernier article. Il serait matériellement impossible à votre Gouvernement de faire exécuter dans l'espace d'une seule année l'ensemble des travaux qui sont reconnus indispensables; mais il y aurait de graves inconvénients à les ajourner au delà du terme rigoureusement nécessaire pour leur entier achèvement. Nous avons pensé que la dépense pourrait être répartie en cinq exercices, y compris l'exercice prochain, à raison de 580 000 francs par année. Le sénatus-consulte concernant l'annexion de la Savoie et du comté de Nice à la France a conféré à Votre Majesté le pouvoir de prendre toutes les mesures indispensables pour l'introduction du régime français dans ces territoires. Nous venons donc soumettre à l'approbation de Votre Majesté le projet de décret ci-joint.

Nous sommes, etc.

Le Ministre chargé par intérim du département de l'Intérieur,	*Le Ministre de l'Instruction publique et des Cultes,*
Signé : BILLAULT.	*Signé :* ROULAND.

2° Décret.

NAPOLÉON, etc.,

Vu l'article 3 du sénatus-consulte concernant la réunion à la France de la Savoie et de l'arrondissement de Nice;

Considérant que, pour faciliter et assurer l'introduction immédiate du régime français dans les départements nouvellement annexés, il est urgent d'accorder aux communes les subventions nécessaires à la construction ou à la réparation de leurs églises, presbytères, maisons d'école, salles d'asile et mairies;

Sur le rapport de nos Ministres au département de l'Intérieur et au département de l'Instruction publique et des Cultes,

Avons décrété et décrétons ce qui suit :

ARTICLE 1er. — Un crédit extraordinaire de 400 000 francs, à répartir en cinq annuités, à dater de l'exercice 1861, est ouvert à notre Ministre de l'Intérieur pour subvenir à la construction et à la réparation de mairies dans les départements de la Savoie, de la Haute-Savoie et des Alpes-Maritimes.

ART. 2. — Un crédit extraordinaire de 2 500 000 francs, à répartir également en cinq annuités, à dater de l'exercice 1861, est accordé à notre Ministre de l'Instruction publique et des Cultes en faveur des mêmes départements, savoir :

Subventions aux communes :

Pour construction et réparation de maisons d'école et pour l'établissement de salles d'asile	1 500 000 francs.
Pour construction et réparations d'églises et de presbytères	1 000 000 —
Total égal.	2 500 000 francs.

ART. 3. — Il sera pourvu à la dépense ci-dessus au moyen des ressources affectées aux exercices 1861, 1862, 1863, 1864 et 1865.

ART. 4. — Nos Ministres de l'Intérieur et de l'Instruction publique et des Cultes et notre Ministre des Finances sont chargés, chacun en ce qui le concerne, de l'exécution du présent décret, qui, en vertu de l'article 3 du sénatus-consulte ci-dessus visé, aura force de loi.

Décret relatif à la suppression du titre d'instituteur suppléant.

29 déc. 1860.

29 Décembre 1860.

NAPOLÉON, etc.,

Sur le rapport de notre Ministre secrétaire d'État au département de l'Instruction publique et des Cultes;

Vu la loi du 15 mars 1850;

Vu le décret du 7 octobre 1850;

Vu l'article 4 du décret du 9 mars 1852;

Vu l'article 8 de la loi du 14 juin 1854,

Avons décrété et décrétons ce qui suit :

ARTICLE 1er. — A partir du 1er janvier 1861, il ne sera plus nommé d'instituteurs primaires suppléants.

Les instituteurs suppléants actuellement en exercice pourront être, sur l'avis des Inspecteurs d'Académie, nommés immédiatement instituteurs communaux, et ils jouiront en conséquence du traitement minimum de 600 francs déterminé par l'article 38 de la loi du 15 mars 1850.

ART. 2. — Les articles 1, 2, 3 et 4 de notre décret du 31 décembre 1853 sont et demeurent rapportés[1].

---

18 janvier 1861. **Arrêté accordant une prolongation de délai aux instituteurs libres non brevetés du département des Alpes-Maritimes, pour se pourvoir d'un brevet de capacité.**

18 Janvier 1861.

Le Ministre secrétaire d'État au département de l'Instruction publique et des Cultes,

Vu l'arrêté du 25 juillet 1860, relatif aux instituteurs non brevetés du département des Alpes-Maritimes, exerçant à titre provisoire;

Vu les propositions conformes de M. le Préfet dudit département et de M. le Recteur de l'Académie d'Aix,

Arrête :

ARTICLE 1er. — Le délai accordé par l'article 1er de l'arrêté du 25 juillet 1860 aux instituteurs non brevetés du département des Alpes-Maritimes est prorogé, pour les instituteurs libres, jusqu'au 1er août 1861.

En conséquence, les autorisations provisoires accordées aux instituteurs libres conserveront leur valeur jusqu'à cette époque.

ART. 2. — La Commission d'examen, instituée par l'article 6 de l'arrêté du 25 juillet, devra se réunir au plus tard le 1er juillet.

ART. 3. — M. le Préfet des Alpes-Maritimes et M. le Recteur de l'Académie d'Aix sont chargés, chacun en ce qui le concerne, de l'exécution du présent arrêté.

1. Voir ci-contre la circulaire interprétative du 20 *janvier* 1861.

Circulaire du Ministre de l'Instruction publique, relative à l'exécution du décret du 29 décembre 1860, supprimant les instituteurs suppléants. 20 janvier 1861.

20 Janvier 1861.

Monsieur le Préfet, vous connaissez le décret du 29 décembre 1860 qui supprime, à partir du 1er janvier 1861, le stage imposé aux instituteurs primaires depuis 1853. Désormais, il ne sera plus nommé d'instituteurs suppléants. Ce décret est un nouveau gage de la sollicitude de l'Empereur pour les laborieuses fonctions de l'enseignement primaire; et, s'il ne réalise pas encore tout le bien que Sa Majesté voudrait faire aux instituteurs, il témoigne suffisamment de sa pensée et de ses intentions.

Conformément au vœu de la loi de 1850, il n'y aura plus d'instituteurs suppléants à la tête des Écoles communales. C'est là l'intention formelle du décret. Pourtant il a fallu faire la part de certaines exceptions temporaires, dont vous serez juge, et qui, appliquées avec mesure et équité, devront avoir pour effet d'encourager au bien les instituteurs qu'elles pourront atteindre, en même temps qu'elles seront comme la récompense de ceux qui auront mérité immédiatement un titre définitif.

Je veux parler, Monsieur le Préfet, de la faculté que vous laisse le décret de ne pas conférer dès à présent ce titre à tous les instituteurs suppléants. Mais vous voudrez bien vous rappeler que cette faculté doit être prise dans son sens le plus restreint, afin que le bienfait profite au plus grand nombre, s'il ne profite pas à tous aujourd'hui. Vous devrez en exclure ceux-là seulement dont l'administration serait mécontente, et qui auraient à racheter leurs torts par de meilleurs services. Pour ces instituteurs, la mesure serait ajournée, mais pendant un temps déterminé, afin qu'il dépende d'eux de la mériter, et même d'en avancer l'application.

Il importe donc, Monsieur le Préfet, que M. l'Inspecteur d'Académie attaché à votre département, avant de vous adresser ses propositions, soit bien pénétré de l'esprit du décret, qui veut que tous les instituteurs suppléants aujourd'hui en exercice soient nommés instituteurs titulaires, avec jouissance des avantages attachés à ce titre, et qui n'admet une restriction que comme moyen de stimuler le zèle de ceux dont la conduite ou les services laisseraient à désirer.

Vous voudrez bien donner des instructions dans ce sens à M. l'Inspecteur d'Académie et lui remettre, en même temps, un des deux exemplaires que je joins à cette circulaire du décret du 29 décembre 1860.

Recevez, etc.

Signé : ROULAND.

Circulaire du Ministre de l'Instruction publique, relative au choix des instituteurs pour les fonctions de secrétaire de mairie. 30 mars 1861.

30 Mars 1861.

Monsieur le Préfet, mon collègue, M. le Garde des Sceaux, a appelé mon attention sur des fautes d'une certaine gravité, commises par des instituteurs dans l'exercice de leurs fonctions de secrétaires de mairie. L'instruction qui s'en est suivie a démontré que ces fonctionnaires avaient agi sans intention coupable, et seulement parce qu'ils ne s'étaient pas suffisamment rendu compte de la gravité des actes qu'on avait à leur reprocher. C'est surtout dans la tenue des registres de l'état civil que se sont produits les faits dont je parle. Tantôt on fait, dans les signatures, des substitutions que l'on croit être sans importance; tantôt on se contente de prendre note des naissances et des décès qui surviennent, et on ne rédige les actes qu'à la fin de l'année, sans calculer ni les préjudices considérables que, par suite d'oublis ou d'inexactitudes, il peut en résulter pour les familles, ni la responsabilité qu'assument sur eux ceux qui se rendent coupables de faits semblables.

Dans plusieurs départements, MM. les Préfets se sont préoccupés des moyens à prendre pour remédier à de tels abus et établir une surveillance efficace sur la tenue des secrétariats de mairies. Dans ce but, ces magistrats ont réclamé le concours de MM. les Inspecteurs de l'instruction primaire, et je n'ai pas hésité à autoriser une semblable mesure, dès qu'une juste rémunération a été assurée à ces fonctionnaires pour ce surcroît de travail, et que toutes les précautions ont été prises afin que le service spécial de l'inspection n'eût pas à souffrir de cet accroissement d'attributions.

Tout en signalant cette combinaison à votre attention, je crois devoir vous rappeler que c'est uniquement dans l'intérêt des communes que les instituteurs publics sont appelés à exercer les fonctions de secrétaires de mairies, et, qu'en conséquence, il importe de veiller à ce que, pour un emploi en dehors des fonctions scolaires, le corps enseignant ne soit pas exposé à se voir privé de membres honorables, du reste, et rendant d'utiles services.

Je vous prie donc, Monsieur le Préfet, de ne solliciter désormais du Conseil départemental l'autorisation prescrite par l'article 32 de la loi du 15 mars 1850, qu'en faveur des instituteurs qui vous présenteraient, pour les fonctions spéciales de secrétaires de mairies, toutes les garanties désirables d'aptitude. En outre, afin de mettre sans délai un terme au mal qui m'a été signalé, je vous prie d'inviter M. l'Inspecteur d'Académie à donner des instructions à MM. les Inspecteurs primaires, pour que ces fonctionnaires ne manquent pas, dans le cours de leurs tournées, d'éclairer les instituteurs sur les conséquences graves que pourraient avoir, pour eux, les irrégularités de la nature de celles que je vous ai signalées plus haut.

Recevez, etc.

Signé : Rouland.

---

13 mai 1861. **Instruction du Ministre de l'Instruction publique, relative à la nomination des instituteurs et des instituteurs adjoints dans les Écoles communales, et aux prescriptions de la loi concernant les Écoles libres.**

13 Mai 1861.

Monsieur le Préfet, des plaintes me parviennent de plusieurs départements au sujet de fréquents changements qui s'opèrent dans la direction des Écoles communales et libres confiées à des membres d'associations religieuses.

Ici, tel frère, nommé par le Préfet du département, sur la présentation du supérieur de la communauté, est remplacé par un autre frère, avant que le Préfet ait été seulement averti de ce projet de mutation; là, telle École libre, ouverte après une déclaration régulière faite par un frère, passe sous la direction d'un autre frère, sans qu'aucune déclaration nouvelle ait été déposée à la mairie.

Il importe à l'ordre public que de telles infractions à la loi et aux règlements ne se renouvellent plus.

Je vous recommande, à cet effet, Monsieur le Préfet, non seulement d'exiger, comme vous avez dû le faire jusqu'à ce jour, que le supérieur de l'association religieuse enseignante qui vous présente un frère pour la direction d'une École communale vous donne, indépendamment du nom qu'il porte dans la communauté, son nom de famille et ses prénoms, la date et le lieu de sa naissance, mais encore qu'il vous fasse connaître les établissements dans lesquels il a été employé depuis dix ans, ou au moins depuis son entrée dans la carrière de l'enseignement, et qu'il dépose entre vos mains, outre son brevet de capacité, l'exeat qui a dû lui être délivré, s'il vient d'un autre département.

Ce n'est qu'après que vous aurez reçu ces pièces et ces renseignements que vous pourrez légalement procéder à la nomination du nouvel instituteur, et ce n'est qu'après avoir été nommé par vous qu'il pourra prendre possession de ses fonctions. Enfin, ce n'est qu'à partir du jour de son installation qu'il a droit au traitement attaché à son nouveau titre, et que vous devez en autoriser le payement.

Quant à l'instituteur remplacé, il ne doit quitter son poste qu'après que vous lui avez délivré une lettre d'exeat. Dès le mois de mars 1837, le Conseil de l'instruction publique avait reconnu que les frères des Écoles chrétiennes devaient, comme les autres instituteurs communaux, obtenir une lettre d'exeat avant de quitter leur poste, et que l'infraction à cette règle ne saurait être couverte par leur vœu d'obédience à leur supérieur; pour eux aussi, la loi devait prévaloir sur toute autre considération.

Lors donc que le supérieur d'une communauté religieuse vous propose le changement d'un membre de son institut, comme instituteur communal, vous avez, après l'accomplissement des conditions ci-dessus indiquées, à délivrer à la fois à l'instituteur qui arrive une ampliation de sa nomination, et une lettre d'exeat à celui qui part; vous ne rendrez à ce dernier son brevet de capacité que lorsque lui ou le supérieur vous exposeront qu'étant présenté pour une École communale dans un autre département, il a besoin de déposer son brevet à l'appui de sa nouvelle présentation. Dans tous les cas, vous serez ainsi averti à temps du changement qui se préparerait.

A l'égard des Écoles libres, je crois devoir rappeler à votre souvenir les dispositions de la circulaire du 24 décembre 1850, relative aux déclarations qui doivent précéder l'ouverture de ces Écoles. Il y est dit : « Nul ne devra être « dispensé de l'accomplissement des formalités prescrites, ni l'instituteur libre « qui, déjà en fonctions, veut s'établir dans un autre local et ouvrir, par con- « séquent, une autre École, ni l'instituteur communal qui renonce, pour « une cause quelconque, à l'exercice de ses fonctions et qui veut ouvrir une « École libre, soit dans la même commune, soit ailleurs. Toutes les fois, en un « mot, qu'il y aura ouverture d'une nouvelle École, il devra y avoir une décla- « ration de l'instituteur, suivie d'un sérieux examen. Il en sera de même chaque « fois qu'un instituteur appartenant à une congrégation religieuse enseignante « succédera à un frère du même ordre dans la même École. L'établissement, « en changeant de directeur, doit être considéré comme un établissement nou- « veau. »

Ainsi, Monsieur le Préfet, ce serait vainement qu'on chercherait à faire prévaloir près de vous cette pensée, que c'est l'association qui ouvre l'École, qu'elle a le droit de disposer de ses membres, et qu'il suffit que vous soyez averti du changement. La loi est formelle; elle ne connaît que les individus; eux seuls doivent faire la déclaration prescrite, ils sont responsables de leur conduite; ils sont personnellement atteints par les dispositions des articles 29 et 30, s'ils ouvrent leur École avant l'expiration du délai légal, ou s'ils commettent quelque faute dans l'exercice de leurs fonctions.

Enfin, Monsieur le Préfet, il me reste à appeler votre attention sur les instituteurs adjoints. L'article 34 de la loi du 15 mars 1850 porte qu'ils sont nommés et révocables par l'instituteur avec l'agrément du Recteur (aujourd'hui du Préfet), et il ajoute que les instituteurs adjoints appartenant aux associations religieuses sont nommés et peuvent être révoqués par les supérieurs de ces associations. Quelques personnes ont pensé que dans ce dernier cas, l'agrément du Préfet n'était pas indispensable. C'est une erreur.

Les Écoles communales sont des établissements publics, et nul ne peut être employé sans l'agrément de l'autorité qui est spécialement chargée de les surveiller. L'article 34 doit être entendu en ce sens, que nul maître adjoint ne peut être nommé dans une École communale laïque ou congréganiste sans l'agrément du Préfet. Cette interprétation est la seule qui puisse se concilier avec les droits de l'autorité; s'il en était autrement, les maîtres adjoints ne seraient soumis à aucune peine disciplinaire, en cas de faute grave, et le bon sens public se révolterait contre une semblable impunité. En fait, lorsqu'il y a eu lieu à sévir contre des maîtres adjoints, les Conseils départementaux n'ont jamais hésité à leur faire application de l'article 33 de la loi; mais il est souvent arrivé que ces maîtres, n'étant pas connus, disparaissaient sans qu'il fût possible de retrouver leur trace.

Vous devez donc exiger qu'aucun instituteur adjoint ne soit employé dans une École communale, sans votre agrément, et vous ne le donnerez que lorsque vous aurez reçu sur le nouveau maître tous les renseignements indiqués ci-dessus. Vous n'aurez point toutefois à exiger le dépôt de son brevet de capacité, puisque les maîtres adjoints sont dispensés par la loi de la production de cette pièce.

Il va sans dire, Monsieur le Préfet, que toutes ces dispositions concernent les Écoles laïques comme les autres. Si j'ai fait plus particulièrement mention, dans ce qui précède, des Écoles tenues par des membres d'associations religieuses enseignantes, c'est qu'on rencontre plus spécialement dans ces Écoles les difficultés dont je viens de me préoccuper. Mais, je le répète, il n'y a ici aucune exception à faire : tous les instituteurs sont égaux devant la loi, et tous doivent s'y soumettre dans les limites et les conditions qu'elle a fixées.

Recevez, etc.

Signé : ROULAND.

Instruction du Ministre de l'Instruction publique, relative à la gratuité de l'enseignement primaire.

27 mai 1861.

27 Mai 1861.

Monsieur le Préfet, la loi du 15 mars 1850, ainsi que la loi du 28 juin 1833, qui régissait précédemment l'instruction primaire, a posé en principe que les enfants des familles indigentes qui fréquentent les Écoles primaires devaient seuls être exemptés du payement de la rétribution scolaire. A titre d'exception, toutefois, elle a permis aux communes d'entretenir des Écoles entièrement gratuites, mais à la condition d'y subvenir sur leurs propres ressources ordinaires.

Je n'ai point à rappeler ici toutes les considérations qui doivent déterminer les villes à préférer la règle générale à l'exception. Dans les assemblées délibérantes, au sein des Conseils départementaux, comme au sein du Conseil impérial de l'instruction publique, il a été reconnu, depuis de longues années, que la gratuité de l'enseignement n'est point favorable au progrès de l'instruction populaire. MM. les Préfets et MM. les Recteurs ont tous été d'avis que, du moment où l'instruction des pauvres est gratuitement assurée, il n'y a que des inconvénients à dispenser les familles de l'accomplissement de l'une de leurs obligations les plus sacrées, et à en charger exclusivement l'administration publique.

En effet, on a vu trop souvent des Écoles gratuites envahies par les enfants des familles aisées, au détriment de ceux qui ne comprenaient pas assez l'avantage de l'instruction offerte sans nulle exigence de rétribution. On a pu fréquemment constater, d'un autre côté, la répugnance de beaucoup de familles à envoyer leurs enfants dans des Écoles communales gratuites, parce qu'elles ne voulaient pas recevoir une aumône.

A un point de vue moins élevé, mais qui a aussi son importance, la gratuité absolue est souvent un obstacle aux progrès de l'enseignement populaire. Épuisées par les charges qu'entraîne nécessairement cette gratuité, beaucoup de localités sont dans l'impossibilité, soit d'améliorer matériellement leurs établissements scolaires, soit de créer de nouvelles Écoles que réclameraient les besoins de la population. La rétribution scolaire payée pour les enfants des familles aisées, en assurant la plupart du temps aux instituteurs un revenu supérieur, dégagerait les finances communales, lesquelles pourraient alors suffire aux nécessités auxquelles elles doivent pourvoir. A Paris, par exemple, où le Conseil municipal fait pour l'instruction gratuite des sacrifices si considérables qu'il est impossible d'en exiger davantage, quel bien ne réaliserait-on pas, si, dans toutes les Écoles, la rétribution scolaire, équitablement fixée, pouvait rendre disponible la majeure partie des fonds alloués pour la construction, la réparation et l'entretien des Écoles de la capitale!

Un assez grand nombre de villes, justement affligées des résultats auxquels une générosité mal entendue avait donné lieu, ont tenté d'améliorer cette situation; mais elles ont rencontré, de la part des membres des associations religieuses, des obstacles devant lesquels elles ont reculé.

Ces obstacles ne sont pas sérieux. C'est à tort que les frères des Écoles chrétiennes se présentent comme liés à cet égard par leurs statuts, qui leur imposent, croient-ils, l'obligation de tenir des Écoles gratuites. Ces statuts, visés en 1810, par le Grand-Maître de l'Université, et les seuls, par conséquent, que l'État reconnaisse, leur recommandent de tenir gratuitement les Écoles, c'est-à-dire de faire œuvre de charité, en n'exigeant personnellement aucune rétribution des enfants qui fréquentent leurs classes; mais, comme ces statuts n'ont pas prévu le cas où ils recevraient un traitement fixe des communes, ils ne leur donnent point le droit de s'enquérir des sources où le Conseil municipal puise les fonds destinés à ces traitements. Les Conseils municipaux, en assurant aux frères un traitement fixe, ont donc incontestablement droit d'exiger, pour le compte de la commune, une rétribution scolaire des enfants des familles aisées admis dans les Écoles communales, et de n'autoriser l'entrée, à titre gratuit, des enfants pauvres, que dans la forme prescrite par l'article 45 de la loi du 15 mars 1850; d'un autre côté, les frères, en acceptant le titre d'instituteurs communaux, sont tenus de se soumettre aux obligations imposées à cet ordre de fonctionnaires. Il convient toutefois, dans la pratique, et cela est facile partout, de les dispenser des formalités exigées des instituteurs laïques, pour la perception de la rétribution scolaire. A l'égard de ces derniers, la perception ayant lieu pour leur compte, il est naturel qu'ils contribuent à la régularité de ce service : les frères, au contraire, devant y rester étrangers, ne peuvent être chargés des travaux financiers qu'elle entraîne. Mais, par contre, il doit être bien entendu qu'ils ne recevront aucun enfant qui ne serait pas pourvu d'un billet d'admission signé par le maire. Or, ce billet ne doit être délivré aux enfants des familles aisées que sous la condition, acceptée par les familles, de verser dans la caisse municipale le montant de la rétribution scolaire : le maire, au contraire, délivrera gratuitement ce billet aux enfants désignés conformément aux dispositions de l'article 45 de la loi du 15 mars 1850, et de l'article 13 du décret du 31 décembre 1853. Quant aux frères, qui continueront de recevoir régulièrement leurs traitements sur la caisse municipale, rien ne sera changé à leur position; ils ne connaîtront même pas ceux de leurs élèves qui seront admis en payant ou gratuitement; tous seront égaux à leurs yeux, et ils resteront étrangers, sous ce rapport, à tout lucre et à toute exigence personnelle.

Veuillez, Monsieur le Préfet, rappeler ces dispositions aux administrations municipales des villes qui ont établi des Écoles gratuites. Ces villes peuvent incontestablement persister dans ce système de gratuité, puisque la loi l'autorise, et je verrais avec peine qu'on cherchât à les en détourner. Mais aucune contrainte ne doit, d'un autre côté, peser sur les villes qui considèrent comme onéreuse la gratuité de leurs Écoles, et qui ont vainement tenté de s'en affranchir. Il importe qu'elles sachent que les prétentions contraires à leurs vœux ne sont pas légitimes et qu'elles peuvent légalement les repousser. En réalité, ce ne sont pas les frères qui donnent aux populations l'enseignement gratuit. Ce sacrifice retombe tout entier sur les communes. Il ne peut donc répugner aux congrégations religieuses vouées à l'instruction primaire d'accepter loyalement et complètement le régime de la loi de 1850. Loin d'avoir rien à perdre, elles ont tout à gagner de leur soumission aux règles de notre droit municipal, et je ne doute pas de leur obéissance et de leur bonne volonté.

Recevez, etc.

Signé : ROULAND.

Décision du Conseil d'État relative au vote des centimes additionnels pour l'instruction primaire. 30 mai 1861.

30 Mai 1861.

Un propriétaire, imposé à des centimes additionnels pour l'instruction primaire, est-il recevable à soutenir devant l'autorité compétente sur les demandes en décharge de contributions directes, que, aux termes de l'article 40 de la loi du 15 mars 1850, les centimes additionnels ne pouvaient lui être imposés, à raison de ce que, pendant l'année dont il s'agit, les recettes ordinaires de la commune auraient excédé les dépenses ordinaires? Rés. aff.

Mais il n'est pas recevable à attaquer en son nom personnel, par la voie contentieuse, les arrêtés et décisions par lesquels le Préfet et le Ministre de l'Intérieur ont refusé de retrancher des recettes portées au budget de la commune le produit des centimes additionnels pour l'instruction primaire, votés par le Conseil municipal. — Ces arrêtés et décisions ne font pas obstacle à la réclamation ultérieure que le contribuable pourra élever à l'appui de sa demande en décharge[1].

1. Voici les observations présentées par M. le commissaire du Gouvernement, L'Hôpital :

« Le budget de la commune de Malesherbes, pour l'exercice 1860, accuse un excédent des ressources ordinaires sur les dépenses ordinaires de plus de 4 000 francs. Il en est de même, à ce qu'il paraît, du budget pour l'exercice 1861, que nous n'avons pas au dossier.

« Cependant, pour ces deux années, le Conseil municipal a fait proposer au nombre de ces ressources, pour la somme de 418 fr. 47 c., le produit de l'imposition spéciale de trois centimes, que l'article 40 de la loi du 15 mars 1850 autorise pour faire face aux dépenses de l'instruction primaire. Ces budgets sont approuvés par le Préfet du Loiret.

« Les requérants se sont adressés au Ministre, prétendant que l'imposition spéciale des trois centimes ne pouvait régulièrement être votée ni perçue; que l'article 40 de la loi du 15 mars 1850 ne l'autorise qu'en cas d'insuffisance des revenus ordinaires.

« Le Ministre de l'Intérieur a rejeté leur réclamation par une raison de fait plutôt que par une raison de droit. L'excédent des revenus de la commune de Malesherbes, dit-il, n'est pas libre entre ses mains. Il est engagé pour de longues années au payement des dépenses de construction de la maison d'école et de la salle d'asile; il est absorbé chaque année par cet emploi. C'est le service de l'instruction primaire qui a ainsi obligé la ville à engager l'excédent de ses ressources ordinaires.

« N'est-il pas juste que l'enseignement primaire subvienne à ses dépenses annuelles par des ressources spéciales?

« Cette réponse, on le voit, ne touche pas à la question de droit qui subsiste toujours, à la question de savoir si l'emploi fait par la commune de l'excédent de ses revenus ordinaires pour le payement d'une dépense extraordinaire (la construction d'une maison d'école, dans l'espèce), peut autoriser et justifier le vote de l'impôt

Le Conseil, etc.,

Vu la requête..... pour le sieur Couppé, vicomte d'Aboville, Dabée et autres, tous membres du Conseil municipal de la commune de Malesherbes (Loiret), des plus imposés aux rôles des contributions

spécial des trois centimes, alors qu'il y a excédent des revenus ordinaires sur les dépenses obligatoires, celles de l'instruction primaire comprises.

« Ainsi, sur le recours pour excès de pouvoir dirigé devant vous contre la décision par laquelle le Ministre a refusé de réformer l'arrêté du Préfet approbatif du budget, M. le Ministre discute le sens de l'article invoqué de la loi du 15 mars 1850.

« C'est en cas d'insuffisance des revenus ordinaires que cet article autorise l'impôt spécial de trois centimes; c'est aussi en cas d'insuffisance (et dans les mêmes termes) que l'article 2 de la loi du 21 mai 1836 autorise les prestations et les centimes additionnels pour l'entretien des chemins vicinaux. — Pour l'application de l'une comme de l'autre de ces deux lois, de l'un et de l'autre de ces articles, on a toujours, dans la pratique, entendu d'une manière large les mots « en cas d'insuffisance des revenus « ordinaires ». On n'a jamais réduit à une opération arithmétique l'appréciation administrative du point de savoir s'il y avait suffisance ou insuffisance des revenus ordinaires. Les trois centimes de l'instruction primaire, ainsi que les cinq centimes des chemins vicinaux, sont considérés comme des ressources spéciales, mais ordinaires elles-mêmes, que les communes peuvent toujours utiliser (à condition de ne point les détourner de leur destination), si elles jugent et si l'administration supérieure juge avec elles que leurs revenus ordinaires, suffisants sans doute pour payer l'instituteur et l'institutrice, ne sont pas suffisants pour qu'elles puissent renoncer à une ressource pareille. C'est ainsi que la loi a toujours été appliquée dans la pratique.

« La pratique, nous la reconnaissons, mais la doctrine, vous auriez à la faire; et nous à la discuter, si une fin de non-recevoir évidente ne nous paraissait s'élever contre la requête.

« Un budget n'est qu'une prévision administrative des recettes que la commune pourra avoir à faire, des dépenses qu'elle pourra avoir à acquitter. L'approbation d'un budget, alors même qu'elle comporte, si l'on veut, approbation implicite de l'imposition spéciale dont le produit figure par prévision à la colonne de recette de ce budget, c'est l'acte administratif qui nous paraît en lui-même le moins susceptible de discussion contentieuse, le mieux circonscrit dans les attributions de l'administration pure. L'excès de pouvoir peut-il se glisser dans un acte de cette nature? le recours pour excès de pouvoir sera-t-il ouvert pour le faire tomber? Nous ne le nierons pas d'une manière absolue. Mais au moins ce recours ne peut pas être exercé par tous, ne peut pas tomber dans le domaine de tous. Pour être recevable à se plaindre au contentieux, il faut être personnellement, directement, immédiatement lésé par l'acte dont on veut se plaindre; vous l'avez décidé souvent.

« Telle n'est pas la situation des requérants. Le Préfet approuve, le Ministre refuse de désapprouver l'insertion dans le budget de la commune de Malesherbes d'une prévision de recettes à provenir d'un impôt. Relativement au sieur Couppé d'Aboville et autres, cela est du futur contingent, ils ne sont pas les représentants de la commune. Ce qui n'affecte que l'intérêt financier ou économique ne peut pas donner lieu à un recours au contentieux, présenté en leur nom personnel, — leur droit personnel de ne pas payer une taxe qui serait illégale ne sera atteint, leur action ne pourra naître que le jour, où, en vertu du vote qu'ils critiquent, on leur imposera les centimes additionnels qu'ils prétendent ne pouvoir pas leur être imposés. Alors il y aura des juges à Orléans; sous forme de réclamation en matière de contribution directe, nul doute qu'ils ne soient recevables à discuter la légalité de l'impôt dont les rôles les frappent, et dont on leur demandera d'acquitter leur quote-part. A cela, les actes administratifs, purement administratifs, du Conseil municipal, du Préfet, du Ministre, ne feraient nul obstacle. »

directes de cette commune....., tendant à ce qu'il nous plaise annuler, pour excès de pouvoir, une décision du 14 juillet 1860, par laquelle notre Ministre de l'Intérieur a maintenu une décision du Préfet du Loiret, qui a rejeté leur réclamation tendant à faire retrancher des recettes portées au budget de la commune pour les années 1860 et 1861 le produit de trois centimes additionnels aux quatre contributions directes, affectés au service de l'instruction primaire;

Ledit pourvoi fondé sur ce que, aux termes de l'article 40 de la loi du 15 mars 1850, les trois centimes additionnels, affectés au payement des dépenses de l'instruction primaire, ne peuvent être votés que dans le cas où les revenus ordinaires ne sont pas suffisants pour pourvoir aux dépenses de ce service; et que, pendant les années 1860 et 1861, les recettes ordinaires portées au budget de la commune de Malesherbes excédaient les dépenses ordinaires;

Vu les observations du Ministre de l'Intérieur, tendant au rejet;

Vu la loi du 18 juillet 1837 et celle du 15 mars 1850;

Vu la loi du 28 pluviôse An VIII;

Considérant que les arrêtés par lesquels le Préfet du Loiret a approuvé les budgets de la commune de Malesherbes pour les années 1860 et 1861, sont des actes de tutelle administrative, qui n'ont pour objet que d'arrêter, en vue de la bonne gestion des finances communales, les prévisions des recettes et des dépenses à faire par la commune pendant lesdites années; que les sieurs Couppé, vicomte d'Aboville, et autres ne sont pas recevables à attaquer, en leur nom personnel, par la voie contentieuse, ces arrêtés ni les décisions par lesquels le Préfet du Loiret et notre Ministre de l'Intérieur ont refusé de retrancher des recettes portées à ces budgets le produit des trois centimes additionnels pour l'instruction primaire qui avaient été votés par le Conseil municipal; mais que ces arrêtés et décisions ne font pas obstacle à ce que, dans le cas où les trois centimes additionnels seraient imposés au sieur Couppé d'Aboville pour les années 1860 et 1861, si les requérants se croient fondés à soutenir que, aux termes de l'article 40 de la loi du 15 mars 1850, ces centimes additionnels ne pourraient leur être imposés à raison de ce que, pendant lesdites années, les recettes ordinaires de la commune de Malesherbes avaient excédé les dépenses ordinaires, ils demandent, devant l'autorité compétente, la décharge de leur imposition,

Arrête :

ARTICLE 1er. — La requête des sieurs Couppé, vicomte d'Aboville, Dabée et autres ci-dessus dénommés est rejetée.

. . . .

29 juin 1861.

Avis relatif à la durée des heures de travail dans les ouvroirs.

29 Juin 1861.

Le Conseil, etc.,

Vu l'avis du Conseil départemental du Calvados (*séance du* 28 *février* 1861), exprimant le désir que la modification introduite l'année dernière, sur l'avis du Conseil impérial, dans le règlement des Écoles de filles de ce département, soit supprimée;

Considérant les inconvénients graves qui suivraient du maintien de cette modification, puisqu'elle aurait pour effet d'éloigner les jeunes filles au-dessus de treize ans des Écoles publiques et de les porter vers des maisons particulières,

Est d'avis qu'il y a lieu d'adopter le règlement tel que le propose le Conseil départemental du Calvados, sauf, par M. le Ministre, à insister pour que, dans la répartition des heures consacrées à l'École et à l'ouvroir, plus de temps soit accordé à l'École, autant que faire se pourra.

---

8 juillet 1861.

Décision relative à l'interdiction absolue des instituteurs.

8 Juillet 1861.

Le Conseil, etc.,

Vu la délibération du Conseil départemental des Landes, en date du 16 mai 1860;

Attendu qu'aux termes de l'article 28 de la loi du 15 mars 1850, les décisions des Conseils départementaux, en matière d'opposition à l'ouverture d'une École primaire, ne sont sujettes à aucun recours, lorsque d'ailleurs toutes les formes prescrites par la loi ont été remplies,

Déclare le sieur..... non recevable dans l'appel par lui interjeté de la délibération du Conseil départemental;

Mais attendu que le Conseil ne s'est pas borné à statuer sur l'opposition dont il avait été saisi par le Préfet, et que par une disposition additionnelle, il a déclaré le sieur..... incapable de remplir à l'avenir les fonctions d'instituteur public libre;

Que par là, il a prononcé contre le sieur..... une peine qui, d'après l'article 36 de la loi du 15 mars 1850, ne peut être prononcée que contre les instituteurs en titre et en exercice; que le sieur..... est, dans la délibération même, qualifié d'ex-instituteur; qu'ainsi il n'était pas, au point de vue disciplinaire, justiciable du Conseil départemental, et que, d'ailleurs, aucune des formes prescrites pour arriver à prouver l'interdiction n'a été observée, ce qui constitue évidemment, de la part du Conseil départemental, une violation de l'article 36 précité et un excès de pouvoir,

Annule, quant à cette partie seulement, la délibération du Conseil départemental des Landes.

Décision relative à la juridiction des Conseils départementaux.

8 juillet 1861.

8 Juillet 1861.

Le Conseil, etc.,

Vu les lettres en date des 3 février 1860 et 12 juin 1861, par lesquelles le sieur....., ancien instituteur primaire, et la demoiselle..... sa fille, pourvue d'un brevet de capacité du dégré élémentaire, délivré à Montauban le 8 septembre 1840, demandent l'annulation d'une décision du Conseil départemental de l'instruction publique du département du Loiret, du 11 décembre 1858, qui a maintenu l'opposition formée le 30 novembre précédent, par le Préfet du Loiret, à l'ouverture de l'École primaire libre que la demoiselle..... a déclaré, le 29 octobre 1858, être dans l'intention de tenir à Gien (Loiret);

Vu l'arrêté précité du 29 octobre 1858, dans lequel le Préfet du Loiret a formé opposition à l'ouverture de l'École de la demoiselle....., en vertu des articles 28 de la loi du 15 mars 1850 et 4 du décret du 30 décembre 1850;

Vu la délibération en date du 3 décembre 1858, par laquelle la demoiselle..... reconnaît avoir reçu du Sous-Préfet de Gien la lettre par laquelle le Préfet du Loiret lui donne avis de l'opposition formée par lui;

Vu la lettre du 6 du même mois, par laquelle le Préfet du Loiret appelle la demoiselle..... devant le Conseil départemental et lui indique les faits sur lesquels elle aura à se défendre;

Vu le procès-verbal de la séance du Conseil départemental du Loiret, du 11 décembre 1858, duquel il résulte qu'après les explications successivement fournies par la demoiselle..... et par le commissaire de police du canton de Gien, le Conseil maintient l'opposition formée par le Préfet du Loiret;

Vu la notification de ladite décision, donnée le 18 décembre 1858, à la demoiselle.....;

Vu le rapport adressé le 13 septembre 1860 par le Préfet du Loiret à S. E. le Ministre de l'Instruction publique et des Cultes;

Vu l'article 21 de la loi du 15 mars 1850, l'article 4 du décret du 30 décembre suivant et la loi du 14 juin 1854;

Considérant qu'aux termes de l'article 28 susvisé de la loi du 15 mars 1850, les décisions des Conseils départementaux en cette matière ne sont soumises à aucun recours;

Considérant d'ailleurs que la décision du Conseil départemental du Loiret du 11 décembre 1858 constate l'accomplissement de toutes les formalités prescrites par la loi,

Décide :

La demande de la demoiselle..... est déclarée non recevable.

---

10 juillet 1861.

Rapport à l'Empereur sur les améliorations introduites dans divers services de l'Instruction publique.

10 Juillet 1861.

SIRE,

Votre Majesté a bien voulu approuver les mesures d'ordre à l'aide desquelles j'ai pu, depuis deux ans, imprimer à la comptabilité des Écoles primaires une organisation meilleure. Le nombre toujours croissant des élèves qui fréquentent ces établissements, l'évaluation correspondante du chiffre de la rétribution scolaire, la suppression de certains abus, m'ont permis de réaliser d'importantes économies dont les Écoles et les maîtres qui les dirigent ont également profité. C'est ainsi qu'il m'a déjà été possible d'allouer, sans imposer à l'État aucun nouveau sacrifice, des secours plus considérables aux communes pour leurs constructions, et de proposer à Votre Majesté, en supprimant les instituteurs suppléants, d'établir partout le minimum de traitement à 600 francs.

Je suis heureux, cette année encore, de répondre aux bienveillantes intentions de Votre Majesté, en lui soumettant plusieurs résolutions destinées à améliorer des situations dignes de sa sollicitude, ou à pourvoir à des besoins reconnus.

Le décret du 21 juin 1858, qui a réduit de cinq à trois le nombre des classes des Inspecteurs primaires, a supprimé par le fait les traitements de 1 200 et 1 400 francs, et porté à 1 600, 2 000 et 2 400 francs le traitement des classes actuelles. Il ne me fut pas possible alors de modifier la répartition du personnel des fonctionnaires; la première classe continua donc à compter 31 Inspecteurs, la seconde 62, et la troisième s'éleva nécessairement au chiffre énorme de 191. Cette distribution inégale présentait le grave inconvénient de rendre les promotions très rares, et de maintenir indéfiniment dans la même position des hommes que leur zèle et la durée de leurs services désignaient à mon plus sérieux intérêt. Mais la loi de recettes et de dépenses de l'exercice 1862 vient de mettre à ma disposition une somme de 60 400 francs, qui est prélevée, en réalité, sur les excédents produits par une sage administration, et qui ne constitue point une augmentation des charges du Trésor public. Je m'empresse donc de proposer à Votre Majesté, pour les Inspecteurs primaires, une classification définitive qui compléterait la mesure réparatrice prise il y a trois ans.

Ces fonctionnaires seraient désormais répartis de la manière suivante :

1re classe.	95
2e classe.	95
3e classe.	94

Il suffit de comparer ces chiffres à ceux que j'indiquais plus haut pour apprécier les conséquences de la nouvelle répartition. La seconde classe est tout entière promue à la première, et la moitié des Inspecteurs de la troisième passe dans la seconde. Le plus grand nombre des situations se trouve immédiatement amélioré, et, pour l'avenir, les chances d'avancement s'accroissent dans une notable proportion.

Je ne répondrais pas entièrement aux intentions de Votre Majesté si je négligeais de signaler à sa sollicitude les institutrices primaires. La modicité de leur traitement annuel, qui, pour beaucoup d'entre elles, n'atteint pas 300 francs, nécessite des allocations de secours qui ressemblent à des aumônes; leur chiffre, en effet, varie de 25 à 50 francs. J'ai le bonheur de pouvoir proposer à Votre Majesté de disposer en faveur des institutrices primaires d'une somme de 60 000 francs, qui leur serait distribuée à titre d'indemnités extraordinaires pour l'année 1861.

Les anciens instituteurs que l'âge ou les fatigues de l'enseignement ont contraints à se retirer trouvent très rarement dans leurs ressources personnelles des moyens d'existence suffisants; il n'en est, en effet, qu'un très petit nombre qui aient droit à une pension. Après une longue carrière, laborieusement remplie, ces maîtres se voient trop souvent dans une position précaire, et Votre Majesté m'autorisera, j'ose l'espérer, à répartir entre eux un secours exceptionnel de 50 000 francs.

Je m'empresse d'appeler également l'intérêt de Votre Majesté sur la création des bibliothèques destinées aux instituteurs et à leurs élèves. On songe sérieusement depuis quelque temps à l'institution des bibliothèques communales; mais cette grande et utile mesure, dont le succès est si désirable, peut encore rencontrer des obstacles ou des ajournements à cause de son étendue, de ses dépenses et de son organisation assez compliquée. J'ai donc cru, pour ce qui me concerne, agir sagement en me bornant, quant à présent, à la fondation d'une bibliothèque dite *Bibliothèque des Campagnes*, et spécialement consacrée aux instituteurs. L'œuvre est commencée, et plusieurs volumes ont déjà paru. Ils ont pour but de répandre, dans nos communes rurales, les notions les plus essentielles de la géographie, de l'histoire, de l'agriculture pratique et de l'hygiène; ils tendent aussi à faire connaître sous leur vrai jour les événements du pays, et à populariser en France le dévouement et les services de la dynastie impériale.

Je ferai continuer avec la plus grande activité ces publications, si bien accueillies dans les Écoles rurales. Pour assurer l'existence, la conservation et l'accroissement de nos modestes collections, on a soin, désormais, de comprendre dans la concession des secours accordés pour la construction de maisons d'école la somme nécessaire à l'achat d'un corps de bibliothèque. Mais, afin d'imprimer à cette utile entreprise un rapide développement, il serait très avantageux de distribuer dès à présent aux communes un certain nombre de livres spécialement destinés à l'éducation morale, intellectuelle et pratique des classes laborieuses, et choisis parmi les meilleurs ouvrages de ce genre. J'ose espérer que Votre Majesté daignera m'autoriser à disposer, pour cette acquisition, d'une somme de 50 000 francs.

Ces diverses dépenses, qu'il m'a été permis, je le répète, de prélever sur les ressources du budget ordinaire de mon département, seront un nouveau bienfait ajouté à tous ceux que l'instruction primaire doit déjà à Votre Majesté.

Je suis, etc.

Le Ministre de l'Instruction publique et des Cultes,
Signé : ROULAND.

Approuvé :
Signé : NAPOLÉON.

---

29 juillet 1861. **Circulaire du Ministre de l'Instruction publique, invitant les Préfets à suspendre l'application du décret du 13 avril 1861 [1].**

29 Juillet 1861.

Monsieur le Préfet, plusieurs de vos collègues ont cru pouvoir commencer l'application de l'article 4 du décret du 13 avril dernier, avant d'avoir reçu mes instructions. Je viens vous inviter à suspendre toute exécution spontanée de ce règlement organique. Il est impossible que cette exécution ait lieu d'une manière utile et intelligente, tant que je n'aurai pas achevé la liquidation du passif qui grève encore le service des maisons d'école, salles d'asile et presbytères. Il est impossible que MM. les Préfets appliquent les dispositions du décret au remboursement et au placement des capitaux ou rentes, sans connaître les principes de l'État sur les dons manuels et sur les conditions de placement. En un mot, il convient que les règles qui seront désormais suivies par les administrations départementales soient en parfait accord avec la pensée de l'administration centrale. Je n'ai pas besoin d'ajouter que les instructions nécessaires doivent venir de mon département; j'y travaille avec soin, mais les difficultés pratiques à prévoir sont de telle nature, que je dois me défendre de toute précipitation. Le principe du décret est excellent : il importe de ne pas en compromettre les effets par une application prématurée.

Recevez, etc.

Signé : ROULAND.

1. Le décret du 13 *avril* 1861 (*Bulletin des Lois,* XIe *Série,* Tome XVII, page 477) est relatif à la décentralisation administrative, et l'article 4 est ainsi conçu :

« Les Préfets statueront, sans l'autorisation du Ministre de l'Instruction publique et des Cultes, sur les objets suivants :

« 1° Répartition de la moitié du fonds de secours alloué au budget pour les Écoles, les presbytères et les salles d'asile ;

« 2° Autorisation donnée aux établissements religieux de placer en rentes sur l'État les sommes sans emploi provenant de remboursement de capitaux. »

Décret relatif à la nomination d'un troisième maître adjoint dans les Écoles normales primaires [1]. 7 août 1861.

7 Août 1861.

Napoléon, etc.,

Sur le rapport de notre Ministre secrétaire d'État au département de l'Instruction publique et des Cultes;

Vu l'avis du Conseil impérial de l'instruction publique;

Vu notre décret du 24 mars 1851,

Avons décrété et décrétons ce qui suit :

Article 1er. — Un troisième maître adjoint pourra être nommé dans les Écoles normales primaires par notre Ministre de l'Instruction publique et des Cultes, sur la proposition de MM. les Recteurs des Académies et après avis des Commissions de surveillance.

Art. 2. — Les attributions du troisième maître adjoint, en ce qui concerne l'administration, l'enseignement et la surveillance, seront déterminées par notre Ministre de l'Instruction publique et des Cultes dans la forme ci-dessus indiquée.

Circulaire du Ministre de l'Instruction publique, relative à l'envoi d'une collection de plans-modèles de salles d'asile. 28 sept. 1861.

28 Septembre 1861.

Monsieur le Préfet, j'ai l'honneur de vous envoyer un exemplaire d'une collection de plans-modèles et de devis concernant la construction des salles d'asile, dressés par les soins de mon administration et publiés par M. Paul Dupont, libraire-éditeur.

Ce recueil pourra être utilement consulté lorsque des communes de votre département se proposeront de faire construire des salles d'asile, les plans qui y figurent remplissant toutes les conditions hygiéniques de dimensions, de bonne installation, recommandées par les instructions pour des établissement de cette nature. Il doit être bien entendu que mon intention n'est pas d'imposer ces plans : toute construction est nécessairement subordonnée à l'étendue du terrain qu'on peut y affecter, ainsi qu'aux irrégularités que présente la surface. Cependant, dans l'intérêt des communes, comme dans celui du service, il est à désirer que les administrations municipales ne s'écartent pas des modèles dont il s'agit, et, à cet effet, qu'elles ne disposent, pour l'érection des salles d'asile,

1. Voir la circulaire transmissive du 25 *septembre* 1861. (*Circulaires et Instructions officielles, etc.*, Tome V, page 466.)

que de terrains qui permettront de se conformer à l'un des différents types présentés dans le recueil.

Les communes trouveront également, dans le volume des devis, des indications à peu près précises sur le montant des dépenses que peut entraîner la construction d'une salle d'asile; ces renseignements leur permettront de connaître l'étendue des sacrifices qu'elles doivent s'imposer; ils faciliteront, je n'en doute pas, les efforts de votre administration pour la propagation d'établissements dont les services sont si vivement appréciés par les classes laborieuses.

Je n'ai pas besoin d'ajouter, Monsieur le Préfet, qu'en tenant la main à ce que les plans-modèles soient suivis, autant que possible, vous simplifierez votre tâche, ainsi que la mienne, et les affaires y gagneront une prompte solution.

Recevez, etc.

Signé : ROULAND.

1er janvier 1862.

Arrêté fixant les frais de tournée des Inspecteurs de l'instruction primaire [1].

1er Janvier 1862.

Le Ministre secrétaire d'État au département de l'Instruction publique et des Cultes

Arrête :

ARTICLE 1er. — A partir du 1er janvier 1862, les frais de tournée des Inspecteurs de l'instruction primaire sont fixés ainsi qu'il suit :

Pour chaque jour de tournée ordinaire et pour chaque jour de mission extraordinaire, lorsque la commune dans laquelle ils se transportent est à moins de 16 kilomètres du lieu de la résidence, 7 francs;

Pour chaque jour de mission extraordinaire, lorsque la commune visitée est à plus de 16 kilomètres du lieu de la résidence, 9 francs.

ART. 2. — Dans les premiers jours de chaque trimestre, le Préfet du département mettra, à titre d'avance, à la disposition de l'Inspecteur de l'enseignement primaire une somme égale aux deux tiers de celle à laquelle les frais de sa tournée trimestrielle seront évalués par l'Inspecteur d'Académie.

1. Consulter, pour l'application de l'arrêté, la circulaire du 28 *février* 1862. (*Circulaires et Instructions officielles, etc.*, Tome V, page 498.)

Instruction du Ministre de l'Instruction publique, relative aux écritures exigées des Inspecteurs primaires. 6 février 1862.

6 Février 1862.

Monsieur le Recteur, le premier devoir des Inspecteurs de l'instruction primaire est de visiter régulièrement les Écoles de leur circonscription; j'ai dû porter dès lors mon attention sur les moyens à prendre pour assurer à cette partie du service tout le temps qu'elle réclame. Dans ce but, je me suis fait rendre compte des écritures exigées de MM. les Inspecteurs primaires, et j'ai reconnu qu'il était possible non seulement d'y apporter d'importantes simplifications, mais encore de les coordonner de telle sorte que, sans rien ôter à la somme des renseignements recueillis, il en résultât cependant une notable réduction de leurs travaux de cabinet.

En effet, d'après les règles établies, indépendamment du rapport général qui accompagne les états annuels de situation, MM. les Inspecteurs primaires en tournée adressent à l'Inspecteur d'Académie, pour chaque jour d'inspection, un bulletin constatant leur passage dans la commune visitée, et, tous les trois mois, un rapport sur la situation de l'instruction primaire dans les communes qu'ils viennent de parcourir, ainsi que des notes détaillées sur le personnel des Écoles. Cette triple obligation impose aux Inspecteurs un travail considérable, et présente cet inconvénient, qu'au moment où ces fonctionnaires rédigent leurs rapports, ils sont déjà éloignés de l'instant de leur visite et peuvent n'avoir pas conservé un souvenir exact et complet des impressions qu'ils en ont reçues.

A l'avenir, le bulletin de passage sera remplacé par un bulletin d'inspection faisant connaître d'une manière succincte la situation matérielle, pédagogique et morale de la classe, ainsi que l'opinion de l'Inspecteur sur l'École et sur le maître. Ce bulletin, conforme au modèle ci-joint[1], devra être envoyé, soit le jour même, soit le lendemain, ou au plus tard le surlendemain du jour de l'inspection. Les renseignements consignés sur ce document sont d'ordre général, et il doit demeurer entendu que l'Inspecteur primaire devra adresser, sans délai, à l'Inspecteur d'Académie un rapport spécial toutes les fois qu'il se présentera des circonstances de nature à réclamer l'intervention immédiate de ce fonctionnaire.

Quant au rapport trimestriel prescrit par l'article 43 du décret du 29 juillet 1850, il ne devra contenir que le résumé des observations générales faites par l'Inspecteur sur l'état de l'enseignement dans les cantons parcourus et, s'il y a lieu, l'exposé de ses vues sur les mesures à prendre pour donner telle ou telle impulsion aux instituteurs, ou réprimer telle ou telle tendance. Réduit à ce seul exposé et dégagé des notes spéciales aux instituteurs et aux Écoles, ce rapport n'exigera au plus que quelques heures de travail.

J'ai fait aussi apporter de notables simplifications dans la disposition des états de situation des établissements scolaires, et je joins à cette lettre un exemplaire des instructions que j'adresse à MM. les Préfets touchant les règles à suivre dans la rédaction de ces documents.

J'ai été informé que dans un certain nombre de départements on a continué à exiger des Inspecteurs primaires, non seulement une quatrième copie des états

1. Voir ce modèle aux *Documents annexes*.

et des rapports annuels, mais encore des rapports généraux et des tableaux statistiques à l'occasion des sessions des Conseils départementaux et des Conseils généraux. Je maintiens, à cet égard, les prescriptions de ma circulaire du 30 décembre 1859[1]; les états annuels de situation et les rapports généraux qui les accompagnent doivent être rédigés seulement en triple expédition, dont l'une reste comme minute entre les mains de l'Inspecteur primaire, la seconde est destinée aux archives de l'Inspecteur d'Académie et la troisième m'est adressée par MM. les Préfets. Je renouvelle donc la défense formelle d'en faire un plus grand nombre. De plus, ces états, étant dressés, non plus pour la période dite année scolaire, mais pour l'année civile, se trouvent en concordance avec les états établis dans les autres administrations et doivent servir de base aux rapports à soumettre l'année suivante aux Conseils d'arrondissement et aux Conseils généraux. Aucun autre rapport général ni état statistique ne devront, sous aucun prétexte, être exigés des Inspecteurs primaires dans le courant de l'année. Néanmoins si, depuis le mois de janvier, il s'était produit des faits qui dussent être portés à la connaissance de ces assemblées ou à celle des Conseils académiques, je ne m'oppose pas à ce que les Inspecteurs primaires soient invités à les résumer dans un note très succincte.

Enfin, Monsieur le Recteur, il a été remarqué que, dans quelques arrondissements chefs-lieux, les Écoles n'étaient pas visitées, par suite de l'habitude prise par l'Inspecteur d'Académie d'appeler l'Inspecteur primaire à l'aider dans une partie de ses travaux de cabinet. C'est là un abus auquel il importe de mettre promptement un terme. MM. les Inspecteurs d'Académie ont près d'eux un commis qui doit être chargé, sous leur direction, d'une partie des travaux matériels de l'administration, et cette coopération doit suffire aux besoins du service. Ce n'est donc que dans un cas tout à fait exceptionnel et urgent que les Inspecteurs primaires pourront être appelés à prêter leur concours à l'expédition des affaires générales.

Jusqu'à ce jour, c'est seulement par l'examen des états de frais de tournées que j'ai pu vérifier le nombre des Écoles visitées annuellement par chaque Inspecteur. Il convient non seulement que cette inspection laisse partout des traces utiles de son passage, mais que M. l'Inspecteur d'Académie puisse s'assurer par lui-même, soit à la fin de l'année lorsqu'il recevra les registres matricules, soit lorsque les besoins du service l'attireront dans quelques communes, que l'inspection a été sérieuse et que les Inspecteurs se sont rendus un compte exact de la situation des choses. A cet effet, MM. les Inspecteurs primaires devront constater à leur visite dans l'École, sur le registre matricule, le nombre des élèves inscrits et celui des élèves présents au moment de leur inspection. De plus, il y aura dans chaque École un registre spécial[2], lequel devra être représenté par l'instituteur aux autorités préposées à la surveillance des Écoles. Sur ce registre MM. les Inspecteurs primaires devront indiquer l'heure de leur entrée en classe et l'heure de leur sortie. Ils devront, en outre, y consigner dans les termes les plus succincts les recommandations principales qu'ils auront faites verbalement à l'instituteur.

Le registre matricule étant envoyé à la fin de chaque année à l'Inspecteur d'Académie, il sera facile à ce fonctionnaire, en rapprochant ce registre du

1. Voir le texte de cette circulaire dans les *Circulaires et Instructions officielles, etc.*, Tome V, page 325.

2. Ce registre a été supprimé par la circulaire du 15 *mars* 1865. (*Ibid.*, Tome VI, page 223.)

bulletin journalier, de s'assurer que l'École a été réellement visitée au jour indiqué.

Enfin, lorsque MM. les délégués cantonaux croiront devoir visiter une École, ils pourront, en se faisant représenter le registre d'inspection, s'assurer si l'instituteur a tenu compte des recommandations qui y auront été consignées par l'Inspecteur primaire.

L'effet de l'inspection se fera ainsi sentir longtemps après son passage, et ses heureux résultats se trouveront presque doublés.

Vous voudrez bien, en transmettant un exemplaire de la présente circulaire à chacun de MM. les Inspecteurs d'Académie de votre ressort, donner à ces fonctionnaires les instructions que vous jugerez convenables pour assurer l'entière exécution de mes prescriptions. Peut-être, sur leur demande, le Conseil départemental s'empressera-t-il d'y concourir, en adressant, par l'intermédiaire de MM. les Préfets, à MM. les délégués cantonaux les recommandations nécessaires.

Recevez, etc.

Signé : Rouland.

Arrêté relatif aux frais de passage de France en Algérie.

8 mars 1862.

8 Mars 1862.

Le Ministre de l'Instruction publique et des Cultes,

Vu le décret du 10 décembre 1860, qui a rattaché au Ministère de de l'Instruction publique et des Cultes les services de l'Instruction publique et des Cultes en Algérie;

Considérant qu'il importe de réglementer le service des passages gratuits à bord des bâtiments chargés de la correspondance entre la France et l'Algérie,

Arrête :

Article 1er. — Ont droit au passage, aux frais du Ministère de l'Instruction publique et des Cultes, sur les paquebots faisant la correspondance entre la France et l'Algérie :

1° Les membres du clergé des différents cultes, les fonctionnaires, employés et gens de service désignés au tableau de classement annexé au présent arrêté, lorsqu'ils se rendent à leur poste ou en mission, lorsqu'ils ont obtenu un congé soit d'inactivité, soit de convalescence, ou lorsqu'ils sont admis à la retraite, sous la condition de représenter la décision spécifiant leur nouvelle destination ;

2° Les femmes, enfants, père et mère desdits fonctionnaires ou employés, les père et mère des ecclésiastiques, les accompagnant dans les cas ci-dessus désignés ou revenant en France lorsque lesdits fonctionnaires sont décédés en activité de service.

ART. 2. — Peuvent obtenir, par décision spéciale du Ministre, le passage aux frais du Ministère de l'Instruction publique et des Cultes :

1° Les ecclésiastiques et les membres des congrégations religieuses se rendant à la résidence qui leur est assignée par l'autorité épiscopale ou par les supérieurs des congrégations;

2° Les fonctionnaires ou employés spécifiés au paragraphe 1° de l'article 1er, ayant obtenu des congés pour affaires particulières ou se déplaçant à l'époque des vacances;

3° Les instituteurs ou institutrices primaires appelés de France en Algérie par le Recteur de l'Académie d'Alger;

4° Les élèves boursiers du Gouvernement, nommés au Lycée d'Alger, se rendant dans cet établissement, voyageant à l'occasion des vacances ou rentrant définitivement dans leurs familles;

5° Les élèves boursiers du Gouvernement nommés audit Lycée, allant en France pour y subir les épreuves du baccalauréat ès sciences ou ès lettres;

6° Les fonctionnaires révoqués et leurs familles.

ART. 3. — Peuvent aussi obtenir, par décision spéciale, le passage gratuit pour une personne attachée à leur service :

Ceux des membres du clergé et des fonctionnaires désignés dans les deux articles précédents qui ont droit à un passage de 1re classe.

ART. 4. — L'évêque d'Alger est autorisé à délivrer des permis de passage :

1° Aux ecclésiastiques et aux membres des congrégations religieuses attachés à un établissement public de son diocèse;

2° Aux professeurs et aux élèves du grand séminaire.

Ces permis ne peuvent être accordés que pour des cas de service ou de nécessité dûment justifiés, et sans que la somme annuelle fixée administrativement pour cet article de dépense puisse être dépassée.

L'état des permis ainsi délivrés est transmis au Ministère à la fin de chaque trimestre; il indique les établissements auxquels sont attachés les ecclésiastiques et les religieux ayant obtenu le passage gratuit, et les motifs pour lesquels ils l'ont obtenu.

ART. 5. — Sur la présentation, soit de la décision spécifiant la nouvelle situation du fonctionnaire, soit du permis de l'évêque d'Alger, les autorisations d'embarquement sont délivrées :

En France, par le Préfet des Bouches-du-Rhône;

En Algérie, par les Préfets d'Alger, de Constantine et d'Oran.

ART. 6. — Toute décision ministérielle donnant droit au passage gratuit sera transmise par la division administrative à la division de comptabilité, chargée de rendre le compte des frais de passage.

Tableau déterminant le classement des fonctionnaires, employés et gens de service relevant de l'Instruction publique, sur les bâtiments faisant le service de la correspondance entre la France et l'Algérie et le littoral algérien.

DÉSIGNATION DE LA FONCTION OU DE L'EMPLOI.	ORDRE de CLASSEMENT.	DÉSIGNATION DE LA FONCTION OU DE L'EMPLOI.	ORDRE de CLASSEMENT.
Inspecteurs généraux . . .	1re classe.	Élèves boursiers du Gouvernement	2e classe.
Membres des jurys d'examen envoyés de la métropole en Algérie	—	Économes	—
Recteur de l'Académie. . .	—	Commis d'économat	—
Inspecteurs d'Académie . .	—	Maîtres répétiteurs.	—
Secrétaire et commis d'Académie.	2e classe.	Aspirants répétiteurs . . .	—
Directeur et professeurs de l'École préparatoire de médecine et de pharmacie.	1re classe.	Maîtres d'études	—
Conservateur de la bibliothèque et du musée d'Alger.	—	Principaux et régents des Colléges communaux. . .	—
Titulaires des chaires publiques d'arabe à Alger, à Oran et à Constantine.	—	Inspectrice des salles d'asile de l'Algérie.	1re classe.
Proviseurs et Censeurs des Lycées.	—	Inspecteurs primaires . . .	2e classe.
Aumôniers des Lycées. . .	—	Instituteurs et institutrices primaires.	—
Professeurs des Lycées. . .	2e classe.	Supérieures provinciales des sœurs institutrices.	1re classe.
		Sœurs institutrices.	2e classe.
		Membres des communautés religieuses enseignantes (hommes, femmes). . . .	—
		Agents subalternes, domestiques.	3e classe.

Circulaire du Ministre de l'Instruction publique, relative aux secours supplémentaires pour maisons d'école réclamés par les communes. 29 mars 1862.

29 Mars 1862.

Monsieur le Préfet, depuis quelques années, un grand nombre de communes qui ont reçu sur mon budget des secours pour l'établissement de leurs maisons d'école me demandent des subventions supplémentaires pour couvrir des dépenses non prévues primitivement, et qui résultent le plus souvent d'un accroissement de travaux ou de calculs mal établis.

Je ne saurais m'engager plus avant dans une voie que je considère comme mauvaise, et où je serais entraîné de plus en plus, si je ne prenais résolument le parti de m'arrêter dès à présent.

J'admets que, dans certaines circonstances, circonstances exceptionnelles, une commune ne puisse prévoir, dans ses devis, des dépenses extraordinaires provenant d'obstacles inattendus dans les travaux de terrassements ou de fondations; mais, dans tout autre cas, je me crois autorisé à repousser toute demande qui aurait pour objet des travaux nouveaux qu'on aurait omis dans le principe ou des dépenses que les premiers devis auraient négligées.

L'expérience me prouve que la plupart du temps ces sortes de demandes s'appliquent à des projets de constructions dont l'étude n'a pas été suffisamment approfondie ou qui ont été confiés à des mains inhabiles.

Je vous prie donc, Monsieur le Préfet, de veiller avec la plus grande sollicitude à ce que les projets d'écoles ou de salles d'asile qui vous sont soumis soient d'abord conformes à mes instructions du 30 juillet 1858, et que, d'un autre côté, les devis soient assez bien étudiés pour qu'ils répondent à tous les besoins.

A l'avenir, je n'accorderai de secours supplémentaires que dans des cas d'exception, et ceux que j'accorderai ne dépasseront pas le tiers de la première subvention obtenue.

Recevez, etc.

Signé : ROULAND.

---

19 avril 1862.

Rapport et Décret relatifs à la fixation du traitement des instituteurs.

19 Avril 1862.

1° Rapport à l'Empereur.

SIRE,

Par mon rapport du 10 juillet 1861, j'ai eu l'honneur de proposer à Votre Majesté, et elle a daigné approuver, les diverses améliorations que l'on pouvait alors introduire dans le service de l'instruction primaire, sans sortir des limites du budget normal, et sans demander aucun nouveau sacrifice au trésor de l'État. C'est ainsi qu'il a été possible de consacrer successivement, en sus des crédits ordinaires, 800 000 francs à la construction des maisons d'école, 54 000 francs à la répartition d'indemnités entre les institutrices rurales, 64 000 francs à la distribution de secours aux anciens instituteurs âgés et infirmes, 39 000 francs à l'établissement de bibliothèques scolaires, 60 400 francs à l'élévation du traitement des Inspecteurs de l'instruction primaire; enfin, 425 600 francs ont servi à porter au minimum de 600 francs les traitements de tous les instituteurs suppléants, dont le cadre a été supprimé.

Votre Majesté avait été touchée de la situation des instituteurs qui, chefs de famille pour la plupart, trouvent à grand'peine dans les émoluments qui leur sont attribués les ressources nécessaires à leur existence; et, désirant ne point s'en tenir à cette première amélioration, elle m'avait ordonné de chercher les moyens d'élever au-dessus de ce minimum de 600 francs les traitements de ceux de ces maîtres qui comptent déjà un certain nombre d'années de service, et d'offrir ainsi de légitimes encouragements aux premiers instituteurs de la jeunesse. Afin de répondre, Sire, à votre sollicitude paternelle, j'ai poursuivi avec persévérance la tâche qui m'était confiée, et je suis heureux de pouvoir soumettre aujourd'hui à Votre Majesté la proposition de nouvelles améliorations.

Si Votre Majesté veut bien considérer que, de 1854 à 1859, il n'avait pu être pourvu aux dépenses de l'instruction primaire qu'à l'aide de crédits supplémentaires s'élevant de 200 000 à 300 000 francs chaque année; que non seulement ces crédits supplémentaires ont disparu en 1860, mais qu'une réduction de 225 000 francs a été opérée cette même année sur le chapitre du budget consacré aux dépenses de l'instruction primaire; si, enfin, elle veut bien remarquer que, malgré ces réductions considérables, il a été possible d'effectuer, avec les seules ressources de ce budget ainsi réduit, les améliorations ci-dessus indiquées, elle reconnaîtra, j'ose l'espérer, qu'un grand pas a été fait et que les résultats d'une vigilante administration n'ont pas été stériles. — Recommander aux autorités municipales de faire aux Écoles la part légitime qui leur appartient aux termes de la loi du 15 mars 1850 dans les revenus ordinaires des communes; — déterminer les Conseils municipaux à élever d'une manière équitable, mais presque insensible pour les familles, le taux de la rétribution scolaire; — exiger que les listes des élèves à admettre gratuitement dans les Écoles ne comprennent plus abusivement les enfants de familles notoirement en état d'acquitter la légère rétribution qui doit assurer à ces enfants les bienfaits de l'enseignement; — exciter surtout, par l'intermédiaire des autorités municipales, des Inspecteurs et des instituteurs primaires, les familles qui négligeaient ce devoir à envoyer leurs enfants dans les Écoles; — rechercher et supprimer, enfin, tous les abus qui entravaient ou détournaient la loyale exécution de la loi répartissant les charges de l'instruction primaire entre l'État, les départements et les communes: — tels sont, Sire, les moyens à l'aide desquels je suis parvenu à accroître, d'une manière notable, le revenu scolaire d'un grand nombre d'instituteurs et à dégager ainsi, dans une forte proportion, les fonds des départements et de l'État, grevés de subventions excessives.

La rétribution scolaire produit aujourd'hui 1 692 214 francs de plus qu'en 1858. Cette somme ne vient pas entièrement en déduction des dépenses imposées aux départements et à l'État: beaucoup d'instituteurs qui ne recevaient aucun complément de traitement en perçoivent une forte partie, et jouissent ainsi d'une situation meilleure. Quoi qu'il en soit, l'ensemble des économies provoquées par les mesures ci-dessus indiquées me permet encore aujourd'hui de proposer à Votre Majesté d'appliquer au plus grand nombre des instituteurs primaires le bénéfice de l'augmentation de traitement réservée, par le décret du 31 décembre 1853, au vingtième seulement de ces maîtres. Si Votre Majesté daignait approuver cette proposition, il n'y aurait plus en France, à partir du 1er janvier 1863, un seul instituteur public qui ne reçût un traitement de 700 francs après cinq ans de services. Afin d'entretenir parmi ces maîtres l'esprit d'émulation, de travail et de dévouement, je propose, en outre, à Votre Majesté de décider : 1° qu'un instituteur, sur vingt, pourra continuer de recevoir, après dix ans de bons services, à titre de traitement supplémentaire, l'indemnité destinée à élever son revenu scolaire au minimum de 800 francs, conformément au décret du 31 décembre 1853; — 2° qu'un instituteur, sur vingt, pourra aussi, après quinze ans de services honorables, jouir d'un traitement minimum de 900 francs.

Là ne se bornent point les propositions que j'ai l'honneur de soumettre à Votre Majesté dans l'intérêt d'un service digne de toute l'attention qu'elle veut bien lui accorder.

La plupart et les meilleurs de nos instituteurs sortent aujourd'hui des Écoles normales primaires. Mais ces établissements ne se recrutent point parmi les jeunes gens appartenant à des familles aisées; la plus grande partie de leurs élèves n'y est admise qu'à l'aide des bourses fondées et entretenues par les départements et par l'État; aussi leur pénurie est extrême lorsqu'à la fin du cours d'études, ils sont envoyés dans les villages pour y prendre la direction d'Écoles publiques. Ils y arrivent le plus souvent sans ressources, et ils ne peuvent subvenir à leurs premiers besoins qu'à l'aide d'emprunts qui, si faibles qu'ils soient, deviennent cependant un trop lourd fardeau. Les instituteurs éprouvent à cet égard des difficultés d'autant plus grandes qu'il leur faut faire face aux dépenses du mobilier d'habitation, et qu'en outre, aux termes de la loi sur les pensions civiles, le premier mois de leur traitement est retenu au profit de la caisse des retraites, et que ce traitement ne leur est payé qu'à la fin du trimestre courant. Afin de remédier à cette situation pénible, et qui a de fâcheuses conséquences, il me paraît nécessaire de donner aux instituteurs sortant de nos Écoles normales primaires la modique somme rigoureusement indispensable pour ne pas tomber dans la gêne, et pour attendre le moment où ils entreront en jouissance du traitement attaché à leurs fonctions. Quelque minime qu'elle soit, la somme de 100 francs suffira, dans la plupart des cas, pour mettre ces jeunes gens à l'abri des premiers besoins. Je propose donc à Votre Majesté de décider que tout élève-maître boursier, sortant d'une École normale primaire et appelé pour la première fois aux fonctions d'instituteur public, recevra, en se rendant à son poste, une indemnité qui ne pourra excéder 100 francs.

Il serait à désirer qu'il fût possible de prélever cette somme sur les ressources destinées aux Écoles normales primaires. Malheureusement ces Écoles n'ont point des ressources propres; elles sont entretenues en partie par l'État, en partie par les départements : d'où il résulte que toute dépense nouvelle qui leur est imposée retombe indirectement et par le fait à la charge des fonds qui subviennent à leurs besoins. Plusieurs de ces établissements, cependant, présentent quelques bonis. Il m'a paru que ces excédents de recettes pouvaient, lorsqu'ils n'ont aucune destination spéciale, être affectés, selon les circonstances, à une partie au moins de la dépense qu'entraînerait la proposition que j'ai l'honneur de soumettre à Votre Majesté. On pourrait également employer au payement de ces indemnités soit les remboursements exigés par les Écoles normales de tout ancien élève-maître qui abandonne la carrière de l'enseignement avant l'expiration de son engagement décennal, soit les fonds que les communes et les Conseils généraux consentiraient à voter à cet effet. A défaut de ces ressources, il y serait pourvu sur les fonds de l'État, et Votre Majesté sait, d'ailleurs, que les mesures sont prises pour que cette augmentation de dépenses, dût-elle être supportée en totalité par le budget actuel de l'instruction primaire, n'amène aucune demande d'augmentation de crédit.

J'espère, Sire, que ces mesures qui améliorent si notablement, sans aucune aggravation budgétaire, le sort des instituteurs publics, seront agréables au cœur de Votre Majesté, et obtiendront l'approbation générale. J'ai été puissamment aidé pour les réformes entreprises, et Votre Majesté l'apprendra avec bonheur, par le concours actif et dévoué des Préfets et des Conseils généraux des départements. Tout récemment, le Sénat s'unissait, dans son adresse, aux pensées bienveillantes de l'Empereur en faveur de l'instruction du peuple et des maîtres qui la distribuent, et le Corps législatif a toujours manifesté les mêmes sympathies. Ainsi, le bien s'accomplit dans cette sphère modeste, mais si utile, de l'enseignement primaire, et des milliers de familles béniront de nouveau le nom de Votre Majesté.

Je suis, etc.

Signé : ROULAND.

2° Décret.

NAPOLÉON, etc.,

Sur le rapport de notre Ministre secrétaire d'Etat au département de l'Instruction publique et des Cultes,

Avons décrété et décrétons ce qui suit :

ARTICLE 1er. — A partir du 1er janvier 1863, tous les instituteurs primaires publics comptant cinq ans de services recevront, à titre de traitement supplémentaire, l'indemnité mentionnée en l'article 5 de notre décret du 31 décembre 1853 ; cette indemnité sera calculée de manière à élever leur revenu scolaire au minimum de 700 francs.

ART. 2. — Un traitement supplémentaire, calculé de manière à élever, après dix ans de services, le revenu scolaire du vingtième des instituteurs au minimum de 800 francs, continuera d'être accordé par notre Ministre de l'Instruction publique et des Cultes à ceux de ces maîtres qui se distingueront par leurs bons services.

ART. 3. — A partir du 1er janvier 1863, un traitement supplémentaire, calculé de manière à élever, après quinze ans de services, le revenu scolaire du vingtième des instituteurs au minimum de 900 francs, pourra être accordé par notre Ministre de l'Instruction publique et des Cultes à ceux de ces maîtres qui se distingueront par leurs bons services.

ART. 4. — Il sera pourvu conformément aux prescriptions du 3e et du 4e paragraphe de l'article 40 de la loi du 15 mars 1850 aux dépenses résultant des dispositions ci-dessus.

ART. 5. — Tout élève-maître boursier de l'État ou des départements appelé, pour la première fois, aux fonctions d'instituteur public recevra, en sortant de l'École normale, pour se rendre à son poste, une indemnité qui ne pourra excéder 100 francs[1].

ART. 6. — Cette indemnité sera prélevée, soit sur les bonis des Écoles normales primaires ;

Soit sur les fonds provenant des remboursements faits aux Écoles normales par les anciens élèves-maîtres qui ont abandonné la carrière de l'enseignement avant l'expiration de leur engagement décennal, ou qui se sont établis hors des départements chargés des frais de leur instruction ;

1. Aux termes de la circulaire du 9 *novembre* 1863 (*Circulaires et Instructions officielles, etc.*, Tome VI, page 63), l'indemnité doit être accordée à tous les élèves-maîtres boursiers qui, ayant achevé leurs études, seront appelés à exercer des fonctions publiques dans l'enseignement primaire, quels que soient, d'ailleurs, la mission qui leur aura été confiée ou le titre en vertu duquel ils exercent.

Soit sur les fonds votés à cet effet par les Conseils municipaux et les Conseils généraux.

A défaut des ressources ci-dessus indiquées, il sera pourvu à cette dépense sur les fonds de l'État affectés aux frais d'entretien des Écoles primaires[1].

---

23 avril 1862.

Décision du Conseil d'État, relative au droit de patente applicable à un chef d'externat.

23 Avril 1862.

Le contribuable qui tient un externat dans lequel il donne à quelques élèves l'instruction secondaire doit être considéré comme exerçant la profession de chef d'institution. (Tableau G. Contribuable se fondant sur ce qu'il ne reçoit pas de pensionnaires.)

Le Conseil, etc.,

Vu la requête présentée par le sieur Boulgon (Étienne), tendant à ce qu'il nous plaise annuler un arrêté du 27 avril 1861, par lequel le Conseil de préfecture de la Haute-Vienne a rejeté sa demande en décharge de la contribution des patentes à laquelle il a été imposé, pour l'année 1860, sur le rôle de la ville de Limoges, comme exerçant la profession de chef d'institution; ce faisant, lui accorder la décharge demandée, attendu qu'il ne reçoit pas de pensionnaires et qu'il ne tient qu'un simple externat;

Vu la lettre par laquelle notre Ministre des Finances transmet au président de la Section du Contentieux de nouveaux renseignements sur la question de savoir si le sieur Boulgon donnait, pendant l'année 1860, l'instruction secondaire aux élèves qu'il recevait dans son établissement; ensemble le rapport de l'inspecteur des contributions directes, duquel il résulte que, pendant l'année 1860, ledit sieur Boulgon a tenu un externat dans lequel il a reçu sept élèves et donné à quatre d'entre eux l'instruction secondaire;

Vu les lois des 25 avril 1844 et 18 mai 1850;

Considérant qu'il résulte de l'instruction, notamment du rapport ci-dessus visé de l'inspecteur des contributions directes du 19 décembre 1851, que, pendant l'année 1860, le sieur Boulgon a tenu un externat dans lequel il donnait à quelques élèves l'instruction secon-

1. Voir la circulaire du 18 *août* 1862 et celle du 22 *décembre* 1863. (*Circulaires et Instructions officielles, etc.*, Tome V, page 545, et Tome VI, page 70.)

daire; que ces faits constituent la profession de chef d'institution; que, dans ces circonstances, le sieur Boulgon n'est pas fondé à demander décharge de la contribution des patentes à laquelle il a été imposé comme exerçant ladite profession;

Que l'insuffisance des ressources du requérant et la modicité des bénéfices que lui donne sa profession ne peuvent être invoqués pour obtenir la décharge des droits de patente auxquels il a été imposé et ne peuvent motiver qu'une demande en remise ou en modération de sa contribution, sur laquelle il n'appartient qu'au Préfet de la Haute-Vienne de statuer,

Rejette.

Circulaire du Ministre de l'Instruction publique, relative à la concession de secours pour construction de maisons d'école dans les communes les plus pauvres. 28 avril 1862.

28 Avril 1862

Monsieur le Préfet, il existe dans chaque département un petit nombre de communes dans lesquelles les bâtiments d'école, pris à loyer, sont loin de présenter les dispositions nécessaires pour la bonne tenue d'une classe. Il serait fort à désirer que ces communes pussent se procurer, par voie d'acquisition ou de construction, des maisons mieux appropriées à leur destination; mais la plupart ne peuvent songer à s'imposer à cet égard des sacrifices qui, malgré leur importance relative, seraient encore tout à fait insuffisants. Pour ces pauvres communes, le concours des départements et de l'État, offert au delà des conditions ordinaires, ne parviendrait même pas à combler le déficit que présenteraient leurs ressources ordinaires et extraordinaires.

Ces communes cependant ne doivent pas être complètement déshéritées à cet égard des bienfaits du Gouvernement, et je désire pouvoir en doter au moins quelques-unes de la maison d'école qui leur manque. La situation des crédits qui m'ont été ouverts pour 1861 m'en fournit les moyens; mais, vu la clôture prochaine de cet exercice, j'ai besoin d'être promptement renseigné à cet égard.

Veuillez donc me faire savoir si, dans votre département, il existe une ou plusieurs communes ayant des écoles à loyer, et auxquelles il serait désirable que je pusse accorder des secours égaux au montant de la dépense d'acquisition ou de construction qu'elles auraient à faire. Il est bien entendu qu'il ne s'agit ici que de communes pauvres, complètement hors d'état d'entreprendre par elles-mêmes ou avec l'appui du Gouvernement les constructions dont il s'agit, et qui, autrement, se trouveraient indéfiniment privées de la propriété de leurs maisons d'école.

Je désire que vous m'indiquiez aussi le montant approximatif de la dépense à laquelle il y aurait lieu de pourvoir dans ce cas, et je vous prie de m'adresser votre réponse avant le 15 mai prochain. J'ordonnancerai immédiatement à votre nom les secours qu'il me sera possible d'accorder, afin que le montant puisse en être versé dans la caisse municipale aussitôt que vous m'en aurez adressé la demande. Il va sans dire que les projets de construction devront remplir, autant que possible, les conditions prescrites par les règlements et instructions.

Je recommande cette communication à votre plus vigilante sollicitude.

Recevez, etc.

Signé : ROULAND.

---

7 mai 1862. **Arrêté relatif aux récompenses honorifiques à décerner aux instituteurs adjoints, aux institutrices adjointes et aux sous-directrices de salles d'asile.**

7 Mai 1862.

Le Ministre secrétaire d'État au département de l'Instruction publique et des Cultes,

Vu l'arrêté du 21 août 1858 sur la répartition des récompenses honorifiques à décerner aux instituteurs, institutrices et directrices de salles d'asile;

Considérant qu'il est utile et opportun d'encourager le zèle des instituteurs adjoints, des institutrices adjointes et des sous-directrices de salles d'asile, en faisant entrer les services qu'ils rendent en cette qualité dans l'appréciation des titres qui peuvent leur assurer plus tard les récompenses honorifiques établies en faveur des instituteurs, institutrices et directrices de salles d'asile,

Le Conseil impérial de l'instruction publique entendu,

Arrête :

ARTICLE 1er. — Les Conseils départementaux, en arrêtant la liste de présentation des instituteurs, institutrices et directrices de salles d'asile proposés pour des mentions honorables et des médailles, pourront proposer, en outre, au Ministre d'accorder une *mention spéciale* aux instituteurs adjoints, aux institutrices adjointes et aux sous-directrices de salles d'asile déjà pourvus du brevet de capacité ou du certificat d'aptitude, et comptant quatre années au moins d'exercice, qui se seront distingués par leur zèle, les bons résultats de leur collaboration et leurs qualités morales.

ART. 2. — A partir de la date de la *mention spéciale*, les années d'exercice dans les fonctions d'adjoint, d'adjointe ou de sous-directrice compteront à ceux qui l'auront obtenue au nombre des années exigées des instituteurs, institutrices et directrices de salles d'asile pour l'obtention des mentions honorables et des médailles à décerner aux instituteurs, aux institutrices et aux directrices de salles d'asile.

Circulaire du Ministre de l'Instruction publique, relative aux autorisations d'absence accordées aux fonctionnaires de l'enseignement primaire. 31 mai 1862.

31 Mai 1862.

Monsieur le Recteur, par ma circulaire du 2 mai courant[1], j'ai eu l'honneur de vous faire connaître dans quelles limites et sous quelles conditions vous pourrez à l'avenir accorder, sans en référer à l'administration centrale, des autorisations d'absence aux fonctionnaires de l'enseignement supérieur et secondaire.

A l'égard des fonctionnaires de l'instruction primaire, les usages ont varié jusqu'à présent d'un ressort à l'autre. Dans telle Académie, les autorisations d'absence sont limitées à une semaine, en vertu d'anciennes décisions; dans telle autre, elles sont étendues fort au delà; parfois on invoque, en statuant sur toute demande indistinctement, des instructions applicables à un seul ordre de fonctionnaires.

Il convenait d'établir également, en ce qui concerne cette partie du service, une règle générale, tout en tenant compte des errements suivis. J'ai donc fixé à *quinze jours* la durée des permissions que vous pourrez donner de votre chef à MM. les Inspecteurs de l'enseignement primaire, directeurs et maîtres adjoints des Écoles normales d'instituteurs, ainsi qu'à Mmes les directrices et maîtresses adjointes des établissements normaux d'institutrices, ayant légalement le titre d'Écoles normales, et à Mmes les déléguées spéciales pour l'inspection des salles d'asile. Toute absence d'une plus longue durée devra être autorisée par décision ministérielle.

Vous voudrez bien, Monsieur le Recteur, toutes les fois que vous aurez accordé des permissions dans les limites indiquées, m'en donner avis aussitôt, et m'informer en même temps, s'il y a lieu, des mesures prises par vous en vue de pourvoir au remplacement du fonctionnaire autorisé à s'absenter.

Je fais connaître ces dispositions à MM. les Préfets des départements de votre ressort.

Recevez, etc.

Signé : ROULAND.

Arrêté relatif à l'organisation de bibliothèques scolaires dans les Écoles primaires publiques[2]. 1er juin 1862.

1er Juin 1862.

Le Ministre secrétaire d'État au département de l'Instruction publique et des Cultes

Arrête :

1. Voir *Circulaires et Instructions officielles, etc.*, Tome V, page 510.

2. Consulter pour l'application de cet arrêté les circulaires du 24 *juin* 1862 aux Préfets et aux Recteurs, celle du 25 *juillet* 1862 et celle du 28 *février* 1863. (*Circulaires et Instructions officielles, etc.*, Tome V, pages 519, 522, 524, 541 et 570.)

ARTICLE 1er. — Il sera établi dans chaque École primaire publique une bibliothèque scolaire.

ART. 2. — Cette bibliothèque sera placée sous la surveillance de l'instituteur dans une des salles de l'École dont elle est la propriété.

Les livres seront rangés dans une armoire-bibliothèque conforme au modèle annexé à la circulaire du 31 mai 1860.

ART. 3. — La bibliothèque scolaire comprendra :

1° Le dépôt des livres de classe à l'usage de l'École;

2° Les ouvrages concédés à l'École par le Ministre de l'Instruction publique;

3° Les livres donnés par les Préfets au moyen de crédits votés par les Conseils généraux;

4° Les ouvrages donnés par les particuliers;

5° Les ouvrages acquis au moyen des ressources propres à la bibliothèque (art. 7).

ART. 4. — Aucune concession de livres ne pourra être faite par le Ministre à une bibliothèque scolaire si la commune ne peut justifier :

1° De la possession d'une armoire-bibliothèque;

2° De l'acquisition de livres de classe en quantité suffisante pour les besoins des élèves gratuits.

ART. 5. — Les livres de classe seront prêtés aux moments convenables pour les exercices à tous les enfants portés sur la liste des admissions gratuites dressée conformément à l'article 45 de la loi du 15 mars 1850.

Les livres seront également mis entre les mains des élèves payants dont les parents auront souscrit la cotisation *volontaire* indiquée à l'article 7 du présent arrêté.

Les ouvrages mentionnés aux paragraphes 2, 3, 4 et 5 de l'article 3 pourront être prêtés aux familles, lesquelles prendront l'engagement de les rendre en bon état ou d'en restituer la valeur.

ART. 6. — Aucun des ouvrages mentionnés aux paragraphes 2, 3, 4 et 5 de l'article 3 ne peut être placé dans les bibliothèques scolaires, soit qu'il provienne d'acquisitions, soit qu'il provienne de dons faits par les particuliers, sans l'autorisation de l'Inspecteur d'Académie.

L'acquisition des livres de classe sera faite par les instituteurs sur une liste préparée chaque année, pour toutes les Écoles du ressort, par le Conseil académique et arrêtée par le Ministre. Cette liste ne devra comprendre que des ouvrages approuvés par le Conseil impérial de l'instruction publique[1].

1. Voir, pour l'application de cet article, la circulaire du 21 *octobre* suivant. (*Circulaires et Instructions officielles, etc.*, Tome V, page 556.)

ART. 7. — Les ressources de la bibliothèque scolaire se composent :

1° Des fonds spéciaux votés par les Conseils municipaux;

2° Des sommes portées au budget pour fourniture de livres aux enfants indigents, et que les Conseils municipaux consentiraient à appliquer à la nouvelle fondation;

3° Du produit des souscriptions, dons ou legs, destinés à ladite bibliothèque;

4° Du produit des remboursements faits par les familles pour pertes ou dégradations de livres prêtés;

5° D'une cotisation volontaire fournie par les familles des élèves payants, et dont le taux sera fixé chaque année par le Conseil départemental, après avis du Conseil municipal.

ART. 8. — L'instituteur communal tiendra trois registres conformes aux modèles ci-annexés :

1° Catalogue des livres (modèle n° 2);

2° Registre des recettes et des dépenses (modèle n° 3);

3° Registre d'entrée et de sortie des livres prêtés au dehors de l'École.

Ces registres, cotés et parafés par le maire, seront visés par l'Inspecteur de l'instruction primaire lors de l'inspection de l'École.

Ils seront communiqués aux autorités scolaires à toute réquisition.

ART. 9. — L'instituteur conservera et classera dans un ordre méthodique les mémoires, quittances, lettres et toutes les pièces de correspondance relatives à la bibliothèque scolaire.

ART. 10. — Chaque année, au 31 décembre, l'instituteur dresse, en présence du maire, la situation de la bibliothèque ainsi que celle de la caisse. Le procès-verbal constatant cette double opération est adressé à l'Inspecteur d'Académie par l'intermédiaire de l'Inspecteur primaire (modèle n° 4).

ART. 11. — A chaque changement d'instituteur, le procès-verbal de récolement et de situation de la caisse est signé par l'instituteur sortant et par son successeur.

L'instituteur sortant n'est déchargé de toute responsabilité qu'après avoir obtenu de l'Inspecteur de l'instruction primaire un certificat constatant que les formalités susindiquées ont été remplies et la prise en charge par son successeur.

ART. 12. — A leur passage dans l'École, les Inspecteurs de l'instruction primaire vérifient les divers registres énumérés à l'article 8. Ils s'assurent que l'acquisition des ouvrages a été faite conformément aux prescriptions de l'article 6, et que la bibliothèque ne contient aucun livre donné ou légué, et dont l'acceptation n'aurait pas été autorisée par l'Inspecteur d'Académie; ils contrôlent les recettes et les dépenses, et constatent, s'il y a lieu, les irrégularités.

ART. 13. — A la fin de chaque année, l'Inspecteur d'Académie adresse au Ministre de l'Instruction publique, par l'intermédiaire du Recteur, un rapport sur la situation des bibliothèques scolaires.

ART. 14. — Les Recteurs, les Préfets, les Inspecteurs d'Académie et les Inspecteurs primaires sont chargés, chacun en ce qui le concerne, de l'exécution du présent règlement, qui sera affiché dans toutes les Écoles publiques.

---

7 juillet 1862. **Circulaire du Ministre de l'Instruction publique, relative aux limites dans lesquelles doit se renfermer l'enseignement des établissements d'instruction primaire.**

7 Juillet 1862.

Monsieur le Recteur, j'ai des raisons de croire que, dans un certain nombre d'Écoles et de pensionnats primaires, l'enseignement sort de ses limites naturelles, et s'écarte du programme qui lui a été formellement tracé par la loi.

Aux termes de l'article 23 de la loi du 15 mars 1850, l'enseignement primaire comprend :

L'instruction morale et religieuse;
La lecture;
L'écriture;
Les éléments de la langue française;
Le calcul et le système légal des poids et mesures.

Il peut comprendre en outre :

L'arithmétique appliquée aux opérations pratiques;
Des éléments de l'histoire et de la géographie;
Des notions des sciences physiques et d'histoire naturelle appliquées aux usages de la vie;
Des instructions élémentaires sur l'agriculture, l'industrie et l'hygiène;
L'arpentage, le nivellement, le dessin linéaire;
Le chant et la gymnastique.

De ces dispositions combinées avec celles des articles 26, 46 et 50 de la même loi il résulte que, si les instituteurs pourvus seulement du brevet de capacité élémentaire doivent se renfermer dans les matières du premier paragraphe de l'article 23, les instituteurs munis du brevet complet doivent ne pas dépasser les matières spécifiées dans le second paragraphe. C'est donc à tort qu'un certain nombre d'entre eux répandent dans le public des prospectus pleins de promesses que généralement ils ne sont pas en mesure de tenir, et qu'en tous cas ils n'ont pas le droit de faire. En effet, outre qu'ils sont sans qualité pour donner un enseignement scientifique ou littéraire supérieur au niveau déterminé par la nature même des examens qu'ils ont subis, ils ne sauraient se le permettre sans empiéter aussitôt sur le domaine de l'instruction secondaire. En vain ils prétendraient que, ne s'occupant pas des langues anciennes, ils échappent au reproche d'entreprendre sur les attributions des Lycées, des Collèges communaux et des autres établissements du même genre. L'instruction secondaire ne consiste pas seulement dans l'étude du grec et du latin; les sciences, l'histoire, la langue française elle-même, dès qu'il ne s'agit pas uniquement des éléments, en sont des branches essentielles. Il y a plus : l'enseignement professionnel a été expressément désigné comme en dépendant par le législateur de 1850, qui a compris l'une et l'autre sous la même rubrique. Je vous prie, Monsieur le Recteur, de rappeler à MM. les Inspecteurs de votre Académie ces prescriptions, qui, malgré leur simplicité, semblent n'avoir pas toujours été bien comprises, et de leur recommander de tenir la main à ce que dorénavant elles soient scrupuleusement observées.

Vous voudrez bien m'accuser réception de la présente circulaire.

Recevez, etc.

Signé : ROULAND.

Décision relative à l'interdiction absolue des instituteurs. 9 juillet 1862.

9 Juillet 1862.

Le Conseil, etc.,

Vu la décision du Conseil départemental du Gers, en date du 6 juillet 1861, qui a prononcé contre le sieur....., instituteur libre à..... (Gers), la peine de l'interdiction absolue;

Vu l'acte enregistré au Ministère de l'Instruction publique et des Cultes le 22 juillet, par lequel le sieur..... a interjeté appel de cette décision à lui notifiée le 8 du même mois;

Vu les divers certificats joints à cet acte, notamment le certificat des membres du Conseil municipal de....., en date du 4 août, et la déclaration du bâtonnier de l'ordre des avocats de....., en date du 3 juillet;

Vu toutes les autres pièces du dossier, et notamment la lettre adressée le 21 juin au Préfet du Gers par l'adjoint au maire de la commune de.....;

Vu la décision par laquelle le Conseil départemental du Gers a prononcé contre l'institutrice....., aujourd'hui femme....., la peine de l'interdiction locale;

Vu les articles 30 de la loi du 15 mars 1850 et 7 de la loi du 1er juin 1854;

Considérant que les torts de conduite justement relevés à la charge de..... exigent que cet instituteur libre demeure interdit de sa profession dans la commune de.....;

Mais, considérant que les antécédents, jusque-là irréprochables de....., le repentir qu'il a montré, la spontanéité de ses résolutions et le mariage qu'il a contracté le 27 juin 1861, sont autant de circonstances qui atténuent, dans une certaine mesure, la gravité de sa faute et qui conseillent de ne pas lui enlever à jamais les moyens de la racheter par sa conduite ultérieure,

Reçoit l'appel de..... et réduit la peine de l'interdiction absolue, prononcée contre lui par le Conseil départemental du Gers, à l'interdiction d'exercer sa profession dans la commune de.....

---

12 juillet 1862.

Décision relative à l'interdiction absolue des instituteurs.

12 Juillet 1862.

Le Conseil, etc.,

Vu la décision du Conseil départemental du Nord, du 6 février 1862, qui frappe d'une interdiction absolue N....., instituteur libre au hameau de....., commune de..... (Nord), pour avoir reçu des élèves pensionnaires avant l'exécution des travaux prescrits et pour avoir permis que deux élèves couchassent dans un seul lit;

Vu l'appel interjeté par le sieur..... le 12 du même mois;

Vu le procès-verbal du commissaire de police du canton de....., en date du 17 février 1862, constatant la notification de la décision ci-dessus et la fermeture de l'École du sieur.....

Vu les décisions du Conseil académique et du Conseil départemental du Nord, en date des 14 juillet 1853, 2 février 1854 et 20 avril 1858, qui ont précédemment prononcé contre le même instituteur, pour des faits analogues, la censure et l'interdiction dans la commune de.....;

Vu les pièces du dossier, et notamment les observations du Préfet du Nord à la séance du Conseil départemental du 20 avril 1858, et les lettres de l'Inspecteur primaire des arrondissements de Dunkerque et d'Hazebrouck, en date des 27 décembre 1861 et 5 février 1862;

Vu les articles 14, 30 et 53 de la loi du 15 mars 1850, le règlement du 30 décembre 1850 et l'article 7 de la loi du 14 juin 1854;

Considérant que, quelque graves que soient les infractions reprochées à l'instituteur....., aucun fait d'inconduite ou d'immoralité n'a été relevé à sa charge;

Considérant que, si, après avoir été l'objet de plusieurs mesures disciplinaires, il a eu le nouveau tort de recevoir des élèves pensionnaires avant l'achèvement et l'approbation des travaux préalablement exigés par le Conseil départemental, il résulte cependant des documents produits qu'il s'était mis en mesure d'exécuter les travaux et de satisfaire aux conditions imposées;

Considérant qu'en cet état de choses, la mesure de la suspension qu'autorise l'article 30 de la loi du 15 mars 1850, et qui n'a pas encore été appliquée à l'instituteur....., peut être considérée comme une répression suffisante,

Reçoit l'appel de....., et infirme; quant à l'application de la peine qui l'a frappé d'une interdiction absolue, le déclare suspendu de l'exercice de la profession d'instituteur pendant six mois, qui courront du 16 février dernier, jour de la notification de la décision précitée.

Circulaire du Ministre de l'Instruction publique, relative à la nomination des instituteurs communaux, les Conseils municipaux entendus sur le choix d'un instituteur laïque ou congréganiste. 12 juillet 1862.

12 Juillet 1862.

Monsieur le Préfet, l'article 4 du décret-loi du 9 mars 1852, relatif à la nomination des instituteurs communaux, ne peut plus être aujourd'hui l'objet d'interprétations contradictoires. Une pétition portée devant le Sénat avait prétendu qu'il était arbitraire d'attribuer aux Conseils municipaux un rôle purement consultatif sur le point de savoir si l'instituteur à nommer dans une commune serait choisi parmi les maîtres laïques ou parmi les membres des communautés religieuses enseignantes. Le Gouvernement, s'appuyant sur le texte précis, positif, énergique de l'article précité, et sur les considérations décisives qui l'avaient motivé, soutenait que le décret de 1852 avait dérogé de la manière la plus formelle à l'article 31 de la loi du 15 mars 1850, et il se défendait ainsi d'avoir commis un acte inconstitutionnel, en confirmant l'arrêté d'un Préfet qui choisissait un instituteur public dans une catégorie autre que celle indiquée par l'avis du Conseil municipal. Le Sénat, gardien de la Constitution et des lois, après une discussion approfondie, a écarté les conclusions de la pétition par le vote de la question préalable. Il résulte virtuellement de cette décision solennelle que l'acte approuvé par le Ministre de l'Instruction publique, loin d'être arbitraire, illégal et inconstitutionnel, était conforme au texte et au sens du décret-loi du 9 mars 1852.

Il est donc de notre droit et de notre devoir de maintenir la loi actuelle telle qu'elle est. Sous l'empire de la loi de 1850, les Conseils municipaux nommaient les instituteurs publics, et les choisissaient dans la catégorie qui leur convenait. L'exercice de cette double prérogative était absolu et irresponsable. Il ne restait à l'État que la simple formule de l'institution des individus choisis et nommés.

Aujourd'hui, sous le régime du décret-loi du 9 mars 1852 et de la loi du 14 juin 1854, la nomination des instituteurs appartient exclusivement aux Préfets. En outre, lorsqu'il s'agit de déterminer la catégorie laïque ou congréganiste dans laquelle il faut choisir l'instituteur, le droit des Conseils municipaux est positivement limité à l'émission d'un vœu ou d'un avis. Ces Conseils sont *entendus* par le Préfet avant la nomination, et leur avis exprimé n'a plus la force d'une décision obligatoire.

Mais, si notre législation actuelle donne à l'État le pouvoir de prononcer définitivement sur le choix des instituteurs, il ne faut pas oublier qu'un pareil pouvoir est subordonné à certaines conditions, et qu'il ne peut pas s'exercer d'une façon despotique et absolue.

Avec la loi de 1850, les Conseils municipaux nommant les instituteurs étaient souverains, et l'État n'avait pas même la faculté légale de conseil ou de représentation; avec le décret-loi du 9 mars 1852, les corps municipaux ont le droit d'exprimer un avis préalable et motivé. Ce droit ne saurait être une vaine formalité, car le législateur y a attaché une importance réelle. Il est évident que le vœu des municipalités lie moralement l'administration supérieure, en ce sens que, si les Préfets la rejetaient uniquement pour faire acte de puissance personnelle et de volonté prédominante, et sans s'appuyer sur des motifs vrais et sérieux, ils tomberaient dans une application arbitraire de la loi, dont l'esprit serait violé. Il importe donc, Monsieur le Préfet, que, dans les cas où vous ne croirez pas pouvoir choisir l'instituteur dans la catégorie indiquée par le Conseil municipal, vous prépariez un avis motivé, après avoir soigneusement constaté les faits qui serviront de base à votre opinion, et après avoir reçu le rapport de l'Inspecteur d'Académie. Vous voudrez bien me transmettre le dossier ainsi complété; je vous le renverrai, en vous exprimant la solution qui me paraîtra juste et utile, et vous statuerez définitivement par un arrêté conforme.

En procédant ainsi, nous appliquerons sincèrement la loi. Tout en conservant intacts les droits de l'État, nous reconnaîtrons au vœu des Conseils municipaux la valeur morale que la loi lui accorde; nous rendrons impuissante toute accusation de partialité et d'arbitraire, et nous ferons ce qui est équitable et bien.

Le décret-loi de 1852 est sorti d'une pensée sage et nationale. La liberté de l'enseignement pour les citoyens ne va pas jusqu'à forcer l'État à livrer entièrement les Écoles publiques qu'il crée, qu'il entretient et qu'il surveille, à telle ou telle catégorie d'instituteurs.

L'équilibre entre l'élément laïque et l'élément congréganiste ne pourrait être rompu dans ces Écoles sans un grave dommage, et la faculté illimitée de fondation des Écoles libres suffit, ce me semble, à la satisfaction de toutes les tendances individuelles. Avant la loi de 1852, les Conseils municipaux disposaient, presque en dehors du contrôle de l'État, du choix des instituteurs communaux; aujourd'hui c'est l'État qui en dispose, mais en tenant loyalement compte du vœu des municipalités. Il n'est pas difficile de dire quel est, de ces deux systèmes, le plus judicieux et le plus conforme aux intérêts généraux du pays. Le Gouvernement, qui croyait être bon juge de ces intérêts, n'a pas hésité, après deux années d'expériences, à modifier ce qu'il y avait d'excessif dans l'article 31 de la loi du 15 mars 1850. Fidèle aux motifs de prudence et d'utilité qui ont présidé à la rédaction du décret du 9 mars 1852, il désire loyalement pouvoir toujours suivre l'avis des Conseils municipaux; il ne s'en écartera que devant les considérations les plus graves; mais il veut aussi défendre les Écoles publiques contre les envahissements et les abus, de quelque part qu'ils viennent. Il remplira ses devoirs avec autant de bonne foi que de fermeté.

Le Sénat, sur la pétition de M. le comte de Tournon, a eu aussi à fixer le sens de la loi de 1850 sur le point de savoir s'il y a lieu de consulter les Conseils municipaux, lorsqu'il s'agit uniquement des mutations et déplacements exigés par les besoins du service ou par des convenances de discipline intérieure. La haute assemblée, procédant encore par la voie de la question préalable, et après une discussion approfondie, a maintenu énergiquement l'interprétation suivie jusqu'à ce jour, c'est-à-dire qu'elle a décidé qu'il n'y a véritablement *vacance d'emploi*, et nécessité de consulter les Conseils municipaux, que dans les cas de décès, démission ou révocation des instituteurs. Ainsi, Monsieur le Préfet, vous devez pourvoir d'office, et directement, aux changements et mutations de services et de discipline intérieure. Les supérieurs des associations religieuses et enseignantes jouissent du même droit en ce qui concerne les instituteurs appartenant à leur ordre ; mais je ne saurais trop vous rappeler que si, dans les cas signalés plus haut, ces supérieurs peuvent agir sans qu'il y ait lieu de consulter les Conseils municipaux, ils ne peuvent jamais remplacer un instituteur libre par un de leurs frères sans accomplir les formalités de l'article 27 de la loi de 1850, et qu'ils doivent aussi, lorsqu'ils changent les maîtres dans les Écoles communales, s'assurer de la nomination préfectorale. A cette occasion, je vous prie de vous reporter à ma circulaire du 13 mai 1861, dont il est essentiel de maintenir la stricte et complète exécution.

Vous voudrez bien m'accuser réception de la présente circulaire.

Recevez, etc.

Signé : ROULAND.

Décision du Conseil d'État, relative à l'autorisation d'accepter un legs fait conjointement à une commune et à une fabrique. 24 juillet 1862.

24 Juillet 1862.

Une commune qui a été autorisée à accepter, conjointement avec une fabrique, un legs fait à la fabrique pour être employé aux réparations urgentes de l'église, a soutenu devant le Préfet qu'il était contraire aux termes du testament d'appliquer le produit du legs aux travaux d'agrandissement de l'église que la fabrique demandait l'autorisation d'exécuter. En approuvant le devis de ces travaux, malgré l'opposition de la commune, et sans attendre que la commune et la fabrique se fussent mises d'accord sur le sens du testament, ou que la contestation qui s'élevait à ce sujet fût jugée par l'autorité compétente, le Préfet a-t-il excédé ses pouvoirs ? Rés. aff. (*On ne saurait prétendre que l'arrêté préfectoral et la décision ministérielle confirmative sont de simples actes de tutelle administrative ne faisant pas obstacle à ce que le testament soit interprété d'une manière juridique par l'autorité compétente*[1]).

1. Le Ministre de l'Intérieur disait :
« Il est vrai que le legs dont il s'agit mentionne seulement les réparations de

Vu les requêtes..... pour la commune de Saint-Manvieu, tendant à ce qu'il nous plaise annuler une décision du 12 juillet 1861, par laquelle notre Ministre de l'Intérieur a confirmé un arrêté du Préfet du Calvados, du 31 décembre 1860, qui approuve les plans et devis des travaux à exécuter à l'église de Saint-Manvieu, tant pour les réparations urgentes que pour l'agrandissement de cet édifice, et approuve l'affectation à cette dépense d'une somme de 10 000 francs, léguée par le sieur de Couespel à la fabrique pour les réparations urgentes de l'église;

Ledit pourvoi fondé sur ce que, en approuvant l'affectation du legs de 10 000 francs que la commune a été autorisée à accepter, conjointement avec la fabrique, à des travaux autres que les réparations urgentes de l'église, le Préfet et le Ministre ont violé le droit qui résultait pour la commune du legs fait par le sieur de Couespel; qu'en décidant que cet emploi des fonds légués était conforme à la volonté du testateur, ils ont tranché une question d'interprétation de testament, dont l'autorité judiciaire pouvait seule connaître;

Ce faisant, condamner la fabrique de l'église de Saint-Manvieu aux dépens; subsidiairement, renvoyer les parties devant l'autorité compétente pour faire statuer sur le sens de la disposition litigieuse du testament du sieur de Couespel, sauf à nous à statuer ensuite, en notre Conseil, ce qu'il appartiendra;

Vu le mémoire en défense, présenté pour la fabrique de l'église de Saint-Manvieu tendant à ce que le pourvoi soit rejeté comme non recevable, attendu que l'arrêté du Préfet, confirmé par le Ministre, est un acte d'administration qui ne peut être attaqué par la voie contentieuse; subsidiairement, le rejeter comme mal fondé et décider qu'il n'y a lieu de renvoyer les parties devant les tribunaux civils pour faire reconnaître le sens de la clause litigieuse du testament;

l'église. Mais, d'après les renseignements précis qui m'ont été adressés, M. de Couespel a voulu donner à la fabrique les moyens de restaurer et d'agrandir l'édifice, dont l'insuffisance pour les besoins de la population était depuis longtemps reconnue. Le consentement formel du légataire universel du sieur de Couespel à l'exécution des travaux projetés, au moyen des 10 000 francs légués, tend à établir qu'elle serait conforme aux intentions du testateur. D'un autre côté, la fabrique paraît être en mesure de subvenir, sans le concours de la commune, aux réparations dont l'église aurait ultérieurement besoin. Dans cette situation, d'accord avec M. le Ministre des Cultes, j'ai cru devoir maintenir l'arrêté du 31 décembre 1860 que la commune m'avait déféré.

« Je n'ai pas, d'ailleurs, entendu déterminer juridiquement le sens et la portée du testament de M. de Couespel. Une semblable interprétation ne résulte pas de l'arrêté précité. Cet arrêté et ma décision sont de simples actes de tutelle administrative, ne faisant pas obstacle à ce que le testament soit interprété d'une manière juridique par l'autorité compétente. On ne saurait donc les considérer comme entachés d'excès de pouvoir. »

Vu les observations présentées par notre Ministre de l'Intérieur, tendant au rejet du pourvoi; ensemble la lettre adressée, le 5 juillet 1861, par notre Ministre des Cultes à notre Ministre de l'Intérieur et transmise par lui avec ses observations;

Vu le testament du sieur de Couespel, du 25 mars 1855;

Vu notre décret du 17 mai 1858, dont l'article 5 autorise le trésorier de la fabrique de Saint-Manvieu et le maire de la commune de Saint-Manvieu à accepter, chacun en ce qui le concerne, le legs de 10 000 francs fait à la fabrique par le sieur de Couespel, pour les réparations urgentes de l'église;

Vu les projets et devis des travaux à exécuter à l'église de Saint-Manvieu; lesdits plans et devis dressés le 30 août 1856, le 1er septembre 1857, le 19 juillet 1860 et le 15 septembre suivant; vu les délibérations du Conseil municipal de la commune de Saint-Manvieu relatives à ses travaux, en date des 12 décembre 1858, 13 février 1859, 12 février et 24 octobre 1860; vu les délibérations du Conseil de fabrique relatives aux mêmes travaux, en date des 16 septembre et 24 octobre 1860;

Vu la loi des 7-24 octobre 1790;

Vu le décret du 30 décembre 1809 et la loi du 18 juillet 1837;

Considérant que la commune de Saint-Manvieu, qui a été autorisée à accepter, conjointement avec la fabrique, le legs de la somme de 10 000 francs fait à la fabrique par le sieur de Couespel, pour être employé aux réparations urgentes de l'église, a soutenu devant le Préfet qu'il était contraire aux termes du testament d'appliquer le produit du legs aux travaux d'agrandissement de l'église que la fabrique demandait l'autorisation d'exécuter; qu'en approuvant le devis de ces travaux, malgré l'opposition de la commune et sans attendre que la commune et la fabrique se fussent mises d'accord sur le sens du testament, ou que la contestation qui s'élevait à ce sujet fût jugée par l'autorité compétente, le Préfet du département du Calvados a excédé la limite de ses pouvoirs; qu'en conséquence cet arrêté et la décision de notre Ministre de l'Intérieur qui l'a maintenue, doivent être annulés :

ARTICLE 1er. — L'arrêté du Préfet du département du Calvados, en date du 31 décembre 1860, et la décision de notre Ministre de l'Intérieur, en date du 12 juillet 1861, sont annulés.

ART. 2. — La fabrique de l'église de Saint-Manvieu est condamnée aux dépens.

31 juillet 1862. **Décision du Conseil d'État, relative à la perception de la rétribution scolaire dans une École dotée d'un legs pour le payement du traitement d'un instituteur.**

31 Juillet 1862.

La rétribution scolaire ne peut-elle être perçue dans les Écoles communales de filles, comme dans les Écoles de garçons, qu'en vue de contribuer à former le traitement des instituteurs et des institutrices[1] *?*

En conséquence, une commune à laquelle une rente annuelle de 800 *francs a été léguée pour l'établissement de sœurs chargées d'instruire les jeunes filles, qui n'a pas usé de la faculté accordée par la loi du* 15 *mars* 1850 (*art.* 36), *de déclarer que l'École serait absolument gratuite; qui, au contraire, a expressément réservé le payement de la rétribution scolaire par les élèves dont les parents seraient en état de l'acquitter, n'est pas fondée à soutenir que la rétribution scolaire doit être perçue à son profit pour être employée à payer les dépenses du matériel de l'École. — En autorisant les religieuses chargées de diriger l'École à percevoir une rétribution en outre du traitement qui leur est payé au moyen de la rente léguée pour cet objet, le Préfet et le Ministre ont agi dans la limite de leurs pouvoirs.*

Le Conseil,

Vu les requêtes..... pour la commune de Saint-Manvieu, tendant à ce qu'il nous plaise annuler une décision du 30 juin 1861, par laquelle notre Ministre de l'Intérieur a confirmé un arrêté du Préfet du Calvados du 12 décembre 1860, qui autorise les religieuses de la congrégation du Saint-Cœur de Marie, dont la maison mère est à Blon, et qui sont chargées de diriger l'École de filles de Saint-Manvieu, à percevoir une rétribution scolaire en outre du traitement

1. L'article 38 de la loi du 15 *mars* 1850 sur l'enseignement porte : « A dater du 1er janvier 1851, le traitement des instituteurs communaux se composera : 1° d'un traitement fixe, qui ne peut être inférieur à 200 francs; 2° du produit de la rétribution scolaire. »

L'article 50 porte que cet article 38 n'est pas applicable aux Écoles de filles et aux institutrices; mais une loi postérieure, la loi du 14 *juin* 1859, est ainsi conçue :

« ARTICLE UNIQUE. — A partir du 1er janvier 1860, la rétribution scolaire dans les Écoles communales de filles sera perçue par le receveur municipal sous la même forme que les contributions directes.

« Sur l'avis conforme du Conseil municipal, l'institutrice pourra être autorisée par le Conseil départemental de l'instruction publique à percevoir elle-même la rétribution scolaire. L'article 50 de la loi du 15 mars 1850 est modifié en ce qu'il a de contraire aux dispositions qui précèdent. »

qui leur est payé au moyen de la rente de 800 francs léguée pour cet objet par le sieur de Couespel;

Ledit pourvoi fondé en premier lieu sur ce que ces décisions seraient contraires à la volonté du testateur, qui avait entendu que l'École serait gratuite, ou du moins que les religieuses ne recevraient d'autre traitement que les 800 francs provenant de la rente léguée; et sur ce que, dans le cas où une rétribution scolaire pourrait être perçue, la commune qui fournit aux institutrices un traitement fixe, aurait le droit de profiter exclusivement de la rétribution scolaire; en second lieu et subsidiairement, sur ce que, en statuant sur le sens de la disposition litigieuse du testament du sieur de Couespel, le Préfet et le Ministre auraient excédé la limite de leurs pouvoirs;

Très subsidiairement, renvoyer les parties devant l'autorité compétente pour faire reconnaître le sens de la cause litigieuse du testament..... (Dépens);

Vu le mémoire en défense présenté pour la communauté des dames du Saint-Cœur de Marie, dont la maison mère est à Blon (Calvados), tendant au rejet du recours, par le motif que la contestation qui s'est élevée entre la commune de Saint-Manvieu et la congrégation n'est pas de nature à nous être soumise en notre Conseil d'État par la voie contentieuse; subsidiairement, à ce qu'il soit rejeté comme mal fondé, par le motif que le Préfet et le Ministre ont fait une juste application des lois du 15 mars 1850 et du 14 juin 1859, et à ce que la commune soit condamnée aux dépens;

Vu les observations présentées par notre Ministre de l'Intérieur; ensemble la lettre de notre Ministre de l'Instruction publique à notre Ministre de l'Intérieur, transmise par lui avec ses observations;

Vu le testament du sieur de Couespel, en date du 15 septembre 1855;

Vu les délibérations du Conseil municipal de la commune de Saint-Manvieu, en date des 18 janvier 1857, 21 mai, 12 août et 30 décembre 1860;

Vu la loi des 7-14 octobre 1790;

Vu la loi du 15 mars 1850, notamment les articles 36 et 48 à 52 et la loi du 14 juin 1859;

Considérant que la contestation qui s'est élevée entre la commune de Saint-Manvieu et la congrégation des dames du Saint-Cœur de Marie, et sur laquelle il a été statué par les décisions attaquées, ne portait pas sur la question de savoir si, d'après la volonté exprimée par le sieur de Couespel dans son testament, l'École des filles de

Saint-Manvieu, pour laquelle il a légué une rente annuelle et perpétuelle de 800 francs devait être gratuite; que cette question n'avait été soulevée que par le légataire universel du testateur qui, depuis la décision prise par le Préfet, a renoncé à soutenir cette prétention; que la commune a toujours reconnu que le testateur avait gardé le silence sur ce point, et qu'elle se bornait à soutenir que, les religieuses chargées de diriger l'École recevant pour leur traitement la rente de 800 francs léguée par le sieur de Couespel, la rétribution scolaire ne devait pas leur profiter et devait être versée dans la caisse communale, pour être affectée au payement des dépenses du matériel de l'École;

Considérant qu'il résulte de l'instruction que le Conseil municipal, au moment où il a appelé les religieuses de la congrégation du Saint-Cœur de Marie à diriger l'École des filles, n'a pas usé de la faculté qui lui était accordée par l'article 36 de la loi du 15 mars 1850, de déclarer que l'École serait absolument gratuite; qu'il a, au contraire, par sa délibération en date du 15 janvier 1857, entendu réserver le payement de la rétribution scolaire par les élèves dont les parents seraient en état de l'acquitter;

Considérant que, d'après les dispositions de l'article 38 de la loi du 15 mars 1850 et celles de la loi du 14 juin 1859, la rétribution scolaire ne peut être perçue, dans les Écoles communales de filles comme dans les Écoles de garçons, qu'en vue de contribuer à former le traitement des instituteurs et des institutrices; que dès lors, en rejetant la demande de la commune, qui tendait à ce que la rétribution scolaire fût perçue à son profit pour être employée à payer les dépenses du matériel de l'École, le Préfet du département du Calvados et notre Ministre de l'Intérieur ont agi dans la limite de leurs pouvoirs et fait une juste application des lois précitées :

ARTICLE 1er. — La requête de la commune de Saint-Manvieu est rejetée.

ART. 2. — La commune de Saint-Manvieu est condamnée aux dépens.

---

6 août 1862.

Circulaire du Ministre de l'Instruction publique, relative à une enquête pour la création d'Écoles de filles dans un plus grand nombre de communes.

6 Août 1862.

Monsieur le Préfet, depuis de longues années le Gouvernement de l'Empereur se préoccupe avec toute raison de l'éducation des filles, et le moment lui paraît venu de recueillir tous les renseignements propres à apprécier avec quelque certitude l'importance des sacrifices qu'il y aurait lieu de demander au pays pour doter les communes, ou du moins un plus grand nombre de communes, d'une École spéciale de filles.

Aucun projet n'est encore définitivement arrêté à ce sujet; mais, afin d'arriver à une certaine précision, je désire que vous fassiez remplir le plus promptement possible les cadres dont vous trouverez ci-joint un certain nombre d'exemplaires.

Ces cadres supposent :

1° Que toute commune de 500 âmes et au-dessus devra entretenir une École spéciale de filles, si elle n'est dispensée de cette obligation par le Conseil général, sur votre proposition, soit parce que la commune serait divisée en un trop grand nombre de hameaux éloignés du chef-lieu, soit parce qu'elle serait hors d'état de concourir à la dépense;

2° Que la rétribution scolaire deviendra une recette municipale;

3° Que les Écoles de filles seront divisées en trois classes par le Conseil général, sur votre proposition, et que le minimum du traitement affecté à chaque classe sera 400, 500 et 600 francs;

4° Que le traitement sera fixé par le Conseil municipal sans pouvoir être au-dessous des minimum ci-dessus indiqués, et qu'il sera payé mensuellement par le receveur municipal;

5° Que les communes devront pourvoir aux dépenses d'entretien des Écoles de filles au moyen : 1° des fondations, 2° de la rétribution scolaire, 3° de leurs revenus ordinaires;

6° Qu'en cas d'insuffisance de ces ressources, elles seront obligées de pourvoir jusqu'à concurrence du minimum à la moitié du déficit au moyen d'une imposition spéciale dont le maximum sera déterminé par la loi;

7° Que l'autre moitié du déficit sera comblée par le département, au moyen d'une imposition spéciale dont le maximum sera également déterminé par la loi, et, s'il y a insuffisance, par l'État.

Je vous invite à recommander à MM. les Inspecteurs primaires et à M. l'Inspecteur d'Académie, qui coordonnera leurs travaux, une grande diligence. J'ai besoin de recevoir cet état dans la première quinzaine du mois de septembre prochain, au plus tard. Quelques-unes des questions auxquelles ils auront à répondre ne pourront être résolues qu'approximativement, puisqu'il s'agit d'apprécier les ressources à effectuer à des établissements qui n'existent pas encore. Il n'échappera pas, toutefois, à ces fonctionnaires qu'en créant une École spéciale de filles à côté de l'École des garçons, la part de la dépense afférente à cette dernière École qui est déjà à la charge du département et de l'État se trouvera nécessairement augmentée par suite de la diminution du produit de la rétribution scolaire; et qu'il pourrait se faire ainsi que telle commune qui n'épuise qu'une partie de ses centimes spéciaux fût obligée de les appliquer entièrement à son École de garçons, et que telle autre qui n'a besoin d'aucune subvention du département ou de l'État pour son École de garçons fût obligée d'y recourir après la création d'une École de filles. Ils auront donc soin de ne compter comme ressources pouvant être affectées à l'entretien d'une École spéciale de filles que cette partie des revenus communaux qui sera réellement disponible. Ils ne devront enfin négliger aucun moyen d'arriver, sous ce rapport, le plus près possible de la vérité.

Je vous prie, en outre, Monsieur le Préfet, de me faire part de toutes les observations auxquelles cet avant-projet vous paraîtrait devoir donner lieu, et de m'indiquer les modifications qu'il vous semblerait utile d'y introduire.

Recevez, etc.

Signé : ROULAND.

---

26 août 1862. **Circulaire du Ministre de l'Instruction publique, relative aux mutations dans le personnel des instituteurs et aux fonctions accessoires dont ils sont chargés.**

26 Août 1862.

Monsieur le Préfet, le Gouvernement de l'Empereur s'est efforcé d'améliorer depuis plusieurs années la situation des instituteurs primaires en assurant à leurs travaux une rémunération plus équitable. Il importe que ces maîtres aiment leurs fonctions, afin qu'ils les remplissent avec dévouement, et il appartient à une administration prudente et paternelle de les y attacher de plus en plus par la sécurité qu'ils y trouveront.

La loi du 14 juin 1854, en vous attribuant le droit de nomination et de révocation, qui implique nécessairement le droit de mutation, vous a remis un pouvoir considérable, mais sans lequel la discipline ne saurait être maintenue. L'Université a trop longtemps regretté d'être privée d'une autorité réelle sur les instituteurs primaires, pour que j'aie jamais la pensée d'affaiblir entre vos mains celle qui vous a été déléguée ; mais je n'ai pas besoin de dire qu'elle doit être exercée avec toutes les garanties de l'expérience et de la modération.

Les mutations parmi les instituteurs ne doivent pas être fréquentes ; elles ne doivent être effectuées que dans l'intérêt des Écoles ou dans celui des instituteurs eux-mêmes. Il faut que chacun puisse facilement apprécier la justice et l'opportunité de ces mutations, et il importe qu'elles ne soient jamais envisagées comme des concessions faites à des exigences personnelles, ou comme le résultat de motifs étrangers aux vraies nécessités du service.

Si, avec raison, vous ne devez pas hésiter à éloigner un instituteur qui néglige ses devoirs ou dont la considération a souffert même passagèrement, vous devez maintenir avec fermeté dans ses fonctions celui qui les remplit convenablement, et dont le changement vous serait demandé dans l'intérêt soit d'un autre maître, soit d'un service accessoire pour lequel il montrerait moins d'aptitude. Il est bon qu'un instituteur s'attache au pays dans lequel il exerce, et que les jeunes générations qui se succèdent dans son École le retrouvent longtemps voué aux mêmes devoirs, et lui conservent ainsi l'attachement qu'il aura su conquérir.

Je désire être assuré que cette pensée est, comme je le crois, celle qui préside, dans tous les départements, aux mutations opérées entre les instituteurs, et je vous prie de me donner à ce sujet plus de détails qu'on ne le fait habituellement sur les états de mutation que vous m'envoyez tous les mois. Je désire aussi qu'aucun arrêté ne soit pris par vous sans que l'Inspecteur d'Académie ne vous ait adressé préalablement son rapport écrit.

A l'égard des services accessoires auxquels je viens de faire allusion, et qui comprennent les fonctions de secrétaire de mairie et de chantre, il est très désirable qu'ils continuent d'être confiés aux instituteurs primaires dans les petites communes. Depuis que l'usage s'est répandu de remettre à ces fonctionnaires la rédaction et la garde des actes de l'état civil, une grande amélioration a été constatée dans cette partie si importante de nos services publics, et ce n'est pas sans raison qu'on exerce à ces travaux les élèves des Écoles normales primaires; ils apprennent aussi dans ces Écoles ce qui est nécessaire pour former de bons chantres, et ils contribuent à donner, dans les campagnes, plus de régularité et de pompe à l'office divin. J'ajoute qu'il est bien que l'instituteur, par son concours aux services de l'église, donne une garantie nouvelle de ses sentiments religieux. Ainsi les fonctions accessoires qu'il a coutume de remplir et les relations obligées qui en sont la conséquence placent l'instituteur, à l'égard du curé et du maire, dans une position qui tourne évidemment au profit de la commune et répond aux plus légitimes intérêts.

Mais ici, comme en toutes choses, Monsieur le Préfet, il faut craindre de laisser l'abus s'introduire à côté de l'usage. Les fonctions dont il s'agit sont, je le répète, essentiellement accessoires, et, si vous devez tenir à ce qu'elles soient, pour les instituteurs primaires, l'occasion d'une juste rémunération de la part des communes et des fabriques, vous devez tenir aussi à ce qu'elles ne tournent jamais au détriment des Écoles. Quelques instituteurs peu zélés pour les progrès de leurs élèves préfèrent se réserver les instants de repos que le règlement leur accorde, et prélever sur le temps qu'ils doivent à l'École le service de la mairie ou de l'église; ceux-là manquent à leur premier devoir, et si, après un sérieux avertissement, ils persistent dans les mêmes errements, vous devez leur infliger une peine disciplinaire. Mais il arrive souvent aussi que des dérangements inopportuns leur sont imposés soit par le maire, soit par le curé, et, dans ce cas, la situation des instituteurs devient en réalité très pénible. Placés entre leurs devoirs et les ordres des personnes à qui ils doivent obéissance ou déférence, il n'est pas étonnant qu'ils fléchissent, et que l'École soit momentanément abandonnée. Vous ne devez pas, Monsieur le Préfet, tolérer un semblable état de choses. Veuillez donc recommander à MM. les maires et curés de ne recourir aux instituteurs pour la mairie ou l'église qu'en dehors des heures de classe, afin que les enfants, qui ne sont que trop portés à s'affranchir de la fréquentation régulière de l'École, reçoivent toujours exactement les soins et les leçons qui leur sont dus.

Je vous prie de transmettre, à cet égard, les instructions les plus précises aux instituteurs, ainsi qu'à MM. les maires, curés et délégués cantonaux. Faites-leur savoir que vous ne permettrez pas aux instituteurs d'abandonner leurs élèves pour des services étrangers à l'enseignement; mais, en maintenant ainsi la bonne administration des Écoles et l'accomplissement du devoir des instituteurs, je souhaite sincèrement que ceux-ci continuent à rendre à la mairie et à l'église tous les services pour lesquels leur aptitude est reconnue. Rien n'est plus facile, si MM. les maires et curés veulent bien tenir compte des exigences de l'instruction primaire, que de trouver dans l'intervalle des classes, soit avant l'ouverture, soit après la fermeture de l'École, le temps qu'il faut consacrer aux occupations municipales et religieuses. Tout ici dépend d'une bienveillante entente et d'une intelligente répartition dans les travaux demandés aux instituteurs, et je n'approuverais de leur part aucune résistance capricieuse ni aucun refus absolu, de même que je ne pourrais sanctionner vis-à-vis d'eux des exigences excessives ou irréfléchies.

Veuillez, Monsieur le Préfet, en m'accusant réception de cette lettre, me faire connaître les mesures que vous aurez prises pour l'exécution des prescriptions qu'elle contient.

Recevez, etc.

Signé : Rouland.

27 août 1862.

Arrêté relatif à l'examen des aspirants au brevet de capacité[1].

27 Août 1862.

Le Ministre secrétaire d'État au département de l'Instruction publique et des Cultes;

Vu les articles 23 et 46 de la loi du 15 mars 1850;

Vu l'article 50 du décret du 29 juillet 1859;

Vu l'arrêté du 15 février 1853,

Arrête ce qui suit :

ARTICLE 1er. — Deux jours avant l'ouverture des sessions des Commissions chargées de l'examen des aspirants aux brevets de capacité, le Recteur de l'Académie envoie, sous pli fermé de trois cachets, à l'Inspecteur d'Académie départemental, les sujets de compositions écrites qui devront être traités par les aspirants ou aspirantes au brevet de capacité.

Chaque sujet de composition sera renfermé sous un pli spécial portant en suscription la nature de la composition, savoir :

1° Pour les aspirants au brevet simple :

Une dictée d'orthographe;

Un récit emprunté à l'histoire sainte;

Une question d'arithmétique portant sur l'application des quatre règles;

2° Pour les aspirants au brevet complet :

Un récit emprunté à l'histoire nationale;

Une question de géographie;

Deux questions sur les notions des sciences physiques et de l'histoire naturelle applicables aux usages de la vie;

Trois questions sur l'agriculture, l'industrie et l'hygiène;

Trois questions sur l'arpentage, le nivellement et le dessin linéaire.

ART. 2. — Chaque sujet de composition est retiré du pli cacheté, séance tenante, en présence des candidats, par le président de la Commission, au commencement de chaque épreuve.

ART. 3. — Les compositions écrites, faites par les candidats jugés dignes du brevet de capacité, sont jointes au procès-verbal des opérations de la Commission et envoyées au Recteur de l'Académie.

1. Voir la circulaire du 27 *août* et l'instruction du 15 *décembre* 1862. (*Circulaires et Instructions officielles, etc.*, Tome V, pages 551 et 563.)

Le procès-verbal relatera pour chaque candidat les questions qui lui auront été posées pour les épreuves orales.

Art. 4. — Les présentes dispositions sont applicables aux aspirantes aux brevets de capacité pour l'instruction des filles.

Art. 5. — MM. les Recteurs des Académies sont chargés de l'exécution du présent arrêté.

Avis du Conseil d'État, relatif à l'acceptation des legs faits aux fabriques. 24 janvier 1863.

24 Janvier 1863.

Le Conseil,

Vu un extrait du testament olographe du sieur Rambaud, en date du 10 octobre 1858;

Vu la délibération du Conseil presbytéral de Châtillon (Drôme), en date du 18 octobre 1859, portant que le bureau accepte au besoin, pour le Conseil presbytéral, le legs de 25 000 francs dont il s'agit;

Vu la dépêche de M. le Ministre de l'Intérieur du 5 janvier 1860, l'avis du Préfet de la Drôme, ainsi que toutes les autres pièces du dossier;

Vu l'avis du Conseil d'État du 4 mars 1841 et celui du 30 décembre 1846[1];

Considérant que, lorsque des dons et legs sont faits à une fabrique, à un consistoire, à une cure ou autre établissement religieux, sous la condition expresse que ces dons et legs seront affectés au soulagement des pauvres, ces derniers sont les vrais bénéficiaires de ces libéralités;

Que les établissements institués sont les intermédiaires appelés par la confiance du testateur ou du donateur à exécuter sa volonté;

Qu'aux termes de nos lois, le droit de représenter les pauvres appartient aux bureaux de bienfaisance ou aux maires, et, à Paris, à l'Administration de l'Assistance publique;

Considérant que, pour concilier ce principe avec le respect dû à la volonté du testateur, il y a lieu de faire simultanément accepter la libéralité par le représentant des pauvres et par l'établissement institué;

Que c'est sur ces bases que repose l'avis du Conseil d'État du 4 mars 1841, lequel indique la nécessité d'une acceptation conjointe

1. Voir le texte de ces avis aux *Documents annexes*, pages 828-829.

en matière de dons et legs faits à des établissements intermédiaires, avec une affectation spéciale étrangère à leurs attributions;

Considérant, en ce qui touche la garde et la possession du titre, qu'il est juste de confier ce soin à l'établissement qui représente légalement les pauvres;

Que, par suite des considérations ci-dessus développées, le titre de propriété et l'immatriculation de la rente doivent également mentionner le nom de l'établissement institué et celui du bureau de bienfaisance; mais que la possession du titre doit être réservée au représentant légal des pauvres, à la charge, par ce dernier, d'en remettre les arrérages à l'établissement institué, pour en faire l'emploi prescrit par le testateur,

Est d'avis qu'il y a lieu, à l'avenir, d'autoriser l'acceptation du don ou legs et l'immatriculation conjointe, et, en général, l'inscription de la rente ou du titre de propriété sous les noms réunis de l'établissement religieux institué et du bureau de bienfaisance ou du maire (à Paris, de l'Administration de l'Assistance publique);

Et spécialement, en ce qui concerne l'emploi en une rente sur l'État de la somme de 25 000 francs provenant du legs fait par le sieur Rambaud au Conseil presbytéral de Châtillon (Drôme), à la condition indiquée ci-dessus, de dire dans le décret d'autorisation qu'indépendamment de l'acceptation conjointe l'immatriculation de la rente à acquérir sera faite au nom du bureau de bienfaisance de Châtillon et du Conseil presbytéral de la même ville, et que les arrérages en seront touchés par ledit bureau, à charge de les remettre, à chaque échéance, au Conseil, qui en fera l'emploi prescrit par le testateur.

---

28 mars 1863.

Décision du Conseil d'État, relative aux réparations d'une maison donnée pour l'établissement d'une École.

28 Mars 1863.

L'autorité judiciaire, — après avoir décidé, entre une commune à laquelle une maison a été donnée pour l'établissement d'une École, et un particulier agissant comme héritier et exécuteur testamentaire du donateur, que ce particulier ès-qualité qu'il agit, a le droit d'exiger la mise et la maintenue en bon état des réparations de l'immeuble, soit à l'effet d'empêcher que la maison devienne impropre à sa destination, soit à l'effet de la retrouver en bon état de réparation pour le cas où la résolution de la donation viendrait à être encourue et prononcée, — empiète-t-elle sur les droits de l'autorité administrative en ordonnant la visite des lieux par expertise, l'exécution des travaux jugés nécessaires par les experts, et, faute par la commune d'obéir à la justice dans un certain délai, en autorisant l'héritier du donateur à faire faire ces travaux aux frais de la commune? Rés. nég.

Les prescriptions des lois relatives à l'exécution des travaux communaux proprement dits ne doivent pas être appliquées à l'exécution des travaux de réparation ou d'entretien des immeubles appartenant aux communes, lorsque ces travaux sont réclamés par des tiers comme étant la conséquence des obligations de droit civil imposées à ces communes.

Le Conseil,

Vu l'arrêté en date du 1er septembre 1862, par lequel le préfet de la Haute-Marne a élevé le conflit d'attributions dans une instance pendante, devant notre Cour impériale de Dijon, entre, d'une part, la commune de Dancevoir, appelante d'un jugement rendu par le tribunal civil de Chaumont, et qui la condamne à faire exécuter, dans une maison affectée à l'École des filles et à elle donnée pour cette destination, divers travaux détaillés dans un rapport d'expert commis à cet effet, et ordonne que ces travaux seront exécutés par les soins du sieur Morel de Villiers, exécuteur testamentaire et héritier du donateur, si la commune de Dancevoir n'obéit pas à justice dans le délai de trois mois; et, d'autre part, le sieur Morel de Villiers, exécuteur testamentaire et héritier de Mme Jouard, qui a donné à la commune ladite maison;

Vu l'exploit introductif d'instance en date du 9 août 1860, par lequel, à la requête du sieur Morel de Villiers, assignation est donnée à la commune de Dancevoir à comparaître devant le tribunal civil de Chaumont, pour voir dire : que la commune sera tenue d'effectuer à ses frais, dans les deux mois du jugement à intervenir, toutes les réparations grosses ou menues qui étaient à faire dans la maison affectée à l'École des filles, notamment aux murs, balcons, planchers et toiture; sinon et faute de ce faire, s'entendre condamner à 100 francs de dommages-intérêts pour chaque jour de retard; voir dire que lesdites réparations seront opérées sous la surveillance de tel architecte qu'il plaira au tribunal désigner, lequel, en fin d'exécution, recevra les travaux; s'entendre enfin condamner à 500 francs de dommages-intérêts et aux dépens de l'instance, sous toutes réserves, notamment de faire prononcer la révocation de la donation pour le cas où la commune transférerait ailleurs que dans le local actuel l'établissement des sœurs de la Providence fondé par les sieur et dame Jouard;

Vu les conclusions prises devant le tribunal de Chaumont au nom de la commune de Dancevoir, les 10 et 27 décembre 1860, et par lesquelles elle concluait à ce qu'il plût au tribunal déclarer Morel de Villiers non recevable en sa demande et le condamner aux dépens, la cause d'affectation perpétuelle n'ayant pu être valablement consentie par le maire de la commune, ne pouvant être condamnée à maintenir l'École dans la maison qui lui avait été donnée, lorsqu'il lui était facile de la transporter dans un local mieux approprié aux besoins de cet établissement et dont les plans et devis avaient été approuvés par l'autorité supérieure;

Vu le jugement en date du 27 décembre 1860, par lequel le tribunal de Chaumont rejette les exceptions proposées par la commune de Dancevoir, ordonne, avant faire droit au fond, que la maison sera vue et visitée par experts qu'il désigne, à l'effet de vérifier si des réparations ont été faites et d'en indiquer l'époque approximative; de rechercher et de déterminer toutes celles restant à faire pour la mettre en bon état; enfin de dresser un devis estimatif desdites réparations, pour, au vu du procès-verbal, être par les parties conclu et par le tribunal statué ce qu'il appartiendra;

Vu l'arrêt en date du 2 mai 1861, par lequel notre Cour impériale de Dijon, statuant sur l'appel interjeté par la commune de Dancevoir, a confirmé purement et simplement le jugement susvisé du tribunal de Chaumont;

Vu le jugement en date du 18 mars 1862, par lequel le tribunal de Chaumont condamne la commune de Dancevoir à exécuter dans le délai de trois mois, à partir du 1er avril suivant, les travaux détaillés aux rapports d'experts déposés au greffe de ce tribunal le 10 janvier 1862, montant à la somme de 2 000 francs, et ce sous la direction et surveillance du sieur Ragot Lebrun, entrepreneur à Chaumont; sinon, et faute par ladite commune d'avoir exécuté lesdits travaux dans ledit délai et icelui passé, autorise Morel de Villiers à les faire exécuter lui-même par l'entrepreneur dont il fera choix, et ce aux frais de la commune de Dancevoir, sans toutefois que la dépense puisse excéder la somme de 2 000 francs; dit qu'il n'y a lieu de faire droit au chef de la demande de Morel de Villiers, tendant à la pose d'une inscription sur la maison d'école pendant les travaux; condamne la commune de Dancevoir à payer à Morel de Villiers la somme de 400 francs à titre de dommages-intérêts et la condamne en outre aux dépens, en y comprenant les frais de serment, de voyage et de visite des lieux des premiers experts, tous les frais de la seconde expertise;

Vu l'acte en date du 26 juin 1862, par lequel la commune de Dancevoir a interjeté appel devant notre Cour de Dijon contre le jugement du 18 mars 1862;

Vu le mémoire en déclinatoire présenté par le Préfet de la Haute-Marne, averti par la demande présentée devant le Conseil de préfecture de la Haute-Marne par la commune de Dancevoir, à l'effet d'être autorisée à interjeter appel dudit jugement, ledit mémoire déposé au parquet de la Cour le 18 juin 1862;

Vu les conclusions prises les 12 et 20 août 1862 par notre Procureur général près ladite Cour;

Vu les conclusions prises par le sieur Morel de Villiers à la date du 20 août 1862;

Vu l'arrêt en date du 20 août 1862, par lequel notre Cour impériale de Dijon a rejeté le déclinatoire présenté par le Préfet, s'est déclarée compétente et a renvoyé la cause après les jours fériés, pour être statué au fond, ledit arrêté envoyé au Préfet le 23 août 1862, ainsi qu'il est constaté par la mention contenue au registre tenu au parquet de la Cour;

Vu.... (arrêt de sursis et extrait du registre tenu au parquet);

Vu l'ordonnance royale du 14 novembre 1835, le décret du 25 mars 1852, le sénatus-consulte du 25 décembre 1852, la loi du 15 mars 1850, les décrets des 29 juillet 1850 et 9 mars 1852;

Vu l'ordonnance royale du 1er juin 1828;

Considérant que, par sa demande introductive d'instance portée devant le tribunal de Chaumont le 9 août 1860, le sieur Morel de Villiers, héritier et exécuteur testamentaire de la dame Jouard, soutenait que la commune de Dancevoir se refusait systématiquement à toutes réparations, soit grosses, soit locatives, d'une maison donnée à la commune par la dame Jouard, avec affectation perpétuelle à l'établissement d'une École de filles; que les planchers, les balcons, la toiture menaçaient ruine, et concluait à ce qu'il plût au tribunal ordonner que la commune serait tenue de faire effectuer les réparations grosses et menues à faire dans ladite maison, notamment aux murs, balcons, planchers et toiture, sous toutes réserves de faire prononcer la révocation de la donation pour le cas où la commune transférerait ailleurs que dans le local actuel l'établissement des sœurs de la Providence, fondé par M. et Mme Jouard;

Constatant que par jugement du tribunal de Chaumont, en date du 27 décembre 1860, et par arrêt de notre Cour impériale de Dijon, en date du 2 mai 1861, il a été souverainement jugé entre le sieur

Morel de Villiers d'une part, et d'autre part la commune de Dancevoir, que ledit sieur Morel de Villiers, ès-qualités qu'il s'agit, a le droit d'exiger la mise et la maintenue en bon état de réparation de l'immeuble donné à la commune par la dame Jouard, et affecté à une École de jeunes filles, soit à l'effet d'empêcher que la maison devienne impropre à sa destination, soit à l'effet de la retrouver en bon état de réparation pour le cas où la résolution de la donation viendrait à être encore encourue et prononcée;

Constatant que les prescriptions des lois ci-dessus visées, relatives à l'exécution des travaux communaux proprement dits, ne doivent pas être appliquées à l'exécution des travaux de réparation ou d'entretien des immeubles appartenant aux communes, lorsque ces travaux sont réclamés par des tiers comme étant la conséquence des obligations de droit civil imposées à la commune;

Constatant dès lors et qu'en ces circonstances le tribunal de Chaumont, en ordonnant, par le jugement du 18 mars 1862, la visite des lieux par experts, l'exécution des travaux jugés nécessaires par ces experts, et, faute par la commune de Dancevoir d'obéir à justice dans un délai à elle imposé, en autorisant le sieur Morel de Villiers à faire faire ces travaux aux frais de la commune, sans toutefois que la dépense puisse excéder la somme de 2 000 francs, et notre Cour impériale de Dijon, en maintenant, par l'arrêt du 20 août 1862, son droit de statuer au fond sur l'appel de ce jugement interjeté devant elle, n'ont pas empiété sur les droits de l'autorité administrative :

ARTICLE 1er. — L'arrêté du conflit susvisé par le Préfet de la Haute-Marne, dans l'instance pendante devant notre Cour impériale de Dijon, entre la commune de Dancevoir et le sieur Morel de Villiers, est annulé.

. . . .

---

20 mai 1863.

Décision du Conseil d'État, relative à la réclamation d'une Commission de surveillance d'École normale.

20 Mai 1863.

Le droit de réclamation, en matière de contributions directes, n'appartient qu'aux contribuables inscrits sur les rôles. (Jurisprudence const.).

Application de cette règle à une réclamation et à un pourvoi formés l'une par le directeur, l'autre par la Commission d'une École normale primaire, à l'occasion des impositions assises sur une propriété appartenant à un département, impositions inscrites au nom de ce département; décidé qu'au Préfet seul il appartenait de demander décharge de ces impositions au nom du département.

Le Conseil,

Vu la requête présentée par la Commission de surveillance de l'École normale primaire de Carcassonne, tendant à ce qu'il nous plaise annuler deux arrêtés du Conseil de préfecture de l'Aude, le premier du 27 mai 1862, par lequel ce Conseil a refusé de statuer sur une demande formée par le directeur de ladite École normale, à l'effet d'obtenir que la caisse de cet établissement fût exonérée de la contribution foncière assise, pour l'année 1862, sur la propriété dite de Saint-Joseph; — le deuxième, du 19 juin 1862, par lequel ce Conseil a rejeté le demande formée par ledit directeur en décharge de la contribution des portes et fenêtres assise sur la même propriété pour la même année; — ce faisant, attendu que l'École normale n'a acquis la propriété de Saint-Joseph que pour y donner aux élèves-maîtres l'enseignement agricole pratique prescrit par les instructions de l'autorité supérieure, lui accorder décharge de la contribution foncière et de celle des portes et fenêtres assises sur cette propriété;

Vu l'extrait des mutations de la matrice cadastrale de la ville de Carcassonne, duquel il résulte que la propriété de Saint-Joseph a été acquise au nom du département de l'Aude le 8 décembre 1862;

Vu la loi du 2 messidor An VII;

Considérant que les contribuables inscrits au rôle ont seuls qualité pour demander la décharge ou la réduction des contributions directes qui leur sont imposées;

Considérant que les contributions assises sur la propriété de Saint-Joseph ont été imposées sur le rôle au nom du département de l'Aude; que, dès lors, c'est au Préfet seul qu'il appartenait de demander décharge desdites contributions au nom du département; que le directeur de l'École normale primaire n'avait pas qualité pour présenter cette demande au Conseil de préfecture, et que la Commission de surveillance de ladite École est également non recevable pour former devant nous, en notre Conseil d'État, le pourvoi susvisé..... (Rejet).

---

10 juin 1863. **Avis du Conseil d'État sur la question de savoir sous quel nom doivent être immatriculés les titres de rentes provenant de libéralités faites à des établissements religieux, à charge de fonder ou d'entretenir des Écoles.**

10 Juin 1863.

Le Conseil d'État, qui, sur le renvoi ordonné par M. le Ministre de l'Instruction publique et des Cultes, a pris connaissance d'un projet de décret tendant à autoriser :

1° L'emploi, en rentes sur l'État, d'une somme de 35 589 francs, provenant d'un legs fait par la demoiselle Bourdault à l'institut des frères des Écoles chrétiennes, pour être affecté à l'établissement et à l'entretien d'une École dudit institut à Luxeuil (Haute-Saône);

2° L'immatriculation d'une rente de 1 720 francs, provenant d'un autre legs fait par la même testatrice au même institut des Frères, pour établir et entretenir une semblable École à Jussey (même département);

Vu l'extrait du testament olographe de la demoiselle Bourdault, en date du 21 avril 1840, d'où il résulte que la testatrice s'est exprimée en ces termes : « Je lègue à l'institut des frères de la Doctrine « chrétienne la somme de 50 000 francs pour être employée à contribuer aux besoins et à l'entretien de l'École dudit institut déjà « établie à Vesoul;

« Même somme de 50 000 francs pour l'établissement et l'entretien d'une semblable École à Jussey;

« Enfin, 50 000 francs pour l'établissement et l'entretien d'une « semblable École à Luxeuil; »

Vu l'ordonnance du 1er octobre 1843, autorisant l'acceptation conjointe des trois legs ci-dessus indiqués par l'institut des frères des Écoles chrétiennes et les communes de Vesoul, de Luxeuil et de Jussey, chacun en ce qui le concerne;

Vu les délibérations du Conseil de l'institut des frères, en date des 23 novembre 1859, 19 janvier et 26 mars 1860, concernant l'emploi des 35 589 francs et l'immatriculation de la rente de 1 720 francs, ci-dessus énoncées;

Les délibérations du Conseil municipal de Luxeuil, en date des 8 février et 12 avril 1860, et celle du Conseil municipal de Jussey du 12 août, même année, concernant également l'emploi et l'immatriculation précités;

L'avis du 26 juin et la lettre du 26 septembre 1860 de Son Em. le cardinal-archevêque de Besançon;

Les avis du Préfet de la Haute-Saône, en date des 31 octobre et 20 novembre 1860;

La dépêche de M. le Ministre de l'Instruction publique et des cultes, en date du 17 avril 1862, qui demande au Conseil d'État son avis sur la question de savoir comment doivent être immatriculées les rentes provenant de dons ou legs faits à des fabriques, cures, évêchés, consistoires ou autres établissements religieux, à la charge d'en affecter le produit à la fondation ou à l'entretien d'Écoles; et, en outre, quels sont, en ce cas, les droits respectifs de la commune et des établissements institués, en ce qui concerne l'exécution de la fondation, la gestion des biens légués ou donnés, la direction et la surveillance desdites Écoles;

Vu enfin toutes les pièces du dossier et divers avis du Conseil d'État et de la section de l'Intérieur, notamment ceux des 15 avril et 17 juin 1836, 12 avril 1837[1], 4 mars 1841[2], 30 décembre 1846[3] et 6 décembre 1854[4];

Considérant que, lorsqu'il s'agit de dons et legs faits à des établissements religieux et affectés à la fondation et à l'entretien d'Écoles, il y a lieu de distinguer si les établissements institués sont des fabriques, consistoires, succursales, cures ou évêchés, ou bien si ce sont des communautés religieuses et enseignantes dûment autorisées;

Considérant, en ce qui concerne les fabriques, consistoires, succursales, cures ou évêchés, que les attributions de ces établissements religieux, telles qu'elles sont déterminées par la loi, ne comprennent point la fondation et la direction des Écoles;

Considérant que la loi du 15 mars 1850 sur l'enseignement n'a point eu pour effet de modifier le caractère ou d'étendre les attributions de ces établissements religieux;

Que, par suite, ces mêmes établissements devraient être réputés incapables d'accepter des libéralités faites dans un but étranger à leurs attributions;

Considérant néanmoins que, lorsqu'une libéralité est faite à ces établissements sous la condition de fonder et entretenir une École, il y a le plus souvent avantage, pour les pauvres et pour la commune, à profiter du bénéfice d'une pareille disposition; qu'il convient d'ailleurs, autant que possible, que l'intention charitable du bienfaiteur produise son effet;

1. Voir *Documents annexes*, page 827.
2. Voir *Documents annexes*, page 828.
3. Voir *Documents annexes*, page 829.
4. Voir page 619.

Qu'il y a lieu, en ce cas, pour valider la disposition, de faire intervenir la commune à laquelle appartiennent le soin et l'obligation de pourvoir à l'instruction primaire publique, et de l'admettre, conjointement avec l'établissement institué, à accepter le don ou legs;

Que telle est d'ailleurs la jurisprudence du Conseil d'État, conforme à son avis du 4 mars 1841[1];

Considérant que l'immatriculation conjointe, c'est-à-dire l'inscription du titre de propriété, faite simultanément sous le nom de l'établissement institué et sous celui de la commune, doit être la conséquence de la double acceptation qui vient d'être indiquée;

Que ce mode de procéder permet de donner un effet à des dispositions qui autrement seraient caduques;

Qu'en ce cas, l'établissement religieux institué conserve un droit de surveillance quant à l'exécution et au maintien de la fondation, mais qu'à la commune appartient celui de diriger l'École, d'en fixer le régime, d'administrer les biens procédant du don ou legs et d'en percevoir les revenus, conformément aux conditions du décret d'autorisation;

Qu'ainsi peuvent se concilier tout à la fois les intentions charitables des bienfaiteurs, la faveur que méritent de pareilles fondations et le respect des règles tracées par la loi;

En ce qui concerne les libéralités faites aux mêmes conditions que ci-dessus à des congrégations ou communautés religieuses enseignantes dûment autorisées :

Considérant qu'on ne saurait soutenir que ces établissements n'ont pas capacité pour recevoir les libéralités dont il s'agit, puisqu'ils ont été autorisés en vue de l'utilité publique et dans le but précisément de fonder et diriger des Écoles; que l'objet de ces fondations rentre donc dans leurs attributions spéciales;

Mais considérant que, même dans ce cas, il y a lieu d'examiner si les Écoles à fonder doivent avoir le caractère d'École communale et publique ou celui d'École libre;

Que, dans le premier cas, celui où l'École devra avoir un caractère communal et public, la commune, ainsi qu'il a été dit, conserve le droit de diriger l'École et d'en fixer le régime;

Que, dans le deuxième cas, celui d'une École libre, la solution ne saurait être la même;

Qu'en ce dernier cas, l'immatriculation conjointe n'est pas nécessaire; il suffit de l'acceptation simultanée par la communauté religieuse et par la commune, cette dernière ne devant exercer d'autre

1. Voir *Documents annexes*, page 828.

droit que celui d'une simple surveillance pour l'exécution de la fondation,

Est d'avis qu'il y a lieu :

1° D'autoriser l'acceptation et l'immatriculation conjointes, et, en général, l'inscription du titre de propriété sous les noms réunis de l'établissement religieux institué et de la commune, quand il s'agit de dons et legs faits à des fabriques, consistoires, succursales, cures ou évêchés, sous la condition de fonder et entretenir des Écoles; et de dons et legs faits à des communautés religieuses enseignantes, dûment autorisées, faits pour la fondation et l'entretien d'Écoles, devant avoir ou qui auraient le caractère d'Écoles communales et publiques;

2° D'autoriser seulement l'acceptation conjointe par l'établissement institué et la commune, quand il s'agit de dons et legs faits à des communautés religieuses enseignantes, dûment autorisées, à la charge de fonder ou d'entretenir des Écoles, qui devraient avoir ou qui auraient le caractère d'Écoles libres et privées;

3° En ce qui concerne les espèces et le projet de décret soumis à l'examen du Conseil d'État,

Considérant que, dans l'espèce, les Écoles à fonder doivent, d'après les intentions de la testatrice, avoir un caractère communal et public,

De dire, dans le décret d'autorisation, que l'emploi des 35 589 francs dont il s'agit sera fait sous les noms de l'institut des frères et de la commune de Luxeuil, et que l'immatriculation de la rente de 1 720 francs, ci-dessus énoncée, aura lieu sous les noms dudit institut et de la commune de Jussey.

Circulaire du Ministre de l'Instruction publique, recommandant de ne pas employer la méthode d'enseignement individuel dans les Écoles primaires. 15 juin 1863.

15 Juin 1863.

Monsieur le Recteur, des faits malheureusement trop graves ont de nouveau révélé depuis quelque temps, d'une manière bien fâcheuse, les inconvénients des Écoles mixtes, c'est-à-dire des Écoles primaires qui reçoivent à la fois des filles et des garçons.

J'ai remarqué que, dans la plupart des cas où des instituteurs s'étaient laissé entraîner à des attentats qui ont dû appeler sur eux la sévérité de la justice, ils avaient cédé à de funestes égarements auxquels, bien certainement, ils n'auraient pas été exposés si leur enseignement ne s'était pas écarté du mode prescrit par les instructions ministérielles. L'enseignement primaire ne peut être donné dans les Écoles que d'après les modes simultané et mutuel, ou d'après le mode mixte, c'est-à-dire participant des deux précédents. Mais l'enseignement individuel a été depuis longtemps proscrit des Écoles publiques.

Or, d'après les modes d'enseignement autorisés, le maître ne s'adresse qu'à des groupes d'élèves appartenant à la même division, et jamais il ne doit avoir occasion de faire venir près de lui un enfant pour lui donner un enseignement particulier.

Le mode si vicieux de l'enseignement individuel a l'inconvénient de laisser dans les Écoles un grand nombre d'enfants livrés au désœuvrement et à la dissipation pendant que le maître s'occupe d'un seul élève; il expose de plus le maître, lorsque l'École est mixte, à se trouver en contact avec des jeunes filles, et il offre par conséquent aux natures faibles ou vicieuses plus de moyens d'excitation ou de corruption.

Par toutes ces raisons, vous ne sauriez trop insister, Monsieur le Recteur, pour bannir des Écoles primaires tous les procédés empruntés au mode d'enseignement individuel.

Veuillez donc rappeler, par l'intermédiaire de MM. les Inspecteurs d'Académie, à tous les instituteurs primaires, qu'il leur est expressément défendu de faire venir des enfants à leur estrade pour quelque prétexte que ce soit; les leçons qu'ils donnent doivent profiter à tous, et les enfants doivent les recevoir sur leurs bancs ou aux tableaux, en présence de tous leurs condisciples. Veuillez leur faire rappeler aussi qu'ils ne doivent jamais retenir isolément les enfants dans l'intervalle ou à la fin des classes, soit à titre de punition, soit pour les faire travailler à part.

MM. les Inspecteurs devront signaler à MM. les Préfets les instituteurs qui contreviendront à ces instructions et requérir contre eux l'application des peines disciplinaires qu'ils jugeront nécessaires selon les cas.

Recevez, etc.

Signé : ROULAND.

DOCUMENTS ANNEXES

I

AVIS DU CONSEIL D'ÉTAT

Avis du Conseil d'État relatifs à la jurisprudence à suivre pour l'acceptation de legs

(p. 2, 813, 821).

1° Avis du 15 février 1837.

Le Conseil d'État, qui, sur le renvoi ordonné par M. le Ministre de la Justice et des Cultes, a examiné la question de savoir par qui devaient être acceptés les legs faits aux consistoires au profit des pauvres protestants;

Vu l'ordonnance du 2 avril 1817;

Considérant que toutes les libéralités faites en faveur des pauvres doivent, aux termes de cette ordonnance, être acceptées par les bureaux de bienfaisance ou les maires, qui sont leurs représentants légaux; qu'il n'appartient pas aux testateurs de modifier à leur gré les règles administratives, et de conférer, soit aux consistoires, soit aux curés ou aux fabriques, dont les attributions se bornent à ce qui intéresse le service du culte, le droit de représenter les pauvres et d'exercer les actions qui leur appartiennent,

Est d'avis :

1° Que tous les legs faits en faveur des pauvres, à quelque classe ou religion qu'ils appartiennent, et quels que soient d'ailleurs les termes du testament, ne peuvent être régulièrement acceptés que par les bureaux de bienfaisance; que le bureau seul doit être envoyé en possession des objets légués, mais que le droit d'intervenir dans la distribution des secours, lorsque le testateur en a manifesté l'intention, doit être accordé aux consistoires, curés ou fabriques;

2° Que, dans le cas où le testateur aurait voulu que le profit du legs fût appliqué aux pauvres d'une circonscription ecclésiastique qui embrasserait plusieurs communes, et où, par conséquent, plusieurs bureaux de bienfaisance seraient intéressés, l'acceptation doit être faite par le Préfet, qui représente tous les établissements publics du département;

3° Que, dans le cas où la circonscription ecclésiastique s'étendrait sur plusieurs départements, l'acceptation doit être faite par le Ministre de l'Intérieur.

2° Avis du 12 avril 1837.

Le Conseil d'État, qui a pris connaissance d'un projet d'ordonnance tendant à autoriser la fabrique de Courthezon (Vaucluse) à accepter la donation faite à cet établissement par le sieur et la demoiselle Jamet : 1° d'une maison estimée 4 500 francs; 2° d'un capital de 10 000 francs, à la condition de les consacrer à l'établissement et à l'entretien d'une École;.....

Considérant que les fabriques n'ont été reconnues comme établissements publics, aptes à recevoir et à posséder, que dans l'intérêt de la célébration du culte et dans la limite des services qui leur sont confiés à cet égard par les lois et décrets; que les fabriques ne peuvent, en dehors de ces limites, invoquer leur qualité d'établissements publics pour recevoir des donations à l'effet d'établir des Écoles ou de former toutes autres entreprises étrangères à leurs attributions; que, par conséquent, il est superflu, dans l'espèce, d'examiner la question très grave de savoir si l'autorisation donnée à des établissements publics religieux d'établir des Écoles dispenserait les communes de l'obligation qui leur est imposée par la loi d'entretenir des Écoles communales, et si, dans ce cas, l'autorisation accordée ne serait pas nuisible au succès de ces dernières Écoles;.....

Est d'avis que la fabrique de Courthezon ne doit pas être autorisée à accepter la donation à elle faite par le sieur et la demoiselle Jamet.

Quant à la jurisprudence antérieure à 1837 (*voir* l'avis contraire du Conseil supérieur de l'Instruction publique, Tome II, p. 299), elle est résumée dans les extraits suivants tirés du *Code des Fabriques*, Tome I :

« Il n'entre pas dans les attributions des fabriques d'établir ou d'entretenir des Écoles. Par conséquent, les donations qui leur seraient faites soit pour un établissement de ce genre, soit pour payer les mois d'école des enfants pauvres, ne seraient pas susceptibles d'être autorisées par le Gouvernement. (Avis du Comité de l'Intérieur, des 15 avril et 17 juin 1836. Cf. Lettre du Ministre des Cultes à M. Boucarat, vicaire général de Nîmes, mars 1842).

« Par la même raison, une fabrique ne devrait pas être autorisée à accepter une donation faite à la condition de construire une maison affectée à une École dont les maîtres seraient nommés par le curé. (Avis du Comité de l'Intérieur, des 15 avril, 17 juin et 14 juillet 1836. Cf. Comité de Législation du 17 décembre 1844). Mais l'autorisation pourrait être donnée, si le donateur voulait modifier ses conditions et se contenter de réserver au curé la faculté de donner l'usage de sa maison à un instituteur breveté, au cas où les autorités locales ne s'accorderaient pas avec le curé sur le choix d'un instituteur communal. (Avis du Comité de l'Intérieur, du 14 juillet 1835.)

« Un avis du Comité de Législation du Conseil d'État, du 4 mai 1847, a décidé qu'il n'y a pas lieu d'autoriser une fabrique à accepter le legs à elle fait sous la condition que le revenu en serait remis à perpétuité à un instituteur ou institutrice catholique, choisi uniquement par l'évêque, à l'exclusion de la municipalité. » (Cf. Avis du Conseil d'État des 6 juin 1828, 22 février 1829, 15 février, 12 avril 1837, 26 mars 1839, 10 août 1841, 29 janvier 1845, 24 novembre 1846, 11 juillet 1854, 8 août 1855, 23 janvier 1856, etc.)

3° Avis du 4 mars 1841.

Le Conseil d'État, sur le renvoi qui lui a été fait par M. le Garde des Sceaux d'un rapport fait à M. le Ministre de l'Intérieur, le 15 février 1840, par le directeur de l'administration départementale et communale, consulté sur la question de savoir comment il doit être procédé en matière d'autorisation d'accepter des legs, lorsque le testateur a nominativement désigné un établissement public pour légataire, en lui imposant des conditions qui profitent exclusivement à un autre établissement ;

Vu les articles 910 et 1121 du Code civil ;

Vu la loi du 2 janvier 1817 et l'ordonnance royale du 2 avril suivant ;

Vu l'avis délibéré par le Conseil d'État, le 12 avril 1837, à l'occasion d'une donation faite à la fabrique de Courthezon (Vaucluse) ;

Considérant que la question soumise aux délibérations du Conseil embrasse, dans la généralité de ses termes, deux hypothèses qu'il est essentiel de distinguer, parce que les raisons de décider et les décisions mêmes diffèrent dans les deux cas ;

Que, dans la première hypothèse, il s'agit de régler le mode d'autorisation royale, lorsqu'une libéralité est faite à un établissement capable de recevoir, sous condition d'une fondation ou d'un service qui sont dans les attributions d'un autre établissement, également capable de recevoir : par exemple, si une libéralité est faite à une fabrique, à condition de fonder une École gratuite, fondation qui rentre dans les attributions de l'autorité communale ;

Que, dans le second cas, il s'agit de régler le mode d'autorisation royale, lorsqu'une libéralité est faite à un établissement capable de recevoir, sous condition de fonder un autre établissement qui peut devenir, par suite d'une autorisation spéciale, également capable de recevoir : par exemple, si une libéralité est faite à une fabrique, sous la condition de fonder un hospice ;

Considérant, dans le premier cas, que l'établissement dans les attributions duquel rentrent régulièrement la fondation ou le service imposés comme condition de la libéralité, c'est-à-dire la commune, ne peut être exclusivement autorisé, puisque cet établissement n'est pas institué par le testateur, et que l'établissement institué, c'est-à-dire la fabrique, ne peut pas non plus être exclusivement autorisé à accepter, parce que l'accomplissement de la condition est hors des limites des services qui lui sont confiés par la loi; qu'il en résulte qu'il ne peut y avoir lieu d'autoriser séparément l'un ou l'autre des établissements à accepter;

Que, si la fondation ou le service imposés comme condition de la libéralité ont un caractère évident d'utilité publique, le défaut d'acceptation aurait pour effet de nuire à l'intérêt général, en même temps qu'il empêcherait l'exécution de la volonté du testateur;

Que, dès lors, il convient d'autoriser simultanément l'établissement institué et celui qui doit profiter de la libéralité; que, par cette manière de procéder, on satisfait tout à la fois aux règles administratives et à la volonté du testateur; et qu'alors même qu'il résulterait du testament que le testateur a voulu que la condition fût accomplie uniquement et exclusivement par l'établissement institué, et qu'il a même fait de l'inexécution de sa volonté, sous ce rapport, une clause révocatoire, ces dispositions devraient être réputées non écrites, comme étant contraires aux lois (art. 900 du Code civil);

Considérant, dans la seconde hypothèse (celle, par exemple, où il s'agit d'une libéralité faite à une fabrique, à la condition de fonder un hospice), que l'autorisation donnée exclusivement à l'établissement institué (la fabrique) serait insuffisante, puisqu'elle n'assurerait pas l'exécution de la condition, c'est-à-dire la fondation d'un établissement nouveau; qu'on ne peut se borner à autoriser ce dernier établissement à accepter, puisqu'il n'existe pas encore, et que, s'il existait de fait, le legs deviendrait caduc, comme fait à une personne incapable de recevoir, au moment où la succession s'est ouverte;

Qu'il convient alors d'examiner si l'établissement projeté présente un véritable caractère d'utilité publique; que, dans le cas de la négative, la condition ne pouvant s'accomplir, il y a lieu de refuser l'autorisation d'accepter; que, dans le cas de l'affirmative, c'est-à-dire si l'établissement projeté a un véritable caractère d'utilité publique, le Gouvernement devant assurer l'accomplissement de la condition imposée, il convient que la même ordonnance autorise l'établissement institué à accepter et approuve la création de l'établissement à fonder, en déclarant que le legs devra être affecté à son service;

Que si, du reste, il pouvait survenir entre les deux établissements ainsi autorisés quelques difficultés d'exécution pour l'administration des biens légués, le Gouvernement aurait, dans les limites du pouvoir de tutelle qui lui est confié par les lois, l'autorité nécessaire pour prévenir ou faire cesser ces difficultés,

Est d'avis que, dans les hypothèses ci-dessus prévues, il doit être procédé dans le sens des observations qui précèdent.

4° Avis du 30 décembre 1846.

Le Conseil d'État, qui, sur le renvoi ordonné par M. le Garde des Sceaux, Ministre secrétaire d'État au département de la Justice et des Cultes, a examiné la question de savoir au nom de qui doit être inscrite une rente à acquérir avec le produit de legs faits à une communauté religieuse dans l'intérêt des pauvres;

Vu les lettres adressées par M. le Ministre de l'Intérieur et M. le Garde des Sceaux, en date des 26 mai et 22 septembre 1846;

Vu la loi du 2 janvier 1817, l'ordonnance royale du 2 avril 1817 et celle du 14 janvier 1831;

Vu l'avis du Conseil d'État du 4 mars 1841 [1];

Considérant que, lorsqu'un legs est fait à une communauté religieuse dans l'intérêt des pauvres, il y a lieu, d'après l'avis du Conseil d'État du 4 mars 1841, d'autoriser le bureau de bienfaisance à accepter la libéralité conjointement avec la communauté légataire;

1. Voir page 828.

Que ce mode de procéder a été adopté parce qu'il a paru convenable de faire surveiller par le représentant légal des pauvres, quoiqu'il ne fût pas institué, l'emploi d'une libéralité destinée à leur soulagement; mais qu'on n'a pas entendu transporter au bureau de bienfaisance, même pour partie, les droits de propriété qui résultent pour la communauté légataire des dispositions du testament;

Qu'on ne pourrait, sans porter atteinte à ces droits, faire intervenir directement et nominativement le bureau de bienfaisance dans l'acquisition d'une rente sur l'État avec le capital provenant de la libéralité;

Qu'il convient seulement, pour assurer l'exercice du droit de surveillance attribué au bureau de bienfaisance, qu'il soit appelé à fournir ses observations et à exprimer son avis dans l'instruction qui précède la décision à prendre par l'autorité supérieure sur la demande de la communauté en autorisation de placer le capital;

Qu'il y a lieu, en outre, afin de conserver la trace de la destination que le testateur a donnée à la libéralité, de rappeler, par une mention sur l'inscription de rente achetée au nom de la communauté, que le capital de ladite rente provient d'un legs fait à cette communauté pour les pauvres,

Est d'avis que la rente achetée avec le produit d'un legs fait à une communauté religieuse, dans l'intérêt des pauvres, doit être inscrite au nom de la communauté légataire, avec la mention sur l'inscription de l'origine et de la destination du capital.

Avis du Conseil d'État relatif à une demande de reconnaissance présentée par une congrégation

(page 185).

Avis du 20 juillet 1849.

Le Conseil, considérant que la *reconnaissance légale de la congrégation des frères de Notre-Dame-de-Bon-Secours ne peut être faite que par une loi*, est d'avis qu'il n'y a pas lieu, en l'état, de présenter un projet de loi à l'effet de reconnaître ladite congrégation, mais que des autorisations individuelles peuvent être accordées provisoirement aux membres de la congrégation.

Un conseiller adhère volontiers à cette partie de l'avis du Conseil qui porte que des autorisations individuelles peuvent être accordées provisoirement aux membres de la congrégation de Notre-Dame-de-Bon-Secours. Il y a urgence d'établir le plus grand nombre possible de bonnes et religieuses Écoles primaires en Algérie où surabondent une multitude d'enfants sans instruction aucune, livrés sous un climat brûlant à tous les dangers physiques et immoraux du vagabondage; et des autorisations individuelles, même provisoires, seront déjà un grand bienfait pour le pays.

Mais, en même temps, le conseiller est loin de croire à la nécessité d'une loi, pour qu'il y ait reconnaissance légale de cette congrégation.

Le conseiller est convaincu par la nature même des choses et par tout ce qui s'est fait à cet égard, depuis trente ans et plus, qu'il suffirait d'une décision rendue en Conseil d'État sur la proposition du Ministre de l'Instruction publique et des Cultes, par le Président du Pouvoir exécutif, pour donner l'existence légale à la congrégation dont il s'agit, congrégation qui n'est autre chose au fond qu'une association charitable destinée à fournir des maîtres aux Écoles primaires de l'Algérie, et rentrant tout à fait dans les prévisions de la sage ordonnance du 29 février 1816, articles 36 et suivants.

Cette simple décision du Président du Pouvoir exécutif, rendue en Conseil d'État, suffira, dans le cas présent, comme des ordonnances rendues en Conseil d'État ont suffi, de 1820 à 1848, pour donner l'existence légale :

A la société des Écoles chrétiennes du faubourg Saint-Antoine, autorisée comme association charitable en faveur de l'instruction primaire (23 juin 1820);

A la congrégation de la Doctrine chrétienne du diocèse de Strasbourg, autorisée de même comme association charitable en faveur de l'instruction primaire (5 décembre 1821);

A la congrégation de l'Instruction chrétienne, autorisée pour les cinq départements de l'ancienne Bretagne (1er mai 1822);

A l'association charitable des Frères de la Doctrine chrétienne du diocèse de Nancy, alors composé des trois départements de la Meurthe, de la Meuse et des Vosges (17 juillet 1822);

A la congrégation de l'Instruction chrétienne du diocèse de Valence, autorisée pour l'Académie de Grenoble (11 juin 1823);

A la congrégation des Frères de Saint-Joseph du Mans, autorisée pour le département de la Sarthe et les départements environnants (25 juin 1833);

A l'association charitable des Frères de l'Instruction chrétienne du Saint-Esprit, autorisée pour les départements de Maine-et-Loire, de la Vienne, des Deux-Sèvres, de la Charente-Inférieure et de la Vendée (17 septembre 1823);

A la congrégation des Frères de Saint-Joseph, autorisée pour le département de la Somme (5 décembre 1823);

A la congrégation des Frères de Marie, autorisée sans délimitation de territoire (16 novembre 1833);

A la congrégation des Frères de l'Instruction chrétienne du diocèse de Viviers, autorisée pour les départements de l'Ardèche et de la Haute-Loire (10 mars et 19 novembre 1829);

A l'association des Frères du Saint-Viateur, autorisée pour l'Académie de Lyon (10 janvier 1830).

Comme aussi de simples ordonnances, rendues en Conseil d'État, ont suffi pour donner l'existence légale et tous les avantages qui en découlent :

A la société d'Instruction élémentaire du département du Rhône (15 avril 1829);

A la société d'Encouragement pour l'instruction primaire parmi les protestants (15 juillet 1829);

A la société établie à Paris pour l'instruction élémentaire (29 avril 1831);

A la société établie à Nancy pour l'encouragement de l'enseignement mutuel élémentaire (3 décembre 1832);

A la société pour l'instruction primaire dans l'arrondissement de Mirecourt (Vosges) (2 mars 1832);

Aux trois sociétés de bienfaisance établies dans le département de Seine-et-Oise, à Montfort-l'Amaury, Houdan et Mantes (8 avril 1829);

Tous établissements implicitement ou explicitement constitués établissements d'utilité publique sous les noms divers de sociétés, de congrégations, d'associations charitables, et par cela même aptes à recevoir des dons et legs.

Le conseiller regarde donc comme incontestable, en droit et en fait, qu'une loi n'est pas nécessaire pour donner l'existence légale à des sociétés, associations ou congrégations de la nature de celles que de simples ordonnances ont autorisées, sans aucune réclamation, dans un espace de 28 années. Aujourd'hui comme avant, et depuis 1820, il a toujours été admis en France qu'il y a reconnaissance légale d'un établissement ou d'une institution dès que l'autorité publique a marqué de son sceau cet établissement ou cette institution, suivant les circonstances, soit par une loi, soit par un décret, par une ordonnance ou par un arrêté.

Il lui paraît également certain, en fait, par les termes mêmes dans lesquels est conçue la demande de l'abbé Abraun, supérieur de la congrégation des frères de Notre-Dame-de-Bon-Secours, que cette congrégation est absolument de la même nature que les congrégations des frères de Marie, des frères de Saint-Joseph, des frères de l'Instruction chrétienne, des frères Lamennais. C'est le même but, l'instruction primaire des enfants pauvres et spécialement des enfants orphelins; c'est le même esprit de dévouement et de charité; c'est le même génie de religion active, laborieuse; il n'y a rien là qui nécessite l'intervention du pouvoir législatif. Il s'agit d'un acte de bonne administration, d'un acte que le pouvoir exécutif a toujours regardé comme étant de sa compétence, et plus tôt cet acte sera couronné, et plus tôt le Gouvernement aura satisfait à l'une de ses plus importantes et de ses plus chères obligations, celle de procurer aux classes pauvres de la société, et particulièrement aux classes pauvres de la France africaine, le bienfait de l'éducation populaire et conséquemment toutes les consolations, toutes les ressources que ce premier bienfait amène avec soi.

II

PENSIONS DE RETRAITE

Tableau des caisses de retraite supprimées à partir du 1er janvier 1854.
(Annexe de l'article 1er de la loi du 9 juin 1853, page 522.)

DÉPARTEMENTS MINISTÉRIELS.	NOMBRE DE CAISSES de retraite supprimées.	DÉSIGNATION DES CAISSES DE RETRAITE SUPPRIMÉES.
Ministère de l'État .	1	Caisse de retraite des employés de la Légion d'honneur.
Justice.	1	Caisse de retraite de la magistrature, des bureaux du Ministère et du Conseil d'État.
Affaires étrangères.	1	Caisse de retraite du Ministère des Affaires étrangères.
Instruction publique et Cultes.	3	Caisse de retraite des fonctionnaires et professeurs de l'Université et des employés des bureaux du Ministère. Caisse de retraite des fonctionnaires et des principaux et régents des Colléges communaux. Caisse de retraite des employés des bureaux des Cultes.
Intérieur, Agriculture et Commerce, et police générale.	7	Caisse de retraite des employés des Ministères de l'Intérieur, de l'Agriculture et du Commerce et de la police générale. Caisse de retraite des professeurs et employés du Conservatoire national de musique. Caisse de retraite des employés du service des prisons. Caisse de retraite des employés des haras, dépôts d'étalons et Écoles vétérinaires. Caisse de retraite des vérificateurs et employés du service des poids et mesures. Caisse de retraite des professeurs et employés des Écoles d'arts et métiers. Caisse de retraite des agents de l'Intendance sanitaire de Marseille.
Travaux publics. . .	1	Caisse de retraite des fonctionnaires et employés des ponts et chaussées et des mines.
Guerre.	5	Caisse de retraite des employés des bureaux du Ministère de la Guerre et des commis entretenus pour le service des bureaux de l'Intendance militaire. Caisse de retraite des Écoles militaires. Caisse de retraite des poudres et salpêtres. Caisse de retraite des écoles d'artillerie et du génie et des contrôleurs et reviseurs d'armes. Caisse de retraite de l'École polytechnique.
Ministère d'État et de la Maison de l'Empereur et des Finances.	6	Caisse générale des pensions de retraite des fonctionnaires et employés des Ministères de l'État et de la Maison de l'Empereur et des Finances. (Ordonnance du 12 janvier 1825, et décrets des 24 novembre et 31 décembre 1852.) Caisse de retraite des greffe et archives de la Cour des comptes. Caisse de retraite des Caisses d'amortissement et des dépôts et consignations. Caisse de retraite des courriers des postes. Caisse de retraite des employés de l'ancienne Chambre des Pairs.
	25	

Tableau des emplois du service actif.
(Annexe de l'article 5 de la loi du 9 juin 1853, page 523.)

DOUANES.	CONTRIBUTIONS INDIRECTES ET TABACS.	FORÊTS DE L'ÉTAT ET DE LA COURONNE.	POSTES.
Capitaines de brigade. Lieutenants d'embarcation. Lieutenants de 1re classe. Lieutenants de 2e classe. Lieutenants de 3e classe. Brigadiers à cheval et à pied. Sous-brigadiers à cheval et à pied. Cavaliers et préposés d'ordonnance. Préposés. Patrons et sous-patrons. Matelots. Mousses. Préposés gardes-magasins. Préposés concierges. Préposés emballeurs. Préposés peseurs et plombeurs.	SERVICE GÉNÉRAL. Inspecteurs. Sous-inspecteurs. Contrôleurs de ville. Contrôleurs receveurs à cheval et à pied. Receveurs ambulants à cheval et à pied. Commis adjoints à cheval et à pied. Commis aux exercices. NAVIGATION. Commis adjoint à pied. Commis à pied. GARANTIE. Contrôleurs. Sous-contrôleurs. Commis aux exercices. CULTURE DES TABACS. Inspecteurs. Sous-inspecteurs. Contrôleurs. Commis. OCTROIS. Préposés en chef.	Gardes généraux adjoints. Gardes à cheval. Brigadiers. Gardes à pied. Gardes forestiers. Cantonniers.	Courriers et postulants courriers. Facteurs de ville. Brigadiers et sous-brigadiers facteurs ruraux. Facteurs ruraux. Facteurs locaux. Chargeurs de malles. N. B. — INSTRUCTION PUBLIQUE. La loi du 17 août 1876 dispose que les Inspecteurs de l'enseignement primaire, les directeurs et les directrices, les maîtres adjoints et les maîtresses adjointes des Écoles normales primaires, les instituteurs communaux et les institutrices communales, titulaires ou adjoints, les directrices des salles d'asile communales, seront compris parmi les fonctionnaires du service actif.

Tableau des maximum des pensions.

(Annexe de l'article 7 de la loi du 9 juin 1853, page 524.)

DÉSIGNATION DES FONCTIONS, GRADES ET QUOTITÉS DES TRAITEMENTS.	MAXIMUM DES PENSIONS.
PREMIÈRE SECTION.	
Agents diplomatiques et consulaires :	
Ambassadeurs	12 000 fr.
Ministres plénipotentiaires de 1re classe	10 000
Ministres plénipotentiaires de 2e classe et directeur des travaux politiques	8 000
Chargés d'affaires en titre	6 000
Premiers secrétaires d'ambassade ou de légation de 1re classe et sous-directeur des travaux politiques	5 000
Tous autres secrétaires d'ambassade ou de légation	4 000
Consuls généraux	6 000
Consuls de 1re classe	5 000
Consuls de 2e classe	4 000
Premier drogman et secrétaire interprète à Constantinople	5 000
Second drogman à la même résidence et premiers drogmans des consulats généraux	3 000
Tous autres drogmans, chanceliers d'ambassade et de légation	2 400
Chanceliers des consulats généraux	2 400
Agents consulaires (vice-consuls, Français de nation et rétribués directement sur le Trésor, au moyen d'une allocation ordonnancée en leur nom)	2 000
Chanceliers de consulat	1 800
DEUXIÈME SECTION.	
Magistrats de l'ordre judiciaire et de la Cour des comptes, fonctionnaires de l'enseignement et ingénieurs des ponts et chaussées et des mines	2/3 du traitement moyen, sans pouvoir dépasser 6 000 fr.
TROISIÈME SECTION.	
Fonctionnaires et employés des administrations centrales et du service intérieur des différents Ministères, agents et préposés de toutes classes autres que ceux compris dans les deux sections ci-dessus :	
Traitements de 1 000 fr. et au-dessous	750
Traitements de 1 001 à 2 400	2/3 du traitement moyen, sans pouvoir descendre au-dessous de 750 fr.
Traitements de 2 401 à 3 200	1 600
Traitements de 3 201 à 8 000	1/2 du traitement moyen.
Traitements de 8 001 à 9 000	4 000
Traitements de 9 001 à 10 500	4 500
Traitements de 10 501 à 12 000	5 000
Traitements au-dessus de 12 000	6 000
Fonctionnaires et agents à salaires et remises :	
Conservateur des hypothèques et receveurs de l'enregistrement et du timbre de 1re classe	3 000
Conservateurs des hypothèques et receveurs de l'enregistrement et du timbre de 2e classe	2 000
Courriers et postulants courriers des postes	1 200

III

PROCÈS-VERBAUX,

CERTIFICATS ET DIPLOMES

Certificat d'aptitude pour l'instruction primaire (Brevet élémentaire d'Instituteur (1) (p. 517).

ACADÉMIE DE SEINE-ET-OISE. PARIS.

COMMISSION D'EXAMEN POUR L'INSTRUCTION PRIMAIRE.

CERTIFICAT D'APTITUDE

Nous, Membres de la Commission d'examen de l'Académie de Seine-et-Oise,

Vu les art. 23, 46 et 48 de la loi du 15 mars 1850, l'art. 50 du règlement du 29 juillet 1850, et l'arrêté ministériel du 15 février 1853;

Vu la liste des candidats au brevet de capacité, arrêtée par le Recteur de l'Académie, en date du , de laquelle il résulte que le sieur Bouthors (Auguste-Édouard-Théophile), né le 22 octobre 1829, à Puchevillers, département de la Somme, a été admis, sur sa demande, à subir l'examen sur les matières suivantes :

Instruction morale et religieuse, Lecture, Écriture, Éléments de la langue française, Calcul, Système légal des poids et mesures;

Vu la signature apposée par le candidat sur le registre de la Commission à l'effet de constater son identité;

Vu l'examen subi par le candidat, duquel il résulte qu'il a répondu sur les matières ci-après indiquées, savoir :

Sur l'Instruction morale et religieuse, *Bien;*

Sur la Lecture, *Bien;*

Sur l'Écriture, *Assez bien;*

Sur les Éléments de la langue française, *Très bien;*

Sur le Calcul, *Bien;*

Sur le Système légal des poids et mesures, *Bien;*

Avons jugé que le sieur Bouthors (Auguste-Édouard-Théophile) était digne d'obtenir un brevet de capacité pour l'instruction primaire.

En foi de quoi nous avons délivré le présent certificat d'aptitude, et l'avons transmis à M. le Recteur de l'Académie, pour servir et valoir ce que de droit.

Fait à Versailles, le 15 avril 1856.

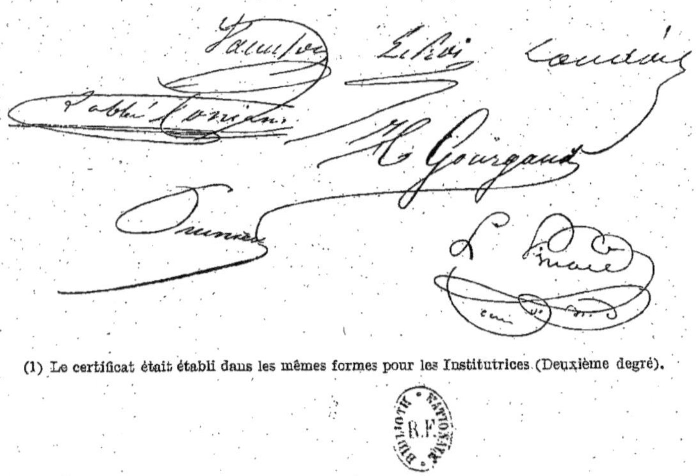

(1) Le certificat était établi dans les mêmes formes pour les Institutrices (Deuxième degré).

Certificat d'aptitude pour l'instruction primaire (Brevet élémentaire avec mention de matières facultatives (1) (p. 517).

DÉPARTEMENT DE L'OISE. — COMMISSION D'EXAMEN DE BEAUVAIS.

CERTIFICAT D'APTITUDE

POUR

L'INSTRUCTION PRIMAIRE.

Nous Membres de la Commission d'examen de Beauvais,

Après nous être fait représenter l'acte de naissance de M. Devillers, [illegible] né le 22 Octobre 1842, à Reuil-sur-Brêche arrondissement de Clermont département de l'Oise,

Et lui avoir fait subir publiquement un examen sur les matières qui, d'après les dispositions de l'article 23 de la loi organique du 15 mars 1850, constituent l'Enseignement primaire.

Avons jugé que M. Devillers, [illegible], était digne d'obtenir le Brevet de capacité pour l'Instruction primaire avec mention pour l'Arithmétique appliquée et le Dessin linéaire.

En foi de quoi nous lui avons délivré le présent Certificat pour lui servir & valoir ce que de raison.

Fait à Beauvais le 12 Août 1861

Signature de l'aspirant

(1) Le certificat était établi dans les mêmes formes pour les Institutrices.

Certificat d'aptitude pour l'instruction primaire (Brevet complet[1]) (p. 517).

DÉPARTEMENT du Cher

COMMISSION D'EXAMEN de Bourges

CERTIFICAT D'APTITUDE

POUR

L'INSTRUCTION PRIMAIRE.

Nous Membres de la Commission d'examen d'[illegible] de Bourges (Cher).

Après nous être fait représenter le certificat de bonnes vie et mœurs délivré au sieur [illegible] né le [illegible] 1832 à [illegible] arrondissement de [illegible] (Cher).

Et lui avoir fait subir publiquement un examen sur les matières qui, d'après les dispositions de l'article 23 de la loi organique du 15 mars 1850, constituent l'enseignement primaire,

Avons jugé que ledit sieur [illegible] était digne d'obtenir le brevet de capacité pour l'instruction primaire. (Brevet complet)

En foi de quoi nous lui avons délivré le présent Certificat pour lui servir et valoir ce que de raison

Fait à Bourges, le 10 avril 1861

Signature du récipiendaire :

(1) Le certificat était établi dans les mêmes formes pour les Institutrices (Premier degré).

845

Brevet d'aptitude aux fonctions de maîtresse d'études ou de sous-maîtresse (p. 153 et 154),

Département de la Seine.

INSTRUCTION PUBLIQUE.

Brevet d'Aptitude

AUX FONCTIONS DE MAITRESSE D'ÉTUDES OU DE SOUS-MAITRESSE.

Nous, Membres de la Commission d'examen instituée dans le département de la Seine par le Ministre de l'Instruction publique,

Vu les Articles 11, 12 et 18 du Règlement du 7 Mars 1837;

Vu le Programme approuvé par Arrêté du Ministre de l'Instruction publique du 13 Avril 1849;

*Vu le Procès-Verbal, duquel il résulte que l'examen subi devant Nous par M*ademoiselle Lelong, Pauline *née le* 15 février 1828 *à* Paris *département* de la Seine *a donné lieu, sur les diverses parties de son enseignement, aux notes suivantes, savoir :*

Lecture, Bien

Écriture, Assez bien

Grammaire, Assez bien

Dictée, Bien

Rédaction, Assez bien

Arithmétique, Bien

Histoire sainte, Assez bien

Travaux d'aiguille, Assez bien

*Avons délivré à ladite D*emoiselle Lelong *le présent* BREVET D'APTITUDE, *pour être admise, en qualité de Maîtresse d'Études, dans les Maisons d'éducation de Demoiselles, à la charge par elle de se conformer aux dispositions du Règlement précité.*

A Paris, ce 11 Février 1852

En exécution de l'Article 12 du Règlement, et sous l'autorité de M. le Ministre de l'Instruction publique.

Signature de l'Impétrante : P. Lelong

Les Membres de la Commission d'examen : A. Danton [illegible]

Nota. Le présent Diplôme ne donne, en aucun cas, le droit de diriger une Maison d'éducation. Il doit être enregistré au Bureau central d'inscription des Maîtresses d'études; cet enregistrement sera renouvelé chaque fois que la titulaire passera d'une Maison d'éducation dans une autre.

Typ. Vinchon (63).

Diplôme de maîtresse de pension (p. 155).

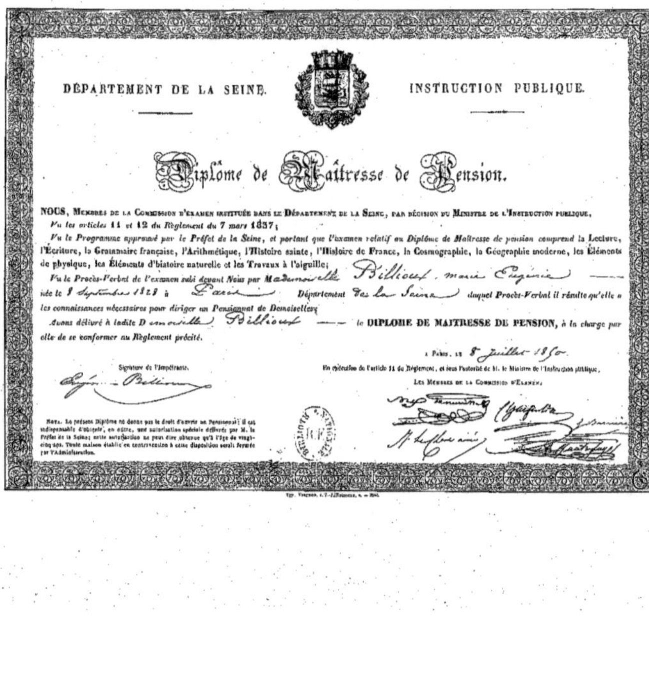
DÉPARTEMENT DE LA SEINE. INSTRUCTION PUBLIQUE.

Diplôme de Maîtresse de Pension.

NOUS, Membres de la Commission d'examen instituée dans le Département de la Seine, par décision du Ministre de l'Instruction publique,

Vu les articles 11 *et* 12 *du Règlement du* 7 *mars* 1837;

Vu le Programme approuvé par le Préfet de la Seine, et portant que l'examen relatif au Diplôme de Maîtresse de pension comprend la Lecture, l'Écriture, la Grammaire française, l'Arithmétique, l'Histoire sainte, l'Histoire de France, la Cosmographie, la Géographie moderne, les Éléments de physique, les Éléments d'histoire naturelle et les Travaux à l'aiguille;

Vu le Procès-Verbal de l'examen subi devant Nous par Mademoiselle Billiout, marie Eugénie

née le 8 Septembre 1828 *à* Paris *Département* de la Seine *duquel Procès-Verbal il résulte qu'elle a les connaissances nécessaires pour diriger un Pensionnat de Demoiselles;*

*Avons délivré à ladite D*emoiselle Billiout *le* **DIPLOME DE MAITRESSE DE PENSION,** *à la charge par elle de se conformer au Règlement précité.*

A Paris, le 8 juillet 1850.

Signature de l'Impétrante.

En exécution de l'article 11 du Règlement, et sous l'autorité de M. le Ministre de l'Instruction publique,

Les Membres de la Commission d'Examen,

Nota. Le présent Diplôme ne donne pas le droit d'ouvrir un Pensionnat; il est indispensable d'obtenir, en outre, une autorisation spéciale délivrée par M. le Préfet de la Seine; cette autorisation ne peut être obtenue qu'à l'âge de vingt-cinq ans. Toute maison établie en contravention à cette disposition serait fermée par l'Administration.

Modèle du Brevet de capacité annexé à la circulaire du 14 mars 1851 (1) (page 452).

INSTRUCTION PRIMAIRE.

RÉPUBLIQUE FRANÇAISE.

ACADÉMIE DÉPARTEMENTALE
d

MINISTÈRE DE L'INSTRUCTION PUBLIQUE ET DES CULTES.

BREVET DE CAPACITÉ POUR L'ENSEIGNEMENT PRIMAIRE.

LE RECTEUR DE L'ACADÉMIE DÉPARTEMENTALE d

Vu les articles 25 et 46 de la loi du 15 mars 1850 sur l'enseignement, et l'article 50 du règlement d'administration publique du 29 juillet 1858 ;

Vu le certificat en date du 185 par lequel la Commission d'instruction primaire, séant à département d , atteste que le sieur , né à département d , a été jugé apte au brevet de capacité pour l'enseignement primaire, après avoir été examiné sur l'instruction morale et religieuse, la lecture, l'écriture, les éléments de la langue française, le calcul, le système légal des poids et mesures.

Délivre au sieur le présent brevet, pour lui servir et valoir ce que de raison.

Fait à , le 185 .

Signature de l'Impétrant.

Le Recteur de l'Académie départementale
d

(1) Le brevet était établi d'après le même cadre pour les Instituteurs (élémentaire, facultatif, complet) et les Institutrices (second ordre, facultatif, premier ordre).

Brevet de capacité du second ordre délivré en exécution du décret du 31 décembre 1853 (p. 569).

ACADÉMIE
DE PARIS.

INSTRUCTION
PRIMAIRE.

Empire Français.

ÉCOLES PRIMAIRES DE JEUNES FILLES.

Brevet de Capacité du Second Ordre.

Le Vice-Recteur de l'Académie de Paris,

Vu les articles 23, 46 et 48 de la Loi du 15 mars 1850, l'article 50 du décret du 29 juillet 1850 et l'arrêté ministériel du 15 février 1853;

Vu les articles 6 et 7 du Décret du 31 décembre 1853;

Vu le Programme de l'examen pour l'obtention du Brevet de Capacité du second ordre, comprenant l'Instruction Morale et Religieuse, la Lecture, l'Écriture, les Éléments de la Langue Française, le Calcul, le Système légal des Poids et Mesures;

Vu le procès-verbal de l'Examen subi par Mlle Driou

Vu le certificat en date du 26 Novembre 1855, par lequel la Commission d'Instruction primaire, séant à Paris département de la Seine, atteste que Mlle Driou (Amélie Julie Raymonde) née le 21 Novembre 1837 à Paris département de la Seine a été jugée apte à obtenir un Brevet de capacité du second ordre;

Délivre à Mlle Driou le présent Brevet.

Fait à Paris, le 15 Xbre 1855.

Signature de l'Impétrante,

Le Vice-Recteur de l'Académie de Paris,
Cayx

IV

RAPPORTS ET BULLETINS

Annexe à la circulaire du 6 février 1862 relative aux écritures exigées des Inspecteurs primaires (p. 783).

BULLETIN D'INSPECTION.

ARRONDISSEMENT

d

CANTON

d

COMMUNE

d

Population de la commune :

Nombre des élèves :

Inscrits..... { garçons : filles :

Nombre des élèves :

Présents.... { garçons : filles :

Produit total de l'école :

Secrétariat............
Église...............
Produits divers.......

TOTAL.. ..

Revenus personnels :

Charges de famille :

RAPPORT DE L'INSPECTEUR PRIMAIRE

Sur l'école d

Visitée le 18 .

Nom du chef de l'établissement :

État civil : âge,

années de services,

1° Tous les registres sont-ils régulièrement tenus? — Tenue générale de la classe. — Propreté. — Discipline.

2° Enseignement. — Classification des élèves. — Capacité et zèle de l'institut . — Résultats obtenus.

3° Moralité et tenue de l'institut . — Ses rapports avec les autorités et les familles. — Considération dont il jouit.

4° État matériel de l'école et de ses dépendances. — Indication des réparations urgentes et des mesures à prendre. — État de la bibliothèque et des archives de l'école. — Tenue du jardin.

Observations et conclusions.

L'Inspecteur de l'enseignement primaire,

État de propositions d'institution des instituteurs. (Circulaire du 7 mars 1851[1].)

ACADÉMIE DÉPARTEMENTALE D

Arrondissements.	Cantons.	Communes.	NOMS et prénoms des INSTITUTEURS.	DATE et lieu de naissance.	DATE du BREVET de capacité.	ÉCOLE normale primaire dont l'instituteur a suivi les leçons.	Dernière commune où l'instituteur a exercé.	NOM du MAÎTRE à remplacer.	MOTIF du remplacement.	DATE de l'exeat donné par le Recteur.	DATE de la nomination par le CONSEIL municipal.	OBSERVATIONS sur la moralité et sur LA CAPACITÉ.
1	2	3	4	5	6	7	8	9	10	11	12	13

1. La circulaire est une simple note de service et n'a pas été insérée dans le présent volume.

ACADÉMIE de Paris

DÉPARTEMENT de Seine et Marne

ARRONDISSEMENT de Melun

COMMUNE de Melun

CERTIFICAT DE MORALITÉ

POUR LES FONCTIONS D'INSTITUTRICE.

Nous, Maire de la commune de Melun arrondissement de Melun, département de Seine et Marne sur l'attestation qui nous a été faite par MM. (1) Guillerand, Lamare et Seignard, membres du conseil municipal que la citoyenne emmée esther Huet, née à Essonnes arrondissement de Corbeil département de Seine et oise le 13 novembre 1825 domiciliée dans notre commune depuis le (2) 1er octobre 1847 jusqu'à ce jour est de bonnes vie et mœurs, et est digne par sa moralité de se livrer à l'enseignement, lui avons délivré, conformément à l'article 6 de ~~la loi~~ l'ordonnance du 23 juin 1836, sur l'instruction primaire, le présent certificat pour lui servir ce que de droit.

Fait à Melun le 14 août 1848.

Les trois conseillers municipaux,

Le maire,

Vu pour légalisation de la signature du maire de la commune de Melun

à Melun le 21 août 1848

Le Préfet,

le Cons.er de Préf. délégué

(1) Désigner nominativement les trois membres du conseil municipal qui doivent constater la moralité de l'impétrant.

(2) Si l'impétrant n'habite pas la même commune depuis trois ans, un certificat semblable doit être demandé par lui au maire des autres communes où il aura eu son domicile depuis trois ans.

Nota. Ce modèle pourra servir non-seulement pour les certificats à délivrer, mais aussi pour les duplicata que MM. les maires doivent transmettre aux comités d'arrondissement et aux recteurs, conformément à l'article 16 de l'ordonnance du 16 juillet 1833.

Inst. prim. n. 1026.
Impr. de Paul Dupont et Comp., à Paris.

TABLE CHRONOLOGIQUE

DES MATIÈRES CONTENUES DANS LE TOME III

DE LA

LÉGISLATION SUR L'INSTRUCTION PRIMAIRE

1848-1863

[Dans la dernière colonne, *n* renvoie aux *Notes*.]

DOCUMENTS ANNEXES

PARIS. — IMPRIMERIE DELALAIN FRÈRES
RUE DE LA SORBONNE, 1 ET 3.

PARIS. — IMPRIMERIE DELALAIN FRÈRES,
1 ET 3, RUE DE LA SORBONNE.